DIRITTO DEI LAVORI
E DELL'OCCUPAZIONE

In copertina:

MARK ROTHKO, Untitled (*blue, yellow, green on red*) 1954, olio su tela, 197,5x166,4 cm, Whitney Museum of American Art, New York.

Giuseppe Santoro-Passarelli
Professore Emerito Sapienza Università di Roma, Accademico dei Lincei

DIRITTO DEI LAVORI E DELL'OCCUPAZIONE

Diritto sindacale, rapporti di lavoro e ammortizzatori sociali

Settima edizione

IUSTITIAM COLIMUS
G. Giappichelli Editore

VIA PO, 21 - TEL. 011-81.53.111 - FAX 011-81.25.100
http://www.giappichelli.it

ISBN/EAN 978-88-921-3191-0

Stampa: Stampatre s.r.l. - Torino

Ai miei studenti,

"L'importante è che l'uomo di cultura, quando è impegnato nella sua funzione che è quella di capire, non si lasci frastornare dagli zelatori di ogni ortodossia o dai pervertiti di ogni propaganda, i quali saranno sempre pronti a gettargli in faccia l'accusa che egli – per il fatto che non sceglie l'alternativa di destra – tradisce la civiltà, o – per il fatto che non sceglie l'alternativa di sinistra – si oppone al progresso. Non vi è per l'intellettuale che una forma di tradimento o di diserzione: l'accettazione degli argomenti dei "politici" senza discuterli, la complicità con la propaganda, l'uso disonesto di un linguaggio volutamente ambiguo, l'abdicazione della propria intelligenza all'opinione settaria, in una parola il rifiuto di "comprendere" e in tal guisa di apportare agli uomini l'aiuto prezioso di cui la cultura sola è capace, l'aiuto a infrangere i miti, a spezzare il circolo chiuso di impotenza e di paura, in cui si rivela la contagiosa inferiorità dell'ignoranza".

NORBERTO BOBBIO, *Invito al colloquio*, in *Politica e cultura*, Einaudi, Torino, 1955, p. 20.

Indice

Sezione III

I contenuti della contrattazione collettiva

Capitolo 12
Lo sciopero

Capitolo 13
Lo sciopero nei servizi pubblici essenziali

Capitolo 14
Le forme di lotta sindacale diverse dallo sciopero

Capitolo 15
La serrata

Capitolo 22
Contratto e rapporto di lavoro

Capitolo 23
I poteri del datore di lavoro

Capitolo 24
L'inquadramento e gli obblighi del prestatore di lavoro

Capitolo 25
I diritti del prestatore di lavoro a contenuto economico

Capitolo 32

Il licenziamento per giustificato motivo oggettivo e il licenziamento collettivo

Capitolo 33

Licenziamento per motivo consistente nella inidoneità o disabilità fisica o psichica del lavoratore

Capitolo 34

Licenziamento per eccessiva morbilità e per scarso rendimento

Capitolo 35

Intimazione del licenziamento, termini di impugnazione, vizi formali e procedurali e strumenti deflattivi del contenzioso

Capitolo 36

La disciplina del licenziamento per i lavoratori assunti prima del 7 marzo 2015

Capitolo 47

Il lavoro alle dipendenze delle pubbliche amministrazioni

Parte quarta

I rapporti di lavoro diversi dal lavoro subordinato

Capitolo 48

Il lavoro autonomo

Capitolo 49

Lo "Statuto" del lavoro autonomo non imprenditoriale

Capitolo 50

I rapporti di collaborazione: dall'art. 409 c.p.c. del 1973 al lavoro a progetto del 2003

Capitolo 51
Le collaborazioni organizzate dal committente e le collaborazioni coordinate e continuative

Capitolo 52
Il lavoro autonomo mediante piattaforme digitali

Capitolo 53
La disciplina delle prestazioni occasionali: il Libretto Famiglia e il contratto di prestazione occasionale

Capitolo 54
I contratti associativi e le organizzazioni no profit

Prefazione alla VII edizione

Sono trascorsi due anni dalla pubblicazione della sesta edizione e occorre procedere alla stampa della settima perché in questo biennio il contesto è profondamente cambiato.

È difficile negare che la precarizzazione del rapporto di lavoro sia aumentata perché, nonostante il decreto dignità (d.l. n. 87 del 2018, conv. dalla legge 9 agosto 2018, n. 96) abbia ridotto a 12 mesi la durata del contratto a tempo determinato cosiddetto acausale, le forme di lavoro continuano ad essere molteplici e la dicotomia lavoro subordinato lavoro autonomo non appare più adeguata ad esaurire e a regolare i diversi rapporti di lavoro. In dottrina e in giurisprudenza si ipotizza l'esistenza di un *tertium genus* e talvolta addirittura di un *quartum genus*.

In realtà il legislatore, invece di intervenire con modifiche di dettaglio che contribuiscono a complicare l'interpretazione delle molteplici discipline dei diversi rapporti di lavoro subordinato, dovrebbe avere la forza di ripensare alla riformulazione della norma base e cioè dell'art. 2094 c.c. o prendere atto che non esiste una subordinazione ma diverse subordinazioni. Come è avvenuto per la proprietà.

La nuova edizione esamina con attenzione le diverse tipologie contrattuali e le modifiche all'art. 2, comma 1, del d.lgs. n. 81 del 2015 introdotte dal recentissimo d.l. n. 101 del 2019 convertito dalla legge 2 novembre 2019, n. 128. Un capitolo apposito è stato destinato all'esame del lavoro mediante piattaforme digitali e all'analisi della disciplina che stabilisce tutele per i *riders*.

Come pure è esaminata la nuova disciplina delle mansioni alla luce della più recente giurisprudenza e, parimenti, il potere di controllo del datore di lavoro, anche con riferimento alla giurisprudenza sulle *e-mail* aziendali e sui *social network*, e infine il contratto di rete.

Un nuovo capitolo è stato dedicato all'esame dei problemi assai complessi concernenti il rapporto tra diritto fallimentare e diritto del lavoro, con particolare attenzione alla nuova disciplina del Codice della crisi d'impresa e dell'insolvenza (d.lgs. n. 14 del 2019), che, dal 15 agosto 2020, sostituirà le previsioni della legge fallimentare con innovazioni importanti per il lavoro subordinato.

Per dare conto di queste novità sono stati scritti nuovi e riscritti interi capitoli.

Sono dedicati ben 9 capitoli alla disciplina dei licenziamenti nel rapporto di lavoro e una particolare attenzione è stata riservata all'esame della sentenza della Corte costituzionale n. 194 del 2018, che ha dichiarato costituzionalmente illegittima la norma che riconosce l'anzianità come unico criterio di determinazione del risarcimento. In realtà il legislatore la definisce un'indennità e non un risarcimento.

Nell'area del diritto sindacale, nonostante i tentativi delle parti sociali di ordinare le procedure in materia di contrattazione collettiva con diversi accordi interconfederali e testi unici, la frammentazione delle sigle sindacali aumenta e non favorisce un sistema ordinato di contrattazione collettiva. Nell'archivio del Cnel i contratti collettivi sono circa 800. E questo dato aiuta a comprendere perché da tutte le parti sociali, compresa quella datoriale, ormai si richiede di intervenire per via legislativa in materia di rappresentatività sindacale, anche se permane, in un regime di libertà sindacale, il problema della perimetrazione dell'area contrattuale.

Si assiste ad una riduzione delle tutele del rapporto di lavoro e ad un forte ridimensionamento della norma inderogabile, mentre aumenta la platea di coloro che sono destinatari di tutele del reddito perché l'impresa è in difficoltà (lavoratori in c.d. Cassa integrazione), perché hanno perso o non hanno mai avuto un posto di lavoro (disoccupati e inoccupati) o ancora in virtù di una condizione di povertà del nucleo familiare (Reddito di inclusione, di recente sostituito dal Reddito di cittadinanza, d.l. n. 4 del 2019, conv. dalla legge n. 26).

A tali tutele è dedicata la sesta parte del manuale, che si è rivelata molto utile per gli studenti perché li aiuta a comprendere il c.d. diritto all'occupazione, che in realtà è un coacervo di provvedimenti e istituti (Cassa integrazione ordinaria, straordinaria, in deroga, NASpI, Reddito di cittadinanza) non sistematicamente ordinati e ordinabili. E tuttavia tali istituti, pur diversi per presupposti e per finalità, corrispondono al comune obbiettivo di garantire un minimo di reddito e di favorire o almeno difendere l'occupazione.

Per quest'ultima funzione, accanto all'erogazione del reddito (politiche passive), sono sempre più importanti i servizi per il lavoro e tutti quegli strumenti, detti politiche attive, finalizzati ad assicurare il rapido inserimento o reinserimento nel mercato del lavoro, come l'assegno di ricollocazione. Lo stesso reddito di cittadinanza, che pure esprime finalità assistenziali come strumento di contrasto alla povertà, dovrebbe al contempo essere una misura di politica attiva per l'avviamento al lavoro del disoccupato e dell'inoccupato, anche mediante l'assunzione di personale apposito (i c.d. *navigator*).

Per provvedere alla redazione della settima edizione, che in realtà è una nuova opera, mi sono avvalso di una squadra di collaboratori provetti come i proff. Domenico Mezzacapo e Antonio Preteroti, gli avv. Stefano Cairoli, Fabrizio Ferraro e Luisa Rocchi, aiutati dalla grande esperienza in particolari settori dei proff. Lucia Valente e Alberto Lepore, degli avv. Michele Piccari, Matteo Russo, Alessandro Ponzio, Flavia Schiavetti, Domenico Pace, Angelo Delogu, Luisa Monterossi, e dei dott. Giovanni Pino, Matteo Verzaro, Saverio Giordano e *last but not least*, Dario Calderara, che ha seguito con generosità e dedizione la redazione dell'opera, della quale è stato il vero coordinatore.

E a loro tutti va il mio sentito ringraziamento, ben consapevole che senza il loro aiuto la nuova edizione non avrebbe visto la luce e la consegno al giudizio degli studenti e dei colleghi, sempre attento ad ascoltare i loro consigli e suggerimenti.

Roma, 8 dicembre 2019 GIUSEPPE SANTORO-PASSARELLI

Parte prima

Definizione, funzione e fonti del diritto del lavoro

Capitolo 1

Partizione della materia e funzione del diritto del lavoro

partizioni della materia

1. Il diritto che dal lavoro prende nome e ragione è costituito da due parti: 1) il diritto sindacale e 2) i rapporti individuali di lavoro. La previdenza sociale che originariamente faceva parte del diritto del lavoro ormai insieme all'assistenza sociale, per una serie di ragioni che saranno illustrate successivamente (v. *infra* par. 1.3) ha dato corpo e sostanza ad un sistema di sicurezza sociale, denominato per l'appunto diritto della sicurezza sociale.

diritto sindacale

1.1. Le basi costituzionali del diritto sindacale italiano sono costituite dagli artt. 39 e 40 Cost. L'art. 39 stabilisce che l'organizzazione sindacale sia libera e ciò significa non solo che i lavoratori possono costituire associazioni sindacali per tutelare i loro interessi, ma anche che l'ordinamento riconosce alle associazioni sindacali dei lavoratori e degli imprenditori il potere di regolare da sé i loro interessi attraverso la conclusione del contratto collettivo. E l'art. 40 stabilisce che lo sciopero si esercita nell'ambito delle leggi che lo regolano e quindi riconosce ai soggetti collettivi e ai singoli di autotutelare i propri interessi. Il diritto sindacale nell'ordinamento italiano è contrassegnato da un intervento della legge piuttosto limitato e comunque di sostegno dell'autonomia collettiva. Ha assolto a questa funzione di sostegno in modo esemplare lo statuto dei lavoratori. In conclusione quindi l'oggetto principale dello studio del diritto sindacale è:

1) la **libertà e l'esercizio dell'attività sindacale** posta in essere dai singoli e dalle associazioni sindacali per tutelare interessi collettivi e mai interessi individuali dei lavoratori;

2) il **contratto collettivo**. Come si vedrà questo contratto pur essendo un prodotto dell'autonomia delle parti, ha comunque proprie peculiarità rispetto al contratto individuale;

3) l'**autotutela** ossia il ricorso da parte dei sindacati e dei lavoratori allo sciopero per far valere i loro interessi nei confronti dei datori di lavoro.

rapporti di lavoro

1.2. Una parte non meno importante del diritto del lavoro ha come oggetto lo studio del rapporto di lavoro subordinato.

È bene chiarire subito che questo rapporto ha origine contrattuale e si contraddistingue rispetto agli altri contratti "per l'implicazione della persona del lavoratore nello svolgimento del rapporto". Ed è questa la ragione per la quale la disciplina del contratto di lavoro subordinato è (era) costituita in massima parte da norme inderogabili, ossia da norme di legge e clausole del contratto collettivo che non possono essere modificate dalla volontà delle parti individuali. In altri termini, l'autonomia delle parti che regola il contenuto del contratto è fortemente ridotta rispetto al contratto di lavoro subordinato perché si presume che il lavoratore per la sua posizione di debolezza contrattuale rispetto al datore di lavoro non sia in grado di regolare da sé i suoi interessi.

E tuttavia, in particolare dal 2015 con il d.lgs. n. 81, tale inderogabilità si è fortemente attenuata sia in materia di potere di controllo del datore di lavoro rispetto all'art. 4 dello Statuto dei lavoratori, sia in materia di mansioni rispetto al vecchio testo dell'art. 2103 c.c. che sanciva solennemente il divieto di adibire il lavoratore a mansioni inferiori, mentre ora è consentito al datore di lavoro in diversi casi l'adibizione a mansioni inferiori. E la flessibilità è diventata rilevante in materia di sanzioni contro il licenziamento ingiustificato dove la reintegrazione non è più l'unica sanzione ma è diventata marginale rispetto all'indennizzo (art. 3, d.lgs. n. 23 del 2015).

Parimenti, nonostante l'art 1 del d.lgs. n. 23 proclami solennemente che il contratto a tempo indeterminato costituisce la forma comune del rapporto di lavoro, è agevole constatare che questa forma di lavoro standard non è affatto l'unica forma di assunzione, ma spesso è preceduta da stage della durata di 6 mesi, dall'apprendistato, dal contratto a tempo determinato, dalla somministrazione di mano d'opera, per non parlare delle collaborazioni continuative e coordinate previste dall'art. 409 c.p.c. che resta in vigore o le collaborazioni eteroorganizzate previste dall'art. 2 del d.lgs. n. 81 citato.

Da ultimo, il d.l. n. 101 del 2019, convertito con modificazioni dalla l. n. 128/2019, ha integrato la disciplina del comma 1 del citato art. 2 con formule che rendono ancora più incerta la qualificazione del rapporto eteroorganizzato, e ha tracciato una definizione di lavoratore nelle piattaforme digitali riconoscendo alcune tutele, certamente inferiori a quelle del lavoratore subordinato.

Sia il ricorso alle forme di assunzione contrassegnate dalla temporaneità del rapporto sia la flessibilizzazione della disciplina di materie importanti come le mansioni e il licenziamento hanno precarizzato, come si dice oggi, il rapporto di lavoro e la vita del lavoratore o, come un tempo si diceva, l'essere del lavoratore [1].

---

[1] F. Santoro-Passarelli, "*Se tutti gli altri contratti riguardano l'avere delle parti, il contrat-*

Mentre, secondo un'altra corrente di pensiero, la presenza di più rapporti di lavoro e la flessibilità della disciplina servono a favorire o a difendere l'occupazione. E tuttavia non si può negare che nell'attuale contesto la produttività e la crescita crescono solo di qualche decimale e secondo alcune stime sarebbero pari allo zero.

Si pone in controtendenza rispetto ai decreti del 2015 il c.d. decreto dignità (d.l. n. 87 del 2018, conv. in legge n. 96 del 2018) che ha invece irrigidito la disciplina legale del contratto a termine senza causali, riducendo la durata da 36 mesi a 12 mesi e ha aumentato la misura minima e massima dell'indennità dovuta dal datore di lavoro in caso di licenziamento ingiustificato.

Il tempo dirà se misure di irrigidimento dei vincoli all'assunzione flessibile o al licenziamento siano effettivamente in grado di determinare un aumento o un miglioramento qualitativo dell'occupazione.

Bisogna anche aggiungere che rientrano nel campo di applicazione della nostra materia non soltanto i rapporti di lavoro appena menzionati, ma anche il lavoro autonomo.

Di regola, il diritto sindacale e il rapporto di lavoro sono esaminati congiuntamente nei manuali perché sono numerosi e stretti i nessi tra il contratto individuale e il contratto collettivo. E tuttavia non mancano manuali illustri del solo diritto sindacale o del solo rapporto individuale di lavoro.

il diritto della sicurezza sociale riunisce l'assistenza sociale (art. 38, comma 1, Cost.) e la previdenziale sociale (art. 38, comma 2, Cost.)

1.3. Accanto al diritto del lavoro, ormai staccato da questa disciplina, esiste il diritto della sicurezza sociale che comprende a sua volta la previdenza e l'assistenza sociale: la base normativa della prima è costituita dall'art. 38, comma 1, Cost., e della seconda dall'art. 38, comma 2, Cost.

In origine le prime realizzazioni della tutela previdenziale riguardavano esclusivamente i lavoratori subordinati e questo spiega perché fossero i datori di lavoro dei soggetti protetti obbligati al pagamento dei contributi previdenziali. Successivamente anche per i lavoratori parasubordinati la contribuzione previdenziale è posta a carico dei committenti, mentre sono gli stessi lavoratori autonomi e i liberi professionisti che provvedono al pagamento dei contributi per la realizzazione della loro tutela previdenziale.

previdenza ed assistenza: diversità di funzione

Ma accanto a questo sistema, che riserva le prestazioni pensionistiche soltanto ai lavoratori che contribuiscono al finanziamento della loro pensione con la contribuzione collegata al loro rapporto di lavoro e senza prendere posizione sulla qualificazione giuridica dei suddetti contributi, non si può ignorare l'esistenza di un sistema di assistenza sociale che si fonda sulla solidarietà universale quando i beneficiari della prestazione siano persone in stato di bisogno indipendentemente dall'esistenza di un rapporto contributivo, perché il

---

to di lavoro riguarda ancora l'avere per l'imprenditore, ma per il lavoratore riguarda e garantisce l'essere che è condizione dell'avere e di ogni altro bene" già in *Spirito del diritto del lavoro*, in *Annali del Seminario giuridico dell'Università di Catania*, 1947-48, p. 3 e ora in *Saggi diritto civile*, Napoli, 1961, p. 1071. Cfr. anche R. Scognamiglio, *La specialità del diritto del lavoro*, in *Riv. giur. lav.*, 1960, I, pp. 83 ss.

finanziamento ne prescinde e, quindi, avviene attraverso il generale prelievo fiscale. Esempi di trattamenti assistenziali sono la pensione sociale, dal 1996 sostituita dall'assegno sociale, l'assegno di invalidità e l'indennità di accompagnamento, o ancora il Sostegno per l'Inclusione Attiva (SIA) introdotto dalla legge n. 208 del 2015 (legge di Stabilità 2016), che nel 2018 era stato sostituito dal nuovo strumento del Reddito di Inclusione (Rei), misura introdotta dal d.lgs. n. 147 del 2017, strumento di contrasto alla povertà del nucleo familiare, del tutto avulso dall'esistenza di un rapporto lavorativo o contributivo pregresso.

Il decreto n. 4 del 2019, inoltre, ha sostituito il Rei con il Reddito di cittadinanza, che a differenza del primo è qualificato come una misura di politica attiva, perché impone al soggetto beneficiario in grado di lavorare (così come ai membri del suo nucleo familiare) di stipulare il patto per il lavoro, dichiarando disponibilità alla ricerca di un lavoro.

Orbene, di questa parte, denominata di assistenza sociale, come pure del rapporto tra contribuzione e prestazioni pensionistiche, non si occupa questo manuale perché, come tutti i manuali di diritto del lavoro, non si occupa della sicurezza sociale, che presenta peculiarità proprie regolate da un apparato normativo sterminato e non sempre ordinato, ma spesso determinato da occasioni contingenti e dalle risorse appositamente stanziate.

È il caso dell'introduzione della quota 100 per opera del Governo Conte I, che, mediante il d.l. n. 4 del 2019 conv. in legge n. 26 del 2019, ha modificato al ribasso i requisiti per l'accesso alla pensione[2], o ancora del recente potenziamento degli ammortizzatori sociali in deroga (per opera del d.l. n. 101 del 2019, capo II[3]): ambedue gli interventi si pongono in controtendenza rispetto alle politiche di contenimento della spesa previdenziale.

il diritto dell'occupazione

1.4. Questo manuale invece si occuperà di tutte le misure che pur rientrando nella sicurezza sociale, sono qui denominate breviloquentemente diritto dell'occupazione e riguardano:

1) **l'incidenza della contribuzione sul costo del lavoro per le imprese** e, di conseguenza, sulla scelta della tipologia contrattuale economicamente più conveniente e le modalità attraverso le quali l'ordinamento favorisce il ricorso a determinate tipologie contrattuali di assunzione;

2) le **forme di tutela dell'occupazione in costanza di rapporto di lavoro**, e cioè di coloro che non lavorano ma non hanno ancora perso il posto di lavoro (cassa integrazione e contratti di solidarietà difensivi e fondi di solidarietà);

3) le **forme di tutela dell'occupazione per lavoratori** in stato di disoccupazione involontaria e quindi **che ricercano un posto di lavoro**, e le relative

---

[2] Il Governo ha stanziato per la misura 3,9 miliardi di euro per il 2019, 8,3 per il 2020 e 8,7 miliardi di euro per l'anno 2021 per un totale di 20,9 miliardi.

[3] Con stanziamenti di milioni di euro per differenti enti territoriali (es. Regione Sardegna, Regione Sicilia) e realtà produttive (es. ILVA di Taranto).

condizioni per usufruire dei trattamenti (c.d. strumenti di "condizionalità");

4) i **servizi per l'impiego e le politiche attive**, ossia quelle politiche che aiutano il lavoratore inoccupato ossia mai occupato, o disoccupato ossia in cerca di nuova occupazione, a trovare un posto di lavoro e a ricevere la formazione necessaria a svolgere le mansioni richieste dalla nuova occupazione, insieme al **Reddito di cittadinanza** che come detto è una misura di politica attiva (*supra*, par. 1.3).

l'emersione del diritto dell'occupazione come categoria autonoma

A queste misure, di solito ad appannaggio dei manuali della previdenza sociale, è dedicata la sesta parte del manuale, che giustifica l'aggiunta del titolo "**diritto dei lavori e dell'occupazione**".

Infatti, si tratta a mio avviso di provvedimenti legislativi e amministrativi che, pur potendo rientrare *lato sensu* nell'area della previdenza sociale, tuttavia stanno acquisendo una loro identità che ha come comun denominatore non soltanto l'art. 38 Cost., ma ancor prima l'art. 4 Cost.

differenza tra art. 4 e art. 38 Cost.

Infatti, l'art. 38, comma 2, Cost. sancisce il principio che siano forniti mezzi adeguati e cioè un reddito in caso di disoccupazione involontaria e cioè di perdita del posto di lavoro o di mancanza del lavoro in costanza di rapporto.

Invece l'art. 4 riconosce il più ampio diritto al lavoro, inteso ovviamente non come diritto individuale ad avere un determinato posto di lavoro, ma come il diritto a ricevere assistenza e formazione nella ricerca di un posto di lavoro e cioè misure efficaci di incentivo e di tutela del lavoro e dell'occupazione.

E tutti gli strumenti che verranno descritti nella parte VI corrispondono anche a tali funzioni di incentivo e tutela.

il diverso principio del contemperamento tra diritti dei lavoratori ed esigenze delle imprese

2. In conclusione nel nostro ordinamento lo Stato dovrebbe garantire a coloro che sono in età lavorativa e versano in stato di bisogno, ma non hanno un posto di lavoro, un reddito di sopravvivenza. È questa una forma di assistenza che grava sulla fiscalità generale e rientra perciò nel sistema di sicurezza sociale. È prevista in programmi di diverse forze politiche con varie denominazioni e diversi ambiti di applicazione, ed inizia ad essere regolata dal nostro legislatore ancora in forma marginale.

la funzione del diritto del lavoro

Viceversa, la funzione del diritto del lavoro è quella di garantire, attraverso un sistema di norme legali e collettive, spesso inderogabili, a chi lavora in modo esclusivamente personale con o senza vincolo di subordinazione un corrispettivo per i periodi di lavoro e un reddito dignitoso per i periodi di non lavoro finanziato dalla contribuzione e, quindi, rientrante nella previdenza sociale.

I principi appena enunciati precedono e non vanno confusi con il diverso principio del contemperamento degli interessi dell'impresa con quelli dei lavoratori. Il fondamento di questo contemperamento, a mio avviso, risiede nell'art. 41, comma 2, Cost. laddove si afferma che l'iniziativa economica non può svolgersi in contrasto con l'utilità sociale e in modo da recare danno alla sicurezza, alla libertà e alla dignità umana. Dove l'utilità sociale è considerata un limite esterno e non funzionale all'impresa e necessita della mediazione del legislatore[4].

In altri termini, l'utilità sociale è un contenitore ed esprime un valore, che deve essere riempito di contenuto normativo dal legislatore ordinario e che, conseguentemente risente inevitabilmente degli orientamenti delle diverse maggioranze parlamentari che possono variare nelle diverse legislature.

Certamente quando si afferma che la funzione del nostro diritto è quella di proteggere la parte debole del rapporto non si ignora il contesto in cui il diritto del lavoro si trova ad operare.

È ovvio che la funzione di questa disciplina non comporta la cristallizzazione di un sistema di valori immutabile. La funzione del diritto del lavoro si atteggia diversamente alle origini della civiltà industriale rispetto alla civiltà telematica, dove cambia anche l'organizzazione dell'impresa non più sempre gerarchica e fordista.

Ed il richiamo alla funzione del diritto del lavoro non esclude, ovviamente nell'attuale contesto, il perseguimento di obbiettivi di politica economica essenziali per l'Italia, come ad esempio l'aumento della produttività e della crescita, ferme da un quarto di secolo, ridurre il debito pubblico per tagliare la spesa per interessi ed eliminare il rischio di crisi finanziarie, e ridurre le diseguaglianze generazionali per contenere le rilevanti emigrazioni dei giovani più meritevoli e intraprendenti.

La funzione del diritto del lavoro non è immutabile e trae fondamento dalla disparità di potere contrattuale tra le parti

Ciò che interessa in questa sede sottolineare è che comunque il diritto che dal lavoro prende nome e ragione, avrà ragione di esistere fino a quando assolverà alla sua funzione tipica che è quella di proteggere la parte debole del rapporto e, conseguentemente, la persona del lavoratore attraverso l'uso della norma inderogabile, certamente tenendo conto del contesto che è profondamente mutato rispetto al tempo dello Statuto dei lavoratori.

Se, viceversa, le nuove normative terranno conto solo delle ragioni dell'economia globalizzata dimenticando la disparità di forza contrattuale che esiste tra le parti del rapporto di lavoro, il diritto del lavoro non avrà più ragione di esistere e il contratto di lavoro tornerà ad esse uno dei tanti contratti regolati dal diritto civile.

---

[4] G. Minervini, *Contro la "funzionalizzazione" dell'impresa privata*, in *Riv. dir. civ.*, 1958, I, p. 618; F. Galgano, *Diritto commerciale: L'imprenditore*, Bologna, 1971, pp. 96-97; F. Mancini, *Sub art. 4*, in G. Branca (a cura di), *Commentario alla Costituzione*, 1975, pp. 234, 242-243.

Capitolo 2

Le fonti del diritto del lavoro

SOMMARIO: 1. Premessa. – 2. Le fonti di produzione: la normativa internazionale ed europea. – 2.1. Gli atti dell'Unione. – 3. La Costituzione, la legge ordinaria, i regolamenti e gli usi. – 4. Le fonti *extra ordinem*: la contrattazione collettiva e il contratto individuale. – 5. L'ampliamento della deroga *in pejus* e una sostanziale equivalenza tra contratti collettivi nazionali e aziendali da parte del legislatore. – 6. Ridimensionamento della norma inderogabile e l'ampliamento della platea dei lavoratori disoccupati e inoccupati che percepiscono un reddito durante il periodo di non lavoro.

fonti del diritto

1. L'approccio allo studio delle fonti del diritto del lavoro prende le mosse dall'art. 1 delle Preleggi, ai sensi del quale sono fonti del diritto la legge, i regolamenti, le norme corporative e gli usi.

natura negoziale dei contratti collettivi di diritto comune

Dopo la caduta dell'ordinamento fascista, i contratti collettivi corporativi sono stati sostituiti da quelli c.d. di diritto comune, che, a differenza dei primi, non hanno valore di atti normativi ma hanno natura negoziale. Essi, pertanto, non possono essere considerati fonti del diritto del lavoro in senso tecnico, nonostante autorevoli opinioni dottrinali tendano a rivedere questa conclusione.

I contratti collettivi di diritto comune costituiscono però una importantissima fonte di regolazione del rapporto di lavoro e, nonostante abbiano l'efficacia limitata tra le parti, come tutti gli atti di autonomia privata (art. 1372 c.c.), hanno una naturale vocazione ad estendere i propri effetti anche al di là del loro ambito di applicazione soggettivo e sono comunque inderogabili *in peius* dalla volontà delle parti del contratto individuale. Non a caso, con una icastica espressione, si è detto che il contratto collettivo ha l'anima della legge e il corpo del contratto [1].

funzione suppletiva della giurisprudenza

Anche la giurisprudenza, fin dalle origini, ha spesso svolto una funzione suppletiva rispetto al legislatore e, in ogni caso, la funzione nomofilattica della Cassazione ha favorito l'emersione di orientamenti giurisprudenziali integrativi della legge ordinaria e anche di precetti costituzionali. Basti pensare alla giurisprudenza sulla retribuzione sufficiente e a quella interpretativa di clausole generali, per esempio in materia di giusta causa di licenziamento.

---

[1] F. Carnelutti, *Contratto collettivo*, in *Dir. lav.*, 1928, II, p. 184.

E per questi motivi la giurisprudenza è considerata, ovviamente in senso atecnico, alla stregua di una fonte del diritto del lavoro, la cui conoscenza è assolutamente indispensabile nello studio di questa materia.

la normativa internazionale in materia di lavoro

2. La tutela dell'uomo che lavora e la volontà di evitarne lo sfruttamento costituiscono l'obbiettivo principale dell'Organizzazione internazionale del lavoro, della quale fanno parte gli Stati membri dell'Organizzazione delle Nazioni Unite. L'Oil svolge un'attività normativa in materia di lavoro, attraverso l'emanazione di raccomandazioni e la predisposizione di progetti di convenzioni, che comunque devono essere recepite o ratificate da provvedimenti legislativi interni degli Stati membri.

Gli atti normativi dell'Oil, pur essendo espressione di importanti principi di civiltà giuridica (basti pensare alla convenzione n. 87 del 1948 e alla n. 98 del 1949 in materia di diritti sindacali e di tutela antidiscriminatoria; alla n. 100 del 1951 in materia di eguaglianza tra lavoratori e lavoratrici; alla n. 103 del 1952 in materia di tutela della maternità; alla n. 132 del 1970 sulle ferie annuali retribuite; alla n. 138 del 1973 sull'età minima di ammissione al lavoro) hanno avuto un'influenza relativa sull'evoluzione del diritto del lavoro italiano, giacché il nostro ordinamento ha già previsto livelli di tutela qualitativamente e quantitativamente più elevati di quelli predisposti dalla Comunità internazionale.

le fonti comunitarie in materia di lavoro

Viceversa un'influenza sempre più penetrante rispetto all'ordinamento del lavoro in Italia ha assunto la normativa comunitaria.

Appare necessario sottolineare che le politiche comunitarie hanno in parte modificato la prospettiva originaria del Trattato di Roma del 1957. Infatti, quel Trattato riconosceva agli interventi in materia sociale una funzione strumentale rispetto alla realizzazione degli obiettivi diretti a garantire la libera circolazione dei beni e delle persone e la concorrenza tra le imprese. Dopo l'Atto unico europeo, il Trattato di Maastricht e quello di Amsterdam, è riconosciuta all'Unione Europea una competenza crescente e autonoma in materia di tutela del lavoro, ed è previsto un coinvolgimento crescente delle parti sociali nei processi di formazione delle norme comunitarie.

L'ultimo Trattato europeo, quello di Lisbona del 13 dicembre 2007, adottato per superare la situazione di incertezza determinatasi a seguito della bocciatura del c.d. Trattato costituzionale da parte dei referendum popolari francese e olandese, cerca di recepirne, in forma attenuata, il lascito politico istituzionale.

hard e soft law

A queste incertezze, che mettono in evidenza non solo differenze in ordine alla dimensione politico istituzionale della Comunità europea ma anche l'assenza di un sistema compiuto di regole del diritto del lavoro europeo, si devono aggiungere le divergenze sulle tecniche di regolazione tra coloro che privilegiano l'assetto di un'Europa sociale fondato su un sistema di regole rigide e vincolanti e coloro che, viceversa, auspicano il rafforzarsi di strumenti di indirizzo e coordinamento convenzionalmente denominato di *soft law*.

In proposito è appena il caso di ricordare il dibattito sulla *flexicurity* suscitato su iniziativa della Commissione e ripreso con diversi accenti dal Parlamento europeo attraverso atti normativi non vincolanti per indirizzare e orientare le politiche del lavoro degli Stati membri, sulla difficoltà di coniugare le esigenze di flessibilità delle imprese con la necessità di garantire la sicurezza del reddito dei lavoratori nei periodi di non lavoro.

la flexicurity

L'art. 3 del Trattato dell'Unione Europea indica tra i propri obbiettivi la promozione di un elevato livello di occupazione e la realizzazione di uno sviluppo equilibrato e sostenibile, mentre l'art. 146, par. 2, nel nuovo titolo IX dedicato all'occupazione, considera questo tema una questione di interesse comune fra gli Stati membri.

L'art. 151 indica come obbiettivi della politica sociale comunitaria: il miglioramento delle condizioni di vita e di lavoro, la promozione dell'occupazione, una protezione sociale adeguata, il dialogo sociale, lo sviluppo delle risorse umane atto a consentire un livello occupazionale elevato e duraturo e la lotta contro l'emarginazione. Il perseguimento di questi obbiettivi consente di riscontrare il lento ma continuo avanzamento delle fonti comunitarie in materia sociale. D'altra parte, la stessa norma richiama e riconosce i diritti sociali fondamentali menzionati dalla Carta sociale europea del 1961 e dalla Carta comunitaria del 1989, anche se ad essi non ha attribuito efficacia diretta, nel senso che non sono soggetti al controllo della Corte di Giustizia.

Passo ulteriore è stato però fatto con l'art. 6 TUE che riconosce i diritti, le libertà e i principi sanciti nella Carta dei diritti fondamentali dell'Unione europea del 7 dicembre 2000 (Carta di Nizza) a cui è conferito lo stesso valore giuridico dei trattati e prevede l'adesione alla Convenzione europea per la salvaguardia dei diritti dell'uomo e delle libertà fondamentali.

In questo modo si sancisce il valore primario di quei diritti che costituiscono l'insieme dei valori fondamentali a cui è tesa l'azione dell'Unione tra i quali, nel capo IV dedicato al valore della solidarietà, sono inclusi il diritto dei lavoratori all'informazione e alla consultazione nell'ambito dell'impresa (art. 27), il diritto di negoziazione e di azioni collettive (art. 28), il diritto di accesso ai servizi di collocamento (art. 29), la tutela in caso di licenziamento ingiustificato (art. 30), le condizioni di lavoro giuste ed eque (art. 31), il divieto del lavoro minorile e la protezione dei giovani sul luogo di lavoro (art. 32), la vita familiare e quella professionale (art. 33) e la sicurezza e l'assistenza sociale (art. 34).

In breve, queste disposizioni e il richiamo nel Trattato ai diritti sociali fondamentali considerano la promozione dell'occupazione e la tutela del lavoro valori fondanti della Comunità, sicché ben si può affermare che la legislazione in materia di politica sociale è ormai diretta alla tutela del lavoro, e tende a scomparire la sua funzione ancillare e strumentale rispetto al processo d'integrazione economica della Comunità.

promozione dell'occupazione e tutela del lavoro diventano valori fondanti della Comunità

Questo non significa che la normativa comunitaria sopra richiamata sia sufficiente a delineare un sistema compiuto di diritto del lavoro comunitario.

L'art. 153, par. 1, infatti, prevede e stabilisce una competenza concorrente della Comunità con quella degli Stati membri (sostiene e completa l'azione degli Stati membri) per conseguire gli obbiettivi previsti dall'art. 151 soltanto in determinati settori: il miglioramento dell'ambiente di lavoro, per proteggere la sicurezza e la salute dei lavoratori; le condizioni di lavoro; l'informazione e consultazione dei lavoratori, l'integrazione delle persone escluse dal mercato del lavoro, fatto salvo l'art. 150; la parità tra uomini e donne per quanto riguarda le opportunità sul mercato del lavoro ed il trattamento sul lavoro; la lotta contro l'esclusione; la modernizzazione dei regimi di protezione sociale.

Inoltre, l'art. 153, par. 2 richiede l'unanimità in determinate materie, come ad esempio la sicurezza sociale e la protezione sociale dei lavoratori, la protezione dei lavoratori in caso di risoluzione del contratto di lavoro, la rappresentanza e difesa collettiva degli interessi dei lavoratori e dei datori di lavoro (compresa la cogestione), le condizioni di impiego dei cittadini dei paesi terzi che soggiornino legalmente nel territorio della Comunità, i contributi finanziari volti alla promozione dell'occupazione e alla creazione dei posti di lavoro, fatte salve le disposizioni relative al Fondo sociale europeo. Occorre, però, sottolineare come non sia sempre agevole e di facile applicazione questa disposizione quando le materie, regolate da una stessa fonte comunitaria, sono soggette a due diversi regimi di approvazione: si pensi, per esempio, alla direttiva sui congedi parentali approvata a maggioranza, anche se contiene una disposizione sulla risoluzione del contratto di lavoro, materia per la quale è prevista l'approvazione all'unanimità.

In ultimo appare necessario menzionare la possibilità concessa agli Stati membri di affidare alle parti sociali, anche su loro richiesta congiunta, il compito di mettere in atto le direttive prese a norma del par. 2 o, se del caso, una decisione del Consiglio adottata conformemente all'art. 155.

i regolamenti sono tesi a uniformare le legislazioni nazionali; le decisioni regolano situazioni specifiche

2.1. Gli atti emanati dall'Unione Europea (regolamenti, direttive e decisioni) dispiegano efficacia nell'ordinamento degli Stati membri in diversa guisa. In particolare, **i regolamenti**, contenenti precetti generali ed astratti, tendono ad uniformare le legislazioni nazionali, mentre **le decisioni** sono riferite a situazioni specifiche. Entrambi gli atti sono direttamente applicabili nei confronti degli Stati e degli individui e prevalgono sulle norme di diritto interno eventualmente difformi.

le direttive devono essere recepite in atti interni dei Paesi membri ...

Le direttive, invece, per l'adozione delle quali sono previste maggioranze diverse, tendono ad armonizzare le legislazioni nazionali dei Paesi membri attraverso la previsione di determinati obbiettivi, ma non incidono sulle forme e i mezzi, e la loro trasposizione resta affidata ad atti interni dei Paesi membri. Secondo la giurisprudenza della Corte di giustizia[2] le direttive, anche in mancanza di norme di attuazione, **possono avere efficacia verticale** nei confronti dello Stato e degli Enti pubblici, quando contengano **disposizioni chiare precise ed incondizionate, ma non efficacia orizzontale**, ossia nei rapporti tra privati perché altrimenti avrebbero la stessa efficacia dei regolamenti.

... hanno efficacia verticale ma non orizzontale

---

[2] *Ex multis* Corte giust. CE, 18 gennaio 2001, causa 150/99, in *Rep. Foro it.*, 2002, voce *Unione europea e Consiglio d'Europa*, n. 1844.

Nel caso in cui lo Stato non provveda ad attuare la direttiva nei termini stabiliti, il privato cittadino ha diritto al risarcimento del danno da parte dello Stato [3], ma ovviamente non può pretendere l'applicazione immediata della direttiva, non attuata, nei rapporti con altri privati, perché, altrimenti, la stessa direttiva avrebbe non solo efficacia verticale ma anche quella orizzontale, propria dei regolamenti.

mancata attuazione delle direttive e diritto del cittadino al risarcimento del danno

Inoltre, la Corte di giustizia ha più volte affermato che il giudice nazionale deve comunque interpretare il diritto interno, quando non vi sia un insanabile contrasto tra disposizioni interne e quelle comunitarie, in conformità al diritto comunitario (c.d. interpretazione conforme) [4].

interpretazione conforme

3. Anche la Costituzione repubblicana, che già nel suo primo articolo riconosce al lavoro un valore fondante della Repubblica, garantisce ed assicura un sistema di tutele, in particolare retributiva (art. 36) e di sicurezza sociale (art. 38), al lavoro in tutte le sue forme ed applicazioni (art. 35), non solo attraverso la mediazione della legge ordinaria e quindi del giudice, ma soprattutto attraverso il riconoscimento e la mediazione dell'autonomia collettiva (art. 39) e dello sciopero (art. 40), elevato a rango di diritto costituzionalmente garantito.

le norme costituzionali in materia di lavoro

La legge costituzionale n. 3 del 2001 ha modificato il titolo V della parte seconda della Costituzione ed in particolare ha sostituito l'art. 117 Cost.

Costituzione e federalismo: l'art. 117 Cost.

Tale articolo rovescia il criterio di ripartizione tra le materie di competenza dello Stato e delle Regioni mediante un elenco analitico delle materie soggette alla legislazione statale o regionale nel rispetto dei principi fondamentali (c.d. legislazione concorrente).

Rientra espressamente nella competenza esclusiva della legislazione statale (comma 2, lett. *l*) l'**ordinamento civile** che, secondo la giurisprudenza della Corte costituzionale [5], intervenuta più volte sia pure con riferimento al vecchio testo, si pone come limite alla legislazione regionale e comprende i rapporti tradizionalmente oggetto di codificazione.

Perciò si possono ragionevolmente ritenere inclusi tra i rapporti privati sia la disciplina del rapporto individuale di lavoro, sia il diritto sindacale nella sua dimensione privatistica.

la competenza esclusiva dello Stato in materia di rapporto di lavoro

Alla legislazione concorrente o residuale delle regioni competono invece la disciplina della formazione professionale, la tutela e sicurezza del lavoro, la promozione dell'occupazione (servizi per l'impiego, incentivi alle imprese,

[3] Cfr. Corte giust. CE, 9 novembre 1991, cause 6/90 e 9/90, in *Foro it.*, 1992, IV, c. 145. *Ex multis* Corte giust. CE, 12 settembre 2006, causa 300/04, in *Rep. Foro it.*, 2008, voce *Unione europea e Consiglio d'Europa*, n. 7. Tale principio è confermato anche da Cass., Sez. Un., 17 aprile 2009, n. 9147.

[4] Cfr., da ultimo, Corte giust. UE, 26 novembre 2014, n. 22, cause riunite C-22/13, da C-61/13 a C-63/13 e C-418/13.

[5] Sentenze n. 326 e 82 del 1998, n. 307 del 1996, n. 462 e 408 del 1995, n. 441 del 1994; ordinanza n. 243 del 2000. Cfr. anche Cass. 6 novembre 2001, n. 352.

ecc.) nonché la previdenza complementare ed integrativa e la disciplina delle professioni.

Com'è noto, il 4 dicembre 2016 il referendum costituzionale ha bocciato la riforma costituzionale proposta dal Governo Renzi, che aveva eliminato la competenza regionale concorrente e riservava in via esclusiva alla legge statale le disposizioni generali e comuni in tema di tutela e sicurezza del lavoro, l'ordinamento delle professioni e la previdenza complementare ed integrativa.

legge, decreti legge e decreti legislativi delegati

La legge statale e le fonti ad essa equiparate, e cioè i decreti legge e i decreti legislativi, costituiscono il vero telaio della disciplina del rapporto di lavoro. Basti ricordare la disciplina dell'impiego privato (r.d.l. n. 1825 del 1924), ancora in vigore in alcune sue parti, per non parlare del codice civile che contiene una disciplina organica del rapporto di lavoro, e dello Statuto dei lavoratori che, da un lato, ha introdotto il sindacato in azienda riconoscendo ad esso una serie di diritti e prerogative, e dall'altro, ha innovato sensibilmente la disciplina codicistica del rapporto di lavoro.

gli usi normativi

gli usi aziendali come usi negoziali

Quanto agli usi, bisogna distinguere gli usi normativi (art. 2078 c.c.), che possono prevalere su norme dispositive di legge, se più favorevoli per il lavoratore, ma non possono modificare la disciplina inderogabile del rapporto individuale di lavoro, dagli usi aziendali che sono usi negoziali (art. 1340 c.c.). Secondo un orientamento per lungo tempo accolto dalla giurisprudenza, gli usi aziendali si concretano nella concessione generalizzata, durevole e costante di trattamenti non previsti da altre fonti e quindi integrano il contenuto del contratto individuale, con l'ulteriore conseguenza che possono essere modificati **solo con il consenso** del lavoratore che ne è il destinatario, e prevalgono anche sulla disciplina collettiva[6].

la modifica degli usi

Secondo una più recente giurisprudenza condivisa da una parte della dottrina, l'uso aziendale farebbe sorgere in capo al datore di lavoro un obbligo unilaterale di carattere collettivo produttivo di effetti giuridici sui singoli rapporti individuali di lavoro "allo stesso modo e con la stessa efficacia di un contratto collettivo aziendale"[7], **sicché per la sua modifica o soppressione potrebbe risultare sufficiente un accordo con il sindacato**[8].

le fonti del rapporto di lavoro: il contratto individuale, il contratto collettivo e la legge

4. Un discorso sulle fonti di produzione non sarebbe esaustivo e soprattutto non sarebbe realistico se non fosse accompagnato da un'ulteriore osservazione, e cioè che il rapporto di lavoro è regolato da un triplice ordine di fonti, **ovviamente intese in senso non formale**, costituite dalle norme di legge, dalle clausole del contratto collettivo e dalle clausole del contratto individuale.

Lo spazio maggiore è occupato dalle disposizioni inderogabili di legge e

[6] Cass., Sez. Un., 30 marzo 1994, n. 3134; Cass., Sez. Un., 17 marzo 1995, n. 3101; Cass. 17 maggio 2002, n. 7200, in *Foro it.*, 2002, I, c. 2621.

[7] Cass., Sez. Un., 13 dicembre 2007, n. 26107, in *Rep. Foro it.*, 2007, voce *Lavoro (rapporto)*, n. 1220; Cass. 27 maggio 2008, n. 13816.

[8] Cass. 10 marzo 2005, n. 5320, in *Riv. giur. lav.*, 2005, II, p. 659.

dalle clausole inderogabili del contratto collettivo che assolvono ad una funzione di integrazione, specificazione e miglioramento delle tutele previste dalla legge, anche attraverso la previsione e il riconoscimento di diritti di origine esclusivamente collettiva. E tuttavia non si può fare a meno di rilevare la tendenza più recente del legislatore di riconoscere al contratto collettivo una funzione derogatoria *in pejus* delle stesse disposizioni imperative della legge.

limitazione dello spazio del contratto individuale

Ciò non significa che non residui spazio per l'autonomia individuale rilevante nel momento costitutivo del rapporto di lavoro, se non altro per la libertà riconosciuta al lavoratore di accettare o rifiutare la proposta di assunzione del datore di lavoro e, in ogni caso, di scegliere altre forme di impiego della manodopera (contratto a tempo determinato, a tempo parziale, ecc.), ma soprattutto nella fase di svolgimento del rapporto, quando le parti, datore di lavoro e singolo lavoratore, possono pattuire trattamenti più favorevoli di quelli previsti dal contratto collettivo (v. *infra*, analiticamente, cap. 9).

Da quanto si è detto emerge che il contratto collettivo rimane pur sempre atto di autonomia privata ed espressione della libertà sindacale (art. 39, comma 1, Cost.), ma opera in modo non diverso dalla legge, anche se in posizione ad essa sottordinata, e con efficacia soggettivamente limitata, per la mancata attuazione dell'art. 39, comma 4, Cost.

la funzione integrativa e derogatoria dei contratti collettivi

Occorre, tuttavia, sottolineare che numerose disposizioni legislative emanate a partire dalla seconda metà degli anni '70 hanno ampliato notevolmente le competenze del contratto collettivo. Queste norme attribuiscono ai contratti collettivi (spesso selezionati sulla base della rappresentatività dei sindacati firmatari) una funzione integrativa o di completamento del dettato legislativo ovvero riconoscono agli stessi contratti il potere di derogare disposizioni legali non modificabili per mezzo di accordi individuali.

la funzione regolamentare delegata

È stato talvolta obbiettato che tali rinvii sarebbero in contrasto con l'art. 39 Cost., in quanto i loro contenuti sarebbero applicabili anche ai non iscritti ai sindacati stipulanti pur in assenza di una legge di attuazione dell'art. 39, comma 4, Cost., che prevede l'estensione dell'efficacia soggettiva del contratto collettivo. Ma la Corte costituzionale ha sempre respinto, suscitando qualche critica, tali eccezioni di incostituzionalità, replicando che tali contratti **assolvono una funzione regolamentare delegata dalla legge e, in alcuni casi (v. art. 8, d.l. n. 138 del 2011 e art. 51, d.lgs. n. 81 del 2015), anche derogatoria**. E pertanto dalla legge, e non dall'accordo sindacale, scaturisce l'obbligo del datore di lavoro di conformare i propri comportamenti alle previsioni dei contratti collettivi[9]. Tra le fonti *extra ordinem* meritano una menzione particolare gli accordi triangolari di **concertazione** tra le confederazioni maggiormente rappresentative dei lavoratori e dei datori di lavoro e il Governo ormai completamente desueti perché i Governi Monti, Letta, Renzi, Gentiloni e Conte hanno abbandonato il metodo decisionale della concertazione.

---

[9] Corte cost. 30 giugno 1994, n. 268, in *Foro it.*, 1994, I, c. 2307; Corte cost. 18 ottobre 1996, n. 344, in *Giur. cost.*, 1996, p. 3833; Corte cost. 16 ottobre 1997, n. 309, in *Arg. dir. lav.*, 1998, p. 289.

5. Viceversa dal 2011 con l'introduzione dell'art. 8 del d.lgs. 13 agosto 2011, n. 138 convertito in legge 14 settembre 2011, n. 148 è iniziata una stagione del diritto del lavoro nella quale addirittura la legge autorizza la contrattazione collettiva aziendale a derogare *in pejus* determinate materie senza l'intermediazione del contratto collettivo nazionale. Questa apertura alla deroga *in pejus* è stata addirittura stabilita direttamente dal d.lgs. n. 81 del 2015, in materia di potere di controllo del datore di lavoro (art. 4 St. lav.) di mansioni (art. 2103 c.c.) e di licenziamento con il ridimensionamento della sanzione della reintegrazione in casi determinati (art. 3, d.lgs. 4 marzo 2015, n. 23).

Ed è stata sancita implicitamente dall'art. 51 in caso di rinvio da parte della legge ai contratti collettivi una sostanziale equivalenza tra contratti aziendali e contratti nazionali stipulati da associazioni sindacali comparativamente più rappresentative o dalle loro rappresentanze sindacali aziendali ovvero dalla rappresentanza sindacale unitaria.

oggetto del diritto del lavoro

6. Oggi il diritto del lavoro si caratterizza per il ridimensionamento della tecnica della norma inderogabile e conseguentemente non ha più come oggetto soltanto la tutela dei diritti di chi ha il lavoro, ma si preoccupa di garantire la tutela del reddito ai lavoratori nei periodi di non lavoro e, infine, la promozione dell'occupazione per gli inoccupati, cioè per coloro che sono in cerca di prima occupazione, e per i disoccupati, cioè coloro che hanno perduto il posto di lavoro, anche attraverso l'emanazione di norme che incentivano i datori di lavoro ad assumere nuovo personale.

È ovvio che i nuovi provvedimenti non sono da soli sufficienti a creare nuovi posti di lavoro, il presupposto è la ripartenza della crescita economia. Per queste ragioni è opportuno aver aggiornato anche il titolo del manuale, aggiungendo a "diritto dei lavori" l'espressione "e dell'occupazione".

Dopo i Governi Renzi e Gentiloni il nuovo Governo Gialloverde costituito dai Cinque Stelle e dalla Lega ha ritenuto di contrastare la lotta alla povertà istituendo il Reddito di cittadinanza e la c.d. quota cento che consente a chi ha 62 anni e 38 di contributi di andare in pensione. E attraverso il decreto dignità ha ridotto la durata del contratto a tempo determinato cd. acausale a 12 mesi rispetto ai 36 mesi previsti dalla normativa precedente allo scopo di favorire l'assunzione a tempo indeterminato degli stessi lavoratori. Si tratta di vedere se in concreto questo obbiettivo è stato raggiunto.

Parte seconda

Diritto sindacale

Capitolo 3

Breve profilo storico del diritto sindacale italiano

1. Il diritto sindacale e la disciplina del rapporto di lavoro costituiscono due settori del diritto del lavoro strettamente connessi sia sul piano teorico che nella realtà fenomenica. Pertanto, la trattazione separata dei due settori si giustifica solo per ragioni di chiarezza espositiva. Diversamente, la previdenza sociale, pur essendo tradizionalmente il terzo ramo del diritto del lavoro, costituisce un sistema ormai a sé stante, di stampo pubblicistico, completamente separato dagli altri due.

connessione tra attività sindacale e prestazione di lavoro nella fabbrica di tipo fordista

La connessione tra attività sindacale e prestazione di lavoro si realizza storicamente, sul piano fenomenico, nella fabbrica di tipo fordista, che in Italia si sviluppa tra la fine del secolo XIX e gli inizi del secolo scorso. La fabbrica è il luogo in cui si costituiscono i primi rapporti di lavoro tra gli operai, che lavorano gomito a gomito, e il padrone della fabbrica. E la medesimezza degli interessi dei suddetti lavoratori favorisce la formazione delle prime coalizioni occasionali operaie per ottenere migliori condizioni economiche dal datore di lavoro.

Risulta quindi che almeno in prima istanza l'interesse dei lavoratori che prestano la loro opera in fabbrica è espresso da una coalizione inizialmente occasionale e poi stabile, denominata sindacato e che tale interesse è contrapposto a quello del titolare della fabbrica.

concordati di tariffa

Contrapposizione evidenziata dai primi scioperi della fine del secolo XIX e risolta con la stipula dei primi accordi collettivi, denominati **concordati di tariffa** perché determinavano la tariffa, cioè la retribuzione minima che il datore di lavoro si impegnava a corrispondere agli operai.

Le parti che stipulano il concordato di tariffa sono da un lato il gruppo dei lavoratori e dall'altro il singolo datore di lavoro.

In altre parole, quest'ultimo, singolarmente considerato, è parte dell'accordo di tariffa, mentre i lavoratori non sono legittimati a stipulare tale accordo singolarmente, ma solo collettivamente.

prime coalizioni occasionali

Le prime **coalizioni occasionali** di tutela degli interessi dei lavoratori si formano con un duplice scopo: da un lato escludere la concorrenza tra gli appartenenti al gruppo e, conseguentemente, neutralizzare il diverso e minore potere contrattuale che l'operaio come singolo ha di fronte al datore di lavoro, o meglio padrone; dall'altro lato, tali coalizioni si costituiscono anche per ottenere qualche miglioramento retributivo attraverso la stipula di contratti collettivi.

L'eliminazione della concorrenza al ribasso tra i lavoratori non può prescindere, come è evidente, dall'inderogabilità del contratto collettivo: i trattamenti minimi dallo stesso stabiliti, in altri termini, non possono essere modificati in senso peggiorativo dal datore di lavoro e neppure dall'operaio, che non può accettare trattamenti inferiori a quelli minimi quando conclude il contratto individuale di lavoro (vedi *infra*, cap. 9).

Ma anche nella più significativa ricostruzione giuridica del concordato di tariffa, ad opera di Giuseppe Messina[1], la prevalenza di questo contratto su quello individuale resta di tipo obbligatorio e non reale: clausole peggiorative potevano essere validamente pattuite nei contratti individuali, ferma restando, per l'inadempimento dell'accordo di tariffa, una teorica responsabilità risarcitoria del padrone nei confronti delle coalizioni sindacali firmatarie.

Il concordato di tariffa, inoltre, ha un'efficacia soggettiva limitata agli appartenenti alle coalizioni stipulanti, secondo i principi generali in tema di efficacia del contratto.

Ma sia tali coalizioni, sia gli stessi scioperi, sono strumenti molto deboli e precari a difesa degli interessi dei lavoratori. È vero, infatti, che lo sciopero non è più considerato reato dal codice penale Zanardelli. Tuttavia, pur depenalizzato, lo sciopero rimane una forma di inadempimento contrattuale e quindi possibile causa di licenziamento, in quanto non era allora previsto alcun tipo di limite al potere di recesso da parte del datore di lavoro.

sindacati

2. Verso la fine dell'800 in Italia **le coalizioni occasionali tendono a trasformarsi in strutture stabili e cioè in veri e propri sindacati**. Si tratta spesso

---

[1] G. Messina, *Il concordato di tariffa nell'ordinamento giuridico del lavoro*, in *Riv. dir. comm.*, 1904, I, p. 458 ss.

di associazioni di lavoratori che operano in un determinato **ramo di industria**, ad esempio i metallurgici, gli edili, e talvolta di associazioni di lavoratori che svolgono un determinato **mestiere**, ad esempio l'associazione dei carpentieri.

l'interesse collettivo

Il sindacato assume quindi la forma giuridica dell'associazione, dalle quali però si contraddistingue perché è portatore di un **interesse collettivo** e non soltanto comune.

L'interesse collettivo non esiste *in rerum natura,* ma è individuato di volta in volta dallo stesso sindacato: è un *posterius* rispetto al sindacato. Detto interesse è successivamente inverato, in concreto, dalla stipula del contratto collettivo.

magistratura dei probiviri

Con la diffusione dei concordati di tariffa, nel 1893, è istituita la **magistratura dei probiviri,** che decide le controversie di lavoro secondo equità. Non esistevano, infatti, norme legali a tutela dei diritti dei lavoratori. Le prime forme di legislazione sociale si sarebbero sviluppate solo qualche anno più tardi e limitatamente a particolari categorie di soggetti e solo per alcune materie come, ad esempio, l'orario di lavoro.

Dalla raccolta di questa giurisprudenza ad opera di Redenti[2], risulta che tale magistratura, anche per la competenza tecnica dei suoi componenti, non solo togati, predispose una serie di massime a tutela degli interessi dei lavoratori. E tali massime costituirono una sorta di disciplina applicabile ai casi uguali o simili.

commissione interna

Nel 1906, per la prima volta, nell'ambito di un accordo sindacale tra la Fiom e la fabbrica di automobili ITALIA viene formalmente istituita la **Commissione interna**, organismo non associativo interno alla fabbrica, di tutela degli interessi dei lavoratori.

Successivamente, il concordato di tariffa è diventato **contratto collettivo**, dal momento che non si è limitato a determinare il salario che il datore di lavoro doveva corrispondere ai dipendenti, ma si è esercitato nella regolazione anche di altre materie come le mansioni, l'orario di lavoro, le sanzioni disciplinari, ecc.

Si può quindi affermare che le prime forme di regolazione dei diritti e degli obblighi dei lavoratori in fabbrica hanno origine nel contratto individuale e collettivo.

resistenza ad interventi legislativi nel periodo liberale

3. Bisogna aggiungere che in quel periodo vi fu una forte resistenza all'intervento legislativo di regolazione del contratto di lavoro e di tutela degli interessi dei lavoratori, come è testimoniato dalla non approvazione del disegno di legge Cocco Ortu Baccelli nel 1901. La ragione principale di contrarietà a questa legge è che limitava il principio allora intangibile della libertà contrattuale delle parti.

---

[2] E. Redenti, *Introduzione al Massimario della Giurisprudenza dei Probiviri*, Roma, 1906.

Si deve aggiungere che lo Stato liberale unitario con democrazia a carattere censitario, cioè a suffragio elettorale ristretto per censo fino al 1912, sulla scia della ideologia liberale affermatasi con la rivoluzione in Francia (v. legge Le Chapelier), non consentiva la formazione di istituzioni intermedie tra l'individuo e lo Stato. In particolare, il sindacalismo nascente dei lavoratori veniva considerato un inammissibile attentato alla libertà di industria e di commercio e, come si è detto, al principio intoccabile della libertà negoziale.

Ciò aiuta a comprendere perché prima del 1889, ossia sotto la vigenza del codice penale sardo del 1859, in Italia erano considerati reati sia le intese dei datori di lavoro allo scopo di indurre ingiustamente ed abusivamente gli operai ad una diminuzione del salario (art. 385) sia le intese degli operai allo scopo di sospendere e ostacolare o fare rincarare il lavoro senza ragionevole causa (art. 386).

Solo con la promulgazione del codice penale Zanardelli viene depenalizzato lo sciopero, il quale, perciò, si configura come atto penalmente lecito, ma sul piano civile resta un inadempimento che consente la risoluzione del contratto di lavoro. In altri termini, il licenziamento libero, cioè senza obbligo di motivazione, indebolisce notevolmente la posizione di autonomia e l'esercizio della libertà e dell'attività sindacale dei lavoratori.

prime leggi di tutela del lavoro nascita della CGIL

D'altra parte, nello stesso periodo intervengono le prime leggi di tutela del lavoro e nel 1892 nasce la prima centrale sindacale confederale: la Cgil, di ispirazione socialista. Nello stesso anno infatti si costituisce il Partito socialista. Ed è pubblicata l'enciclica del papa Leone XIII *Rerum novarum,* che presta attenzione alle esigenze elementari di vita dei lavoratori.

Enciclica Rerum novarum

Nel 1912 è sancito il principio del suffragio universale limitato ai soli uomini. Nel 1919 viene realizzato un primo abbozzo di legge sull'impiego privato e nel 1923 è approvata la legge sull'orario di lavoro.

legge sull'impiego privato

La legge sull'impiego privato fu poi promulgata solo nel 1924, dopo diversi tentativi andati a vuoto e, come dice il termine, si limitava a regolare soltanto il rapporto degli impiegati e non degli operai.

In conclusione, nello Stato liberale del primo periodo, che va dall'unificazione del Regno al codice Zanardelli, vige un regime di sostanziale intolleranza nei confronti dei fenomeni sindacali, mentre il periodo successivo e fino all'avvento del Fascismo è contrassegnato da un regime di relativa tolleranza e di liceità penale dello sciopero, anche se l'ultimo decennio del secolo XIX fu contrassegnato da violente lotte sociali e politiche.

4. Con l'avvento del Fascismo tutte le libertà e perciò anche quella sindacale vennero progressivamente limitate. In particolare il r.d. 24 gennaio 1924, n. 64 conferiva ai prefetti il potere di ispezionare le associazioni, di sciogliere gli organi direttivi e, successivamente, anche il potere di sciogliere le associazioni svolgenti attività antinazionale e di confiscarne i beni. In secondo luogo, con il patto di Palazzo Vidoni del 2 ottobre 1925 la Confindustria riconosceva il monopolio della rappresentanza sindacale alle organizzazioni sindacali fasciste e in cambio otteneva l'eliminazione della Commissione interna.

4.1. **L'ordinamento corporativo** fu istituito con legge 3 aprile 1926, n. 563. Questo provvedimento legislativo, pur riconoscendo formalmente la libertà sindacale, perché consentiva la costituzione di più sindacati, legittimava il governo ad attribuire personalità giuridica di diritto pubblico ad un solo sindacato, a condizione che raggruppasse il 10% della categoria di riferimento. Tale categoria era determinata dallo stesso governo autoritativamente. In questo modo il sindacato era sottoposto a penetranti controlli pubblici e doveva essere comunque diretto da persone di "sicura fede nazionale". Il sindacato riconosciuto aveva la rappresentanza legale di tutti i lavoratori appartenenti alla categoria, iscritti e non iscritti al sindacato.

l'ordinamento corporativo

4.2. Alla fase sindacale seguì con legge 5 febbraio 1934, n. 163, la creazione delle corporazioni, enti di diritto pubblico che riunivano al proprio interno le associazioni sindacali contrapposte e provvedevano, sotto la guida e il controllo del Governo, ad una regolamentazione dell'attività economica. Le corporazioni emettevano le ordinanze corporative.

creazione delle corporazioni

4.3. Il **contratto collettivo corporativo**, stipulato dalle contrapposte associazioni sindacali di categoria riconosciute, aveva **efficacia *erga omnes***. Le norme corporative erano considerate fonte di diritto dall'art. 1 delle preleggi del Codice civile del 1942 e, collocate al terzo posto dopo la legge e il regolamento, prevalevano con efficacia reale e sostituivano le clausole difformi del contratto individuale (art. 2077 c.c.). Il contratto corporativo era inderogabile *in peius* dalle pattuizioni individuali ed aveva così una funzione uniformante. Infatti, le clausole del contratto corporativo potevano essere modificate *in melius* da clausole del contratto individuale a condizione che contenessero **speciali** condizioni più favorevoli. In altri termini, il contratto corporativo non si limitava a stabilire il minimo di trattamento economico come il contratto collettivo di diritto comune, ma determinava un trattamento uniforme, che poteva essere modificato solo in presenza di determinate qualità e caratteristiche della persona o della prestazione di lavoro.

inderogabilità e funzione uniformante del contratto collettivo corporativo

4.4. I conflitti non potevano essere risolti attraverso forme di autotutela: lo **sciopero e la serrata erano considerati delitti contro l'economia pubblica**. Essi venivano composti, secondo lo schema dirigista proprio dello Stato fascista, direttamente dal Ministero delle Corporazioni e, successivamente, dalla Magistratura del lavoro, organo composto da magistrati ed esperti che giudicava secondo equità. Le sentenze corporative avevano efficacia nei confronti di tutti gli appartenenti alla categoria e non solo nei confronti degli istanti.

sciopero e serrata delitti contro l'economia pubblica

magistratura del lavoro e sentenze corporative

4.5. L'ordinamento corporativo fu soppresso con r.d.l. 9 agosto 1943, n. 72, e il 2 settembre dello stesso anno fu siglato il primo accordo sindacale Buozzi Mazzini che ricostituiva le commissioni interne.

soppressione dell'ordinamento corporativo

Il d.lgs. lgt. 23 novembre 1944, n. 369, dispose la soppressione e la messa in liquidazione delle associazioni di diritto pubblico, mentre l'art. 43 manteneva in vigore le norme contenute nei contratti collettivi "salvo successive modifiche". Questo inciso fu variamente interpretato sostenendosi da qualcuno che le modifiche dovessero provenire da atti di rango normativo, mentre secondo l'interpretazione prevalente, anche della Cassazione, tali modifiche potevano essere introdotte anche dai contratti collettivi di diritto comune. È appena il caso di precisare che un'interpretazione siffatta, se per un verso poteva apparire non rigorosa, perché riconosceva ad un contratto collettivo di diritto comune, e cioè ad un atto di autonomia privata, la forza di modificare un atto normativo come il contratto corporativo, tuttavia per altro verso soddisfaceva le esigenze del nuovo sistema e riconosceva spazio al ruolo dinamico della contrattazione collettiva di diritto comune.

5. Con la promulgazione della Costituzione del 1948 i principi informatori del diritto sindacale cambiano radicalmente non solo, ovviamente, rispetto a quelli dell'ordinamento corporativo, ma anche rispetto a quelli del periodo dello Stato liberale.

nascita dello Stato sociale con la Costituzione repubblicana

Infatti, con la **Costituzione repubblicana** nasce lo Stato sociale che riconosce spazio alle società intermedie, come i partiti ed i sindacati. L'art. 39 stabilisce il principio della libertà sindacale come libertà tipica rispetto a quella associativa prevista dall'art. 18.

Inoltre, l'art. 39 è stato considerato dalla prevalente dottrina il fondamento dell'autonomia collettiva e perciò della contrattazione collettiva di diritto comune tra libere e contrapposte organizzazioni sindacali di lavoratori e datori di lavoro.

La natura antagonista degli interessi dei lavoratori rispetto a quelli dei datori di lavoro risulta confermata dall'art. 40 Cost., che ha elevato lo sciopero a rango di diritto costituzionale. Esso non è più considerato un inadempimento, ma legittima la sospensione di entrambe le obbligazioni principali dedotte nel contratto di lavoro: lo svolgimento della prestazione lavorativa da parte del lavoratore e la corresponsione della retribuzione da parte del datore di lavoro. Il conflitto non è più considerato con sfavore dall'ordinamento ma, ad avviso di alcune dottrine, diviene un mezzo per garantire l'attuazione del principio di uguaglianza sostanziale sancito dall'art. 3, comma 2, Cost.

Tuttavia, lo sciopero, almeno fino a quando resta in vigore la regola del licenziamento *ad nutum*, ossia senza obbligo di motivazione, rimane un'arma spuntata a tutela dell'interesse dei lavoratori.

Infine, rimane sostanzialmente inattuato il principio sancito dall'art. 46 Cost. della partecipazione dei lavoratori alla gestione delle aziende.

Pertanto, sia pure in prima approssimazione, si può concludere che il diritto sindacale, con l'avvento della Costituzione repubblicana, è costituito da un **complesso di norme di diversa origine: legale e collettiva.**

Tra le prime si possono annoverare: a) le norme di rango costituzionale sulla libertà sindacale e il diritto di sciopero; b) le norme della legge ordinaria di riconoscimento dei diritti sindacali dei lavoratori e delle organizzazioni sindacali e, più in generale, di sostegno dell'attività sindacale.

Alla disciplina di origine collettiva possono ascriversi gli accordi stipulati a vari livelli, come si vedrà in seguito (v. *infra*, Capitolo 11), volti sia a stabilire i trattamenti economici e normativi spettanti ai lavoratori sia a regolare le relazioni tra le contrapposte organizzazioni sindacali di lavoratori e di datori di lavoro. Tale disciplina costituisce la fonte peculiare del diritto sindacale italiano.

6. Dopo la caduta dell'ordinamento corporativo il diritto sindacale italiano perse le connotazioni pubblicistiche del diritto corporativo e **la dottrina ebbe un ruolo importantissimo nella ricostruzione del diritto sindacale repubblicano** perché, come fu efficacemente detto, il diritto sindacale della ricostruzione si presentava come un diritto senza norme.

Nei primi anni '50 in Italia si svolse un dibattito serrato in dottrina sull'opportunità o meno di continuare a utilizzare le categorie pubblicistiche o quelle privatistiche per interpretare il nuovo diritto sindacale.

ricostruzione privatistica di Francesco Santoro-Passarelli

Prevalse la **ricostruzione privatistica** di Francesco Santoro-Passarelli[3], a mio avviso, non per ragioni di carattere teorico o di principio, ma perché in quel momento storico costituì un'efficace barriera alle ricorrenti tendenze neocorporative e soprattutto perché corrispose in modo soddisfacente ai bisogni e alle aspettative di autoregolazione delle grandi centrali sindacali preoccupate di difendere la loro autonomia e contrarissime ad un intervento legislativo in materia sindacale.

Per questo motivo ebbe scarso seguito la tesi, a mio avviso, rigorosa, di Calamandrei[4] della titolarità collettiva del diritto di sciopero. La sua attuazione imponeva di stabilire per legge i criteri di individuazione dei soggetti sindacali legittimati alla stipulazione del contratto collettivo e alla proclamazione dello sciopero.

Dall'art. 39 Cost. si desume che i gruppi sono legittimati a regolare e soddisfare i loro interessi alla stessa stregua dei singoli. E perciò ben si può dire che accanto all'autonomia privata individuale il nostro ordinamento riconosce spazio all'autonomia privata collettiva, diretta a regolare non già gli interessi individuali degli appartenenti all'organizzazione sindacale, ma l'interesse collettivo degli stessi. E sotto questo profilo l'**autonomia collettiva** è una *species* del *genus* autonomia privata.

---

[3] L'illustre autore ha delineato in una serie di mirabili saggi la natura e la rilevanza giuridica dell'autonomia collettiva in *Autonomia collettiva, giurisdizione, diritto di sciopero*; *Contratto collettivo e norma collettiva, Esperienze e prospettive giuridiche dei rapporti tra i sindacati e lo Stato, Autonomia collettiva*, ora tutti in *Saggi di diritto civile*, I, Napoli, 1961; v. invece a sostegno dell'uso di categorie pubblicistiche C. Mortati, *Il lavoro nella Costituzione*, in *Dir. lav.*, 1954, I, p. 149 ss.

[4] P. Calamandrei, *Significato costituzionale del diritto di sciopero*, in *Riv. giur. lav.*, 1954.

l'art. 39, comma 1, Cost. è la fonte dell'autonomia privata collettiva

Va tuttavia precisato che nel nostro ordinamento l'autonomia collettiva non ricava la sua legittimazione dall'autonomia dei singoli che volontariamente subordinano i loro interessi a quello del gruppo, ma direttamente dall'art. 39, comma 1, Cost., che sancisce la libertà dell'organizzazione sindacale. Com'è stato autorevolmente affermato, la norma costituzionale può considerarsi la fonte normativa dell'autonomia privata collettiva [5].

inattuazione dell'art. 39, commi 2-4, Cost.

L'art. 39, comma 4, Cost. prevede un particolare procedimento di estensione dell'efficacia soggettiva del contratto collettivo a tutti gli appartenenti alla categoria, ma non è stato attuato per la contrarietà dei sindacati.

I sindacati minoritari, e in particolare la Cisl erano, infatti, contrari a dare attuazione ad una norma che, riconoscendo un potere contrattuale proporzionato al numero di iscritti, avrebbe confermato l'egemonia della Cgil in quanto sindacato maggioritario.

teoria dell'ordinamento intersindacale di Gino Giugni

7. Successivamente negli anni '60 un ruolo importantissimo e direi onnipervasivo ebbe anche la **teoria dell'ordinamento intersindacale** proposta da Gino Giugni [6]. Questa teoria non si contrappose a quella privatistica, ma in qualche misura la integrò perché si preoccupò di chiarire le peculiarità e le dinamiche interne dei rapporti sindacali.

Ad essa si deve la valorizzazione del principio fondamentale nel nostro sistema dell'**effettività dell'attività sindacale** e della bivalenza normativa del contratto collettivo, che si pone come fonte all'interno dell'ordinamento intersindacale e come contratto all'interno dell'ordinamento statuale. Inoltre, **consente di spiegare come un contratto collettivo di diritto comune, in linea di principio efficace nei confronti degli iscritti, di fatto si applichi poi a tutti i lavoratori se le parti collettive non hanno la forza contrattuale di stipularne un altro**. La teoria dell'ordinamento intersindacale può comunque considerarsi la base teorica del sistema sindacale di fatto fondato sul riconoscimento reciproco delle contrapposte organizzazioni sindacali.

Questo sistema con alterne vicende ha contraddistinto il diritto sindacale italiano nel lavoro privato. **Espressione di questo sistema è l'unità di azione tra i tre sindacati storici** Cgil, Cisl e Uil siglata con il patto del 1972, con il quale le suddette organizzazioni si riconoscevano reciprocamente una **pari rappresentatività sindacale**.

Viceversa, nel settore pubblico il legislatore ha sostituito alla regola del mutuo riconoscimento il principio dell'obbligo a negoziare del datore di lavoro con i sindacati che raggiungono una determinata soglia di rappresentatività effettiva e questo sistema tende ad essere esportato anche nel settore privato

---

[5] C. Esposito, *Lo Stato e i sindacati nella Costituzione italiana*, in Id., *La Costituzione italiana, Saggi*, Padova, 1954, p. 158 ss. e successivamente R. Scognamiglio, *Autonomia sindacale ed efficacia del contratto collettivo di lavoro*, in *Riv. dir. civ.*, 1971, I, p. 140; M. Persiani, *Saggio sull'autonomia privata collettiva*, Padova, 1972.

[6] G. Giugni, *Introduzione allo studio dell'autonomia collettiva*, Milano, 1960.

almeno nei voti del cosiddetto testo unico del 2014 (v. cap. 11, sez. II), ancora peraltro inattuato.

8. È fin troppo evidente che accanto a questi autori numerosi sono i contributi di altre dottrine pure importanti, ma non di vere e proprie teorie.

Allo stato attuale non è dato riscontrare una teoria che, al pari delle precedenti, abbia influenzato o sia rappresentativa di un nuovo volto del diritto sindacale italiano.

attuale dibattito sulla natura del contratto collettivo

Alcune ricostruzioni sostenute in passato, ma non generalmente accolte, stanno tuttavia tornando di attualità: si è riacceso, per esempio, il **dibattito sulla natura del contratto collettivo** e sulla possibile collocazione di quest'ultimo nel sistema delle fonti del diritto [7].

Autorevole dottrina pubblicistica [8] sostiene da tempo la natura normativa del contratto collettivo di diritto comune e la possibilità di inquadrarlo tra le fonti del diritto.

Questa tesi viene argomentata sulla base del principio di effettività e del tasso di osservanza e di accettazione del contratto collettivo, nonché sull'*opinio iuris* volta a fondare l'obbligatorietà della sua applicazione anche ai non iscritti alle associazioni stipulanti.

Tali assunti non sono però accolti dalla maggioranza della dottrina giuslavoristica [9], che, anche sulla scorta della ricostruzione privatistica di Francesco Santoro-Passarelli, contesta l'asserito tasso di accettazione ed osservanza del contratto collettivo, ribadisce la natura privata degli interessi collettivi destinati a prevalere su quelli individuali ed osserva come la previsione di sanzioni ed incentivi all'applicazione di una disciplina sindacale presupponga l'efficacia limitata del contratto collettivo.

Non può essere ignorata, tuttavia, l'evoluzione normativa che, a partire dagli anni '90, ha visto come **la legge operi sempre più di frequente rinvii alla contrattazione collettiva** (si pensi, per esempio, alla legge n. 146 del 1990 in materia di sciopero nei servizi pubblici essenziali; alla legge n. 223 del 1991, in tema di licenziamenti collettivi; al d.lgs. n. 61 del 2000 in materia di part-time, al d.lgs. n. 66 del 2003 in tema di orario di lavoro).

Ancora, l'art. 360, n. 3, c.p.c., nel testo novellato dal d.lgs. n. 40 del 2006, prevede la ricorribilità in Cassazione per violazione e falsa applicazione delle clausole dei contratti collettivi nazionali.

Da questi dati normativi la tesi del contratto collettivo "fonte", seppur con

---

[7] Cfr. F. Modugno, *I contratti collettivi di diritto comune sono fonti?*, in G. Santoro-Passarelli (a cura di), *Rappresentanza sindacale e contratto collettivo*, Napoli, 2010, p. 7 ss.

[8] Cfr. A. Pizzorusso, *Art. 1-9. Fonti del diritto*, in *Comm. Scialoja-Branca*, 1977, p. 541 e, più recentemente, Id., *Art. 1-9. Fonti del diritto*, in *Comm. Scialoja-Branca*, 2011; F. Modugno, *Fonti del diritto*, in *Enc. giur. Treccani*, XIV, Roma, 1989, p. 4.

[9] Cfr., per tutti, M. Persiani, *Il contratto collettivo di diritto comune nel sistema delle fonti del diritto del lavoro*, in *Arg. dir. lav.*, 2004, p. 1 ss., spec. p. 8 ss., p. 15 ss.

varie sfaccettature (in senso tecnico, *extra ordinem*, fonte fatto) ha tratto nuova linfa anche tra gli esponenti della dottrina giuslavoristica [10].

Resta il dubbio che tali dati normativi non siano sufficienti a suffragare la tesi del contratto collettivo "fonte", soprattutto alla luce delle vicende recenti che vedono il contratto nazionale stipulato non sempre unitariamente.

lo Statuto dei lavoratori

9. Nel 1970 fu emanato lo Statuto dei lavoratori che rafforzò in modo rilevante la posizione dei lavoratori nei confronti del datore di lavoro perché introdusse il sindacato in azienda riconoscendo al medesimo una serie di diritti che rendevano effettivo l'esercizio dell'attività sindacale e al singolo lavoratore una serie di diritti nel rapporto di lavoro come il diritto alla tutela della professionalità, alla riservatezza, al divieto di controllo a distanza, al divieto di indagine sulle opinioni politiche del lavoratore, al divieto di discriminazioni per ragioni sindacali e politiche e di sesso, ecc. e infine il diritto alla stabilità del posto di lavoro prevedendo come sanzione la reintegrazione rispetto al licenziamento illegittimo. Con l'art. 18 si sanzionava un principio importante e cioè che tra il diritto del datore di lavoro alla temporaneità del vincolo contrattuale e quello del lavoratore alla stabilità del posto di lavoro il legislatore privilegiava nettamente quest'ultimo.

il Jobs Act

10. La stagione dello Statuto è lontana, perché il Paese vive un periodo di stagnazione economica, e opera in un'economia globalizzata nella quale vige la regola della competitività brutale non solo tra imprese di diversi Paesi, ma tra legislazioni di diversi Paesi nei quali il costo del lavoro più basso, che è una componente importante dei costi di produzione, fa la differenza. E la stagione in cui la politica europea e, di conseguenza, quella nazionale, vedi il ***Jobs Act***, sembra favorire più che la tutela dei diritti, la tutela dell'occupazione dei lavoratori, aumentando, come si è detto, la platea di coloro che, inoccupati o disoccupati, percepiscono un reddito nei periodi di non lavoro.

---

[10] Cfr. M. Rusciano, *Contratto collettivo e autonomia sindacale*, Torino, 2003, in part. p. 254; Id., *La difficile metamorfosi del contratto collettivo*, in *Studi in onore di Ghera*, Bari, 2008, p. 1061; G. Proia, *Il contratto collettivo "fonte" e le funzioni della contrattazione collettiva*, in AIDLASS, *Il sistema delle fonti nel diritto del lavoro*, Milano, 2002, p. 112 ss.; Id., *Riforma degli assetti contrattuali, accordo intersindacale, fonte fatto*, in G. Santoro-Passarelli, *Rappresentanza sindacale e contratto collettivo*, Napoli, 2010, p. 89 ss.

Capitolo 4

La libertà sindacale

1. Il diritto sindacale si fonda sul principio della libertà sindacale, riconosciuta e regolata, oltre che da fonti normative interne, da diverse fonti internazionali ed europee.

le convenzioni OIL nn. 87 e 98

Tra le fonti internazionali assumono anzitutto rilievo le **Convenzioni nn. 87 e 98 dell'Organizzazione Internazionale del Lavoro** (OIL), ratificate in Italia con legge 23 marzo 1958, n. 367 e riguardanti, rispettivamente, la protezione della libertà sindacale e il diritto di organizzazione e di negoziazione collettiva. In sintesi, la prima riconosce ai lavoratori e ai datori di lavoro il diritto di costituire organizzazioni sindacali, senza alcuna autorizzazione preventiva da parte dello Stato, mentre la seconda garantisce i lavoratori da ogni tentativo del datore di lavoro di compromettere la loro libertà sindacale e tutela le organizzazioni dei lavoratori e dei datori di lavoro contro qualsiasi atto di ingerenza.

la normativa europea

In ambito europeo, la normativa in materia di rapporti collettivi di lavoro non risulta particolarmente sviluppata, in quanto è affidata alla competenza degli Stati membri. Infatti, il **Trattato di Maastricht**, anche nella versione consolidata, **esclude l'intervento dell'UE in materia di diritto di associazione, sciopero e serrata** (art. 153, par. 5, TFUE). Tuttavia, forse in maniera un po' contraddittoria, la **Carta dei diritti fondamentali dell'Unione europea,** sottoscritta a Nizza il 7 dicembre 2000, **riconosce la libertà di associazione sindacale** (art. 12) **e il diritto di negoziazione collettiva e di sciopero** (art. 28). Tali principi, che inizialmente costituivano semplici dichiarazioni di impegno politico, hanno assunto valore vincolante per gli Stati membri dell'UE perché il Trattato di Lisbona, sottoscritto il 13 dicembre 2007, ha attribuito alla Carta di Nizza lo stesso valore giuridico dei Trattati (art. 6 TUE).

la Costituzione italiana

In Italia è la stessa **Costituzione a sancire, nel primo comma dell'art. 39, il principio fondamentale della libertà di organizzazione sindacale.** Rispetto al più generale diritto di associazione garantito dall'art. 18 Cost., la libertà di organizzazione sindacale è, al tempo stesso, più specifica e più ampia. È più specifica poiché tale libertà è contraddistinta dall'attributo "sindacale", anche se l'art. 39 non indica i limiti, il contenuto o l'oggetto, che viene determinato, come si vedrà, dalla prassi sindacale. D'altra parte, la libertà di cui si discorre è più ampia perché tutela sia la dimensione individuale che la dimensione collettiva, nonché ogni forma di organizzazione associativa e non associativa.

differenza tra art. 39 e art. 18 Cost.

lo Statuto dei lavoratori

Tra le fonti interne, inoltre, non si può non annoverare la legge 20 maggio 1970, n. 300, c.d. **Statuto dei lavoratori**, che riconosce e garantisce la libertà sindacale nei luoghi di lavoro.

dimensione individuale della libertà sindacale

2. La libertà sindacale presenta molteplici accezioni.

Innanzitutto, l'art. 39, comma 1, Cost., affermando che "l'organizzazione sindacale è libera", tutela la libertà sindacale a livello individuale. Infatti, riconosce a ogni cittadino lavoratore il **diritto di svolgere attività sindacale**, nonché **di costituire strutture sindacali o di aderirvi.**

L'art. 14 St. lav. ribadisce che tale diritto è garantito a tutti i lavoratori all'interno dei luoghi di lavoro.

la tutela contro la discriminazione per ragioni sindacali

2.1. Dal riconoscimento della libertà sindacale deriva che il **lavoratore non può subire discriminazioni per ragioni sindacali nell'ambito del rapporto individuale di lavoro.**

In altri termini, al datore di lavoro è vietato compiere atti idonei a limitare l'esercizio della libertà sindacale dei lavoratori alle sue dipendenze (ad esempio, licenziare un lavoratore perché è iscritto ad una determinata associazione sindacale o perché ha partecipato ad uno sciopero). Per rendere effettivo questo diritto il legislatore ordinario già dal 1966 ha sancito la nullità dei licenziamenti discriminatori (art. 4, legge n. 604 del 1966) e poi, in misura più ampia, con l'art. 15 St. lav., ha considerato nulli gli atti discriminatori per ragioni sindacali (si veda *infra*, cap. 26, sez. III).

il divieto di trattamenti economici collettivi discriminatori

Per completezza, è opportuno osservare che l'**art. 16 St. lav. vieta al datore di lavoro anche di corrispondere trattamenti economici collettivi aventi finalità discriminatoria.**

L'esempio tipico è quello della corresponsione di benefici ai lavoratori che non hanno partecipato allo sciopero, ma può anche consistere in un vantaggio volto ad incentivare l'adesione dei lavoratori ad organizzazioni sindacali maggiormente gradite al datore di lavoro.

Per trattamento "economico" non si intende necessariamente la corresponsione di una somma di denaro, ma qualsiasi concessione del datore di lavoro economicamente valutabile (ad esempio, un maggior numero di ore di permessi o di giorni di ferie), mentre **per essere "collettivo" deve rivolgersi non al singolo lavoratore, ma ad una pluralità di lavoratori.**

L'art. 16 St. lav. non prevede la nullità di tali trattamenti, ma l'irrogazione di una **sanzione civile nei confronti del datore di lavoro**, consistente nel pagamento al fondo pensioni dell'Inps di una somma pari all'importo dei trattamenti economici corrisposti illegittimamente ai lavoratori nell'arco di un anno.

Si tratta, in realtà, di una norma di dubbia operatività, in quanto i lavoratori non trarrebbero alcun beneficio economico dalla promozione dell'azione nei confronti del datore di lavoro che ha corrisposto i trattamenti economici collettivi discriminatori.

2.2. Nel nostro ordinamento la garanzia della libertà sindacale si estende anche al lavoratore che non aderisce ad alcuna organizzazione sindacale e che non esercita alcuna attività sindacale. Si tratta della c.d. **libertà sindacale negativa** e trova un riscontro normativo nell'art. 15, lett. *a*), St. lav., che considera illecita la discriminazione nei confronti del lavoratore non aderente ad alcuna associazione sindacale.

libertà sindacale negativa

La libertà del lavoratore di astenersi dall'esercizio dell'attività sindacale deve considerarsi una garanzia del diritto al dissenso in un sistema sindacale di stampo volontaristico ed improntato al pluralismo organizzativo.

Sotto questo profilo, il sistema sindacale italiano differisce da quello di stampo anglosassone, nel quale sono frequenti le clausole di *closed shop* (che obbligano il datore di lavoro ad assumere solo lavoratori iscritti al sindacato) o di *union shop* (che vincolano il lavoratore neoassunto ad iscriversi al sindacato per non incorrere nella sanzione del licenziamento).

3. L'art. 39, comma 1, Cost., garantisce la libertà sindacale anche nella sua dimensione collettiva, cioè **riconosce ai sindacati il diritto di organizzarsi liberamente**.

dimensione collettiva della libertà sindacale

Tale libertà sindacale esclude in radice l'esistenza di un sindacato unico, come invece era avvenuto nel periodo corporativo, e, di conseguenza, postula il pluralismo sindacale, cioè la possibilità della coesistenza di più sindacati.

Il **pluralismo sindacale** in Italia ha diverse origini, di natura ideologica, culturale e politica. La Cgil, infatti, dopo l'entrata in vigore della Costituzione ha subito due scissioni: la prima a opera del sindacalismo bianco e cattolico, che ha dato vita alla Cisl, e la seconda di matrice laica, che nel 1949 diede vita alla Uil.

pluralismo sindacale

Più di recente, il sindacalismo autonomo in alcuni settori, come ad esempio il pubblico impiego, e la nascita dei Cobas, consistenti in organizzazioni spontanee sorte in funzione critica rispetto ai sindacati tradizionali, hanno contribuito ad alimentare il pluralismo sindacale. Si pensi alla forte incidenza, almeno in un certo periodo, dei Cobas dei macchinisti delle Ferrovie dello Stato.

3.1. Talmente è ampia la libertà di costituire organizzazioni sindacali, che nel nostro ordinamento non esiste neppure un esplicito divieto di costituire **sindacati di comodo**, che nel linguaggio corrente vengono denominati "sindacati gialli".

i sindacati di comodo

L'art. 17 St. lav., infatti, si occupa soltanto di **vietare ai datori di lavoro e alle associazioni datoriali di costituire e sostenere, con mezzi finanziari o con atti di favoritismo, le organizzazioni sindacali dei lavoratori.**

Di conseguenza, nell'ipotesi in cui il giudice accerti la sussistenza della condotta vietata dall'art. 17 St. lav., la sanzione non può comportare lo scioglimento del sindacato di comodo, ma soltanto la cessazione del sostegno al sindacato stesso da parte del datore di lavoro.

Nella pratica, il fenomeno del sindacalismo giallo non è diffuso, anche se è importante sottolineare la difficoltà di tale accertamento, in quanto non è agevole stabilire la linea di confine tra una genuina conflittualità e un sostanziale assoggettamento del sindacato al datore di lavoro.

libertà di organizzazione

3.2. La libertà sindacale implica anche la piena **libertà di organizzazione**: i sindacati possono autonomamente scegliere sia il criterio di aggregazione, sia la forma giuridica (associativa o non associativa) da assumere.

Per quanto riguarda i **criteri di aggregazione**, occorre distinguere tra:

il sindacato di mestiere e il sindacato per ramo di industria

– il **sindacato di mestiere**, costituito da lavoratori che svolgono lo stesso mestiere (ad esempio, il sindacato dei piloti);
– il **sindacato per ramo di industria**, costituito dai lavoratori occupati in imprese che esercitano la stessa attività produttiva (ad esempio, il sindacato dei metalmeccanici, degli edili, dei chimici, ecc.).

In Italia il criterio di aggregazione più frequentemente adottato è quello del c.d. sindacato per ramo d'industria.

I sindacati sono anche liberi di organizzarsi adottando la **forma giuridica** che ritengono più opportuna: associativa o non associativa (v. *infra*, cap. 5, sez. I).

inattuazione dei commi 2, 3 e 4 dell'art. 39 Cost.

3.3. I **commi 2, 3 e 4 dell'art. 39 Cost.** prevedono una procedura di registrazione dei sindacati presso uffici locali o centrali finalizzata al riconoscimento della personalità giuridica. Tale registrazione prevede, come unica condizione per il riconoscimento della personalità giuridica, la verifica che lo statuto delle organizzazioni sindacali sia a base democratica. A fronte di questo semplice adempimento, il quarto comma dell'art. 39 Cost. attribuisce ai sindacati, rappresentati unitariamente in proporzione dei loro iscritti, la possibilità di stipulare contratti collettivi di lavoro con efficacia obbligatoria per tutti gli appartenenti alle categorie alle quali il contratto si riferisce.

Come visto, però, **tali commi non sono stati attuati** a causa dell'opposizione dei sindacati, che così hanno inteso non solo preservare la loro libertà di azione, ma anche evitare ogni forma di interferenza e di controllo da parte dell'amministrazione pubblica. La conseguenza è che **i sindacati non hanno personalità giuridica e i contratti collettivi da loro stipulati hanno il valore dei contratti di diritto comune** (v. *infra*, cap. 9).

3.4. Un altro profilo della libertà sindacale collettiva concerne **la libertà di inquadramento sindacale.**

Nell'ordinamento corporativo le categorie erano autoritativamente individuate dalla legge, la quale riconosceva a un unico sindacato la rappresentanza di tutti i lavoratori appartenenti a una determinata categoria.

la categoria è determinata dalle parti

Con l'avvento della Costituzione sono gli stessi sindacati a determinare la categoria in cui operano. Pertanto, **non esiste una categoria ontologica o autoritativamente determinata**, ma la **categoria è determinata dalle parti** e, quindi, è un *posterius* rispetto al sindacato.

La categoria generalmente indica l'**attività merceologica esercitata dalle imprese** presso le quali sono occupate i lavoratori: ad esempio, metalmeccanica, edile, tessile, ecc. Tale categoria viene assunta dalle parti come parametro per determinare l'ambito di applicazione dei contratti collettivi stipulati.

Di conseguenza, rispetto a una medesima categoria possono esistere, come infatti esistono, una pluralità di sindacati, non a caso denominati "sindacati di categoria".

Nell'ordinamento corporativo il criterio di individuazione del contratto applicabile era costituito dall'attività effettivamente esercitata dall'impresa, come previsto **dall'art. 2070, commi 1 e 2, c.c.** Oggi questa norma non può essere utilizzata per risolvere i problemi di applicazione dei contratti collettivi di diritto comune, perché detti contratti, diversamente da quello corporativo, non sono atti normativi.

Sono, quindi, le parti che determinano di comune accordo quale sia il contratto collettivo applicabile e il suo ambito di applicazione. E talvolta può accadere che le parti decidano di applicare un contratto collettivo che non sia corrispondente all'attività merceologica esercitata dal datore di lavoro[1]. Ad esempio, fino a qualche anno fa le parti (datore di lavoro e organizzazioni sindacali) hanno applicato ai lavoratori di una nota compagnia telefonica il Ccnl metalmeccanici anziché il Ccnl telecomunicazioni.

conflitti di giurisdizione

Quando più associazioni sindacali si dichiarano rappresentative di una stessa categoria o quando sussiste un dissenso tra le associazioni sindacali sull'ambito di applicazione del contratto collettivo si parla di **conflitti di giurisdizione**.

A seconda dei settori questi conflitti possono atteggiarsi in maniera differente: i sindacati confederali, per esempio, sono forti nel settore industriale, mentre nel settore dei servizi, in particolare in quello dei trasporti, è forte il sindacalismo autonomo.

libertà negoziale

3.5. Un altro profilo della libertà sindacale riguarda **la libertà negoziale, riconosciuta ai sindacati dall'art. 39 Cost.** Ciò significa che le organizzazioni sindacali possono regolare da sé i propri interessi attraverso la stipula di contratti collettivi con il singolo datore di lavoro (contratto collettivo aziendale) o con la contrapposta associazione dei datori di lavoro (generalmente, contratto collettivo nazionale di categoria).

[1] V. Cass. 18 dicembre 2014, n. 26742: da ultimo Cass. 27 settembre 2018, n. 23336.

Libertà negoziale implica la libertà di scegliere la propria controparte contrattuale.

il principio del reciproco accreditamento

Infatti, in applicazione del principio di libertà sindacale sancito dall'art. 39 Cost., nel lavoro privato[2] vale il **principio del reciproco accreditamento** e, conseguentemente, **non** sussiste **un obbligo a negoziare per il datore di lavoro**[3].

Un tentativo di superamento del principio di libero e reciproco accreditamento tra le parti, almeno nella contrattazione collettiva a livello nazionale, può essere rinvenuto **nel c.d. Testo Unico sulla rappresentanza**, sottoscritto da Confindustria e da Cgil, Cisl e Uil il 10 gennaio 2014. Come si vedrà in seguito (*infra*, cap. 11, sez. II), la parte prima di tale accordo interconfederale disciplina il procedimento di misurazione della rappresentanza delle organizzazioni sindacali, in gran parte ricalcando quanto previsto in via normativa per il lavoro pubblico. **I sindacati che raggiungano la soglia prevista del 5% sono ammessi alla contrattazione collettiva, imponendosi in tal modo come controparte**[4]. Occorre, comunque, precisare che il procedimento di misurazione della rappresentanza disciplinato dal citato T.U. 2014 risulta al momento ancora inattuato.

Il principio della libertà di scelta della controparte negoziale è stato confermato anche dalla **sentenza della Corte costituzionale n. 231 del 2013**[5], che, nella nuova interpretazione dell'art. 19 St. lav. utilizza come criterio selettivo per l'individuazione dei soggetti legittimati all'esercizio dei diritti sindacali la partecipazione alle trattative per la stipula del contratto collettivo e, pertanto, la "forza del sindacato di porsi come necessario interlocutore"[6].

le eccezioni al principio del reciproco accreditamento

Per completezza, è opportuno segnalare che in alcune ipotesi espressamente previste dalla legge, **il datore di lavoro è obbligato a convocare per le trattative i sindacati comparativamente più rappresentativi.**

Si tratta, però, di stabilire se per perseguire le suddette finalità il contratto debba essere sottoscritto da tutti i sindacati comparativamente più rappresentativi convocati o soltanto da alcuni, e, tra questi, necessariamente dal sindacato che ha una rappresentatività maggiore rispetto agli altri.

---

[2] Ai fini della contrattazione collettiva le pubbliche amministrazioni sono rappresentante dall'ARAN, come previsto dall'art. 46, d.lgs. n. 165 del 2001, per cui non sussiste il principio del libero accreditamento tra le parti. V. *infra* cap. 17.

[3] V. Cass. 10 giugno 2013, n. 14511, in *Guida dir.,* 2013, 34-35, p. 45; Cass. 31 maggio 2018, n. 13982.

[4] Sul punto, v. L. Galantino, in *Diritto del lavoro,* Torino, 2015, p. 91; L. Valente, *Rappresentanza sindacale: l'accordo tra le parti sociali,* in *Dir. prat. lav.*, 2014, 8, p. 458; D. Mezzacapo, *La contrattazione,* in AA.VV., *Diritto e processo del lavoro e della previdenza sociale,* a cura di G. Santoro-Passarelli, Torino, 2017, p. 2046 ss. La questione viene segnalata come dibattuta da P. Lambertucci, *La rappresentanza sindacale e gli assetti della contrattazione collettiva dopo il Testo Unico sulla rappresentanza del 2014: spunti di riflessione,* in *Riv. it. dir. lav.*, 2014, II, p. 247.

[5] Corte cost. 23 luglio 2013, n. 231, in *Riv. it. dir. lav.*, 2013, II, p. 709.

[6] V. Trib. Roma 16 settembre 2014, in *Riv. giur. lav.*, 2015, II, p. 326, con nota di M. Russo.

Sembra verosimile ritenere che il contratto debba essere sottoscritto almeno da due sindacati che, insieme, siano comparativamente più rappresentativi, non includendo in questa formula necessariamente il sindacato più rappresentativo. Infine, è bene chiarire che, come vedremo in seguito (cap. 16), **non costituisce condotta antisindacale il rifiuto dell'imprenditore di avviare le trattative con un determinato sindacato**, se la legge non individua quel sindacato come soggetto legittimato a trattare. È, ad esempio, considerata condotta antisindacale il rifiuto del datore di lavoro di consultare il sindacato in caso di trasferimento di azienda[7] e nella procedura di licenziamento collettivo[8], in quanto espressamente previsto dalla legge.

In conclusione, nel lavoro privato l'obbligo a negoziare, ossia l'obbligo ad avviare le trattative per il datore di lavoro, non costituisce la regola e l'obbligo a contrarre, ossia a concludere il contratto, non sussiste nella normale dialettica negoziale.

Nulla vieta, pertanto, che contratti collettivi anche importanti come, ad esempio, quello dei metalmeccanici del 2008, o addirittura accordi interconfederali, come quello del gennaio 2009, possano essere stipulati non unitariamente (negli esempi citati, rispettivamente, senza la firma della Fiom e della Cgil).

Anche di recente i contratti Fiat si sono conclusi senza la firma delle organizzazioni espressione della Cgil.

i titolari della libertà sindacale: lavoratori subordinati e sindacati

4. Sono sicuramente titolari della libertà sindacale **i lavoratori subordinati, sia privati che pubblici**[9]**, e i loro sindacati.**

4.1. Alcune limitazioni alla libertà sindacale sono espressamente previste nei confronti dei **militari e degli appartenenti alla polizia in ragione della particolarità della loro attività.**

gli appartenenti alla Polizia di Stato

Per quanto riguarda gli **appartenenti alla Polizia di Stato**, la legge 1 aprile 1981, n. 121, che ha smilitarizzato il Corpo, ha riconosciuto il **diritto di svolgere attività sindacale e di associarsi in sindacati formati, diretti e rappresentati esclusivamente da appartenenti alla polizia di Stato** (art. 82). È vietata, invece, l'adesione e l'affiliazione di questi sindacati a più ampie organizzazioni sindacali (art. 83). **L'esercizio del diritto di sciopero è vietato** (art. 84).

L'art. 1475 del d.lgs. n. 66 del 2010, Codice dell'ordinamento militare, prevede quanto originariamente stabilito dalla legge n. 382 del 1978: secondo queste previsioni, i militari non potevano costituire associazioni sindacali o aderire ad altre associazioni sindacali, né esercitare il diritto di sciopero. Il mancato riconoscimento della libertà sindacale agli appartenenti alle forze militari aveva sollevato alcuni dubbi di legittimità costituzionale per violazione de-

---

[7] V. art. 47, legge n. 428 del 1990.

[8] V. art. 4, legge n. 223 del 1991.

[9] V. art. 42, d.lgs. n. 165 del 2001.

gli artt. 39 e 52, comma 3, Cost. e dei principi di uguaglianza e di ragionevolezza.

La Corte costituzionale, in un primo momento ha affermato che le forze armate si distinguono dalle altre strutture statali per "esigenze di organizzazione, coesione interna e massima operatività", tali da giustificare restrizioni alla libertà sindacale[10].

In seguito, tuttavia, la stessa Corte[11] ha dichiarato l'illegittimità costituzionale dell'art. 1475, comma 2, nel prevedere che «I militari non possono costituire associazioni professionali a carattere sindacale o aderire ad altre associazioni sindacali» invece di prevedere che i militari possono costituire associazioni professionali a carattere sindacale, purché composte solo da militari ed operanti nel rispetto dei valori costituzionali sottesi alle esigenze di difesa, e delle ulteriori condizioni e limiti fissati dalla legge: al riguardo la stessa Corte prospetta come necessario un intervento legislativo di adeguamento.

Anche ad altre categorie di lavoratori come gli addetti agli impianti nucleari e agli assistenti di volo sono posti limiti all'esercizio dello sciopero alla luce delle peculiarità dell'attività.

i lavoratori autonomi

4.2. Non è pacifico, invece, il riconoscimento della titolarità della libertà sindacale in capo ai **lavoratori autonomi**, a causa sia della non omogeneità degli interessi perseguiti dai lavoratori autonomi, sia della la **scarsa propensione dei medesimi a organizzarsi sindacalmente**, a eccezione, com'è noto, della storica categoria degli agenti e dei rappresentanti di commercio.

Come si vedrà, il lavoro autonomo abbraccia situazioni lavorative molto diversificate, perché a fronte di soggetti che hanno una sostanziale parità contrattuale con i loro committenti, esiste una vasta gamma di rapporti di lavoro autonomo contrassegnati dalla **debolezza economica** del collaboratore[12]. Si tratta di soggetti che non superano una certa soglia di reddito e non hanno dipendenti (debolezza economica) o ricavano la maggior parte del reddito da un cliente principale (dipendenza economica).

Alla luce di ciò, **il combinato disposto degli artt. 35 e 39 Cost. consentirebbe di riconoscere ai lavoratori autonomi economicamente deboli** (o economicamente dipendenti) **il diritto di organizzarsi sindacalmente a tutela dei loro interessi collettivi.**

E si noti che tale posizione di debolezza o dipendenza economica può contrassegnare anche i rapporti di molti professionisti iscritti agli albi professionali.

---

[10] Corte cost. 17 dicembre 1999, n. 449. Da ultimo, sul divieto dei militari di aderire ad associazioni sindacali esistenti e di costituire nuove associazioni, v. Tar Lazio 23 luglio 2014, n. 8052.

[11] Corte Cost. 20 giugno 2018, n. 120.

[12] Cfr. G. Santoro-Passarelli, voce *Lavoro autonomo*, in *Enc. dir., Annali*, V, Milano, 2012.

A questo proposito è appena il caso di **distinguere il sindacato dagli ordini professionali**. Gli ordini professionali sono organismi pubblici che assolvono a una funzione essenzialmente garantistica di tutela dell'interesse al decoro, anche economico, della professione e di controllo della correttezza del professionista, nei confronti del quale l'ordine può irrogare sanzioni disciplinari. Si può dire, pertanto, che **l'ordine tutela lo *status* del professionista** in quanto tale.

forme di lavoro autonomo debole e economicamente dipendente

In ogni caso, oggi non esistono sindacati di lavoratori autonomi deboli. Eventuali associazioni di professionisti, ad esempio avvocati, sono associazioni volontarie che si costituiscono per tutelare l'interesse professionale del gruppo e non in ragione della debolezza economica di questi lavoratori.

i lavoratori parasubordinati

Per quel che concerne in particolare **i lavoratori autonomi "parasubordinati"**, cioè i collaboratori coordinati e continuativi, ormai ridimensionati alla luce del d.lgs. n. 81 del 2015, solo di recente i sindacati confederali hanno cominciato a mostrare qualche attenzione [13].

accordi economici collettivi per gli agenti

Rimane salva la risalente e consolidata esperienza degli agenti. In tali ipotesi i contratti assumono la diversa denominazione di "**accordi economici collettivi**" [14], richiamati come tali anche dall'art. 2113, comma 1, c.c.

Infine, va sottolineato come **il diritto sindacale si occupi anche di alcune forme di lavoro autonomo**, in particolare nella disciplina sullo sciopero nei servizi pubblici essenziali.

Più di recente, sotto questo profilo rileva il riconoscimento della "disciplina antidiscriminatoria e quella a tutela della libertà – anche sindacale – e dignità del lavoratore previste per i lavoratori subordinati" ai cd. *rider* autonomi, ossia lavoratori che svolgono attività di consegna di beni per conto altrui, in ambito urbano e con l'ausilio di biciclette o motoveicoli (*infra*, Cap. 52)[15].

la libertà sindacale degli imprenditori

4.3. Il principio della libertà sindacale è riferibile, secondo la dottrina maggioritaria, anche all'**imprenditore e alle associazioni degli imprenditori**. Poiché le relazioni sindacali sono negoziali, secondo l'interpretazione della prevalente dottrina, non si può negare natura sindacale alle associazioni degli imprenditori in quanto parti del contratto collettivo come i sindacati dei lavora-

---

[13] Sul punto, si v. in materia di collaborazioni nei call center in *outbound* l'accordo del 31 luglio 2017 tra Assotelecomunicazioni-Asstel e Assocontact con Slc-Cgil, Fistel-Cisl e Uilcom-Uil che sostituisce i precedenti accordi del 1° agosto 2013, 22 dicembre 2015 e 28 giugno 2016.

[14] V. Accordo Economico Collettivo per la disciplina del rapporto di agenzia e rappresentanza tra i Consorzi Agrari e i loro agenti con o senza deposito del 23 gennaio 2014; l'Accordo Economico Collettivo CONFAPI che regola i rapporti fra gli agenti e rappresentanti di commercio e le case mandanti del settore della piccola e media industria del 17 settembre 2014; Accordo Economico Collettivo che regola i rapporti fra gli agenti e rappresentanti di commercio e le case mandanti del settore industriale del 30 luglio 2014.

[15] Artt. 47 *bis* e 47 *quinquies* d.l. n. 101 del 2019, conv. con mod. dalla legge n. 128 del 2019.

tori. Si aggiunge, a sostegno di questa tesi, la denominazione di associazione sindacale riservata anche all'associazione degli imprenditori contenuta nella normativa internazionale.

In realtà, a questa concezione simmetrica della libertà sindacale dei lavoratori e degli imprenditori, che ha le sue origini nell'ordinamento corporativo, si può opporre una serie di rilievi.

Storicamente nasce prima il sindacato dei lavoratori, mentre le associazioni degli imprenditori si formano successivamente.

Il sindacalismo degli imprenditori è un sindacalismo di risposta e, inoltre, è eventuale e non necessario. A livello aziendale, spesso, il datore di lavoro tratta le condizioni di lavoro dei propri dipendenti direttamente con il sindacato dei lavoratori e soddisfa in ogni caso nella trattativa un interesse tipicamente individuale, cioè l'interesse al profitto. Viceversa, i singoli lavoratori debbono necessariamente riunirsi in gruppo per concludere un contratto collettivo e solo con la stipula del contratto collettivo è soddisfatto, dal lato dei lavoratori, l'interesse collettivo. Il gruppo, indipendentemente dalla forma giuridica assunta, è portatore dell'interesse collettivo e non dei singoli interessi dei componenti del gruppo.

Ciò spiega logicamente che la conclusione del contratto collettivo soddisfa da un lato l'interesse dell'imprenditore e dall'altro l'interesse collettivo del gruppo, interesse che supera e trascende gli interessi individuali dei singoli lavoratori. La prospettiva non cambia qualora il contratto collettivo sia stipulato, anziché dal singolo imprenditore, dall'associazione degli imprenditori. Questa associazione, diversamente dal sindacato dei lavoratori, non è portatrice di un interesse collettivo bensì di una somma di interessi individuali.

Questo diverso dato di realtà mette in evidenza la rilevanza necessariamente collettiva della libertà sindacale dei lavoratori, non solo quando si concreta nella stipula del contratto collettivo, ma anche quando l'esercizio sia individuale. Viceversa, la libertà di associazione e la libertà negoziale degli imprenditori non hanno una dimensione autenticamente collettiva, in quanto proiezioni dell'iniziativa economica privata. Pertanto, **la garanzia di tali libertà va ricercata non tanto nell'art. 39, comma 1, Cost. quanto nel combinato disposto dell'art. 18 e dell'art. 41 Cost.**

D'altra parte, l'interpretazione qui proposta costituisce la premessa per la legislazione di sostegno dell'attività sindacale riconosciuta dalla legge n. 300 del 1970 ai lavoratori e ai loro sindacati e non anche agli imprenditori, mentre può giustificare eventuali limitazioni introdotte dalla legge ordinaria nei confronti dell'associazionismo degli imprenditori.

Occorre, infine, precisare che la dottrina della libertà sindacale unilaterale non nega la bilateralità delle relazioni sindacali, ma prende soltanto atto che **l'associazione degli imprenditori**, non presentando le stesse caratteristiche costitutive del sindacato dei lavoratori, **non ha natura sindacale**.

Capitolo 5
L'organizzazione sindacale

Sezione I
L'organizzazione sindacale e le associazioni rappresentative dei datori di lavoro

SOMMARIO: 1. La libertà di costituire strutture sindacali associative e non associative. – 1.1. Il sindacato come associazione non riconosciuta. – 2. Interesse del sindacato, interesse collettivo e interesse individuale a rilevanza collettiva. – 3. Formazione della volontà sindacale e democrazia sindacale. – 4. Le associazioni rappresentative dei datori di lavoro. – 5. La proliferazione di associazioni non sempre rappresentative delle due parti. – 6. Gli enti bilaterali.

l'organizzazione sindacale è riferibile a strutture sindacali associative e non associative

1. I lavoratori sono liberi di costituire **strutture sindacali associative e non associative.**

Tra quelle associative campeggia il sindacato, ma il riferimento all'organizzazione sindacale contenuto nell'art. 39, comma 1, Cost. non è limitato al modello associativo: l'organizzazione, infatti, è più ampia dell'associazione e il Costituente ha lasciato ampia libertà di costituire organismi di tutela degli interessi dei lavoratori.

La nostra esperienza sindacale ha conosciuto e conosce anche **strutture sindacali non associative**, o perché carenti del requisito della stabilità – come le manifestazioni dello spontaneismo delle iniziative dei lavoratori – o perché assunte da soggetti che vogliono mantenere la loro libertà di azione rispetto alle associazioni sindacali.

Esempi del primo tipo sono le coalizioni operaie, sorte per stipulare i concordati di tariffa e, per venire a periodi meno lontani, i comitati unitari di base (Cub), sorti durante l'autunno caldo sindacale negli anni '68 e '69, in forte polemica con il burocratismo e il centralismo delle organizzazioni sindacali storiche in quel periodo.

Sono esempi del secondo tipo i Cobas dei macchinisti delle ferrovie, sorti per attivare una politica di rivendicazioni salariali limitate al profilo professionale del macchinista rispetto all'insieme dei dipendenti delle Ferrovie dello Stato.

1.1. In difetto dell'attuazione della norma dell'art. 39, commi 2, 3 e 4, Cost. sulla registrazione dei sindacati, **le associazioni sindacali sono regolate dal diritto comune quali associazioni non riconosciute.**

tipicità del sindacato per la natura collettiva e non comune dell'interesse perseguito

Il sindacato, tuttavia, **ha una sua tipicità in virtù della natura collettiva dell'interesse perseguito**, distinta dall'interesse comune che contraddistingue di norma il *genus* dell'associazione non riconosciuta.

Alla tipicità del sindacato la Costituzione (art. 39, comma 1, Cost.) attribuisce una speciale rilevanza, che può assurgere a criterio di interpretazione nell'applicazione delle norme del codice civile sulle associazioni non riconosciute [1].

La disciplina del codice si limita a regolare soltanto alcuni aspetti patrimoniali, che interessano la costituzione e lo svolgimento dell'attività esterna delle stesse.

disciplina delle associazioni non riconosciute

Si tratta di una disciplina piuttosto scarna: l'art. 36 c.c. attribuisce agli accordi degli associati la competenza a regolare l'ordinamento interno e l'amministrazione dell'associazione.

L'art. 37 interdice agli stessi associati di chiedere la divisione del fondo comune finché dura l'associazione, come pure la restituzione della quota in caso di recesso.

E l'art. 38 stabilisce che i terzi possono far valere i loro diritti sul fondo comune oppure, in via solidale e con responsabilità illimitata, sulle persone che hanno agito in nome e per conto dell'associazione.

L'interesse del sindacato come associazione non riconosciuta rileva dunque sul piano patrimoniale e rispetto ad esso sussiste la responsabilità prevista per gli amministratori nei limiti stabiliti dall'art. 38 del codice civile.

2. Dall'interesse del sindacato come associazione non riconosciuta si distingue l'interesse del sindacato come istituzione, che riguarda le scelte di politica sindacale assunte dai dirigenti del sindacato su temi di politica economica o più strettamente di natura sindacale come la elaborazione di una piattaforma sindacale ossia l'insieme delle rivendicazioni nei confronti della controparte o la proclamazione di uno sciopero.

Accanto all'interesse del sindacato come istituzione rileva **l'interesse collettivo** che, pur essendo in concreto gestito dal sindacato, riguarda l'insieme dei lavoratori iscritti o che comunque si riconoscono in un determinato sindacato con il voto.

L'interesse collettivo si distingue dall'interesse pubblico perché, pur potendo essere riferito a gruppi molto ampi, non riguarda la generalità dei cittadini.

L'interesse collettivo è soddisfatto per esempio nella conclusione del contratto collettivo quando i lavoratori approvano l'ipotesi di accordo siglata dai dirigenti sindacali con la controparte.

---

[1] Cfr. G. Santoro-Passarelli, *La responsabilità delle organizzazioni sindacali*, in *Arg. dir. lav.*, 2013, 1, p. 21.

Secondo la dottrina privatistica[2], tale interesse collettivo, tipico dell'associazione sindacale, si distingue da quello comune perché **trascende gli interessi individuali ed è indivisibile.**

Il limite di questa ricostruzione sta, probabilmente, nell'avere ipostatizzato questo interesse, riconoscendogli un valore ontologico. Invece, tale interesse non esiste *in rerum* natura, ma è il risultato di un accordo tra gli appartenenti al gruppo.

l'interesse è collettivo se tale lo considera il gruppo

Pertanto, **ogni interesse, anche individuale, può diventare collettivo se e nella misura in cui il gruppo lo considera come tale.**

Inoltre, la manifestazione di volontà non è individuale, ma del gruppo, e, pertanto, deve avvenire osservando il procedimento di formazione della volontà che può definirsi collettiva perché è riferibile al gruppo.

Così, ad esempio, coloro che sono in fila alla fermata di un autobus hanno sicuramente un interesse a prendere l'autobus, ma tale interesse in questa fase è comune e non collettivo. Può diventare collettivo se coloro che aspettano l'autobus decidono di costituirsi in gruppo e il gruppo stabilisce che sull'autobus potrà salire solo un determinato numero di persone partecipanti al gruppo ovvero tutti insieme, o nessuno.

l'interesse collettivo prevale su quelli individuali

D'altra parte, **i lavoratori che aderiscono al gruppo autolimitano la loro autonomia individuale e i loro interessi individuali alla volontà collettiva del gruppo**. E questa autolimitazione aiuta a comprendere perché l'interesse collettivo prevalga sugli interessi individuali dei singoli appartenenti al gruppo e come l'autonomia del gruppo prevalga sull'autonomia dei singoli lavoratori.

In altri termini, la soddisfazione dell'interesse collettivo non determina sempre e in ogni caso la soddisfazione degli interessi individuali dei singoli appartenenti al gruppo, ma può comportare anche il sacrificio di taluni interessi individuali degli stessi appartenenti al gruppo. Tipico è l'esempio negli accordi sui licenziamenti collettivi.

Bisogna precisare, però, che la prevalenza dell'interesse collettivo su quello individuale ha un'efficacia solo obbligatoria, perché si fonda sui rapporti interni tra singoli e gruppo (vedi tuttavia l'art. 2077 c.c., che stabilisce l'efficacia reale del contratto corporativo sul contratto individuale).

Infine, l'interesse collettivo di cui è portatore il sindacato deve essere distinto dell'**interesse individuale a rilevanza collettiva** di cui è portatore il lavoratore che, ad esempio, subisca un trattamento discriminatorio per ragioni sindacali o venga licenziato per aver partecipato ad uno sciopero.

rilevanza degli atti costitutivi e degli statuti

3. Il funzionamento interno dei sindacati, come per ogni associazione non riconosciuta, è regolato dalle disposizioni contenute negli atti costitutivi e nei relativi statuti.

---

[2] V. F. Santoro-Passarelli, *Autonomia collettiva, giurisdizione, diritto di sciopero*, in *Riv. it. sc. giur.*, 1949, p. 138 e ora in Id., *Saggi di diritto civile*, I, Napoli, 1961, p. 177.

Questi, di regola, prevedono le condizioni di ammissione, i diritti e gli obblighi degli associati, la composizione degli organi attraverso i quali si esprime la volontà collettiva dell'associazione sindacale.

Come ogni associato, il lavoratore che si iscrive al sindacato si obbliga od osservare lo statuto, a pagare i contributi, e a uniformarsi alle deliberazioni sindacali, e tra queste, all'osservanza del contratto collettivo stipulato dall'associazione di appartenenza.

Il lavoratore iscritto esercita i suoi diritti di associato, partecipando con il voto all'approvazione delle delibere assembleari, all'elezione degli organismi dirigenti, ecc.

democrazia sindacale

È comunque opportuno precisare che all'osservanza formale delle procedure non corrisponde sempre un'effettiva democrazia sindacale.

In altri termini, le politiche sindacali, le rivendicazioni sindacali, le strategie sindacali sono spesso decise dagli organismi dirigenti dei sindacati a livello nazionale e sono, di regola, approvate dagli iscritti.

Parimenti, le designazioni degli organismi dirigenti delle strutture territoriali e regionali e delle federazioni nazionali di categoria sono decise, talvolta, dai vertici sindacali confederali e gli iscritti si limitano a confermarle nelle procedure elettorali, accentuando così il carattere rituale delle medesime.

Un confronto dialettico sulle strategie sindacali può verificarsi, talvolta in modo aspro, tra dirigenti confederali e dirigenti di una federazione nazionale di categoria o tra questi ultimi e i rappresentanti sindacali in azienda.

Su quest'ultimo punto, l'Accordo interconfederale (c.d. Testo Unico sulla rappresentanza) del 10 gennaio 2014 contiene clausole rilevanti per il tentativo di assicurare l'esigibilità del contratto collettivo nazionale, come meglio si vedrà in seguito (*infra*, cap. 11, sez. II), proprio sulla base di meccanismi di validazione democratica[3].

E tuttavia, anche se le disposizioni degli statuti delle federazioni o delle confederazioni prevedono l'obbligo delle associazioni aderenti di seguire le direttive o gli indirizzi confederali, l'inosservanza di tale obbligo raramente si traduce nell'irrogazione di una sanzione nei confronti dei dirigenti "indisciplinati".

Generalmente il dissenso politico si compone con l'avvicendamento ma, talvolta, anche con la permanenza del dirigente sindacale dissenziente se, di fatto, viene accolta la sua linea di politica sindacale.

associazioni degli imprenditori

4. Le associazioni degli imprenditori, per resistere alle rivendicazioni sindacali, hanno tendenzialmente replicato le caratteristiche costitutive del sindacato dei lavoratori, delineando **un'organizzazione di livello categoriale (locale o nazionale) e intercategoriale, anche europeo.**

---

[3] Sul tema v. A. Maresca, *L'esigibilità del contratto collettivo nazionale: enigma od opportunità praticabile?*, in *Giorn. dir. lav. rel. ind.*, 2014, 3, p. 563 ss.

A livello intercategoriale queste associazioni si aggregano secondo **tre grandi settori economici: quello industriale, quello agricolo e quello del terziario.** Così **Confindustria** è una confederazione intercategoriale che, esattamente come le grandi confederazioni dei lavoratori, riunisce nel proprio ambito le associazioni delle diverse categorie[4]: la Federmeccanica per le imprese metalmeccaniche, la Federchimici per quelle chimiche e chimico-farmaceutiche e così, similmente, in ogni settore.

L'unità di base della Confindustria è l'associazione provinciale degli industriali, che riunisce gli industriali di tutte le categorie produttive nell'ambito di una stessa provincia. E le associazioni provinciali operanti nell'ambito di una regione sono raggruppate nella federazione regionale. Per l'importanza delle imprese di Confindustria presenti nella regione Lombardia, ha un peso rilevante **Assolombarda.** Un'altra confederazione di rappresentanza degli imprenditori industriali è la **Confapi.**

Allo stesso modo e con simili ripartizioni organizzative, **sono associazioni intercategoriali** anche **Confcommercio** e **Confesercenti per il settore terziario** e **Confagricoltura** insieme a **Confcoltivatori** e **Coldiretti per il settore agricolo**, mentre l'**ABI** riunisce le imprese bancarie.

la rappresentanza unica della pubblica amministrazione

Nel pubblico impiego, ai fini di garantire una maggiore stabilità e univocità della contrattazione, **la pubblica amministrazione in qualità di datore di lavoro viene rappresentata dall'ARAN, in base ad un sistema di rappresentanza unico di matrice legale** (cfr. *infra*, cap. 17), tanto per la negoziazione di categoria, quanto a livello intercategoriale.

La proliferazione di associazioni non sempre rappresentative delle due parti

5. Occorre rilevare che negli ultimi anni si è assistito ad una notevole proliferazione di soggetti, che talvolta sono espressione di un ridottissimo numero di iscritti e che tuttavia nell'attività negoziale (espressa in oltre 800 contratti collettivi nel 2018, secondo un rapporto del Cnel) possono dare vita a forme di vero e proprio *dumping* contrattuale.

Tale problematica è particolarmente sentita con riferimento alle associazioni imprenditoriali, le quali sfuggono attualmente a qualsiasi forma di misurazione, anche sotto il profilo negoziale, delle imprese alle stesse collegate.

Non per caso, sotto questo profilo, le grandi Confederazioni nell'Accordo interconfederale del 9 marzo 2018 sostengono l'introduzione di un modello di certificazione della rappresentanza datoriale.

A tal fine è stata stipulata una convenzione tra Cgil, Cisl, Uil, Confindustria e Inps e Ispettorato del Lavoro, ove pragmaticamente è previsto l'apporto di tali enti al fine di "pesare" l'effettiva forza degli attori sindacali[5].

---

[4] Da Confindustria, a seguito della legge n. 1589 del 1956, sono in seguito fuoriuscite le imprese a partecipazione pubblica, confluite nell'Intersind (gruppo IRI) e nell'Asap (gruppo ENI).

[5] Si fa riferimento alla Convenzione del 19 settembre 2019, per la misurazione e la verifica della rappresentanza sindacale.

6. Gli enti bilaterali sono **enti di fatto istituiti dai contratti collettivi e costituiti dai sindacati dei lavoratori e dalle associazioni degli imprenditori**, che designano i rispettivi rappresentanti negli organi dell'ente.

gli enti bilaterali: nozione e funzione

La presenza in un unico ente di datori di lavori e lavoratori ha lo **scopo di salvaguardare gli interessi degli uni e degli altri nella gestione e cura delle materie affidate all'ente bilaterale**, attraverso una composizione mista e paritetica all'interno dell'organo.

Va precisato che **gli enti bilaterali già esistevano da tempo**: basti pensare alle casse edili, che svolgono compiti in materia di formazione professionale, sicurezza del lavoro, prestazioni previdenziali ed altro ancora.

La legislazione ha in seguito valorizzato questo istituto affidando anche ad esso, ove costituito da sindacati comparativamente più rappresentativi, l'attività di intermediazione (art. 6, comma 3, d.lgs. n. 276 del 2003), l'attività di certificazione dei contratti e degli atti di disposizione (artt. 82 e 68 del d.lgs. n. 276) e talune competenze in materia di fondi per la formazione e integrazione del reddito (art. 12, comma 4), nonché la possibilità di risolvere le controversie del rito del lavoro mediante meccanismi di risoluzione stragiudiziale come la conciliazione e l'arbitrato (art. 31, commi 12 e 13, legge n. 183 del 2010) e di gestire le tutele dei lavoratori in caso di riduzione o sospensione dell'attività, come oggi con riferimento alla solidarietà per mezzo delle gestioni previdenziali (Fondi di solidarietà) appositamente istituite (*infra*, cap. 58, artt. 26 ss., d.lgs. n. 148 del 2015, ma cfr. già art. 3, commi 4 ss., legge n. 92 del 2012), o infine la possibilità di erogare prestazioni e servizi integrativi, come ad es. in materia di welfare.

Sezione II

La struttura del sindacato e le diverse competenze contrattuali

SOMMARIO: 1. Le confederazioni sindacali e gli accordi interconfederali. – 2. Le associazioni sindacali e i contratti collettivi nazionali di lavoro. – 3. (*segue*) I sindacati di mestiere. – 4. L'organizzazione sindacale in azienda e i contratti collettivi aziendali. – 4.1. Evoluzione storica. Commissione interna, delegati e consiglio di fabbrica. – 4.2. (*segue*) Dalle r.s.a. alle r.s.u. Costituzione e struttura delle r.s.u. – 5. Modalità di funzionamento e natura giuridica delle r.s.u.: Accordo interconfederale 2011, Protocollo d'Intesa 2013 e parte II del T.U. 2014.

struttura confederale

1. **I grandi sindacati in Italia hanno una struttura confederale**, sono cioè confederazioni, ossia associazioni intercategoriali che riuniscono a livello nazionale le rispettive associazioni nazionali delle diverse categorie merceologiche, dette federazioni.

Ad esempio, la Cgil, la Cisl, la Uil e la Ugl sono confederazioni che riuniscono al proprio interno le federazioni dei sindacati dei metalmeccanici (Fiom, Fim, Uilm, Ugl metalmeccanici), dei chimici (Filctem, Femca, Uilcem, Ugl chimici), così come degli edili, degli alimentari, ed altri ancora.

Se si accoglie lo schema dell'associazione di associazioni, la confederazione è sicuramente un'associazione di terzo o quarto grado, perché ad essa aderiscono **i sindacati nazionali delle diverse categorie**.

Le confederazioni sindacali operano essenzialmente per mezzo di accordi interconfederali: si tratta di accordi che non regolano direttamente il rapporto di lavoro, bensì dettano regole comuni a tutte le associazioni e rappresentanze per lo svolgimento delle trattative negoziali, la misurazione della rappresentatività, nonché la contrattazione specialmente nei rapporti tra i diversi livelli. Esempi importanti di accordi interconfederali in passato sono stati quelli sull'abolizione della contingenza (31 luglio 1992) e più di recente il 23 dicembre del 1993 sull'introduzione delle r.s.u. in azienda (*infra*, par. 4.1), nell'accordo interconfederale del 28 giugno 2011 e nel Testo unico sulla rappresentanza del 10 gennaio 2014, tutti stipulati per il settore industriale con la Confindustria, ma con forti influenze anche in altri settori.

struttura intercategoriale territoriale

Esiste anche una struttura intercategoriale territoriale, di rilevanza minore. Ad esempio la struttura territoriale intercategoriale della Cgil è la Camera del lavoro, della Cisl è l'Unione sindacale territoriale e della Uil è la camera sindacale. Tali strutture riuniscono i sindacati provinciali delle diverse categorie merceologiche in ambito provinciale.

2. **I sindacati di categoria** riuniscono i lavoratori per **ramo d'industria, prendendo come riferimento organizzativo lo specifico settore produttivo** in cui opera l'impresa.

Pertanto, in tal modo, il sindacato organizza tutti i lavoratori che sono occupati in una impresa di una determinata categoria merceologica (metalmeccanica, chimica, edile, ecc.), a prescindere dai diversi "mestieri" o specifiche professionalità che, all'interno della singola impresa, i diversi lavoratori possiedono.

Ad esempio il rapporto di lavoro della segretaria, di un tornitore, di un addetto alla verniciatura di un'impresa metalmeccanica saranno tutti regolati dallo stesso contratto collettivo metalmeccanico.

Ovviamente, all'interno di ciascuna categoria merceologica saranno presenti più sindacati.

Tale distinzione per categorie o settori della produzione, peraltro, caratterizzava anche il periodo corporativo, con la rilevante differenza che nel nostro ordinamento, in ossequio al principio di libertà e pluralismo sindacale, le stesse categorie sono liberamente determinate dall'autonomia collettiva, e non imposte dal legislatore o dalla pubblica amministrazione.

In altre parole, nel sistema corporativo la categoria preesisteva al sindacato, nel sistema attuale il sindacato preesiste alla categoria.

I sindacati nazionali delle diverse categorie, **a loro volta, sono associazioni di associazioni, e cioè riuniscono al proprio interno i sindacati regionali, e questi a loro volta riuniscono i sindacati provinciali di una stessa categoria.**

I sindacati o federazioni nazionali di categoria dei lavoratori e dei datori di lavoro stipulano i contratti nazionali di categoria che regolano di solito tutte le materie del rapporto di lavoro, come ad esempio i minimi di trattamento economico e normativo, i livelli di inquadramento e la corrispondenza tra mansioni e retribuzione, le sanzioni disciplinari, i permessi sindacali, ecc.

In realtà i contenuti dei Ccnl sono in buona parte consolidati, al punto che, quando il contratto si rinnova, il testo per buona parte rimane immutato salvo per quel che concerne la parte più importante, relativa agli adeguamenti retributivi mensili: basti pensare agli inquadramenti che non cambiano da 40 anni.

sindacato di mestiere

3. Diversamente dal sindacato di categoria, il **sindacato di mestiere**, tipico delle prime forme di associazionismo operaio, ed oggi utilizzato da alcune particolari figure professionali, ha come punto di riferimento non l'attività produttiva svolta dalla singola impresa, bensì **l'attività lavorativa prestata dai singoli lavoratori**. Storicamente, il mestiere, ossia il profilo professionale dei lavoratori, è stato il primo criterio di aggregazione del sindacato (per esempio dei carpentieri, dei muratori, ecc.). Il sindacato di mestiere realizza forme di solidarietà collettiva limitate agli interessi dei lavoratori che svolgono una determinata o un insieme di mansioni omogenee. Esempi attuali di sindacati di mestiere sono quello dei piloti e quello degli insegnanti. E talvolta tali sindacati portano avanti forme di lotta fortemente corporative anche per la difficile fungibilità delle mansioni svolte da questi lavoratori.

Il ramo di industria, invece, è un criterio di aggregazione che soddisfa solidarietà assai più ampie, poiché raggruppa tutti i lavoratori di un determinato settore produttivo a prescindere dalle mansioni. Ad esempio, il tornitore, l'usciere, l'impiegato. Il sindacato per ramo di industria, raggruppando un maggior numero di lavoratori, eterogenei fra loro, esprime una solidarietà a più ampio raggio e deve quindi farsi carico di contemperare interessi più eterogenei quando stipula il contratto collettivo e, quindi, è più congeniale alla moderna organizzazione dell'impresa e del lavoro.

4. Come si è detto in precedenza, in Italia il sindacato esterno all'azienda ha avuto una struttura essenzialmente a base associativa, mentre in azienda ha quasi sempre avuto una struttura non associativa.

La **struttura sindacale aziendale**, pur conservando stretti collegamenti con i sindacati esterni, si forma tendenzialmente su base elettorale, rappresentando quindi tutti i lavoratori dell'azienda, iscritti e non iscritti, a differenza del sindacato associazione.

Questa differenza ontologica, nel corso degli ultimi decenni, ha condotto alla progressiva sostituzione:

– del contratto collettivo aziendale rispetto al contratto collettivo territoriale, la cui rilevanza è confinata ad alcuni particolari settori (es. artigianato, edilizia) e/o materie (es. sgravi);
– delle rappresentanze aziendali al sindacato esterno nella stipulazione dei contratti collettivi aziendali [6].

Questa tendenza, comune ad altri Paesi occidentali, si osserva sia per la maggiore vicinanza ai contesti produttivi e decisionali, sia per la migliore capacità di esprimere la volontà dei lavoratori in forma immediata e/o unitaria. Ciò appare evidente soprattutto in contesti poco sindacalizzati.

E tuttavia alla maggiore vicinanza, in momenti di forte contrapposizione, può corrispondere anche una maggiore esposizione dei rappresentanti sindacali rispetto alla controparte, che è spesso il datore di lavoro.

I contratti collettivi aziendali inizialmente disciplinavano aspetti non regolati dal contratto collettivo nazionale, come ad esempio la retribuzione accessoria e i premi di produttività, ma nel tempo hanno acquisito funzioni diversificate e di notevole importanza (v. *infra* cap. 9 ss.). Tra queste, ad esempio, spiccano la possibilità di modificare *in peius* i trattamenti dei contratti collettivi nazionali, per tutelare l'occupazione, e la gestione di particolari vicende modificative nella vita dell'impresa (trasferimento d'azienda, licenziamenti collettivi, trattamenti di integrazione salariale e accordi di solidarietà). Alcune di queste funzioni possono essere delegate dalla legge.

---

[6] Il contratto collettivo aziendale, infatti, può essere stipulato sia dal sindacato territoriale (c.d. sindacato esterno, perché l'associazione si reca in azienda a stipulare il contratto), sia dalla rappresentanza dei lavoratori interna all'azienda.

la commissione interna

4.1. La **commissione interna** rappresenta sicuramente l'espressione più antica di questo tipo di rappresentanza non associativa.

La sua istituzione risale ai primi del novecento: fu regolata per la prima volta da un accordo sindacale tra la Federazione italiana operai metallurgici (Fiom) e la fabbrica di automobili ITALA. È stata soppressa nel periodo fascista e reintrodotta nel 1943 con il Patto Buozzi-Mazzini.

La Commissione interna era un organismo sindacale di matrice aziendale, costituito da un determinato numero di seggi commisurato al numero dei dipendenti dell'azienda. I seggi erano ripartiti tra le liste in misura proporzionale ai voti conseguiti.

i delegati e il consiglio di fabbrica

Nel periodo dell'autunno caldo sindacale degli anni 1968-1969 la Commissione interna non fu più in grado di raccogliere e convogliare la forte domanda di partecipazione della base dei lavoratori, in aperta contestazione nei confronti dei vertici sindacali. Proprio nell'ottica di una maggiore apertura del sindacato nei confronti dei lavoratori non iscritti, furono introdotte nuove strutture sindacali di tipo elettorale: **i delegati e il consiglio dei delegati o di fabbrica.**

Il delegato non doveva essere necessariamente iscritto al sindacato e rappresentava gli interessi soltanto dei lavoratori di un determinato gruppo omogeneo dell'azienda (ad es., un reparto) del quale aveva una maggiore conoscenza: da tali lavoratori veniva eletto e poteva essere revocato in ogni momento.

I delegati dei vari reparti di una determinata azienda costituivano il **consiglio dei delegati o di fabbrica**, organismo non associativo che non ebbe mai una regolazione legislativa.

Le confederazioni sindacali Cgil, Cisl e Uil, con il patto federativo di unità d'azione del 1972, riconobbero a questo organismo competenze contrattuali e lo considerarono la loro istanza sindacale di base.

Come organismo sindacale unitario il consiglio dei delegati entrò in crisi nel 1984, quando venne meno l'unità di azione tra i tre sindacati confederali.

4.2. La crisi dell'unità di azione sindacale e la frammentazione della compagine sociale successiva al c.d. autunno caldo del 1968-1969 hanno indotto il legislatore ad emanare le norme a sostegno della libertà e attività sindacale nei luoghi di lavoro, contenute nella legge n. 300 del 1970, lo Statuto dei lavoratori.

iniziativa dei lavoratori per la costituzione delle rappresentanze sindacali aziendali

L'**art. 19 St. lav.** dispone che possono essere costituite rappresentanze sindacali aziendali (**r.s.a.**) ad **iniziativa dei lavoratori in ogni unità produttiva,** nell'ambito delle associazioni sindacali individuate in base ai criteri selettivi indicati, sui quali ci si soffermerà dettagliatamente nel cap. 7.

L'art. 19 St. lav. non detta alcuna disposizione sulla forma giuridica delle r.s.a.: possono avere forma associativa e non associativa, e ogni sindacato esterno può avere una propria r.s.a.

Inoltre, ai sensi dell'art. 29 St. lav., un'unica r.s.a. può far capo ad una pluralità di sindacati esterni.

Gli elementi caratterizzanti della r.s.a., ai sensi del citato art. 19, sono **l'iniziativa dei lavoratori** e **l'ambito sindacale**.

Per quanto riguarda l'iniziativa dei lavoratori, questa deve essere effettiva. Può essere preventiva o anche risolversi nell'approvazione o condivisione, da parte dei dipendenti delle unità produttive interessate, delle scelte operate dall'organismo aziendale. I dirigenti delle r.s.a. "possono non essere iscritti al sindacato e persino appartenere a categorie professionali non rappresentate dal sindacato" [7].

L'autonomia collettiva può stabilire i requisiti minimi per la valida costituzione delle r.s.a. In mancanza di tali indicazioni numeriche, la Corte di Cassazione propende per la valida costituzione della r.s.a. anche da parte di un solo lavoratore, che acquista la titolarità dei diritti di cui al titolo III della legge n. 300 del 1970 [8].

E tuttavia la rappresentanza sindacale aziendale deve operare nell'ambito del sindacato.

L'espressione "ambito sindacale" indica un collegamento o una sorta di riconoscimento della r.s.a. da parte del sindacato. Si tratta evidentemente di un riconoscimento non riconducibile a schemi giuridici, come la rappresentanza volontaria o legale, ma di un **collegamento di tipo politico tra r.s.a. e sindacato** [9], che si traduce, generalmente, nella **nomina**.

l'unità produttiva

Infine, l'art. 19 stabilisce che la r.s.a. deve essere istituita in ogni unità produttiva. **L'unità produttiva deve essere individuata ai sensi dell'art. 35 St. lav.** in ogni sede, stabilimento, filiale o ufficio o reparto autonomo che occupi più di quindici dipendenti (o più di cinque, se si tratta di impresa agricola) o anche un numero inferiore qualora l'impresa occupi complessivamente più di quindici dipendenti (più di cinque se agricola) nell'ambito dello stesso Comune [10].

Come risulta evidente, l'istituzione della r.s.a. è una risposta di fonte legale all'esigenza di costituire rappresentanze sindacali nei luoghi di lavoro, per poter assicurare l'esercizio, mentre i consigli di fabbrica, come visto, erano forme di rappresentanza introdotte convenzionalmente dalle parti sociali. Tali strutture sindacali aziendali erano entrate in crisi con la rottura dell'unità di azione sindacale, ma questa fase di stallo, dopo alcuni tentativi falliti, viene superata con l'**accordo interconfederale del 1993**, che ha istituito le **rappresentanze sindacali unitarie (r.s.u.)** [11].

---

[7] Cass. 24 gennaio 2008, n. 1582, in *Riv. giur. lav.*, 2009, II, p. 185.

[8] V. Cass. 16 giugno 2000, n. 8207, in *Orient. gur. lav.*, 2000, I, p. 907.

[9] Sul punto v. Cass. 24 gennaio 2008, n. 1582, cit.

[10] Cass. 4 ottobre 2004, n. 19837, in *Rep. Foro it.*, voce *Lavoro (rapporto)*, n. 1742.

[11] Le r.s.u. vengono inizialmente introdotte con il protocollo siglato da Governo e parti sociali il 23 luglio 1993 e analiticamente regolamentate nell'accordo sottoscritto il 20 dicembre 1993 da Cgil, Cisl, Uil e Confindustria 1993 da Cgil, Cisl, Uil e Confindustria, come modificato prima dall'A.I. del 31 maggio 2013 e poi dal T.U. sulla rappresentanza del gennaio 2014.

le rappresentanze sindacali unitarie

L'accordo stabilisce che **le organizzazioni sindacali firmatarie o che vi aderiscano successivamente acquistano il diritto di promuovere la costituzione delle r.s.u. nonché il diritto a partecipare alle elezioni, rinunziando formalmente ed espressamente alla costituzione di r.s.a.**

A questo proposito appare opportuno chiarire preliminarmente quali sono le differenze con le rappresentanze sindacali aziendali.

diversa composizione r.s.a. e r.s.u.

In primo luogo è diversa la composizione dei due organismi: le r.s.a. hanno dirigenti nominati dalle organizzazioni sindacali mentre i componenti della r.s.u. sono eletti dai lavoratori occupati presso l'unità produttiva, a prescindere dal fatto che siano iscritti o meno al sindacato. Come risulta evidente, il mandato elettorale non è assimilabile al mandato associativo. Questo evoca e suppone la rappresentanza volontaria che lega i dirigenti della r.s.a. al sindacato nel cui ambito è costituita, mentre il mandato elettorale delle r.s.u. evoca la rappresentanza politica e istituisce un collegamento tra componente eletto e lavoratori elettori.

ripartizione seggi: il c.d. terzo riservato

In realtà, in base all'Accordo interconfederale del 1993 soltanto i due terzi dei seggi venivano ripartiti fra le varie liste sindacali in proporzione del numero di voti conseguiti: il residuo terzo dei seggi, **c.d. terzo riservato**, era assegnato obbligatoriamente alle liste presentate dai sindacati firmatari dell'accordo interconfederale e del Ccnl applicato in azienda. Tale previsione consentiva ai sindacati firmatari dell'accordo interconfederale o del Ccnl di recuperare voti in questo modo, neutralizzando eventuali perdite di consenso.

P.I. 31 maggio 2013 T.U. 10 gennaio 2014 a.i. 28 giugno 2011

5. Con la stipula dell'**accordo interconfederale del 28 giugno 2011** e del Protocollo d'intesa del 31 maggio 2013, recepiti dal **Testo Unico sulla rappresentanza del 10 gennaio 2014**, le confederazioni sindacali (Cgil, Cisl e Uil, da una parte; Confindustria, dall'altra) hanno intrapreso un graduale percorso di rinnovamento (o ristrutturazione) delle relazioni sindacali, assoggettandosi a regole più stringenti rispetto a quelle contenute nel protocollo del 1993 [12].

Nella premessa alla sezione dedicata alla "modalità di costituzione e di funzionamento delle Rappresentanze Sindacali Unitarie" [13], le parti firmatarie del T.U. ribadiscono che "le seguenti regole in materia di rappresentanze sindacali unitarie riprendono la disciplina contenuta nell'Accordo Interconfederale 20 dicembre 1993.

Mentre, però, l'AI del 1993 consentiva a qualsiasi sindacato di partecipare alle elezioni di rinnovo della r.s.u., presentando una propria lista di candidati, il "nuovo" Testo Unico richiede, invece, un'adesione integrale ed incondizio-

---

[12] V. F. Carinci, *Il lungo cammino per Santiago della rappresentatività sindacale (dal titolo III Stat. lav. al TU sulla rappresentanza 10 gennaio 2014)*, in *Il TU sulla rappresentanza 10 gennaio 2014*, Commento di F. Carinci e AA.VV., *Adapt Labour Studies e-Book series*, n. 26, 2014.

[13] Sezione seconda, Parte seconda, Testo unico sulla rappresentanza sottoscritto da Confindustria, Cgil, Cisl e Uil il 10 gennaio 2014.

nata dell'intero sistema disegnato dall'accordo interconfederale [14] oppure un significativo livello di rappresentatività in azienda.

Difatti, nella parte seconda, sezione III, punto 4 del T.U. 2014 (che, sostanzialmente ricalca la clausola 5 dell'A.I. del 2011) è ribadito che hanno potere di iniziativa per la costituzione delle r.s.u. – e, quindi, sono legittimate alla presentazione delle liste elettorali – le Oo.Ss. di categoria aderenti alle confederazioni firmatarie del Ccnl applicato nell'unità produttiva, o qualsiasi altro sindacato "formalmente costituito con un proprio statuto e atto costitutivo" rappresentativo di almeno il 5% dei lavoratori aventi diritto al voto nell'unità produttiva, e che accetti espressamente le condizioni dettate dal T.U. [15].

Come si è accennato, secondo la "Convenzione per la misurazione della rappresentanza dei sindacati dei lavoratori nelle aziende del sistema Confindustria", siglata il 19 settembre 2019 da Inps, INL, Confindustria, Cgil, Cisl e Uil, l'Inps dovrà procedere a raccogliere i dati sugli iscritti alle Oo.Ss. e, unitamente all'INL, i dati elettorali sulle votazioni delle r.s.u. Dalla media di questi due dati si ricaverà la misurazione della rappresentatività delle diverse sigle sindacali.

Questo modello, che prevede una misurazione certificata della rappresentatività sindacale, è stato richiamato anche dalll'AI siglato il 28 febbraio 2018 da Confindustria, Cgil, Cisl e Uil (c.d. Patto della fabbrica), in cui è stata affermata la necessità di procedere ad una misurazione anche della rappresentanza di parte datoriale.

Le novità più significative [16] del T.U. del 2014 in quanto destinate a segnare una profonda revisione nel modello di rappresentanza sindacale in azienda nel settore privato, si registrano in materia di modalità costituzione e funzionamento delle r.s.u.

modalità di costituzione e funzionamento delle r.s.u

Il Testo Unico 2014 – come già, in precedenza, il Protocollo d'Intesa 2013 – supera la previsione del terzo di seggi riservato alle associazioni sindacali firmatarie: alla costituzione della r.s.u. si procede, quindi, mediante un'elezione a suffragio universale**. Il numero dei seggi viene ripartito secondo il criterio proporzionale in relazione ai voti conseguiti dalle singole liste concorrenti: in tal modo alle "nuove" r.s.u. viene garantita una più genuina base elettorale, essendo interamente elette sulla base delle preferenze indicate dai lavoratori all'interno delle liste presentate dai sindacati legittimati [17].

superamento del terzo riservato

Le elezioni sono valide se ad esse partecipa il 50% più uno dei lavoratori dell'azienda aventi diritto. Tuttavia si consente alla commissione elettorale di considerare valide le elezioni anche se il quorum non è raggiunto in relazione alla situazione venutasi a determinare.

[14] In tal senso, Trib. Ivrea (ord.) 28 aprile 2014, n. 1508 (est. Salustri), inedita; cfr. Trib. Torino (ord.) 28 agosto 2014, n. 22310 (Pres. Nosengo – Est. Contini), inedita.

[15] "... nelle aziende con oltre 60 dipendenti. Nelle aziende di dimensione compresa fra 16 e 59 dipendenti la lista dovrà essere corredata da almeno tre firme di lavoratori".

[16] F. Carinci, *Adelante Pedro, con juicio: dall'accordo interconfederale 28 giugno 2011 al Protocollo d'intesa 31 maggio 2013 (passando per la riformulazione "costituzionale" dell'art. 19, lett. b St. lav.)*, in *Dir. rel. ind.*, 2013, n. 3, p. 608.

[17] L. Zoppoli, *Le nuove rappresentanze sindacali unitarie*, in *Riv. it. dir. lav.*, 2014, III, p. 73.

subentro delle r.s.u. alle r.s.a.

Le r.s.u. succedono alle r.s.a. nella titolarità dei diritti, permessi e libertà sindacali del titolo III dello Statuto dei lavoratori[18]**, nonché nella titolarità dei poteri e delle funzioni anche contrattuali.**

La durata del mandato è triennale e non sono consentite proroghe. Pertanto le r.s.u. decadono automaticamente allo scadere del termine. Per l'ipotesi di cambiamento di appartenenza sindacale da parte di un componente della r.s.u., il punto 6 del T.U. 2014 stabilisce che il c.d. **cambio di casacca** "determina la decadenza dalla carica e la sostituzione con il primo dei non eletti della lista di originaria appartenenza del sostituito"[19]. Per quanto riguarda, invece, la destituzione del componente r.s.u. da parte dell'organizzazione sindacale di appartenenza, il T.U. del 2014 stabilisce la decadenza dalla qualifica di componente di r.s.u. e la decadenza dal godimento dei diritti collegati a tale qualifica, e perciò anche del diritto di usufruire dei permessi sindacali. Tali previsioni, però, contraddicono l'orientamento giurisprudenziale secondo cui il mandato elettorale che intercorre tra i componenti della r.s.u. e i lavoratori prescinde dal dato dell'iscrizione e, di conseguenza, supera e trascende il collegamento del suddetto membro della r.s.u. con l'organizzazione sindacale che lo ha presentato alle elezioni[20].

Nel caso in cui le dimissioni o destituzioni coinvolgano più del 50% dei componenti della r.s.u. il T.U oggi prevede la decadenza della stessa r.s.u. con la necessità di procedere al suo rinnovo.

Già nella clausola 4 dell'A.I. del 28 giugno 2011 – e successivamente nel T.U. 2014 – il principio di maggioranza viene indicato come criterio di funzionamento della r.s.u.

natura collegiale della r.s.u.

E la rilevanza del principio della maggioranza come criterio di funzionamento dell'organo implica il riconoscimento della **natura collegiale della r.s.u.**, confermata dalla regola secondo la quale **le decisioni si prendono a maggioranza** (T.U., Parte II, sez. II, 7).

La natura collegiale dell'organismo rende necessaria la distinzione tra diritti sindacali a gestione individuale – come, ad esempio, i permessi – dai diritti sindacali a gestione collettiva, quale l'assemblea[21]. I primi sono attribuiti ai singoli componenti della r.s.u., mentre i secondi sono assegnati alla r.s.u. in quanto organo collegiale (vedi, in particolare, sull'esercizio del diritto di assemblea cap. 6, sez. II).

---

[18] Cass. 22 giugno 2014, n. 16637, in *Nuovo notiziario giuridico*, 2015, I, p. 72.

[19] In tal senso, cfr. Cass. 12 agosto 2000, n. 10769; Trib. Reggio Calabria, 12 giugno 2015; secondo altro orientamento giurisprudenziale, il mandato elettorale intercorrente tra i componenti delle r.s.u. e i lavoratori prescinderebbe dal dato dell'iscrizione, così superando il collegamento del membro della r.s.u. con l'organizzazione sindacale di appartenenza: così Cass. 7 marzo 2012, n. 3545 e Cass. 12 marzo 2012, n. 3868; cfr. Trib. Milano 27 aprile 2006, in *Arg. dir. lav.*, 2007, p. 482.

[20] In tal senso Trib. Milano 5 aprile 2007; Trib. Milano 27 aprile 2006, in *Arg. dir. lav.*, 2007, p. 482. Cass. 7 marzo 2012, n. 3545, in *Mass. giur. lav.*, 2012 p. 738.

[21] Sul diritto di convocare l'assemblea sindacale si veda Cass. 30 novembre 2016, n. 24443.

Capitolo 6
L'attività sindacale

Sezione I
L'attività sindacale in generale

SOMMARIO: 1. I soggetti e l'oggetto. – 2. L'effettività dell'attività sindacale. – 3. La partecipazione del sindacato alla funzione pubblica e la concertazione sindacale. – 4. L'informazione e la consultazione sindacale. – 5. L'unità sindacale e l'unità di azione sindacale. La crisi dell'unità di azione. – 6. La partecipazione dei lavoratori alla gestione delle aziende. – 7. L'attività sindacale nel lavoro pubblico (rinvio).

i soggetti dell'attività sindacale

l'oggetto dell'attività sindacale: la contrattazione collettiva

1. **L'attività sindacale può essere esercitata dai singoli lavoratori per perseguire e tutelare un interesse collettivo** (ad es., partecipare ad un'assemblea o ad uno sciopero) **o un interesse individuale a rilevanza collettiva** (v. tutela contro atti discriminatori: *supra*, cap. 4 e *infra* cap. 27, sez. III), **ma mai un interesse esclusivamente individuale. Ovviamente l'attività sindacale può essere esercitata dal sindacato attraverso i propri iscritti e in particolare attraverso i dirigenti sindacali** che agiscono in nome e per conto del sindacato. Si pensi, ad esempio, all'opera di proselitismo e alla raccolta di contributi, all'affissione di un comunicato [1] o all'elaborazione di una piattaforma sindacale e, infine, alle stesse trattative per il rinnovo del contratto collettivo. È vero che in questo ultimo caso si tratta di vera e propria attività negoziale, ma **non si può negare che anche l'attività negoziale posta in essere dal sindacato rientri nell'oggetto dell'attività sindacale.**

la designazione dei propri rappresentanti nel Cnel

Parimenti, rientra nell'attività sindacale anche la **designazione da parte del sindacato di propri iscritti nei consigli di amministrazione degli enti pubblici e previdenziali, nonché negli organi a rilevanza costituzionale come il Cnel.**

Oltre a questa forma di partecipazione alla funzione pubblica, il sindacato è consultato in audizioni parlamentari quando si discute l'approvazione di una legge in materia di lavoro.

---

[1] Per l'attività sindacale svolta dalle rappresentanze sindacali in azienda, v. *infra*, sez. II.

il principio dell'effettività sindacale

2. Il diritto sindacale appare contrassegnato, in forza dell'**art. 39, comma 1, Cost.**, oltre che dal principio dell'autonomia privata collettiva, anche da quello dell'**effettività dell'attività sindacale.**

La norma costituzionale non assegna al sindacato alcuna competenza né determina l'oggetto dell'attività sindacale. E allora si ritiene che, nel nostro ordinamento, l'attività sindacale sia delimitata da una frontiera mobile, che estende o restringe il proprio territorio in ragione della rappresentatività del sindacato – intesa nel senso di capacità di far valere le proprie ragioni nei confronti della controparte sociale attraverso il consenso e la mobilitazione dei lavoratori – in un determinato momento e contesto storico.

Tradizionalmente il sindacato è stato negoziatore di contratti e, perciò, tale attività, come già detto, rientra sicuramente nel novero dell'attività sindacale. E tuttavia non si può affermare che l'attività sindacale si esaurisca nella stipulazione di contratti, nella proclamazione dello sciopero o, ancora, nello svolgimento dell'attività sindacale in azienda.

L'effettività dell'attività sindacale consente di affermare che **ogni attività può essere considerata sindacale se il sindacato ha la forza di farla valere come tale**, nel rispetto delle competenze degli organi costituzionali e delle amministrazioni pubbliche.

la rilevanza del consenso sociale e della mediazione sindacale

Inoltre, **l'assenza di limiti e competenze legislativamente delineati ha attribuito al sindacato un potere di fatto**, cui è connessa una **responsabilità politica e non giuridica** rispetto al proprio intervento.

In altri termini, quando un fatto è sorretto dal consenso sociale ed è mediato dalle organizzazioni sindacali diventa diritto sindacale e può concretarsi addirittura nella sospensione della irrogazione di sanzioni, pur previste dalla norma legale o nella mancata attuazione di norme costituzionali come l'art. 39, nei commi successivi al primo.

3. Un esempio che conferma come l'oggetto dell'attività sindacale derivi dalla forza rappresentativa del sindacato è costituito dalla esperienza della concertazione. Infatti, il **sindacato**, oltre ad essere negoziatore di contratti, in passato ha preteso e ottenuto di partecipare al negoziato sulle riforme politiche, assumendo quindi il ruolo di **soggetto politico.**

la partecipazione del sindacato alla funzione pubblica non ne altera la natura privata

E tuttavia tale partecipazione, denominata opportunamente **partecipazione alla funzione pubblica, non modifica la natura del sindacato**, che vuole rimanere **privato** e non assumere responsabilità o corresponsabilità giuridiche per le scelte effettuate dal legislatore sulla base delle indicazioni dello stesso sindacato.

Nelle forme di partecipazione alla funzione pubblica, il sindacato supera la funzione tradizionale di autotutela e rappresenta, almeno incidentalmente e con funzione consultiva, **interessi che lambiscono o intersecano l'interesse generale**, certamente più ampio di quello collettivo di cui è tradizionalmente portatore.

E in qualità di soggetto privato, il sindacato resta comunque libero, nello svolgimento di questa funzione consultiva in assenza di accordi, di continuare la propria azione di autotutela.

il metodo della concertazione

A partire dagli anni '80 il sindacato partecipa come interlocutore privilegiato rispetto a determinate scelte di politica economica del governo, con l'**avvio di un nuovo e diverso metodo di consultazione delle parti sociali, denominato concertazione.**

La concertazione è un metodo decisionale attraverso cui il governo, il sindacato e le associazioni imprenditoriali determinano di comune accordo gli obbiettivi economico-sociali da realizzare e si assumono la responsabilità politica di adoperarsi per la loro concreta realizzazione secondo le proprie competenze.

L'oggetto della concertazione non si esaurisce, quindi, nella consultazione delle parti sociali, ma prevede anche **uno scambio, e cioè la conclusione di un accordo trilaterale tra i sindacati, le associazioni imprenditoriali e il governo,** che si fa parte negoziale e non semplice mediatore, mediante risorse finanziarie o provvedimenti.

In tali casi, il potere pubblico può considerare conveniente coordinare la propria azione con quella sindacale al fine di realizzare più efficacemente gli obbiettivi prefissati. Le imprese e i sindacati, dal canto loro, possono avere convenienza a contenere le loro reciproche rivendicazioni per partecipare alla individuazione degli obbiettivi di politica economica e sociale (ad es. riforma delle pensioni, della sanità, del fisco).

la natura giuridica degli accordi di concertazione

Gli accordi di concertazione hanno una natura giuridica diversa dagli altri contratti collettivi, tale da collocarsi, secondo la Corte costituzionale[2], fuori dall'art. 39 Cost. perché, accanto a clausole obbligatorie concernenti la regolazione del sistema contrattuale e giuridicamente vincolanti per le parti sociali, vi è una parte contrassegnata dallo **scambio non soltanto economico, ma anche e soprattutto politico.**

Nelle parti che impegnano il governo in campo legislativo o in sede amministrativa (mediante disegni di legge, decreti o regolamenti) **gli accordi di concertazione non hanno natura negoziale in senso tecnico** perché, sempre secondo la Corte costituzionale, la rappresentanza politica parlamentare deve restare libera di valutare le proposte presentate dall'esecutivo, essendo la sola legittimata a interpretare la volontà popolare e a realizzare la sintesi degli interessi generali, anche qualora venga meno il consenso sindacale sui provvedimenti da adottare.

E in tal caso non è da escludere né da sottovalutare, quale reazione dei sindacati all'inadempimento del governo, la sanzione della proclamazione dello sciopero generale.

Inoltre, **l'impegno politico tra parti sociali e governo costituisce il presupposto e la condizione di efficacia giuridica dello stesso accordo sindacale,** di modo che spesso il mancato adempimento degli impegni politici di fatto

---

[2] Corte cost. 7 febbraio 1985, n. 34, in *Giust. civ.*, 1985, I, p. 607.

finisce per travolgere anche gli effetti più genuinamente giuridici che rientrano nella disponibilità delle parti [3].

È comunque difficile che il giudice possa imporre il rispetto di accordi o clausole obbligatorie al sindacato che, come detto, resta un soggetto privato e libero di disattendere anche impegni già assunti, pur di tutelare l'interesse collettivo.

Ecco perché, in conclusione, la responsabilità delle parti sociali e del governo per la violazione degli accordi di concertazione si rivela essenzialmente politica.

lo sviluppo e i limiti del metodo concertativo

Tra le esperienze più significative di concertazione, si segnalano **il Protocollo Scotti del 1983, primo esempio di concertazione sindacale** [4], l'accordo che abolì la c.d. scala mobile nel 1992 e **il Protocollo del 23 luglio 1993** a sostegno dell'occupazione e del contenimento dell'inflazione.

Quest'ultimo Protocollo è particolarmente significativo perché, nel regolare gli assetti contrattuali, conteneva **clausole giuridicamente vincolanti per le parti sociali** che hanno regolato per quasi vent'anni le relazioni industriali italiane [5].

Nel periodo del 1996-1998 la concertazione era giunta a svolgere una **funzione di coordinamento tra legislazione e autonomia collettiva**, specie per l'adeguamento all'ordinamento comunitario, con sviluppi anche a livello territoriale mediante i c.d. patti territoriali e i contratti di area.

La concertazione, tuttavia, **funziona se tutte le parti coinvolte**, e cioè i sindacati, le associazioni degli imprenditori e il governo, **danno il loro assenso all'individuazione degli obbiettivi e alla loro realizzazione** per le parti di loro competenza.

In altri termini, senza il consenso di una parte o di una componente rappresentativa delle parti sociali, **la concertazione viene meno.**

il dialogo sociale

In taluni casi, il governo ha abolito il metodo concertativo e lo ha sostituito con il **dialogo sociale**, come per la stipula degli Accordi di S. Valentino del 1984 o del **Patto per l'Italia del 2002**, stipulati senza la firma della Cgil.

Si tratta di un metodo simile a quello che si osserva nell'ordinamento UE (*infra*, cap. 18) perché il Governo, al pari della Commissione europea, consulta le parti sociali ma non subordina la propria azione al consenso di tutte le componenti sindacali più rappresentative.

l'abbandono del metodo concertativo

Più **di recente pare difettare la stessa volontà politica di seguire il metodo concertativo**, perché dopo un tentativo di ripresa di un modello di concertazione, con alcuni iniziali risultati, da parte del Governo di centro-sinistra nel

[3] V. di recente G. Santoro-Passarelli, *La responsabilità delle organizzazioni sindacali*, in *Arg. dir. lav.*, 2013, 1, p. 29 ss.

[4] Con l'accordo i costi sostenuti dalle parti sociali erano compensati con benefici a carico della collettività, in cambio del loro assenso alla politica economica del governo.

[5] Il governo si impegnava a emanare provvedimenti amministrativi e legislativi recanti incentivi e sgravi contributivi alle imprese. Queste si impegnavano ad assumere nuovo personale e i sindacati si impegnavano a contenere le rivendicazioni salariali e a concordare con le imprese un ordinato sistema di relazioni industriali.

periodo 2006-2008[6], il III Governo Berlusconi ha abbandonato l'esperienza della concertazione ed anche i Governi Monti (si pensi alla c.d. legge Fornero n. 92 del 2012), Letta, Renzi (*Jobs act*), Gentiloni e Conte (ad es. nel caso del decreto dignità) non hanno affatto seguito il metodo concertativo.

Il mutato atteggiamento politico dei governi più recenti rappresenta un'importante spiegazione dei fallimenti del metodo concertativo, ma non l'unica.

Infatti, il metodo concertativo presuppone **un'adeguata disponibilità, in capo al governo, di risorse economiche da scambiare**.

E un tratto comune delle ultime legislature è senza dubbio rappresentato dai rigorosi vincoli all'indebitamento pubblico, che limitano la disponibilità di risorse economiche per porre in essere accordi di tipo concertativo.

i diritti di informazione e consultazione

4. Un altro esempio della poliedricità dell'oggetto dell'attività sindacale è costituito dai **diritti di informazione e consultazione del sindacato**.

Il riconoscimento di questi diritti consente al sindacato di **conoscere preventivamente le scelte imprenditoriali (fase di informazione**) e di condizionarle o attraverso il ricorso allo sciopero o avviando con il datore di lavoro una **fase di consultazione** che può concludersi con accordi sindacali diretti a comporre in via negoziale eventuali ricadute economiche, giuridiche e sociali sui rapporti di lavoro derivanti dalle scelte imprenditoriali.

Si noti che questi diritti, originariamente introdotti dalla contrattazione collettiva, sono stati disciplinati anche dalla legge con particolare riferimento a determinate vicende come la concessione dell'integrazione salariale, il licenziamento collettivo e in occasione del trasferimento di azienda e di ramo di azienda.

i diritti di informazione e la normativa europea

I diritti di informazione hanno avuto un notevole riconoscimento e sviluppo nella normativa europea (*infra*, cap. 18), sia con riferimento alla disciplina dei comitati aziendali europei con la direttiva 94/45/CE e il relativo decreto di attuazione del 2 aprile 2002, n. 74, sia con riferimento alla disciplina della consultazione nella fase che precede la contrattazione a livello europeo come disciplinata dall'art. 138 del Trattato dell'Unione Europea, sia infine con la direttiva 2002/14/CE dell'11 marzo 2002 che istituisce un quadro generale relativo all'informazione e alla consultazione dei lavoratori nella Comunità europea.

5. In Italia, diversamente da altri Paesi, come la Germania e la Gran Bretagna, i sindacati confederali hanno preferito mantenere la loro identità e non hanno mai operato in concreto, a parte qualche dichiarazione di rito,

[6] V. ad es. il c.d. "Protocollo welfare" del 23 luglio 2007, recepito dalla legge finanziaria n. 247 del 2007.

l'unità di azione sindacale

per realizzare l'unità organica, ma hanno generalmente privilegiato **l'unità di azione sindacale, pur perseguendo politiche con obiettivi sindacali talvolta diversi.**

In proposito, è notoria la propensione della Cisl a valorizzare il sindacato associazione e, perciò, gli iscritti e la contrattazione aziendale, diversamente dalla Cgil, che ha privilegiato il movimento e cioè la base dei lavoratori, indipendentemente dalla loro iscrizione al sindacato.

Numerosi sono gli accordi sindacali che testimoniano la propensione dei sindacati confederali all'unità di azione sindacale. In particolare, va ricordato il patto federativo del 1972 tra Cgil, Cisl e Uil sui consigli di fabbrica e l'accordo interconfederale del 1993 sulla costituzione delle rappresentanze sindacali unitarie.

la crisi dell'unità di azione tra sindacati

Bisogna aggiungere, però, che negli ultimi anni l'unità di azione sindacale è stata messa a dura prova: i contrasti tra le tre confederazioni hanno determinato forme di conflitto vistose, fino ad arrivare a **forme di contrattazione separata a livello nazionale** con la stipula di un secondo contratto nazionale nella categoria dei metalmeccanici nel 2009 siglato solo dalla Fim-Cisl e dalla Uilm e non anche dalla Fiom Cgil, che riteneva impegnativo quello sottoscritto nel 2008 dalle tre federazioni nazionali di categoria.

L'esame della contrattazione collettiva sia a livello nazionale sia a livello confederale negli anni successivi al 2008 sarà affrontato nei capitoli successivi (*infra*, cap. 9 ss.).

6. L'**art. 46 Cost.** prevede la **partecipazione dei lavoratori alla gestione dell'azienda**. Si tratta di una **norma inattuata** e probabilmente destinata a rimanere sulla carta per diverso tempo, perché in Italia, diversamente dalla Germania, non c'è una tradizione sindacale di cogestione.

Una forma di partecipazione dei lavoratori alla gestione dell'azienda è stata sicuramente realizzata dall'istituzione e regolamentazione della società europea che integra, se così si può dire, la via italiana alla partecipazione attraverso il regolamento CE n. 2157 del 2001 sullo Statuto della Società europea e la direttiva 2001/86/CE sul coinvolgimento dei lavoratori nella società europea con il relativo decreto di attuazione 19 agosto 2005, n. 188.

Ma a parte queste sporadiche esperienze derivanti dalla disciplina comunitaria, le relazioni sindacali in Italia sono state e sono essenzialmente conflittuali.

la cogestione concertazione informazione consultazione: differenze

A questo proposito è opportuno evidenziare che la **cogestione**, essendo una vera e propria **partecipazione del sindacato negli organi di amministrazione della società o dell'ente datore di lavoro**, è ben diversa sia dalla **concertazione** – che, come visto, è un metodo decisionale in cui tutte le parti conservano i loro ruoli pur perseguendo un obiettivo comune – sia dalla **fase di informazione e consultazione**, nella quale non viene meno il ruolo antagonista della parte sindacale rispetto al datore di lavoro.

7. Come espressamente previsto **dall'art. 37 St. lav., le disposizioni dello Statuto dei lavoratori si applicano anche ai rapporti di lavoro alle dipendenze delle pubbliche amministrazioni**. Pertanto, ai lavoratori pubblici sono estesi sia il godimento che l'esercizio dei diritti sindacali, pur nei limiti e con le modalità stabilite dalla normativa speciale contenuta nel c.d. Testo Unico sul pubblico impiego, il **d.lgs. n. 165 del 2001**.

l'attività sindacale nel lavoro pubblico

Infatti, anche se il rapporto di lavoro instaurato tra P.A. e dipendente ha natura privatistica (v. cap. 45), è opportuno segnalare che la natura pubblica del datore di lavoro e il conseguente perseguimento dell'interesse generale nell'ottica del buon andamento, dell'imparzialità e dell'equilibrio di bilancio (art. 97 Cost.), comportano delle particolarità sia nella contrattazione collettiva, sia nello svolgimento dell'attività sindacale all'interno degli uffici.

Per tale ragione si rinvia per la specifica trattazione al cap. 17.

Sezione II

L'attività sindacale nei luoghi di lavoro

il diritto a svolgere attività sindacale in azienda

1. Nello Statuto dei lavoratori, che disciplina le tutele previste nei luoghi di lavoro, emerge in maniera evidente la **distinzione concettuale e normativa tra libertà e attività sindacale.** Infatti, il **titolo II dello Statuto riconosce a tutti i lavoratori la libertà sindacale nei luoghi di lavoro** sancendo, da un lato, il diritto di costituire associazioni sindacali, di aderirvi e di svolgere attività sindacale (art. 14), dall'altro, il divieto di discriminazioni (art. 15). Si tratta di norme che ripetono sostanzialmente quanto già solennemente affermato dall'art. 39 Cost., con la specificazione che tali garanzie valgono anche all'interno dei luoghi di lavoro.

Tuttavia, il titolo III riserva ai singoli lavoratori solamente il diritto di raccogliere contributi e di svolgere opera di proselitismo in favore delle loro organizzazioni sindacali, senza pregiudizio del normale svolgimento dell'attività aziendale (art. 26), mentre **la titolarità di una serie di diritti (art. 20 e ss.) che rendono effettivo l'esercizio dell'attività sindacale è riconosciuta soltanto ad alcuni soggetti individuati dall'art. 19 St. lav.**, cioè le rappresentanze sindacali aziendali (e, come visto nel cap. 5, le r.s.u., che succedono alle r.s.a. nella titolarità dei diritti).

2. L'**art. 20 St. lav. disciplina l'assemblea**, cioè il **diritto dei lavoratori a riunirsi, nell'unità produttiva in cui sono occupati.** L'assemblea può svolgersi fuori dell'orario di lavoro o durante l'orario di lavoro; in quest'ultimo caso, ciascun lavoratore ha diritto a dieci ore annue retribuite, o ad un monte ore maggiore stabilito dalla contrattazione collettiva. L'attività assembleare, quindi, per le dieci ore previste dalla legge o per il diverso limite individuato dalla contrattazione collettiva, prevale sul normale svolgimento dell'attività aziendale.

L'assemblea può essere generale, cioè rivolta a tutti i lavoratori di quell'unità produttiva, oppure settoriale, qualora si rivolga soltanto ad un gruppo. Al datore di lavoro deve essere comunicato l'ordine del giorno, che deve riguardare materie di interesse sindacale e del lavoro. Una volta rispettato questo limite, il datore di lavoro non ha potere di sindacare l'ordine del giorno.

materie di interesse sindacale e del lavoro ...

Come risulta evidente, l'espressione "**materie di interesse sindacale e del lavoro**" è molto ampia e comprende tutte le tematiche che il sindacato riconosce come proprie[7].

Molti contratti collettivi stabiliscono un termine minimo di preavviso al datore di lavoro, finalizzato sia all'**individuazione del locale idoneo da concedere per lo svolgimento dell'assemblea**[8], sia all'organizzazione delle esigenze aziendali, che potrebbero essere compromesse dalla sospensione dell'attività lavorativa causata dall'assemblea stessa. Il mancato rispetto del termine di preavviso autorizzerebbe il datore di lavoro ad opporsi allo svolgimento dell'assemblea senza incorrere nelle sanzioni previste per il comportamento antisindacale[9].

Inoltre, con il solo limite del preavviso, il datore di lavoro è tenuto a consentire l'accesso anche ai dirigenti del sindacato esterno che ha costituito la r.s.a. come pure ai lavoratori sospesi, ad esempio per cassa integrazione o in sciopero. In capo al datore, invece, non sussiste il diritto di partecipare all'assemblea, salvo che sia espressamente invitato.

legittimate ad indire l'assemblea sono le r.s.a. e la r.s.u.

Legittimate ad indire l'assemblea, ai sensi del secondo comma dell'art. 20 St. lav., sono le r.s.a.[10]**, che possono esercitare tale potere sia congiuntamente sia disgiuntamente**[11].

Come già visto, in seguito all'Accordo Interconfederale del 1993 la r.s.u. subentra alle r.s.a. nella titolarità dei diritti e nell'esercizio delle funzioni ad esse spettanti. Pertanto, è importante chiedersi se la **titolarità del diritto di convocare l'assemblea spetti alla r.s.u. in quanto organo collegiale che decide a maggioranza** oppure a ciascun componente, similmente a quanto avviene per i dirigenti delle r.s.a. Sul punto è maturato un contrasto in giurisprudenza: un primo orientamento riconosceva la gestione collettiva del diritto di assemblea da parte della r.s.u.[12], mentre altre pronunce della Corte di Cassazione attribuivano al singolo componente – e non necessariamente alla r.s.u. nel suo complesso – la possibilità di indire l'assemblea[13].

---

[7] Cfr. Trib. Torino 22 maggio 2004, in *DeJure*, che ritiene però non sufficiente l'indicazione all'interno dell'ordine del giorno di "problemi interni".

[8] Cfr. sull'esigenza che il locale per lo svolgimento dell'assemblea sia tempestivamente concesso dal datore di lavoro, Cass. 26 febbraio 2016, n. 3837.

[9] Trib. Milano 5 febbraio 2007, in *Or. giur. lav.*, 2007, p. 235.

[10] Sulla legittimità costituzionale di tale previsione normativa si è espressa la Corte costituzionale con sentenza del 16 maggio 1995, n. 170, in *Mass. giur. lav.*, 1995, p. 323.

[11] La contrattazione collettiva può introdurre una disciplina volta ad estendere anche ad altre organizzazioni sindacali, indipendentemente dalla effettiva costituzione di r.s.a., l'esercizio di tale diritto: cfr. Cass. 10 ottobre 2018, n. 25103.

[12] Cass. 16 febbraio 2005, n. 3072, in *Rep. Foro it.*, 2005, voce *Sindacati*, n. 58.

[13] Cass. 7 luglio 2014, n. 15437; Cass. 31 luglio 2014, n. 17458, in *Guida dir.*, 2014, 38, p. 36; Cass. 16 ottobre 2014, n. 21931, in *Diritto & Giustizia*, 2014; Cass. 26 febbraio 2016, n. 3837, in *DeJure*.

A sanare il contrasto sulla titolarità collegiale o no del diritto di indire assemblea sono intervenute le Sezioni Unite della Suprema Corte di Cassazione. Secondo la Suprema Corte, alla luce degli artt. 4 e 5 dell'Accordo interconfederale del 1993 applicabile *ratione temporis*, il diritto di indire assemblee contemplato dall'art. 20 della legge n. 300 del 1970 non spetta solamente alla r.s.u. collegialmente intesa, ma anche a ciascun componente della r.s.u., purché questi sia stato eletto nelle liste di un sindacato che, nell'azienda di riferimento, sia rappresentativo ai sensi dell'art. 19, legge n. 300 del 1970[14].

La giurisprudenza di legittimità ha in questo modo asserito che il principio di maggioranza non è incompatibile con la legittimazione individuale a richiedere l'assemblea. Al fine di temperare gli effetti distorsivi di tale affermazione, la Cassazione ha aggiunto un ulteriore requisito per selezionare i componenti della r.s.u. meritevoli di indire l'assemblea: non è sufficiente essere stati eletti nel collegio, ma è necessario appartenere a un sindacato che abbia quantomeno partecipato alle trattative per la sottoscrizione di un contratto collettivo applicato nell'unità produttiva.

È opportuno, però, sottolineare che le sentenze citate, inclusa quella delle Sezioni Unite del 2017, hanno ad oggetto l'accordo interconfederale del 1993. L'accordo interconfederale del 2011 (clausola 4) ed il T.U. sulla rappresentanza del 2014 (clausola 7) sembrano confermare, viceversa, la titolarità collegiale nella misura in cui introducono espressamente il principio maggioritario come criterio di funzionamento dell'organismo. Di tale avviso sono anche le prime pronunce di merito in materia[15].

E tuttavia è bene segnalare che la stessa sentenza delle Sezioni Unite del 2017 afferma in un *obiter dictum*, con riferimento al T.U. del 2014, che il diritto di convocare l'assemblea deve riconoscersi non solo alle r.s.u. come organo collegiale ma anche alle sue singole componenti[16]. Si tratta di un assunto non condivisibile. Infatti, la decisione individuale del singolo componente risulta incompatibile con l'introduzione del principio di maggioranza posto alla base del funzionamento della r.s.u. quale collegio unitario.

Diversamente, nell'area del pubblico impiego, la giurisprudenza ha chiarito che il diritto spetta collegialmente alla r.s.u.[17].

Per quanto concerne il godimento del diritto riconosciuto dall'art. 20 St. lav., sia l'art. 4 dell'Accordo Interconfederale del 1993 sia l'art. 4 della parte

---

[14] Cass., Sez. Un., 6 giugno 2017, n. 13978. Cfr. conf. Cass. 17 ottobre 2018, n. 26011; Cass. 8 febbraio 2018, n. 3095.

[15] V. Corte App. Perugia 22 ottobre 2018, n. 143, in *DeJure*; Corte App. Torino 6 aprile 2017, in *Nuovo not. giur.*, 2017, 2, p. 539; Corte App. Torino 4 agosto 2016, in *Riv. giur. lav.*, 2017, n. 1, p. 160, con nota di M. Russo; Trib. Torino 10 marzo 2015, in *Dir. rel. ind.*, 2015, n. 4, p. 1153; Trib. Torino 15 marzo 2015, in *Riv. it. dir. lav.*, 2015, n. 3, p. 768.

[16] Cfr. anche Cass. 26 ottobre 2017, n. 25478.

[17] Cfr. *infra*, cap. 17, sez. I, par. 2; Cass. 23 maggio 2019, n. 14061; Cass. 8 febbraio 2018, n. 3095; Trib. Bologna 9 febbraio 2018, in *DeJure - Redazione Giuffrè*, 2018.

seconda del Testo Unico sulla rappresentanza del 10 gennaio 2014 stabiliscono che **i sindacati che hanno stipulato il contratto collettivo nazionale applicato in azienda possono indire assemblee nei limiti di tre delle dieci ore annue retribuite**[18]. Resta salva, comunque, la possibilità di indire ulteriori assemblee, senza, però, usufruire dei relativi permessi retribuiti[19].

il referendum non ha valore vincolante

3. Il **referendum è uno strumento di consultazione dei lavoratori privo di valore vincolante** nei confronti dei singoli lavoratori, altrimenti risulterebbe leso il principio della libertà sindacale individuale. **L'art. 21 St. lav.** stabilisce che lo svolgimento delle consultazioni referendarie avviene **all'interno dell'azienda,** ma **al di fuori dell'orario di lavoro.** Anche in questo caso, come per l'assemblea, **è necessaria la collaborazione del datore di lavoro che dovrà mettere a disposizione i locali aziendali.**

Il referendum deve vertere su **materie di interesse sindacale e può essere indetto dalle r.s.a. solo congiuntamente.** La legittimazione necessariamente congiunta delle r.s.a. serve ad evitare forme di concorrenza tra le r.s.a. e di strumentalizzazione della base dei lavoratori.

Il referendum è stato utilizzato prevalentemente in occasione delle vertenze contrattuali per l'approvazione della piattaforma sindacale e soprattutto per l'approvazione dell'ipotesi di accordo. I più recenti accordi interconfederali ed il Testo Unico sulla rappresentanza del 2014 prevedono espressamente la consultazione referendaria in sede di contrattazione nazionale ed aziendale (cfr. *infra*, cap. 11, sez. II).

Il referendum è previsto anche dall'art. 14 della legge sullo sciopero nei servizi essenziali (legge n. 146 del 1990) sugli accordi che individuano le prestazioni indispensabili. La Commissione di garanzia può indirlo quando a richiederlo sia un'organizzazione sindacale dissenziente o un numero rilevante di lavoratori. E tuttavia la Commissione finora non ha ritenuto di utilizzare questo istituto.

permessi retribuiti e non retribuiti

4. Una forma di garanzia particolarmente efficace per lo svolgimento dell'attività sindacale è costituita dai **permessi retribuiti e non retribuiti. Essi spettano, in ragione del numero dei dipendenti dell'azienda, ai dirigenti delle r.s.a.**, che sono considerati tali in quanto nominati secondo le procedure previste dallo statuto della struttura sindacale.

Si noti però che la contrattazione collettiva ha regolato la materia dei permessi mettendo a disposizione di ogni r.s.a. un monte ore annuo di permessi usufruibili dal lavoratore che la struttura di volta in volta designa.

---

[18] Cfr. sul punto Cass. 10 febbraio 2015, n. 2548; Cass. 30 agosto 2010, n. 18838, in *Riv. giur. lav.*, 2011, II, p. 246, In caso di più richieste, implicanti il superamento del monte ore, ci si atterrà all'ordine di precedenza. cfr. Cass. 21 luglio 2009, n. 16936 e Cass. 13 ottobre 2009, n. 21694, in *Foro it.*, 2010, I, fasc. 4, 1202 ss.

[19] Sul punto, v. Cass. 10 febbraio 2015, n. 2548; e Cass. 22 luglio 2010, n. 17217, in *Dir. rel. ind.*, 2011, I, p. 130.

La **distinzione tra permessi retribuiti e non retribuiti, pur essendo definita chiaramente dagli artt. 23 (per l'espletamento del mandato) e 24 St. lav. (per la partecipazione a trattative sindacali o a congressi e convegni di natura sindacale)**, nella pratica non è agevole e di fatto la scelta tra i due tipi di permessi è rimessa alla stessa r.s.a.

Il diritto ai permessi è potestativo e il suo esercizio determina la sospensione dell'obbligazione lavorativa, fermo restando il diritto alla retribuzione quando il permesso sia retribuito.

I lavoratori che intendono avvalersi del permesso devono darne **comunicazione al datore di lavoro almeno ventiquattro ore prima** tramite la r.s.a. di appartenenza.

La giurisprudenza ha negato al datore di lavoro il potere di sindacare l'uso dei permessi come pure di subordinarne il godimento alle esigenze aziendali [20]. In particolare, il datore non può sindacare né le modalità temporali di fruizione dei permessi sindacali, né, in caso di permessi non retribuiti, le attività che legittimano tale fruizione.

D'altro canto, la giurisprudenza ha, però, ritenuto non consentito l'utilizzo dei permessi per fini personali e diversi da quelli sindacali [21].

permessi retribuiti ai dirigenti nazionali e provinciali dei sindacati

Gli artt. 30 e 31 St. lav. prevedono rispettivamente il riconoscimento di permessi retribuiti ai dirigenti nazionali e provinciali dei sindacati maggiormente rappresentativi per la partecipazione alle riunioni degli organi suddetti o l'aspettativa non retribuita per la durata del mandato [22].

Secondo la giurisprudenza i permessi concessi ai sensi dell'art. 30 si differenziano da quelli previsti dagli artt. 23 e 24 perché i primi spettano ai sindacalisti extra-aziendali per lo svolgimento di attività sindacale finalizzata al coordinamento tra singole unità produttive e centri decisionali a carattere territoriale, i secondi ai sindacalisti endo-aziendali, cioè a coloro deputati a svolgere la propria attività all'interno dell'impresa [23].

La norma opportunamente rinvia alla contrattazione collettiva e la giurisprudenza ha precisato che, in assenza di limiti stabiliti dal contratto collettivo, spetta al giudice quantificare l'entità dei permessi utilizzando come parametro di riferimento gli usi e l'equità o, in analogia, la disciplina degli artt. 23 e 24 [24].

---

[20] Cass. 1° agosto 2003, n. 11759, in *Mass. giur. lav.*, 2003, p. 808.

[21] Cass. 14 gennaio 2003, n. 454, in *Riv. giur. lav.*, 2003, II, p. 595; Cass. 12 luglio 2018, n. 18468; e si legga Trib. Santa Maria Capua Vetere, ord., 24 marzo 2018, ined.

[22] Cfr. Cass. 20 febbraio 2019, n. 4943, secondo cui l'utilizzo per finalità diverse equivale ad assenza del lavoratore sanzionabile in via disciplinare.

[23] Cfr. ancora Cass. 20 febbraio 2019, n. 4943; e Cass. 22 luglio 2014, n. 16637, che infatti precisa come il subentro dei componenti delle r.s.u. ai dirigenti delle r.s.a. nella titolarità dei diritti, permessi e libertà sindacali (art. 4 dell'A.I. 1993), sia limitato alle disposizioni del titolo III dello Statuto; e si legga anche Cass. 1° agosto 2003, n. 11759, cit.

[24] Cass. 17 luglio 2015, n. 15083; Cass. 1° luglio 2004, n. 12105, in *Not. giur. lav.*, 2004, p. 693.

Beneficiari dei permessi sono i dirigenti appositamente indicati dalle r.s.a., i quali mantengono il diritto a usufruirne per la durata dell'incarico salvo che intervenga la destituzione da parte dell'organizzazione sindacale nel cui ambito si è costituita la r.s.a. Diversamente, tale destituzione non ha effetto nei confronti dei componenti eletti nella r.s.u., i quali, essendo espressione del voto dei lavoratori, non subiscono la volontà delle organizzazioni sindacali.

Conseguentemente, tali lavoratori non decadono dal godimento dei diritti collegati a tale qualifica e, per l'effetto, conservano il diritto di godere dei permessi per le cause previste dagli artt. 23 e 24 e 30 dello Statuto.

E tuttavia il legame rappresentativo tipico del mandato elettorale viene messo in discussione dall'art. 6 del Testo Unico del 2014 in caso di cambiamento di appartenenza sindacale da parte di un componente della r.s.u. In tale ipotesi è prevista espressamente sia la decadenza dalla carica (con conseguente perdita del diritto ai permessi), sia la sostituzione con il primo dei non eletti della lista di originaria appartenenza del sostituito.

I periodi trascorsi in aspettativa sindacale sono riconosciuti anche ai fini previdenziali.

5. **L'art. 25 St. lav.** riconosce alle r.s.a. il diritto di **affiggere comunicati, testi e pubblicazioni di interesse sindacale e del lavoro**. Questo limite di materia deve essere inteso in senso analogo a quello stabilito per l'assemblea e per il referendum.

spazi e bacheche per l'affissione dei comunicati sindacali

Il datore di lavoro ha l'obbligo di predisporre per ciascuna r.s.a., in luoghi accessibili a tutti, all'interno dell'unità produttiva, **appositi spazi e bacheche destinati a questo scopo**[25]. E qualche sentenza ha riconosciuto come spazio destinato all'affissione anche quello telematico dell'azienda[26].

D'altra parte, il datore di lavoro non ha **il potere di sindacare il contenuto di questi comunicati e tanto meno di rimuoverli**, anche nell'ipotesi in cui tali comunicati integrino gli estremi di un reato (per esempio abbiano contenuto diffamatorio da non confondere con il diritto di critica)[27].

In questo caso il datore di lavoro dovrà richiedere la rimozione ai responsabili della r.s.a. o rivolgersi all'autorità giudiziaria, fermo restando che la responsabilità per il contenuto delle affissioni è personale e cioè grava sulle persone che agiscono per conto delle r.s.a., cosicché devono essere identificabili gli autori dei comunicati medesimi.

---

[25] Di tali spazi il sindacato deve avere la continua disponibilità o deve essere garantito l'accesso. Perciò configura condotta antisindacale il rifiuto del datore di lavoro di consegnare le chiavi della bacheca: cfr. Trib. Milano 27 luglio 2018, n. 945.

[26] Cfr. Trib. Cuneo 27 giugno 2019, n. 402.

[27] Cfr. Cass. 2 agosto 2013, n. 33753; Cass. 5 luglio 2002, n. 9743, in *Foro it.*, 2002, I, c. 2625.

6. L'art. 27 St. lav. stabilisce che **il datore di lavoro nelle unità produttive con più di duecento dipendenti debba mettere a disposizione delle r.s.a. un locale destinato all'esercizio della loro attività.** Questo locale deve trovarsi preferibilmente all'interno dell'unità produttiva o, in via subordinata, nelle immediate vicinanze.

Il datore di lavoro non è obbligato a mettere a disposizione un locale per ciascuna r.s.a., bensì è sufficiente un «locale comune»[28].

Quando invece l'unità produttiva ha meno di 200 dipendenti il datore di lavoro ha l'obbligo di mettere a disposizione delle r.s.a. un locale ogni volta che queste ne facciano richiesta per le riunioni.

l'art. 26 dello Statuto è rivolto a tutte le organizzazioni sindacali

7. La **raccolta dei contributi e l'opera di proselitismo** sono i diritti riconosciuti **dall'art. 26 St. lav.** ai lavoratori e alle loro organizzazioni sindacali all'interno dei luoghi di lavoro, senza pregiudizio del normale svolgimento dell'attività aziendale.

Questa disposizione differisce dalle altre perché in questo caso **tali diritti sono riconosciuti non soltanto alle r.s.a. e alle r.s.u., ma a tutte le organizzazioni sindacali** senza compromettere il normale svolgimento dell'attività aziendale, da intendersi in concreto, con riferimento alla singola azienda.

L'opera di proselitismo e la raccolta dei contributi possono essere effettuati, dunque, da tutte le organizzazioni sindacali: se così non fosse, sarebbe compromessa la possibilità di sopravvivenza dei sindacati stessi e risulterebbe leso il principio di libertà sindacale garantito dall'art. 39 Cost. Inoltre, l'esercizio di tali attività può essere effettuato anche durante l'orario di lavoro se, in relazione all'organizzazione aziendale, non comporta la sospensione della prestazione di lavoro.

Il secondo e il terzo comma dell'art. 26 St. lav. sono stati abrogati dal referendum dell'11 giugno 1995.

la trattenuta in busta paga tra delegazione di pagamento e cessione del credito

L'abrogazione di queste disposizioni ha eliminato l'obbligo di fonte legale del datore di lavoro di effettuare la trattenuta nella busta paga corrispondente al contributo sindacale dovuto dal lavoratore al sindacato cui è iscritto.

Tale obbligo da legale diventa negoziale per quei datori di lavoro che abbiano sottoscritto i contratti collettivi che continuano a prevedere questa modalità, mentre è venuto meno nei confronti di organizzazioni sindacali non firmatarie di contratti collettivi.

Le Sezioni Unite della Corte di Cassazione[29] sono intervenute a comporre il contrasto giurisprudenziale sorto in riferimento alla **qualificazione della cessione della retribuzione per il pagamento dei contributi sindacali come ces-**

[28] Cfr. anche Trib. Milano 17 luglio 2018, n. 798.

[29] Cass., Sez. Un., 28 dicembre 2005, n. 28629, in *Mass. giur. lav.*, 2006, p. 424. Cfr., successivamente, Cass. 4 ottobre 2019 n. 24877; Cass. 2 marzo 2017, n. 5321; Cass. 12 ottobre 2015, n. 20439; Cass. 29 dicembre 2014, n. 27430; Cass. 17 febbraio 2012, n. 2314, in *Guida lav.*, 2012, 15, p. 29.

sione del credito del lavoratore o come delegazione di pagamento. Non si tratta di una semplice disputa intellettuale, perché alla qualificazione dell'operazione conseguono effetti diversi e, soprattutto, assume una particolare rilevanza il rifiuto del datore di lavoro. Infatti, la **cessione al sindacato del credito retributivo vantato dal lavoratore nei confronti dell'azienda** è efficace dal momento in cui la cessione medesima sia stata notificata (art. 1264 c.c.) e perciò non richiede il consenso del debitore ceduto, cioè, del datore di lavoro (art. 1260, comma 1, c.c.). In questa ottica, il datore non ha la possibilità di opporsi alla volontà del lavoratore[30], e il suo rifiuto configurerebbe una condotta antisindacale (v. *infra*, cap. 16).

l'intervento delle Sezioni Unite

Questa tesi, pur autorevolmente affermata nel 2005 dalle Sezioni Unite e confermata dalla successiva giurisprudenza di legittimità[31], non sembra del tutto persuasiva perché finisce per imporre al datore di lavoro una sorta di obbligo di effettuare, su richiesta del lavoratore, la trattenuta in busta paga del contributo sindacale, comportando così la reviviscenza di un obbligo che il referendum del 1995 ha eliminato mediante l'abrogazione dei commi 2 e 3 dell'art. 26 Stat. lav.

Se, invece, si riconosce che l'abrogazione dei due commi dell'art. 26 ha consegnato la regolazione della materia alla contrattazione collettiva e, in mancanza di questa, alla contrattazione individuale non si può considerare il datore di lavoro obbligato ad effettuare la trattenuta e, conseguentemente, sembra più appropriato qualificare l'operazione in questione come **delegazione di pagamento**.

Infatti, in assenza di clausole apposite del contratto collettivo, il terzo delegato, ossia il datore di lavoro, non è tenuto ad accettare l'incarico, ossia ad effettuare la trattenuta in busta paga, benché sia debitore del delegante, cioè del lavoratore (art. 1269, comma 2, c.c.).

Conseguentemente, rilevando il consenso del datore di lavoro, il rifiuto del medesimo di effettuare il pagamento del contributo sindacale dovuto dal lavoratore nei confronti dei sindacati non firmatari di contratti collettivi, non può essere considerato comportamento antisindacale[32].

i diritti di informazione e consultazione

8. Come già si è detto nella sez. I, dagli anni '80 si è diffuso – dapprima in via contrattuale e, successivamente, in materie particolarmente delicate, in via normativa – l'esercizio dei diritti di **informazione e consultazione del sindacato**.

---

[30] Salva l'ipotesi in cui il versamento dei contributi sindacali comporti oneri così gravosi in rapporto all'organizzazione aziendale da potersi considerare contrari ai principi di correttezza e buona fede: Cass., Sez. Un., n. 28269 del 2005, cit.; Cass. 2 agosto 2017, n. 19272; Cass. 12 ottobre 2015 n. 20439; Cass. 17 febbraio 2012, n. 2314; Cass. 2 agosto 2012, n. 13886; Corte App. Salerno, sez. lav., 29 ottobre 2014, in *DeJure*.

[31] Cass. 2 marzo 2017, n. 5321.

[32] In questo senso Cass. 3 febbraio 2004, n. 1968, in *Riv. it. dir. lav.*, 2004, II, p. 497 e Cass. 3 giugno 2004, n. 10616, in *Not. giur. lav.*, 2004, p. 553; e dopo la sentenza delle Sez. Un., Trib. Torino 6 marzo 2006, in *Or. giur. lav.*, 2006, I, p. 10.

È opportuno chiarire che l'esercizio di tali diritti non attribuisce al sindacato né **un potere di controllo né tantomeno un potere di veto nei confronti del datore di lavoro**.

Non deve essere neanche considerato una **forma di partecipazione alla gestione dell'azienda** e, soprattutto, non elimina, ma in qualche modo rafforza, il ruolo antagonista del sindacato nei confronti del datore di lavoro.

In alcune specifiche ipotesi [33] la legge ha stabilito che le imprese che occupino più di quindici dipendenti debbano avviare la fase di informazione provvedendo ad effettuare una **comunicazione per iscritto alle r.s.a.** (o alle r.s.u. ove presenti) o, in mancanza, alle associazioni di categoria aderenti alle confederazioni maggiormente rappresentative sul piano nazionale. Il superamento della soglia di quindici dipendenti seleziona, pertanto, i sindacati legittimati all'esercizio dei diritti di informazione e consultazione. Si comprende bene che il vantaggio per i sindacati selezionati è notevole, perché essi diventano il punto di riferimento anche per i lavoratori non sindacalizzati o iscritti ai sindacati non selezionati.

L'inosservanza da parte del datore della procedura di informazione e consultazione sindacale è qualificata come condotta antisindacale (v. *infra*, cap. 16 sulla definizione della condotta e gli effetti della sentenza sull'inadempimento dell'obbligo di informazione e consultazione da parte del sindacato).

9. L'attività sindacale viene disciplinata dallo Statuto dei lavoratori nel titolo II e nel titolo III. Secondo una valutazione di opportunità il legislatore non obbliga i piccoli imprenditori e i datori di lavoro non imprenditori a svolgere le attività indicate dal titolo III, perché tali attività creano obblighi particolari in capo al datore di lavoro e hanno anche un costo economico.

Pertanto, l'ambito di applicazione del titolo III dello Statuto dei lavoratori è stabilito dall'**art. 35 Stat. lav.**, che ha adottato come criterio identificativo **l'unita produttiva con quindici dipendenti**. In verità, l'art. 35 non richiama testualmente il termine unità produttiva ma la "sede, stabilimento, ufficio o reparto autonomo".

unità produttiva

Tuttavia, secondo la giurisprudenza prevalente e parte della dottrina, queste denominazioni sono sinteticamente espresse dal termine riassuntivo di **unità produttiva, la quale deve essere intesa come articolazione autonoma dell'impresa avente idoneità ad esplicare in tutto o in parte l'attività di impresa,** della quale costituisce una componente tecnica ed amministrativa.

Si è osservato in proposito che non può essere considerata costituzionalmente illegittima la norma che richiede un minimo di consistenza numerica: essa ha una sua ragionevolezza perché la stessa struttura presuppone una di-

---

[33] V. art. 4, comma 2, legge n. 223 del 1991 per quanto riguarda l'attivazione della procedura di mobilità nell'ambito dei licenziamenti collettivi e art. 47, comma 1, legge n. 428 del 1990 in materia di trasferimento d'azienda o di parte di essa. Cfr. in tema Trib. Napoli 15 novembre 2018, in *DeJure - Redazione Giuffrè*, 2019.

stinzione tra rappresentanti e rappresentati, che non può aversi in unità organizzative minime.

E infine va rammentato che l'art. 35 aggiunge al criterio funzionale dell'unità produttiva anche quello territoriale costituito dal territorio comunale, che consente di sommare i dipendenti di più unità produttive di una stessa impresa, anche se singolarmente considerate tali unità non raggiungano il limite di 15 dipendenti.

lavoratori esclusi dal computo

Tra coloro che **non vanno computati ci sono i dipendenti con contratto di apprendistato** (art. 47, d.lgs. n. 81 del 2015) **e i lavoratori assunti temporaneamente in sostituzione di quelli che hanno diritto alla conservazione del posto.** Mentre **i lavoratori a tempo parziale ed i lavoratori intermittenti sono computati in proporzione all'orario svolto** (artt. 9 e 18, d.lgs. n. 81 del 2015).

Capitolo 7

Rappresentanza e rappresentatività sindacale

nozione socio-politica di rappresentatività

1. La rappresentanza e la rappresentatività sono sostantivi riferibili a diversi settori disciplinari.

Infatti, **la rappresentatività è una nozione socio-politica che esprime un giudizio di valore volto ad indicare l'idoneità del sindacato ad aggregare consenso** o, se si preferisce, a rappresentare in senso atecnico gli interessi di collettività di lavoratori più ampie degli iscritti o, ancora, la relazione intercorrente tra associazione sindacale e categoria o gruppo professionale.

nozione giuridica di rappresentanza

La rappresentanza, invece, è un istituto giuridico (artt. 1387 ss. e 1704 c.c.), che assume precisi significati e produce determinati effetti.

nozioni di rappresentanza sindacale e rappresentatività in Italia

In Italia storicamente sorge prima la **rappresentanza sindacale, intesa come potere del sindacato di compiere atti in nome e per conto degli associati.**

Coerentemente con il principio di libertà sindacale enunciato dall'art. 39 Cost., la rappresentanza degli associati è riconducibile alla rappresentanza volontaria, in quanto i lavoratori liberamente decidono di iscriversi o non iscriversi ad un'associazione sindacale.

Viceversa, nel periodo corporativo la rappresentanza sindacale poteva qualificarsi come istituzionale perché il sindacato rappresentava per legge non soltanto gli interessi degli iscritti, ma quelli di tutti i lavoratori appartenenti ad una determinata categoria.

È agevole constatare, quindi, che la rappresentanza sindacale, a seconda degli ordinamenti e dei tempi, è stata ricondotta ora nello schema della rappresentanza volontaria ora nella rappresentanza istituzionale.

Secondo un'altra ricostruzione, **la rappresentanza sindacale si distingue da quella civilistica perché il sindacato non agisce a tutela degli interessi dei propri iscritti, ma dell'interesse collettivo di cui è portatore direttamente**

sulla base del riconoscimento costituzionale della libertà sindacale, interesse che, come si è detto, supera e trascende gli interessi dei singoli associati.

La **rappresentatività, da nozione socio-politica, ha assunto anch'essa, col tempo, precisi significati giuridici perché il legislatore l'ha utilizzata a determinati fini: per valutare l'importanza del sindacato in base a determinati parametri o indici** e per risolvere eventuali contrasti tra sindacati, nonché per legittimarli al compimento di determinati atti di volta in volta stabiliti dalla legge e/o dagli accordi collettivi.

Il termine organizzazioni sindacali "più rappresentative" compare per la prima volta nel par. 3 dell'art. 389 del Trattato di Versailles. E la Corte di giustizia già allora chiarì, in un parere del 1922, che dovevano considerarsi organizzazioni più rappresentative quelle che rappresentano al meglio gli imprenditori e i lavoratori. Tale valutazione doveva tener presente diversi fattori e non soltanto il numero degli aderenti che, tuttavia, in presenza di altre eguali caratteristiche, diventava determinante.

Nozioni di rappresentatività a fini diversi sono delineate, per esempio, dall'art. 39 Cost. e dall'art. 19 St. lav.

Ai fini della stipulazione dei contratti collettivi con efficacia *erga-omnes* delineati dall'art. 39, comma 4, Cost. la rappresentatività del sindacato è misurata dal numero degli iscritti e ciascun sindacato ha un potere contrattuale proporzionato alla propria consistenza associativa. Si tratta, quindi, di una rappresentatività effettiva e misurabile e serve a identificare l'agente negoziale legittimato a stipulare contratti con efficacia generale.

Una nozione ancora diversa è presa in considerazione dall'art. 19 St. lav., **ai fini della costituzione delle r.s.a.**

maggiore rappresentatività presunta

2. L'art. 19 dello Statuto, nella versione originaria, per individuare i soggetti ai quali è consentito svolgere attività sindacale all'interno dell'unità produttiva utilizzava come criterio selettivo non la rappresentatività effettiva e misurabile ma **una maggiore rappresentatività presunta.**

Infatti, il testo originario dell'art. 19 prevedeva che le rappresentanze sindacali aziendali (r.s.a.) fossero costituite ad iniziativa dei lavoratori in ogni unità produttiva, nell'ambito:

a) **delle associazioni aderenti alle confederazioni maggiormente rappresentative sul piano nazionale;**

b) **delle associazioni sindacali, non affiliate alle predette confederazioni, che fossero firmatarie di contratti collettivi nazionali o provinciali di lavoro applicati nell'unità produttiva.**

È agevole notare che la lett. *a)* dell'art. 19 St. lav. non prevedeva criteri di misurazione della maggiore rappresentatività e, conseguentemente, riconosceva in via presuntiva la maggiore rappresentatività alle associazioni sindacali solo per il fatto di appartenere a sindacati confederali, in particolare Cgil, Cisl e Uil, anche qualora non avessero in azienda un elevato numero di iscritti e, pertanto, non riscuotessero in concreto il consenso dei lavoratori occupati nell'unità produttiva.

Di conseguenza, l'art. 19, lett. *a*) non consentiva la costituzione delle rappresentanze sindacali a quei sindacati che, pur avendo un elevato numero di iscritti in azienda, non fossero aderenti alle suddette confederazioni.

D'altra parte, l'art. 19 St. lav. nella formulazione originaria, proprio perché presumeva la maggiore rappresentatività delle associazioni sindacali confederali, non individuava gli indici di riconoscimento della maggiore rappresentatività, e a questo compito ha provveduto la giurisprudenza desumendoli dalla struttura confederale del sindacato.

Gli **indici elaborati dalla giurisprudenza** in base al vecchio testo dell'art. 19 erano:

a) la **intercategorialità**, e cioè la presenza del sindacato in diverse categorie merceologiche;

b) la **pluricategorialità**, e cioè la rappresentanza di più categorie professionali di lavoratori (impiegati, operai e quadri);

c) la **nazionalità**, e cioè l'estensione geografica del sindacato nel territorio nazionale;

d) il **numero dei lavoratori iscritti**;

e) la **capacità di mobilitazione** dei lavoratori agli scioperi;

f) l'**effettiva attività di contrattazione**, e cioè l'autentica partecipazione alle trattative e non la semplice adesione al contratto collettivo.

Giova anche rilevare che l'avverbio "**maggiormente**" non individuava una comparazione tra un sindacato e un altro, ma **una soglia al di sopra della quale tutti i sindacati erano ugualmente rappresentativi** e per questo motivo erano legittimati a esercitare i diritti sindacali.

Questo rilievo aiuta a comprendere perché **la maggiore rappresentatività presunta abbia funzionato come criterio selettivo fino a quando ha retto il patto di unità di azione del 1972** fra le tre confederazioni storiche Cgil, Cisl e Uil, con il quale le stesse **si riconobbero una pari rappresentatività sindacale.**

crisi della maggiore rappresentatività

Il criterio selettivo della maggiore rappresentatività presunta non ha più funzionato quando è venuta meno l'unità di azione delle tre confederazioni e, contestualmente, si sono sempre più sviluppati i sindacati autonomi: nel nuovo contesto sociale si è progressivamente consolidata la convinzione che la rappresentatività di ciascuna confederazione dovesse essere effettiva e misurata dal voto dei lavoratori e non presunta (v. Accordo Interconfederale del 1993 e, più di recente, T.U. sulla rappresentanza 2014).

Non a caso, per evitare la censura di costituzionalità dell'art. 19, lett. *a*), il legislatore aveva riconosciuto, ai sensi della **lett. *b*) dell'art. 19**, la possibilità di costituire r.s.a. anche a quelle organizzazioni sindacali, non affiliate alle confederazioni maggiormente rappresentative, che avessero **sottoscritto il contratto collettivo nazionale o provinciale applicato in azienda.**

Si riconosceva, pertanto, la rappresentatività non soltanto ai sindacati confederali in possesso degli indici elaborati dalla giurisprudenza prima elencati, ma anche a quei sindacati che, avendo sottoscritto un contratto nazionale o provinciale, si dimostravano in grado di imporsi come controparte contrattuale nella negoziazione collettiva a livello nazionale e provinciale.

Sia la lettera a), espressione della c.d. rappresentatività presunta, sia gli incisi "non affiliate alle predette confederazioni", e "nazionali o provinciali", contenuti nella lett. *b*), sono stati abrogati dal *referendum* dell'11 giugno 1995 con l'obbiettivo di eliminare la maggiore rappresentatività non verificata e, nello stesso tempo, di aprire ai sindacati diversi da quelli confederali, poiché di fatto erano comunque questi ultimi a stipulare i contratti nazionali o provinciali.

art. 19 St. lav. emendato dai referendum del 1995

3. All'esito del *referendum* del 1995 l'unico indice di riconoscimento della rappresentatività ai fini dell'art. 19 St. lav. è **direttamente indicato dal legislatore nella stipulazione del contratto collettivo applicato nell'unità produttiva.**

Pertanto, i sindacati che non sottoscrivono il contratto non erano legittimati a costituire tali strutture e ad esercitare i conseguenti diritti.

indici legali di rappresentatività

A seguito dell'abrogazione referendaria dell'inciso "nazionali e provinciali" contenuto nella lett. *b*) del vecchio testo dell'art. 19, **l'attuale formula ricomprende sicuramente il contratto nazionale, ogni forma di contratto territoriale, il contratto aziendale, nonché gli accordi interconfederali** che regolano un istituto e quegli accordi a contenuto obbligatorio, come, per esempio, quelli che individuano le prestazioni indispensabili nello sciopero nei servizi pubblici essenziali o in materia di informazione e consultazione sindacale in caso di trasferimento di azienda e di licenziamenti collettivi [1].

Il richiamo all'unità produttiva consente di ricomprendere anche quei contratti collettivi stipulati per il singolo reparto, linea, filiale od ufficio e non quindi per l'azienda nel suo complesso. Si tratta, infatti, di contratti destinati a regolare stabilmente una serie di rapporti di lavoro o a regolare un istituto del rapporto di lavoro.

Viceversa, dovrebbero essere esclusi quegli accordi sindacali che abbiano un contenuto transattivo.

Inoltre, il termine contratti collettivi "applicati" all'unità produttiva non presuppone necessariamente l'iscrizione del datore di lavoro all'associazione stipulante, ma è sufficiente che il contratto risulti di fatto applicato dal datore di lavoro.

La costituzione di una r.s.a. non può essere l'oggetto di un accordo sindacale *ad hoc* ma è l'effetto della stipula di un contratto collettivo di lavoro ap-

[1] Il contratto collettivo può essere anche un contratto che gestisce la crisi aziendale cioè un contratto collettivo c.d. gestionale; in tal senso Cass. 9 gennaio 2008, n. 212, in *Foro it.*, 2008, voce *Sindacati*, n. 40; mentre per Cass. 11 luglio 2008, n. 19275, in *Riv. it. dir. lav.*, 2009, II, p. 1057 sembra debba trattarsi di un contratto normativo che regoli in modo organico i rapporti di lavoro, almeno per un settore o un istituto importante della loro disciplina.

plicato nell'unità produttiva. Ciò significa che le parti neppure di comune accordo possono indicare ai fini della costituzione delle r.s.a. un soggetto diverso da quello che ha sottoscritto il contratto collettivo.

la giurisprudenza costituzionale

4. Il nuovo testo dell'art. 19 St. lav. è stato più volte **sottoposto al vaglio di costituzionalità** per contrasto con gli artt. 39 Cost. e 3, comma 2, Cost.[2]. La Corte costituzionale ritenne nel 1996 perfettamente ragionevole il criterio individuato dal legislatore nella sottoscrizione del contratto collettivo applicato, purché l'organizzazione sindacale avesse **effettivamente partecipato alle trattative** e non si fosse limitata a sottoscrivere per adesione. **L'elemento della sottoscrizione**, infatti, **era considerato indicativo della capacità del sindacato di imporsi come controparte contrattuale**[3]. In altri termini, la sottoscrizione da parte del datore di lavoro del contratto collettivo non è un atto assolutamente arbitrario, ma il più delle volte dipende dalla rappresentatività dei sindacati dei lavoratori e cioè dalla loro capacità di imporsi al datore di lavoro o, come si dice, dalla loro forza rappresentativa[4].

Certamente il testo uscito dalla consultazione referendaria ha alterato l'anima promozionale della norma perché ha eliminato il criterio selettivo della maggiore rappresentatività che dava rilevanza al rapporto intercorrente tra l'organizzazione sindacale e i lavoratori (art. 19, lett. *a*) e ha confermato sostanzialmente il criterio indicato dalla lett. *b*), che riconosceva rilevanza al rapporto tra organizzazione sindacale e controparte datoriale[5].

D'altra parte, quello stesso testo delinea un modello di organizzazione sindacale aperto anche ai sindacati meramente aziendali, purché in grado di imporsi al datore di lavoro come controparte contrattuale.

Anche in tempi più recenti l'art. 19 St. lav. è stato oggetto di forti tensioni interpretative. Infatti, il rifiuto della Fiom di sottoscrivere il contratto Fiat[6] ha interdetto a questo sindacato – sicuramente rappresentativo in base all'elevato numero di iscritti – la costituzione di una propria r.s.a.

---

[2] Secondo i giudici *a quo* la rappresentatività non sarebbe individuata da criteri stabiliti dalla legge ma dalla stipula del contratto collettivo e quindi, in ultima analisi, dal potere di accreditamento dell'imprenditore. In altre parole, il datore di lavoro, stipulando il contratto collettivo con un sindacato anziché con un altro, finirebbe per impedire a quello escluso di costituire la rappresentanza sindacale.

[3] Cfr. Corte cost. 12 luglio 1996, n. 244, in *Foro it.*, 1996, I, c. 2968.

[4] Cass. 5 agosto 2010, n. 18260, in *Foro it.*, 2010, voce *Sindacati*, n. 56.

[5] V. G. Santoro-Passarelli, *La partecipazione alle trattative nuovo criterio selettivo del sindacato per costituire le r.s.a. e l'applicazione dell'art. 28 dello Statuto*, in *Foro it.*, 2013, I, c. 3372 ss.

[6] Per "contratto Fiat" si fa riferimento all'accordo firmato il 13 dicembre 2011, per l'intero gruppo FIAT che qualche mese prima si era svincolata non solo dal sistema confindustriale, ma anche da tutti i contratti collettivi applicati in azienda. A seguito di questa vicenda la Fiom, in quanto non firmataria dei contratti collettivi applicata in azienda, si è vista negare il diritto a costituire r.s.a. *ex* art. 19 St. lav. nell'intero gruppo FIAT.

Questa vicenda ha determinato un imponente contenzioso giudiziario, che ha condotto a soluzioni giurisprudenziali diametralmente opposte. Alcune sentenze, che hanno interpretato in maniera estensiva l'art. 19, hanno riconosciuto il diritto di costituire r.s.a. anche al sindacato non firmatario del contratto collettivo, in ragione della sua riconosciuta rappresentatività; altre, viceversa, hanno negato tale diritto, sulla base di una interpretazione più aderente alla lettera della norma statutaria. A fronte di questa totale incertezza interpretativa, la questione è stata nuovamente rimessa al vaglio della Corte costituzionale[7].

sentenza della Corte costituzionale n. 231 del 2013

5. A distanza di 18 anni dall'esito referendario, la Corte costituzionale ha affrontato nuovamente la questione di legittimità dell'art. 19 St. lav. con la **sentenza 23 luglio 2013, n. 231**. Si tratta di una **sentenza additiva manipolativa**[8], in quanto la Corte costituzionale offre un'interpretazione estensiva del termine associazioni sindacali "**firmatarie**": è, infatti, legittimato a costituire rappresentanze sindacali aziendali non soltanto **il sindacato che sottoscriva il contratto collettivo, ma anche quello che abbia partecipato attivamente alle trattative senza firmarlo**.

In tal modo la Corte aggiunge un dato normativo per rendere la norma costituzionalmente legittima.

Si potrebbe rilevare che non è intervenuto alcun mutamento normativo rispetto alla precedente sentenza del 1996 che aveva dichiarato manifestamente infondate identiche questioni di legittimità costituzionale della stessa disposizione e in riferimento ai medesimi parametri degli artt. 3 e 39 Cost.

In realtà, la Corte, con questa sentenza additiva, tiene conto del contesto esterno, mutato rispetto al 1996, perché vuole tutelare la libertà delle associazioni sindacali di costituire rappresentanze sindacali anche se non hanno sottoscritto il contratto collettivo.

Infatti, la Corte, nel 1996, ha potuto valorizzare i principi di libertà negoziale e di effettività sia perché le relazioni sindacali erano contrassegnate da un contesto di unità di azione sindacale, sia perché il sindacato ricorrente era un sindacato autonomo, non certo rappresentativo.

Le stesse argomentazioni, nel 2013, mal si attagliano all'attuale contesto, in cui il sindacato non firmatario è una federazione sicuramente rappresentativa come la Fiom e, certamente, l'unità di azione tra i sindacati confederali è soggetta a diverse tensioni per le differenti politiche rivendicative dei tre sindacati storici.

---

[7] Cfr. ord. Trib. Modena 4 giugno 2012, in *www.cgil.it*.

[8] G. Santoro-Passarelli, *La partecipazione alle trattative*, cit., c. 3372; A. Maresca, *Prime osservazioni sul nuovo articolo 19 Stat. lav.: connessioni e sconnessioni sistemiche*, in AA.VV., *Le RSA dopo la sentenza della Corte costituzionale 23 luglio 2013 n. 231*, ADAPT Labour studies e-book Series, 2013, p. 7.

partecipazione alle trattative

E, tuttavia, bisogna riconoscere che il criterio proposto dalla Corte non è molto chiaro e, soprattutto, non è verificabile come quello della sottoscrizione perché non indica in modo incontrovertibile cosa debba intendersi per **partecipazione alla negoziazione**.

L'art. 1337 c.c., che regola le trattative nel contratto individuale, si limita a stabilire che le parti, nello svolgimento delle trattative, devono comportarsi secondo buona fede e quindi non sembra sufficiente a chiarire il significato dell'espressione partecipazione alle trattative del contratto collettivo.

E anche la semplice presentazione della piattaforma rivendicativa da parte del sindacato non appare idonea a integrare gli estremi della partecipazione al negoziato.

D'altra parte, se è vero che il criterio selettivo individuato dalla sentenza legittima il sindacato rappresentativo che abbia partecipato alle trattative, anche se non ha sottoscritto il contratto collettivo, a costituire rappresentanze sindacali aziendali, tuttavia, è altrettanto vero che lo stesso criterio della partecipazione alle trattative non consente allo stesso sindacato, sicuramente rappresentativo di costituire rappresentanze sindacali aziendali **se, invitato al tavolo delle trattative dal datore di lavoro, rifiuti di partecipare alle stesse.**

Ad ogni modo, la sentenza della Corte lascia aperte una serie di questioni che potrebbero essere risolte solo attraverso l'individuazione degli indici di misurazione della rappresentatività da parte del legislatore, come peraltro auspica la stessa Corte costituzionale nella stessa sentenza n. 231 del 2013.

In conclusione, si deve sottolineare che questa sentenza accoglie in motivazione **una nozione di rappresentatività che, esistendo nei fatti e nel consenso dei lavoratori, si fonda sul rapporto tra lavoratori e sindacato**, mentre nel dispositivo **accoglie una nozione di rappresentatività che, fondandosi sul rapporto tra sindacato e controparte, considera** la partecipazione alle trattative alla stessa stregua della sottoscrizione del contratto, e cioè come criterio che misura la capacità del sindacato di imporsi alla controparte.

E in questo senso la pronuncia n. 231 del 2013 si colloca sulla stessa scia della sentenza del 1996, ma così finisce per contraddire quanto affermato in motivazione.

rappresentatività sindacale nel Testo unico

6. Nel Testo unico del 10 gennaio 2014 la rappresentatività sindacale è stata disciplinata sotto un duplice profilo.

Da una parte, viene introdotta una soglia numerica di misurazione della rappresentatività ai fini della legittimazione alla contrattazione nazionale. È necessario ottenere il 5% come media tra dato associativo (iscrizioni all'associazione) e dato elettorale (consensi ottenuti nelle elezioni delle r.s.u.). (v. cap. 11, sez. II, par. 1).

D'altra parte, ai fini dell'esercizio dei diritti sindacali in azienda, l'incertezza in ordine alla nozione di partecipazione alle trattative ha spinto le parti sociali a fornire una parziale indicazione in risposta alla sentenza della Corte costituzionale n. 231 del 2013.

Il Testo unico, infatti, delinea le varie fasi del procedimento di contrattazione e chiarisce le condizioni che consentono ad un sindacato di poter essere considerato partecipante alle trattative.

Come si vedrà più approfonditamente nel capitolo 11, sez., II, par. 7, si considerano partecipanti alle trattative le associazioni che evidenzino tre requisiti:

a) raggiungano la soglia di rappresentatività del 5% come media tra dato associativo e dato elettorale, secondo quanto previsto dal testo unico;
b) contribuiscano alla definizione della piattaforma contrattuale;
c) partecipino alla delegazione trattante.

Il Testo unico, ad ogni modo, non ha avuto ancora alcuna attuazione, tanto da far dubitare della reale volontà delle parti sociali di sottoporre ad una misurazione oggettiva la propria rappresentatività [9] e da lasciare aperto il dibattito sulla necessità di una legge sindacale.

Occorre essere avvertiti che, in ogni caso, uno dei problemi principali a monte di un'efficiente regolamentazione in materia di misurazione della rappresentatività sindacale è la perimetrazione dell'area contrattuale nell'ambito della quale operare la stessa misurazione.

Come è noto questo delicato problema è stato risolto nel lavoro pubblico privatizzato nel quale gli accordi interconfederali identificano i comparti di contrattazione e cioè le aree contrattuali e quindi i lavoratori.

Viceversa, questo problema, non affrontato dal T.U. del 2014, non sembra risolto neppure dal successivo Accordo del 2018 [10] e neppure dalle proposte di legge attualmente in discussione [11]. Ma è fin troppo evidente che senza la perimetrazione dell'area contrattuale, che dovrebbe essere effettuata da accordi interconfederali, risulta impossibile individuare con certezza i lavoratori che appartengono a una determinata area contrattuale, (soprattutto nelle situazioni di confine) e sono di conseguenza legittimati a votare per i sindacati che stipulano il contratto collettivo. In questa situazione la misurazione della rappresentatività dei suddetti sindacati risulta problematica e comunque non certa.

---

[9] L'effettiva attuazione del Testo unico sembra adesso favorita dalla recente stipulazione, il 19 settembre 2019, della apposita Convenzione Inps-INL / Confindustria-Cgil-Cisl-Uil per le operazioni di misurazione e ponderazione dei dati associativo ed elettorale.

[10] L'Accordo Interconfederale del 9 marzo 2018, tra l'altro, affida al Cnel:
a) la ricognizione dei perimetri della contrattazione nazionale di categoria;
b) la ricognizione dei soggetti firmatari per accertarne l'effettiva rappresentatività sulla base di dati oggettivi.

[11] Si vedano, ad esempio, le proposte di legge C707 (Polverini) e C788 (Gribaudo), che, con soluzioni diverse, mirano a dettare regole in materia di misurazione della rappresentatività sindacale.

La rappresentatività datoriale

7. Il T.U. del 2014 non affronta lo speculare problema della rappresentatività datoriale.

Negli ultimi anni, tuttavia, il tema della misurazione della rappresentatività delle associazioni dei datori di lavoro ha assunto maggiore importanza, soprattutto in considerazione della rottura del c.d. monopolio della rappresentanza datoriale.

La moltiplicazione di associazioni datoriali ha comportato una proliferazione di contratti collettivi tra soggetti diversi ma che insistono sulla medesima area contrattuale e alimentano fenomeni di *dumping* contrattuale dannosi sia per i lavoratori che per le imprese [12].

Pertanto, sia le parti sociali sia il legislatore hanno iniziato ad affrontare il problema della misurazione della rappresentatività datoriale ai fini della legittimazione alla contrattazione.

L'accordo, tuttavia, non indica i parametri di misurazione della rappresentatività delle associazioni dei datori di lavoro, ma rinvia ad una futura regolamentazione che le parti sono chiamate a negoziare [13].

Si tratta, dunque, di previsioni piuttosto generiche e futuribili, tanto che anche questo accordo, sotto questo aspetto, non ha avuto ancora alcuna attuazione.

Criteri di misurazione della rappresentatività datoriale sono direttamente indicati, seppur in via sussidiaria rispetto a quelli eventualmente previsti dagli Accordi interconfederali, solo dalla proposta di legge C788 del 2018 (Gribaudo), ai sensi della quale si deve tener conto:

a) del numero delle imprese associate;
b) del personale impiegato presso le stesse imprese;
c) della diffusione territoriale di queste ultime.

Si tratta, però, di una proposta di legge la cui approvazione è tutt'altro che certa.

Il sindacato comparativamente più rappresentativo

8. La formula **"sindacato comparativamente più rappresentativo"** è comparsa per la prima volta nella legge finanziaria del 1995 e poi usata progressivamente con riferimento a tutti i rinvii alla contrattazione collettiva da parte della legge. Essa impone di selezionare i sindacati più rappresentativi attraverso una comparazione tra un sindacato nazionale di categoria e l'altro e di misurare la rappresentatività di ciascun sindacato utilizzando un criterio quantitativo.

---

[12] Cfr. sul punto M. Magnani, *Riflessioni sulla misurazione della rappresentanza datoriale nell'ordinamento statale e intersindacale*, in *WP C.S.D.L.E. "Massimo D'Antona".IT*, 376/2018, p. 3.

[13] Confindustria e Cgil, Cisl, Uil si impegnano, inoltre, ad adottare regole per impedire a soggetti con rappresentatività non certificata di "violare o forzare arbitrariamente i perimetri e gli ambiti di applicazione dei contratti nazionali di categoria".

Non è chiaro, però, quali siano i parametri di questo criterio quantitativo e numerico: solo gli iscritti o, come sembra più probabile, i votanti? Sono interrogativi ai quali può dare una risposta sicura soltanto il legislatore con un provvedimento di regolamentazione della rappresentanza sindacale.

Secondo un'altra parte della dottrina, la formula è usata da diverse leggi per assegnare determinati effetti al contratto collettivo stipulato dai sindacati comparativamente più rappresentativi.

Pertanto, la formula servirebbe a selezionare non tanto i soggetti quanto il contratto, tra i più contratti collettivi stipulati nell'ambito della stessa categoria, al quale la legge riconosce determinati effetti legali: per esempio, la retribuzione base per il calcolo del contributo previdenziale (art. 2, comma 20, legge n. 549 del 1995) o come traguardo del progressivo riallineamento retributivo (art. 23, comma 6-*bis*, legge n. 196 del 1997) [14].

A ben vedere, le due interpretazioni non sono in contrasto fra loro perché **la formula serve ad individuare il sindacato ai fini della stipulazione del contratto collettivo cui la legge riconosce determinati effetti** [15].

Alcuni interventi legislativi (come, ad esempio, l'art. 8, d.l. n. 138 del 2011 o, da ultimo, l'art. 51, d.lgs. n. 81 del 2015) utilizzano l'articolo indeterminato "stipulato da" in luogo dell'articolo determinativo "stipulato dalle", con l'intento evidente che il contratto collettivo – per conseguire le finalità assegnate dalla legge – sia sottoscritto da almeno due sindacati comparativamente più rappresentativi. Si noti che con questa formula il datore di lavoro non sarebbe comunque obbligato ad accordarsi con il sindacato che ha in termini assoluti il maggior grado di rappresentatività.

---

[14] F. Liso, *Autonomia collettiva e occupazione*, in *Dir. lav. e relaz. ind.*, 1998, p. 191 ss.

[15] M. Rusciano, *Contratto collettivo e autonomia sindacale*, Torino, 2003.

Capitolo 8

La tipologia dei contratti collettivi

SOMMARIO: 1. Vicende storiche del contratto collettivo. – 2. Il contratto collettivo *ex* art. 39 Cost. – 3. Il contratto collettivo *ex* legge n. 741 del 1959. – 4. Il contratto collettivo di diritto comune.

1. Le vicende del contratto collettivo dal periodo liberale ai giorni nostri hanno visto il susseguirsi di diverse tipologie di contratti collettivi.

Si è già detto dei primi concordati di tariffa, stipulati alla fine del XIX e all'inizio del XX secolo, della loro funzione tipicamente obbligatoria e della efficacia soggettiva limitata ai datori di lavoro stipulanti perché tali contratti erano considerati atti negoziali. Come pure si è detto del contratto corporativo, considerato invece atto normativo sia perché efficace nei confronti di tutti gli appartenenti alla categoria, sia perché collocato in posizione gerarchicamente sovraordinata e uniformante rispetto al contratto individuale (v. art. 2077 c.c.).

Entrambe queste tipologie di contratto collettivo sono oggi soltanto dei retaggi dei rispettivi periodi storici e non sono più presenti nell'attuale ordinamento.

l'art. 39 Cost. coniuga libertà sindacale ed efficacia erga omnes del contratto collettivo

2. Il Costituente ha cercato di risolvere i problemi sollevati dalla ricollocazione del contratto collettivo nell'area dell'autonomia privata con una norma come l'art. 39, che ha coniugato il principio della libertà sindacale e del contratto collettivo come contratto privatistico con l'efficacia *erga omnes* del medesimo.

L'art. 39 ha dettato, infatti, una particolare disciplina che riconosce ai sindacati la legittimazione a stipulare contratti con efficacia per tutti gli appartenenti alla categoria attraverso la costituzione di una rappresentanza unitaria proporzionale al numero degli iscritti.

La soluzione predisposta dall'art. 39, comma 4, non è mai stata attuata dal legislatore ordinario per ragioni tecniche e soprattutto politiche. Sul piano tecnico era difficile delimitare volontariamente e non autoritativamente l'ambito di applicazione dei destinatari della disciplina collettiva e cioè delimitare i collegi elettorali. E sul piano politico i sindacati minoritari e in particolare la

Cisl erano contrari a dare attuazione ad una norma che, riconoscendo un potere contrattuale proporzionato al numero di iscritti, avrebbe confermato l'egemonia della Cgil in quanto sindacato maggioritario.

Questa ragione, unitamente alla volontà delle tre confederazioni storiche di agire unitariamente e in posizione paritaria, ha fatto arenare una serie di tentativi del legislatore di attuare o di riformare l'art. 39 Cost.

D'altra parte, è bene avere presente che una norma come l'art. 39 blocca soluzioni legislative di misurazione della rappresentatività effettiva di ciascun sindacato diverse da quella prevista dalla stessa norma costituzionale.

il recepimento dei contratti collettivi in decreti legislativi

3. Con la legge n. 741 del 1959 il Governo era delegato a recepire in decreti legislativi il contenuto dei contratti collettivi, in modo da attribuire agli stessi efficacia generale.

La legge prevedeva un termine di un anno entro il quale i decreti dovevano essere emanati, ma tale termine venne successivamente prorogato dalla legge n. 1027 del 1960.

La Corte costituzionale, chiamata ad intervenire su quest'ultima, pur considerando conforme a Costituzione la legge n. 741 in ragione della sua transitorietà, dichiarò incostituzionale la legge di proroga, perché tendeva a stabilizzare un sistema di estensione dell'efficacia soggettiva del contratto collettivo diverso da quello previsto dall'art. 39, comma 4, Cost. [1].

I contratti recepiti nel termine originariamente previsto dalla legge n. 741 del 1959 restavano comunque in vigore e, anzi, hanno costituito per un lungo periodo di tempo una limitazione, a causa della loro natura di atto normativo, al potere del giudice di determinare la giusta retribuzione sulla base dei contratti vigenti.

Questo fino al 1971, quando la Corte costituzionale dichiarò illegittimo, per contrarietà all'art. 36 Cost., l'art. 7, legge n. 741 del 1959, che prevedeva appunto che i decreti di recepimento restassero in vigore anche dopo l'eventuale rinnovo del contratto collettivo [2].

fallimento del sistema a seguito degli interventi della Corte costituzionale

All'esito di questi interventi della Corte costituzionale, anche il contratto collettivo *ex* legge n. 741 del 1959 costituisce ormai una memoria storica del limitato arco temporale in cui il sistema delineato da quella legge è rimasto in vigore.

In conclusione, le diverse tipologie di contratti collettivi finora menzionate (quello pre-corporativo del periodo liberale, quello corporativo del periodo fascista, il contratto collettivo *ex* art. 39, comma 4, Cost., il contratto collettivo *ex* legge n. 741 del 1959) sono importanti da un punto di vista storico ma non operano più o, come il contratto collettivo *ex* art. 39, comma 4, Cost. non hanno mai operato nel nostro attuale ordinamento.

---

[1] Corte cost. n. 106 del 1962.

[2] Corte cost. n. 156 del 1971.

4. Ciò non significa affatto che nel periodo repubblicano e già prima della promulgazione della Costituzione in Italia non siano stati stipulati contratti collettivi. Si è sviluppata una copiosa fioritura di contratti a livello nazionale e cioè nei diversi settori merceologici (metalmeccanico, elettrico, chimico, edile, ecc.) e dopo il 1962 anche un doppio livello di contrattazione costituito dal contratto nazionale e dal contratto aziendale. Tali contratti, tuttavia, non hanno le caratteristiche del contratto corporativo e perciò sono denominati contratti collettivi di diritto comune, perché, come già evidenziato, soggetti alla regolamentazione propria del diritto dei contratti.

Capitolo 9

Il contratto collettivo di diritto comune

il contratto collettivo di diritto comune

1. Il contratto collettivo di diritto comune si colloca nell'area dell'autonomia privata. In particolare, per la sua incontrovertibile funzione sociale, meritevole di tutela da parte dell'ordinamento, può essere annoverato, ai sensi dell'art. 1322, comma 2, c.c., nell'area dei contratti atipici, e in quanto tale è soggetto alla disciplina dettata dal codice civile per i contratti in generale e non anche a quella dettata per i contratti corporativi dagli artt. 2067 ss.

la funzione normativa

La funzione caratteristica del contratto collettivo è quella normativa, ossia quella di predeterminare il contenuto dei contratti individuali e di stabilire i minimi di trattamento economico.

peculiarità rispetto agli altri contratti

Il contratto collettivo si caratterizza rispetto agli altri contratti per due peculiarità:

1. una delle parti, quella che rappresenta i lavoratori, è necessariamente un soggetto collettivo;
2. il contratto collettivo predetermina non solo il contenuto dei futuri contratti individuali ma anche il contenuto di quelli in corso al momento della sua stipulazione.

Il contratto collettivo si distingue tanto dal contratto normativo, quanto dal contratto-tipo.

Diversamente dal contratto normativo, il contratto collettivo spiega un'efficacia diretta nei confronti dei singoli lavoratori e dei datori di lavoro (v., *infra*, par. 3).

Né sembra persuasiva la tesi secondo la quale il contratto collettivo sarebbe qualificabile come contratto tipo. Questo, infatti, altro non è che uno schema contrattuale non vincolante e ovviamente modificabile dalle parti individuali sino al momento della stipula del contratto individuale, mentre il contratto collettivo vincola direttamente i singoli lavoratori e il datore di lavoro a osservare le clausole in esso contenute.

Il contratto collettivo di lavoro dalla caduta dell'ordinamento corporativo è stato ed è tuttora considerato dalla prevalente giurisprudenza [1] **un atto negoziale con le caratteristiche principali dei contratti privati.**

D'altra parte, mancando una normativa di attuazione dell'art. 39 Cost., la disciplina del contratto collettivo è stata necessariamente rinvenuta nelle disposizioni del codice civile in materia di contratti in generale e questo spiega perché il contratto collettivo si chiami contratto collettivo di diritto comune.

i problemi aperti dalla natura privatistica del contratto collettivo

E tuttavia l'asserita natura privatistica dei contratti collettivi lascia insoluti sul piano giuridico formale tre problemi di grande rilevanza: quello dell'efficacia *erga omnes*, quello della sua inderogabilità e quello dell'interpretazione.

Tali problemi non sono risolti neppure dalla dottrina che tende a valorizzare il contratto collettivo come fonte e quindi a privilegiarne la natura normativa rispetto a quella negoziale [2].

Né sono presi in considerazione dall'art. 8, d.l. n. 138 del 2011, se non per quanto attiene all'efficacia soggettiva di alcuni contratti aziendali.

Quanto all'atteggiamento delle parti sociali e dei sindacati in particolare va sottolineato che questi ultimi da un lato vogliono preservare la natura negoziale del contratto collettivo perché desiderano regolare da sé i loro interessi e, dall'altro lato, hanno una vocazione egemonica a garantire a tutti i lavoratori appartenenti alla categoria un trattamento minimo comune.

Il Testo Unico sulla Rappresentanza del 10 gennaio 2014, modificato dall'accordo del 4 luglio 2017, sulla scia dei precedenti accordi del 28 giugno 2011 e del 31 maggio 2013, disciplina nella parte III la "Titolarità ed efficacia della contrattazione collettiva nazionale di categoria e aziendale", senza però riuscire a prevedere una vera e propria efficacia *erga omnes* del contratto collettivo (v. cap. 11, sez. II, parr. 6 e 9).

assenza di una regolamentazione legale delle procedure di stipulazione del contratto collettivo

2. Le procedure di stipulazione del contratto collettivo non sono regolate da norme di legge: la formazione del contratto resta regolata dalla disciplina generale del Codice, con i soggetti collettivi che si autoriconoscono recipro-

---

[1] *Ex plurimis* Cass. 29 ottobre 2013, n. 24336.

[2] Cfr. G. Santoro-Passarelli (a cura di), *Rappresentanza sindacale e contratto collettivo*, Napoli, 2010 e, in particolare, i saggi di F. Modugno, *I contratti collettivi di diritto comune sono fonti?*, *ivi*, p. 7; G. Proia, *Riforma degli assetti contrattuali, accordo intersindacale, fonte fatto*, *ivi*, p. 89; M. Rusciano, *Tecnica e politica nella funzione del contratto collettivo*, *ivi*, p. 95. Si veda, inoltre, E. Ghera, *Il contratto collettivo tra natura negoziale e fonte normativa*, in *Riv. it. dir. lav.*, 2012, I, p. 195 ss.

camente come controparti. Corollario della ricostruzione privatistica del contratto collettivo e del principio di **libertà sindacale è appunto la libertà di scelta del contraente.**

Tale libertà risulta temperata, tuttavia, dal principio di effettività dell'attività sindacale, per effetto del quale il contratto collettivo finisce generalmente per essere stipulato con le associazioni sindacali più rappresentative, che si impongono come controparti contrattuali, e non con quelle che propongono piattaforme rivendicative meno onerose per il datore di lavoro[3].

È evidente, infatti, che un contratto collettivo siglato con associazioni più accondiscendenti sarebbe difficilmente destinato a tenere difronte alle agitazioni e agli scioperi proclamati da sindacati più rappresentativi che godono del consenso della maggior parte dei lavoratori. Le associazioni più rappresentative avranno presumibilmente la forza di costringere la controparte datoriale a rinegoziare con loro il contratto collettivo.

Alcune indicazioni in merito alle trattative per il rinnovo del contratto collettivo sono contenute nel **Protocollo 23 luglio 1993**, che, al fine di minimizzare i costi connessi ai rinnovi contrattuali e di evitare periodi di vacanza contrattuale, rimanda agli stessi contratti nazionali la definizione delle procedure di presentazione delle piattaforme rivendicative e dei tempi di apertura dei negoziati.

le trattative

Ai sensi del Protocollo le parti si incontrano per avviare le trattative tre mesi prima della scadenza del contratto.

La piattaforma rivendicativa solitamente non porta all'integrale sostituzione del testo contrattuale, ma alla sola modifica delle parti sulle quali si è formato il consenso.

Il protocollo prevede **meccanismi di raffreddamento** volti a prevenire azioni dirette durante le trattative, garantendo ai lavoratori uno specifico emolumento (indennità di vacanza contrattuale) al prolungarsi delle stesse oltre i limiti stabiliti.

Le trattative si chiudono con la sottoscrizione dell'ipotesi di accordo, il cui testo sintetizza le reciproche concessioni che le parti inevitabilmente si fanno durante la negoziazione. L'ipotesi di accordo, pertanto, non coincide mai con la piattaforma rivendicativa sulla quale si è iniziato a trattare.

Può anche accadere che le trattative vengano condotte su tavoli separati, quando la parte datoriale negozia i contenuti del contratto collettivo non contemporaneamente con tutte le controparti sindacali, ma, appunto, trattando con alcune separatamente. Quando ciò avviene, solitamente, c'è un tavolo principale dove effettivamente si negoziano le condizioni di lavoro e un tavolo secondario dove i sindacati meno rappresentativi vengono informati sull'andamento delle trattative.

---

[3] Per una espressa affermazione di tale principio cfr. Corte cost. n. 244 del 1996, ma si veda anche la diversa prospettiva offerta da Corte cost. n. 231 del 2013 (v. cap. 7, par. 4, nonché cap. 11, sez. II, parr. 7-8).

l'eventuale mediazione del Governo

Se le trattative si prolungano ben oltre la scadenza del contratto collettivo, possono essere proclamati scioperi e il conflitto può inasprirsi.

Quando la controversia riguarda rinnovi contrattuali particolarmente importanti, solitamente contratti nazionali di categoria ma in qualche caso anche contratti di grandi aziende, può intervenire la mediazione di un soggetto pubblico.

È bene sottolineare che anche in questa fase ogni attività di mediazione, per quanto rilevante, non risulta formalizzata, ossia non è regolata né da norme di legge né dallo stesso protocollo.

la consultazione dei lavoratori

Prima della stipulazione del contratto collettivo, le ipotesi di accordo sono sottoposte **all'approvazione dei lavoratori tramite assemblee oppure al referendum.**

Trattandosi di ipotesi di accordo, in una fase in cui il contratto collettivo vero e proprio non è stato ancora sottoscritto, l'eventuale approvazione dei lavoratori non può essere configurata come una ratifica in senso tecnico: essa assume più un valore politico che giuridico, quale atto interno nel più generale processo di formazione della volontà del soggetto sindacale che si appresta a stipulare il contratto collettivo.

la stipulazione del contratto collettivo

Il contratto collettivo si conclude con la sottoscrizione delle parti: le associazioni datoriali e i sindacati, in caso di contratto nazionale, o il datore di lavoro e le rappresentanze sindacali in azienda (r.s.a. o r.s.u.), in caso di contrattazione aziendale.

Laddove non esistano le rappresentanze sindacali aziendali il contratto collettivo può essere stipulato con i sindacati territoriali.

la sottoscrizione per adesione

Quando i tavoli delle trattative si allargano ad un numero crescente di sigle sindacali, eventualmente su più tavoli separati, può anche accadere che determinate organizzazioni, pur non avendo partecipato effettivamente alle trattative per il rinnovo del contratto collettivo, lo sottoscrivano ugualmente al fine di estenderne gli effetti ai propri iscritti. Questo tipo di sottoscrizione è definita per adesione.

3. È vero che il sindacato ha l'aspirazione di riconoscere al contratto collettivo l'efficacia generale ma, come si è già osservato, tale esigenza può essere soddisfatta, soltanto se il legislatore annoveri tra le fonti del diritto oggettivo il contratto collettivo o preveda un procedimento di estensione dell'efficacia soggettiva del contratto collettivo. E in entrambi i casi l'intervento del legislatore limita inevitabilmente l'autonomia del sindacato.

estensione dell'efficacia soggettiva ai non iscritti

Va comunque sottolineato che da tempo la giurisprudenza ha ripetutamente affermato che l'efficacia soggettiva del contratto collettivo si estende anche ai rapporti di lavoro **tra datori di lavoro iscritti alle organizzazioni imprenditoriali stipulanti e lavoratori non iscritti al sindacato.**

i rimedi di diritto comune e la clausola di rinvio

Nell'ipotesi in cui il o i datori di lavoro non siano iscritti, il problema dell'efficacia può risolversi con i rimedi di diritto comune e cioè con l'accettazione espressa o tacita o per comportamento concludente del datore di lavoro.

Un altro modo di estensione dell'efficacia soggettiva è la **clausola di rinvio** al contratto collettivo contenuta nel contratto individuale.

Con la clausola di rinvio le parti del contratto individuale convengono di assoggettare il rapporto posto in essere alla regolamentazione dettata da un determinato contratto collettivo nazionale di categoria e dalle successive modifiche, in modo che le condizioni economico-normative applicabili siano quelle del contratto nazionale di riferimento tempo per tempo vigente[4].

Si tratta evidentemente di rimedi che presuppongono l'applicazione volontaria del contratto da parte dei non iscritti.

È opportuno osservare, inoltre, che la clausola di rinvio può funzionare solo se il rinvio si rivolge ad un unico contratto collettivo applicabile.

Normalmente, il contratto nazionale di categoria è uno solo. Può accadere, tuttavia, che esistano due contratti nazionali entrambi vigenti ed applicabili, come avvenuto tra il 2009 e il 2011 nel settore metalmeccanico.

In questo caso non è chiaro a quale delle due discipline collettive possa far riferimento la clausola di rinvio.

funzione della clausola di rinvio

In conclusione, **la funzione della clausola di rinvio può essere assolta soltanto laddove esista un solo contratto collettivo applicabile**, mentre risulta "paralizzata" in caso di concorrenza tra più contratti collettivi dello stesso livello[5].

la determinazione giudiziale della retribuzione nei confronti del non iscritto

Quando invece il datore di lavoro non sia iscritto al sindacato stipulante e non voglia applicare i livelli retributivi previsti dal contratto collettivo, una giurisprudenza ormai risalente affida al giudice il compito di determinare la retribuzione sufficiente, e cioè i minimi di trattamento economico, utilizzando il combinato disposto dell'art. 36 Cost. e dell'art. 2099, comma 2, c.c.

Quest'ultima disposizione prevede che, in mancanza di norme corporative o di accordo tra le parti, la retribuzione è determinata dal giudice, il quale ai sensi dell'art. 36 Cost. è legittimato a determinare la retribuzione sufficiente e **può, ma non è obbligato** (proprio perché il contratto collettivo non ha efficacia generale), ad adottare come parametro di riferimento la retribuzione prevista dal contratto collettivo.

Questo significa che la determinazione giudiziale della retribuzione nei confronti del non iscritto **non comporta l'estensione dell'efficacia soggettiva del contratto collettivo nei confronti di quest'ultimo, anche perché sarebbe in contrasto con l'art. 39, comma 4, Cost.**

---

[4] Le parti, nell'esercizio della loro libertà sindacale, possono anche rinviare ad un contratto collettivo di una categoria diversa da quella corrispondente all'attività svolta, non trovando applicazione l'art. 2070 c.c. ai contratti collettivi di diritto comune. Cfr. Cass. 8 dicembre 2014, n. 26742.

[5] Cfr., per un maggiore approfondimento, G. Santoro-Passarelli, *Efficacia soggettiva del contratto collettivo: accordi separati, dissenso individuale e clausola di rinvio*, in *Riv. it. dir. lav.*, 2010, I, p. 487 ss.; cfr. anche, per una diversa impostazione, A. Maresca, *Accordi collettivi separati: tra libertà contrattuale e democrazia sindacale*, in *Riv. it. dir. lav.*, 2010, I, p. 29.

È invece il provvedimento del giudice (sentenza costitutiva) e non il contratto collettivo a costituire il titolo in base al quale il lavoratore che abbia agito in giudizio, ottiene la retribuzione proporzionata alla quantità e qualità del lavoro e comunque sufficiente.

effettività del contratto collettivo

4. Diversa dall'efficacia soggettiva è l'effettività del contratto collettivo. L'effettività misura la tenuta del contratto collettivo nei fatti, a prescindere dall'ambito di applicazione soggettivo del contratto e dai soggetti nei confronti dei quali è efficace.

Un contratto collettivo, pur formalmente efficace, potrebbe rivelarsi ineffettivo se di fatto non fosse applicato o se i soggetti a cui si applica manifestassero comportamenti incompatibili con la disciplina pattizia.

Possono accadere, e si sono verificati, casi in cui l'applicazione del nuovo contratto collettivo sia rifiutata dai lavoratori non iscritti ad alcun sindacato, o iscritti ad un sindacato dissenziente, perché il contratto collettivo prevede trattamenti peggiorativi rispetto a quelli regolati dal contratto collettivo ormai scaduto.

In questi casi il lavoratore non può pretendere la conservazione del trattamento previsto dal contratto collettivo precedente (v. par. 10).

Pertanto, o i sindacati dissenzienti hanno la forza contrattuale di stipulare un diverso contratto collettivo, ovvero il singolo lavoratore ha la forza contrattuale di ottenere dal datore di lavoro un trattamento più favorevole a livello individuale, o ancora il giudice, in assenza di una disciplina collettiva in vigore per i lavoratori dissenzienti, è tenuto ad applicare il trattamento minimo previsto dalla legge, o potrà infine utilizzare come parametro di riferimento il contratto collettivo in vigore peraltro contestato dai lavoratori in questione.

E in questo caso accade che il lavoratore, pur contestando l'applicazione del contratto, accetti il miglioramento contrattuale a titolo di acconto.

Il problema del dissenso sarebbe superato in caso di attuazione dell'art. 39, comma 4, Cost. o di contratto aziendale stipulato *ex* art. 8, d.l. n. 138 del 2011, perché il contratto avrebbe efficacia generale.

l'art. 2077 c.c.

5. Un secondo problema è costituito dalla **difficoltà di individuare una norma come l'art. 2077 c.c. sulla quale fondare la inderogabilità *in pejus* del contratto collettivo da parte del contratto individuale** in termini di efficacia reale. L'art. 2077 c.c. infatti regolava i rapporti tra contratto corporativo, qualificato atto normativo, e contratto individuale.

E tuttavia la giurisprudenza continua ad applicare l'art. 2077 c.c. anche al rapporto tra contratto individuale e contratto collettivo di diritto comune perché le soluzioni approntate da quella norma del codice non sono garantite da alcuna altra norma e tanto meno dalle ricostruzioni che la dottrina si è sforzata di proporre.

Mi riferisco alle tesi più note e cioè a quella del mandato collettivo irrevocabile che pretendeva di far derivare l'inderogabilità del contratto collettivo dall'irrevocabilità del mandato collettivo [6] e a quella che utilizza l'art. 1374 c.c. in tema di integrazione del contratto [7].

l'art. 2113 c.c.

Allo stato attuale **il nuovo testo dell'art. 2113 c.c. dà per scontato che possono essere inderogabili le clausole del contratto collettivo** [8]. Ma certamente questa disposizione non ha la chiarezza e soprattutto la pluralità di effetti previsti dall'art. 2077 c.c. e cioè: 1) la invalidità delle clausole meno favorevoli del contratto individuale; 2) la loro sostituzione con quelle del contratto collettivo; 3) e la prevalenza delle clausole del contratto individuale, anche preesistenti, più favorevoli.

5.1. Per la determinazione del trattamento più favorevole la posizione della giurisprudenza non è univoca. Secondo una parte di essa si deve procedere a un raffronto tra i trattamenti complessivi previsti dal contratto individuale e quelli previsti dal contratto collettivo.

criterio del conglobamento

Se ad esempio nel contratto individuale si stabilisce un minor numero di giorni di ferie ma una riduzione dell'orario settimanale di lavoro occorrerà procedere alla comparazione tra trattamenti complessivi stabiliti da ciascuna fonte secondo il criterio **del conglobamento** e quindi applicare la disciplina negoziale che risulti complessivamente più favorevole per il lavoratore [9]. Salvo che le parti di comune accordo scelgano il criterio **del cumulo** tra le due discipline e cioè applichino le clausole più favorevoli dei due contratti.

criterio del cumulo

Secondo un'altra parte della giurisprudenza invece la comparazione va effettuata non tra discipline complessive né tra singole clausole ma tra le **discipline dei diversi istituti** [10].

criterio della comparazione tra discipline dei diversi istituti

È vero però che diversi contratti collettivi contengono le **clausole c.d. di inscindibilità** nelle quali si stabilisce per l'appunto che le clausole di ogni istituto sono inscindibili tra loro e non cumulabili con altri trattamenti derivanti da altra fonte. La presenza di siffatte clausole impedisce il ricorso in un caso al criterio del cumulo e nell'altro caso a quello del conglobamento.

Quanto ai superminimi individuali questi, salvo diversa volontà delle parti, rimangono consolidati nella retribuzione e sono destinati ad essere progressivamente riassorbiti dagli aumenti stabiliti via via dai contratti collettivi successivi fino al raggiungimento della soglia fissata dal contratto individuale [11].

---

[6] F. Santoro-Passarelli, *Inderogabilità dei contratti collettivi di diritto comune*, ora in *Saggi di diritto civile*, I, Napoli, 1961, p. 217.

[7] G. Giugni, *La funzione giuridica del contratto collettivo di lavoro*, ora in Id., *Lavoro, legge, contratti*, Bologna, 1989, p. 151 ss.

[8] L. Mengoni, *Il contratto collettivo nell'ordinamento giuridico italiano*, in Id., *Diritto e valori*, Bologna, 1985, p. 247.

[9] Cass. 8 settembre 1999, n. 9545, in *Foro it.*, 2001, I, c. 1261, con nota di Cosio.

[10] Cass. 18 agosto 2004, n. 16191, in *Riv. it. dir. lav.*, 2005, II, p. 321.

[11] Da ultimo, Cass. 26 maggio 2016, n. 10945.

6. Il contratto collettivo si divide di regola in una parte normativa e in una parte obbligatoria.

parte normativa

Le clausole normative sono così denominate perché vincolano direttamente i datori di lavoro e i lavoratori che rientrano nell'ambito di efficacia del contratto collettivo. Tali clausole regolano le diverse fasi del rapporto individuale di lavoro.

Dalla parte normativa in senso stretto si distingue la parte economica relativa ai trattamenti retributivi dei lavoratori.

Distinta dalla parte normativa è la **parte obbligatoria: essa comprende le clausole che regolano i rapporti tra i soggetti collettivi che hanno sottoscritto il contratto collettivo** e conseguentemente non spiegano efficacia nei confronti dei singoli.

parte obbligatoria

Ad esempio, fra le clausole obbligatorie possono essere menzionate le clausole denominate istituzionali, perché costituiscono enti bilaterali, ai quali ormai competono diverse funzioni in materia di mercato del lavoro.

Sono clausole obbligatorie quelle che contemplano l'istituzione di organismi preposti alla risoluzione di controversie applicative o interpretative del contratto collettivo.

Come, pure, attengono alla parte obbligatoria le c.d. clausole di tregua sindacale, quelle clausole cioè che obbligano le associazioni sindacali a non proclamare scioperi in vigenza di contratto collettivo.

Gli effetti delle clausole di tregua sono oggi espressamente regolati dal Testo Unico sulla rappresentanza del 10 gennaio 2014 (v. cap. 11, sez. III, par. 4).

i due livelli di contrattazione: il contratto nazionale di categoria ...

7. Da parecchi anni i livelli contrattuali sono essenzialmente due: quello nazionale e quello aziendale.

Il **Contratto collettivo nazionale** ha la funzione di "garantire la certezza dei trattamenti economici e normativi comuni per tutti i lavoratori del settore ovunque impiegati nel territorio nazionale" [12].

Il contratto nazionale disciplina di solito alcune materie: la costituzione e la cessazione del rapporto di lavoro, le diverse forme di assunzione, il periodo di prova l'inquadramento in livelli contrattuali o aree professionali, i livelli retributivi, e le diverse indennità, l'orario di lavoro, le ferie e i riposi, le vicende sospensive, il codice disciplinare e i trattamenti di fine lavoro e poi la parte relativa alla regolamentazione delle relazioni sindacali.

In questa parte l'associazione dei datori di lavoro e i sindacati nazionali di categoria come parti del contratto nazionale di categoria regolano i loro reciproci rapporti, la struttura della contrattazione, la durata del contratto collettivo, i termini e le condizioni di rinnovo. E queste clausole, come si è detto, costituiscono la parte obbligatoria del contratto collettivo.

---

[12] Clausola 2 dell'Accordo interconfederale del 28 giugno 2011, anche trasfusa nella Parte Terza, primo capoverso, del Testo Unico sulla Rappresentanza del 10 gennaio 2014.

... e il contratto aziendale

8. Il contratto aziendale tende a far emergere esigenze proprie degli specifici contesti produttivi [13].

Oggi più che mai, in un periodo di crisi, il contratto aziendale assume una grandissima rilevanza per la sua **tradizionale funzione di determinazione delle componenti retributive legate alla produttività delle singole imprese.**

In linea generale anche il contratto aziendale, in quanto contratto collettivo, dovrebbe essere ritenuto efficace soltanto nei confronti dei lavoratori iscritti all'associazione sindacale che lo ha stipulato. L'accordo raggiunto con un gruppo o con la totalità dei dipendenti, del resto, ma senza l'intervento delle organizzazioni sindacali, non è configurabile come un contratto aziendale ma come un accordo plurisoggettivo [14].

la doppia titolarità negoziale

L'accordo interconfederale del 1993, tuttavia, prevedeva il principio della c.d. doppia titolarità negoziale: il contratto aziendale, cioè, veniva stipulato non solo dalle competenti strutture territoriali delle associazioni firmatarie del contratto nazionale, ma anche dalle r.s.u. Più recentemente, **il Testo Unico del 10 gennaio 2014 privilegia le r.s.a. e le r.s.u. quali soggetti legittimati alla stipulazione del contratto aziendale, senza menzionare ulteriormente i sindacati territoriali.**

l'efficacia soggettiva del contratto aziendale

Il fatto che il contratto aziendale possa essere stipulato da rappresentanze dei lavoratori non associative (r.s.u., come già accennato, ma anche r.s.a.), impone quantomeno una riconsiderazione del problema della sua eventuale efficacia *erga omnes*.

Tradizionalmente il problema dell'efficacia *erga omnes* del contratto aziendale non si è mai posto in concreto fin quando detto contratto si è palesato come "acquisitivo". Nessun lavoratore, infatti, aveva interesse a rifiutare gli effetti del contratto aziendale.

Il problema del rifiuto degli effetti del contratto aziendale da parte dei lavoratori non iscritti ad alcun sindacato o iscritti a un sindacato dissenziente si è posto, invece, drasticamente, quando questo ha cominciato ad introdurre deroghe al contratto nazionale e a stabilire trattamenti deteriori.

La giurisprudenza sul punto appare variegata ed è possibile evidenziare **tre diversi orientamenti**:

1. secondo alcune sentenze il contratto aziendale sarebbe **efficace *erga omnes*** per la sua oggettiva funzione di regolamentazione uniforme e per l'indivisibilità degli interessi collettivi della comunità aziendale [15];

2. secondo altre pronunce, viceversa, in linea con i principi generali anche il contratto aziendale sarebbe **efficace esclusivamente nei confronti dei soggetti iscritti alle associazioni stipulanti** [16];

---

[13] Clausola 7 dell'Accordo interconfederale del 28 giugno 2011, anche trasfusa nella Parte Terza, tredicesimo capoverso, del Testo Unico sulla Rappresentanza del 10 gennaio 2014.

[14] Cass. 9 marzo 1999, n. 2022, in *Foro it.*, 2000, I, c. 1684.

[15] Trib. Roma 2 maggio 2013, n. 5949.

[16] Cass. 4 maggio 1994 n. 4295, in *Mass. giur. lav.*, 1994, p. 320; Cass. 24 aprile 1993, n. 4802, in *Giur. it.*, 1994, I, 1, p. 749, con nota di Lassandari.

3. infine, in base ad una più eclettica ricostruzione, il contratto aziendale avrebbe in linea di principio un'**efficacia generale, capace di imporsi sul dissenso individuale, fatto salvo, però, il dissenso sindacale.** In altri termini, l'efficacia del contratto aziendale non potrebbe essere estesa a quei lavoratori che – aderendo ad una organizzazione sindacale, diversa da quella che ha stipulato l'accordo aziendale – ne condividano l'esplicito dissenso [17].

Come già accennato, oggi l'efficacia soggettiva del contratto aziendale anche nei confronti dei lavoratori dissenzienti è espressamente sancita dal Testo Unico sulla rappresentanza del 10 gennaio 2014 (**v. cap. 11, sez. II, par. 9**), **mentre determinati contratti aziendali hanno una vera e propria efficacia *erga omnes*, ai sensi dell'art. 8 del d.l. n. 138 del 2011** (v. cap. 10, par. 8).

gli usi aziendali

9. Secondo un orientamento diffuso in dottrina e in giurisprudenza gli usi aziendali si concretano nella **concessione generalizzata, durevole e costante da parte del datore di lavoro di trattamenti non previsti da altre fonti.** Pertanto, rilevando come usi negoziali (art. 1340 c.c.), integrano il contenuto del contratto individuale e, alla stessa stregua delle clausole individuali più favorevoli, non sono modificabili dalla disciplina collettiva successiva [18] ma possono essere modificati solo con il consenso del lavoratore che è il destinatario dell'uso.

Secondo una diversa ricostruzione, condivisa da una parte della dottrina, l'uso aziendale farebbe sorgere in capo al datore di lavoro un obbligo unilaterale di carattere collettivo produttivo di effetti giuridici sui singoli rapporti individuali di lavoro allo stesso modo e con la stessa efficacia di un contratto collettivo aziendale [19].

Conseguentemente la modifica o eliminazione dell'uso non sarebbe subordinato al consenso del lavoratore ma ad un accordo tra datore di lavoro e sindacato.

la durata del contratto collettivo è stabilita dalle parti

10. L'art. 2074 c.c. stabiliva la proroga degli effetti del contratto corporativo dopo la scadenza fino all'intervento di un nuovo regolamento collettivo. Anche questa norma deve considerarsi abrogata e non applicabile ai contratti collettivi vigenti. Ad essi, se si riconosce che sono atti di autonomia privata, si applica il diritto comune dei contratti e quindi la durata è stabilita dalle parti stipulanti.

---

[17] Cass. 15 novembre 2017, n. 27115; Cass., 14 luglio 2014, n. 16089; Cass., 23 maggio 2013, n. 12722; Cass. 18 aprile 2012, n. 6044.

[18] V. in questo senso, da ultimo, Cass., sez. lav., 19 febbraio 2016, n. 3296.

[19] Da ultimo, Trib. Milano, sez. lav., 17 luglio 2019, n. 1851; Cass. 19 febbraio 2016, n. 3296.

Il contratto collettivo può essere a tempo indeterminato o a tempo determinato. *contratto collettivo a tempo indeterminato … e determinato*

Se il contratto collettivo è a tempo indeterminato non si pone il problema dell'ultrattività: il contratto è destinato a produrre effetti fino a quando una delle parti non decida di recedere dal contratto stesso.

Viceversa, se il contratto è a tempo determinato, alla scadenza del termine cessa di produrre effetti, a meno che non sia presente una clausola di ultrattività o una clausola di rinnovo automatico.

clausola di ultrattività La **clausola di ultrattività** opera alla scadenza del termine originariamente stabilito con l'effetto di trasformare, a partire da quel momento, il contratto collettivo scaduto in un contratto a tempo indeterminato, destinato a produrre effetti fino alla rinegoziazione del contratto stesso.

clausola di rinnovo automatico Laddove, invece, sia prevista una **clausola di rinnovo automatico**, alla scadenza del termine il contratto collettivo si rinnova tacitamente per una durata pari a quella originariamente stabilita.

Conseguentemente, ai fini dell'efficacia nel tempo del contratto collettivo che preveda una scadenza, la volontà delle parti è desumibile dalle clausole che dispongono il rinnovo tacito del contratto collettivo ovvero riconoscono esplicitamente l'ultrattività del contratto.

disdetta Il rinnovo tacito può essere evitato dalla **disdetta**. Questa può essere intimata da ciascuna delle parti prima della scadenza, al fine di evitare che il contratto si rinnovi automaticamente una volta scaduto.

recesso La disdetta non va confusa con il **recesso**, anche se i due termini vengono spesso utilizzati come sinonimi soprattutto nel linguaggio giornalistico [20].

Il recesso è l'atto con il quale, nella vigenza del contratto, una delle parti fa venire meno il rapporto giuridico di cui quel contratto è fonte ed è regolato dall'art. 1373 c.c.

In passato in assenza di una previsione esplicita si riteneva che il recesso non potesse essere esercitato.

Oggi, nei casi in cui gli accordi non prevedano un termine di scadenza, si ritiene che nei contratti di durata il recesso, preceduto da un congruo preavviso, possa essere sempre esercitato per evitare la perpetuità del vincolo contrattuale [21].

Conseguentemente, **il recesso può essere esercitato solo laddove il contratto collettivo è a tempo indeterminato**, essendo altrimenti illecito prima della scadenza del termine.

La disdetta, invece, come già accennato, impedisce il rinnovo automatico di un contratto collettivo a tempo determinato e deve essere esercitata prima della scadenza.

---

[20] Cfr., per esempio, con riferimento alla vicenda risalente al 2010 della disdetta/recesso da parte di Fiat del Ccnl applicato in azienda, Cass. 20 agosto 2019, n. 21537.

[21] Cass. 17 settembre 2019, n. 23105.

la tesi della irriducibilità della retribuzione: critica

Talvolta la Cassazione ha sostenuto la tesi che la scadenza del termine finale del contratto collettivo non interrompe la maturazione dei diritti retributivi che si fondano sul contratto ormai scaduto perché l'art. 36 Cost. sancirebbe il principio della irriducibilità della retribuzione[22].

Ovviamente questa giurisprudenza non afferma l'ultrattività dell'intero contratto collettivo scaduto ma considera la retribuzione stabilita dal contratto scaduto un ragionevole parametro utilizzabile dal giudice per la determinazione della retribuzione sufficiente.

In realtà questa tesi non è persuasiva né sul piano della legittimità perché non esiste una norma sull'intangibilità della retribuzione né su quello dell'opportunità perché finisce per ingessare la parte salariale dei contratti collettivi invadendo una sfera, quella del governo della retribuzione, tradizionalmente affidata alle parti sociali.

la successione dei contratti collettivi nel tempo

11. La **successione nel tempo dei contratti collettivi del medesimo livello** comporta inevitabilmente la variazione nel tempo dei trattamenti economici e normativi *in melius* e *in pejus* corrisposti ai lavoratori.

In proposito una giurisprudenza consolidata afferma che in caso di successione tra contratti collettivi dello stesso livello le clausole del nuovo contratto si sostituiscono completamente a quelle del vecchio sia se sono più favorevoli sia se sono meno favorevoli.

Non è stata accolta, infatti, la tesi che considera il contratto collettivo incorporato nel contratto individuale (c.d. **teoria dell'incorporazione**)[23].

Secondo la teoria dell'incorporazione, il contratto collettivo successivo non potrebbe modificare la disciplina collettiva precedente, proprio perché il contratto collettivo scaduto risulta ormai incorporato nel contratto individuale.

il contratto collettivo successivo, anche se meno favorevole, sostituisce il precedente c.d. diritti quesiti

11.1. La tesi dell'incorporazione determina uno sbarramento alle dinamiche della contrattazione collettiva e nello stesso tempo supporta la teorica dei c.d. **diritti quesiti**.

Per comprendere la portata e le conseguenze di questa teorica è bene chiarire preliminarmente che i diritti del lavoratore possono avere origine in norme inderogabili di legge, di contratto collettivo e in clausole del contratto individuale.

---

[22] Cass. 14 aprile 2003, n. 5908, in *Mass. giur. lav.*, 2003, p. 714. V., però, in senso contrario, Cass. 20 settembre 2007, n. 19467.

[23] Cfr. Cass. 19 giugno 2014, n. 13960. Si veda però, da ultimo, Cass. 3 marzo 2016, n. 4231, secondo cui nel caso in cui con un accordo collettivo aziendale sia concordata l'applicabilità della contrattazione collettiva relativa ad un diverso settore a seguito del mutamento di settore produttivo ad opera del datore di lavoro non è possibile una modifica unilaterale delle condizioni contrattuali che determini una riduzione del trattamento retributivo per i rapporti lavorativi già in essere perché, ai sensi dell'art. 2077 c.c., il nuovo accordo collettivo prevale solo se determina un trattamento più favorevole per il lavoratore rispetto al precedente.

In primo luogo, i **diritti che hanno la loro fonte in norme inderogabili di legge non possono ovviamente essere modificati o eliminati dal contratto collettivo**, neppure su mandato espresso e *ad hoc* del singolo lavoratore, nella misura in cui tali diritti non sono disponibili dal titolare del diritto.

1. di origine legale

In secondo luogo, i diritti che hanno origine o sono quantificati dal contratto collettivo sono modificabili anche *in pejus* da un contratto successivo fino a quando non siano acquisiti nel patrimonio del singolo lavoratore.

2. previsti dal contratto collettivo

Così l'entità della retribuzione può essere ridotta da un contratto collettivo successivo fino a quando non sia maturata e quindi acquisita definitivamente nel patrimonio del lavoratore. Ad esempio, il contratto collettivo successivo non può ridurre gli arretrati perché sono retribuzioni già maturate.

In terzo luogo, i diritti riconosciuti dal contratto individuale non possono essere eliminati dal contratto collettivo successivo. Ad esempio, un superminimo pattuito *ad personam* non può essere modificato dal contratto collettivo successivo ma può essere progressivamente riassorbito dal contratto collettivo successivo salvo che le parti individuali abbiano pattuito espressamente la conservazione in percentuale di quel determinato superminimo.

3. previsti dal contratto individuale

Da questa disamina risulta che i diritti acquisiti definitivamente al patrimonio del lavoratore possono essere qualificati più precisamente come **situazioni esaurite** e vanno distinte dalle pretese a conservare stabilmente il miglior trattamento previsto dal contratto collettivo precedente. Questa pretesa è destituita di fondamento perché il contratto collettivo precedente non esiste più come fonte di regolazione del rapporto individuale di lavoro [24].

differenza tra situazioni esaurite e pretese a conservare i trattamenti

Ad esempio, non è fondata la pretesa di conservare il periodo di ferie stabilito dal contratto precedente perché più lungo rispetto al periodo di ferie più breve previsto dal nuovo contratto collettivo.

Diversa e distinta dalla pretesa a conservare un certo trattamento previsto dal contratto scaduto è l'ipotesi della disponibilità da parte del sindacato dei diritti perfetti e nascenti dal contratto collettivo vigente ed entrati nel patrimonio del lavoratore.

In questo caso, **si tratta delle c.d. transazioni collettive**, il sindacato può modificare il regolamento contrattuale in corso e disporre con effetto retroattivo di siffatti diritti nascenti dal contratto collettivo solo in presenza di un mandato *ad hoc* o di una ratifica del lavoratore interessato e sempre che si tratti di diritti disponibili [25].

le transazioni collettive

Non è necessario il mandato né la ratifica del lavoratore quando un contratto collettivo successivo rimuove, per esempio, un certo beneficio correlato all'anzianità di servizio nei confronti del lavoratore che non ha maturato l'anzianità per acquisirlo. In questo caso il lavoratore non può pretendere di acquisire il suddetto beneficio. Se viceversa il lavoratore ha maturato l'anzianità per conseguirlo, il sindacato può disporne previo mandato espresso del lavoratore.

---

[24] Cfr., sul punto, Cass. 28 novembre 2016, n. 24109.

[25] Cass. 29 settembre 2009, n. 20838.

L'efficacia dispositiva del contratto collettivo vale solo per i lavoratori in servizio mentre la giurisprudenza tende ad escludere che modifiche peggiorative introdotte da nuovi contratti collettivi possano riguardare la posizione dei pensionati anche quando si tratti di diritti non perfezionati in capo al singolo[26].

Dalle transazioni collettive vanno distinte le conciliazioni plurisoggettive effettuate ai sensi dell'art. 2113, comma 4.

pariordinazione del contratto aziendale rispetto a quello nazionale

12. Tra contratto nazionale e contratto aziendale non esiste un rapporto gerarchico, come tra contratto collettivo e contratto individuale, ma un rapporto di pari-ordinazione perché non esiste una norma di legge che regola i rapporti tra i due livelli contrattuali.

Per questa ragione si è posto il **problema del concorso-conflitto tra fonti di diverso livello** nella regolamentazione di un medesimo istituto accogliendo nel tempo una serie di criteri per dirimere tale conflitto.

Così la giurisprudenza di gran lunga prevalente stabilì che in caso di conflitto tra contratti di diverso livello non fosse applicabile l'art. 2077 c.c.[27] e neppure il criterio della gerarchia tra contratti collettivi[28], ossia la prevalenza del contratto collettivo ad ambito più esteso.

criterio cronologico

Solo per un certo periodo di tempo la giurisprudenza ha accolto quello cronologico[29], cioè la **prevalenza dell'ultimo contratto**, sia esso nazionale o aziendale, in base al rilievo che l'ultimo contratto è l'ultima e, conseguentemente, la più attendibile manifestazione di volontà delle parti interessate.

Questo criterio è stato successivamente abbandonato perché presuppone che la regolamentazione provenga dalla stessa fonte mentre nel caso in esame è contenuta in fonti diverse (contratto nazionale e aziendale) anche se dotate di pari forza giuridica.

criterio della specialità/competenza/autonomia

Successivamente la giurisprudenza ha accolto il **criterio della specialità** ossia la prevalenza del contratto aziendale anche se peggiorativo perché più vicino agli interessi da regolare[30], criterio **temperato da quello della competenza e dell'autonomia**[31], nel senso che l'accordo aziendale *in pejus* è legittimo se la clausola interviene su materie sulle quali il contratto è competente a disporre interpretando la volontà delle parti[32], senza perdere di vista l'intero

[26] Cass. 12 marzo 2004, n. 5141, in *Rep. Foro it.*, 2004, voce *Lavoro (contratto)*, n. 32.

[27] Cass. 26 giugno 2004, n. 11939, in *Not. giur. lav.*, 2004, p. 715.

[28] Cass., Sez. Un., 3 aprile 1989, n. 1614, in *Giust. civ.*, 1989, I, p. 1560. Si veda, però, in senso contrario, Cass. 17 novembre 2003, n. 17377, che tenta di ricostruire un principio di gerarchia tra contratto nazionale e contratto decentrato. Successivamente, il principio di gerarchia è ritenuto inapplicabile da Cass. 18 maggio 2010, n. 12098.

[29] Cass. 2 aprile 2001, n. 4839.

[30] Cass. 19 aprile 2006, n. 9052, in *Rep. Foro it.*, 2006, voce *Lavoro (contratto)*, n. 3.

[31] Cass. 4 luglio 2018, n. 17421.

[32] Cass. 19 maggio 2003, n. 7847, in *Rep. Foro it.*, 2003, voce *Lavoro (contratto)*, n. 39.

sistema contrattuale in cui inserire il patto derogatorio [33].

limiti all'applicazione del criterio dell'autonomia e competenza

Da quest'ultima precisazione si desume che il criterio dell'autonomia e della competenza, e quindi della prevalenza del contratto ad ambito più ristretto, trova applicazione **soltanto nelle ipotesi in cui tale contratto sia stato siglato dalle articolazioni locali delle organizzazioni firmatarie del contratto collettivo di ambito più esteso.**

In altri termini i criteri di specialità e di competenza presuppongono l'unità e la razionalità del sistema contrattuale complessivo.

Il problema continua a porsi, però, quando il contratto aziendale peggiorativo sia sottoscritto da soggetti sindacali appartenenti a sigle **diverse** da quelle che hanno sottoscritto il contratto nazionale.

E sotto questo aspetto non si rivelano utili neppure le previsioni degli accordi interconfederali che dettano una ripartizione di competenze tra contratto nazionale e contratto decentrato (in questi termini già l'Accordo Interconfederale del 1993 e quello del 28 giugno 2011, nonché oggi il Testo Unico sulla rappresentanza del 10 gennaio 2014).

Come vedremo, ai sensi del Testo Unico (v. cap. 11, sez. III, par. 1), il contratto aziendale può intervenire sulle materie delegate da parte della legge e del contratto nazionale e, a determinate condizioni, può anche derogare alla disciplina dettata da quest'ultimo.

E tuttavia **le clausole dell'accordo interconfederale, come pure quelle di rinvio dei contratti nazionali, non hanno efficacia reale ma obbligatoria**, cioè non sono equiparabili ad una disposizione di legge, sicché le clausole del contratto aziendale, in contrasto con quelle di rinvio o che prevedono deroghe in violazione di quanto stabilito sono assolutamente valide [34].

Si è parlato, fino ad ora, dei rapporti tra contratto nazionale e contratto aziendale successivo, ma può verificarsi anche un **concorso-conflitto tra contratto aziendale precedente e contratto nazionale successivo**, non importa se migliorativo o peggiorativo.

Anche in questa ipotesi il problema non può essere risolto applicando automaticamente il criterio cronologico e ancora una volta il giudice deve avere riguardo alla effettiva volontà delle parti [35].

Anche in questo caso **resta valido il contratto aziendale difforme** stipulato da soggetti sindacali non appartenenti alle sigle sindacali che hanno sottoscritto il contratto nazionale successivo.

---

[33] Cass. 18 maggio 2010, n. 12098.

[34] App. Milano 4 marzo 2003, in *Riv. it. dir. lav.*, 2003, II, p. 511, ma già precedentemente in termini generali, G. Santoro-Passarelli, *Derogabilità del contratto collettivo e livelli di contrattazione*, in *Giorn. dir. lav. rel. ind.*, 1980, p. 625.

[35] Pertanto, il contratto aziendale può essere derogato *in peius* da un contratto nazionale successivo salvo che lo stesso contratto nazionale preveda espressamente il mantenimento in vigore di una più favorevole disciplina aziendale.

il problema dell'interpretazione del contratto collettivo peculiarità

13. I criteri interpretativi della legge (art. 12 preleggi) e del contratto (1362 ss. c.c.), ferma l'unità del procedimento interpretativo, sono diversi e distinti, e tuttavia tale distinzione si appanna quando l'interpretazione ha come oggetto il contratto collettivo di diritto comune[36].

In linea generale, tuttavia, **il contratto collettivo deve essere interpretato applicando i criteri in materia di interpretazione del contratto nella sequenza indicata dal codice e non quelli stabiliti dall'art. 12 delle Preleggi.**

rispetto alla funzione e alla struttura ...

Si deve tenere conto, però, di alcune peculiarità: in primo luogo, la struttura e la funzione normativa del contratto collettivo; in secondo luogo, la fase di formazione del contratto collettivo, diversa rispetto ai normali contratti.

... e rispetto alla formazione del contratto collettivo

Rispetto alla funzione e alla struttura del contratto collettivo, le **clausole normative**, al pari delle norme di legge, contengono **precetti generali ed astratti** diretti a destinatari diversi dai suoi autori.

Quanto alle peculiarità della fase di formazione, queste ultime rendono **problematica la ricostruzione della comune volontà delle parti**, per una serie di ragioni:

– i rinnovi periodici del contratto collettivo, possono comportare modifiche parziali, correttivi, adattamenti, bilanciamenti e compensazioni tra le parti, che non sostituiscono integralmente il testo del precedente contratto collettivo, ma determinano, nel tempo, una stratificazione di discipline collettive. E, pur in presenza degli stessi soggetti stipulanti, è più difficoltoso per l'interprete ricostruire la comune intenzione delle parti dal momento che la stessa inevitabilmente si modifica nel tempo per effetto della sovrapposizione di discipline collettive;

– alla formula di una clausola contrattuale che pure rimanga inalterata può essere attribuito dalle parti un significato diverso da quello originario a seguito delle modifiche dell'ambiente sociale e del contesto sindacale in cui si inserisce il rinnovo contrattuale;

– per l'interpretazione dei contratti collettivi diventa irrilevante il comportamento delle parti durante le trattative, se, come spesso accade, i verbali non sono pubblicati;

– la conclusione del contratto avviene sulla base di un compromesso, che spesso risulta distante dai punti di partenza indicati nelle piattaforme contrattuali e nelle direttive delle assemblee, le quali finiscono per avere un significato più politico che un valore giuridicamente rilevante[37];

– è altresì frequente che i testi delle clausole contrattuali, pur risultando volutamente ambigui, siano ugualmente sottoscritti dalle parti nella piena consapevolezza della loro ambiguità.

---

[36] Sull'interpretazione del contratto collettivo v. in particolare: G. Giugni, *Appunti sull'interpretazione dei contratti collettivi*, in *Riv. dir. lav.*, 1957, II, p. 174 e, più recentemente, G. Vidiri, *L'interpretazione del contratto collettivo nel settore privato e nel pubblico*, in *Riv. it. dir. lav.*, 2003, I, p. 81 ss.; M. Persiani, *C'è ancora un'interpretazione del contratto collettivo?*, in *Arg. dir. lav.*, 2002, p. 825 ss.

[37] G. Giugni, *Appunti*, cit., p. 179.

Ne consegue che gli unici parametri di riferimento per accertare la comune intenzione delle parti sono il testo contrattuale e le note a verbale. E quindi non si può negare che la formazione del contratto collettivo attenui sensibilmente il ricorso al criterio soggettivo della ricerca della volontà delle parti e valorizzi, per contro, il ricorso all'interpretazione letterale delle clausole del contratto collettivo.

valorizzazione dell'interpretazione letterale

Proprio tale criterio, secondo la giurisprudenza della Cassazione[38], costituisce il mezzo prioritario e fondamentale per la **corretta ricostruzione della comune intenzione delle parti** laddove il significato letterale delle parole, secondo la loro connessione, si presenti esaustivo nel disvelare l'effettiva volontà dei contraenti.

In caso contrario, l'interprete dovrà tenere in considerazione il comportamento successivo delle parti nell'applicazione della clausola stessa e fare ricorso agli altri criteri ermeneutici indicati dagli art. 1362 ss. c.c.[39].

Si dovrà tenere conto di criteri extra testuali e cioè dell'ambiente sociale in cui la volontà si è manifestata, ovvero della natura e dell'oggetto del contratto collettivo (art. 1369 c.c.), o, ancora, se il testo del contratto rimanga ancora oscuro, si deve accertare se esso realizzi l'equo contemperamento degli interessi delle parti (art. 1371 c.c.)[40].

sussidiarietà dei criteri extra testuali

Si tratta pur sempre di criteri sussidiari rispetti a quelli c.d. soggettivi e cioè che ad essi si può far ricorso soltanto se e nella misura in cui i criteri soggettivi non siano idonei a garantire una corretta interpretazione del testo contrattuale[41].

È bene comunque che il giudice si attenga scrupolosamente all'osservanza dei suddetti criteri, indicati per il contratto dagli artt. 1362-1371 c.c., e per la legge, dall'art. 12 delle preleggi, e si astenga dall'inventare sia formule che rischiano di confondere la valutazione ermeneutica con il giudizio di validità/invalidità delle clausole del contratto in contrasto con norme inderogabili di legge, sia formule che lasciano allo stesso giudice un potere di valutazione tanto esteso quanto arbitrario.

divieto di interpretazione analogica dei contratti collettivi di diritto comune

È importante sottolineare, sotto quest'ultimo aspetto, che **il contratto collettivo non può essere interpretato analogicamente**: l'art. 13 delle preleggi, infatti, vieta l'applicazione analogica dei contratti corporativi e quindi, a *fortiori*, dei contratti collettivi di diritto comune.

Quanto appena affermato con riferimento al contratto collettivo di diritto comune potrebbe essere oggetto di una diversa valutazione con riguardo al

---

[38] Cfr., da ultimo, Cass. 30 settembre 2014, n. 20599.

[39] Cass. 4 gennaio 2013, n. 110.

[40] Il ricorso ai criteri oggettivi riduce inevitabilmente e progressivamente il richiamo al comune intento delle parti sicché appare condivisibile l'opinione, autorevolmente sostenuta, secondo la quale, l'adozione di questi criteri ermeneutici implica una certa "attenuazione delle differenze tra il processo interpretativo della legge e quello del negozio privato". Cfr. G. Giugni, *Appunti*, cit., p. 174.

[41] Cfr., da ultimo, Trib. Roma, sez. lav., 14 dicembre 2018, n. 9715.

contratto collettivo *ex* art. 8, che per la sua efficacia generale e derogatoria potrebbe forse essere interpretato con gli stessi canoni ermeneutici propri della legge.

l'art. 420-bis c.p.c.

14. Le osservazioni appena formulate non appaiono contraddette dall'art. 420-*bis* c.p.c. Questa disposizione, come l'art. 64 del d.lgs. n. 165 del 2001, facoltizza il giudice a sospendere il giudizio quando deve definire una controversia sulla validità, efficacia o interpretazione delle clausole di un contratto collettivo nazionale. La **sospensione del processo** ha lo scopo di consentire alle parti di addivenire ad un accordo sostanzialmente transattivo anche viene denominato di interpretazione autentica.

l'art. 360, n. 3, c.p.c.

D'altra parte, l'art. 360, n. 3, c.p.c. ormai ammette il **ricorso per Cassazione per violazione o falsa applicazione delle clausole dei contratti collettivi nazionali**[42].

In altre parole, la Corte di Cassazione assolve alla funzione di nomofilachia non soltanto rispetto alla legge ma anche ai contratti collettivi nazionali che disciplinano i rapporti alle dipendenze di datori di lavoro privati e, come vedremo successivamente, dei datori di lavoro pubblici.

Le due norme processuali appena richiamate consentono all'interprete di privilegiare i criteri di interpretazione "oggettiva" del contratto collettivo, ma sempre nei limiti sopra esposti, e cioè **nel rispetto della sequenza stabilita dalle norme del codice civile in tema di interpretazione dei contratti**[43].

nuova stagione del contratto collettivo?

15. Il contratto collettivo nell'esperienza sindacale italiana sta vivendo una nuova stagione che dalla orgogliosa affermazione della sua natura privatistica sembra condurlo nel novero delle fonti[44], per la sua mai sopita vocazione ad avere un'efficacia generale, addirittura espressamente riconosciuta oggi ai contratti aziendali *ex* art. 8, d.l. n. 138 del 2011.

Potrebbero deporre in questo senso i **rinvii sempre più frequenti della legge alla contrattazione collettiva.** Tali rinvii costituiscono un *corpus* normativo in cui fonte legale e fonte negoziale si intrecciano così strettamente che non solo la funzione della legge viene "delegata" al contratto collettivo ma

---

[42] Introdotto dall'art. 2, d.lgs. n. 40 del 2006.

[43] Cfr. R. Foglia, *Impugnabilità per violazione delle sentenze ed accertamento pregiudiziale*, in *Giorn. dir. lav. rel. ind.*, 2006, p. 550. L'A., senza forzare il dato normativo costituito dagli artt. 1362 ss. c.c., fa un ulteriore passo avanti nell'applicazione dei criteri oggettivi di interpretazione del contratto collettivo perché delimita l'uso dei criteri soggettivi alla fase di formazione del contratto e quindi alla fase che precede la formulazione del testo contrattuale, mentre valorizza, i criteri oggettivi quando si passa all'interpretazione del testo contrattuale. In giurisprudenza cfr. Cass. 19 marzo 2014, n. 6335.

[44] Cfr. già G. Santoro-Passarelli, *Verso l'istituzionalizzazione del contratto collettivo di diritto comune?*, in *Dir. lav. merc.*, 2009, p. 99 ss.

quest'ultimo sempre più spesso può addirittura derogare alla disciplina legale.

Un'altra tappa significativa, come si è visto, è costituita dalla ricorribilità in Cassazione per violazione e falsa applicazione delle clausole del contratto collettivo nazionale ai sensi dell'art. 360, n. 3, c.p.c.

E tuttavia non si può fare a meno di osservare che mentre permane in sede sindacale una forte prevenzione verso l'intervento legislativo sulla rappresentanza sindacale e l'efficacia soggettiva del contratto collettivo nazionale di lavoro, dall'altra parte è dato riscontrare almeno negli ultimi anni una **ritrovata unità di azione sindacale**, non so, a dire il vero, quanto convinta, che ha consentito di stipulare ben tre accordi interconfederali sulla contrattazione nazionale e aziendale.

E, come si vedrà, dal trittico degli accordi interconfederali del 2011, 2013 e del 2014 emerge la volontà delle parti sociali di dettare attraverso accordi interconfederali "le nuove regole sulla rappresentatività sindacale, sulla titolarità ed efficacia del contratto nazionale e aziendale, sulle clausole di tregua e su quelle di esigibilità e anche sulle sanzioni in caso di inosservanza nei confronti delle organizzazioni firmatarie", regole che hanno la pretesa di vincolare al rispetto dei contratti, per il solo fatto di avere aderito al Testo Unico (ossia accordo interconfederale del 10 gennaio 2014), anche coloro che non sottoscrivono il contratto.

E la novità sta in ciò: che un atto di autonomia collettiva come il Testo Unico vuole conseguire **l'obbiettivo di assoggettare i sindacati dissenzienti al rispetto delle clausole del contratto collettivo** stipulato dai sindacati che rappresentano la maggioranza qualificata dei lavoratori **senza alcun intervento legislativo di sostegno.**

la dottrina dell'ordinamento intersindacale

Rimane nel dna delle parti sociali la volontà di regolare da sé i loro interessi, e tuttavia rimane di non agevole attuazione l'esigenza di regolare e contenere il dissenso. Esigenza che a ben vedere vale per tutti gli ordinamenti complessi.

Si tratta di un disegno ambizioso che richiama alla mente a grandi linee la teoria dell'ordinamento intersindacale di Giugni.

Secondo questa dottrina le relazioni industriali sono rette da regole loro proprie, "a prescindere dall'eventuale esistenza e dal significato di norme proprie dell'ordinamento statale aventi il medesimo oggetto". Tali regole costituiscono il c.d. ordinamento intersindacale e in tale ordinamento il contratto collettivo, in quanto atto fondamentale che regola i rapporti tra imprenditori e sindacati, "assolve alla stessa funzione di normazione astratta e generale che la legge svolge nell'ordinamento statuale" [45].

In questo si sostanzia, in conclusione, la "bivalenza normativa" del contratto collettivo: **atto negoziale nell'ordinamento statuale, fonte nell'ordinamento intersindacale** [46].

---

[45] Cfr., anche per il virgolettato, G. Giugni, *Diritto sindacale*, Bari, 2014.

[46] G. Giugni, *Introduzione allo studio dell'autonomia collettiva*, Milano, 1960, p. 77.

la bivalenza normativa del contratto collettivo

Da una parte, il trittico di accordi interconfederali con il loro contenuto potrebbe evocare in qualche misura l'ordinamento intersindacale in cui il contratto è atto normativo; d'altra parte, si deve escludere tale qualificazione perché tali accordi sono allo stato privi di effettività: infatti tutti gli adempimenti previsti dal Testo Unico sono ben lungi dall'essere compiuti e nessun contratto collettivo è stato stipulato seguendo queste regole.

Se dunque l'attuale assetto delle relazioni industriali non può essere configurato come un ordinamento intersindacale, **ne consegue che** il contratto collettivo, resta inserito nell'ordinamento statuale attraverso il principio della libertà sindacale, e può essere elevato al rango di fonte in senso tecnico se interviene il legislatore come prescrive anche l'art. 39 Cost., mentre in assenza di un intervento legislativo, **il contratto conserva la sua natura originaria di atto di autonomia collettiva, o se si preferisce di** fonte *extra ordinem* se sorretto dal consenso unanime o largamente prevalente dei sindacati comparativamente più rappresentativi.

Capitolo 10

Legge e contratto collettivo

1. Legge e contratto collettivo, in quanto fonti di disciplina del rapporto di lavoro, si rapportano vicendevolmente secondo modelli che assumono maggiore o minore importanza anche a seconda del contesto socio-economico di riferimento.

i rapporti tra legge e contratto collettivo

Tra legge e contratto collettivo, in particolare, si instaurano rapporti di:

a) **gerarchia**, fondati sull'inderogabilità della norma legale da parte del contratto collettivo.

b) **integrazione funzionale**, incentrati sui rinvii operati dalla legge alla disciplina pattizia.

2. L'autonomia privata, seppur collettiva, è subordinata alla legge: quest'ultima, in linea generale, detta una disciplina inderogabile da parte del contratto collettivo.

In linea generale, pertanto, il contratto collettivo non può peggiorare i livelli di trattamento e le condizioni stabilite direttamente dal legislatore.

Le clausole che si ponessero in contrasto con le norme inderogabili di legge sarebbero nulle, ai sensi dell'art. 1418 c.c. [1].

---

[1] Raramente, tuttavia, il giudice dichiara nulle clausole dei contratti collettivi. Quando

rapporto gerarchico tra legge e contratto collettivo; inderogabilità in pejus*; principio del* favor

È invece normalmente ammessa la deroga *in melius* della disciplina legale da parte del contratto collettivo (principio del *favor*), a meno che la stessa legge non preveda una inderogabilità assoluta.

In conclusione, il rapporto gerarchico tra legge e contratto collettivo è fondato sul principio inderogabilità *in pejus* – derogabilità *in melius* della disciplina legale da parte di quella pattizia.

Questo modello incontra però delle eccezioni, quasi sempre giustificate alla luce di esigenze economiche o di governo del mercato del lavoro[2].

eccezioni

È evidente che la rilevanza di tali accezioni tende a ridursi in contesti socio-economici favorevoli, mentre aumenta in periodi di crisi economica ed occupazionale.

Non a caso, come vedremo, il tema della deroga alle norme di legge da parte del contratto collettivo è stato direttamente affrontato dal legislatore con una norma di carattere generale nel 2011, proprio in considerazione del particolare contesto socio-economico del momento e della necessità di contemperare le esigenze di competitività delle imprese con la salvaguardia dei livelli occupazionali.

2.1. Lo schema fondato sul principio dell'inderogabilità *in pejus* e del *favor* non esaurisce le forme di rapporto gerarchico tra legge e contratto collettivo.

In qualche caso, infatti, la legge stabilisce una disciplina assolutamente inderogabile, anche *in melius*, superando il principio del *favor*[3].

inderogabilità assoluta

Si pensi, ad esempio, all'art. 2120, comma 1, c.c. che, in materia di calcolo del trattamento di fine rapporto, prevede un divisore di 13,5, inderogabile da parte della contrattazione collettiva.

O ancora, all'art. 19, comma 12-*bis* del d.lgs. n. 165 del 2001, ai sensi del quale la disciplina in materia di incarichi dirigenziali nel lavoro pubblico non è derogabile dai contratti collettivi.

Sebbene in linea di principio interventi legislativi limitativi dell'autonomia collettiva, che restano comunque poco frequenti nell'esperienza sindacale italiana, possano sollevare dubbi di legittimità costituzionale, detti dubbi possono essere superati quando tali interventi rispondono a logiche di tutele dell'interesse pubblico. L'interesse pubblico, infatti, prevale sull'interesse collettivo dei lavoratori, che, per quanto ampio, resta un interesse particolare[4].

---

accade, in ogni caso, la nullità della clausola non comporta la nullità del contratto collettivo. Per esempio, Cass. 2 luglio 2013, n. 16507 ha dichiarato nulla la clausola di un contratto collettivo che considerava dimissionario il lavoratore non rientrato in servizio senza giustificato motivo al termine del periodo di aspettativa, in quanto stabiliva una causa di risoluzione del rapporto non prevista dalla legge.

[2] G. Giugni, *Diritto sindacale*, Bari, 2015.

[3] Un primo esempio di tale superamento può essere riscontrato nella legge n. 91 del 1977, che impediva alla contrattazione collettiva di computare l'indennità di contingenza maturata nella base di calcolo dell'indennità di anzianità.

[4] Cfr. Corte cost. 7 febbraio 1985, n. 34, in *Foro it.*, 1985, I, c. 975.

3. **L'integrazione funzionale tra legge e contratto collettivo** segna il passaggio da una tutela legale rigida, inderogabilmente fissata dalla legge e rispetto alla quale il contratto collettivo può operare tutt'al più in senso migliorativo, ad una tutela più flessibile e variegata, suscettibile di essere completata, integrata o addirittura derogata dal contratto collettivo.

Si possono distinguere, pertanto, i rinvii in funzione:

tipologie di rinvii

- integrativa;
- autorizzatoria;
- derogatoria.

In queste ipotesi, a seconda del tipo di rinvio, il contratto collettivo si trova ad assolvere funzioni diverse da quella c.d. "normativa" che gli è tradizionalmente propria.

4. I rinvii al contratto collettivo in **funzione integrativa** della disciplina legale sono frequenti: la legge detta una regolamentazione ed affida al contratto collettivo il compito di integrarla.

La legge, per esempio, rinvia ai contratti collettivi l'individuazione delle esigenze che possono giustificare il ricorso al lavoro intermittente.

Allo stesso modo, sempre ai contratti collettivi è rimessa la disciplina di dettaglio dell'apprendistato, rispetto alla quale la legge detta soltanto una regolamentazione di principio.

Nell'ambito dei rinvii in funzione integrativa della disciplina legale assumono una particolare importanza quelli che attribuiscono al contratto collettivo una più specifica funzione:

a) gestionale;
b) regolamentare delegata.

I rinvii in **funzione gestionale** sono quelli che attribuiscono al contratto collettivo il compito di stabilire limiti e condizioni per l'esercizio di poteri datoriali previsti dalla legge ed altrimenti liberi.

Si pensi, ad esempio, alla determinazione dei criteri di scelta che il datore di lavoro deve osservare in caso di licenziamenti collettivi.

Una funzione gestionale possono assumere anche gli accordi stipulati all'esito delle procedure di informazione e consultazione sindacale stabilite in caso di trasferimento d'azienda.

Vi sono poi accordi gestionali che non rientrano tra quelli espressamente richiamati dalla legge e tuttavia contengono una serie di impegni come quello di riassumere un certo numero di lavoratori licenziati o quello di avviare nuove iniziative produttive o nuovi investimenti o riammettere in servizio, entro una certa data, un numero di lavoratori sospesi in cassa integrazione.

4.1. Una particolare ipotesi di funzione gestionale è quella assolta dai contratti di solidarietà, difensivi o espansivi.

Il contratto di solidarietà difensivo (anche detto contratto di solidarietà "interno") è stipulato dall'impresa con le associazioni sindacali nazionali aderenti alle confederazioni maggiormente rappresentative sul piano nazionale e prevede una riduzione dell'orario di lavoro e della retribuzione al fine di evitare riduzioni di personale. A fronte della riduzione dell'orario di lavoro è previsto l'intervento di un particolare ammortizzatore sociale, la Cassa integrazione guadagni straordinaria, che copre una percentuale della retribuzione persa per le ore non lavorate.

Originariamente regolato dalla legge n. 863 del 1984, il contratto di solidarietà difensivo è ora disciplinato dal d.lgs. n. 148 del 2015, di riordino della normativa in materia di ammortizzatori sociali in costanza di rapporto di lavoro (*Jobs Act*).

Tale decreto riconferma il contratto di solidarietà difensivo quale causa di intervento della Cassa integrazione guadagni straordinaria; viceversa, per le imprese che non rientrano nell'ambito di applicazione della Cassa integrazione guadagni, la stipulazione del contratto di solidarietà difensivo costituisce il presupposto di un diverso ammortizzatore sociale, l'assegno di solidarietà (v. parte VI, cap. 58).

efficacia soggettiva del contratto di solidarietà

Il problema più delicato riguarda ovviamente **l'efficacia soggettiva di tali contratti**, dal momento che il contratto di solidarietà deve necessariamente applicarsi a tutti i lavoratori dell'impresa per assolvere la sua funzione.

Secondo la giurisprudenza, il contratto di solidarietà opera nei confronti di tutti i lavoratori[5], iscrivendosi in una fattispecie complessa e comprensiva del provvedimento ministeriale di ammissione all'integrazione salariale: esso non legittima la riduzione di orario e di retribuzione ove non segua l'effettiva concessione del beneficio[6].

Il contratto di solidarietà interno non deve essere confuso con i **contratti di solidarietà espansivi (o esterni)**, oggi regolati dall'art. 41 del d.lgs. n. 148 del 2015, di riordino della normativa in materia di ammortizzatori sociali[7].

Come quello difensivo, anche il contratto di solidarietà espansivo prevede una riduzione dell'orario di lavoro dei dipendenti.

Diversamente dal contratto di solidarietà difensivo, però, tale riduzione è finalizzata non ad evitare i licenziamenti, ma ad incrementare gli organici con l'assunzione a tempo indeterminato di nuovo personale.

Tali contratti risultano di fatto poco utilizzati, nonostante gli incentivi economici riconosciuti dalla legge per ogni nuovo lavoratore assunto.

---

[5] Cfr., da ultimo, Cass. 30 ottobre 2015, n. 22255. La stessa sentenza, tuttavia, chiarisce che l'accordo opera con le modalità previste dalle parti sindacali in funzione di una migliore e proficua operatività e che non è preclusa legislativamente la limitazione dell'operatività dell'accordo ai lavoratori che vi facciano adesione, purché la percentuale di aderenti rimanga tale da assicurare la funzionalità dell'accordo stesso.

[6] Cass. 28 novembre 2007, n. 24706, in *Rep. Foro it.*, 2007, *Lavoro (rapporto)*, n. 1208.

[7] L'art. 41, d.lgs. n. 148 del 2015, dopo le modifiche apportate dal d.l. n. 34 del 2019, conv. con mod. dalla legge n. 58 del 2019, è ora rubricato "contratto di espansione".

5. In altri casi la legge rinvia al contratto collettivo l'integrazione di normative destinate a tutelare interessi pubblici.

funzione regolamentare delegata

Si pensi, per esempio, all'individuazione delle prestazioni indispensabili in caso di sciopero nei servizi pubblici essenziali.

In questa ipotesi la disciplina pattizia non basta di per sé ad assolvere questa particolare funzione, ma deve essere valutata idonea da un apposito Organismo pubblico, la Commissione di garanzia.

Si parla, pertanto, di **funzione regolamentare delegata**.

È opportuno sottolineare che, secondo la giurisprudenza costituzionale[8], i contratti gestionali o con funzione regolamentare delegata, non appartengono alla specie dei contratti normativi e non ricadono, pertanto, nell'ambito di applicazione dell'art. 39 Cost.

Ciò consente di superare i pur prospettati problemi di legittimità costituzionale in relazione alla naturale efficacia *erga omnes* di tali accordi.

Secondo la Corte costituzionale, infatti, questi non spiegano efficacia direttamente sul rapporto di lavoro: gli effetti sui singoli lavoratori, sono determinati dall'atto di esercizio del potere datoriale che gli stessi accordi si limitano a procedimentalizzare.

6. In altri casi la legge rimette al contratto collettivo la valutazione circa la percorribilità di determinate soluzioni.

funzione autorizzatoria

Si pensi, ad esempio, all'installazione di impianti audiovisivi e di altre apparecchiature necessarie per la sicurezza del lavoro o per esigenze organizzative ma che possono comportare il controllo a distanza dell'attività lavorativa. Dette apparecchiature possono essere installate previo accordo con le rappresentanze sindacali aziendali.

Si parla, in queste ipotesi, di **funzione autorizzatoria**.

7. Oltre ad integrare la disciplina legale, il contratto collettivo può essere chiamato dalla stessa legge ad intervenire in **funzione derogatoria**.

funzione derogatoria

In questa ipotesi la legge detta una normativa e, allo stesso tempo, abilita il contratto collettivo a stabilire una disciplina diversa, laddove per "diversa" si intende "peggiorativa".

Si pensi, ad esempio, all'art. 2120, comma 2, c.c. che consente ai contratti collettivi di determinare una "diversa" nozione di retribuzione rilevante ai fini del calcolo del t.f.r., migliorativa ma anche peggiorativa[9].

---

[8] Corte cost. 30 giugno 1994, n. 268, in *Mass. giur. lav.*, 1994, p. 310 e Corte cost. 18 ottobre 1996, n. 344, in *Arg. dir. lav.*, 1997, p. 249.

[9] Cfr., in tal senso, i commi 2 e 11 della stessa disposizione. Al comma 11, infatti, con riguardo al regime delle anticipazioni, si fa espresso riferimento a "condizioni di miglior favore", mentre il comma 2, relativo alla nozione di retribuzione, inizia con "salva diversa previsione dei contratti collettivi ...".

Lo stesso dicasi per l'art. 4, comma 9, legge n. 223 del 1991, ai sensi del quale gli accordi sindacali stipulati nel corso delle procedure di licenziamento collettivo possono stabilire, in deroga all'art. 2103 c.c., l'adibizione di lavoratori eccedenti a mansioni "diverse da quelle svolte" al fine di conservare il posto di lavoro, sebbene la disposizione debba oggi essere coordinata con il nuovo testo dell'art. 2103 c.c. introdotto dal *Jobs Act* (v. cap. 24, par. 4).

8. Con la crisi economica degli ultimi anni la funzione derogatoria del contratto collettivo rispetto alle norme inderogabili di legge si posta sempre più al centro dell'attenzione, tanto da indurre il legislatore ad un intervento senza precedenti.

generalizzazione della funzione derogatoria

Mentre, infatti, i tradizionali rinvii legali al contratto collettivo in funzione derogatoria erano puntuali e previsti in specifiche norme ai soli fini della stesse contemplati, l'art. 8, d.l. n. 138 del 2011, conv. con mod. in legge n. 148 del 2011, ha stabilito una regolamentazione generale delle ipotesi in cui il contratto collettivo può derogare a norme inderogabili di legge.

Rubricata, "sostegno alla contrattazione collettiva di prossimità", questa disposizione, in estrema sintesi, consente la stipulazione di contratti aziendali o territoriali, con due effetti peculiari:

a) efficacia nei confronti di tutti i lavoratori interessati;

b) possibilità di derogare a norme inderogabili di legge (oltre che ai contratti nazionali).

condizioni

Il tutto a condizione che:

– i contratti siano stipulati da soggetti collettivi particolarmente qualificati [10] e sulla base di un criterio maggioritario;

– la stipulazione risponda alle finalità indicate dalla legge [11];

– la disciplina pattizia riguardi le specifiche materie indicate dallo stesso art. 8 [12];

– restino fermi i limiti derivanti dal rispetto della Costituzione, delle normative comunitarie e delle convenzioni internazionali sul lavoro.

---

[10] Associazioni comparativamente rappresentative o loro rappresentanze in azienda.

[11] Maggiore occupazione, qualità dei contratti di lavoro, adozione di forme di partecipazione dei lavoratori, emersione del lavoro irregolare, incrementi di competitività e di salario, gestione delle crisi aziendali e occupazionali, investimenti e avvio di nuove attività.

[12] Nello specifico, impianti audiovisivi e introduzione di nuove tecnologie; mansioni del lavoratore, classificazione e inquadramento del personale; contratti a termine, contratti a orario ridotto, modulato o flessibile, regime della solidarietà negli appalti e casi di ricorso alla somministrazione di lavoro; disciplina dell'orario di lavoro; modalità di assunzione e disciplina del rapporto di lavoro, comprese le collaborazioni coordinate e continuative a progetto e le partite IVA, trasformazione e conversione dei contratti di lavoro e conseguenze del recesso dal rapporto di lavoro, fatta eccezione per il licenziamento discriminatorio e il licenziamento della lavoratrice in concomitanza del matrimonio.

È importante sottolineare che la legge lascia alle parti l'iniziativa in ordine all'effettiva stipulazione di questi particolari contratti aziendali [13].

Una recente sentenza ha chiarito che è nullo il contratto di prossimità che non individui la disciplina derogata in correlazione con le specifiche finalità previste dalla legge [14]. Le materie sulle quali è possibile intervenire restano però, molto ampie, tanto da mettere in discussione l'impianto generale del diritto del lavoro fondato sulla inderogabilità della norma a tutela del contraente debole.

È, inoltre, preoccupante che modifiche così rilevanti possano essere affidate alla sede sindacale aziendale, notoriamente più condizionata dalla controparte di quanto sia la sede sindacale nazionale.

Il contratto aziendale, inoltre, può intervenire direttamente, senza necessità di alcun rinvio da parte del contratto nazionale.

Si assiste, dunque, ad una attribuzione di competenza al contratto di prossimità *ex* art. 8 "a titolo originario", diversamente da quanto previsto, in generale, per i normali contratti aziendali dai vigenti accordi interconfederali [15].

dubbi di legittimità costituzionale dell'art. 8

9. Oltre a sollevare problemi applicativi dovuti all'ambiguità del testo normativo e delle materie indicate, l'art. 8, infine, solleva diversi dubbi di legittimità costituzionale [16].

Si pensi, in particolare, alla possibile violazione dell'art. 39, comma 4, nella parte in cui l'art. 8 delinea un procedimento per la stipulazione di contratti collettivi con efficacia generale, o alla possibile violazione degli artt. 3 e 36 Cost., nella parte in cui consente una frantumazione della retribuzione proporzionata e sufficiente, legittimando i contratti aziendali a stabilire trattamenti retributivi differenziati non solo tra lavoratori di aziende simili, ma anche tra lavoratori di diverse unità produttive all'interno della stessa azienda.

---

[13] Ha avuto rilevanza nazionale, ad esempio, l'Accordo stipulato da Golden Lady s.p.a. con le federazioni nazionali di Cgil, Cisl e Uil, finalizzato a stabilizzare gli associati in partecipazione impiegati a fronte di un differimento dell'entrata in vigore del più rigido regime sanzionatorio introdotto dalla legge n. 92 del 2012, la cui immediata applicazione avrebbe comportato "conseguenze sulla sostenibilità economica" di molti punti vendita.

[14] Trib. Firenze, sez. lav., 9 settembre 2019.

[15] Cfr. G. Santoro-Passarelli, *Accordo interconfederale 28 giugno 2011 e art. 8 d.l. 138/2011 conv. con mod. l. 148/2011: molte divergenze e poche convergenze*, in *Arg. dir. lav.*, 2011. p. 1224 ss. Non è un caso che, dopo l'emanazione della norma, le parti sociali abbiano aggiunto una postilla all'Accordo del 2011, ribadendo la loro volontà di dare compiuta attuazione a quest'ultimo, come non è un caso che la FIAT, interessata a stipulare i contratti aziendali *ex* art. 8 perché idonei a limitare alcune tutele e dunque ritenuti più in linea con le esigenze di competitività dell'impresa, ha preferito a quel punto dissociarsi da Federmeccanica e uscire dal sistema confindustriale.

[16] La Corte costituzionale ad oggi è intervenuta solo con riferimento alla compatibilità della disciplina contenuta nell'art. 8 con le prerogative legislative regionali. Cfr. Corte Cost. 4 ottobre 2012, n. 221, in *Riv. it. dir. lav.*, 2012, 4, II, p. 903.

Il problema è aggravato dal fatto che l'art. 36 Cost., non può essere invocato come limite alla competenza derogatoria dei contratti *ex* art. 8, perché è vero che stabilisce i principi di proporzionalità e sufficienza, ma è altrettanto vero che detti principi sono tradizionalmente inverati dagli stessi contratti collettivi e nulla vieta di considerare come parametro di riferimento un contratto aziendale in luogo di quello nazionale.

Sarebbe, in altri termini, difficile per il giudice dichiarare nulle le clausole retributive di un contratto aziendale per violazione dei principi di proporzionalità e sufficienza se tale contratto è abilitato addirittura dalla legge a derogare il contratto nazionale e se esso stesso può costituire il parametro di riferimento per valutare in concreto la proporzionalità e la sufficienza della retribuzione.

10. A questo punto diventa ineludibile la domanda, anche alla luce dei decreti delegati sulle tutele crescenti (d.lgs. n. 23 del 2015) e in tema di tipologie contrattuali (d.lgs. n. 81 del 2015), se il suddetto art. 8 possa considerarsi un episodio normativo isolato o abbia segnato l'inizio di un'inversione di tendenza nella misura in cui il contratto aziendale sia abilitato a derogare *in pejus* norme inderogabili di legge prescindendo dai limiti e dalle procedure previste dal contratto nazionale.

E a questa domanda si deve rispondere che la normativa successiva non solo ricorre alla stessa tecnica, nel senso che autorizza il contratto aziendale a derogare *in pejus* norme di legge bypassando la funzione ordinante del contratto collettivo nazionale, ma interviene anche direttamente a modificare talune normative inderogabili che regolavano il rapporto di lavoro.

la funzione derogatoria nel Jobs Act

In questo senso basta richiamare, l'art. 3 del d.lgs. n. 81 del 2015 sulla disciplina delle mansioni, che sostituisce l'art. 2103 c.c. e per certi versi addirittura supera quanto previsto, in linea generale, dall'art. 8.

L'art. 8, infatti, subordina la possibilità di derogare alle norme di legge all'intervento di un contratto collettivo, seppur aziendale.

La nuova disposizione, oltre ad estendere notevolmente le fattispecie legali di legittima adibizione a mansioni inferiori, abilita i contratti collettivi, anche aziendali, ad individuare ulteriori ipotesi di demansionamento.

differenze rispetto all'art. 8

A differenza di quanto stabilito dall'art. 8, tuttavia, tale competenza derogatoria dei contratti aziendali non deve rispondere a finalità particolari ed è riconosciuta in via ordinaria.

È agevole rilevare, in conclusione, che almeno con riferimento alla disciplina delle mansioni l'art. 8 risulta superato dal nuovo testo dell'art. 2103, perché è proprio quest'ultima disposizione ad attribuire ai contratti collettivi una competenza derogatoria più estesa rispetto a quanto previsto originariamente dallo stesso art. 8 con riferimento al vecchio testo della norma del codice.

D'altra parte, anche la disciplina del contratto a termine, già dal 2014 fino all'attuale regolamentazione contenuta nel d.lgs. n. 81 del 2015, come modificato dal d. l. n. 87/2018, conv. in legge n. 96/2018, ha notevolmente flessibilizzato la normativa preesistente eliminando le causali.

Analogamente, il d.lgs. n. 23 del 2015 ha ridotto ulteriormente l'ambito di applicazione della sanzione della reintegrazione. Certo il ricorso sempre più frequente al contratto collettivo con il fine di derogare a discipline che possono rivelarsi troppo rigide in determinati contesti può risultare penalizzante per il singolo lavoratore laddove intervengano deroghe peggiorative.

Ma tali tecniche possono rivelarsi necessarie o opportune per garantire i livelli occupazionali nella misura in cui consentono all'impresa di rimanere sul mercato.

In quest'ottica, allora, il baricentro delle tutele accordate dal diritto del lavoro, tradizionalmente incentrate sulla protezione del singolo lavoratore come contraente debole, potrebbe tendenzialmente spostarsi verso una dimensione collettiva, tesa a mantenere i livelli occupazionali anche a costo di cedere qualcosa sul piano delle garanzie individuali.

Le minori garanzie individuali a seguito delle deroghe peggiorative o dell'introduzione di discipline più flessibili rispetto alle precedenti sarebbero controbilanciate dal mantenimento del posto di lavoro, considerato prevalente in un'ottica di contemperamento dei vari interessi.

Si deve anche rilevare, però, che la sempre più estesa facoltà di deroga del contratto nazionale da parte di quello aziendale nel nome della lotta all'uniformità "oppressiva" della norma inderogabile, rischia di compromettere, di fatto, la funzione solidaristica che il contratto nazionale tradizionalmente assume.

Le condizioni minime stabilite nel contratto nazionale, infatti, proprio perché uniformi, sono determinate tenendo conto dei differenti contesti socio-economici del territorio italiano.

rischi del potenziamento della contrattazione aziendale in deroga

Il potenziamento del contratto aziendale in deroga, soprattutto se svincolato dal controllo a monte da parte del contratto nazionale, rischia inevitabilmente di far ridimensionare fortemente il contratto nazionale e le relative logiche solidaristiche, a tutto vantaggio di discipline pattizie aziendali che tengono conto principalmente di interessi particolari e in cui il sindacato può essere più condizionato dalla controparte.

11. A proposito delle descritte funzioni assolte dai contratti collettivi, appare opportuno precisare che nella prassi contrattuale la classificazione rigida dei suddetti contratti collettivi in base alle funzioni precedentemente indicate è di fatto ridimensionata dal momento che nel contratto collettivo si riscontra un misto di "normativo di gestionale e di ablativo" e "si infittiscono i rinvii ad un contratto collettivo legittimato a peggiorare le disposizioni di legge" [17] a tal punto che un'altra dottrina [18] ha definito il già richiamato art. 8 "famigerato"

---

[17] Cfr., in tal senso, R. Pessi, *Il diritto del lavoro e la Costituzione. Identità e criticità*, Bari, 2019, p. 106.

[18] L. Gaeta, *"La terza dimensione del diritto": legge e contratto collettivo nel novecento italiano*, in *Giorn. dir. lav. rel. ind.*, 2016, p. 606.

perché contiene una delega ampia alla deroga *in pejus* che cancella ciò che rimane del principio del *favor* e scardina gli equilibri del doppio livello di contrattazione, fino a confondere, addirittura, la gerarchia delle fonti.

12. La contrattazione aziendale risulta ulteriormente potenziata anche dall'art. 51 del d.lgs. n. 81 del 2015.

Questa disposizione, rubricata "Norme di rinvio ai contratti collettivi", prospetta una sorta di generale equiparazione tra contratto nazionale e contratto aziendale nella disciplina dei rapporti di lavoro[19].

Numerose disposizioni del d.lgs. n. 81 del 2015 prevedono dei rinvii ai "contratti collettivi", tanto in funzione integrativa quanto in funzione derogatoria.

Tra i rinvii in funzione integrativa rientra, ad esempio, l'art. 2, di modifica dell'art. 2103 c.c., ai sensi del quale "Ulteriori ipotesi di assegnazione di mansioni appartenenti al livello di inquadramento inferiore (...) possono essere previste dai contratti collettivi". Oppure l'art. 6, secondo cui in caso di pattuizione di clausole elastiche nel contratto part-time "il prestatore di lavoro ha diritto (...) a specifiche compensazioni, nella misura ovvero nelle forme determinate dai contratti collettivi".

Tra i rinvii in funzione derogatoria si pensi all'art. 19, comma 2, che fissa in 24 mesi la durata complessiva dei rapporti a tempo determinato in caso di successione di contratti, "fatte salve le diverse disposizioni dei contratti collettivi" come, pure, "all'art. 23, che stabilisce il limite del 20% alle assunzioni a tempo determinato "salvo diversa disposizione dei contratti collettivi".

A fronte dell'indeterminatezza dei rinvii ai "contratti collettivi", l'art. 51 chiarisce che, salvo diversa disposizione, i riferimenti ai "contratti collettivi" contenuti nel d.lgs. n. 81 del 2015 indicano indifferentemente i contratti collettivi nazionali territoriali o aziendali stipulati da associazioni sindacali comparativamente più rappresentative, dalle loro r.s.a., ovvero dalla r.s.u.

Il contratto aziendale, seppur con il filtro della particolare qualificazione dei soggetti chiamati a stipularlo (r.s.u. o r.s.a. di associazioni maggiormente rappresentative) diventa, dunque, destinatario potenziale di ogni rinvio operato dal *Jobs Act* ai contratti collettivi, anche in concorrenza rispetto al contratto nazionale[20].

---

[19] Cfr. R. Romei, *Rappresentanza e rappresentatività sindacale*, in AA.VV., *Fonti e tipologie dei contratti di lavoro*, Giuffrè, 2017, p. 36; P. Passalacqua, *L'equiordinazione tra i livelli della contrattazione quale modello di rinvio legale all'autonomia collettiva* ex *art. 51 del d.lgs. 81 del 2015*, in *Diritti lavori e mercati*, 2016, 2, p. 275; I. Alvino, *Il micro-sistema dei rinvii al contratto collettivo nel d.lgs. n. 81 del 2015: il nuovo modello della competizione fra i livelli della contrattazione collettiva*, in *Riv. it. dir. lav.*, 2016, I, p. 657.

[20] C'è da chiedersi allora cosa accadrebbe se, in attuazione del rinvio, dovessero intervenire sia il contratto nazionale che quello aziendale in modo indipendente e non coordinato. Si aprirebbe una questione di rapporti tra contratti collettivi di diverso livello, da risolvere alla luce dei principi generali e del Testo Unico sulla rappresentanza del 10 gen-

Sotto questo punto di vista, l'art. 51 si affianca, ma non si sovrappone all'art. 8 del d.l. n. 138 del 2011.

L'art. 8, infatti, è una norma generale che individua materie nell'ambito delle quali il contratto aziendale può derogare, con efficacia generale, a norme inderogabili di legge; l'art. 51, invece, circoscrive la legittimazione (anche) del contratto aziendale a regolare determinati aspetti o a derogare a norme espressamente derogabili, stante il rinvio ai contratti collettivi.

C'è da dire, però, e questo è un dato che assume una notevole rilevanza, che il modello di rinvio operato dall'art. 51 è stato ripreso anche da numerosi interventi legislativi successivi, come se il legislatore lo avesse assunto a modello generale per ogni rinvio legale ai contratti collettivi.

È accaduto, ad esempio, con la legge n. 81 del 2017[21], che attribuisce al lavoratore agile un trattamento "non inferiore a quello complessivamente applicato, in attuazione dei contratti collettivi di cui all'articolo 51 del decreto legislativo 15 giugno 2015, n. 81".

Lo stesso dicasi per il d.lgs. n. 117 del 2017[22], che, con riferimento al terzo settore, vieta "la corresponsione a lavoratori subordinati o autonomi di retribuzioni o compensi superiori del quaranta per cento rispetto a quelli previsti, per le medesime qualifiche, dai contratti collettivi di cui all'articolo 51 del decreto legislativo 15 giugno 2015, n. 81".

Da ultimo, il c.d. Codice della crisi[23], nel modificare l'art. 47 della legge n. 428 del 1990, stabilisce che, in caso di trasferimento di azienda in crisi, possano essere raggiunti accordi per la salvaguardia dell'occupazione "anche attraverso i contratti collettivi di cui all'articolo 51 del decreto legislativo 15 giugno 2015, n. 81".

Anche questi interventi normativi, dunque sono emblematici di una tendenziale considerazione del contratto aziendale quale fonte regolativa dei rapporti di lavoro ormai posta sullo stesso piano rispetto al contratto nazionale.

---

naio 2014 (vedi cap. 9, par. 12 e cap. 11, sez. II, par. 10). C'è da dire, però, che trattandosi di soggetti sindacali rientranti nell'ambito di applicazione dello stesso Testo Unico, la questione dovrebbe porsi solo in teoria, posto che questi opererebbero in un sistema che mira ad assicurare il coordinamento tra i livelli di contrattazione, seppur con i limiti dati dalla efficacia solo obbligatoria e non reale della disciplina pattizia.

[21] Art. 20.

[22] Art. 8, comma 3, lett. *b*).

[23] Art. 368, comma 4, d.lgs. n. 14 del 2019.

Capitolo 11

La contrattazione collettiva

Premessa: *Contratto e contrattazione collettiva*

il contratto collettivo è il risultato della contrattazione collettiva

Com'è stato autorevolmente affermato[1], non si può studiare il contratto collettivo come documento a sé stante se non si ha presente che il contratto collettivo è il risultato della contrattazione collettiva.

Questa, oltre a costituire un processo attraverso il quale le parti regolano i loro interessi, è anche un metodo di composizione del conflitto ed è l'attività sindacale più significativa di tutela degli interessi dei lavoratori. La contrattazione, pur manifestandosi vistosamente a cadenza periodica nelle fasi di rinnovo dei contratti collettivi, è tuttavia un processo continuo (c.d. *continuous bargaining*) che permane anche durante la fase di applicazione e di amministrazione del contratto collettivo.

In quanto processo continuo, la contrattazione realizza un progressivo adattamento delle condizioni economiche e normative dei lavoratori al contesto produttivo e alle sue esigenze economiche e organizzative e, attraverso il raggiungimento di equilibri successivi, tende alla realizzazione del principio di uguaglianza.

Sezione I

La struttura e l'evoluzione della contrattazione collettiva

1. Con la caduta dell'ordinamento corporativo nasce in Italia un sistema

[1] G. Giugni, *Diritto sindacale*, Bari, 2014, p. 165.

un solo livello di contrattazione nel primo dopoguerra

improntato all'autonomia delle relazioni sindacali incentrato su un solo livello di contrattazione: quello nazionale.

Tuttavia la struttura di vertice del sistema è la confederazione, ossia una struttura non solo nazionale ma intercategoriale.

Le confederazioni, infatti, non sono competenti a stipulare i contratti nazionali ma gli accordi interconfederali, che hanno perciò un ambito intercategoriale.

Questi ultimi si distinguono dai contratti nazionali perché non regolamentano il contenuto dei rapporti di lavoro ma singoli istituti o materie che interessano tutte le categorie merceologiche.

Mentre sono le federazioni nazionali di categoria le strutture legittimate a stipulare i contratti nazionali che disciplinano i minimi di trattamento economico e normativo e le relazioni sindacali tra i soggetti stipulanti.

Ai primi contratti nazionali di categoria si affiancano così importanti accordi interconfederali sui licenziamenti individuali e collettivi[2] e sulle commissioni interne[3].

2. Lo sviluppo economico del nostro sistema produttivo nell'immediato dopoguerra creò le premesse per un rafforzamento del sindacato e per la proposizione di strategie sindacali, dovute prevalentemente alla Cisl, finalizzate ad affiancare alla contrattazione nazionale la contrattazione decentrata al livello aziendale.

contrattazione articolata negli anni '60

Nel luglio del 1962 le federazioni di categoria dei sindacati metalmeccanici firmarono con l'Intersind e l'Asap, le associazioni delle imprese a partecipazione statale, un accordo che stabiliva i principi del nuovo sistema contrattuale articolato su due livelli denominato di "**contrattazione articolata**", poi recepito dai diversi contratti nazionali di categoria.

La contrattazione aziendale, in un periodo di *boom* economico, era essenzialmente acquisitiva, volta cioè ad introdurre trattamenti ulteriori o migliorativi rispetto a quelli già previsti dal contratto nazionale.

Essa, però, svolgeva un'importante funzione di volano per l'evoluzione della stessa contrattazione nazionale successiva.

I miglioramenti introdotti dalla contrattazione aziendale, infatti, venivano poi generalmente riproposti nei successivi rinnovi dei contratti nazionali e finivano, quindi, per essere estesi ad una più ampia cerchia di lavoratori.

Il contratto nazionale determinava, attraverso clausole di rinvio, le materie e gli istituti regolati dagli altri livelli contrattuali. Gli agenti contrattuali del livello territoriale erano di regola i sindacati provinciali, ossia sindacati esterni all'azienda, per l'inesistenza all'epoca di strutture sindacali interne e perché la commissione interna non aveva competenza contrattuale.

---

[2] Si vedano gli accordi del 1950 e del 1965.

[3] Si veda già l'accordo interconfederale del 1947 e successivamente quelli del 1953 e del 1966.

Si deve comunque sottolineare che la contrattazione articolata fu più importante dal punto di vista del principio del decentramento, introdotto nel nostro sistema di relazioni sindacali, che non dal punto di vista operativo. Infatti il contratto nazionale continuava ad essere il perno del sistema contrattuale e ad esso spettava determinare le competenze ed i soggetti della contrattazione aziendale, competenze per altro ancora poco rilevanti come, per esempio, la disciplina della distribuzione dell'orario di lavoro, dei ritmi di lavoro, del cottimo, dei sistemi di valutazione delle mansioni, ecc.

Gli imprenditori, inoltre, non accettarono passivamente la contrattazione articolata, ma ottennero quale "contropartita" la sottoscrizione da parte dei sindacati delle clausole di pace sindacale, finalizzate a non promuovere azioni o rivendicazioni intese a modificare, integrare, innovare quanto già concordato ai vari livelli di contrattazione nel periodo che intercorreva tra un rinnovo e l'altro.

La funzione delle clausole di pace sindacale era, principalmente, quella di consentire agli imprenditori, al riparo da ulteriori rivendicazioni, di quantificare preventivamente il costo del lavoro per l'intero periodo di vigenza del contratto.

3. Già sul finire degli anni '60 proliferarono iniziative spontanee di lotta sindacale dei lavoratori attraverso la costituzione dei Cub, comitati unitari di base, ossia di organizzazioni di lavoratori che, senza la mediazione delle strutture sindacali tradizionali, avanzano nuove rivendicazioni (ad esempio aumenti uguali per tutti, riduzione dell'orario di lavoro e dello straordinario, parificazione normativa tra impiegati e operai) espressione di un egualitarismo in contrasto con i vincoli e la riserva di materie della contrattazione articolata.

La protesta dei lavoratori era diretta non solo contro la controparte imprenditoriale ma anche contro il burocratismo e il verticismo delle organizzazioni sindacali.

La forte conflittualità dell'autunno caldo sindacale degli anni '68-'69 e il conseguente rifiuto di sottoscrivere le clausole di pace sindacale travolsero, dunque, inevitabilmente la contrattazione articolata.

Il contratto dei metalmeccanici del dicembre 1969, che concluse l'autunno caldo sindacale, decretò anche la fine della contrattazione articolata, non conservando le competenze della contrattazione aziendale e delineando un sistema nuovamente centralizzato.

Il venire meno di un formale riparto di competenze tra contratto nazionale e contratto aziendale non significò, tuttavia, l'eliminazione del secondo livello di contrattazione.

contrattazione non vincolata degli anni '70

Al contrario, alla contrattazione articolata, che presupponeva il coordinamento tra i due livelli di contrattazione, si sostituì la contrattazione non vincolata: un sistema di relazioni sindacali articolato ancora su due livelli, nazionale e decentrato, ma non più coordinati tra loro.

Conseguentemente il contratto aziendale finiva per riregolare tutte le materie già disciplinate dal contratto nazionale.

Questa identica competenza dei due contratti collettivi di diverso livello continuò inizialmente a risolversi, in un periodo di espansione economica, in un incremento e miglioramento costante da parte del contratto di secondo livello.

4. Successivamente, però, il periodo di recessione economica determinato anche dalla prima crisi petrolifera determinò un aumento considerevole dei prezzi e un conseguente aumento nominale dei salari, automaticamente adeguati al costo della vita per mezzo del meccanismo della contingenza.

Proprio il meccanismo della contingenza fu considerato responsabile dell'aumento dell'inflazione e del valore nominale (ma non reale) dei salari, tanto che l'accordo interconfederale del 1976 sterilizzò la contingenza dalla base di calcolo dell'indennità di anzianità.

Con l'accentuarsi della crisi il contratto aziendale, fino ad ora sempre acquisitivo, cominciò anche ad introdurre clausole peggiorative rispetto a quelle del contatto nazionale.

ricentralizzazione della contrattazione negli anni '80

La successiva evoluzione del sistema, a partire dagli anni '80, continuò a caratterizzarsi per una progressiva centralizzazione della contrattazione, culminata nel 1983 con il primo protocollo triangolare che aprì la stagione della concertazione.

modello di contrattazione delineato dall'accordo interconfederale del 1993

5. L'Accordo interconfederale del 1993, dopo un periodo di ricentralizzazione contrattuale, delinea nuovamente un sistema di contrattazione collettiva articolato in due livelli, quello nazionale (centrale) e quello territoriale[4] e/o aziendale (decentrato).

Il contratto collettivo aveva durata quadriennale per la parte economica e biennale per quella retributiva.

L'aumento delle retribuzioni in sede di rinnovo biennale era collegato al tasso di inflazione programmata, la cui comparazione con quello di inflazione effettiva del biennio precedente costituiva un punto di riferimento per il successivo negoziato.

Il contratto decentrato doveva intervenire su materie ed istituti diversi e non ripetitivi rispetto a quelli regolati dal contratto di primo livello, secondo le modalità e negli ambiti di applicazione definiti dallo stesso contratto nazionale. Come, pure, sempre il contratto nazionale stabiliva la tempistica e le materie della contrattazione decentrata.

Oltre a prevedere tempi certi di apertura delle trattative e l'indennità di vacanza contrattuale, elemento provvisorio della retribuzione finalizzato ad incentivare il tempestivo rinnovo del contratto, l'accordo del 1993 regolava

[4] La contrattazione territoriale, tuttavia, non è mai stata molto diffusa ed è tutt'ora presente solo in alcuni settori. Può essere provinciale (ad es. nei settore dell'edilizia e del commercio) o regionale (artigianato).

anche un particolare modello di rappresentanza sindacale in azienda, disciplinando le modalità di costituzione delle rappresentanze sindacali unitarie.

Tali rappresentanze, di fonte pattizia, si affiancavano alle r.s.a., regolate dall'art. 19 St. lav. e, nell'ottica dell'accordo, avrebbero dovuto sostituirle[5].

Il modello delineato dall'Accordo del 1993 ebbe una particolare fortuna e, anche grazie all'unità di azione delle grandi confederazioni sindacali, la disciplina delle r.s.u. ha tenuto anche dopo la modifica referendaria dell'art. 19 St. lav., nonostante a seguito del *referendum* la possibilità di costituire r.s.a. fosse stata estesa anche a sindacati non confederali firmatari del solo contratto aziendale.

Oggi, come vedremo, anche gli accordi più recenti, a partire dall'Accordo interconfederale del 18 giugno 2011 per finire al Testo Unico sulla rappresentanza del 10 gennaio 2014, confermano i due livelli di contrattazione, la competenza delegata del contratto aziendale e il rilievo centrale delle r.s.u. nel sistema di rappresentanza sindacale nei luoghi di lavoro, modificando solo in parte l'originaria disciplina dettata dall'Accordo del 1993 in relazione alle modalità di costituzione di tali rappresentanze.

gli accordi interconfederali successivi

6. Dopo la parentesi costituita dall'Accordo interconfederale del 2009, non sottoscritto dalla Cgil e pertanto immediatamente rivelatosi altamente ineffettivo, intervengono due importanti accordi interconfederali sottoscritti unitariamente da Cgil, Cisl e Uil: l'accordo interconfederale del 28 giugno 2011, con la postilla del 21 settembre dello stesso anno[6], e il Protocollo di intesa del 31 maggio 2013.

Si tratta di accordi molto importanti perché, almeno a livello interconfederale, segnano la riaffermazione del principio di unità di azione sindacale[7], messo

---

[5] L'accordo prevedeva, infatti, che le r.s.u. ed i suoi componenti subentrassero nei diritti e nelle prerogative riconosciute alle r.s.a. ed ai loro dirigenti, mentre i soggetti sindacali che presentavano le liste per l'elezione delle r.s.u. si impegnavano a dismettere l'eventuale r.s.a. o a non costituirne di nuove.

C'è anche da dire che, dal punto di vista giuridico, anche la r.s.u. può essere considerata una r.s.a., stante la genericità dell'art. 19 St. lav. L'elezione può essere, infatti, considerata una forma di iniziativa dei lavoratori e sussiste il collegamento con i sindacati esterni, che presentano le liste.

[6] Il 21 settembre del 2011 il testo del 28 giugno è stato integrato con una nota volta ad esprimere l'intenzione delle parti di attuare compiutamente l'accordo interconfederale. Tale precisazione, in apparenza pleonastica, è stata ritenuta necessaria dopo l'approvazione dell'art. 8, d.l. n. 138 del 2011. Poiché essa sembrava evidenziare la volontà delle parti di non applicare quanto previsto da quella norma di legge, la sua sottoscrizione ha causato il recesso di FIAT da Federmeccanica.

[7] L'accordo del 2011 ha raggiunto un punto di equilibrio importantissimo ed è stato sottoscritto unitariamente perché è riuscito a contemperare le diverse istanze di Cisl e Cgil. Esso prevede, infatti, meccanismi di verifica della rappresentatività sindacale che tengono conto dei consensi elettorali e strumenti di democrazia diretta quali il *referendum* apprezzati dalla Cgil. Allo stesso tempo, però, assegna anche rilevanza ai dati riferiti alle deleghe rilasciate dai lavoratori per la riscossione dei contributi sindacali, secondo una concezione volta a valorizzare il momento associativo cara alla Cisl.

in crisi a partire dal 2009 anche su alcuni versanti nazionali ed aziendali.

Le Federazioni aderenti alla Cgil, infatti, non avevano sottoscritto rinnovi come quello dei metalmeccanici e del commercio, né le r.s.a. Fiom avevano firmato gli accordi FIAT di Pomigliano e di Mirafiori.

Queste vicende aiutano a comprendere le ragioni che hanno portato, prima, all'accordo del 2011 e, poi, a quello del 2013.

Entrambi gli accordi vengono stipulati per dettare regole certe e condivise finalizzate alla gestione del dissenso sindacale, rispettivamente in ambito aziendale e a livello nazionale [8].

L'obiettivo è garantire una maggiore stabilità della disciplina contenuta nei contratti collettivi, senza che l'eventuale dissenso si traduca in una paralisi della contrattazione o nella stipulazione di accordi non unitari destinati a non "tenere" sul piano dell'effettività.

Punto centrale della nuova disciplina è che **il contratto stipulato nel rispetto delle regole e delle procedure concordate unitariamente a livello interconfederale, vincoli poi tutti i soggetti che hanno accettato quelle regole, anche se dissenzienti rispetto ai contenuti del contratto** [9].

L'accordo del 2011, in particolare, detta condizioni e procedure nel rispetto delle quali il contratto aziendale, anche se peggiorativo dei trattamenti stabiliti da quello nazionale [10], è efficace nei confronti di tutte le associazioni sindacali espressione delle confederazioni firmatarie e di "tutto il personale in forza".

Analoghe condizioni e procedure sono stabilite dal Protocollo del 2013 per il contratto nazionale.

7. I contenuti degli accordi del 2011 e del 2013 sono stati poi trasposti, con specificazioni ed integrazioni, nel Testo Unico sulla rappresentanza del 10 gennaio 2014 tra Confindustria, Cgil, Cisl e Uil [11].

Anche il Protocollo 31 maggio 2013 segna un momento di ricomposizione dell'unità sindacale, dopo che la Cgil non aveva firmato l'Accordo quadro sulla produttività del 21 novembre 2012, che pur stipulato da quasi tutte le associazioni imprenditoriali vede la sua effettività compromessa dal dissenso del più importante sindacato italiano. Cfr. sul punto G. Giugni, *Diritto sindacale*, cit., p. 186.

[8] Cfr. G. Giugni, *Diritto sindacale*, cit., p. 182.

[9] Si realizza, pertanto, una dissociazione tra parte "firmataria" e soggetti vincolati al rispetto del contratto, che possono essere anche associazioni non firmatarie.

[10] Proprio sotto questo aspetto emerge una importante differenza rispetto all'accordo del 1993. Quest'ultimo guarda al secondo livello di contrattazione ancora in funzione tendenzialmente acquisitiva, l'accordo del 2011, invece, pone drasticamente il problema delle deroghe peggiorative al contratto nazionale da parte del contratto aziendale (clausola 7). L'accordo del 2011, inoltre, nell'ambito del secondo livello, contempla il solo contratto aziendale. Viene meno, dunque, il riferimento al contratto territoriale contenuto nell'accordo del 1993.

[11] Il Testo Unico è stato separatamente sottoscritto anche dall'Ugl, il 10 gennaio 2014, dalla Cisal, il 14 gennaio 2014, dalla Confsal, il 15 gennaio 2014; da Confservizi, il 10 febbraio 2014. Il contenuto dell'Accordo risulta in buona parte riprodotto dagli accordi

ragioni della sottoscrizione del Testo Unico 10 gennaio 2014

Il Testo Unico è stato, successivamente, integrato dall'Accordo interconfederale di modifica del 4 luglio 2017 e, da ultimo, affiancato dall'Accordo interconfederale del 9 marzo 2018.

Questi accordi costituiscono oggi la principale fonte di disciplina della contrattazione collettiva nel settore privato.

Le ragioni che hanno portato alla sottoscrizione del Testo Unico sono:

– l'opportunità di riordinare, attuare ed accorpare in un unico documento contrattuale la disciplina della contrattazione aziendale, contenuta principalmente nell'accordo del 2011, e quella della contrattazione nazionale, prevalentemente dettata dall'accordo del 2013;
– l'esigenza di delineare la disciplina dell'esigibilità degli impegni assunti con i contratti collettivi, al fine di rafforzare i meccanismi di gestione del dissenso e la tenuta della contrattazione collettiva;
– l'opportunità di tener conto della sentenza della Corte costituzionale n. 231 del 2013, che, ai fini dell'esercizio dei diritti sindacali, attribuisce una grande rilevanza al concetto di partecipazione alle trattative;
– l'esigenza di attuare i principi di riforma delle r.s.u. delineati dall'accordo del 2013.

Il Testo Unico è articolato in quattro parti, oltre alle clausole transitorie e finali:

1. Misura e certificazione della rappresentanza ai fini della contrattazione collettiva nazionale di categoria;
2. Regolamentazione delle rappresentanze in azienda;
3. Titolarità ed efficacia della contrattazione collettiva nazionale di categoria e aziendale;
4. Disposizioni relative alle clausole e alle procedure di raffreddamento e alle conseguenze dell'inadempimento.

finalità dell'Accordo 9 marzo 2018

Sulla scia del Testo Unico, l'Accordo del 9 marzo 2018, reca "Contenuti ed indirizzi delle relazioni industriali e della contrattazione collettiva di Confindustria e Cgil, Cisl, Uil".

Questo accordo mira ad un ammodernamento del sistema delle relazioni industriali e della contrattazione collettiva. Tra i suoi contenuti spiccano:

---

sulla rappresentanza del 28 luglio 2015 per il settore cooperativo (Agci, Confcooperative, Legacoop) e del 26 novembre 2015 per il settore del Terziario-Confcommercio, Si vedano anche l'accordo sulla rappresentanza Confcommercio e Imprese per l'Italia 26 novembre 2015, sottoscritto anche da Ugl il 14 luglio 2016; l'accordo Sistema Impresa-Confsal del 25 maggio 2016; l'accordo sulla rappresentanza Confapi, del 27 luglio 2016. Del tutto peculiari e in molti aspetti assai diverse del Testo Unico sono le previsioni contenute nell'A.I. del 23 novembre 2016 "sulle linee-guida per la riforma degli assetti contrattuali e delle relazioni sindacali", firmato da Confartigianato imprese CNA, Casartigiani, Claai e Cgil Cisl Uil. Per il settore bancario cfr. l'Accordo quadro sugli assetti contrattuali del 24 ottobre 2011, tra Abi, Fisac-Cgil, Fiba-Cisl, Uilca e altri.

– l'intenzione di introdurre regole finalizzate alla misurazione della rappresentatività (anche) datoriale;
– la precisazione delle competenze dei contratti collettivi di diverso livello, con particolare riferimento ai trattamenti economici;
– l'enunciazione della volontà delle parti contrattuali di raggiungere specifiche intese su alcuni ambiti particolari delle relazioni industriali e della contrattazione [12].

Il tentativo di questi accordi è ovviare alla mancanza di regole su punti cruciali di governo delle relazioni industriali in contesto, come quello attuale, esposto alle turbolenze dell'economia e caratterizzato da ricorrenti tensioni tra le confederazioni sindacali e da rapporti difficili con le parti imprenditoriali. L'effettiva realizzazione di questi obiettivi, tuttavia, rischia di essere compromessa dalla natura privatistica degli accordi interconfederali. Questi, alla stregua degli altri contratti collettivi di diritto comune, vincolano solo i soggetti stipulanti e questo dato alimenta oggi la convinzione che un intervento legislativo di sostegno sia comunque necessario per rafforzare le regole concordate [13].

8. Fino ad ora si è tratteggiato il sistema di contrattazione delineato dal Testo Unico sulla rappresentanza del 10 gennaio 2014, sulla scia degli accordi interconfederali precedenti e come implementato da quelli successivi.

È opportuno, però, quantomeno accennare alla contrattazione del gruppo FIAT (ora FCA), che, pur interessando un elevato numero di lavoratori del settore industriale, non è regolata dall'Accordo interconfederale e costituisce un sistema autonomo.

Proprio le vicende FIAT, del resto, hanno contribuito in modo rilevante all'evoluzione del sistema di contrattazione appena delineato.

Nel dicembre 2011, infatti, FIAT è uscita da Confindustria e ha dato vita ad una propria contrattazione del tutto peculiare, recedendo da Federmeccanica e disdettando tutti i contratti collettivi vigenti a partire dal 1° gennaio 2012.

peculiarità della contrattazione del gruppo FCA

Per il gruppo FCA esiste oggi un contratto collettivo, definito espressamente "contratto collettivo specifico di lavoro" (Ccsl), stipulato con le federazioni nazionali di Cisl, Uil ma non anche della Cgil.

In questa sede è opportuno segnalare la peculiarità relativa all'atteggiarsi delle relazioni sindacali in azienda, rinviando al cap. 12 l'analisi della diversa impostazione delle clausole di esigibilità contenute nel contratto FCA rispetto al Testo Unico del 10 gennaio 2014.

---

[12] *Welfare*, Formazione e competenze, Sicurezza sul lavoro, Mercato del lavoro, Partecipazione.

[13] T. Treu, *La questione salariale: legislazione sui minimi e contrattazione collettiva*, in *WP "Massimo D'Antona".it*, n. 368/2019, pp. 19-20. Si veda anche M. Carrieri, *Migliorare il decentramento contrattuale: come le parti affrontano questa sfida*, in C. Dell'Aringa, C. Lucifora, T. Treu, *Salari, produttività, disuguaglianze. Verso un nuovo modello contrattuale?*, Bologna, 2017, p. 52 ss.

La rappresentanza sindacale sui luoghi di lavoro in FCA è regolata esclusivamente dall'art. 19 St. lav.: dopo l'uscita da Confindustria non trova applicazione la disciplina delle r.s.u. contenuta nel Testo Unico.

Ed infatti l'art. 1 del Titolo I del Contratto specifico di lavoro, da ultimo rinnovato l'11 marzo 2019, regolamenta la costituzione delle r.s.a. "ai sensi" dell'art. 19.

mancata sottoscrizione della Fiom e diritti sindacali in azienda

La Fiom, tuttavia, non solo non ha sottoscritto il Ccsl ma non ha nemmeno partecipato alle trattative [14].

Conseguentemente, secondo quanto chiarito dalla Corte costituzionale con la sentenza n. 231 del 2013, la Fiom non avrebbe accesso alla rappresentanza sindacale aziendale.

In ogni modo, la direzione aziendale ha deciso di concedere comunque alla Fiom la possibilità di accedere alla r.s.a. Non essendo, però, la Fiom firmataria del Ccsl, essa può godere dei soli diritti sindacali riconosciuti dalla legge ma non anche di quelli previsti specificamente del Ccsl [15].

---

[14] La Fiom in realtà ha partecipato su un tavolo separato considerato dall'azienda privo di valore negoziale ma con funzione solamente informativa.

[15] Ad esempio, non spettano ai dirigenti della r.s.a. Fiom i permessi sindacali aggiuntivi, riconosciti dall'art. 2 – titolo I, del Cssl, in aggiunta rispetto a quelli di cui all'art. 23 St. lav.

Sezione II

La disciplina della contrattazione collettiva

SOMMARIO: 1. La rappresentatività sindacale ai fini della contrattazione nazionale. – 2. La misurazione della rappresentanza anche di parte datoriale. – 3. Il problema della perimetrazione dell'area contrattuale. – 4. Rappresentatività e contrattazione. – 5. Il procedimento di contrattazione nazionale. – 6. L'efficacia generalizzata del contratto nazionale. – 7. La nozione pattizia di partecipazione alle trattative dopo la sentenza della Corte costituzionale n. 231 del 2013. – 8. La questione del diritto ad essere convocati e i rimedi processuali in caso di mancata convocazione. – 9. Il potere negoziale delle r.s.u. e delle r.s.a. e l'efficacia generalizzata del contratto aziendale. – 10. L'efficacia derogatoria del contratto aziendale. – 11. Le clausole transitorie e finali del Testo Unico. – 12. L'inattuazione e le incertezze in ordine all'effettività del Testo Unico alla prova del nuovo contesto politico-sindacale. – 13. La contrattazione collettiva nel lavoro pubblico (rinvio).

1. La disciplina in materia di misura e certificazione della rappresentanza contenuta nel Testo Unico del 10 gennaio 2014 riprende quanto già disposto dalla clausola 1 dell'Accordo del 2011 e dalla relativa disciplina attuativa stabilita dal Protocollo del 2013.

misurazione della rappresentatività sindacale ai fini della contrattazione nazionale

Sono ammesse alla contrattazione nazionale le organizzazioni sindacali che abbiano nel settore una rappresentatività non inferiore al 5%, considerando a tal fine la media tra due diversi dati: quello associativo e quello elettorale.

Il **dato associativo** si ricava dalla percentuale dei lavoratori iscritti ad una determinata associazione rispetto al totale delle deleghe conferite dai lavoratori.

Il **dato elettorale** si valuta sulla base dei voti ottenuti da una determinata lista rispetto al totale dei voti espressi nelle elezioni delle r.s.u. [16].

Tra le novità introdotte dall'Accordo del 2017, di modifica ed integrazione del Testo Unico, spicca la previsione, quale organo chiamato a proclamare i risultati della misurazione, di un "comitato di gestione", composto da rap-

---

[16] Per esempio, se, nel settore di riferimento, un sindacato ha 3.000 lavoratori iscritti, su un totale di 100.000 lavoratori che conferiscono deleghe per il versamento dei contributi sindacali, il dato associativo (3.000/100.000) è pari al 3%. Se la lista di quello stesso sindacato, nelle elezioni delle r.s.u., ottiene 20.000 preferenze su un totale di 500.000 voti espressi, il dato elettorale (20.000/500.000) è pari al 4%. La media delle due percentuali identifica la soglia di rappresentatività utile ai fini della contrattazione nazionale. La media dei due dati (3% + 4%)/2 è pari al 3,5%. Questo sindacato, dunque, non raggiunge la soglia limite del 5% di rappresentatività come media tra dato associativo e dato elettorale e non è ammesso alle trattative ai fini della contrattazione nazionale.

presentati del Ministero del lavoro, di Confindustria e delle associazioni sindacali rappresentative e le cui funzioni saranno disciplinate da un apposito regolamento.

Convenzione Inps-INL/Confindustria-Cgil-Cisl-Uil del 19 settembre 2019

Le modalità di raccolta, elaborazione, comunicazione e ponderazione dei dati associativo ed elettorale sono state da ultimo precisate dalla recente Convenzione Inps-INL/Confindustria-Cgil-Cisl-Uil del 19 settembre 2019.

Questa convenzione costituisce il passaggio decisivo per l'attuazione del Testo Unico e sembra testimoniare un impegno concreto delle parti sociali in tal senso.

Dopo cinque anni di inerzia, del resto, il contesto politico sindacale di oggi, appare senz'altro più maturo ed aperto alla esigenza di dare finalmente inizio alle attività di misurazione della rappresentatività sindacale (vedi anche par. 12).

La rilevazione del dato associativo si realizza mediante l'attribuzione di specifici codici ai contratti collettivi e ai soggetti stipulanti, in modo che ciascun datore di lavoro possa comunicare all'Inps il codice del contratto applicato, i codici dei soggetti firmatari e il numero dei lavoratori che vi aderiscono [17].

La rilevazione del dato elettorale avviene attraverso una apposita procedura telematica con la trasmissione, in occasione delle elezioni delle r.s.u., dei verbali elettorali da cui si ricavano i dati delle unità produttive di riferimento e il numero dei voti ottenuti da ciascuna organizzazione sindacale [18].

La Convenzione disciplina, infine, le modalità di ponderazione del dato associativo e del dato elettorale [19].

misurazione della rappresentanza datoriale

2. L'accordo del 9 marzo 2018 si preoccupa anche di consolidare la funzione della contrattazione collettiva e di contrastare fenomeni di dumping contrattuale.

Le parti riconoscono che una contrattazione collettiva con efficacia ed esigibilità generalizzata (vedi par. 6 e sez. III, par. 5) non può prescindere dalla misurazione della rappresentanza anche datoriale.

L'accordo, tuttavia, non indica i parametri di misurazione della rappresentatività delle associazioni dei datori di lavoro, ma rinvia ad una futura regolamentazione.

---

[17] Cfr. l'art. 2 della Convenzione. La comunicazione avviene tramite la dichiarazione contributiva UniEmens, che consente poi all'Inps di elaborare i dati aggregati per ciascuna organizzazione sindacale di categoria firmataria del Testo Unico suddivisi per contratto collettivo nazionale.

[18] Cfr. l'art. 3 della Convenzione. Anche in questo caso l'Inps poi trasmette i dati al Comitato di gestione, ai fini della pubblicizzazione.

[19] Cfr. l'art. 4 della Convenzione. Il dato è espresso dalla media semplice dei due dati con arrotondamento al secondo decimale, in modo che l'Inps possa comunicare il dato sulla rappresentanza riferito ad ogni organizzazione sindacale per ogni singolo contratto di lavoro entro il 31 maggio dell'anno civile successivo a quello di raccolta dei dati.

Il problema della misurazione della rappresentanza datoriale, dunque, viene posto ma non risolto. Si tratta, infatti, di una previsione piuttosto generica e futuribile, tanto che l'accordo, sotto questo aspetto, non ha avuto ancora alcuna attuazione [20].

C'è da augurarsi che la questione non venga lasciata cadere perché, come evidenziato da un'attenta dottrina [21], l'incertezza delle regole sulla rappresentatività ha costi economici, non tutti completamente percepiti:

a) stimola una concorrenza al ribasso tra contratti e attori negoziali, con un effetto di impoverimento dei lavoratori che si riverbera anche sulle future prestazioni previdenziali;
b) alimenta la concorrenza sleale tra imprese;
c) aumenta il tasso di conflittualità sociale;
d) genera incertezza nei rapporti economici;

problema della perimetrazione dell'area contrattuale

3. Occorre essere avvertiti che, in ogni caso, uno dei problemi principali a monte di un'efficiente regolamentazione in materia di misurazione della rappresentatività anche datoriale è la determinazione dell'area contrattuale nell'ambito della quale operare la misurazione.

Ai sensi dell'accordo 2018, il Cnel è chiamato ad effettuare "una precisa ricognizione dei perimetri della contrattazione collettiva nazionale di categoria".

Tale ricognizione dovrebbe consentire alle parti, se del caso, di apportare i necessari correttivi e di intervenire sugli ambiti di applicazione dei contratti collettivi. In tal modo sarà possibile garantire una più stretta correlazione tra Ccnl applicato e reale attività d'impresa.

Il passaggio successivo è la "attenta ricognizione dei soggetti che, nell'ambito dei perimetri contrattuali, risultino firmatari di contratti collettivi nazionali di categoria (...) affinché diventi possibile, sulla base di dati oggettivi, accertarne l'effettiva rappresentatività".

Le parti si impegnano, inoltre, a impedire, a soggetti privi di adeguato livello di rappresentatività certificata, "di violare o forzare arbitrariamente i perimetri e gli ambiti di applicazione dei contratti collettivi nazionali di categoria".

---

[20] Criteri di misurazione della rappresentatività datoriale sono direttamente indicati, seppur in via sussidiaria rispetto a quelli eventualmente previsti dagli accordi interconfederali, solo dalla proposta di legge C788 del 2018 (Gribaudo), ai sensi della quale si deve tener conto:
a) del numero delle imprese associate;
b) del personale impiegato presso le stesse imprese;
c) della diffusione territoriale di queste ultime.
Si tratta, però, di una proposta di legge la cui approvazione è tutt'altro che certa.

[21] T. Treu, *La questione salariale: legislazione sui minimi e contrattazione collettiva*, in *WP "Massimo D'Antona".it*, n. 368/2019, p. 18.

nel settore privato l'area contrattuale non precede ma è un effetto del contratto collettivo

E se dunque per queste disposizioni sembra che la determinazione dell'area contrattuale preceda la contrattazione, bisogna invece avere presente che nel settore privato la suddetta determinazione dell'area contrattuale non precede ma è un effetto del contratto collettivo. O ancor più precisamente si può dire che l'area contrattuale non preesiste al contratto collettivo ma coincide con il suo ambito di applicazione[22].

Ciò detto, il problema della misurazione della rappresentatività dei sindacati firmatari il contratto collettivo nazionale potrebbe considerarsi risolto dalla Convenzione Inps-INL/Confindustria-Cgil-Cisl-Uil del 19 settembre 2019, con la quale è affidata all'Inps la rilevazione dei dati degli iscritti alle organizzazioni sindacali di categoria, il cosiddetto dato associativo (il rapporto tra i lavoratori iscritti ad ogni organizzazione sindacale e il totale degli iscritti al sindacato), così come in collaborazione con l'ispettorato nazionale del lavoro è affidata la raccolta dei dati relativi alle rappresentanze nelle aziende, il cosiddetto dato elettorale (il rapporto fra i lavoratori che nelle elezioni delle rappresentanze aziendali hanno votato la specifica Oo.Ss. e il totale dei lavoratori che hanno preso parte al processo elettorale).

E tuttavia l'uso del condizionale è d'obbligo perché, come già detto nel cap. 7, par. 7, la moltiplicazione di associazioni datoriali ha comportato una proliferazione di contratti collettivi tra soggetti diversi ma che insistono sulla medesima area contrattuale[23]. Le soluzioni operate dal Testo Unico e dalla Convenzione si limitano (e non potrebbero fare diversamente) a predisporre i mezzi per la misurazione della rappresentatività sindacale nell'ambito dei Ccnl stipulati dai soggetti espressioni delle confederazioni firmatarie. L'area contrattuale così individuata coincide con l'ambito di applicazione del Ccnl stipulato dall'associazione datoriale di settore associata a Confindustria.

Restano, però, impregiudicati i fenomeni di *dumping* contrattuale che si verificano al di fuori di quell'area, per imprese associate ad enti datoriali diversi o non associate affatto ma che applichino Ccnl stipulati da soggetti diversi.

---

[22] È dubbio se possa ancora applicarsi l'art. 2070 c.c., che riprende una nozione oggettiva di categoria, riferendola all'attività effettivamente esercitata dall'imprenditore. Secondo una parte della giurisprudenza, sarebbe possibile applicare l'art. 2070, comma 2, in caso di esercizio di due distinte attività aventi carattere autonomo (Cass. 22 ottobre 2014, n. 22377). In quest'ottica ai rispettivi rapporti andrebbero applicate le clausole dei contratti collettivi corrispondenti alle singole attività.

In ogni caso il criterio dell'attività effettivamente esercitata può apparire a prima vista efficiente ed oggettivo, in realtà a causa delle trasformazioni sociali e degli attuali sistemi produttivi non è sempre decisivo per definire i confini tra i vari settori economici. Tanto è vero che par. 4, lett. *a*) il richiamo contenuto nel patto della fabbrica 9 marzo 2018 all'obbiettivo di garantire una più stretta correlazione tra Ccnl applicato e reale attività di impresa non può avere un valore assoluto.

[23] Tra le ragioni di questa proliferazione deve annoverarsi la differenziazione degli interessi delle imprese anche nelle tematiche contrattuali e sindacali determinata dalle trasformazioni produttive e dalla accresciuta concorrenza. Cfr. sul punto T. Treu, *op. ult. cit.*, p. 20.

Per evitare tali fenomeni non sembra potersi prescindere da un intervento legislativo volto a predeteminare aree contrattuali in cui opererebbero tutte le associazioni, sindacali e datoriali, ciascuna con il suo un determinato grado di rappresentatività certificata.

necessità di un intervento legislativo per eliminare i fenomeni di dumping *contrattuale*

Ecco perché il problema della determinazione dell'area contrattuale può e deve essere risolto da una norma analoga all'art. 40 del d.lgs. n. 165 del 2001 ai sensi del quale i comparti e le aree di contrattazione sono predeterminati da accordi interconfederali e la contrattazione nazionale si svolge nell'ambito dei perimetri definiti dagli stessi accordi interconfederali [24].

4. La disciplina della contrattazione collettiva oggi delineata dal Testo Unico sulla rappresentanza del 10 gennaio 2014 e dagli accordi successivi offre l'occasione per interrogarsi sugli attuali rapporti tra rappresentatività e contrattazione ai due diversi fini della stipulazione del contratto nazionale, da una parte, e dell'esercizio dei diritti sindacali in azienda, dall'altra.

rappresentatività e contrattazione

La rappresentatività, nel sistema precedente, in qualche modo dipendeva dalla contrattazione: l'aver partecipato alle trattative era uno degli indici della maggiore rappresentatività, mentre al livello aziendale l'aver stipulato un contratto collettivo applicabile nell'unità produttiva dopo il *referendum* del 1995 era l'unico requisito per costituire una r.s.a.

C'è da chiedersi se oggi la rappresentatività costituisca ancora un *prius* rispetto alla contrattazione o se, invece, il rapporto non debba considerarsi invertito.

Se si considera la disciplina pattizia, ai fini della contrattazione nazionale la rappresentatività, misurata in termini matematici, sembra porsi come anteposto logico della possibilità di contrattare, tanto da indurre ad interrogarsi sulla definizione di un nuovo concetto generale di maggiore rappresentatività anch'esso ancorato alle soglie previste.

Anche la sentenza della Corte costituzionale n. 231 del 2013, in termini generali, almeno nella motivazione sembra delineare un concetto di rappresentatività che prescinde dalla contrattazione e che, al contrario, diventa il presupposto per accedere alle trattative.

Nella motivazione, infatti, la Corte accoglie una nozione di rappresentatività che, esistendo nei fatti e nel consenso dei lavoratori, si fonda sul rapporto tra lavoratori e sindacato.

Ai fini dell'esercizio dei diritti sindacali, però, resta un elemento di ambiguità nel dispositivo della sentenza, non del tutto in linea con la motivazione della stessa.

---

[24] Una tale soluzione è agevole nel lavoro pubblico in ragione dell'unicità della rappresentanza datoriale: l'ARAN, infatti, rappresenta per legge le amministrazioni ai fini della contrattazione nazionale. Nel settore privato questo non accade e andrebbe comunque affrontato, almeno in sede di prima applicazione, il problema della selezione delle confederazioni legittimate a determinare le aree contrattuali.

Diversamente dalla motivazione, nel dispositivo si fa riferimento ad una nozione di rappresentatività fondata sul rapporto tra sindacato e controparte, perché desunta dalla partecipazione alle trattative e perciò dalla capacità di imporsi del sindacato.

Se si segue l'impostazione del dispositivo della sentenza ai fini dell'esercizio dei diritti sindacali, la contrattazione, anche solo intesa come partecipazione alle trattative, continua formalmente a porsi come anteposto logico della rappresentatività.

Se invece si segue la tesi che sembra accolta nella motivazione della sentenza, è la rappresentatività misurata dal consenso dei lavoratori a porsi come presupposto logico della contrattazione.

In conclusione, i rapporti tra rappresentatività e contrattazione sembrano atteggiarsi diversamente a seconda della nozione di rappresentatività presa in considerazione e delle relative finalità; contrattazione nazionale, da una parte, ed esercizio dei diritti sindacali in azienda, dall'altra.

5. Il procedimento di contrattazione delineato dal Testo Unico ricalca quello già previsto dal Protocollo del 2013.

Nel procedimento sono coinvolti soggetti diversi: le federazioni nazionali ammesse alle trattative e la "delegazione trattante".

definizione della piattaforma e della delegazione trattante

Le prime definiscono le piattaforme contrattuali e stipulano il contratto collettivo al termine delle trattative; la seconda conduce le trattative sulla base delle piattaforme presentate fino al raggiungimento di un accordo con la controparte [25].

Preliminarmente, le Federazioni di categoria – per ogni singolo Ccnl – devono individuare, con proprio regolamento, le modalità di definizione della piattaforma e della delegazione trattante e le relative attribuzioni [26].

Il procedimento di contrattazione si apre con la presentazione delle piattaforme: l'accordo interconfederale, sotto questo aspetto, prevede impegni in capo alle organizzazioni sindacali ed in capo alla parte datoriale.

Le prime "favoriranno", in ogni categoria, la presentazione di piattaforme unitarie.

Laddove ciò non avvenga, tuttavia, la parte datoriale "favorirà", in ogni categoria, che la negoziazione si avvii sulla base della piattaforma presentata da organizzazioni sindacali che abbiano complessivamente un livello di rappresentatività nel settore pari almeno al 50% + 1.

L'uso del verbo "favorire" mette in evidenza come tali impegni integrino più che altro un auspicio senza comprimere rigidamente la libertà delle parti.

---

[25] Per una dettagliata analisi del procedimento di contrattazione cfr. A. Maresca, *Il contratto collettivo nazionale di categoria dopo il Protocollo d'intesa del 31 maggio 2013*, in *Riv. it. dir. lav.*, 2013, I, p. 707 ss.

[26] Allo stato questo regolamento non è stato emanato: le concrete modalità di composizione e le attribuzioni della delegazione trattante non sono ancora definite.

Potrebbe, del resto, non esservi un consenso unitario sulle piattaforme, come pure non ravvisarsi una piattaforma maggioritaria.

In linea di massima, comunque, vi sarà una piattaforma destinata a porsi al centro del negoziato. Una volta individuata la piattaforma rivendicativa, le trattative vengono portate avanti dalla delegazione trattante.

Concluse le trattative e raggiunta un'ipotesi di accordo la delegazione trattante ha esaurito il proprio compito e rientrano in gioco le Federazioni nazionali, chiamate a sottoscrivere formalmente il contratto collettivo.

efficacia del contratto nazionale stipulato nel rispetto delle procedure

6. Il contratto collettivo stipulato all'esito del procedimento di contrattazione sopra descritto può avere una particolare efficacia, non limitata alle federazioni stipulanti e ai lavoratori dalle stesse rappresentati, se si verificano due condizioni ulteriori:

– il contratto nazionale sia formalmente sottoscritto dalle organizzazioni sindacali che rappresentino almeno il 50% + 1 della rappresentanza;
– il contratto sia approvato mediante una "consultazione certificata" dei lavoratori, a maggioranza semplice, secondo modalità da stabilire ad opera delle categorie per ogni singolo contratto.

Il rispetto delle procedure comporta, infatti, l'efficacia e l'esigibilità degli accordi "per l'insieme dei lavoratori e delle lavoratrici" nonché "per tutte le organizzazioni aderenti alle parti firmatarie della presente intesa".

È evidente che l'intesa non spiegherà l'efficacia soggettiva prevista se è respinta dalla maggioranza semplice dei votanti [27].

Secondo questa interpretazione la consultazione certificata non deve essere considerata una ratifica ma una procedura che consente l'estensione *ultra partes* del contratto nazionale ma non per questo l'efficacia *erga omnes* del medesimo.

Se viceversa si ritiene che la previa consultazione debba precedere la stipulazione del contratto nazionale, come pure consente l'interpretazione letterale della clausola [28], si finisce per riconoscere alla maggioranza semplice dei lavoratori il potere di impedire ai sindacati che rappresentano la maggioranza del 50% + 1 dei lavoratori di concludere il contratto collettivo.

Sotto questi aspetti il Testo Unico riprende quanto già previsto dal Protocollo 2013 [29], al fine di risolvere preventivamente le problematiche connesse alla eventuale stipulazione non unitaria dei contratti nazionali di categoria.

Come già evidenziato, **l'aver concordato sulle regole di contrattazione diventa condizione dell'efficacia del contratto anche nei confronti dell'organizzazione sindacale che non lo ha sottoscritto (e dei relativi iscritti)**.

---

[27] V., in questo senso, G. Giugni, *Diritto sindacale*, cit., p. 188.

[28] V., in questo senso, *ex multis* A. Maresca, *Il contratto collettivo nazionale di categoria dopo il Protocollo d'intesa del 31 maggio 2013*, cit., p. 730.

[29] Clausole 3 e 4 della parte intitolata "Titolarità della contrattazione nazionale".

Questo, ovviamente, se la disciplina concordata al livello interconfederale si dimostrerà effettiva e riuscirà a tenere anche di fronte all'eventuale dissenso di una grande federazione nazionale.

Si tratta, infatti, pur sempre di discipline pattizie, la cui tenuta è garantita soltanto dal consenso delle parti.

7. Nell'ambito del procedimento di contrattazione appena descritto, il Testo Unico apporta una importante novità.

La **sentenza della Corte costituzionale n. 231 del 2013, infatti, ha individuato nella "partecipazione alla negoziazione" un nuovo criterio selettivo ai fini dell'esercizio dei diritti sindacali in azienda.**

Diventa allora fondamentale chiarire la nozione di "partecipazione alla negoziazione".

nozione pattizia di partecipazione alle trattative

Per ovviare all'incertezza del nuovo criterio selettivo posto dalla Corte costituzionale, il Testo Unico provvede direttamente ad individuare la nozione di partecipazione alle trattative utile ai fini dell'esercizio dei diritti sindacali.

La nozione di partecipazione alle trattative non è scontata nell'ambito dei rapporti collettivi, perché si tratta di individuare il livello di interazione minima tra le parti che, pur non sfociando in un accordo, non si esaurisca nemmeno nel mero rigetto delle proposte avanzate dai sindacati. La semplice presentazione di una piattaforma rivendicativa, infatti, non è ancora una trattativa e neppure il rifiuto di tale piattaforma, probabilmente, consente di ritenere avviata una trattativa, se non seguito da ulteriori attività negoziali.

In particolare, si intendono partecipanti alla negoziazione le organizzazioni che presentino tutti i seguenti requisiti:

– abbiano raggiunto il 5% della rappresentanza;
– abbiano contribuito alla definizione della piattaforma;
– abbiano fatto parte della delegazione trattante.

Si tratta, ovviamente, di una nozione pattizia che contribuisce a fare chiarezza solo tra le parti e solo con riguardo alle trattative per il contratto nazionale. La stessa nozione non è opponibile a soggetti terzi stante l'efficacia pur sempre limitata del Testo Unico.

In altri termini, un sindacato non aderente alle confederazioni firmatarie potrebbe per ipotesi aver comunque partecipato alle trattative al di fuori del procedimento descritto dal Testo Unico e rivendicare, pertanto, la r.s.a. ai sensi dell'art. 19 St. lav. [30].

---

[30] Dopo la sentenza della Corte cost. n. 231 del 2013 cfr. Trib. Brescia 4 febbraio 2014, secondo cui la pronuncia della Corte non implica l'automatico riconoscimento dei diritti di cui al Titolo III, legge n. 300 del 1970 a qualsiasi sindacato che abbia partecipato alle trattative bensì solo a quei sindacati che presentino la caratteristica della maggiore rappresentatività, presupposto implicito per il godimento dei diritti di cui al Titolo III, legge n. 300 del 1970. È stato, inoltre, respinto il ricorso presentato dalla USB – Unione

8. Altro punto fondamentale da chiarire e se esista un diritto delle associazioni sindacali ad essere convocate ai tavoli di negoziazione e quali possano essere, eventualmente, i rimedi processuali in caso di violazione di tale diritto. *diritto ad essere convocati*

Il Testo Unico su questo non interviene, ma la fissazione di una soglia numerico/percentuale di rappresentatività ai fini dell'ammissione alle trattative, da una parte, e la nuova rilevanza che l'aver trattato assume ai fini dell'esercizio dei diritti sindacali in azienda, dall'altra, impongono un approfondimento.

Prima della sentenza della Corte costituzionale n. 231 del 2013 la giurisprudenza ha sempre negato nel lavoro privato l'esistenza di un diritto a trattare.

Alla luce del principio della libertà contrattuale e del reciproco riconoscimento tra le controparti, il datore di lavoro non aveva l'obbligo di avviare le trattative con un determinato sindacato ed il rifiuto di trattare non costituiva, in linea generale, condotta antisindacale [31].

Il diritto ad essere convocati non è stato riconosciuto nemmeno sulla base della clausola 1 dell'accordo interconfederale 2011 [32], nonostante questa interpretazione, a ben vedere, privi la clausola di ogni contenuto precettivo.

Tanto il tenore letterale dell'accordo, quanto la complessità della disciplina attuativa, inducono a preferire una interpretazione volta a valorizzare la clausola 1 e a fondare il diritto ad essere convocate in capo alle associazioni che raggiungono la soglia prescritta [33].

Ulteriori indicazioni in tal senso si ricavano dalla sentenza della Corte costituzionale n. 231 del 2013, che riconosce la tutela dell'art. 28 «al sindacato in ragione della sua acquisita rappresentatività nell'ipotesi di un eventuale, non giustificato, suo negato accesso al tavolo delle trattative» [34].

In conclusione, nel momento in cui la partecipazione all'attività negoziale

---

sindacale di base volto a far dichiarare la nullità parziale del Testo Unico per contrarietà ad una serie di norme imperative, tra cui proprio l'art. 19 St. lav. (Trib. Roma, 15 maggio 2015). Secondo la sentenza l'accordo, in quanto espressione dell'autonomia negoziale delle parti, non lede diritti di terzi, non interessati. Dopo questa sentenza anche la USB ha formalmente aderito al Testo Unico, con delibera del 23 maggio 2015.

[31] Cfr. Trib. Milano, sez. lav., 30 agosto 2015; Cass. 10 giugno 2013, n. 14511; Cass. 9 gennaio 2008, n. 212 e Cass. 11 gennaio 2008, n. 520.

[32] Sull'inesistenza di un diritto ad essere convocati ai sensi della clausola 1 dell'Accordo interconfederale del 28 giugno 2011 cfr. T. Treu, *Le relazioni industriali dopo l'accordo del 28 giugno 2011 e oltre*, in *Dir. rel. ind.*, 2011, p. 618, nonché Trib. Roma 13 maggio 2013.

[33] Cfr. problematicamente F. Carinci, *L'accordo interconfederale del 28 giugno 2011: armistizio o pace?*, in *Arg. dir. lav.*, 2011, p. 470. Tale diritto è riconosciuto, del resto, nel lavoro pubblico, in cui da tempo esiste una soglia legale di rappresentatività ai fini della contrattazione nazionale.

[34] Cfr., però, M. Magnani, *Le rappresentanze sindacali in azienda tra contrattazione collettiva e giustizia costituzionale. Prime riflessioni a partire da Corte costituzionale* 231/13, Working Paper ADAPT, 25 settembre 2013, n. 135, p. 5 che considera questo passaggio "poco chiaro" e "disinvolto".

diventa il presupposto per l'esercizio dei diritti sindacali, diventa difficile negare l'esistenza di un diritto a trattare in capo ad un sindacato effettivamente rappresentativo[35]. Lo stesso deve dirsi ai fini della contrattazione nazionale per l'associazione che rispecchia il requisito di rappresentatività del 5%, anche se, nell'ultima parte della sentenza, la Corte lascia aperto qualche dubbio nella misura in cui auspica un intervento del legislatore sul punto.

i rimedi processuali in caso di mancata convocazione

Restano da individuare i rimedi processuali in caso di mancata convocazione ai fini della contrattazione nazionale.

È prospettabile un ricorso *ex* art. 700 c.p.c., al fine di ottenere un provvedimento d'urgenza che disponga la convocazione al tavolo delle trattative del sindacato escluso prima che le stesse si concludano e il contratto venga stipulato.

Non è utilizzabile, invece, l'azione *ex* art. 28 St. lav.: questa disposizione reprime la condotta antisindacale del datore di lavoro, mentre nel caso di specie la mancata convocazione sarebbe ascrivibile ad un'organizzazione datoriale.

Non sembra funzionale, inoltre, la tutela risarcitoria, destinata ad intervenire solo *ex post* e comunque limitata dalla difficoltà di determinare l'ammontare degli eventuali danni subiti dal sindacato non convocato.

legittimazione a stipulare

9. La legittimazione a stipulare il contratto aziendale è riconosciuta alle r.s.u. o alle r.s.a. ed in entrambi i casi, seppur a condizioni diverse, il contratto può avere efficacia "per tutto il personale in forza".

Nel caso di stipulazione da parte della r.s.u.[36], il contratto è efficace nei confronti di tutto il personale in forza e vincola tutte le associazioni espressione delle confederazioni sindacali firmatarie del Testo Unico e degli accordi interconfederali precedenti se approvato dalla maggioranza dei componenti della r.s.u. stessa.

efficacia del contratto aziendale "per tutto il personale in forza"

È opportuno sottolineare, in primo luogo, che quando si stabilisce l'efficacia "per tutto il personale in forza" non si tratta di una vera e propria efficacia generale, come quella stabilita ad esempio dall'art. 39, comma 4, Cost. dall'art. 8 del d.l. n. 138 del 2011.

L'efficacia per tutto il personale in forza è limitata, in realtà, ai soli lavoratori iscritti alle associazioni sindacali espressione delle confederazioni firmata-

---

[35] Cfr., per ulteriori approfondimenti, G. Santoro-Passarelli, *La partecipazione alle trattative nuovo criterio selettivo del sindacato per costituire le r.s.a. e l'applicazione dell'art. 28 dello statuto dei lavoratori*, in *Foro it.*, 2013, I, c. 3372. In giurisprudenza, dopo la sentenza della Corte costituzionale n. 231 del 2013, ravvisano il diritto del sindacato effettivamente rappresentativo ad essere convocato al tavolo delle trattative Trib. Rovereto 29 aprile 2016, n. 225; Trib. Busto Arsizio 30 luglio 2014; Trib. Brescia 4 febbraio 2014. In senso contrario, però, cfr. Trib. Roma, sez. lav., 23 settembre 2014; Trib. Roma, sez. lav., 6 ottobre 2015; App. L'Aquila 17 marzo 2016 e da ultimo Cass. 5 luglio 2016, n. 13677.

[36] Il Testo Unico ricalca quanto già previsto dalla clausola 4 dell'Accordo interconfederale del 28 giugno 2011.

rie. Detta efficacia, infatti, è stabilita da un atto negoziale (il Testo Unico) e non da un atto normativo.

In altri termini, il contratto aziendale produrrà effetti anche nei confronti dei lavoratori iscritti ad un'associazione dissenziente, ma sempre nell'ambito del limitato campo di applicazione dell'accordo interconfederale, e, tutt'al più, nei confronti dei lavoratori non iscritti ad alcun sindacato, ma mai nei confronti di un lavoratore iscritto ad un'associazione dissenziente e non aderente alle confederazioni firmatarie.

In secondo luogo, come già evidenziato, il riferimento al criterio della maggioranza conferma la natura di organo collegiale delle r.s.u.

Laddove, però, le r.s.u. non fossero presenti, resta fermo il potere negoziale delle r.s.a. [37].

In particolare, anche il contratto aziendale stipulato dalle r.s.a. può avere la suddetta efficacia se le r.s.a. che lo sottoscrivono aggregano la maggioranza delle deleghe conferite dai lavoratori dell'azienda.

In questa ipotesi, però, è possibile verificare effettivamente il consenso che l'accordo incontra tra i lavoratori attraverso la promozione di un *referendum* volto a respingere l'intesa, alle condizioni stabilite dal Testo Unico [38].

efficacia derogatoria del contratto aziendale

10. Oltre ad intervenire sulle materie delegate dal contratto nazionale, a determinate condizioni il contratto aziendale può anche realizzare "intese modificative" delle regolamentazioni contenute nei contratti nazionali, laddove, evidentemente, il riferimento alle modifiche deve essere principalmente inteso in senso peggiorativo.

Analogamente a quanto già previsto dalla clausola 7 dell'Accordo interconfederale 2011, il Testo Unico distingue la disciplina "a regime" da quella "transitoria".

A regime, i contratti aziendali possono prevedere deroghe alle regolamentazioni contenute nei contratti nazionali **nei limiti e secondo le procedure previste dagli stessi contratti nazionali.**

differenza tra delega e deroga

È opportuno sottolineare, allora, la **differenza tra delega e deroga.**

Come si è precedentemente rilevato **la delega attribuisce al contratto aziendale la competenza a regolare una materia che il contratto nazionale rinuncia a disciplinare** o, in relazione alla quale detta solo una regolamentazione di principio destinata ad essere attuata ed integrata da quella di dettaglio affidata

---

[37] Anche sotto questo aspetto, il Testo Unico ricalca quanto già previsto dalla clausola 5 dell'Accordo interconfederale del 28 giugno 2011.

[38] Richiesta entro 10 giorni da parte di almeno un'organizzazione aderente alle confederazioni firmatarie o da almeno il 30% dei lavoratori dell'impresa; partecipazione al *referendum* della maggioranza dei lavoratori, volontà di respingere l'intesa manifestata dalla maggioranza semplice dei votanti. Si tratta di una clausola che, sotto questo aspetto, tutela la r.s.a. dissenziente, i lavoratori non iscritti ad alcuna associazione e, a ben vedere, anche gli iscritti che non dovessero concordare con l'operato delle r.s.a.

al contratto aziendale. Tra le due regolamentazioni, quella nazionale e quella aziendale non c'è nessun concorso/conflitto.

Viceversa, **in caso di deroga, il contratto aziendale interviene a regolare una materia stabilendo condizioni peggiorative rispetto a quella già previste dal contratto nazionale.** Si verifica, dunque, un concorso/conflitto tra discipline pattizie i cui criteri di risoluzione sono però già predeterminati dal contratto nazionale nel senso della prevalenza della disciplina derogatoria ritualmente dettata dal contratto aziendale.

disciplina a regime

In ogni modo, ai sensi della disciplina a regime, in mancanza di un'espressa previsione del contratto nazionale, il contratto aziendale non sembra legittimato ad intervenire in senso peggiorativo.

In linea generale, i contratti nazionali non hanno specificato le materie oggetto di deroga. Alcuni contratti collettivi (metalmeccanici, chimici), pur ammettendo la possibilità di deroga in sede aziendale in casi particolari, hanno preferito individuare le materie non derogabili (minimi tabellari, diritti individuali irrinunciabili) e prevedere il coinvolgimento dei sindacati territoriali nella stipulazione delle intese modificative.

disciplina transitoria

La disciplina transitoria si applica, invece, nelle ipotesi in cui le intese modificative a livello aziendale non siano state previste ed in attesa dei rinnovi dei contratti nazionali.

In questi casi, venendo meno il filtro del contratto nazionale, le deroghe peggiorative sono ammesse solo con riferimento agli istituti del contratto nazionale che disciplinano determinate materie, seppure molto ampie (prestazione lavorativa, orari e organizzazione del lavoro) ai soli fini di gestire situazioni di crisi o in presenza di investimenti significativi.

Il venir meno del filtro del contratto nazionale spiega perché i contratti aziendali che introducono deroghe peggiorative debbano essere sottoscritti dalle rappresentanze sindacali operanti in azienda (e cioè r.s.u. o r.s.a.) **d'intesa** con le relative [39] associazioni territoriali delle confederazioni sindacali firmatarie dell'Accordo interconfederale.

Questa disciplina consente la stipulazione di contratti in deroga anche quando questi, come spesso avviene, non siano sottoscritti unitariamente dalle r.s.a. presenti in azienda.

È sufficiente, infatti, l'intesa con le associazioni di cui sono espressione le r.s.a. firmatarie. Non occorre, in altri termini, l'intesa con l'associazione territoriale della r.s.a. dissenziente [40].

---

[39] Il termine "relative" non era previsto nella clausola 7 dell'Accordo 2011 ed è stato aggiunto dal Testo Unico.

[40] Se invece il contratto aziendale è stipulato dalla r.s.u., in considerazione della natura collegiale di tale organo, l'intesa dovrebbe riguardare le associazioni che hanno espresso rappresentanti all'interno della r.s.u. Si potrebbe anche ritenere, tuttavia, analogamente a quanto previsto per le r.s.a., che basti l'intesa con le associazioni nelle cui liste sono stati eletti i componenti della r.s.u. che hanno approvato la stipulazione del contratto aziendale. Quest'ultima ricostruzione, tuttavia, svaluterebbe la natura collegiale della r.s.u.

11. Nelle more dell'introduzione delle clausole di esigibilità nei contratti nazionali (vedi sezione III, par. 5), il Testo Unico prevede una **procedura di conciliazione e arbitrato per la valutazione di eventuali comportamenti non conformi agli accordi**.

Tale procedura si svolge a livello confederale e la decisione dovrà prevedere le misure da applicare in caso di inadempimento degli obblighi assunti con lo stesso Testo Unico, ivi compreso quello a carico delle Confederazioni firmatarie di farne rispettare i contenute alle rispettive articolazioni, a tutti i livelli.

Accanto alla procedura transitoria di conciliazione arbitrato, viene inoltre istituita una commissione interconfederale permanente, con il compito di monitorare l'attuazione del Testo Unico e di garantirne l'esigibilità [41].

inattuazione del Testo Unico sulla rappresentanza

12. Il consenso manifestato unitariamente in ordine all'opportunità di dotarsi di regole volte a gestire il dissenso ancora non si è tradotto, poi, nella concreta attuazione di quelle regole: i meccanismi di misurazione della rappresentatività non sono ancora operativi né sono stati stipulati contratti nazionali secondo le procedure e con gli effetti delineati dal Testo Unico [42].

Questo dato di fatto induce ad interrogarsi sulla reale volontà delle parti sociali di dare seguito alla disciplina dettata dal Testo Unico [43] e sul grado di effettività della stessa una volta attuata.

La titubanza delle parti sociali potrebbe essere indicativa del timore che le regole del Testo Unico non "tengano" alla prima occasione di dissenso di una associazione rappresentativa. Ed è evidente che questa eventualità sarebbe deleteria per tutto il movimento sindacale.

Segnali negativi in ordine all'effettività della disciplina pattizia in materia di contrattazione collettiva si sono, del resto, già registrati.

le federazioni sono vincolate?

Una prima giurisprudenza, infatti, ritiene la disciplina dell'Accordo interconfederale 2011 non vincolante per le singole federazioni nazionali, perché queste non sarebbero parti di quell'accordo e, pur aderendo alle confederazioni firmatarie, resterebbero soggetti terzi rispetto a quella disciplina [44].

Se così fosse, allora, non vi sarebbe nessun obbligo per i contratti nazionali

---

[41] Nonostante i termini previsti dal Testo Unico, tale commissione, tuttavia, non è ancora stata istituita.

[42] Il contratto collettivo nazionale dei metalmeccanici, in particolare, della serie di adempimenti prodromici all'attuazione del Testo Unico, risulta stipulata soltanto la convenzione tra Inps, Confindustria, Cgil, Cisl e Uil, in data 16 marzo 2015, finalizzata alla raccolta, elaborazione e comunicazione dei dati relativi alla rappresentanza delle organizzazioni sindacali. Lo stesso contratto collettivo nazionale dei metalmeccanici, recentemente rinnovato il 26 novembre 2016, prevede l'istituzione di un'apposita commissione per armonizzare le prescrizioni contrattuali con la disciplina del Testo Unico.

[43] Cfr. già prima del Testo Unico M. Marazza, *Il Protocollo d'intesa 31 maggio 2013 c'è, ma la volontà delle parti?*, in *Dir. rel. ind.*, 2014, p. 621 ss.

[44] Cfr. Trib. Roma 13 maggio 2013.

di adeguare i propri contenuti a quanto previsto oggi dal Testo Unico, a partire dalle clausole di esigibilità.

Se si condivide questa impostazione, assume una particolare importanza, ai fini della tenuta del sistema, la clausola che impegna le parti firmatarie a far rispettare i principi concordati anche alle rispettive strutture ad esse aderenti e alle rispettive articolazioni a livello territoriale e aziendale, alla stregua di una sorta di promessa del fatto del terzo.

Ma in un contesto in cui può non esservi consonanza tra le politiche confederali e quelle delle singole federazioni (si pensi alle polemiche tra Cgil e Fiom, solo in parte ricomposte dalla sottoscrizione del contratto collettivo dei metalmeccanici del 26 novembre 2016) l'impegno delle confederazioni in questo senso potrebbe non essere sufficiente a garantire il rispetto delle regole.

D'altra parte, però, quella stessa titubanza ha finito per indebolire l'azione sindacale, alimentando l'idea, del resto proposta anche dalla Corte costituzionale, che sia invece opportuno un intervento del legislatore sui temi della rappresentatività e della contrattazione.

apertura delle parti sociali ad un intervento legislativo

Sennonché, mentre in passato nessuna delle parti sociali sembrava auspicare un tale intervento, l'accordo del 2018 segna un'apertura nel prevedere espressamente che le intese in materia di rappresentanza "possano costituire, attraverso il loro recepimento" il presupposto per l'eventuale definizione di un quadro normativo in materia".

Questo dato, unitamente alla recente stipulazione della Convenzione Inps-INL/Confindustria-Cgil-Cisl-Uil del 19 settembre 2019, come già evidenziato nel par. 1, potrebbe essere indicativo di un nuovo approccio al tema e di un contesto politico sindacale più consapevole della ormai ineludibile esigenza di pervenire ad una misurazione certa della rappresentatività.

13. Quella esaminata nei capitoli precedenti è la disciplina della contrattazione collettiva nel settore privato.

Diverso è il discorso per la contrattazione collettiva nel settore pubblico. Pur essendo una contrattazione che ricalca quella del settore privato, tuttavia presenta peculiari differenze che derivano dalla natura pubblica del soggetto datore di lavoro e dal *budget* di spesa predeterminato. In ragione di queste peculiarità si ritiene preferibile per un più agevole apprendimento, esaminare in un capitolo distinto questa particolare forma di contrattazione (v. cap. 17, sez. II).

Sezione III

I contenuti della contrattazione collettiva

SOMMARIO: 1. La competenza delegata del contratto aziendale e il bilanciamento tra i livelli di contrattazione. – 2. La retribuzione di risultato. – 3. Il *welfare* contrattuale. – 4. Le clausole di tregua. – 5. Le clausole di esigibilità.

1. Il Testo Unico conferma il riparto di competenze già delineato dall'Accordo 2011 [45].

contrattazione aziendale su materie delegate

Il contratto nazionale deve garantire la certezza dei trattamenti economici e normativi comuni per tutti i lavoratori del settore ovunque impiegati sul territorio nazionale.

La contrattazione aziendale si esercita per le materie delegate, in tutto o in parte, dal contratto nazionale e dalla legge.

La delega, come dice lo stesso termine, presuppone che la materia non sia regolata dal contratto nazionale o dalla legge e debba essere regolata dal contratto aziendale. Si deve ritenere, pertanto, che la contrattazione aziendale non possa riproporre questioni che siano già state negoziate in altri livelli di contrattazione (c.d. *ne bis in idem*).

Ovviamente la delega può essere più o meno dettagliata, ferma restando che essa dovrà avere comunque quel minimo di specificità che consenta di determinarne l'oggetto.

Tra le materie frequentemente delegate dal contratto nazionale a quello aziendale spiccano la retribuzione di risultato, il regime dei turni, la flessibilità dell'orario e il recupero delle ore di lavoro [46].

Le singole materie delegate possono essere oggetto di clausole diverse, o di un'unica clausola che le elenca analiticamente [47].

In ogni modo, in assenza di una delega espressa a disciplinare una determinata materia o "porzione di materia", il contratto aziendale non potrà dettare alcuna regolamentazione [48].

---

[45] Cfr. le clausole 2 e 3 dell'Accordo interconfederale del 28 giugno 2011.

[46] Cfr. la Sez. IV, Titolo III, artt. 1 e 4, Sez. IV e Titolo IV, art. 12 Ccnl delle Industrie metalmeccaniche; art. 12 Ccnl industrie tessili del 12 settembre 2010.

[47] Vedi, per esempio, l'art. 25, lett. A, n. 2 del Ccnl delle industrie chimiche del 22 settembre 2012.

[48] Per una diversa ricostruzione, che ritiene molto più estesa la possibilità di intervento della contrattazione aziendale, cfr. M. Persiani, *Osservazioni estemporanee sull'accordo interconfederale del 2011*, in *Arg. dir. lav.*, 2011, p. 451.

La disciplina interconfederale, sotto questo punto di vista, sembra allora evidenziare una sorta di gerarchia tra i due livelli di contrattazione.

Sennonché, come già avuto modo di affermare con riferimento ai rapporti tra contratti collettivi di diverso livello, tale gerarchia non si traduce nella nullità dell'eventuale clausola del contratto aziendale che dovesse violare quanto stabilito dal Testo Unico o dai contratti nazionali, perché le clausole contrattuali dell'uno e degli altri non hanno efficacia reale.

problema del bilanciamento tra i livelli di contrattazione

Il problema, oggi, è piuttosto bilanciare il rapporto tra i due livelli di contrattazione in un contesto in cui, come già evidenziato nel cap. 9, è evidente la spinta, anche da parte del legislatore, sulla contrattazione decentrata. Occorre evitare, da un lato, un'eccessiva centralizzazione ma, dall'altro lato, scongiurare i rischi di un tendenziale decentramento del tutto sregolato[49]. È fin troppo evidente che un siffatto bilanciamento potrebbe essere effettivo se le parti avessero stabilito una chiara ripartizione delle funzioni non soltanto salariali tra i due livelli di contrattazione. È noto invece che questo risultato non è stato raggiunto perché, per esempio, non è stata riservata al contratto nazionale la competenza di mantenere aumenti fissi della retribuzione lasciando gli aumenti variabili alla contrattazione aziendale. Per migliorare il coordinamento del sistema contrattuale si è preferito insistere, invece che sui controlli centrali, su accordi aziendali innovativi che promuovano forme di sperimentazione su temi come il miglioramento della qualità e dell'organizzazione di lavoro, riconoscendo agli attori aziendali il potere di individuare soluzioni negoziali reciprocamente convenienti.

È infatti, come è stato opportunamente rilevato[50], si può valutare, al di là di pregiudiziali ideologiche, solo da un bilancio complessivo dei vari istituti negoziati in azienda, se tali istituti contemperino al meglio gli interessi delle parti come si esprimono nei luoghi di lavoro o, se invece, "gli accordi aziendali conclusi, in presenza di rapporti squilibrati avallino una prevalenza della razionalità aziendale sulle ragioni del lavoro con un peggioramento o con una crescente diseguaglianza nei trattamenti economici e normativi dei lavoratori".

retribuzione di risultato

2. Ad esempio, in tema di innovazioni aziendali, la retribuzione commisurata al risultato, pur appartenendo alla storia delle relazioni industriali, si evolve dai cottimi tradizionali – che oggi si riproducono con nuove modalità nei lavori della *gig economy* – alle molteplici varianti dei premi connessi a indicatori di produttività e di redditività. E bisogna prendere atto che nel sistema italiano situazioni storiche ormai stratificate come la particolare cultura con-

---

[49] Cfr. sul punto, T. Treu, *La questione salariale: legislazione sui minimi e contrattazione collettiva*, in *WP "Massimo D'Antona".it*, n. 368/2019, p. 30; M. Carrieri, *Migliorare il decentramento contrattuale: come le parti affrontano questa sfida*, in C. Dell'Aringa, C. Lucifora, T. Treu, *Salari, produttività, disuguaglianze. Verso un nuovo modello contrattuale?*, Bologna, 2017, p. 472.

[50] T. Treu, *op. ult. cit.*, p. 30.

flittuale di molti settori del sindacato, la competizione fra le varie organizzazioni sindacali, ora aggravata dalla frammentazione delle sigle, e la prassi consolidata di privilegiare aumenti salariali fissi rispetto a quelli variabili, sono tutti dati non favorevoli ad uno sviluppo virtuoso degli incentivi salariali.

E tuttavia va sottolineato che la normativa recente di incentivazione fiscale (leggi n. 208 del 2015; n. 232 del 2016) individua indici precisi di produttività e redditività cui condizionare la detassazione e prevede un sistema di monitoraggio per verificare se i parametri dichiarati dalle aziende che richiedono l'incentivo trovino riscontro nei fatti [51].

3. Come è noto nell'ordinamento italiano le prime esperienze di *welfare* aziendale sono sorte per iniziativa unilaterale delle grandi aziende e sono rimaste tali fino a tempi recenti. Solo dal 2016 la legge n. 232 del 2016 ha esteso l'incentivo anche a misure di *welfare* negoziate in sede nazionale. Emblematico ed esemplare il contratto dei metalmeccanici che hanno introdotto istituti adatti alla dimensione nazionale come la previdenza e la sanità complementare [52]. Si noti che la normativa fiscale di sostegno è stata estesa ad istituti quasi sconosciuti come la partecipazione agli utili dei lavoratori prevedendo per questo istituto un'agevolazione fiscale maggiorata rispetto a quella riconosciuta ai premi di produttività. welfare

4. La parte IV del Testo Unico è dedicata alle "disposizioni relative alla clausole e alle procedure di raffreddamento e alle clausole sulle conseguenze dell'inadempimento".

Sulla scia di quanto già stabilito dalla clausola 6 dell'Accordo interconfederale del 28 giugno 2011, anche il Testo Unico esclude espressamente l'efficacia nei confronti dei singoli lavoratori delle clausole di tregua sindacale. *le clausole di tregua*

Le clausole di tregua possono vincolare esclusivamente le r.s.a., le r.s.u. e le associazioni sindacali espressione delle confederazioni firmatarie dell'accordo stesso [53].

L'affermazione di questo principio arricchisce il tradizionale dibattito

[51] Come riferisce T. Treu, *op. cit.*, p. 32, le prime rilevazioni del ministero segnalano che la detassazione del premio di risultato ha avuto una buona accoglienza dalle parti. Sulla base di tali dati la detassazione avrebbe contribuito ad alzare i i salari di un consistente numero di lavoratori anche se la platea delle aziende che applicano la contrattazione integrativa non si è ampliata, e quasi per nulla nelle piccole aziende.

[52] Anche in questo caso cfr. i dati riportati da T. Treu, *op. cit.*, p. 33.

[53] Sotto questo aspetto l'accordo interconfederale del 28 giugno 2011 si muove nella stessa direzione del Protocollo del 1993. Quest'ultimo aveva previsto in occasione del rinnovo del contratto collettivo un periodo di raffreddamento durante il quale le parti si impegnavano a non assumere iniziative unilaterali né a procedere ad azioni dirette da tre mesi prima a un mese dopo la scadenza del contratto. Anche tale disciplina vincolava le parti collettive e non i singoli lavoratori.

sull'appartenenza delle clausole di tregua alla parte normativa o alla parte obbligatoria del contratto collettivo e costituisce un elemento a sostegno di quest'ultima ricostruzione.

Il dibattito, tuttavia, è più che mai aperto e non mancano tentativi dottrinali di riproporre la riconducibilità delle clausole di pace sindacale alla parte normativa del contratto collettivo, per rendere vincolanti anche nei confronti dei singoli lavoratori [54] (v. cap. 12).

5. Sempre nella parte IV, il Testo Unico disciplina, stavolta innovando rispetto agli accordi precedenti, le c.d. **clausole di esigibilità**.

Si tratta delle **clausole finalizzate a prevenire e sanzionare eventuali "azioni di contrasto, di ogni natura" che compromettano il regolare svolgimento dei processi negoziali**, l'efficacia e, appunto, l'esigibilità dei contratti collettivi.

Dette azioni di contrasto, secondo quanto specificato dal Testo Unico, possono sostanziarsi tanto in comportamenti attivi, quanto in comportamenti omissivi.

differenza tra clausole di esigibilità e clausole di tregua:

Le clausole di esigibilità si caratterizzano per un oggetto più esteso rispetto alle clausole di tregua.

Infatti, le clausole di tregua regolano le modalità di esercizio dello sciopero e in particolare la proclamazione dello sciopero.

– oggetto

Invece, le clausole di esigibilità possono riguardare non solo lo sciopero ma "azioni di contrasto di ogni natura". E quindi possono avere come oggetto oltre all'esercizio dello sciopero anche l'esercizio di altri diritti sindacali (ad es. l'assemblea) oltre, ovviamente, a comportamenti che non costituiscono esercizio di un diritto o che integrano veri e propri inadempimenti.

In concreto, però, le clausole di esigibilità nascono principalmente per arginare gli scioperi, soprattutto se proclamati in momenti particolari (es. il sabato in cui è stato concordato di ricorrere al lavoro straordinario): non a caso lo stesso Testo Unico collega espressamente tregua ed esigibilità quando fa riferimento alle **clausole di tregua** finalizzate a garantire l'**esigibilità** degli impegni assunti.

sanzioni

Un ulteriore valore aggiunto delle clausole di esigibilità rispetto alle clausola di tregua sta poi nella predeterminazione di sanzioni più funzionali dei rimedi offerti in linea generale dal diritto civile, poco utili sul piano dei rapporti collettivi. Le tecniche risarcitorie, del resto, si sono dimostrate assolutamente inidonee a sanzionare gli inadempimenti agli obblighi di tregua, per la difficoltà di provare il danno. Viceversa, le sanzioni prefigurate dal Testo Unico come contenuto necessario delle clausole di esigibilità sono sicuramente più pesanti per i sindacati.

Il Testo Unico, infatti, prefigura tre tipi di sanzioni:

---

[54] In tal senso, da ultimo, F. Liso, L. Corazza, *La clausola di pace: variazioni sul tema*, in *WP C.S.D.L.E. "Massimo D'Antona".it*, 2015, n. 247.

– sanzioni pecuniarie;
– sospensione dei diritti sindacali di fonte contrattuale[55];
– sospensione di ogni altra agibilità derivante dal Testo Unico[56].

Le sanzioni sono a carico delle parti collettive e non dei singoli lavoratori. Una specificazione in tal senso è contenuta espressamente per le analoghe clausole dei contratti aziendali, ma deve ritenersi a maggior ragione valida per quelli nazionali.

È importante sottolineare, infine, che la disciplina dettata dal Testo Unico in materia di esigibilità non è immediatamente operativa, perché la definizione delle relative clausole è demandata ai contratti nazionali[57] e nessun contratto nazionale, allo stato, vi ha dato attuazione.

---

[55] Si pensi, per esempio, alle condizioni di miglior favore riconosciute dai contratti collettivi rispetto ai permessi disciplinati dagli artt. 23 e 24 St. lav., ferma restando, ovviamente, l'intangibilità dei diritti di fonte legale.

[56] Si pensi, ad esempio, al diritto, fatto salvo dal Testo Unico in favore delle associazioni firmatarie del Ccnl, di indire, singolarmente o congiuntamente, l'assemblea dei lavoratori durante l'orario di lavoro, per 3 delle 10 ore annue retribuite, spettanti *ex* art. 20 della legge n. 300 del 1970.

[57] Sono i contratti nazionali, infatti, sulla base delle linee di indirizzo dettate dal Testo Unico, a dover prevedere sia clausole e/o procedure di raffreddamento, anche nell'ottica di prevenire il conflitto, sia clausole sanzionatorie degli eventuali comportamenti attivi od omissivi che impediscano l'esigibilità degli impegni assunti.

Capitolo 12

Lo sciopero

SOMMARIO: 1. L'inattuazione dell'art. 40 Cost. – 2. Le disposizioni penali in tema di sciopero. – 3. Dottrina e giurisprudenza costituzionale nella qualificazione giuridica dello sciopero. – 4. La questione della titolarità del diritto di sciopero. – 5. I soggetti titolari del diritto di sciopero. – 6. Le forme anomale di sciopero. – 7. Le clausole di tregua sindacale. – 8. Le clausole di responsabilità ed inscindibilità del contratto FCA. – 9. La titolarità delle misure di autotutela secondo il contratto FCA: il consiglio delle r.s.a. – 10. Trattamenti collettivi discriminatori (c.d. premi anti-sciopero): rinvio.

l'art. 40 Cost. riconosce il diritto di sciopero e rinvia alla legge ordinaria la regolamentazione delle sue modalità di esercizio

1. Lo sciopero è un diritto di rango costituzionale e l'**art. 40 Cost.** rinvia al legislatore ordinario il compito di regolarne le modalità di esercizio.

In realtà, **la norma costituzionale è stata considerata**, sin dalle origini, pur in assenza della normativa di attuazione, **immediatamente precettiva** e cioè applicabile direttamente dal giudice. L'assenza di una normativa di legge ordinaria, cui pure rinvia l'art. 40 Cost., spiega perché la giurisprudenza abbia dovuto assolvere una funzione di supplenza, risolvendo nell'arco di un cinquantennio in via interpretativa, tre ordini di problemi:

1. la qualificazione dello sciopero e la conseguente determinazione delle finalità lecite del medesimo;
2. la questione della titolarità del diritto di sciopero, risolta dalla dottrina maggioritaria privilegiando la tesi della titolarità individuale rispetto a quella della titolarità collettiva;
3. le modalità di esercizio del diritto di sciopero. Dette modalità sono state individuate e regolate dall'intervento massiccio e reticolare della giurisprudenza di legittimità e, soprattutto, della Corte costituzionale.

È bene, però, ai fini di una migliore comprensione delle problematiche relative ai tre punti sopraindicati, illustrare brevemente la disciplina previgente dello sciopero.

le disposizioni penali in tema di sciopero: nel codice penale sardo

2. Le norme del codice penale sardo (artt. 385-388) sancivano il divieto di coalizione e consideravano reati sia lo sciopero sia la serrata.

Il codice penale Zanardelli del 1889 depenalizzò lo sciopero che, insieme alla serrata, restava reato solo se posto in essere con violenza o minaccia (artt.

165-167). Pertanto, lo sciopero fu considerato una libertà di fatto, cioè un atto penalmente lecito, mentre **continuava a essere considerato un illecito civile, cioè un inadempimento tale da giustificare il licenziamento.**

nel codice penale del 1930 ogni forma di sciopero o serrata è sanzionata penalmente

Il codice penale Rocco del 1930, entrato in vigore durante la dittatura fascista, ha sanzionato penalmente ogni forma di sciopero e di serrata, sia nel settore privato (artt. 502 ss. nel titolo VIII dei delitti contro l'economia pubblica, l'industria e il commercio), sia nel settore pubblico agli artt. 330-333 nel titolo II dei delitti contro la pubblica amministrazione.

Oltre allo **sciopero per fini contrattuali**, ossia quello diretto contro il datore di lavoro al fine di ottenere la modifica delle condizioni di lavoro stabilite nel contratto collettivo (art. 502), è sanzionato anche lo **sciopero per fini non contrattuali, ossia per fine politico** (art. 503) **o per costringere la pubblica autorità a emettere od omettere un provvedimento ovvero ad influire sulle deliberazioni di essa (sciopero di imposizione politico economica)** (art. 504) **o sciopero di protesta o di solidarietà** (art. 505 c.p.), nonché la serrata dei piccoli imprenditori senza dipendenti, in seguito qualificata come sciopero da una sentenza della Corte costituzionale del 1975 [1].

Infine, lo **sciopero dei pubblici dipendenti** era sanzionato dagli artt. 330-333, relativi all'abbandono collettivo di pubblici uffici, impieghi servizi o lavori (disposizioni ormai abrogate dalla legge n. 146 del 1990 sullo sciopero nei servizi pubblici essenziali), mentre l'art. 340 puniva l'interruzione da parte dei privati di un ufficio, servizio pubblico o di un servizio di pubblica utilità.

Sembra opportuno richiamare le disposizioni del codice Rocco, anche se ormai l'art. 502 c.p. è stato dichiarato incostituzionale e gli artt. 330-333 c.p. sono stati abrogati, perché queste norme chiariscono come le finalità dello sciopero siano molteplici e non si esauriscano soltanto in rivendicazioni di tipo contrattuale.

D'altra parte, l'assenza in Costituzione di una definizione dello sciopero e il mancato intervento del legislatore ordinario nella regolamentazione del suo esercizio hanno lasciato ampio spazio all'interpretazione creatrice della dottrina e della Corte costituzionale nell'individuazione delle finalità legittime dello sciopero.

lo sciopero come astensione concertata dal lavoro per la tutela di un interesse (esclusivamente) economico-professionale

3. Una delle prime dottrine post-costituzionali aveva definito lo sciopero come **astensione concertata dal lavoro per la tutela di un interesse economico professionale**. In base a questa definizione fu qualificato come diritto soltanto lo sciopero per fini contrattuali, mentre furono escluse dall'area della tutela le altre forme di sciopero.

Con la promulgazione della Costituzione lo sciopero fu elevato a rango di diritto costituzionale e fu qualificato dalla dottrina più risalente come **diritto potestativo** [2]. Secondo tale ricostruzione, l'esercizio del diritto potestativo le-

[1] Corte cost. 17 luglio 1975, n. 222, in *Mass. giur. lav.*, 1975, p. 281.

[2] F. Santoro-Passarelli, *Autonomia collettiva, giurisdizione, diritto di sciopero*, in *Saggi di diritto civile*, I, Napoli, 1961, p. 177.

gittima il lavoratore a sospendere la sua obbligazione e colloca il datore di lavoro in una posizione di soggezione perché non può evitare l'esercizio del diritto di sciopero.

La qualificazione dello sciopero come diritto potestativo conseguì due effetti: in primo luogo contribuì a consolidare la tesi della **titolarità individuale del diritto di sciopero** e a scinderne la titolarità dal problema dell'**esercizio necessariamente collettivo** (vedi *infra*, par. 4); in secondo luogo, individuando il soggetto passivo del diritto di sciopero esclusivamente nel datore di lavoro, portò a considerare legittimi soltanto gli scioperi diretti contro quest'ultimo.

l'affermazione dello sciopero come diritto assoluto della persona nella qualificazione operata dalla dottrina e dalla Corte costituzionale

D'altra parte, se è vero che l'esercizio del diritto potestativo legittima il titolare, e cioè il lavoratore, a sospendere l'esecuzione della prestazione, è altrettanto vero che **il datore di lavoro, a fronte della sospensione dell'obbligazione di lavorare, è legittimato a sospendere la sua obbligazione, cioè la retribuzione**. Non sembra pertanto che il datore di lavoro venga a trovarsi in una situazione di vera e propria soggezione.

Successivamente lo sciopero fu qualificato dalla dottrina come **diritto assoluto della persona**[3].

La qualificazione dello sciopero come diritto assoluto della persona ha conseguito due obbiettivi.

In primo luogo ha individuato nello sciopero **un mezzo per la realizzazione del principio di uguaglianza sostanziale**. Infatti, secondo questa tesi interpretativa, lo sciopero è uno strumento che elimina uno degli ostacoli che di fatto impediscono il pieno sviluppo della persona umana e l'effettiva partecipazione di tutti i lavoratori all'organizzazione politica, economica e sociale del Paese.

In secondo luogo ha rafforzato la inscindibilità del binomio titolarità individuale-esercizio collettivo del diritto di sciopero, favorendo in questo modo l'accantonamento della tesi della titolarità collettiva dello sciopero.

diverse sentenze della Corte costituzionale

Le ricostruzioni dottrinali dello sciopero sono state confermate anche dalla giurisprudenza della Corte costituzionale e sono state il presupposto di diverse sentenze che hanno ampliato le finalità dello sciopero legittimo e il numero dei soggetti contro i quali tale diritto può essere fatto valere, cioè non soltanto il datore di lavoro, ma anche il Governo e la Pubblica Amministrazione.

L'art. 502 c.p. puniva lo sciopero per fini contrattuali e **fu dichiarato incostituzionale** per il palese contrasto con l'art. 40 Cost.[4], sebbene la giurisprudenza della Corte di Cassazione, pur in assenza di leggi regolatrici, avesse già riconosciuto la legittimità dello sciopero per fini contrattuali[5].

In realtà, la tesi secondo cui la Costituzione proteggerebbe solo lo sciopero per fini contrattuali, perché solo questo ha come oggetto una pretesa che può essere soddisfatta dal datore di lavoro, è stata presto superata dalla giurispru-

---

[3] L. Mengoni, *Lo sciopero nel diritto civile*, in AA.VV., *Il diritto di sciopero*, Milano, 1964, p. 40.

[4] Corte cost. 4 maggio 1960, n. 29, in *Mass. giur. lav.*, 1960, p. 108.

[5] Cass. 19 giugno 1959, n. 1936, in *Mass. giur. lav.*, 1959, p. 225.

denza costituzionale, che ha ricompreso nella fattispecie prevista dall'art. 40 non solo lo sciopero economico ma anche **lo sciopero d'imposizione politico-economica**. Con questa definizione si intende lo sciopero effettuato per rivendicazioni nei confronti dei pubblici poteri rispetto a beni che non sono nella disponibilità dei datori di lavoro, ma che trovano comunque riconoscimento e tutela nella disciplina dei rapporti economici [6].

In altri termini, secondo la Corte costituzionale, nel diritto previsto dall'art. 40 rientrano «gli scioperi proclamati in funzione di tutte le rivendicazioni riguardanti il complesso degli interessi dei lavoratori che trovano disciplina nella norme racchiuse sotto il titolo III della Costituzione» [7].

Sono considerati scioperi di imposizione politico economica lo sciopero per la riforma fiscale, sanitaria, della previdenza, per la distribuzione degli alloggi, per l'occupazione, per il costo della vita, ecc. In questi casi, il datore di lavoro subisce lo sciopero e, quindi, il relativo danno, pur non avendo alcuna responsabilità e soprattutto non avendo alcuna possibilità di evitarlo.

La legittimità dello sciopero di imposizione politico economica costituisce un indice inequivocabile della natura dello sciopero come diritto riconosciuto dall'ordinamento ai lavoratori per la realizzazione del principio di uguaglianza sostanziale [8].

La Corte costituzionale ha successivamente affermato anche la **legittimità dello sciopero politico in senso stretto o "puro"**. Questa forma di sciopero si esercita contro atti politici del Governo. Ad esempio, contro le missioni militari in paesi stranieri o contro iniziative del governo che possono compromettere l'equilibrio ambientale.

la Corte costituzionale riconosce lo sciopero politico in senso stretto non come diritto, ma come libertà

La Corte costituzionale, dichiarando la illegittimità costituzionale dell'art. 503 c.p. nella parte in cui incriminava lo sciopero per fini non contrattuali, ha sancito, accanto al diritto di sciopero, la rilevanza della libertà di sciopero in quanto tale e cioè indipendentemente dal diritto di sciopero.

Secondo questa ricostruzione, basata sul principio espresso dall'art. 3, comma 2, Cost., lo sciopero politico è uno strumento tipicamente democratico che consente al lavoratore un'attiva partecipazione alla vita nazionale [9].

La configurazione dello sciopero politico come libertà e non come diritto dovrebbe produrre effetti diversi sul rapporto di lavoro. Infatti, l'esercizio del diritto di sciopero produce la sospensione del rapporto di lavoro, mentre l'esercizio della libertà di sciopero, pur penalmente legittima, risolvendosi in un'astensione ingiustificata dal lavoro, dovrebbe essere considerata una forma di inadempimento del prestatore di lavoro e, in quanto tale, dovrebbe legitti-

---

[6] Corte cost. 14 gennaio 1974, n. 1, in *Mass. giur. lav.*, 1974, p. 11.

[7] Corte cost. 15 dicembre 1967, n. 141, in *Mass. giur. lav.*, 1967, p. 34.

[8] Va sottolineato come il processo di assimilazione dello sciopero di imposizione politico economica a quello per fini contrattuali è confermato anche con riferimento al preavviso imposto dalla legge sullo sciopero nei servizi pubblici essenziali: v. Corte cost. 10 giugno 1993, n. 276, in *Foro it.*, 1993, I, c. 2401.

[9] Corte cost. 27 dicembre 1974, n. 290, in *Mass. giur. lav.*, 1975, p. 151.

mare l'irrogazione da parte del datore di lavoro di una sanzione disciplinare e addirittura del licenziamento.

A ben vedere, però, non è dato constatare una diversità di effetti sul rapporto di lavoro, perché l'irrogazione della sanzione disciplinare e del licenziamento possono essere considerati comportamenti antisindacali ai sensi dell'art. 28 St. lav., in quanto **lo sciopero politico, pur non essendo qualificabile come diritto, è comunque una forma di esercizio di attività sindacale** [10].

A tutto ciò si deve aggiungere la previsione dell'art. 2, comma 7 della legge sull'esercizio del diritto di sciopero nei servizi pubblici essenziali (legge n. 146 del 1990, come modificata dalla legge n. 83 del 2000), la quale ha previsto la non applicabilità delle disposizioni in materia di preavviso e indicazione della durata nelle ipotesi di astensioni proclamate in difesa dell'ordine costituzionale, o per gravi eventi lesivi dell'incolumità e della sicurezza dei lavoratori (art. 2, comma 7). Dunque, nell'unica esperienza legislativa di attuazione dell'art. 40 Cost., tali scioperi, non di natura economico-contrattuale, sono configurati come una forma di esercizio del diritto costituzionale e non come una mera libertà. Così, anche sul piano legislativo, può ritenersi ridimensionata la distinzione tra sciopero-diritto e sciopero-libertà.

Ecco perché in questo caso la distinzione tra **libertà di sciopero politico** e **diritto di sciopero economico o di imposizione politico-economica** si riduce a una questione più nominalistica che reale, in considerazione della sostanziale identità di effetti che ne derivano.

Va comunque precisato che **la Corte costituzionale ha lasciato in vigore l'art. 503 c.p. solo in due casi**:

1) quando lo sciopero politico "sia diretto a sovvertire l'ordinamento costituzionale";

2) nell'ipotesi in cui "oltrepassando i limiti di una legittima forma di pressione, si converta in uno strumento atto ad impedire od ostacolare il libero esercizio di quei diritti e poteri nei quali si esprime direttamente o indirettamente la sovranità popolare".

lo sciopero di solidarietà è legittimo ogni qualvolta sussista un collegamento tra gli interessi economici del gruppo che si astiene e le pretese di un altro gruppo già in sciopero

Come risulta evidente, la prima fattispecie ha una rilevanza assolutamente marginale, mentre la formulazione della seconda ipotesi appare assai generica e di non facile determinazione. Infatti, non sembra agevole individuare i casi in cui si considerano oltrepassati "i limiti di una legittima forma di pressione", soprattutto se si considera che la stessa Corte ha ritenuto **legittimo lo sciopero di coazione sulla pubblica autorità** [11].

La Consulta, senza dichiarare l'incostituzionalità dell'**art. 505 c.p.** che punisce lo **sciopero di solidarietà**, con una sentenza interpretativa di rigetto ha riconosciuto la legittimità di questa forma di protesta ogni qualvolta il giudice

[10] Cfr. Cass. 21 agosto 2004, n. 16515, che, a proposito di uno sciopero contro l'intervento militare in Kosovo, ha considerato antisindacali le sanzioni disciplinari irrogate ai partecipanti a quello sciopero.

[11] Corte cost. 13 giugno 1983, n. 165, *Mass. giur. lav.* 1984, p. 119.

ordinario accerti l'esistenza di un collegamento necessario degli interessi economici del gruppo che si astiene dal lavoro a sostegno delle pretese di un altro gruppo già in sciopero [12].

In conclusione, la giurisprudenza costituzionale, sulla scorta delle ricostruzioni della dottrina, ha contribuito, in misura determinante, ad ampliare progressivamente l'area dello sciopero legittimo.

la questione della titolarità del diritto di sciopero

4. Secondo l'opinione prevalente, lo sciopero è un diritto individuale ad esercizio collettivo: individuale perché titolare del diritto è il singolo lavoratore; ad esercizio collettivo perché lo sciopero è finalizzato a tutelare un interesse collettivo e non semplicemente un interesse individuale del lavoratore [13].

titolarità individuale ed esercizio collettivo

La **distinzione tra titolarità individuale ed esercizio collettivo** può sollevare qualche perplessità perché, come osservato, **lo sciopero può essere attuato solo per la difesa di un interesse collettivo**. E come il soggetto collettivo è il solo legittimato a concludere per i lavoratori il contratto collettivo, parimenti dovrebbe essere il soggetto collettivo a valutare l'opportunità di esercitare il diritto di sciopero, ferma ovviamente la libertà dei singoli lavoratori di aderirvi o meno.

Per questa ragione, alla formula della titolarità individuale ed esercizio collettivo dello sciopero potrebbe contrapporsi la formula della titolarità collettiva e dell'esercizio individuale [14] ovvero quella della doppia titolarità, sia individuale sia collettiva [15].

titolarità collettiva ed esercizio individuale

Tuttavia, in assenza di una disciplina legislativa che regolamenti la relazione tra il profilo collettivo e quello individuale dello sciopero, ogni discorso sulla titolarità collettiva dello sciopero è destinato ad infrangersi contro un muro di difficoltà, la prima delle quali è quella di selezionare i soggetti legittimati a proclamare lo sciopero (nodo, quest'ultimo, al quale si è sottratta anche la legge sullo sciopero nei servizi pubblici essenziali, la quale, tuttavia, sembra accogliere una prospettiva dello sciopero come un diritto a titolarità collettiva, o non esclusivamente individuale, prevedendo questa regole rivolte, principalmente, ai soggetti collettivi rappresentativi dei lavoratori che eserci-

[12] Corte cost. 28 dicembre 1962, n. 123, in *Mass. giur. lav.*, 1962, p. 416.

[13] Di recente R. Pessi, *Il diritto del lavoro e la Costituzione: identità e criticità*, Bari, 2019, p. 297 ss., precedentemente, F. Carinci, *Il diritto di sciopero: la* nouvelle vague *all'assalto della titolarità individuale*, in *Giorn. dir. lav. rel. ind.*, 2009, p. 423 ss.; E. Ghera, *Titolarità del diritto di sciopero, tregua o pace sindacale*, in *Dir. lav. merc.*, 2012, p. 243; G. Pino, *Conflitto e autonomia*, cit., p. 129; U. Romagnoli, *Sulla titolarità del diritto di sciopero*, in *Giorn. dir. lav. rel. ind.*, 1988; F. Santoni, *La libertà e il diritto di sciopero*, in *Trattato di diritto del lavoro*, diretto da M. Persiani e F. Carinci, III, Padova, 2011, p. 3; A. Zoppoli, *La titolarità sindacale del diritto di sciopero*, Napoli, 2006.

[14] P. Calamandrei, *Significato costituzionale del diritto di sciopero*, in *Riv. giur. lav.*, 1952, I, p. 221; C. Mortati, *Il lavoro nella Costituzione*, in *Dir. lav.*, 1954, I, p. 149.

[15] L. Nogler, *Titolarità congiunta del diritto di sciopero*, in *WP. C.S.D.L.E. "Massimo D'Antona"*, n. 183/2013.

tano effettivamente il diritto, fermo restando il diritto di questi ultimi di partecipare o meno allo sciopero [16]. V. *infra*, cap. 13).

La titolarità collettiva del diritto di sciopero presuppone che la proclamazione sia un requisito di legittimità dell'esercizio di tale diritto.

Viceversa, la titolarità individuale del diritto di sciopero non riconosce alcuna rilevanza alla proclamazione dello sciopero ai fini della legittimità dell'astensione dal lavoro ed impone ovviamente di considerare il **diritto di sciopero come diritto indisponibile**.

Del resto, se osserviamo la realtà, è piuttosto frequente l'ipotesi in cui il contratto collettivo di livello superiore demandi la regolamentazione di certe materie al livello inferiore ed escluda espressamente la riapertura del conflitto per le materie già regolate dal livello superiore (cosiddette clausole di tregua sindacale).

In questi casi non si tratta di accertare quale sia stata la volontà delle parti collettive, perché è evidente che se le stesse sottoscrivono le clausole di tregua significa che esse si sono vincolate a non proclamare lo sciopero.

Si dovrebbe, invece, in tali ipotesi, accertare quale sia stata la volontà delle parti individuali, cioè dei singoli lavoratori. Più precisamente, si dovrebbe verificare se i lavoratori, in virtù dell'iscrizione al sindacato stipulante o del rinvio contenuto nel contratto individuale al contratto collettivo, abbiano accettato di non ricorrere allo sciopero per il periodo di vigenza del contratto collettivo e per quelle materie dallo stesso regolate. Ma non è assolutamente agevole desumere dalla sottoscrizione di questi atti la volontà espressa di ciascun lavoratore di non scioperare.

Ecco perché, fino a quando nel nostro ordinamento sarà prevalente la tesi della titolarità individuale del diritto di sciopero, sarà difficile attribuire efficacia normativa alle **clausole di tregua sindacale** (v., più approfonditamente, *infra*, par. 7).

i soggetti titolari del diritto di sciopero: lavoratori subordinati

5. Titolari **del diritto di sciopero sono in primo luogo tutti i lavoratori subordinati in senso tecnico**, con le **eccezioni** dei militari, del personale della pubblica sicurezza (anche se i poliziotti non sono più un corpo militare ai sensi della legge n. 121 del 1981), dei marittimi nel periodo di navigazione, mentre la legge pone limiti, che vanno coordinati con quelli previsti per lo sciopero nei servizi pubblici essenziali, nei confronti degli addetti agli impianti nucleari (artt. 49 e 129, d.p.r. n. 185 del 1964) e degli assistenti di volo (art. 4, legge n. 242 del 1980).

---

[16] E. Ghera, *Lo sciopero nei servizi essenziali: diritto individuale o potere collettivo*, in *Diritti fondamentali e regole del conflitto collettivo. Esperienze e prospettive*, cit., p. 274 ss.; M. Rusciano, *L'iter formativo della legge 83 del 2000*, in *Giorn. dir. lav. rel. ind.*, 2002, p. 177.

i lavoratori autonomi parasubordinati

La **titolarità** del diritto è stata **riconosciuta anche ai lavoratori autonomi parasubordinati** in quanto soggetti contrattualmente deboli nei confronti del committente [17].

Sicuramente rientrano in questa categoria i collaboratori continuativi e coordinati e a carattere prevalentemente personale.

Per quanto riguarda i piccoli imprenditori che non abbiano alle proprie dipendenze lavoratori subordinati, secondo la Corte costituzionale [18], che ha dichiarato illegittimo l'art. 506 c.p., la loro astensione dall'attività non è qualificabile come serrata, ma è una forma di protesta assimilabile allo sciopero. L'estensione dell'art. 40 Cost. è, invece, esclusa nei confronti dei piccoli imprenditori "forti", ossia di coloro che abbiano lavoratori alle proprie dipendenze [19].

i liberi professionisti

Quanto ai liberi professionisti, la Corte costituzionale [20] ha escluso che l'astensione dal lavoro sia qualificabile come sciopero in senso tecnico e ha considerato tutte le azioni collettive svolte ai fini di protesta, rivendicazione o pressione, come manifestazione della libertà di associazione di cui all'art. 18 Cost.

E a proposito delle astensioni dall'attività forense degli avvocati la Corte costituzionale è ripetutamente intervenuta [21] per estendere anche a queste forme di protesta determinati limiti in funzione della salvaguardia di beni costituzionalmente garantiti, comprendendo fra questi l'amministrazione della giustizia.

In particolare, con la sentenza n. 171 del 1996, la Corte ha dichiarato incostituzionale l'art. 2, commi 1 e 5, legge n. 146 nella parte in cui non prevedeva per queste forme di astensione l'obbligo di un congruo preavviso e di un ragionevole limite alla durata dell'astensione e gli strumenti idonei per individuare le prestazioni indispensabili.

La legge n. 83 del 2000 ha colmato la lacuna provvedendo ad estendere i limiti posti al diritto di sciopero anche alle astensioni collettive dalle prestazioni da parte dei lavoratori autonomi, professionisti e piccoli imprenditori. È appena il caso di rilevare che questa equiparazione non fa venir meno le differenti discipline.

Infine, secondo un'autorevole dottrina [22], la titolarità del diritto di sciopero dovrebbe essere negata ai magistrati in quanto investiti di una funzione sovrana. In realtà, come si è già rilevato, numerosi sono stati gli scioperi dei magistrati e nessun organo giudiziario ha mai eccepito l'illegittimità di tali astensioni.

---

[17] V. in proposito Cass. 29 giugno 1978, n. 3278, in *Foro it.*, 1978, I, c. 1626.

[18] Corte cost. 17 luglio 1975, n. 222, cit.

[19] Corte cost. 24 marzo 1986, n. 53, in *Foro it.*, 1986, I, c. 2716.

[20] Corte cost. 27 maggio 1996, n. 171, in *Giust. civ.*, 1996, I, p. 2181 e in *Foro it.*, 1997, I, c. 1027.

[21] V. Corte cost. 23 marzo 1994, n. 114, in *Giur. cost.*, 1994, I, p. 970 e Corte cost. 27 maggio 1996, n. 171, cit.

[22] M. Persiani, *Diritto sindacale*, Padova, 2005, p. 186.

le forme anomale di sciopero

6. Tra **le c.d. forme anomale di sciopero** sono tradizionalmente ricompresi lo sciopero selvaggio o improvviso, cioè attuato senza preavviso, lo sciopero a singhiozzo e lo sciopero a scacchiera.

Per quanto riguarda lo **sciopero a sorpresa**, ormai la giurisprudenza non considera illegittima questa forma di sciopero[23], anche se vale la pena precisare che il preavviso è obbligatorio per lo sciopero nei servizi pubblici essenziali.

La denominazione "forme anomale di sciopero" si riferisce attualmente soprattutto allo sciopero a singhiozzo e a scacchiera, denominati nella prassi sindacale "scioperi articolati".

In questi casi lo sciopero, invece di essere effettuato per un periodo di tempo continuativo, è intermittente, cioè è esercitato alternando periodi di lavoro a pause di lavoro (**sciopero a singhiozzo**); oppure non è attuato contemporaneamente da tutto il personale di un'azienda, ma da alcuni reparti e in momenti diversi (**sciopero a scacchiera**).

Queste due forme di sciopero possono essere attivate anche congiuntamente.

Lo sciopero attuato con queste modalità arreca all'azienda **un danno maggiore di quello inferto con lo sciopero tradizionale**, perché scompagina l'organizzazione del lavoro con un minore sacrificio per i lavoratori, che in questo modo possono ridurre il periodo di sospensione della prestazione e quindi anche il periodo di sospensione della retribuzione.

Queste forme di sciopero furono considerate illegittime dalla giurisprudenza fino al 1980, non solo per le modalità di attuazione, ma soprattutto perché cagionavano all'impresa un danno superiore a quello che sarebbe consentito dal rispetto del principio della corrispettività dei sacrifici.

Nel 1980 la Cassazione con una storica sentenza[24] abbandonò il criterio, fino ad allora utilizzato, del danno ingiusto e della corrispettività dei sacrifici per distinguere lo sciopero legittimo da quello illegittimo.

Secondo questa sentenza, per stabilire se lo sciopero è legittimo non si deve avere riguardo alla maggiore o minore entità del danno provocato alla produzione[25], **ma si deve avere riguardo al danno** arrecato alle persone e agli impianti, cioè **alla produttività** (intesa come capacità produttiva dell'impresa).

differenza tra danno alla produzione e danno alla produttività

In sostanza, ai fini della legittimità-illegittimità dello sciopero, la giurisprudenza abbandona come criterio distintivo quello quantitativo dell'entità del danno e accoglie invece un criterio distintivo di carattere qualitativo: in altri termini, distingue **il danno alla produzione (legittimo) dal danno alla produttività (illegittimo)**.

Si deve aggiungere che la riconosciuta legittimità degli scioperi articolati consente comunque al datore di lavoro di rifiutare, e quindi di non retribuire,

[23] Cass. 28 giugno 1976, n. 2480, in *Mass. giur. lav.*, 1977, p. 174.

[24] Cass. 30 gennaio 1980, n. 711, in *Foro it.*, 1980, I, c. 711.

[25] Nel danno lecitamente provocato dallo sciopero rientra, oltre alla perdita della produzione, anche il risarcimento dovuto dall'imprenditore per l'inadempimento delle obbligazioni assunte verso i clienti e committenti.

le prestazioni lavorative che non gli arrecano alcuna utilità tra una sospensione e l'altra della prestazione lavorativa nello sciopero a singhiozzo oppure dai lavoratori non scioperanti in caso di sciopero a scacchiera. In quest'ultimo caso la prestazione dei lavoratori di un reparto potrebbe non arrecare alcuna utilità al datore di lavoro perché, ad esempio, dal reparto in sciopero non arrivano i prodotti necessari.

In altri termini, **se la prestazione offerta dal prestatore di lavoro non arreca alcuna utilità al datore di lavoro, questi è legittimato a rifiutarla**.

Accanto alla pratica della messa in libertà va ricordata la c.d. **comandata** prevista da un accordo, formale o informale, tra imprenditore e sindacati per garantire una presenza continua di un certo numero di lavoratori, durante gli scioperi **negli impianti siderurgici o chimici a ciclo continuo** (ad es. altiforni), che non possono essere fermati o spenti. Lo spegnimento di un altoforno può considerarsi certamente un danno alla produttività e, quindi, titolo per la responsabilità aquiliana dei lavoratori che hanno causato tale danno, ferma restando ovviamente la responsabilità dell'imprenditore, obbligato anch'egli a predisporre le misure di sua competenza.

le clausole di tregua sindacale

7. Come già accennato, si dicono di **tregua sindacale** le **clausole volte a limitare l'esercizio del diritto di sciopero nel periodo di vigenza del contratto collettivo**.

Fin dagli anni '70 si è discusso sulla riconducibilità di tali clausole alla parte normativa o a quella obbligatoria del contratto collettivo: era dibattuto, infatti, se tali clausole vincolassero solo il sindacato a non proclamare lo sciopero o producessero effetti anche nei confronti dei singoli lavoratori, impedendo loro di scioperare.

Secondo un'autorevole dottrina, il dovere di pace sindacale sarebbe un effetto naturale del contratto collettivo e le clausole di tregua, alla stregua di ogni altra clausola del contratto collettivo, potrebbero vincolare non solo i soggetti collettivi ma anche i singoli lavoratori [26].

Secondo un'altra opinione, divenuta maggioritaria rispetto alla precedente, le clausole di tregua potrebbero impegnare i soli soggetti sindacali a non proclamare lo sciopero nell'arco di vigenza del contratto collettivo, senza vincolare i singoli lavoratori, che resterebbero liberi di esercitare il diritto di sciopero anche in assenza della proclamazione [27].

---

[26] F. Santoro-Passarelli, *Pax, pactum, pacta servanda sunt (a proposito delle cosiddette clausole di tregua sindacale)*, in *Mass. giur. lav.*, 1971, p. 374. Con la conseguenza che un'astensione dal lavoro durante la vigenza del contratto dovrebbe considerarsi una forma di inadempimento. Si noti che, proprio collocandosi nella prospettiva dell'A., che considerava il diritto di sciopero un diritto a titolarità individuale e quindi non disponibile da soggetti diversi dal lavoratore titolare del diritto, si finisce per riconoscere al sindacato, che è un soggetto diverso, il potere di disporre di un diritto individuale di rango costituzionale qual è il diritto di sciopero.

[27] G. Ghezzi, *Il dovere di pace sindacale*, in *Riv. trim. dir. e proc. civ.*, 1961, pp. 457-525 e

Al di là della costruzione teorica del problema, è pacifico che l'esperienza sindacale italiana non conosce clausole di tregua impegnative nei confronti dei singoli lavoratori.

Così, il Protocollo del 1993 aveva previsto in occasione del rinnovo del contratto collettivo un periodo di raffreddamento durante il quale le parti si impegnavano a non assumere iniziative unilaterali né a procedere ad azioni dirette da tre mesi prima a un mese dopo la scadenza del contratto. Tuttavia, è evidente che in questo caso il Protocollo vincolava le parti collettive e non i singoli lavoratori.

Nella stessa direzione, come già osservato (v. *retro*, cap. 11, sez. II), si muove l'Accordo interconfederale del 28 giugno 2011, che, alla clausola 6, esclude espressamente l'efficacia nei confronti dei singoli lavoratori delle clausole di tregua sindacale finalizzate a garantire l'esigibilità degli impegni assunti con la contrattazione collettiva[28]. E sulla stessa scia si colloca il Testo Unico sulla rappresentanza del 10 gennaio 2014.

Pertanto, in coerenza con la tesi prevalente della titolarità individuale ed esercizio collettivo del diritto di sciopero, le clausole sin qui menzionate vincolano solo i soggetti collettivi e non anche i singoli lavoratori[29].

Un ultimo accenno merita il problema della responsabilità per l'eventuale violazione della clausola di tregua da parte delle organizzazioni sindacali che proclamassero ugualmente lo sciopero[30].

Id., *La responsabilità contrattuale delle associazioni sindacali. La parte obbligatoria del contratto collettivo*, Milano, 1963. L'opinione maggioritaria è stata oggetto di recenti critiche da parte di chi ha osservato che il nostro ordinamento non ostacolerebbe la possibilità delle parti collettive di conferire ad una clausola di tregua sindacale efficacia normativa. Ciò in quanto, la clausola di tregua sindacale non determina una ablazione del diritto di sciopero, bensì una sua mera regolazione da parte del sindacato. Tale regolazione, secondo questa tesi, sarebbe legittima perché negare al sindacato il potere di vincolare i singoli rispetto al conflitto attraverso una clausola di pace sindacale con efficacia normativa determinerebbe una violazione della libertà di organizzazione sindacale. Cfr. F. Liso, L. Corazza, *La clausola d pace: variazioni sul tema*, in *WP C.S.D.L.E. "Massimo D'Antona".it* – n. 247, 2015, p. 7 ss. Secondo gli A., peraltro, il sistema disegnato dal Testo Unico del 2014 si starebbe lentamente muovendo nella direzione degli obblighi impliciti di pace sindacale poiché la clausola di pace sindacale sancita a livello interconfederale vincola la contrattazione di livello nazionale anche se la clausola di pace non venga espressamente riprodotta nel contratto nazionale (p. 3); sul tema, A. Maresca, *Sciopero e funzionamento del contratto collettivo: l'esigibilità*, in *Diritti fondamentali e regole del conflitto collettivo*, a cura di G. Pino, Torino, 2015, p. 111 ss.

[28] Sul tema dell'esigibilità, oggi ulteriormente sviluppato nella parte IV del Testo Unico sulla rappresentanza del 10 gennaio 2014, v. *retro*, cap. 11, sez. II, par. 11. Per un approfondimento, v. M. Russo, *Le clausole sulle conseguenze dell'inadempimento: le novità della parte quarta del Testo Unico sulla rappresentanza*, in *Lav. prev. oggi*, 2014, n. 3-4, p. 133.

[29] Viceversa, le ricostruzioni che riconoscono la titolarità collettiva del diritto di sciopero (v. *supra*, par. 4) o che, nella diversa ottica della doppia titolarità (v. *supra*, par. 4), ritengono comunque la proclamazione una condizione di legittimità dello sciopero, rendono più agevole riconoscere a tali clausole efficacia vincolante anche nei confronti dei singoli lavoratori.

[30] Cfr. G. Santoro-Passarelli, *La responsabilità delle organizzazioni sindacali*, in *Arg. dir. lav.*, 2013, p. 20 ss.

In linea teorica l'inadempimento della clausola di tregua, secondo i principi della responsabilità contrattuale, obbligherebbe il sindacato al risarcimento del danno nei confronti della controparte, ma di fatto la difficoltà di determinare i danni risarcibili e di quantificarli non consente una concreta possibilità di tutela risarcitoria.

Proprio tenuto conto dell'ineffettività della sanzione del risarcimento del danno dovrebbero essere le stesse clausole di tregua a prevedere sanzioni alternative nei confronti dei soggetti sindacali responsabili della loro violazione (ad es. esclusione dalle trattative, sospensione dei permessi o dei contributi sindacali) [31].

C'è da dire, però, che clausole di tregua di questo tenore sono pressoché inesistenti nel settore industriale.

8. Diversa è, invece, la recente esperienza della contrattazione del gruppo FIAT (ora FCA).

clausola di responsabilità

Il contratto specifico di lavoro, da ultimo rinnovato l'11 marzo 2019, contiene un'articolata clausola di esigibilità (Titolo I, clausola 11, denominata "**Clausola di responsabilità**").

In caso di mancato rispetto degli impegni assunti e di violazione delle condizioni stabilite dal contratto sono previste sanzioni a carico dei soggetti collettivi che intaccano i contributi ed i permessi sindacali.

Le stesse misure si applicano anche in caso di comportamenti "individuali o collettivi dei lavoratori" idonei a violare in misura significativa le clausole del contratto.

Sotto questo aspetto, la natura collettiva delle sanzioni previste dalla clausola 11 anche per i comportamenti individuali esclude la possibilità di sanzionare disciplinarmente i lavoratori che, ad esempio, dovessero aderire ad uno sciopero proclamato in violazione della clausola di esigibilità (es., come già accennato, lo sciopero proclamato il sabato in cui era stato concordato il lavoro straordinario).

clausola di inscindibilità

Sennonché, la clausola 9 (Inscindibilità delle disposizioni contrattuali) prevede che la violazione da parte del singolo lavoratore delle disposizioni del contratto collettivo, considerate inscindibili tra loro, costituisca infrazione disciplinare.

Se tale affermazione di responsabilità, in virtù del principio di inscindibilità, riguardasse anche le violazione della clausola 11, quest'ultima non avrebbe esclusivamente natura obbligatoria, ma rientrerebbe a pieno titolo nella parte normativa del contratto collettivo, in un'ottica del tutto opposta a quella fatta propria dall'Accordo interconfederale del 2011 e dal Testo Unico del 2014.

---

[31] Sanzioni di questo tipo, di natura prettamente sindacale, sono previste, ad esempio, nel settore dei servizi pubblici essenziali in caso di scioperi proclamati in violazione della particolare disciplina dettata dalla legge n. 146 del 1990, come modificata dalla legge n. 83 del 2000.

effetti del combinato disposto delle due clausole

Il combinato disposto delle clausole 9 e 11, in altri termini, potrebbe suggerire l'applicazione di sanzioni disciplinari anche con riferimento a comportamenti collettivi, con una evidente funzione deterrente anche nei confronti dell'esercizio del diritto di sciopero.

A scongiurare una tale interpretazione, con riferimento alla analoga disciplina contenuta nel testo precedente del contratto FCA[32], era stato sostenuto che detta clausola incidesse in realtà su comportamenti illeciti, ostruzionistici o di inadempimento dei singoli lavoratori, senza riguardare l'esercizio del diritto di sciopero[33].

Se è così, però, dette clausole non centrano il bersaglio[34] visto che i comportamenti appena descritti già possono essere sanzionati disciplinarmente in via ordinaria.

L'impressione finale, allora, è che neppure clausole del contratto FCA possono essere utilizzate per fondare un nuovo tipo di responsabilità dei singoli a fronte di comportamenti collettivi in nome dell'esigibilità, né risultano, del resto, casi in cui sia stata fatta valere una loro violazione in questi termini.

9. Il contratto FCA del 7 luglio 2015 prevede l'ulteriore e specifica responsabilità individuale del componente del Consiglio delle r.s.a.

consiglio delle r.s.a. unico titolare della potestà di attivare le misure di autotutela

Detto consiglio viene istituito dalla clausola 1 *bis* del Titolo I al fine di limitare la legittimazione alla proclamazione dello sciopero, escludendo che possa essere proclamato dalle singole r.s.a.

Si tratta di un **organo collegiale** che decide a maggioranza dei suoi componenti e che viene qualificato, infatti, come **l'unico titolare all'interno dell'unità produttiva della potestà di attivare le misure di autotutela sindacale** per il tramite delle procedure di raffreddamento previste dal successivo art. 12.

Secondo tali procedure, da esperire obbligatoriamente, lo sciopero deve essere proclamato a maggioranza dei componenti del Consiglio, con un preavviso di ventiquattro ore e previo esperimento di una serie di incontri conciliativi con la Direzione aziendale.

La violazione di tali procedure comporta la responsabilità "dei singoli r.s.a." e delle rispettive organizzazioni sindacali che hanno determinato la maggioranza in seno al Consiglio ai fini della deliberazione di scioperare.

Lo sciopero è illegittimo non perché i componenti del consiglio non fossero in astratto legittimati a votare la proclamazione, ma perché risultano violate le procedure conciliative che detta votazione devono precedere (es. mancato incontro conciliativo con la Direzione aziendale).

---

[32] Clausole 9 e 12 del Contratto collettivo specifico di I livello del 29 dicembre 2010, nella stesura definitiva del 13 dicembre 2011.

[33] R. De Luca Tamajo, *Accordo di Pomigliano e criticità del sistema di relazioni industriali italiane*, in *Riv. it. dir. lav.*, 2010, p. 807.

[34] L'espressione è di L. Nogler, *Ripensare il diritto di sciopero*, in *Giorn. dir. lav. rel. ind.*, 2012, p. 325.

Il riferimento ai "singoli r.s.a.", sempre alla luce della clausola 9, potrebbe aprire la questione dell'eventuale responsabilità disciplinare dei soggetti che hanno votato per la proclamazione dello sciopero e porre dubbi in relazione all'art. 40 Cost. [35].

In realtà le sanzioni per l'illegittimo operato di un organo collegiale dovrebbero riguardare l'organo stesso: infatti, in caso di reiterate violazioni, è prevista la decadenza del Consiglio, insieme a quella di tutte le r.s.a. [36]. L'affermazione di una responsabilità anche a carico dei singoli componenti del consiglio per i voti espressi appare, invece, incoerente con la natura collegiale dell'organo.

10. L'art. 16 St. lav. vieta i trattamenti economici collettivi aventi finalità discriminatoria ai sensi dell'art. 15. Per l'analisi di tale divieto si rinvia al cap. 4, par. 2.1.

[35] È vero, infatti, che la clausola 12 fa sempre riferimento alle sanzioni dalla stessa prevista (e quindi alle sanzioni collettive), ma è anche vero che la clausola 9, come già accennato, richiama pur sempre anche la responsabilità disciplinare. In particolare, la clausola 33, genericamente, punisce il lavoratore che "in ogni altro modo trasgredisca l'osservanza del presente contratto collettivo".

[36] Clausola 11, penultimo periodo.

Capitolo 13
Lo sciopero nei servizi pubblici essenziali

SOMMARIO: 1. Il contesto normativo e la nozione di servizio pubblico essenziale. – 2. Le fonti di regolamentazione dello sciopero nei servizi pubblici essenziali. – 3. La legge n. 146 del 1990: il suo contenuto direttamente precettivo. – 3.1. Le procedure di raffreddamento del conflitto e conciliazione. – 3.2. La procedura di proclamazione dello sciopero. – 3.3. L'azione sindacale sleale. – 3.4. Il preavviso e le deroghe al preavviso. – 3.5. Le prestazioni indispensabili. – 4. Il contratto collettivo: il problema dell'efficacia soggettiva. – 5. I codici di autoregolamentazione. – 6. Gli obblighi legali dei soggetti coinvolti nello sciopero. – 7. La Commissione di garanzia: natura giuridica e poteri. – 7.1. Prevenzione degli scioperi. – 7.2. Valutazione di idoneità. – 7.3. Provvisoria regolamentazione. – 7.4. Potere sanzionatorio e di segnalazione. – 8. La precettazione.

lo sciopero nei servizi pubblici fino all'intervento normativo del 1990

1. Anteriormente all'entrata in vigore della legge n. 146 del 1990 lo sciopero nei servizi essenziali era regolato da norme penali e amministrative[1] e dai codici di autoregolamentazione[2].

Gli artt. 330 e 333 del codice penale Rocco del 1930 prevedevano rispettivamente i reati di abbandono collettivo e individuale di un pubblico servizio.

elaborazione giurisprudenziale: 1) della nozione di servizio pubblico essenziale

Queste norme penali, quasi per nulla applicate nel nuovo ordinamento democratico e formalmente abrogate dalla legge del 1990, sono state oggetto di una serie di sentenze della Corte costituzionale che hanno avuto il merito di elaborare la nozione di servizio essenziale. Questa giurisprudenza ha infatti individuato, tra i servizi pubblici, **quelli essenziali perché di preminente interesse generale e diretti a garantire valori fondamentali legati all'integrità della vita e della sicurezza**[3].

2) del contemperamento tra diritto di sciopero e altri diritti costituzionali di pari o superiore rango

In secondo luogo, ha sottolineato l'esigenza **di contemperare l'esercizio del diritto di sciopero con l'esercizio di altri diritti di pari o superiore rango costituzionale**[4].

---

[1] In particolare, l'art. 20 del testo unico della legge comunale e provinciale del 1934.

[2] I sindacati confederali hanno sempre dettato regole ai propri iscritti nel tentativo di ridurre il danno prodotto dallo sciopero agli utenti: cfr. ad esempio il Protocollo del 18 luglio 1986 nel settore dei trasporti.

[3] Corte cost. 28 dicembre 1962, n. 123, in *Giur. cost.*, 1962, p. 1506 e in *Mass. giur. lav.*, 1962, p. 416.

[4] Corte cost. 17 marzo 1969, n. 31, in *Giur. cost.*, 1969, p. 431 e in *Mass. giur. lav.*, 1969, p. 1.

In terzo luogo, ha messo in evidenza **che nell'ambito del servizio essenziale alcune prestazioni devono considerarsi indispensabili, nel senso cioè che non possono non essere assicurate agli utenti**[5].

3) del concetto di prestazioni indispensabili

In questo contesto, la giurisprudenza costituzionale ha avuto modo di precisare gradualmente un principio ordinatore delle relazioni sindacali nel campo dei servizi essenziali secondo cui l'esercizio del diritto di sciopero non deve compromettere l'esercizio di altri diritti costituzionalmente garantiti.

La legge n. 146 del 1990, avente ad oggetto la regolamentazione del diritto di sciopero nell'ambito dei servizi pubblici essenziali, ha appunto accolto il principio elaborato dalla giurisprudenza costituzionale secondo cui sono essenziali i servizi aventi carattere di preminente interesse generale ai sensi della Costituzione[6] e diretti a garantire i **diritti della persona**[7] **di preminente rilievo costituzionale.**

elencazione esemplificativa dei diritti costituzionali della persona e dei servizi ad essi funzionali

La legge elenca **nel comma 1 dell'art. 1 i diritti della persona che non possono essere sacrificati dall'esercizio dello sciopero**, come il diritto alla vita, alla salute, alla sicurezza, alla libertà di circolazione, all'assistenza e previdenza sociale, all'istruzione, e **nel comma 2 indica, in via esemplificativa, i servizi funzionali alla loro soddisfazione**, sottolineando da un lato il carattere teleologico degli stessi servizi essenziali e dall'altro l'irrilevanza della natura pubblica o privata, autonoma o subordinata del rapporto di lavoro del prestatore che sciopera.

Il d.l. 20 settembre 2015, n. 146, convertito in legge 12 novembre 2015, n. 182, ha considerato come servizio pubblico essenziale, da garantire in caso di sciopero, la fruizione dei beni culturali e del patrimonio storico ed artistico, attraverso l'apertura regolamentata al pubblico di musei e luoghi della cultura, di cui all'art. 101 del codice dei beni culturali (d.lgs. n. 42 del 2004)[8]. In tal modo, il legislatore opta per una concezione più ampia del diritto della persona, ricomprendendovi dentro, non solo la salvaguardia e conservazione del patrimonio culturale (già prevista dalla legge n. 146/1990), ma, appunto, la sua fruizione al pubblico.

Tale impostazione, dopo una prima manifestazione di contrarietà, è stata recepita dalle parti sociali (FP Cgil, Cisl FP, Uil PA, Confsal Unsa e Filp) che hanno sottoscritto, presso l'ARAN, il 23 febbraio e l'8 marzo 2016, i relativi accordi sule prestazioni indispensabili, relativamente alla fruizione del patri-

---

[5] Corte cost. 3 agosto 1976, n. 222, in *Mass. giur. lav.*, 1976, p. 297.

[6] Corte cost. 28 dicembre 1962, n. 123, cit.

[7] L'uso dell'espressione "diritti della persona" consente di escludere da questa area i diritti di natura economico patrimoniale del datore di lavoro, pure costituzionalmente garantiti, con la conseguenza che non opera il contemperamento con l'esercizio del diritto di sciopero: v. Corte cost. 8 luglio 1992, n. 317, in *Giur. cost.*, 1992, p. 4437, con nota di G. Santoro-Passarelli.

[8] C. Zoli, *La fruizione dei beni culturali quale servizio pubblico essenziale*, in *C.S.D.L.E. "Massimo D'Antona"*, 2015, p. 277; M. Rusciano, *I servizi essenziali nei beni culturali: reprimere o prevenire il conflitto?*, in *Dir. lav. merc.*, 2015, p. 457 ss.

monio culturale di appartenenza statale e regionale o territoriale [9]. Accordi che sono stati poi valutati idonei dalla Commissione di garanzia [10].

Si tratta, indubbiamente, di una interpretazione estensiva del concetto di contemperamento del diritto di sciopero [11] che è posto con riferimento all'esigenza di tutela sancita nel primo comma dell'art. 13 Cost. Norma che, in questo caso, va letta in combinato disposto con il precedente art. 9 che tutela il paesaggio e il patrimonio storico e artistico della Nazione. Una tutela che, secondo il legislatore, non può fare a meno della garanzia di fruizione dello stesso.

Opportunamente, **la legge n. 146 del 1990 distingue tra servizio essenziale e prestazioni indispensabili**, eppure in qualche caso l'elencazione, talvolta minuziosa, dei servizi contenuta nell'art. 1 conduce a qualche sovrapposizione, nel senso che include tra i servizi essenziali attività che sono classificabili come prestazioni. È il caso dello svolgimento degli scrutini finali e degli esami rispetto all'istruzione.

nozione di servizi, strumentali ai servizi pubblici essenziali

Un discorso a parte meritano i c.d. **servizi strumentali dei servizi essenziali**. Si tratta di servizi funzionalmente collegati a quelli essenziali, la cui sospensione può pregiudicare l'erogazione del servizio pubblico finale e di conseguenza gli utenti che ne sono fruitori.

l'intervento integrativo e correttivo della legge n. 83 del 2000 sulla legge n. 146 del 1990

Così la Commissione di garanzia, nel settore del trasporto aereo, ha considerato strumentali al servizio di trasporto passeggeri, l'assistenza e il controllo del volo, l'assistenza tecnica ai *radar*, i servizi aeroportuali, il soccorso tecnico dei pompieri, i servizi di rifornimento carburante, *catering* e pulizia degli aerei [12]. E nel settore del trasporto ferroviario sono considerati strumentali i servizi di informazione passeggeri nelle stazioni, la pulizia e il rifornimento di acqua nei treni a lunga percorrenza. La Commissione, ha ritenuto, altresì come essenziale il servizio di refezione scolastica a favore di asili nido, scuole materne ed elementari in quanto il "tempo mensa" è parte integrante del progetto educativo e formativo della scuola e, dunque, dell'istruzione pubblica ai sensi dell'art. 1, comma 1, della legge [13]. In tali servizi cc.dd. strumentali, che

---

[9] Ad integrazione del precedente Accordo del Comparto Ministeri, dell'8 marzo 2005, pubblicato in *G.U.*, Serie generale, n. 96 del 27 aprile 2005

[10] Delibere n. 16/115 del 14 marzo 2016, e n. 16/129 del 21 marzo 2016.

[11] Sul tema G. Pino, *Rilettura della nozione di contemperamento/bilanciamento tra esercizio del diritto di sciopero e diritti dei cittadini nella complessità sociale*, in *Dir. lav. merc.*, 2017, p. 3 ss.; e Id., voce *Conflitto collettivo nei servizi pubblici essenziali* in *Enc. dir., Annali*, Vol. X, 2017, p. 265 ss.

[12] Regolamentazione provvisoria del trasporto aereo, delibera n. 14/387 del 13 ottobre 2014. La disciplina del settore del trasporto aereo attrae anche i servizi strumentali (delibera Comm. Gar. n. 07/570 del 18 ottobre 2007) e, all'interno di essi, i servizi di pulizia e di gestione bar e ristoranti (Cons. Stato 12 febbraio 2008, n. 467), l'attività di transito delle merci (cfr. T.A.R. Venezia 10 luglio 2014, n. 1009, in *Foro amm.*, 2014, 7-8, p. 2117) all'interno delle aerostazioni.

[13] Tale orientamento della Commissione, già confermato anche dal Tribunale del Lavoro di Milano, sentenza 29 giugno 2015, n. 1700. È stato ribadito da Cass., Sez. Un. 30

come si è detto rientrano nel campo di applicazione della legge n. 146 del 1990 e ss.mm., il conflitto è regolato dalla disciplina dei settori ai quali essi sono funzionalmente collegati [14].

Il legislatore è intervenuto nuovamente in materia con la **legge n. 83 del 2000**, che non ha modificato l'impianto della legge n. 146 del 1990, ma ha cercato di risolvere i punti critici, tenendo conto degli apporti della prassi sindacale, della giurisprudenza e della stessa Commissione di garanzia.

Le norme sullo sciopero nei servizi pubblici essenziali, ai sensi del nuovo art. 2-*bis* della legge n. 146 del 1990, **non si applicano soltanto ai lavoratori subordinati ma anche ai lavoratori autonomi, professionisti e piccoli imprenditori.**

estensione della sfera dei destinatari della disciplina: lavoratori autonomi, professionisti e piccoli imprenditori

Del resto, l'estensione dell'ambito di applicazione stabilito dalla legge n. 83 del 2000 costituisce lo sviluppo normativo di quell'orientamento risalente della giurisprudenza costituzionale volto a qualificare come sciopero e non serrata l'astensione dal lavoro dei piccoli imprenditori senza dipendenti.

Tale innovazione, che valorizza i codici emanati dalle associazioni di categoria, risulta importante anche sul piano dei principi perché una forma di autotutela analoga allo sciopero, tipico strumento di tutela dei lavoratori dipendenti, è riconosciuta anche ai lavoratori autonomi.

le fonti di regolamentazione dello sciopero nei servizi pubblici essenziali sono di matrice legale ed extralegale

2. La legge ha dovuto realizzare obiettivi di efficienza senza incidere né mortificare le prerogative del sindacato: a tal fine ha cercato di coniugare una parte immediatamente precettiva con una parte che affida il governo del conflitto ad altre fonti e, in particolare, alla contrattazione collettivo. E tuttavia anche i sindacati hanno difficoltà a realizzare il compito ad essi affidato dalla legge per la frammentarietà della rappresentanza sindacale, favorita dal fatto che **il legislatore non ha dettato criteri per la individuazione dei soggetti legittimati a proclamare lo sciopero.**

Contributi interessanti, in tal senso, provengono dall'ordinamento intersindacale, in particolare nell'ambito di un servizio pubblico essenziale di grande rilevanza quale quello del trasporto ferroviario. In tale servizio, è stato siglato, in data 31 luglio 2015, tra le Società del gruppo delle Ferrovie dello Stato – Trenitalia e le maggiori organizzazioni sindacali, un accordo per il rinnovo e il funzionamento della r.s.u., nel quale si delinea un preciso nesso tra titolarità negoziale della r.s.u. e titolarità del conflitto. La possibilità di pro-

luglio 2019, n. 20504, la quale non ha riconosciuto un diritto all'auto-refezione, ribadendo il valore educativo della refezione scolastica.

[14] Di recente, la Cassazione, con la sentenza 2 ottobre 2019, n. 24633, ha ribadito la riconduzione nell'ambito della disciplina del Trasporto aereo, in quanto servizio aeroportuale, dell'attività riguardante i controlli di sicurezza funzionale al traporto aereo delle merci, che negli aeroporti viene ormai svolta dal personale di Istituti di vigilanza privata (e non aeroportuale). Tale servizio, infatti, è funzionale alla tutela di beni di rilievo costituzionale quali la vita e la sicurezza delle persone.

clamare scioperi viene, così, assoggettata a due condizioni: *a*) che la proclamazione provenga, congiuntamente, da una o più delle organizzazioni sindacali che hanno firmato il Ccnl; *b*) che essa sia, inoltre, assunta dalla maggioranza qualificata del cinquanta per cento più uno dei componenti la r.s.u.

L'accordo, dunque, pone delle precise limitazioni proprio sull'esercizio del diritto di sciopero, nel momento in cui individua, il soggetto titolare a proclamarlo in ragione della sua rappresentatività e, presupponendo, con ciò, la legittimazione di tale soggetto a valutare l'interesse collettivo. Indubbiamente si può ritrovare un collegamento funzionale dell'accordo in questione con quanto stabilito, in tema di accertamento della rappresentatività, dalle più recenti intese sindacali unitarie: dall'accordo del 31 maggio 2013, al Testo Unico del gennaio 2014, al successivo documento di intesa del gennaio 2016.

In sede di esame dell'accordo, La Commissione non ha adottato una delibera di valutazione di idoneità, ai sensi dell'art. 13, lett. *a*) della legge n. 146, che avrebbe conferito allo stesso una efficacia *erga omnes*. L'Autorità di garanzia si è limitata a prendere atto dell'intesa tra le parti tra le parti firmatarie, esprimendo un "*vivo apprezzamento*", sul presupposto che l'accordo "*– nel coniugare l'esercizio del diritto di sciopero con l'effettiva rappresentatività del soggetto collettivo che lo proclama – risponde ad un principio di proporzionalità e garantisce il contemperamento fra il diritto di sciopero e i diritti dei cittadini costituzionalmente tutelati*" [15].

Si può ritenere che l'accordo in questione, pur nella sua efficacia soggettiva limitata ai soli soggetti che lo hanno sottoscritto, rappresenti, comunque, un'importante espressione dell'esigenza di individuare forme di selezione dei soggetti legittimati a proclamare scioperi, nel contesto dei servizi pubblici essenziali. È evidente come in tale contesto, per la sua natura sistemica e per essere contrassegnato, come anzi detto, da una eccessiva frammentazione sindacale, gli scioperi, anche se proclamati da soggetti sindacali poco rappresentativi, possono avere un potenziale, grave, effetto vulnerante per i diritti costituzionali dei cittadini utenti [16].

il contenuto direttamente precettivo della legge n. 146 del 1990

La legge n. 146 ha previsto, inoltre, come **fonti di disciplina dello sciopero**: il contratto collettivo, il regolamento di servizio emanato sulla base dell'accordo collettivo, i codici di autoregolamentazione propri dei lavoratori autonomi, il lodo emanato dalla Commissione di Garanzia, il potere di regolamentazione provvisoria della stessa Commissione e l'ordinanza di precettazione.

3. La legge indica diversi limiti all'esercizio dello sciopero:

1) il preventivo esperimento delle **procedure di raffreddamento e conciliazione del conflitto**;

---

[15] Delibera n. 16/373 del 6 ottobre 2015.

[16] Può rilevarsi indicativo il dato relativo al delicato settore dell'igiene ambientale, nel quale si rilevano oltre 30 sigle sindacali e ben 6 diverse associazioni dei datori di lavoro.

2) l'obbligo del **preavviso**;

3) l'obbligo di comunicare per iscritto la data, la durata, le modalità, nonché la motivazione dello sciopero sia al datore di lavoro, sia alle Autorità indicate nell'art. 8 della legge (Presidente del Consiglio dei Ministri, se lo sciopero ha rilevanza nazionale; Prefetto se di rilevanza locale), che a loro volta sono tenute a trasmettere immediatamente tale comunicazione alla Commissione di Garanzia;

4) il **divieto del c.d. effetto annuncio**, tipizzando la fattispecie dell'azione sindacale sleale;

5) **il rispetto delle regole di rarefazione**, ossia il rispetto di intervalli da osservare tra l'effettuazione di uno sciopero e la proclamazione del successivo, che operano in senso soggettivo (tra astensioni proclamate da una stessa organizzazione sindacale) e in senso oggettivo (tra astensioni proclamate da diverse organizzazioni sindacali). Generalmente tale intervallo non è inferiore a dieci giorni, ma in alcuni delicati servizi del traporto pubblico esso è stato ampliato finanche ad un massimo di 30 giorni [17];

6) il divieto di concomitanza, desumibile dall'art. 13, lett. *e*), che demanda alla Commissione di garanzia il compito di rilevare "*l'eventuale concomitanza tra interruzioni o riduzioni di servizi pubblici alternativi, che interessano il medesimo bacino di utenza*", al fine di evitare che servizi pubblici alternativi siano, contemporaneamente, interessati da astensioni (ad es., i servizi di trasporto aereo e ferroviario [18]);

7) il rispetto di misure dirette a consentire l'esecuzione delle prestazioni indispensabili.

Tali limiti, come ha avuto cura di precisare la giurisprudenza [19], sono da intendersi tassativi.

le procedure di raffreddamento del conflitto e conciliazione in funzione regolativa dello sciopero

3.1. Una delle novità più rilevanti, introdotta dalla legge n. 83 del 2000, riguarda le procedure di raffreddamento e di conciliazione, che devono essere obbligatoriamente effettuate da qualsiasi soggetto collettivo che intenda effettuare uno sciopero nel settore dei servizi pubblici essenziali, prima della proclamazione di questo e, al pari delle prestazioni indispensabili, devono essere inserite (art. 2, comma 2).

---

[17] Il principio della rarefazione oggettiva, sancito dall'art. 2, comma 2 della legge n. 146, è stato reinterpretato, in rilevanti settori, più semplicemente come obbligo di intervallo tra effettuazione di azioni di sciopero (e non, dunque, tra effettuazione e proclamazione): così, ad esempio, nelle Regolamentazioni provvisorie del trasporto aereo (delibera n. 14/387 del 13 ottobre 2014), nella quale il termine di intervallo tra azioni di sciopero è stato individuato dalla Commissione in 15 giorni per il servizio di trasporto passeggeri e 30 giorni per il servizio di controllo del traffico aereo; o del trasporto pubblico locale (delibera n. 18/138 del 23 aprile 2018), nella quale l'intervallo tra azioni di sciopero è fissato in 20 giorni.

[18] La Commissione di garanzia, ad esempio, con delibera interpretativa n. 245 del 13 aprile 2010, ha posto il divieto di contemporaneità di astensioni nel settore del trasporto ferroviario e di quello pubblico locale extraurbano.

[19] Cfr. Trib. Roma, Sez. lav., 17 ottobre 2012, n. 16718, in *Dir. giust.*, 2012.

Queste procedure intervengono, di solito, quando è già in essere uno stato di agitazione e configurano, in una logica di procedimentalizzazione del conflitto, un ulteriore tentativo di evitare l'astensione dal lavoro. Si dice, pertanto, che anch'esse svolgono una funzione regolativa dello sciopero.

la procedura di conciliazione in via amministrativa è possibile solo in caso di mancanza di accordo o per soggetti estranei alla contrattazione

Laddove le parti non intendano avvalersi delle procedure previste dagli accordi, possono esperire una diversa **procedura di conciliazione in via amministrativa**, presso la prefettura, il comune o il Ministero del lavoro a seconda della rilevanza territoriale del conflitto.

Se esiste il contratto collettivo applicabile, tuttavia, questa scelta non può essere effettuata unilateralmente da una delle parti, ma solo di comune accordo.

La Commissione, tuttavia, ha avuto modo di ridimensionare questa mera alternatività tra i due istituti procedurali, ribadendo che, almeno per le parti che hanno sottoscritto gli accordi sulle prestazioni indispensabili valutati idonei, sussista un obbligo a dar corso, preventivamente, alla procedura di raffreddamento, prevista in tali accordi [20]. Si è voluto, in tal modo, evitare una sorta di "fuga dal contratto", oltre che valorizzare proprio la procedura di raffreddamento che, nella prassi attuativa della legge, ha avuto una realizzazione più efficace rispetto a quella di conciliazione. Quest'ultima, svolta davanti all'autorità amministrativa, spesso si riduce, solamente, ad una rapida presa d'atto del mancato accordo tra le parti.

Viceversa, la stessa procedura amministrativa deve essere esperita dai soggetti rimasti estranei alla contrattazione, a meno che non intendano assoggettarsi volontariamente alle procedure conciliative previste dall'accordo.

La Commissione di garanzia ha escluso l'obbligo del preventivo esperimento delle procedure di raffreddamento e di conciliazione in caso di sciopero generale per la difficoltà di trovare un possibile interlocutore negoziale in grado di comporre i termini del conflitto; inoltre, in caso di mera adesione ad uno sciopero proclamato da altre organizzazioni sindacali, per il quale le procedure siano state esperite, con esito negativo [21].

Infine, è opportuno sottolineare che le procedure di raffreddamento e di conciliazione soddisfano esigenze diverse da quelle delle procedure di prevenzione.

La procedura di prevenzione, infatti, non è diretta a comporre un conflitto in atto o che comunque sta per essere attuato, ma è rivolta a intervenire, in linea generale ed astratta, sulle possibili cause di conflitto.

la procedura di proclamazione dello sciopero

3.2. A carico delle parti sociali sussistono una serie di doveri inerenti alla fase della proclamazione: in particolare, il dovere di rispettare le misure dirette a consentire l'erogazione delle prestazioni indispensabili e l'obbligo, per i soggetti che proclamano lo sciopero, **di comunicare per iscritto nel termine di**

---

[20] Delibere n. 00/173-3.2 del 18 maggio 2000, n. 00/174 del 1° giugno 2000, n. 00/210-4.1 del 21 settembre 2000

[21] Delibere del 20 luglio 2000 e n. 03/26 del 30 gennaio 2003.

preavviso (che a norma dell'art. 2, comma 5, non può essere inferiore a dieci giorni)[22] **la durata, le modalità di attuazione e le motivazioni dell'astensione collettiva dal lavoro.**

Mentre l'obbligo del preavviso consente all'utente di organizzarsi in vista della sospensione del servizio, il dovere di predeterminazione della durata dello sciopero implica, secondo l'orientamento della dottrina prevalente e della Commissione di garanzia[23], il **divieto di scioperi ad oltranza.**

Infine, l'obbligo di comunicare per iscritto le modalità e le motivazioni dell'astensione, consente indubbiamente forme di controllo nel merito della controversia da parte della Commissione di garanzia[24].

Destinatari della comunicazione sono le amministrazioni o imprese che erogano il servizio e l'apposito ufficio costituito presso l'autorità tenuta ad adottare l'ordinanza di precettazione, che ne cura l'immediata trasmissione alla Commissione di garanzia.

Le amministrazioni e le imprese erogatrici sono quindi tenute, a norma dell'art. 2, comma 6, a una serie di comunicazioni nei confronti degli utenti (v. *infra*, § 6).

3.3. L'art. 2, comma 6, formalizza il **divieto del c.d. effetto annuncio.** *effetto annuncio*

Ai sensi di questa disposizione, al di fuori dei casi in cui sia intervenuto un accordo tra le parti ovvero vi sia stata una richiesta della Commissione di garanzia o dell'autorità competente ad emanare l'ordinanza di precettazione, la revoca spontanea dello sciopero già proclamato, dopo che ne è stata data informazione all'utenza, costituisce **forma sleale di azione sindacale**. Tale condotta è valutata dalla Commissione di garanzia ai fini sanzionatori previsti dall'art. 4, commi da 2 a 4-*bis* (art. 2, comma 6)[25]. *azione sindacale sleale*

La revoca ingiustificata può essere censurata non soltanto dalla Commissione di garanzia ma anche in sede giudiziaria su iniziativa delle associazioni degli utenti abilitate ai sensi della legge n. 281 del 1998. L'art. 7-*bis* ha infatti riconosciuto a tali associazioni la legittimazione ad agire in giudizio nei confronti delle organizzazioni sindacali responsabili, quando lo sciopero sia stato revocato dopo la comunicazione all'utenza, al di fuori dei casi di cui all'art. 2,

---

[22] Per Cass. 20 giugno 2014, n. 14112, in *Foro it.*, 2014, 9, I, c. 2460, l'obbligo di preavviso riguarda esclusivamente la proclamazione dello sciopero, non ipotesi diverse come, ad esempio, la richiesta di un incontro per concordare il funzionamento dei servizi minimi essenziali.

[23] Secondo la delibera della Commissione di garanzia n. 11/568 del 17 ottobre 2011, in materia di astensione degli avvocati dalle udienze, la legge non consente agitazioni a tempo indeterminato.

[24] La Commissione, infatti, ha precisato come la comunicazione di sciopero, oltre ad essere chiara nei modi e nei tempi di effettuazione, debba anche indicare le motivazioni dell'astensione, per poter fornire una chiara rappresentazione delle cause di insorgenza del conflitto, delibera n. 634 del 14 novembre 2011.

[25] Si rinvia a G. Pino, *L'istituto della revoca dello sciopero e il c.d. effetto annuncio*, in *Dir. rel. ind.*, 2008, 18 ss.

comma 6, e da ciò consegua un pregiudizio al diritto degli utenti di usufruire con certezza dei servizi pubblici.

funzione del preavviso

3.4. In primo luogo, **il preavviso tutela l'interesse degli utenti ad utilizzare servizi alternativi o a programmare diversamente l'uso del servizio.** Non bisogna dimenticare, infatti, che nei servizi pubblici in generale, e in quelli essenziali in particolare, sono gli utenti i soggetti più colpiti dallo sciopero [26].

In secondo luogo, **il preavviso consente all'amministrazione o all'ente erogatore del servizio di predisporre le misure necessarie** per l'esecuzione delle prestazioni indispensabili e per favorire eventuali tentativi di composizione del conflitto.

deroghe al preavviso: ipotesi tassative

Le norme sul preavviso e sulla indicazione della durata non trovano applicazione, ai sensi dell'art. 2, comma 7, nei casi di astensione dal lavoro in difesa dell'ordine costituzionale o di protesta per gravi eventi lesivi dell'incolumità o della sicurezza dei lavoratori [27], fermo restando comunque, anche in questi casi, l'obbligo di garantire le prestazioni indispensabili. Si tratta di ipotesi tassative che sono state considerate in senso restrittivo dalla Commissione di garanzia, che non ha ricompreso all'interno di esse scioperi di natura politico-economica, o quelli posti in essere a seguito di mancata corresponsione delle retribuzioni [28], o per il generico pericolo di un evento lesivo che non comprometta effettivamente la sicurezza sul lavoro [29].

le prestazioni indispensabili devono essere determinate in primo luogo dalle parti sociali

3.5. La legge affida in primo luogo **alle parti sociali, attraverso la stipula di accordi collettivi** a livello aziendale o a livello nazionale, **il compito di individuare le prestazioni indispensabili**, ossia quelle prestazioni che devono comunque essere assicurate durante le astensioni per garantire il contemperamento dell'esercizio del diritto di sciopero con l'esercizio dei diritti costituzionalmente garantiti.

L'oggetto delle prestazioni indispensabili non è costituito esclusivamente dalle prestazioni dei lavoratori, ma anche dall'attività di organizzazione dell'imprenditore e dalla sua attività di cooperazione all'adempimento delle obbligazioni dei lavoratori. Il requisito dell'indispensabilità è infatti riferito alle prestazioni che il servizio essenziale deve comunque assicurare alla collettività.

La legge non indica il contenuto delle prestazioni indispensabili, ma affida al contratto collettivo il compito di specificarlo, imponendo una serie di modalità o, meglio, di soglie di esecuzione delle suddette prestazioni cui le parti devono in ogni caso uniformarsi.

---

[26] Gli enti erogatori del servizio in alcuni casi possono addirittura essere avvantaggiati in termini economici dallo sciopero, che sopprime un servizio non remunerativo.

[27] Corte cost. 10 giugno 1993, n. 276, in *Riv. it. dir. lav.*, 1993, II, p. 635.

[28] Vedi le delibere nn. 00/43-12.8 del 27 gennaio 2000; n. 00/90-12.1 del 17 febbraio 2000; n. 00/162-12.1 del 23 marzo 2000; n. 03/138 del 26 novembre 2003.

[29] Da ultimo, delibera n. 05/206 del 27 aprile 2005, n. 15 /720 del 20 luglio 2015.

In mancanza dell'accordo fra le parti la legge riconosce alla Commissione di garanzia il potere di individuare le prestazioni indispensabili, stabilendo altresì i limiti che devono essere rispettati dalla Commissione nell'esercizio del suddetto potere, denominato di **provvisoria regolamentazione** (art. 13, lett. *a*).

In primo luogo, **deve essere assicurato il 50% delle prestazioni normalmente erogate e, in secondo luogo, devono riguardare quote strettamente necessarie di personale non superiori mediamente al terzo del personale normalmente utilizzato per la piena erogazione del servizio nel tempo interessato dallo sciopero.**

Gli stessi limiti devono essere rispettati dalla Commissione di garanzia per **la valutazione dell'idoneità degli atti negoziali e di autoregolamentazione.**

La previsione di percentuali rigide e predeterminate non tiene conto delle peculiarità di ogni servizio pubblico e pone un problema che riguarda l'ambito di riferimento delle stesse. In altre parole, il terzo del personale **normalmente occorrente all'erogazione del servizio** va riferito, per es. nel caso dello sciopero dei macchinisti, al totale dei macchinisti, al totale del personale viaggiante, o al totale del personale delle ferrovie? E così per il personale del reparto di un ospedale.

Infine, nel caso di astensione dal lavoro **dei lavoratori autonomi, liberi professionisti e piccoli imprenditori**, la disciplina delle prestazioni indispensabili è contenuta in **codici di autoregolamentazione adottati dalle associazioni che li rappresentano.**

Se tali codici mancano o non sono valutati idonei, la Commissione di garanzia adotta la provvisoria regolamentazione (art. 2-*bis*).

4. La legge assegna **al contratto collettivo un ruolo centrale nel governo del conflitto.** In tale prospettiva, il contratto collettivo diventa fonte, sia pure *extra ordinem,* di disciplina dello sciopero. E tale qualificazione del contratto ripropone una serie di questioni.

In primo luogo, la legge scarica sul contratto collettivo le tensioni che derivano dalla regolamentazione di un diritto come quello di sciopero che, come già osservato (v. *retro*, cap. 12, § 4), continua ad essere considerato dalla prevalente dottrina e dalla giurisprudenza un diritto a titolarità individuale. La conseguenza è che, in taluni casi, viene messa a nudo la fragilità rappresentativa delle strutture sindacali e la stessa capacità del contratto di essere un efficace strumento di regolazione del conflitto, perché è incerto se i singoli l'osserveranno o no [30].

[30] Per una ricostruzione dello sciopero come un diritto a titolarità collettiva, anche con riferimento al modello normativo disegnato dalla legge 146, si rinvia a A. Zoppoli, *La titolarità sindacale del diritto di sciopero*, Napoli, 2006; E. Ghera, *Titolarità del diritto di sciopero, tregua o pace sindacale*, in *Dir. lav. merc.*, 2012 (2), p. 243; P. Lambertucci, *La titolarità del diritto di sciopero nelle ricostruzioni dottrinali e negli orientamenti giurisprudenziali: riesame critico*, in *Diritti fondamentali e regole del conflitto collettivo. Esperienze e prospettive*,

il problema dell'affidamento di un interesse pubblico ad un atto di autonomia privata

In secondo luogo, la legge n. 146 del 1990 assegna al contratto collettivo, oltre alla sua funzione tipica, anche quella di dare soddisfazione agli interessi degli utenti, quando siano costituzionalmente garantiti. In altre parole, la legge affida ad un atto di autonomia privata, e cioè libero nel fine, la cura di un interesse pubblico. Il riconoscimento di questa funzione al contratto impone all'interprete di affrontare il problema dell'efficacia soggettiva del contratto.

Al riguardo, l'art. 2 della legge n. 146 non dispone un rinvio materiale o formale ad altra fonte, ma ha affidato al contratto collettivo la funzione di integrare un precetto che trova la propria fonte in una norma primaria.

funzione regolamentare delegata del contratto collettivo e art. 39 Cost.

D'altra parte, anche in questo caso, il contratto sembra assolvere una "funzione regolamentare delegata"[31] non diversa da quella prevista dall'art. 5, legge n. 223 del 1991 sui criteri di scelta dei lavoratori da licenziare.

In questa ipotesi, come ha osservato la sentenza n. 344 del 1996 della Corte costituzionale, non rileva un conflitto di interessi tra imprenditori e lavoratori, bensì tra lavoratori addetti ai pubblici servizi e terzi (utenti), concernente il contemperamento dell'esercizio del diritto di sciopero con i diritti della persona costituzionalmente garantiti.

Nello sciopero nei servizi pubblici, l'obbligo per i singoli lavoratori di svolgere le prestazioni indispensabili non è un effetto direttamente collegabile al contratto collettivo, ma deriva direttamente dalla **valutazione di idoneità** che su di esso esprime la Commissione di Garanzia[32].

Anche rispetto ai lavoratori autonomi la generalità del vincolo del codice di autoregolamentazione dipende **dalla valutazione positiva** della Commissione di Garanzia, mentre **la valutazione negativa della stessa Commissione** priva il codice di efficacia nei confronti di tutti i lavoratori.

Infine, va ricordato che, come si è già avuto modo di dire, la valutazione positiva della Commissione non produce l'effetto di estendere l'efficacia delle regole procedurali in tema di raffreddamento e conciliazione nei confronti delle organizzazioni che non hanno partecipato alla loro negoziazione.

L'imposizione di un'obbligazione contrattuale siffatta al sindacato che non abbia stipulato il contratto costituirebbe una lesione del principio di libertà dell'organizzazione sindacale sancito dall'art. 39, comma 1, Cost.

---

cit., 65; G. Pino, *Conflitto e autonomia collettiva*, Torino, 2005, p. 129; considerazioni critiche in Carinci, *Il diritto di sciopero: la* nouvelle vague *all'assalto della titolarità individuale*, in *Giorn. dir. lav. rel. ind.*, 2009, p. 423 ss.

[31] Ha coniato questa espressione Corte cost. 30 giugno 1994, n. 268, in *Dir. lav.*, 1994, II, p. 160.

[32] Come ha sottolineato la sentenza n. 344 della Corte "l'accordo collettivo è un elemento necessario anche se non sufficiente di un procedimento incentrato sull'intervento di un'autorità come la Commissione di Garanzia" e l'obbligo nei confronti della generalità dei lavoratori di svolgere le prestazioni indispensabili non è un effetto direttamente collegabile al contratto collettivo perché deriva da un atto della Commissione o, come si vedrà, dalla precettazione.

5. Nella legge n. 146 del 1990 è riconosciuto ampio spazio ai **codici di autoregolamentazione dello sciopero dei lavoratori autonomi, professionisti e piccoli imprenditori**[33].

i codici di autoregolamentazione

Le associazioni dei lavoratori autonomi, professionisti e piccoli imprenditori, diversamente dai sindacati dei lavoratori subordinati, **devono provvedere unilateralmente** a limitare l'astensione dal lavoro dei loro iscritti attraverso l'adozione di codici di autoregolamentazione per contemperare l'esercizio del diritto di sciopero con l'esercizio dei diritti della persona costituzionalmente garantiti.

La rilevanza di questi codici è confermata dall'art. 4, comma 4, che prevede, in caso di violazione degli stessi, l'irrogazione di sanzioni amministrative pecuniarie (*infra*, § 7.4).

6. L'obbligo di **garantire l'esecuzione delle prestazioni indispensabili** è sancito dall'art. 2, comma 3 e incombe:

gli obblighi legali dei soggetti coinvolti nello sciopero

a) sui soggetti che promuovono lo sciopero, o che vi aderiscono;

b) sui lavoratori che esercitano il diritto di sciopero;

c) sulle amministrazioni e le imprese erogatrici dei servizi;

d) sulle associazioni dei lavoratori autonomi, professionisti e piccoli imprenditori in solido con i singoli iscritti.

a) Quanto ai soggetti che promuovono lo sciopero, va subito osservato che questa formula così ampia legittima alla proclamazione dello sciopero non solo le organizzazioni sindacali, ma ogni struttura sindacale anche non associativa e occasionale.

promotori dello sciopero

Tale formula, volutamente non selettiva, è ripetuta dall'art. 4, comma 2 in materia di sanzioni e dall'art. 10 in materia di impugnazione dell'ordinanza di precettazione.

La proclamazione dello sciopero è quindi obbligatoria e va effettuata in forma scritta, con l'indicazione del preavviso, della durata, delle modalità di attuazione e delle motivazioni dell'astensione (art. 2, comma 1).

Le limitazioni procedurali alla proclamazione, intese come **condizione di legittimità degli scioperi, gravano non soltanto sulle organizzazioni dei lavoratori che proclamano lo sciopero o vi aderiscono** (art. 4, comma 2), **ma anche sui singoli lavoratori**, che non possono legittimamente scioperare se non sono stati effettuati tali adempimenti (art. 4, comma 1).

b) I lavoratori che esercitano il diritto di sciopero sono obbligati a garantire, durante lo sciopero, le prestazioni indispensabili individuate preventivamente dalla contrattazione collettiva. In assenza di accordi collettivi o qualora

lavoratori che esercitano il diritto di sciopero

[33] P. Ferrari, *Le forme del conflitto nell'universo del lavoro autonomo, professionale e imprenditoriale*, in *Diritti fondamentali e regole del conflitto collettivo*, a cura di G. Pino, Milano, 2015, p. 279 ss.

essi non siano ritenuti idonei, i **lavoratori devono attenersi alle modalità stabilite dalla provvisoria regolamentazione adottata dalla Commissione a norma dell'art. 13, lett. *a*).**

imprese e amministrazioni erogatrici del servizio

c) Anche le imprese e le amministrazioni erogatrici dei servizi sono obbligate a garantire le prestazioni indispensabili il cui oggetto, giova ricordarlo, non è costituito esclusivamente dalle prestazioni dei lavoratori, ma anche dall'attività di organizzazione dell'imprenditore e dalla sua attività di cooperazione all'adempimento dell'obbligazione lavorativa.

gli obblighi di informazione

L'art. 2, legge n. 146 del 1990 prevede, a carico degli enti erogatori di servizi pubblici essenziali, importanti **obblighi di informazione** a favore dell'utenza al fine di garantire la concreta attuazione degli scopi indicati nella legge:

1) a carico degli enti erogatori di servizi pubblici essenziali

1) Al riguardo è espressamente stabilito l'obbligo, **per le amministrazioni o le imprese erogatrici dei servizi**, di informare gli utenti, nelle forme adeguate e **almeno cinque giorni prima dell'inizio dello sciopero, dei modi e dei tempi di erogazione dei servizi nel corso dello sciopero e delle misure per la riattivazione degli stessi**. Devono, inoltre, garantire e **rendere nota la pronta riattivazione del servizio, quando l'astensione dal lavoro sia terminata** (art. 2, comma 6) al fine di evitare i disagi che possono investire gli utenti una volta che lo sciopero sia compiuto.

2) a carico dei servizi di informazione pubblici e privati

2) Analogo obbligo di informazione grava sul **servizio pubblico radiotelevisivo** il quale è tenuto a dare **tempestiva e completa comunicazione sull'inizio, la durata, le misure alternative e le modalità dello sciopero** nel corso dei telegiornali e giornali radio. Sono inoltre tenuti a dare le medesime informazioni i giornali quotidiani e le emittenti radiofoniche e televisive che si avvalgano di finanziamenti o, comunque, di agevolazioni tariffarie, creditizie o fiscali previste da leggi dello Stato (art. 2, comma 6).

3) obblighi più rigorosi per amministrazioni e imprese erogatrici di servizi di trasporto

3) L'obbligo di comunicazione assume un contenuto più rigoroso **per le amministrazioni e le imprese erogatrici dei servizi di trasporto**, le quali sono tenute a comunicare agli utenti, contestualmente alla pubblicazione degli orari dei servizi ordinari, **l'elenco dei servizi che saranno garantiti comunque in caso di sciopero e i relativi orari** (art. 2, comma 2).

La rilevanza che tali informazioni rivestono per i fruitori dei servizi essenziali è rafforzata dall'art. 7-*bis*, lett. *b*) della legge che legittima le associazioni degli utenti ad agire in giudizio nei confronti delle amministrazioni, degli enti o delle imprese che erogano i servizi di cui all'art. 1, qualora non vengano fornite adeguate informazioni agli utenti, con conseguente pregiudizio del diritto degli stessi di usufruire dei servizi pubblici secondo standard di qualità e di efficienza.

Si tratta, praticamente, del riconoscimento di una *class action* finalizzata ad una tutela processuale degli utenti, attraverso le loro organizzazioni rappresentative, di fronte a violazioni della legge. Tale norma è espressione dell'interesse del legislatore a garantire, oltre gli interessi sindacali, altre tipologie di interessi collettivi, ampi, diffusi e organizzati, quali, appunto quelli dei cittadini utenti[34]. Interesse che, tuttavia, non si può dire abbia avuto un adeguato sviluppo nell'esperienza attuativa della legge n. 146[35].

lavoratori autonomi

4) **Anche i lavoratori autonomi in solido con le loro associazioni** sono tenuti a garantire l'esecuzione delle prestazioni indispensabili stabilite dai loro codici di autoregolamentazione o in mancanza dalla Commissione di Garanzia[36] (art. 2-*bis*).

la Commissione di Garanzia: natura giuridica e poteri

7. La **Commissione di Garanzia** può essere annoverata fra le Autorità indipendenti, cioè quelle Autorità dotate di un elevato grado di autonomia e indipendenza che si collocano al di fuori dell'organizzazione gerarchica della pubblica amministrazione, in posizione di terzietà e neutralità rispetto agli interessi regolati dalla loro azione[37].

Il **modello delle *Authorities*** (più diffuso nella tradizione anglosassone) segna l'introduzione nel nostro ordinamento di un tipo di amministrazione autocefala, non soggetta all'Esecutivo, ma soltanto alla legge, avente come principale funzione il controllo della legittimità dello sciopero nei servizi pubblici.

La composizione del collegio e le modalità di svolgimento del mandato garantiscono un alto grado di **autonomia** dell'Organismo, rafforzato da un regime delle incompatibilità formalmente molto severo[38].

La Commissione può essere considerata il terzo attore nella definizione della regolamentazione e delle procedure che governano lo sciopero nei servizi pubblici. Essa spinge le parti a stabilire le regole e valuta la conformità del comportamento delle parti rispetto ad esse.

---

[34] In tal senso C. Rienzi, *Il ruolo delle associazioni dei cittadini utenti e la prospettiva della* class action *nella legge 146 del 1990 e successive modificazioni*, in *Diritti fondamentali e regole del conflitto collettivo*, a cura di G. Pino, cit., p. 299 ss.; in precedenza, F. De Falco, *Gli utenti*, in F. Santoni (a cura di), *Le regole dello sciopero*, Napoli, 2002, p. 65 ss.

[35] Sul tema G. Pino, *Il ruolo delle associazioni degli utenti nella* governance *del conflitto collettivo nei servizi pubblici essenziali. Nuove possibili prospettive*, in *Lav. pubbl. amm.*, 2019, p. 1 ss.

[36] Cfr. la delibera n. 10/536 del 20 settembre 2010 sull'idoneità del codice di autoregolamentazione degli avvocati. V. Cass. pen., Sez. Un., 14 marzo 2014, n. 40187.

[37] A. Morrone, C. Caruso, *La Commissione sullo sciopero come organo di garanzia politico-costituzionale*, in *Diritti fondamentali e regole del conflitto collettivo*, cit., p. 355 ss.; M. D'Aponte, *Autorità e indipendenza della Commissione di garanzia nei conflitti sindacali*, Torino, 2014, p. 33 ss.; sul tema generale, F. Merusi, *Democrazia e autorità indipendenti Un romanzo "quasi" giallo*, Bologna, 2000.

[38] La Commissione è composta da esperti in materia di diritto costituzionale, di diritto del lavoro e di relazioni industriali e nominati con decreto del Presidente della Repubblica su designazione dei Presidenti delle Camere. Non possono far parte della Commissione i parlamentari, le persone che rivestono cariche pubbliche elettive, di partito o sindacali. Il d.l. n. 194 del 2009, conv. in legge n. 25 del 2010, all'art. 1, comma 23-*duodecies* ha portato da tre a sei anni la durata in carica e l'art. 23, comma 1, lett. *i*) del d.l. 6 dicembre 2011, n. 201, convertito in legge 22 dicembre 2011, n. 214, ha ridotto a 5 il numero dei componenti, compreso il Presidente, rispetto ai 9 precedentemente previsti.

Si può dire che la Commissione di Garanzia tende a creare con la sua giurisprudenza orientamenti e linee guida per le parti sociali, finendo così per assolvere a quella **funzione nomofilattica** propria della Cassazione.

La legge n. 146 attribuisce alla Commissione di Garanzia una serie di poteri.

potere d'ordine della Commissione di garanzia

7.1. La Commissione, in alcuni casi[39], con apposita delibera, **può invitare** i soggetti che hanno proclamato lo sciopero **a differire la data dell'astensione dal lavoro** (art. 13, lett. *c*), *d*), *e*) e in generale può **invitare** le amministrazioni o imprese a **desistere da comportamenti che possano determinare l'insorgenza o l'aggravamento di conflitti in corso** (art. 13, lett. *h*)[40].

Si tratta, in realtà, **di inviti provvisti di una certa natura cogente**, perché alla mancata ottemperanza di essi può far seguito, a conclusione del procedimento di valutazione del comportamento del soggetto inottemperante, l'applicazione di sanzioni, sia di natura individuale che collettiva (art. 4) (v. *infra*, § 7.4).

valutazione di idoneità

7.2. Accanto al potere sanzionatorio, compete alla Commissione **il potere di valutare positivamente o negativamente l'idoneità delle prestazioni indispensabili** (art. 13, lett. *a*) e **delle procedure di raffreddamento e di conciliazione e delle altre misure** individuate con accordo dalle parti sociali e dirette a realizzare il contemperamento del diritto di sciopero con i diritti costituzionalmente garantiti.

Qualora tali accordi manchino o non siano valutati idonei, la Commissione di Garanzia sottopone alle parti una proposta, ancora non vincolante, sull'insieme delle prestazioni, procedure e misure da considerare indispensabili.

Se le parti non si pronunciano sulla proposta della Commissione entro quindici giorni dalla notifica, quest'ultima, dopo aver verificato l'indisponibilità delle parti stesse a raggiungere un accordo esercita, ai sensi dell'art. 13, lett. *a*), **il potere di provvisoria regolamentazione delle prestazioni indispensabili**, delle procedure di raffreddamento e di conciliazione e delle altre misure di contemperamento, comunicandola alle parti interessate, che sono tenute ad osservarla fino al raggiungimento di un accordo valutato idoneo.

7.3. Il riconoscimento del potere di regolamentazione provvisoria alla Commissione di Garanzia costituisce la norma di chiusura della legge sullo sciope-

---

[39] Al fine di consentire ulteriori tentativi di mediazione, o in caso di illegittimità della proclamazione o in caso di concomitanza tra scioperi relativi a servizi alternativi che interessano uno stesso bacino di utenza.

[40] Se ne ricorrono i presupposti, la Commissione di Garanzia può, in sede di audizione delle parti e al fine di prevenire gli scioperi, formulare una proposta di risoluzione della controversia. Qualora le parti aderiscano alla proposta questa acquista carattere vincolante con la conseguenza che potrà essere fatta valere dinanzi alle autorità giurisdizionali competenti in caso di eventuale inadempimento Cfr. delibera n. 1 del 2 gennaio 2015 interpretativa dell'art. 13, comma 1, lett. *c*) della legge n. 146 del 1990, e successive modificazioni.

ro nei servizi pubblici essenziali, e pone fine ad una stagione di incertezze sulla qualificazione giuridica delle proposte della Commissione le quali, ai sensi della normativa precedente, non avevano efficacia vincolante.

La **natura autoritativa dell'atto di provvisoria regolamentazione** della Commissione e l'obbligo imposto a quest'ultima di motivare adeguatamente i casi particolari in cui si discosta dalle percentuali che devono contrassegnare lo svolgimento delle prestazioni indispensabili mettono in evidenza l'ulteriore problema del sindacato del giudice sugli atti di natura autoritativa della Commissione.

il problema della giurisdizione: del giudice ordinario o amministrativo

Resta da accertare se la **giurisdizione** debba essere quella del giudice ordinario o del giudice amministrativo. Del secondo se si riconosce che è un'ipotesi di giurisdizione esclusiva in materia di pubblici servizi (cfr. art. 33, d.lgs. n. 80 del 1998) e che si tratta della tutela di una posizione soggettiva avente il rango di interesse legittimo. Del primo se si riconosce che la delibera della Commissione finisce per incidere su un diritto soggettivo di rango costituzionale come lo sciopero.

Come è stato rilevato, le regolamentazioni provvisorie sono divenute i "pilastri" del sistema di regole vigenti in molti servizi pubblici essenziali (basti pensare al settore del trasporto aereo, delle poste e telecomunicazioni, al trasporto taxi, agli avvocati, alle farmacie) e il rapporto tra negoziazione collettiva e regolamentazione provvisoria "è una relazione dialettica che si svolge in un susseguirsi di incontri, audizioni, scambi di proposte e di controproposte" [41].

potere sanzionatorio

7.4. La Commissione di Garanzia è inoltre titolare di un **potere sanzionatorio** [42], che può comportare l'irrogazione di:

a) sanzioni individuali nei confronti dei singoli lavoratori;
b) sanzioni collettive nei confronti delle organizzazioni sindacali;
c) sanzioni nei confronti degli enti erogatori dei servizi;
d) sanzioni nei confronti dei lavoratori autonomi e delle loro associazioni.

a) I prestatori di lavoro partecipanti ad uno sciopero illegittimo sono soggetti a sanzioni disciplinari proporzionate alla gravità dell'infrazione, con esclusione delle misure estintive del rapporto o di quelle che comportino mutamenti definitivi dello stesso (art. 4, comma 1).

L'applicazione delle sanzioni disciplinari, pur essendo affidata al datore di lavoro, non si può dire che costituisca esercizio del potere disciplinare [43]: la

[41] Così M.V. Ballestrero, *Diritto sindacale*, Torino, 2004, pp. 323-324.

[42] A. Zoppoli, *Responsabilità per sciopero illegittimo e potere sanzionatorio della Commissione di garanzia*, in *Diritti fondamentali e regole del conflitto collettivo. Esperienze e prospettive*, a cura di G. Pino, cit., p. 389; M. Pallini, *Le sanzioni nel sistema della legge 146/1990*, in *Trattato di diritto del lavoro*, a cura di F. Carinci e M. Persiani, Padova, 2011, p. 358 ss.

[43] Si tratta di "un potere strumentale alla salvaguardia delle finalità limitative dello sciopero (quindi collegato alla tutela di un interesse pubblico)" (Corte cost. 24 febbraio

sanzione infatti è irrogata per garantire un interesse pubblico e non un interesse del datore di lavoro e questo spiega perché è un atto dovuto e non discrezionale.

La Commissione valuta il comportamento dei singoli lavoratori con la procedura prevista dall'art. 4, comma 4-*quater* e, se rileva violazioni o eventuali inadempienze degli obblighi legali o contrattuali sulle prestazioni indispensabili, delibera le sanzioni previste dall'art. 4 e **prescrive al datore di lavoro di aprire il procedimento disciplinare nei confronti dei lavoratori** che non abbiano posto in essere l'attività richiesta, **applicando le relative sanzioni**.

b) Le **sanzioni collettive irrogate nei confronti delle organizzazioni sindacali dei lavoratori** che proclamano o aderiscono a uno sciopero in violazione delle disposizioni di cui all'art. 2, consistono nella **sospensione dei permessi sindacali retribuiti e/o dei contributi sindacali**.

La legge stabilisce un minimo di 2.500 euro e un massimo di 50.000 euro (raddoppiabile se lo sciopero viene effettuato anche in dispregio dell'invito della Commissione a revocare o rinviare lo stesso, *ex* art. 13, lett. *c*), *d*), ed *h*). Nell'ambito di tale previsione, sarà la stessa Autorità di garanzia a deliberare e quantificare, caso per caso, l'entità della sanzione tenendo conto della gravità della violazione e della consistenza associativa del soggetto collettivo al quale è rivolta la sanzione.

Anche le sanzioni collettive sono applicate dal datore di lavoro, il quale deve procedere senza alcuna discrezionalità (a differenza delle sanzioni individuali), essendo la sanzione, come anzidetto, già determinata nel *quantum* dalla Commissione. Egli dovrà versare all'Inps la relativa somma trattenuta ed è sanzionato dalla legge ogni suo ritardo ingiustificato nell'applicazione delle sanzioni deliberate dalla Commissione (art. 4, comma 4-*sexies*).

È prevista, altresì, un'ulteriore sanzione di tipo collettivo, che la legge prevede non in via autonoma, ma irrogabile solo in aggiunta a quelle sopra esaminate, consistente nella esclusione dalle trattative per un periodo di due mesi dalla cessazione del comportamento (art. 4, comma 2).

Sono previste sanzioni amministrative pecuniarie nei confronti di quelle organizzazioni sindacali che non fruiscono dei benefici patrimoniali o non partecipino alle trattative (art. 4, comma 4-*bis*).

c) Sono irrogate **sanzioni amministrative pecuniarie nei confronti dei dirigenti responsabili delle amministrazioni pubbliche e dei legali rappresentanti delle imprese** che non osservino le disposizioni previste dal comma 2, dell'art. 2, o gli obblighi derivanti dalla regolamentazione provvisoria della Commissione di Garanzia, o che non prestino una corretta informazione al-

---

1995, n. 57, in *Foro it.*, 1995, I, c. 2407). Sul tema, G. Santoro-Passarelli, *Vecchi e nuovi problemi in materia di sciopero nei servizi pubblici essenziali*, in *Riv. it. dir. lav.*, 1999, I, p. 54; F. Santoni, *Le prospettive di riforma delle regole sugli scioperi*, in *Diritti fondamentali e regole del conflitto collettivo,* cit., p. 441.

l'utenza (art. 4, comma 4). Come si è accennato, l'art. 4, comma 4-*sexies* ha previsto, inoltre, l'irrogazione di una sanzione amministrativa a carico dei datori di lavoro e dei dirigenti responsabili delle amministrazioni pubbliche che non applichino le sanzioni individuali o collettive nei termini indicati.

d) Parimenti soggette alla sanzione amministrativa pecuniaria sono le associazioni e gli organismi rappresentativi dei lavoratori autonomi, professionisti e piccoli imprenditori, in solido con i singoli lavoratori autonomi, che aderendo alla protesta si siano astenuti dalle prestazioni, in caso di violazione dei codici di autoregolamentazione di cui all'art. 2-*bis*, o della regolazione provvisoria della Commissione di Garanzia e in ogni altro caso di violazione dell'art. 2, comma 3. Tali sanzioni, deliberate dalla Commissione di Garanzia, sono applicate con ordinanza-ingiunzione della Direzione territoriale del lavoro-sezione ispettorato del lavoro (art. 4, comma 4, secondo periodo).

In occasione delle recenti Relazioni annuali ai Presidenti delle Camere, la Commissione di garanzia ha rappresentato l'esigenza di una revisione degli importi delle sanzioni nella loro previsione massima. Tali importi, infatti, si rivelano già inadeguati per le grandi organizzazioni sindacali, rischiano poi di essere del tutto irrilevanti e privi di valore deterrente per le amministrazioni e le grandi imprese [44].

8. La **precettazione** regolata dalla legge n. 146 è un istituto già conosciuto dall'art. 2 T.U. della legge di pubblica sicurezza del 1931 e dall'art. 20 della legge comunale provinciale del 1934. Tuttavia, all'epoca, la precettazione non aveva la funzione di regolare il diritto di sciopero perché nell'ordinamento corporativo lo sciopero, lungi dall'essere un diritto, era considerato reato. *la precettazione*

Ciononostante, questa disciplina, pur estranea all'ordinamento vigente, con l'ausilio interpretativo della Corte costituzionale ha assolto alla funzione di apprestare qualche regolamentazione all'esercizio del diritto di sciopero nei servizi pubblici essenziali dagli anni '70 fino al 1990. Attualmente, anche se non può considerarsi del tutto abrogata la disciplina tradizionale della precettazione, si deve ritenere che la sua riformulazione nella legge n. 146, ne farebbe venire meno i presupposti applicativi, nei servizi pubblici essenziali [45].

---

[44] Si veda la Relazione ai Presidenti della Camere presentata al Senato il 18 giugno 2019, sull'attività della Commissione nell'anno 2018, pubblicata in *Dir. rel. ind.*, 2019, p. 751 ss., qui p. 763.

[45] G. Santoro Passarelli, *Vecchi e nuovi problemi in materia di sciopero nei servizi pubblici essenziali*, in *Riv. it. dir. lav.*, 1999, p. 66; A. Vallebona, *La Precettazione*, in *Le regole dello sciopero nei servizi pubblici essenziali*, cit., 141 ss.; M.V. Ballestrero, *La precettazione tra disciplina legale e prassi applicativa. Questioni aperte*, in *Diritti fondamentali e regole del conflitto collettivo*, cit., p. 425 ss.

presupposti per una legittima ordinanza di precettazione

Presupposti per l'emanazione dell'ordinanza di precettazione sono:

a) il fondato pericolo di un **pregiudizio grave e imminente ai diritti della persona costituzionalmente garantiti** che potrebbe essere cagionato dall'interruzione o dalla alterazione del funzionamento dei servizi pubblici, conseguenti all'esercizio dello sciopero o di forme di astensione collettiva di lavoratori autonomi, professionisti e piccoli imprenditori;

b) l'attivazione del procedimento da parte della Commissione di garanzia, che, sulla base di quanto stabilito dagli artt. 8, comma 1 e 13, lett. *f*), segnala all'autorità competente le situazioni nelle quali dallo sciopero o dall'astensione collettiva possa derivare un imminente e fondato pericolo di pregiudizio ai diritti della persona costituzionalmente tutelati e, in tali casi, formula proposte in ordine alle misure da adottare con ordinanza al fine di prevenire il predetto pregiudizio.

Sono però fatti **salvi i casi di necessità e urgenza**, nei quali l'Autorità precettante può procedere di propria iniziativa informando preventivamente la Commissione di garanzia.

In ordine agli obblighi consultivi, il Presidente del Consiglio o un Ministro da lui delegato, se il conflitto ha rilievo nazionale o interregionale, o il prefetto, quando il conflitto è locale, dopo l'invito a desistere dai comportamenti che determinano la situazione di pericolo e dopo aver esperito con esito negativo il tentativo di conciliazione, adotta con ordinanza le misure necessarie a prevenire il pregiudizio ai diritti della persona costituzionalmente garantiti (art. 8, comma 1).

il contenuto dell'ordinanza di precettazione

Quanto al **contenuto** dell'ordinanza di precettazione, questa può prevedere:

1) il differimento o la riduzione della durata dell'astensione collettiva, procedendo se necessario all'unificazione di più astensioni collettive già proclamate (art. 8, comma 2);

2) l'integrazione delle regole attraverso la prescrizione di misure idonee ad assicurare livelli di funzionamento dei servizi compatibili con la salvaguardia dei diritti costituzionalmente garantiti.

l'ordinanza emanata in una fase antecedente la determinazione delle regole non è qualificabile come fonte di produzione normativa

L'ordinanza emanata in una fase antecedente la determinazione delle regole non è qualificabile come fonte di produzione normativa alla stregua di quelle esplicitamente indicate dalla legge n. 146, ma è un provvedimento che riguarda lo specifico episodio di sciopero [46].

L'ordinanza di precettazione deve essere adottata non meno di 48 ore prima dell'inizio dell'astensione collettiva e deve specificare il periodo di tempo durante il quale i provvedimenti dovranno essere osservati dalle parti (art. 8, comma 2, ultimo periodo). **Inoltre tale ordinanza** deve essere **portata a conoscenza dei destinatari mediante affissione nei luoghi di lavoro e di essa va data notizia** dai giornali o dal servizio pubblico radiotelevisivo (art. 8, comma 3).

---

[46] V., in questo senso, A. Vallebona, *Il ruolo del giudice nel sistema della legge sullo sciopero nei servizi essenziali*, in *Mass. giur. lav.*, 1991, p. 326.

Contro l'ordinanza di precettazione può essere presentato ricorso dinanzi al Tribunale amministrativo regionale, entro sette giorni dalla sua comunicazione o affissione nei luoghi di lavoro, da parte dei destinatari del provvedimento che ne abbiano interesse. La proposizione del ricorso non sospende l'immediata esecutività dell'ordinanza, tuttavia, se ricorrono fondati motivi, il Tar, acquisite le deduzioni delle parti, nella prima udienza utile, sospende il provvedimento impugnato anche solo limitatamente alla parte in cui eccede l'esigenza di salvaguardia.

ricorso al TAR contro l'ordinanza di precettazione

In tema di **sanzioni per inottemperanza all'ordinanza di precettazione i singoli prestatori di lavoro, professionisti o piccoli imprenditori** che non osservino le disposizioni contenute nell'ordinanza sono soggetti alla sanzione amministrativa pecuniaria per ogni giorno di mancata ottemperanza determinabile, con riguardo alla gravità dell'infrazione e alle condizioni economiche dell'agente, da euro 500 ad euro 1000 (art. 9, comma 1).

le sanzioni per inottemperanza all'ordinanza di precettazione: individuali ...

Invece, **le organizzazioni sindacali dei lavoratori e gli organismi di rappresentanza dei lavoratori autonomi** sono passibili di una sanzione amministrativa pecuniaria da euro 2.500 a euro 50.000 per ogni giorno di mancata ottemperanza, a seconda della consistenza economica dell'associazione e della gravità dell'infrazione.

... per le organizzazioni di rappresentanza ...

Infine, **i preposti al settore** nell'ambito degli enti o delle imprese erogatrici di servizi sono sospesi dall'incarico per un periodo non inferiore a trenta giorni e non superiore ad un anno (art. 9, comma 2).

Le sanzioni sono **irrogate con decreto dalla stessa autorità che ha emanato l'ordinanza.**

autorità competente per l'irrogazione della sanzione per i preposti al settore

Capitolo 14
Le forme di lotta sindacale diverse dallo sciopero

SOMMARIO: 1. Le forme di lotta sindacale non penalmente perseguibili. – 2. Le forme di lotta sindacale penalmente incriminabili.

1. Oltre allo sciopero, **altri comportamenti dei lavoratori, pur non risolvendosi in un'astensione dal lavoro** ***tout court***, vengono comunque considerati nella prassi sindacale **strumenti di lotta finalizzati a danneggiare il datore di lavoro** [1].

Indipendentemente dal nome attribuito, è bene accertare se tali forme di lotta alternative siano coperte dalla garanzia dell'art. 40 Cost., se possano cioè considerarsi comunque lecite oppure integrino gli estremi di un reato e/o costituiscano inadempimento.

l'attività di propaganda e organizzazione di cortei interni

I comportamenti propedeutici all'organizzazione dello sciopero, come **l'attività di propaganda o l'organizzazione di cortei interni, non rientrano nell'area dell'art. 40 Cost.**, ma sono tutelati dall'art. 39, comma 1, Cost. e dagli artt. 14 e 26 St. lav.

sciopero bianco

Alcune condotte, implicando l'astensione volontaria dalla prestazione lavorativa, possono invece qualificarsi come modalità attuative dello sciopero vero e proprio. **Lo sciopero bianco**, ad esempio, si configura con la permanenza dei lavoratori sul luogo di lavoro senza eseguire la prestazione e senza impedire l'ingresso al datore di lavoro e agli altri lavoratori. Ovviamente, tale permanenza nel luogo di lavoro non deve degenerare in un'occupazione punibile ai sensi dell'art. 508 c.p.

sciopero dello straordinario

Parimenti legittimo è **lo sciopero dello straordinario**, consistente nel rifiuto del lavoratore di eseguire la prestazione oltre il normale orario di lavoro [2].

Altre condotte dei lavoratori, non comportando la sospensione totale della prestazione, costituiscono **forme di inesatto adempimento o di esecuzione negligente dell'obbligazione lavorativa.**

---

[1] M.G. Garofalo, *Forme anomale di sciopero*, in *Dig. disc. priv., sez. comm.*, VI, Torino, 1991, p. 278 ss.

[2] Cass. 3 maggio 2011, n. 9715.

sciopero delle mansioni

Si pensi, ad esempio, allo **sciopero delle mansioni**. In questo caso il lavoratore non effettua solo alcune delle mansioni che rientrano nella sua qualifica, ponendosi in una situazione di inesatto e parziale adempimento [3]. Si determina così un'illegittima alterazione della qualità delle prestazioni, con un'inammissibile invasione della sfera organizzativa del datore di lavoro [4].

sciopero del cottimo

Quanto allo **sciopero del cottimo**, bisogna distinguere l'ipotesi in cui i cottimisti riducano il rendimento al minimo dovuto, costituendo questo un comportamento legittimo, dall'ipotesi in cui scendano al di sotto del minimo dovuto. Nella seconda ipotesi **lo sciopero del rendimento è equiparato al rallentamento concertato della produzione e alla non collaborazione.**

In questi casi lo svolgimento della prestazione lavorativa deve essere valutato secondo i criteri della diligenza e buona fede che presiedono all'adempimento dell'obbligazione e all'esecuzione della prestazione.

sciopero pignolo

Fenomeno ancora diverso è **l'ostruzionismo** (**o sciopero pignolo**, talvolta impropriamente chiamato "sciopero bianco"), che consiste nell'applicazione pedantesca delle disposizioni regolamentari con l'intento di rallentare i tempi dell'attività lavorativa. Si tratta, per lo più, di una pratica riconducibile alla categoria giuridica dell'*agere licere*.

picchettaggio

Anche il **picchettaggio**, e cioè l'azione di un gruppo di lavoratori scioperanti che, dinanzi al luogo di lavoro, impediscano l'accesso ai dipendenti non aderenti alla protesta, è considerato legittimo a condizione che non si risolva in forme di violenza privata o di minaccia nei confronti dei lavoratori non scioperanti [5] e non sia diretto al fine specifico di «determinare materialmente l'interruzione dell'attività produttiva» [6].

2. Le fattispecie e i comportamenti finora analizzati non sono penalmente rilevanti.

occupazione dell'azienda

Rientra, invece, nella previsione dell'art. 508, comma 1, c.p. **l'occupazione di azienda** con la conseguente incriminazione dei lavoratori occupanti. La Corte costituzionale ha infatti ritenuto che la previsione in esame fosse compatibile con l'art. 40 Cost., in quanto diretta a colpire non l'esercizio del diritto di sciopero in sé, bensì atti lesivi di diritti di libertà o di proprietà. E per l'esercizio del diritto di sciopero costituzionalmente garantito non è indispensabile l'occupazione dell'azienda altrui [7].

L'occupazione d'azienda rende impossibili le prestazioni offerte dai lavora-

---

[3] Cass. 26 gennaio 2016, n. 1350; Cass. 10 luglio 2015, n. 14457; Cass. 6 novembre 2014, n. 23672.

[4] Cfr. Cass. 7 novembre 2014, n. 23813; Cass. 12 novembre 2014, n. 24142; Cass. 5 dicembre 2014, n. 25817.

[5] Trib. Milano 14 gennaio 2013, n. 44.

[6] Trib. Melfi 15 luglio 2011, n. 459, in *Guida lav.*, 2011, 35, p. 33.

[7] Corte cost. 17 luglio 1975, n. 220.

tori non occupanti e quindi consente al datore di lavoro di rifiutarle legittimamente e di non retribuirle.

Va precisato che la norma richiede, al fine dell'applicazione dell'art. 508, comma 1, c.p., la presenza del dolo specifico, come si desume dall'inciso "*al solo scopo di impedire o turbare il normale svolgimento del lavoro*"[8]. Non è, quindi, invocabile la suddetta norma penale se lo svolgimento del lavoro sia già sospeso per una causa antecedente all'occupazione stessa, cioè per lo sciopero.

Nell'ipotesi in cui il lavoro sia già sospeso per ragioni diverse dallo sciopero, non essendo applicabile l'art. 508 c.p., potrebbe configurarsi il reato meno grave, previsto dall'art. 633 c.p., di **invasione di terreni ed edifici** "al fine di occuparli o di trarne altrimenti profitto".

sabotaggio

Il **sabotaggio**, consistente nel danneggiamento di aziende agricole o industriali ovvero di attrezzi, macchine, scorte, apparecchi o strumenti, è sanzionato penalmente dall'art. 508, comma 2, c.p. anche se posto in essere da lavoratori scioperanti e, pertanto, esula dalla protezione costituzionale.

blocco delle merci

Il **blocco delle merci in entrata e in uscita dall'azienda** non costituisce reato di violenza privata, purché ai trasportatori non sia impedito l'accesso in fabbrica.

Il **blocco stradale** e il **disturbo della quiete pubblica**, anche attraverso l'uso assordante di fischietti, sono stati puniti da qualche sentenza[9].

boicottaggio

Il **boicottaggio** è una forma di lotta nei confronti dell'imprenditore, i cui fini non sono necessariamente sindacali. Si concreta quando, mediante propaganda, anche senza violenza o minaccia, o avvalendosi della forza e autorità di partiti, leghe e associazioni, si inducono una o più persone a non stipulare patti di lavoro, a non somministrare materie prime o attrezzature e a non comprare i prodotti. Si deve osservare che la Corte Costituzionale ha dichiarato costituzionalmente illegittimo l'art. 507 c.p. nella parte in cui il divieto di propaganda si presenti in contrasto con l'art. 21 Cost.[10]. Tuttavia, la Corte ha escluso che le altre condotte incriminate dalla norma possano essere considerate tipici strumenti di autotutela al pari dello sciopero, essendo lesive di beni giuridici protetti dalla stessa Carta costituzionale (artt. 2, 4, 35 e 41 Cost.).

L'imprenditore può reagire all'occupazione di azienda, al blocco delle merci, al boicottaggio e al picchettaggio violento – indipendentemente dalla rilevanza penale di siffatti comportamenti e salva la possibilità di rivolgersi all'autorità di pubblica sicurezza – sia adottando provvedimenti disciplinari, incluso il licenziamento[11], sia esperendo azioni a tutela del possesso (artt. 1168-1170 c.c. e artt. 703 ss. c.p.c.) o domandando l'adozione di provvedimenti cautelari d'urgenza.

---

[8] Cfr. in merito Cass., sez. pen. VI, 19 giugno 1979 n. 5804.

[9] Nel caso, ad esempio, in cui i partecipanti ad un blocco stradale usino atteggiamenti intimidatori nei confronti degli automobilisti, così Cass. pen. 24 gennaio 2001, n. 21228, in *Mass. giur. lav.*, 2002, 6, p. 170.

[10] Corte cost. 17 aprile 1969, n. 84.

[11] Cass. 3 novembre 1992, n. 11905, in *Dir. e prat. lav.*, 1993, p. 54. Ma v. *contra* Cass. 29 marzo 2010, n. 7518, in *Mass. giur. lav.*, 2010, 8/9, p. 588 ss.

Capitolo 15

La serrata

SOMMARIO: 1. La serrata come libertà di fatto e come libertà costituzionalmente garantita. – 2. La qualificazione giuridica della serrata. – 3. La serrata di ritorsione. – 4. La serrata come comportamento antisindacale.

1. La serrata è una forma di lotta sindacale dell'imprenditore che consiste nella chiusura, totale o parziale, dei luoghi di lavoro da parte del datore di lavoro e nella conseguente sospensione dell'attività lavorativa.

Il lavoratore durante la serrata mantiene il diritto alla retribuzione pur non eseguendo la prestazione lavorativa, poiché l'impossibilità di rendere la prestazione è imputabile esclusivamente al datore di lavoro.

la serrata non è un diritto di rango costituzionale

La Costituzione non tutela in termini espliciti l'interesse alla serrata né qualifica la serrata come diritto. Solo lo sciopero è espressamente riconosciuto come diritto di rango costituzionale (art. 40).

Il silenzio sul punto indica, come del resto risulta dai lavori preparatori, la volontà del Costituente di non equiparare queste due forme di lotta sindacale, ma di prendere atto della sostanziale disparità di posizione tra lavoratori e imprenditori, riconoscendo ai primi il diritto di sciopero e negando ai secondi il diritto di serrata [1].

Dato che la serrata non è un diritto, si tratta di accertare se sia una libertà di fatto – ossia un illecito civile penalmente irrilevante come era nel periodo liberale pre-corporativo – o se con l'avvento della Costituzione possa e debba qualificarsi come libertà costituzionalmente garantita.

Sul punto si è pronunciata la Corte costituzionale [2], dichiarando incostituzionale l'art. 502 c.p. sia nella parte che incriminava il reato di sciopero per fini contrattuali sia nella parte che incriminava il reato di serrata per fini contrattuali.

---

[1] L'art. 6 della "Carta sociale europea" sembra evocare però la serrata allorché afferma «il diritto dei lavoratori e **dei datori di lavoro** di intraprendere azioni collettive in caso di conflitti d'interesse, compreso il diritto di sciopero».

[2] Corte cost. 4 maggio 1960, n. 29.

la serrata come libertà

La Corte affermò che la serrata per fini contrattuali, pur non essendo stata riconosciuta come diritto dalla Costituzione, rappresentava pur sempre una manifestazione del principio di libertà sindacale garantito dall'art. 39 Cost. e, pertanto, non poteva essere considerata una condotta penalmente perseguibile.

Da tale impostazione, ancora attuale [3], consegue che al legislatore ordinario non è più consentito incriminare come reato la serrata per fini contrattuali.

forme di serrata

Esistono tre forme di serrata:

– c.d. **offensiva**, tendente a conseguire una modificazione in danno dei lavoratori di condizioni preesistenti;
– c.d. **difensiva**, diretta a scoraggiare iniziative dei lavoratori intese a conseguire condizioni più favorevoli;
– c.d. **di ritorsione**, come reazione ai modi di conduzione della lotta sindacale da parte dei lavoratori.

la serrata di protesta e di solidarietà continuano ad essere reati

Continuano, poi, ad essere considerate reati ai sensi dell'art. 505 c.p. **la serrata per protesta** e **la serrata di solidarietà** perché, come ha affermato la Corte costituzionale [4], la libertà costituzionale di serrata opera nel quadro dei rapporti fra datori di lavoro e lavoratori, ma, diversamente dallo sciopero, non comprende i comportamenti estranei all'ambito di quei rapporti.

E questo orientamento della Corte costituzionale è stato esteso da una parte della dottrina alla serrata per fini politici e di coazione della pubblica autorità [5].

Da ricordare è, infine, che la serrata dei piccoli esercenti senza dipendenti viene qualificata dalla Corte di Cassazione come sciopero [6].

qualificazione giuridica della serata in termini di mora del creditore

2. Se la serrata per fini contrattuali è un comportamento penalmente lecito, sul piano civile integra un inadempimento o, più precisamente, un'ipotesi di **mora del creditore**.

Quando l'imprenditore ricorre alla serrata cessa di cooperare all'adempimento dell'obbligazione del lavoratore. Gli effetti sono quelli stabiliti dagli

---

[3] Si v. anche l'art. 28 della Carta dei Diritti Fondamentali dell'Unione Europea, che attribuisce, sia alle organizzazioni dei lavoratori che a quelle datoriali, il diritto di ricorrere ad azioni collettive, compreso lo sciopero, per la tutela dei propri interessi (non menzionando espressamente la serrata e rinviando alle leggi e alle prassi applicate da parte degli Stati membri in materia). Sul punto, si v. F. Carinci, R. De Luca Tamajo, P. Tosi, T. Treu, *Diritto sindacale*, Milano, 2013, p. 358.

[4] Corte cost. 15 dicembre 1967, n. 141.

[5] In senso favorevole v. G. Giugni, *Diritto sindacale*, Bari, 2014, p. 314; in senso contrario F. Carinci, R. De Luca Tamajo, P. Tosi, T. Treu, *Diritto sindacale*, cit., p. 358; R. Scognamiglio, *Diritto del lavoro*, Napoli, 2005, p. 242.

[6] Corte cost. 17 luglio 1975, n. 222; e Corte cost. 26 marzo 1986, n. 53. Conf. Cass. pen., Sez. III, 15 ottobre 1999, n. 11796. Ma si v., sempre in tema di astensione di piccoli esercenti, qualificata come serrata, GdP Napoli 26 febbraio 2004, in *Rass. dir. farmaceutico*, 2004, p. 281.

artt. 1206 ss. c.c. e si concretano nel risarcimento del danno derivante dalla mora dello stesso imprenditore che serra l'azienda.

Secondo una dottrina accreditata[7], in questo caso il risarcimento del danno sarebbe commisurato alle retribuzioni non corrisposte al lavoratore e tale risarcimento non tollererebbe alcuna detrazione relativa a quanto il lavoratore abbia percepito lavorando altrove. Ciò in quanto l'art. 6, ultimo comma, della legge sull'impiego privato (r.d.l. n. 1825 del 1924) prevede che, in caso di «sospensione di lavoro per fatto dipendente dal principale», il risarcimento non possa essere inferiore alle mancate retribuzioni.

Secondo un diverso orientamento[8], l'obbligazione retributiva permane anche in presenza della situazione di *mora credendi* dell'imprenditore che serra l'azienda, con la conseguenza che le retribuzioni sono dovute come corrispettivo dell'obbligazione lavorativa e non come misura del risarcimento del danno.

ipotesi di rifiuto legittimo della prestazione offerta dai lavoratori non scioperanti

Tuttavia, è doveroso sottolineare come sia consentito all'imprenditore rifiutare legittimamente la prestazione di lavoratori non scioperanti quando questa non sia proficuamente utilizzabile in concreto, a causa dello sciopero di altri dipendenti nella stessa azienda (cfr. paragrafo seguente).

3. Non ricorre ai sensi dell'art. 1206 c.c. la mora del creditore qualora l'imprenditore rifiuti la prestazione di lavoro per un motivo legittimo.

serrata di ritorsione

Sulla base di questa norma la giurisprudenza ha ritenuto che la **serrata di ritorsione**, ossia la chiusura dei cancelli in risposta ad uno sciopero articolato, può costituire un motivo legittimo che esclude la mora del creditore[9].

Conseguentemente, la sospensione dell'attività produttiva sarebbe un atto lecito da cui non potrebbe derivare l'obbligo a carico del datore di risarcire il danno o di corrispondere retribuzioni.

Ciò avviene, in concreto, **soltanto in due casi**:

1) **nello sciopero a singhiozzo**, se la prestazione lavorativa offerta risulti parziale e comunque diversa da quella pattuita e perciò non utile per il datore di lavoro;

2) **nello sciopero a scacchiera**, qualora l'astensione dal lavoro di un gruppo di lavoratori renda impossibile ai lavoratori di un altro reparto di effettuare l'esecuzione della prestazione. In questo caso, nella prassi sindacale, il datore **mette in libertà** i lavoratori del reparto a valle disponibili a lavorare, ma di fatti impossibilitati a causa dello sciopero dei lavoratori del reparto a monte.

---

[7] G. Ghezzi, *La mora del creditore nel rapporto di lavoro*, Milano, 1965.

[8] T. Ghera, F. Liso, *Mora del creditore (diritto del lavoro)*, in *Enc. dir.*, XXVI, Milano, 1976, p. 977.

[9] Cass. 13 gennaio 1988, n. 50. Sull'obbligo di corresponsione della retribuzione nel corso della serrata, si v. Cass. 2 marzo 2000, n. 6928, in *Riv. giur. lav.*, 2001, p. 62.

l'onere della prova dell'oggettiva impossibilità a carico del datore di lavoro

È ovvio che l'esclusione della mora non si verifica se lo sciopero a singhiozzo o a scacchiera non determina una situazione di oggettiva impossibilità o effettiva inutilità della prestazione di lavoro. L'onere della prova dell'impossibilità oggettiva delle prestazioni offerte grava sul datore di lavoro sia al fine di eliminare la *mora credendi* sia per escludere il carattere antisindacale del rifiuto della prestazione (denominato, nella prassi sindacale, messa in libertà).

la serrata come comportamento antisindacale

4. Infine, la serrata può rilevare come comportamento antisindacale, qualora l'azione del datore impedisca l'esercizio dei diritti sindacali e, in genere, l'esercizio dell'attività sindacale. Si pensi, ad esempio, alla chiusura dell'azienda da parte del datore di lavoro proprio nel giorno in cui si sarebbe dovuta tenere l'assemblea sindacale.

Il giudice, adito ai sensi dell'art. 28 St. lav. (v. *infra*, cap. 16), qualora accerti la sussistenza di una condotta antisindacale, ordina la sospensione del comportamento contestato, cioè la sospensione della serrata e la rimozione degli effetti, che, nel caso di specie, consiste nell'immediata riapertura dei locali dell'azienda per consentire lo svolgimento dell'attività sindacale e l'esercizio dei diritti sindacali, l'una e gli altri impediti dalla chiusura dell'azienda.

Si deve aggiungere che l'illecito derivante dalla condotta antisindacale non solo genera l'obbligo del risarcimento del danno secondo le regole della responsabilità contrattuale, ma comporta anche la sanzione particolarmente incisiva del ripristino della situazione lesa dalla condotta antisindacale, come si vedrà più dettagliatamente nel cap. 16.

Capitolo 16

La repressione della condotta antisindacale

SOMMARIO: 1. L'art. 28 St. lav. nell'ambito delle relazioni industriali. – 2. La definizione di condotta antisindacale. – 2.1. La casistica giurisprudenziale. – 2.2. La condotta antisindacale plurioffensiva. – 3. Il procedimento e l'effettività della tutela.

1. L'art. 28 St. lav., rubricato "repressione della condotta antisindacale", **legittima il giudice a reprimere ogni comportamento del datore di lavoro diretto a impedire o limitare l'esercizio della libertà e dell'attività sindacale, nonché del diritto di sciopero.**

Si tratta di una norma particolarmente significativa nell'ambito delle relazioni industriali.

In primo luogo, l'introduzione della **tutela giurisdizionale** in un'area tradizionalmente riservata ai rapporti tra le parti è estremamente innovativa ed opera un importante bilanciamento di poteri tra il datore di lavoro e le organizzazioni sindacali.

tutela inibitoria e ripristinatoria

In secondo luogo, tale tutela è molto ampia, perché è sia **inibitoria**, in quanto comporta la cessazione del comportamento illegittimo, sia **ripristinatoria**, attraverso la rimozione degli effetti della condotta antisindacale e il ristabilimento della situazione precedente.

Come risulta evidente, la tutela prevista dall'art. 28 St. lav. rappresenta una garanzia effettiva dell'interesse sindacale assai più efficace dei rimedi tradizionali come il risarcimento del danno e le forme di invalidità e di inefficacia dell'atto.

l'art. 28 è una norma c.d. in bianco

2. L'art. 28 St. lav. è una **norma cosiddetta "in bianco" perché non definisce una fattispecie specifica**: la condotta del datore di lavoro si configura come antisindacale ogni volta che impedisce o limita l'esercizio effettivo della libertà sindacale, dell'attività sindacale o del diritto di sciopero. L'indeterminatezza della previsione normativa deriva dal fatto che **i beni oggetto della tutela possono essere lesi da una varietà di comportamenti e da una serie di modalità che non è possibile determinare *a priori*.**

Per questa ragione il legislatore ha sanzionato la condotta lesiva del datore di lavoro, ma deliberatamente non ha precisato la descrizione dei comportamenti non consentiti, preferendo ricorrere ad una definizione aperta, che vieta tutte quelle condotte **oggettivamente idonee a recare offesa ai beni protetti.**

non è necessaria l'intenzionalità della condotta

Non è richiesta la prova dell'intenzionalità del comportamento del datore di lavoro: la condotta, infatti, deve essere **oggettivamente idonea ed attuale** a produrre il risultato vietato dalla legge e consistente nella lesione dei beni giuridici tutelati, cioè, come detto, l'esercizio della libertà e attività sindacale e del diritto di sciopero [1].

L'oggettiva idoneità del comportamento a ledere i diritti e gli interessi del sindacato non implica necessariamente l'effettiva lesione delle suddette posizioni soggettive, ma è sufficiente che la condotta denunciata sia potenzialmente idonea a ledere l'interesse del sindacato [2].

attualità della condotta

D'altra parte, il riferimento all'interesse ad agire richiamato dall'art. 28, comma 1, St. lav. consente di chiarire che **il requisito dell'attualità della condotta indica l'attualità degli effetti della condotta** [3]. In altri termini, il comportamento denunciato come antisindacale può considerarsi attuale qualora persistano gli effetti della condotta al momento della presentazione della domanda [4].

Vale la pena sottolineare che non ogni reazione del datore di lavoro alle pretese del sindacato è configurabile come condotta antisindacale. Se così fosse si negherebbe in radice il conflitto, che, invece, è considerato un valore fondante del nostro diritto sindacale, come confermato anche dalla rilevanza costituzionale riconosciuta al diritto di sciopero.

Ne consegue che la condotta del datore di lavoro può essere definita antisindacale quando si oppone al conflitto e non quando si oppone alle pretese del sindacato [5].

Pertanto, non può configurarsi come condotta antisindacale il rifiuto del datore di lavoro di concludere un contratto collettivo a certe condizioni richieste dal sindacato [6] o il rifiuto di procedere alla convocazione di una procedura di raffreddamento e conciliazione [7]. E non esiste un generale obbligo di parità di trattamento tra i sindacati ai fini della stipula del contratto collettivo [8].

Non integra condotta antisindacale neppure la disdetta di un contratto collettivo da parte del datore di lavoro senza la preventiva consultazione del

---

[1] Cass. 13 dicembre 2017, n. 29950, in *Diritto & Giustizia*, 14 dicembre 2017; Cass. 17 giugno 2014, n. 13726, in *Diritto & Giustizia*, 2 ottobre 2014.

[2] Cfr. Cass. 22 maggio 2019, n. 13860.

[3] Cass. 6 giugno 2005, n. 11741, in *Mass. giur. lav.*, 2005, p. 794. Cfr., di recente, Cass. 26 febbraio 2016, n. 3837, in *DeJure*.

[4] App. Milano 5 novembre 2018, n. 1642, inedita.

[5] Cfr. Cass. 10 giugno 2013, n. 14511, in *Guida dir.*, 2013, n. 34-35, p. 45.

[6] Cass. 14 febbraio 2004, n. 2857, in *Giust. civ.*, 2004, I, p. 1736.

[7] V. Cass. 17 giugno 2014, n. 13726, cit.

[8] Sul punto, v. Cass. 10 giugno 2013, n. 14511, in *Guida dir.*, 2013, n. 34-35, p. 45; Trib. Milano 30 agosto 2015, in *Il Giuslavorista*, 2015, 17 settembre.

sindacato, a meno che tale consultazione non sia specificatamente prevista dal contratto collettivo o dalla legge [9].

casistica giurisprudenziale

2.1. Certamente, la struttura di "norma in bianco" dell'art. 28 St. lav. ha favorito l'emersione di una **casistica giurisprudenziale amplissima**. Ad esempio, è considerata condotta antisindacale la violazione sistematica di clausole normative del contratto collettivo nei confronti dei lavoratori iscritti ai sindacati stipulanti [10], il rifiuto ingiustificato di procedere su richiesta dei lavoratori alla trattenuta sullo stipendio dei contributi sindacali e al relativo versamento all'associazione indicata [11], la sostituzione di lavoratori assenti per sciopero.

Con riguardo **all'ipotesi della sostituzione dei lavoratori assenti per sciopero, la giurisprudenza ha specificato che integra una condotta antisindacale l'assunzione di altri lavoratori in luogo di quelli scioperanti (c.d. "crumiraggio esterno")** [12]**; mentre non è di norma sanzionabile *ex* art. 28 St. lav. la sostituzione dei lavoratori scioperanti con il personale dipendente che non partecipa allo sciopero (c.d. "crumiraggio interno"), perché non può essere negato al datore di lavoro di continuare l'attività aziendale** [13]. La giurisprudenza considera però antisindacale la sostituzione di lavoratori in sciopero con personale di livello superiore quando l'adibizione a mansioni inferiori violi l'art. 2103 c.c. [14].

In alcune determinate ipotesi il legislatore ha identificato la fattispecie specifica di comportamento antisindacale: ad esempio, in caso di **omessa informazione e consultazione delle rappresentanze sindacali aziendali** nel **trasferimento di azienda** (art. 47, comma 3, legge n. 428 del 1990) e nelle **procedure di licenziamento collettivo** (art. 24, legge n. 223 del 1991) oppure nell'ipotesi di violazione delle clausole sui diritti e sulle attività del sindacato contenute negli accordi relativi allo **sciopero nei servizi pubblici essenziali** (art. 7, legge n. 146 del 1990).

---

[9] Cass. 22 aprile 2004, n. 7706, in *Not. giur. lav.*, p. 410.

[10] Cass. 7 marzo 2001, n. 3298, in *Not. giur. lav.*, 2001, p. 422.

[11] Cass. 2 agosto 2012, n. 13886, in *Mass. giust. civ.*, 2012, n. 7-8, p. 1013; Cass. 26 gennaio 2016, n. 1353, in *Guida dir.*, 2016, n. 9, p. 47.

[12] Alcune disposizioni normative corroborano la tesi dell'illegittimità del crumiraggio esterno: v. il divieto di assumere lavoratori a tempo determinato (art. 20, lett. *a*), d.lgs. n. 81 del 2015) o con contratto di lavoro intermittente (art. 14, lett. *a*), d.lgs. n. 81 del 2015) o con contratto di somministrazione di lavoro (art. 32, lett. *a*), d.lgs. n. 81 del 2015) per sostituire lavoratori che esercitano il diritto di sciopero.

[13] Cass. 16 dicembre 2009, n. 26368, in *Foro it.*, 2010, 3, 1, c. 283.

[14] Cass. 1° aprile 2019, n. 9027; Cass. 28 marzo 2019, n. 8670; e Cass. 22 maggio 2018, n. 12551. Secondo questa giurisprudenza, è fatta salva l'ipotesi in cui le mansioni assegnate «siano marginali e funzionalmente accessorie e complementari rispetto a quelle proprie della posizione dei dipendenti impiegati in sostituzione». In questo caso la reazione datoriale non impedisce l'esercizio del diritto di sciopero ma si limita a contenerne i danni economici (cfr. ancora Cass., ord., 28 marzo 2019, n. 8670).

2.2. La condotta antisindacale può colpire:

1) l'**interesse del sindacato** in quanto associazione;

2) l'**interesse collettivo dei lavoratori**, del quale è pur sempre portatore il sindacato;

3) l'**interesse del singolo lavoratore** che svolge attività sindacale.

Un esempio di lesione del primo tipo di interesse è il rifiuto del datore di lavoro di affiggere un comunicato sindacale nell'apposita bacheca o di concedere un locale per l'assemblea sindacale.

Una violazione del secondo tipo di interesse può consistere nell'impedimento ad una sigla sindacale di indire un'assemblea [15] e ai lavoratori di prendervi parte, rifiutando la corresponsione della retribuzione per le ore trascorse in assemblea.

Una violazione del terzo tipo può sussistere nelle ipotesi di licenziamento o di una sanzione disciplinare [16] nei confronti di un lavoratore che abbia partecipato a uno sciopero [17] o nel caso di trasferimento di un dirigente sindacale senza il nulla osta dell'organizzazione sindacale di appartenenza [18] o di rifiuto a un membro della r.s.u. dei permessi per l'esercizio dell'attività sindacale [19].

il c.d. comportamento plurioffensivo

In questi due ultimi esempi il comportamento del datore è definito **plurioffensivo perché colpisce le prerogative del sindacato – e quindi l'interesse sindacale – attraverso la lesione dei diritti soggettivi dei singoli lavoratori** [20].

La condotta antisindacale plurioffensiva mette in evidenza come **il sindacato e il singolo possano proporre due giudizi separati** [21]: quello per la repressione della condotta antisindacale e quello per la tutela dei diritti soggettivi del singolo lavoratore lesi dalla condotta medesima.

le due azioni sono autonome

Secondo la giurisprudenza della Cassazione tra le due azioni non c'è alcun nesso di pregiudizialità e possono concludersi diversamente senza che per questo si configuri un contrasto tra giudicati in senso tecnico [22].

Il sindacato agisce utilizzando la particolare procedura prevista dall'art. 28 St. lav. in via autonoma a tutela del proprio interesse e non in rappresentanza del lavoratore colpito dal provvedimento antisindacale; il lavoratore agisce secondo il rito ordinario a tutela del proprio interesse individuale.

---

[15] Cass. 30 agosto 2010, n. 18838, in *Guida dir.*, 2010, n. 40, p. 75.

[16] Cass. 12 gennaio 2011, n. 548, in *Foro it.*, 2011, I, c. 594.

[17] Cass. 31 luglio 2013, n. 18368, in *Diritto & Giustizia*, 2013, 12 dicembre.

[18] Trib. Milano 28 gennaio 2004, in *Riv. crit. dir. lav.*, 2004, p. 308. V. anche Cass. 5 febbraio 2003, n. 1684, in *Lav. giur.*, 2003, p. 958.

[19] Cass. 7 marzo 2012, n. 3545, in *Giust. civ. mass.*, 2012, n. 3, p. 282.

[20] Cass. 6 dicembre 2003, n. 18690, in *Rep. Foro it.*, 2003, voce *Sindacati*, n. 122.

[21] Così Cass. 17 luglio 2009, n. 16776, in *Arg. dir. lav.*, 2010, 2, p. 500; Cass. 8 luglio 2013, n. 16930, in *Diritto & Giustizia*, 2013, 7 novembre.

[22] Cass. 21 settembre 2015, n. 18539, in *DeJure*.

3. L'art. 28 St. lav. legittima solo gli **organismi locali dei sindacati nazionali** a instaurare il procedimento di repressione della condotta antisindacale.

la legittimazione attiva

Di solito si tratta degli **organismi territoriali di categoria a livello provinciale.** Per questa ragione sono escluse non solo le r.s.a. o la r.s.u., in quanto organismi sindacali aziendali di rappresentanza dei lavoratori, ma anche le Federazioni nazionali di categoria. Tale scelta del legislatore si è rivelata di grande equilibrio, perché il sindacato ricorrente *ex* art. 28 St. lav. deve valutare anche le ricadute che possono derivare alla propria credibilità dall'eventuale rigetto del ricorso.

Certamente la **dimensione nazionale** pone un problema di coordinamento nei confronti di quei sindacati che, pur avendo sottoscritto un accordo sindacale ed essendo quindi legittimati a costituire una r.s.a. ai sensi dell'art. 19 St. lav., non abbiano una struttura nazionale[23].

l'interesse

La nozione di "**interesse**" menzionato dall'art. 28 St. lav. deve essere intesa in senso ampio e non qualificato: non è necessario che il sindacato sia stato colpito direttamente o indirettamente dal comportamento, ma è sufficiente che operi nel settore in cui la condotta ha inciso.

Legittimato passivo è il datore di lavoro, sia privato che pubblico, a prescindere dalla dimensione aziendale, mentre viene esclusa la legittimazione passiva delle associazioni imprenditoriali che abbiano posto in essere comportamenti lesivi.

la procedura

Questo procedimento si apre con una **fase sommaria** dinanzi al giudice di primo grado del "luogo in cui è posto in essere il comportamento denunziato" (art. 28, comma 1, St. lav.).

Il giudice, diversamente dagli altri procedimenti cautelari, non può provvedere su ricorso del sindacato *inaudita altera parte,* ma deve consentire un contraddittorio, convocando le parti nel termine assai breve di due giorni.

In questa fase l'istruttoria non è svolta con l'espletamento degli ordinari mezzi di prova ma, per l'appunto, con l'assunzione di sommarie informazioni.

Il sindacato ricorrente non è obbligato, come è invece necessario negli altri procedimenti cautelari, a provare la sussistenza in concreto del *periculum in mora,* perché l'interesse sindacale è per definizione meritevole di siffatta tutela.

La decisione della fase sommaria avviene con **decreto motivato immedia-**

---

[23] Sul riconoscimento del carattere nazionale dell'associazione sindacale legittimata *ex* art. 28 St. lav., v. Cass. 22 luglio 2014, n. 16637, in *Guida dir.*, 2014, 36, p. 73; Cass. 5 novembre 2015, n. 22617, in *Diritto & Giustizia*, 2015, 6 novembre. In ultimo Cass. 5 giugno 2018, n. 14402, ha affermato che, «ai fini del riconoscimento del carattere "nazionale" dell'associazione sindacale legittimata all'azione *ex* art. 28 St. lav., assume rilievo decisivo la capacità di stipulare con il datore di lavoro contratti collettivi che trovino applicazione su tutto il territorio nazionale in riferimento al settore produttivo di riferimento» e non, quindi, l'esistenza di una struttura e di una capacità di mobilitazione a livello nazionale. Ciò in quanto la sottoscrizione di contratti collettivi nazionali attesta «un generale e diffuso collegamento del sindacato con il contesto socio-economico dell'intero paese». Cfr. parzialmente *contra*, sul carattere non decisivo di tale indice, Cass. 22 maggio 2018, n. 12551; e Cass. 2 agosto 2017, n. 19272.

tamente esecutivo. Pertanto, se la domanda del sindacato è accolta, il datore di lavoro deve conformarsi subito all'ordine del giudice e protrarre tale ottemperanza anche durante le more dell'eventuale opposizione, perché solo l'accoglimento di questa può revocare l'efficacia esecutiva del decreto.

La parte soccombente, sia essa il datore di lavoro o il sindacato, può proporre opposizione contro il decreto entro il termine di quindici giorni dalla comunicazione di cancelleria davanti allo stesso giudice della fase sommaria, con l'inconveniente che nei piccoli uffici giudiziari può essere addirittura la stessa persona fisica che ha emanato il decreto.

Il decreto passa in giudicato se la parte soccombente non esperisce opposizione nei termini o in caso di estinzione del processo.

L'attivazione del procedimento *ex* art. 28 St. lav. impedisce al sindacato legittimato di esperire la procedura d'urgenza *ex* art. 700 c.p.c., stante il carattere residuale della medesima, consentita invece ai sindacati non nazionali – che sono esclusi dalla tutela dell'art. 28 – e alle r.s.a.

il decreto del giudice ordina la cessazione del comportamento e la rimozione degli effetti

Nel decreto il giudice ordina al datore di lavoro la **cessazione del comportamento antisindacale e la rimozione degli effetti.**

In caso di condotta antisindacale consistente nel mancato rispetto degli obblighi di informazione e consultazione sindacale in occasione del trasferimento d'azienda, la rimozione degli effetti ordinata dal giudice non comporta l'invalidità dell'atto di cessione, ma incide soltanto sulle misure previste nei confronti dei lavoratori [24], in modo particolare sulle "conseguenze giuridiche, economiche e sociali" indicate dall'art. 47, legge n. 428 del 1990.

Ad esempio, se il datore non adempie all'obbligo di informazione relativo al trasferimento di una parte di azienda cui sono addetti 20 lavoratori, il suddetto trasferimento rimane sospeso fino a che non sia adempiuto tale obbligo. Nel caso in cui, invece, il trasferimento sia già stato effettuato, gli atti posti in essere in virtù del trasferimento (ossia la cessione dei 20 lavoratori dal cedente al cessionario) sono privi di effetto, ma il negozio di trasferimento rimane valido ed efficace.

Per l'emanazione dell'ordine del giudice non è necessario che la lesione dell'interesse sindacale si sia verificata, ma è necessario che il datore abbia attuato la condotta e gli effetti della medesima permangano. Come si è detto, la condotta antisindacale deve essere attuale. In caso contrario verrebbe meno l'interesse del sindacato, che non può consistere in un mero accertamento da parte del giudice. Al tempo stesso, si configurerebbe come inammissibile un ordine futuro ed eventuale.

le sanzioni penali

L'art. 28 St. lav. ha previsto l'irrogazione di una **sanzione penale** (art. 650 c.p.), consistente nell'**arresto del datore di lavoro fino a tre mesi o con l'ammenda**, come tecnica per indurre il datore di lavoro ad eseguire l'ordine del giudice. Si tratta, com'è evidente, di indurre, non di obbligare, il datore ad un

---

[24] Sul punto, Cass. 6 giugno 2003, n. 9130, in *Giust. civ. mass.*, 2003, p. 6; e si legga Trib. Napoli 15 novembre 2018, in *DeJure - Redazione Giuffrè*, 2019.

facere per sua natura infungibile. Ad esempio, in caso di licenziamento antisindacale, il datore di lavoro che non proceda ad eseguire in forma specifica l'ordine del giudice di reintegrazione è soggetto all'applicazione della sanzione penale. Ciò significa che in questi casi, il più delle volte, il datore di lavoro provvederà a riammettere in servizio il lavoratore al fine di evitare l'ammenda o l'arresto, diversamente da quanto avviene nelle limitate ipotesi di licenziamento illegittimo in cui è tuttora prevista la reintegrazione (v. art. 18, commi 1, 4 e 7, St. lav. e artt. 2 e 3, comma 2, d.lgs. n. 23 del 2015), sprovviste di una sanzione penale in caso di inottemperanza.

Capitolo 17
Diritto sindacale nel lavoro pubblico

Sezione I
Nozioni introduttive

SOMMARIO: 1. La privatizzazione del pubblico impiego. – 2. Il regime delle fonti ed i rapporti tra legge e contratto collettivo.

sottrazione del rapporto di lavoro pubblico dall'area del diritto amministrativo e riconduzione in quella del diritto privato

1. Il termine "privatizzazione del pubblico impiego" indica il processo normativo, durato circa venti anni, che ha sottratto il rapporto di lavoro pubblico dall'area del diritto amministrativo e lo ha ricondotto in quella del diritto privato.

Si è realizzato, così, anche un mutamento delle fonti di disciplina del rapporto di lavoro: quest'ultimo, infatti, prima regolato solo dalla legge e da atti amministrativi, viene ad essere disciplinato direttamente anche dal contratto, collettivo ed individuale.

I prodromi di questo processo possono essere rinvenuti nella legge quadro n. 93 del 1983.

Quest'ultima, pur disciplinando livelli, contenuti e procedure della contrattazione collettiva, lasciava alla competenza regolatrice della legge un elenco ampio di materie e soprattutto non muniva la stessa contrattazione di efficacia diretta. Infatti, prevedeva obbligatoriamente la recezione del contratto collettivo in un decreto del Presidente della repubblica, e cioè in un regolamento, con tutte le rigidità e i ritardi che questa recezione comportava.

Il contratto collettivo, dunque, non aveva una rilevanza autonoma, ma costituiva una fase del procedimento amministrativo che doveva concludersi con un atto di natura regolamentare.

Successivamente il legislatore ha assoggettato il rapporto di lavoro alle dipendenze della pubblica amministrazione alla normativa del Codice civile e alle altre leggi che regolano il rapporto di lavoro privato: ciò è avvenuto con la c.d. prima privatizzazione del 1992-93[1], seguita, poi, dalla c.d. seconda priva-

---

[1] Cfr. la legge delega n. 421 del 1992 e il d.lgs. n. 29 del 1993.

tizzazione del 1997-98, che ha completato il processo riformatore[2].

Si è trattato, però di un percorso travagliato perché la privatizzazione ha incontrato numerose resistenze, derivanti soprattutto dalla concezione che ravvisava una diversità ontologica tra rapporto di pubblico impiego e rapporto di lavoro privato.

resistenze alla privatizzazione

Al riguardo, secondo il Consiglio di Stato[3], la Pubblica Amministrazione non può essere considerata alla stregua di un datore di lavoro privato sia per la natura pubblica del soggetto sia perché i fini perseguiti sono pubblici e, conseguentemente, non si può assimilare all'interesse meramente economico di conseguire la prestazione del dipendente.

Al contrario, la giurisprudenza della Corte costituzionale[4] ha affermato che la privatizzazione compiuta dal legislatore è perfettamente conforme all'art. 97 Cost. Infatti, il legislatore ha separato l'organizzazione e l'individuazione degli uffici della pubblica amministrazione, che restano demandate alla competenza della legge, dalla disciplina del rapporto di lavoro, rimessa alla norme del codice civile e della contrattazione collettiva.

Questa riforma ha perciò realizzato un "equilibrato dosaggio di fonti regolatrici" e cioè un impianto normativo che garantisce, senza pregiudizio dell'imparzialità, anche il valore dell'efficienza e del buon andamento della pubblica amministrazione garantiti dall'art. 97 Cost.

Bisogna anche aggiungere che il processo di privatizzazione è stato ampiamente sostenuto dalle grandi centrali sindacali, perché la contrattualizzazione del rapporto ha favorito la "sindacalizzazione" di questo settore da parte dei sindacati confederali.

Sebbene la privatizzazione o, meglio, la contrattualizzazione del pubblico impiego sia ormai un fatto compiuto, è necessario fare due osservazioni:

a) Il rapporto di lavoro e la conseguente contrattazione collettiva nel settore pubblico conserva un tasso di specialità perché il datore di lavoro, pur esercitando nel rapporto di lavoro con il dipendente i poteri del privato datore di lavoro, tuttavia conserva la natura di soggetto pubblico tenuto ad agire secondo i criteri dell'imparzialità e del buon andamento dell'amministrazione.

residua specialità

b) la privatizzazione non è riuscita a ridurre il divario tra alto costo e produttività piuttosto scarsa delle pubbliche amministrazioni: non a caso tutte le riforme più recenti, a partire dalla c.d. riforma Brunetta (d.lgs. n. 150 del 2009) hanno cercato di incrementare la produttività del lavoro pubblico, sia con strumenti premiali sia attraverso più rigide misure sanzionatorie. Lo stesso dicasi per la recente riforma Madia (legge n. 124 del 2015 e successivi decreti attuativi): basti pensare alla rilevanza, anche mediatica, sollevata dai c.d. furbetti del cartellino e il conseguente inasprimento della disciplina in materia di licenziamento disciplinare (v. cap. 45).

problema produttività delle p.a.

---

[2] Attraverso la legge delega n. 59 del 1997 e i dd.lgss. n. 396 del 1997, nn. 80 e 387 del 1998, ora confluiti nel d.lgs. n. 165 del 2001, c.d. Testo Unico sul pubblico impiego.

[3] Parere n. 146 del 1992, in *Riv. it. dir. lav.*, 1993, III, p. 20.

[4] Cfr., in particolare, Corte cost. 16 ottobre 1997, n. 309.

2. Attualmente, le norme generali sull'ordinamento del lavoro alle dipendenze delle amministrazioni pubbliche sono contenute nel d.lgs. n. 165 del 2001, più volte modificato nel corso degli anni.

fonti normative

Da ultimo, la disciplina in materia di lavoro alle dipendenze delle amministrazioni pubbliche è stata riordinata e razionalizzata dalla c.d. riforma "Madia" (legge n. 124 del 2015 e successivi decreti attuativi[5]).

Questa riforma, se, da un lato, condivide con la precedente riforma Brunetta l'attenzione agli aspetti della produttività delle pubbliche amministrazioni, sia valorizzando i profili della valutazione della *performance*, sia accentuando le misure sanzionatorie nei confronti dei pubblici dipendenti, dall'altro, sul versante delle fonti, prende le distanze dall'intento centralista della riforma Brunetta volto a depotenziare la contrattazione collettiva.

regime privatistico fatte salve le norme del d.lgs. n. 165 del 2001

L'art. 2, comma 2, del d.lgs. n. 165 del 2001, stabilisce che le norme del codice civile e delle altre leggi in materia di lavoro subordinato si applicano ai rapporti alle dipendenze della pubblica amministrazione "fatte salve le disposizioni contenute nel presente decreto".

In altri termini, la specialità del rapporto di lavoro alle dipendenze delle pubbliche amministrazioni può continuare ad affermarsi esclusivamente nei limiti tracciati dalle disposizioni specifiche contenute nel d.lgs. n. 165 del 2001 che operano in deroga alla disciplina privatistica.

potere del contratto collettivo di derogare a norme di legge recanti discipline speciali per i pubblici impiegati

Inoltre, per eliminare trattamenti particolari ad esclusivo vantaggio di piccoli gruppi, già nella prima fase della privatizzazione si era favorito un generale processo di delegificazione, riconoscendo al contratto collettivo successivo il potere di derogare a norme di legge e a regolamenti recanti discipline speciali del rapporto di lavoro dei dipendenti delle pubbliche amministrazioni (art. 2, comma 2, seconda parte).

Dopo una netta inversione di tendenza da parte del d.lgs. n. 150 del 2009, che aveva subordinato la possibilità di derogare alle norme di legge particolari solo in caso di espressa previsione in tal senso da parte delle stesse disposizioni, il principio originario è stato oggi riaffermato dalla riforma Madia, con alcuni temperamenti.

Il d.lgs. n. 75 del 2017, infatti, interviene a modificare l'art. 2, comma 2, del d.lgs. n. 165 del 2001: eventuali disposizioni di legge, regolamento o statuto, che introducano, o che abbiano introdotto, discipline dei rapporti di lavoro la cui applicabilità sia limitata ai dipendenti delle amministrazioni pubbliche, o a categorie di essi possono essere derogate, e per la parte derogata non sono ulteriormente applicabili, a tre condizioni:

condizioni

a) nelle materie affidate alla contrattazione collettiva;
b) nel rispetto dei principi stabiliti dal d.lgs. n. 165 del 2001;
c) solo da parte di contratti o accordi collettivi nazionali.

---

[5] Cfr., in particolare, il d.lgs. n. 74 del 2017, in materia di valutazione della *performance* e il d.lgs. n. 75 del 2017, di modifica del d.lgs. n. 165 del 2001.

Le disposizioni del d.lgs. n. 165 del 2001 vengono qualificate espressamente "a carattere imperativo", e a questa previsione si collega all'art. 2, comma 3-*bis*, d.lgs. n. 165 del 2001, ai sensi del quale in caso di nullità delle disposizioni contrattuali per violazione di norme imperative o dei limiti fissati alla contrattazione collettiva "si applicano gli articoli 1339 e 1419, secondo comma, del Codice civile".

disposizioni imperative e conseguenze in caso di nullità delle clausole dei contratti collettivi

Il legislatore, in altri termini, vuole collegare alla nullità delle clausole dei contratti collettivi un meccanismo di sostituzione automatica della disciplina contrattuale dichiarata nulla con quella legale. Ed, in effetti, la contrattazione collettiva nel settore pubblico, sebbene in linea generale abilitata a disciplinare il rapporto di lavoro e le relazioni sindacali [6], ha un elevato grado di formalizzazione perché regolata sotto molteplici aspetti da norme imperative.

[6] Cfr. l'art. 40 del d.lgs. n. 165 del 2001.

Sezione II
L'attività e l'organizzazione sindacale nel lavoro pubblico

SOMMARIO: 1. L'attività sindacale nel lavoro pubblico. – 2. Gli organismi di rappresentanza nei luoghi di lavoro: le r.s.a. e le r.s.u. – 3. La rappresentatività sindacale ponderata. – 4. La condotta antisindacale delle pubbliche amministrazioni.

differenze tra attività sindacale nel settore pubblico e nel settore privato

1. L'attività sindacale nel lavoro pubblico ha assunto storicamente tratti completamente distinti da quella del settore privato.

Prima della privatizzazione, infatti, il contratto collettivo non era contemplato quale fonte del rapporto di lavoro che, come già accennato, era regolato esclusivamente da leggi, regolamenti ed atti amministrativi.

L'attività sindacale, dunque, non aveva, né poteva avere, come obiettivo finale la stipulazione del contratto collettivo, come avveniva, invece, nel settore privato.

Sotto questo aspetto, pertanto, i sindacati si trovavano di fatto esclusi dal pubblico impiego ed operavano, tutt'al più, quali gruppi di pressione sul potere politico al fine di ottenere l'emanazione di leggi, regolamenti e provvedimenti che tenessero in considerazione gli interessi dei dipendenti.

La situazione cambia dapprima con la legge quadro n. 93 del 1983, che comincia ad ufficializzare un momento di negoziazione collettiva nell'ambito del tradizionale statuto pubblicistico del pubblico impiego e, successivamente, con la privatizzazione, quando finalmente il contratto collettivo diventa fonte diretta di disciplina del rapporto di lavoro.

alto tasso di formalizzazione

Anche dopo la privatizzazione, però, l'alto tasso di formalizzazione della rappresentatività sindacale e della contrattazione collettiva da parte delle norme di legge che, nel lavoro pubblico, regolano queste tematiche, fa sì che venga a mancare, nel settore pubblico, il sindacalismo di fatto che caratterizza quello privato.

Infatti, nel settore pubblico, principi come l'unità di azione e l'effettività non hanno assunto un valore pregnante a fronte di norme di legge che regolano nel dettaglio la contrattazione e l'esercizio dei diritti sindacali[7].

Per quanto attiene al primo aspetto, la misurazione secondo criteri matematici della rappresentatività sindacale ai fini della contrattazione nazionale nasce originariamente nel lavoro pubblico (vedi sezione III) e a partire dal 2011 viene presa a modello per l'attuale regolamentazione nel lavoro privato.

---

[7] Artt. 40 e ss. del d.lgs. n. 165 del 2001.

Con riguardo, invece, all'attività sindacale nei luoghi di lavoro, l'art. 51 del d.lgs. n. 165 del 2001 sancisce la generale applicabilità dello statuto dei lavoratori alle pubbliche amministrazioni, a prescindere dal numero dei dipendenti, ma poi l'art. 42 dello stesso decreto detta una dettagliata regolamentazione legale dei diritti e delle prerogative sindacali nei luoghi di lavoro, prevedendo, ad esempio, il principio della ripartizione dei permessi secondo la rappresentatività [8].

le r.s.a.

2. In ciascuna amministrazione, ente o struttura amministrativa sono costituite le **rappresentanze sindacali aziendali (r.s.a.)** ai sensi dell'art. 19 St. lav. su iniziativa delle organizzazioni sindacali ammesse alle trattative per la sottoscrizione dei contratti collettivi: così è previsto **dall'art. 42, comma 2, d.lgs. n. 165 del 2001**.

Come già accennato, alle r.s.a. spettano, in proporzione alla rappresentatività conseguita, le garanzie previste dagli artt. 23, 24 e 30 St. lav. e le migliori condizioni derivanti dai contratti collettivi.

I diritti e le prerogative sindacali riconosciuti dallo Statuto dei lavoratori alle r.s.a. e ai loro dirigenti nel settore privato sono garantiti, in linea generale, anche nel settore pubblico privatizzato.

le r.s.u.

In ciascuna amministrazione che occupi più di quindici dipendenti **l'art. 43, comma 3, d.lgs. n. 165 del 2001**, stabilisce che debba essere costituito un organismo di rappresentanza unitaria del personale, su iniziativa anche disgiunta delle organizzazioni sindacali di cui al comma 2, attraverso l'elezione garantita a tutti i lavoratori.

Dal combinato di queste due disposizioni emerge con sufficiente chiarezza che l'istituzione degli organismi di rappresentanza unitaria del personale, denominati in seguito all'accordo quadro del 1998 [9] **rappresentanze sindacali unitarie (r.s.u.)**, è indispensabile per il funzionamento dell'intero sistema contrattuale, in quanto dalle votazioni effettuate in questa struttura si ricava il dato elettorale.

Le rappresentanze sindacali unitarie sono interamente elettive e vengono elette a suffragio universale, con voto segreto. La ripartizione dei seggi è rigorosamente proporzionale ai voti conseguiti dai sindacati ammessi alle trattative a livello nazionale e anche da altri sindacati, a condizione che siano costi-

---

[8] Cfr., da ultimo, il CCNQ del 4 dicembre 2017, sulle modalità di utilizzo dei distacchi, aspettative e permessi, nonché delle altre prerogative sindacali. Anche i distacchi sindacali, istituto tipico dell'impiego pubblico, che prevede la corresponsione della retribuzione al lavoratore collocato in aspettativa, sono assegnati in misura proporzionale alla rappresentatività conseguita da ciascun sindacato rappresentativo. Per la corretta delimitazione dei concetti di unità operativa e sede rilevanti ai fini delle prerogative sindacali nei luoghi di lavoro cfr. Cass. 12 luglio 2016, n. 14196.

[9] L'accordo quadro del 7 agosto 1998 è stato integrato e modificato nel corso degli anni, da ultimo dall'accordo quadro del 9 febbraio 2015.

tuiti in associazione, abbiano un proprio statuto e abbiano aderito agli accordi o contratti collettivi che disciplinano l'elezione e il funzionamento dell'organismo[10].

I componenti delle r.s.u. sono equiparati ai dirigenti delle rappresentanze sindacali aziendali e hanno le stesse prerogative e diritti.

In coerenza con quanto previsto dall'art. 43, comma 6 del d.lgs. n. 165 del 2001, l'accordo quadro del 1998 stabilisce, inoltre, che le r.s.u. subentrano alle r.s.a. o ad analoghe strutture sindacali esistenti, comunque denominate[11].

titolarità del diritto di assemblea

Con specifico riferimento alla titolarità del diritto di assemblea si è posta la questione se la legittimazione spetti alla r.s.u. quale soggetto unitario o anche ai singoli componenti. Con riferimento al lavoro pubblico, la Cassazione ha precisato[12] che il diritto di indire assemblee dei dipendenti spetta alla r.s.u. quale organismo elettivo a struttura collegiale.

Analogamente a quanto avviene nel settore privato, la r.s.u. assume ogni decisione a maggioranza dei componenti.

E l'art. 42, comma 7, d.lgs. n. 165 del 2001 riconosce alla rappresentanza unitaria la titolarità dei diritti di informazione e consultazione. Essa, ai fini della contrattazione collettiva integrativa, può essere integrata da rappresentanti delle organizzazioni sindacali firmatarie del contratto collettivo di comparto.

rappresentatività ai fini della contrattazione nazionale

3. Secondo l'art. 43 del d.lgs. n. 165 del 2001, **sono ammesse alle trattative per il rinnovo del contratto nazionale le organizzazioni sindacali che abbiano una rappresentatività non inferiore al 5%** nel comparto o nell'area. Per il calcolo di tale percentuale viene considerata la **media tra il dato elettorale e il dato associativo.**

dato associativo

dato elettorale

Il dato associativo è espresso dalla percentuale delle deleghe per il versamento dei contributi sindacali rilasciate nell'ambito considerato, mentre il dato elettorale è espresso dalla percentuale dei voti ottenuti nelle elezioni delle rappresentanze unitarie del personale rispetto al totale dei voti espressi nell'ambito considerato (art. 43, comma 1).

Pertanto, anche se i sindacati già rappresentativi sulla base del solo dato associativo non sono obbligati a partecipare all'elezione della rappresentanza

---

[10] Secondo Cass. 20 marzo 2008, n. 7604, in *Arg. dir. lav.*, 2009, p. 785, "la rappresentanza sindacale unitaria è un organismo autonomo, protetto dagli strumenti di garanzia stabiliti dal titolo III dello Statuto dei lavoratori per la tutela della libertà ed attività sindacale; ne consegue che, proprio per la detta autonomia, va escluso qualsiasi potere di ingerenza e controllo della pubblica amministrazione sul funzionamento della r.s.u. e sulla sua composizione".

[11] Anche nel settore pubblico la clausola di salvaguardia vincola le associazioni sindacali che si impegnano a partecipare all'elezione delle r.s.u. a rinunciare espressamente e formalmente a costituire r.s.a. (parte I, art. 10, CCNQ 7 agosto 1998).

[12] Cass. 8 febbraio 2018, n. 3095; Cass. 16 febbraio 2005, n. 3072, in *Rep. Foro it.*, 2005, voce *Sindacati*, n. 58.

unitaria, in quanto possono non partecipare alle elezioni e conservare la propria r.s.a. e godere dei diritti sindacali previsti dagli artt. 23, 24 e 30 St. lav., un'eventualità del genere non sembra verosimile perché i suddetti sindacati sono fortemente incentivati a partecipare alle elezioni della r.s.u. Infatti, in assenza del dato elettorale, per essere ammessi alle trattative a livello nazionale i sindacati devono avere un dato associativo molto elevato, cioè una percentuale di iscritti pari al 10%, difficile da conseguire.

I criteri previsti dall'art. 43 del d.lgs. n. 165 del 2001 rispecchiano i connotati e le politiche perseguite dai sindacati storici. E così la misurazione della rappresentatività in base alle deleghe tiene conto delle esigenze del sindacato associazione che privilegia i lavoratori sindacalizzati, mentre il computo dei voti registra il consenso dei lavoratori indipendentemente dall'iscrizione e, quindi, privilegia le esigenze del sindacato movimento.

Le confederazioni sono considerate rappresentative per il solo fatto di affiliare sindacati che rispondano ai criteri appena indicati e, quindi, risultino rappresentativi **in almeno due comparti o aree (art. 43, comma 4)**.

Si può anche dire che in questo caso le confederazioni hanno una rappresentatività **derivata** dalla rappresentatività delle organizzazioni sindacali loro affiliate.

condotta antisindacale

4. Una trattazione separata per illustrare la disciplina della condotta antisindacale delle pubbliche amministrazioni si giustifica, allo stato attuale, solo per sottolineare che l'art. 63, comma 3, d.lgs. n. 165 del 2001 pone fine ad una lunga e laboriosa vicenda giurisprudenziale e legislativa che aveva giustificato già con lo Statuto dei lavoratori una disciplina separata per la condotta antisindacale delle pubbliche amministrazioni.

Precedentemente esisteva un riparto di giurisdizione in base al quale il giudice ordinario era competente a giudicare le controversie relative alla condotta antisindacale della pubblica amministrazione nei confronti del sindacato, mentre restavano devolute alla giurisdizione del giudice amministrativo le controversie relative alla condotta antisindacale plurioffensiva nei confronti del singolo lavoratore.

Questo riparto di giurisdizione è stato superato già dall'art. 6 della legge n. 146 del 1990, che ha aggiunto due commi all'art. 28 St. lav.

giurisdizione del giudice del lavoro

L'art. 63, comma 3 del d.lgs. n. 165 del 2001, infine, ha affermato la giurisdizione del giudice del lavoro non solo per le condotte antisindacali plurioffensive nei confronti dei pubblici dipendenti con rapporti di lavoro privatizzati, **ma anche con rapporti di lavoro non privatizzati** (quali, ad esempio, i magistrati, il personale militare e le forze di polizia) perché mentre l'art. 63, comma 1 esclude dalla giurisdizione del giudice ordinario le controversie relative ai rapporti di lavoro non privatizzati, l'art. 63, comma 3 non riproduce questa esclusione [13].

---

[13] Cfr. Cass. Sez. Un., 9 febbraio 2015, n. 2359.

Sezione III
La contrattazione collettiva nel lavoro pubblico

SOMMARIO: 1. Dal contratto recepito in decreto al contratto come atto di autonomia privata. – 2. Competenza e struttura della contrattazione collettiva. – 3. I soggetti della contrattazione. – 4. La procedura per la stipulazione del contratto di comparto e del contratto integrativo. – 5. L'efficacia soggettiva del contratto collettivo. – 6. Natura giuridica del contratto collettivo nel lavoro pubblico.

evoluzione del contratto collettivo nel lavoro pubblico

1. Come già accennato la legge quadro n. 93 del 1983 aveva innestato la contrattazione collettiva, per definizione consensuale, sul modello autoritativo del pubblico impiego. Per realizzare questo innesto aveva ritenuto indispensabile la recezione del contratto collettivo in un regolamento, con la conseguenza che la legge quadro aveva formalizzato e irrigidito la contrattazione, strumento di per sé dinamico, e aveva privilegiato la centralizzazione a discapito della contrattazione collettiva decentrata.

Nel nuovo quadro normativo disegnato dalle c.d. due privatizzazioni il contratto collettivo non è più un elemento necessario di un procedimento che si chiude con la recezione del contratto collettivo in regolamento, ma è considerato un atto di autonomia privata che, seppure con qualche particolarità, regola direttamente i rapporti di lavoro dei dipendenti pubblici allo stesso modo in cui il contratto collettivo di diritto comune regola i rapporti di lavoro privati. Come si vedrà in seguito, sono numerosi i dati normativi che consentono di rilevare la diversità tra i due tipi di contratto collettivo.

competenze della contrattazione collettiva

2. Ai sensi dell'art. 40 del d.lgs. n. 165 del 2001, come modificato dalla riforma Madia, la contrattazione collettiva disciplina il rapporto di lavoro e le relazioni sindacali e si svolge con le modalità previste dal d.lgs. n. 165 del 2001.

La stessa disposizione, tuttavia, elenca alcune materie nelle quali la contrattazione collettiva è consentita entro i limiti previsti dalla legge [14], ed altre materie rispetto alle quali la contrattazione è del tutto esclusa [15].

---

[14] Sanzioni disciplinari, valutazione delle prestazioni ai fini della corresponsione del trattamento accessorio, mobilità.

[15] Organizzazione degli uffici, materie oggetto di partecipazione sindacale, incarichi e prerogative dirigenziali, nonché quelle non oggetto di privatizzazione ai sensi dell'art. 1, comma 2, lett. *c*) della legge n. 421 del 1992. La materia dell'organizzazione degli uffici

Altra importante competenza della contrattazione collettiva è quella di definire i comparti di contrattazione (massimo quattro, cui corrispondono non più di quattro separate aree per la dirigenza) [16]. Ciò avviene tramite contratti collettivi nazionali quadro, che costituiscono l'equivalente funzionale degli accordi interconfederali nel settore privato.

contratti quadro

I comparti di contrattazione raggruppano amministrazioni di settori omogenei o affini e costituiscono l'equivalente funzionale delle categorie del settore privato.

contratto di comparto

Al contratto nazionale di comparto si affianca il contratto integrativo (o decentrato), per ogni amministrazione che rientra nel comparto [17].

Il contratto integrativo, dunque, costituisce l'equivalente funzionale del contratto aziendale nel settore privato. E come nel settore privato, infatti, la contrattazione integrativa assicura adeguati livelli di efficienza e produttività dei servizi pubblici, incentivando l'impegno e la qualità della *performance* e a tal fine deve destinare una quota prevalente del trattamento accessorio comunque denominato [18].

contratto integrativo

La struttura contrattuale, i rapporti tra i diversi livelli e la durata dei contratti nazionali e integrativi sono regolate dalla stessa contrattazione collettiva, in modo che vi sia coincidenza tra la vigenza della disciplina giuridica e quella economica [19].

Le pubbliche amministrazioni possono attivare autonomi livelli di **contrattazione integrativa** nel rispetto di una serie di vincoli, in primo luogo legati ad esigenze di bilancio, posto che la contrattazione collettiva e i trattamenti che la stessa prevede costituiscono la principale voce di costo per le amministrazioni.

I limiti di spesa costituiscono ovviamente un limite generale alla libertà di contrattazione, tanto che diverse leggi nel corso degli ultimi anni hanno bloccato i rinnovi contrattuali e solo all'esito della sentenza della Corte costituzionale n. 178 del 2015 detti blocchi sono stati rimossi per il futuro, senza che, per altro, ancora nessun contratto di comparto sia stato rinnovato [20].

vincoli di spesa

---

può essere oggetto di informazione sindacale, se previsto dai contratti collettivi. Cfr. l'art. 6 del d.lgs. n. 165 del 2001, come modificato dalla riforma Madia.

[16] Il CCNQ del 13 luglio 2016 individua quattro comparti: a) Funzioni centrali (vi rientrano ad esempio i ministeri); b) Funzioni locali (vi rientrano ad esempio le regioni, le province e i comuni); c) Istruzione e ricerca (vi rientra ad esempio le scuole, le università, gli enti di ricerca); d) Sanità (vi rientrano, ad esempio, le aziende sanitarie ed ospedaliere).

[17] Così, ad esempio, il contratto nazionale del comparto funzioni centrali vincola tutti i ministeri, ma ciascun ministero avrà anche il proprio contratto integrativo.

[18] La riforma Madia ha introdotto il comma 4-*bis* all'art. 40 del d.lgs. n. 165 del 2001, imponendo ai contratti nazionali di prevedere apposite clausole volte a limitare le risorse destinate ai trattamento accessori in caso di dati sulle assenze, anche concentrate in periodi sensibili o in prossimità di festività, non in linea con le medie annuali nazionali o di settore.

[19] Art. 40, comma 3, del d.lgs. n. 165 del 2001.

[20] La sentenza non è retroattiva e, dunque, nessun arretrato spetterà in conseguenza dei mancati rinnovi contrattuali relativi agli anni passati.

La contrattazione integrativa si svolge sulle materie, con i vincoli e nei limiti stabiliti dai contratti nazionali, tra i soggetti e con le procedure negoziali dagli stessi stabiliti. I contratti nazionali possono stabilire termini minimi per le sessioni negoziali in sede decentrata, alla scadenza dei quali le parti riassumono le rispettive prerogative e libertà di iniziativa e decisione.

possibilità per l'amministrazione di provvedere in via provvisoria se non si raggiunge l'accordo integrativo

In particolare, qualora non si raggiunga l'accordo per la stipulazione di un contratto integrativo, l'amministrazione può provvedere in via provvisoria sulle materie oggetto del mancato accordo fino alla successiva sottoscrizione.

Questa previsione, originariamente introdotta in termini drastici dal d.lgs. n. 150 del 2009 (riforma Brunetta), è stata modificata dalla riforma Madia, che ha introdotto alcuni temperamenti alla possibilità di provvedere unilateralmente nelle more della stipulazione del contratto integrativo. Tale possibilità può essere esercitata se il protrarsi delle trattative determini un pregiudizio alla funzionalità dell'azione amministrativa e sia garantito il rispetto dei principi di correttezza e buona fede. L'amministrazione, inoltre, deve proseguire le trattative al fine di raggiungere un accordo in tempi celeri [21].

gerarchia tra i livelli contrattuali

Le pubbliche amministrazioni non possono sottoscrivere in sede decentrata contratti collettivi integrativi in contrasto con i vincoli e con i limiti previsti dai contratti collettivi nazionali o che disciplinino materie non espressamente delegate ovvero che comportino oneri non previsti negli strumenti di programmazione annuale e pluriennale di ciascuna amministrazione. Le clausole difformi sono nulle e non possono essere applicate. Esse, inoltre, sono sostituite ai sensi degli artt. 1339 e 1419, comma 2, c.c. [22].

Questa previsione assicura una **gerarchia tra livelli contrattuali**, che, nel settore privato, non è sancita da alcuna norma di legge [23].

3. La contrattazione nazionale si svolge tra i sindacati nazionali del lavoro pubblico ed un'apposita agenzia per la rappresentanza negoziale delle pubbliche amministrazioni (**ARAN**).

l'ARAN

L'ARAN **rappresenta legalmente le pubbliche amministrazioni agli effetti della contrattazione collettiva nazionale** [24]. Essa, inoltre, esercita ogni attività relativa alle relazioni sindacali, alla negoziazione dei contratti collettivi e all'assistenza delle pubbliche amministrazioni al fine dell'uniforme applicazione dei contratti stessi.

i comitati di settore

In quanto rappresentante l'ARAN non decide autonomamente, ma è sottoposta al potere di indirizzo dei **comitati di settore**, organismi espressi dalle

---

[21] La riforma Madia ha istituito un apposito osservatorio presso l'ARAN al fine di monitorare gli atti adottati unilateralmente dall'amministrazione.

[22] Art. 40, comma 3-*quinquies*.

[23] Cfr., sul punto, Cass. 7 novembre 2018, n. 28452.

[24] L'ARAN, invece, non ha una competenza propria sulla contrattazione integrativa, ma se richiesta, può assistere le singole amministrazioni.

forme associative o rappresentative delle diverse amministrazioni, secondo quanto previsto dall'art. 41 del d.lgs. n. 165 del 2001.

L'attività di indirizzo dei comitati di settore ha carattere pubblicistico in quanto atto di indirizzo politico-amministrativo e indica all'ARAN gli obiettivi che deve perseguire nel rispetto della sua competenza tecnica.

Il comitato di settore deve essere costantemente informato sull'andamento delle trattative e, quando queste si concludono deve esprimere parere favorevole all'ipotesi di accordo raggiunta dall'ARAN.

Come già evidenziato (v. sez. II, par. 3), il d.lgs. n. 165 del 2001 stabilisce le **soglie per ammettere i sindacati alle trattative** per la stipulazione del contratto nazionale di comparto.

Quando i sindacati abbiano raggiunto queste soglie sono considerati rappresentativi e l'ARAN ha l'obbligo di ammetterli alle trattative.

il requisito di rappresentatività complessiva ai fini della valida stipulazione del contratto collettivo

Inoltre, il contratto collettivo può essere legittimamente stipulato quando sia sottoscritto dai sindacati che nel loro complesso realizzano un indice di rappresentatività pari al 51% come media tra dato associativo e dato elettorale ovvero al 60% se si assume il solo dato elettorale (art. 43, comma 3, d.lgs. n. 165 del 2001).

Queste ultime percentuali devono essere verificate, come chiarito dal Consiglio di Stato[25], con riferimento alle sole sigle sindacali individuate come rappresentative ed in quanto tali ammesse alle trattative e non, invece, con riferimento a tutte le sigle sindacali esistenti nel comparto.

È bene sottolineare che il consenso non è espresso direttamente dai lavoratori come nel *referendum*, ma dalle organizzazioni sindacali che complessivamente rappresentano la maggioranza dei lavoratori interessati.

Conseguentemente, il consenso dei lavoratori non entra in quanto tale nella formazione della volontà negoziale, ma il numero di lavoratori nella media tra dato associativo e dato elettorale ovvero nella significativa percentuale del solo dato elettorale costituisce un parametro di misurazione della rappresentatività delle organizzazioni sindacali, ispirato al principio di maggioranza proporzionale affermato dall'art. 39 Cost.

I soggetti della contrattazione decentrata sono le r.s.u., ma i contratti nazionali possono prevedere l'integrazione delle rappresentanze unitarie del personale con rappresentanti delle organizzazioni sindacali firmatarie del contratto nazionale di comparto (art. 42, comma 7, d.lgs. n. 165 del 2001).

4. La legge ha previsto una procedura molto formalizzata e, comunque, distinta per la stipulazione del contratto di comparto e del contratto decentrato.

E questa formalizzazione costituisce sicuramente un elemento di diversità rispetto alla contrattazione di diritto comune.

---

[25] Cons. Stato, parere n. 4108 del 3 dicembre 2008.

copertura finanziaria della contrattazione

Innanzitutto, il legislatore si preoccupa della copertura finanziaria della contrattazione.

E infatti l'art. 48, comma 1, d.lgs. n. 165 del 2001, abilita il Ministro dell'economia e delle finanze a quantificare l'onere derivante dalla contrattazione a carico del bilancio dello Stato con apposita norma da inserire nella legge finanziaria.

Si noti che la disposizione ha cura di precisare che devono essere quantificati allo stesso modo gli oneri aggiuntivi per la contrattazione integrativa.

la procedura di contrattazione

La procedura di contrattazione è regolata dall'art. 47 del d.lgs. n. 165 del 2001.

I comitati di settore formulano gli atti di indirizzo nei confronti dell'ARAN; quest'ultima trasmette a sua volta a detti comitati le ipotesi di accordo, al fine di ottenere un parere favorevole.

A questo punto interviene il controllo della Corte dei Conti, chiamata a certificare la compatibilità dei costi contrattuali con gli strumenti di programmazione e di bilancio. La Corte dei Conti delibera entro quindici giorni, decorsi i quali la certificazione si intende effettuata positivamente.

Se la certificazione è positiva, il presidente dell'ARAN sottoscrive definitivamente il contratto collettivo, altrimenti è necessario riaprire le trattative.

Nel caso in cui la certificazione non positiva sia limitata a singole clausole contrattuali, l'ipotesi può essere sottoscritta, ferma restando l'inefficacia delle clausole contrattuali non positivamente certificate.

tutela retributiva nelle more del rinnovo del contratto collettivo

L'art. 47-*bis* del d.lgs. n. 165 del 2001 ha introdotto una particolare tutela retributiva per i dipendenti pubblici nelle more del rinnovo del contratto collettivo nazionale, consentendo, decorsi sessanta giorni dalla data di entrata in vigore della legge finanziaria che dispone in materia di rinnovi dei contratti collettivi, l'erogazione, in via provvisoria, degli incrementi previsti per il trattamento stipendiale, salvo conguaglio all'atto della stipulazione dei contratti collettivi nazionali di lavoro.

La legge rimette ai contratti nazionali la determinazione delle materie e delle procedure della contrattazione integrativa. L'ordinamento interno dell'amministrazione determina il soggetto competente a trattare.

5. Dubbi possono sorgere sull'efficacia soggettiva del contratto collettivo nel settore pubblico. Infatti, la giurisprudenza costituzionale[26], mentre da un lato tende a dimostrare che, senza lo schermo regolamentare, detto contratto diventa un atto di autonomia privata ed è equiparabile al contratto collettivo nel lavoro privato e come tale riconducibile nell'area dell'art. 39 Cost., dall'altro lato tenta di superare, con riferimento al contratto collettivo nel lavoro pubblico, i limiti di efficacia propri contratto collettivo di diritto comune.

---

[26] Corte cost. 16 ottobre 1997, n. 309, in *Lav. pubbl. amm.*, 1998, p. 140.

efficacia generalizzata del contratto collettivo nel settore pubblico

E a tal proposito argomenta che l'art. 40, comma 4, d.lgs. n. 165 del 2001, impone alle pubbliche amministrazioni di adempiere gli obblighi assunti con i contratti collettivi nazionali o integrativi e di assicurarne l'osservanza nelle forme previste dai rispettivi ordinamenti.

E in secondo luogo, a sostegno di questa efficacia generalizzata del contratto collettivo nel settore pubblico, richiama la clausola di rinvio al contratto collettivo contenuta in tutti i contratti individuali di lavoro dei dipendenti pubblici[27].

D'altra parte, il problema dell'efficacia del contratto collettivo nei confronti delle pubbliche amministrazioni datori di lavoro può essere risolto osservando che l'ARAN ha la rappresentanza legale di tutte le pubbliche amministrazioni interessate al contratto collettivo, in modo tale che gli effetti del contratto si producano nei confronti di tutte le amministrazioni rappresentate.

Vale la pena aggiungere, a sostegno dell'efficacia del contratto nei confronti di tutte le amministrazioni, che il trattamento economico è determinato esclusivamente dal contratto collettivo e le amministrazioni sono tenute a garantire ai loro dipendenti parità di trattamento contrattuale (art. 45, d.lgs. n. 165 del 2001).

differenze tra contratto collettivo nel settore pubblico e contratto collettivo nel settore privato

6. La regolazione in via legislativa di una procedura per la stipulazione del contratto collettivo, il particolare atteggiarsi dell'efficacia soggettiva del contratto collettivo e, infine, la necessità di rispettare la soglia di rappresentatività complessiva ai fini della valida stipulazione differenziano fortemente il contratto collettivo del settore pubblico da quello privato.

Accanto a questi dati normativi, che connotano il contratto collettivo di lavoro pubblico, il legislatore ne indica altri che, insieme ai primi, inducono a riflettere sulla natura giuridica di questo contratto collettivo.

Basti pensare in proposito:

1) all'inserimento obbligatorio nel contratto di clausole che proroghino l'efficacia temporale del contratto ovvero ne sospendano l'esecuzione totale o parziale in caso di accertata esorbitanza dai limiti di spesa (art. 48, comma 3, d.lgs. n. 165 del 2001);

2) alla previsione di una norma che sancisce la nullità dei contratti integrativi in contrasto con i vincoli e con i limiti previsti dai contratti nazionali o che disciplinino materie non delegate o che non rispettino i vincoli di bilancio (art. 40, comma 3-*quinquies*);

3) alla stipulazione di accordi di interpretazione autentica con effetto retroattivo (art. 49). Si tratta di transazioni collettive, che, avendo effetto retroattivo, finiscono per disporre di diritti di lavoratori già entrati nel loro patrimonio. E tali accordi sono di dubbia legittimità nel settore privato;

4) alla facoltà del giudice di sospendere il giudizio quando deve definire

---

[27] Corte cost. 16 ottobre 1997, n. 309.

una controversia sulla validità, efficacia o interpretazione delle clausole di un contratto. La sospensione del processo ha lo scopo di consentire alle parti di addivenire ad un accordo sostanzialmente transattivo, anche se viene definito di interpretazione autentica (art. 64).

Come si è precedentemente rilevato, anche l'art. 420-*bis* c.p.c. prevede una procedura analoga nelle controversie su validità, efficacia o interpretazione delle clausole del contratto collettivo nel settore privato.

D'altra parte, l'art. 360, n. 3, c.p.c. ormai ammette il ricorso per cassazione per violazione o falsa applicazione delle clausole dei contratti collettivi.

In altre parole, la Corte di Cassazione assolve la funzione di nomofilachia non soltanto rispetto alla legge, ma anche ai contratti collettivi nazionali sottoscritti dall'ARAN e applicati ai dipendenti delle pubbliche amministrazioni e ai contratti collettivi nazionali che disciplinano i rapporti alle dipendenze dei datori di lavoro privati.

Infine, la forma scritta e la pubblicazione sulla Gazzetta Ufficiale del testo dei contratti collettivi sono ulteriori elementi che, insieme ai precedenti, consentono di considerare questo contratto collettivo un contratto nominato e, quindi, diverso dal contratto collettivo di diritto comune che, invece, è innominato. Tali elementi inducono a chiedersi se questo contratto abbia la stessa natura giuridica del contratto collettivo nel settore privato o tale natura sia sostanzialmente diversa. A questo proposito va ricordato che la contrattazione nel settore pubblico è tenuta a farsi carico anche di interessi diversi da quelli delle parti contrapposte e, perciò, sarebbe, secondo questa dottrina, funzionalizzata. Il contratto collettivo, quindi, si configurerebbe come un contratto di diritto pubblico, fonte del diritto dotata come tale di efficacia generale.

Se questa tesi può suscitare qualche perplessità perché nel lavoro pubblico è ancora forte l'esigenza di superare l'impostazione precedente del contratto recepito in regolamento, tuttavia è meritevole di aver segnalato i molteplici limiti che incontra l'autonomia contrattuale delle parti individuali e collettive in ragione della natura pubblica del datore di lavoro.

la previsione di limiti esterni non funzionalizza l'attività contrattuale

In realtà, non si tratta di limiti funzionali, bensì di limiti esterni che non funzionalizzano l'attività contrattuale, ma certamente la limitano dall'esterno e ne circoscrivono l'ambito di liceità.

In conclusione, questo contratto, allo stato dell'attuale legislazione, presenta una duplice natura: di atto negoziale e di fonte, ovviamente non in senso formale ma *extra ordinem.* Non si può negare, infatti, che la legge salvaguarda il nocciolo duro dell'autonomia contrattuale quando garantisce alle parti di regolare da sé i propri interessi e, d'altra parte, certe disposizioni, anche se non consentono di affermare l'efficacia generale in senso tecnico, comunque garantiscono un risultato simile, e cioè un'efficacia generalizzata che vincola anche i non iscritti e legittima il medesimo contratto a disporre dei diritti dei lavoratori iscritti e non iscritti. E sotto questo profilo si può dire che il contratto collettivo si atteggia alla stregua di una fonte.

Si deve, infine, osservare che la natura pubblica del soggetto datore di lavoro rileva come limite esterno e non funzionale dell'autonomia contrattuale del soggetto pubblico allo stesso modo in cui rileva l'utilità sociale nell'art. 41, comma 2, Cost. rispetto all'iniziativa economica privata.

In altri termini, come l'iniziativa economica privata, secondo l'interpretazione che qui si condivide, non è tenuta a realizzare l'utilità sociale ma non può svolgersi in contrasto con essa, allo stesso modo il contratto collettivo non è chiamato a realizzare l'interesse pubblico ma certamente non può svolgersi in contrasto con esso.

Che si tratti di un limite esterno e non funzionale risulta confermato proprio dalla formula adottata dall'art. 2, comma 2, d.lgs. n. 165 del 2001, che indica le fonti dei rapporti di lavoro dei dipendenti delle amministrazioni pubbliche nelle disposizioni del codice civile e nelle leggi che regolano il lavoro subordinato nell'impresa, **fatte salve le diverse disposizioni contenute nel presente decreto**.

Con questo inciso finale il legislatore del 2001 ha stabilito con chiarezza che i limiti all'autonomia contrattuale sia della pubblica amministrazione sia dei dipendenti, oltre che dalla disciplina generale del rapporto di lavoro nell'impresa, sono stabiliti esclusivamente dalle disposizioni del d.lgs. n. 165 del 2001.

Capitolo 18

Diritto sindacale nell'Unione Europea

Sezione I

I comitati aziendali europei

SOMMARIO: 1. La direttiva 2009/38/CE e trasposizione ai sensi del d.lgs. n. 113 del 2012: definizioni e campo applicativo. – 2. La delegazione speciale per la negoziazione. – 3. Contenuto dell'accordo e prescrizioni accessorie.

la direttiva 2009/38/CE

1. Con la direttiva 22 settembre 1994, n. 94/45/CE, attuata nel nostro ordinamento dal d.lgs. 2 aprile 2002, n. 74, è stato istituito il **comitato aziendale europeo (CAE)**. Si tratta di una procedura per l'informazione e la consultazione dei lavoratori nelle imprese e nei gruppi di imprese di dimensione comunitaria.

Successivamente, questa direttiva è stata abrogata dalla **direttiva 2009/38/CE**, introdotta per incrementare l'utilizzo dei CAE. A tal fine ha cercato di risolvere i problemi applicativi generati dalla precedente direttiva e ha previsto la data del 5 giugno 2011 quale termine per l'adeguamento della normativa interna dei Paesi membri dell'Unione Europea.

Il legislatore italiano ha recepito tale direttiva solo nel 2012, con il d.lgs. 22 giugno 2012, n. 113, modificato con il d.lgs. 18 maggio 2018, n. 61.

il comitato aziendale europeo

Il CAE è un comitato istituito da ogni impresa o in ciascun gruppo di imprese di dimensioni comunitarie. È "costituito da dipendenti dell'impresa o del gruppo di imprese di dimensioni comunitarie" (art. 2, comma 1, lett. *i*), d.lgs. n. 113 del 2012), con la finalità di "informare e consultare i lavoratori" con modalità tali da "garantirne l'efficacia e consentire un processo decisionale efficace nell'impresa o nel gruppo d'imprese" (art. 1, comma 2, d.lgs. n. 113 del 2012).

A tal fine, il d.lgs. n. 113 del 2012, all'art. 2, comma 1, lett. *b*), *c*) e *d*), contiene la definizione di:

a) impresa di dimensioni comunitarie: occupa almeno 1.000 lavoratori e almeno 150 lavoratori per Stato membro almeno in due Stati membri ovvero un'impresa marittima che impiega almeno 1000 lavoratori marittimi su navi battenti bandiere comunitarie e che impiega almeno 150 lavoratori marittimi su almeno due navi battenti bandiera comunitaria;

b) gruppo di imprese: è un gruppo costituito da un'impresa controllante e dalle imprese da questa controllate;

c) gruppo di imprese di dimensioni comunitarie: quando soddisfi le seguenti condizioni:

– il gruppo impiega almeno 1000 lavoratori negli Stati membri o impiega almeno 1000 lavoratori marittimi su navi battenti bandiere comunitarie;

– almeno due imprese del gruppo si trovano in Stati membri diversi;

– almeno un'impresa del gruppo impiega non meno di 150 lavoratori in uno Stato membro e almeno un'altra impresa del gruppo impiega non meno di 150 lavoratori in un altro Stato membro ovvero, nel caso di imprese marittime, almeno un'impresa marittima del gruppo impiega non meno di 150 lavoratori marittimi su navi battenti una bandiera comunitaria e almeno un'altra impresa marittima del gruppo impiega non meno di 150 lavoratori su navi battenti un'altra bandiera comunitaria.

Per quanto concerne poi la nozione di "impresa controllante e controllata", il legislatore, in sede di recepimento della normativa comunitaria, sceglie di trasporre fedelmente la direttiva, introducendo, "ai soli fini del presente decreto", una nozione peculiare di impresa controllante e controllata, difforme rispetto alla disciplina interna contenuta nell'art. 2359 c.c., intendendo, quindi, per "impresa controllante" un'impresa che può esercitare un'influenza dominante su un'altra impresa, denominata "impresa controllata" [1].

Il d.lgs. n. 113 del 2012 definisce, inoltre, le nozioni di informazione e consultazione.

Per informazione deve intendersi la trasmissione di dati da parte del datore di lavoro ai rappresentanti dei lavoratori per consentire a questi ultimi di prendere conoscenza della questione trattata e di esaminarla. Essa deve avvenire secondo modalità e con un contenuto che consentano ai rappresentanti dei lavoratori di procedere a una valutazione approfondita dell'eventuale impatto e di preparare, se del caso, la consultazione con l'organo competente dell'impresa (art. 2, comma 1, lett. *g*).

Per consultazione, invece, deve intendersi l'instaurazione di un dialogo e lo scambio di opinioni tra i rappresentanti dei lavoratori e la direzione centrale o qualsiasi altro livello di direzione più appropriato, nei tempi, secondo modalità e con contenuti che consentano ai rappresentanti dei lavoratori di

---

[1] Secondo il comma 2 dell'art. 3 "Si presume la possibilità di esercitare un'influenza dominante, salvo prova contraria, se un'impresa direttamente o indirettamente nei confronti di un'altra impresa: a) detiene la maggioranza del capitale sottoscritto dall'impresa; b) dispone della maggioranza dei voti in rapporto alle partecipazioni al capitale dell'impresa; oppure c) può nominare più della metà dei membri del consiglio di amministrazione, di direzione o di vigilanza dell'impresa".

esprimere, entro un termine ragionevole, un parere in merito alle misure proposte (art. 2, comma 1, lett. *h*).

i soggetti abilitati alla negoziazione

2. Il compito di istituire per via negoziale il CAE viene affidato alle parti. In tale ottica, la direzione centrale o il dirigente dell'impresa hanno l'obbligo di creare "le condizioni e gli strumenti necessari all'istituzione dei CAE o di una procedura di informazione e consultazione" (art. 4, comma 1).

Il legislatore individua anche la rappresentanza dei lavoratori, denominata "**delegazione speciale di negoziazione**" (art. 6).

Vengono altresì previsti alcuni criteri, tra i quali la necessità di proporzionare i membri della delegazione al numero di lavoratori occupati in ciascuno Stato membro dall'impresa o dal gruppo di imprese (art. 7). Le organizzazioni sindacali hanno anche l'obbligo di informare l'impresa circa la composizione della delegazione speciale di negoziazione e dell'avvio dei negoziati (art. 7, comma 2).

Ai membri della delegazione speciale di negoziazione, a quelli del CAE e ai rappresentanti dei lavoratori che svolgono funzioni nell'ambito della procedura di informazione e consultazione, nell'esercizio delle loro funzioni, vengono riconosciuti sia i permessi retribuiti (con disposizioni analoghe a quella prevista dall'art. 23 St. lav.) che non retribuiti (art. 24 St. lav.) sia le tutele in caso di trasferimento (art. 22 St. lav.).

3. Il d.lgs. n. 113 del 2012 riconosce ampi spazi di manovra all'accordo sulle modalità di attuazione dell'informazione e della consultazione (art. 9).

Inoltre, secondo quanto già previsto dal legislatore comunitario, assegna alle parti una notevole autonomia nell'istituzione dei CAE. Per sopperire all'eventuale inattività delle parti nell'avviare il negoziato e per il caso in cui le stesse parti non siano in grado o non vogliano concludere un accordo sulle modalità di attuazione della procedura di informazione e consultazione dei lavoratori, si applicano le prescrizioni accessorie previste espressamente dal citato decreto legislativo.

Sezione II

Contenuti e forme del dialogo sociale

1. Le fonti che regolano il dialogo sociale includono in questa espressione, volutamente generica[2], i rapporti tra le parti sociali ed i rapporti tra queste e le istituzioni comunitarie.

Si può anche dire che il **dialogo sociale evoca un modello di relazioni industriali che sostituisce al tradizionale bipolarismo conflittuale, proprio della contrattazione collettiva, il tripolarismo delle parti, proprio dell'esperienza concertativa, in ragione della presenza, talvolta incisiva, della Commissione.**

Tale tripolarismo si attua con il ricorso a procedure formalizzate che tendono a istituzionalizzare sia l'attività di concertazione sia l'attività negoziale, prefigurando un modello di relazioni industriali piuttosto distante dal nostro, ancora molto informale.

l'art. 154 TFUE

2. **L'art. 154, comma 1, TFUE affida alla Commissione il compito di "promuovere la consultazione"** preventiva **"delle parti sociali a livello dell'Unione"** attraverso l'adozione di "ogni misura utile a facilitarne il dialogo, provvedendo ad un sostegno equilibrato delle parti", in una logica concertativa.

La Commissione, inoltre, "prima di presentare proposte nel settore della politica sociale consulta le parti sociali sul possibile orientamento di un'azione dell'Unione" (art. 154 TFUE).

All'esito della consultazione, qualora ritenga opportuna una "azione dell'Unione", la Commissione consulterà le parti sociali direttamente sul contenuto della proposta stessa.

Le parti sociali trasmettono alla Commissione un parere o, se opportuno, una raccomandazione.

Nel corso della consultazione, tuttavia, le parti sociali possono anche informare la Commissione della loro volontà di avviare trattative negoziali ai sensi dell'art. 155 TFUE.

---

[2] U. Romagnoli, *La concertazione sociale in Europa: luci e ombre*, in *Lav. dir.*, 2004, p. 277.

Al fine di evitare che la procedura si presti a manovre dilatorie, **l'inizio delle trattative sospende l'iniziativa della Commissione per un periodo di nove mesi o per un periodo più lungo concordato con la Commissione stessa** [3].

l'art. 28 della Carta di Nizza

3. L'art. 28 della Carta dei diritti fondamentali dell'Unione europea, che, a seguito del Trattato di Lisbona [4], ha assunto lo stesso valore giuridico dei Trattati, riconosce espressamente ai lavoratori, ai datori di lavoro e alle rispettive organizzazioni, il **diritto a negoziare e concludere contratti collettivi**, conformemente al diritto dell'Unione e alle legislazioni o prassi nazionali.

La possibilità di concludere accordi era già prevista dall'*ex* art. 139 TCE (oggi art. 155 TFUE), ma questa sola disposizione non era ritenuta idonea a fondare un principio simile a quello del nostro art. 39, comma 1, Cost.

L'art. 155 TFUE distingue due tipi di accordi: quelli c.d. "liberi" e quelli c.d. "istituzionali".

I primi non hanno un oggetto predeterminato, senza preclusioni in ordine alle materie da trattare, senza vincoli quanto ad obblighi procedimentali o criteri di selezione dei soggetti coinvolti, e dovrebbero essere attuati secondo procedure e prassi proprie delle parti sociali e degli Stati membri. Residua, inoltre, il problema della loro efficacia nell'ordinamento degli Stati membri, e nel caso di specie nel nostro ordinamento, alla luce dell'inattuazione dell'art. 39, commi 2, 3 e 4, Cost.

I secondi, invece, possono intervenire solo nell'ambito dei settori contemplati dall'art. 153 TFUE e, a richiesta congiunta delle parti firmatarie, possono essere trasposti all'interno di una decisione o di una direttiva del Consiglio, su proposta della Commissione (art. 155, comma 2, TFUE) [5].

3.1. La disciplina contenuta negli stessi accordi europei sarebbe, poi, destinata a frammentarsi in diversi contratti collettivi nazionali con i problemi che derivano nelle ipotesi di mancata efficacia *erga omnes* degli stessi.

il problema della rappresentatività delle parti sociali europee

In realtà, la libertà negoziale presuppone che le parti sociali abbiano una **rappresentatività sufficiente a garantire un'omogenea applicazione nel territorio della Comunità**, non essendo chiaro se ed in che termini le organizzazioni sindacali possano essere vincolate nell'applicazione di accordi conclusi a livello europeo.

Viene a mancare, inoltre, a livello europeo, la relazione fondamentale e co-

---

[3] In sostanza, viene avviato "un processo di dialogo sociale che blocca temporaneamente il processo di legiferazione da parte delle istituzioni dell'Unione e che può, appunto, condurre ad accordi"; in tal senso, M. Magnani, *Diritto sindacale*, Torino, 2016, pp. 37 e 38.

[4] Trattato di Lisbona del 23 dicembre 2007, entrato in vigore il 1° dicembre 2009.

[5] Con previsione dell'unanimità qualora l'accordo in questione contenga una o più disposizioni relative e settoriali per le quali è richiesta l'unanimità (art. 155, comma 3, TFUE).

stitutiva dell'organizzazione sindacale: il rapporto tra lavoratori rappresentati e sindacato rappresentante. Come è noto, infatti, lo Statuto della **CES (Confederazione Europea dei Sindacati)** non ammette l'iscrizione di singoli lavoratori, ma conta tra i propri affiliati unicamente associazioni sindacali.

Peraltro, la legittimazione dei sindacati a livello comunitario dipende da una scelta della Commissione piuttosto che da un'investitura dal basso, sicché la dimensione istituzionale sembra prevalere su quella associativa del sindacato.

È evidente, quindi, che spetta all'iniziativa delle parti sociali europee stipulare l'accordo se ne hanno la forza contrattuale e se sono effettivamente rappresentative. E alle parti nazionali spetta provvedere spontaneamente, secondo le proprie procedure e prassi, ad attuare tale accordo.

In conclusione, la libera contrattazione collettiva a livello europeo è attualmente poco praticata.

Inoltre, bisogna riconoscere che la **disomogeneità dei diversi sistemi nazionali** costituisce un ulteriore ostacolo all'effettiva realizzazione del contratto collettivo comunitario libero.

3.2. Gli accordi istituzionali, come già accennato, intervengono su materie predeterminate e acquistano rilevanza nell'ordinamento comunitario attraverso la recezione in un atto formale che rientra nel novero delle fonti comunitarie, cioè in una direttiva.

Come è noto, però, le disposizioni delle direttive non possono sortire alcun effetto nei confronti dei singoli rapporti individuali di lavoro. Al riguardo, l'art. 153, comma 3, TFUE prevede la possibilità dello Stato membro di affidare alle parti sociali, su loro richiesta congiunta, il compito di attuare le direttive o le decisioni del Consiglio in materia di politica sociale, fermo restando, però, l'obbligo per gli Stati membri di garantire i risultati imposti dalla direttiva o dalla decisione.

Anche nella vigenza del nuovo Trattato di Lisbona rimangono aperti problemi rilevanti in ordine alla natura di tali accordi. Anzi, possono essere avanzati seri dubbi sulla loro riconducibilità al *genus* dell'autonomia collettiva, almeno nell'accezione radicata nella nostra esperienza. **Questo tipo di accordo, infatti, subisce una serie di limiti**:

i limiti dei c.d. accordi istituzionalizzati

a) la facoltà di regolare soltanto le materie contemplate dall'art. 153 TFUE (eterodeterminazione dei contenuti);

b) la necessità di un **duplice passaggio legislativo**: la recezione dell'accordo in direttiva e la (eventuale) legge di attuazione dello Stato membro, salvo l'accordo delle parti sociali che dovrebbe comunque avere efficacia generale;

c) il rischio di **modifiche del testo da parte del Consiglio**, in particolare quando le clausole dell'accordo siano in contrasto con disposizioni comunitarie (controllo di legittimità);

d) il **controllo della Commissione** sia nella fase preventiva, che in quella successiva alla stipulazione.

La Commissione, pertanto, riveste sia il ruolo di propulsore del dialogo sociale, ma anche di controllo effettivo della conformità degli accordi con il diritto comunitario e della rappresentatività delle parti sociali.

i criteri di rappresentatività nella Comunicazione della Commissione del 1993

4. La Commissione, in nota del 1993, ha indicato i criteri utili ai fini del riconoscimento del carattere rappresentativo a livello comunitario delle parti sociali. Esse dovranno:

1) essere interprofessionali, settoriali ed organizzate a livello europeo;
2) essere composte da organizzazioni riconosciute dalle strutture sindacali degli Stati membri e avere la capacità di negoziare accordi, nonché, nella misura possibile, essere rappresentative in tutti gli Stati membri;
3) disporre di strutture adeguate che consentono loro di partecipare in modo efficace al processo di consultazione.

Sulla base di questi requisiti la Commissione ha individuato 28 organizzazioni sindacali che devono essere **consultate**.

Nessun criterio è stato individuato, invece, per la partecipazione alla fase negoziale vera e propria. Pertanto, l'accesso alle trattative e la stipulazione dell'accordo dovrebbero seguire il principio del mutuo riconoscimento.

C'è da dire, tuttavia, che i requisiti per la consultazione delle organizzazioni sindacali da parte della Commissione indirettamente condizionano anche la stipulazione dell'accordo. Al riguardo, il Tribunale di primo grado [6] ha precisato che la decisione del Consiglio che imponga l'attuazione a livello comunitario di un accordo collettivo è subordinata al fatto che tale accordo sia stato in precedenza sottoscritto da sindacati complessivamente dotati di un grado sufficiente di rappresentatività: si parla al riguardo di "rappresentatività cumulativa sufficiente".

la c.d. rappresentatività cumulativa sufficiente per la stipulazione

Tale rappresentatività cumulativa sufficiente viene verificata da Consiglio e Commissione utilizzando i parametri di rappresentatività già indicati per la fase della consultazione.

5. A questo punto l'interrogativo sulla qualificazione della contrattazione collettiva europea come espressione di autonomia collettiva sorge spontaneo. E la risposta non può che essere, a mio avviso, duplice.

contrattazione istituzionale fuori dall'autonomia collettiva

Da un lato, **alla c.d. contrattazione istituzionale risulta piuttosto problematico riconoscere i connotati dell'autonomia collettiva se quest'ultima è qualificata come potere riconosciuto alle parti di autoregolamentare i loro interessi.**

Ed infatti il ruolo di custode dei Trattati che la Commissione pretende di

---

[6] Cfr. Trib. I grado CE, 17 giugno 1998, n. 135/96, in *Guida dir.*, 1998, 30, p. 78, con nota di L. Pelaggi.

svolgere si concreta rispetto all'eventuale sconfinamento degli accordi collettivi "istituzionali" in un controllo pressante.

la contrattazione libera come autoregolamentazione di interessi

Forse è eccessivo, come pure si è sostenuto, qualificare valutazioni di questo tenore alla stregua di clausole di gradimento, ma è legittimo chiedersi quali sarebbero le conseguenze di una valutazione della Commissione che giudicasse negativamente le scelte di merito compiute dalle parti sociali.

Dall'altro lato, **la contrattazione collettiva c.d. libera** nei contenuti e nelle procedure **risulta più agevolmente riconducibile all'autonomia collettiva**, anche se bisogna essere avvertiti che la rilevanza del contratto collettivo nell'ordinamento europeo si presenta problematica, per le ragioni già menzionate (incerto raccordo tra organizzazioni europee e organizzazioni nazionali; limiti all'attuazione del contratto europeo nell'ordinamento degli Stati membri). E, soprattutto, allo stato attuale non esiste.

contrattazione e dumping *sociale*

Lo sviluppo della contrattazione collettiva libera, tuttavia, sarebbe auspicabile perché potrebbe in qualche misura contrastare pratiche di *dumping* sociale che recentemente si stanno diffondendo [7].

[7] Corte giust. CE, 3 aprile 2008, causa C-346/06 (c.d. caso Ruffert), in *Giur. it.*, 2009, p. 561.

Sezione III
Lo sciopero nell'Unione Europea

SOMMARIO: 1. Diritto di sciopero e libertà economiche nei Trattati ... – 2. (*segue*) ... e nella giurisprudenza della Corte di giustizia.

1. L'Unione Europea non ha competenza in materia di sciopero e serrata: entrambi questi diritti sono espressamente esclusi dalle misure di politica sociale che l'Unione pone in essere a sostegno e completamento dell'azione degli Stati membri [8].

Il diritto di negoziazione e di azioni collettive è, però, espressamente riconosciuto dalla Carta dei diritti fondamentali dell'Unione Europea che, a seguito del Trattato di Lisbona, ha assunto lo stesso valore giuridico dei Trattati.

Conseguentemente, il diritto di sciopero si pone oggi sullo stesso piano delle libertà economiche sancite dai Trattati.

Precedentemente al Trattato di Lisbona, invece, il quadro normativo era molto diverso.

diritto di negoziazione e di azioni collettive

Il diritto di ricorrere ad azioni collettive, compreso lo sciopero, era stato riconosciuto dalla Carta sociale europea del 1961 e dalla Carta dei diritti sociali fondamentali dei lavoratori del 1989 [9] e, successivamente, trasposto nella Carta dei diritti fondamentali dell'Unione Europea (c.d. Carta di Nizza) del 2000.

Tali disposizioni, però, non avevano l'efficacia giuridica vincolante dei Trattati e i diritti sociali dalle stesse riconosciuti, seppur "tenuti presenti" non erano dallo stesso direttamente garantiti dal Trattato istitutivo della Comunità Europea [10].

È stata la giurisprudenza della Corte di giustizia, pertanto, a tracciare i confini della tutela del diritto di sciopero.

2. Prima del Trattato di Lisbona l'effettivo riconoscimento del diritto di sciopero in ambito europeo ha tradizionalmente scontato i limiti derivanti dall'idoneità delle azioni collettive a limitare le libertà economiche (quella di

---

[8] L'art. 153 TFUE esclude il diritto di sciopero dalle materie di competenza concorrente tra Unione e Stati membri, affidando a questi ultimi, in via esclusiva, la disciplina del diritto in questione.

[9] Rispettivamente art. 28 e punto 13.

[10] Art. 136 TCE, ora art. 151 della versione consolidata TFUE.

prestazione di servizi e di stabilimento, in particolare) garantite dal Trattato, alla luce di un bilanciamento di valori che vedeva queste ultime in posizione di preminenza.

le sentenze Viking e Laval

Possono essere, a tal proposito, ricordate due importanti sentenze della Corte di giustizia: la *Viking*[11] e la *Laval*[12], che chiariscono i termini di questo bilanciamento

Le libertà di mercato vengono considerate da queste pronunce alla stregua di diritti fondamentali della persona, che non possono essere limitati dall'esercizio del diritto di sciopero. Laddove l'esercizio del diritto di sciopero si traduca in una limitazione di una libertà fondamentale, tale limitazione può essere tollerata solo se **idonea, necessaria e proporzionata** alla tutela di ragioni imperative di interesse generale.

In conclusione, la Corte di giustizia ha considerato la libertà di impresa prevalente rispetto al diritto di sciopero: quest'ultimo poteva essere esercitato solo nell'ambito dei limiti esterni posti dallo stesso diritto comunitario. In altri termini, lo sciopero veniva tutelato solo in quanto strumentale alla realizzazione di un obiettivo ulteriore, suscettibile di contrapporsi alle libertà economiche garantite dai Trattati.

Sia nel caso *Viking* che in quello *Laval*, ad esempio, una ragione imperativa di interesse generale è considerata la tutela dei lavoratori: il diritto di azione collettiva, suscettibile di limitare le libertà economiche, non viene quindi riconosciuto di per sé, ma solo in quanto strumento di realizzazione di questa particolare finalità.

Come già evidenziato nel par. 1, però, il tradizionale orientamento della Corte di giustizia in materia di bilanciamento tra diritto di sciopero e libertà di mercato dovrà essere necessariamente vagliato alla luce del nuovo quadro normativo, in cui la tradizionale situazione di sotto-ordinazione del diritto di sciopero rispetto alle libertà economiche è venuta meno; anche se, nonostante siano ormai passati dieci anni dall'entrata in vigore del Trattato di Lisbona, si sia ancora in attesa di questa modifica di prospettiva.

---

[11] Corte giust. 11 dicembre 2007, causa C-438/05, in *Dir. prat. lav.*, 2008, p. 26.

[12] Corte giust. 18 dicembre 2007, causa C-438/05, in *Riv. dir. internaz. priv. e proc.*, 2008, 3, p. 874.

Parte terza

I rapporti di lavoro subordinato

Capitolo 19

Introduzione allo studio dei rapporti di lavoro

SOMMARIO: 1. Il lavoro subordinato a tempo indeterminato quale forma comune di rapporto di lavoro definito anche rapporto a tutele crescenti: finalità. – 2. Le precedenti tipologie di rapporti di lavoro e le ragioni della loro diffusione. – 3. Il testo organico delle tipologie contrattuali. – 4. Conferma dell'estensione dell'area del diritto del lavoro a talune forme di lavoro autonomo (rinvio).

il contratto di lavoro subordinato a tempo indeterminato come forma comune di rapporto di lavoro: un principio nazionale ed europeo

1. Nel d.lgs. n. 81 del 2015, di attuazione della legge delega n. 183 del 2014, l'art. 1, recita "**Il contratto di lavoro subordinato a tempo indeterminato costituisce la forma comune di rapporto di lavoro**".

Questa definizione ricorre in diversi testi normativi nazionali ed europei [1], e non sembra modificare la fattispecie definita dall'art. 2094 c.c. E tuttavia il rapporto di lavoro subordinato viene definito a tutele crescenti perché, come si vedrà, il d.lgs. n. 23 del 2015 ha ridotto sensibilmente l'ambito di applicazione della reintegrazione a fronte del licenziamento illegittimo, mentre ha introdotto una tutela indennitaria la cui entità è crescente in ragione dell'anzianità di servizio maturata dal lavoratore licenziato illegittimamente.

In secondo luogo, le c.d. leggi di stabilità 2015 e, in minor misura, 2016 [2] avevano esentato il datore di lavoro, mediante significativi sgravi (*infra*, cap. 57), dall'obbligo di pagare i contributi previdenziali e assistenziali per i primi anni di durata del rapporto di lavoro per gli assunti con contratto di lavoro subordinato, rispettivamente, nel 2015 e nel 2016.

E tuttavia quest'ultimo meccanismo presuppone che i carichi contributivi oggetto di sgravio siano comunque posti a carico di tutti i cittadini, mediante l'imposizione fiscale.

Non stupisce pertanto che successivamente, come si vedrà meglio oltre (*in-*

---

[1] Cfr., in precedenza, l'art. 1 del d.lgs. n. 368 del 2001, come modificato dalla legge Fornero. Cfr. il preambolo e il sesto considerando dell'accordo quadro CES-UNICE-CEEP allegato alla direttiva 99/70/CE. Si veda anche la direttiva 2008/104/CE in materia di somministrazione. La legge Fornero parlava di "contratto dominante".

[2] Art. 1, comma 118, legge n. 190 del 2014; art. 1, commi 178-80, legge n. 208 del 2015.

fra, Parte sesta, cap. 57), tali misure siano oggi limitate ad alcune categorie di soggetti, e non più previste per qualsiasi assunzione con contratto di lavoro subordinato.

In ogni caso, l'effetto finale perseguito da ambo le strategie – la riduzione drastica dell'ambito di applicazione della sanzione della reintegrazione a fronte del licenziamento illegittimo e la riduzione dei costi sopportati dal datore di lavoro in caso di nuove assunzioni – **resta quello di ridurre le tipologie di lavori precari e aumentare l'occupazione mediante contratti di lavoro subordinato**[3].

il lavoro subordinato a tempo pieno e indeterminato non è più il referente esclusivo della disciplina legale del diritto del lavoro

2. Nel corso di questi ultimi anni, accanto al rapporto di lavoro subordinato a tempo pieno e indeterminato, si sono moltiplicate le tipologie contrattuali, in primo luogo perché costavano meno in termini di contribuzione. Spesso la retribuzione lorda, e cioè il costo sopportato dal datore di lavoro, è il doppio della retribuzione netta che entra nelle tasche del lavoratore.

E in secondo luogo perché a questi rapporti, **denominati convenzionalmente flessibili**, non si applicava tutta, ma solo una parte, della disciplina del contratto di lavoro subordinato a tempo pieno e indeterminato, e a molti di essi – in particolare il contratto a tempo determinato, la somministrazione di lavoro e il rapporto di apprendistato – non si applicava il regime del licenziamento.

Non si può negare, infatti, che la disciplina del contratto a tempo indeterminato era divenuta nel corso degli anni progressivamente sempre più rigida e più costosa per il datore di lavoro. Ed infatti il contratto a tempo indeterminato, pur continuando a rimanere dal punto di vista statistico il rapporto più diffuso, è stato contornato non solo da una serie di rapporti **di lavoro subordinati flessibili**, come per esempio il contratto a tempo determinato, il lavoro intermittente, la somministrazione di lavoro, le varie forme di apprendistato, il lavoro a tempo parziale, il telelavoro ed oggi anche il lavoro agile, **ma anche da una serie di rapporti di lavoro che non sono subordinati, ma autonomi o associativi.**

Rispetto a questi ultimi basti pensare:

1) alle collaborazioni continuative e coordinate, che, anche se negli ultimi decenni hanno avuto una serie di tutele processuali e sostanziali, inizialmente avevano costi di contribuzione previdenziale e fiscale assai contenuti rispetto ai costi del lavoro subordinato (10% a fronte del 33%);

2) al proliferare dei contratti d'opera con lavoratori autonomi muniti di partita iva, in virtù dell'assenza di obblighi contributivi a carico del committente e di tutele sostanziali per il lavoratore. Tali motivazioni avevano indotto

---

[3] Le assunzioni con contratto a tempo indeterminato derivavano sicuramente dall'esenzione dei contributi. Ed erano aumentate con l'entrata in vigore del provvedimento di sgravio ma l'effetto volano non è continuato dopo il 31 dicembre 2016.

il legislatore del 2012, anche rispetto a tali categorie di lavoratori, ad introdurre nuove misure – poi rivelatesi non del tutto convincenti e perciò eliminate – contro il c.d. "falso lavoro autonomo";

3) alla diffusione anomala dell'associazione in partecipazione con apporto di lavoro dell'associato, anche in questo caso favorita dal regime contributivo più favorevole per l'associante e dalle minori tutele per il lavoratore, e per questo contrastata dalla legge n. 92 del 2012 attraverso un duplice – ed estremamente rigido – meccanismo presuntivo;

4) al rapporto di lavoro del socio d'opera nelle società di persone;

5) all'emissione di strumenti finanziari a fronte dell'apporto di opera o servizi da parte dei soci o di terzi, consentita espressamente alle società per azioni a seguito della modifica dell'art. 2346 c.c.;

6) al rapporto di lavoro del socio di cooperativa di produzione e lavoro;

7) o, ancora, ai rapporti di lavoro nelle organizzazioni di volontariato e nelle cooperative sociali [4];

8) ai tirocini formativi previsti dall'art. 18, legge n. 196 del 1997, che, per espressa disposizione legislativa, non costituiscono rapporti di lavoro subordinato. Si tratta di tirocini pratici e *stages* volti a realizzare momenti di alternanza tra studio e lavoro e ad agevolare le scelte professionali mediante la conoscenza diretta dei contesti lavorativi.

ragioni della "fuga" dal rapporto di lavoro subordinato a tempo pieno e indeterminato

Orbene, come si è detto, le ragioni che avevano spinto il datore di lavoro, negli anni passati, a utilizzare sempre più frequentemente schemi contrattuali alternativi al contratto di lavoro subordinato a tempo pieno e indeterminato, sono essenzialmente due:

1) minori costi in termini di contribuzione previdenziale e fiscale;

2) rapporti spesso sottratti, in ragione della loro flessibilità, al regime della normativa sul licenziamento ingiustificato nel contratto a tempo indeterminato, sanzionato fino al 2012 con la reintegrazione nelle imprese medio-grandi.

3. Il d.lgs. n. 81 del 2015 ha riordinato questa pluralità di tipi contrattuali regolando, accanto al rapporto di lavoro a tempo pieno e indeterminato, il lavoro a tempo parziale, il contratto a tempo determinato, il lavoro intermittente, la somministrazione di lavoro, le varie forme di apprendistato.

riconduzione al lavoro subordinato delle collaborazioni organizzate dal committente

E oggi prevede all'art. 2, dopo le modifiche introdotte dalla legge di conversione del d.l. n. 101 del 2019, la riconduzione al lavoro subordinato delle collaborazioni che si concretino in prestazioni di lavoro prevalentemente personali, continuative, le cui modalità di esecuzione siano **organizzate** dal committente.

---

[4] Per i volontari il legislatore esclude la configurabilità di un qualsiasi rapporto, subordinato o autonomo, mentre per i soci volontari delle cooperative sociali si prevede la non applicazione della normativa legale o contrattuale in materia di lavoro subordinato, salvo eccezioni.

Riservando l'approfondimento di questa definizione al cap. 51, in questa sede è sufficiente chiedersi se la riconduzione al lavoro subordinato determini un'espansione del tipo "lavoro subordinato", o si esaurisca nell'applicazione della disciplina del lavoro subordinato a tali collaborazioni, ferma restando la loro qualificazione in termini di autonomia.

L'art. 52 stabilisce il superamento del contratto di lavoro a progetto affermando che la disciplina del d.lgs. n. 276 del 2003 vale soltanto per la regolazione dei contratti già in atto alla data di entrata in vigore del decreto, mentre il comma 2 dello stesso art. 49 fa salvo l'art. 409 c.p.c., **lasciando in vita le collaborazioni continuative e coordinate prevalentemente personali, senza progetto.**

La permanenza di questa norma, come anche la riconduzione al lavoro subordinato soltanto delle collaborazioni esclusivamente personali **organizzate** dal datore di lavoro, crea una serie di problemi interpretativi sull'estensione dell'area delle collaborazioni continuative, che comunque sopravvivono nell'attuale ordinamento.

Al contempo, l'art. 54 (*infra*, cap. 57) incentiva l'assunzione a tempo indeterminato, riconoscendo ai datori di lavoro che procedono all'assunzione di soggetti già parti di contratti di collaborazione continuativa e coordinata, anche a progetto, e di persone titolari di partita iva, l'estinzione delle violazioni previste dalle disposizioni in materia di obblighi contributivi assicurativi e fiscali connessi alla eventuale erronea qualificazione del rapporto di lavoro pregresso, salve le violazioni già accertate prima dell'assunzione (art. 54, comma 2).

E infine l'art. 53, abrogando i commi 2 e 3 dell'art. 2549 c.c., fa salvi fino alla loro cessazione i contratti di associazione in partecipazione in essere, nei quali l'apporto dell'associato consista in una prestazione di lavoro (*infra*, cap. 54).

4. Il tentativo lodevole operato da questo legislatore di ridurre le forme di lavoro temporaneo e precario e, d'altra parte, la permanenza delle collaborazioni continuative e coordinate alle quali continuano ad applicarsi determinate normative importanti come quella previdenziale, antinfortunistica e sulla sicurezza sul lavoro e l'art. 2113 c.c., testimoniano la volontà di non abbandonare all'indifferenza normativa talune forme di lavoro autonomo continuativo e di proseguire nel contrasto a forme di falso lavoro autonomo.

E a tal proposito non si può negare che si stia consolidando il convincimento che **l'oggetto del diritto del lavoro non coincide più con il lavoro subordinato nell'impresa, ma si estende ad altre forme di lavoro autonomo continuativo e ovviamente al lavoro alle dipendenze delle pubbliche amministrazioni.**

il lavoro autonomo genuino, ma economicamente debole

E tuttavia, al di là del discorso imperniato sulla tutela del rapporto di lavoro – subordinato, parasubordinato o autonomo – si deve osservare che nell'ampia ed eterogenea galassia del lavoro autonomo esiste una vasta area di lavoro "autonomo debole" costituito da piccoli professionisti e piccoli ar-

tigiani, che peraltro vogliono restare autonomi e però sono bisognosi di tutela perché, di norma, privi di tutele legali e collettive.

Di tale stato di bisogno sembra avere consapevolezza anche il legislatore in quanto è stata emanata una legge (n. 81 del 2017), il cui Capo I riserva una serie di tutele al lavoro autonomo in sé e per sé considerato e non in quanto falso lavoro autonomo e per la cui trattazione si rinvia all'apposito capitolo (*infra*, cap. 49).

Con le elezioni del 2017 il Governo Giallo Verde formato dai Cinque Stelle e dalla Lega, **detto del Cambiamento, poi caduto con l'uscita di quest'ultima e riformato sempre dai Cinque Stelle con il PD,** ha varato numerosi provvedimenti in materia di lavoro che saranno esaminati in diverse parti del manuale (in particolare il reddito di cittadinanza e Quota cento che non sarà preso in considerazione in questo manuale perché tratta la materia previdenziale. Anche se in breve si può dire che consente a coloro che hanno 62 anni di età e 38 di contributi di andare in pensione).

Un cenno comunque merita il c.d. Decreto Dignità introdotto e regolato dal d.l. n. 87 del 2018 e convertito in legge n. 96 del 2018.

L'obbiettivo dichiarato era il contrasto alla precarizzazione del mondo del lavoro attraverso un irrigidimento della disciplina del contratto a tempo determinato, della somministrazione di lavoro, rendendo estremamente difficile l'uso di tali rapporti oltre il limite temporale di dodici mesi e aumentando l'entità dell'indennità prevista dal d.l. n. 23 del 2015 da 4 a 6 mensilità nel minimo e da 24 a 36 nel massimo per il licenziamento privo di giustificato motivo e giusta causa.

In realtà l'obbiettivo è stato raggiunto solo parzialmente perché il datore di lavoro nella maggior parte dei casi preferiva non rinnovare il contratto a tempo determinato oltre 12 mesi ma in caso di bisogno assumeva con lo stesso tipo di contratto altro personale.

Uno scenario che si sta affacciando prepotentemente nel mondo del lavoro è costituito dalle piattaforme digitali che possono svolgere le funzioni di mero intermediario tra utilizzatore dei servizi e il soggetto che li fornisce. Ovvero di vero e proprio datore di lavoro attraverso l'applicazione informatica a favore di un soggetto che ha richiesto *on line* una determinata prestazione e l'uso di un algoritmo che distribuisce le occasioni di lavoro. Ad esempio il servizio taxi nel caso di Uber o la consegna di cibo a domicilio attraverso Foodora, Glovo, Just Eat. La legge n. 128 del 2019, di conversione del decreto n. 101 del 2019, ha modificato l'art. 2, comma 1 del d.lgs. n. 81 del 2015 e ha introdotto specifiche disposizioni per il lavoro eseguito attraverso piattaforme digitali.

Sezione I

La forma comune di rapporto di lavoro subordinato

Capitolo 20

Le origini del contratto di lavoro

SOMMARIO: 1. La *locatio operarum* e la *locatio operis*. – 2. Le prime leggi sociali, la giurisprudenza dei probiviri. – 3. La subordinazione nella ricostruzione di Barassi. – 4. Le clausole tipo raccolte dalle Camere di commercio e la mancata approvazione del progetto di legge sul contratto di lavoro Cocco-Ortu Baccelli. – 5. La legge sull'impiego privato *locatio operarum* e *locatio operis* nel codice del 1865.

locatio operarum e locatio operis *nel codice del 1865*

1. Il codice civile del 1865 inquadra l'attività di lavoro nello schema della locazione (art. 1570 c.c.) e, in particolare, l'art. 1627 distingue la *locatio operarum* dalla *locatio operis*, precisando all'art. 1628 che "nessuno può obbligare la propria opera all'altrui servizio che a tempo o per una determinata impresa".

oggetto della locatio operarum

Con il **contratto di locazione delle opere** il prestatore di lavoro mette a disposizione del datore di lavoro le **proprie energie**. Queste costituiscono l'oggetto del contratto e consistono non solo nello svolgimento della prestazione di lavoro, ma anche nello stare a disposizione del datore di lavoro.

In questo contratto l'adempimento dell'obbligazione di lavorare (*locator operarum*) è diretto a soddisfare un interesse durevole del datore di lavoro e perciò è continuativo.

oggetto della locatio operis

Invece, il prestatore d'opera nel **contratto di locazione d'opera** non si obbliga a svolgere un'attività continuativa che soddisfa un interesse durevole del datore di lavoro ma si obbliga a compiere (*conductor operis*) **un'opera o un servizio.**

Ciò che interessa al creditore dell'opera (committente) non è il lavoro in sé e per sé considerato, e cioè non è l'adempimento di un'obbligazione di mezzi o di *facere*, ma il compimento di un'opera e ossia l'adempimento di un'obbligazione di risultato. E l'interesse del committente è soddisfatto solo nel momento in cui l'opera è compiuta secondo le condizioni stabilite nel contratto.

In questo contratto si comprende che l'adempimento del prestatore d'opera, diversamente dall'adempimento nella locazione delle opere, non è continuativo, ma è istantaneo perché l'interesse del committente è soddisfatto nel momento in cui l'opera è ultimata (*opus perfectum*) e gli è consegnata, anche se per la realizzazione del risultato è necessario un certo tempo. Ma in questo caso **il tempo è riferito all'esecuzione dell'opera e non all'adempimento.**

2. Con la nascita della grande industria in Italia, alla fine dell'Ottocento, lo schema del contratto di locazione delle opere risulta progressivamente inadeguato e insufficiente a tutelare il lavoro degli operai nella grande fabbrica.

le leggi sociali

E il vuoto di tutela comincia ad essere colmato da una serie di leggi c.d. sociali, come la legge sugli infortuni sul lavoro del 1898 (legge 17 marzo 1898, n. 80), la legge sul lavoro delle donne e dei fanciulli del 1902 (legge 19 giugno 1902, n. 242), ecc., che non hanno come scopo la regolamentazione organica del rapporto di lavoro, ma sono interventi settoriali che mirano ad assicurare garanzie minime al lavoro in fabbrica.

Questa legislazione si inserisce con difficoltà nel tessuto normativo preesistente perché, pur essendo palese in questa normativa il riferimento alla figura economico-sociale dell'operaio, tuttavia non prende in considerazione il necessario collegamento del rapporto di locazione con l'organizzazione del lavoro in fabbrica né individua un tipo di contratto nominato.

il giudizio secondo equità dei probiviri

Un'altra forma di tutela agli operai delle fabbriche è garantita dalla legge istitutiva dei collegi dei probiviri, legge 15 giugno 1893, n. 295[1], chiamati a risolvere **secondo equità** le controversie che insorgono tra industriali e operai.

La giurisprudenza dei probiviri ha contribuito in modo rilevante a stabilire, attraverso le massime raccolte nel massimario, una serie di principi e regole di tutela del lavoro in fabbrica (v. obbligo del preavviso in caso di licenziamento e relativa indennità, non dovuta per dimissioni o colpa grave del lavoratore, minimi di tariffa secondo i primi concordati di tariffa).

la subordinazione come tratto identificativo della locatio operarum

3. Nel 1901 Barassi, il fondatore del diritto del lavoro in Italia, nella sua monografia sul contratto di lavoro individua **nella subordinazione del *locator operarum*, cioè del lavoratore rispetto al datore di lavoro, il tratto identificativo della *locatio operarum*[2].**

Nel pensiero di questo autore, la subordinazione innestata sul rapporto locativo assolve la funzione di conciliare le esigenze della dogmatica civilistica

---

[1] Costituiti da tecnici, persone di esperienza, avvocati. Come rileva Redenti nel proemio al libro II del *Massimario della giurisprudenza dei probiviri*, Roma, 1906, p. 67, dagli artt. 1-8 della legge risulta "che essa intende designare indipendentemente dalla loro figura, tutti i contratti aventi un certo determinato contenuto materiale e cioè precisamente tutti i contratti che abbiano per oggetto l'obbligazione a prestazioni di lavoro da parte di un operaio verso un industriale".

[2] L. Barassi, *Il contratto di lavoro nel diritto positivo italiano*, Roma, 1901; Id., II ed., in due tomi, 1915 e 1917; per una ricostruzione del pensiero di Barassi v. L. Mengoni, *L'evoluzione del pensiero di Ludovico Barassi dalla prima alla seconda edizione del Contratto di lavoro*, in *Riv. it. dir. lav.*, 2001, p. 209.

con quelle della tutela del lavoro in fabbrica, ma non è identificabile in base ad indicatori di tipo socioeconomico.

Va sottolineato, però, che gli indici di riconoscimento della subordinazione costituiti dall'assunzione del rischio e dall'accentramento della gestione da parte del *conductor operarum*, ossia del datore di lavoro, non avendo un supporto normativo ed essendo rilevabili sul piano fattuale come dati della realtà economico-sociale, non consentivano all'epoca di considerare la stessa subordinazione come dato di qualificazione giuridica dell'obbligazione lavorativa, come invece sarà possibile con l'art. 2094 del codice del 1942.

diritto del lavoro come diritto speciale

E tuttavia la ricostruzione di Barassi può considerarsi l'inizio di una revisione critica secondo la quale il diritto che dal lavoro ha nome e ragione comincia a distaccarsi dal diritto dei beni, come diritto speciale, quando prende atto, in particolare per merito della dottrina germanica, che la *locatio operarum* è un'astrazione e che in realtà il prestatore di lavoro non impegna **nel rapporto di lavoro il suo patrimonio ma la sua persona**.

meriti e limiti dell'elaborazione di Barassi

L'elaborazione di Barassi ha avuto, quindi, un merito e un limite. Il merito è stato quello di trasformare, attraverso la subordinazione, il vincolo di dipendenza personale in vincolo di dipendenza funzionale, collegato all'esecuzione della prestazione lavorativa. Il limite è stato quello di non prendere atto che lo schema della locazione, come del resto, quello della vendita, se riferito allo svolgimento del lavoro, mal si presta a separare l'attività di lavoro dalla persona del lavoratore, con il rischio quindi di considerare quest'ultimo oggetto anziché come soggetto del contratto. A ben vedere, infatti, la *locatio operarum* è un'estensione o deformazione della *locatio hominis*. Come il *dominus locat servum*, così l'uomo libero *locat se*.

norme raccolte dalle Camere di commercio: carattere non vincolante

4. Accanto alla tutela assicurata al lavoro in fabbrica dalle leggi sociali e dalla giurisprudenza probivirale, in quegli anni fu assai diffusa l'applicazione delle norme raccolte dalle Camere di commercio. Tali massime offrivano alle parti un contratto tipo o, meglio, un regolamento parziale tipico, che ovviamente non aveva valore di regolamento legale ma, "per la posizione dell'ente che lo suggerisce e per l'elaborazione di cui è frutto, può esercitare ed ha esercitato influenza grande sui contraenti e serve di pungolo ed indirizzo alle parti nel regolamento del rapporto che stanno per contrarre", tanto che tali clausole furono definite "un surrogato della legge sull'impiego privato" [3].

Certamente non esistevano dovunque le clausole tipo predisposte dalle Camere di commercio e comunque variavano da zona a zona, differivano nel livello dei trattamenti, da azienda ad azienda ricevevano un'accoglienza diversa, sicché, per quanto assicurassero al lavoratore un minimo di tutela, non elimi-

[3] F. Carnelutti, *Un surrogato della legge sul contratto d'impiego*, in *Riv. dir. comm.*, 1905, 275, p. 281. Sul contributo dell'A. nella costruzione e nel tentativo di mettere a sistema il diritto del lavoro v. G. Santoro-Passarelli, *Il diritto del lavoro di Francesco Carnelutti*, in *WP C.S.D.L.E. "Massimo D'Antona"*, n. 307, 2016.

il principio della libertà contrattuale delle parti

narono l'esigenza dell'intervento legislativo anche perché la disciplina del rapporto rimaneva pur sempre affidata all'autonomia privata individuale, in omaggio al principio allora intoccabile della **libertà contrattuale delle parti**.

E indubbiamente il rispetto di questo principio fu tra le principali cause che impedirono l'approvazione del disegno di legge Cocco-Ortu Baccelli del 1902 sul rapporto di lavoro.

Ciò, anzitutto, per il timore che una legge organica sul rapporto di lavoro, per suoi tratti necessariamente inderogabili, avrebbe invaso un'area tradizionalmente riservata all'autonomia delle parti, come sarà poi confermato da Orlando nella sua relazione alla proposta di legge sull'impiego privato del 1913, quando affermò che "per quanto varie e molteplici siano le obbiezioni, esse si coordinano attorno ad un'idea centrale: e cioè che la libertà nel suo triplice senso come libertà giuridica, come libertà economica e come libertà politica dalla presente riforma sarebbe ingiustamente offesa e limitata" [4].

legge sull'impiego privato

5. D'altra parte nel 1923 (r.d.l. 15 marzo 1923, n. 692) fu emanato un decreto di regolamentazione dell'orario di lavoro per gli operai e impiegati delle aziende industriali o commerciali di qualunque natura, mentre, solo dopo una lunga e laboriosa gestazione, fu emanato il **r.d.l. 13 novembre 1924, n. 1825 sull'impiego privato** limitato a regolare il lavoro intellettuale (collaborazione di concetto e di ordine) con esclusione del lavoro manuale (art. 1, comma 1).

Questa legge ha segnato una tappa significativa nel processo di legificazione del contratto di lavoro, continuato nel periodo corporativo e regolato dal codice del 1942 come fattispecie tipica non più limitata ai soli impiegati ma a tutti i prestatori di lavoro e, cioè, anche agli operai.

A proposito della legge sull'impiego privato è opportuno formulare due osservazioni.

rilevanza dello scambio e dell'organizzazione aziendale

In primo luogo nella legge non compare ancora la nozione di subordinazione come dato di qualificazione dell'obbligazione di lavorare dell'impiegato, mentre con la formula "il contratto d'impiego privato è quello per il quale una società o un privato, gestori di un'azienda, assumono al servizio dell'azienda stessa, l'attività professionale dell'altro contraente" (art. 1) viene, da un lato, confermato che l'oggetto del contratto è costituito dall'(assunzione dell') attività professionale, e cioè dalle *operae*, e dall'altro lato, viene **affermata per la prima volta la rilevanza giuridica del collegamento del contratto di impiego privato con l'azienda**.

Tale collegamento mette in evidenza che questo contratto, diversamente dalla *locatio operarum*, non esaurisce la sua funzione nello scambio dell'attività professionale dell'impiegato contro la mercede del datore di lavoro, ma la estende al profilo organizzativo del relativo rapporto, nel senso cioè che il contratto di impiego privato concorre alla costituzione dell'organizzazione aziendale.

---

[4] In V.E. Orlando, *Scritti vari di diritto pubblico e scienza politica*, Milano, 1940, p. 151.

impronta riformista della legge sull'impiego privato

In secondo luogo, rispetto alla tesi sostenuta da qualche dottrina anche autorevole secondo la quale la legge sull'impiego privato avrebbe avuto un'impronta classista perché diretta a tutelare esclusivamente il ceto impiegatizio tradizionalmente più vicino al ceto imprenditoriale e allora padronale, si può osservare con Turati che "i commessi di negozio sono sparpagliati in mille botteghe e subiscono più facilmente le rappresaglie dei padroni e difficilmente possono fare uno sciopero che sarebbe pure un'arma difensiva non indifferente".

Secondo Turati [5], infatti, "le obbiezioni a questa legge dissimulavano l'ostilità contro un progetto socialmente avanzato che si voleva evidentemente seppellire" e costituiva l'unica alternativa, in quel contesto, al nulla, come era stato dimostrato dalla mancata approvazione del progetto di legge Cocco-Ortu Baccelli.

---

[5] F. Turati, in *Ministero Agricoltura, Atti Consiglio superiore del lavoro*, XVIII sessione, novembre 1912, Roma, 1913, pp. 14 e 16 ss.

Capitolo 21
Il contratto di lavoro subordinato nell'impresa a tempo pieno ed indeterminato

definizione del prestatore come collaboratore dell'imprenditore

1. Nella sistematica del Codice civile non è menzionato il contratto di lavoro, ma, in omaggio all'ideologia corporativa, nel titolo II del libro V dedicato al lavoro nell'impresa (v. artt. 2082 e ss. c.c.), la sezione seconda richiama i collaboratori dell'imprenditore, tra i quali campeggia il prestatore di lavoro subordinato, definito dall'art. 2094 c.c.

Con questa definizione, il codice sembra, a prima vista, superare la naturale contrapposizione degli interessi delle parti che risiede in ogni contratto di scambio, accreditando la tesi secondo la quale il lavoratore collabora con l'imprenditore per realizzare l'interesse dell'impresa che, in base a tale ideologia, supera e trascende gli interessi delle parti.

origine contrattuale del rapporto individuale di lavoro

In realtà, secondo l'interpretazione della dottrina e della giurisprudenza di gran lunga prevalenti, successive alla caduta dell'ordinamento corporativo, l'art. 2094 c.c., al di là dell'omaggio formale all'ideologia corporativa, non ha disconosciuto l'origine contrattuale del rapporto, e in particolare la natura di contratto a prestazioni corrispettive, laddove la norma precisa che è prestatore di lavoro subordinato chi si obbliga mediante retribuzione.

lo scambio e l'organizzazione nel contratto di lavoro

2. La disciplina del lavoro subordinato nell'impresa supera la prospettiva essenzialmente commutativa del contratto di locazione di opere, secondo la quale **l'area del contratto coincide con l'area dello scambio**, e ne sottolinea il profilo organizzativo, rimanendo impregiudicato se l'organizzazione dell'im-

presa sia un dato presupposto dal contratto di lavoro [1] o l'effetto di quest'ultimo [2].

È chiaro che secondo la prima tesi taluni poteri e obblighi delle parti non hanno origine contrattuale, mentre accogliendo la seconda tesi il profilo organizzativo del rapporto è interamente riconducibile al contratto di lavoro, il quale, di conseguenza, diventa la fonte di tutti i poteri del datore di lavoro e di tutti gli obblighi del lavoratore.

Ciò che interessa mettere in evidenza è come l'art. 2094 c.c. e in precedenza la legge sull'impiego privato del 1924, esaltando il profilo organizzativo del rapporto di lavoro, abbiano collegato inscindibilmente la collaborazione del prestatore di lavoro con l'organizzazione dell'imprenditore.

la nozione di subordinazione tecnica funzionale

3. L'**art. 2094 c.c.**, diversamente dalla legge sull'impiego privato, ha introdotto la nozione di subordinazione identificandola nella **collaborazione del prestatore di lavoro "alle dipendenze e sotto la direzione" dell'imprenditore**.

Non si tratta ovviamente di un'endiadi ma di una formula che esprime due concetti diversi, anche se collegati.

L'espressione "**sotto la direzione**" indica che l'imprenditore ha il potere di determinare al momento di costituzione del rapporto, e di modificare unilateralmente in corso di rapporto, le modalità di esecuzione della prestazione di lavoro (subordinazione tecnica) affinché la collaborazione del prestatore di lavoro, "**alle dipendenze**" dello stesso imprenditore, sia idonea a soddisfare l'interesse di quest'ultimo (subordinazione funzionale).

contratto di lavoro e risultato perseguito dall'imprenditore

Si comprende allora più chiaramente perché l'art. 2094 c.c., collegando il contratto di lavoro all'impresa, riconosca al medesimo non soltanto la ordinaria funzione di scambio, ma anche una funzione organizzativa. Più precisamente, il contratto di lavoro subordinato consente all'imprenditore di pianificare e coordinare, attraverso l'esercizio del potere direttivo, la prestazione di lavoro dedotta in contratto con le prestazioni rese da altri lavoratori in altrettanti contratti di lavoro.

interesse dell'imprenditore al coordinamento e organizzazione della prestazione lavorativa

E infatti il coordinamento di uno o più contratti di lavoro con gli altri fattori della produzione consente all'imprenditore di realizzare il risultato produttivo. È ovvio che il risultato produttivo perseguito dall'imprenditore non entra nel contenuto del singolo contratto individuale di lavoro e tuttavia va precisato che tale risultato, pur rimanendo estraneo all'oggetto dell'obbligazione assunta dal lavoratore, diviene punto di riferimento per la determinazione del modo di essere della prestazione dovuta. Queste precisazioni aiutano a comprendere perché l'obbligo di collaborazione del lavoratore soddisfa l'interesse del datore di lavoro al coordinamento e all'organizzazione della prestazione di

---

[1] In questo senso v. G.F. Mancini, *La responsabilità contrattuale del prestatore di lavoro*, Milano, 1957.

[2] In questo senso M. Persiani, *Contratto di lavoro e organizzazione*, Padova, 1966.

lavoro. D'altra parte, l'obbligo di collaborazione del lavoratore così inteso distingue il contratto di lavoro dagli altri contratti di scambio. Si deve comunque sottolineare che l'individuazione del contenuto tipico della subordinazione non elimina sempre ed in ogni caso le difficoltà che la giurisprudenza ha incontrato e incontra nell'accertamento della natura subordinata del rapporto quando la fattispecie concreta si collochi nell'area di confine del lavoro subordinato.

gli indici di rilevazione della subordinazione:

In questi casi, la dottrina ha talvolta tentato di individuare un criterio che **fosse da solo sufficiente a identificare il vincolo di subordinazione** (così ad esempio la soggezione alle direttive, il rischio, la distinzione obbligazione di attività-obbligazioni di risultato, la inerenza del rapporto di lavoro all'organizzazione dell'impresa, ecc.).

Ed è bene precisare che lo stesso criterio di identificazione del vincolo di subordinazione serve a distinguere questa fattispecie da quella del contratto d'opera, perché l'art. 2222 c.c. individua il contenuto dell'obbligazione di lavoro del prestatore nel compimento di un'opera o un servizio senza vincolo di subordinazione nei confronti del committente.

4. In realtà, come ha ampiamente messo in evidenza la giurisprudenza[3], **nessuno dei criteri proposti dalla dottrina appare da solo sufficiente a identificare la fattispecie del lavoro subordinato** nell'impresa disegnata dall'art. 2094 c.c. e a distinguerla da quella del lavoro autonomo.

4.1. Così, non risulta completamente decisiva la soggezione del prestatore di lavoro alle **direttive** del datore di lavoro. Infatti, anche in determinate ipotesi di lavoro autonomo continuativo è agevole riscontrare lo stesso margine di autonomia non solo nell'esecuzione, ma anche nell'organizzazione della prestazione lavorativa[4]. Basti pensare in proposito a talune forme di mandato e alla prestazione di lavoro dei dirigenti, c.d. *alter ego*, rispetto ai quali le direttive sono già insite nella competenza determinata dall'oggetto del contratto, così come avviene per il mandatario[5].

Anche le direttive impartite dal committente all'agente e quelle impartite dal datore di lavoro al commesso viaggiatore si differenziano, talvolta, soltanto per la loro maggiore o minore intensità e cioè sulla base di un criterio squisitamente quantitativo[6].

---

[3] Cass., Sez. Un., 30 giugno 1999, n. 379, in *Rep. Foro it.*, 1999, voce *Lavoro (rapporto)*, n. 655. Di recente Trib. Catania, 17 aprile 2019, n. 1863, in *IlGiuslavorista*, 9 maggio 2019.

[4] Cfr. Cass. 16 novembre 2018, n. 29646, in *DeJure*, per cui è solo l'assiduità e la pregnanza delle direttive (che devono manifestarsi in ordini specifici, reiterati ed intrinsecamente inerenti alla prestazione lavorativa) a distinguere il rapporto di lavoro subordinato da quello autonomo. Cfr., da ultimo, anche Trib. Bari 4 febbraio 2019, n. 484, in *DeJure*.

[5] Cfr. Cass. 10 maggio 2016, n. 9463, in *Giust. civ. mass.*, 2016.

[6] Sugli indici che distinguono i due tipi di rapporto cfr. Cass. 16 luglio 2009, n. 16603,

direttive e prestazioni professionali

Per non parlare delle direttive rispetto a determinate prestazioni professionali [7]. Ad esempio, la genericità delle direttive impartite dall'impresa a volte non esclude la subordinazione del medico esterno che presti servizio presso una casa di cura [8].

casistica

Parimenti la subordinazione non è stata esclusa, quando l'artista restando soggetto alle direttive dell'imprenditore sul piano organizzativo, si sia riservato un potere di controllo sulla sceneggiatura, oppure partecipi agli utili [9].

La giurisprudenza, inoltre, è molto oscillante sulla qualificazione autonoma o subordinata dell'attività di insegnamento nella scuola privata. Infatti, è stata considerata autonoma la prestazione del docente che si sia obbligato a tenere un numero minimo di lezioni [10], mentre è stato considerato subordinato il rapporto che comporti la messa a disposizione con continuità delle energie lavorative dell'insegnante in un contesto organizzativo etero-organizzato dal datore di lavoro, anche quando ciò sia formalmente avvenuto a titolo gratuito e al solo fine di permettere al docente di ottenere punteggi utili ai fini dei pubblici concorsi [11].

Anche il rapporto di lavoro dei c.d. messaggeri metropolitani è stato oggetto di una contrastante giurisprudenza di merito e di legittimità. Anche se, a mio avviso esattamente, la Cassazione civile, diversamente da quella penale, ha considerato autonomo il suddetto rapporto quando il messaggero metropolitano **decida autonomamente se lavorare, e comunque sia libero di accettare l'incarico di recapito trasmesso via radio dalla sede aziendale** [12]. Una

---

in *Giust. civ. mass.*, 2009, 9, p. 1225 e, più di recente, Cass. 12 luglio 2017, n. 17160, in *Foro it.*, 2017, 9, I, c. 2601.

[7] Cfr. Cass. 25 febbraio 2019, n. 5436, in *Giust. civ. mass.*, 2019, secondo cui, in caso di prestazioni di natura intellettuale, l'elemento dell'assoggettamento del lavoratore alle direttive altrui si presenta in forma attenuata e non agevolmente apprezzabile a causa dell'atteggiarsi del rapporto. Analogamente, in merito all'attività espletata in favore di uno studio legale., v. Cass. 10 settembre 2019, n. 22634, in *Guida dir.*, 2019, 41, p. 33.

[8] Cfr. Cass. 15 giugno 2009, n. 13858, in *Foro it.*, 2010, I, c. 116: nella specie è stata ravvisata la subordinazione del medico, assunto con contratto di collaborazione coordinata e continuativa, nel dovere di rispettare un orario di lavoro e turni di servizio, soggetti al controllo datoriale attraverso l'imposizione dell'obbligo di timbratura del cartellino. Altre volte, però, i medici esterni sono stati qualificati come lavoratori autonomi: cfr. Cass., Sez. Un., 20 marzo 2019, n.7929, in *Giust. civ. mass.*, 2019 e Cass. 24 aprile 2017, n. 10189, *ivi*, 2017, relative ai medici degli istituti penitenziari. Si v., anche, Cass. 7 maggio 2015, n. 9224, in *Foro it.*, 2015, 7-8, I, c. 2339, secondo cui è subordinata la prestazione lavorativa del collaboratore di uno studio medico-veterinario se caratterizzata dalla disponibilità allo svolgimento di mansioni plurime secondo le direttive del titolare dello studio.

[9] Cfr. Cass. 22 luglio 1983, n. 5050, in *Giust. civ. mass.*, 1983, 7. Sul punto anche Cass. 25 ottobre 2005, n. 20659, in *Giust. civ. mass.*, 2005, 9.

[10] Cfr. Cass. 21 maggio 2003, n. 8028, in *Foro it.*, 2003, I, c. 3321.

[11] Cfr. Cass. 28 marzo 2017, n. 7925, in *Foro it.*, 2017, 5, I, c. 1575. In tema di qualificazione del rapporto di lavoro dei docenti cfr. anche Cass. 2 dicembre 2016, n. 24685, in *Guida dir.*, 2017, 5, p. 89.

[12] Cfr., di recente, Cass. 20 gennaio 2011, n. 1238, in *Giust. civ. mass.*, 2011, 1, p. 85,

questione analoga si è posta recentemente anche in relazione alla qualificazione del rapporto di lavoro dei c.d. *riders* (su cui v. cap. 52, par. 5 e 6).

Ancora, nel rapporto di lavoro giornalistico la subordinazione non è esclusa dal fatto che il giornalista goda di una certa libertà di movimento e non sia obbligato al rispetto di un orario predeterminato, essendo invece determinante che egli si tenga a disposizione dell'editore anche nell'intervallo di tempo fra una prestazione e l'altra per evaderne richieste variabili e non sempre predeterminate e predeterminabili [13].

svalutazione eccessiva delle direttive ad opera della giurisprudenza. Critica

Tuttavia, una sentenza della Cassazione [14] ha svalutato, a mio avviso eccessivamente, il requisito delle direttive come dato di identificazione della fattispecie, quando ha qualificato come subordinato il rapporto di lavoro di un propagandista farmaceutico, ritenendo sufficiente l'esistenza di direttive di ordine generale impartite dal datore di lavoro.

Con questo ordine di argomentazioni si dilata a dismisura l'area della subordinazione che finisce per coprire ogni forma di lavoro autonomo continuativo e si favorisce quel fenomeno di rigetto dell'uso del contratto di lavoro subordinato.

Secondo una controversa giurisprudenza il vincolo di subordinazione potrebbe ritenersi sussistente anche in assenza di soggezione al potere direttivo del datore di lavoro, qualora le mansioni assegnate siano elementari, ripetitive e predeterminate [15].

Parimenti una parte della dottrina finisce per avallare la dilatazione della fattispecie della subordinazione quando richiama e utilizza il concetto di c.d. subordinazione attenuata, non più caratterizzata dell'etero-direzione, ma dal mero coordinamento del datore di lavoro e, perciò, compatibile con un elevato grado di autonomia del prestatore d'opera [16]. Questo orientamento potreb-

---

in cui si fa riferimento ad ulteriori indici di autonomia, quali: la proprietà del mezzo di locomozione; l'assunzione degli oneri e economici e di gestione; l'assunzione del rischio in caso di impossibilità della prestazione.

[13] Cfr. Cass. 23 aprile 2018, n. 9961, in *Ilgiuslavorista.it*, 2018; Cass. 24 febbraio 2016, n. 3647, in *Giust. civ. mass.*, 2016 e, da ultimo, App. Genova, 31 luglio 2019, n. 294, in *DeJure*, secondo cui la subordinazione del giornalista non è esclusa dal potere decisionale del direttore del giornale in ordine alla scelta delle notizie e dei servizi da pubblicare, né dall'aleatorietà del compenso, rapportato soltanto ai "pezzi" accettati e pubblicati.

[14] Cfr. Cass. 6 luglio 2001, n. 9167, in *Foro it.*, 2002, I, c. 134.

[15] Cfr. Cass. 31 ottobre 2013, n. 24561, in *Giust. civ. mass.*, 2013 e Cass. 5 agosto 2010, n. 18271, in *Mass. giur. lav.*, 2011, 3, p. 153. *Contra* Cass. 16 maggio 2016, n. 10004, in *Foro it.*, 2016, 7-8, I, c. 2416. La giurisprudenza più recente (v. Cass. 27 giugno 2019, n. 17384, in *Diritto & Giustizia*, 28 giugno 2019; Cass. 11 ottobre 2017, n. 23846, in *Giust. civ. mass.*, 2018) pare assestarsi su una posizione intermedia poiché ritiene che, a fronte di mansioni ripetitive, il criterio dell'assoggettamento del prestatore all'esercizio del potere direttivo possa non risultare significativo, occorrendo far ricorso a criteri distintivi sussidiari.

[16] Cfr. E. Ghera, *Subordinazione, statuto protettivo e qualificazione del rapporto di lavoro*, ora in *Il nuovo diritto del lavoro. Subordinazione e lavoro flessibile*, Torino, 2006, p. 135. Sul punto si v. criticamente G. Santoro-Passarelli, voce *Lavoro autonomo*, in *Enc.*

be apparire in qualche modo confortato dalla previsione contenuta nell'art. 2 del d.lgs. n. 81 del 2015, che **applica** la disciplina del lavoro subordinato ai rapporti di collaborazione **organizzati dal committente** (ma v. più approfonditamente cap. 51).

le direttive come criterio principale di distinzione tra lavoro autonomo e subordinato

Al contrario, occorre ribadire che, **sebbene il riconoscimento delle direttive non sia sempre decisivo, esso resta – rispetto ad altri indici sussidiari come l'osservanza di un orario di lavoro, la continuità della prestazione, l'erogazione di un compenso continuativo – comunque il criterio distintivo principale tra lavoro subordinato e lavoro autonomo**[17]. Non può non notarsi, però, come anche questo indice di subordinazione finisca per lasciare al giudice un notevole margine di discrezionalità nell'individuazione della disciplina applicabile alla fattispecie concreta.

dalla subordinazione alle subordinazioni

E tuttavia, di fronte alle continue trasformazioni del lavoro impresse dall'attuale rivoluzione tecnologica e digitale, bisogna prendere atto che la stessa subordinazione, così come disegnata dall'art. 2094 c.c., non assicura più una protezione adeguata ad una vasta area di soggetti che pur non essendo subordinati in senso tecnico appaiono tuttavia meritevoli di talune tutele[18]. E d'altra parte non si può fare a meno di rilevare che a fronte di una fattispecie che continua ad essere unitaria (o monolitica) le discipline di tutela dei lavoratori subordinati sono molteplici (si pensi al rapporto di lavoro dei dirigenti, alla somministrazione di mano d'opera, al lavoro agile, al lavoro occasionale o agli *stage*). In questo contesto sarebbe opportuna una revisione della fattispecie subordinazione come categoria unitaria, poiché, allo stato, non siamo più in presenza di una subordinazione, bensì di diverse subordinazioni[19].

distinzione tra obbligazione di mezzi-obbligazione di risultato

4.2. Anche la **distinzione tra obbligazione di mezzi** o di attività, in base alla quale l'obbligato si impegna a svolgere un'attività di lavoro, e **obbligazione di risultato**, in base alla quale l'obbligato si impegna a svolgere un'attività qualificata dal risultato, non sembra idonea a distinguere il lavoro subordinato da quello autonomo perché quest'ultimo può atteggiarsi anche come obbligazione di attività[20].

---

dir., Annali, Milano, 2012, p. 711 ss. La categoria della subordinazione attenuata è stata richiamata recentemente anche dalla giurisprudenza relativamente al rapporto di lavoro dei messi notificatori, cfr. Cass. 16 novembre 2018, n. 29640, in *Giust. civ. mass.*, 2019.

[17] Cfr. Cass. 16 novembre 2018, n. 29646, in *Giust. civ. mass.*, 2019; Cass. 14 giugno 2018, n. 15631, in *Diritto & Giustizia*, 15 giugno 2018.

[18] Sul punto v. G. Santoro-Passarelli, *Trasformazioni socio-economiche e nuove frontiere del diritto del lavoro Civiltà giuridica e trasformazioni sociali nel diritto del lavoro*, in *Dir. rel. ind.*, 2019, n. 2, p. 417 ss.

[19] In questo senso F. Carinci, *La subordinazione rivisitata alla luce dell'ultima legislazione: dalla "subordinazione" alle "subordinazioni"?*, in *Arg. dir. lav.*, 2018, n. 4-5, p. 961 ss.

[20] Si v. L. Mengoni, *Obbligazioni di risultato e obbligazioni di mezzi*, in *Riv. dir. comm.*, 1954, I, pp. 185, 280, 366. Peraltro, la distinzione in parola è stata sottoposta ad una revisione critica tesa a svalutarne la rilevanza sul piano della distribuzione dell'onere della prova dell'esatto adempimento. Per tali critiche si v., in dottrina, A. Perulli, *Il lavoro autono-*

inerenza del rapporto di lavoro all'impresa

4.3. Anche **l'inerenza del rapporto di lavoro all'impresa** non appare caratteristica esclusiva del lavoro subordinato perché può contrassegnare il rapporto di lavoro autonomo continuativo. Basti pensare al contratto di agenzia, nel quale la prestazione dell'agente è continuativa e soddisfa un interesse durevole del preponente o al contratto di mandato che può essere costitutivo di un rapporto inerente all'organizzazione dell'imprenditore: è noto che una dottrina accreditata [21] ha affermato che la fonte della preposizione institoria non è necessariamente costituita da un contratto di lavoro subordinato.

Parimenti la subordinazione è esclusa quando non sia garantita una disponibilità continua del giornalista in redazione [22], mentre è stato considerato di lavoro autonomo il rapporto di un redattore, che, sulla base di una serie di incarichi fiduciari, procurava notizie, senza obbligo di presenza, ma con una certa continuità [23].

Quando il lavoratore sia a disposizione dell'impresa, anche se la prestazione sia richiesta al bisogno, il rapporto di lavoro è considerato subordinato [24].

Insomma, anche il contratto di lavoro autonomo continuativo consente al datore di lavoro il coordinamento dell'altrui attività ad un proprio scopo.

il rischio ricade di norma sul lavoratore autonomo e non su quello subordinato

4.4. Di solito la diversa **imputazione del rischio** è considerata criterio distintivo tra lavoro autonomo e subordinato, nel senso che il rischio è a carico del lavoratore autonomo, mentre **nel lavoro subordinato il rischio è imputato al datore di lavoro**. Si deve comunque precisare che mentre il rischio derivante dalla impossibilità o mancanza di lavoro è sopportato dal lavoratore sia nel lavoro autonomo che in quello subordinato, il rischio collegato all'utilità del lavoro è sempre sopportato dal lavoratore autonomo che si obbliga a prestare l'*opus perfectum* e cioè a eseguire e ultimare l'opera a regola d'arte, mentre nel lavoro subordinato il prestatore di lavoro si obbliga a eseguire con diligenza la propria attività. Va anche precisato che la corresponsione di un fisso giornalie-

---

mo, in *Trattato di diritto civile e commerciale*, già diretto da A. Cicu e F. Messineo, continuato da L. Mengoni, XXVII, t. 1, Milano, 1996, p. 181; in giurisprudenza, Cass., Sez. Un., 28 luglio 2005, n. 15781, in *Giur. it.*, 2006, p. 1380; Cass., Sez. Un., 11 gennaio 2008, n. 577, in *Giur. it.*, 2008, p. 1653 ss.

[21] Si v. W. Bigiavi, *La piccola impresa*, Milano, 1947, p. 118.

[22] Cfr. Cass. 9 gennaio 2014, n. 290, in *Lav. giur.*, 2014, 4, p. 406.

[23] Cfr. Cass. 29 maggio 2013, n. 13408, in *DeJure*. Parzialmente *contra* App. Ancona 18 marzo 2019, n. 91, *ivi*, secondo cui la continuità della prestazione giornalistica è riscontrabile allorquando il collaboratore, pur non fornendo un'opera quotidiana, assicuri una prestazione non occasionale.

[24] Secondo Cass. 3 ottobre 2017, n. 23056, in *Foro it.*, 2017, 11, I, c. 3300 e Cass. 7 gennaio 2009, n. 58, *ivi*, 2009, I, c. 1744, il carattere discontinuo o saltuario della prestazione non esclude il vincolo di subordinazione. Tale vincolo non sussiste qualora, invece, il lavoratore può rifiutare i compiti che gli vengono affidati saltuariamente, cfr. Cass. 29 ottobre 2014, n. 23021, *Foro it.*, 2014, 12, c. 3429; Cass. 8 novembre 2013, n. 25204, in *Giust. civ. mass.*, 2013.

ro e di un obbligo di esclusiva non sono incompatibili con la qualificazione autonoma del rapporto di lavoro [25].

4.5. Nel tentativo di adeguare il dato normativo a quello economico una parte della dottrina ha ritenuto di identificare la subordinazione del prestatore di lavoro nella sua **condizione di inferiorità economico-sociale rispetto al datore di lavoro** [26].

subordinazione socioeconomica

In realtà, la subordinazione socio-economica non può essere considerata elemento identificativo della subordinazione e distintivo del lavoro subordinato rispetto al lavoro autonomo.

E l'art. 2222 c.c. che ravvisa nel lavoro prestato senza vincolo di subordinazione, prevalentemente o anche esclusivamente personale, il dato che identifica il lavoro autonomo, non consente di affermare che, ogni qualvolta sia ravvisabile una dipendenza economica del prestatore d'opera nei confronti del committente, il rapporto debba considerarsi senz'altro di lavoro subordinato.

distinzione tra adempimento del terzo e adempimento a mezzo di terzi

4.6. A questo proposito si è detto che l'esecuzione della prestazione nel lavoro autonomo non sarebbe necessariamente personale, mentre lo sarebbe nel lavoro subordinato [27]. È bene chiarire però che anche nelle ipotesi in cui il prestatore d'opera si avvale dell'opera di terzi (artt. 2222, 2232, 1717 c.c.) il coordinamento degli artt. 1180 e 1228 c.c. consente di distinguere **l'adempimento diretto del terzo dall'adempimento a mezzo terzi**.

Quest'ultima è sempre una forma di adempimento personale giacché il comportamento del debitore può estendersi dalla propria azione fisica alla direzione dell'altrui attività. Occorre, d'altra parte, sottolineare che, sia pure in ipotesi limitate, non è incompatibile con la natura subordinata del rapporto la sostituzione del prestatore di lavoro subordinato con il consenso del lavoratore (ad es., nel contratto di portierato [28]).

necessità di una pluralità di indici per identificare la fattispecie lavoro subordinato

4.7. L'inadeguatezza dei criteri fin qui presi **singolarmente** in esame per identificare il lavoro subordinato e distinguerlo da quello autonomo, ha indotto la giurisprudenza, ormai prevalente, a utilizzarli in modo variamente combinato fra loro. L'ha indotta, inoltre, a considerarli comunque complementari e sussidiari rispetto all'assoggettamento del lavoratore al datore di la-

---

[25] Cfr. Cass. 11 settembre 2000, n. 11936, in *Or. giur. lav.*, 2000, I, p. 642. Sul carattere non decisivo di un compenso fisso mensile si v., da ultimo, App. Milano 27 maggio 2019, n. 558, in *DeJure*.

[26] Si v. R. Scognamiglio, *Lezioni di diritto del lavoro*, Bari, 1972, p. 10.

[27] Cfr. Cass. 24 giugno 2009, n. 14868, in *Not. giur. lav.*, 2010, 1, p. 1. Sul fatto che la subordinazione sia un vincolo di natura strettamente personale v., di recente, Cass. 14 giugno 2018, n. 15631, in *Diritto & Giustizia*, 15 giugno 2018.

[28] Sul punto, v. M. Russo, *Il rapporto di portierato*, in G. Santoro-Passarelli (a cura di), *Diritto e processo del lavoro e della previdenza sociale. Privato e pubblico*, Utet, Milano, 2017, 347.

voro (collaborazione, continuità della prestazione, osservanza di un orario determinato, versamento a cadenze fisse di una retribuzione predeterminata, coordinamento dell'attività lavorativa all'assetto organizzativo del datore di lavoro) **e ad affermare che tali criteri, pur privi ciascuno di valore decisivo, possono essere valutati globalmente come indizi probatori della subordinazione**[29].

in caso di contrasto tra la dichiarazione e il comportamento delle parti, prevale quest'ultimo ai fini della qualificazione della fattispecie lavoro subordinato

Quanto alla **rilevanza del *nomen juris***, ossia della dichiarazione delle parti in ordine alla qualificazione del rapporto, la giurisprudenza prevalente ritiene che tale riferimento risulti di maggiore utilità in tutte quelle fattispecie in cui i caratteri differenziali tra due o più figure negoziali appaiono non agevolmente tracciabili: in questo caso la valutazione del documento negoziale diventa tanto più rilevante quanto più labili appaiono i confini tra le figure contrattuali in esame[30].

E però in caso di contrasto tra la dichiarazione delle parti e il loro comportamento successivo, secondo la medesima giurisprudenza, prevale quest'ultimo ai fini della qualificazione giuridica del rapporto come subordinato o autonomo[31].

il metodo sussuntivo

5. In ogni caso va sottolineato che il metodo più rigoroso di qualificazione del rapporto per l'applicazione della disciplina della subordinazione, contrassegnata da un elevatissimo tasso d'inderogabilità, è quello della **sussunzione**[32] della fattispecie concreta nel tipo legale disegnato dall'art. 2094 c.c.

In altre parole, la fattispecie concreta deve presentare **tutti** i connotati della fattispecie astratta e coincidere con essa.

il metodo tipologico

Ma è altrettanto opportuno ricordare come a questo metodo se ne contrapponga un altro, ossia quello **tipologico**, che fa leva sulla distinzione tra tipo legale e normativo.

Il tipo normativo non individua un tipo legale determinato, ma soltanto talune e non tutte le caratteristiche di un tipo legale, sicché l'applicazione del metodo tipologico consente al giudice di **non sussumere** la fattispecie concreta in quella astratta, ma di **ricondurre la prima al tipo normativo.**

Il riferimento al tipo normativo consente quindi al giudice, che debba procedere alla qualificazione di una fattispecie concreta come lavoro subordinato o meno, di considerare come subordinati anche rapporti di lavoro che non

---

[29] Cfr. Cass. 6 aprile 2017, n. 8883, in *Diritto & Giustizia*, 7 aprile 2017; Cass. 5 ottobre 2016, n. 19923, in *Guida lav.*, 2016, 43, p. 20; Cass. 8 aprile 2015, n. 7024, in *Lav. giur.*, 2015, 8-9, p. 814. Da ultimo App. Bari 7 maggio 2019, n. 685, in *DeJure*.

[30] Cfr. Cass. 2 aprile 2014, n. 7675, in *Foro it.*, 2014, 6, I, c. 1760; Cass. 26 agosto 2013, n. 19568, in *Mass. giur. lav.*, 2014, 1-2, p. 13.

[31] Cfr. Cass. 1° marzo 2018, n. 4884, in *Giust. civ. mass.*, 2018; Cass. 27 novembre 2017, n. 28190, in *Diritto & Giustizia*, 27 novembre 2017.

[32] Per una recente applicazione del metodo sussuntivo si v. Trib. Isernia 21 dicembre 2017, n. 579, in *DeJure*.

presentano tutti i tratti del tipo legale e quindi finisce per ampliare di fatto la sua discrezionalità, sia nella qualificazione della fattispecie concreta, sia nella conseguente determinazione del campo di applicazione della normativa.

la c.d. disponibilità del tipo

6. Il discorso finora condotto sui metodi adottati dall'interprete per individuare la disciplina applicabile alla fattispecie concreta consente di affrontare il problema della c.d. **disponibilità del tipo lavoro subordinato da parte del legislatore**. Espressione di uso ormai corrente per affermare che al legislatore non è consentito escludere l'applicazione della disciplina prevista per il tipo lavoro subordinato rispetto ad un rapporto che ha oggettivamente le caratteristiche del lavoro subordinato.

l'intervento della Corte costituzionale

La Corte costituzionale ha affermato ripetutamente [33] che "non sarebbe comunque consentito al legislatore negare la qualificazione giuridica di rapporti di lavoro subordinato a rapporti che oggettivamente abbiano tale natura, ove da ciò derivi l'inapplicabilità delle norme inderogabili previste dall'ordinamento per dare attuazione ai principi, alle garanzie e ai diritti dettati dalla Costituzione a tutela del lavoro subordinato" [34].

In altre parole, la Corte fonda la sua tesi su "**una nozione effettuale di subordinazione come nozione presupposta dal sistema dei diritti costituzionali**" [35].

A mio avviso questa tesi non appare persuasiva per due ordini di ragioni.

In primo luogo, perché compete alla discrezionalità del legislatore definire e regolare i tipi che per l'appunto sono denominati legali.

applicabilità della Costituzione al lavoro in tutte le sue forme

Ed in secondo luogo, perché è difficile affermare che i diritti riconosciuti dalla Costituzione agli artt. da 35 a 40 siano riferibili **soltanto ed esclusivamente al lavoro subordinato.**

Se dunque la subordinazione non può essere considerata una fattispecie costituzionalmente rilevante, ne consegue che il legislatore può separare la fattispecie della subordinazione dal corrispondente trattamento normativo.

Ciò non significa che il legislatore, nell'ambito della sua discrezionalità, possa regolare due fattispecie identiche con un trattamento normativo diverso, e per contro, due fattispecie diverse con una medesima disciplina perché violerebbe il principio di uguaglianza-ragionevolezza sancito dall'art. 3 Cost.

la distribuzione delle tutele tra i rapporti di diversa natura

Invece, dal combinato disposto degli artt. 3 e 35 Cost., come si è già detto nell'introduzione, discende il vincolo per il legislatore ordinario ad una **ragionevole distribuzione delle tutele tra i diversi rapporti di lavoro**.

---

[33] Corte cost. 31 marzo 1994, n. 115, in *Arg. dir. lav.*, 1995, p. 298; Corte cost. 29 marzo 1993, n. 121, in *Foro it.*, 1993, I, c. 2432 ss. E recentemente Corte cost. 7 maggio 2015, n. 76, in *Giur. cost.*, 2015, 3, p. 680 con nota di E. Ghera.

[34] In senso adesivo cfr. anche Cass. 25 maggio 1998, n. 5214, in *Giur. it.*, 1999, c. 1406. E di recente App. Milano 1° marzo 2019, n. 130, in *DeJure*.

[35] Si v., con intento parzialmente diverso, M. D'Antona, *Limiti costituzionali alla disponibilità del tipo contrattuale nel diritto del lavoro*, in *Arg. dir. lav.*, 1995, pp. 63 e 67.

Accettata questa conclusione, rimane da chiarire una questione ulteriore e diversa anche se connessa con la prima, e cioè se sia consentito al legislatore di individuare per due fattispecie di diversa natura una disciplina parzialmente analoga senza per questo cadere nella censura di avere violato l'art. 3 Cost.

A titolo di esempio, se il legislatore ordinario possa riconoscere le ferie e i riposi, la tutela della maternità e malattia anche al prestatore di lavoro titolare di un rapporto di lavoro autonomo continuativo (vale la pena ricordare che garanzie di questo tenore erano state introdotte dall'art. 66, d.lgs. n. 276 del 2003 per il lavoro a progetto e, alcune parziali tutele, sono state di recente riconosciute anche ai lavoratori autonomi[36]).

La risposta all'interrogativo è positiva con l'avvertenza di avere presente che spetterà alla Corte costituzionale stabilire il limite oltre il quale il legislatore, nella definizione dei tipi e nella dislocazione delle relative tutele e, quindi nella individuazione di una disciplina parzialmente analoga a rapporti di lavoro di natura diversa, abbia violato il principio stabilito dall'art. 3 Cost.

Ciò significa che il rispetto della ragionevolezza impone al legislatore di apportare deroghe a disposizioni di contenuto generale, in forza di requisiti di diversità della fattispecie rispetto al tipo lavoro subordinato[37].

La legislazione ha spesso negato la qualificazione di lavoro subordinato a diversi rapporti di lavoro: basti pensare al lavoro del volontario (art. 17, comma 5, d.lgs. n. 117 del 2017), ai lavori socialmente utili (art. 8, d.lgs. n. 468 del 1997[38]), ai lavoratori titolari di strumenti di sostegno al reddito (art. 26, comma 3, d.lgs. n. 150 del 2015); ai tirocini formativi (art. 18, comma 1, lett. *d*), legge n. 196 del 1997), alle borse di lavoro e ai lavori di pubblica utilità (art. 1, d.lgs. n. 280 del 1997).

In questi casi l'esclusione della disciplina del lavoro subordinato non dipende dalla separazione tra fattispecie e trattamento normativo applicabile, ma dalla diversità, almeno parziale, della fattispecie regolata rispetto a quella disegnata dall'art. 2094 c.c. e dalle finalità che assolvono questi rapporti.

Il discorso sulla cosiddetta disponibilità legislativa del tipo, già riproposto in merito alle collaborazioni coordinate e continuative sprovviste di progetto dall'abrogato art. 69 del d.lgs. n. 276 del 2003, è ritornato entro certi limiti di attualità anche in relazione alle collaborazioni organizzate dal committente disciplinate dall'art. 2 del d.lgs. n. 81 del 2015[39].

---

[36] Per le tutele riconosciute in caso di maternità, malattia, infortunio, gravidanza, ecc. v. l'art. 64, comma 2, del d.lgs. n. 151 del 2001 (come modificato dall'art. 13 della legge n. 81 del 2017) e l'art. 14 della legge n. 81 del 2017, nonché, per gli iscritti alla gestione separata, l'art. 2-*bis* del d.lgs. n. 81 del 2015. Sul punto cfr. cap. 49 ss.

[37] Si v., in questo senso, R. Scognamiglio, *La disponibilità del rapporto di lavoro subordinato*, in *Riv. it. dir. lav.*, 2001, II, p. 119.

[38] Norma ora abrogata dall'art. 34 del d.lgs. n. 150 del 2015, ma che tuttavia, ai sensi dell'art. 26, comma 12 del medesimo decreto, continua ad applicarsi ai rapporti ancora in essere.

[39] Cfr., tra gli altri, G. Zilio Grandi, M. Sferrazza, *Le collaborazioni organizzate dal committente*, in *Arg. dir. lav.*, 2016, 4-5, p. 756.

E in effetti, come si è già detto e come si vedrà in seguito, l'art. 2 del d.lgs. n. 81 del 2015, anche alla luce dei recenti interventi normativi in materia [40], pur non modificando la fattispecie del lavoro subordinato, applica la relativa disciplina a fattispecie di incerta qualificazione. Pertanto, nelle ipotesi in cui si ritenga che la natura di tali collaborazioni non sia subordinata, bensì autonoma si pone il problema di individuare le tutele concretamente applicabili.

[40] Ovvero le modifiche all'art. 2, comma 1, apportate dall'art. 1, d.l. n. 101 del 2019, conv. in legge n. 128/2019.

Capitolo 22

Contratto e rapporto di lavoro

SOMMARIO: 1. I soggetti. – 2. L'età minima per l'ammissione al lavoro. – 3. I requisiti del contratto di lavoro: a) l'accordo delle parti, b) la causa, c) la forma, d) l'oggetto, e) l'onerosità e il lavoro gratuito. – 4. Il patto di prova. – 5. La prestazione di fatto. – 6. La conclusione del contratto di lavoro e l'instaurazione del rapporto di lavoro. – 7. Il lavoro irregolare, l'attività di vigilanza e il nuovo Ispettorato Nazionale del Lavoro.

il prestatore di lavoro e il datore di lavoro

1. Il prestatore di lavoro subordinato è sempre una persona fisica.
Il datore di lavoro, invece, può essere una persona fisica o giuridica o comunque un'organizzazione dotata di soggettività giuridica. La natura pubblica o privata del datore di lavoro e l'oggetto dell'attività svolta non incidono sulla capacità giuridica e di agire del datore di lavoro, ma possono essere rilevanti ai fini della disciplina legale e collettiva applicabile al rapporto.

l'età minima per l'ammissione al lavoro

2. L'art. 37 Cost., comma 2, prevede che sia la legge a stabilire **l'età minima per l'ammissione al lavoro** salariato. In base alla normativa vigente [1], l'età minima di accesso al lavoro coincide con la cessazione del periodo di istruzione obbligatoria e non può, comunque, essere inferiore al sedicesimo anno di età.

Previa autorizzazione dell'Ispettorato territoriale del lavoro [2] e assenso scritto dei titolari della potestà genitoriale è, però, ammesso l'impiego degli infrasedicenni in attività lavorative di carattere culturale, sportivo, pubblicitario e nel settore dello spettacolo [3].

In considerazione della tutela apprestata dall'ordinamento nei confronti dei minori, la legge n. 977 del 1967 (e successive modifiche) **vieta il lavoro notturno** e prevede una particolare disciplina per l'orario di lavoro, i riposi e

---

[1] Combinato disposto dell'art. 3, legge n. 977 del 1967 e dell'art. 1, comma 662, legge n. 296 del 2006.

[2] Ai sensi dell'art. 1 del d.lgs. n. 149 del 2015, attuativo del c.d. *Jobs Act*, le Direzioni territoriali del lavoro sono state sostituite dagli Ispettorati territoriali del lavoro, che ne svolgono le funzioni.

[3] Art. 4, comma 2, legge n. 977 del 1967, come modificata dal d.lgs. n. 345 del 1999.

le ferie. Inoltre, sono garantite le prestazioni previdenziali per i minori di qualsiasi età.

È appena il caso di precisare che la violazione dei divieti previsti è penalmente sanzionata dall'art. 26, legge n. 977 del 1967.

Resta, inoltre, applicabile l'art. 2126, comma 2, c.c., che assicura il diritto alla retribuzione.

la capacità giuridica e di agire

Di norma, il lavoratore acquista **la capacità di stipulare il contratto di lavoro al compimento del diciottesimo anno di età** (art. 2 c.c.), salva l'emancipazione del minore con il matrimonio. Sono comunque fatte salve le leggi speciali che stabiliscono un'età inferiore al diciottesimo anno per la stipulazione del contratto di lavoro, riconoscendogli l'abilitazione "all'esercizio dei diritti e delle azioni che dipendono dal contratto di lavoro" (art. 2, comma 2, c.c.) [4].

3. Gli **elementi essenziali** del contratto di lavoro sono:

i requisiti del contratto: a) accordo delle parti

a) l'accordo delle parti, in quanto si tratta di un contratto consensuale, anche se la legge e i contratti collettivi pongono numerosi limiti all'autonomia privata;

b) contratto a prestazioni corrispettive

b) la causa, che consiste nello scambio tra lavoro e retribuzione. Si tratta, quindi, di un **contratto a prestazioni corrispettive**, che mette in evidenza gli interessi contrapposti delle parti e non un interesse comune. Tuttavia, la corrispettività non è piena, sia perché la retribuzione deve essere comunque sufficiente (art. 36, comma 1, Cost.), sia perché il lavoratore ha diritto ad un trattamento economico anche durante particolari periodi di sospensione della prestazione lavorativa: basti pensare, ad esempio, alla malattia e alle ferie (art. 2110 c.c.) [5];

c) forma

c) la forma. Per il contratto di lavoro a tempo pieno ed indeterminato non è richiesto alcun requisito di forma, per cui la volontà delle parti può essere dichiarata anche oralmente o per comportamento concludente. Tuttavia, il datore di lavoro è obbligato a comunicare agli uffici preposti (il Centro per l'impiego) l'avvenuta stipulazione del contratto [6], nonché a consegnare al lavoratore copia di tale comunicazione o, in alternativa, copia del contratto individuale di lavoro [7].

La **forma scritta è, però, richiesta *ad substantiam* per alcune tipologie contrattuali** (ad es., per il contratto a tempo determinato e per la somministrazione di lavoro) **ovvero per alcune clausole o patti che accedono al contratto di lavoro** (ad es., patto di prova e patto di non concorrenza). La forma

---

[4] F. Santoro-Passarelli, *Nozioni di diritto del lavoro*, Napoli, 1995, p. 142 ss.

[5] V. cap. 27 sulla sospensione del rapporto di lavoro.

[6] Cfr. art. 9-*bis*, comma 2, d.l. n. 510 del 1996, convertito nella legge n. 608 del 1996, come sostituito dall'art. 1, comma 1180 della legge n. 296 del 2006.

[7] Art. 4-*bis*, comma 2, d.lgs. n. 181 del 2000, come modificato dall'art. 40, comma 2, d.l. n. 112 del 2008, convertito in legge n. 133 del 2008.

scritta è talvolta richiesta ai fini della prova, come, ad esempio, per il lavoro a tempo parziale;

d) oggetto del contratto di lavoro: mansioni e retribuzione

d) l'oggetto del contratto di lavoro è costituito dalle mansioni e dalla retribuzione. Generalmente le mansioni sono indicate nel contratto individuale attraverso il rinvio alle qualifiche o livelli previsti dai contratti collettivi, che raggruppano una serie di mansioni professionalmente equivalenti alle quali corrispondono i minimi retributivi indicati. È tuttavia previsto che, in caso di mancato accordo tra le parti (art. 2099, comma 2, c.c.) o in caso di violazione dei criteri stabiliti dall'art. 36, comma 1, Cost., sia il giudice a determinare la retribuzione;

e) onerosità

e) l'onerosità, in quanto il contratto di lavoro, oltre ad essere a prestazioni corrispettive, è un contratto oneroso, perché la controprestazione del datore di lavoro è costituita dalla retribuzione.

il lavoro gratuito

L'onerosità del contratto di lavoro subordinato induceva, in passato, la dottrina a presumere la illiceità del contratto di lavoro subordinato gratuito, per contrasto con l'art. 36 Cost. [8]. Il **lavoro gratuito**, però, può essere oggetto di contratti innominati *ex* art. 1322 c.c., i quali si distinguono da quello tipico di cui all'art. 2094 c.c. e sono ammessi in virtù della meritevolezza degli interessi perseguiti. La meritevolezza viene fatta coincidere, indipendentemente dalle concrete modalità di svolgimento del rapporto, con la sussistenza di una finalità ideale non lucrativa e pertanto riconducibile a scopi altruistici di solidarietà familiare, sociale, politica o religiosa [9]. In questi rapporti la prestazione è resa ***affectionis vel benevolentiae causa*** **o in esecuzione di doveri morali o sociali** (art. 2034 c.c.), come, ad esempio, l'attività, non di culto, svolta dal religioso per l'ente di appartenenza [10]. In genere, le organizzazioni benefiche o anche solidaristiche e ideologiche si avvalgono di collaborazioni gratuite: in questi casi la presunzione di gratuità può essere vinta dalla corresponsione continuativa di compensi e non dalla dazione in via occasionale di somme, che può essere giustificata da un intento di liberalità.

Si riscontra una crescente attenzione legislativa nei confronti delle prestazioni lavorative gratuite svolte a titolo volontario dagli appartenenti alle organizzazioni del c.d. terzo settore (v. cap. 54) nonché quelle effettuate dai detenuti nell'ambito dei progetti di pubblica utilità (v. cap. 46).

---

[8] R. Scognamiglio, *Lezioni di diritto del lavoro*, Bari, 1972, p. 146.

[9] V. Cass. 29 novembre 2018, n. 30899, in *Foro it.*, 2019, 1, I, c. 142; Cass. 29 settembre 2015, n. 19304, in *DeJure*; Cass. 16 giugno 2015, n. 12433, in *Riv. it. dir. lav.*, 2016, I, p. 150; In dottrina, v. G. Santoro-Passarelli, voce *Lavoro subordinato*, in *Treccani-Diritto on line,* 2015, par. 10.

[10] V. Cass. 7 novembre 2003, n. 16774, in *Lav. giur.*, 2004, p. 389, secondo cui non può essere considerato lavoro subordinato l'attività di cura e assistenza dei malati da parte di una suora presso l'istituto religioso di appartenenza: la gratuità della prestazione lavorativa si presume in considerazione degli obblighi di obbedienza derivanti dai voti pronunciati. Diversa qualificazione può avere, invece, il lavoro dei religiosi svolto a favore di terzi: v. Cass., Sez. Un., 5 aprile 1986, n. 2366, in *Foro it.*, 1986, I, c. 1863.

4. Il **patto di prova deve risultare da atto scritto *ad substantiam*,** che può essere precedente o contestuale all'assunzione (art. 2096 c.c.). Durante tale periodo di prova, che non può superare i sei mesi, **le parti possono recedere liberamente**, senza obbligo di preavviso, salvo sia convenuta una durata minima (art. 2096, comma 3, c.c.). *il patto di prova*

Va comunque precisato che l'obbligo delle parti di consentire e fare l'esperimento comporta l'illegittimità del recesso nel caso in cui il lavoratore provi che l'esiguità della durata e lo scarso valore dei compiti assegnati abbiano reso di fatto irrealizzabile ogni valutazione delle sue capacità [11], con il conseguente diritto, secondo l'orientamento che appare più convincente, al proseguimento della prova per il periodo mancante oppure al risarcimento del danno [12].

Diversamente, nel caso di carenza di un valido patto di prova per assenza dei requisiti, l'eventuale recesso *ad nutum* intimato dal datore di lavoro è illegittimo, con il conseguente riconoscimento della tutela indennitaria [13]. In tali casi, infatti, il recesso è assoggettato alla disciplina ordinaria in tema di licenziamenti richiedendo la valida sussistenza di una giusta causa o di un giustificato motivo (v. cap. 31).

L'assunzione diviene definitiva se nessuna delle parti esercita il recesso entro il termine della prova: in tal caso il periodo di lavoro già prestato è computato a tutti gli effetti nell'anzianità di servizio.

5. L'origine contrattuale del rapporto di lavoro non è messa in discussione neppure dalla rilevanza giuridica attribuita dal codice alla **prestazione di fatto** (art. 2126 c.c.), in quanto la norma presuppone pur sempre un contratto invalido. Si vuole, cioè, garantire che la tutela dei diritti che il lavoratore avrebbe maturato nel corso dell'esecuzione del rapporto non sia pregiudicata dalla nullità o dall'annullamento del contratto, salvo che l'invalidità non derivi dall'illiceità dell'oggetto e della causa [14]. **Se il lavoro è stato prestato con violazione di norme poste a tutela del lavoratore, questi ha comunque diritto alla retribuzione** (art. 2126, comma 2, c.c.). *la prestazione di fatto*

6. Il contratto di lavoro si conclude con la **sottoscrizione delle parti.**

---

[11] Di recente, cfr. Cass. 19 marzo 2015, n. 5509, in *Diritto & Giustizia,* 19 marzo 2015.

[12] Cfr. Cass. 17 novembre 2010, n. 23231, in *Giust. civ. mass.*, 2010, 11, p. 1462. Di recente Cass. 3 dicembre 2018, n. 31159, in *Dir. rel. ind.*, 2019, 2, p. 669.

[13] Trib. Firenze 13 giugno 2017, n. 376; Trib. Rovigo 6 marzo 2018, n. 85, in *Dejure,* le quali riconoscono la tutela di cui all'art. 3, comma 1, d.lgs. n. 23 del 2015.

[14] In tali ipotesi è comunque possibile il ricorso all'azione per ingiustificato arricchimento (art. 2041 c.c.).

la conclusione del contratto di lavoro ed instaurazione del rapporto di lavoro

Con la conclusione del contratto si instaura il rapporto di lavoro che, come è stato autorevolmente affermato, ha una struttura complessa [15], perché "accanto alle due obbligazioni fondamentali gravitano una serie di oneri e obblighi strumentali o accessori e corrispondenti pretese, potestà di preposizione e corrispondenti soggezioni che rimanendo distinti dal debito e dal credito di lavoro e di retribuzione concorrono a formare la posizione del prestatore e datore di lavoro".

Infatti, una volta ottenuto l'incontro tra domanda e offerta di lavoro, occorre trasmettere al Centro per l'impiego competente, tramite moduli telematici, i dati anagrafici del lavoratore, la data di assunzione, la tipologia contrattuale utilizzata, la qualifica professionale ed il trattamento economico e normativo applicato [16]. Come previsto dall'art. 16, d.lgs. n. 151 del 2015, attuativo del c.d. *Jobs Act*, al fine di razionalizzare e semplificare le procedure e gli adempimenti relativi alla costituzione e gestione del rapporto di lavoro, tutte le comunicazioni in materia di rapporti di lavoro devono essere effettuate in via telematica.

il lavoro irregolare

7. **Quando un rapporto di lavoro viene instaurato – in tutto o in parte – in violazione degli obblighi vigenti in materia amministrativa, fiscale, previdenziale e assicurativa si parla di lavoro irregolare.** Per contrastare tale fenomeno, piuttosto frequente [17], è prevista un'attività di vigilanza sulla corretta applicazione della normativa in materia di lavoro e di legislazione sociale.

il nuovo Ispettorato nazionale del lavoro

In attuazione della legge delega n. 183 del 2014, c.d. *Jobs Act*, al fine di razionalizzare e semplificare l'attività di vigilanza in materia di lavoro e previdenza sociale, il d.lgs. n. 149 del 2015 ha istituito l'Agenzia unica per le ispezioni del lavoro, denominata **Ispettorato nazionale del lavoro**. Il "nuovo" Ispettorato, che coordina i servizi ispettivi del Ministero del Lavoro e delle politiche sociali, dell'Inps e dell'Inail, ha personalità di diritto pubblico ed autonomia di bilancio e di organizzazione [18] ed è posto sotto la vigilanza del Ministero del lavoro e delle politiche sociali.

l'attività di vigilanza sulla corretta applicazione della normativa in materia di lavoro

L'attività di vigilanza ispettiva si svolge attraverso l'accesso nei luoghi di lavoro, l'esame della documentazione aziendale, l'acquisizione delle dichiarazioni dei lavoratori e dei datori di lavoro.

Nell'esercizio della funzione di vigilanza gli ispettori operano in qualità di ufficiali di polizia giudiziaria e hanno un potere di accertamento delle eventuali infrazioni compiute dal datore di lavoro. Delle infrazioni riscontrate in

---

[15] F. Santoro-Passarelli, *Nozioni di diritto del lavoro*, Napoli, 1995, p. 189.

[16] Art. 9-*bis*, comma 2, d.l. n. 510 del 1996, conv. in legge n. 608 del 1996.

[17] Dal rapporto annuale del Ministero del Lavoro e delle Politiche Sociali sull'attività di vigilanza svolta, emerge che nell'anno 2018 il 65% delle aziende ispezionate occupava personale in maniera irregolare.

[18] V. d.p.r. 26 maggio 2016, n. 109, che approva lo Statuto dell'Ispettorato nazionale del lavoro.

sede ispettiva deve essere redatto un processo verbale, che è fonte di prova relativamente agli elementi di fatto acquisiti e documentati e che può essere utilizzato per l'adozione dei relativi provvedimenti sanzionatori sul piano amministrativo. Con il d.lgs. n. 151 del 2015, attuativo del *Jobs Act*, viene revisionato il regime sanzionatorio in caso di violazioni delle norme in materia di lavoro, tra cui la **c.d. maxi-sanzione per il lavoro nero** [19], che riguarda le ipotesi di impiego di lavoratori subordinati senza preventiva comunicazione di instaurazione del rapporto di lavoro da parte del datore di lavoro privato.

la conciliazione monocratica e diffida accertativa per crediti patrimoniali

Il d.lgs. n. 124 del 2004, come novellato dalla legge n. 183 del 2010, ha attuato una profonda riforma in materia di vigilanza, attribuendo agli ispettori, oltre alla tradizionale attività di repressione delle violazioni in materia di lavoro e legislazione sociale, anche una serie di nuovi poteri, nell'ottica dell'informazione, prevenzione, promozione e conciliazione.

In tale ottica vanno inquadrati gli istituti della conciliazione monocratica e della diffida accertativa, rispettivamente disciplinati dagli artt. 11 e 12 del d.lgs. n. 124 del 2004 [20]. La **conciliazione monocratica** può essere attuata preventivamente o contestualmente all'accesso ispettivo, qualora emergano elementi per una soluzione conciliativa di una controversia insorta tra lavoratore e datore di lavoro, sempre che non sussistano irregolarità di rilevanza penale. La **diffida accertativa** viene attivata quando dalla verifica sulla corretta applicazione dei contratti collettivi risulti un'inosservanza da cui scaturisca un credito pecuniario in favore di uno o più prestatori di lavoro. In tal caso gli ispettori diffidano il datore di lavoro a corrispondere gli importi risultanti dagli accertamenti.

---

[19] V. art. 22 del d.lgs. n. 151 del 2015. La legge n. 145 del 2018 (legge di bilancio 2019) all'art. 1, comma 445, lett. *d*) ha previsto un incremento delle sanzioni pari al 20% per le condotte poste in essere a partire dal gennaio 2019. La repressione del lavoro nero è inoltre garantita anche da norme specifiche di carattere penale. Si veda, da ultimo, la legge n. 199 del 2016, recante disposizioni di contrasto ai fenomeni del lavoro nero e dello sfruttamento del lavoro in agricoltura, attraverso il c.d. "caporalato". Con tale espressione si intende il reclutamento, spesso da parte di soggetti collegati con la criminalità organizzata, di lavoratori in condizioni socio-economiche disagiate, da inviare "alla bisogna" presso terzi, con turni di lavoro massacranti a fronte di retribuzioni irrisorie, senza riconoscimento di alcun diritto. Il fenomeno del caporalato si riscontra tradizionalmente per i lavori nei campi, ma si è esteso anche a quelli nei cantieri.

[20] Per un approfondimento su tali istituti, v. M. Russo, *Le conciliazioni* ex *D.Lgs. n. 124/2004 alla prova del* Jobs Act, in *Lav. prev. oggi*, 2016, 7-8, p. 385.

Capitolo 23
I poteri del datore di lavoro

SOMMARIO: 1. Considerazioni preliminari. – 2. Il potere direttivo. – 3. Il potere organizzativo nelle collaborazioni organizzate dal committente (rinvio) – 4. *Jus variandi* (rinvio). – 5. Il trasferimento e la trasferta. – 6. Il distacco. – 7. La prestazione di lavoro in società collegate. – 8. Il contratto di rete. – 9. Il potere di controllo. – 9.1. Il nuovo art. 4 St. lav. – 9.2. Gli accertamenti sanitari. – 10. Il potere e il procedimento disciplinare. – 11. La sospensione cautelare. – 12. Il potere di recesso del datore di lavoro: licenziamento (rinvio).

1. Con la sottoscrizione del contratto di lavoro il datore di lavoro è legittimato a esercitare i poteri nei confronti del lavoratore assunto. Tali poteri hanno la loro fonte nel contratto, ma l'esercizio è spesso regolato dalla legge. Come si avrà modo di esaminare nei prossimi paragrafi, il legislatore ha progressivamente introdotto limiti al loro esercizio (es. potere di licenziamento) e, in qualche caso, ne ha anche procedimentalizzato l'esercizio (es. potere disciplinare), ma è bene subito sottolineare che i limiti ai poteri dell'imprenditore (datore di lavoro) previsti dal nostro legislatore sono esterni e mai funzionali, del resto in conformità allo spirito dell'art. 41, comma 2, Cost.

limite dell'utilità sociale

La norma costituzionale, infatti, ha sancito che **l'iniziativa economica privata è libera, e non può svolgersi in contrasto con l'utilità sociale** e in modo da recare danno alla sicurezza, alla libertà e alla dignità umana. Secondo l'interpretazione che qui si condivide [1], l'utilità sociale non costituisce un limite funzionale ma un limite esterno rispetto all'iniziativa economica. Un limite funzionale risulterebbe in palese contrasto con il comma 1 dell'art. 41 Cost.

D'altra parte, l'utilità sociale è un contenitore vuoto non applicabile immediatamente dal giudice anche perché per la sua indeterminatezza si presterebbe ad interpretazioni giudiziarie assolutamente soggettive, non certo funzionali a garantire il principio fondamentale in ogni consorzio civile della certezza del diritto.

In realtà, l'utilità sociale, la sicurezza, la dignità e la libertà umana sono contenitori che vanno riempiti di contenuto normativo dal legislatore, espres-

---

[1] G.F. Mancini, *Il diritto al lavoro rivisitato*, in *Pol. dir.*, 1973, p. 701 ss. e già G. Minervini, *Contro la funzionalizzazione dell'impresa privata*, in *Riv. dir. civ.*, 1958, I, p. 618.

sione del principio democratico della maggioranza, come puntualmente si è verificato con una serie di leggi in materia di lavoro, e in particolare con lo Statuto dei lavoratori, che non a caso si intitola alla libertà e dignità del lavoratore.

Si vuole dire, in altri termini, che la legge e la contrattazione collettiva possono limitare progressivamente l'esercizio dei poteri dell'imprenditore (come si è verificato per es. in materia di licenziamento prima con la legge n. 604 del 1966 e poi con l'art. 18, legge n. 300 del 1970, e da ultimo, ma nel senso di ridurre i vincoli al potere di licenziamento, il d.lgs. n. 23 del 2015, c.d. *Jobs Act*), ma mai funzionalizzare il loro esercizio all'utilità sociale.

L'imprenditore ha diritto di costituire l'impresa per perseguire un profitto e la legge ordinaria non può imporgli di perseguire l'interesse pubblico o interessi alieni.

Discorso diverso è quello degli incentivi o degli sgravi fiscali o contributivi concessi all'imprenditore per indurlo e non costringerlo a intraprendere iniziative economiche o ad assumere nuovo personale in aree geografiche particolarmente depresse del Paese, indicate in concreto dalla legge o dal contratto collettivo.

Tanto meno la funzionalizzazione dei poteri dell'imprenditore può fondarsi sulle clausole generali di buona fede e correttezza che sono norme di condotta, non idonee a creare obbligazioni autonome in capo alle parti del contratto di lavoro.

In materia di lavoro, il giudice non è abilitato, come talvolta è invece avvenuto, a introdurre surrettiziamente, attraverso l'uso disinvolto delle clausole di buona fede e correttezza, limiti all'esercizio dei poteri dell'imprenditore che la legge o il contratto collettivo non hanno previsto.

Né le clausole di buona fede e correttezza generano obblighi di motivazione salvo che tali obblighi siano previsti dalla legge o dal contratto collettivo perché, come si è detto, i poteri del datore di lavoro non sono funzionali e perciò non sono assimilabili ai poteri della pubblica amministrazione contrassegnati dalla discrezionalità amministrativa.

D'altra parte, il motivo nell'area del contratto è rilevante solo se illecito e comune ad entrambe le parti (art. 1345 c.c.).

potere direttivo

2. Il primo dei poteri che spetta al datore di lavoro è il **potere direttivo** (artt. 2103 e 2104, comma 2, c.c.).

In primo luogo il datore di lavoro attraverso l'esercizio del potere direttivo determina le disposizioni per l'esecuzione (e la disciplina) del lavoro (art. 2104, comma 2, c.c.).

Il datore di lavoro, attraverso l'esercizio del potere direttivo, non solo è legittimato a stabilire i termini e i modi in cui la prestazione lavorativa deve essere svolta affinché la medesima risulti utile per la realizzazione del programma produttivo, ma è legittimato altresì a modificare unilateralmente, in corso di rapporto, le suddette modalità di esecuzione della prestazione lavorativa.

Viceversa, nei contratti di lavoro autonomo, anche continuativo, tutte le modalità e le condizioni di svolgimento del rapporto sono determinate e stabilite nel contratto, e non possono essere modificate unilateralmente dal committente ma solo consensualmente [2].

In secondo luogo, **il datore di lavoro deve adibire il lavoratore alle mansioni pattuite**. Ma tale adibizione, pur essendo dovuta in forza del contratto, costituisce pur sempre l'esercizio del potere direttivo, come l'individuazione di volta in volta, nello svolgimento del rapporto, delle mansioni tra quelle previste al momento dell'assunzione e ricomprese nella qualifica o livello o area professionale indicate dai contratti collettivi.

3. Difficilmente distinguibile dal potere direttivo è il potere organizzativo nelle collaborazioni organizzate dal committente, che sembrano anch'esse riconducibili all'area della subordinazione e che solo per ragioni di comodità espositiva sono trattate, come detto poco sopra, nel cap. 51.

Come si vedrà, infatti, il potere organizzativo ha lo stesso oggetto del potere direttivo e cioè le modalità di esecuzione della prestazione lavorativa ed, anzi, addirittura, appare ancora più incisivo perché, diversamente dal potere direttivo, ha espressamente ad oggetto il luogo e il tempo di lavoro (v. cap. 51, par. 4).

4. È noto che il datore di lavoro ai sensi dell'art. 2103 c.c., nel testo novellato dal d.lgs. n. 81 del 2015, deve adibire il lavoratore alle mansioni per le quali è stato assunto o a quelle corrispondenti all'inquadramento superiore che abbia successivamente acquisito ovvero a mansioni riconducibili allo stesso livello e categoria legale di inquadramento [3].

Nell'ultima ipotesi il lavoratore ha diritto a conservare la stessa categoria legale e il trattamento retributivo in godimento, fatta eccezione per gli elementi retributivi collegati a particolari modalità di svolgimento della precedente prestazione lavorativa.

Infine, il datore di lavoro può adibire il lavoratore a mansioni superiori e il lavoratore ha diritto alla promozione, salva diversa volontà del lavoratore,

---

[2] Cfr. l'art. 409, comma 1, n. 3, c.p.c., così come modificato dalla legge n. 81 del 2017, in tema di collaborazioni coordinate e continuative, appartenenti al *genus* del lavoro autonomo (su cui v. *amplius* cap. 50), secondo cui per coordinazione si intende "quando, nel rispetto delle *modalità di coordinamento stabilite di comune accordo dalle parti, il collaboratore organizza autonomamente l'attività lavorativa*".

[3] La nuova formulazione della disposizione in esame, come sarà trattato *funditus* nel cap. 24, cui sin d'ora si rinvia, ha sostituito il precedente criterio della *professionalità*, determinato, con un certo tasso di inevitabile discrezionalità, dal giudice, con il nuovo criterio, più formale, dell'appartenenza delle mansioni di nuova adibizione allo stesso livello contrattual-collettivo e categoria legale delle precedenti, aprendo probabilmente tanti problemi quanti ne ha risolti.

quando tale assegnazione perduri oltre il periodo fissato dai contratti collettivi, anche aziendali, o, in mancanza, per un periodo di sei mesi continuativi e non abbia avuto luogo per ragioni sostitutive di altro lavoratore in servizio.

Nelle ipotesi previste dalla nuova disposizione, inoltre, è possibile adibire il lavoratore a mansioni del livello inferiore (v. cap. 24, par. 4.2).

trasferimento del lavoratore

5. In deroga ai principi generali, l'art. 2103, comma 8, c.c. riconosce al datore di lavoro, in presenza di **comprovate ragioni tecniche, organizzative e produttive**, il potere di modificare unilateralmente il luogo di esecuzione della prestazione lavorativa, ancorché questo sia stato determinato consensualmente nel contratto di lavoro al momento dell'assunzione.

Il **trasferimento** comporta un mutamento definitivo del luogo di lavoro [4].

In tale ipotesi, il sindacato del giudice ha come oggetto il nesso di causalità tra la ragione tecnica, come tale insindacabile, e il trasferimento del lavoratore [5].

Si tratta, quindi, di un controllo di legittimità e non di merito, e l'onere della prova circa l'esistenza delle ragioni legittimanti, spetta al datore di lavoro [6].

Secondo l'orientamento prevalente della Suprema Corte, il termine "comprovate", oltre alla ripartizione dell'*onus probandi* di cui sopra, implica che qualora sia contestata la legittimità del trasferimento, il datore di lavoro ha l'onere di allegare e provare in giudizio le fondate ragioni che lo hanno determinato, e può anche integrare o modificare la motivazione eventualmente enunciata nel provvedimento [7].

Inoltre, è stato di recente ribadito dalla Suprema Corte che "il provvedimento di trasferimento non è soggetto ad alcun onere di forma e non deve necessariamente contenere l'indicazione dei motivi, né il datore ha l'obbligo di rispondere al lavoratore che li richieda" [8].

La giurisprudenza tenta anche di contemperare i contrapposti interessi del datore di lavoro e del lavoratore, in applicazione della clausola generale di correttezza e buona fede [9], finendo però probabilmente con il travalicare i limiti

---

[4] Cass. 15 maggio 2006, n. 11103, in *Foro it.*, 2007, I, c. 531.

[5] Cfr. Cass. 2 marzo 2011, n. 5099, secondo cui, inoltre, il trasferimento non deve essere necessariamente inevitabile, ma anche solo scelta ragionevole.

[6] Cfr. Cass. 19 giugno 2008, n. 16689, in *Riv. it. dir. lav.*, 2009, II, p. 90.

[7] Così Cass. 18 gennaio 2019, n. 1383, secondo cui peraltro il datore di lavoro "non può limitarsi a negare la sussistenza dei motivi di illegittimità ... ma deve comunque dimostrare le reali ragioni tecniche organizzative e produttive che giustificano il provvedimento".

[8] Cass. 18 gennaio 2019, n. 1383; conf. Cass. 13 gennaio 2017, n. 807.

[9] Cass. 28 gennaio 2016, n. 1608, secondo cui "ferma restando l'insindacabilità dell'opportunità del trasferimento, salvo che risulti diversamente disposto dalla contrattazione collettiva, il datore di lavoro, in applicazione dei principi generali di correttezza e buona fede (art. 1375 c.c.), qualora possa far fronte a dette ragioni avvalendosi di differenti soluzioni organizzative, per lui paritarie, è tenuto a preferire quella meno gravosa per il dipendente, soprattutto nei casi in cui questi deduca e dimostri la sussistenza di serie ragioni familiari ostative al trasferimento".

del sindacato di merito, pur premettendo di voler limitare il giudizio ad un sindacato di mera legittimità.

Peraltro, integra la fattispecie di trasferimento ai sensi dell'art. 2103 c.c. solamente uno spostamento da un'unità produttiva all'altra, con esclusione quindi di un semplice trasferimento nell'ambito di una stessa unità produttiva [10].

Si deve inoltre trattare di una dislocazione topografica nell'ambito del territorio nazionale.

trasferimento all'estero

Per il **trasferimento all'estero**, infatti, la dottrina e la giurisprudenza prevalenti [11] ritengono necessario il consenso del lavoratore perché l'obbligo di collaborazione non copre un mutamento così radicale delle modalità di esecuzione della prestazione lavorativa. Di norma è pattuita la corresponsione di un'indennità estero aggiuntiva rispetto alla retribuzione tabellare e la previsione di rimborsi spese di viaggio e eventualmente di alloggio per sé e la famiglia.

trasferta

Dal trasferimento si distingue la **trasferta** che determina un mutamento solo temporaneo del luogo di esecuzione della prestazione lavorativa [12] e per la quale è dovuta, secondo le previsioni dei contratti collettivi, un'indennità e/o il rimborso spese.

La trasferta a sua volta si distingue dal contratto che ha come oggetto la prestazione di lavoro del trasfertista. Questo rapporto si concreta nello spostamento continuo del lavoratore da un luogo ad un altro e quindi nello svolgimento del lavoro attraverso una serie continua di trasferte.

distacco

6. Diverso dalla trasferta e dal trasferimento è **il distacco**, perché in questo caso il lavoratore è inviato dal datore di lavoro (o si accorda con il datore di lavoro c.d. patto di distacco), a svolgere la sua prestazione presso altro datore di lavoro **temporaneamente e nell'interesse del distaccante** [13].

Sulle interferenze tra disciplina del distacco e contratto di rete, si rinvia al par. 7 del presente capitolo.

Ulteriore requisito previsto espressamente dall'art. 30, comma 1, è che l'**attività lavorativa** oggetto del distacco deve essere **determinata**, non potendo risolversi in una mera messa a disposizione delle energie lavorative.

---

[10] Per unità produttiva si intende l'articolazione autonoma dell'azienda avente, sotto il profilo funzionale e finalistico, idoneità ad esplicare l'attività dell'impresa medesima, anche se composta da stabilimenti o uffici dislocati in zone diverse dello stesso Comune: così Cass. 18 maggio 2010, n. 12097.

[11] Con orientamento consolidato, Cass. 8 giugno 1983, n. 3926.

[12] Cass. 26 marzo 2010, n. 7350, secondo cui è proprio la differenza tra stabilità e provvisorietà il *discrimen* tra le due ipotesi.

[13] Questa fattispecie, in precedenza regolata solo nel lavoro pubblico (artt. 56 e 57, d.p.r. n. 3 del 1957), è stata disciplinata dal d.lgs. n. 72 del 2000, attuativo della direttiva 96/71/CE in materia di distacco dei lavoratori nell'ambito di una prestazione di servizi transnazionale e, successivamente, dall'art. 30, d.lgs. n. 276 del 2003.

La violazione di uno dei requisiti di cui al citato comma 1, comporta il diritto del lavoratore di chiedere, mediante ricorso giudiziale, la costituzione di un rapporto di lavoro alle dipendenze del soggetto che ne ha utilizzato la prestazione lavorativa (art. 30, comma 4-*bis*).

L'art. 18, comma 5-*bis*, d.lgs. n. 276 del 2003, prevedeva la sanzione penale dell'ammenda di € 50,00 per ogni giornata di illegittima occupazione di ciascun lavoratore. Tale fattispecie, all'esito della c.d. depenalizzazione ad opera dell'art. 1, d.lgs. n. 8 del 2016, non costituisce più reato.

L'art. 30, comma 2, ha confermato che il datore di lavoro distaccante mantiene, durante il distacco, la piena titolarità del rapporto e rimane perciò responsabile del trattamento economico e normativo spettante al lavoratore.

Quando il distacco comporta un mutamento di mansioni è subordinato al consenso del lavoratore e qualora il trasferimento sia superiore a 50 chilometri deve essere giustificato da comprovate ragioni tecniche, produttive, organizzative e sostitutive (art. 30, comma 3).

Gli accordi sindacali possono prevedere il distacco come misura alternativa al licenziamento (art. 8, comma 3, legge 19 luglio 1993, n. 236).

Ai lavoratori distaccati si applicano le medesime condizioni di lavoro stabilite per i lavoratori che svolgono prestazioni lavorative analoghe presso l'impresa in cui il distaccato svolge la sua opera, e lo stesso trattamento retributivo comprensivo della maggiorazione per lo straordinario e le ferie annuali retribuite.

società collegate

7. Connesso, o meglio parzialmente coincidente con il distacco, è il fenomeno della **prestazione di lavoro alle dipendenze di più società collegate**.

È vero che il gruppo di società assume, a certi fini, una propria rilevanza giuridica come dimostra l'art. 2359 c.c. così come modificato dall'art. 1, d.lgs. 17 gennaio 2003, n. 6 che fornisce la nozione di collegamento e controllo sociale.

Ma la dottrina prevalente e la giurisprudenza di legittimità continuano a negare **la rilevanza del gruppo** rispetto ai rapporti di lavoro nei quali il lavoratore svolga la sua prestazione, **o alternativamente o cumulativamente**, a favore di più società del gruppo.

Nel primo caso il lavoratore può essere distaccato temporaneamente a prestare la propria opera a favore di una società collegata o controllata ovvero destinato stabilmente a lavorare presso altra società del gruppo, la quale, pertanto, subentra a pieno titolo nella titolarità del rapporto di lavoro.

In conclusione le varie società del gruppo rimangono titolari dei rapporti di lavoro che alle medesime fanno capo.

Questo orientamento, in contrasto con la tendenza a valorizzare la soggettività del gruppo, tende a garantire la posizione del lavoratore contro l'eventuale rischio, derivante dal collegamento sociale, di ritrovarsi come debitore della retribuzione un datore di lavoro poco affidabile.

Il timore appare giustificato solo in parte perché la rilevanza del gruppo tende in realtà ad estendere la responsabilità della società capogruppo nei confronti dei creditori e quindi anche dei lavoratori.

considerazione unitaria delle società del gruppo o collegate

Da angolazione opposta, ma sempre a fini di tutela della posizione del lavoratore, la Corte di Cassazione considera unitariamente le varie società del gruppo o collegate, in presenza di un **frazionamento, simulato o in frode alla legge**, di un'unica attività d'impresa in una pluralità di società.

In sostanza, qualora fra più società vi sia un collegamento economico-funzionale, è da ravvisare un **unico centro di imputazione dei rapporti di lavoro** dei dipendenti, ove si accerti l'utilizzazione contemporanea delle prestazioni lavorative da parte delle varie società titolari delle distinte imprese [14].

gruppi d'impresa

L'art. 31, comma 1, d.lgs. n. 276 del 2003 rappresenta una limitata apertura al fenomeno del gruppo d'impresa in ambito giuslavoristico, prevedendo che i **gruppi d'impresa** possono delegare alla società capogruppo, lo svolgimento degli adempimenti amministrativi in materia di lavoro, previdenza ed assistenza sociale dei lavoratori dipendenti dalle varie società controllate e collegate.

La limitatezza dell'apertura è confermata dal comma 3 dello stesso art. 31 che prevede l'irrilevanza delle norme di cui al comma 1 a fini di individuazione del soggetto titolare del rapporto di lavoro, che rimane in capo alle singole società datrici di lavoro.

8. Il contratto di rete è stato disciplinato per la prima volta nel nostro ordinamento dal d.l. n. 5 del 2009, conv. in legge n. 33 del 2009, quale strumento contrattuale mediante il quale le imprese possono cooperare per realizzare obiettivi economici condivisi.

In tal senso, "con il contratto di rete più imprenditori ... si obbligano, sulla base di un programma comune di rete, a collaborare in forme e in ambiti predeterminati attinenti all'esercizio delle proprie imprese ovvero a scambiarsi informazioni o prestazioni di natura industriale, commerciale, tecnica o tecnologica ovvero ancora ad esercitare in comune una o più attività rientranti nell'oggetto della propria impresa" (art. 3, comma 4-*ter*) [15].

Sono previste due tipologie di contratto di rete:

---

[14] Cass. 16 gennaio 2014, n. 798, che precisa come l'attività lavorativa debba essere svolta in modo indifferenziato "così che essa non possa distinguersi quale parte sia stata svolta nell'interesse di un datore e quale nell'interesse degli altri"; cfr. Cass. 24 marzo 2003, n. 4274, in *Lav. giur.*, 2003, p. 1033, che, oltre a confermare i succitati requisiti ulteriori indici rivelatori quali: l'unicità della struttura organizzativa e produttiva, l'integrazione delle attività delle varie società del gruppo, il coordinamento tecnico ed amministrativo-finanziario con un unico soggetto direttivo.

[15] Secondo l'interpretazione prevalente in dottrina, si tratterebbe di contratto plurilaterale con comunione di scopo; cfr. *amplius*, M. Mattioni, *Il contratto di rete: un inquadramento civilistico*, in G. Zilio Grandi, M. Biasi (a cura di), *Contratto di rete e diritto del lavoro*, Padova, 2014, p. 49 ss.

– un contratto di rete che preveda "l'istituzione di un fondo patrimoniale comune e la nomina di un organo comune incaricato di gestire, in nome e per conto dei partecipanti, l'esecuzione del contratto" (art. 3, comma 4-*ter*, d.l. n. 5 del 2009). Questa tipologia di rete di impresa può acquisire la soggettività giuridica (art. 3, comma 4-*quater*), ma non la personalità giuridica;

– un contratto di rete che non preveda l'istituzione del fondo patrimoniale comune e dell'organo comune, quindi più "leggero" dal punto di vista organizzativo, non costituente, pertanto, soggetto giuridico distinto ed autonomo rispetto alle singole imprese facenti parte della rete.

Sul piano dei rapporti di lavoro [16], la circolazione e la gestione dei lavoratori all'interno della rete di imprese così costituita vengono agevolate e incentivate, avendo il legislatore regolato tre ipotesi distinte, la prima ben conosciuta dal diritto del lavoro, le altre due di più incerto inquadramento sistematico.

Quanto alla prima ipotesi, qualora il distacco di un lavoratore (su cui, in generale, cfr. par. 6 del presente capitolo) avvenga tra imprese che hanno sottoscritto un contratto di rete di impresa ai sensi del d.l. n. 5 del 2009, conv. in legge n. 33 del 2009 (c.d. **distacco infra-rete**), "l'interesse della parte distaccante sorge automaticamente in forza dell'operare della rete" (art. 30, comma 4-*ter*, d.lgs. n. 276 del 2003).

Sembra in tal caso operare una presunzione legale assoluta di sussistenza dell'interesse del distaccante (uno dei presupposti di legittimità del distacco; cfr. par. 6), per evitare possibili contenziosi con richieste, da parte del lavoratore, di imputazione del rapporto in capo al distaccatario.

D'altra parte, però, se uno dei requisiti del distacco (l'interesse del distaccante), in virtù della mera esistenza del contratto di rete, non può essere oggetto di sindacato giurisdizionale, gli altri due requisiti (temporaneità del distacco [17] e determinatezza dell'attività svolta dal lavoratore), non modificati dalla disciplina sul contratto di rete, verosimilmente potranno essere valutati con maggiore attenzione in sede giurisdizionale.

La seconda ipotesi, introdotta dal legislatore, consente alle imprese facenti parte della rete, di assumere uno o più lavoratori in **codatorialità**, "ingaggiati con regole stabilite attraverso il contratto di rete stesso" (art. 30, comma 4-*ter*, d.lgs. n. 276 del 2003).

Il legislatore non fornisce alcuna definizione dell'istituto della co-datorialità, almeno rispetto alla disciplina del contratto di rete, limitandosi a rinviare all'autonomia privata la definizione delle regole applicabili.

Per co-datorialità si può intendere il legittimo utilizzo cumulativo e pro-

---

[16] Sul tema del contratto di rete in relazione al diritto del lavoro, cfr. I. Alvino, *Il lavoro nelle reti di imprese: profili giuridici*, Milano, 2014.

[17] Osserva opportunamente O. Razzolini, *Le reti Gucci ed Esaote: un'analisi di diritto del lavoro*, in *Dir. lav. rel. ind.*, 2016, n. 149, che il requisito della temporaneità non coincide con brevità quanto piuttosto con "non definitività", non potendo il distacco peraltro coincidere con la durata del contratto di rete stesso.

miscuo di uno o più lavoratori, in funzione di un interesse comune, dedotto nel contratto di rete [18], con la conseguenza della pluralità di rapporti di lavoro, nel senso di avere tanti datori di lavoro quante sono le imprese facenti parte della rete, ognuna titolare di poteri ed obblighi relativi al rapporto di lavoro.

Vi è peraltro anche chi propende, diversamente, per la tesi dell'unico rapporto di lavoro, condiviso tra più soggetti [19].

Le terza ipotesi, infine, viene regolata dall'art. 31, commi 3-*ter*, 3-*quinquies*, d.lgs. n. 276 del 2003, nel caso di contratto di rete di imprese composte almeno al 40% da imprese agricole.

Ricorrendo tale presupposto, è possibile **l'assunzione congiunta** quale ipotesi normativamente disciplinata di contitolarità del rapporto di lavoro [20].

Viene in tal modo introdotto, forse con troppa disinvoltura, seppur nel limitato settore delle assunzioni in agricoltura, il nuovo istituto dell'assunzione congiunta, senza però fornire alcuna definizione della stessa.

Nell'assenza di qualsivoglia nozione legale, attesa anche la poca attenzione mostrata dalla giurisprudenza al tema (cfr. nota n. 21), la dottrina ha provato a delinearne i contorni, non approdando però a definitive certezze [21].

Quanto al regime ed alla imputazione delle responsabilità tra i diversi datori di lavoro facenti parte del contratto di rete, si può ricostruire il quadro come segue:

---

[18] In tal senso, O. Mazzotta, *Gruppi di imprese, codatorialità e subordinazione*, in *Rass. giur. lav.*, 2013, n. 1, I, p. 20.

[19] A. Perulli, *Contratto di rete, distacco, codatorialità, assunzioni in agricoltura*, in A. Perulli, L. Fiorillo (a cura di), *La riforma del mercato del lavoro*, Torino, 2014, p. 492. Dello stesso avviso una recente sentenza della Corte di Cassazione (Cass. 11 febbraio 2019, n. 3899; sebbene non in relazione al contratto di rete), che ha ravvisato la codatorialità in caso di unicità del rapporto di lavoro "qualora uno stesso lavoratore presti contemporaneamente servizio per due datori di lavoro e la sua opera sia tale che in essa non possa distinguersi quale parte sia svolta nell'interesse di un datore di lavoro e quale nell'interesse dell'altro ... entrambi i fruitori di siffatta attività devono essere considerati solidalmente responsabili delle obbligazioni che scaturiscono da quel rapporto, ai sensi dell'art. 1294 c.c.".

[20] La giurisprudenza sembra ancora confondere o comunque porre sullo stesso piano co-datorialità ed assunzione congiunta; cfr. sul punto, Cass. 22 gennaio 2015, n. 1168: "la normativa in esame prevede poi anche la possibilità, per le imprese legate da contratto di rete, della codatorialità dei dipendenti ingaggiati con regole stabilite dal contratto di rete, ossia dell'assunzione congiunta di un medesimo dipendente. In tale evenienza i datori di lavoro rispondono in solido delle obbligazioni contrattuali, previdenziali e di legge che scaturiscono dal rapporto di lavoro instaurato con la tale modalità di codatorialità". Conf. Cass. 21 aprile 2016, n. 8068, che fa esplicito riferimento tanto al distacco di cui all'art. 30, comma 4-*ter*, d.lgs. n. 276 del 2003, quanto al "diverso istituto giuridico della codatorialità ossia dell'assunzione congiunta di un medesimo dipendente".

[21] In tale ipotesi, ad un estremo si potrebbe sostenere che nel caso di assunzione congiunta sussista la contitolarità *ab origine* di un unico rapporto di lavoro; ma è stato anche sostenuto, da altra angolazione, che tutto potrebbe semplicemente ridursi a mera condivisione di oneri di gestione amministrativa strettamente connessi con l'assunzione del lavoratore (M.T. Carinci, *Dall'impresa a rete alle reti d'impresa (scelte organizzative e diritto del lavoro)*, Milano, 2015, pp. 32-33.

– nel distacco infra-rete, continuandosi comunque ad applicare la disciplina del distacco ai sensi dell'art. 30, d.lgs. n. 276 del 2003, restano ferme e ben delineate le responsabilità in materia di trattamento economico e normativo in capo al datore di lavoro distaccante, unico titolare del rapporto di lavoro.

– nell'ipotesi di codatorialità, i contorni sono del tutto sfumati, avendo il legislatore rinviato *in toto* alle "regole stabilite attraverso il contratto di rete stesso" (art. 30, comma 4-*ter*, d.lgs. n. 276 del 2003), con ovvie, negative, ricadute in termini di certezza del diritto.

– in caso, infine, di assunzione congiunta, è lo stesso legislatore a precisare che "i datori di lavoro rispondono in solido delle obbligazioni contrattuali, previdenziali e di legge che scaturiscono dal rapporto di lavoro instaurato con le modalità" dell'assunzione congiunta (art. 31, comma 3-*quinquies*, d.lgs. n. 276 del 2003)[22].

potere di controllo

9. Lo Statuto dei lavoratori contiene diverse norme che riconoscono al datore di lavoro il potere di controllare:

1) il patrimonio aziendale attraverso le guardie giurate (art. 2) e le visite personali controllo (art. 6) alle condizioni previste dalla legge;

2) lo svolgimento della prestazione lavorativa, direttamente, attraverso il personale di vigilanza (art. 3) o, indirettamente, attraverso altri strumenti di controllo a distanza, alle condizioni previste dalla legge ed in presenza di particolari esigenze di tutela (art. 4);

3) il personale in caso di assenza per malattia attraverso i medici dei servizi ispettivi del sistema sanitario nazionale (art. 5);

4) fatti rilevanti ai fini dell'attitudine professionale *ex* art. 8 St. lav.

Secondo una parte della dottrina, il **potere di controllo** è un'espressione del o comunque rientra nel potere direttivo.

A mio avviso è un potere distinto dal potere direttivo, perché è diretto a verificare l'esatto adempimento dell'obbligazione lavorativa, ed è limitato da norme dello Statuto diverse da quelle che regolano l'esercizio del potere direttivo. Infatti, diversamente da queste ultime, sono poste essenzialmente a garanzia della dignità e della riservatezza del lavoratore.

---

[22] Quanto alla diffusione pratica dell'istituto, stando ai *report* semestrali pubblicati da Confindustria (ultimo 22 luglio 2019; cfr. *www.confindustria.it*), si tratterebbe di fenomeno in costante crescita (anche per una serie di benefici fiscali). Stando alle rilevazioni statistiche, il fenomeno interesserebbe circa 30.000 imprese. Fino al 2017 se ne contavano circa 20.000, e perciò le adesioni sembrerebbero in accelerazione. Il contratto di rete è diffuso soprattutto nel settore dell'agricoltura (e ciò potrebbe far pensare all'utilizzo dell'assunzione congiunta), segue il settore della manifattura, restando per il resto poco diffuso nel settore del commercio e dei servizi.

Quanto alla localizzazione, il contratto di rete è diffuso soprattutto in Lombardia, Lazio e Veneto.

impianti audiovisivi e altri strumenti di controllo a distanza

9.1. Con particolare riferimento agli impianti audiovisivi e agli altri strumenti di controllo a distanza, la materia è disciplinata dall'art. 4, legge n. 300 del 1970, che è stato profondamente modificato dall'art. 23 d.lgs. n. 151 del 2015[23].

Tale normativa disciplina i controlli a distanza sul lavoro, compiuti tramite impianti audiovisivi (come ad esempio delle telecamere) oppure altri strumenti tecnologici (ad es., un tablet) o informatici (ad es., un computer), prevedendo una serie di limitazioni[24].

Preliminarmente, l'installazione ed il conseguente utilizzo di tali impianti e strumenti sono consentiti esclusivamente "per esigenze organizzative e produttive, per la sicurezza del lavoro e per la tutela del patrimonio aziendale", anche se da essa derivi la possibilità di un controllo a distanza dei lavoratori (comma 1, art. 4, legge n. 300 del 1970). Pertanto, si deduce che l'installazione di tali impianti è vietata quando la sua finalità esclusiva sia quella del controllo diretto dell'attività dei lavoratori.

In secondo luogo, per installare tali impianti e strumenti è prescritta dalla norma una condizione procedurale: è necessario il previo accordo collettivo con le rappresentanze sindacali aziendali (o r.s.u.) o, laddove non si raggiunga l'accordo sindacale, la previa autorizzazione della sede territoriale dell'Ispettorato Nazionale del lavoro. Nel caso di imprese c.d. multilocalizzate, cioè con unità produttive ubicate in diverse province della stessa regione o in più regioni, l'accordo può essere stipulato a livello nazionale, purché con le associazioni sindacali comparativamente più rappresentative sul piano nazionale oppure, in mancanza di accordo, gli impianti e gli strumenti possono essere utilizzati previa autorizzazione amministrativa rilasciata dalla sede centrale dell'Ispettorato Nazionale del Lavoro[25].

La funzione dell'accordo o dell'autorizzazione amministrativa è quella di convalidare la presenza delle esigenze aziendali che prevedono l'installazione[26].

---

[23] Successivamente il d.lgs. 24 settembre 2016, n. 185 ha disposto con l'art. 5, comma 2 l'ulteriore modifica dell'art. 4, comma 1.

[24] Per un approfondimento, v. A. Maresca, *Jobs Act, come conciliare potere di controllo e tutela della dignità e riservatezza del lavoratore*, in *Forum Tuttolavoro Ipsoa*, 2016; R. Del Punta, *La nuova disciplina dei controlli a distanza sul lavoro (art. 23 d.lgs. n. 151/2015)*, in *Riv. it. dir. lav.*, 2016, I, p. 77; M. Russo, *Quis custodiet ipsos custodes? I "nuovi" limiti all'esercizio del potere di controllo a distanza*, in *Labour & Law Issue*, 2016, vol. 2, n. 2, p. 1.

[25] Ed anche nella versione dell'art. 4, legge n. 300 del 1970 di cui all'art. 23, comma 2, d.lgs. n. 151 del 2015, viene confermata la sanzione penale in caso di installazione di impianti senza accordo sindacale o autorizzazione: "la fattispecie incriminatrice di cui all'art. 4 dello Statuto dei Lavoratori sia integrata con l'installazione di un sistema di videosorveglianza potenzialmente in grado di controllare a distanza l'attività dei lavoratori, anche quando, in mancanza di accordo con le rappresentanze sindacali aziendali e di provvedimento autorizzativo dell'autorità amministrativa, la stessa sia stata preventivamente autorizzata per iscritto da tutti i dipendenti" (Cass. 10 aprile 2018, n. 38882).

[26] Cfr. l'Accordo Trenitalia s.p.a. del 7 settembre 2017 avente ad oggetto l'installazione e le modalità di utilizzo di impianti di videosorveglianza sui propri treni, specifica come sia esclusa qualsiasi finalità di controllo a distanza dell'attività dei lavoratori, avendo piuttosto

Uno dei principali profili di novità della nuova disciplina sta nella previsione di una deroga a tale regime (comma 2, art. 4, legge n. 300 del 1970), poiché viene esclusa la necessità dell'accordo sindacale o dell'autorizzazione amministrativa per alcuni particolari strumenti. Più precisamente, gli strumenti che l'impresa mette a disposizione del lavoratore per rendere la prestazione lavorativa [27] (ad esempio computer, tablet o smartphone[28]) e gli strumenti di registrazione degli accessi e delle presenze [29] (quali i badge) possono essere utilizzati anche qualora da essi derivi la possibilità di un controllo a distanza sull'attività dei lavoratori (senza accordo sindacale o autorizzazione amministrativa) [30].

strumenti di lavoro e strumenti di registrazione degli accessi e delle presenze

Nel bilanciamento tra gli interessi contrapposti, alla produttività da una parte e alla dignità e riservatezza del lavoratore dall'altra parte, la norma sembra favorire il primo, rendendo più flessibile, in ragione della loro utilità a svolgere la prestazione, il ricorso a strumenti di lavoro tecnologicamente avanzati, ma dai quali derivi la possibilità di controllo.

Non a caso proprio su questo punto si sono registrate le maggiori critiche da parte sindacale alla nuova disposizione: i sindacati, infatti, hanno interesse a che continui ad essere prevista la necessità dell'accordo sindacale al fine di conservare la facoltà di proporre limiti di utilizzo degli strumenti che, pur necessari per rendere la prestazione, possano comportare le possibilità di un controllo a distanza [31].

---

quale obiettivo la tutela del patrimonio aziendale e la prevenzione di reati commessi a bordo dei vagoni. In senso analogo quanto a finalità ed esclusioni, cfr. Accordo Intesa Sanpaolo s.p.a. del 15 marzo 2017 per l'installazione di impianti di videoregistrazione all'interno delle agenzie ed un limitato e controllato utilizzazione di registrazioni telefoniche.

[27] Numerose sono le difficoltà interpretative sulla nozione di "strumenti di lavoro": cfr. circ. INL n. 2, 2016.

[28] In tema di controllo dei dati telefonici su telefoni aziendali, cfr. Provvedimento Garante Protezione Dati Personali, n. 3 del 11 gennaio 2018, caso *Johnson & Johnson*, ove il Garante ha ritenuto lecito il trattamento dei dati dei dipendenti mediante un sistema di raccolta ed elaborazione di alcuni dati relativi al traffico telefonico del personale assegnatario di una o più *sim* aziendali. Le dichiarate finalità del trattamento dei dati erano la riduzione dei costi aziendali.

[29] Con questa espressione il legislatore intende, probabilmente, accogliere l'orientamento della Cass. 17 luglio 2007, n. 15892, in *Riv. giur. lav.*, 2008, II, p. 358, cono nota di A. Bellavista e per la giurisprudenza di merito Trib. Napoli 29 settembre 2010, in *Riv. it. dir. lav.*, 2011, II, p. 31, secondo cui l'art. 4, vecchio testo, si applicava anche al sistema informatizzato di rilevazione delle presenze all'inizio ed alla fine dell'orario di lavoro.

[30] Questa è la differenza più evidente tra il nuovo art. 4 St. lav. e il testo previgente.

[31] Si veda, ad esempio, la clausola 6 del Titolo I del Contratto FIAT del 7 luglio 2015, che regolamenta, attraverso un apposito disciplinare tecnico, le modalità di utilizzo e gestione degli strumenti informatici messi a disposizione del Consiglio delle r.s.a. In particolare, le parti si danno atto che "con la condivisione della regolamentazione contenuta nell'appendice tecnica (…) hanno positivamente esperito ed esaurito le procedure previste dalle disposizioni in materia di controllo a distanza *ex* art. 4, comma 2, legge 20 maggio 1970, n. 300".

condizioni e limiti di utilizzabilità dei dati raccolti

Ciò non significa, però, che il controllo dell'attività lavorativa attraverso gli strumenti utilizzati per svolgere la prestazione, venuta meno la necessità di autorizzazione sindacale o amministrativa, sia del tutto liberalizzato: il comma 3, difatti, detta le condizioni ed i limiti dell'utilizzabilità delle informazioni raccolte.

Infatti, la norma prevede che le informazioni raccolte con gli strumenti di controllo autorizzati o gli strumenti esenti da autorizzazione sindacale o amministrativa siano utilizzabili dal datore di lavoro a tutti i fini connessi al rapporto, compresi quelli disciplinari, a patto che sia data al lavoratore preventiva e adeguata informazione delle modalità d'uso degli strumenti e di effettuazione dei controlli nonché del rispetto della normativa in materia di protezione dei dati personali (d.lgs. n. 196 del 2003, così come mod. dal d.lgs. n. 101 del 2018, per "l'adeguamento della normativa nazionale alle disposizioni del Reg. UE n. 479 del 2016").

informativa

Si tratta di garanzie e limitazioni non di poco conto: l'informativa deve essere "adeguata"[32] e il rispetto di tale obbligo non si esaurisce in un mero adempimento formale.

rispetto del codice della privacy

Inoltre, il richiamo alla normativa interna in tema di privacy si traduce nella garanzia di una serie di diritti del lavoratore in ordine al trattamento dei propri dati personali[33] (rispetto del principio di necessità e degli altri principi allo stesso correlati: finalità, correttezza, pertinenza, non eccedenza; diritto di accesso; diritto al risarcimento dei danni, anche non patrimoniali, cagionati dal trattamento dei dati).

Come noto, il Regolamento UE n. 679 del 2016 ha rinviato alla normativa nazionale il tema dei trattamenti nell'ambito dei rapporti di lavoro (considernando n. 155 ed art. 88), ed il successivo d.lgs. n. 101 del 2018 ha modificato in più parti il d.lgs. n. 196 del 2003.

Tale intervento normativo ha confermato l'esclusione della necessarietà del consenso del lavoratore per il trattamento[34] dei propri dati personali, anche sensibili[35], in virtù delle esclusioni del consenso stabilite dall'art. 2-*sexies*, del d.lgs. n. 196 del 2003, così come modificato dal d.lgs. n. 101 del 2018[36].

---

[32] L'importanza da attribuire alla disciplina in tema di privacy, quale ulteriore deterrente ad un uso troppo disinvolto degli strumenti di controllo a distanza, dipenderà dal peso specifico che si deciderà di attribuire all'espressione "adeguata" informazione.

[33] Sulle modalità di trattamento e di comunicazione dei dati sensibili si veda la recentissima pronuncia della Cass. 9 febbraio 2017, n. 3455.

[34] Di recente anche l'Autorità Garante della privacy è stata chiamata a pronunciarsi su questioni rilevanti ai fini della gestione del trattamento dei dati personali. Tra le più significative e recenti pronunce si v. il registro dei provvedimenti n. 350 dell'8 settembre 2016, doc. web n. 5497522 e il registro dei provvedimenti n. 547 del 22 dicembre 2016, doc. web n. 5958296.

[35] V. cap. 26, sez. I, par. 3.

[36] L'art. 2-*sexies*, rubricato "Trattamento di categorie particolari di dati personali necessario per motivi di interesse pubblico rilevante", concerne, tra gli altri, anche trattamenti effettuati in relazione a "instaurazione, gestione ed estinzione di rapporti di lavoro di qua-

Queste disposizioni alleggeriscono la posizione del datore di lavoro che opera il trattamento perché tenuto ad adempiere obblighi derivanti dalla legge o dal contratto di lavoro.

L'impatto della disciplina della *privacy* e, conseguentemente, della normativa europea, rispetto al tema dei controlli a distanza dei lavoratori, ha comportato la necessità di tenere conto degli orientamenti anche della Corte Europea dei Diritti dell'Uomo sul tema [37].

Sulle possibili interferenze tra potere di controllo del datore di lavoro e diritto alla riservatezza del lavoratore, uno degli ambiti che vieppiù potrà creare attrito è il controllo attuato tramite *social network* (*Facebook*, *Instagram*, *Twitter*, ecc.) [38].

accertamenti sanitari

9.2. L'art. 5 St. lav. consente gli **accertamenti sanitari** attraverso il personale del sistema sanitario nazionale.

Al fine di realizzare controlli più rigorosi e nel contempo evitare abusi del lavoratore, è previsto l'**obbligo di reperibilità** in determinate fasce orarie (10-12; 17-19, festivi compresi, per il settore privato; 9.00-13.00 e 15.00-18.00, per i dipendenti della pubblica amministrazione) del personale in malattia, al fine di consentire la sottoposizione a visita medica.

In caso di assenza del lavoratore il medico lascia l'invito per la visita ambulatoriale. Il lavoratore che risulti assente alla visita di controllo senza giustificato motivo decade dal diritto al trattamento economico per l'intero periodo fino a dieci giorni e nella misura del 50% per il periodo ulteriore.

La Corte costituzionale [39] ha comunque sancito l'incostituzionalità, per contrasto con l'art. 38 Cost., della norma nella parte in cui non prevede una seconda visita di controllo prima di sancire la decadenza del trattamento economico nella misura del 50% [40].

---

lunque tipo, anche non retribuito o onorario, e di altre forme di impiego, materia sindacale, occupazione e collocamento obbligatorio, previdenza e assistenza".

[37] Cfr. *Barbulescu* c. *Romania*, CEDU, *Grand Chamber*, 5 settembre 2017, nella quale la Grande Camera della Corte di Strasburgo, ribaltando la precedente decisione della CEDU stessa ha stabilito che l'attività datoriale di monitoraggio, che aveva portato al licenziamento di un ingegnere rumeno per utilizzo a fini privati di una *mail* aziendale, costituisce violazione dell'art. 8 della Convenzione europea per la salvaguardia dei diritti dell'uomo. V. anche, sul punto, da ultimo, *Lopez Ribalda* c. *Spagna*, CEDU, *Grand Chamber*, 17 ottobre 2019, secondo cui un datore di lavoro può installare telecamere nascoste senza informare i lavoratori qualora abbia il fondato sospetto che siano in atto furti in azienda, e sempre che il danno subito sia ingente.

[38] Secondo Cass. 27 maggio 2015, n. 10955, la creazione, da parte del responsabile delle risorse umane, di un falso profilo di donna su *facebook*, con conseguente richiesta di amicizia al lavoratore, che aveva consentito di accertare l'utilizzo ripetuto del *social* durante l'orario di lavoro, costituisce condotta lecita del datore di lavoro, rientrando nel più ampio *genus* dei *controlli difensivi occulti*.

[39] Corte cost. 26 gennaio 1988, n. 78.

[40] L'art. 55-*septies*, comma 5-*ter*, d.lgs. n. 165 del 2001 in tema di giustificato motivo di assenza dal domicilio, dispone che "nel caso in cui l'assenza per malattia abbia luogo per

Peraltro, la misura prevista dall'art. 5 non è una sanzione disciplinare e quindi è sottratta all'applicazione delle procedure previste dall'art. 7 St. lav. Tuttavia, l'inadempimento da parte del lavoratore di questo obbligo, che riguarda pur sempre l'esecuzione della prestazione di lavoro pattuita, consente l'apertura di un procedimento disciplinare a suo carico.

Sono infine consentiti i controlli disposti dal datore di lavoro per valutare l'attitudine professionale e, tra questi, quelli sanitari in vista dell'assunzione e quelli previsti dalla sorveglianza sanitaria con salvaguardia del segreto professionale (cfr. artt. 25 e 41, d.lgs. n. 81 del 2008).

potere disciplinare

10. Con la conclusione del contratto di lavoro subordinato il datore di lavoro è legittimato ad esercitare **il potere disciplinare**, già previsto dal codice (art. 2106 c.c.) e **procedimentalizzato** dall'art. 7 St. lav.

Si tratta di un potere tipico del contratto di lavoro subordinato che consente al datore di lavoro di punire la violazione degli obblighi di osservanza, di diligenza e di fedeltà che incombono al lavoratore senza compromettere la conservazione e la continuità del rapporto di lavoro.

E non c'è dubbio che in determinati casi, la conservazione soddisfa più efficacemente, rispetto alla interruzione del rapporto, le esigenze dell'organizzazione imprenditoriale.

Bisogna comunque precisare che l'esercizio del potere disciplinare, a fronte di un inadempimento del prestatore di lavoro, evita di ricorrere ai rimedi previsti dal diritto comune non solo nell'interesse del datore di lavoro ma anche nell'interesse del lavoratore.

Anche per questa ragione la dottrina classica riteneva che le sanzioni disciplinari avessero soltanto una funzione conservativa e non estintiva del rapporto di lavoro ed escludeva il licenziamento disciplinare dal novero delle sanzioni disciplinari.

Solo dopo una sentenza della Corte costituzionale del 1982[41] e un intervento delle Sezioni Unite del 1987[42], si è consolidato l'orientamento secondo cui anche il licenziamento può configurarsi come sanzione disciplinare e quindi anche la sanzione disciplinare può avere una funzione estintiva del rapporto di lavoro.

principio di proporzionalità

I limiti all'esercizio del potere disciplinare sono contenuti innanzitutto nell'art. 2106 c.c. che ha introdotto la regola della **proporzionalità della sanzione all'infrazione**[43].

---

l'espletamento di visite, terapie, prestazioni specialistiche od esami diagnostici l'assenza è giustificata mediante la presentazione di attestazione rilasciata dal medico o dalla struttura, anche privati, che hanno svolto la visita o la prestazione".

[41] Corte cost. 30 novembre 1982, n. 284, in *Foro it.*, 1982, I, c. 2931.

[42] Cass. 1° giugno 1987, n. 4823, in *Mass. giur. lav.*, 1987, p. 204.

[43] In tema di proporzionalità, seppure in relazione all'ipotesi del licenziamento disciplinare per giusta causa, v. Cass. 2 marzo 2011, n. 5095. Secondo Cass., 26 maggio

Ulteriori limiti sono poi previsti dall'art. 7 St. lav., che, come si è detto, ne ha **procedimentalizzato** l'esercizio.

procedimentalizzazione

Infatti la norma suddetta ha introdotto diversi principi e garanzie dirette a ridurre l'esercizio arbitrario del potere disciplinare.

In particolare, l'art. 7 ha introdotto il **principio di legalità** stabilendo che il codice disciplinare aziendale debba indicare le infrazioni e le sanzioni ad esse corrispondenti, richiamando ovviamente quanto è previsto dal contratto collettivo.

Il codice disciplinare deve essere portato a conoscenza del lavoratore mediante affissione in luogo accessibile a tutti. L'affissione non può essere sostituita da altre forme di pubblicità, quali, per esempio, la consegna manuale di una copia del codice ai dipendenti, pena l'inapplicabilità del codice disciplinare stesso [44].

principio del contraddittorio

Accanto al principio di legalità delle infrazioni e delle sanzioni, l'art. 7, comma 2 ha introdotto il **principio del contraddittorio** che obbliga il datore di lavoro a contestare al lavoratore la condotta [45] e a concedergli la possibilità di presentare memorie difensive per iscritto e di essere ascoltato personalmente (entro cinque giorni dalla contestazione) prima di irrogare la sanzione stessa [46].

2016, n. 10950, "deve essere svolto anche d'ufficio l'apprezzamento relativo alla proporzionalità fra sanzione ed illecito disciplinare ... diversamente, risulterebbe interrotta la sequenza logica "*fatto-norma-effetto* giuridico". Il principio di proporzionalità è peraltro "nozione elastica e che cambia nel tempo, ciò al fine di adeguare le disposizioni normative alla realtà da disciplinare"; così Cass., 22 febbraio 2016, n. 3416, che, nella fattispecie concreta, ha ritenuto illegittima per violazione dell'art. 2106 c.c., la sanzione della sospensione dal servizio e dalla retribuzione pari ad un giorno, irrogata ad un lavoratore di fede cattolica che si era assentato nel turno domenicale, per attendere alle funzioni religiose, presentandosi poi nel proprio turno di riposo infra-settimanale per recuperare l'assenza.

[44] Cass., Sez. Un., 5 febbraio 1988, n. 1208, in *Foro it.*, 1988, I, c. 1556; *contra* Cass. 3 maggio 1997, n. 3845, in *Rep. Foro it.*, 1997, voce *Lavoro (rapporto)*, n. 91. Cfr. peraltro Cass. 21 luglio 2015, n. 15218, che precisa come "in tutti i casi nei quali il comportamento sanzionatorio sia immediatamente percepibile dal lavoratore come illecito, perché contrario al c.d. minimo etico o a norme di rilevanza penale, non è necessario provvedere all'affissione del codice disciplinare. Al contrario, quando la condotta contestata si configura quale violazione di puntuali regole comportamentali negozialmente previste e funzionali al miglior svolgimento del rapporto di lavoro, l'affissione si rende necessaria". Cfr. in tal senso, Cass. 9 gennaio 2018, n. 279 che estende espressamente tale orientamento anche alle sanzioni conservative.

[45] Cfr. Cass. 20 giugno 2019, n. 16598, secondo cui "il rispetto del principio del contraddittorio non si applica peraltro alle eventuali indagini preliminari del datore di lavoro che ... siano volte ad acquisire elementi di giudizio necessari per verificare la configurabilità o meno di un illecito disciplinare e per identificarne il responsabile, attenendo ad un momento anteriore alla fase procedimentalizzata ... per la quale unicamente è prevista la rituale contestazione dell'addebito".

[46] Peraltro, nel caso in cui il lavoratore presenti le sue difese prima dello spirare dei cinque giorni, secondo le Sezioni Unite della Corte di Cassazione (Cass., Sez. Un., 26

Il lavoratore può richiedere entro venti giorni dalla comunicazione della sanzione la costituzione di un **collegio di conciliazione e arbitrato** i cui atti hanno natura negoziale.

La sanzione resta sospesa fino alla definizione del lodo che può non solo confermare ma anche modificare la specie e l'entità della sanzione.

La sanzione resta parimenti sospesa fino alla definizione del giudizio nell'ipotesi in cui il datore di lavoro non intenda aderire alla procedura arbitrale e chieda al giudice l'accertamento della legittimità della sanzione irrogata.

La sanzione diventa inefficace se il datore di lavoro non provveda, entro dieci giorni, alla nomina del proprio arbitro.

La sanzione della multa non può superare le quattro ore di retribuzione, e la sospensione dal servizio e dalla retribuzione non può superare i dieci giorni.

Sono escluse le sanzioni che comportano mutamenti definitivi del rapporto di lavoro: come la retrocessione; quanto al trasferimento del lavoratore, la giurisprudenza attualmente prevalente non ammette il trasferimento quale sanzione disciplinare, considerando lecito e giustificato solamente il c.d. trasferimento per incompatibilità aziendale, se motivato da esigenze tecniche, organizzative e produttive, ai sensi dell'art. 2103 c.c., e non da finalità punitive o sanzionatorie [47].

recidiva Qualora poi una condotta illecita del lavoratore sia ripetuta nel tempo, si configura a carico del dipendente una responsabilità disciplinare connotata da maggiore gravità, c.d. **recidiva**, per la volontà del lavoratore di eludere sistematicamente l'obbligo di una corretta prestazione [48].

Peraltro, "non può tenersi conto ad alcun effetto della sanzione dopo due anni dalla sua applicazione" (art. 7, comma 8).

Nel lavoro alle dipendenze della pubblica amministrazione, la materia dell'esercizio del potere disciplinare è stata rivisitata ad opera del d.lgs. n. 150 del 2009 che, agli artt. 68 ss., ha integrato e modificato gli artt. 55 ss., d.lgs. n. 165 del 2001.

---

aprile 1994, n. 3965, in *Foro it.*, 1994, I, n. 1708), non sussiste più l'obbligo da parte del datore di attendere tale termine, ben potendo in tal caso irrogare la sanzione anche prima dei cinque giorni; *contra*, anche di recente, Cass. 17 marzo 2008, n. 7153, in *Rep. Foro it.*, 2008, voce *Lavoro (rapporto)*, n. 1173.

[47] Cass. 26 ottobre 2018, n. 27226, secondo cui il trasferimento del dipendente dovuto ad incompatibilità aziendale, trovando la sua ragione nello stato di disorganizzazione e disfunzione dell'unità produttiva, integrante un'obiettiva esigenza datoriale di modifica del luogo di lavoro, va ricondotto alle esigenze tecniche, organizzative e produttive, di cui all'art. 2103 c.c., "piuttosto che, sia pure atipicamente, a ragioni punitive e disciplinari". Conf. Cass. 5 novembre 2013, n. 24775. Sul trasferimento del lavoratore di cui all'art. 2103 c.c., si rinvia al cap. 23, par. 5.

[48] Cass. 20 ottobre 2009, n. 22162. Nell'opinione dei giudici di legittimità, poi, la recidiva presuppone che un fatto illecito sia posto in essere una seconda volta, dopo che la precedente infrazione sia stata quantomeno contestata formalmente al lavoratore. In assenza di irrogazione o contestazione, non si avrà recidiva, ma la reiterazione del comportamento illecito potrà comunque incidere sulla gravità dell'infrazione commessa, legittimando una sanzione più grave di quella astrattamente prevista dal codice disciplinare.

sospensione cautelare

11. Tra le varie espressioni del potere direttivo e organizzativo del datore di lavoro deve essere ricordata anche la c.d. **sospensione cautelare**, finalizzata ad assicurare lo svolgimento ordinario ed efficiente dell'attività aziendale in presenza di fatti tali da rendere opportuno il temporaneo allontanamento di un dipendente dal servizio.

Come manifestazione del potere direttivo, la sospensione cautelare può essere disposta unilateralmente dal datore di lavoro anche in assenza di una specifica disciplina legale o contrattuale della stessa.

In alcuni casi, tuttavia, la sospensione cautelare è espressamente prevista dai contratti collettivi.

La sospensione cautelare non deve essere confusa con la sospensione dal servizio e dalla retribuzione menzionata dall'art. 7 St. lav.

la sospensione cautelare non ha natura disciplinare

Mentre quest'ultima è una sanzione disciplinare, la sospensione cautelare non ha natura disciplinare [49], ma è una misura di carattere provvisorio e strumentale all'accertamento di possibili responsabilità penali o disciplinari del dipendente, solitamente di gravità tale da comportare il licenziamento per giusta causa.

Dalla natura non disciplinare della sospensione cautelare derivano una serie di conseguenze.

In primo luogo, alla sospensione cautelare non si applica l'art. 7 St. lav., che procedimentalizza l'esercizio del solo potere disciplinare e pertanto, non deve essere preceduto da una formale contestazione di addebito, potendo essere disposta contestualmente alla contestazione [50].

In secondo luogo, la sospensione cautelare produce effetti soltanto per il periodo di tempo necessario all'esaurimento del procedimento penale o disciplinare. Tali effetti decadono con l'adozione del licenziamento disciplinare o di una sanzione disciplinare conservativa.

In terzo luogo, la sospensione cautelare non priva il lavoratore del diritto alla retribuzione, risolvendosi in una sospensione dell'obbligazione lavorativa, ma non anche dell'intero rapporto di lavoro. Ne consegue, pertanto, che durante il periodo di sospensione il dipendente matura ogni altro diritto connesso all'anzianità di servizio.

In ogni modo, quanto alla retribuibilità del periodo di sospensione cautelare, la giurisprudenza è unanime nel ritenere che il contratto collettivo possa eventualmente anche sospendere l'obbligazione retributiva, qualora espressamente lo preveda [51].

---

[49] Cass. 25 agosto 2003, n. 12481, in *Not. giur. lav.*, 2004, p. 201.

[50] Non trattandosi di sanzione disciplinare, non opera evidentemente il limite di 10 giorni previsto per la sospensione disciplinare ai sensi dell'art. 7, comma 4, legge n. 300 del 1970. Peraltro, in presenza di un procedimento penale a carico del dipendente, la sospensione cautelare può essere disposta anche autonomamente, proprio per consentire all'azienda di aprire il procedimento disciplinare solo all'esito del giudizio penale.

[51] Cass. 8 gennaio 2003, n. 89, in *Not. giur. lav.*, 2003, p. 192; Cass., Sez. Un., 3 luglio 1997, n. 4955.

Qualora il procedimento disciplinare si concluda in senso sfavorevole al lavoratore con adozione del licenziamento per giusta causa, gli effetti del recesso retroagiscono al momento in cui era stata disposta la sospensione cautelare [52]. Viceversa, qualora venga applicata una sanzione conservativa, o il procedimento si concluda in senso favorevole al dipendente, il principio è quello della piena retribuibilità del periodo di sospensione cautelare [53].

In conclusione, l'istituto della sospensione cautelare, soprattutto in assenza di una previsione contrattuale, deve essere utilizzato, se si passa il gioco di parole, con estrema cautela, atteso che non ogni addebito contestato al lavoratore o non ogni procedimento penale appaiono suscettibili di essere accompagnati dall'adozione di un provvedimento di sospensione cautelare. Dovrà trattarsi, infatti, di fatti o circostanze tali da giustificare un licenziamento in tronco, cioè da non consentire la prosecuzione del rapporto di lavoro nemmeno provvisoriamente, altrimenti il datore di lavoro rischia di essere chiamato a risarcire i danni cagionati al dipendente, oltre a dover riconoscere le retribuzioni per il periodo di sospensione.

il potere di recesso

12. Tra i poteri più significativi che competono al datore di lavoro rientra quello di estinguere il rapporto di lavoro attraverso l'esercizio del potere di recesso. Essendo il contratto di lavoro fonte di un rapporto di durata, il recesso estingue il rapporto *ex nunc* e, quindi, non pregiudica le prestazioni eseguite.

Il recesso del datore di lavoro è denominato convenzionalmente licenziamento. Si noti però che l'art. 2118 c.c. riferisce il termine recesso non solo al licenziamento ma anche alle dimissioni del prestatore tant'è che i due atti avevano lo stesso trattamento normativo.

Invece, la normativa successiva ha preso atto della disparità di potere contrattuale delle parti e ha limitato progressivamente l'esercizio del potere di licenziamento, anche sulla scorta della disciplina collettiva, e ha regolato nel tempo anche il licenziamento collettivo. Il licenziamento e le dimissioni sono entrambi negozi unilaterali recettizi che acquistano efficacia nel momento in cui i destinatari ne vengono a conoscenza.

L'esame della disciplina del licenziamento e delle dimissioni è svolto nei capitoli appositamente dedicati all'estinzione del rapporto di lavoro (capp. 29 ss.).

---

[52] "Ove il procedimento disciplinare si concluda in senso sfavorevole al dipendente con l'adozione della sanzione del licenziamento, la precedente sospensione dal servizio – pur strutturalmente e funzionalmente autonoma rispetto al provvedimento risolutivo del rapporto, giacché adottata in via meramente cautelare in attesa del secondo – si salda con il licenziamento, tramutandosi in definitiva interruzione del rapporto legittimando il recesso del datore di lavoro retroattivamente, con perdita *ex tunc* del diritto alle retribuzioni a far data dal momento della sospensione medesima"; così Cass. 12 maggio 2015, n. 9618.

[53] Il dipendente, dunque, potrà rivendicare le retribuzioni arretrate per il periodo di sospensione cautelare, ed eventualmente, ricorrendone i presupposti, il danno alla professionalità cagionato dalla mancata esecuzione della prestazione lavorativa.

Capitolo 24

L'inquadramento e gli obblighi del prestatore di lavoro

inquadramento del lavoratore nella categoria legale

1. L'assegnazione delle mansioni al lavoratore comporta l'inquadramento dello stesso nelle categorie legali o nelle categorie contrattuali o livelli o aree professionali previste dalla contrattazione collettiva (art. 96 disp. att. c.c.).

le categorie legali individuate dall'art. 2095 c.c.

L'art. 2095 c.c. prevede quattro categorie di lavoratori subordinati: gli operai, gli impiegati, i quadri e i dirigenti.

le categorie contrattuali

Le categorie legali dei lavoratori vanno distinte da quelle contrattuali, da quelle cioè create dalla contrattazione collettiva. Basti pensare alla categoria dei funzionari istituita, in passato, dai contratti del settore assicurativo e del credito.

i criteri per l'appartenenza a ciascuna delle categorie legali sono stabiliti dalla contrattazione collettiva

Nel nostro sistema, i criteri per determinare l'appartenenza del lavoratore a ciascuna delle categorie legali sono stabiliti dalla contrattazione collettiva. D'altra parte, questa, provvedendo a individuare per ciascun livello retributivo o area professionale le qualifiche e le rispettive mansioni, quantifica il trattamento economico e specifica quello normativo applicabile ai lavoratori delle diverse categorie.

definizione di quadro

i quadri non hanno una propria contrattazione collettiva

1.1. La categoria dei quadri comprende i lavoratori "che pur non appartenendo alla categoria dei dirigenti svolgono funzioni con carattere continuativo di rilevante importanza ai fini dello sviluppo e dell'attuazione degli obbiettivi dell'impresa" (art. 2, comma 1, legge n. 190 del 1985). Questa definizione ha scarsa rilevanza poiché le organizzazioni dei quadri, nonostante il riconoscimento legislativo della legge n. 190 del 1985, non sono riuscite ad ottenere dalla controparte una propria contrattazione collettiva, come per esempio i dirigenti, sicché i quadri, allo stato attuale, sono inquadrati nei livelli apicali o nelle aree professionali dei contratti collettivi applicati agli impiegati e operai.

D'altra parte, la stessa legge ha previsto per i quadri un trattamento normativo di scarso contenuto tant'è che agli stessi si applica quello previsto per gli impiegati, salvo diversa espressa disposizione (art. 2, comma 3).

1.2. La legge non individua i tratti che identificano la figura del dirigente.

È perciò importante stabilire i criteri che delimitano i contorni di tale figura.

nozione giurisprudenziale di dirigente

Un tradizionale orientamento giurisprudenziale ha elaborato una definizione piuttosto restrittiva di **dirigente definendolo come *alter ego* dell'imprenditore**[1].

ampliamento da parte della contrattazione collettiva

Le determinazioni della contrattazione collettiva, tuttavia, hanno ampliato notevolmente la figura individuando il dato significativo della natura dirigenziale del rapporto di lavoro nell'incidenza sulle scelte di politica aziendale e sugli obbiettivi complessivi dell'impresa che distingue il dirigente dall'impiegato direttivo[2].

Analogamente, la giurisprudenza più recente riconosce la qualifica dirigenziale, sulla base di quanto stabilito dalla contrattazione collettiva, anche a lavoratori che, pur non investiti di quei poteri di direzione necessari per richiamare la nozione di "*alter ego*" dell'imprenditore, sono in possesso di elevate conoscenze scientifiche e tecniche o, comunque, sono dotati di professionalità tale da collocarsi in condizioni di particolare forza nel mercato del lavoro[3].

superamento dell'atto di nomina ai fini della qualifica dirigenziale

È invece definitivamente superato dalla stessa contrattazione collettiva l'atto di nomina del datore di lavoro come condizione necessaria per l'inquadramento del lavoratore nella categoria dei dirigenti[4]. Anzi, può essere considerato pseudo dirigente il lavoratore che, pur avendo avuto la nomina, non eserciti le funzioni dirigenziali[5].

---

[1] Cass., Sez. Un., 29 maggio 1995, n. 6041, in *Foro it.*, 1995, I, c. 1778. Più di recente Cass. 23 marzo 2018, n. 7295, in *Giust. civ. mass.*, 2018.

[2] Cfr., ad esempio, l'art. 1 del Ccnl Dirigenti industriali del 30 novembre 2009, rinnovato il 30 luglio 2019, ai sensi del quale "sono dirigenti i prestatori di lavoro per i quali sussistano le condizioni di subordinazione di cui all'art. 2094 del codice civile e che ricoprono nell'azienda un ruolo caratterizzato da un elevato grado di professionalità, autonomia e potere decisionale ed esplicano le loro funzioni al fine di promuovere, coordinare e gestire la realizzazione degli obiettivi dell'impresa".

[3] Cass. 4 agosto 2017, n. 19579, in *Giust. civ. mass.*, 2017; Cass. 14 ottobre 2016, n. 20805, in *Guida dir.*, 2017, 10, p. 59.

[4] Cfr. Cass. 16 settembre 2015, n. 18165, in *Guida lav.*, 2015, 41, p. 43; e Cass. 11 settembre 2013, n. 20839, in *Giust. civ. mass.*, 2013, secondo cui le c.d. clausole di mero riconoscimento formale devono ritenersi nulle.

[5] Cass. 2 ottobre 2018, n. 23894, in *Giust. civ. mass.*, 2018.

L'articolazione dei livelli dirigenziali e i rispettivi trattamenti economici sono previsti dalla contrattazione collettiva. Tuttavia, i dirigenti di vertice determinano direttamente nel contratto individuale il loro trattamento economico.

trattamento economico dei dirigenti di vertice

Ai dirigenti non sono applicabili parti importanti della normativa prevista per la generalità dei lavoratori subordinati: così la disciplina in materia di orario di lavoro, in materia di apposizione del termine, e soprattutto in materia di licenziamento.

normative non applicabili ai dirigenti

Un discorso a parte merita il problema della **applicabilità delle garanzie procedimentali di cui all'art. 7 St. lav. al licenziamento del dirigente.**

applicabilità dell'art. 7 St. lav. al dirigente

Mutando un loro precedente orientamento[6], le Sezioni Unite della Corte Suprema di Cassazione[7], hanno affermato che le garanzie procedimentali dettate dall'art. 7, commi 2 e 3, St. lav. devono comunque trovare applicazione sia quando il datore di lavoro addebiti al dirigente un comportamento negligente sia quando ponga alla base del recesso condotte che avrebbero fatto venir meno la fiducia.

1.3. In passato i contratti collettivi contenevano, di regola, due parti: una relativa agli impiegati, l'altra relativa agli operai in ragione del contenuto prevalentemente manuale della prestazione dell'operaio e intellettuale della prestazione dell'impiegato come si desume anche dall'art. 2094 c.c.

il contratto collettivo in passato prevedeva due parti: una relativa agli impiegati, l'altra per gli operai

All'interno della categoria degli impiegati, come in quella degli operai, la contrattazione prevedeva una ricca articolazione. Ad esempio, gli operai erano distinti in operai specializzati, qualificati, comuni. Gli impiegati erano suddivisi in impiegati di 1ª, 2ª, 3ª, 4ª categoria. E tale suddivisione ricalcava in qualche misura la distinzione tra impiegato d'ordine, di concetto, impiegato di 1ª categoria, e impiegato con funzioni direttive prevista dalla legge sull'impiego privato.

Agli operai e agli impiegati, oltre a una diversa disciplina collettiva, si applicava una normativa legale in parte distinta. E di qui la necessità di individuare criteri distintivi tra la categoria degli impiegati e quella degli operai, perché l'evoluzione dell'organizzazione del lavoro ha favorito l'emersione di nuove professionalità non facilmente riconducibili ad una o all'altra categoria, in base al carattere manuale o intellettuale della prestazione di lavoro.

Una dottrina autorevole[8] distingueva gli operai dagli impiegati qualificando i primi come collaboratori all'impresa ed i secondi come collaboratori nell'impresa.

---

[6] Cass. 2 marzo 2006, n. 4614, in *Rep. Foro it.*, 2006, voce *Lavoro (rapporto)*, n. 1539.

[7] Cass., Sez. Un., 30 marzo 2007, n. 7880, in *Guida lav.*, 2007, p. 44 ss.; più recentemente Cass. 26 marzo 2018, n. 7426, in *Ilgiuslavorista.it*, 2018.

[8] F. Santoro-Passarelli, *Nozioni di diritto del lavoro*, Napoli, 1995.

superamento graduale della distinzione operai-impiegati e inquadramento unico del personale in livelli retributivi e aree professionali

Con il passare del tempo **la distinzione impiegati-operai ha perso importanza** a favore di un nuovo sistema di classificazione professionale (c.d. inquadramento unico). Questo è avvenuto non solo perché si sono progressivamente attenuate le differenze nei trattamenti normativi applicabili alle due categorie, ma soprattutto perché la maggior parte dei contratti collettivi ha proceduto all'inquadramento del personale in livelli retributivi. Tale articolazione attuata su 8 o 9 o 10 livelli retributivi[9] ha comportato l'inquadramento in un medesimo livello retributivo del personale con qualifiche ex operaie e con qualifiche ex impiegatizie (di norma nei livelli intermedi dal 4 al 6). Qualche contratto collettivo[10] procede all'inquadramento del personale per aree professionali, ciascuna articolata in livelli retributivi.

Lo scopo è quello di consentire al datore di lavoro di chiedere al lavoratore tutte le mansioni ricomprese nell'area professionale e non soltanto quelle del livello retributivo.

il criterio più ampio dell'area professionale consente di considerare professionalmente equivalenti tutte le mansioni ricomprese nell'area

È evidente che l'articolazione contrattuale per aree professionali anziché per livelli ha consentito al datore di lavoro un maggior margine di manovra nella mobilità orizzontale dei lavoratori, e cioè nello spostamento a mansioni di contenuto diverso e nella possibilità di richiedere al lavoratore anche lo svolgimento di mansioni di contenuto più modesto[11], soprattutto alla luce della disciplina legale molto rigida stabilita dal vecchio testo dell'art. 2103 c.c.

Tali rigidità, però, risulta oggi superata dal nuovo testo dell'art. 2103 c.c., che consente ormai direttamente di adibire il lavoratore a mansioni riconducibili allo stesso "livello e categoria legale di inquadramento" delle ultime effettivamente svolte (v. *infra*, par. 4).

la qualifica

2. Una dottrina autorevole[12] ha considerato la qualifica professionale come una *variazione semantica* delle mansioni perché la qualifica (carpentiere,

---

[9] Per es., il Ccnl del settore Metalmeccanico (industria) del 26 novembre 2016 prevede un'articolazione su 10 professionali e retributivi, mentre il Ccnl Metalmeccanici (Piccola e media industria - Confapi) del 3 luglio 2017 prevede una ripartizione su 9 categorie; il Ccnl Moda, Chimica, Ceramica (Pmi) del 7 novembre 2017, infine, prevede un'articolazione su 8 livelli. Ma in realtà la casistica è molto varia: il Ccnl Energia e Petrolio del 18 settembre 2019 prevede sei livelli, il Ccnl Edili (industria e cooperative) Ance del 18 luglio 2018, ne prevede sette, il Ccnl Legno e arredamento (Pmi) del 13 dicembre 2016 prevede 12 livelli, e il Ccnl Nettezza urbana (aziende private) del 6 dicembre 2016 ne contempla addirittura 14.

[10] Per es., da ultimo, gli accordi di rinnovo del Ccnl Cemento, Calce (piccola industria) Confapi, del 24 gennaio 2017, e del Ccnl Operai Agricoli e Florovivaisti, del 19 giugno 2018.

[11] Cass. 4 marzo 2014, n. 4989, in *Giust. civ. mass.*, 2014, secondo cui anche in questi casi tuttavia residuava un potere di controllo del giudice (in termini ancora più espliciti, in applicazione del vecchio testo dell'art. 2103 c.c., v. Cass. 22 febbraio 2016, n. 3422, in *Ilgiuslavorista.it*, 28 aprile 2016).

[12] G. Giugni, *Mansioni e qualifica del rapporto di lavoro*, Napoli, 1963, p. 21.

tornitore, contabile, cassiere, ecc.) non fa altro che indicare in modo sintetico le mansioni che il dipendente svolge.

la qualifica come variante semantica della mansione

E sulla base dell'interpretazione dell'art. 2103 c.c., questa tesi appariva persuasiva, perché la norma attribuiva (ed attribuisce tuttora) rilevanza esclusiva alle mansioni effettivamente svolte.

indeterminatezza normativa della nozione di qualifica

D'altra parte, l'art. 96 disp. att. c.c. menziona la qualifica accanto alla categoria in relazione alle mansioni, al fine di garantire l'inquadramento del lavoratore, senza precisarne il contenuto e delimitare i confini con la categoria e le mansioni. Questa indeterminatezza normativa non ha aiutato la dottrina alla ricostruzione di una precisa nozione di qualifica e, per contro, la normativa sulle mansioni prevista dall'art. 2103 vecchio testo ha messo in evidenza la difficoltà di un coordinamento efficiente tra i concetti di mansioni e qualifica e ha favorito la tendenza di alcuni autori a negare l'autonomia della figura della qualifica [13].

Tuttavia, non si può fare a meno di riconoscere uno spazio autonomo alla qualifica almeno in due casi e cioè:

la qualifica convenzionale

1) quando sia riconosciuta al lavoratore **la qualifica convenzionale**. Questa consiste nell'attribuzione formale di un diverso e superiore inquadramento non dipendente dallo svolgimento di mansioni superiori, ma collegati ad altri fatti, come il conseguimento di un titolo di studio o il decorso dell'anzianità di servizio, considerati idonei da qualche contratto a determinare progressioni di carriera.

la qualifica derivante da un titolo di studio e non dalle mansioni

In questi casi l'esecuzione del rapporto di lavoro procede in assenza di una perfetta consonanza tra la qualifica riconosciuta e le mansioni espletate. Il lavoratore continua a svolgere le mansioni contrattualmente concordate ma, per espressa pattuizione delle parti, ad esso viene attribuita una qualifica superiore che costituirà necessario presupposto di una serie di posizioni giuridiche attive e passive che ad essa, e non alle mansioni, dovranno fare riferimento.

2) i casi cui la contrattazione collettiva preveda la c.d. promozione per merito comparativo, nella quale il titolo di merito può essere costituito proprio dalla qualifica di inquadramento, indipendentemente dall'effettivo svolgimento delle relative mansioni.

interesse al riconoscimento della qualifica

Anche la giurisprudenza, del resto, afferma che la pretesa di accertamento di una determinata qualifica ben può essere avanzata dal lavoratore in via autonoma a tutela della propria professionalità in sé e per sé, ovvero ai fini dell'ulteriore sviluppo della carriera nell'azienda.

prescrizione decennale del diritto alla qualifica

Non solo, ma **lo stesso riconoscimento della prescrizione decennale del diritto alla qualifica**, ripetutamente anche se acriticamente affermato dalla giurisprudenza [14], è un argomento a sostegno della tesi che riconosce alla qualifica una propria identità e autonomia normativa rispetto alle mansioni.

---

[13] R. Scognamiglio, *A proposito del diritto del lavoratore alla qualifica e della sua prescrittibilità*, in *Mass. giur. lav.*, 1987, p. 656 ss.

[14] Cass. 26 ottobre 2016, n. 21645, in *Giust. civ. mass.*, 2016.

3. Come si è già accennato, **il contratto di lavoro è contrassegnato dall'*intuitus personae***, ossia dal carattere fiduciario, che rileva non solo nello svolgimento della prestazione di lavoro ma, da quando è venuta meno la chiamata numerica, anche nella costituzione del rapporto.

il lavoratore, di regola, non può farsi sostituire

Il riconoscimento dell'*intuitus personae* pone al centro del rapporto di lavoro la persona del lavoratore ed il conseguente carattere strettamente personale della prestazione lavorativa. Tale carattere non consente al lavoratore di farsi sostituire nell'esecuzione del lavoro senza il consenso del datore di lavoro, a meno che ciò non sia consentito da norme legali e contrattuali, come avviene per il lavoro di semplice attesa o custodia dei portieri o nell'ipotesi di sostituzione del lavorante a domicilio (art. 1, comma 1, legge n. 877 del 1973).

il prestatore non può avvalersi di sostituti o ausiliari

La personalità della prestazione di lavoro esclude che il prestatore possa avvalersi nello svolgimento della prestazione di sostituti o ausiliari. Tuttavia, in certi casi, come per esempio nello svolgimento di attività professionali o di direzione, è opportuno distinguere l'ipotesi dell'adempimento a mezzo terzi, che è pur sempre una forma di adempimento personale del dipendente, dall'adempimento del terzo estraneo non consentito senza il consenso del datore di lavoro.

l'obbligo si eseguire le mansioni dopo il d.lgs. n. 81 del 2015

4. L'art. 2103 c.c. nel testo novellato dall'art. 3 del d.lgs. n. 81 del 2015, regola il mutamento di mansioni modificando radicalmente la disciplina previgente.

Ai sensi dell'art. 2103 c.c., nuovo testo, infatti, **l'obbligo di eseguire la prestazione lavorativa** si traduce nell'obbligo di eseguire:

1) le mansioni per le quali il lavoratore è stato assunto o

2) quelle corrispondenti all'inquadramento superiore che abbia successivamente acquisito ovvero

3) le mansioni riconducibili allo stesso livello e categoria legale di inquadramento delle ultime effettivamente svolte

4) oppure, infine, le mansioni inferiori, nelle ipotesi previste dai commi 2, 4 del medesimo art. 2013 c.c.

abbandono dell'equivalenza professionale quale parametro di legittimità dello ius variandi

4.1. Ciò significa che permane il potere del datore di lavoro di adibire unilateralmente il lavoratore a mansioni diverse rispetto alle ultime effettivamente svolte, nell'ambito, però, dello stesso livello o categoria legale di inquadramento (c.d. mobilità orizzontale).

i limiti al sindacato del giudice

Pertanto, il **nuovo testo dell'art. 2103** c.c., da una parte, abbandona la nozione di equivalenza professionale come nozione giuridicamente rilevante; dall'altra assegna un ruolo cruciale al contratto collettivo: quello di definire, attraverso la classificazione del personale, lo "spazio" entro il quale può esercitarsi lo *ius variandi* [15].

---

[15] Cfr. F. Liso, *Brevi osservazioni sulla revisione della disciplina delle mansioni contenuta nel decreto legislativo n. 81/2015 e su alcune recenti tendenze di politica legislativa in materia di rapporto di lavoro*, in *WP C.S.D.L.E. "Massimo D'Antona".it*, 2015, n. 257, p. 7 ss.

Di conseguenza, il giudice non potrà più sindacare il potere del datore di lavoro di spostamento a mansioni diverse utilizzando il criterio della equivalenza professionale (c.d. equivalenza sostanziale), ma potrà verificare soltanto se le nuove mansioni rientrano nello stesso livello di inquadramento stabilito dal contratto collettivo per le ultime mansioni effettivamente svolte e se vi sia il riconoscimento della medesima categoria legale (c.d. equivalenza formale) [16].

dall'equivalenza sostanziale all'equivalenza formale

Si noti, in primo luogo, che la nuova disposizione se, da una parte, attribuisce rilevanza al "livello e categoria legale di inquadramento", d'altra parte continua a prendere come punto di riferimento ai fini dello *ius variandi* le **ultime mansioni "effettivamente svolte"**.

il rilievo delle ultime mansioni effettivamente svolte

Queste ultime possono essere diverse dalle mansioni formalmente indicate nel contratto di lavoro al momento dell'assunzione e quindi anche lo stesso livello di inquadramento ai fini del legittimo esercizio dello *ius variandi* dovrà essere individuato in concreto, e potrebbe non coincidere con quello formale di assunzione.

In secondo luogo, l'ulteriore limite della "stessa categoria legale" circoscrive lo *ius variandi* quando nello stesso livello di inquadramento confluiscono mansioni ex operaie ed ex impiegatizie, come avviene nei sistemi di classificazione che realizzano il c.d. "inquadramento unico" (v. *supra*, par. 1.3).

livello di inquadramento e categoria legale

In conclusione, la nuova disciplina della mobilità orizzontale amplia lo *ius variandi* del datore di lavoro perché consente di richiedere non più lo svolgimento di mansioni sostanzialmente equivalenti sotto il profilo della professionalità necessaria per svolgerle, ma anche mansioni in ipotesi del tutto professionalmente disomogenee, sulla base della loro formale collocazione nell'ambito dello stesso livello di inquadramento [17]. Le uniche garanzie riconosciute al lavoratore, in questa ipotesi, sono quelle del rispetto della categoria legale (anche nell'ambito dello stesso livello di inquadramento, pertanto, non sarà ammissibile adibire un impiegato a mansioni operaie) e, in ultima analisi, l'adempimento, ove necessario, dell'obbligo formativo, la cui violazione, però, non determina la nullità dell'atto di assegnazione (art. 2103, comma 3), tanto che lo stesso si atteggia come un onere più che come un obbligo [18].

mansioni non equivalenti e obbligo formativo

Vale la pena, allora, evidenziare una criticità.

---

[16] Cfr. Trib. Trieste 20 giugno 2019, n. 120, in *DeJure*; analogamente, Trib. Roma 2 novembre 2018, n. 8253, in *DeJure*. Trib. Roma 30 settembre 2015, in *Foro it.*, 2016, 1, I, c. 362.

[17] Cfr. R. Romei, *La modifica unilaterale delle mansioni*, in *Riv. it. dir. lav.*, 2018, 2, p. 233 ss., secondo cui l'ampliamento delle mansioni esigibili è comunque conforme all'art. 1346 c.c. e non determina l'indeterminatezza dell'oggetto del contratto di lavoro.

[18] C. Pisani, *La nuova disciplina del mutamento delle mansioni*, Torino, 2015, p. 145 ss., rileva come l'art. 2013, comma 3, introduca un onere per il datore di lavoro e un obbligo per il lavoratore. Sul punto si v. Trib. Roma 24 luglio 2017, in *GiustiziaCivile.com*, 2018 secondo cui non sussisterebbe a carico del datore di lavoro l'onere di sostenere i costi della formazione professionale del lavoratore al fine di consentirgli il reimpiego nelle mansioni disponibili nel medesimo livello di inquadramento.

necessità di adeguamento dei sistemi di classificazione

Le attuali previsioni dei contratti collettivi contemplano nel medesimo livello figure professionali assai eterogenee tra loro (come ad esempio il disegnatore tecnico e il macellaio)[19].

È evidente che la nuova normativa rischia di rivelarsi del tutto ineffettiva laddove i contratti collettivi non provvedano ad adeguare i sistemi di inquadramento professionale alla nuova disposizione, per garantire che le mansioni collocate nei vari livelli siano caratterizzate da un minimo di omogeneità professionale[20].

Solo in questa ipotesi, infatti, le mansioni collocate nello stesso livello potranno essere richieste minimizzando la necessità di interventi formativi. Tali interventi, del resto, sono molto onerosi per le aziende e rischiano di ingenerare contenziosi tanto con riferimento alla necessità/non necessità della formazione, quanto con riguardo alle modalità con le quali questa viene erogata.

Allo stato, i nuovi contratti collettivi non hanno provveduto né a ridisegnare i sistemi di inquadramento tenendo conto del nuovo dettato normativo, né a specificare cosa debba intendersi per "livello di inquadramento" (livello retributivo o area professionale) e neppure ad articolare mansioni di contenuto professionale omogeneo nei medesimi livelli[21]. Al contrario, si sono limitati a ribadire la precedente disciplina[22], o riprodurre il nuovo testo dell'art. 2103 c.c.[23] o a rinviare la riclassificazione del personale[24].

Addirittura, il Contratto collettivo specifico di lavoro del gruppo FIAT

---

[19] Entrambi compresi nel Terzo Livello Ccnl Commercio (terziario, distribuzione e servizi).

[20] Cfr. A. Vallebona, *Dubbi di costituzionalità per la nuova disciplina del mutamento di mansioni*, in *Mass. giur. lav.*, 2016, n. 1/2, pp. 6-7, ad avviso del quale la mancanza di omogeneità professionale degli inquadramenti può porre problemi di legittimità costituzionale dell'art. 2103, comma 1, c.c.

[21] Sul punto M. Brollo, *Tecnologie digitali e nuove professionalità*, in *Dir. rel. ind.*, 2, 2019, p. 468 ss., la quale, oltre a segnalare la necessità di revisione degli inquadramenti in considerazione delle nuove professionalità emergenti nell'economia digitale, rileva come gli interventi dei Ccnl sul punto sono riconducibili a tre modelli: che vanno dal recupero dell'equivalenza, alla timida innovazione, sino alla conferma dei vecchi inquadramenti.

[22] Cfr. Ccnl Chimico Farmaceutico del 15 ottobre 2015. Il contratto Fiat-Fca del 7 luglio 2015 a fronte di un nuovo inquadramento in tre sole Aree Professionali, ribadisce il principio dell'equivalenza professionale (cfr. Titolo III, art. 6-*bis*). Sul punto v. M. Brollo, *La mobilità professionale dei lavoratori dopo il* jobs act*: spunti dal caso Fiat/Fca*, in *Riv. it. dir. lav.*, 2016, 3, p. 307.

[23] Cfr. Ccnl Cartai (industria) del 30 novembre 2016, Ccnl Cooperazione Alimentare del 23 marzo 2016; di recente, Ccnl Laboratori Analisi del 26 marzo 2019.

[24] Così ad esempio il Ccnl Chimici (Pmi) dell'8 marzo 2019; il Ccnl Grande Distribuzione del 19 dicembre anno??; il Ccnl Poligrafici del 18 dicembre 2018; il Cccl dei Metalmeccanici del 26 novembre 2016 hanno affidato la futura ridefinizione degli inquadramenti professionali ad appositi gruppi di lavoro o commissioni. L'art. 53 del Ccnl Cemento, calce (piccola industria) Confapi, del 24 gennaio 2017 prevede una procedura di consultazione sindacale della r.s.u. in caso di mutamento di mansioni.

compensa la classificazione del personale in tre sole aree professionali con la garanzia dell'equivalenza professionale delle nuove mansioni in caso di esercizio dello *ius variandi*[25].

Si tratta di una previsione ragionevole in considerazione dell'ampiezza del concetto di area professionale e del numero limitate delle stesse (soltanto tre), ma che certamente si muove in una direzione del tutto opposta a quella fatta propria dall'art. 2103 c.c. nuovo testo e sostanzialmente conservativa del bilanciamento di interessi proprio della vecchia disposizione.

Senza considerare i problemi che potrebbero porsi, nell'individuare l'area di legittimo esercizio dello *ius variandi*, laddove la mansione assegnata al lavoratore non sia espressamente ricompresa nelle declaratorie del contratto collettivo applicato al rapporto di lavoro o il datore di lavoro addirittura non applichi un contratto collettivo. Nel primo caso, è da condividere l'opinione secondo cui sarà il giudice a ricondurre la singola mansione non contemplata all'interno del livello di inquadramento più affine, sulla scorta, con ogni probabilità, di un criterio analogo a quello dell'equivalenza professionale[26]. Nel secondo caso, in assenza di un contratto collettivo applicato, non potendo ritenersi totalmente precluso l'esercizio dello *ius variandi* orizzontale, potrebbe utilizzarsi, come parametro di riferimento per valutare la legittimità dell'esercizio del potere da parte del datore di lavoro, un contratto collettivo in astratto applicabile al settore merceologico[27].

le possibilità di adibire a mansioni di livello inferiore:

4.2. Il datore di lavoro potrà assegnare il lavoratore a mansioni che rientrano in un livello di inquadramento inferiore quando ricorrono determinate condizioni (art. 2103, commi 2, 4 e 6).

Infatti, la nuova disposizione contiene tre novità rilevanti, e cioè:

1. modifica assetti organizzativi che incidono sulla posizione del lavoratore

a) **in caso di modifica degli assetti organizzativi aziendali che incidono sulla posizione del lavoratore**, lo stesso può essere assegnato a mansioni appartenenti al livello di inquadramento inferiore, purché rientranti nella medesima categoria legale (art. 2103, comma 2). La formula riconosce al datore di lavoro una notevole discrezionalità nella gestione della mobilità del lavoratore, salvo a ritenere che le scelte del medesimo datore di lavoro debbano essere motivate. In questo caso il controllo giudiziale non avrà ad oggetto l'equivalenza delle mansioni, bensì l'accertamento della effettiva sussistenza della ragione organizzativa, come tale insindacabile[28], e il nesso causale con la posizione del lavoratore che ne giustifica l'adibizione a mansioni appartenenti al livello di inquadramento inferiore alle ultime effettivamente svolte. Chiara-

[25] Art. 6-*bis* del Contratto collettivo specifico di lavoro del 7 luglio 2015.

[26] Cfr. U. Gargiulo, *Lo* ius variandi *nel "nuovo" art. 2103 cod. civ.*, in *Riv. giur. lav.*, 2015, I, p. 622 ss.

[27] R. Romei, *La modifica unilaterale delle mansioni*, cit.

[28] Anche se il rischio che il sindacato del giudice lambisca di fatto il merito – come avviene nel caso di licenziamento per giustificato motivo oggettivo (cfr. *infra*) – è assai concreto.

mente la disciplina normativa non preclude eventuali interventi migliorativi o esemplificativi da parte della contrattazione collettiva[29]. Il fatto che in tal caso il lavoratore, pur essendo adibito a mansioni inferiori, conservi la categoria legale e il trattamento retributivo precedentemente in essere (cfr. *infra*, lett. *b*), ha fatto sorgere il dubbio che l'adizione al livello inferiore debba ritenersi solo temporanea, e conseguentemente il lavoratore abbia diritto alla riassegnazione alle mansioni precedenti una volta cessata la ragione alla base del demansionamento[30]. E, tuttavia, salvo l'ipotesi in cui il mutamento degli assetti organizzativi non sia esso stesso del tutto contingente, nulla sembra escludere che l'adibizione a mansioni inferiori possa divenire definitiva.

2. ulteriori ipotesi previste dai contratti collettivi

b) i **contratti collettivi, anche aziendali**[31], possono prevedere ulteriori ipotesi di assegnazioni di mansioni appartenenti al livello di inquadramento inferiore, purché rientranti nella medesima categoria legale (art. 2103, comma 4).

la nullità del mutamento non comunicato per iscritto

In entrambi i casi il lavoratore ha diritto a conservare lo stesso inquadramento e il trattamento retributivo in godimento (c.d. principio di irriducibilità della retribuzione[32]), fatta eccezione per gli elementi retributivi collegati a particolari modalità di svolgimento della precedente prestazione lavorativa. In tutti e due i casi, inoltre, il mutamento di mansioni dovrà essere comunicato per iscritto al lavoratore, a pena di nullità dell'atto (art. 2103, comma 5).

3. patti di demansionamento in sede protetta

c) ai sensi dell'art. 2103, comma 6, possono essere validamente stipulati in sedi protette (individuate dall'art. 2113, comma 4, c.c.) anche dei **patti individuali di demansionamento** nell'interesse del lavoratore alla conservazione dell'occupazione, all'acquisizione di una diversa professionalità o al miglioramento delle condizioni di vita[33].

la possibile modifica di categoria e livello retributivo

Attraverso simili accordi possono modificarsi, non solo le mansioni e il livello di inquadramento, ma anche la categoria legale e la retribuzione del lavoratore L'art. 2103, comma 6, quindi, ha riconosciuto per la prima volta una forma di derogabilità assistita a livello individuale, affidando alle parti contrattuali un vero

---

[29] Cfr., ad esempio, il Ccnl Chimica Ceramica (Pmi) del 7 novembre 2017 che tende a limitare l'impatto della nuova disciplina, stabilendo che l'eventuale adibizione a mansioni inferiori non deve mutare la posizione del lavoratore e può essere solo temporanea.

[30] In tal senso, tra gli altri, C. Zoli, *La disciplina delle mansioni*, in L. Fiorillo, A. Perulli (a cura di), *Tipologie contrattuali e disciplina delle mansioni*, Torino. 2015, p. 345 e A. Garilli, *La nuova disciplina delle mansioni tra flessibilità organizzativa e tutela del prestatore di lavoro*, in *Giorn. dir. lav. rel. ind.*, 2016, 1, p. 129 ss.; *Contra* C. Cester, *La modifica* in pejus *delle mansioni nel nuovo art. 2103 c.c.*, *ivi*, p. 172 ss.

[31] Come emerge dal coordinamento tra art. 2013 c.c. e la previsione generale sulla contrattazione collettiva contenuta nell'art. 51 del d.lgs. n. 81 del 2015.

[32] Cfr. Trib. Roma 31 ottobre 2018, n. 8357, in *DeJure*.

[33] La nuova norma legifica in via generale quell'orientamento giurisprudenziale che già ammetteva la validità dei patti peggiorativi stipulati nell'interesse del lavoratore al fine di garantirgli la conservazione del posto (c.d. obbligo di *repechage*) Si v., esplicitamente in tal senso, Cass. 26 febbraio 2019, n. 5621, in *Giust. civ. mass.*, 2018; e Cass. 19 novembre 2015, n. 23698, in *Giust. civ. mass.*, 2015. In dottrina v. G. Iannirubérto, *Licenziamento e* repêchage: *allegazione e prova*, in *Riv. it. dir. lav.*, 2017, 3, p. 397 ss.

e proprio potere normativo che realizza una sorta di novazione del contratto.

È evidente che l'eventuale non adeguamento dei sistemi di inquadramento previsti dai contratti collettivi inciderà negativamente anche sull'effettività dello *ius variandi in peius:* è lecito aspettarsi, sotto questo aspetto, una diffusa non applicazione della normativa in tema di adibizione unilaterale a mansioni inferiori e un massiccio ricorso ai patti di demansionamento, che garantiscono una maggiore certezza in ordine alla legittimità delle scelte organizzative e, derogando alle garanzie altrimenti previste per le ipotesi unilaterali, maggiori vantaggi per le imprese.

Alla luce di questa considerazione, pertanto, sarà fondamentale l'effettiva assistenza del lavoratore in sede protetta, per garantire che i patti di demansionamento rispondano effettivamente anche ad un interesse del lavoratore e non si traducano in una ablazione legalizzata dei propri diritti.

l'adibizione a mansioni superiori

4.3. Infine, il datore di lavoro può adibire il lavoratore a **mansioni superiori**: il lavoratore ha diritto alla promozione, salva sua diversa volontà, quando tale assegnazione perduri oltre il periodo fissato dai contratti collettivi, anche aziendali o, in mancanza, per un periodo di sei mesi continuativi e non abbia avuto luogo per sostituzione di un lavoratore con diritto alla conservazione del posto (art. 2103, comma 7).

la nullità dei patti contrari ex art. 2103 c.c., ultimo comma

Salvo che ricorrano le condizioni stabilite dai commi 2 e 4 e fermo restando quanto previsto dal comma 6 dell'art. 2103, **ogni patto contrario è nullo**.

Come si può constatare, anche la nuova normativa stabilisce la nullità di ogni patto contrario, ma l'area della nullità è notevolmente ridotta perché, rispetto al passato, la nuova disciplina prevede una serie numerosa di eccezioni al divieto di adibizione a mansioni inferiori. Infatti, abilita non solo il datore di lavoro nel caso di modifica degli assetti organizzativi, ma anche i contratti collettivi a prevedere ipotesi di demansionamento e ammette addirittura i patti individuali demansionamento, purché sottoscritti in sede protetta. A tali ipotesi, inoltre, si aggiungono le varie deroghe al divieto di demansionamento previste *ex lege*[34], che già in passato consentivano di adibire legittimamente il lavoratore a mansioni inferiori.

l'adibizione a mansioni inferiori non è più un'eccezione

Di fronte a tali previsioni, secondo le quali l'adibizione a mansioni inferiori di fatto non è più un'eccezione, difficilmente potrà verificarsi l'ipotesi in cui il datore di lavoro adibisca illegittimamente il lavoratore a mansioni inferiori e questi accetti di svolgerle per un periodo di tempo superiore a dieci anni, per poi far valere la nullità del patto. Secondo la nuova disciplina, a parte le diver-

[34] Il lavoratore può essere adibito a mansioni inferiori in caso di invalidità, disabilità, inabilità (artt. 1, comma 7, 4, comma 4, e 10, comma 3, legge n. 68 del 1999), di inidoneità alla mansione per ragioni di sicurezza (art. 42, comma 1, d.lgs. n. 81 del 2008), di inidoneità al lavoro notturno (art. 15, d.lgs. n. 66 del 2003), nell'ipotesi in cui lo preveda l'accordo sindacale nell'ambito della procedura di licenziamento collettivo (art. 4, comma 11, legge n. 223 del 1991). Può essere adibita a mansioni inferiori anche la lavoratrice in gravidanza (art. 7, comma 5, d.lgs. n. 151 del 2001).

se ipotesi *sub* a) e *sub* b), il datore di lavoro, per adibire il lavoratore a mansioni inferiori, potrà avvalersi del patto individuale sottoscritto in sede protetta.

i rimedi contro il demansionamento illegittimo

1. l'eccezione di inadempimento

2. l'azione giudiziaria

In ogni caso, nell'ipotesi di demansionamento illegittimo, secondo la giurisprudenza formatasi sotto la previgente normativa, il lavoratore poteva far valere l'eccezione di inadempimento ai sensi dell'art. 1460 c.c.[35], ossia il principio dell'*inadimplenti non est adimplendum*, e cioè una forma di autotutela, mentre, secondo un altro orientamento, il lavoratore doveva far valere le sue ragioni in sede giudiziaria, magari *ex* art. 700 c.p.c., anche se rimaneva sottoposto al potere gerarchico e disciplinare del datore di lavoro.

nullità e prescrizione del diritto:

1. alle differenze retributive

2. alla qualifica

Se invece si ricade nell'area di applicazione, assai ridimensionata, della nullità di ogni patto contrario, tale nullità può essere fatta valere, anche d'ufficio, senza limite di tempo, a meno di riconoscere, in questo caso, l'autonoma rilevanza del diritto alla qualifica e, conseguentemente, ritenere legittimato il datore di lavoro ad eccepirne la prescrizione per il decorso dei dieci anni, fermo restando, in entrambi i casi, il diritto alle differenze retributive da calcolare a ritroso dal momento della richiesta, nel limite degli ultimi cinque anni, in considerazione della prescrizione quinquennale dei crediti di lavoro[36].

i danni da demansionamento

Infine, si pone la questione se la nuova disciplina continui a tutelare la professionalità del lavoratore e, conseguentemente, se il demansionamento possa produrre un **danno alla professionalità**, determinato dall'obsolescenza del bagaglio professionale, e un **danno da perdita di *chance***[37], nel caso in cui il demansionamento abbia compromesso determinate occasioni lavorative.

diversa tutela della professionalità

Il fatto che la nuova disposizione non faccia più riferimento all'equivalenza professionale ai fini dello *ius variandi* non consente di ritenere non più tutelata la professionalità: si deve però prendere atto che quest'ultima oggi gode di una tutela diversa rispetto a prima[38] perché il novero delle mansioni legittimante esigibili si è dilatato. Questa dilatazione impone ora al lavoratore una maggiore capacità di adattamento a svolgere mansioni diverse, sempre che i limiti previsti dalla legge siano rispettati.

Se è così, un danno alla professionalità non è più configurabile nelle ipotesi in cui il demansionamento è consentito, mentre può essere richiesto dal lavoratore nell'ipotesi di demansionamento illegittimo, peraltro non agevole da contestare da parte del lavoratore.

Il demansionamento illegittimo può provocare inoltre, un **danno biologi-**

---

[35] Cfr. Cass. 24 gennaio 2013, n. 1693, in *Diritto & Giustizia*, 2013 e Cass. 7 ottobre 2016, n. 20222, in *Ilgiuslavorista.it*, 2 dicembre 2016. Parzialmente *contra* Cass. 5 maggio 2016, n. 9060, in *Guida lav.*, 2016, 23, p. 35.

[36] Cass. 26 ottobre 2016, n. 21645, in *Giust. civ. mass.*, 2016. Da ultimo cfr. App. Roma 21 febbraio 2019, n. 4625, in *DeJure*.

[37] In tal senso, da ultimo, Trib. Roma 17 settembre 2019, n. 7515, in *DeJure*. V. altresì Cass. 12 luglio 2016, n. 14204, in *Diritto & Giustizia*, 13 luglio 2016, e Cass. 15 ottobre 2018, n. 25727, in *Giust. civ. mass.*, 2018.

[38] Cfr. Pisani, *I nostalgici dell'equivalenza delle mansioni*, in *WP. C.S.D.L.E. "Massimo D'Antona".it*, 2016, n. 310, p. 11.

co, nel caso di accertata lesione dell'integrità psicofisica del lavoratore. Si è sostenuto che dal demansionamento possa derivare anche un pregiudizio alla libera esplicazione della personalità, con conseguente lesione alla dignità, all'immagine e alla vita di relazione. Il lavoratore, per essere risarcito, deve dimostrare, in sede processuale, il concreto pregiudizio sofferto e il nesso di causalità tra quest'ultimo e il demansionamento. Qualora ciò avvenga il datore di lavoro è obbligato al risarcimento [39].

nuovo art. 2103 c.c. e art. 8, d.l. n. 138 del 2011

Il nuovo testo dell'art. 2103 c.c. pone, infine, **problemi di coordinamento con l'art. 8 del d.l. n. 138 del 2011**, convertito con modificazioni dalla legge n. 148 del 2011, che prevede che i contratti collettivi aziendali possano dettare una disciplina derogatoria delle norme di legge in materia di mansioni e inquadramento [40].

Riferita alla disciplina contenuta nel vecchio testo dell'art. 2103, la previsione deve ritenersi oggi implicitamente abrogata, dato che è lo stesso art. 2103, nuovo testo, ad autodeterminare gli spazi di intervento dei contratti collettivi, anche aziendali.

5. L'**obbligo di collaborazione** che incombe sul lavoratore spesso è stato svalutato perché può indurre a ritenere l'esistenza di una comunione di scopo tra il lavoratore e l'imprenditore datore di lavoro.

obbligo di collaborazione non significa comunione di scopo

La dottrina più autorevole ha chiarito l'obbligo di collaborare nell'impresa di cui è capo l'imprenditore, il quale viene ricollegato ad un contratto di scambio inidoneo a dar vita ad una comunione di scopo giuridicamente qualificata, e tanto meno ad un gruppo organizzato per il conseguimento di un interesse collettivo superiore.

Pertanto, l'obbligo di collaborazione nascente dal contratto individuale di lavoro non accomuna il lavoratore allo scopo e al rischio corrispondente perseguito dal datore di lavoro.

Tuttavia, il suddetto obbligo distingue il contratto di lavoro dagli altri contratti di scambio per la funzione organizzativa evidenziata dalla collaborazione cui è tenuto il prestatore di lavoro.

obbligo di collaborazione e funzione organizzativa del contratto di lavoro

In altri termini, l'obbligo di collaborazione del lavoratore soddisfa l'interesse del datore di lavoro al coordinamento e quindi all'organizzazione dell'attività lavorativa del lavoratore. Esso, pertanto, non si risolve soltanto nello svolgimento delle mansioni pattuite, ma nello svolgimento di tali mansioni in vista del risultato perseguito dall'impresa.

---

[39] Cass., Sez. Un., 22 febbraio 2010, n. 4063, in *Rep. Foro it.*, 2010, voce *Impiegato dello Stato e pubblico*, n. 701. V. anche Cass. 10 ottobre 2018, n. 25071, in *Diritto & Giustizia*, 11 ottobre 2018; Cass. 5 dicembre 2017, n. 29047, in *Giust. civ. mass.*, 2018.

[40] Sul punto v. I Alvino, *Il micro-sistema dei rinvii al contratto collettivo nel d.lgs. n. 81 del 2015: il nuovo modello della competizione fra i livelli della contrattazione collettiva*, in *Riv. it. dir. lav.*, 2016, 4 p. 656 ss.

il risultato produttivo è estraneo all'oggetto dell'obbligazione

Va precisato, a questo proposito, che il risultato produttivo dell'impresa, pur rimanendo estraneo all'oggetto dell'obbligazione assunta dal lavoratore, diviene punto di riferimento per la determinazione del contenuto e del modo di essere della prestazione dovuta[41].

obbligo di collaborazione come obbligo integrativo dell'obbligo di svolgere le mansioni

Efficacemente l'obbligo di collaborazione è stato denominato integrativo dell'obbligo di svolgere le mansioni pattuite.

Cosicché, esemplificativamente, il lavoratore non può rifiutarsi di svolgere occasionalmente o per ragioni urgenti, prestazioni estranee alle mansioni normali, o rifiutarsi, in caso di necessità, di svolgere lo straordinario, il lavoro notturno e festivo, nei limiti previsti dalla legge e dal contratto collettivo.

i criteri di valutazione della diligenza

6. L'art. 2104, comma 1, c.c. individua i criteri di valutazione della **diligenza del prestatore di lavoro nello svolgimento della prestazione lavorativa**: la natura della prestazione e l'interesse dell'impresa.

la natura della prestazione

Il riferimento alla natura della prestazione e non alla diligenza del buon padre di famiglia, richiamato invece dall'art. 1176 c.c., mette in evidenza che, in questo caso, il legislatore assegna precipua importanza alle esperienze e competenze tecniche che il lavoratore deve possedere e impiegare per lo svolgimento della prestazione lavorativa.

l'interesse dell'impresa

Il riferimento all'interesse dell'impresa inteso non in senso istituzionale, ma come interesse obbiettivato dell'organizzazione predisposta per il perseguimento di un risultato liberamente scelto dal datore di lavoro, conferma la funzione organizzativa del contratto di lavoro.

Autorevolmente si è detto che la diligenza è misura della qualità e quantità della prestazione dovuta[42].

diligenza e scarso rendimento

L'obbligo di diligenza pone un problema delicato: e cioè se la diligenza comporti per il dipendente l'obbligo di garantire durante lo svolgimento della prestazione un rendimento minimo e, di conseguenza, se sia qualificabile come inadempimento o inesatto adempimento lo scarso rendimento del dipendente.

Nel settore privato, diversamente da quello pubblico[43], non esiste una nozione legale di licenziamento per scarso rendimento, ma quest'ultima è stata enucleata dalla giurisprudenza.

---

[41] L. Mengoni, *Lezioni sul contratto di lavoro*, Milano, 1971, p. 28.

[42] L. Mengoni, *Lezioni*, cit., p. 26.

[43] Cfr. l'art. 55-*quater*, comma 2 del d.lgs. n. 165 del 2001, ai sensi del quale "Il licenziamento in sede disciplinare è disposto, altresì, nel caso di prestazione lavorativa, riferibile ad un arco temporale non inferiore al biennio, per la quale l'amministrazione di appartenenza formula, ai sensi delle disposizioni legislative e contrattuali concernenti la valutazione del personale delle amministrazioni pubbliche, una valutazione di insufficiente rendimento e questo è dovuto alla reiterata violazione degli obblighi concernenti la prestazione stessa, stabiliti da norme legislative o regolamentari, dal contratto collettivo o individuale, da atti e provvedimenti dell'amministrazione di appartenenza o dai codici di comportamento di cui all'articolo 54".

Lo scarso rendimento si sostanzia in una prestazione resa al di sotto degli obiettivi prefissati o dei risultati attesi a causa della negligenza del lavoratore e costituisce una ipotesi di notevole inadempimento degli obblighi contrattuali (giustificato motivo soggettivo di licenziamento) [44].

Ai fini della prova della negligenza, tuttavia, può assumere un rilievo indiretto il discostamento da parametri indicativi di una prestazione eseguita con diligenza e professionalità medie in relazione alle mansioni affidate al lavoratore, come ad esempio in caso di sproporzione tra gli obiettivi fissati dai programmi di produzione e quanto effettivamente realizzato dal lavoratore nel periodo di riferimento, anche avendo riguardo al confronto delle prestazioni medie degli altri dipendenti [45].

È evidente che tanto maggiore è l'eventuale sproporzione, tanto più marcato è il rilievo che questo elemento assume ai fini della prova della negligenza.

La giurisprudenza si è spinta a considerare **evidente** la negligenza in conseguenza dell'**enorme sproporzione** tra gli obiettivi fissati e quanto effettivamente realizzato alla luce della media di attività dei vari dipendenti. L'enorme sproporzione assume, così, un valore decisivo ai fini dell'imputabilità dell'inadempimento, potendo la negligenza essere provata anche per presunzioni [46].

Si deve concludere, quindi, che in questi limiti lo scarso rendimento, pur collegato alla negligenza, acquista di fatto una sua autonoma rilevanza ai fini dell'inadempimento e del giustificato motivo soggettivo di licenziamento.

scarso rendimento e cottimo

L'inadempimento per scarso rendimento collegato al cottimo, secondo una risalente giurisprudenza [47] è configurabile quando il lavoratore si sottragga ai ritmi di cottimo. In questo caso questa condotta del lavoratore si qualifica come inesatto adempimento dell'obbligazione lavorativa.

clausole di rendimento minimo

Talvolta sono inserite nel contratto di lavoro subordinato le clausole di rendimento minimo. Ma la giurisprudenza ha sempre escluso che il rendi-

---

[44] Una controversa giurisprudenza ha anche ricondotto il licenziamento per scarso rendimento nell'ambito del giustificato motivo oggettivo. Cfr. Cass. 4 settembre 2014, n. 18678. *Contra* Cass. 5 dicembre 2018, n. 31487, in *Dir. rel. ind.*, 2019, 2, p. 682. Sul punto v. cap. 33.

[45] Cfr., Cass. 10 novembre 2017, n. 26676, in *Dir. rel. ind.*, 2018, 3, p. 887. La sentenza ribadisce comunque che per stabilire se l'inadeguatezza della prestazione dimostri univocamente che vi è stato inadempimento, è necessario valutare la condotta nel suo complesso per un apprezzabile periodo di tempo, escludendo che essa non dipenda dall'organizzazione del lavoro da parte dell'imprenditore e da fattori socio ambientali.

[46] Emblematica, sotto questo aspetto è Cass. 22 gennaio 2009, n. 1632, che si spinge a considerare **evidente** la negligenza in conseguenza dell'**enorme sproporzione** tra gli obiettivi fissati e quanto effettivamente realizzato alla luce della media di attività dei vari dipendenti. L'enorme sproporzione acquisisce valore decisivo ai fini dell'imputabilità dell'inadempimento, potendo la negligenza essere provata anche per presunzioni. Analogamente Cass. 10 novembre 2017, n. 26676, cit. e Trib. Pisa 5 giugno 2017, in *Ilgiuslavorista.it*, 20 giugno 2017.

[47] Cass. 8 luglio 1988, n. 4524, in *Or. giur. lav.*, 1988, p. 1001 ss.

mento del lavoratore inferiore a quello pattuito costituisca un giustificato motivo soggettivo di licenziamento [48].

obbligo di osservanza

Accanto all'obbligo di diligenza vi è quello **di osservanza** indicato dall'art. 2104, comma 2, c.c. che impone al lavoratore il dovere di osservare le disposizioni per l'esecuzione e la disciplina del lavoro, e cioè le modalità di esecuzione del lavoro e le disposizioni organizzative predisposte dal datore di lavoro per la proficua utilizzazione della prestazione lavorativa.

obbligo di fedeltà

7. Infine, l'art. 2105 c.c. impone al prestatore di lavoro **l'obbligo di fedeltà** [49]. Si tratta di vedere se questo obbligo sia solo a contenuto negativo, come pure sembra desumersi dalla lettera della norma (non trattare affari per conto di terzi in concorrenza con l'imprenditore né divulgare notizie attinenti all'organizzazione e ai metodi di produzione dell'impresa), o invece abbia anche un contenuto positivo o meglio attivo.

obbligo negativo o positivo?

Anche in questo caso, come nel caso prima esaminato dello scarso rendimento, la risposta può essere affermativa solo se il risultato voluto dall'imprenditore entra nel rapporto obbligatorio.

se il risultato entra nel rapporto obbligatorio, l'obbligo di fedeltà ha un contenuto attivo

Solo accogliendo questa premessa si può ammettere il contenuto attivo dell'obbligo di fedeltà che si traduce nella partecipazione attiva del lavoratore alla realizzazione del risultato voluto dall'imprenditore, e quindi rileva giuridicamente come integrazione dell'obbligo di collaborazione.

Il divieto di concorrenza che deriva dall'obbligo di fedeltà dura fino all'estinzione del rapporto di lavoro, mentre gli altri divieti contenuti nell'art. 2105 c.c. operano anche per il periodo successivo alla cessazione del rapporto [50].

patto di non concorrenza

contenimento del vincolo

È consentita comunque la stipula di un **patto di non concorrenza** (art. 2125 c.c.) che inibisca al lavoratore, ormai non più dipendente, di svolgere un'attività in concorrenza con l'ex datore di lavoro, purché risulti da atto scritto e preveda un corrispettivo, secondo la giurisprudenza congruo, e il contenimento del vincolo "entro determinati limiti di tempo, di oggetto e di luogo" al fine di evitare che al lavoratore sia impedito completamente di continuare a svolgere la sua attività lavorativa.

---

[48] Cass. 10 novembre 2000, n. 14605, in *Not. giur. lav.*, 2001, p. 207.

[49] Per la giurisprudenza tale obbligo è integrato dagli artt. 1175 e 1375 c.c., che impongono al lavoratore correttezza e buona fede anche nei comportamenti *extralavorativi*. Cfr. Cass. 13 febbraio 2017, n. 3739, in *Riv. it. dir. lav.*, 2017, 3, II, p. 489; e Cass. 30 ottobre 2017, n. 25759, in *Diritto & Giustizia*, 31 ottobre 2017.

[50] Per il lavoro a domicilio v. art. 11, legge n. 877 del 1973 e per la tutela penale dei segreti professionali, scientifici o commerciali v. artt. 622 e 623 c.p.

Capitolo 25

I diritti del prestatore di lavoro a contenuto economico

1. La retribuzione è il compenso al quale il lavoratore ha diritto in ragione dell'attività svolta alle dipendenze e sotto la direzione del datore di lavoro.

La retribuzione costituisce, insieme alle mansioni, l'oggetto del contratto di lavoro e quello di corrisponderla al lavoratore è uno dei principali obblighi del datore di lavoro.

Tradizionalmente la retribuzione assume una funzione redistributiva, che realizza il parziale trasferimento ai lavoratori di parte dei profitti realizzati dall'impresa.

tradizionale funzione redistributiva e nuove funzioni della retribuzione

Nell'attuale contesto socio economico, caratterizzato da un periodo di grande crisi e dall'emersione di nuove forme di lavoro, spesso precario o discontinuo e/o le cui modalità di esecuzione risentono delle nuove tecnologie, la retribuzione inizia ad assumere anche funzioni nuove.

Come messo in evidenza da un'attenta dottrina, infatti, la retribuzione riflette più di altri istituti le complessità e le contraddizioni della fase attuale, tanto da imporre una riflessione, prima ancora che sulle forme regolative, sulla funzione stessa della retribuzione e sull'efficacia delle sue fonti legislative e contrattuali [1].

retribuzione e produttività

In primo luogo, la globalizzazione dei mercati e le esigenze di competitività delle imprese impongono di privilegiare forme di retribuzione sempre più legate alla produttività (vedi par. 1.7).

Questa esigenza, per altro verso, privilegia la competenza regolativa dei contratti aziendali e apre il problema del coordinamento tra contrattazione nazionale e contrattazione decentrata affinché i rapporti tra i due livelli di contrattazione siano ben bilanciati (si veda anche il cap. 11) [2].

adeguamento della retribuzione ai nuovi lavori senza spazio e senza tempo

In secondo luogo, le trasformazioni organizzative collegate alle nuove tecnologie [3] e all'emersione di forme di lavoro sempre meno vincolate al tempo e al luogo di svolgimento dell'attività (si pensi, da ultimo, allo smart working esaminato nel cap. …), impongono di adeguare le tradizionali modalità di quantificazione della retribuzione, per adattarle ai nuovi lavoro "senza luogo e senza tempo" [4].

In terzo luogo, la crisi economica ha determinato un aumento delle disuguaglianze non solo tra cittadini, ma tra gli stessi lavoratori. Questo dato impone una riflessione sulla retribuzione quale strumento idoneo a garantire la sufficienza del reddito, in funzione di contrasto e prevenzione della povertà.

avvicinamento della retribuzione agli istituti tipici del welfare

In quest'ottica emerge una funzione della retribuzione che la avvicina agli istituti tipici del welfare [5].

Non a caso, come vedremo, sia il legislatore che le parti sociali pongono oggi una grande attenzione al welfare aziendale, incentivando forme di retribuzione c.d. in welfare, caratterizzate dall'erogazione di servizi di utilità sociale, volti alla soddisfazione di bisogni particolarmente rilevanti personali o della famiglia (vedi par. 1.7).

salario minimo legale

D'altra parte, la funzione di contrasto e prevenzione della povertà porta ad interrogarsi sulle misure da adottare per i bassi salari e sulla necessità di introdurre o meno un salario minimo legale, come vedremo attualmente non previsto in Italia (vedi par. 1.1.).

---

[1] Cfr. T. Treu, *La questione salariale: legislazione sui minimi e contrattazione collettiva*, in *WP C.S.D.L.E. "Massimo D'Antona".it*, n. 386/2019, p 3.

[2] Cfr. M. Carrieri, *Migliorare il decentramento contrattuale*, in C. Dell'Aringa, C. Lucifora, T. Treu, *Salari, produttività, disuguaglianza. Verso un nuovo modello contrattuale?*, Il mulino, 2017, p. 372.

[3] Si pensi, ad esempio, al "forte innalzamento del potere di comando, spesso impersonale e oggettivo (gli algoritmi) che aumenta la discrezionalità di chi detiene le leve manageriali dell'organizzazione del lavoro, in particolare – ma non solo – nelle grandi piattaforme che incarnano il verbo della 'Gig economy'". Così M. Carrieri, *Lavori e lavoratori, una radiografia delle nuove insicurezze*….???

[4] T. Treu, *La questione salariale: legislazione sui minimi e contrattazione collettiva*, cit., p. 3.

[5] Ancora T. Treu, *La questione salariale: legislazione sui minimi e contrattazione collettiva*, cit., p. 3.

1.1. L'art. 36, comma 1, Cost. stabilisce che la retribuzione deve essere proporzionato alla **quantità e qualità del lavoro svolto** e comunque sufficiente a garantire al lavoratore e alla sua famiglia un'esistenza libera e dignitosa.

proporzionalità e sufficienza della retribuzione

Il criterio della sufficienza, temperando quello della proporzionalità, esclude per un verso la piena e assoluta corrispettività tra le prestazioni delle parti e per altro verso, consente di considerare la retribuzione uno strumento che concorre a realizzare il principio di uguaglianza sostanziale sancito dall'art. 3, comma 2, Cost.

L'indicazione dei criteri di determinazione della retribuzione stabiliti dall'art. 36 Cost. non va confusa con la determinazione di **una nozione legale della retribuzione**, che **nel nostro ordinamento, almeno allo stato**[6], **non esiste se non per la quantificazione**, come vedremo, **di determinati istituti**, come il trattamento di fine rapporto.

inesistenza di una nozione legale di retribuzione

1.2. La proporzionalità della retribuzione alla quantità e qualità del lavoro e la sua sufficienza non sono demandate alla valutazione delle parti individuali ma alle determinazioni del contratto collettivo, idoneo per la sua funzione a tenere conto degli interessi contrapposti delle parti. Infatti, la conclusione del contratto collettivo tiene conto, da un lato, della produttività e della capacità di reddito delle imprese e, dall'altro, garantisce l'adeguamento della retribuzione alla dinamica del costo della vita[7].

la proporzionalità e la sufficienza sono determinate dal contratto collettivo

In omaggio al principio del *favor* verso il prestatore di lavoro **sono fatte salve comunque le clausole più favorevoli del contratto individuale.**

principio del favor

La funzione riconosciuta al contratto collettivo di determinare la retribuzione proporzionata alla quantità e qualità del lavoro e comunque sufficiente incontra il limite dell'efficacia soggettiva del contratto collettivo di diritto comune, applicabile, come è noto, ai soli iscritti alle associazioni stipulanti, stante l'inattuazione dell'art. 39, comma 4, Cost.

efficacia soggettiva limitata agli iscritti del contratto collettivo di diritto comune

Il problema è superabile qualora le parti, anche non iscritte alle associazioni stipulanti, accettino tacitamente o per comportamento concludente il contratto collettivo, o quando il contratto individuale (lettera di assunzione) contenga una clausola che rinvia al contratto collettivo per la disciplina del rapporto individuale.

Quando invece il datore di lavoro non sia iscritto al sindacato stipulante e non voglia applicare i livelli retributivi previsti dal contratto collettivo, una giurisprudenza ormai risalente affida al giudice il compito di determinare la

determinazione giudiziale della retribuzione sufficiente

---

[6] L'art. 1, comma 7, lett. g) della legge n. 183 del 2014 prevedeva l'introduzione del compenso orario minimo legale, ma la delega non è stata esercitata. Il tema è ripreso, tuttavia, da diversi disegni di legge in corso di discussione, ma senza certezze di approvazione. Sull'opportunità di introdurre il salario minimo legale e sui possibili effetti di una tale introduzione nell'ordinamento italiano cfr. T. Treu, *La questione salariale: legislazione sui minimi e contrattazione collettiva*, cit., p. 4 e ss.

[7] Cfr. Cass. 20 novembre 2017, n. 27463; Cass. 15 novembre 2017, n. 27121; Cass. 30 novembre 2016, n. 24449, in *Giust. civ. mass.*, 2016.

retribuzione sufficiente, e cioè i minimi di trattamento economico, utilizzando il combinato disposto dell'art. 36 Cost. e dell'art. 2099, comma 2, c.c.

il contratto collettivo come parametro di riferimento adottato dal giudice

Questa disposizione prevede che in mancanza di norme corporative o di accordo tra le parti, **la retribuzione è determinata dal giudice, il quale può, ma non è obbligato** (proprio perché il contratto collettivo non ha efficacia generale), **ad adottare come parametro di riferimento la retribuzione prevista dal contratto collettivo.**

Questo significa che la determinazione giudiziale della retribuzione nei confronti del non iscritto, non comporta l'estensione dell'efficacia soggettiva del contratto collettivo al non iscritto, anche perché ciò sarebbe in contrasto con l'art. 39, comma 4, Cost.

È dunque il provvedimento del giudice (sentenza costitutiva) e non il contratto collettivo, il titolo in base al quale il lavoratore non iscritto, che abbia adito il giudice, ottiene la retribuzione proporzionata alla quantità e qualità del lavoro e comunque sufficiente.

determinazione della retribuzione sufficiente in presenza di più contratti collettivi

1.3. I problemi di determinazione della retribuzione ovviamente si complicano in presenza di una pluralità di contratti collettivi nell'ambito dello stesso settore merceologico, quando nessuno di essi sia applicabile perché il lavoratore non è iscritto alle associazioni stipulanti e non vi sia alcun rinvio nel contratto individuale di lavoro al contratto collettivo.

L'ipotesi sarebbe comunque perfettamente legittima nel nostro sistema di libertà e pluralismo sindacale.

determinazione giudiziale della retribuzione e motivazione del giudice

E in questi casi è pur sempre il giudice di merito a scegliere discrezionalmente, con una motivazione censurabile in Cassazione, come parametro di riferimento il contratto collettivo più adeguato a realizzare il precetto della retribuzione sufficiente [8].

Il contratto collettivo individuato potrà essere anche un contratto aziendale o territoriale [9], purché la decisione del giudice sia sorretta da un'adeguata motivazione che esponga i criteri di scelta del parametro adottato per la determinazione dell'equa retribuzione e per il richiamo alle condizioni ambientali o territoriali [10].

retribuzione e condizioni territoriali

Tuttavia, la Corte di Cassazione ha talvolta sostenuto che la determinazione giudiziale della retribuzione per un importo inferiore ai minimi salariali previsti dalla contrattazione collettiva non può essere motivata con un mero richiamo a condizioni ambientali o territoriali, ancorché peculiari del mercato del lavoro nel settore di attività cui appartiene il rapporto di lavoro dedotto in

---

[8] Cfr. Cass. 23 dicembre 2016, n. 26953; Cass. 4 dicembre 2013, n. 27138; Cass. 24 agosto 2013, n. 19578, in *Foro it.* 2014, 1, I, c. 153.

[9] Cfr. Cass. 01 febbraio 2016, n, 1843; Cass. 31 gennaio 2012, n. 1415, in *Guida dir.*, 2012, 12, p. 70.

[10] Cfr. Cass. 20 giugno 2016, n. 12675; Cass. 29 marzo 2010, n. 7528, in *Giur. it.*, 2010, p. 2373.

giudizio, ma solo con riguardo a specifiche situazioni locali [11] o a profili oggettivi della prestazione [12].

In altri termini, secondo questo orientamento, solo il concreto contesto operativo o l'effettiva qualità della prestazione lavorativa possono indurre a ritenere adeguata una retribuzione inferiore ai minimi previsti dai contratti collettivi.

Si pensi all'ipotesi di una prestazione di lavoro resa in modo intermittente, o svolta a domicilio anziché in azienda, oppure ancora a una attività caratterizzata esclusivamente dallo svolgimento di compiti elementari, di mera attesa e custodia. In questi esempi un ribasso rispetto a quanto previsto dal contratto collettivo potrebbe essere giustificato dal minor valore della prestazione discontinua rispetto a quella continuativa, dal vantaggio di lavorare da casa o dallo svolgimento di soli compiti elementari.

E tuttavia questo indirizzo non è unanimemente condiviso, almeno nei termini sopra esposti [13].

Né si può sostenere che il giudice sia vincolato a privilegiare il contratto collettivo stipulato da sindacati comparativamente più rappresentativi.

la retribuzione prevista dal sindacato comparativamente più rappresentativo

Questo criterio è stato adottato dal legislatore a molti fini [14], ma, a parte tali ipotesi particolari si deve ribadire che il contratto collettivo nazionale di categoria stipulato dal sindacato comparativamente più rappresentativo non vincola il giudice ad applicare la stessa retribuzione al lavoratore non iscritto al sindacato stipulante.

Un'interpretazione diversa sarebbe in contrasto con l'art. 39, comma 4, Cost. perché, attribuendo efficacia generale al contratto collettivo nazionale stipulato dai sindacati comparativamente rappresentativi, attiverebbe una procedura diversa da quella prevista dalla stessa disposizione costituzionale.

C'è da dire, però, come già evidenziato nel cap. 12, che l'art. 51 del d. lgs. n. 81 del 2015 sembra aver ormai aperto la strada per una considerazione privilegiata del contratto collettivo stipulato dalle associazioni comparativamente più rappresentative.

Anche nell'ipotesi in cui il contratto collettivo non sia stato sottoscritto da tutti i sindacati, è il giudice a determinare, in caso di controversia, la retribuzione nei confronti del lavoratore iscritto al sindacato non firmatario e, difficilmente, si discosterà dai minimi di trattamento previsti dal contratto contestato.

---

[11] Cass. 17 gennaio 2011, n. 896, in *Lav. prev. oggi*, 2011, p. 566, sul caso di una ricevitoria del gioco del lotto operante nel Mezzogiorno.

[12] Cass. 13 novembre 2009, n. 24092, in *Dir. prat. lav.*, 2010, 8, p. 327.

[13] Tale indirizzo è infatti contraddetto da decisioni di segno opposto, Cass. 15 novembre 2001, n. 14211, in *Riv. it. dir. lav.*, 2002, p. 299.

[14] Tra i quali quello di legittimare tali sindacati a stabilire (contratti di riallineamento) in via temporanea, retribuzioni inferiori a quelle previste dai Ccnl allo scopo di favorirne il progressivo adeguamento o le intese aziendali o territoriali *ex* art. 8, d.l. n. 138 del 2011, efficaci *erga omnes* e in grado di derogare non solo al contratto nazionale ma anche a disposizioni di legge.

Né d'altra parte il lavoratore iscritto al sindacato non firmatario può pretendere la conservazione del trattamento precedente, perché il contratto collettivo precedente non ha più vigore e la c.d. tesi "dell'incorporazione" del contratto collettivo ormai non più in vigore in quello individuale non è accolta né dalla dottrina né dalla giurisprudenza.

Infine, occorre ricordare la tecnica prevista dall'art. 36 St. lav. che impone all'appaltatore di opere pubbliche l'obbligo di applicare o fare applicare nei confronti dei lavoratori dipendenti condizioni non inferiori a quelle risultanti dai contratti collettivi di categoria e della zona[15].

retribuzione in danaro

1.4. La retribuzione è corrisposta normalmente in danaro, e, spesso, a cadenza mensile, in base al principio della postnumerazione. Il pagamento è perciò posticipato rispetto all'esecuzione della prestazione lavorativa.

Il pagamento in danaro consente il controllo del rispetto dei requisiti della sufficienza e della proporzionalità e costituisce la base di calcolo degli istituti legali o contrattuali di retribuzione differita o aggiuntiva nonché della contribuzione previdenziale.

retribuzione in natura

La retribuzione in natura prevista dall'art. 2099, comma 3, può assolvere anche ad una funzione integrativa della retribuzione in danaro. Così, per esempio, sono assicurati vitto e alloggio ai lavoratori domestici.

fringe benefits

Questione diversa è, invece, se alcune provvidenze riconosciute ai dipendenti (c.d. *fringe benefits*), sovente sotto forma di risparmio di spesa (ossia la riduzione del costo del servizio per i dipendenti dell'impresa che li produce: ad es. i dipendenti dell'ENEL hanno una riduzione del prezzo dell'elettricità e così i dipendenti delle aziende telefoniche, o la concessione dell'uso dell'autovettura o l'alloggio, ecc.) abbiano o meno natura retributiva[16].

È opportuna qualche osservazione sull'indennità di mensa, l'indennità di trasferta e l'indennità estero. Quanto alla prima, l'art. 6, legge n. 359 del 1992[17] stabiliva che l'indennità sostitutiva del servizio mensa è computata nella retribuzione mensile, in quelle aggiuntive e nel t.f.r. solo se lo prevede il contratto collettivo e per l'importo dallo stesso stabilito[18].

indennità di trasferta

Rispetto all'indennità di trasferta e quella per servizi all'estero, di norma la contrattazione collettiva considera le suddette indennità per il 50% di natura

[15] Sul punto, si v. anche l'art. 30, comma 4 del d.lgs. n. 50 del 2016 (c.d. codice appalti). Sul ruolo del contratto collettivo stipulato da sindacato comparativamente più rappresentativo nella retribuzione del socio lavoratore di cooperativa, si v. Corte cost. 26 marzo 2015, n. 51.

[16] Sul punto, e sulle forme di *benefits* garantite dai piani di *welfare* aziendale, si v. *infra*, par. 1.7.

[17] Sulla legittimità costituzionale della norma v. Corte cost. 18 novembre 1993, n. 402 e 28 aprile 1994. Cfr. da ultimo Cass. 18 settembre 2019, n. 23303; Cass.14 luglio 2016, n. 14388; Cons. Stato 8 marzo 2012, n. 1322, in *Foro amm. CDS*, 2012, 3, p. 676.

[18] Cfr. l'art. 51, comma 2, lett. *c*), d.p.r. n. 917 del 1986 e ss. modificazioni e Cass. 21 febbraio 2013, n. 4326, in *Mass. giur. lav. Rep.*, 2013, p. 46.

risarcitoria e per il 50% di natura retributiva, e quindi, secondo la giurisprudenza, le stesse indennità vanno riconosciute ai lavoratori nella percentuale del 50% nel calcolo degli altri istituti contrattuali. In mancanza di previsioni collettive, l'accertamento della natura retributiva o risarcitoria del trattamento economico per il servizio all'estero è demandato al giudice di merito. A tal fine la Cassazione ha chiarito che, in linea generale, tale trattamento ha natura retributiva se compensa la maggiore gravosità del lavoro ovvero se è correlato alla professionalità necessaria per svolgere la prestazione fuori dai confini nazionali, mentre ha natura riparatoria se reintegra le spese sopportate dal lavoratore per la permanenza all'estero nell'esclusivo interesse del datore [19].

nozione di retribuzione ai fini fiscali e previdenziali

1.5. In passato la **nozione di retribuzione imponibile ai fini fiscali** era diversa da quella imponibile ai fini previdenziali. Attualmente il d.lgs. n. 314 del 1997 ha armonizzato le due nozioni e, novellando l'art. 51, d.p.r. n. 917 del 1986 [20] e l'art. 12, legge n. 153 del 1969, ha stabilito che ad entrambi i fini "costituiscono redditi da lavoro dipendente tutte le somme e i valori in genere, a qualunque titolo percepiti nel periodo d'imposta, anche sotto forma di erogazioni liberali, in relazione al rapporto di lavoro" salve le eccezioni tassativamente previste [21].

Dall'ampia formula della disposizione si evince con chiarezza la volontà del legislatore di ricomprendere in tale nozione somme anche non corrispettive dell'attività svolta, ma erogate in relazione al rapporto di lavoro [22] e, soprattutto, si coglie l'esigenza di estendere la massa di risorse imponibili e contrastare comportamenti elusivi.

Tuttavia, la retribuzione imponibile ai fini fiscali è costituita soltanto da ciò che il lavoratore ha effettivamente percepito, mentre la retribuzione imponibile ai fini previdenziali non può essere inferiore all'importo della retribuzione fissata a livello collettivo, anche se in concreto sia stata corrisposta in misura inferiore.

Infine, talune voci sono assoggettate a imposizione tributaria ma non a quella previdenziale [23].

---

[19] Cfr. Cass. 27 luglio 2018, n. 20011.

[20] Da ultimo modificato dall'art. 1, comma 190, legge n. 208 del 2015 e dall'art. 1, commi 160-162 della legge 11 dicembre 2016, n. 232.

[21] A. Vallebona, *Breviario di diritto del lavoro,* Torino, 2015, p. 310.

[22] Da ultimo, Cass. 29 maggio 2018, n. 13473 ha chiarito che è assoggettabile a contribuzione previdenziale l'indennità sostitutiva delle ferie non godute, costituendo essa comunque un'attribuzione patrimoniale riconosciuta a favore del lavoratore in dipendenza del rapporto di lavoro e non essendo ricompresa nella elencazione tassativa delle erogazioni escluse dalla contribuzione.

[23] In particolare v. l'art. 51, d.p.r. n. 917 del 1986, sostituito dall'art. 3, d.lgs. n. 314 del 1997 e l'art. 6 del suddetto decreto, che pongono una serie di esclusioni. Sulle modifiche introdotte dalla legge n. 208 del 2015 e dalla legge n. 232 del 2016, si v. *infra*, par. 1.7.

retribuzione a tempo e a cottimo

1.6. La retribuzione può essere corrisposta **a tempo o a cottimo.**

Nella retribuzione a tempo, sicuramente più diffusa, l'unità di misura del corrispettivo consiste nel decorso del tempo indipendentemente dal risultato anche se, come si vedrà, la diligenza nello svolgimento della prestazione lavorativa è pur sempre un criterio di verifica dell'esattezza dell'adempimento.

La retribuzione a cottimo invece implica la remunerazione della quantità di lavoro occorrente nell'unità di tempo a produrre un risultato.

In altre parole, il sistema di retribuzione a cottimo presuppone il calcolo del tempo occorrente al lavoratore di media diligenza per produrre un determinato pezzo o una fase o parte del prodotto finale e costituisce, da un lato, un incentivo a lavorare di più, ma è, dall'altro, una forma di maggiore sfruttamento del lavoratore.

cottimo vietato e obbligatorio

Non a caso è vietato nell'apprendistato, mentre è obbligatorio nel lavoro a domicilio (cottimo pieno) o quando il prestatore di lavoro "sia vincolato all'osservanza di un determinato ritmo produttivo" ovvero "la valutazione della sua prestazione è fatta in base al risultato dei tempi di lavorazione" (art. 2100, comma 1, c.c.).

cottimo individuale e collettivo

cottimo misto e pieno

Il cottimo può essere **individuale**, relativo al singolo lavoratore, o **collettivo** e cioè relativo a un gruppo di lavoratori, ma non può in ogni caso ledere il criterio della sufficienza del corrispettivo. Non a caso, spesso la contrattazione collettiva prevede la forma del cottimo **misto**, cioè un compenso commisurato al risultato che si aggiunge alla retribuzione a tempo.

tariffe di cottimo

Al contratto collettivo spetta il compito di stabilire i criteri per la formazione delle tariffe per evitare abusi del datore di lavoro, il quale deve comunicare preventivamente ai lavoratori i dati riguardanti gli elementi costitutivi della tariffa (le lavorazioni da eseguirsi e il relativo compenso unitario).

La determinazione delle tariffe da parte dei contratti collettivi nazionali vincola l'imprenditore ad una certa organizzazione del lavoro e quindi le stesse tariffe, come stabilisce l'art. 2101 c.c., possono essere modificate soltanto se intervengono mutamenti nelle condizioni di esecuzione del lavoro e in ragione degli stessi.

provvigione, partecipazione agli utili e ai prodotti

Altre forme di retribuzione sono la partecipazione agli utili e la provvigione o la partecipazione ai prodotti, diffusa in agricoltura. Poco diffusa è l'emissione di azioni a favore dei lavoratori dipendenti anche se fiscalmente incentivata (attualmente, in base all'art. 1, commi 182 e 184-*bis* della legge n. 208 del 2015, modificata dalla legge n. 232 del 2016).

retribuzione di produttività

1.7. Il sistema di relazioni industriali delineato dal protocollo del luglio del 1993 affidava alla contrattazione aziendale il ruolo di accrescere, ove possibile, la retribuzione del lavoratore prevedendo emolumenti correlati ai risultati conseguiti dall'impresa[24].

---

[24] Secondo M. Carrieri, *Lavoro e lavoratori: una radiografia delle nuove insicurezze*, cit., proprio la produttività "costituisce il problema archetipo del nostro sistema bloccato".

In altri termini, alla retribuzione minima, fissata a livello nazionale, la contrattazione aziendale aggiungeva una parte variabile, collegata ad incrementi di produttività o redditività dell'impresa.

Per incentivare la diffusione di questi trattamenti, il legislatore, negli anni, ha introdotto agevolazioni di tipo fiscale e previdenziale per il salario variabile di produttività regolato dai contratti di secondo livello, aziendali e territoriali.

La legge n. 208 del 2015 ha reso strutturale un regime fiscale di favore per i c.d. *premi di risultato* previsti dai contratti collettivi aziendali o territoriali[25].

piani di welfare

1.8. Diversa dalla retribuzione di risultato è la c.d. retribuzione in *welfare*.

I c.d. **piani di *welfare*** possono essere stabiliti per iniziativa volontaria del datore di lavoro, da regolamenti aziendali oppure da contratti collettivi (aziendali, territoriali, nazionali ed anche interconfederali) e consistono nell'erogazione di opere e servizi da parte del datore di lavoro a favore dei dipendenti, del coniuge, dei figli e di altri familiari per finalità di utilità sociale, quali educazione, istruzione, ricreazione, assistenza sociale e sanitaria o culto (ad es., borse di studio e contributi per le spese di istruzione dei dipendenti e dei loro figli, contributi per spese sanitarie, servizi per la frequenza di asili nido da parte dei figli dei dipendenti, servizi per lo svolgimento di attività sportive e ricreative, assistenza ai familiari anziani del dipendente, servizi di trasporto pubblico locale, regionale e interregionale, ecc.).

I beni o servizi di *welfare* non concorrono a formare il reddito da lavoro dipendente, e, pertanto, sono esenti da imposizione fiscale e contributiva[26]; inoltre, se configurano adempimento di un obbligo negoziale, i costi sostenuti dall'impresa sono integralmente deducibili[27]. Di conseguenza l'adozione di piani di welfare realizza vantaggi non solo per i lavoratori, ma anche per i datori di lavoro.

Sono molteplici gli accordi anche nella grande industria volti allo sviluppo sia di tale forma di *welfare* sia dei premi di produzione. Fra i primi, ad es., vanno ricordati l'Accordo Luxottica del 5 giugno 2013 (si veda ora l'accordo del 21 giugno 2019) ed il Ccnl Metalmeccanici 2016 (il quale prevede espressamente l'attivazione di piani di *flexible benefits* da parte di tutte le imprese del comparto). Fra i secondi, a titolo esemplificativo, si vedano gli Accordi Fede-

---

[25] Cfr. art. 1, commi 182-188, legge n. 208 del 2015. L'agevolazione fiscale opera anche per le partecipazioni agli utili di impresa, nei limiti fissati dalla stessa legge. I contratti collettivi aziendali e territoriali deputati a prevedere tali premi sono quelli previsti dall'art. 51 del d.lgs. n. 81 del 2015. Gli indicatori che possono essere stabiliti dai contratti collettivi per determinare gli incrementi di produttività, redditività etc., sono fissati da apposito decreto interministeriale del 25 marzo 2016, che prevede anche le modalità attuative per ottenere lo sgravio fiscale. Il comma 189 regola invece il riconoscimento di benefici previdenziali nel caso di coinvolgimento paritetico dei lavoratori nell'organizzazione del lavoro.

[26] Cfr. art. 51 del T.U.I.R così come modificato dalla legge n. 208 del 2015, dalla legge n. 232 del 2016 e dalla legge n. 205 del 2017.

[27] Cfr. artt. 95 e 100 del T.U.I.R.

ralberghi e Confimi Industria con Cgil, Cisl e Uil rispettivamente del 6 ottobre 2016 e del 9 novembre 2016.

È infine ammessa la facoltà per i lavoratori di convertire il premio di risultato eventualmente conseguito direttamente in beni o servizi di *welfare*.

inesistenza di una nozione legale di retribuzione

1.9. Come si è accennato (*supra*, par. 1.1) nel nostro ordinamento non esiste una nozione legale generale di retribuzione.

Secondo la disciplina vigente, quindi, sono di norma le parti collettive e, più raramente, le parti individuali, a determinare il trattamento retributivo dovuto al lavoratore, salvo l'accertamento giudiziale, in caso di controversie, della retribuzione proporzionata e sufficiente (*supra*, par. 1.2).

Di norma le clausole del contratto individuale possono prevedere esclusivamente miglioramenti *ad personam* rispetto al trattamento retributivo eventualmente pattuito in sede collettiva, salvo il riassorbimento del trattamento più favorevole da parte del contratto collettivo successivo[28]. Le parti individuali, possono, com'è ovvio, escludere espressamente lo stesso riassorbimento, o tale volontà può risultare da una prassi reiterata in occasione di rinnovi contrattuali[29]. Lo stesso vale per il contratto collettivo aziendale rispetto al trattamento minimo previsto a livello nazionale.

paga tabellare

scatti di anzianità

contingenza congelata

Le componenti della retribuzione inserite nella busta paga sono numerose, ma tre, in particolare, risultano sempre presenti: la paga **base o tabellare** prevista dal contratto collettivo con riferimento al livello retributivo in cui è inquadrato il lavoratore; gli **scatti di anzianità** collegati all'anzianità di servizio maturata, di solito a cadenza biennale; **l'indennità di contingenza**, ossia quella somma indicata in busta paga ormai in cifra fissa e cioè **ormai congelata nel suo ammontare** da quando ha cessato di avere vigore l'automatismo retributivo di aggiornamento dei contratti collettivi, che aveva la funzione di adeguare automaticamente la retribuzione al costo della vita.

mensilità aggiuntiva, premio di produzione, indennità di presenza o di rendimento

Il contratto collettivo di categoria, a seconda dei diversi settori merceologici, determina anche il numero delle c.d. mensilità aggiuntive (se la sola 13ª[30] o anche la 14ª mensilità) e, in taluni casi, anche l'attribuzione del premio di produzione, di qualità, collegati all'andamento economico dell'azienda, o di presenza, o anche di rendimento, collegati all'esecuzione della prestazione lavorativa.

indennità varie collegate alle modalità di esecuzione della prestazione

Il contratto collettivo, di regola, disciplina anche altri emolumenti, denominati "indennità" e collegati alle modalità topografiche di esecuzione della prestazione lavorativa (indennità estero, di disagiata residenza, di alta montagna, indennità di sottosuolo, indennità di trasferta o di trasferimento) o a

---

[28] Riassorbimento significa che una retribuzione di 120 a livello individuale è destinata ad essere riassorbita dal contratto collettivo successivo che abbia aumentato il minimo di trattamento economico da 100 a 120. Cfr., da ultimo, Cass. 17 ottobre 2018, n. 26017.

[29] Cass. 30 settembre 2016, n. 19549; Cass. 4 luglio 2016, n. 13581; Cass. 29 agosto 2012, n. 14689, in *Riv. crit. dir. lav.*, 2012, p. 810.

[30] Si tratta della c.d. indennità di gratifica natalizia: art. 17, d.p.r. n. 1070 del 1960.

modalità rischiose della prestazione lavorativa (di maneggio danaro) o usuranti (indennità di cuffia per i centralinisti) o, ancora, volte a compensare il lavoratore per il mancato godimento delle ferie, del riposo settimanale, o a remunerare lo straordinario o il lavoro notturno o il lavoro a turni.

La conservazione di queste indennità, in caso di mutamento di mansioni, si giustifica solo quando esse siano il corrispettivo di una professionalità acquisita, e non anche quando siano compensative di modalità, ormai cessate, di esecuzione della prestazione lavorativa.

E così, ad esempio, il lavoratore cassiere destinato a svolgere altre mansioni non ha diritto a conservare l'indennità di maneggio danaro [31].

Si discuteva inoltre se tutte queste indennità dovessero essere computate anche nelle mensilità aggiuntive e nella retribuzione dovuta per il periodo feriale in omaggio al principio dell'omnicomprensività della retribuzione, e cioè del principio secondo cui tutti i compensi dovessero essere compresi nella retribuzione, interpretando estensivamente l'art. 2120 c.c. vecchio testo [32].

il superamento del principio di omnicomprensività della retribuzione

E tuttavia, anche per le soluzioni paradossali cui conduceva la suddetta interpretazione [33], già da tempo la dottrina [34] ha chiarito e la giurisprudenza [35] ha confermato il principio secondo il quale il computo o meno di queste indennità nelle mensilità aggiuntive dipende da quanto stabilisce il contratto collettivo o, nel silenzio del contratto, dal comportamento anche tacito delle parti individuali.

rimborsi spese

Infine, non hanno natura retributiva **i rimborsi spese**, normalmente anticipate dal lavoratore per conto del datore di lavoro e inerenti all'esecuzione della prestazione lavorativa, i premi o le gratifiche corrisposte unilateralmente dal datore di lavoro a titolo di liberalità e tutte le altre attribuzioni che hanno una causa diversa dal contratto di lavoro.

funzioni dell'indennità di contingenza

1.10. Come si è accennato, ormai è stata abolita l'indennità di contingenza, emolumento che adeguava automaticamente la retribuzione all'aumento del costo della vita in base al meccanismo dei punti di contingenza che aveva-

---

[31] Sull'indennità di maneggio danaro cfr., da ultimo, Cass. 05 settembre 2019, n. 22294. L'indennità di maneggio denaro spetta in presenza dei requisiti previsti dal contratto collettivo che disciplina il rapporto di lavoro, essendo comunque necessario che le mansioni del lavoratore implichino un contatto con il denaro continuativo e non occasionale, con esposizione ad una possibile responsabilità, anche di carattere finanziario; tali profili devono ritenersi immanenti nelle mansioni di cassiere per il quale la responsabilità connessa al maneggio di denaro discende, ai sensi dell'art. 2104 c.c., direttamente dalla natura della prestazione dovuta.

[32] A mente del quale rientravano nella retribuzione utile ai fini del calcolo dell'indennità di anzianità tutti i compensi corrisposti con continuità in dipendenza del rapporto di lavoro.

[33] Ad esempio, il compenso per il lavoro straordinario forfetizzato veniva computato due volte: una prima volta veniva incluso nella retribuzione omnicomprensiva e una seconda volta era calcolato su quest'ultima.

[34] M. Persiani, *Problemi in tema di retribuzione*, in *I nuovi problemi della retribuzione*, Padova, 1982, p. 57 ss.

[35] Cass. 23 luglio 2014, n. 16710, in *Guida lav.*, 2014, 36, p. 30.

no un valore predeterminato, prima in percentuale, poi in misura eguale per tutti i lavoratori.

In altri termini, l'aumento dei prezzi di determinati beni contenuti in un "paniere" faceva scattare uno o più punti di contingenza e quindi l'entità dell'indennità di contingenza, preservando il salario dall'inflazione.

Sennonché tale adeguamento, essendo automatico, finiva per diventare esso stesso una causa di inflazione perché l'aumento dei prezzi determinava un aumento dei salari, e quest'ultimo determinava, a sua volta, un aumento dei prezzi innescando una pericolosa rincorsa prezzi-salari senza un sostanziale incremento reale di questi ultimi.

protocollo del 1993: abolizione dell'indennità di contingenza

Con il **protocollo del luglio del 1993** le parti sociali, per proteggere il salario dall'inflazione, avevano sostituito l'indennità di contingenza con un meccanismo biennale di verifica dello scostamento tra inflazione prevista e inflazione reale in sede di rinnovo dei contratti collettivi di categoria.

nuovo indice IPCA introdotto dall'Accordo interconfederale del 22 gennaio 2009

Oggi il sistema risulta modificato dall'introduzione, per opera dell'Accordo interconfederale del 22 gennaio 2009, di un nuovo indice previsionale denominato IPCA (indice dei prezzi al consumo armonizzato in ambito europeo per l'Italia), che esclude dal novero degli indicatori rilevanti l'aumento dei prezzi dei beni energetici importati e, quindi, non registra uno dei fattori principali dell'aumento dell'inflazione[36].

protocollo del 1993: indennità di vacanza contrattuale

Infine, secondo l'Accordo del 1993, nell'ipotesi invero frequente di mancato rinnovo del contratto collettivo dopo tre mesi dalla sua scadenza, i lavoratori percepivano, in via temporanea, un incremento denominato "indennità di vacanza contrattuale", percepito fino alla stipulazione dell'accordo di rinnovo.

nuovi meccanismi di copertura economica introdotti dall'Accordo interconfederale del 22 gennaio 2009

Dopo l'Accordo interconfederale del 22 gennaio 2009 sono i singoli contratti collettivi a stabilire un meccanismo che riconosca, in caso di scadenza del contratto, una copertura economica a favore dei lavoratori in servizio alla data di raggiungimento dell'accordo di rinnovo.

Tali meccanismi, tuttavia, sono condizionati al rispetto dei tempi e delle procedure per la presentazione delle richieste sindacali, l'avvio e lo svolgimento delle trattative.

1.11. L'Accordo 9 marzo 2018, nel delineare linee di indirizzo per la contrattazione collettiva, è intervenuto anche in materia di trattamento economico e ha chiarito le competenze del contratto nazionale e del contratto decentrato.

Vengono introdotte, in particolare, le nuove nozioni di TEC (trattamento economico complessivo) e TEM (trattamento economico minimo). Entrambi i trattamenti devono essere determinati dal contratto nazionale.

Il TEM è costituito dai minimi tabellari e potrà variare in funzione degli scostamenti registrati dell'indice IPCA.

---

[36] Il recupero degli eventuali scostamenti viene effettuato entro la vigenza di ciascun contratto nazionale, ma solo laddove detti scostamenti siano significativi.

Il TEC è costituito dal TEM e da tutti gli altri emolumenti, comprese anche le eventuali forme di welfare, che il contratto nazionale qualificherà come "comuni a tutti i lavoratori del settore", a prescindere dal livello di contrattazione a cui il medesimo contratto nazionale ne affiderà la disciplina [37].

I trattamenti economici riconosciuti in sede aziendale, inoltre, dovranno essere strettamente legati a reali e concordati obiettivi di crescita della produttività aziendale, di qualità, di efficienza, di redditività e di innovazione.

C'è da chiedersi se, ai fini della determinazione della giusta retribuzione, il TEM si imporrà come parametro di riferimento esclusivo oppure i giudici continueranno a prendere in considerazione anche voci del TEC [38].

Come pure ci si potrebbe interrogare sulla possibilità di ricomprendere nella nozione costituzionale di giusta retribuzione a lcune forme di retribuzione in *welfare* in virtù della rilevanza dei bisogni che mirano a soddisfare per il lavoratore e la sua famiglia (es. spese di istruzione, servizi di assistenza ai familiari anziani non autosufficienti).

1.12. Si è già chiarito che **i minimi di trattamento retributivo stabiliti dal contratto collettivo non sono modificabili *in peius* dalle parti individuali** e dunque valgono per tutti i lavoratori ai quali si applichi il contratto collettivo.

E tuttavia bisogna chiedersi se sia consentito all'autonomia delle stesse parti individuali o anche al potere unilaterale del datore di lavoro riconoscere un trattamento economico più favorevole ad un lavoratore e non ad un altro, anche se entrambi i lavoratori hanno lo stesso inquadramento e svolgono le stesse mansioni.

il principio della parità di trattamento retributivo a parità di mansioni

È evidente che la risposta all'interrogativo dipende dal riconoscimento o meno nel rapporto di lavoro privato del principio di parità di trattamento retributivo.

Infatti, come si è accennato, il suddetto principio è stabilito dalla legge per il lavoro pubblico mentre non sembra esportabile nel lavoro privato per una serie di ragioni [39].

---

[37] L'art. 34 del CCNL Energia e petroli, recentemente rinnovato il 19 settembre 2019, ricomprende, ad esempio, nel TEC, al livello nazionale, oltre ai minimi tabellari, l'assistenza sanitaria integrativa, la previdenza complementare e l'assicurazione contro la premorienza e l'invalidità permanente da malattia. Lo Stesso CCNL individua, poi, gli emolumenti ascrivibili al TEC al livello aziendale.

[38] La giurisprudenza, del resto, ha chiarito che la giusta retribuzione costituzionalmente garantita non necessariamente coincide con il trattamento minimo fissato dalla contrattazione collettiva. Cfr. Cass. 04 luglio 2018, n. 17421.

A tal fine potrebbe rivelarsi opportuna la previsione dell'Accordo 2018 ai sensi del quale "il contratto collettivo nazionale di categoria avrà cura di evidenziare in modo chiaro la durata e la causa di tali trattamenti economici e il livello di contrattazione a cui vengono affidati dovendosi, comunque, disciplinare, per i medesimi trattamenti, gli eventuali effetti economici in sommatoria fra il primo e il secondo livello di contrattazione collettiva.

[39] Sull'insussistenza di un diritto alla parità di trattamento cfr., da ultimo, Cass. 04 lu-

il limite dell'art. 41, comma 2 è esterno e non funzionale

In primo luogo, come si è detto, l'art. 41, comma 2, Cost., non introduce limiti funzionali, ma solo esterni, all'iniziativa economica privata, che possono essere stabiliti solo dalla legge o, al più, dal contratto collettivo.

l'utilità sociale rileva quando sia tradotta in un atto normativo

L'utilità sociale esprime un valore che rileva giuridicamente solo quando si concreti in un atto normativo, pur sempre espressione del principio democratico della maggioranza, ma non può essere applicata direttamente dal giudice nei rapporti tra privati, anche perché esalterebbe il soggettivismo del giudice a danno della certezza del diritto.

la ragionevolezza è riferibile all'atto normativo e non all'atto di autonomia privata

In secondo luogo, il tentativo di esportare nell'area dell'autonomia privata il canone della ragionevolezza, utilizzato dalla giurisprudenza costituzionale per dichiarare l'illegittimità di norme per contrasto con l'art. 3 Cost. che dispongano trattamenti diversi per situazioni uguali, non può essere utilizzato per valutare le motivazioni dell'agire umano [40], che rilevano solo nei limiti dell'illiceità.

clausole generali e principi costituzionali non sono costitutivi di obbligazioni autonome e riguardano l'esecuzione del singolo contratto di lavoro

Anche le clausole generali di buona fede e correttezza non possono essere utilizzate, perché sono norme di condotta, non costitutive di obbligazioni autonome e distinte. Tali clausole, in ogni caso, riguardano l'esecuzione del singolo contratto di lavoro, e perciò sono inidonee a giustificare l'esistenza di interrelazioni con altri soggetti, collegati al datore di lavoro da altri e distinti rapporti di lavoro subordinato.

Del resto, la configurazione del rapporto di lavoro in termini di relazione giuridica intercorrente tra tutti i componenti della "comunità di impresa" è da sempre respinta dalla cultura giuridica italiana.

parità di trattamento e art. 36 Cost.

Il **principio di parità di trattamento** non può fondarsi neppure sull'art. 36 Cost., che sancisce la proporzionalità della retribuzione alla quantità e qualità del lavoro e comunque la sua sufficienza. Infatti, la parità di trattamento si colloca in un'area sovrastante quella coperta dall'art. 36 Cost. [41].

diversità logico-strutturale tra divieto di discriminazione e principio di parità di trattamento

Infine, il divieto di discriminazione, accolto dal nostro ordinamento solo con riferimento a fattispecie tipiche, non deve essere confuso con il principio di parità di trattamento.

Infatti, il divieto di discriminazione ha la finalità di evitare la diversità di trattamento determinata da un requisito personale del discriminato (razza, sesso, lingua, politico, religioso, sindacale), mentre la parità di trattamento comporta l'attribuzione dello stesso trattamento retributivo a lavoratori che hanno identità di requisiti.

---

glio 2018, n. 17421. Per la diversa situazione del lavoro pubblico v., da ultimo, Cass. 06 marzo 2019, n. 6553.

[40] Cass., Sez. Un., 29 maggio 1993, n. 6030, in *Giur. it.*, 1994,1, c. 913; conf. Cass., Sez. Un., 17 maggio 1996, n. 4570, in *Foro it.*, 1996, 1, c. 1989. Più di recente, Cass., Sez. VI, 23 dicembre 2016, n. 26925; Cass. 21 dicembre 2016, n. 26464, Cass. 11 gennaio 2017, n. 524 e da ultimo, Cass. 25 marzo 2019, n. 8299.

[41] In questo senso Cass. 01 dicembre 2008, n. 28528, in *Rep. Foro it.*, 2008, voce *Lavoro (rapporto)*, n. 932.

Diversamente, si dovrebbe giungere alla conclusione, non condivisibile, che anche le clausole del contratto collettivo che stabiliscano, per ragioni di opportunità, disparità di trattamento per gruppi di lavoratori, potrebbero essere invalidate e sostituite dal potere correttivo del giudice *ex* art. 41, comma 2, Cost.

parità di trattamento e invalidità di clausole collettive che stabiliscono disparità di trattamento

2. In caso di malattia del lavoratore l'Inam, in passato, oltre ad erogare le prestazioni sanitarie, provvedeva ad erogare le prestazioni economiche. Attualmente queste ultime si concretano nell'erogazione di prestazioni previdenziali, quali l'indennità di malattia e di maternità, erogate direttamente dall'Inps a determinate categorie di lavoratori. Quando manca la tutela previdenziale, o ad integrazione di essa, il datore di lavoro è obbligato a corrispondere la retribuzione o un'indennità "nella misura e per il tempo stabiliti dalle leggi speciali, dai contratti collettivi, dagli usi o secondo equità" (art. 2110, comma 1).

prestazioni sanitarie ed economiche

in assenza della tutela previdenziale il datore di lavoro è obbligato a corrispondere la retribuzione o un'indennità nella misura prevista dai contratti collettivi

È vero però che la quasi totalità dei contratti collettivi prevede l'obbligo dei datori di lavoro o di corrispondere per intero la retribuzione, o di integrare l'indennità di malattia erogata dall'istituto previdenziale. In questo caso la legge, per garantire una maggiore effettività della tutela, ha previsto l'obbligo dei datori di lavoro di anticipare le prestazioni economiche di malattia e di maternità, salvo conguaglio con gli importi dovuti dall'Inps (art. 3, d.l. n. 663 del 1979, convertito nella legge n. 33 del 1980).

3. Il **trattamento di fine rapporto** è stato istituito dalla legge n. 297 del 1982 e sostituisce l'indennità di anzianità regolata dall'art. 2120 ss. c.c. che, a sua volta, aveva sostituito l'indennità di licenziamento prevista dalla legge sull'impiego privato del 1924[42].

indennità di licenziamento, indennità di anzianità, trattamento di fine rapporto

Si tratta di una somma di denaro corrisposta al lavoratore alla cessazione del rapporto di lavoro ed è un istituto che non ha corrispondenze negli ordinamenti stranieri.

3.1. Il trattamento di fine rapporto consiste in una somma di quozienti. E il quoziente rappresenta la somma accantonata virtualmente ogni anno, che si ottiene dividendo la retribuzione annua (c.d. dividendo) per 13,5[43].

il sistema di calcolo del t.f.r.

Le somme accantonate virtualmente sono rivalutate ogni anno secondo indici stabiliti dalla stessa legge.

Il vigente sistema di calcolo del t.f.r. riduce sensibilmente l'importo finale rispetto agli importi, talvolta assai più rilevanti, dell'indennità di anzianità[44].

---

[42] V. *amplius* G. Santoro-Passarelli, *Trattamento di fine rapporto e previdenza complementare*, Torino, 2007.

[43] Questo coefficiente (c.d. divisore) indica il punto di equilibrio tra 13 o 14 mensilità annue che in base ai contratti collettivi sono corrisposte al lavoratore.

[44] Per il cui calcolo l'ultima retribuzione era moltiplicata per gli anni di servizio, come se il lavoratore avesse percepito sin dall'inizio detta retribuzione.

le somme accantonate sono virtuali e non reali

3.2. Le somme accantonate di anno in anno per costituire il t.f.r. sono virtuali e non reali [45] e non sono oggetto di un distinto diritto del lavoratore. Il lavoratore ha, tuttavia, diritto di chiedere l'accertamento giudiziale delle quote accantonate, anche prima della cessazione del rapporto [46].

L'art. 2120, comma 2, c.c. individua la nozione di retribuzione annua utile ai fini del calcolo del t.f.r.

nozione e criteri legali di individuazione della retribuzione annuale ai fini del calcolo del t.f.r.: la dipendenza dal rapporto di lavoro

In altri termini questa disposizione stabilisce i criteri per identificare gli emolumenti che devono essere computati nella retribuzione annua e cioè tutte le somme corrisposte in dipendenza del rapporto a titolo non occasionale.

Va subito precisato che la stessa disposizione abilita la contrattazione collettiva a prevedere criteri diversi da quelli ivi indicati e di conseguenza abilita il contratto collettivo ad indicare analiticamente i compensi che vanno computati nella retribuzione annua, così come quelli che vanno esclusi [47]. Pertanto, segna il superamento definitivo del principio dell'omnicomprensività della retribuzione [48].

Vale la pena chiarire subito che l'espressione "in dipendenza del rapporto" va interpretata tenendo conto della formula "a titolo non occasionale".

Infatti, l'espressione "in dipendenza dal rapporto di lavoro" di per se è riferibile a ogni somma che ha la sua causa o anche sia semplicemente occasionata dal rapporto di lavoro. È bene evidente però che un significato del genere sembra contraddetto dal fatto che la somma debba essere corrisposta anche a titolo non occasionale.

la non occasionalità del titolo

E si noti che la **non occasionalità** è un predicato della causa dell'attribuzione della somma.

Pertanto l'espressione "in dipendenza del rapporto" congiunta con l'altra "a titolo non occasionale" è riferibile a ogni somma che ha la sua causa nel sinallagma genetico del contratto di lavoro.

computo nella retribuzione annua

In altri termini, devono essere computati nella retribuzione annua emolumenti corrisposti al lavoratore anche in assenza della prestazione lavorativa, ma non devono essere computati tutti quegli emolumenti soltanto occasionati dal rapporto di lavoro o le somme di natura risarcitoria, perché la causa dell'attribuzione in tali casi è per definizione occasionale.

accertamento dell'occasionalità

A rigore, l'accertamento delle somme da computare dovrebbe essere fatto *a priori*, ma nella maggior parte dei casi la giurisprudenza procede al suddetto accertamento solo *a posteriori* e cioè avendo riguardo alle modalità di esecu-

---

[45] L'accantonamento è reale solo per i datori di lavoro con almeno 50 addetti che, ai sensi dell'art. 1, comma 755, legge n. 296 del 2006, sono tenuti a trasferire a uno speciale fondo la quota di t.f.r. maturata a partire dal 1° gennaio 2007 e non destinata al finanziamento di forme pensionistiche complementari.

[46] Cass. 9 marzo 2010 n. 5707, in *Riv. crit. dir. lav.*, 2010, p. 559.

[47] Cass. 10 febbraio 2017, n. 3642.

[48] In tal senso cfr. Cass. 14 dicembre 2016, n. 25761; Cass., sez. VI, 25 novembre 2015, n. 24107; Cass. 3 aprile 2014, n. 7894.

zione della prestazione effettuata e all'abitualità della corresponsione del compenso [49].

A tale proposito è opportuno precisare che l'assenza di occasionalità non attiene alle modalità (continuative o meno) di corresponsione del compenso, bensì al fatto che tale corresponsione sia connessa alle mansioni stabilmente svolte dal lavoratore in seno all'azienda [50].

esclusione delle erogazioni collegate a ragioni aziendali imprevedibili o fortuite

Di conseguenza, secondo la previsione legale, si devono computare ai fini della determinazione del t.f.r. gli emolumenti riferiti ad eventi collegati al rapporto lavorativo o connessi alla particolare organizzazione del lavoro, anche se non corrisposti con frequenza e regolarità [51].

Inoltre, il riferimento contenuto nell'art. 2120, comma 2, c.c. "a tutte le somme corrisposte in dipendenza del rapporto" potrebbe indurre l'interprete a identificare la retribuzione annua con tutti i compensi corrisposti in **via di fatto**, a titolo non occasionale, durante l'anno.

la retribuzione annua non è quella corrisposta in via di fatto ma quella dovuta

E tuttavia l'art. 2120, comma 1, c.c. richiama "la retribuzione dovuta", senza contare che, altrimenti, la mancata corresponsione al lavoratore di una somma **per inadempimento, o per errore o per ritardo o per prescrizione del diritto alle somme dovute, impedendone il calcolo nella retribuzione annua, determinerebbe una lesione del diritto al t.f.r. prima ancora che lo stesso possa essere fatto valere.**

sospensione del rapporto di lavoro e retribuzione figurativa

3.3. L'art. 2120, comma 3, c.c. nuovo testo elenca **tassativamente** le ipotesi di sospensione della prestazione lavorativa rispetto alle quali è prevista una retribuzione figurativa, cioè una retribuzione a cui il lavoratore avrebbe avuto diritto in caso di normale svolgimento del rapporto.

le anticipazioni: le causali

3.4. Il lavoratore ha diritto di chiedere le anticipazioni per cause previste dalla legge: 1) acquisto, anche in via di perfezionamento, della prima casa per sé o per figli [52]; 2) spese sanitarie per terapie e interventi di carattere straordinario riconosciuti dalle competenti strutture pubbliche; 3) spese durante i periodi di fruizione dei congedi per formazione e durante i primi dodici anni di vita dei figli (art. 7, comma 1, legge n. 53 del 2000 ed art. 5, d.lgs. n. 151 del 2001).

---

[49] V. ad es. per l'inclusione nella retribuzione annuale dello straordinario richiesto continuativamente, Cass. 18 luglio 2014, n. 16449; Cass. 24 aprile 2014, n. 9302.

[50] Da ultimo v. Cass. 22 gennaio 2015, n. 1168, in *Guida lav.*, 2015, 8, p. 41; Cass. 15 settembre 2015, n. 18093.

[51] Cass. 4 marzo 2016, n. 4286; Cass. 5 ottobre 2009, n. 21216, in *Or. giur. lav.*, 2009, 1, p. 967 sull'indennità di mancato preavviso. In tema di indennità per lavoro notturno, cfr. Cass. 18 febbraio 2016, n. 3213; Cass. 21 maggio 2012, n. 7987, in *Giust. civ. mass.*, 2012, 5, n. 643. In tema di indennità di trasferta, Cass. 15 luglio 2014, n. 16142; Cass. 11 dicembre 2013 n. 27643, in *Lav. nella giur.*, 2014, p. 282. In tema di indennità percepite per lavoro all'estero, Cass. 21 aprile 2016, n. 8086. Sull'indennità disagio, Cass. 10 febbraio 2017, n. 3642; da ultimo si vd. Cass. 16 marzo 2018, n. 6591.

[52] Corte cost. 5 aprile 1991, n. 142, in *Foro it.*, 1991, 1, c. 1635.

requisiti oggettivi e importi

Le anticipazioni possono essere chieste soltanto dai lavoratori che abbiano **un'anzianità di servizio di otto anni e per un importo non superiore al 70% del trattamento maturato e possono essere concesse una sola volta nel corso dello stesso rapporto di lavoro.**

limiti numerici dei lavoratori legittimati a chiedere l'anticipazione

Le richieste di anticipazione possono essere soddisfatte annualmente nel limite del 10% dei lavoratori che abbiano titolo e comunque entro il limite del 4% del totale dei lavoratori occupati. Se le richieste eccedono questo limite la scelta dovrà essere operata secondo criteri di priorità stabiliti dai contratti collettivi.

condizioni di miglior favore e criteri di priorità

Condizioni di miglior favore possono essere pattuite a livello collettivo ed individuale, sia per ulteriori causali, sia per l'entità dell'anticipazione, sia per l'individuazione degli aventi diritto, a condizione che il trattamento più favorevole non leda i diritti riconosciuti agli altri lavoratori dalla legge.

3.5. L'art. 1, commi 26 e seguenti, della legge n. 190 del 2014, aveva previsto, in via sperimentale, che **i dipendenti del settore privato, con anzianità di servizio di almeno sei mesi presso il medesimo datore di lavoro o che avessero già deciso di destinare il t.f.r. ai fondi di previdenza integrativa, potessero chiedere che le quote da accantonare mensilmente fossero invece erogate ai lavoratori**[53], entro i termini e secondo le modalità definite con decreto attuativo del Presidente del Consiglio dei ministri[54].

La sperimentazione è terminata il 30 giugno 2018 e, in mancanza di proroghe delle disposizioni normative sopra richiamate, a decorrere dal periodo di paga luglio 2018 i datori di lavoro non sono più tenuti ad erogare in busta paga la quota maturanda di trattamento di fine rapporto per i dipendenti che ne abbiano fatte richiesta (cfr. il messaggio INPS 10 luglio 2018, n. 2791).

retribuzione differita e funzione previdenziale del t.f.r.

3.6. Esaurita l'esperienza dalla liquidazione in busta paga, il t.f.r. conserva la tradizionale natura di retribuzione differita con funzione previdenziale. Tale funzione è stata per molto tempo essenzialmente descrittiva, nel senso che non si ripercuoteva e quindi non alterava la natura retributiva dell'istituto.

progressivo assorbimento dell'istituto a vantaggio della previdenza complementare

E tuttavia l'esigenza di incrementare i flussi di finanziamento delle forme pensionistiche complementari, già propria del d.lgs. n. 124 del 1993, è diventata ancor più pressante dopo l'introduzione del c.d. sistema contributivo di calcolo delle pensioni, sistema che, a regime, determinerà una netta riduzione della copertura della previdenziale assicurata dalla pensione pubblica.

Questo fattore, unitamente allo stato di crisi del sistema pensionistico obbligatorio gestito a ripartizione, ha spinto il legislatore a riformare la previdenza complementare introducendo modalità di finanziamento più efficienti,

---

[53] Art. 1, comma 26, legge n. 190 del 2014 (legge di Stabilità 2015). La norma non si applica ai dipendenti pubblici, ai lavoratori domestici, ai lavoratori agricoli e ai dipendenti di aziende in crisi o sottoposte a procedure concorsuali. Le somme erogate sono sottoposte a tassazione ordinaria.

[54] D.p.c.m. 19 marzo 2015, n. 29.

al fine di bilanciare la minor copertura assicurata dalla pensione pubblica.

Ecco quindi che il t.f.r. è divenuto lo strumento privilegiato di finanziamento delle forme pensionistiche complementari, non solo attraverso modalità di conferimento esplicite, come già previsto dal d.lgs. n. 124 del 1993, ma anche mediante modalità tacite (art. 8, comma 7, d.lgs. n. 252 del 2005).

il t.f.r. strumento privilegiato di finanziamento delle forme pensionistiche complementari

E in questo modo la funzione previdenziale può sovrapporsi e ridimensionare, se non annullare, l'originaria natura retributiva dell'istituto.

Infatti, gli accantonamenti del t.f.r., possono considerarsi atti di previdenza in senso stretto nella misura in cui sono destinati ad alimentare i fondi di previdenza.

3.7. In caso di morte del lavoratore **l'art. 2122 c.c. riconosce che l'indennità di mancato preavviso e il t.f.r. siano devoluti ai soggetti** indicati dal comma 1. La disposizione è stata dichiarata costituzionalmente illegittima nella parte in cui non consentiva al lavoratore defunto di disporre per testamento delle suddette indennità [55].

applicazione delle norme sulla successione legittima in mancanza dei soggetti indicati dall'art. 2122, comma 1

Infatti, l'art. 2122, comma 3, c.c. si limita a prevedere che in mancanza delle persone indicate dal comma 1 dell'art. 2122 c.c. le indennità sono attribuite secondo le norme della successione legittima.

Secondo la dottrina e la giurisprudenza prevalente l'indennità a causa di morte sarebbe acquistata *jure proprio* dai soggetti indicati dal comma 1 dell'art. 2122, mentre sarebbe acquistata *jure successionis* e quindi per testamento o secondo le regole della successione legittima in assenza dei soggetti indicati dal comma 1 dell'art. 2122 c.c.

detrazione delle anticipazioni dall'indennità

L'art. 2120 c.c. stabilisce che l'anticipazione è detratta dall'indennità a causa di morte e quindi può essere opposta dal datore di lavoro ai superstiti.

4. Normalmente, in una trattazione sul contratto di lavoro non è preso in esame il diritto del lavoratore alla posizione contributiva, che è oggetto di studio della previdenza sociale perché attiene al rapporto avente ad oggetto l'obbligazione contributiva (rapporto contributivo).

rapporto di lavoro e rapporto contributivo

Il rapporto contributivo, pur avendo una propria identità, non ha una sua vita autonoma ma, come sostiene la dottrina, è pur sempre l'effetto giuridico di una fattispecie in cui il soggetto obbligato è parte di un rapporto di lavoro subordinato [56].

Con la conclusione del contratto di lavoro, sorge il diritto del lavoratore

---

[55] Corte cost. 19 gennaio 1972, n. 8, in *Mass. giur. lav.*, 1972, p. 3; Corte cost. 23 dicembre 2005, n. 458, in *Foro it.*, 2006, 1, c. 1683, in tema di personale non di ruolo alle dipendenze della pubblica amministrazione.

[56] O di lavoro autonomo o anche familiare o svolto in relazione all'iscrizione ad un albo professionale: cfr. M. Persiani, *Diritto della previdenza sociale*, Padova, 2014, p. 67 ss. (specificamente p. 83 ss.).

subordinato a una posizione contributiva, previsto dalla legge, al versamento da parte del datore di lavoro all'Inps dei contributi previdenziali calcolati sulle somme corrisposte al lavoratore in dipendenza del rapporto di lavoro.

Con la conclusione del contratto di lavoro sorge, altresì, l'obbligo di pagamento all'Inps dei contributi previdenziali da parte del datore di lavoro anche per la parte (circa 1/3) dovuta dal lavoratore, salvo il diritto di rivalsa (art. 2115, comma 2, c.c.).

assenza di corrispettività tra contribuzioni e prestazioni previdenziali: principio di automaticità

Peraltro, stante l'inesistenza di corrispettività tra contribuzione e prestazioni previdenziali, ed in applicazione del principio dell'automaticità delle prestazioni, le prestazioni previdenziali sono erogate e dovute dall'Inps al prestatore di lavoro, anche in caso di irregolare od omesso versamento dei contributi (art. 2116, comma 1, c.c.).

Nell'ambito della tutela contro gli infortuni sul lavoro e le malattie professionali, tale principio trova piena applicazione, mentre per l'assicurazione di invalidità, vecchiaia e superstiti l'applicabilità è limitata ai contributi non prescritti (c.d. principio dell'irricevibilità dei contributi prescritti).

In quest'ultimo caso, se l'ente previdenziale, per l'inadempimento del datore di lavoro all'obbligo di versare la contribuzione, non è più tenuto ad erogare prestazioni previdenziali, lo stesso datore di lavoro lede il diritto del lavoratore alla posizione contributiva ed è responsabile del danno che ne deriva al lavoratore (art. 2116, comma 2, c.c.). Pertanto la posizione contributiva del lavoratore si configura come un bene giuridico produttivo di effetti economici, la cui lesione determina un danno certo, attuale e suscettibile di immediato risarcimento.

montante contributivo individuale e importo della prestazione previdenziale

La contribuzione previdenziale, tra parte dovuta dal datore di lavoro e parte dovuta dal lavoratore, è una voce del costo del lavoro che assorbe circa il 33% della retribuzione imponibile a fini previdenziali corrisposta al lavoratore.

La somma dei diversi importi annuali accantonati costituisce il montante contributivo individuale che, moltiplicato per un coefficiente determinato dalla legge e che varia in funzione dell'età di pensionamento, indica l'importo annuo della prestazione previdenziale.

invenzioni di servizio e invenzioni d'azienda: nella prima ipotesi il lavoratore non ha diritto al compenso aggiuntivo …

5. Il prestatore di lavoro ha diritto di essere riconosciuto **autore dell'invenzione fatta nello svolgimento del rapporto di lavoro** (art. 2590 c.c.). Le invenzioni possono essere il risultato di un'attività inventiva prevista come oggetto del contratto (invenzione di servizio), o dell'esecuzione della prestazione lavorativa (invenzione d'azienda).

Nella prima ipotesi, prevalente nella prassi, il lavoratore non ha diritto ad alcun compenso aggiuntivo, poiché l'attività inventiva è oggetto del contratto e perciò specificamente retribuita (art. 64, comma 1, d.lgs. n. 30 del 2005, c.d. codice della proprietà industriale).

Nella seconda ipotesi, invece, l'invenzione non è prevista quale oggetto del contratto [57], e perciò in questo caso il lavoratore ha diritto ad un equo premio solamente se e quando il datore di lavoro consegue il brevetto relativo all'invenzione [58].

... nella seconda ha diritto ad un equo premio se il datore consegue il brevetto

L'art. 64, comma 3, d.lgs. n. 30 del 2005, prevede una terza ipotesi: la invenzione occasionale rientrante nel campo di attività dell'azienda, ma realizzata dal dipendente per iniziativa propria, in via occasionale, al di fuori dello svolgimento del contratto di lavoro. In tal caso, il datore di lavoro ha il diritto di prelazione per l'uso esclusivo o meno dell'invenzione e per l'acquisto del brevetto verso il pagamento di un corrispettivo da cui dovrà essere dedotta una somma pari agli aiuti che l'inventore abbia ricevuto dal datore di lavoro per pervenire all'invenzione [59].

invenzione occasionale

---

[57] Ai sensi dell'art. 64, comma 2, come modificato dal d.lgs. n. 131 del 2010, "se non è prevista una retribuzione in compenso per l'attività inventiva".

[58] Sulla distinzione tra le due tipologie Cass. 9 aprile 2014, n. 8368, in *Guida lav.*, 2014, p. 32 e Cass. 21 marzo 2011, n. 6367, in *Giust. civ. mass.*, 2011, n. 431.

[59] Cass. 18 marzo 2015, n. 5424; Cass. 10 settembre 2014, n. 19009.

Capitolo 26
I diritti personali del lavoratore

Introduzione e definizioni

i diritti personali del lavoratore sono diritti del lavoratore in quanto "persona"

Per "**diritti personali del lavoratore**" si intendono quei **diritti propri del lavoratore in quanto "persona"** e, dunque, a prescindere dal contenuto economico della prestazione da questi svolta, sul presupposto che non solo l'energia lavorativa, ma l'intera persona del lavoratore risulta implicata nel rapporto contrattuale [1].

Tali diritti, che non contemplano soltanto l'integrità fisica della persona del lavoratore, ma anche la libertà morale e la dignità dello stesso, trovano la propria fonte in norme, di carattere generale e di formulazione aperta, di rango costituzionale [2], oppure del codice civile [3] o dello Statuto dei lavoratori [4].

assenza di una sistemazione organica di tali diritti nel codice civile: interventi di legislazione speciale stratificati nel tempo

In mancanza di una sistemazione organica della materia all'interno del codice civile, tali norme sono state integrate, precisate e specificate da una serie di interventi normativi stratificatisi nel corso dei decenni.

In particolare, al legislatore europeo e agli interventi della Corte di Giustizia si deve gran parte della disciplina che, a partire dagli anni '90, ha profondamente modificato le norme statutarie e codicistiche, creando una vera e propria normativa di parte speciale, complementare e non antitetica rispetto a quella previgente, a cui, invero, si rimanda come fonte di carattere generale, suppletiva e residuale [5].

Le **sanzioni** previste dalla legge rispetto agli atti del datore di lavoro che ledano i diritti c.d. personali consistono nell'invalidità di tali atti, nel risarcimento del danno o nella irrogazione di sanzioni amministrative, spesso di natura economica, o anche nell'irrogazione di sanzioni penali.

---

[1] Per una successione storica dei singoli provvedimenti di tutela, si rimanda a P. Rescigno, *Personalità (diritti della)*, in *Enc. giur.*, vol. XXIV, Roma, 1991, p. 2.

[2] Artt. 2, 3, 4, 32, 35, 36, 37 e 41 Cost.

[3] Cfr. gli artt. 2087 c.c., per ciò che concerne la tutela della salute del lavoratore, 2103 c.c., in materia di mansioni, e 2109 c.c., per quanto riguarda la normativa relativa al tempo di lavoro.

[4] Artt. 1, 4, 8, 9 e 15 St. lav.

[5] Ciò appare evidente, ad esempio, nell'ambito della tutela contro le discriminazioni, su cui v. *amplius, infra*, sez. III.

Queste ultime hanno lo scopo di indurre il datore di lavoro a porre in essere comportamenti che ripristinino la situazione preesistente all'atto lesivo. Come si è più volte accennato, l'infungibilità degli obblighi di fare del datore di lavoro non consente l'esecuzione in forma specifica degli stessi e neppure il ricorso al commissario *ad acta* che, nel lavoro pubblico, sostituisce la pubblica amministrazione inottemperante all'ordine del giudice.

A fini classificatori, nel *genus* dei diritti personali a contenuto non economico del lavoratore, risulta preferibile distinguere e trattare in distinte sezioni i diritti di libertà in senso proprio del lavoratore, concernenti il **diritto del lavoratore a svolgere le mansioni pattuite**, a **manifestare liberamente il proprio pensiero** e alla **riservatezza dei propri dati personali** (sez. I), i diritti concernenti la **tutela dell'integrità psico-fisica e della personalità morale del lavoratore**, entro cui si annovera il diritto alla prevenzione degli infortuni e alla sicurezza sul lavoro (sez. II), gli specifici diritti di **tutela contro le discriminazioni** (sez. III) e, infine, i **diritti connessi alla gestione del fattore tempo** nell'esecuzione del rapporto di lavoro (sez. IV).

Sezione I
I diritti di libertà del lavoratore

Sommario: 1. Il diritto a svolgere le mansioni pattuite. – 2. Il diritto a manifestare liberamente il proprio pensiero. – 3. Il diritto alla riservatezza.

diritto allo svolgimento delle mansioni pattuite

1. Talvolta può verificarsi l'ipotesi che il datore di lavoro "emargini" il lavoratore non mettendolo in condizione di svolgere le mansioni assegnate. In questo caso si discute se: a) il lavoratore abbia **diritto ad eseguire la prestazione** e se b) abbia diritto al risarcimento del danno conseguente **alla lesione del diritto allo svolgimento delle mansioni assegnate**.

La dottrina classica riconosceva questo diritto soltanto rispetto a determinati rapporti, come ad esempio l'apprendistato, in ragione della causa formativa di tale contratto, o in altri rapporti in cui l'interesse all'esecuzione e all'utilizzazione della prestazione è oggettivamente giustificato dalla natura del lavoro, come nel caso dell'interprete di opere drammatiche e musicali, del giornalista, dello sportivo [6].

In ogni caso, si tratta di capire se, nei rapporti in cui non sussista un interesse del prestatore di lavoro oggettivamente giustificato dalla natura del lavoro, **la riduzione a zero delle mansioni possa considerarsi illegittima** perché è riconducibile alla mora del creditore o perché lede un vero e proprio diritto del lavoratore allo svolgimento della prestazione di lavoro [7].

Al riguardo, una parte della dottrina [8] considera in ***mora credendi*** *ex* artt. 1206 e 1217 c.c. il datore di lavoro che non coopera all'adempimento dell'obbligazione del lavoratore senza un motivo legittimo. Invece, un altro orientamento dottrinale [9] e giurisprudenziale [10], senza affrontare il discorso sulla causa

---

[6] F. Santoro-Passarelli, *Nozioni di diritto del lavoro*, Napoli, 1995, p. 194.

[7] V. G. Santoro-Passarelli, *Sulle categorie del diritto del lavoro "riformate"*, in *WP C.S.D.L.E. "Massimo D'Antona"*, 2016, n. 288, p. 19.

[8] E. Balletti, *La cooperazione del datore all'adempimento dell'obbligazione di lavoro*, Padova, 1990, p. 92; V. Speziale, *Mora del creditore e contratto di lavoro*, Bari, 1992, p. 224.

[9] V. F. Liso, *Brevi osservazioni sulla revisione della disciplina delle mansioni contenuta nel decreto legislativo n. 81/2015 e su alcune recenti tendenze di politica legislativa in materia di rapporto di lavoro*, in *WP C.S.D.L.E "Massimo D'Antona"*, 2015, n. 257, p. 3; R. Del Punta, *Diritti della persona e contratto di lavoro*, in *Giorn. dir. lav. rel. ind.*, 2006, p. 248.

[10] In questo senso Cass., Sez. Un., 6 marzo 2009, n. 5454, in *Ragiusan*, 2009, 307-308, p. 271. Più di recente, v. Cass. 24 giugno 2013, n. 15769 e Cass. 28 giugno 2013, n. 6413, in *Riv. giur. lav.*, 2013, 4, p. 611.

del contratto di lavoro e senza metterne in discussione la qualificazione come contratto di scambio, è pervenuta a riconoscere tale **diritto allo svolgimento della prestazione**, ancorandolo non solo ad alcune norme di rango costituzionale (artt. 2, 4, 35 e 41, comma 2, Cost.) [11], ma anche all'art. 2103 c.c., nella formulazione precedente alla riforma del c.d. *Jobs Act*.

In tale prospettiva, **il mancato svolgimento della prestazione lavorativa protratto per un certo periodo determina una perdita o riduzione di professionalità e, comunque, una lesione della dignità personale del lavoratore**.

Alla luce del "nuovo" art. 2103 c.c. (v. *supra*, cap. 24) è più difficile per l'interprete continuare ad utilizzare l'art. 2103 c.c. come fondamento normativo del diritto del lavoratore all'esecuzione della prestazione lavorativa. Tuttavia, non si può escludere che il suddetto diritto possa configurarsi come diritto autonomo del lavoratore e, più precisamente, come diritto della personalità che ha il suo fondamento sulle norme costituzionali che tutelano la dignità umana.

Bisogna comunque prendere atto che, pur configurato come diritto della personalità, l'interesse del lavoratore all'esecuzione della prestazione lavorativa non ha una tutela "forte". Infatti, qualora il giudice accerti l'inadempimento dell'obbligo del datore di lavoro di consentire lo svolgimento della prestazione, la sanzione non potrebbe consistere nell'esecuzione in forma specifica, trattandosi di un'obbligazione di *facere*. La **tutela**, quindi, non sarebbe ripristinatoria, ma soltanto **risarcitoria**.

il diritto a manifestare liberamente il proprio pensiero

2. Lo Statuto dei lavoratori (art. 1) riconosce ai lavoratori **il diritto a manifestare liberamente il proprio pensiero** nei luoghi dove prestano la loro opera.

Questo fondamentale diritto, che ha le sue radici nell'art. 21 Cost., è garantito sia attraverso **il divieto di indagini sulle opinioni politiche e religiose dei lavoratori e su ogni altro fatto non rilevante ai fini della valutazione dell'attitudine professionale** (art. 8 St. lav.), **sia attraverso il divieto di atti discriminatori** (art. 15 St. lav.).

il diritto alla riservatezza

3. L'art. 8 St. lav. garantisce il diritto del lavoratore alla riservatezza.

Il divieto di indagine deve essere inteso in senso ampio e impedisce non soltanto l'assunzione di **informazioni dirette sulle opinioni dei lavoratori** (per es. attraverso questionari o registrazioni) ma **anche in via indiretta** (abitudini e comportamenti privati).

In particolare, la gestione delle risorse umane comporta un grande coinvolgimento dei dipendenti (c.d. fidelizzazione) e, quindi, un maggior flusso di informazioni tra dipendente e azienda, che può sconfinare in un'indebita intrusione nella vita privata. In questo caso, **le indagini, per essere legittime, devono riguardare il profilo qualitativo della prestazione**.

[11] Cass. 9 febbraio 2007, n. 2878, in *Dir. prat. lav.*, 2008, p. 1424; Cass., Sez. Un., 6 marzo 2009, n. 5454, cit.

Il datore di lavoro può compiere **indagini sulle opinioni del lavoratore o su fatti inerenti alla sua sfera privata soltanto quando questi siano rilevanti ai fini della valutazione dell'attitudine professionale**, come ad esempio nel caso di lavoratori che prestano la loro attività nelle c.d. organizzazioni di tendenza. In tale ipotesi, il controllo sulle opinioni è ammesso nei confronti di quei lavoratori che svolgono mansioni di tendenza, ma non anche nei confronti di coloro che svolgono mansioni neutre [12]. In realtà, la distinzione non va enfatizzata perché può accadere che anche lo svolgimento di mansioni neutre richieda comunque, per la loro delicatezza, un'intima adesione alla tendenza (si pensi all'attività di talune segretarie o a quella di alcuni contabili) e, quindi, il divieto di indagine deve essere valutato caso per caso.

il codice della privacy

Attualmente, il divieto di indagini stabilito dall'art. 8 St. lav. va coordinato con il **c.d. codice della *privacy*** [13], che fa espressamente salvi gli artt. 4 e 8 Stat. lav. e, per l'appunto, regola il trattamento dei dati personali dei cittadini.

nozione di dato personale

Per **dato personale** si intende qualsiasi informazione relativa ad una persona fisica o giuridica, purché identificata o identificabile, mentre il **trattamento** del dato personale è qualsiasi operazione effettuata su queste informazioni, tranne quelle ad uso esclusivamente personale (es. tenuta di un indirizzario).

dati generici e sensibili

Tra i dati personali si distinguono quelli c.d. **sensibili,** in quanto idonei a rivelare l'origine razziale ed etnica, le convinzioni religiose, le opinioni politiche, l'adesione a partiti, sindacati, organizzazioni religiose, ecc., nonché lo stato di salute e la vita sessuale.

Come già evidenziato, quando il trattamento dei dati personali è finalizzato all'adempimento di specifici obblighi previsti da legge o da regolamento, nonché all'esecuzione di obblighi derivanti da un contratto del quale è parte l'interessato (e quindi in materia contabile, retributiva, previdenziale, assistenziale e fiscale), il datore di lavoro non è tenuto a darne comunicazione al Garante per la *privacy*, né ad ottenere il consenso del lavoratore (cfr. art. 24, comma 1, lett. *a*) e *b*), d.lgs. n. 196 del 2003). Viceversa, **per il trattamento dei dati sensibili occorre il consenso scritto dell'interessato,** preventivamente informato dal datore e previa autorizzazione del Garante, ovvero è sufficiente la sola autorizzazione del Garante, senza consenso del lavoratore, qualora il trattamento sia relativo all'adempimento di obblighi di legge per la gestione del rapporto di lavoro o alla necessità di tutela dell'incolumità di un terzo o per l'assolvimento del diritto alla difesa in giudizio [14].

---

[12] Sulla distinzione tra mansioni neutre o di tendenza, v. Cass. 8 luglio 1997, n. 6191, in *Mass. giur. lav.*, 1997, p. 882; Cass. 24 febbraio 2003, n. 2803, in *Foro it.*, 2003, 1, c. 2762.

[13] V. d.lgs. 30 giugno 2003, n. 196, e successive modifiche; e cfr. il regolamento UE n. 2016/679, cosiddetto GDPR.

[14] Un bilanciamento tra la tutela della riservatezza del lavoratore e il diritto di difesa del datore di lavoro può essere ravvisato, ad esempio, nell'esercizio del diritto di accesso alle dichiarazioni rese in sede ispettiva: v. Cons. Stato 24 novembre 2014, n. 5779; Cons. Stato 31 luglio 2013, n. 4035, in *Lav. prev. oggi*, 2013, 7-8, p. 409.

Sezione II

La tutela dell'integrità psico-fisica e della personalità morale del lavoratore

1. L'art. 2087 c.c. tutela l'integrità fisica e la personalità morale del lavoratore nello svolgimento della prestazione lavorativa.

La norma, infatti, obbliga l'imprenditore ad adottare nell'esercizio dell'impresa le **misure** che, secondo la **particolarità del lavoro**, l'**esperienza** e la **tecnica**, sono necessarie a tutelare l'integrità fisica e la personalità morale del prestatore di lavoro [15].

La disposizione del codice civile costituisce una proiezione dell'art. 32 Cost., che, come noto, riconosce alla salute sia il rango di *diritto fondamentale* ed indisponibile *dell'individuo*, che di *interesse della collettività*.

la copertura costituzionale del diritto

Tale presidio costituzionale comprende inevitabilmente la garanzia della salute nel luogo di lavoro, intesa come tutela di un ambiente lavorativo salubre. Il quadro costituzionale è completato dall'art. 41 Cost., che esprime il nesso tra sicurezza ed organizzazione del lavoro, affermando che la libertà di iniziativa economica non possa svolgersi in modo da recare danno alla sicurezza, alla libertà e alla dignità umana.

integrità fisica e personalità morale: nozioni

I beni tutelati dall'art. 2087 c.c. – integrità fisica e personalità morale – seppure teoricamente distinguibili (il primo attiene al possesso del patrimonio anatomico, psichico e funzionale, mentre il secondo si riferisce agli aspetti relazionali e alla dignità della persona), nella pratica si presentano intrecciati e mirano a garantire la più completa tutela della persona del lavoratore.

l'obbligo generale di sicurezza ed i parametri normativi per la sua determinazione

L'art. 2087 c.c. ha avuto il merito di istituire nell'ordinamento positivo il c.d. obbligo generale di sicurezza. Il contenuto di tale obbligo si misura attraverso i tre parametri previsti dalla norma: **la particolarità del lavoro, l'esperienza e la tecnica.**

---

[15] Cfr. P. Albi, *Adempimento dell'obbligo di sicurezza e tutela della persona*, art. 2087, in *Comm. Schlesinger*, Milano, 2008.

1. la particolarità del lavoro

La particolarità del lavoro impone di adeguare le cautele preventive ai rischi specifici che l'attività produttiva esercitata può presentare.

2. l'esperienza

Il criterio dell'esperienza esige che si tenga conto dell'efficacia dei presidi antinfortunistici già adottati e degli incidenti e delle malattie già verificatisi.

3. la tecnica

Infine, il riferimento alla tecnica richiede che vengano adottati tutti gli accorgimenti progressivamente acquisiti al patrimonio tecnico-scientifico e normalmente utilizzati nel settore produttivo di riferimento [16].

I tre parametri operano in combinato disposto e rendono l'obbligo di sicurezza a contenuto aperto, non determinato, ma elastico e costantemente in evoluzione.

In questo senso l'art. 2087 costituisce, al tempo stesso, il fulcro e la chiusura del sistema degli obblighi preventivi. In base ad esso il datore di lavoro è chiamato a predisporre tutte le misure di sicurezza possibili, sia **tipiche o nominate** (ossia previste espressamente dalle norme antinfortunistiche), che **atipiche o innominate** (che derivano, cioè, dall'applicazione dei tre parametri anzidetti) [17].

Il datore di lavoro è tenuto, quindi, al continuo **adeguamento delle misure di prevenzione in relazione ai mutamenti organizzativi e produttivi**, o in relazione al grado di evoluzione della tecnica. In ciò si sostanzia il principio della c.d. **massima sicurezza tecnologicamente disponibile** [18], che se da un lato tende a tenere costantemente aggiornato il sistema preventivo aziendale e a garantire il massimo livello di tutela, dall'altro rischia di rendere incerti i confini dell'obbligo di sicurezza e difficoltoso il suo adempimento.

Inoltre, la Suprema Corte ha esteso l'ampia garanzia contenuta nell'art. 2087 c.c. anche a comportamenti di terzi, interni o esterni al contesto produttivo, capaci di ledere la personalità morale del lavoratore. Ciò ha consentito, pur nell'assenza di normative specifiche, di apprestare adeguata tutela a fenomeni diversi che vanno dalle molestie sessuali ai rischi psicosociali, fino alle pratiche di vessazione psicologica.

responsabilità contrattuale e non oggettiva

2. La responsabilità civile che incombe sul datore di lavoro *ex* art. 2087 c.c., non è oggettiva, ma ha natura contrattuale, in quanto le prescrizioni in materia di sicurezza integrano l'accordo negoziale tra le parti ai sensi dell'art. 1374 c.c.

eccezione di inadempimento

Da ciò discende che nei confronti del datore di lavoro che non rispetti l'obbligo di sicurezza, il lavoratore potrà rifiutare di eseguire la prestazione

[16] Cfr. Cass. 21 settembre 2016, n. 18503, in *Giust. civ. mass.*, 2016. Sul punto, in relazione alla conformità ai principi costituzionali e comunitari, si v. Corte cost. 25 luglio 1996, n. 312, in *Foro it.*, 1996, 1, c. 2957; Corte giust., 14 giugno 2007, causa C-127/05, in *Riv. it. dir. lav.*, 2008, II, p. 12.

[17] Cfr. Cass. 26 aprile 2017, n. 10319, in *Giust. civ. mass.*, 2017. E, da ultimo, Trib. Lecco 2 settembre 2019, n. 19, in *DeJure*.

[18] Cfr. recentemente Trib. Teramo 5 luglio 2019, n. 29, in *DeJure*.

sollevando **eccezione di inadempimento** ai sensi dell'art. 1460 c.c.[19].

Inoltre, la responsabilità contrattuale è più vantaggiosa per il lavoratore rispetto a quella extracontrattuale, sia perché consente di beneficiare di un termine di prescrizione di dieci, anziché di cinque anni, sia perché rende più agevole assolvere l'onere della prova.

Il prestatore di lavoro, infatti, è esonerato dal provare il dolo o la colpa grave del datore di lavoro, dovendo dimostrare solamente l'esistenza del danno, la nocività dell'ambiente di lavoro ed il nesso causale tra l'uno e l'altro. Il datore di lavoro avrà, di converso, l'onere di provare di aver adottato tutte le cautele necessarie per impedire l'evento e di aver vigilato sulla loro corretta attuazione, prova non sempre agevole, anche se è possibile cogliere una minore intransigenza nella giurisprudenza più recente[20].

esclusione della responsabilità del datore di lavoro solo in caso di condotte abnormi

Peraltro, la responsabilità del datore non è esclusa dal **concorso del lavoratore**, a meno che la condotta di quest'ultimo non sia abnorme, ossia esorbitante e imprevedibile rispetto al normale processo lavorativo e alla normale esecuzione della prestazione, tanto da divenire unico elemento causale[21].

Allo stesso modo risponde *ex* art. 2087 c.c. il datore di lavoro che tolleri la violazione delle prescrizioni di sicurezza da parte dei propri dipendenti, essendo in obbligo di intervenire sulle situazioni di pericolo anche quando originino dalla negligenza e dall'imprudenza degli stessi prestatori d'opera[22].

Anzi, in questo caso il datore di lavoro ha il dovere di irrogare delle sanzioni disciplinari, fino al licenziamento, nei confronti del lavoratore inadempiente[23].

la disciplina speciale integra l'art. 2087 c.c.
Il T.U. sicurezza: d.lgs. n. 81 del 2008

3. All'obbligo generale contenuto nell'art. 2087 c.c. si è affiancata, costituendone specificazione, un'articolata disciplina speciale, che ha regolato minuziosamente – anche sulla scorta di un penetrante intervento comunitario – le misure antinfortunistiche e di igiene ambientale[24]. Tale disciplina è stata

---

[19] V. art. 44, d.lgs. n. 81 del 2008; Cass. 19 gennaio 2016, n. 836, in *Dir. rel. ind.*, 2016, 3, p. 838, con nota di V. Ferrante; e, di recente, Cass. 29 marzo 2019, n. 8911, in *Ilgiuslavorista.it*, 2019, che limita la possibilità di rifiuto della prestazione da parte del lavoratore alla verifica della gravità dell'inadempimento datoriale.

[20] Cfr., ad esempio, Cass. 27 febbraio 2017, n. 4970, in *Diritto & Giustizia*, 28 febbraio 2017, secondo cui non può accollarsi al datore di lavoro l'onere di garantire un ambiente di lavoro a "rischio zero"; e Cass. 26 luglio 2019, n. 20364, in *Diritto & Giustizia*, 29 luglio 2019, che attenua gli oneri probatori in relazione alle misure c.d. "innominate".

[21] Cass. 2 ottobre 2019, n. 24629, in *Diritto & Giustizia*, 3 ottobre 2019.

[22] Un orientamento giurisprudenziale, tuttavia, tende a ridurre l'estensione dell'obbligo di vigilanza datore di lavoro cfr. Cass. 10 febbraio 2016, n. 8883, in *Guida dir.*, 2016, 21, p. 84.

[23] Cass. 12 novembre 2013, n. 25392, in *Giur. it.*, 2014, 10, p. 2245; di recente Cass. 7 gennaio 2019, n. 138, in *DeJure*, secondo cui è legittimo il licenziamento del lavoratore che non partecipi sistematicamente ai corsi di formazione in materia di salute e sicurezza.

[24] Dapprima, il d.p.r. n. 547 del 1955 e i d.p.r. n. 302 e n. 303 del 1956, successiva-

oggetto di un complessivo riassetto ad opera del **d.lgs. n. 81 del 2008** (**c.d. T.U. sicurezza**), a sua volta successivamente integrato e modificato [25].

il campo di applicazione oggettivo: tutti i rischi e settori:

Il campo di applicazione del testo unico sicurezza è estremamente esteso, sia dal punto di vista oggettivo, che soggettivo. Dal punto di vista oggettivo si arriva a ricomprendere tutti i settori di attività, sia privati, che pubblici e tutte le tipologie di rischio, salvo alcune discipline differenziate per alcune particolari attività [26].

il campo di applicazione soggettivo: ampia definizione lavoratore

Dal punto di vista soggettivo, il T.U. fornisce un'amplissima definizione di lavoratore destinatario della normativa di sicurezza. Per lavoratore, infatti, deve intendersi la "persona che, **indipendentemente dalla tipologia contrattuale, svolge una attività lavorativa nell'ambito dell'organizzazione di un datore di lavoro pubblico o privato, con o senza retribuzione**, anche al solo fine di apprendere un mestiere, un'arte o una professione".

Per cui, ad esempio, sono destinatari di questa disciplina anche i lavoratori irregolari, i lavoratori somministrati e i beneficiari di tirocini, mentre i collaboratori continuativi coordinati sono tutelati esclusivamente qualora la prestazione sia svolta nei luoghi di lavoro del committente.

fondamenti del T.U.

L'impianto normativo contenuto nel T.U. si basa, in estrema sintesi, su due pilastri fondamentali.

1. riduzione rischio
2. procedimentalizzazione degli obblighi
3. programmazione della prevenzione
4. ripartizione obblighi di sicurezza

In primo luogo, la **prevenzione, l'eliminazione o la riduzione dei rischi per la sicurezza alla fonte, da realizzare attraverso la c.d. procedimentalizzazione degli obblighi preventivi**. La gestione dell'obbligo di sicurezza, infatti, si basa sulla **programmazione della prevenzione**, mirata ad un complesso che integri le condizioni tecniche e produttive dell'azienda, nonché l'influenza dei fattori ambientali ed organizzativi del lavoro.

In secondo luogo, la **ripartizione "a cascata" dei doveri di sicurezza** che non si concentrano più sul solo imprenditore, ma gravano **in maniera diffusa** su una serie estesa di **soggetti,** fino ad arrivare al coinvolgimento **degli stessi lavoratori.**

le nozioni di datore di lavoro e dirigente nel d.lgs. n. 81 del 2008 non coincidono con le nozioni civilistiche

3.1. Il d.lgs. n. 81 del 2008 dà una propria definizione di datore di lavoro, diversa da quella civilistica, che vale, perciò, ai soli fini prevenzionali e si basa su criteri sostanziali, più che formali [27]. Tale figura coincide, infatti, non solo col titolare del rapporto di lavoro con il lavoratore, ma può essere incarnata anche da colui che ha la responsabilità dell'organizzazione di lavoro o del-

---

mente il d.lgs. n. 626 del 1994 e ss., attuativo della normativa comunitaria (in particolare direttiva quadro CEE 89/391).

[25] L'intervento più significativo è stato quello del d.lgs. n. 106 del 2009. Cfr. P. Pascucci, *La tutela della salute e della sicurezza sul lavoro: il Titolo I del d.lgs. n. 81/2008 dopo il* Jobs Act, Fano, 2017.

[26] La cui regolazione è legata all'emanazione di specifici decreti ministeriali (art. 3, comma 2).

[27] Nella nozione di datore di lavoro sono ricompresi, ad es., gli amministratori unici, delegati, o i membri del comitato esecutivo, o dei Cda delle società: v. Cass. 9 settembre 2015, n. 40721, in *DeJure*; Cass. 10 novembre 2017, n. 55005, in *DeJure*.

l'unità produttiva in quanto esercita i poteri decisionali o di spesa (art. 2, comma 1, lett. *b*), T.U.)[28].

Ulteriore soggetto garante della sicurezza è il **dirigente**, che è individuato nella persona che attua le direttive del datore di lavoro, organizzando l'attività lavorativa e vigilando su di essa (art. 2, comma 1, lett. *d*). È agevole rilevare che anche il dirigente viene identificato in maniera diversa rispetto al proprio omologo civilistico di cui all'art. 2095 c.c.

Al di sotto del dirigente si colloca il **preposto**, come soggetto intermedio che, in ragione delle sue competenze e nei limiti dei suoi poteri, sovrintende all'attività lavorativa e garantisce l'attuazione delle direttive ricevute, controllandone la corretta esecuzione da parte dei lavoratori. Si tratta, in sostanza, del capo-squadra, capo-cantiere o capo-ufficio[29].

Al **responsabile del servizio di prevenzione e protezione** (c.d. RSPP) sono attribuite importanti funzioni (art. 31 T.U.), quali la valutazione dei fattori di rischio e l'individuazione delle misure prevenzionistiche. I compiti in questione possono essere svolti dallo stesso datore di lavoro, nelle piccole imprese che non esercitino attività pericolose, ovvero affidati ad un soggetto, esterno od interno all'impresa, dotato di particolari competenze tecnico-professionali, che collabora col datore di lavoro[30].

il principio di effettività (art. 299 T.U.)

L'**individuazione dei c.d. garanti a titolo originario (datore, dirigente, preposto)**, così definiti perché titolari di posizioni tipizzate legalmente, prescinde da ogni tipo di formalismo e si basa sul c.d. **principio di effettività**, in base al quale le posizioni di garanzia dei soggetti elencati gravano anche su coloro che, sprovvisti di regolare investitura, ne esercitino in concreto i poteri giuridici (art. 299 T.U.)[31].

posizioni di garanzia a titolo derivativo:

Oltre alle figure dei garanti a titolo originario è contemplata la figura di un garante a **titolo derivativo**, che viene responsabilizzato attraverso **la delega di funzioni** (art. 16 T.U.).

la delega di funzioni

La delega di funzioni è **un istituto di derivazione giurisprudenziale,** disciplinato per la prima volta nel 2008, e si connota come **l'atto (soggetto a precisi requisiti di forma e di sostanza)** col quale il **datore di lavoro (delegante) trasferisce** su un **altro soggetto (delegato)** gli **obblighi** e le **responsabilità** in tema di sicurezza **originariamente gravanti su di lui**[32].

---

[28] Il datore di lavoro nel pubblico impiego è, invece, inteso come il dirigente cui spettino poteri di gestione, decisionali e di spesa o il funzionario, qualora sia dotato di autonomia gestionale art. 2, comma 1, lett. *b*). Cfr. Cass. 20 aprile 2018, n. 43829, in *Cass. pen.*, 2019, 8, p. 3015.

[29] Cfr. Cass. 24 novembre 2015, n. 4340, in *DeJure*.

[30] Inoltre, è prevista la figura del medico competente (art. 2, comma 1, lett. *h*), il quale svolge una serie di funzioni, tra cui la sorveglianza sanitaria, che si concreta in una serie di visite tese a valutare le condizioni di salute dei lavoratori e la loro idoneità alle mansioni affidate (artt. 38-42 T.U.).

[31] Cfr. Cass. 10 aprile 2019, n. 31863, in *DeJure*.

[32] Sui requisiti della delega si v., da ultimo, Cass. 29 gennaio 2019, n. 24908, in *DeJure*.

obblighi indelegabili

Vi sono, tuttavia, degli obblighi indelegabili – ossia la redazione del Documento di Valutazione dei Rischi e la designazione del RSPP – che permangono sempre in capo al datore di lavoro (art. 17 T.U.).

il dovere di vigilanza sul delegato

La delega, peraltro, non esclude un **dovere di vigilanza in capo al datore di lavoro**, in ordine al corretto espletamento da parte del delegato degli incarichi assegnatigli[33]. Obbligo che, però, si intende assolto con l'adozione e la corretta attuazione di un particolare modello di controllo[34]. È riconosciuta, infine, la possibilità da parte del **delegato di subdelegare le proprie funzioni**, previa intesa col datore di lavoro (art. 16, comma 3-*bis*).

la subdelega di funzioni

Il T.U., come detto, "responsabilizza" gli stessi lavoratori, considerandoli non più soggetti meramente passivi, ma attribuendo loro un ruolo attivo in materia preventiva. I prestatori d'opera, infatti, sono interessati da un insieme di doveri. Si arriva a stabilire che essi **debbano prendersi cura della propria sicurezza** e della **propria salute** e delle **altre persone presenti nel luogo di lavoro** (art. 20 T.U.).

la responsabilità penale

È bene precisare che in quest'ambito le responsabilità sono, oltre che di carattere civile e amministrativo, principalmente di natura penale. Si può essere chiamati a rispondere, infatti, per le ipotesi di reato previste sia nello stesso T.U. che nel codice penale[35].

il rappresentante dei lavoratori per la sicurezza

3.2. Il T.U. valorizza un approccio "partecipativo" alla sicurezza mediante il coinvolgimento non solo dei singoli lavoratori ma anche delle loro rappresentanze. Gli artt. 47-50 del d.lgs. n. 81 del 2008, in particolare, istituiscono varie forme di rappresentanti dei lavoratori per la sicurezza (aziendale, territoriale e di sito produttivo) e ne regolano la partecipazione e la consultazione[36].

L'art. 47 distingue due ipotesi: **nelle aziende fino a 15 dipendenti il rappresentante per la sicurezza "è di norma eletto direttamente dai lavoratori al loro interno"** ovvero è individuato per più aziende nell'ambito territoriale o del comparto produttivo (e si parla in tal caso di Rls territoriale, v. *infra*). Invece, **nelle aziende che occupano più di 15 dipendenti il rappresentante per la sicurezza deve essere eletto o designato all'interno delle rappresentanze sindacali in azienda**, o, in mancanza di queste ultime, eletto dai lavoratori (art. 47, comma 4).

---

[33] Cfr. Cass. 20 luglio 2016, n. 33630, in *Ilsocietario.it*, 6 settembre 2016.

[34] Cfr. artt. 16, comma 3 e 30, comma 4, T.U.

[35] Fino ad arrivare alla fattispecie estrema dell'omicidio volontario, come era stato inizialmente affermato nella nota e discussa sentenza c.d. Thyssen Krupp (cfr. Corte d'Assise Torino 15 aprile 2011, in *Guida dir.*, 2011, 18, p. 15 ss.). Sentenza poi però ribaltata in appello e dalla Cassazione penale a Sezioni Unite (cfr. Cass., Sez. Un., 24 aprile 2014, n. 38343, in *Cass. pen.*, 2015, 2, p. 426 e v., altresì, Cass. 13 maggio 2016, n. 52511, in *DeJure*).

[36] Cfr. anche l'art. 9, legge n. 300 del 1970, norma ormai di fatto superata e ritenuta implicitamente abrogata dalla dottrina maggioritaria (in tal senso C. Zoli, *Sicurezza del lavoro: contrattazione e partecipazione*, in *Riv. giur. lav.*, 2000, I, p. 622; e P. Pascucci, *Sub* art. 9, in *Dir. lav. merc.*, 2010, p. 663 ss. *Contra* App. Venezia 6 aprile 2011, in *Riv. crit. civ. lav.*, 2011, 1, p. 63).

Il contratto collettivo stabilisce il numero, le modalità di designazione o elezione, il tempo di lavoro retribuito e gli strumenti per l'espletamento delle funzioni (art. 47, comma 5).

L'art. 48, poi, prevede la figura del rappresentante dei lavoratori per la sicurezza territoriale, eletto o designato secondo quanto previsto dagli accordi interconfederali o nazionali, mentre l'art. 49 disciplina la figura del rappresentante dei lavoratori per la sicurezza di sito produttivo, che viene individuato in contesti caratterizzati dalla compresenza di più aziende o cantieri (principalmente i grandi porti).

funzioni del rappresentante dei lavoratori per la sicurezza

L'art. 50, comma 1, determina le attribuzioni del rappresentante per la sicurezza.

In particolare, **ha diritto a ricevere una formazione adeguata** (art. 50, lett. *g*), **promuove l'elaborazione l'individuazione e l'attuazione delle misure di prevenzione idonee a tutelare la salute e l'integrità fisica dei lavoratori** (art. 50, lett. *h*), **riceve le informazioni e la documentazione aziendale inerente la valutazione dei rischi** nonché quelle inerenti alle sostanze e ai preparati pericolosi, le macchine, gli impianti, l'organizzazione e gli ambienti di lavoro, gli infortuni e le malattie professionali (art. 50, lett. *e*), **avverte il responsabile dell'azienda dei rischi individuati nel corso della sua attività** (art. 50, lett. *n*), fa proposte in merito all'attività di prevenzione (art. 50, lett. *m*).

Il contratto nazionale **e non quello aziendale** determinano le modalità per l'esercizio di queste funzioni (art. 50, comma 3).

Il rappresentante per la sicurezza non può subire alcun pregiudizio per lo svolgimento delle suddette funzioni e gode delle stesse tutele riconosciute alle rappresentanze sindacali aziendali.

le misure generali di tutela

3.3. L'art. 15 del T.U. sicurezza elenca una lunga serie di misure generali di tutela, che non essendo esplicitamente sanzionate rappresenterebbero al più delle **indicazioni** di principio, ma che in realtà possono pur svolgere, accanto all'art. 2087 c.c., un importante ruolo interpretativo e integrativo della sterminata disciplina di settore.

la valutazione e documentazione dei rischi: il DVR

Tra gli **obblighi più significativi** che incombono sul datore di lavoro vi è quello di **valutare tutti i rischi per la salute e sicurezza e di predisporre,** con criteri di semplicità, brevità e comprensibilità, **un relativo documento (c.d. D.V.R.**: artt. 17, comma 1, lett. *a*) e 28 ss.) contenente le **misure di protezione** e il **programma per garantirne il miglioramento nel tempo**. Tra i fattori di rischio da valutare sono compresi sia quelli oggettivi, collegati cioè all'ambiente e all'organizzazione del lavoro, a cominciare dagli aspetti **tecnici (attrezzature, sostanze**, preparati chimici, **locali)**, sia quelli *soggettivi*, che impongono di tener conto delle condizioni cui sono soggetti **gruppi** di lavoratori esposti a **rischi particolari** rispetto alla totalità del personale impiegato.

le tipologie di rischio

In tal senso, occorre tener conto dei rischi riguardanti le lavoratrici in gravidanza, connessi alle differenze di genere, all'età, alla provenienza da altri paesi, inerenti la tipologia contrattuale attraverso cui è resa la prestazione.

la valutazione è obbligo del datore che si avvale di collaboratori

La valutazione deve essere svolta dal datore di lavoro, avvalendosi della collaborazione del Responsabile del Servizio di Prevenzione e Protezione e del medico competente, previa consultazione del Rappresentante dei Lavoratori per la Sicurezza.

il rischio da stress lavoro-correlato

Di particolare importanza sono i **rischi da *stress* lavoro-correlato**[37], definiti dall'Accordo Europeo dell'8 ottobre 2004[38]. In base ad esso, lo *stress* è quello stato, che si accompagna a malessere e disfunzioni fisiche, psicologiche o sociali, causato dal fatto che le persone non si sentono in grado di superare i *gap* rispetto alle richieste o alle attese nei loro confronti (art. 3, comma 1 dell'Accordo).

La valutazione di questi rischi deve essere effettuata secondo le specifiche indicazioni fornite dalla Commissione Consultiva il 18 novembre 2010[39].

Tra i tanti obblighi preventivi, un cenno, infine, merita quella serie di obblighi informativi, formativi e di addestramento che investono in vario modo tutti i soggetti obbligati in materia di sicurezza (artt. 36 e 37 T.U.)[40].

la normativa sugli infortuni sul lavoro e sulle malattie professionali

4. A tutela del lavoratore che si infortuni o contragga una malattia durante lo svolgimento della prestazione lavorativa è prevista un'ulteriore, specifica normativa di carattere assicurativo-previdenziale (d.p.r. n. 1124 del 1965, modificato dal d.lgs. n. 38 del 2000).

Tale normativa prevede l'obbligo per il datore di lavoro di assicurare i lavoratori manuali adibiti direttamente a macchine apparecchi a pressione, impianti elettrici (rischio specifico) o comunque operanti nell'ambito dello stabilimento senza utilizzo delle macchine (rischio ambientale), obbligo esteso in più occasioni dalla Corte costituzionale ad altre categorie di prestatori d'opera, tra cui i lavoratori intellettuali addetti all'uso delle macchine[41].

l'infortunio in itinere

Il d.lgs. n. 38 del 2000 ha esteso a sua volta l'obbligo assicurativo ai dirigenti, agli sportivi, ai lavoratori parasubordinati e anche al c.d. **infortunio *in itinere*** e cioè quell'infortunio che si verifica nel percorso verso il posto di lavoro o tra due luoghi di lavoro.

nozioni di:
1. infortunio
2. malattia professionale

La normativa distingue opportunamente tra **infortuni sul lavoro e malattie professionali** (artt. 2 e 3). Per infortunio si intende l'evento avvenuto in occasione di lavoro per causa violenta, da cui sia derivata la morte o un'inabilità permanente o temporanea. Per malattia professionale si intende quella

---

[37] Sulla responsabilità del datore di lavoro e sui danni da *stress* lavorativo cfr. Cass. 23 maggio 2018, n. 12808, in *Foro it.*, 2018, 7-8, I, c. 2373. V., anche, Cass. 5 dicembre 2018, n. 31485, in *Dir. rel. ind.*, 2019, 3, p. 927, secondo cui non può ottenere il risarcimento del danno il lavoratore che con la propria condotta conflittuale abbia contribuito a determinare una situazione stressogena.

[38] Poi recepito dalle parti sociali il 9 giugno 2008.

[39] Sul punto si v. anche la Circ. Min. lav. 18 novembre 2010 e le Linee guida Inail del 19 maggio 2011.

[40] Disciplinati in concreto dall'accordo Stato-Regioni del 21 dicembre 2011, cui è seguito l'accordo del 7 luglio 2016.

[41] Cfr. Corte cost. 17 settembre 1969, n. 152.

malattia contratta nell'esercizio e a causa delle lavorazioni cui è addetto il lavoratore.

La legge sancisce il principio dell'automaticità delle prestazioni, secondo il quale i lavoratori infortunati o affetti da malattia professionale hanno diritto alle prestazioni erogate dall'Inail, anche se il datore di lavoro non abbia adempiuto ai suoi obblighi e non abbia versato i contributi (artt. 67 e 212, T.U. n. 1124 del 1965)[42]. L'esonero dalla responsabilità civile del datore di lavoro riguarda ipotesi in cui la menomazione psico-fisica incida sulla **capacità di lavoro** del prestatore di lavoro danneggiato.

A tal fine sono previste apposite tabelle che indicano per gli infortuni la percentuale di invalidità permanente al lavoro derivante dalle singole menomazioni e per le malattie professionali i periodi massimi indennizzabili di sospensione del lavoro.

esonero dalla responsabilità civile

In ogni caso il regime di esonero della responsabilità civile del datore di lavoro viene meno quando vi sia stata condanna penale per il fatto che ha generato l'infortunio (art. 10).

i danni differenziali

In aggiunta alla suddetta tutela assicurativa va considerato che il datore di lavoro è comunque tenuto a risarcire i cosiddetti danni differenziali *ex* art 2087 c.c., intesi sia in senso qualitativo (vale a dire completamente esclusi dalla copertura garantita dall'Inail[43]) sia in senso quantitativo (attinenti, cioè, al maggior danno civilistico rispetto a quello risarcito dall'Inail)[44]. Sul calcolo di questi ultimi si sono formati due diversi orientamenti: il primo effettua un calcolo c.d. per sommatoria e si basa sul confronto globale tra l'ammontare del risarcimento civilistico e quello assicurativo garantito dall'Inail; il secondo, più favorevole al lavoratore, provvede al confronto tra singole poste omogenee di danno e riconosce al lavoratore i singoli importi differenziali (ponendo così in discussione, sia pure in questo particolare ambito, la giurisprudenza delle Sezioni Unite sull'unitarietà del danno non patrimoniale, su cui v. *infra* par. 6.2)[45].

---

[42] Cfr. M. Persiani, *Diritto della Previdenza Sociale*, Padova, 2014, p. 197 ss.

[43] Ovvero, il danno biologico non indennizzabile, giacché temporaneo, o il danno permanente ma sotto la soglia del 6%, oppure il danno patrimoniale, relativo a menomazioni di grado inferiore al 16%.

[44] Cass. 10 agosto 2017, n. 19973, in *DeJure*. In dottrina, P. Tullini, *Il danno differenziale: conferme e sviluppi d'una categoria in movimento*, in *Riv. it. dir. lav.*, 2015, p. 485 ss., di recente S. Giubboni, *Infortuni sul lavoro e responsabilità civile: vecchie e nuove questioni in tema di danno differenziale*, in *WP C.S.D.L.E. "Massimo D'Antona".IT* – 397/2019, p. 1 ss.

[45] Nel primo senso Trib. Vicenza 10 febbraio 2009, in *Riv. it. dir. lav.*, 2009, II, p. 895 e, di recente, Trib. Teramo 12 settembre 2019, n. 774, in *DeJure*. Nel secondo, tra le tante, cfr. Cass. 21 maggio 2019, n. 13645, in *DeJure*. Va segnalato che il legislatore, con l'art. 1, comma 1126, legge n. 145 del 2018 (c.d. legge di bilancio 2019) aveva in buona sostanza accolto il criterio di calcolo per sommatoria. Tuttavia, tale disposizione è stata abrogata a breve distanza di tempo dall'art. 3-*sexies*, d.l. n. 34 del 2019, conv. legge n. 58 del 2019.

5. Come detto, oltre all'integrità fisica, l'art. 2087 c.c. tutela anche la personalità morale e la dignità del lavoratore. In questo quadro si iscrive la tutela contro i c.d. atti vessatori.

il mobbing *e gli atti vessatori*

Il *mobbing*[46], di cui **non esiste** una **definizione legale**, è inteso dalla **giurisprudenza** e dalla **dottrina** come **l'insieme delle molteplici e ripetitive condotte vessatorie o ostili** poste in essere da colleghi (*mobbing* orizzontale), da superiori o dai sottoposti (*mobbing* verticale discendente o ascendente) nei luoghi di lavoro per emarginare un collega.

forme di mobbing *e rischi psicosociali*

Più in generale, si può affermare che il rischio da *mobbing* rientri nell'alveo dei c.d. rischi psicosociali, che devono essere presi in considerazione dal datore di lavoro, assieme al *burnout* (sindrome da carichi eccessivi di lavoro), allo *stalking* (atti persecutori ed assillanti), alla violenza e alle molestie, allo *stress*-lavoro correlato (su cui *supra*, par. 3.3). A differenza del *mobbing*, il c.d. *straining*, invece, consiste in un'azione unica e non reiterata nel tempo, ma diretta a provocare uno *stress* di durata costante sul posto di lavoro (ad es. demansionamento, dequalificazione, isolamento, privazione degli strumenti di lavoro)[47].

Accanto alle forme classiche devono menzionarsi il c.d. *bossing* e il *mobbing* strategico, fattispecie di *mobbing* verticale discendente, volte ad allontanare un determinato lavoratore per indurlo a rassegnare le dimissioni ed eludere così i limiti al licenziamento.

gli elementi del comportamento mobbizzante

Gli **elementi indispensabili** per qualificare un comportamento come *mobbing* sono **tre: l'elemento soggettivo** (l'intenzionalità delle condotte persecutorie), l'elemento **temporale** (la reiterazione del comportamento) e l'elemento **dannoso** (lo stato di disagio o patologia psicologici del lavoratore causalmente collegati ai comportamenti vessatori)[48].

In mancanza di una regolamentazione specifica, la giurisprudenza riconduce il *mobbing* alla violazione dell'art. 2087 c.c.[49].

mobbing *e discriminazioni: distinzione*

Infine, il *mobbing* non va confuso con le fattispecie discriminatorie legalmente disciplinate[50], in quanto, pur corrispondendo ad un intento persecutorio e di emarginazione, il comportamento mobbizzante di per sé non è collegato ad un motivo discriminatorio tipizzato.

---

[46] Il termine *mobbing* è un anglicismo entrato nel lessico giudiziario e deriva dal verbo "*to mob*": "assalire". Sulla nozione di *mobbing* v. Corte cost. 19 dicembre 2003, n. 359, in *Riv. it. dir. lav.*, 2004, II, p. 484, che ha dichiarato incostituzionale la legge reg. Lazio 11 luglio 2002 recante una definizione autonoma di *mobbing*. In giurisprudenza, v., di recente, Cass. 5 aprile 2019, n. 9664, in *Diritto & Giustizia*, 8 aprile 2019.

[47] Cfr., da ultimo, Cass. 4 ottobre 2019, n. 24883, in *Diritto & Giustizia*, 7 ottobre 2019, secondo cui, sebbene lo *straining* sia connotato dall'assenza di intento persecutorio, comunque il lavoratore deve provare il danno, la nocività dell'ambiente lavorativo e il nesso causale tra le due.

[48] Cass. 13 settembre 2017, n. 21262, in *Guida dir.*, 2017, 46, p. 72 e Cass 27 novembre 2018, n. 30673, in *Diritto & Giustizia*, 28 novembre 2018, secondo cui elemento qualificante del mobbing va ricercato non nell'illegittimità dei singoli atti, bensì dell'intento persecutorio che li unifica.

[49] Cfr. Cass. 10 luglio 2018, n. 18164, in *Guida dir.*, 2018, 35-36, p. 51.

[50] V. *infra*, sez. III, parr. 1 e 2.

6. Alla responsabilità contrattuale *ex* art. 2087 c.c. consegue la possibilità per il lavoratore di richiedere il **risarcimento del danno**, che può essere sia **patrimoniale**, per la **ridotta capacità di guadagno, o non patrimoniale**, per la **lesione del diritto alla salute** con pregiudizio alla realizzazione della persona.

danno patrimoniale: danno emergente e lucro cessante

6.1. La lesione dell'integrità psicofisica determina anzitutto un riflesso sulla propria sfera patrimoniale[51]. All'interno del danno patrimoniale si distinguono, come è ovvio, le categorie del **danno emergente** (danno attuale, ad es. spese mediche) e del **lucro cessante** (danni futuri, mancato guadagno, perdita di *chance*, ossia di possibilità di carriera, di avanzamenti professionali, ecc.).

Se rispetto al danno emergente non si pongono particolari problemi, al contrario, con riferimento alla quantificazione del lucro cessante subentrano diverse complicazioni. Gli artt. 2056 e 1226 c.c., infatti, richiedono la necessità della prova, anche presuntiva, della sua reale esistenza, per quanto futura. La perdita di *chance*, dunque, deve basarsi su un margine apprezzabile di probabilità[52].

la nozione di danno biologico

6.2. a) Il d.lgs. n. 38 del 2000, sulla scorta di una giurisprudenza della Corte costituzionale[53], ha definito, sia pure in via sperimentale e ai soli fini dell'assicurazione obbligatoria contro gli infortuni, il **danno biologico** come la lesione all'integrità psicofisica del lavoratore suscettibile di valutazione medico legale garantita (art. 13).

Tale definizione, tuttavia, non aggiunge nulla all'ampia nozione di danno biologico, inteso come danno alla persona e alla sua vita di relazione, già elaborata dalla dottrina[54] e dalla giurisprudenza.

lesione dell'integrità psicofisica suscettibile di valutazione medico-legale

La liquidazione del danno biologico può essere effettuata dal giudice, con ricorso al metodo equitativo, anche attraverso l'applicazione di criteri predeterminati e *standardizzati*, quali le cosiddette "tabelle" (elaborate da alcuni uffici giudiziari, in particolare dal Tribunale di Milano[55]), ancorché non recepite in norme di diritto.

---

[51] Cfr. Cass. 8 febbraio 2019, n. 3724, in *Guida dir.*, 2019, 30, p. 42.

[52] Cass., Sez. Un., 26 gennaio 2009, n. 1850, in *Danno e resp.*, 2009, p. 1033; Cass. 24 ottobre 2017, n. 25102, in *Guida dir.*, 2018, 8, p. 60.

[53] Corte cost. 14 luglio 1986, n. 184, in *Foro it.*, 1986, 1, c. 2053.

[54] R. Scognamiglio, *Danno biologico e rapporto di lavoro subordinato*, in *Arg. dir. lav.*, 1997, 5, p. 1.

[55] Come è noto, infatti, le Tabelle del Tribunale di Milano sono state elevate dalla Cassazione a necessario criterio di riferimento ai fini della valutazione equitativa del danno non patrimoniale conseguente alla lesione dell'integrità psico-fisica (cfr. Cass. 7 giugno 2011, n. 12408, in *Foro it.*, 2011, 9, I, c. 2274); e sebbene costituiscano un criterio guida e non una normativa di diritto (cfr. Cass. 22 gennaio 2019, n. 1553, in *Giust. civ. mass.*, 2019), il giudice che intenda utilizzare tabelle diverse deve fornire una congrua motivazione per giustificare tale decisione (Cass. 28 giugno 2018, n. 17018, in *Diritto & Giustizia*, 2 luglio 2018.

determinazione del danno biologico nelle misure stabilite da apposite tabelle

In concreto viene liquidato con **riferimento a due voci: l'invalidità temporanea** (che consiste nel numero di giorni necessari per la guarigione e il ritorno alla normale attività) e l'invalidità **permanente** (che si quantifica tenendo conto dell'età e dei c.d. punti di invalidità). Al fine di contenere l'entità del risarcimento riconosciuto dalla giurisprudenza talvolta in misura eccessiva, si è stabilito il principio che le prestazioni per il ristoro del danno biologico sono determinate in misura indipendente dalla capacità di produzione del reddito del danneggiato e secondo misure percentuali predeterminate (art. 13, d.lgs. n. 38 del 2000).

danni fisici e psichici

Il danno biologico si riferisce non solo ai danni fisici ma anche psichici. In proposito la stessa giurisprudenza anteriore a questi interventi normativi considerava danno biologico ogni lesione all'integrità psicofisica del lavoratore provocata da demansionamento [56], da *mobbing*, da un carico di lavoro stressante, o addirittura da "cattiva" organizzazione del lavoro [57].

il danno morale soggettivo

b) Il danno morale soggettivo, secondo l'interpretazione a lungo prevalente dell'art. 2059 c.c., ai sensi del quale "il danno non patrimoniale deve essere risarcito *solo* nei casi determinati dalla legge" [58], aveva finito per coincidere quasi integralmente con la nozione di danno non patrimoniale.

come pecunia doloris

Difatti, il danno morale era costituito, secondo la definizione comunemente accolta dalla giurisprudenza, dalla sofferenza contingente, determinata da un fatto illecito integrante reato, c.d. *pretium* o *pecunia doloris*.

l'emersione del c.d. danno esistenziale

La giurisprudenza nel tempo ha però esteso il campo di applicazione dell'art. 2059 c.c. e ha riconosciuto spazio ad un'autonoma voce di danno, convenzionalmente denominato "**danno esistenziale**", distinto sia dal danno morale, che dal danno biologico [59].

In forza di una lettura costituzionalmente orientata, infatti, sono stati considerati dannosi tutti quei comportamenti che provocano una ingiusta lesione di un valore inerente alla persona, costituzionalmente garantito, dalla quale conseguano pregiudizi non suscettibili di valutazione economica [60].

nozione

Per **danno esistenziale** si intendeva, dunque, ogni pregiudizio (di natura non meramente emotiva ed interiore, ma oggettivamente accertabile e provata) provocato sul *fare areddituale* del soggetto, che alteri le proprie abitudini e i propri assetti relazionali, inducendolo a scelte di vita diverse quanto all'espressione e realizzazione della sua personalità [61]. Secondo tale orientamento,

---

[56] V. *supra*, cap. 24, par. 4.

[57] V. Cass. 5 febbraio 2000, n. 1307, in *Mass. giur. lav.*, 2000, 1, p. 169.

[58] In sostanza, l'unica ipotesi di danno morale risarcibile si verificava ai sensi dell'art. 185 c.p., secondo cui ogni reato, che abbia cagionato un danno patrimoniale o non patrimoniale, obbliga al risarcimento.

[59] Cfr. Cass. 17 gennaio 2018, n. 901, in *Diritto & Giustizia*, 2 luglio 2018.

[60] In tal senso Cass. 16 marzo 2005, n. 5677, in *Guida dir.*, 2005, 17, p. 28 e più di recente Cass. 31 luglio 2015, n. 16222, in *Resp. civ. prev.*, 2016, 1, p. 189.

[61] Cfr. Cass., Sez. Un., 24 marzo 2006, n. 6572, in *Foro it., 2006*, 1, c. 1344. V. O. Mazzotta, *Manuale di diritto del lavoro*, Padova, 2017, p. 455, il quale definisce la catego-

il danno esistenziale non doveva essere considerato una componente del danno biologico, ma costituiva un autonomo titolo di danno, che doveva essere specificamente allegato e provato in giudizio.

Tale tesi non era, però, pacificamente accolta, in quanto permaneva un orientamento difforme[62], che negava la configurabilità di un'autonoma fattispecie di danno esistenziale. Le Sezioni Unite della Cassazione sono perciò intervenute sulla questione[63] e hanno affermato che il **danno non patrimoniale è una fattispecie tipica** rispetto **all'atipicità** del danno **patrimoniale** e deve essere considerato come una categoria unitaria, che non **tollera** la **tripartizione** in danno **morale, biologico e esistenziale.**

il danno non patrimoniale come categoria unitaria

Pertanto, il riferimento a differenti tipi di pregiudizio corrisponderebbe ad esigenze meramente descrittive, senza implicare il riconoscimento di distinte categorie di danno[64].

In tema di onere della prova poi, le stesse Sezioni Unite precisano che il danno non patrimoniale non può essere ricostruito come un'ipotesi di c.d. **danno evento, bensì di danno conseguenza**, pertanto deve essere in ogni caso allegato e provato in tutti i suoi elementi[65].

onere della prova del danno-conseguenza a carico del lavoratore

Infine, si è anche affermato chiaramente che il danno non patrimoniale può essere risarcito anche nell'ambito della responsabilità contrattuale.

L'intervento della Cassazione, per quanto autorevole, non sembra però restituire un istituto giuridico, quello del danno non patrimoniale, stabile e consolidato[66], bensì l'immagine di una categoria ancora in evoluzione e dai confini non del tutto definiti, perciò rimessi in larga parte alla discrezionalità del giudice.

ria del danno esistenziale "discussa (e discutibile)". Criticamente anche F. Gazzoni, *Dall'economia del dolore all'economia dell'infelicità*, in *Arg. dir. lav.*, 2003, p. 397 ss.

[62] Cass. 20 aprile 2007, n. 9510, in *Nuova giur. civ.*, 2007, 1, p. 1350.

[63] Cass., Sez. Un., 18 novembre 2008, nn. 26972-73-74-75, in *Guida dir.*, 2008, 47, p. 18. Orientamento ribadito nuovamente da Cass., Sez. Un., 22 luglio 2015, n. 15350, in *Foro it.*, 2015, 9, 1, c. 2682.

[64] Cfr. Cass. 20 agosto 2015, n. 16992, in *Foro it.*, 2016, 1, I, c. 210; Cass. 15 dicembre 2017, n. 30227, in *Guida dir.*, 2018, 6, p. 60.

[65] In tal senso anche Cass. 25 febbraio 2019, n. 5431, in *Diritto & Giustizia*, 26 febbraio 2019, in cui si ribadisce che il danno da demansionamento non è "*in re ipsa*", ma deve essere dimostrato.

[66] Cfr., in senso contrario all'orientamento delle Sezioni Unite, art. 1, d.p.r. 30 ottobre 2009, n. 181 e Cass. 3 ottobre 2013, n. 22585, in *Riv. it. med. leg.*, 2014, p. 285 nonché, Cass. 30 agosto 2019, n. 21837, in *Giust. civ. mass.*, 2019.

Sezione III
Le discriminazioni

SOMMARIO: 1. L'art. 15 St. lav. e gli atti discriminatori. – 2. Le vecchie e le nuove discriminazioni nell'accesso al lavoro. – 2.1. (*segue*) ... e nello svolgimento del rapporto. – 3. Il principio di parità di trattamento nella tutela antidiscriminatoria.

1. Il divieto di atti discriminatori – storicamente introdotto nel nostro ordinamento per ragioni sindacali – è stato successivamente esteso anche ad altre causali indicate dalla legge.

la nullità degli atti discriminatori

L'**art. 15 St. lav.**, infatti, sancisce la **nullità degli atti discriminatori**, precisando che possono essere qualificati come tali i patti o gli atti diretti a "**subordinare l'occupazione di un lavoratore alla condizione che questo aderisca o non aderisca ad una associazione sindacale ovvero cessi di farne parte**". Sono altresì considerati discriminatori i patti o gli atti diretti a "**licenziare un lavoratore, discriminarlo nell'assegnazione di qualifiche o mansioni, nei trasferimenti, nei provvedimenti disciplinari, o recargli altrimenti pregiudizio a causa della sua affiliazione o attività sindacale ovvero della sua partecipazione ad uno sciopero**".

Il testo originario dell'art. 15 St. lav. vietava la discriminazione per **ragioni sindacali, politiche e religiose**. Successivamente, l'art. 13 della legge 9 dicembre 1977, n. 903 ha sostituito il secondo comma dell'art. 15, aggiungendo il divieto di atti discriminatori per motivi di **razza**, di **lingua** o di **sesso**. Infine, l'art. 4 del d.lgs. 9 luglio 2003, n. 216, in attuazione della direttiva comunitaria 2000/78/CE, ha introdotto tra le causali discriminatorie l'**handicap**, l'**età**, l'**orientamento sessuale** o le **convinzioni personali**[67].

tassatività dei motivi discriminatori ed atipicità degli atti discriminatori

Alla luce di ciò si può affermare che nel nostro ordinamento non esiste un principio generale di non discriminazione, bensì il divieto di compiere atti discriminatori basati su alcune causali specificamente tipizzate dal legislatore. Si tratta, dunque, di una fattispecie aperta, in quanto **gli atti non sono nominati e quindi non costituiscono un *numerus clausus***, ma teleologicamente determinata, perché sono espressamente indicati i motivi discriminatori.

In altri termini, l'atto qualificato dalla legge come discriminatorio, in sé e per sé considerato, potrebbe anche essere legittimo, ma diviene nullo poiché è unicamente motivato da una delle casuali discriminatorie vietate dalla legge.

---

[67] Alla previsione dell'art. 15 St. lav. deve essere affiancato quanto affermato dall'art. 5, comma 5, legge n. 135 del 1990 in materia di infezione da HIV.

Si pensi, ad esempio, alla disparità di trattamento retributivo nei confronti di due lavoratori che svolgono le stesse mansioni, fermo ovviamente il trattamento minimo previsto dal contratto collettivo [68]. Tale disparità, che potrebbe essere pienamente legittima in mancanza di un generale principio di parità di trattamento economico, cesserebbe di esserlo se fosse determinata da una delle causali discriminatorie indicate dalla legge, per esempio per ragioni sindacali o di sesso o di razza.

La sanzione comminata dall'ordinamento, come già detto, **è la nullità degli atti discriminatori.** È però, opportuno sottolineare che nelle ipotesi indicate dal comma 1, lett. *a)* dell'art. 15, cioè qualora il datore di lavoro non assuma un lavoratore a causa della sua adesione a un sindacato o ne subordini l'occupazione all'iscrizione ad un'associazione sindacale, la sanzione della nullità può risultare inutilizzabile. In questi casi, infatti, la condotta del datore può consistere in un comportamento omissivo piuttosto che in un vero e proprio patto o atto. Conseguentemente, **in mancanza di un atto o patto di cui dichiarare la nullità** e in considerazione della particolare gravità del comportamento, è prevista, ai sensi dell'art. 38 St. lav., la **sanzione penale dell'ammenda o dell'arresto fino ad un anno.**

differenza tra atti discriminatori e condotta antisindacale

Per completezza, è opportuno segnalare che gli atti discriminatori vanno distinti dalla condotta antisindacale di cui all'art. 28 St. lav.[69]: i primi ledono interessi individuali a rilievo collettivo, mentre la seconda può ledere interessi collettivi, interessi individuali a rilievo collettivo e interessi del sindacato associazione. Tuttavia, le due fattispecie possono in taluni casi coincidere. Si pensi, ad esempio, al licenziamento di un lavoratore che abbia partecipato ad uno sciopero. Un simile atto lederebbe sia l'interesse individuale a rilievo collettivo del lavoratore sia l'interesse del sindacato. Pertanto, tale atto potrebbe essere impugnato sia dal lavoratore come atto discriminatorio *ex* art. 15 St. lav. sia dagli organismi sindacali provinciali come condotta antisindacale *ex* art. 28 St. lav.

2. Il divieto di discriminazione dei lavoratori nell'accesso al lavoro si rinviene *in primis* negli artt. 8 e 15 St. lav. Detti articoli, letti in combinato disposto tra loro, consentono di comprendere anche tutta l'evoluzione normativa successiva, come registrata in ambito nazionale e comunitario.

L'art. 8 St. lav. vieta, infatti, le indagini sulle opinioni politiche, religiose o sindacali e, in genere, su fatti non rilevanti ai fini della valutazione dell'attitudine professionale, anche ai fini dell'assunzione.

Le direttive europee 2000/43/CE e 2000/78/CE con i rispettivi decreti di

---

[68] Cass., Sez. Un., 17 maggio 1996, n. 4570, in *Foro it.*, 1996, 1, c. 1989 e può ritenersi ormai consolidato. In tal senso, più di recente, Cass. 23 dicembre 2016, n. 26925, in *Giust. civ. mass.*, 2017, v. Cass. 8 ottobre 2014, n. 21241, in *Lav. prev. oggi*, 2014, 9-10, p. 490, con nota di M. Russo.

[69] V. *amplius*, cap. 16.

attuazione del 9 luglio 2003, nn. 215 e 216, garantiscono la parità di trattamento ai lavoratori subordinati e non subordinati privati e pubblici, senza distinzione di razza, di origine etnica, di religione, di convinzioni personali, di handicap, di età e di orientamento sessuale.

La discriminazione per tali ragioni risulta vietata non soltanto nell'accesso al lavoro, ma anche nelle condizioni di lavoro, compresi la retribuzione e il licenziamento.

differenze di trattamento basate sulla nazionalità

L'ascendenza o l'origine nazionale è presa in considerazione (oltre alle discriminazioni per razza, colore della pelle, etnia e religione) dall'art. 43, d.lgs. n. 286 del 1998 – c.d. Testo Unico dell'Immigrazione – così come modificato dalla legge n. 189 del 2002[70] che disciplina l'accesso all'occupazione dei cittadini dei Paesi extracomunitari in Italia.

Le direttive europee e i rispettivi decreti di attuazione, comunque, non pregiudicano le disposizioni nazionali e le condizioni relative all'ingresso, al soggiorno e all'accesso nonché all'occupazione dei cittadini dei Paesi terzi e degli apolidi.

Tra le discriminazioni vietate vanno inoltre ricordate anche quelle effettuate nei confronti dei lavoratori sieropositivi (legge n. 135 del 1990, artt. 5 e 6) e nei confronti dei lavoratori disabili (legge n. 67 del 2006).

codice delle pari opportunità

Infine, il d.lgs. n. 198 del 2006, codice delle pari opportunità uomo-donna, disciplina le azioni positive (artt. 42-50) con lo scopo di eliminare le disparità che ostacolano di fatto la parità della donna nell'accesso al lavoro.

Può essere interessante sottolineare, come accennato all'inizio di questo capitolo, che, nel caso in cui un lavoratore subisca un trattamento discriminatorio in sede di accesso al lavoro, non sarà possibile pretendere un risarcimento in forma specifica, ma potrà essergli riconosciuto unicamente un risarcimento del danno non patrimoniale, del cui onere probatorio è gravato il lavoratore stesso.

2.1. Peraltro, **sia nell'ordinamento comunitario che nell'ordinamento italiano**, per quanto siano state incrementate le fattispecie discriminatorie vietate (con riconoscimento, in taluni casi, del diritto alla parità di trattamento), **non è ancora sancito un principio generale di non discriminazione**, perché tali motivi discriminatori sono tassativi[71].

Le stesse direttive 2000/43/CE e 2000/78/CE e i relativi decreti nn. 215 e 216 del 2003 forniscono una precisa definizione della discriminazione, sia diretta che indiretta.

---

[70] Sul punto v. Corte giust. n. 54 del 2008 (causa FERYN) che ha definito discriminatoria l'offerta di lavoro diretta alla ricerca di personale autoctono.

[71] Altre caratteristiche del lavoratore potranno essere considerate ragioni discriminatorie soltanto se includibili in quelle tipizzate: v. Corte giust. 18 dicembre 2014 (C-354/13), FOA c. *Billund Kommune*, secondo la quale l'obesità può essere un fattore di discriminazione solo se riconducibile alla nozione di handicap.

discriminazione diretta

La **discriminazione diretta** sussiste quando per le causali tipizzate dalla legge una persona è trattata meno favorevolmente di quanto sia, sia stata, o sarebbe trattata un'altra persona in una situazione analoga.

discriminazione indiretta

La **discriminazione indiretta**[72] sussiste invece quando una disposizione, un criterio, una prassi, un atto o un patto o un comportamento – in apparenza neutri – possono mettere le persone, per le medesime ragioni discriminatorie innanzi indicate, in una situazione di particolare svantaggio rispetto ad altre.

Ancora, perché si integri la fattispecie discriminatoria, non basta che una persona venga trattata diversamente in considerazione della razza o dell'origine etnica, ma occorre anche che tale differenziazione non sia diretta a perseguire una finalità legittima e non sia giustificata alla luce dei principi di ragionevolezza e proporzionalità[73].

differenze di trattamento legittime

Sono ammesse eventuali differenze di trattamento giustificate in virtù della particolare natura dell'attività svolta o del contesto in cui essa sia espletata, quando si tratti di caratteristiche essenziali ai fini dello svolgimento dell'attività medesima. Sono altresì ammesse differenze di trattamento in ragione della età, le quali possono riguardare anche le condizioni di accesso all'occupazione e alla formazione, nonché le condizioni di licenziamento e retribuzione[74].

In materia di parità fra sessi, in particolare, **la disciplina italiana ha subìto una profonda evoluzione, anche per effetto della normativa comunitaria** (cfr. direttive 76/207/CEE e 2002/73/CE) e, nel tentativo di dare progressivamente effettività al principio di parità come previsto dall'art. 37 Cost., ha raggiunto il suo culmine nel d.lgs. n. 198 del 2006, recante il codice delle pari opportunità fra uomo e donna, come modificato ed integrato dal d.lgs. n. 5 del 2010, con il quale è stata operata la trasposizione nell'ordinamento nazionale della direttiva 2006/54/CE[75].

L'art. 25 del d.lgs. n. 198 del 2006 riproduce le definizioni di discriminazione diretta ed indiretta già contenute nell'art. 4, commi 1 e 2, legge n. 125 del 1991 e, per effetto della legge n. 101 del 2008, fa rientrare nell'ambito della discriminazione diretta non solo un atto o un comportamento che abbia l'effetto di creare una disparità di trattamento fra uomo e donna, ma anche l'ordine di porre in essere un simile atto o comportamento.

L'art. 1, comma 1, lett. *o*), d.lgs. n. 5 del 2010 ha poi modificato l'art. 25 del decreto del 2006, arricchendo la nozione di discriminazione diretta posta dal comma 1 del medesimo decreto, attraverso la considerazione di un più ampio ventaglio di condotte idonee a determinarla, cioè "qualsiasi disposizione, criterio, prassi, atto, patto o comportamento".

---

[72] Trib. Milano 16 maggio 2016, n. 1472.

[73] Cfr. art. 3, comma 3, d.lgs. n. 216 del 2003, come modificato dall'art. 8-*septies*, legge n. 101 del 2008.

[74] Art. 3, comma 4-*bis*, d.lgs. n. 216 del 2003, introdotto dalla legge n. 101 del 2008.

[75] Nel codice è stata abrogata l'intera disciplina della legge n. 125 del 1991, con la sola eccezione dell'art. 11.

In sostanza, in relazione alla discriminazione di genere la discriminazione diretta si caratterizza:

a) per l'onnicomprensività della previsione, estesa ora a tutti gli eventuali atteggiamenti del datore di lavoro idonei a determinare disparità di trattamento tra lavoratori in ragione del fattore sessuale;

b) per l'adozione di una nozione di discriminazione in senso oggettivo, nella quale rileva esclusivamente il risultato concreto, cioè il prodursi di un trattamento meno favorevole nella comparazione con situazioni analoghe, ferma restando la necessità di una lesione attuale e non solo potenziale della parità.

La norma estende anche la nozione di discriminazione indiretta, che concerne ogni trattamento pregiudizievole conseguente all'adozione di criteri che svantaggino in modo proporzionalmente maggiore i lavoratori dell'uno o dell'altro sesso e riguardino requisiti non essenziali allo svolgimento dell'attività lavorativa (art. 25, commi 1 e 2).

In coerenza con l'art. 2, comma 6, direttiva 2002/73/CE, il d.lgs. n. 198 del 2006 esclude la discriminazione per le differenze di trattamento collegate allo svolgimento di mansioni particolarmente pesanti, individuate dalla contrattazione collettiva (art. 27, comma 4).

Successivamente, anche la legge n. 183 del 2010, c.d. "Collegato lavoro" all'art. 21, rubricato "Misure atte a garantire pari opportunità, benessere di chi lavora e assenza di discriminazioni nelle amministrazioni pubbliche" ha apportato alcune innovazioni in tema di pari opportunità[76].

Sia la Corte di giustizia che la Corte costituzionale[77] hanno sottolineato l'opportunità che le azioni positive non si trasformino in discriminazioni alla rovescia favorendo una disparità di trattamento ingiustificata nei confronti del lavoratore uomo[78].

Il codice delle pari opportunità disciplina anche le azioni in giudizio finalizzate al riconoscimento ed alla rimozione della discriminazione, distinguendo a seconda che si tratti di discriminazione individuale (cfr. art. 36) contro cui il lavoratore ha la facoltà di farsi assistere dal Consigliere di Parità, **oppure di discriminazioni collettive** (cfr. art. 37) a fronte delle quali la legittimazione processuale è riconosciuta direttamente al consigliere, fermo restando il diritto del lavoratore ad agire individualmente[79].

---

[76] Il legislatore, modificando l'art. 1, d.lgs. n. 165 del 2001 quanto alle finalità del decreto medesimo, nella nuova formulazione ha aggiunto, alla già prevista garanzia delle "pari opportunità", quella dell'"assenza di qualunque forma di discriminazione e di violenza morale o psichica".

[77] Corte giust. CE 17 ottobre 1995, causa 450/93, in *Dir. lav.*, 1995, 2, p. 421, con nota di Foglia; 11 novembre 1997, causa 409/95, in *Foro it.*, 1998, 4, c. 295 e Corte cost. 12 settembre 1995, n. 422, in *Giust. civ.*, 1997, 1, p. 2587.

[78] In tema di diversa età pensionabile per uomini e donne che svolgono analogo lavoro, cfr. Corte giust. 18 novembre 2009, causa C-356/09, Kleist; Corte giust. 11 aprile 2013, n. 401.

[79] Sulla legittimazione attiva delle associazioni di cui all'art. 5, d.lgs. 9 luglio 2003, n. 215, v. Trib. Milano 17 giugno 2009, in *Riv. crit. dir. lav.*, 2009, 3, p. 76.

La discriminazione collettiva sussiste quando siano stati posti in essere atti, patti, comportamenti che riguardino una pluralità di soggetti, anche quando non siano individuabili in modo diretto ed immediato i singoli lavoratori lesi [80].

discriminazione collettiva

Il codice delle pari opportunità (art. 26) detta anche una definizione delle molestie, che sono considerate fattispecie discriminatorie, insieme alle molestie sessuali prese in considerazione dalla direttiva 2002/73/CE.

molestie

In particolare, per **molestie** si intendono quei comportamenti indesiderati, adottati per motivi di razza o di origine etnica, di religione, di convinzioni personali, di handicap, età, sesso o tendenze sessuali aventi lo scopo o comunque l'effetto di violare la dignità di tale persona e di creare un clima intimidatorio, ostile, degradante umiliante od offensivo (comma 1).

molestie sessuali

Per **molestie sessuali**, invece, si intende quella situazione nella quale si verifica un comportamento indesiderato a connotazione sessuale, espresso in forma fisica, verbale o non verbale, avente lo scopo o l'effetto di violare la dignità di una persona, in particolare creando un clima intimidatorio, ostile, degradante, umiliante ed offensivo (comma 2).

Ed ancora il rifiuto di tali comportamenti, o la sottomissione agli stessi da parte di una persona non possono essere utilizzati per prendere una decisione riguardo a detta persona (comma 3).

La definizione normativa delle molestie e delle molestie sessuali è di grande utilità per sanzionare comportamenti che fino ad oggi stentavano ad entrare nell'area dell'illecito civile e del danno, anche non patrimoniale, risarcibile.

Tuttavia, tanto in queste quanto in ogni altra ipotesi di discriminazione, **affinché sia integrata la fattispecie della discriminazione è necessario provare l'elemento soggettivo specifico e cioè l'intento discriminatorio**, poiché, a differenza della violazione degli obblighi di buona fede e correttezza, l'atto discriminatorio esige una rigorosa indagine anche sotto il profilo psicologico dell'intento non tanto di avvantaggiare altri lavoratori preferiti, quanto quello di nuocere ad alcuni per i motivi tipizzati citati.

tutela giurisdizionale

Grava sul lavoratore l'onere della prova delle ragioni discriminatorie.

Tale onere probatorio, dal 2008, risulta agevolato [81] qualora il ricorrente fornisca elementi di fatto, anche di carattere statistico, idonei a fondare una presunzione relativa di atti, patti o comportamenti discriminatori a sostegno della pretesa del lavoratore [82].

In tali casi, infatti, viene posto a carico del datore di lavoro l'onere di fornire una prova contraria, in mancanza della quale l'atto, patto o comportamento discriminatorio denunciato, si dà per accertato.

---

[80] La particolare procedura di cui all'art. 4, d.lgs. n. 215 del 2003 non è sostitutiva degli ordinari mezzi di tutela. Così Tar Milano, Lombardia, 16 luglio 2009, n. 4392.

[81] Non risulta essere stato invertito per cui la prova della discriminazione continua ad essere una prova difficile da fornire in giudizio: cfr. Cass. 5 giugno 2013, n. 14206, in *Mass. giur. lav.*, 2013, p. 667 ss.

[82] Prima artt. 4, comma 3, d.lgs. n. 215 del 2003 e 4, comma 4, d.lgs. n. 216 del 2003, ora art. 28 del d.lgs. n. 150 del 2011 che ha abrogato le prime due previsioni.

Il procedimento giurisdizionale di tutela contro le discriminazioni appare immediato e incisivo, in parte disegnato sul modello dell'art. 28 St. lav., mirato alla cessazione della discriminazione, alla predisposizione di strumenti volti ad evitarne la ripetizione, e alla rimozione degli effetti lesivi.

Con l'ordinanza di accoglimento del ricorso il giudice oltre a poter condannare il datore di lavoro – se richiesto – al risarcimento del danno anche non patrimoniale, può ordinare la cessazione del comportamento e la rimozione degli effetti, anche nei confronti della pubblica amministrazione, mediante ogni provvedimento idoneo. Al fine di impedire la ripetizione della discriminazione, il giudice può ordinare di adottare, entro il termine fissato nel provvedimento, un piano di rimozione delle discriminazioni accertate. Nei casi di comportamento discriminatorio di carattere collettivo, il piano è adottato sentito l'ente collettivo ricorrente.

In tema di pari opportunità il d.lgs. n. 198 del 2006 disciplina anche il procedimento d'urgenza (art. 37, comma 4 e art. 38) in base al quale il Consigliere (o il lavoratore, se lo stesso agisce individualmente) può proporre ricorso in via d'urgenza per vedere accertata e rimossa la lamentata discriminazione. Il giudice nei due giorni successivi, convocate le parti ed assunte sommarie informazioni, ove ritenga sussistente la discriminazione con decreto motivato ed immediatamente esecutivo ordina all'autore la cessazione del provvedimento pregiudizievole, adotta ogni provvedimento idoneo a rimuovere gli effetti e se richiesto provvede al risarcimento del danno non patrimoniale nei limiti della prova fornita. Contro tale decreto è ammessa opposizione entro 15 giorni.

I problemi in materia antidiscriminatoria, come ad esempio la difficoltà di fornire la prova in giudizio e la scarsa applicazione pratica dimostrata dalla rara giurisprudenza in materia, tornano oggi di grande attualità a fronte del nuovo contratto di lavoro a tutele crescenti ove la reintegrazione piena è garantita al lavoratore principalmente nelle ipotesi di licenziamento discriminatorio (v. *infra*, cap. 30).

principio di parità di trattamento

3. Per quanto riguarda il principio di parità di trattamento, pure evocato dalle direttive e dai decreti di attuazione, è opportuno fare qualche precisazione per evitare facili confusioni.

Infatti, ai fini delle disposizioni di cui ai decreti legislativi nn. 215 e 216 del 2003 e n. 198 del 2006, per principio di parità di trattamento si intende l'assenza di qualsiasi discriminazione diretta o indiretta determinata dalle causali indicate nelle direttive.

Tuttavia, nelle fattispecie discriminatorie prima richiamate, il principio della parità di trattamento vieta trattamenti meno favorevoli a persone che hanno caratteristiche o si trovano in situazioni diverse, e perciò non va confuso con la parità di trattamento tra persone che hanno gli stessi requisiti, intesa come obbligo del datore di lavoro di corrispondere un medesimo trattamento retributivo ai lavoratori a parità di mansioni, al di là del trattamento minimo inderogabile previsto dalla legge e dal contratto collettivo.

Pertanto, quando nella direttiva si stabilisce per es. che "non devono essere praticate discriminazioni con riferimento alla retribuzione nei confronti dei portatori di handicap" si vuole tutelare il diritto del discriminato a percepire un trattamento retributivo non inferiore nel minimo a quello riconosciuto ad un altro lavoratore privo di handicap, ma non anche la stessa identica retribuzione.

Altrimenti si arriverebbe al paradosso di riconoscere la parità di trattamento retributivo a parità di mansioni al lavoratore discriminato e non anche al lavoratore che non presenta alcuna delle diversità indicate dalle direttive.

Mentre, come si è detto, nel nostro ordinamento, nel rapporto di lavoro privato, il principio della parità di trattamento retributivo a parità di mansioni non è giuridicamente rilevante [83].

D'altra parte le direttive e i decreti di attuazione ammettono eventuali differenze di trattamento connesse alla razza, all'origine etnica di una persona, ovvero al sesso, alla religione, alle convinzioni personali, all'handicap, all'età o all'orientamento sessuale, qualora, per la particolare natura dell'attività lavorativa o per il contesto in cui essa viene espletata, si tratti di caratteristiche essenziali e determinanti ai fini dello svolgimento dell'attività medesima [84].

---

[83] *Ex pluribus*, Cass. 23 marzo 2011, n. 6639, in *Giust. civ. mass.*, 2011, 3, p. 450; Cass. 23 dicembre 2016, n. 26925, cit.

[84] Art. 3, comma 3, d.lgs. n. 215 del 2003 ed art. 3, comma 3 e 5, d.lgs. n. 215 del 2003.

Sezione IV
Il "tempo" della prestazione

SOMMARIO: 1. Orario di lavoro normale, straordinario e notturno. – 2. I riposi. – 3. Le ferie.

l'art. 36 Cost. rinvia alla legge la determinazione della durata massima dell'orario di lavoro giornaliero e riconosce il diritto del lavoratore al riposo settimanale e alle ferie

1. Al fine di salvaguardare l'integrità psicofisica del prestatore di lavoro mediante la concessione di adeguati intervalli di riposo, nonché di garantire l'osservanza di consuetudini sociali e di pratiche religiose ampiamente diffuse, **la Costituzione stabilisce che la durata massima della giornata lavorativa debba essere stabilita dalla legge e riconosce altresì al prestatore di lavoro il diritto irrinunciabile al riposo settimanale ed alle ferie** (art. 36, commi 2 e 3, Cost.).

In passato la materia dell'orario di lavoro e dei riposi era regolata, quanto ai principi generali, dal codice civile (artt. 2107-2109 c.c.) e, per la normativa di dettaglio, dalle ancor più risalenti leggi speciali [85], a formare un quadro normativo poi essenzialmente e costantemente adattato dalla contrattazione collettiva ai mutamenti tecnologici, organizzativi, economici e sociali intervenuti nel corso di tale lungo arco di vigenza.

normativa comunitaria in materia di orario

La revisione di un quadro normativo così datato era divenuta doverosa dopo l'approvazione della direttiva europea 93/104/CE, contenente alcune prescrizioni minime in materia di orario ai fini della protezione della sicurezza e salute dei lavoratori, poi integrate [86].

da limiti massimi su base settimanale o giornaliera a "limiti medi" su base settimanale ...

Tale direttiva è stata recepita prima con alcune disposizioni legislative di carattere innovativo in materia di orario normale, lavoro straordinario e lavoro notturno [87] e poi con il **d.lgs. n. 66 del 2003**, che ha introdotto una disciplina organica ed innovativa dedicata ai temi dell'orario di lavoro, delle pause, riposi e ferie, nonché del lavoro notturno, abrogando in massima parte (con l'eccezione delle norme espressamente mantenute in vigore) il vasto apparato legislativo previgente, disciplinando l'orario di lavoro per tutti i set-

[85] Per una ricostruzione organica di tale disciplina cfr. P. Ichino, *L'orario di lavoro e i riposi*, Milano, 1987.

[86] Direttive 2000/34/CE; 99/63/CE; 2000/79/CE; 2003/88/CE. Secondo una recente pronuncia della Corte di giustizia (sentenza 14 maggio 2019, causa 55/18) le normative degli Stati membri devono, per essere conformi a tali prescrizioni, prevedere l'obbligo per i datori di lavoro – attualmente inesistente nell'ordinamento italiano – di adottare un sistema di misurazione dell'orario svolto da ciascun dipendente.

[87] Cfr. art. 13, legge 24 giugno 1997, n. 196; legge 27 novembre 1998, n. 409; d.lgs. 26 novembre 1999, n. 532.

tori di attività pubblici e privati, salve le eccezioni di cui all'art. 2.

Il d.lgs. n. 66 del 2003 determina i limiti dell'**orario normale** (quaranta ore) e dell'**orario massimo** (quarantotto ore comprensive dello straordinario) **esclusivamente su base settimanale**, e **non attraverso soglie massime bensì mediante l'indicazione di limiti medi**, differenziandosi così dalla legislazione previgente che prevedeva limiti massimi all'orario di lavoro normale e straordinario su base giornaliera o settimanale [88].

Per "limiti medi" si intende il fatto che i contratti collettivi possono riferire l'orario normale "alla durata media delle prestazioni lavorative in un periodo non superiore all'anno" (art. 3, comma 2, d.lgs. n. 66 del 2003) e che il rispetto dell'orario massimo viene valutato con riferimento alla durata media dell'orario di lavoro osservato entro un arco temporale di quattro mesi, elevabile dai contratti collettivi sino a sei mesi o, a fronte di ragioni oggettive e specificate, dodici mesi (art. 4, commi 2-4).

... o superiore fino a un periodo non superiore all'anno

L'orario normale settimanale di lavoro può quindi avere, alternativamente, una durata costante (entro le quaranta ore) o variabile (nel rispetto del limite medio determinato dai contratti collettivi: c.d. orario "plurisettimanale" o "multiperiodale").

La durata massima giornaliera di lavoro non viene regolata espressamente, ma si desume dalla fissazione di un numero minimo giornaliero di ore di riposo (su cui v. *infra*, par. 2).

L'assetto normativo del d.lgs. n. 66 del 2003 potrebbe subire modificazioni dopo l'entrata in vigore dell'art. 8, commi 1, 2 e 2-*bis*, d.l. n. 138 del 2011, conv. in legge n. 148 del 2011.

Questa norma conferisce alla contrattazione collettiva di livello aziendale e territoriale un ampio potere di regolamentazione in materia di "disciplina dell'orario di lavoro", in presenza di determinati presupposti oggettivi. Si tratta di un potere di regolamentazione destinato a mutare sensibilmente a seconda del contesto operativo, che potrà svolgersi anche in deroga alle disposizioni previste dai contratti collettivi nazionali e dalla legge.

E tuttavia già la disciplina legale in tema di orario di lavoro contenuta nel d.lgs. n. 66 del 2003 riveste una funzione che è in larga parte derogabile da parte dei contratti collettivi [89].

---

[88] In ogni caso, secondo la giurisprudenza, rientrano nell'orario di lavoro (e devono essere quindi retribuiti) il tempo impiegato dal dipendente per la vestizione e/o svestizione degli indumenti da lavoro (c.d. tempo-tuta), se tali operazioni debbano essere eseguite secondo le modalità stabilite dal datore di lavoro (così, tra molte, Cass. 11 gennaio 2019, n. 505 e Cass. 28 marzo 2018, n. 7738), il tempo in cui il prestatore di lavoro rimane a disposizione del datore di lavoro lontano dall'abitazione per lo svolgimento di attività lavorativa a chiamata (v. Cass. 9 ottobre 2018, n. 24828 e Cass. 29 maggio 2017, n. 13466), il tempo per il cambio di consegne da un dipendente all'altro nel passaggio di turno (v. Cass. 22 novembre 2017, n. 27799) e le pause non fruibili liberamente dal lavoratore (così Cass. 3 settembre 2018, n. 21562).

[89] Cfr. artt. 3, comma 2; 4, commi 2 e 4; 5, comma 3 e 17, d.lgs. n. 66 del 2003.

l'orario di lavoro straordinario è determinato dai contratti collettivi

Nella disciplina rientra il **lavoro straordinario** (art. 5, d.lgs. n. 66 del 2003), inteso come la prestazione lavorativa svolta oltre l'orario normale, le cui modalità di svolgimento e di remunerazione, per l'appunto, sono normalmente definite dai contratti collettivi.

in assenza del contratto collettivo lo straordinario è determinato dal contratto individuale nel limite di 250 ore annue

Nei rapporti di lavoro non sottoposti alla disciplina di un contratto collettivo, lo svolgimento dello straordinario può invece avvenire sulla base di accordi individuali per **non più di duecentocinquanta ore annue**. Viene inoltre ammesso in via generale, salva diversa previsione dei contratti collettivi, lo svolgimento di lavoro straordinario in particolari circostanze (eccezionali esigenze tecnico produttive, cause di forza maggiore o situazioni di pericolo imminente, partecipazione a mostre, fiere o altre manifestazioni, allestimento di prototipi o modelli).

la determinazione del compenso aggiuntivo per il lavoro straordinario è rimessa al contratto collettivo

La determinazione del compenso aggiuntivo per lo svolgimento del lavoro straordinario è oggi rimessa in via esclusiva ai contratti collettivi, non più soggetti al limite minimo del 10% rispetto alla normale retribuzione oraria (precedentemente imposto dall'art. 5, r.d.l. n. 692 del 1923), ormai ampiamente derogato *in melius* dalle stesse fonti collettive.

È onere del lavoratore che pretende il compenso per lavoro straordinario allegare in modo specifico [90] e provare la prestazione cui esso si riferisce [91].

in alternativa sono consentiti equivalenti riposi compensativi

I contratti collettivi possono anche prevedere che a fronte dello svolgimento dello straordinario il lavoratore sia autorizzato, in via alternativa rispetto al pagamento delle retribuzioni aggiuntive e delle relative maggiorazioni, a godere di equivalenti **riposi compensativi**.

lavoro e lavoratore notturno: definizione

Il legislatore dedica particolare attenzione anche al **lavoro notturno** (artt. 11-15, d.lgs. n. 66 del 2003), in ragione della sua maggiore gravosità intrinseca. Secondo la definizione ripresa dalla direttiva, i lavoratori meritevoli di specifica protezione sono quelli normalmente impegnati "per almeno tre ore" [92] al giorno nel periodo notturno, descritto come un periodo di sette ore comprensivo dell'intervallo tra la mezzanotte e le cinque del mattino, *ex* art. 1, comma 2, lett. *d*), oppure coloro che svolgono attività lavorativa in periodo notturno per almeno ottanta giornate l'anno, salva diversa previsione dei contratti collettivi.

trattamenti particolari riservati ai lavoratori notturni

Per i lavoratori notturni sono previsti **particolari trattamenti** sotto diversi profili: sul fronte della protezione sanitaria ed infortunistica vengono imposti controlli medici preventivi e periodici oltre a misure protettive equivalenti a quelle adottate in orario diurno; il più rigoroso limite di orario è determinato in otto ore giornaliere, calcolabili anche come media su più giorni tranne che per le lavorazioni rischiose da individuare con decreto ministeriale. Il controllo sindacale è garantito da un obbligo di consultazione delle rappresentanze

controllo sindacale

---

[90] Così Cass. 19 giugno 2018, n. 16150 secondo cui, peraltro, la valutazione equitativa del giudice non può supplire al mancato assolvimento di tale onere.

[91] Da ultimo v. Cass. 20 febbraio 2018, n. 4076 e Cass. 14 maggio 2015, n. 9906.

[92] Art. 1, comma 2, lett. *e*), come modificato dall'art. 41, comma 1, legge n. 133 del 2008.

sindacali aziendali, precedente all'introduzione del lavoro notturno; si affida alla contrattazione collettiva la determinazione di aumenti retributivi o altre condizioni di miglior favore per i lavoratori notturni.

limitazioni soggettive al lavoro notturno

Limitazioni soggettive al **lavoro notturno** sono previste in forma di divieto nei confronti delle lavoratrici gestanti o delle lavoratrici madri fino ad un anno di età del bambino[93] e per gli adolescenti legittimati a prestare lavoro subordinato[94]. In presenza di altre situazioni familiari particolari, connesse alla filiazione o alla convivenza con disabili, i lavoratori possono svolgere lavoro notturno solo se consenzienti[95].

inidoneità al lavoro notturno e adibizione a mansioni equivalenti

Infine, in caso di sopravvenuta inidoneità al lavoro notturno per ragioni di salute, il lavoratore potrà chiedere l'adibizione al lavoro diurno in mansioni equivalenti, nei limiti, tuttavia, della loro esistenza e disponibilità (art. 15, d.lgs. n. 66 del 2003). Rimangono altrimenti impregiudicate le alternative del demansionamento "conservativo" del disabile oppure, quale *extrema ratio*, del licenziamento per giustificato motivo oggettivo.

la direttiva comunitaria e il decreto di attuazione non stabiliscono la durata massima della giornata lavorativa, ma solo l'intervallo tra una prestazione giornaliera e la successiva

2. Né la direttiva europea né il decreto legislativo di attuazione operano direttamente alcuna delimitazione della **giornata lavorativa**, ma riconoscono soltanto il diritto del lavoratore ad usufruire di un **riposo giornaliero** adeguato, pari ad almeno **undici ore consecutive** (art. 7, d.lgs. n. 66 del 2003).

Il riconoscimento indiretto suscita dubbi sull'effettiva conformità del d.lgs. n. 66 del 2003 al principio costituzionale espresso dal comma 2 dell'art. 36 Cost., che impone l'esplicita fissazione per legge di un limite della prestazione lavorativa giornaliera, ma d'altra parte la stessa norma permette di ricavare, sia pur indirettamente, un limite massimo giornaliero della prestazione lavorativa, sottraendo dalle 24 ore il periodo di riposo minimo imposto dall'art. 7.

Il principio secondo cui il riposo giornaliero deve essere fruito in modo consecutivo non si applica rispetto ad attività caratterizzate da periodi di lavoro frazionati durante la giornata o caratterizzati da regimi di reperibilità[96].

Inoltre, ai sensi dell'art. 17, comma 1 del decreto, la previsione di tutela del riposo giornaliero può essere derogata "mediante contratti collettivi stipulati a livello nazionale con le organizzazioni sindacali comparativamente più rappresentative". Analoga facoltà di deroga è attribuita ai contratti decentrati,

---

[93] Art. 53, comma 1, d.lgs. n. 151 del 2001 e art. 11, comma 2, d.lgs. n. 66 del 2003.

[94] Art. 15, legge n. 977 del 1967, come modificato dall'art. 10, d.lgs. n. 345 del 1999.

[95] In particolare, non sono obbligati a prestare lavoro notturno la lavoratrice madre, anche adottiva o affidataria, di un bambino di età inferiore a tre anni (o nei primi tre anni dall'ingresso del minore in famiglia), il lavoratore che sia l'unico genitore affidatario di un minore di anni dodici convivente e il dipendente avente a carico un disabile (artt. 53, comma 2, d.lgs. n. 151 del 2001 e 11, comma 2, d.lgs. n. 66 del 2003 come modificati dal d.lgs. n. 80 del 2015).

[96] Art. 7, comma 2, così come modificato dall'art. 41, comma 4, legge n. 133 del 2008.

ma conformemente alle regole fissate nei contratti collettivi nazionali. Si tratta di deroghe incondizionate, cioè non fondate su presupposti oggettivi, né circoscritte ad attività particolari o a specifiche categorie di lavoratori.

le pause

Il lavoratore ha inoltre diritto ad un intervallo di pausa nel caso in cui l'orario giornaliero superi le sei ore (art. 8, comma 1, d.lgs. n. 66 del 2003).

il riposo settimanale

Trovano spazio nel decreto, oltre ai riposi giornalieri, anche disposizioni in tema di **riposo settimanale**[97], che deve avere una **durata minima di trentacinque ore**, essendo quantificato in un periodo di almeno **ventiquattro ore consecutive**, da cumulare (cfr. Corte cost. n. 102 del 1976) con le ore di riposo minimo giornaliero, anche se il suddetto periodo di riposo consecutivo deve essere calcolato come media in un periodo non superiore a 14 giorni[98].

Tale periodo va concesso *di regola* in coincidenza con la domenica, pur essendo previste numerose ipotesi di deroga in ragione delle specifiche esigenze correlate a particolari attività o a specifici servizi non suscettibili di interruzioni.

lavoro festivo e trattamento economico più vantaggioso

Da sottolineare che, secondo un orientamento giurisprudenziale ancora largamente condiviso[99], lo svolgimento del **lavoro domenicale**, anche se bilanciato dal godimento di un riposo compensativo infrasettimanale, deve essere compensato con uno specifico aumento retributivo o con condizioni di trattamento complessivamente più vantaggiose.

lavoro a turni

Un ulteriore trattamento migliorativo deve essere altresì accordato ai lavoratori i quali, oltre a prestare abitualmente attività lavorativa nella giornata domenicale, sono tenuti all'osservanza di un sistema di turni che determina il differimento del riposo compensativo oltre il settimo giorno, pur rimanendo garantito il rispetto del rapporto complessivo tra sei giorni di lavoro ed uno di riposo[100].

festività civili e religiose

Oltre alle domeniche, la legge n. 260 del 1949 contiene un **elenco di festività civili e religiose** ripetutamente modificato (v. legge n. 54 del 1977 e legge n. 336 del 2000) e per alcune di esse è imposto il pagamento della normale retribuzione anche in assenza della prestazione lavorativa (art. 5, legge n. 260 del 1949).

Gli appartenenti ad alcune confessioni religiose diverse da quella cattolica hanno diritto a godere del riposo settimanale e dei riposi per festività religiose previsti dai relativi calendari liturgici, previa intesa tra lo Stato e le relative istituzioni rappresentative, ai sensi dell'art. 8, comma 3, Cost.

Le norme in materia di riposi sono generalmente inderogabili, con l'eccezione però delle ipotesi contemplate negli artt. 16 e 17, d.lgs. n. 66 del 2003, mentre non sembra che l'art. 8, d.l. n. 138 del 2011, conv. in legge n. 148 del 2011 investa tale materia.

---

[97] Anch'esse aggiornate conformemente alla direttiva n. 88/2003/CE e alle Convenzioni OIL nn. 14/21 e 106/1957.

[98] Art. 9, comma 1, come modificato dall'art. 41, comma 5, legge n. 133 del 2008.

[99] Cass. 8 novembre 2013, n. 25196.

[100] Cass. 2 maggio 2011, n. 9612.

La "disciplina in materia di orario di lavoro" cui fa riferimento l'art. 8, comma 2, lett. *d*) ai fini della regolamentazione collettiva anche in deroga non comprende la disciplina delle c.d. pause periodiche (riposi giornalieri e settimanali, ferie), neppure se intesa in senso ampio [101].

l'art. 8, d.l. n. 138 del 2011, conv. in legge n. 148 del 2011 non concerne i riposi

Dette pause, infatti, pur essendo disciplinate dallo stesso d.lgs. n. 66 del 2003, sono escluse dal tempo complessivo della prestazione lavorativa e, quindi, non costituiscono "orario di lavoro".

3. Anche la materia delle **ferie annue** ha subìto alcuni significativi ritocchi da parte dell'art. 10, d.lgs. n. 66 del 2003. Il **periodo minimo**, prima determinato in tre settimane dalla Convenzione OIL 24 giugno 1970 sui congedi pagati, ratificata e resa esecutiva in Italia dalla legge n. 157 del 1981, è ora quantificato in **quattro settimane**, salve le condizioni di miglior favore previste dai contratti collettivi.

ferie annuali pari a 4 settimane

Il diritto alle ferie matura gradualmente e progressivamente in misura proporzionale alle prestazioni lavorative svolte [102].

Tale periodo, inoltre, e salvo diversa previsione della contrattazione collettiva o di leggi di settore, deve essere goduto per almeno due settimane, consecutive in caso di richiesta del lavoratore, entro l'anno di maturazione, mentre le restanti due settimane, entro i diciotto mesi successivi al termine di maturazione (art. 10, comma 1).

Accanto ai periodi di lavoro effettivo, secondo una pronuncia della Corte di Cassazione a sezioni unite, anche i periodi di sospensione della prestazione lavorativa per **malattia** concorrono peraltro alla maturazione delle ferie spettanti ad ogni prestatore di lavoro [103].

commisurazione delle ferie ai giorni di lavoro effettivi e di malattia

La individuazione del periodo feriale è effettuata dal datore di lavoro che deve tenere conto delle esigenze dell'impresa e degli interessi del prestatore di lavoro e, in caso di contrasto, prevalgono le prime [104].

Poiché **le finalità delle ferie sono, al contempo, quella di permettere la reintegrazione delle energie psicofisiche del lavoratore e di soddisfare le esigenze familiari, sociali e ricreativo-culturali** dello stesso, l'insorgenza della malattia durante il periodo feriale ne determina la sospensione ed il differimento a dopo la guarigione [105] qualora la stessa abbia concretamente pregiudi-

malattia e sospensione delle ferie

---

[101] Quand'anche l'art. 8 si ritenesse applicabile, la disciplina dei riposi settimanali era e rimane irrinunciabile per lo stesso lavoratore *ex* art. 36, comma 3, Cost., e tale deve ritenersi anche per i soggetti collettivi.

[102] L'inciso dell'art. 2109 c.c. che ne condizionava il godimento al decorso di un anno di ininterrotto servizio è stato dichiarato incostituzionale da Corte cost. 10 maggio 1963, n. 66.

[103] Cass., Sez. Un., 12 novembre 2001, n. 14020; nello stesso senso Cass. 29 luglio 2014, n. 17177.

[104] Art. 2109, commi 2 e 3, c.c., espressamente mantenuti in vigore dall'art. 10, comma 1, d.lgs. n. 66 del 2003.

[105] Corte cost. 30 dicembre 1987, n. 616, in *Foro it.*, 1988, I, c. 1062.

cato il godimento delle ferie [106] e sia stata tempestivamente comunicata dal lavoratore [107].

La fruizione delle ferie è esclusa durante il periodo di preavviso di licenziamento (art. 2109, comma 4, c.c.).

L'art. 10 del d.lgs. n. 66 del 2003 prevede, al comma 2, che il periodo feriale minimo di quattro settimane "non può essere sostituito dalla relativa indennità per ferie non godute" salvo che nell'ipotesi di estinzione del rapporto di lavoro.

In precedenza veniva invece pacificamente riconosciuto, in caso di mancato godimento delle ferie, il diritto del lavoratore ad una corrispondente indennità sostitutiva [108], nonostante l'irrinunciabilità delle ferie sancita dalla Costituzione.

la monetizzazione delle ferie non può essere considerata una conseguenza del loro mancato godimento

L'introduzione del nuovo divieto rende manifesto che la c.d. "monetizzazione" delle ferie non può più essere prevista dalle parti come normale conseguenza del loro mancato godimento, ma non chiarisce se, in condizioni di oggettiva difficoltà o di eccessiva onerosità, l'indennità sostitutiva possa essere ancora corrisposta [109].

Sotto altro aspetto, l'art. 24 del d.lgs. n. 151 del 2015, attuativo del c.d. *Jobs Act* ha introdotto nel nostro ordinamento le c.d. "ferie solidali".

l'istituto delle c.d. ferie solidali

Secondo tale disposizione, dalla data di entrata in vigore del decreto i lavoratori possono, alle condizioni e secondo le modalità stabilite dai contratti collettivi stipulati dalle associazioni sindacali comparativamente più rappresentative sul piano nazionale, cedere gratuitamente i riposi e le ferie da loro maturati ad altri lavoratori, di pari livello e categoria occupati presso lo stesso datore di lavoro, per consentire a questi ultimi l'assistenza di figli minori che, per le particolari condizioni di salute, necessitano di cure costanti.

la disciplina delle sanzioni per violazione delle norme in materia di orari, riposi e ferie

Infine l'art. 18-*bis* del d.lgs. n. 66 del 2003, più volte modificato dal legislatore (da ultimo con la legge n. 145 del 2018), prevede sanzioni penali ed amministrative a carico del datore di lavoro in caso di violazione delle norme relative alla durata massima della settimana lavorativa, al lavoro notturno, ai riposi ed alle ferie.

---

[106] Nel pubblico impiego, Cons. Stato, Sez. VI, 18 novembre 2010, n. 18100, in *Foro amm.-CDS*, 2010, 11, p. 2453.

[107] Tra le molte Cass. 22 aprile 2008, n. 10352, in *Mass. giur. lav.*, 2008, p. 787. Peraltro, secondo Cass. 10 gennaio 2017, n. 284, la trasmissione al datore di lavoro dei certificati di malattia durante il periodo feriale comporta l'automatica conversione del titolo dell'assenza da ferie a malattia anche in mancanza di richiesta del dipendente in tal senso.

[108] Per tutte, cfr. Cass. 19 ottobre 2000, n. 13860, in *Giust. civ.*, 2000, I, p. 3120.

[109] Tuttavia, secondo la giurisprudenza più recente (v. Cass. 1° febbraio 2018, n. 2496 e Cass. 29 gennaio 2016, n. 1756), l'indennità sostitutiva spetta al lavoratore in tutti i casi in cui le ferie non siano state fruite entro i termini previsti dal legislatore, a prescindere da motivi organizzativi, da responsabilità e/o dalla diversa volontà del datore di lavoro. Tale indennità, avendo natura di corrispettivo del lavoro prestato nel tempo che avrebbe dovuto essere dedicato al riposo, è soggetta a contribuzione previdenziale (così Cass. 29 maggio 2018, n. 13473).

Capitolo 27
La sospensione del rapporto di lavoro

SOMMARIO: 1. Le diverse ipotesi di sospensione del rapporto di lavoro. – 2. Infortunio e malattia. – 3. Congedi di maternità, paternità e i congedi parentali alla luce del decreto legislativo sulla conciliazione delle esigenze di cura, vita e lavoro. – 4. Servizio militare. – 5. Adempimento di funzioni pubbliche elettive e cariche sindacali. – 6. Permessi sindacali. – 7. Congedi per motivi di studio e per la formazione. – 8. La Cassa integrazione guadagni: rinvio.

la sospensione del rapporto di lavoro: conservazione temporanea del vincolo contrattuale

1. Con il termine **sospensione del rapporto di lavoro** si indica **la conservazione temporanea del vincolo contrattuale a fronte dell'impossibilità di svolgere la prestazione di lavoro** per causa non imputabile al lavoratore né al datore di lavoro.

Non si tratta di una fattispecie unitaria con un unico regime giuridico, ma di situazioni anche molto diverse tra loro, in cui, alla sospensione dell'obbligazione di lavorare spesso non corrisponde la sospensione dell'obbligazione retributiva. Ciò avviene perché nel diritto del lavoro, in base al tradizionale *favor praestatoris,* si assiste alla **c.d. traslazione del rischio in capo al datore di lavoro.**

Da tale traslazione del rischio derivano i seguenti **effetti**:

– il diritto alla **conservazione del posto** di lavoro;
– il diritto alla **retribuzione** (e ai contributi previdenziali), se previsto dalla legge o dalla contrattazione collettiva [1];
– la **maturazione dei diritti connessi all'anzianità di servizio**, salva diversa ed espressa previsione legislativa o collettiva.

Come si avrà modo di esaminare nei successivi paragrafi, le fattispecie tipiche di sospensione del rapporto di lavoro (malattia, infortunio, gravidanza e puerperio, congedo matrimoniale, servizio militare, richiamo alle armi, adempimento di funzioni pubbliche elettive o di cariche sindacali, per motivi di studio e congedi formativi, cassa integrazione guadagni) riguardano situazioni

[1] I relativi oneri retributivi e contributivi non sempre gravano sul datore di lavoro: in determinati casi l'erogazione spetta ai competenti istituti previdenziali.

tutelate *in primis* da norme di rango costituzionale e poi dal codice civile o da leggi speciali, ma questo non preclude la possibilità di una regolamentazione da parte dell'autonomia privata attraverso la contrattazione collettiva.

È opportuno chiarire che i riposi e le ferie non sono ipotesi di sospensione del rapporto, in quanto costituiscono adempimento dell'obbligazione di lavoro. Inoltre, quando la sospensione della prestazione dipende da un fatto imputabile al datore di lavoro (es., la serrata) si parla di *mora credendi*.

malattia e infortunio

2. L'art. **32 Cost. tutela la salute** come diritto fondamentale dell'individuo e l'art. **38, comma 2, Cost.** afferma che i lavoratori hanno diritto a tutele economiche adeguate in caso di infortunio e malattia. Tali previsioni sono messe in pratica dall'**art. 2110 c.c.**, che stabilisce come **in caso di infortunio e di malattia** che non consentano il normale svolgimento della prestazione di lavoro, **il lavoratore abbia diritto alla conservazione del posto di lavoro e a una tutela economica.**

La malattia è considerata nell'ambito del rapporto di lavoro come uno stato morboso, determinato da una patologia che impedisce al lavoratore di eseguire la prestazione lavorativa[2]. Non è quindi sufficiente esclusivamente uno stato morboso, ovvero un accertamento medico della patologia, ma è necessario che ci sia un'incidenza di tale patologia sulla prestazione lavorativa che il prestatore normalmente esegue e rispetto alla quale si trova temporaneamente impedito[3].

Invece, la nozione propria dell'infortunio è quella di un evento violento, fortuito ed esterno che produce lesioni, le quali causano inabilità temporanea, invalidità permanente, oppure la morte del lavoratore[4]. Solo nel caso di queste condizioni entrano in vigore le tutele previdenziali con intervento dell'Inail che è l'istituto preposto alla salvaguardia degli infortuni[5].

---

[2] Cass. 26 novembre 2014, n. 25162.

[3] Invece, la malattia professionale è una patologia, la cui causa agisce lentamente e progressivamente sull'organismo e che normalmente ha un'origine lavorativa. La malattia perciò in generale può avere una fonte non lavorativa, ma si parla di malattia professionale quando abbiamo la derivazione lavorativa della stessa.

[4] Da ultimo Cass. 2 aprile 2019, n. 9112.

[5] Ad esempio, in caso di malattia il Ccnl Ania prevede quali sono i doveri del lavoratore e stabilisce all'art. 23 che in caso di assenza per malattia, infortunio o per causa di forza maggiore il/la lavoratore/trice deve darne immediato avviso all'impresa, salvo giustificato motivo di impedimento. Esiste, perciò, un dovere di immediata e tempestiva comunicazione della propria condizione, e nel caso della comunicazione il lavoratore perciò sarà assente dal lavoro, in maniera giustificata. Prosegue l'articolo poi recitando che, in caso di infortuni sul lavoro, anche se di modesta entità, il/la lavoratore/trice infortunato deve darne immediato avviso all'ufficio del personale. Infatti, in caso di infortunio sul lavoro, esistono una serie di adempimenti che, inderogabilmente, l'impresa deve effettuare nei confronti degli enti previdenziali preposti, in particolare dell'Inail, perciò la comunicazione del lavoratore è fondamentale che sia tempestiva per avviare il processo di informazione pubblica.

In ogni caso, il periodo di assenza dal lavoro per tali cause deve essere computato nell'anzianità di servizio (art. 2110, comma 3, c.c.) e, quindi, anche ai fini del calcolo del trattamento di fine rapporto (art. 2120, comma 3, c.c.).

Il **periodo di conservazione del posto di lavoro durante la malattia viene definito periodo di comporto**: la sua durata e la corrispondente tutela economica vengono determinate dal contratto collettivo, e quindi variano in relazione al settore merceologico, all'anzianità di servizio e alla qualifica. Generalmente si distingue tra il **c.d. comporto secco**, ossia l'ipotesi di una malattia unica ed ininterrotta [6], e il **comporto per sommatoria** [7], che consiste nella somma di più episodi morbosi. In assenza di una previsione del contratto collettivo su quale sistema di calcolo adottare (comporto secco o per sommatoria), la giurisprudenza della Cassazione [8] affida al giudice il compito di decidere secondo equità.

comporto secco e comporto per sommatoria

In caso di **superamento del periodo di comporto**, l'art. 2110, comma 2, c.c. riconosce al datore di lavoro la **facoltà di recedere con preavviso ai sensi dell'art. 2118 c.c.** [9]. Pertanto, durante il periodo di comporto il datore di lavoro non può licenziare il dipendente per giustificato motivo, in quanto il legislatore, nell'art. 2110 c.c., ha operato un bilanciamento degli interessi (quello del datore di lavoro alla produttività e quello del lavoratore a disporre di un congruo periodo di tempo per curarsi senza perdere i mezzi di sostentamento e l'occupazione) e ha riversato sull'imprenditore il rischio della malattia del dipendente fino al raggiungimento di tale limite di tollerabilità dell'assenza [10].

Pertanto, il licenziamento per giustificato motivo, intimato durante il periodo di comporto, "rimane sospeso fino alla guarigione del dipendente e da quel momento torna a riprendere la sua efficacia" [11]. Nei confronti del lavoratore in malattia è, però, consentito il **licenziamento per giusta causa** [12] ai sensi dell'art. 2119 c.c. (v. cap. 31), ad esempio nel caso in cui il dipendente svolga un'attività incompatibile con lo stato di salute dichiarato o che, comunque, comprometta il recupero dell'idoneità lavorativa [13]. In tali ipotesi la condotta del lavoratore è così grave da far venire meno le ragioni poste alla base della conservazione del posto di lavoro durante il periodo di comporto.

---

[6] Cfr. Cass. 5 ottobre 2018, n. 24599, in *DeJure*.

[7] Cfr. da ultimo Cass. 8 aprile 2019, n. 9751; Cass. 10 dicembre 2012, n. 22392, in *Giust. civ. mass.*, 2012, 12, p. 1394.

[8] V. Cass. 12 febbraio 2015, n. 2794, in *DeJure*.

[9] V. cap. 34.

[10] V. Cass. 28 gennaio 2014, n. 1777, in *Bollettino Adapt*, 10 febbraio 2014, n. 6. *Contra*, v. Cass. 4 settembre 2014, n. 18678, in *Guida lav.*, 2014, n. 36, p. 15.

[11] Cass. 7 gennaio 2005, n. 239, in *Foro it.*, 2005, I, c. 15; v. anche Cass. 10 ottobre 2013, n. 23063, in *DeJure*.

[12] Cfr. Cass. 7 ottobre 2014, n. 21093, in *Guida dir.*, 2014, 43, p. 33; Cass. 29 novembre 2012, n. 21253, in *Guida dir.*, 2013, 2, p. 73.

[13] Cfr. Cass. 5 luglio 2016, n. 13676, in *Diritto & Giustizia*, 6 luglio 2016.

l'art. 37 Cost. e la protezione della lavoratrice madre

3. L'art. 37 Cost. prevede un'adeguata **protezione alla lavoratrice madre e al bambino**: per assicurare ciò, il **d.lgs. n. 151 del 2001**, c.d. **T.U. sulla maternità**, così come recentemente modificato dal **d.lgs. n. 80 del 2015** sulla conciliazione delle esigenze di cura, vita e lavoro, in attuazione del c.d. *Jobs Act*[14], contiene tutte le disposizioni in materia di tutela e sostegno della maternità e paternità.

Innanzitutto, il T.U. sulla maternità offre la definizione di **congedo di maternità, inteso come astensione obbligatoria dal lavoro** (art. 2).

il congedo di maternità

Il periodo di congedo obbligatorio inizia a decorrere due mesi prima della data del parto e cessa tre mesi dopo tale evento (art. 16)[15]. Il congedo di maternità può essere richiesto anche nei casi di adozione o affidamento di minore (art. 26) ed è fruibile, nella prima ipotesi, per i primi cinque mesi successivi all'ingresso del bambino nella famiglia, e nella seconda per un periodo massimo di tre mesi nei primi cinque mesi dall'affidamento.

Nel caso di adozione e affidamento internazionale il congedo spetta per cinque mesi dall'ingresso in Italia del minore adottato o affidato e può essere fruito anche parzialmente prima dell'ingresso in Italia del minore (quando, ad esempio, i genitori adottivi devono recarsi nei luoghi di origine per fare prima dei periodi di affiancamento o di conoscenza del minore). Inoltre, il d.lgs. n. 80 del 2015 interviene al fine di rendere il congedo obbligatorio di maternità ancora più flessibile, offrendo la possibilità di fruirne in casi particolari, come quelli di parto prematuro o di ricovero del neonato.

Le lavoratrici hanno diritto ad un'indennità giornaliera pari all'80% della retribuzione per tutto il periodo del congedo di maternità (art. 22). E l'art. 23 indica i criteri di calcolo della suddetta indennità. Vige il principio dell'automaticità delle prestazioni, cioè l'indennità di maternità viene erogata anche in caso di mancato versamento dei relativi contributi: il d.lgs. n. 80 del 2015 ha esteso tale principio anche alle lavoratrici e ai lavoratori non dipendenti, purché iscritti alla gestione separata Inps. Per i periodi di congedo di maternità è previsto l'accreditamento di contributi figurativi per il diritto alla pensione e per la determinazione della stessa (art. 25).

Il congedo di maternità è riconosciuto anche alle lavoratrici iscritte alla Gestione Separata Inps, cioè alle collaboratrici coordinate e continuative, ai sensi dell'art. 64 del T.U. sulla maternità[16]. Alle lavoratrici autonome è co-

---

[14] Modificato a sua volta dal d.lgs. n. 148 del 2015, il quale ha disposto la modifica dell'art. 26, comma 2, d.lgs. n. 80 del 2015 e di conseguenza ha disposto con l'art. 43, comma 2, la modifica dell'art. 32, commi 1, 1-*ter* e 3.

[15] Previa autorizzazione medica, la lavoratrice può usufruire di tale congedo dal mese precedente alla data presunta del parto e nei quattro mesi successivi al parto: v. art. 20, d.lgs. n. 151 del 2001.

[16] Dal 14 giugno 2017, data di entrata in vigore della legge n. 81 del 2017, il congedo di maternità non è più obbligatorio per le lavoratrici iscritte alla Gestione Separata. In ogni caso la relativa indennità sarà riconosciuta a prescindere dall'effettiva astensione dell'attività lavorativa.

munque corrisposta l'indennità di maternità per i due mesi antecedenti la data del parto e per i tre mesi successivi alla stessa (artt. 66 e 68 T.U. sulla maternità).

congedo di paternità

La legge prevede anche **un congedo di paternità**, definito come astensione dal lavoro del lavoratore **fruito in alternativa al congedo di maternità**, in caso di morte o di grave infermità della madre ovvero di abbandono, nonché in caso di esclusivo affidamento del bambino al padre (art. 28, d.lgs. n. 151 del 2001) e in caso di adozione e affidamento di minori se la madre vi rinunci in maniera totale o parziale ed il padre, perciò, si sostituisce alla madre nel godimento del congedo. Il congedo proprio del padre si ha con delle norme molto restrittive perché sono concessi quattro giorni di congedo obbligatorio dopo la nascita e un giorno di congedo facoltativo da fruire in alternativa alla madre entro cinque mesi dalla nascita o dall'ingresso in famiglia o in Italia del minore [17].

Il trattamento economico e previdenziale è identico a quello previsto per il congedo di maternità (artt. 29 e 30).

congedo parentale

Accanto al congedo di maternità o paternità è previsto il **congedo parentale, definito come astensione facoltativa della lavoratrice o del lavoratore**. Si tratta di un periodo continuo o frazionato, di durata non superiore a dieci mesi (prolungabili a tre anni in caso di minore con grave *handicap*), del quale possono godere entrambi i genitori nei primi dodici anni di vita del bambino. In questo caso è dovuta un'indennità pari al 30% della retribuzione media giornaliera, fino al sesto anno di vita del bambino (art. 34) [18]. I periodi di congedo parentale sono coperti da contribuzione figurativa (art. 35). Il d.lgs. n. 80 del 2015 ha esteso le norme volte a tutelare la genitorialità anche ai genitori adottivi e affidatari.

Sono previsti riposi e permessi giornalieri nel primo anno di vita del bambino per la madre (art. 39) e, a certe condizioni, anche per il padre (art. 40).

congedo per malattia del figlio

È previsto anche il **congedo per la malattia del figlio** come astensione facoltativa dal lavoro della lavoratrice o del lavoratore in dipendenza della malattia stessa per periodi corrispondenti alle malattie di ciascun figlio di età non superiore a tre anni, nonché per cinque giorni all'anno nel periodo compreso tra i tre e gli otto anni del bambino (art. 47). I relativi periodi sono computati nell'anzianità di servizio (art. 48) ed è dovuta la contribuzione figurativa (art. 49).

divieto di licenziamento e convalida delle dimissioni

Inoltre, l'art. 54 del d.lgs. n. 151 del 2001 prevede il divieto di **licenziamento della lavoratrice** dall'inizio del periodo di gravidanza fino al compimento di un anno di vita del bambino: il licenziamento intimato in tale periodo è espressamente **nullo** [19].

Il divieto di licenziamento, però, non si applica in caso di colpa grave della

---

[17] Per l'anno solare 2019, l'art. 1, comma 278, legge n. 145 del 2018 (legge di bilancio 2019) ha aumentato a cinque il numero dei giorni di congedo obbligatorio e ha confermato la possibilità di fruire di un giorno di congedo facoltativo in alternativa alla madre.

[18] Per un approfondimento sul tema si rinvia alla circolare Inps 17 luglio 2015, n. 139.

[19] V. *infra*, cap. 30.

lavoratrice[20], che costituisca giusta causa di risoluzione del rapporto, di cessazione dell'attività aziendale o di esito negativo della prova (art. 54, comma 3, d.lgs. n. 151 del 2001).

Le dimissioni della lavoratrice madre nel periodo della gravidanza o della lavoratrice madre e del lavoratore padre nei primi tre anni di vita del bambino **devono essere convalidate** dall'Ispettorato del lavoro territorialmente competente (art. 55).

congedo matrimoniale

Infine, è opportuno trattare il congedo matrimoniale, introdotto in Italia nel 1937 con il r.d.l. n. 1334, che ne prevedeva l'applicazione esclusivamente alla classe degli impiegati. Solo quattro anni più tardi, con il contratto collettivo Interconfederale del 31 maggio 1941, il diritto al congedo venne esteso anche alla classe operaia. Oggi le regole relative alla fruizione di tale diritto sono affidate alla contrattazione collettiva. Infatti, il congedo matrimoniale viene previsto dai contratti collettivi e, nel caso del Ccnl Ania, preso più volte in esame, prevede che, in caso di matrimonio, spetti un congedo straordinario retribuito di 15 giorni consecutivi di calendario. Non in tutti i settori economici è previsto il congedo nella stessa misura, essendo affidato ad una regolamentazione pattizia. La fruizione di questo congedo è volontaria, poiché il soggetto a cui spetta può rinunciarvi, diversamente da quanto avviene per gli altri congedi di fonte legale. Infine, a seguito delle modifiche introdotte con la legge Cirinnà, legge n. 76 del 2016, le disposizioni sul congedo matrimoniale si applicano anche alle unioni civili.

4. Le chiamate per lo svolgimento del servizio militare obbligatorio di leva e del servizio civile obbligatorio di leva (c.d. obiettori di coscienza)[21] sono sospese dal primo gennaio 2005[22]. È così venuto meno il presupposto della sospensione del rapporto di lavoro previsto per tali ipotesi. Prima di tali interventi legislativi, **il periodo del servizio militare di leva** e il periodo di servizio civile per gli obiettori di coscienza sospendevano il rapporto di lavoro senza diritto alla retribuzione, ma con computo di tale lasso di tempo nell'anzianità di servizio. Infatti, l'**art. 52, comma 2, Cost.**, assicura che l'adempimento del servizio militare "non pregiudica la posizione di lavoro del cittadino".

servizio militare

Attualmente le forze armate sono costituite solo da militari professionisti arruolati su base volontaria.

funzioni pubbliche elettive

5. Per l'adempimento di funzioni pubbliche elettive (parlamento nazionale, europeo, assemblee regionali e altre funzioni pubbliche elettive) **o di cariche sindacali**, nel pieno rispetto del principio costituzionale di cui all'art.

---

[20] Cass. 26 gennaio 2017, n. 2004, in *Labor*, 8 febbraio 2017; Cass. 29 settembre 2011, n. 19912, in *Giust. civ. mass.*, 2011, 9, p. 1365.

[21] Legge n. 331 del 2000 e, successivamente, art. 7, comma 1, d.lgs. n. 215 del 2001 e art. 1, comma 1, legge n. 226 del 2004.

[22] V. art. 1929, d.lgs. 15 marzo 2010, n. 66, codice dell'ordinamento militare.

51, **i lavoratori privati possono essere collocati in aspettativa, a richiesta, per la durata del mandato**. Il periodo di aspettativa non è retribuito, ma è considerato utile ai fini della tutela pensionistica e assicurativa [23].

I lavoratori delle pubbliche amministrazioni, eletti nel parlamento nazionale, europeo, e nei consigli regionali, hanno diritto alla stessa tutela e possono optare per la conservazione del loro trattamento economico, in luogo delle indennità corrisposte dal parlamento e dal consiglio regionale (art. 68, d.lgs. n. 165 del 2001).

I lavoratori pubblici e privati eletti alla carica di consigliere comunale e provinciale, che non si collochino in aspettativa, sono autorizzati *ex lege* ad assentarsi dal lavoro per il tempo strettamente necessario all'espletamento del mandato senza alcuna decurtazione della retribuzione, ad eccezione dei sindaci o assessori comunali e provinciali che hanno diritto anche a permessi non retribuiti per un minimo di trenta ore mensili (art. 32 St. lav.).

La tutela riconosciuta ai lavoratori eletti in parlamento è estesa ai lavoratori chiamati a ricoprire cariche sindacali provinciali e nazionali (art. 31, comma 2, St. lav.).

permessi sindacali

6. **Permessi sindacali retribuiti sono riconosciuti ai lavoratori** per riunirsi in assemblea nel limite di dieci ore annue (art. 20 St. lav.) e ai **dirigenti delle rappresentanze sindacali aziendali per l'espletamento del loro mandato** (art. 23 St. lav.) [24]. Tali previsioni garantiscono il principio costituzionale di libertà sindacale di cui all'art. 39 Cost. [25].

Lo sciopero sospende l'adempimento di entrambe le obbligazioni delle parti, come pure l'accantonamento ai fini del t.f.r. e la contribuzione previdenziale.

congedi per motivi di studio

7. **L'art. 10 St. lav.** garantisce il **diritto allo studio** – sancito dall'art. 34 Cost. – e prevede che i lavoratori studenti, purché iscritti e frequentanti corsi regolari di studio, siano agevolati per la partecipazione ai corsi e la preparazione agli esami [26].

---

[23] Cfr. in questo senso art. 31, comma 2, legge n. 300 del 1970 e art. 81, d.lgs. n. 267 del 2000 come modificato dall'art. 2, comma 24, legge n. 244 del 2007.

[24] I dirigenti sindacali aziendali di cui all'art. 23 hanno altresì diritto a permessi non retribuiti per la partecipazione a trattative sindacali o a congressi e convegni di natura sindacale, in misura non inferiore a otto giorni all'anno (art. 24 St. lav.).

[25] Esistono naturalmente anche permessi retribuiti connessi in relazione alla gravidanza e al puerperio che devono essere collegati di conseguenza al Ccnl di riferimento. Ad esempio, il Ccnl Ania prevede all'art. 39, 8 ore di permessi retribuiti per l'effettuazione di esami prenatali, accertamenti clinici o visite mediche specialistiche; l'art. 4 del contratto integrativo prevede 10 ore di ulteriore permesso che sono raddoppiate per il genitore che si trova al compimento del terzo anno di vita del bambino e le modalità di fruizione sono a ore, mezze giornate o giornata intera.

[26] Cfr. Cass. 10 luglio 2013, n. 17128; Cass. 22 aprile 2008, n. 10344, in *Lav. P.A.*, 2008, 1, p. 390.

Inoltre, i lavoratori studenti, compresi quelli universitari, che devono sostenere prove di esame, hanno diritto ad usufruire di permessi giornalieri retribuiti[27].

Inoltre, i lavoratori che abbiano almeno cinque anni di anzianità di servizio possono richiedere una sospensione del rapporto di lavoro **per congedi formativi**[28] di durata non superiore a undici mesi (art. 5, legge n. 53 del 2000). Durante tale periodo il lavoratore conserva il posto di lavoro, ma non ha diritto alla retribuzione. Tale periodo non è computabile nell'anzianità di servizio, né è cumulabile con le ferie, con la malattia e con altri congedi. Il datore di lavoro può non accogliere la richiesta o differirne l'accoglimento per comprovate esigenze organizzative. Possono essere previste dai contratti collettivi periodi di congedo per ragioni familiari e personali, concesse a discrezione del datore di lavoro.

8. Per ragioni sistematiche l'istituto della **Cassa integrazione guadagni** può essere annoverato fra le cause di sospensione del rapporto di lavoro, ma poiché è oramai diventato un importante strumento di sostegno del reddito e di contrasto alla disoccupazione involontaria è preferibile trattare l'argomento separatamente (v. *infra*, cap. 58).

---

[27] Cfr. anche Cass. 19 agosto 2011, n. 17401, in *Guida lav.*, 2011, 41, p. 27.

[28] Per "congedo per la formazione" si intende quello finalizzato al completamento della scuola dell'obbligo, al conseguimento del titolo di studio di secondo grado, del diploma universitario o di laurea, alla partecipazione ad attività formative diverse da quelle poste in essere o finanziate dal datore di lavoro.

Capitolo 28

Le modificazioni del rapporto di lavoro

novazione del contratto di lavoro

1. Nello svolgimento del rapporto di lavoro le modificazioni oggettive possono determinare la novazione oggettiva del contratto e cioè l'estinzione del rapporto di lavoro esistente e l'instaurazione di uno nuovo e diverso rispetto al primo.

La novazione del contratto è, però, una vicenda non frequente nel rapporto di lavoro; sia perché le modificazioni che riguardano il contenuto delle obbligazioni delle parti e cioè la retribuzione e le mansioni o il luogo o il tempo di esecuzione della prestazione non determinano normalmente la novazione del rapporto, sia soprattutto per il riconoscimento nel nostro ordinamento dei diritti del lavoratore collegati all'anzianità di servizio. Pertanto quando le parti estinguono fittiziamente il rapporto di lavoro e ne costituiscono uno nuovo è agevole per il lavoratore provare che si tratta di un negozio in frode alla legge, perché lede i diritti dello stesso derivanti dall'anzianità di servizio.

Ha natura novativa l'accordo con il quale il lavoratore estingue il rapporto al fine di consentire l'assunzione di un altro lavoratore o quello con il quale si realizza un passaggio diretto da un datore di lavoro ad un altro.

2. Accanto alle modificazioni oggettive possono anche verificarsi **modificazioni soggettive** del contratto di lavoro.

cessione del contratto da parte del datore di lavoro e consenso del lavoratore ceduto

Il lavoratore non può cedere ad altri il contratto di lavoro per il carattere personale della prestazione, salva qualche eccezione stabilita dalla legge.

Il datore di lavoro, invece, può cedere il contratto e il cessionario succede nel rapporto di lavoro, che continua senza soluzione di continuità.

Di regola, la cessione del contratto di lavoro da parte del datore di lavoro è riconducibile alla fattispecie della cessione del contratto *ex* **art. 1406 c.c. e necessita del consenso del debitore ceduto e cioè del lavoratore** [1].

Un'eccezione alla regola del consenso del lavoratore ***ex*** **art. 1406 c.c. si ha quando la cessione del contratto di lavoro rientri nella fattispecie del trasferimento di azienda o di parte dell'azienda** ***ex*** **art. 2112 c.c.**, come modificato dal d.lgs. n. 18 del 2001 e dall'art. 32 del d.lgs. n. 276 del 2003 [2].

Ciò significa che **nel nostro ordinamento non è riconosciuto al lavoratore il diritto di opposizione al trasferimento del suo rapporto di lavoro in occasione del trasferimento di azienda.**

Al lavoratore è riconosciuta soltanto la facoltà di rassegnare le proprie dimissioni per giusta causa con gli effetti di cui all'art. 2119, comma 1, c.c. – e, quindi, con il beneficio dell'indennità di mancato preavviso – qualora le sue condizioni di lavoro subiscano una sostanziale modifica nei tre mesi successivi al trasferimento (art. 2112, comma 4, c.c.).

in caso di trasferimento di azienda il rapporto di lavoro continua con il cessionario e non rileva il consenso del lavoratore trasferito

3. In caso di trasferimento d'azienda, il rapporto di lavoro continua presso il datore di lavoro cessionario e il lavoratore conserva tutti i diritti che ne derivano (art. 2112, comma 1, c.c.).

Il principio della conservazione dei diritti del lavoratore, sancito dalla nuova formulazione dell'art. 2112 c.c., non è più limitato ai diritti derivanti dall'anzianità raggiunta anteriormente al trasferimento, ma a **tutti i diritti che derivano dal rapporto di lavoro intercorso con il datore di lavoro cedente.**

il lavoratore conserva nel trasferimento d'azienda tutti i diritti che derivano dal rapporto di lavoro con il cedente

Tuttavia la nuova espressione non è riferibile alle c.d. situazioni esaurite o maturate, ossia a tutti quei diritti ormai entrati definitivamente nel patrimonio del lavoratore, ma soltanto a quei diritti che hanno la loro fonte nel contratto individuale (compresi perciò i trattamenti individuali di miglior favore) e nel contratto collettivo dell'imprenditore alienante e che valgono, in forza della continuità del rapporto di lavoro, anche nei confronti dell'imprenditore acquirente fino a quando non sia sostituita la fonte individuale o collettiva [3]. È dubbio invece che tale espressione sia riferibile alle aspettative.

responsabilità solidale dell'alienante e dell'acquirente per tutti i crediti maturati dal lavoratore al tempo del trasferimento anche nel caso in cui il rapporto di lavoro sia trasferito

Le prassi o usi aziendali, che riconoscono a singoli o a gruppi determinati o addirittura indeterminati particolari benefici, pongono problemi non facili.

Inoltre il comma 2 dell'art. 2112 c.c. prevede la **solidarietà del cedente e del cessionario** per tutti i crediti che il prestatore di lavoro aveva al tempo del trasferimento.

In altri termini, l'art. 2112 c.c. aggiunge al primo e naturale debitore (il

---

[1] Cfr., sul punto, Cass. 17 luglio 2008, n. 19740, in *Not. giur. lav.*, 2008, p. 772; Cass. 27 maggio 2014, n. 11832, in *Dir. rel. ind.*, 2015, 1, p. 232; Cass. 31 maggio 2016, n. 11247.

[2] Cass. 19 gennaio 2018, n. 1382, che definisce la cessione di azienda come successione legale nel contratto di lavoro non implicante il consenso del lavoratore ceduto.

[3] Cass. civ., sez. lav., 18 maggio 2011, n. 10937, in *Giur. it.*, 2012, p. 358.

cedente) un secondo debitore (il cessionario), del resto in armonia con il principio di carattere generale sancito dall'art. 2560, comma 2, c.c., relativo alla successione dei debiti relativi all'azienda, anche se occorre precisare che nell'ipotesi prevista dall'art. 2112 c.c. non è richiesto il consenso del creditore, cioè del lavoratore, diversamente da quanto previsto dall'art. 2560, comma 1, c.c.

Pertanto il prestatore di lavoro è legittimato a far valere i crediti maturati anteriormente al trasferimento anche nei confronti del cessionario, in forza di una regola di solidarietà sancita dalla legge a maggior garanzia della sua posizione creditoria.

Il cessionario, in qualità di obbligato solidale, è tenuto a soddisfare i crediti del lavoratore anche se temporalmente imputabili al cedente, cioè maturati prima del trasferimento di azienda, salvo ovviamente il diritto di rivalsa nei confronti di quest'ultimo [4].

È altresì importante sottolineare che la nuova formula ha dissipato ogni dubbio sulla responsabilità dell'acquirente rispetto a crediti relativi a rapporti di lavoro già cessati al momento del trasferimento.

Il comma 2 del nuovo testo dell'art. 2112 c.c., mediante il richiamo agli artt. 410 e 411 c.p.c., consente al lavoratore di liberare l'alienante dalle obbligazioni derivanti dal rapporto di lavoro.

4. Secondo il vigente testo dell'art. 2112, comma 3, il cessionario è tenuto ad applicare i trattamenti economici e normativi previsti dai contratti collettivi vigenti alla data del trasferimento, fino alla loro scadenza, **salvo che siano sostituiti da altri contratti collettivi applicabili all'impresa del cessionario**.

L'effetto di sostituzione si produce soltanto fra contratti collettivi del medesimo livello.

i criteri di individuazione della disciplina applicabile

Orbene non risulta chiaro dalla lettera della succitata disposizione quale criterio operi per individuare la disciplina collettiva applicabile.

E cioè se il contratto collettivo dell'alienante si applica ai lavoratori trasferiti anche dopo il trasferimento e fino alla scadenza, ovvero se ai medesimi lavoratori si applica, automaticamente, all'atto del trasferimento, quello normalmente applicato dell'acquirente, o ancora, se l'espressione "altri contratti collettivi applicabili all'impresa del cessionario" alluda ai c.d. contratti collettivi di ingresso, cioè ai patti stipulati in sede di esame congiunto tra le due imprese e le rispettive r.s.a. allo scopo di applicare in modo graduale la diversa disciplina collettiva dell'acquirente.

---

[4] Se invece il trasferimento è considerato nullo il lavoratore dovrà tornare a svolgere la prestazione con il cedente; in questa ipotesi se il cedente si rifiuti di ricevere la prestazione del lavoratore, quest'ultimo potrà rivendicare le retribuzioni non ricevute nei confronti del cedente (Corte cost. 28 febbraio 2019, n. 29, in *Foro it. Rep.*, 2019, voce *Lavoro (Rapporto)*, [3890], secondo tale sentenza le somme che il cedente è tenuto a versare al lavoratore hanno natura retributiva e non risarcitoria).

tesi della sostituzione automatica al momento del trasferimento del contratto collettivo dell'alienante con quello dell'acquirente

Secondo una prima interpretazione, condivisa anche dalla Cassazione [5], il termine "applicabili" va inteso come "effettivamente applicati" e l'applicazione effettiva da parte del cessionario del proprio contratto collettivo determina **la sostituzione automatica alla data del trasferimento di questo a quello del cedente**; il contratto collettivo del cedente si applicherebbe ai lavoratori trasferiti solo in assenza del contratto collettivo del cessionario.

Una seconda tesi ritiene che il comma 3 dell'art. 2112 c.c. vada interpretato alla luce della direttiva 77/187, rimasta immutata sul punto anche nella versione del 2001, e del comma 1 dello stesso art. 2112.

tesi (preferibile) della non automatica applicazione del contratto collettivo dell'acquirente

Secondo questa interpretazione, in caso di trasferimento di azienda, continuerebbe a trovare applicazione il contratto collettivo del cedente fino alla scadenza e, conseguentemente, la sostituzione del contratto collettivo del cedente con quello del cessionario non sarebbe affatto automatica.

Delle due interpretazioni la più coerente con il sistema sembra la seconda.

Questa infatti consente di individuare la disciplina collettiva applicabile secondo criteri oggettivi e certi, ma non rigidi perché evita l'inconveniente di un mutamento repentino nel trattamento economico e normativo del rapporto di lavoro dei dipendenti trasferiti.

D'altra parte in sede di esame congiunto le parti possono stabilire di comune accordo l'applicazione immediata del contratto collettivo del cessionario, o possono sostituire il contratto collettivo del cedente con i c.d. contratti collettivi di ingresso.

5. Il vigente testo dell'art. 2112, comma 4, c.c. precisa che, ferma la facoltà del cedente di esercitare il recesso ai sensi della normativa in materia di licenziamenti, **il trasferimento di azienda non costituisce di per sé motivo di licenziamento per giustificato motivo oggettivo** [6]. Più in particolare, la giurisprudenza ha specificato sul punto che il licenziamento intimato in vista del trasferimento d'azienda concretizza l'ipotesi della manifesta insussistenza del fatto ai sensi dell'art. 18, comma 7, come novellato dalla legge n. 92 del 2012 [7].

Diversa è invece l'ipotesi in cui, a seguito del trasferimento d'azienda, si determini un mutamento della struttura organizzativa dell'imprenditore cessionario [8].

---

[5] Cass. 11 marzo 2010, n. 5882, in *Lav. giur.*, 2010, 8, p. 785; Cass. 13 maggio 2011, n. 10614, in *Giust. civ. mass.*, 2011, 5, p. 746; Cass. 27 febbraio 2018, n. 4533, in *Rep. Foro it.*, voce *Lavoro (Rapp.)*, [3890], n. 976.

[6] Cass. 2 settembre 2010, n. 19000, in *Arg. dir. lav.*, 2010, p. 6 e Cass. 8 marzo 2011, n. 5507.

[7] Cass. 4 febbraio 2019, n. 3186, in *Not. giur. lav.*, 2019, p. 216.

[8] Nel senso che la validità della cessione di azienda non è condizionata alla prognosi della continuazione dell'attività produttiva, in quanto nessun limite è posto all'imprenditore dall'art. 2112 c.c. di dismettere l'azienda nel rispetto dell'art. 41 Cost. (Cass. 14 marzo 2018, n. 6184, in *Not. giur. lav.*, 2018, p. 677; sul carattere fraudolento dell'immediata

Nel caso in cui il cedente receda dal rapporto di lavoro e il momento estintivo si verifichi dopo il trasferimento, il rapporto di lavoro ovviamente continua con il cessionario, che risponde anche dell'illegittimo licenziamento, ferma restando la responsabilità solidale del cedente.

l'acquirente risponde dell'illegittimo licenziamento disposto dall'alienante

Secondo un orientamento non è preclusa al cedente la possibilità di procedere a licenziamenti per motivi economici, tecnici e organizzativi purché sussistano ragioni che siano giustificate autonomamente dal cedente a prescindere dalla vicenda traslativa [9].

Anche i licenziamenti collettivi per riduzione di personale potranno essere intimati sulla scorta di quanto prescrive la direttiva comunitaria 77/187 (art. 4, par. 2, comma 1), purché siano fondati su eventi non collegati alla cessione.

6. L'art. 47 della legge n. 428 del 1990 ha introdotto una procedura di informazione e consultazione sindacale sull'oggetto e sui motivi del trasferimento e sulle conseguenze giuridiche economiche e sociali per i lavoratori.

procedura di informazione e consultazione sindacale

Questa procedura può dar luogo anche alla conclusione di **accordi con il sindacato sul trasferimento** e a questi accordi può riconoscersi la stessa efficacia vincolante per i singoli lavoratori, anche non iscritti al sindacato stipulante, che è attribuita dalla legge agli accordi *ex* art. 4, legge n. 223 del 1991 in tema di licenziamenti collettivi.

possibile conclusione di accordi sindacali con efficacia vincolante per i singoli lavoratori

Gli accordi sul trasferimento si limitano a stabilire i criteri di scelta dei lavoratori da non trasferire e perciò non dispongono di diritti degli stessi lavoratori. Il datore di lavoro cedente, applicando i criteri previsti dal contratto collettivo, individua i lavoratori che restano alle sue dipendenze.

L'inadempimento degli obblighi di informazione e consultazione sindacale è qualificato come condotta antisindacale *ex* art. 28 St. lav. (cfr. cap. 16). La rimozione degli effetti in questo caso non determina l'invalidità del negozio traslativo dell'azienda, ma ha come oggetto le conseguenze del trasferimento sui rapporti di lavoro [10]. Pertanto la rimozione degli effetti comporta la sospensione dell'efficacia dei provvedimenti che concernono i rapporti di lavoro oggetto di trasferimento.

inadempimento degli obblighi di informazione e consultazione costituisce condotta antisindacale

---

riassunzione del lavoratore da parte dell'acquirente v. Cass. 2 aprile 2001, n. 4825, in *Foro it. Rep.*, voce *Previdenza sociale*, n. 403 e anche Cass. 7 maggio 2019, n. 11935, (in *Foro it. Rep.*, 2019, voce *Previdenza sociale*, [5150]), e Cass. 19 agosto 2019, n. 21469, (*ivi*, 2019, voce *Previdenza sociale*, [5150], n. 253), sul godimento fraudolento dei benefici contributivi ai sensi dell'art. 8, comma 4, legge n. 223 del 1991 e trasferimento d'azienda.

[9] U. Carabelli, *Alcune riflessioni sulla tutela dei lavoratori nel trasferimento di azienda: la dimensione individuale*, in *Riv. it. dir. lav.*, 1995, 1, p. 47 ss.; M. Grandi, *Trasferimento d'azienda*, in *Enc. giur. Treccani*, vol. XXXI, Roma, 1995, n. 4.2; A. Maresca, *Tutela collettiva, e garanzie individuali del lavoratore nel trasferimento d'azienda*, in *Le trasformazioni aziendali in vista del Mercato europeo: legge e contratto collettivo*, Roma, 1992, p. 208; Cass. 11 maggio 2018, n. 11410, in *Foro it. Rep.*, voce *Lavoro (Rapporto)*, [3890], n. 975.

[10] Cass. 4 gennaio 2000, n. 23, in *Dir. lav.*, 2000, 2, p. 405; Trib. Napoli 3 maggio 2011, n. 10892, in *Riv. it. dir. lav.*, 2011, 4, II, p. 1107.

l'oggetto del trasferimento non è più costituito dal complesso dei beni potenzialmente idonei all'esercizio dell'impresa ma dall'impresa intesa come organizzazione e attività

7. La novità più rilevante introdotta dal nuovo testo dell'art. 2112 c.c., come modificato dall'art. 1 del d.lgs. n. 18 del 2001, è costituita dall'oggetto del trasferimento e cioè dalla **nozione di impresa e di parte impresa trasferita.**

Dalla direttiva 98/50/CE l'impresa è definita come entità economica, intesa come insieme di mezzi organizzati.

Ai sensi dell'art. 2112, comma 5, c.c. il trasferimento di azienda determina "il mutamento nella titolarità di un'attività economica organizzata". Questa definizione richiama quella dell'art. 2082 c.c. che definisce l'impresa.

Ne consegue che **oggetto del trasferimento non è più l'azienda intesa come complesso di beni e rapporti potenzialmente idonei all'esercizio dell'impresa ma l'impresa intesa come organizzazione e attività.**

È fin troppo evidente che le conseguenze sul piano applicativo sono molto diverse.

È molto più agevole infatti aggregare un insieme di rapporti di lavoro e qualificarli come azienda se si ritiene sufficiente ai fini del trasferimento la loro astratta idoneità all'esercizio dell'impresa, mentre è più difficile riconoscere l'esistenza di questa fattispecie quando si richieda l'effettivo svolgimento dell'attività di impresa e l'esistenza di un'organizzazione in atto.

parte dell'azienda come articolazione funzionalmente autonoma

E questa difficoltà aumenta se l'oggetto del trasferimento non sia l'intera impresa ma una **parte dell'impresa, definita dall'art. 2112, comma 5, c.c. come un'articolazione funzionalmente autonoma.**

Occorre subito rilevare che questa definizione, secondo l'opinione prevalente, coincide con quella di ramo di azienda. Ad un più attento esame però le due definizioni indicano due realtà che non coincidono necessariamente. Il ramo di azienda, considerato dalla dottrina commercialistica alla stregua di una piccola azienda, si connota per la sua autosufficienza a stare sul mercato e per l'autonomia del risultato produttivo.

differenza tra articolazione funzionalmente autonoma e ramo di azienda

Viceversa, i **tratti di identificazione dell'articolazione funzionalmente autonoma**, ai fini e per gli effetti dell'art. 2112, comma 5, c.c., sono di certo costituiti dalla coesione organizzativa e funzionale dei beni e rapporti giuridici all'esercizio dell'attività economica organizzata, e cioè all'esercizio dell'impresa del cedente.

Ma tale coesione organizzativo-funzionale non identifica necessariamente il ramo dell'azienda, perché potrebbe non essere diretta a realizzare un autonomo risultato produttivo o una fase del ciclo produttivo e soprattutto non è un indicatore necessario dell'autosufficienza dell'articolazione funzionalmente autonoma, e cioè della sua capacità a stare sul mercato una volta trasferita.

In altre parole le "articolazioni funzionalmente autonome" indicano o meglio sono funzioni "organizzate" e identificabili, anche se strumentali o accessorie all'esercizio dell'impresa come, ad esempio, i servizi di mensa, di pulizie, di vigilanza, il servizio paghe e contributi o di manutenzione telematica. E questo significa che tali servizi possono essere oggetto di trasferimento anche se, una volta trasferiti, non sono autosufficienti nel mercato.

È evidente che ove si ritenga che l'articolazione funzionalmente autonoma può consistere in una funzione organizzata, identificabile e autonoma, e non anche nel ramo di azienda, aumentano le ipotesi legittime di trasferimento.

A questo proposito si deve sottolineare che l'articolazione funzionalmente autonoma può in concreto ricomprendere un complesso di rapporti di lavoro e beni di modico valore coordinati allo svolgimento di un'attività che, pur non rientrando nel ciclo produttivo dell'impresa cedente (per es. servizio di pulizie), sia pur sempre accessoria o strumentale all'attività di impresa dello stesso cedente.

Parimenti, **il trasferimento di parte dell'azienda può risolversi essenzialmente nel trasferimento dei rapporti di lavoro** (servizio di manutenzione dei *computer*), quando tali rapporti di lavoro siano contrassegnati da un elevato contenuto professionale della prestazione lavorativa.

la disciplina previgente richiedeva la preesistenza dell'articolazione funzionalmente autonoma al trasferimento e la conservazione della propria identità nella fase del trasferimento

Anche in quest'ultimo caso, si noti, l'oggetto del trasferimento, non si risolve soltanto nel complesso dei rapporti di lavoro, ma è costituito anche da un bene immateriale qual è l'elevato *know-how*, ossia la competenza tecnica e professionale particolarmente qualificata dei lavoratori trasferiti [11].

Secondo la previgente versione dell'art. 2112 c.c., così come modificata dal decreto del 2001, l'articolazione funzionalmente autonoma doveva preesistere al trasferimento e conservare nel trasferimento la propria identità. Come dire che il cedente non solo non poteva creare un'articolazione funzionalmente autonoma in vista del trasferimento, ma non poteva neppure modificarne la composizione nella fase del trasferimento.

Viceversa, **il d.lgs. n. 276 del 2003 (art. 32) ha modificato il comma 5 dell'art. 2112 c.c.**, sopprimendo il richiamo alla preesistenza al trasferimento dell'articolazione funzionalmente autonoma e anche alla conservazione della identità nella fase del trasferimento, mentre ha disposto **che l'articolazione funzionalmente autonoma di un'attività economica organizzata può essere identificata come tale dal cedente e dal cessionario al momento del suo trasferimento** [12].

dopo il 2003 l'art. 2112 c.c. stabilisce che le parti identificano l'articolazione funzionalmente autonoma al momento del trasferimento

È dubbio se la nuova formulazione della disposizione, ancora oggi vigente, sia conforme alle disposizioni della direttiva e se sia possibile un'interpretazione adeguatrice da parte della giurisprudenza. La Cassazione ha *"escluso che un ramo di azienda possa essere disegnato e identificato solo al momento del trasferimento e in esclusiva funzione di esso"* [13].

Eppure la Corte di giustizia in una recente pronuncia ha affermato che la disciplina italiana è conforme alla disciplina europea. Secondo la Corte di giustizia la direttiva "non osta ad una normativa nazionale, come quella italiana, la quale, in presenza di un trasferimento di parte di impresa, con-

---

[11] In questo senso vedi Cass. 1° ottobre 2018, n. 21264, in *Foro it. Rep.*, voce *Lavoro (Rapporto)*, [3890], n. 971; Cass. 8 novembre 2018, n. 28593, *ivi*.

[12] Trib. Roma 3 marzo 2008 e Trib. Milano 29 febbraio 2008, in *Riv. giur. lav.*, 2008, p. 673 ss.; Cass. 9 agosto 2013, n. 19111.

[13] Cass. 30 gennaio 2013, n. 2151, in *Foro it.*, 2013, 1, c. 1160; Cass. 30 aprile 2014, n. 9461 e Cass. 9 maggio 2014, n. 10128; Cass. 12 agosto 2014, n. 17901, in *Lav. nella giur.*, 2015, 1, p. 49.

senta la successione del cessionario al cedente nei rapporti di lavoro nell'ipotesi in cui la parte di impresa non costituisca un'entità economica funzionalmente autonoma preesistente al suo trasferimento"[14].

In realtà, però, la lunga esperienza applicativa dell'istituto, anche in conformità alla direttiva, dimostra che il requisito della preesistenza della parte d'impresa oggetto del trasferimento è posto a tutela dei lavoratori, e di conseguenza il superamento di questo requisito non è di per sé vantaggioso per i lavoratori ma deve essere dimostrato di volta in volta. Il superamento di tale requisito può favorire processi di esternalizzazione di tipo improprio se non addirittura fraudolenti[15].

maggiore autonomia delle parti cedente e cessionario nell'individuazione dei rapporti di lavoro che restano presso il cedente

8. La disciplina dell'art. 2112 c.c., come modificato dall'art. 32 del d.lgs. n. 276 del 2003 lascia un più ampio spazio all'autonomia individuale delle parti alienante e acquirente, a quella individuale così come a quella collettiva nella determinazione della parte di azienda ceduta.

Il decreto n. 18 del 2001, coerentemente con il carattere inderogabile della norma, non aveva rimesso alla volontà dei destinatari della stessa norma, la determinazione dell'ambito di applicazione.

Invece **la formulazione in vigore dal 2003**, pur subordinando il trasferimento di parte dell'azienda all'esistenza di un dato oggettivo come l'autonomia funzionale dell'articolazione, **consente alle parti di identificare il ramo d'azienda al momento del suo trasferimento.**

In altre parole, il cedente e il cessionario possono delimitare al momento del trasferimento l'ambito dell'articolazione funzionalmente autonoma oggetto del trasferimento e quindi individuare in quello stesso ambito i beni e i rapporti giuridici che restano presso il cedente e quelli che sono oggetto del trasferimento.

E tra i rapporti giuridici oggetto di scelta rientrano i rapporti di lavoro.

Certamente il requisito dell'autonomia funzionale dovrebbe scongiurare il rischio della creazione di articolazioni fittizie e comunque dovrebbe impedire le pratiche, poste in essere frequentemente da molte aziende, di aggregare una pluralità di lavoratori provenienti da diverse unità produttive in un'articolazione creata *ad hoc* in vista del trasferimento.

la normativa comunitaria non esclude il diritto di opposizione al trasferimento del singolo lavoratore

Quanto all'autonomia del lavoratore, occorre preliminarmente precisare che l'art. 3, n. 1 della direttiva del Consiglio 14 febbraio 1977, n. 77/187/CEE nella interpretazione della Corte di giustizia non osta a che un lavoratore occupato dal cedente al momento del trasferimento si opponga al trasferimento del suo rapporto al cessionario[16] e lascia alle legislazioni degli Stati membri di

---

[14] Corte giust. 6 marzo 2014, *Amatori e altri c. Telecom Italia S.p.A. e Telecom Italia Information Technology S.r.l.* (causa C 458/12), in *Dir. rel. ind.*, 2014, 3, p. 885 ss.

[15] Per ulteriori approfondimenti sul punto v. G. Santoro-Passarelli, *Il rapporto di lavoro nel trasferimento d'impresa e di articolazione funzionalmente autonoma*, Torino, 2014, p. 18 ss.

[16] Corte giust. CE, 16 dicembre 1992, cause 132-138/91, *Katsikas ed altri*, in *Racc.*, 1992, p. 6577.

fissare le condizioni alle quali il rapporto di lavoro permane o si risolve con il datore di lavoro cedente.

Ma anche per l'ipotesi di trasferimento di parte d'azienda la legislazione italiana non riconosce al lavoratore un diritto di opposizione al trasferimento, bensì il mero diritto alle dimissioni per giusta causa *ex* art. 2119 c.c. in caso di mutamento sostanziale delle condizioni lavorative.

la normativa italiana non riconosce il diritto di opposizione

Questione diversa è se un accordo sindacale concluso nell'ambito della procedura di informazione e consultazione possa consentire ad alcuni lavoratori afferenti alla parte di azienda ceduta di restare presso il cedente.

La Cassazione ha risposto affermativamente a norma del vecchio testo dell'art. 2112 c.c. [17] e all'accordo concluso in sede di procedura di informazione e consultazione sindacale potrà riconoscersi la stessa efficacia vincolante per i singoli lavoratori attribuita agli accordi *ex* art. 4, legge n. 223 del 1991, in tema di procedure nei licenziamenti per riduzione di personale.

9. L'art. 47 della legge n. 428 del 1990, da ultimo modificato per opera del Codice della crisi d'impresa e dell'insolvenza (d.lgs. n. 14 del 2019), contiene la disciplina del trasferimento di azienda in crisi ed è stato definito la norma generale del sottosistema che regola il trasferimento delle imprese in crisi con previsioni speciali e in molti tratti derogatorie rispetto al disposto dell'art. 2112 c.c., che saranno trattate separatamente (*infra*, cap. 39, par. 6).

il trasferimento dell'azienda in crisi come sottosistema

10. L'evoluzione della normativa in materia riflette anche fenomeni di esternalizzazione, sempre più frequenti, che vedono la combinazione della vicenda del trasferimento di parte dell'azienda e della contestuale conclusione del contratto di appalto tra cedente e cessionario.

Quest'ultimo è una forma classica di *outsourcing*, ma bisogna avere presente che si tratta di due contratti diversi, che possono coesistere o anche essere utilizzati separatamente [18].

outsourcing

Ai sensi dell'art. 2112, comma 6, c.c., se l'esecuzione del contratto di appalto avviene utilizzando il ramo d'azienda oggetto di cessione, tra appaltante e appaltatore (e subappaltatori) si applica il regime di solidarietà previsto dall'art. 29, comma 2, d.lgs. n. 276 del 2003.

Questo regime di solidarietà si applica entro il limite di due anni dalla cessazione dell'appalto per i trattamenti retributivi e i contributi previdenziali dovuti al lavoratore, escluse le sanzioni civili, che gravano esclusivamente sul responsabile dell'inadempimento.

regime di solidarietà tra appaltante e appaltatore

L'art. 29, comma 3, del d.lgs. n. 276 del 2003, come modificato dall'art.

---

[17] Cass. 30 agosto 2000, n. 11422, in *Arg. dir. lav.*, 2000, p. 789, in *Riv. giur. lav.*, 2001, 2, p. 144 ss., con nota di A. Lepore.

[18] Sulla distinzione tra successione nell'appalto e trasferimento di azienda v. Cass. 2 ottobre 2006, n. 21287, in *Foro it.*, 2007, 1, c. 106.

30 della legge n. 122 del 2016[19], disciplina l'ipotesi in cui subentri un nuovo appaltatore e, in forza di legge o di Ccnl o di una clausola del contratto d'appalto, acquisisca il personale già precedentemente impiegato nell'appalto. In questo caso non si tratta di trasferimento di azienda o di ramo d'azienda se l'appaltatore subentrante sia "dotato di una propria struttura organizzativa e operativa" e "siano presenti elementi di discontinuità che determinano una specifica identità di impresa"[20]. Al contrario, se in concreto, vi sia stato un trasferimento di azienda, mediante il passaggio di beni di non trascurabile entità, nella loro funzione unitaria e strumentale all'attività di impresa, o almeno del *know how* o di altri elementi idonei a conferire autonomia operativa ad un gruppo di dipendenti sarà applicabile l'art. 2112 c.c.[21].

---

[19] Legge 7 luglio 2016, n. 122.

[20] Sul punto si rinvia al cap. 44, par. 8.2.

[21] Cass. 29 marzo 2019, n. 8922, in *Foro it. Rep.*, voce *Lavoro (Rapporto)* [3890], n. 151.

Capitolo 29

L'evoluzione della normativa sull'estinzione del rapporto di lavoro

1. Come è noto, il rapporto di lavoro subordinato è un rapporto di durata e la forma comune di estinzione di questi rapporti è il recesso delle parti.

Ma è altresì evidente che in questo rapporto, come anche in altri rapporti di durata, gli interessi delle parti non sono coincidenti.

Il datore di lavoro ha interesse, di norma, a non avere rapporti stabili, per evidenti ragioni connesse alla gestione dell'impresa e cioè essere in grado di ridurre o aumentare la forza lavoro a seconda delle mutevoli esigenze del mercato, con conseguente interesse a sciogliersi dai vincoli contrattuali in modo rapido e senza troppe difficoltà.

Viceversa, il lavoratore ha l'interesse opposto, cioè alla continuità del rapporto e alla stabilità del posto di lavoro.

E come vedremo la legislazione nel corso degli ultimi 70 anni, dalla emanazione del codice civile fino al *Jobs Act,* ha tutelato questi due diversi interessi, ora privilegiando uno, ora privilegiando l'altro.

Se si ha riguardo al codice civile del 1942, la forma comune di estinzione del rapporto di lavoro era costituita dal recesso del datore di lavoro, denominato **licenziamento**, e dal recesso del lavoratore, denominato **dimissioni**. Ed entrambi questi atti sono qualificati negozi giuridici unilaterali che producono l'effetto estintivo del rapporto nel momento in cui una parte viene a conoscenza del recesso dell'altra parte, ma non hanno bisogno del suo consenso.

art. 2118 c.c.: licenziamento ad nutum

Ai sensi dell'art. 2118 c.c., tali atti erano liberi nel fine ossia non dovevano essere motivati, tant'è che si parlava di **licenziamento *ad nutum***: era sufficiente per il datore di lavoro un cenno della mano o del capo per intimare il licenziamento. L'unico obbligo che aveva il recedente dal rapporto di lavoro, e cioè il datore di lavoro ma anche il lavoratore, come in tutti i rapporti di durata, era l'obbligo del preavviso.

funzione del preavviso

Il **preavviso**, nel rapporto di lavoro, ha la funzione di evitare una repentina cessazione del rapporto e di consentire all'altra parte, in particolare al lavoratore, un congruo periodo di tempo, stabilito di regola dai contratti collettivi, per riorganizzare la propria vita lavorativa.

Si noti, però, che **il preavviso può essere monetizzato**, e cioè chi recede dal rapporto, invece di riconoscere il periodo di tempo del preavviso, può corrispondere all'altra parte l'equivalente in denaro costituito dai giorni, settimane o mensilità dovuti per il periodo di preavviso: in tal caso il rapporto si estingue immediatamente.

È fin troppo evidente che la regola del recesso libero (art. 2118 c.c.) senza obbligo di motivazione, pur essendo riconosciuta ad entrambe le parti, finiva per costituire un grande vantaggio per il datore di lavoro, che poteva disfarsi del lavoratore in ogni momento con il solo obbligo di pagargli il preavviso.

Accanto al recesso *ad nutum* il Codice civile prevede e regola il **recesso per giusta causa**. E quando sussiste una giusta causa, ancora oggi, il rapporto si estingue, come si dice, in tronco, cioè senza neppure l'obbligo del preavviso. In questo caso, però, la parte recedente aveva e ha l'onere di provare la sussistenza di una giusta causa (art. 2119 c.c.).

Secondo questa disposizione, **la giusta causa non consente la prosecuzione neppure provvisoria del rapporto**, e, secondo la giurisprudenza prevalente, può consistere in un **inadempimento grave o in un fatto diverso dall'inadempimento e tuttavia idoneo a far venire meno la fiducia tra le parti** (cfr. sulla nozione di giusta causa, *infra*, cap. 31).

la legge n. 604 del 1966 e l'obbligo di motivazione del licenziamento

2. La libertà di recesso per entrambe le parti, con sostanziale vantaggio per il datore di lavoro, dura più di 20 anni e cioè dal 1942 al 1966.

La legge n. 604 del 1966 introduce per la prima volta **l'obbligo a carico del datore di lavoro di motivare il licenziamento** e l'onere di provare la sussistenza di un **giustificato motivo**.

L'art. 3 della legge n. 604 del 1966 definisce **la nozione di giustificato motivo soggettivo costituito dal notevole inadempimento degli obblighi contrattuali e la nozione di giustificato motivo oggettivo costituito dalle esigenze oggettive dell'azienda.**

Le due fattispecie rimangono ancor oggi inalterate nonostante il susseguirsi di diverse normative che hanno regolato diversamente gli effetti del licenziamento ingiustificato e cioè del licenziamento privo di giusta causa o di giustificato motivo.

Come ha ripetutamente affermato la giurisprudenza, talvolta non senza qualche ambiguità, il sindacato del giudice sulle scelte dell'imprenditore e, quindi, sulle esigenze oggettive dell'azienda deve essere un **sindacato di legittimità e non di merito**, in ragione dell'art. 41 Cost., che garantisce la libertà d'impresa. In altri termini, il giudice può sindacare la sussistenza e la veridicità delle esigenze oggettive dell'azienda e il nesso di causalità tra queste scelte e il licenziamento, ma non il merito delle scelte dell'imprenditore.

Ai sensi dell'art. 8 della legge n. 604 del 1966, quando il giudice accerta l'ingiustificatezza del licenziamento condanna il datore di lavoro **o a riassumere il lavoratore o a pagargli un'indennità tra un minimo e un massimo di mensilità.**

Ciò significa che il licenziamento, pur essendo ingiustificato, **è valido e cioè idoneo ad estinguere il rapporto di lavoro, ma illecito**.

Infatti, anche se il datore di lavoro sceglie di riassumere il lavoratore anziché corrispondergli il risarcimento, ciò significa che il rapporto precedente si è estinto e il datore è obbligato a ricostituirne uno nuovo.

In conclusione, la normativa del 1966 continuava a tutelare l'interesse del datore di lavoro alla temporaneità del vincolo contrattuale perché, pur prevedendo un obbligo di motivazione, si limitava a monetizzare il licenziamento ingiustificato.

D'altra parte, l'ambito di applicazione dell'art. 2118 c.c., e cioè l'area del libero recesso del datore di lavoro, continuava ad essere estesa perché la legge n. 604 del 1966 si applicava soltanto ai datori di lavoro (imprenditori e non imprenditori) che occupavano più di 35 dipendenti.

l'art. 18 dello Statuto dei lavoratori e l'introduzione della tutela reale

3. Con **l'art. 18 dello Statuto dei lavoratori** (legge n. 300 del 1970) il legislatore tra i due interessi in conflitto, quello dell'imprenditore alla temporaneità del vincolo contrattuale e quello del lavoratore alla continuità del rapporto di lavoro, privilegia decisamente il secondo perché stabilisce l'invalidità del licenziamento ingiustificato. L'art. 18 non modifica le due fattispecie di licenziamento ingiustificato regolate dalla legge n. 604, ma modifica radicalmente gli effetti del licenziamento ingiustificato, perché stabilisce che **il licenziamento ingiustificato non è più idoneo a estinguere il rapporto di lavoro**. Il licenziamento ingiustificato è considerato invalido (nullo o annullabile) o inefficace.

La riforma del licenziamento, sancendo l'invalidità del licenziamento ingiustificato, rafforza in misura rilevante la posizione del lavoratore perché diventa molto più difficile per il datore di lavoro sciogliersi dal vincolo contrattuale e, quindi, liberarsi del lavoratore. La normativa sul licenziamento ingiustificato, come si dice, si irrigidisce notevolmente a favore del lavoratore.

E **si applica a tutti gli imprenditori che occupano più di 15 dipendenti**, mentre ai datori di lavoro non imprenditori (per esempio, partiti e sindacati) continua applicarsi la disciplina più favorevole della legge n. 604 del 1966.

Rimane altresì in vigore l'art. 2118 c.c., e cioè l'area del recesso libero, per tutti i datori lavoro imprenditori e non imprenditori che hanno meno di 15 dipendenti.

la legge n. 108 del 1990 e l'introduzione generale dell'obbligo di giustificazione anche per le piccole imprese

L'ascesa della disciplina vincolistica in materia di licenziamento culmina con la **legge n. 108 del 1990** perché, ferma restando la disciplina dell'art. 18 St. lav. alle imprese che occupano più di 15 dipendenti, tale norma **introduce l'obbligo di giustificazione del licenziamento anche per le piccole imprese** e cioè per quegli imprenditori che hanno un numero di dipendenti inferiore a 15.

con la legge n. 108 del 1990 l'art. 2118 c.c. diviene una norma eccezionale

In questo caso il licenziamento ingiustificato estingue il rapporto di lavoro perché **il legislatore ha disposto solo una tutela risarcitoria** simile a quella disposta dalla legge n. 604 del 1966 per il licenziamento privo di giusta causa o di giustificato motivo. È vero, però, che l'area del libero recesso si riduce sensibilmente e da regola generale diventa regola eccezionale.

il mutamento del contesto giuridico, economico, politico e sociologico

4. Queste forme di tutela, **reale** per le imprese medio-grandi e **obbligatoria** per le piccole imprese, rimangono quasi inalterate dal 1990 al 2012, quindi per 20 anni.

In questo lungo lasso di tempo, però, cambia profondamente il tessuto industriale italiano: la cosiddetta impresa fordista cede il campo a forme di impresa diverse, c.d. di rete, e l'internazionalizzazione dei mercati impone una maggiore competitività alle imprese, che devono necessariamente ridurre i costi di produzione per restare sul mercato, e tra questi *in primis* i costi del lavoro.

In tale periodo sono numerose le forme di esternalizzazione di segmenti importanti dell'impresa e numerosi i tentativi di riformare l'art. 18 St. lav., difeso ad oltranza dalle formazioni politiche di sinistra e dai sindacati.

e anche non subordinati

E tuttavia gli imprenditori ottengono in cambio della permanenza dell'art. 18 una notevole flessibilità in entrata. E cioè si moltiplicano i rapporti cosiddetti temporanei. In particolare il d.lgs. n. 368 del 2001 consente un maggior uso del contratto a termine rispetto alla disciplina precedente, fortemente restrittiva, e il d.lgs. n. 276 del 2003 riconosce e regola una serie di rapporti temporanei subordinati, come la somministrazione di lavoro e l'apprendistato, e anche non subordinati, come il lavoro a progetto.

Questi rapporti sono precari perché ovviamente ad essi non si applica la disciplina del licenziamento.

Bisogna aggiungere, per completare il quadro normativo, che in questo periodo diventa sempre più penetrante la normativa europea attraverso un susseguirsi di direttive [1], che contribuiscono a cambiare il contesto in cui opera il mercato del lavoro.

Infatti, negli anni '70 in Italia prevaleva il convincimento che la volontà politica potesse e dovesse sovrapporsi alle regole del mercato, mentre con l'applicazione sempre più diffusa della disciplina europea, che vieta gli aiuti di Stato, viene riconosciuta la concorrenza come valore e, quindi, si consolida il convincimento che l'intervento pubblico in economia non debba sovrapporsi alle regole del mercato, ma debba piuttosto regolare la concorrenza per evitare

---

[1] Vedi, ad esempio, la direttiva sul contratto a termine 99/70/CE e il relativo accordo quadro.

il sorgere di situazioni di monopolio. Ma non sembra che questo secondo obbiettivo sia stato sempre realizzato.

Risulta sempre più vistosa in questo periodo l'esistenza di un doppio mercato del lavoro costituito dagli ***insiders* e cioè i lavoratori protetti dalla normativa sul licenziamento e gli *outsiders* privi di ogni protezione e tutela.**

la riforma Monti-Fornero e il tentativo di ridurre l'area di applicazione della reintegrazione

5. **Nel 2012,** nel tentativo di superare gli inconvenienti derivanti dall'esistenza sempre più diffusa di un doppio mercato del lavoro, il Governo Monti ha approvato la legge n. 92 che modifica l'art. 18 St. lav., con l'obbiettivo di **irrigidire la flessibilità in entrata,** al fine di eliminare forme di falso lavoro autonomo, e al tempo stesso di **flessibilizzare la disciplina in uscita,** prevedendo per le fattispecie del licenziamento per giustificato motivo soggettivo e oggettivo **o la sanzione della reintegrazione o quella del risarcimento**: la norma è ancora vigente per i lavoratori assunti prima del 7 marzo 2015 (*infra*, cap. 36).

L'obbiettivo non è stato raggiunto perché l'ambito di applicazione della reintegrazione è rimasto comunque molto ampio sia per l'ambiguità delle formule legislative, sia per la resistenza sindacale, sia per l'interpretazione della giurisprudenza.

In altri termini, anche la legge n. 92 del 2012 continua a salvaguardare la tutela dell'interesse del lavoratore alla continuità del rapporto di lavoro e alla stabilità con **poche eccezioni.**

il d.lgs. n. 23 del 2015 e contratto di lavoro a tutele crescenti

6. Viceversa, dopo il **d.lgs. n. 23 del 2015,** la disciplina prevista per i lavoratori assunti dopo il 7 marzo 2015, mediante la disciplina sul **rapporto di lavoro a tutele crescenti** inverte la direzione del pendolo, perché la sanzione risarcitoria rispetto al licenziamento ingiustificato resta la sanzione comune e la reintegrazione resta solo per alcune forme di licenziamento disciplinare e per il licenziamento discriminatorio.

Sicché ora ben si può dire che il legislatore, tra i due interessi in gioco, quello del datore di lavoro e quello del lavoratore, sembra privilegiare nuovamente il primo, in quanto il licenziamento ingiustificato è illegittimo ma non è sanzionato con la reintegrazione, bensì con una tutela meramente economica e, quindi, pur essendo illegittimo, conserva la funzione espulsiva del lavoratore dall'azienda.

In altri termini, si ritorna ad una situazione normativa, per taluni aspetti, simile a quella regolata dalla legge n. 604 del 1966.

introduzione di una tutela indennitaria fissa e crescente solo in base all'anzianità lavorativa contro il licenziamento ingiustificato

Mentre, con la legge n. 604 il giudice poteva graduare il risarcimento, nel sistema originario introdotto dal d.lgs. n. 23 del 2015, per i lavoratori assunti dopo il 7 marzo 2015 il giudice determina un'indennità di ammontare crescente e commisurato soltanto all'anzianità di servizio, senza possibilità per il giudice di differenziarne l'ammontare.

Questo unico criterio di determinazione dell'indennità ha indotto il Tribunale di Roma a porre una questione di legittimità costituzionale della normativa introdotta dal d.lgs. n. 23 del 2015 (su cui v. *infra*, par. 8).

il c.d. decreto dignità del 2018 innalza le soglie di tutela indennitaria contro il licenziamento ingiustificato

7. In pendenza della decisione del giudice delle leggi, il d.lgs. n. 23 del 2015 viene modificato dal c.d. **decreto dignità (d.l. n. 87 del 2018, conv. in legge n. 96 del 2018)** in virtù, come si può leggere nel Preambolo, della "straordinaria necessità e urgenza di attivare con immediatezza misure a tutela della dignità dei lavoratori e delle imprese... a salvaguardia dei livelli occupazionali".

In sostanza, nell'intervento legislativo si osserva un **innalzamento delle soglie di tutela contro il licenziamento ingiustificato nelle grandi imprese, da un minimo di sei mensilità** (non più quattro) **a un massimo di trentasei mensilità** (e non più ventiquattro: art. 3, comma 1)[2].

Resta immutato, tuttavia, il meccanismo di calcolo dell'indennità, basato esclusivamente sull'anzianità lavorativa.

è costituzionalmente illegittimo l'esclusivo riferimento all'anzianità lavorativa per commisurare l'importo dovuto

8. Secondo la già richiamata ordinanza di rimessione del Tribunale di Roma, il d.lgs. n. 23 del 2015 avrebbe violato molteplici previsioni costituzionali (artt. 3, 4, 35, 76 e 117 Cost.) per la modestia e la dubbia congruità della tutela indennitaria a fronte di un licenziamento illegittimo.

Le argomentazioni del Tribunale circa l'insufficiente capacità dissuasiva dell'art. 3 del decreto nei confronti delle imprese[3] e la perdita di rilevanza della motivazione del licenziamento alla luce della modestia del risarcimento dovuto in caso di licenziamento pretestuoso[4] sono state parzialmente condivise dalla **sentenza della Corte costituzionale, n. 194 del 2018**.

Va osservato preliminarmente in proposito che la sentenza qualifica senza dare una motivazione congrua l'importo dovuto dal datore di lavoro per il licenziamento illegittimo come risarcimento, mentre la disposizione la definisce espressamente un'indennità. Ma come è ben noto, i due istituti hanno un significato e un'incidenza ben diversi, salvo a scontare l'ignoranza del legislatore.

E a questo proposito basta ricordare la legge n. 604 del 1966 che, invece, a fronte del licenziamento privo di giustificato motivo o giusta causa qualificava la sanzione come risarcimento.

È ovvio perciò che da questa non corretta equiparazione discendono una serie di conseguenze non sempre condivisibili.

Certo, accogliendo la qualificazione risarcitoria, il riferimento all'unico parametro dell'anzianità di servizio rende la misura risarcitoria indipendente dal-

---

[2] Questo si traduce in un innalzamento delle soglie di tutela anche per le piccole imprese, di non più di quindici dipendenti per unità produttiva: ai sensi dell'art. 8, d.lgs. n. 23 del 2015 si passa da un minimo di tre mensilità (e non più due) a un massimo di sei mensilità (inalterato).

[3] Cfr. Trib. Roma, ord. 26 luglio 2017. Per un primo commento critico cfr. P. Ichino, *La questione di costituzionalità della nuova disciplina dei licenziamenti*, in *www.pietroichino.it*.

[4] Soprattutto con riferimento a quell'indirizzo della Cassazione che riconosce la rilevanza del riassetto organizzativo deciso dal datore di lavoro come giustificato motivo oggettivo di licenziamento (v. cap. 32).

le peculiarità e dalla diversità delle vicende dei licenziamenti intimati dal datore di lavoro, con conseguente, indebita omologazione di situazioni diverse nell'esperienza e quindi è stato agevole per la Corte costituzionale prospettare un profilo di illegittimità della disposizione per violazione dell'art. 3 Cost. e delle altre disposizioni costituzionali che conseguono alla valutazione di incongruità del rimedio.

E tuttavia la sentenza non chiarisce (né poteva farlo perché altrimenti avrebbe legiferato) quale incidenza abbiano, oltre all'anzianità che pur mantiene una priorità applicativa, gli altri criteri di determinazione del presunto risarcimento, peraltro indicati dal comma 5 dell'art. 18 St. lav., come modificato dalla legge n. 92 del 2012 (numero dei dipendenti occupati, dimensioni dell'attività economica, comportamento e condizioni delle parti) e, prima ancora, dall'art. 8 della legge n. 604 del 1966.

Ma è facilmente prevedibile che, ove si lasci ai giudici la determinazione dell'incidenza dei criteri sull'entità del risarcimento, si finisce per neutralizzare l'obbiettivo perseguito dalla norma di predeterminare senza incertezze il costo del licenziamento. Predeterminazione che, invece, è necessaria proprio alla luce della crescente concorrenza tra le imprese.

Invece, a seguito dalla sentenza, non sarà più possibile predeterminare il costo dei licenziamenti e, soprattutto, licenziamenti illegittimi simili o addirittura identici potranno ricevere un risarcimento diverso, derivante dalla diversa sensibilità del giudice.

Infine, è vero che la norma, come ha osservato il Tribunale remittente, non aveva una sufficiente capacità dissuasiva, perché l'imprenditore poteva licenziare illegittimamente con un costo talvolta irrisorio un lavoratore poco anziano o con un costo non proporzionato all'effettiva anzianità un lavoratore con 20 anni di servizio.

Ma il decreto Dignità, come osservato, ha in qualche misura eliminato questo squilibrio, innalzando l'entità dell'indennità minima e di quella massima.

A questo punto si tratta di vedere se questa sentenza provocherà un orientamento univoco della giurisprudenza chiamata a determinare il risarcimento per il licenziamento ingiustificato o se, in caso di orientamento diversificato dei giudici, sarà necessario un ulteriore intervento chiarificatore del legislatore.

Capitolo 30

Il licenziamento discriminatorio e le altre ipotesi di nullità del licenziamento

licenziamento discriminatorio

1. La prima fattispecie di licenziamento illegittimo presa in considerazione dal d.lgs. n. 23 del 2015 (art. 2), **per i lavoratori subordinati assunti dopo il 7 marzo 2015**, è quella del **licenziamento discriminatorio.**

Per licenziamento discriminatorio si intende il licenziamento determinato da un motivo riconducibile a una delle ipotesi di discriminazione previste dalla legge.

Come è noto, non esiste nel nostro ordinamento un principio generale di non discriminazione, ma esistono invece cause tassative che sono alla base del divieto di discriminazione: politiche, religiose, sindacali, di sesso e orientamento sessuale, di razza, di lingua, di età, di handicap o relative alle convinzioni personali (art. 15 St. lav.) [1].

E così, ad esempio, un licenziamento intimato al lavoratore per essersi iscritto ad un sindacato è discriminatorio (discriminazione per motivi sindacali), mentre un licenziamento intimato per l'aspetto trasandato del lavoratore stesso, pur essendo in linea generale arbitrario e quindi senza dubbio ingiustificato, non è discriminatorio [2].

L'onere della prova della discriminazione grava sul lavoratore [3].

---

[1] Cfr., ad es., art. 15, legge n. 300 del 1970 come integrato *ex* art. 13, legge n. 903 del 1977; art. 6, legge n. 135 del 1990; art. 2, d.lgs. n. 215 del 2003; art. 43, d.lgs. n. 216 del 2003.

[2] L'aspetto trasandato potrebbe invece costituire un inadempimento contrattuale se il lavoratore si è obbligato a rispettare un determinato *dress-code*: si pensi, ad esempio, a un negozio di lusso o ad uno studio professionale.

[3] Tuttavia sono previste agevolazioni probatorie in favore del lavoratore, in forza delle quali, nel caso in cui il lavoratore deduca elementi di fatto, anche di carattere statistico, precisi e concordanti, ma comunque inidonei a fondare una presunzione *ex* art. 2729 c.c., l'onere della prova è comunque invertito e posto a carico del datore di lavoro (v., ad es., art. 40, d.lgs. n. 198 del 2006 e art. 28, comma 4, d.lgs. n. 150 del 2011).

licenziamento discriminatorio e organizzazioni di tendenza

1.1. Nelle **organizzazioni di tendenza** (giornali di partito, scuole religiose, sindacati, partiti), rispetto ai dipendenti che svolgono mansioni di tendenza [4] (es. giornalista in un giornale o insegnante in una scuola religiosa) il licenziamento non è considerato discriminatorio ed è, quindi, ammesso quando il motivo discriminatorio coincida con l'ideologia o credo politico o religioso perseguiti dalla stessa organizzazione [5].

divieti di licenziamento posti dalla legge a pena di nullità

2. L'art. 2 prende in considerazione accanto al licenziamento discriminatorio altri casi di nullità del licenziamento *espressamente* previsti dalla legge, mentre l'art. 3 dello stesso decreto ha stabilito la tutela indennitaria **nei casi in cui risulti accertato che non ricorrono gli estremi del licenziamento per giustificato motivo oggettivo, giustificato motivo soggettivo e giusta causa** (*infra*, cap. 31 ss.) con l'eccezione prevista dal secondo comma della stessa disposizione, che invece prevede la reintegrazione solo in certe ipotesi di licenziamento per giustificato motivo soggettivo.

Orbene queste due norme pongono all'interprete un duplice interrogativo:

A) quali siano il significato e l'ambito di applicazione dell'espressione adottata dal legislatore nell'art. 2, e cioè "*quali siano gli altri casi di nullità espressamente previsti dalla legge*".

Un'interpretazione letterale della norma porta ad individuare solo due ipotesi:

1) i **licenziamenti intimati per causa di matrimonio** ai sensi dell'art. 35, comma 2, d.lgs. n. 198 del 2006 (testo unico delle pari opportunità uomo donna);

2) i **licenziamenti intimati durante la gravidanza e fino al compimento di un anno di vita del bambino**, ed in altre ipotesi connesse alla tutela della c.d. genitorialità [6] (in base all'art. 54, comma 5, d.lgs. n. 151 del 2001).

Ne consegue che l'interpretazione letterale di questa formulazione legislativa esclude dall'applicazione della nullità molte ipotesi prese in considerazione dall'art. 18, commi 1 e 7, St. lav. (*infra*, cap. 36), come anche altre gravi ipotesi di recesso, se è vero che esistono previsioni di divieto non espressamente poste a pena di nullità eppure desumibili dal testo della legge: si pensi al divieto di licenziare un lavoratore in caso di trasferimento d'azienda.

---

[4] Solo nel caso in cui le mansioni svolte dal lavoratore risultino "neutre" rispetto agli scopi "qualificanti" dell'organizzazione di tendenza (ad es. consulenza fiscale verso terzi all'interno di un sindacato) si applica la tutela *ex* art. 9, d.lgs. n. 23 del 2015.

[5] V. ora art. 3, comma 5, d.lgs. n. 216 del 2003.

[6] Si tratta delle ipotesi dell'art. 54, commi 1, 6, 7 e 9: licenziamenti intimati in conseguenza della domanda o della fruizione del congedo parentale o per malattia del bambino, licenziamenti intimati al padre del bambino durante il periodo di astensione obbligatoria e fino al compimento di un anno di vita del bambino, nel caso di morte o grave infermità della madre, di abbandono o di affidamento esclusivo al padre.

Anche l'irrogazione del licenziamento prima del superamento del periodo di comporto sembra un comportamento palesemente impedito dal disposto dell'art. 2110, comma 2, c.c., ma senza indicare espressamente la sanzione della nullità.

la violazione di norme imperative comporta la nullità del licenziamento?

B) Il secondo interrogativo riguarda il regime sanzionatorio applicabile a queste ipotesi di illegittimità del licenziamento derivanti da violazione di norme imperative o dal motivo illecito e determinante ma che non sono previste dalla normativa lavoristica come ipotesi espresse di nullità.

Ma per rispondere a questo secondo interrogativo bisogna, a mio avviso, prendere le mosse dall'art. 1324 c.c., secondo cui si applicano agli atti unilaterali tra vivi aventi contenuto patrimoniale (leggi nel nostro caso licenziamento) le norme che regolano i contratti in quanto compatibili, **salve diverse disposizioni di legge** e, ovviamente, bisogna esaminare l'art. 1418 c.c., che regola il regime generale delle nullità e si articola in tre commi:

1) il contratto è nullo quando è contrario a norme imperative salvo che la legge disponga diversamente;

2) producono la nullità del contratto la mancanza di uno dei requisiti indicati dall'art. 1325, l'illiceità della causa e la mancanza nell'oggetto dei requisiti stabiliti dall'art. 1346;

3) il contratto è altresì nullo negli altri casi stabiliti dalla legge.

Orbene il primo comma prevede la nullità dell'atto in caso di violazione di norme imperative **salvo che la legge disponga diversamente**.

l'art. 1418, comma 1, fa salva una diversa previsione di legge

Questa previsione, quindi, consente di affermare che i licenziamenti illegittimi per violazione di norme imperative, per effetto dello stesso art. 1418, comma 1, sono assoggettati alla disciplina dell'art. 3, comma 1 del d.lgs. n. 23 del 2015 e cioè alla sanzione del pagamento di un'indennità pecuniaria anziché della nullità.

Secondo questa disposizione, infatti, quando risulta accertato che comunque non ricorrono gli estremi del giustificato motivo oggettivo, soggettivo e giusta causa la sanzione è un'indennità e non la nullità dell'atto.

violazione di norme imperative ed estremi del gmo

Pertanto, si potrebbe ritenere che la sanzione per i licenziamenti per mancato superamento del periodo di comporto o in caso di trasferimento di azienda, che certamente violano norme imperative, non sia la nullità, ma la tutela indennitaria perché per **essi risulta accertato che non ricorrono gli estremi del giustificato motivo oggettivo, soggettivo e giusta causa**.

E tuttavia, nel caso del licenziamento intimato durante il periodo di comporto, le Sezioni Unite hanno previsto che il licenziamento deve considerarsi nullo, anche in considerazione del valore costituzionalmente garantito della salute, a presidio del quale la norma civilistica è orientata[7] (*infra*, cap. 34).

art. 1418, comma 2

Viceversa il secondo comma dell'art. 1418, diversamente dal primo comma ha una portata fortemente inderogabile, perché per le ipotesi espressamente prese in considerazione e, quindi in particolare per il motivo illecito unico e

---

[7] Cass., Sez. Un., 23 maggio 2018, n. 12658; conforme, con riferimento all'art. 18 St. lav., Cass. 22 luglio 2019, n. 19661.

determinante contemplato dall'art. 1345 c.c., **non fa salva una diversa disposizione di legge.**

Si pone quindi il problema della disciplina applicabile, sia perché si tratta di vizi gravi dell'atto (cioè del licenziamento), sia perché l'art. 18 St. lav. (come sostituito dall'art. 1, comma 42 della legge n. 92 del 2012) sanzionava con la nullità i licenziamenti affetti da motivo illecito unico e determinante ai sensi dell'art. 1345 c.c.

licenziamento ritorsivo

Rientra sicuramente nella fattispecie del licenziamento per motivo illecito il **licenziamento determinato da un motivo di ritorsione o di rappresaglia**[8] rispetto ad un comportamento legittimo del dipendente.

Ad esempio si possono considerare licenziamento per ritorsione le ipotesi nelle quali il lavoratore dimostri di essere stato licenziato per aver richiesto di essere pagato puntualmente, per aver instaurato un'azione giudiziale a propria tutela, per aver replicato a una contestazione disciplinare o per aver richiesto di godere di ferie e permessi retribuiti.

In conclusione, **anche se il decreto n. 23 non prende espressamente in considerazione l'art. 1345 c.c.**[9], diversamente dalla legge n. 92 del 2012, il licenziamento per ritorsione deve essere sanzionato con la nullità e (può essere assimilato al licenziamento discriminatorio quanto agli effetti[10]), **perché ai licenziamenti per motivo illecito è applicabile l'art. 1418, comma 2, c.c., che non fa salva una diversa disposizione di legge.**

Mentre ai licenziamenti irrogati in violazione di norme imperative è applicabile l'art. 1418, comma 1, c.c., che fa salva una diversa disposizione di legge. Tale disposizione, nel caso di specie è l'art. 3, comma 1 del d.lgs. n. 23 del 2015.

Naturalmente, il lavoratore ha l'onere di provare il motivo ritorsivo e che sia l'unico e determinante del licenziamento.

Vale la pena infine precisare che in questo caso non si tratta di usare la nullità per aggirare le norme di legge e per perseguire obbiettivi non voluti dal legislatore, ma soltanto si propone un'interpretazione delle norme che non stravolga la corretta e conseguente applicazione del regime generale delle nullità previsto dall'art. 1418 c.c. in assenza di una espressa tutela risarcitoria prevista dalla legge.

la sanzione prevista per il licenziamento discriminatorio o nullo

3. Il d.lgs. n. 23 del 2015 conferma la **nullità del licenziamento discriminatorio, già prevista dalla legislazione precedente**[11].

---

[8] Cass. 27 febbraio 2015, n. 3986, Cass. 14 marzo 2013, n. 6501, in *Foro it.*, 2013, 5, 1, c. 1455; Cass. 8 agosto 2011, n. 17087, in *Riv. giur. lav.*, 2012, p. 326.

[9] M. Marazza, *Il regime sanzionatorio dei licenziamenti nel* Jobs Act, in *Arg. dir. lav.*, 2015, p. 311 ss., propende per considerare comunque espressamente prevista dalla legge la nullità del licenziamento per motivo illecito.

[10] Cfr., *ex plurimis*, Cass. 26 maggio 2015, n. 10834; Cass. 27 febbraio 2015, n. 3986; Cass. 3 agosto 2011, n. 16925, in *Riv. it. dir. lav.*, 2012, p. 362; Cass. 8 agosto 2011, n. 17087, cit.; Cass. 18 marzo 2011, n. 6282. *Contra*, di recente, Cass. 5 aprile 2016, n. 6575.

[11] Art. 3, legge n. 108 del 1990; art. 18 St. lav., come novellato dalla legge n. 92 del 2012.

La declaratoria di nullità del licenziamento comporta la **sanzione della reintegrazione del lavoratore sul posto di lavoro**, a prescindere dal numero dei dipendenti in azienda [12] e indipendentemente dal motivo formalmente addotto dal datore di lavoro (art. 2, comma 1).

la sanzione aggiuntiva del risarcimento del danno

In aggiunta a tale sanzione, il lavoratore ha diritto **al risarcimento del danno** (art. 2, comma 2), che viene determinato **mediante un'indennità, in misura non inferiore a cinque mensilità dell'ultima retribuzione di riferimento per il calcolo del t.f.r.** [13] (sulla nozione di retribuzione v. *supra*, cap. 25).

L'indennità risarcitoria matura dal giorno del licenziamento sino a quello dell'effettiva reintegrazione, dedotto quanto percepito, nel periodo di estromissione, per lo svolgimento di altre attività lavorative (c.d. *aliunde perceptum*).

L'onere della prova dello svolgimento di altre attività lavorative ricade sul datore di lavoro, che è condannato inoltre, per il medesimo periodo, al **versamento dei contributi previdenziali e assistenziali.**

il c.d. diritto d'opzione

Il lavoratore può richiedere, **in luogo della reintegrazione e in aggiunta al risarcimento, la risoluzione del rapporto di lavoro con il pagamento di un'indennità pari a quindici mensilità** dell'ultima retribuzione di riferimento per il calcolo del t.f.r., in questo caso non assoggettata a contribuzione previdenziale (c.d. "diritto d'opzione", art. 2, comma 3) [14].

La disciplina sanzionatoria sopra descritta si applica, in base all'art. 2, comma 1 del decreto, negli altri casi di nullità del licenziamento "espressamente previsti dalla legge", senza trascurare i dubbi e le ambiguità che tale definizione evoca, già descritti (*supra*, par. 2).

E la medesima disciplina trova applicazione con riferimento all'ipotesi del **licenziamento intimato in forma orale** e al caso in cui il giudice accerti il **difetto di giustificazione per motivo consistente nella disabilità fisica o psichica del lavoratore.**

---

[12] Come sembra potersi dedurre dall'art. 9, comma 1, del medesimo d.lgs. n. 23 del 2015, che non richiama il suddetto art. 2 e quindi non detta una disciplina differente per le piccole imprese.

[13] In precedenza, l'art. 18 St. lav. faceva riferimento alla nozione, non sempre coincidente, di "ultima retribuzione globale di fatto".

[14] A pena di risoluzione del rapporto di lavoro, il lavoratore deve riprendere servizio entro trenta giorni dall'invito del datore di lavoro, salvo il caso in cui abbia esercitato il diritto di opzione.

Capitolo 31

Il licenziamento per giusta causa e per giustificato motivo soggettivo. Il licenziamento disciplinare

1. Il **licenziamento per giusta causa** è regolato dall'**art. 2119 c.c.**

In realtà, questa disposizione disciplina gli effetti del licenziamento (licenziamento in tronco: il rapporto si estingue immediatamente, senza preavviso), ma non specifica in concreto cosa debba intendersi per giusta causa.

La giurisprudenza e la dottrina hanno elaborato due tesi.

inadempimento del lavoratore o ...

Secondo una prima tesi, la giusta causa è costituita esclusivamente da un inadempimento del lavoratore: si pensi ad esempio all'inosservanza del divieto di fumo in locali dove si trova materiale altamente infiammabile o all'insubordinazione seguita da vie di fatto nei confronti dei superiori [1].

... lesione del vincolo fiduciario?

Secondo un'altra tesi, la giusta causa può essere costituita non solo da un inadempimento del lavoratore, ma anche da qualsiasi altro fatto o atto che, pur non essendo attinente all'esecuzione della prestazione lavorativa, è tuttavia idoneo a far venire meno la fiducia tra le parti alla luce delle mansioni che il lavoratore svolge.

---

[1] Per stabilire in concreto l'esistenza di una giusta causa di licenziamento occorre valutare "*la gravità dei fatti addebitati al lavoratore ... in relazione alle circostanze nelle quali sono stati commessi ed all'intensità dell'elemento intenzionale ... la proporzionalità fra tali fatti e la sanzione inflitta ... la lesione dell'elemento fiduciario*"; la casistica concreta dei fatti integranti una giusta causa di licenziamento è vasta: cfr., *ex multis*, Cass. 27 febbraio 2014, n. 4723, in *Lav. giur.*, 2014, 6, p. 608; Cass. 30 settembre 2013, n. 22333, in *Lav. giur.*, 2013, p. 1124.

Si pensi ad esempio ad un conducente di autobus perfettamente ligio ai propri doveri, ma di cui sia accertato il consumo abituale di sostanze stupefacenti, o al lavoratore che compia un furto fuori dell'azienda.

Questa seconda tesi interpretativa, accolta dalla prevalente giurisprudenza della Cassazione [2], amplia le ipotesi di licenziamento perché consente al datore di lavoro di licenziare un lavoratore che, pur essendo perfettamente adempiente, con la sua condotta nella vita privata abbia fatto venire meno la fiducia del datore di lavoro nella puntualità degli adempimenti futuri (per tornare agli esempi, il conducente di autobus potrebbe avere una crisi di astinenza mentre è al volante) [3].

2. Il giustificato motivo soggettivo è invece costituito da un notevole inadempimento degli obblighi contrattuali del lavoratore e prevede l'obbligo del preavviso (art. 3, legge n. 604 del 1966).

nozione di giustificato motivo soggettivo

La previsione del preavviso consente di affermare che l'inadempimento del giustificato motivo soggettivo, pur notevole, è comunque meno grave di quello della giusta causa, proprio perché quest'ultima determina l'immediata estinzione del rapporto ed esonera il datore di lavoro dal preavviso.

Pertanto, quando la giusta causa è costituita dall'inadempimento, la **distinzione tra queste due fattispecie è costituita dalla diversa intensità dell'inadempimento: notevole nel giustificato motivo soggettivo, gravissimo nella giusta causa** [4].

Come esempio di inadempimento notevole idoneo a configurare un giustificato motivo soggettivo di licenziamento si pensi alla prolungata assenza ingiustificata o alla grave insubordinazione che non sia sfociata, però, in comportamenti oltraggiosi o violenti nei confronti dei superiori. Come esempio di inadempimento gravissimo che integra gli estremi della giusta causa l'inosservanza del divieto di fumo in locali dove si trova materiale altamente infiammabile. Di solito i contratti collettivi contemplano ipotesi di licenziamento per giustificato motivo soggettivo e giusta causa, denominati rispettivamente licenziamenti con o senza preavviso.

L'onere della prova circa la sussistenza di una giusta causa o di un giustificato motivo soggettivo di licenziamento è posto a carico del datore di lavoro (art. 5, legge n. 604 del 1966).

licenziamento disciplinare

3. In origine il divieto di sanzioni disciplinari che comportassero mutamenti definitivi del rapporto di lavoro escludeva la configurabilità di sanzioni estintive (cfr. l'art. 7, comma 4, St. lav.).

---

[2] Cass. 10 gennaio 2019, n. 428; Cass. 10 settembre 2018, n. 21958.

[3] Cass. 30 gennaio 2013, n. 2168.

[4] Cass. 7 luglio 2004, n. 12508, in *Or. giur. lav.*, 2004, 1, p. 562. Esiste, però, anche una distinzione qualitativa, posto che, come già evidenziato, la giusta causa può consistere anche in fatti esterni al rapporto di lavoro, che non integrano inadempimento contrattuale.

Solo a seguito di una giurisprudenza della Corte costituzionale [5] e della Corte di Cassazione [6] le garanzie procedimentali previste da questa disposizione sono state estese anche al licenziamento per motivi disciplinari.

È **disciplinare** in senso ontologico (quindi a prescindere dalla espressa previsione da parte dei codici disciplinari), ogni licenziamento motivato da un **comportamento imputabile a titolo di colpa al lavoratore**, con conseguente applicazione dei primi tre commi dell'art. 7 St. lav. [7].

Come sottolineato dalle Sezioni Unite, il licenziamento per colpa "copre l'area del licenziamento per giustificato motivo soggettivo (notevole inadempimento) e, in parte, quella del licenziamento per giusta causa". Tant'è vero che i contratti collettivi, tra le sanzioni disciplinari, indicano sovente il licenziamento con preavviso e il licenziamento senza preavviso.

In conclusione, tutte le volte in cui il datore di lavoro intenda licenziare un lavoratore a seguito di un inadempimento, non potrà procedere direttamente all'intimazione del licenziamento per giusta causa o per giustificato motivo soggettivo, ma dovrà prima contestare l'addebito e garantire il diritto di difesa al lavoratore, procedendo successivamente, se del caso, a licenziarlo per il motivo disciplinare contestato [8].

4. Tra i requisiti di legittimità del licenziamento disciplinare assumono, pertanto, una particolare rilevanza:

a) **l'inadempimento notevole** (giustificato motivo soggettivo) **o gravissimo** (giusta causa) del lavoratore. Se l'inadempimento non è notevole, ma comunque sussiste (inadempimento lieve: ritardo di 10 minuti, ad esempio), il licenziamento è comunque illegittimo perché sproporzionato. Anche il licenziamento, infatti, come ogni sanzione disciplinare, deve rispettare **il principio di proporzionalità** stabilito dall'art. 2106 c.c.

b) il corretto espletamento del preventivo procedimento disciplinare, a partire dalla **contestazione dell'addebito**, che deve essere **tempestiva** [9].

E tuttavia bisogna subito precisare che l'illegittimità del licenziamento disciplinare non è sanzionata sempre e in ogni caso con il risarcimento del dan-

---

[5] Corte cost. n. 204 del 1982.

[6] Cass., Sez. Un., n. 4823 del 1987.

[7] Pubblicità del codice disciplinare, in caso di predeterminazione di ipotesi di licenziamento per giusta causa o giustificato motivo soggettivo, contestazione preventiva dell'addebito ed audizione e difesa del lavoratore incolpato.

[8] Sulle sanzioni per mera violazione della procedura di addebito dell'infrazione disciplinare v. *infra*, cap. 35.

[9] Cfr., sul punto, Cass. 3 gennaio 2017, n. 50, La tempestività della contestazione disciplinare deve essere valutata non con riferimento all'astratta conoscibilità dell'infrazione, bensì nel momento in cui il datore di lavoro acquisisce in concreto la piena conoscenza del fatto, non essendo sufficienti a tal fine meri sospetti.

no (art. 3, comma 1) ma in una determinata ipotesi con la reintegrazione (art. 3, comma 2).

4.1. Ai sensi dell'art. 3, comma 2 del d.lgs. n. 23 del 2015, **la reintegrazione è prevista solo nell'ipotesi in cui sia "direttamente dimostrata in giudizio l'insussistenza del fatto materiale contestato"**.

L'ambiguità della formulazione legislativa lascia aperti alcuni dubbi interpretativi.

nozione di fatto materiale contestato

Anzitutto è stata discussa in dottrina la nozione di "fatto materiale".

Secondo alcune interpretazioni [10], il fatto materiale consisterebbe nel fatto così come decritto nella contestazione, a prescindere dalla sua qualificazione in termini giuridici.

Secondo una diversa ricostruzione, il fatto materiale si identifica con la condotta [11], comprensiva delle valutazioni in ordine all'imputabilità [12].

In questi termini, il fatto materiale finisce inevitabilmente per rilevare quale fatto giuridico.

Ho già a suo tempo evidenziato [13] come la disciplina sanzionatoria debba essere letta alla luce dell'art. 3 della legge n. 604 del 1966, che definisce il giustificato motivo soggettivo come "notevole inadempimento degli obblighi contrattuali" e dunque considera rilevante solo il fatto contestato a titolo di inadempimento.

Del resto, la stessa precisazione letterale secondo cui il fatto deve essere "contestato", presuppone che esso sia stato commesso dal lavoratore e possa essergli almeno astrattamente addebitato per colpa.

Coordinando l'art. 3, comma 2, con la nozione di giustificato motivo soggettivo, per "fatto materiale contestato" deve intendersi un fatto che abbia comunque rilevanza disciplinare e, dunque, un inadempimento: il principio è stato confermato anche dalla prima giurisprudenza di Cassazione sul d.lgs. n. 23 del 2015 [14].

---

[10] Cfr., sebbene con riferimento alla legge n. 92 del 2012, A. Vallebona, *La riforma del lavoro 2012*, Torino, 2012, p. 57.

[11] M. Persiani, *Il fatto rilevante per la reintegrazione del lavoratore illegittimamente licenziato*, in *Arg. dir. lav.*, 2013, 1, p. 1 ss.

[12] F. Carinci, *Il nodo gordiano del licenziamento disciplinare*, in *Arg. dir. lav.*, 2012, p. 1112 ss.

[13] G. Santoro-Passarelli, *Il licenziamento per giustificato motivo e l'ambito della tutela risarcitoria*, in *Arg. dir. lav.*, 2013, 2, p. 231 ss.

[14] Secondo la Corte di Cassazione la completa irrilevanza giuridica del fatto equivale alla sua insussistenza materiale, a conferma di un requisito minimo di rilevanza giuridica e più precisamente, disciplinare del fatto contestato: Cass. 8 maggio 2019, n. 12174. La sentenza si allinea con altre statuizioni, alcune dalla stessa richiamate, e riferite alla disciplina previgente al *Jobs Act* (*infra*, cap. 36), la quale però è sul punto assolutamente analoga: Cass. 13 ottobre 2015, n. 20540. Conf. Cass. 12 maggio 2016, n. 10019; Cass. 26 maggio 2017, n. 13383; Cass. 5 dicembre 2017, n. 29062; Cass. 23 novembre 2018, n. 30430.

Altrimenti, si potrebbe ritenere valido un atto espulsivo basato sulla mera verità di un fatto non imputabile al lavoratore o addirittura privo di alcuna rilevanza disciplinare (es. licenziamento per una rissa effettivamente avvenuta, nella quale il lavoratore non era coinvolto, o per mancato saluto al superiore gerarchico).

Dunque, la diretta "dimostrazione in giudizio" dell'insussistenza del fatto contestato di cui all'art. 3, comma 2, anche dopo la precisazione secondo cui deve trattarsi di un fatto "materiale", non attiene a un concetto nuovo o distinto dall'inadempimento e neppure a un diverso elemento di prova che il lavoratore sarebbe tenuto a fornire.

Semplicemente, l'art. 3, comma 2, punisce con maggiore severità (e cioè con la reintegrazione) l'ipotesi in cui il datore di lavoro, nell'adempiere all'onere della prova del notevole inadempimento *ex* art. 5, legge n. 604 del 1966, all'esito del giudizio non riesca neppure a provare l'esistenza dell'inadempimento contestato.

4.2. Alla insussistenza del fatto contestato non può più essere equiparata la **violazione del principio di tempestività** della contestazione.

Secondo un iniziale orientamento della Cassazione, infatti, un fatto non contestato subito o contestato dopo molto tempo denotava l'inesistenza della procedura disciplinare e, comunque, non era idoneo ad essere verificato in giudizio, con conseguente insussistenza e applicazione della reintegrazione [15].

Diversamente, le Sezioni Unite [16] hanno poi stabilito che il ritardo nella contestazione di un inadempimento non può integrare, di per sé, l'insussistenza dell'inadempimento e cioè del fatto contestato.

La violazione deve dunque ritenersi di natura meramente procedimentale (*infra*, cap. 35), salvo che il ritardo nella contestazione si riveli talmente eccessivo, secondo i canoni di correttezza e buona fede, da integrare un licenziamento ingiustificato con conseguente applicazione della tutela indennitaria.

Dal ritardo nella contestazione sembra opportuno, in ogni caso, distinguere il ritardo nell'irrogazione della sanzione dopo aver contestato la violazione e ricevuto le difese del lavoratore, che di regola corrisponde a una chiara rinuncia all'esercizio del potere disciplinare. E così pure deve essere distinto il licenziamento che violi una specifica clausola del contratto collettivo alla cui stregua, al superamento di un determinato numero di giorni, si intendano accettate le difese del lavoratore [17].

In casi come questi si potrebbe ancora ritenere che il fatto (inizialmente) contestato al lavoratore non integri (più) un inadempimento alla luce del comportamento del datore di lavoro, con conseguenti spazi per la tutela reale.

---

[15] Cass. 31 gennaio 2017, n. 2513; Cass. 14 dicembre 2016, n. 25745.

[16] Cass., Sez. Un., 27 dicembre 2017, n. 30985: anche in questo caso la sentenza è riferita alla disciplina previgente al *Jobs Act* e cioè a lavoratori assunti prima del 7 marzo 2015, soggetti a differenti tutele (*infra*, cap. 36), ma le interpretazioni possono ritenersi applicabili anche alla nuova disciplina.

[17] Cass. 3 settembre 2018, n. 21569.

valutazione della sproporzione del licenziamento

4.3. L'art. 3, comma 2, del d.lgs. n. 23 del 2015, dopo avere affermato l'applicazione della reintegrazione nel caso di insussistenza del fatto materiale contestato, precisa che "resta estranea ogni valutazione circa la sproporzione del licenziamento" [18].

Ciò non significa, beninteso, che il licenziamento come sanzione non proporzionata rispetto all'infrazione commessa dal lavoratore sia legittimo.

Più precisamente, il licenziamento sproporzionato resta illegittimo, perché viola l'art. 2106 c.c. nella misura in cui viene intimato per un inadempimento lieve, quindi non notevole ai sensi dell'art. 3 della legge n. 604 del 1966, né tantomeno gravissimo secondo l'interpretazione dell'art. 2119 c.c.

Sennonché, tale illegittimità è sanzionata non con la reintegrazione, ma solo con il pagamento di un'indennità (*infra*, par. 5).

E questo oggi avviene anche laddove l'infrazione commessa sia espressamente punita con una sanzione conservativa sulla base dei contratti collettivi ovvero dei codici disciplinari applicabili, a differenza di quanto è previsto dall'art. 18 St. lav. per i lavoratori assunti prima del 7 marzo 2015 (*infra*, cap. 36).

Queste precisazioni esprimono l'evidente obbiettivo di contenere ed anzi impedire un'applicazione giurisprudenziale estensiva dei casi di reintegrazione del lavoratore e di ridurre la discrezionalità riconosciuta dalla normativa precedente al giudice, senza dubbio dannosa per la certezza del diritto.

E tuttavia, giova ribadirlo, la scelta del legislatore del 2015 comporta l'effetto che, a fronte di un inadempimento contestato al lavoratore ma accertato in giudizio come non notevole, il licenziamento pur essendo illegittimo può essere sanzionato solo con il pagamento dell'indennità e, dunque, è idoneo ad estinguere il rapporto.

anche un inadempimento lieve può portare al licenziamento

In altri termini, con la nuova disposizione si giunge all'effetto per cui un inadempimento punibile con una sanzione conservativa può produrre un effetto espulsivo nei confronti del lavoratore [19], anche se palesemente in contrasto con il principio di proporzionalità dell'art. 2106 c.c.

5. Quando non ricorrano gli estremi del licenziamento per giusta causa o per giustificato motivo soggettivo, la sanzione applicata varia anzitutto in base al numero dei dipendenti del datore di lavoro [20].

Nel caso in cui **il numero di dipendenti occupati dal datore di lavoro su-**

---

[18] In questo senso, non a caso, una prima sentenza di legittimità definiva il fatto come "materiale", con riferimento alla precedente disciplina dell'art. 18 St. lav.: cfr. Cass. 6 novembre 2014, n. 23669.

[19] Di fatto, la nuova disciplina lascia al datore di lavoro la libertà di punire questo inadempimento non notevole con un licenziamento, sia pure illegittimo, o con una sanzione conservativa.

[20] Cfr. l'art. 9 del d.lgs. n. 23 del 2015, a differenza del licenziamento discriminatorio o nullo di cui all'art. 2 sanzionato con la reintegrazione a prescindere dal numero dei dipendenti.

peri i quindici dipendenti nell'unità produttiva[21], il regime sanzionatorio è regolato **dall'art. 3 del d.lgs. n. 23 del 2015.**

In questa ipotesi, come si è detto, la reintegrazione è posta come eccezione rispetto alla regola del pagamento di un'indennità in danaro onnicomprensiva (cfr. art. 3, comma 1).

effetti del decreto dignità: aumento delle soglie minima e massima dell'indennità...

Questa disposizione prevede **di regola l'estinzione del rapporto di lavoro e la condanna del datore di lavoro al pagamento di un'indennità** di importo pari a due mensilità di retribuzione per ogni anno di servizio, e al riguardo **il c.d. decreto dignità ha innalzato le soglie dell'indennità dovuta dal datore di lavoro** (art. 3, d.l. n. 87 del 2018, conv. in legge n. 96 del 2018), comprese tra un minimo di sei (non più quattro) e un massimo di trentasei (non più ventiquattro) mensilità.

...ed effetti della sentenza Corte cost. n. 194 del 2018: ritorno a un concorso di criteri di commisurazione dell'indennità

E come osservato, **dopo l'intervento del giudice delle leggi (Corte cost. n. 194 del 2018:** *supra*, cap. 29, par. 8) **la disposizione non esclude più la discrezionalità del giudice nella quantificazione dell'indennità**, poiché entro i limiti predeterminati dalla legge l'anzianità lavorativa resta il criterio prioritario, ma non più esclusivo, e possono concorrere gli altri criteri tradizionalmente individuati dal legislatore: numero dei dipendenti dell'impresa, dimensioni dell'attività economica, comportamento e condizioni delle parti.

5.1. Nell'ipotesi in cui il licenziamento sia sanzionato con la reintegrazione, il giudice condanna il datore di lavoro, in aggiunta alla reintegrazione, al **pagamento di un'indennità che non può superare il tetto di dodici mensilità** dell'ultima retribuzione.

L'indennità è commisurata dal giorno del licenziamento sino a quello dell'effettiva reintegrazione, dedotto quanto il lavoratore ha percepito, nel periodo di estromissione, per lo svolgimento di altre attività lavorative (*aliunde perceptum*) ed anche quanto avrebbe potuto percepire (*aliunde percipiendum*) accettando una "congrua offerta di lavoro"[22].

Il lavoratore può chiedere il pagamento di **un'indennità, sostitutiva della sola reintegrazione**, nella misura di quindici mensilità[23].

piccole imprese

6. Diverso è il regime sanzionatorio per le piccole imprese.

Qualora, infatti, **il datore di lavoro occupi meno di quindici dipendenti nell'unità produttiva**[24], il licenziamento privo di giusta causa o di giustificato

---

[21] O quindici dipendenti su più unità produttive nello stesso comune, o cinque dipendenti per unità produttiva o comune nel caso di imprese agricole o sessanta dipendenti nel complesso dell'azienda: cfr. art. 18, commi 8 e 9, St. lav.

[22] Circa la nozione di congrua offerta cfr. *infra*, cap. 56.

[23] A pena di risoluzione del rapporto, il lavoratore deve riprendere servizio entro trenta giorni dall'invito del datore di lavoro, salvo il caso in cui abbia esercitato il suddetto diritto di opzione.

[24] O un numero inferiore alle soglie indicate dall'art. 18, commi 8 e 9, St. lav.

motivo soggettivo comporta **sempre l'estinzione del rapporto di lavoro**, perché è espressamente esclusa la reintegrazione.

La tutela riconosciuta al lavoratore consiste nella sola **indennità di cui all'art. 3, comma 1, ma in misura dimezzata: quindi una mensilità di retribuzione per ogni anno di servizio, da un minimo di tre**[25] **ad un massimo di sei mensilità.**

Pertanto il licenziamento, pur illecito, è valido, nel senso che è idoneo ad estinguere il rapporto a fronte del pagamento dell'indennità (c.d. monetizzazione del licenziamento).

7. In conclusione, il giudice deve applicare la sanzione della reintegrazione solo se il fatto contestato è insussistente e cioè, a mio avviso, solo se è direttamente provato che non sussiste alcun inadempimento addebitabile al lavoratore.

Se viceversa il fatto contestato è sussistente, e quindi sussiste un inadempimento, il giudice dovrà prima accertare se l'inadempimento è notevole e in tal caso, conseguentemente, dichiarare legittimo il licenziamento irrogato dal datore di lavoro.

Se invece il giudice accerta che l'inadempimento non è notevole (licenziamento sproporzionato) dovrà dichiarare illegittimo il licenziamento irrogato dal datore di lavoro, e condannare il datore di lavoro esclusivamente al pagamento dell'indennità nella misura stabilita dalla legge. Questa verrà commisurata all'anzianità di servizio del lavoratore, insieme agli altri criteri tradizionalmente individuati dalle norme antecedenti al *Jobs Act* (numero dei dipendenti, dimensioni dell'attività economica, comportamento e condizioni delle parti).

---

[25] Due mensilità prima delle modifiche del decreto dignità.

Capitolo 32

Il licenziamento per giustificato motivo oggettivo e il licenziamento collettivo

1. Il **giustificato motivo oggettivo** di licenziamento è costituito dalle esigenze oggettive dell'azienda, ossia da "**ragioni inerenti all'attività produttiva, all'organizzazione del lavoro e al regolare funzionamento di essa**" (art. 3, legge n. 604 del 1966).

L'onere della prova circa la sussistenza di un giustificato motivo oggettivo di licenziamento è posto a carico del datore di lavoro (art. 5, legge n. 604 del 1966).

gli estremi del gmo

I requisiti di identificazione della fattispecie, o, per usare il linguaggio utilizzato dall'art. 3 del d.lgs. n. 23 del 2015, **gli estremi del licenziamento per giustificato motivo oggettivo, sono:**

a) **le ragioni** (causa) che determinano la *soppressione* del posto (effetto). Per es. la decisione di chiudere un reparto, di acquisire un macchinario idoneo a sostituire il lavoro di una persona;

b) il **nesso di causalità tra la ragione e il licenziamento di quel particolare lavoratore** (per es. la verifica, nel caso di un licenziamento intimato per la chiusura di un ufficio, che il lavoratore licenziato sia effettivamente impiegato in quell'ufficio);

c) un dato di derivazione giurisprudenziale, perché nella normativa non c'è traccia di questa indicazione, il **c.d. obbligo di *repêchage*.**

Il datore di lavoro, in altri termini, ha l'obbligo di fornire la prova dell'inevitabilità del licenziamento (licenziamento come *extrema ratio*) [1], ossia di non

---

[1] Cfr., da ultimo, Trib. Roma, sez. lav., 23 novembre 2018, n. 9079. Tale requisito,

poter adibire il lavoratore a mansioni diverse, anche inferiori [2] e anche in altre sedi dell'azienda [3].

Sebbene non sussista un onere del lavoratore di indicare quali siano i posti disponibili in azienda ai fini del *repêchage* (anche la prova della impossibilità di ricollocamento grava sul datore di lavoro), la giurisprudenza non esclude che il lavoratore possa collaborare nell'accertamento delle possibilità di *repêchage* attraverso allegazioni circa l'esistenza di posizioni lavorative disponibili [4].

ragioni economiche e ragioni organizzative

2. La formula "ragioni inerenti all'attività produttiva, all'organizzazione del lavoro e al normale funzionamento di essa" è stata variamente interpretata dalla giurisprudenza, che ha distinto tra ragioni economiche e ragioni organizzative.

Secondo un primo orientamento il giustificato motivo oggettivo di licenziamento non può prescindere da ragioni economiche e le eventuali ragioni organizzative non hanno una autonoma rilevanza.

Tra le ragioni economiche possono essere annoverati, ad esempio, l'andamento economico sfavorevole e non meramente contingente [5], la necessità di ridurre i costi [6] o le esigenze di aumento dei profitti [7].

Diversamente, nella più recente giurisprudenza [8], è emersa l'autonoma rilevanza delle ragioni organizzative, anche a prescindere da motivi economici [9].

---

con l'introduzione del *Jobs Act*, non è venuto meno, anche se la nuova disciplina, stabilendo come unica sanzione per l'illegittimità del licenziamento per g.m.o. il solo risarcimento del danno, ha certamente privilegiato l'interesse del datore di lavoro alla temporaneità del vincolo contrattuale rispetto a quello del lavoratore alla continuità e stabilità del posto di lavoro. Ciò perché il nuovo apparato sanzionatorio (su cui v. *amplius infra*), non incide sulla fattispecie, che resta invariata. Tuttavia si deve anche prendere atto che la sanzione unica del risarcimento ridimensiona la tesi del licenziamento *extrema ratio*.

[2] Cfr., da ultimo, Cass. 26 maggio 2017, n. 13379 e App. Roma, 12 marzo 2018, n. 842. Tale impostazione è del tutto coerente con il nuovo testo dell'art. 2103 che consente l'adibizione a mansioni inferiori a seguito di mutamenti organizzativi.

[3] Addirittura anche all'estero secondo Cass. 15 luglio 2010, n. 16579, in *Orient. giur. lav.*, 2011, 1, p. 182.

[4] Da ultimo, Cass. 28 febbraio 2019, n. 5996. Una volta accertata, anche attraverso presunzioni gravi, precise e concordanti, l'impossibilità del *repêchage*, la mancanza di allegazioni del lavoratore vale a corroborare il descritto quadro probatorio.

[5] Ossia il requisito della crisi d'impresa quale criterio di legittimità del licenziamento, su cui già Cass., Sez. Un., 11 aprile 1994, n. 3353.

[6] *Ex multis*, Cass. 18 marzo 2013, n. 6710.

[7] Cfr. Cass. 1° luglio 2016, 13156.

[8] Cass. 7 dicembre 2016, n. 25201, in *Foro it.*, 2017, I, c. 123, con nota critica di G. Santoro Passarelli. Il caso esaminato dalla sentenza riguarda il licenziamento intimato da un'azienda per la soppressione della mansione di direttore operativo per ridurre la catena di comando. *Conf.* Cass. 15 febbraio 2017, n. 4015, nonché, da ultimo, Cass. 15 gennaio 2019, n. 828.

[9] Ove però il licenziamento sia stato motivato richiamando l'esigenza di fare fronte a situazioni economiche sfavorevoli ovvero a spese notevoli di carattere straordinario ed in

Più precisamente, secondo questa diversa ricostruzione, ai fini della legittimità del licenziamento per g.m.o., le situazioni economiche sfavorevoli non contingenti non costituiscono un presupposto fattuale che il datore di lavoro debba provare, essendo, invece, sufficiente **ad integrare le "ragioni" di cui all'art. 3, legge n. 604 del 1966** anche una **ragione esclusivamente organizzativa**, finalizzata ad una migliore efficienza gestionale. Ad esempio, secondo la sentenza della Corte di Cassazione n. 25201/2016, è legittimo il licenziamento di un direttore operativo per ridurre la catena di comando.

controllo giudiziale sulle ragioni

3. E tuttavia, mentre la sussistenza della causa economica (ossia la situazione economica sfavorevole e non contingente o l'aumento dei costi) è immediatamente e oggettivamente controllabile dal giudice, la sussistenza e l'effettività della causa organizzativa non sempre è agevolmente controllabile senza l'ausilio di qualche criterio o parametro verificabile. Infatti, per restare all'esempio precedente non è agevole stabilire se il licenziamento del direttore operativo per ridurre la catena di comando costituisca un giustificato motivo oggettivo di licenziamento o sia, in realtà, un licenziamento *ad nutum* mascherato da una fittizia ragione organizzativa.

In altri termini, la rilevanza della "ragione organizzativa" pone il problema dell'oggetto del controllo giudiziale: e cioè se deve essere limitato a verificare soltanto la soppressione del posto, o se, invece, debba avere riguardo alle ragioni che hanno determinato la soppressione del posto. Secondo la sentenza sopra citata il giudice deve accertare prioritariamente le ragioni e non limitarsi al controllo della soppressione del posto per evitare che il licenziamento per g.m.o. nasconda un licenziamento *ad nutum*.

Si tratta però di stabilire se le ragioni alla base della soppressione del posto siano decise insindacabilmente dal datore di lavoro o se, invece, debbano essere determinate da regole di normalità tecnico organizzative come sembra desumersi dall'art. 3 della legge n. 604 del 1966.

La questione è controversa in dottrina. Se le ragioni di cui all'art. 3 sono decise insindacabilmente dal datore di lavoro, come sostiene una parte della dottrina, il rischio è che la ragione organizzativa possa identificarsi o meglio finisca per appiattirsi nella soppressione del posto che, così, diventa l'unico e vero oggetto del controllo del giudice.

differenza tra ragioni di cui all'art. 3 e scelte imprenditoriali

A mio avviso, invece, bisogna distinguere le ragioni di cui all'art. 3 dalle scelte dell'imprenditore. Queste sono insindacabili ai sensi dell'art. 41 Cost., mentre le ragioni, derivando da regole di normalità tecnico organizzativa, non possono essere determinate unilateralmente dal datore di lavoro, ma sono soggette al controllo di legittimità del giudice. A tal fine, sia quest'ultimo che le parti possono avvalersi di una consulenza tecnica.

---

giudizio si accerti che la ragione indicata non sussiste, il recesso può risultare ingiustificato per una valutazione in concreto sulla mancanza di veridicità e sulla pretestuosità della causale addotta dall'imprenditore. In tal senso, da ultimo, Trib. Pesaro, sez. lav., 11 marzo 2019, n. 114.

Facciamo un esempio: un'impresa organizzata per la produzione e vendita di due prodotti cessa di produrne uno e pertanto le prestazioni del direttore di produzione e del direttore commerciale del prodotto eliminato diventano verosimilmente inutili. In questo caso la scelta e la motivazione di eliminare uno dei due prodotti è insindacabile ma la ragione attinente all'attività produttiva, che in concreto determina la soppressione del posto e il conseguente licenziamento, deve essere accertata dal giudice, ovviamente non discrezionalmente [10].

Il giudice, in altri termini, deve verificare l'effettività, la veridicità delle ragioni organizzative senza entrare nel merito delle scelte imprenditoriali.

Così operando il controllo del giudice sulle suddette ragioni non si traduce in una semplice ratifica delle scelte del datore di lavoro e neppure in un controllo di merito, escluso dalla giurisprudenza unanime ed espressamente e pleonasticamente anche dal legislatore [11].

La giurisprudenza, però, pur formalmente escludendo il sindacato di merito sul licenziamento per giustificato motivo oggettivo, in qualche occasione travalica i confini del controllo di legittimità e finisce per effettuare, sia pure indirettamente, una verifica penetrante sulle scelte del datore di lavoro, arrivando a sindacare la congruità o l'effettiva economicità, l'adeguatezza o la necessità delle scelte organizzative del datore di lavoro [12].

regime sanzionatorio

4. Nell'ipotesi in cui non ricorrano gli estremi del licenziamento per giustificato motivo oggettivo (es., scelta imprenditoriale fittizia; mancanza del nesso di causalità; violazione dell'obbligo di *repêchage*), **il giudice dichiara estinto il rapporto di lavoro alla data del licenziamento** e condanna il datore di lavoro al pagamento di un'indennità.

---

[10] Resta quindi aperta la questione dell'individuazione di parametri oggettivi che consentano di verificare l'effettività delle ragioni organizzative, per evitare che la soppressione del posto possa essere considerata una valida ragione organizzativa di per sé, finendo per confondere la causa e l'effetto del licenziamento. Cfr., in tal senso, G. Santoro-Passarelli, *Il licenziamento per giustificato motivo oggettivo: dalla ragione economica alla ragione organizzativa*, in *Lav. prev. oggi*, 2017, p. 152 ss., che propone quali possibili parametri la sopravvenuta inutilità della prestazione lavorativa o la velocizzazione del processo decisionale o la semplificazione del processo produttivo.

[11] L'art. 30, comma 1, legge n. 183 del 2010 (c.d. Collegato-lavoro) ha previsto in modo espresso quanto pleonastico che, in presenza di clausole generali, comprese quelle in tema di recesso, "il controllo giudiziale è limitato esclusivamente, in conformità ai principi generali dell'ordinamento, all'accertamento del presupposto di legittimità e non può essere esteso al sindacato di merito sulle valutazioni tecniche, organizzative e produttive che competono al datore di lavoro".

In quest'ottica, l'art. 1, comma 43, legge n. 92 del 2012, aggiunge che l'eventuale sconfinamento, da parte del giudice, dei limiti al controllo giudiziale, costituisce "violazione di norme di diritto", legittimante, anche solo per tale motivo, il ricorso per cassazione (art. 360, comma 1, n. 3, c.p.c.).

[12] Per esempio, alcune sentenze negano che il licenziamento possa avvenire per una mera finalità di incremento dei profitti, ammettendolo, invece, per effettive esigenze di riduzione dei costi. Cfr. Cass. 16 marzo 2015, n. 5173; Cass. 9 luglio 2012, n. 11465.

L'indennità era originariamente quantificata in modo automatico, secondo il sistema delle c.d. "tutele crescenti": due mensilità dell'ultima retribuzione di riferimento per il calcolo del trattamento di fine rapporto per ogni anno di servizio, da un minimo di 4 ad un massimo di 24 mensilità.

Il c.d. decreto "Dignità" è intervenuto ad innalzare i limiti minimo e massimo, rispettivamente a 6 e 36 mensilità [13].

La Corte costituzionale [14], successivamente, fermi restando i limiti minimo e massimo (6-36 mensilità) dell'indennità di licenziamento, ha dichiarato costituzionalmente illegittima la quantificazione automatica dell'indennità perché l'unico criterio costituito dall'anzianità di servizio violava il principio di uguaglianza. Infatti lavoratori con la medesima anzianità che avessero subito pregiudizi di diversa entità si sarebbero visti riconoscere, pertanto, la medesima indennità.

E tuttavia la sentenza non chiarisce (né poteva farlo perché altrimenti avrebbe legiferato) quale incidenza abbiano, oltre all'anzianità che pur mantiene una priorità applicativa, gli altri criteri di determinazione del presunto risarcimento, peraltro indicati dal comma 5 dell'art. 18 St. lav., come modificato dalla legge n. 92 del 2012 (numero dei dipendenti occupati, dimensioni dell'attività economica, comportamento e condizioni delle parti) e, prima ancora, dall'art. 8 della legge n. 604 del 1966.

Ma è facilmente prevedibile che, lasciando ai giudici la discrezionalità nella determinazione dell'incidenza dei criteri sull'entità del risarcimento, si neutralizza l'obbiettivo perseguito dalla norma di predeterminare senza incertezze il costo del licenziamento. Predeterminazione che, invece, è necessaria proprio alla luce della crescente concorrenza tra le imprese

Invece, a seguito dalla sentenza, non sarà più possibile predeterminare il costo dei licenziamenti e, soprattutto, licenziamenti illegittimi simili o addirittura identici potranno ricevere un risarcimento diverso, derivante dalla diversa sensibilità del giudice.

A questo punto si tratta di vedere se questa sentenza provocherà un orientamento univoco della giurisprudenza chiamata a determinare il risarcimento per il licenziamento ingiustificato o se, in caso di orientamento diversificato dei giudici, sarà necessario un ulteriore intervento chiarificatore del legislatore.

Nel caso in cui il datore occupi fino a quindici dipendenti nell'unità produttiva [15]**, gli importi sono dimezzati** e l'indennità non può superare nel massimo le sei mensilità (art. 9, d.lgs. n. 23 del 2015).

ipotesi particolare di reintegrazione

La sanzione della reintegrazione è invece prevista soltanto in un'ipotesi particolare, tradizionalmente ricondotta al giustificato motivo oggettivo: il licenziamento intimato per inidoneità fisica o psichica allo svolgimento della

[13] Art. 3, comma 1, d.lgs. n. 23 del 2015, come modificato dal d.lgs. n. 87 del 2018.

[14] Corte cost., 26 settembre-8 novembre 2018, n. 194.

[15] O quindici dipendenti su più unità produttive nello stesso comune, o cinque dipendenti per unità produttiva o comune nel caso di imprese agricole o sessanta dipendenti nel complesso dell'azienda. Cfr. art. 18, commi 8 e 9, St. lav.

mansione per usura, inidoneità dovuta ad infortunio o malattia o disabilità (art. 2, ultimo comma, d.lgs. n. 23 del 2015).

In tali casi, laddove non sussista l'inidoneità che determina il licenziamento, il regime è quello della nullità, con piena tutela anche ai fini risarcitori.

È bene sottolineare, comunque, che il confine tra licenziamento pretestuoso e ritorsivo è talvolta molto labile e si risolve sul piano della prova, non sempre agevole per il lavoratore [16]. E tuttavia le conseguenze sono assai diverse perché nel caso del licenziamento pretestuoso la sanzione è il risarcimento mentre per il licenziamento ritorsivo che rientra nell'area del licenziamento per motivo illecito la sanzione è quella della reintegrazione [17].

licenziamenti collettivi

5. La materia dei **licenziamenti collettivi**, esclusa dal campo di applicazione della legge n. 604 del 1966 e presa in considerazione esclusivamente da accordi interconfederali, è stata in seguito disciplinata dalla **legge n. 223 del 1991**, in recepimento di due direttive europee (75/129 e 92/56). La *ratio* della diversa disciplina sta nel particolare allarme sociale che i licenziamenti collettivi creano e nell'opportunità di coinvolgere il sindacato nella gestione di questi fenomeni.

controllo ex ante dell'iniziativa imprenditoriale devoluto ai sindacati

La legge n. 223 del 1991, realizza il passaggio dal controllo giurisdizionale, esercitato "*ex post*" ad un controllo dell'iniziativa imprenditoriale concernente il ridimensionamento dell'impresa devoluto "*ex ante*" alle organizzazioni sindacali, destinatarie di incisivi **poteri di informazione e consultazione** secondo una metodologia già collaudata in materia di trasferimenti di azienda.

I residui spazi di controllo devoluti al giudice in sede contenziosa non riguardano più gli specifici motivi della riduzione del personale, bensì la correttezza procedurale dell'operazione [18].

due nozioni di licenziamento collettivo

6. La legge n. 223 del 1991 prevede e regola **due fattispecie di licenziamento collettivo: quella *ex* art. 4 (c.d. licenziamento collettivo per dichiarazione di mobilità) e quella *ex* art. 24 (c.d. licenziamento collettivo per riduzione di personale)**.

La principale differenza tra le due sta nel fatto che **la prima è strettamente collegata alle vicende della cassa integrazione straordinaria precedentemente intervenuta** (v. *infra*, cap. 58), e riguarda i lavoratori che non possono essere

---

[16] Cfr. da ultimo App. Roma, sez. lav., 12 marzo 2018, n. 842.

[17] Cfr. cap. 30, par. 2 per la definizione di licenziamento ritorsivo, ed *amplius* per la trattazione delle ipotesi di nullità del licenziamento.

[18] Il controllo deve essere limitato alle sole contestazioni di specifiche violazioni di quanto disposto dagli artt. 4 e 5, salvo l'ovvia eccezione in cui la messa in mobilità o la riduzione di personale sottendano intenti elusivi o ragioni discriminatorie: *ex multis*, Cass. 21 gennaio 2019, n. 1515; Cass. 26 novembre 2018, n. 30550.

reinseriti in azienda al termine del programma di riorganizzazione o risanamento.

Non a caso, come si vedrà, la cassa integrazione guadagni straordinaria viene comunemente definita "l'anticamera dei licenziamenti".

La seconda ipotesi di licenziamento collettivo prescinde dal ricorso alla Cassa integrazione guadagni straordinaria, sebbene riguardi comunque datori di lavoro con più di quindici dipendenti, compresi i dirigenti [19]. **Ai sensi dell'art. 24 il licenziamento è collettivo se riguarda cinque lavoratori nell'arco di centoventi giorni in ciascuna unità produttiva** o più unità produttive della stessa provincia [20].

Tali licenziamenti possono dipendere o da una riduzione di attività (es. una diminuzione della domanda dei beni e servizi offerti dall'impresa o una situazione di crisi), o da una trasformazione dell'attività (per es. quando venga meno l'esigenza di occupare lavoratori a seguito di nuove tecniche o procedimenti di produzione, o in caso di modifica dell'organizzazione produttiva che abbia quale effetto la soppressione di uffici, reparti o linee di prodotto) o infine quando cessi l'attività (art. 24, comma 2), ma anche in questo caso il controllo della procedura non è rimesso *ex post* al sindacato giudiziale, bensì ai soggetti sindacali in una fase anteriore all'intimazione dei licenziamenti.

L'art. 4 e l'art. 24 non si applicano nei casi di scadenza del contratto a termine, di fine lavoro nelle costruzioni edili e nei casi di attività stagionali.

A fronte della diversità delle fattispecie, tuttavia, la procedura, incentrata sull'informazione e la consultazione sindacale, è comune ed è regolata dallo stesso art. 4, legge n. 223 del 1991, richiamato a tal fine anche dall'art. 24.

procedura di informazione e consultazione sindacale

7. La legge condiziona il potere del datore di lavoro di ridurre il personale al rispetto di una procedura, definita di mobilità, che affida alle parti sindacali e non al giudice il controllo dei motivi che sono alla base della riduzione di personale.

A decorrere dal 1 gennaio 2017, il lavoratore licenziato all'esito della procedura di mobilità può percepire, ricorrendone i presupposti, l'indennità di disoccupazione, ossia la NASpI (v. *infra*, cap. 59) [21].

---

[19] A seguito della sentenza di condanna della Corte di giustizia C-596/2012 del 13 febbraio 2014, l'inclusione dei dirigenti nella soglia di computo è stata disposta dall'art. 16 del d.lgs. n. 161 del 2014.

[20] Sulla base di tali parametri numerico-spaziali-temporali si distingue inoltre il licenziamento collettivo da una pluralità di licenziamenti individuali per giustificato motivo oggettivo (c.d. giustificato motivo oggettivo plurimo).

[21] In precedenza, per i lavoratori licenziati sino al 30 dicembre 2016, era prevista, in tali ipotesi, l'iscrizione nelle liste di mobilità e l'erogazione dell'indennità di mobilità, disciplinate entrambe dagli artt. 6 e 7, legge n. 223 del 1991. L'art. 2, comma 7, lett. b), legge n. 92 del 2012, ha disposto l'abrogazione delle suddette disposizioni in tema di liste e indennità di mobilità, al fine di unificare i trattamenti di disoccupazione per ogni tipologia di cessazione del rapporto di lavoro, anche per i licenziamenti collettivi.

comunicazione preventiva alle r.s.a.

Le imprese che intendono ricorrere alla procedura di mobilità devono preventivamente comunicare alle r.s.a. e alle rispettive associazioni di categoria una serie di informazioni, la mancanza delle quali costituisce condotta antisindacale (art. 4, comma 2).

Oltre all'obbligo di informazione, la legge n. 223 del 1991 prevede un esame congiunto tra le parti (procedura sindacale) allo scopo di esaminare le cause che hanno contribuito a determinare l'eccedenza di personale e, in caso di mancato accordo, l'esame prosegue davanti alla direzione territoriale del lavoro che propone alle parti soluzioni alternative (art. 4, commi 5, 6 e 7): si tratta di una procedura amministrativa.

incentivi alla conclusione di un accordo

Per favorire un accordo con le associazioni sindacali, al fine di evitare o limitare i licenziamenti programmati dal datore di lavoro, la legge prevede incentivi economici e normativi [22].

Inoltre, con un fine identico, la stessa legge n. 92 del 2012 riconosce che eventuali vizi nella fase di informazione sindacale possano essere sanati dal raggiungimento di un accordo collettivo [23].

Ad ogni modo, la legge favorisce ma non impone la conclusione dell'accordo nell'ambito della procedura, sicché, **esaurita la procedura sindacale e quella amministrativa, con o senza la conclusione di un accordo sindacale, l'impresa può licenziare i lavoratori eccedenti** [24].

comunicazione del licenziamento

A questo punto, il datore di lavoro può comunicare per iscritto, nel rispetto dei termini di preavviso [25], il licenziamento a ciascuno dei lavoratori interessati e trasmettere all'Ufficio regionale del lavoro e alle associazioni di categoria l'elenco dei lavoratori licenziati [26] con "puntuale indicazione delle modalità con le quali sono stati applicati i criteri di scelta" (art. 4, comma 9), al fine di consentire ai sindacati il controllo delle scelte fatte dal datore di lavoro.

---

[22] A tal fine, la legge n. 223 del 1991 consente all'autonomia collettiva di disporre dei diritti individuali dei lavoratori mediante, ad es., l'assegnazione a mansioni inferiori (tale deroga perde oggi però di significato alla luce del nuovo testo dell'art. 2103 c.c.), la riduzione dell'orario di lavoro con la conclusione di contratti di solidarietà interna (art. 4, comma 5), la trasformazione dei rapporti di lavoro dei lavoratori prossimi alla pensione in rapporti a tempo parziale, la previsione del distacco. Inoltre, la legge n. 92 del 2012 rende più onerose le dichiarazioni di eccedenza di personale che non abbiano formato oggetto di accordo sindacale, perché in tali ipotesi è prevista l'introduzione, a decorrere dal 2017, di un disincentivo economico-contributivo: cfr. art. 2, comma 35, legge n. 92 del 2012.

[23] Art. 1, comma 45, legge n. 92 del 2012.

[24] Art. 4, comma 9.

[25] Ma senza obbligo di motivazione, risultando la tutela dei lavoratori affidata alla dettagliata regolamentazione della procedura di mobilità; in tal senso Cass., Sez. Un., 11 maggio 2000, n. 302.

[26] Secondo l'art. 1, comma 44, legge n. 92 del 2012 il datore di lavoro è oggi tenuto ad adempiere l'onere di trasmissione dell'elenco dei lavoratori licenziati entro sette giorni dalla comunicazione dei recessi e non più "contestualmente" alla comunicazione dei medesimi (previgente art. 4, comma 9, legge n. 223 del 1991).

criteri di scelta

8. L'art. 5, legge n. 223 del 1991, impedisce al datore di lavoro di individuare unilateralmente i lavoratori da licenziare e stabilisce che **l'individuazione dei lavoratori da licenziare avvenga in relazione alle esigenze tecnico-produttive ed organizzative del complesso aziendale** [27], secondo criteri stabiliti dai **contratti collettivi** [28].

Si discute se il contratto collettivo debba fissare, anche a livello aziendale, i criteri in via generale ed astratta e preventivamente ovvero possa riguardare anche *ex post* una singola e determinata procedura di riduzione del personale.

Come già evidenziato a proposito delle funzioni del contratto collettivo, i criteri individuati contrattualmente finiscono per vincolare tutti i lavoratori dell'azienda indipendentemente dal fatto che gli stessi siano iscritti al sindacato stipulante [29].

Pertanto i lavoratori licenziati non possono contestare il licenziamento intimato per l'assenza di uno specifico mandato rappresentativo al sindacato stipulante, ma soltanto per il fatto che il datore di lavoro non abbia applicato i criteri correttamente.

In mancanza dei criteri pattizi, suppliscono quelli direttamente indicati dalla legge, in concorso tra loro: carichi di famiglia; anzianità di servizio e esigenze tecnico-produttive ed organizzative.

La legge prevede, poi, una serie di altri limiti a tutela dei lavoratori disabili e della manodopera femminile [30].

Il d.lgs. n. 110 del 2004, ha, inoltre, in parte esteso l'applicazione della normativa in tema di licenziamenti collettivi di cui alla legge n. 223 del 1991 anche ai datori di lavoro non imprenditori.

9. Il **regime sanzionatorio in caso di licenziamenti collettivi illegittimi** è regolato dall'art. 10 del d.lgs. n. 23 del 2015.

tutela reintegratoria

a) **se il licenziamento è stato intimato senza la forma scritta, opera il regime della reintegrazione** con diritto al risarcimento del danno in misura non inferiore a cinque mensilità dell'ultima retribuzione di riferimento per il calcolo del trattamento di fine rapporto, analogamente a quanto previsto per i licenziamenti nulli di cui all'art. 2, comma 1, d.lgs. n. 23 del 2015;

---

[27] In linea generale, la riduzione del personale deve investire l'intero ambito aziendale, potendo essere limitata a specifici rami d'azienda soltanto se caratterizzati da autonomia e specificità delle professionalità utilizzate, infungibili rispetto alle altre. La dimostrazione di tale specificità costituisce onere probatorio a carico del datore di lavoro, che ha l'obbligo di fornirne adeguata motivazione ai soggetti sindacali: Cass. 31 ottobre 2013, n. 24575.

[28] L'individuazione operata dal contratto collettivo dei criteri di scelta dei lavoratori non è legittima qualora non permetta l'esauriente e univoca selezione dei lavoratori destinatari del licenziamento e, quindi, non risulti applicabile senza margini di discrezionalità da parte del datore di lavoro: Cass. 27 dicembre 2013, n. 28680.

[29] Corte cost. n. 268 del 1994, in *Foro it.*, 1994, 1, c. 2307.

[30] Art. 5, comma 2, legge n. 223 del 1991.

tutela risarcitoria

b) **se il licenziamento è viziato da una violazione della procedura** prevista all'art. 4 o se il licenziamento è intimato in violazione dei criteri di scelta dei lavoratori, **opera la tutela esclusivamente risarcitoria** secondo le medesime disposizioni previste qualora non ricorrano gli estremi del licenziamento per giustificato motivo oggettivo (art. 3, comma 1, d.lgs. n. 23 del 2015, v. *supra*, par. 4).

In precedenza, invece, la violazione dei criteri di scelta era punita con la reintegrazione. La minore severità dell'attuale regime fondato sull'indennità potrebbe, pertanto, ingenerare comportamenti opportunistici dei datori di lavoro, soprattutto nei riguardi di lavoratori con basse anzianità di servizio.

Da ultimo, il regime sanzionatorio per i licenziamenti collettivi illegittimi introdotto dal *Jobs Act* è stato portato all'attenzione della Corte di giustizia dal Tribunale di Milano [31].

Tra le doglianze manifestate dal Tribunale spicca la asserita non conformità dell'attuale regime indennitario, senza possibilità di reintegrazione, ai principi di effettività, adeguatezza e deterrenza della sanzione imposti dall'art. 30 della Carta dei diritti fondamentali dell'Unione europea.

[31] Trib. Milano, 11 luglio 2019. Si tratta di una vicenda complessa che vede coinvolti in un licenziamento collettivo anche lavoratori originariamente assunti a tempo determinato e i cui rapporti sono stati successivamente trasformati a tempo indeterminato dopo l'entrata in vigore del *Jobs Act*. Si pongono, pertanto, ulteriori problemi in relazione alla asserita violazione del principio di parità di trattamento rispetto agli altri lavoratori interessati dalla medesima procedura di licenziamento collettivo ma per i quali vige ancora il regime precedente al *Jobs Act* e la reintegrazione è ancora prevista.

Capitolo 33

Il licenziamento per motivo consistente nella inidoneità o disabilità fisica o psichica del lavoratore

SOMMARIO: 1. Il licenziamento del lavoratore inabile e disabile. – 2. Le sanzioni avverso il licenziamento illegittimo nella legge Fornero e nel *Jobs Act*.

licenziamento del lavoratore inabile e disabile

1. In conformità al dettato costituzionale (artt. 3, comma 2, 4, comma 1, e 38, comma 3, Cost.), che pone il principio dell'uguaglianza sostanziale, della promozione delle condizioni per l'effettività del diritto al lavoro e il compito dello Stato di provvedere all'educazione e all'avviamento professionale dei disabili, l'ordinamento prevede norme speciali a tutela di questi lavoratori all'interno della legge n. 68 del 1999[1]. Anche il legislatore europeo è intervenuto a dettare tutele specifiche, soprattutto volte a combattere possibili discriminazioni, con la direttiva 2000/78/CE.

La legge citata disciplina sia l'obbligo di assunzione di lavoratori disabili sia l'estinzione del rapporto di lavoro, contemperando il particolare bisogno occupazionale di questi lavoratori con le esigenze dell'impresa che non deve essere gravata di eccessivi vincoli.

parità di trattamento

Su questo versante si esprime anche la direttiva 2000/78/CE sulla parità di trattamento in materia di occupazione e di condizioni di lavoro quando, al suo art. 5, dispone che il datore di lavoro assume i provvedimenti appropriati, in funzione delle esigenze concrete, per consentire ai disabili di accedere e di svolgere un lavoro, con il solo limite dell'onere finanziario sproporzionato. La norma chiarisce, poi, che tale soluzione non è sproporzionata allorché l'onere è compensato in modo sufficiente da misure esistenti nel quadro della politica dello Stato membro a favore dei disabili.

---

[1] Cfr., tra gli altri, A. Maresca, *Rapporto di lavoro dei disabili e assetto dell'impresa*, in *Arg. dir. lav.*, 1999, n. 3, p. 659 ss.; G. Santoro-Passarelli e P. Lambertucci (a cura di), *Norme per il diritto al lavoro dei disabili. Commentario*, in *Le nuove leggi civili comm.*, 2000, n. 6, p. 1351 ss.; D. Garofalo, *Disabili (nel lavoro)*, in *Digesto IV, Disc. Priv. Sez. comm.*, Aggiornamento, Appendice, Torino, 2009, p. 759 ss.; P. Lambertucci, *Il lavoratore disabile tra disciplina dell'avviamento al lavoro e tutela contro i licenziamenti: brevi note a margine dei provvedimenti attuativi del c.d.* Jobs Act *alla "prova" della disciplina antidiscriminatoria*, in *Arg. dir. lav.*, 2016, I, p. 1147 ss.

il datore di lavoro deve adottare accomodamenti ragionevoli nei luoghi di lavoro

Il legislatore italiano, nel recepire la direttiva, ha previsto all'art. 3, comma 3-*bis*, del d.lgs. n. 216 del 2003 che il datore di lavoro adotti «accomodamenti ragionevoli» nei luoghi di lavoro, per garantire alle persone con disabilità la piena eguaglianza con gli altri lavoratori. Sul piano dei costi, il comma 166 dell'art. 1 della legge n. 190 del 2014 (legge di stabilità 2015) ha attribuito all'Inail, e al relativo bilancio, le competenze in materia di reinserimento e di integrazione lavorativa delle persone con disabilità da lavoro.

licenziamento come extrema ratio

Il licenziamento, dunque, può essere attuato solamente come *extrema ratio*[2] risultante dalla impossibilità di adattamento della struttura organizzativa aziendale alla capacità lavorativa del disabile e tale nesso tra organizzazione dell'impresa e lavoro del disabile riconduce le fattispecie di licenziamento contenute nella legge n. 68 del 1999 nel giustificato motivo oggettivo[3]. Le Sezioni Unite della Cassazione[4] hanno, infatti, chiarito che l'impossibilità a rendere la prestazione lavorativa, tale da concretare un giustificato motivo di licenziamento, può essere esclusa a fronte della possibilità di impiegare il lavoratore inabile in altre mansioni, anche inferiori, «secondo l'assetto organizzativo insindacabilmente stabilito dall'imprenditore».

ipotesi di licenziamento

La legge n. 68 del 1999 prevede due ipotesi di licenziamento per motivo consistente nella inabilità del lavoratore.

L'art. 4, comma 4, contempla l'ipotesi dei lavoratori divenuti inabili allo svolgimento delle proprie mansioni in conseguenza di infortunio o malattia, da cui derivi una riduzione della capacità lavorativa pari o superiore al 60 per cento, ovvero dell'inadempimento da parte del datore di lavoro, accertato in sede giurisdizionale, delle norme in materia di sicurezza ed igiene del lavoro. Per questi lavoratori l'infortunio e la malattia non costituiscono giustificato motivo di licenziamento nel caso in cui possano essere adibiti ad altre mansioni, anche inferiori. In quest'ultima ipotesi, hanno diritto alla conservazione del trattamento più favorevole, comprese le relative indennità, corrispondente alle mansioni di provenienza.

L'art. 10, comma 3, dispone poi che nel caso di aggravamento delle condizioni di salute o di significative variazioni dell'organizzazione del lavoro, il disabile può chiedere che venga accertata la compatibilità delle mansioni a lui affidate con il proprio stato di salute. Il rapporto di lavoro può essere risolto nel caso in cui, anche attuando i possibili adattamenti dell'organizzazione del lavoro, gli organi competenti accertino la definitiva impossibilità di reinserire il disabile all'interno dell'azienda[5].

---

[2] V., per tutti, G. Pera, *Disabili (diritto al lavoro dei)*, in *Enc. giur. Treccani*, vol. XI, Roma, 2001, n. 28.

[3] App. Milano 12 ottobre 2017, in *Lav. giur.*, 2018, 2, p. 210, ha precisato che in caso di lavoratore disabile l'obbligo di *repêchage* «assume connotati più rigorosi, dovendo il datore di lavoro dimostrare che la conservazione del rapporto non sia possibile neppure adottando quegli "accomodamenti ragionevoli" indicati dall'art. 3, comma 3-*bis*, D.Lgs. n. 216 del 2003». V., anche, Trib. Pisa 16 aprile 2015, in *Arg. dir. lav.*, 2016, II, p. 164.

[4] Cass., Sez. Un., 7 agosto 1999, n. 7755, in *Riv. it. dir. lav.*, 1999, II, p. 170.

[5] Cfr. Cass. 23 marzo 2017, n. 7524, in *Giust. civ. mass.*, 2017.

Per questa seconda ipotesi, va chiarito, sulla scorta della giurisprudenza[6], che il licenziamento è legittimo quando la sopravvenuta inidoneità alla mansione sia stata accertata dalla specifica commissione medica, non essendo sufficiente la dichiarazione del medico competente come previsto dall'art. 42 della legge n. 81 del 2008.

licenziamento del lavoratore occupato obbligatoriamente

Per quanto riguarda, infine, le assunzioni obbligatorie, l'art. 3 della legge n. 68 del 1999 prevede delle quote di persone disabili che i datori pubblici e privati sono tenuti ad avere alle loro dipendenze[7]. L'art. 10, comma 4, legge n. 68 del 1999 stabilisce che in caso di licenziamento collettivo ovvero per riduzione di personale o per giustificato motivo oggettivo che coinvolga un lavoratore occupato obbligatoriamente, il recesso è «annullabile qualora, nel momento della cessazione del rapporto, il numero dei rimanenti lavoratori occupati obbligatoriamente sia inferiore alla quota di riserva». Si badi che tale annullabilità non si applica in caso di licenziamento disciplinare[8].

inabilità e disabilità

2. Prima di soffermarsi sulle sanzioni al licenziamento illegittimo, occorre, chiarire che con il termine inidoneità si deve intendere quel lavoratore che per causa sopravvenuta derivante da malattia o infortunio non sia più idoneo ad eseguire la propria prestazione lavorativa. Il termine disabilità individua, invece, in linea con l'interpretazione delle norme europee, un concetto più ampio ossia qualsiasi limitazione risultante in particolare da menomazioni fisiche, mentali o psichiche durature che, in interazione con barriere di diversa natura, possano ostacolare la piena ed effettiva partecipazione della persona interessata alla vita professionale su base di uguaglianza con gli altri lavoratori[9].

tutela avverso il licenziamento illegittimo

Tale distinzione assume un particolare rilievo perché mentre la legge Fornero parla di «inidoneità», in un'ottica più vicina al motivo oggettivo configurato dalla legge n. 68 del 1999, il *Jobs Act* prende in considerazione la «disabilità» e pone la relativa tutela all'interno della norma che sanziona i licenziamenti illegittimi perché discriminatori, ponendo, così, in luce l'aspetto antidiscriminatorio proprio della direttiva 2000/78/CE[10].

lavoratori assunti prima del 7 marzo 2015

Per i lavoratori assunti prima del 7 marzo 2015 in imprese che occupano più di quindici dipendenti, l'art. 18, comma 7, della legge n. 300 del 1970, come modificato dalla legge n. 92 del 2012, prevede che qualora sia accertato

---

[6] Cfr. Cass. 28 aprile 2017, n. 10576, in *Giust. civ. mass.*, 2017.

[7] «a) sette per cento dei lavoratori occupati, se occupano più di 50 dipendenti; b) due lavoratori, se occupano da 36 a 50 dipendenti; c) un lavoratore, se occupano da 15 a 35 dipendenti». In tale quota, devono essere inclusi anche gli apprendisti, v. Cass. 4 febbraio 2016, n. 2210, in *Riv. it. dir. lav.*, 2016, II, p. 553.

[8] Come sottolineato da Cass. 26 febbraio 2015, n. 3931, in *Giust. civ. mass.*, 2015.

[9] Cfr. Cass. 21 maggio 2019, n. 13649, in *Giust. civ. mass.*, 2019.

[10] V. P. Bellocchi, *La nullità del licenziamento nel decreto legislativo n. 23/2015*, in *Dir. rel. ind.*, 2018, I, p. 167.

il difetto di giustificazione del licenziamento per giustificato motivo consistente nella inidoneità fisica o psichica del lavoratore, il giudice annulla il licenziamento e condanna il datore di lavoro alla reintegrazione e al pagamento di un'indennità risarcitoria, non superiore a dodici mensilità, commisurata all'ultima retribuzione globale di fatto dal giorno del licenziamento sino a quello dell'effettiva reintegrazione, dedotto l'*aliunde perceptum* e l'*aliunde percipiendum*.

Per i lavoratori inidonei assunti prima del 7 marzo 2015 in imprese con meno di quindici dipendenti non è prevista una tutela specifica, poiché l'art. 18, comma 8, legge n. 300 del 1970 esclude l'applicazione del comma 7 a tali imprese. Si possono, così, delineare due ipotesi: la prima è quella di considerare il licenziamento come discriminatorio *ex* art. 18, comma 1, accordando al lavoratore la reintegrazione e la tutela indennitaria piena, ma così facendo si metterebbe in discussione la qualificazione del recesso come giustificato motivo oggettivo; la seconda, più fedele al dato normativo, è quella di ritenere il licenziamento come ingiustificato e, pertanto, applicare *ex* art. 8 della legge n. 604 del 1966 la tutela indennitaria da 2,5 a 6 mensilità.

lavoratori assunti dopo il 7 marzo 2015

Per i lavoratori assunti dopo il 7 marzo 2015, l'art. 2, comma 4, del d.lgs. n. 23 del 2015 stabilisce che quando il giudice accerta il difetto di giustificazione per motivo consistente nella disabilità fisica o psichica del lavoratore dichiara la nullità del licenziamento, ordina al datore di lavoro la reintegrazione e lo condanna al risarcimento del danno subito dal lavoratore stabilendo a tal fine un'indennità, in ogni caso non inferiore a cinque mensilità, commisurata all'ultima retribuzione di riferimento per il calcolo del trattamento di fine rapporto, corrispondente al periodo dal giorno del licenziamento sino a quello dell'effettiva reintegrazione, dedotto l'*aliunde perceptum*. Tale norma trova applicazione anche per le imprese con meno di quindici dipendenti.

licenziamento in lesione della quota di riserva e tutela applicabile

Residua, infine, l'ipotesi del licenziamento adottato in lesione della quota di riserva che l'art. 10, comma 4, della legge n. 68 del 1999 definisce come «annullabile». Sia nella legge Fornero che nel *Jobs Act* non è fatta esplicita menzione di tale norma e, così, sono state avanzate tre diverse interpretazioni sulla sanzione applicabile. Un primo indirizzo [11] fa rientrare tale ipotesi in quelle contemplate dagli artt. 18, comma 7, e 2, comma 4, valorizzando la locuzione «anche» contenuta in tali norme. Una seconda opinione ritiene che possa essere ricompreso comunque nell'art. 18, comma 7, in quanto attinente a ragioni di salute dell'individuo [12], anche se poi rimane aperto il problema per le tutele crescenti [13]. Una pronuncia di merito [14] ha, invece, ritenuto che debba essere equiparato ai vizi formali del licenziamento dando, così, applicazione alla tutela dell'art. 18, com-

---

[11] M. Ferraresi, *Il giustificato motivo oggettivo di licenziamento*, Torino, 2016, p. 188.

[12] D. Casale, *Malattia, inidoneità psicofisica e handicap nella novella del 2012 sui licenziamenti*, in *Arg. dir. lav.*, 2014, I, p. 419, nt. 57.

[13] V. Cap. 34 sul licenziamento per mancato superamento del periodo di comporto.

[14] Trib. Cassino 22 maggio 2015, in *Arg. dir. lav.*, 2015, II, p. 1004.

ma 6: indennità risarcitoria onnicomprensiva, tra un minimo di 6 e un massimo di dodici mensilità.

Va rilevato che la Corte di Cassazione ha affrontato, in due occasioni [15], la fattispecie con riferimento alla procedura di licenziamento collettivo. In entrambe le decisioni, la Corte ha escluso l'applicazione dell'art. 18, comma 7, poiché non vi è in tale disposizione alcun richiamo all'art. 10, comma 4, specificando che il mancato rinvio può essere spiegato sul piano sistematico dal fatto che non vi sia in questa ipotesi alcun nesso tra l'inidoneità fisica o psichica del lavoratore e il licenziamento, che è determinato, invece, da motivazione di carattere economico. E ha concluso per l'applicazione della tutela stabilita dall'art. 18, comma 4, per la violazione dei criteri di scelta nei licenziamenti collettivi: vale a dire la reintegrazione e il pagamento di un'indennità risarcitoria non superiore alle dodici mensilità.

Se tale orientamento verrà confermato anche per il regime delle tutele crescenti, in questo caso troverà applicazione, a norma dell'art. 10 del d.lgs. n. 23 del 2015, la tutela dell'art. 3, comma 1, di detto decreto: estinzione del rapporto di lavoro e pagamento di un'indennità tra sei e trentasei mensilità.

---

[15] V. Cass. 23 maggio 2017, n. 12911, in *Italgiure*, e Cass. 15 ottobre 2019, n. 26029, in *Diritto & Giustizia*, 16 ottobre 2019.

Capitolo 34

Licenziamento per eccessiva morbilità e per scarso rendimento

il licenziamento per eccessiva morbilità

1. **Il licenziamento per eccessiva morbilità è determinato dal superamento del c.d. "periodo di comporto" in caso di assenze per malattia del lavoratore** (v. *supra*, cap. 27, par. 2).

Per periodo di comporto si intende il periodo di conservazione del posto di lavoro in caso di malattia o infortunio, durante il quale il licenziamento è vietato dall'art. 2110, comma 2, c.c.

La durata del periodo di comporto è stabilita dai contratti collettivi e può essere computata in modo c.d. "secco" quando è riferito ad un'unica assenza continuativa per malattia, oppure "per sommatoria", ove si riferisca ad una pluralità di episodi morbosi in un determinato arco di tempo [1]. Secondo le Sezioni Unite della Cassazione nel periodo di comporto non vanno computate le assenze imputabili alla violazione da parte del datore di lavoro degli obblighi di tutela dell'integrità psicofisica del lavoratore [2].

Solo una volta decorso il periodo di comporto, il datore di lavoro può recedere dal contratto, a norma dell'art. 2118 c.c., ossia con preavviso [3].

Il superamento del periodo di comporto viene quindi considerato condizione sufficiente di legittimità del recesso, che non necessita della prova della

---

[1] Nei casi in cui la contrattazione collettiva nulla preveda circa la sommatoria delle assenze per malattia, si ritiene che il giudice possa provvedere in via equitativa. Cfr. Cass. 23 giugno 2006, n. 14633, in *Mass. giur. it.*, 2006; e in qualche modo Cass. 19 marzo 2015, n. 5516, in *Foro it.*, 2015, 7-8, 1, c. 2414.

[2] Cass., Sez. Un., 1° luglio 2016, n. 13535, in *Arg. dir. lav.*, 2016, 6, p. 1261.

[3] E ciò entro un intervallo temporale – tra la scadenza del comporto ed il licenziamento – ragionevole giacché la prolungata inerzia fa presumere la rinuncia al licenziamento. Cfr. Cass. 20 settembre 2016, n. 18411, in *Giust. civ. mass.*, 2016. Inoltre, lo stato di gravidanza (e quindi anche quello di malattia) sopravvenuto durante il periodo di preavviso è parimenti idoneo a sospendere il preavviso: Cass. 3 aprile 2019, n. 9268.

sussistenza del giustificato motivo oggettivo, del correlato obbligo di *repêchage* o della impossibilità della prestazione.

il datore di lavoro non può intimare il licenziamento durante il periodo di comporto

L'art. 2110 c.c., infatti, ponendo un limite temporale alla facoltà di recesso per il periodo di comporto, determina un temporaneo trasferimento a carico del datore di lavoro del rischio organizzativo causato dall'assenza per malattia.

Il giudice, al fine di verificare la legittimità del recesso, deve limitarsi ad accertare se le assenze per malattia, unica o discontinua, abbiano superato o meno il limite prefissato [4].

Tuttavia, pur trattandosi di una particolare ipotesi di licenziamento, essa è astrattamente ricollegabile al giustificato motivo oggettivo, avendo ad oggetto una situazione del lavoratore, a lui non imputabile, che si ripercuote negativamente sull'attività e sull'organizzazione aziendale [5]. Per tale ragione la disciplina dell'art. 2110 c.c. prevale, in quanto speciale, sia sulla disciplina dei licenziamenti individuali, sia sulla disciplina generale del codice civile in materia di impossibilità sopravvenuta della prestazione (artt. 1256 e 1463 e 1464 c.c.) [6]. A ciò consegue che, solamente per gli aspetti privi di espressa disciplina, trova applicazione la legge n. 604 del 1966 sui licenziamenti individuali, di cui in particolare deve ritenersi applicabile l'art. 2 sulla forma e la motivazione, oltre all'art. 5 in materia di onere della prova della fattispecie giustificatrice del licenziamento [7]. Inoltre, il licenziamento per superamento del periodo di comporto è soggetto al principio di tempestività elaborato dalla giurisprudenza in materia di licenziamento disciplinare [8].

Esaminati i profili sostanziali, si rende necessario un approfondimento sulle conseguenze giuridiche, di carattere sanzionatorio, di un licenziamento intimato **a causa del superamento del periodo di comporto ai sensi dell'art. 2110 c.c., allorché tale periodo non sia stato effettivamente superato**.

Preliminarmente, è bene distinguere dall'ipotesi in esame quella del licenziamento per giustificato motivo o per giusta causa intimato **durante il periodo di comporto**. In tal caso il recesso, se intimato per giustificato motivo, è temporaneamente inefficace finché dura il comporto e produce effetti dal momento della sua cessazione [9]. Qualora invece sussista una giusta causa *ex* art.

---

[4] Recentemente Cass. 24 ottobre 2016, n. 21377, in *Diritto & Giustizia*, 25 ottobre 2016.

[5] In giurisprudenza, a titolo esemplificativo, v. Cass. 3 maggio 2016, n. 8707, in *Diritto & Giustizia*, 4 maggio 2016; e cfr. Cass., sez. VI, 3 aprile 2019, n. 9306.

[6] Cfr. App. Milano, sez. lav., 11 luglio 2019, n. 854.

[7] Cfr. Cass. 18 maggio 2016, n. 10252, in *Diritto & Giustizia*, 18 maggio 2016. Cfr. anche Cass. 27 febbraio 2019, n. 5752, in *Diritto & Giustizia*, 28 febbraio 2019; e Cass. 28 settembre 2018, n. 23596, in *Giust. civ. mass.*, 2018.

[8] Cass. 12 ottobre 2018, n. 25535, «ancorché il giudizio sulla tempestività del recesso non può conseguire alla rigida applicazione di criteri cronologici prestabiliti, ma costituisce valutazione di congruità che il giudice deve compiere caso per caso, apprezzando ogni circostanza al riguardo significativa».

[9] Cass. 10 ottobre 2013, n. 23063.

2119 c.c. il rapporto si estingue anche durante il decorso della malattia, in quanto, secondo la giurisprudenza, non v'è ragione di conservare il rapporto una volta che si sia già verificato l'evento che non ne consentirebbe ordinariamente la prosecuzione [10].

A ben vedere, in simili ipotesi la malattia non è la ragione del recesso, ma elemento estrinseco ad esso. Il differimento dell'efficacia del licenziamento sino alla cessazione della malattia o fino all'esaurirsi del periodo di comporto «vale solo a ribadire la nota regola in virtù della quale la quiescenza del rapporto (conseguente all'assenza per malattia od infortunio) impedisce l'immediato prodursi dell'effetto risolutivo» [11]. Questione questa nettamente distinta da quella relativa agli effetti di un licenziamento intimato in virtù del supposto superamento del periodo di comporto.

Ciò premesso, resta da chiarire quale sia il **regime sanzionatorio del licenziamento erroneamente intimato per eccessiva morbilità.** L'art. 2110 c.c. non prevede espressamente la nullità. Ciononostante, un simile licenziamento non può considerarsi meramente inefficace fino alla cessazione della malattia o del periodo di comporto. L'effettivo superamento del periodo comporto è in questa ipotesi elemento costitutivo del potere di recesso. Si tratta pertanto di un recesso **nullo per violazione di una norma imperativa** ai sensi dell'art. 1418, comma 1, c.c. [12].

Le conseguenze giuridiche della nullità divergono però a seconda del campo di applicazione delle sanzioni contro i licenziamenti illegittimi.

Per quanto riguarda i **lavoratori delle imprese escluse dall'area di applicazione dell'art. 18 St. lav., se assunti prima del 7 marzo 2015**, nei casi di «casi di nullità previsti dalla legge» spetta la reintegrazione con risarcimento "pieno" ai sensi del comma 1 dell'art. 18 (cap. 36, par. 2) [13].

Invece, **l'art. 18, comma 7, St. lav.**, per le imprese aventi i requisiti dimensionali dell'art. 35 St. lav., include in modo esplicito il recesso in esame tra quelli passibili di reintegrazione ai sensi del comma 4 del medesimo articolo, con effetti risarcitori limitati: oltre alla reintegrazione spetterà una indennità risarcitoria pari nel massimo a dodici mensilità (cap. 31, par. 5.1). Da ciò deriva che ai lavoratori delle imprese maggiori, con più di quindici dipendenti, spetta sempre una tutela meno protettiva di quella spettante ai lavoratori delle imprese con quindici o meno dipendenti.

La norma statutaria si applica però esclusivamente ai lavoratori assunti

---

[10] Cass. 1° giugno 2005, n. 11674.

[11] Cfr. Cass., Sez. Un., 22 maggio 2018, n. 12568, in *Dir. rel. ind.*, 2018, 4, p. 1218 ss.

[12] Cfr. Cass., Sez. Un., 22 maggio 2018, n. 12568, in *Dir. rel. ind.*, 2018, 4, p. 1218 ss.; e Cass. 18 novembre 2014, n. 24525, in *Giust. civ. mass.*, 2014.

[13] Cfr. cap. 36 par. 3. Con riferimento alla previgente disciplina, la giurisprudenza non applicava l'art. 8 della legge n. 604 del 1966, bensì riconosceva una "tutela reale di diritto comune": cfr. Cass. 22 luglio 2019, n. 19661, in *Diritto & Giustizia*, 23 luglio 2019. Identica "tutela reale di diritto comune" spettava alle altre categorie di lavoratori subordinati estranei alla legge sui licenziamenti individuali ma rientranti nel campo d'applicazione dell'art. 2110 c.c.

prima del 7 marzo 2015. Ben diversa è la situazione per i lavoratori assunti a partire dal 7 marzo 2015 che rientrano nel campo di applicazione del d.lgs. n. 23 del 2015. Infatti, la violazione dell'art. 2110 c.c. non integra un'ipotesi di nullità «espressamente» prevista dalla legge, ma appunto una nullità virtuale *ex* art. 1418, comma 1, c.c. (*supra* e cap 30, par. 2). Ne segue che non risulta applicabile la tutela reintegratoria ai sensi dell'art. 2, comma 1, del d.lgs. n. 23 del 2015 riservata ai licenziamenti "espressamente nulli".

Inoltre: non sembra corretto assimilare «disabilità fisica o psichica» e malattia per applicare la reintegrazione ai sensi dell'art. 2, comma 4 [14]; né sembra possibile far ricorso alla cosiddetta "tutela reale di diritto comune", dato che il d.lgs. n. 23 del 2015 configura un sistema chiuso di sanzioni avverso il licenziamento illegittimo. Spetterà pertanto la sola tutela risarcitoria prevista dall'art. 3, comma 1 e, per le piccole imprese, dall'art. 9 (cap. 32, par. 4).

Se, dunque, la fattispecie del licenziamento per eccessiva morbilità ha una propria autonomia e si presenta uniforme sul piano sostanziale, in quanto regolata da una espressa previsione legislativa (art. 2110, comma 2, c.c.), sotto il profilo sanzionatorio sembra talvolta essere destinataria di specifiche norme sanzionatorie (art. 18, commi 1 e 4, St. lav.), talaltra essere assorbita dal normale regime del licenziamento previsto qualora non ricorrano gli estremi della giusta causa o del giustificato motivo (*supra*, cap. 30, par. 2). A ciò consegue una marcata differenza di trattamento tra i lavoratori assunti prima del o dal 7 marzo 2015.

il licenziamento per scarso rendimento

2. Un'altra fattispecie particolare è il **licenziamento per scarso rendimento**. Si tratta di una tipologia di licenziamento non espressamente regolata dalla legge [15] ed è dubbio **se debba essere ricondotta al giustificato motivo soggettivo o oggettivo** [16].

Secondo la ricostruzione più condivisibile, lo scarso rendimento integra un'ipotesi di licenziamento per giustificato motivo soggettivo [17]. In particolare, si tratterebbe di un licenziamento dovuto a un inadempimento notevole del lavoratore e a lui imputabile [18].

È bene ricordare, però, che il lavoratore non si obbliga ad assicurare un rendimento minimo, ma a collaborare con la diligenza richiesta dall'art. 2104 c.c. (*supra*, cap. 24).

---

[14] Come ritiene M. Marazza, *Il regime sanzionatorio dei licenziamenti nel Jobs Act (un commento provvisorio, dallo schema al decreto*, in *Working Paper CSDLE "Massimo D'Antona".IT*, 2015, n. 236, p. 16.

[15] Esiste, invece, una regolamentazione legale nel settore pubblico: cfr. l'art. 55-*quater*, comma 2, d.lgs. n. 165 del 2001.

[16] Cfr. P. Ichino, *Sullo scarso rendimento come fattispecie anfibia, suscettibile di costituire al tempo stesso giustificato motivo oggettivo e soggettivo di licenziamento*, in *Riv. it. dir. lav.*, 2003, II, p. 689.

[17] Cfr., *ex multis*, Cass. civ. 9 luglio 2015, n. 14310, in *Giust. civ. mass.*, 2015; Cass. 16 luglio 2013, n. 17371, in *Diritto & Giustizia*, 17 luglio 2013; da ultimo App. Roma 1° febbraio 2016, n. 557, in *Il giuslavorista*, 21 giugno 2016.

[18] Cass. 23 marzo 2017, n. 7522, in *Resp. civ. prev.*, 2017, 2, p. 591.

lo scarso rendimento integra un giustificato motivo soggettivo, se il datore di lavoro ne prova la imputabilità al lavoratore

Spetta, poi, al datore di lavoro, attraverso l'esercizio del potere direttivo e disciplinare, conformare la diligente collaborazione affinché la prestazione si riveli utile e proficua per l'impresa. Ciò in quanto sul lavoratore grava una obbligazione di mezzi e non di risultato.

Si consideri inoltre che la presunta inadeguatezza della prestazione, sotto il profilo del rendimento, può essere imputabile alla stessa organizzazione dell'impresa o comunque a fattori non dipendenti dal lavoratore.

Anche laddove nel contratto fossero pattuite clausole di rendimento minimo attraverso la fissazione di determinati obiettivi (es., numero di pezzi prodotti o numero di pratiche evase), il mancato raggiungimento di tali obiettivi non integra di per sé inadempimento del lavoratore: occorre comunque provare la negligenza, elemento imprescindibile del licenziamento per scarso rendimento, indipendentemente dal mancato raggiungimento di determinati obiettivi minimi. Di tale prova è onerato il datore di lavoro, anche se per alcune sentenze la negligenza può essere provata attraverso la "enorme sproporzione" tra gli obiettivi fissati e quanto effettivamente realizzato dal lavoratore in confronto agli altri dipendenti[19].

la diversa ricostruzione secondo un orientamento giurisprudenziale: critica

In un'ottica totalmente diversa, invece, si è posta una sentenza della Cassazione[20], che ha ricondotto lo scarso rendimento nell'ambito del licenziamento per giustificato motivo oggettivo.

Nel caso di specie lo scarso rendimento era ravvisato a fronte di numerose assenze per malattia "a macchia di leopardo" e con poco preavviso, tali da pregiudicare il normale funzionamento dell'organizzazione aziendale.

Ad avviso della sentenza sopra citata tali assenze, pur incolpevoli e senza che risultasse superato il periodo di comporto, proprio in ragione del pregiudizio arrecato all'organizzazione aziendale giustificherebbero il licenziamento per giustificato motivo oggettivo (cfr. l'art. 3, legge n. 604 del 1966).

Tale conclusione, tuttavia, non appare persuasiva.

In primo luogo, se l'art. 2110 c.c. è una norma di diritto speciale, diretta a tutelare la salute del lavoratore e a determinare il trasferimento del rischio sul datore di lavoro, tale disciplina prevale su quella che regola il licenziamento per giustificato motivo oggettivo[21] ed impedisce il licenziamento prima della scadenza del periodo di comporto.

In secondo luogo, quand'anche si ritenesse prevalente l'art. 3 della legge n.

---

[19] Cfr. Cass. 31 gennaio 2013, n. 2291, in *Guida dir.*, 2013, 13, p. 73 sul licenziamento di un dipendente i cui tempi di lavorazione delle pratiche erano pari a 35 minuti, a fronte dei 13-14 minuti degli altri addetti allo stesso servizio e che aveva evaso 1.283 pratiche a fronte delle 4.164 e delle 6.008 prodotte dagli altri due lavoratori. Di recente si v. Cass. 19 settembre 2016, n. 18317, in *DeJure*.

[20] Cass. 4 settembre 2014, n. 18678, in *Riv. it. dir. lav.*, 2014, 4, II, p. 969, seguita anche da qualche pronuncia di merito, cfr., ad es., Trib. Roma, ord. 7 novembre 2016, in *Guida lav.*, 2016, 46, p. 15.

[21] Sulla prevalenza della specialità del licenziamento per superamento del periodo di comporto, in una fattispecie assolutamente analoga, si v. Cass. 23 gennaio 2013, n. 1568, in *Diritto & Giustizia*, 24 gennaio 2013.

604 del 1966 rispetto all'art. 2110 c.c., il licenziamento per giustificato motivo oggettivo in caso di ripetute assenze per malattia sarebbe comunque ingiustificato. Non sussisterebbe, infatti, la soppressione del posto di lavoro che caratterizza a monte ogni licenziamento per giustificato motivo oggettivo. Tant'è vero che le assenze del lavoratore, sia pure con difficoltà, erano coperte da un sostituto.

Alla luce di queste considerazioni, si può osservare che:

– **lo scarso rendimento può integrare un'ipotesi di licenziamento per giustificato motivo soggettivo e non oggettivo;**

– **l'assenteismo tattico o "a macchia di leopardo" può giustificare il licenziamento prima della scadenza del periodo di comporto solo se si dimostra la colpevole violazione degli obblighi contrattuali da parte del lavoratore,** quindi, per esempio, la falsità della malattia addotta a giustificazione dell'assenza. In questa ipotesi il recesso intimato per falsità della malattia sarà coerentemente ricondotto nell'ambito del licenziamento disciplinare;

– l'assenteismo tattico può costituire, se imputabile, una ipotesi di scarso rendimento, ma lo scarso rendimento è una fattispecie molto più ampia, idonea a ricomprendere molti altri comportamenti del lavoratore (si pensi al lavoratore che lavora a ritmi estremamente più lenti dei colleghi).

È bene sottolineare che la giurisprudenza successiva, con riferimento a casi analoghi, ha sconfessato questo orientamento, rilevando come l'argomentazione che ne è alla base «si pone … in contrasto sia con la corretta applicazione dell'art. 2110 c.c., che della legge n. 604 del 1966, art. 3, rispetto ai quali non assumono rilievo le contestazioni fondate su una presunta eccessiva onerosità delle condizioni del rapporto contrattuale in relazione alla esistenza di un numero elevato di assenze discontinue per malattia» [22]. In altri termini, l'assenza per malattia che non superi il periodo di comporto non integra mai di per sé giustificato motivo oggettivo di licenziamento.

---

[22] Cass. 7 dicembre 2018, n. 31763, in *Guida dir.*, 2019, 17, p. 56; e cfr. Cass. 13 giugno 2018, n. 15523.

Capitolo 35

Intimazione del licenziamento, termini di impugnazione, vizi formali e procedurali e strumenti deflattivi del contenzioso

intimazione del licenziamento

1. Il licenziamento deve essere intimato in **forma scritta** e **la comunicazione deve contenere la specificazione dei motivi che lo hanno determinato** (art. 2, commi 1 e 2, legge n. 604 del 1966).

Il licenziamento intimato oralmente, come già evidenziato, è inefficace e comporta la reintegrazione (art. 2, comma 1, ultimo periodo, d.lgs. n. 23 del 2015) prevista per le ipotesi di licenziamento discriminatorio o nullo (*supra*, cap. 30).

Diverso è, invece, il regime sanzionatorio in caso di licenziamento intimato per iscritto, ma senza la comunicazione dei motivi (v. *infra*, par. 3).

termini di impugnazione

2. Il lavoratore che ritenga di essere stato licenziato illegittimamente può impugnare il licenziamento.

Per evitare il protrarsi di situazioni di incertezza e far emergere immediatamente il contenzioso l'impugnazione è soggetta a ristretti termini di decadenza (sul tema v. *infra*, cap. 55, par. 3) e si perfeziona in due fasi: una anche stragiudiziale ed una necessariamente giudiziale.

Il licenziamento deve essere impugnato entro 60 giorni dalla ricezione della relativa comunicazione con qualsiasi atto scritto, anche stragiudiziale, idoneo a rendere nota la volontà del lavoratore (nella prassi il mezzo di impugnazione più diffuso è la raccomandata).

In questa prima fase non è obbligatoria l'assistenza di un legale: il lavoratore può impugnare in prima persona o attraverso l'intervento dell'organizzazione sindacale cui conferisca mandato (art. 6, comma 1, legge n. 604 del 1966).

Detta impugnazione, però, è inefficace se non è seguita, **entro il successivo termine di centottanta giorni, dal deposito del ricorso presso la cancelleria del tribunale competente** (art. 6, comma 2) [1].

Per il ricorso è, invece, necessaria l'assistenza di un legale, trattandosi di un atto introduttivo del giudizio.

La *ratio* di questa disciplina è evitare impugnazioni strumentali, non accompagnate da una reale intenzione di far valere i propri diritti.

Questi termini di decadenza si applicano a tutte le ipotesi di illegittimità del licenziamento, eccezion fatta per i licenziamenti inefficaci perché intimati oralmente, poiché, in assenza di comunicazione scritta del provvedimento espulsivo, non può evidentemente decorrere alcun termine.

In applicazione di principi generali (art. 2969 c.c.), l'eventuale intervenuta decadenza non è rilevabile d'ufficio e deve essere formalmente eccepita dalla controparte (il datore di lavoro) nella prima difesa scritta, vale a dire la memoria difensiva *ex* art. 416 c.p.c.

Il giudizio che si instaura a seguito dell'impugnazione del licenziamento segue le regole del tradizionale rito del lavoro (art. 11, d.lgs. n. 23 del 2015).

Non trova, infatti, ulteriore applicazione il c.d. rito Fornero (rimanendo applicabile solo ai lavoratori assunti prima del 7 marzo 2015, anche se licenziati successivamente; cfr. *infra*, cap. 35, par. 4), originariamente introdotto da parte della legge n. 92 del 2012 (art. 1, commi 48-68) per accelerare la definizione delle controversie in materia di licenziamento, ma subito dimostratosi poco funzionale alla luce dei molti contrasti interpretativi che ha suscitato.

vizi formali e procedurali

3. L'art. 4 del d.lgs. n. 23 del 2015 stabilisce **il regime sanzionatorio in caso di licenziamento illegittimo per vizi formali (violazione del requisito di motivazione) o procedurali (violazioni del procedimento disciplinare)**.

La **violazione del requisito di motivazione** si sostanzia nella mancata indicazione nella lettera di licenziamento dei motivi che lo hanno determinato.

Il **vizio procedurale**, invece, può riscontrarsi nel caso di licenziamento disciplinare laddove ci sia una violazione della procedura stabilita dall'art. 7 St. lav.: si pensi, ad esempio, al mancato rispetto del termine di cinque giorni previsto dall'art. 7, comma 5, ai fini del diritto di difesa del lavoratore (v. *retro*, cap. 23, par. 10).

In caso di vizi formali o procedurali il giudice dichiara estinto il rapporto di lavoro alla data del licenziamento e condanna il datore di lavoro al pagamento di un'indennità di importo pari a una mensilità per ogni anno di servizio, in misura comunque non inferiore a due e non superiore a dodici mensilità.

---

[1] È anche possibile richiedere un tentativo di conciliazione e arbitrato, con possibilità di depositare il ricorso entro 60 giorni dal rifiuto o dal mancato accordo in ordine all'espletamento dello stesso.

Analogamente a quanto già evidenziato in precedenza (*supra*, capp. 31-32), per le piccole imprese detti importi sono dimezzati.

Il regime sanzionatorio stabilito dall'art. 4 è più lieve rispetto alla tutela economica apportata in caso di vizi sostanziali del licenziamento (insussistenza della giusta causa o del giustificato motivo): la *ratio* della norma è limitare il costo di estinzione del rapporto quando, nella sostanza, il licenziamento sarebbe giustificato, garantendo comunque al lavoratore un risarcimento per il vizio formale o procedurale.

Lo stesso art. 4, però, opportunamente chiarisce il carattere residuale di tale regime, che non assorbe quello per gli eventuali vizi sostanziali eventualmente riscontrati insieme a quelli formali.

Il giudice, infatti, sulla base della domanda del lavoratore, può accertare la sussistenza dei presupposti per l'applicazione delle tutele di cui agli artt. 2 e 3 del d.lgs. n. 23 del 2015.

Ciò significa, ad esempio, che in caso di licenziamento intimato senza la comunicazione dei motivi, il lavoratore può far valere, in primo luogo, l'ingiustificatezza sostanziale dello stesso (ad esempio, perché discriminatorio o comunque nullo, o perché fondato su motivi disciplinari a fronte di un fatto insussistente).

E sarà difficile per il datore di lavoro che non abbia indicato per iscritto i motivi provare la giustificatezza del licenziamento[2].

Solo in subordine, laddove dovesse essere accertato che il licenziamento è nella sostanza giustificato, al lavoratore converrà chiedere la più contenuta indennità per i vizi formali o procedurali.

4. Il d.lgs. n. 23 del 2015 prevede, infine, due strumenti in **funzione deflattiva del contenzioso**: la revoca del licenziamento (art. 5) e l'offerta di conciliazione (art. 6).

la revoca del licenziamento

4.1. La **revoca del licenziamento** può essere effettuata entro il termine di quindici giorni dalla comunicazione al datore di lavoro dell'impugnazione del licenziamento.

In tale ipotesi non trovano applicazione i regimi sanzionatori previsti in caso di illegittimità del licenziamento ed il rapporto di lavoro si intende ripristinato senza soluzione di continuità, con diritto del lavoratore alla retribuzione maturata nel periodo precedente alla revoca.

La disciplina di cui all'art. 5, d.lgs. n. 23 del 2015 non prevede requisiti di

[2] La norma solleva qualche incertezza interpretativa: trattandosi di un'indagine da compiere "sulla base della domanda del lavoratore" non è chiaro se, ad esempio, a fronte della pretesa natura disciplinare del licenziamento avanzata dal lavoratore, il datore di lavoro possa dimostrare che si tratti di un licenziamento per giustificato motivo oggettivo, al fine di evitare la reintegrazione.

forma per la revoca del licenziamento, essendo pertanto valida ed efficace una revoca comunicata anche solo verbalmente [3].

Questa disciplina sembra rispondere ad esigenze di tutela più delle imprese che dei lavoratori.

La revoca, così disciplinata, potrebbe incentivare comportamenti opportunistici da parte delle aziende: è infatti possibile procedere al licenziamento, aspettare l'eventuale impugnazione da parte del lavoratore nei termini di decadenza, valutare l'opportunità di sostenere il giudizio e la probabilità di una condanna e decidere, eventualmente, di revocarlo senza subire alcuna sanzione.

È anche vero, però, che il lavoratore, in caso di revoca del licenziamento, vede ripristinato il rapporto di lavoro e matura la retribuzione per il periodo di estromissione.

Ma al di là dei pur possibili comportamenti opportunistici, la revoca in sé non sembra poter effettivamente rilevare quale strumento di deflazione del contenzioso.

La revoca, infatti, presuppone il reinserimento del lavoratore in azienda quando, invece, l'interesse dell'impresa sarà procedere con il licenziamento, al limite sopportandone i costi.

l'offerta preventiva di conciliazione

4.2. Quale ulteriore strumento di deflazione del contenzioso, l'art. 6 del d.lgs. n. 23 del 2015 disciplina una particolare **procedura di conciliazione** al fine di "evitare il giudizio", ferma restando la possibilità per le parti di addivenire a ogni altra modalità di conciliazione prevista dalla legge.

In particolare, entro il termine perentorio di sessanta giorni dalla comunicazione del licenziamento stesso, il datore di lavoro può offrire al lavoratore un assegno circolare [4] di importo pari ad una mensilità di retribuzione per ogni anno di servizio e comunque non inferiore a due mensilità e non superiore a diciotto mensilità.

L'offerta deve avvenire in una sede protetta [5], che garantisca la genuina manifestazione di volontà da parte del lavoratore, anche perché l'eventuale accettazione dell'assegno "comporta l'estinzione del rapporto alla data del licenziamento e la rinuncia all'impugnazione", anche qualora il lavoratore l'abbia già proposta (art. 6, comma 1).

Per incentivare il buon esito della conciliazione, l'importo dell'assegno non

---

[3] In tal senso, da ultimo, Cass. 7 febbraio 2019, n. 3647 secondo cui "la revoca dei licenziamenti non richiede la forma scritta atteso il principio per cui i negozi risolutori degli effetti di atti che richiedono – come il licenziamento – la forma scritta, non sono assoggettati ad identici requisiti formali, in ragione dell'autonomia negoziale, di cui la libertà di forma costituisce, in mancanza di diversa prescrizione legale, significativa espressione".

[4] Con il chiaro intento di evitare rischi di illiquidità, mancanza di provvista del titolo di credito o insolvenza dell'impresa, che non sarebbero scongiurati se il pagamento avvenisse a mezzo di un mero assegno bancario.

[5] Le sedi di cui agli artt. 2113, comma 4, c.c. e 76, d.lgs. n. 276 del 2003: *infra*, cap. 54, par. 2.

è assoggettato a contribuzione previdenziale e non costituisce reddito imponibile ai fini Irpef[6].

Questo aspetto, insieme ad altri, deve essere attentamente valutato ai fini dell'opportunità di accettare quanto offerto dal datore di lavoro e rinunciare all'impugnazione del licenziamento.

Occorre infatti tener presente che:

– non è scontato per il lavoratore l'esito favorevole della controversia;

– la definizione della controversia, anche se in senso favorevole al lavoratore, interviene con tempi processuali spesso molto lunghi. L'incasso dell'assegno avverrebbe, invece, in tempi molto brevi;

– anche l'indennità risarcitoria disposta dal giudice non è assoggettata a contribuzione previdenziale, ma, diversamente dall'importo dell'assegno circolare, non gode del vantaggio fiscale e costituisce reddito imponibile. Ciò significa che, a parità di importo netto, a seconda delle aliquote di riferimento, l'indennità sarà conveniente per il lavoratore solo se sensibilmente maggiore rispetto all'ammontare dell'assegno circolare;

– le ipotesi in cui è prevista la reintegrazione, a fronte delle quali l'accettazione dell'assegno potrebbe apparire meno conveniente, come già evidenziato, sono ormai residuali e, in caso di licenziamento discriminatorio, l'onere della prova ricade sul lavoratore, con tutte le difficoltà che questo comporta.

Tenuto conto di tutte queste circostanze, la nuova procedura conciliativa regolata dal d.lgs. n. 23 del 2015 sembra destinata ad imporsi quale principale strumento di risoluzione delle controversie in materia di licenziamento, perché tutto sommato idonea a contemperare le esigenze delle imprese con quelle dei lavoratori licenziati.

[6] È altresì prevista la possibilità di conciliazione, in tale sede, anche di somme ulteriori, oltre a quelle previste dal comma 1 dell'art. 6, ma in tal caso si perde il rilevante vantaggio fiscale: le somme ulteriori corrisposte sono infatti soggette al regime fiscale ordinario.

Capitolo 36

La disciplina del licenziamento per i lavoratori assunti prima del 7 marzo 2015

SOMMARIO: 1. La disciplina applicabile. – 2. L'art. 18 della legge n. 300 del 1970. – 3. L'art. 8 della legge n. 604 del 1966. – 4. La disciplina processuale.

fonti

1. Come già accennato, il regime del licenziamento illegittimo esaminato nei capitoli precedenti vale, in generale, solo per i lavoratori assunti dopo l'entrata in vigore del d.lgs. n. 23 del 2015 [1].

Ai lavoratori già in servizio prima dell'entrata in vigore delle nuove disposizioni (**7 marzo 2015**), invece, **continua a trovare applicazione la disciplina anteriore al *Jobs Act*** ossia, a seconda delle dimensioni aziendali, o l'art. 18 della legge n. 300 del 1970, nel testo modificato dalla legge n. 92 del 2012 (*infra*, par. 2), o l'art. 8 della legge n. 604 del 1966 (par. 3).

E queste due norme, non abrogate bensì vigenti e circoscritte nell'applicazione, lasciano inalterate le fattispecie di licenziamento (discriminatorio, disciplinare, per giustificato motivo oggettivo, collettivo) ma cambiano le tutele in caso di licenziamento illegittimo.

2. Rispetto al d.lgs. n. 23 del 2015, **l'art. 18 della legge n. 300 del 1970**:

area della reintegrazione più estesa, discrezionalità del giudice nella commisurazione del risarcimento

– lascia uno **spazio maggiore alla reintegrazione**, nonostante si tratti sempre di una misura residuale;

– **non parametra la commisurazione del risarcimento del danno alla mera anzianità di servizio**, lasciando al giudice il potere di valutarne discrezionalmente l'ammontare in relazione alle circostanze del caso concreto [2];

---

[1] Il nuovo regime si applica anche ai lavoratori già in servizio nel caso in cui siano dipendenti di datori di lavoro che, in conseguenza di assunzioni a tempo indeterminato **successive** all'entrata in vigore del d.lgs. n. 23 del 2015, integrano il requisito dimensionale di cui all'art. 18, commi 8 e 9, St. lav.: v. art. 1, comma 3, d.lgs. n. 23 del 2015.

[2] Su tale aspetto, come già esaminato nei capp. 30 e 32, è intervenuta la Corte costituzionale con sentenza 8 novembre 2018, n. 194, per dichiarare l'illegittimità costituzionale dell'art. 3, comma 1, d.lgs. n. 23 del 2015, in tema di conseguenze sanzionatorie del licen-

licenziamento nullo

– rispetto al **licenziamento discriminatorio e alle altre ipotesi di licenziamento nullo**, da una parte, non richiede che gli ulteriori casi di nullità debbano essere "espressamente previsti dalla legge" (cfr. *supra*, cap. 30, par. 2); dall'altra parte richiama espressamente (comma 1), il **licenziamento per motivo illecito determinante** (es. ritorsivo), non più ricompreso, almeno "espressamente", tra le ipotesi di licenziamento nullo *ex* art. 2, comma 1, d.lgs. n. 23 del 2015 [3];

licenziamento disciplinare

– con riguardo al **licenziamento disciplinare** (*supra*, cap. 31, spec. parr. 4-5), la reintegrazione continua ad essere prevista anche nelle ipotesi di licenziamento sproporzionato, laddove l'infrazione sia punita dai codici disciplinari con una sanzione conservativa;

licenziamento per g.m.o.

– per quanto attiene, invece, al **licenziamento per giustificato motivo oggettivo**, la reintegrazione è prevista in caso di superamento del periodo di comporto (fattispecie non presa in considerazione dal d.lgs. n. 23 del 2015) e può essere, a discrezione del giudice, disposta in caso di **manifesta insussistenza del fatto posto alla base del licenziamento**.

Quest'ultima previsione ha suscitato diversi contrasti interpretativi e può essere ragionevolmente interpretata nel senso di escludere la reintegrazione nei casi di violazione dell'obbligo di *repêchage*, mantenendola invece in caso di non veridicità della scelta imprenditoriale o mancanza del nesso di causalità [4].

licenziamento collettivo

Continua ad applicarsi la reintegrazione, inoltre, in caso di **violazione dei criteri di scelta nell'ipotesi di licenziamento collettivo (art. 5, legge n. 223 del 1991)**.

legge n. 604 del 1966

3. Nel caso in cui il datore occupi fino a quindici dipendenti nell'unità produttiva [5], continua ad applicarsi la **c.d. tutela obbligatoria**, di cui all'art. 8 della legge n. 604 del 1966.

---

ziamento ingiustificato, per violazione dei principi di eguaglianza e ragionevolezza, nella parte in cui predetermina in modo rigido l'ammontare dell'indennità risarcitoria in rapporto all'anzianità di servizio, escludendo qualunque valutazione discrezionale del giudice.

[3] Sembra potersi ammettere, pur non senza qualche sforzo interpretativo, la riconduzione dalla fattispecie del licenziamento c.d. ritorsivo o per rappresaglia, pacificamente riconducibile alla nozione di motivo illecito determinante di cui all'art. 18, comma 1, anche all'art. 2, comma 1, d.lgs. n. 23 del 2015. Sul punto, cfr. *amplius*, cap. 30.

[4] G. Santoro-Passarelli, *Il licenziamento per giustificato motivo oggettivo*, in *Dir. rel. ind.*, 2015; e, da ultimo, G. Santoro-Passarelli, *Il licenziamento per giustificato motivo oggettivo "organizzativo": la fattispecie*, in *Foro it.*, 2017, I, c. 123 ss., con una riflessione in merito all'obbligo di *repêchage* in relazione al mutato contesto normativo. D'altra parte, la Corte di Cassazione ha ritenuto applicabile, anche alla violazione dell'obbligo di *repêchage*, la tutela della reintegrazione, sulla base della considerazione secondo cui "nella nozione di licenziamento per giustificato motivo oggettivo rientra … sia l'esigenza della soppressione del posto di lavoro, sia l'impossibilità di ricollocare altrove il lavoratore", pertanto "il riferimento legislativo alla *manifesta insussistenza del fatto posto a base del licenziamento* va inteso con riferimento a tutti e due i presupposti di legittimità della fattispecie": così Cass. 2 maggio 2018, n. 10435; conf. Cass. 12 dicembre 2018, n. 32513.

[5] O quindici dipendenti su più unità produttive nello stesso comune, o cinque dipendenti per unità produttiva o comune nel caso di imprese agricole o sessanta dipendenti nel *complesso* dell'azienda.

Ai sensi di questa disposizione il licenziamento, pur privo di giustificato motivo o di giusta causa, ha l'effetto di estinguere il rapporto, perché il datore di lavoro ha facoltà di scegliere se ricostituire un nuovo rapporto di lavoro (**riassunzione**, radicalmente diversa dalla reintegrazione di cui all'art. 18, legge n. 300 del 1970, che invece presuppone la continuità del rapporto) o, in alternativa, a risarcire il danno mediante corresponsione di un'indennità di importo determinata dal giudice tra un minimo di 2,5 ed un massimo di 6 mensilità dell'ultima retribuzione globale di fatto [6].

Pertanto, il licenziamento ingiustificato, pur essendo illecito, è valido e perciò monetizzabile (indennità in luogo della riassunzione).

disciplina processuale

4. Il legislatore del 2012, all'art. 1, commi 47 ss., aveva introdotto uno **speciale rito sommario (c.d. "rito Fornero") per l'impugnazione dei licenziamenti individuali nelle ipotesi regolate dall'art. 18** della legge n. 300 del 1970, ossia per le imprese con più di quindici dipendenti nell'unità produttiva o nel Comune di riferimento.

Nelle suddette ipotesi, questo rito processuale continua ad applicarsi ai lavoratori già in servizio alla data di entrata in vigore del d.lgs. n. 23 del 2015.

La *ratio* dell'introduzione di tale rito è quella di consentire la definizione rapida delle controversie in tema di licenziamento, mediante un rito processuale snello, che omette "ogni formalità non essenziale al contraddittorio", e in cui il giudice procede "nel modo che ritiene più opportuno agli atti di istruzione indispensabili richiesti dalle parti", o disposti d'ufficio ai sensi dell'art. 421 c.p.c. (art. 1, comma 48)

Il rito speciale previsto dall'art. 1, commi 47 ss., legge n. 92 del 2012, limita il proprio oggetto di indagine esclusivamente al fatto-licenziamento, con esclusione, perciò, di qualsiasi altro *petitum* [7].

Il giudice provvede con ordinanza immediatamente esecutiva, all'accoglimento o al rigetto della domanda del lavoratore [8].

Terminata la fase sommaria, il procedimento riprende la sua natura di procedimento (comunque speciale, ma) a cognizione piena, con i consueti tre gradi di giudizio.

---

[6] Il giudice, nel liquidare l'indennità nel caso concreto, deve tenere conto del numero dei dipendenti occupati, delle dimensioni dell'impresa, dell'anzianità di servizio del prestatore di lavoro, del comportamento e delle condizioni delle parti (art. 8), nonché alcuni criteri previsti dall'art. 30, comma 3, legge n. 183 del 2010.

[7] Sono peraltro previste due eccezioni: la prima consiste nella risoluzione di questioni preliminari relative alla qualificazione del rapporto di lavoro (art. 1, comma 47), ad es. nell'ipotesi di recesso esercitato dal committente nell'ambito di rapporto di collaborazione coordinata e continuativa di cui si contesti la natura fittizia; la seconda nel caso in cui la domanda sia comunque fondata su identici fatti costitutivi (art. 1, comma 48).

[8] L'efficacia esecutiva dell'ordinanza "non può essere sospesa o revocata fino alla pronuncia della sentenza con cui il giudice definisce il giudizio" (art. 1, comma 50).

Come già accennato, a fronte delle molte incertezze suscitate dal nuovo rito sui licenziamenti [9], il d.lgs. n. 23 del 2015 ne ha previsto il superamento con la conseguenza che, per i lavoratori assunti dopo il 7 marzo 2015, torna ad applicarsi il rito per le controversie di lavoro di cui agli artt. 409 ss. c.p.c., a prescindere dalle dimensioni del datore di lavoro [10].

---

[9] Nella sostanza sembra che sia stato aggiunto ai tre gradi di giudizio un ulteriore grado sommario iniziale, con scarsa capacità di deflazione del contenzioso "ordinario" dei tre gradi successivi.

[10] Art. 11 del d.lgs. n. 23 del 2015.

Capitolo 37

Il licenziamento ad nutum

SOMMARIO: 1. Il licenziamento *ad nutum*: nozione. – 2. L'ambito di applicazione dell'art. 2118 c.c. – 3. Il licenziamento del dirigente.

recesso ad nutum

1. Il Codice civile, all'art. 2118 c.c., disciplina quale regime generale, oramai, divenuto del tutto **residuale**, alla luce dei successivi interventi normativi succedutisi, il **c.d. recesso *ad nutum***: un recesso che non richiede alcuna motivazione, ma soltanto il rispetto di un termine di preavviso, normalmente stabilito dai contratti collettivi.

In mancanza del preavviso è dovuta l'indennità di mancato preavviso, di importo equivalente alla retribuzione che sarebbe spettata per il periodo di preavviso.

applicazione residuale dell'art. 2118 c.c.

2. L'ambito di applicazione dell'art. 2118, originariamente generale, è andato via via restringendosi a seguito delle varie discipline limitative della facoltà di recesso del datore di lavoro, culminate con la legge n. 108 del 1990.

Oggi l'art. 2118 disciplina il licenziamento individuale soltanto in riferimento a poche ipotesi, non ricomprese nell'ambito di applicazione delle discipline limitative e, quindi, ancora suscettibili di essere regolate dalla normativa codicistica.

L'art. 2118 continua ad applicarsi:

1) ai **dirigenti**, salva la tutela collettiva ad essi applicabile;
2) ai **lavoratori in prova**;
3) agli **ultrasessantenni che abbiano maturato il diritto a pensione**, salvo che non abbiano optato per la prosecuzione del rapporto di lavoro;
4) ai **lavoratori domestici**;
5) ai **familiari** che prestano la loro opera all'interno della famiglia o dell'impresa familiare;
6) agli **atleti professionisti**.

Il recesso *ex* art. 2118 c.c. è altresì consentito rispetto agli apprendisti, ma solo al completamento del periodo formativo (*infra*, cap. 45, par. 5).

il licenziamento del dirigente

3. Il d.lgs. n. 23 del 2015 conferma per i **dirigenti**[1] l'esclusione dall'ambito di applicazione della disciplina in tema di licenziamenti illegittimi[2]. Nel **settore dell'industria** il contratto collettivo prevede, però, una disciplina del licenziamento dei dirigenti più garantista rispetto a quella legale[3].

È previsto, infatti, un regime di stabilità convenzionale che rende più oneroso il licenziamento del dirigente.

Il datore di lavoro è tenuto a pagare al dirigente un'indennità supplementare commisurata all'età e all'anzianità di servizio qualora il collegio di conciliazione e arbitrato, al quale lo stesso dirigente sia ricorso, ravvisi che il licenziamento sia privo di "giustificatezza", ferma restando la validità ed efficacia del licenziamento[4].

La **nozione di giustificatezza è più ampia di quella legale di giusta causa o giustificato motivo**, perché comprende qualunque motivo posto a base di una decisione coerente, sorretta da ragioni apprezzabili sul piano del diritto, idonee secondo le circostanze a turbare il legame di fiducia con il datore di lavoro[5].

Sono, dunque, considerati privi di giustificatezza solo quei licenziamenti fondati su ragioni arbitrarie o comportamenti pretestuosi da parte del datore di lavoro[6] (ad esempio licenziamento del dirigente perché si è tinto i capelli)[7].

---

[1] L'art. 1, comma 1, d.lgs. n. 23 del 2015 definisce, quale campo di applicazione soggettivo del decreto stesso, "i lavoratori che rivestono la qualifica di operai, impiegati o quadri".

[2] La Suprema Corte ha peraltro avuto modo di delimitare la nozione di dirigente, ai fini della suddetta esclusione dalla disciplina limitativa dei licenziamenti, stabilendo che "la disciplina limitativa del potere di licenziamento ... non è applicabile ... ai dirigenti convenzionali, quelli cioè da ritenere tali alla stregua delle declaratorie del contratto collettivo ... sia che si tratti di dirigenti apicali, che di dirigenti medi o minori, ad eccezione degli pseudo-dirigenti, vale a dire di coloro i cui compiti non sono in alcun modo riconducibili alla declaratoria contrattuale del dirigente"; Cass. 4 febbraio 2016, n. 2205.

[3] A ben vedere, in realtà, la disciplina collettiva per i dirigenti, pensata in un contesto normativo in cui per i lavoratori non dirigenti vigeva il "vecchio" art. 18, Statuto lavoratori (e perciò all'epoca "meno favorevole", rispetto ad un regime che per il lavoratore non dirigente assicurava come sanzione unica la reintegrazione), nell'attuale contesto normativo del *Jobs Act*, appare decisamente più favorevole anche rispetto alle tutele legali delle categorie di lavoratori non dirigenziali.

[4] Cfr. da ultimo, Ccnl Dirigenti d'Industria, siglato da Confindustria e Federmanager in data 30 luglio 2019, che ha confermato gli importi dell'indennità supplementare, arrestando la riduzione della precedente tornata contrattuale, ed ha anzi innalzato l'indennità supplementare per i dirigenti con minore anzianità aziendale.

[5] In tal senso, Cass. n. 6230 del 2014; Cass. 8 marzo 2012, n. 3628; Cass. 2 settembre 2010, n. 18998. Si pensi, per esempio, ad un dirigente che, nella sua vita privata, intrattiene rapporti di amicizia con dirigenti di imprese concorrenti, o che si macchia di un inadempimento di una certa importanza, anche se non "notevole" ai sensi dell'art. 3, legge n. 604 del 1966, o che non riesca a raggiungere risultati minimi di produzione.

[6] Cass. 11 giugno 2008, n. 15496, in *Dir. e prat. lav.*, 2009, 38, p. 2242; cfr., in tema di non coincidenza tra giusta causa e giustificatezza, Cass. 10 aprile 2012, n. 5671.

[7] La Suprema Corte è adamantina nell'affermare che "ai fini dell'eventuale riconoscimento dell'indennità supplementare prevista per la categoria dei dirigenti occorre fare rife-

Ulteriori garanzie sono previste sul piano procedurale.

applicabilità dell'art. 7 St. lav. al dirigente

La Corte Suprema di Cassazione a Sezioni Unite[8], infatti, mutando un precedente orientamento, ha ritenuto, che le garanzie procedimentali dettate dall'art. 7, commi 2 e 3, St. lav. (*supra*, cap. 23, par. 10; cap. 31, par. 3) devono trovare applicazione sia quando il datore di lavoro addebiti al dirigente un comportamento negligente o comunque una condotta colposa, sia quando ponga alla base del recesso condotte che avrebbero fatto venir meno la fiducia[9].

Il licenziamento, pertanto, deve essere sempre preceduto dalla contestazione dell'addebito e il dirigente ha diritto di difendersi, facendosi eventualmente assistere da un rappresentante sindacale.

---

rimento alla nozione contrattuale di giustificatezza che si discosta, sia nel piano soggettivo che su quello oggettivo, da quello di giustificato motivo oggettivo di cui alla l. n. 604 del 1966, e di giusta causa *ex* art. 2119 c.c., trovando la sua ragion d'essere … nel rapporto fiduciario che lega il dirigente al datore di lavoro"; così, *ex multis*, Cass. 26 ottobre 2018, n. 27199.

[8] Cass., Sez. Un., 30 marzo 2007, n. 7880, in *Guida lav.*, 2007, p. 44 ss.; più di recente Cass. 21 marzo 2011, n. 6367, in *Rep. Foro it.*, 2012, voce *Lavoro (rapporto)*, n. 381. *Contra*, v. il precedente orientamento espresso da Cass., Sez. Un., 29 maggio 1995, n. 6041, in *Riv. giur. lav.*, 1995, 2, p. 261 ss. secondo cui l'art. 7 non doveva trovare applicazione nei confronti del dirigente, attesa la natura puramente fiduciaria del rapporto.

[9] Cfr. Cass. 5 luglio 2018, n. 17676, che ha ravvisato natura *ontologicamente* disciplinare, con le garanzie quindi dell'art. 7, legge n. 300 del 1970, relativamente ad una fattispecie concreta in cui l'impresa aveva licenziato il dirigente per "criticità gestionali relative allo svolgimento del ruolo manageriale affidato". Nel caso di specie, la Corte di Cassazione ha ravvisato una "condotta colpevole *in senso lato* del lavoratore che aveva così pregiudicato il rapporto di fiducia con la società". Conf. Cass. n. 18270 del 2013, secondo cui il licenziamento del dirigente, motivato da una condotta colposa o comunque manchevole, deve essere considerato di natura disciplinare, indipendentemente dalla sua inclusione o meno tra le misure disciplinari previste dallo specifico regime del rapporto, sicché deve essere assoggettato alle garanzie dettate a tutela del lavoratore circa la contestazione degli addebiti.

Capitolo 38
Le dimissioni e la risoluzione consensuale

SOMMARIO: 1. Le dimissioni del lavoratore. – 2. La risoluzione consensuale del rapporto di lavoro. – 3. Le dimissioni e la risoluzione consensuale ai sensi del d.lgs. n. 151 del 2015.

1. Il legislatore del 1942, come già accennato, ha posto sullo stesso piano il **recesso del lavoratore (dimissioni)** e quello del datore di lavoro, entrambi regolati dagli artt. 2118 e 2119 c.c.

la tradizionale libertà di forma (fino al 2012) e sostanza delle dimissioni

Successivamente, con l'introduzione di limiti sempre più intensi al potere di recesso del datore di lavoro, ossia il licenziamento, la pressoché **totale libertà di forma e sostanza delle dimissioni** è stata tradizionalmente giustificata dall'esigenza di tutelare la libertà personale del lavoratore, garantendogli la facoltà di recedere *ad nutum* dal contratto a tempo indeterminato.

In altre parole, in deroga al principio secondo cui il contratto può essere sciolto solo per mutuo consenso, viene attribuito al lavoratore il diritto potestativo di risolvere il contratto unilateralmente, per di più senza avere l'obbligo di addurre alcuna motivazione [1].

obbligo del preavviso, salvo giusta causa, da parte del lavoratore

Le dimissioni costituiscono un negozio unilaterale recettizio, che, in quanto tale, non necessita di accettazione da parte del datore di lavoro. Inoltre, in virtù del rinvio operato dall'art. 1324 c.c., alle dimissioni sono applicabili le disposizioni del codice civile in tema di annullamento del contratto per vizi della volontà (artt. 1427 ss. c.c.) e per incapacità naturale al momento di compiere l'atto (art. 428 c.c.).

Sussiste il solo **obbligo del preavviso** (art. 2118 c.c.) **salvo giusta causa** di risoluzione immediata del rapporto di lavoro (art. 2119 c.c.) [2]. In questo caso, in maniera speculare rispetto al licenziamento per giusta causa, rileveranno i

---

[1] Sono comunque valide clausole di durata minima del rapporto, anche laddove vietino le dimissioni per un determinato periodo di tempo: cfr. Cass. 19 agosto 2009, n. 18376. Ciò in quanto "nessun limite è posto dall'ordinamento all'autonomia privata per quanto attiene alla facoltà di recesso dal rapporto di lavoro subordinato attribuita al lavoratore, di cui egli può liberamente disporre pattuendo una garanzia di durata minima del rapporto, purché limitata nel tempo": Cass. 9 giugno 2017, n. 14457.

[2] Qualora poi il contratto sia a tempo indeterminato, al lavoratore che recede spetta l'indennità di mancato preavviso (art. 2119, comma 1, c.c.).

gravi inadempimenti del datore di lavoro che comportino lesione del vincolo di fiducia tra le parti: ad es. la mancata corresponsione di alcune mensilità di retribuzione, le molestie sessuali, la grave violazione degli obblighi di sicurezza, la dequalificazione [3].

risoluzione consensuale

2. Il contratto di lavoro, come ogni contratto, può essere inoltre **sciolto "per mutuo consenso"** (art. 1372, comma 2, c.c.), o, secondo la terminologia corrente, per mutuo dissenso. Le parti, in altri termini, così come sono libere di accordarsi per costituire o regolare tra loro un rapporto giuridico patrimoniale, possono anche, di comune accordo, volerne l'estinzione (art. 1321 c.c.).

l'introduzione di obblighi di forma per le dimissioni e la risoluzione consensuale in funzione antifraudolenta nel 2012 ...

3. In passato la libertà di forma delle dimissioni e della risoluzione consensuale era stata talvolta utilizzata dal datore di lavoro per sottrarsi ai vincoli della disciplina sui licenziamenti individuali.

Ciò avveniva costringendo il lavoratore a sottoscrivere "in bianco" un documento attestante le dimissioni o la risoluzione, oppure facendo leva sul comportamento concludente in ipotesi di licenziamenti orali.

Proprio per porre fine a tali abusi era stato introdotto, da parte dell'art. 4, commi da 16 a 22, legge n. 92 del 2012, un particolare **meccanismo di convalida della volontà del lavoratore di dimettersi e di risolvere in maniera consensuale il rapporto.**

Ai sensi della disciplina del 2012, in sostanza, le dimissioni e la risoluzione erano sottoposte a una vera e propria condizione sospensiva [4]: **in mancanza della convalida nelle modalità previste dalla legge, le dimissioni erano da considerarsi inefficaci.**

Il motivo posto a fondamento di tale sfavore da parte del legislatore è che in linea generale, le dimissioni [5] e la risoluzione consensuale non sono ordinariamente atti vantaggiosi per i lavoratori, posto che in tali casi non spetta l'indennità di disoccupazione, prevista, invece, in caso di licenziamento (salve le dimissioni per giusta causa, che, configurando un'ipotesi di disoccupazione

---

[3] Es. il mancato pagamento delle retribuzioni per un periodo di oltre quattro mesi costituisce certamente giusta causa di risoluzione del rapporto, essendo stato il lavoratore privato dell'unica fonte di sostentamento. Cfr. Trib. Milano 10 maggio 2013, in *Lav. nella giur.*, 2013, p. 854.

[4] In questi termini si esprime il Ministero del Lavoro e delle Politiche Sociali nella circolare del 18 luglio 2012. La circolare chiarisce inoltre che la convalida non è richiesta nei casi in cui la cessazione del rapporto avvenga nell'ambito di procedure di riduzione del personale, svolte in una sede qualificata ed istituzionale, come ad esempio di fronte alle commissioni di conciliazione presso la Direzione Provinciale del Lavoro, ai sensi degli artt. 410 e 411 c.p.c., o dinanzi al giudice, in udienza, *ex* art. 420 c.p.c.

[5] Salvo che per l'ipotesi delle dimissioni per giusta causa, che consentono l'erogazione dell'indennità di disoccupazione, la NASpI, previa dimostrazione dell'avvio della controversia nei confronti del datore di lavoro.

involontaria e attribuiscono il diritto alla percezione della NASpI).

Sono solo i lavoratori più qualificati o i dirigenti ad avere interesse a dimettersi o a risolvere consensualmente il rapporto, magari contrattando le condizioni della propria buonuscita in virtù della loro maggiore forza contrattuale.

... e il nuovo regime vigente (art. 26, d.lgs. n. 151 del 2015)

La normativa in materia di dimissioni e risoluzione consensuale introdotta dalla legge n. 92 del 2012 è stata in seguito abrogata dall'art. 26, d.lgs. n. 151 del 2015, che ha introdotto al suo posto la disciplina attualmente in vigore, che privilegia un diverso meccanismo di garanzia, abbandonando il meccanismo della convalida successiva delle dimissioni comunque rese [6].

Ai sensi di quest'ultima disposizione, le dimissioni e la risoluzione consensuale "**sono fatte, a pena di inefficacia, esclusivamente con modalità telematiche su appositi moduli resi disponibili dal Ministero del lavoro e delle politiche sociali**" (art. 26, comma 1, d.lgs. n. 151 del 2015) [7].

Quindi mentre in precedenza (legge n. 92 del 2012), le dimissioni o la risoluzione consensuale dovevano essere successivamente **convalidate** nelle sedi o modalità previste, oggi con il d.lgs. n. 151 del 2015, è direttamente l'atto estintivo del rapporto a dover rivestire la **forma scritta *telematica*.**

Le nuove disposizioni sono entrate in vigore in data 12 marzo 2016, a seguito dell'emanazione, in data 15 dicembre 2015, del decreto ministeriale di attuazione [8].

Con le medesime modalità telematiche, entro sette giorni dalla data di trasmissione dei moduli al datore di lavoro e alla Direzione territoriale del lavoro competente, il lavoratore ha la facoltà di revocare le dimissioni ed il consenso prestato nella risoluzione consensuale.

L'alterazione dei moduli da parte del datore di lavoro è punita con una sanzione amministrativa, salvo che il fatto costituisca reato.

Viene meno, dunque, la necessità della convalida: le dimissioni e la risoluzione sono immediatamente efficaci, ferma restando la successiva possibilità di revoca da esercitare in un termine breve.

Difetta, invece, nella nuova disciplina una disposizione di contrasto ad eventuali comportamenti ostruzionistici od omissivi del lavoratore, come quella contenuta nel citato art. 4, comma 17, che consentiva di considerare "risolto" il rapporto di lavoro, decorso un determinato intervallo temporale, a fronte della protratta inerzia del lavoratore nel convalidare le dimissioni [9].

---

[6] Il meccanismo della convalida rimane in vigore per le dimissioni e risoluzione consensuale delle lavoratrici in gravidanza e lavoratori di entrambi i sessi durante i primi tre anni di vita del bambino (art. 55, comma 4, d.lgs. n. 151 del 2001).

[7] Disponibili direttamente sul sito "*www.lavoro.gov.it*".

[8] Con contestuale abrogazione delle disposizioni precedenti (art. 4, commi 17-23-*bis*, legge n. 92 del 2012) in tema di convalida.

[9] Problema, quello dell'inerzia del lavoratore nel presentare le dimissioni nell'unica modalità giuridicamente efficace, ossia quella telematica, tutt'ora senza soluzioni certe, nonostante gli auspici di un intervento legislativo. Il datore di lavoro, come alternativa, sarebbe in sostanza costretto ad un licenziamento per giusta causa *ex* art. 2119 c.c. per assenza ingiustificata.

Capitolo 39

Crisi d'impresa, insolvenza e rapporti di lavoro

il Codice della crisi d'impresa e dell'insolvenza

1. La legge n. 155 del 2017 ha delegato il Governo ad emanare il c.d. **Codice della crisi d'impresa e dell'insolvenza**, con la finalità di rinnovare e riorganizzare la disciplina delle procedure concorsuali contenuta nella legge fallimentare (r.d. n. 267 del 1942).

Il d.lgs. n. 14 del 2019 di attuazione (di seguito anche il Codice) contiene una disciplina corposa, che presenta innovazioni rilevanti e previsioni specifiche in materia di rapporti di lavoro subordinato (artt. 189 ss.) [1].

La disciplina del Codice è basata sulla **distinzione tra lo stato di crisi e lo stato di insolvenza** che determina un provvedimento di liquidazione giudiziale.

Questo impone di analizzare le due nozioni.

mancanza di una nozione giuridica di crisi

1.1. Nell'ordinamento giuridico italiano per lungo tempo, non è esistita una nozione giuridica del concetto di crisi d'impresa, sebbene tanto nella legge fallimentare [2] quanto in altre norme [3], il termine "crisi" sia più volte richiamato: ad

---

[1] L'art. 7, comma 7 della legge n. 155 del 2017 prevede che la disciplina degli effetti della procedura sui rapporti di lavoro subordinato sia coordinata con la legislazione vigente in materia di diritto del lavoro, per quanto concerne il licenziamento; le forme assicurative e di integrazione salariale, senza determinare un aumento della spesa pubblica; il t.f.r. e le modalità di insinuazione al passivo.

[2] Si vedano l'art. 160 sul concordato preventivo, l'art. 182 sull'accordo di ristrutturazione dei debiti dell'imprenditore in crisi, l'art. 182-*sexies* sulla riduzione o perdita del capitale della società in crisi.

[3] Art. 39, d.p.r. n. 398 del 2003; art. 27, d.l. n. 83 del 2012, conv. dalla legge n. 13 del 2012.

esempio la crisi è presa in considerazione con riferimento all'azienda per l'applicazione di una particolare disciplina sul trasferimento (*infra*, par. 6) o quale causale per l'erogazione del trattamento di integrazione salariale straordinario (*infra*, cap. 56)[4].

la definizione di crisi nel Codice

Il Codice, in attuazione della delega, pone invece una definizione della crisi che, almeno per gli istituti ivi richiamati, ha vocazione generale, ed è definita come "lo ***stato di difficoltà economico-finanziaria che rende probabile l'insolvenza del debitore*** *e che per le imprese si manifesta come inadeguatezza dei flussi di cassa prospettici a far fronte regolarmente alle obbligazioni pianificate*" (art. 2, comma 1, lett. *a*).

Lo stato di crisi si identifica in una situazione di probabile insolvenza, individuata mediante specifici indicatori, che implica l'attivazione di una serie di meccanismi finalizzati proprio ad evitare l'intervento giudiziale, come ad esempio il concordato preventivo.

In questa direzione si orienta, del resto, anche la disciplina europea che, per mezzo della raccomandazione 2014/135/UE e del regolamento europeo dell'insolvenza transfrontaliera 2015/848, pare finalizzata a prevenire fin quando possibile una dichiarazione di insolvenza.

diritto fallimentare e diritto del lavoro

1.2. L'insolvenza, tanto nella legge fallimentare (art. 5, r.d. n. 267 del 1942), quanto nel Codice (art. 2, comma 1, lett. *b*), è definita come "stato del debitore che si manifesta con inadempimento o altri fatti esteriori, i quali dimostrano che il debitore non è più in grado di soddisfare regolarmente le proprie obbligazioni".

Con l'entrata in vigore del nuovo Codice (*infra*, par. 2), il termine fallimento è sostituito ad ogni effetto dall'espressione liquidazione giudiziale[5].

Identico è l'effetto perseguito[6], che determina una **deroga alle regole ordinarie**: lo spossessamento per la soddisfazione di uno o più crediti, comune alle esecuzioni individuali, viene esteso all'intero patrimonio del debitore nel rispetto della *par condicio creditorum.*

La declaratoria ha anche implicazioni di rilievo processuale, mediante un procedimento con notevoli deviazioni rispetto alle regole generali della procedura civile, e talora anche di rilievo penale (es. reati di bancarotta).

Il passaggio a uno stato di insolvenza provoca un'interazione rilevante anche tra il diritto fallimentare e il diritto del lavoro.

La declaratoria giudiziale, infatti come accennato, ha l'obiettivo di conservare il patrimonio da ripartire tra tutti i creditori: la c.d. massa fallimentare.

---

[4] Cfr., rispettivamente, gli artt. 2, comma 5, lett. *c*), legge n. 675 del 1977; 47, legge n. 428 del 1990 e 21, comma 2, d.lgs. n. 148 del 2015.

[5] Art. 2, legge n. 155 del 2017. Per i soggetti ai quali non si applica la disciplina della liquidazione giudiziale il Codice introduce la nozione di sovrindebitamento che comporta comunque l'applicazione di tutele, ancorché meno incisive.

[6] Su istanza dei creditori dell'imprenditore, del pubblico ministero o dell'imprenditore medesimo.

È dunque naturale che essa limiti ad ipotesi eccezionali la sospensione dei rapporti pendenti e favorisca lo scioglimento di tali rapporti sospesi rispetto al subentro in essi.

Diviene allora evidente il **possibile contrasto con i principi e le regole del diritto del lavoro**, finalizzate alla conservazione del rapporto e della retribuzione.

Il tema della tutela dei lavoratori va oltre la tutela dei loro diritti di credito, che pure trova espresso riconoscimento, ad esempio, nella costituzione di un Fondo di garanzia per il pagamento del t.f.r. ai dipendenti di imprese in liquidazione giudiziale.

Sono infatti in gioco la continuità aziendale e con essa la gestione dell'organizzazione dell'impresa insolvente, nonché la tutela dell'occupazione nell'ambito del mercato del lavoro e del reddito dei dipendenti dell'impresa. Anche in ragione di questo, le tutele previdenziali (par. 5) sono state e restano strumenti rilevanti per la modulazione degli effetti delle procedure concorsuali e il sostegno del reddito dei dipendenti di imprese insolventi.

entrata in vigore delle norme lavoristiche: 15 agosto 2020

2. La massima parte delle previsioni del Codice, comprese quelle in materia di lavoro, entrerà in vigore il 15 agosto 2020. Fino a tale data continuerà ad applicarsi la disciplina anteriore contenuta nella legge fallimentare (r.d. n. 267 del 1942).

2.1. La legge fallimentare non contiene una disciplina specifica per i rapporti di lavoro subordinato, bensì una previsione generale, riferita a tutti i rapporti pendenti: l'art. 72[7].

la disciplina originaria e transitaria: art. 72 legge fall.

Questa norma stabilisce la sospensione dell'esecuzione del contratto ancora ineseguito o non compiutamente eseguito fino a quando il curatore, con l'autorizzazione del comitato dei creditori, dichiari la volontà di subentrare nel contratto in luogo del fallito, assumendo tutti i relativi obblighi, ovvero di "sciogliersi" dal medesimo.

la dichiarazione di fallimento sospende il rapporto ma non integra una causale di licenziamento

La giurisprudenza ha ritenuto da sempre tale norma applicabile anche al rapporto di lavoro subordinato[8], così individuando nella dichiarazione di fallimento una **causa legale di sospensione del rapporto** (*supra*, cap. 27) che impedisce lo scambio di prestazioni fino alla determinazione del curatore per il subentro o meno nel rapporto (par. 3)[9].

---

[7] Così dopo la riforma della legge fallimentare del 2006: nella versione originaria del 1942, l'art. 72 regolava gli effetti del fallimento nei soli confronti dei contratti di compravendita conclusi prima del fallimento e non ancora eseguiti, e taceva con riferimento a tutti gli altri contratti.

[8] Cass. 14 maggio 2012, n. 7473; Cass. 11 gennaio 2018, n. 522 e Cass. 23 marzo 2018, n. 7308; sull'art. 72 legge fall. *post* riforma del 2006: Cass. 30 maggio 2018, n. 13694.

[9] Per bilanciare lo stato di incertezza, *ex* art. 72, comma 2, legge fall., il lavoratore può mettere in mora il curatore, facendogli assegnare dal giudice delegato un termine di 60 giorni entro il quale decidere se subentrare o sciogliere il rapporto.

Al contempo, però, la stessa giurisprudenza ha sancito che lo "scioglimento" del rapporto di lavoro debba avvenire nel **rispetto delle norme in materia di licenziamento**.

La volontà del curatore di interrompere il rapporto di lavoro, in altri termini, deve essere manifestata nelle forme e nei limiti ordinariamente previsti dalla legge per i licenziamenti collettivi e individuali, a pena di applicazione delle relative sanzioni.

la disciplina del Codice

2.2. In coerenza con l'obiettivo di massima conservazione delle imprese e massima prevenzione dell'insolvenza[10], il **d.lgs. n. 14 del 2019** favorisce lo strumento del concordato rispetto alla liquidazione giudiziale (nuova definizione del fallimento), e in particolare il concordato preventivo rispetto a quello liquidatorio[11].

In secondo luogo, viene introdotta una **regolamentazione specifica per i rapporti di lavoro subordinato** (artt. 189-190), riconosciuta come speciale nel nuovo art. 2119, comma 2, c.c.[12], con l'aggiunta di alcune previsioni di raccordo (art. 368)[13].

la liquidazione giudiziale sospende il rapporto

In particolare, l'art. 189 conferma l'elaborazione giurisprudenziale secondo la quale **la liquidazione giudiziale determina la sospensione del rapporto**[14], e al contempo disciplina l'estinzione dello stesso, con soluzioni piuttosto innovative (par. 4).

L'estinzione dei rapporti sospesi ha effetto dalla data di apertura della liquidazione giudiziale.

Al contrario, nell'ipotesi del subentro, l'assunzione dei relativi obblighi decorre dalla data di comunicazione ai lavoratori, a tutela della massa fallimentare.

Il Codice, infine, introduce previsioni derogatorie anche in materia di trasferimento d'azienda (*infra*, par. 6).

gli effetti della sospensione

3. Dopo la dichiarazione di liquidazione giudiziale (fallimento nella disciplina originaria) e fino alla decisione del curatore, il rapporto è in c.d. quiescenza, ossia è sospeso.

---

[10] Di tale *ratio* del Codice del crisi è esempio l'art. 375, già vigente, che inserisce un comma 2 all'art. 2086 c.c., imponendo un vero e proprio onere dell'imprenditore di rilevazione tempestiva della crisi e della perdita di continuità aziendale. Cfr. anche l'art. 3, comma 2 del Codice e, in ambito europeo, gli artt. 3 e 13 della direttiva UE 2019/1023 in tema di di ristrutturazione, insolvenza ed esdebitazione.

[11] È fatta salva, invece, l'applicazione delle leggi speciali in materia di amministrazione straordinaria (art. 1, comma 2).

[12] Art. 2119, comma 2, c.c., come novellato dall'art. 376 del Codice: "... Gli effetti della liquidazione giudiziale sui rapporti di lavoro sono regolati dal codice della crisi e dell'insolvenza".

[13] La disciplina generale per i rapporti giuridici pendenti nella fase di liquidazione giudiziale (art. 172 del Codice), è applicabile "salvo diversa previsione".

[14] La quale, al contrario, resta eccezionale e deve essere appositamente richiesta dal curatore in caso di esercizio provvisorio dell'impresa: art. 189, ultimo comma.

In sostanza, **il lavoratore** quale contraente *in bonis* **è liberato dalla legge dall'obbligazione di eseguire la propria prestazione lavorativa ma** proprio per questo, in assenza dello svolgimento di prestazione lavorativa, **non matura il diritto alla retribuzione.**

La sospensione realizza il contemperamento tra l'interesse a non pregiudicare la conservazione del contratto di lavoro, proprio del lavoratore, e quello a non pregiudicare la massa fallimentare, proprio dei concreditori.

le eccezioni

La sospensione del rapporto è impedita solamente in quelle ipotesi nelle quali siano assicurate la continuazione o la ripresa dell'attività nell'organizzazione aziendale o quando, più in generale, si osservino la conservazione degli assetti produttivi e il mantenimento dell'esercizio dei poteri tipici da parte dell'imprenditore.

Tra queste eccezioni rilevanti si annoverano l'esercizio provvisorio dell'impresa o l'affitto d'azienda.

estinzione del rapporto: una procedura ad hoc di licenziamento collettivo

4. In tema di estinzione del rapporto, per quanto concerne i licenziamenti collettivi, **l'applicazione della procedura in presenza dei requisiti di cui agli artt. 4 e 24, legge n. 223 del 1991 si conferma ineludibile, ma con alcune deroghe** (comma 6) volte alla contrazione dei tempi [15].

l'obbligo di giustificazione del licenziamento individuale

Al di fuori dell'ambito di applicazione della disciplina sui licenziamenti collettivi, **vige l'obbligo generale di giustificazione del licenziamento**, della cui prova è onerato il curatore fallimentare (artt. 3 e 5, legge n. 604 del 1966).

Al riguardo, l'art. 189, comma 1, del Codice riconosce che la mera apertura della liquidazione giudiziale non costituisce un giustificato motivo di licenziamento.

Oltre al rispetto della forma scritta, pertanto, non si potrà prescindere dalla dimostrazione della sussistenza delle ragioni di cui all'art. 3, legge n. 604 del 1966 (non identificabili con la liquidazione giudiziale), del nesso di causalità con i lavoratori interessati dal recesso e del *repêchage*.

il "recesso senza indugio" da parte del curatore all'apertura della liquidazione

Il comma 3 dell'art. 189 prevede poi che il curatore, in assenza di procedure di licenziamento collettivo, debba intimare il "recesso senza indugio" e per iscritto "qualora non sia possibile la continuazione o il trasferimento dell'azienda o di un suo ramo o comunque sussistano manifeste ragioni economiche inerenti all'assetto dell'organizzazione del lavoro".

L'espressione sembra contemplare tre situazioni:

a) l'impossibilità della continuazione dell'azienda o ramo;

b) l'impossibilità del trasferimento dell'azienda o del ramo;

c) la ricorrenza di manifeste ragioni economiche inerenti all'assetto dell'organizzazione del lavoro.

---

[15] Ad esempio, l'eliminazione della fase di consultazione sindacale e amministrativa (da 75 a 10 giorni, prorogabili a 20 dal giudice delegato per giusti motivi).

.Tutte e tre le situazioni sono accomunate da una conclamata impossibilità di determinare la ripresa lavorativa e dalla chiara posizione di un obbligo di sollecita attivazione del curatore.

Non è da escludere che mediante l'indicazione di specifiche ipotesi di "recesso senza indugio", il legislatore abbia introdotto specifiche causali di estinzione del rapporto, non riconducibili entro la fattispecie tradizionale del giustificato motivo oggettivo di cui all'art. 3, legge n. 604 del 1966.

Accogliendo questa lettura, il curatore dovrebbe semplicemente comunicare in forma scritta la causale tipizzata, senza ulteriori obblighi formali (ad es. art. 7, legge n. 604 del 1966) e probatori (ad es. *repêchage*), fermo poi restando l'onere, nell'eventuale sede giudiziaria, di allegare e provare la ricorrenza della causale di recesso.

la risoluzione di diritto decorsi quattro mesi ...

4.1. L'art. 189 del Codice pone anche una durata massima del periodo di quiescenza. Il comma 3, infatti, stabilisce che decorso il termine di quattro mesi dalla data di apertura della liquidazione giudiziale senza che il curatore abbia comunicato il subentro, i rapporti di lavoro che non siano già cessati si intendono **risolti di diritto**.

È fatta sempre salva, laddove ne ricorrano i presupposti, l'applicazione della disciplina dei licenziamenti collettivi.

... o il maggior termine concesso dal giudice delegato (proroga)

Il termine di quattro mesi può essere prorogato fino a un massimo di ulteriori otto mesi, su richiesta del curatore o del direttore dell'Ispettorato territoriale, nonché dei singoli lavoratori [16], qualora sussistano possibilità di ripresa o trasferimento a terzi dell'azienda o di un suo ramo [17], ma anche in questo caso, qualora la proroga non conduca al subentro o al recesso entro il termine assegnato, si verifica la risoluzione di diritto [18].

In ambo i casi si introduce **un'autonoma causale di estinzione del rapporto**, che si verifica in forma automatica e *ope legis*, senza necessità di alcuna comunicazione.

Traspare anche in questo caso, nel Codice, la distinzione tra aziende in liquidazione con prospettive di ripresa e aziende destinate ad una sollecita dissoluzione.

le dimissioni nella procedura di liquidazione giudiziale

4.2. Il decorso del termine di quattro mesi dalla data di apertura della liquidazione giudiziale comporta un ulteriore effetto.

Le dimissioni rassegnate dal lavoratore dopo tale termine si intendono contrassegnate per presunzione legale da una giusta causa e, quindi, da uno stato di disoccupazione involontaria, indipendentemente dalla concessione di

---

[16] Con effetto in tale ultimo caso limitato ai soli istanti.

[17] Su istanza del curatore il termine può essere prorogato dal giudice delegato di ulteriori 30 giorni, quando l'impresa occupi più di cinquanta dipendenti (art. 189, comma 2).

[18] E in tale caso il lavoratore avrà diritto a due mensilità della retribuzione per ogni anno di anzianità, in misura compresa tra 2 e 8 mensilità.

una proroga. Questo consente al lavoratore sospeso di avere subito accesso alla NASpI, sia per ottenere un sostegno al reddito, sia per immettersi nei percorsi di ricollocazione dei servizi per l'impiego (*infra*, Parte sesta, cap. 57).

la vecchia causale "concorsuale" per l'accesso alla Cigs

5. In passato, l'art. 3 della legge n. 223 del 1991 prevedeva un importante sostegno al reddito dei lavoratori sospesi per fallimento e altre procedure concorsuali, per mezzo di un trattamento di Cassa integrazione straordinaria. Si trattava di una causale che assicurava al lavoratore una tutela previdenziale a sostegno del reddito durante il periodo di sospensione, indipendentemente dalle prospettive di ripresa dell'attività produttiva.

l'eliminazione della causale dal 2016

L'art. 2, comma 70, della legge n. 92 del 2012, ha però eliminato, con decorrenza dal 2016, l'ipotesi del fallimento (oggi liquidazione giudiziale) e delle altre procedure concorsuali quali causali di accesso alla Cigs. Ciò ha senza dubbio ridotto la spesa pubblica ma, al contempo, ha evidenziato il problema della mancanza di un sostegno per i lavoratori durante il periodo di sospensione del rapporto[19].

E nonostante la legge delega n. 155 del 2017 prevedesse un raccordo normativo con riferimento alle "forme assicurative e di integrazione salariale", il d.lgs. n. 14 del 2019 non contiene alcuna disposizione in materia[20]. Il Codice si limita (art. 190) infatti a riconoscere che il licenziamento, la risoluzione automatica o le dimissioni rassegnate dopo 4 mesi danno diritto alla NASpI (*infra*, Parte sesta, cap. 59).

Pertanto, **nel nuovo sistema la tutela del reddito del lavoratore sospeso passa per la cessazione del rapporto di lavoro**.

Infatti, dopo la dichiarazione di fallimento o l'apertura della liquidazione giudiziale senza continuazione dell'attività, il lavoratore accede alla tutela del reddito (NASpI) e alle misure di reinserimento nel mercato del lavoro soltanto all'esito del passaggio a uno stato di disoccupazione involontaria, e cioè alla fine del periodo di sospensione.

In questo senso possono essere lette le misure del Codice dirette all'accelerazione del procedimento di estinzione (recesso senza indugio e risoluzione *ope legis* di cui all'art. 189, commi 3 e 4, dimissioni per giusta causa dopo 4 mesi).

---

[19] Dopo tale intervento legislativo, infatti, il trattamento di integrazione salariale può essere richiesto solo nelle ipotesi di riorganizzazione, crisi, accordo di solidarietà, previste dall'art. 21 del d.lgs. n. 148 del 2015 (*infra*, Parte sesta, Cap. 58), e a condizione che si abbia la continuazione dell'esercizio d'impresa o di parte dell'azienda. Tale resta la regola, nonostante nel 2018, siano state aggiunte delle eccezioni, che consentono l'erogazione di un trattamento in caso cessazione di attività: art. 44, d.l. n. 109 del 2018, conv. in legge n. 130 del 2018.

[20] In verità, nella "penultima" versione del Codice era prevista la c.d. NASpILG, una sorta di anticipazione del trattamento NASpI (*infra*, cap. 59), riconosciuta prima della cessazione del rapporto. Nell'ultima fase di approvazione del Codice, l'art. 190 è stato totalmente novellato, ristabilendo che solo la cessazione del rapporto ai sensi dell'art. 189 costituisce perdita involontaria dell'occupazione.

6. Il Codice modifica profondamente anche la disciplina del trasferimento d'azienda in crisi.

il trasferimento dell'azienda in crisi come sottosistema

Partendo dalla disciplina originaria e transitoria, ancora applicabile fino al 14 agosto 2020, l'art. 47 della legge n. 428 del 1990 contiene la disciplina del trasferimento di azienda in crisi, che configura un sottosistema rispetto alle regole generali sul trasferimento d'azienda (*supra*, cap. 28).

Fin dalla sua emanazione, tale norma ha posto il problema della sua conformità alla normativa europea, sia rispetto alla direttiva 98/50/CE[21], sia rispetto alla successiva direttiva 2001/23/CE. L'art. 47, infatti, permetteva la disapplicazione di tutte le tutele contenute nell'art. 2112 c.c. (continuità dei rapporti, responsabilità solidale etc.) non solo per imprese sottoposte a fallimento o altre procedure concorsuali, come consentito dalla direttiva, ma anche con riferimento ad imprese in stato di crisi, che non cessano l'attività e quindi non possono esserne escluse[22].

la riforma del 2009

Proprio al fine di conformare il diritto interno al diritto europeo, il legislatore italiano, nel 2009, ha inserito nel corpo dell'art. 47, legge n. 428 del 1990 un nuovo comma 4-*bis*[23].

Per effetto di tale comma, qualora sia stato raggiunto in sede di esame congiunto un accordo collettivo circa il mantenimento, anche parziale, dell'occupazione, l'art. 2112 c.c. trova applicazione nei termini e con le limitazioni previste dall'accordo medesimo, rispetto ad aziende in stato di crisi aziendale[24] o di procedure che comunque consentano la prosecuzione dell'attività (concordato preventivo, amministrazione straordinaria, omologazione dell'accordo di ristrutturazione dei debiti).

Invece, a fronte di altre ipotesi, di mancata ripresa dell'attività[25] e in presenza di un accordo collettivo sul mantenimento anche parziale dell'occupazione, continuano a non applicarsi, ai lavoratori trasferiti all'acquirente le ga-

---

[21] Corte giust. CE, 25 luglio 1991, C-362/89, in *Dir. lav.*, 1991, p. 329, con nota di R. Foglia.

[22] Corte giust. CE, 11 giugno 2009, C-561/07, in *Lav. giur.*, n. 11, 2009, p. 1125 ss., con nota di Cosio; per una critica alla sentenza v. C. Cester, *Due recenti pronunce della Corte di giustizia in tema di trasferimento di azienda*, in *Riv. it. dir. lav.*, 2010, 2, p. 282: a detta della Corte, la disapplicazione non poteva trovare fondamento nella disposizione di cui all'art. 5.3 della direttiva 2001/23/CE; l'art. 47, legge n. 428 del 1990, non limitandosi ad una modifica delle condizioni di lavoro autorizzata dall'art. 5, n. 3, della direttiva, privava i lavoratori, in caso di trasferimento di un'impresa di cui fosse stato accertato lo stato di crisi, delle garanzie previste dagli artt. 3 e 4 della direttiva medesima, che devono essere sempre e comunque osservate.

[23] Comma inserito *ex* art. 19-*quater*, d.l. n. 135 del 2009 (conv. con modif. nella legge n. 166 del 2009).

[24] Ai sensi dell'art. 2, comma 5, lett. *c*), legge n. 675 del 1977.

[25] Dichiarazione di fallimento dell'azienda, di omologazione di concordato preventivo consistente nella cessione di beni, provvedimento di liquidazione coatta amministrativa ovvero di sottoposizione all'amministrazione straordinaria, nel caso in cui la continuazione dell'attività non sia stata disposta o sia cessata.

ranzie previste dall'art. 2112 c.c.[26], salvo che dall'accordo risultino condizioni di migliore favore.

criticità della disciplina attuale e transitoria

La nuova formulazione del comma 4-*bis* dell'art. 47 non lascia però intendere quali sia in concreto lo spazio di operatività del comma 4-*bis* e quindi della possibile deroga all'art. 2112 c.c., permanendo ancora dubbi sulla conformità al diritto europeo, che impone il trasferimento dei rapporti di lavoro al cessionario.

La giurisprudenza[27] ha così ricercato in tali casi un'interpretazione conforme, ammettendo modifiche alle condizioni di lavoro finalizzate al mantenimento dei livelli occupazionali, ma senza limitazioni al trasferimento dei rapporti di lavoro all'impresa cessionaria.

In ogni caso, un diritto di precedenza è riconosciuto ai lavoratori che non passano alle dipendenze dell'acquirente, nelle assunzioni effettuate dallo stesso entro un anno dalla data del trasferimento (art. 47, comma 6).

la disciplina del Codice (dal 15 agosto 2020)

6.1. Come accennato, il Codice interviene in materia di trasferimento d'azienda in crisi, e lo fa anzitutto inserendo un rinvio, finalmente esplicito, all'art. 47, legge n. 428 del 1990 (art. 191 del Codice).

Nell'ottica di un superamento delle criticità applicative descritte, **l'art. 368, comma 4 del Codice riscrive i commi 4-*bis* e 5 dell'art. 47, prevedendo espressamente il trasferimento al cessionario dei rapporti di lavoro**:

– **tanto in caso di procedure non liquidatorie** (finalizzate ad assicurare la prosecuzione dell'impresa: es. concordato preventivo, omologazione di accordi non liquidatori di ristrutturazione dei debiti, amministrazione straordinaria con continuazione o mancata cessazione dell'attività);

– **quanto in ipotesi di procedure liquidatorie** (destinate alla mera liquidazione dei beni ovvero alla salvaguardia dell'impresa al solo fine di massimizzare la soddisfazione collettiva dei creditori: es. liquidazione giudiziale, concordato liquidatorio, liquidazione coatta amministrativa, nel caso in cui la continuazione dell'attività non sia stata disposta o sia cessata).

procedure non liquidatorie …

In particolare, in presenza **di procedure non liquidatorie, l'art. 2112 è derogabile solo per quanto attiene alle condizioni di lavoro** (ad es., livello di inquadramento, orario, retribuzione), **nei termini e con le limitazioni previste dall'accordo collettivo**.

E, a differenza del passato, non compare più tra le ipotesi non liquidatorie lo "stato di crisi aziendale", ragion per cui l'art. 2112 c.c. e le tutele in esso contenute (continuità del rapporto, responsabilità solidale di cedente e cessionario, conservazione delle condizioni di lavoro) troveranno integrale applicazione all'azienda in crisi.

Pertanto, lo stato di crisi aziendale, che prima della riforma del 2009 legit-

[26] Cfr. Cass. 4 novembre 2014, n. 23473.

[27] App. Roma 16 febbraio 2017, n. 892, in *Rass. giur. lav.*, 3, 2017, p. 455 ss.

timava addirittura la disapplicazione dell'art. 2112 c.c. e dal 2009 la deroga nel senso della modifica delle condizioni di lavoro, perde totalmente rilevanza giuridica all'interno del nuovo apparato derogatorio.

... e procedure liquidatorie

In ipotesi di procedure liquidatorie, è invece esclusa automaticamente l'applicazione del principio di solidarietà tra cedente e cessionario di cui all'art. 2112, comma 2, c.c. **ed il t.f.r. è immediatamente esigibile nei confronti del cedente.**

Il principio di continuità dei rapporti è di regola garantito, fatta salva una diversa previsione di accordi collettivi *ex* art. 51, d.lgs. n. 81 del 2015[28].

L'unica ipotesi liquidatoria che, a fronte di un accordo collettivo circa il mantenimento anche parziale dell'occupazione, prevede l'automatica e totale disapplicazione dell'art. 2112 c.c. si ha nel caso dell'amministrazione straordinaria senza continuazione dell'attività[29].

diritto di precedenza

Resta inalterato invece il diritto di precedenza, di cui all'art. 47, comma 6, per i lavoratori che non passano alle dipendenze dell'acquirente.

---

[28] O accordi individuali da sottoscriversi nelle sedi protette di cui all'art. 2113, comma 4, c.c.

[29] Salvo che dall'accordo risultino condizioni di miglior favore. L'accordo può prevedere che il trasferimento non riguardi il personale eccedentario e che quest'ultimo continui a rimanere, in tutto o in parte, alle dipendenze dell'alienante.

Sezione II

Le altre forme di lavoro subordinato

Capitolo 40

Il lavoro agile e il telelavoro

1. Il lavoro agile e il telelavoro costituiscono **particolarità modalità di esecuzione della prestazione di lavoro subordinato**, caratterizzate dalla flessibilità della prestazione di lavoro nel luogo di lavoro, spesso unita a una flessibilità anche nell'orario.

Tali modalità per il **telelavoro** (parr. 11-12) sono state regolate alla fine degli anni novanta dall'autonomia privata collettiva, con limitate eccezioni. L'istituto ha tuttavia avuto scarsa diffusione nel mercato del lavoro.

Al contrario, mediante la più recente fattispecie del **lavoro agile** è il legislatore a recepire e regolare (artt. 18 ss., legge n. 81 del 2017) sperimentazioni già avviate con successo da contratti collettivi, perlopiù in grandi realtà produttive, sotto la denominazione inglese di *smart working* (espressione della quale "lavoro agile" rappresenta la traduzione in italiano) [1].

Con riferimento ai datori di lavoro, a fronte dell'evoluzione tecnologica la tradizionale disciplina dei poteri direttivo, disciplinare e di controllo, pensata per il lavoro prestato nell'impresa fordista, sembra conciliarsi sempre meno con le nuove forme di organizzazione dell'impresa e più in generale del lavoro,

---

[1] Cfr. Gruppo giovani giuslavoristi Sapienza (a cura di), *Il lavoro agile nella disciplina legale, collettiva ed individuale*, in *WP C.S.D.L.E. "Massimo D'Antona". Collective Volumes*, 6/2017. Tra le esperienze si vedano ad es. gli accordi ENEL del 4 aprile 2017; Ferrovie dello Stato del 2 maggio 2017; AXA del 12 aprile 2016; Generali del 7 ottobre 2016. Più di recente l'accordo del Gruppo Poste Italiane S.p.a. del 23 gennaio 2019. Il lavoro agile/*smart working* è anche utilizzato da tempo presso anche alcune PP.AA., come ad es. i Comuni di Milano e di Torino.

laddove la prestazione lavorativa può essere resa senza una precisa predeterminazione del luogo della prestazione lavorativa, nonché dell'orario di lavoro. Con riferimento ai lavoratori, si evidenziano sempre più crescenti esigenze di conciliazione tra vita e lavoro.

Rispetto a tali evoluzioni il telelavoro e, soprattutto, la fattispecie del lavoro agile esprimono un tentativo di adattamento della regolamentazione legale, effettuato con chiaro riferimento a un rapporto di lavoro subordinato.

E tuttavia, il nuovo atteggiarsi dei poteri datoriali nel lavoro agile induce a riflettere sulla tradizionale dicotomia autonomia-subordinazione, anche alla luce dell'art. 15 della stessa legge n. 81 del 2017, che, per la prima volta, modificando l'art. 409, n. 3, c.p.c., detta una nozione legale di "coordinamento" (*infra*, par. 7 e cap. 40).

2. Il "lavoro agile" (traduzione dall'inglese *smart working*) è definito dall'art. 18, legge n. 81 del 2017 come particolare **modalità di esecuzione del rapporto di lavoro subordinato**, stabilita **mediante accordo tra le parti**, anche con forme di organizzazione per fasi, cicli e obiettivi e senza precisi vincoli di orario o di luogo di lavoro, con il possibile utilizzo di strumenti tecnologici per lo svolgimento dell'attività lavorativa.

La prestazione lavorativa viene eseguita, **in parte all'interno di locali aziendali e in parte all'esterno senza una postazione fissa**, entro i soli limiti di durata massima dell'orario di lavoro giornaliero e settimanale, derivanti dalla legge e dalla contrattazione collettiva" (art. 18, comma 1).

elementi caratterizzanti il lavoro agile

Alla luce di questa definizione, gli elementi caratterizzanti del lavoro agile sono essenzialmente due:

– l'accordo tra le parti circa l'attivazione della modalità "agile" di esecuzione del rapporto;
– una prestazione di lavoro subordinato eseguita (solo) in parte all'esterno dei locali aziendali.

A questi elementi ai sensi dell'art. 18 possono aggiungersene ulteriori:
– l'organizzazione anche per fasi, cicli o obiettivi della prestazione di lavoro;
– l'assenza di precisi vincoli di luogo di lavoro e di orario, fermi i limiti di durata massima previsti dalla legge e dalla contrattazione collettiva;
– l'utilizzo di strumenti tecnologici per lo svolgimento dell'attività lavorativa, di fatto sempre previsto per mezzo di portatili, *tablet* o *smartphone*.

ratio della disciplina sul lavoro agile

3. Il capo II della legge n. 81 del 2017, introduce e regola il "lavoro agile" allo scopo di incrementare la competitività e agevolare la conciliazione dei tempi di vita e di lavoro, a vantaggio del datore di lavoro così come del lavoratore.

Non per caso, già prima dell'intervento legislativo il ricorso al lavoro agile per mezzo di contratti collettivi assicura benefici fiscali, quale strumento per la produttività [2], e sgravi contributivi, quale strumento di conciliazione vita-lavoro [3].

lavoro agile alle dipendenze della P.A.

Anche nel lavoro alle dipendenze della P.A., al quale le disposizioni del capo II si applicano in quanto compatibili [4], il lavoro agile può annoverarsi tra le "nuove modalità spazio temporali di organizzazione del lavoro" che la c.d. legge Madia (art. 14, legge n. 124 del 2015) sancisce di estendere al 10% dei dipendenti pubblici [5].

ambiti di applicazione del lavoro agile

Per la legge, in ogni caso, il lavoratore agile mantiene il diritto agli incentivi fiscali e contributivi per gli aumenti di produttività ed efficienza generalmente previsti per il lavoro subordinato (art. 18, comma 4).

Gli ambiti applicativi del lavoro agile potrebbero essere i più svariati e spaziare dalle prestazioni ad alto contenuto intellettuale (grafici pubblicitari, tecnici informatici operanti da remoto) a quelle meno specialistiche (addetti ai servizi di consegna a domicilio, manutentori *on site*, per i quali può essere necessario lo svolgimento dell'attività solo in parte all'interno dell'azienda, sotto la direzione del datore di lavoro e dei suoi sottoposti in modo incostante nel tempo o limitato nel corso nella giornata lavorativa).

Le scelte relative alle modalità "agili" sono le più varie: quanto al tempo, spesso il lavoro agile è circoscritto in uno o in alcuni giorni della settimana; quanto al luogo vengono a volte presi in considerazione non solo il domicilio o la residenza del lavoratore, ma anche uffici dei clienti o sedi aziendali diverse da quelle di assegnazione, mentre altre volte al lavoratore è lasciata totale libertà di scelta dei luoghi di esecuzione della prestazione [6].

patto di lavoro agile e contratto di lavoro

4. L'attivazione della prestazione di lavoro agile presuppone un apposito accordo tra le parti, il c.d. patto di lavoro agile [7], volto a regolare, in particolare, due aspetti [8]:

a) l'esecuzione della prestazione lavorativa all'esterno dei locali aziendali, anche con riguardo alle forme di esercizio del potere direttivo del datore di lavoro ed agli strumenti utilizzati dal lavoratore;

---

[2] D. min. lav. 25 marzo 2016, attuativo dell'art. 1, comma 182, legge n. 208 del 2015.

[3] D. intermin. 12 settembre 2017, in attuazione del d.lgs. n. 80 del 2015.

[4] Tanto al pubblico impiego privatizzato, quanto a quello non privatizzato: cfr. l'art. 25, d.p.r. n. 85 del 2018 per i diplomatici.

[5] Art. 18, comma 3, legge n. 81 del 2017.

[6] Cfr. M. Tiraboschi, *op. cit.*, p. 7, con riferimento alle esperienze di Intesa San Paolo, BNL, Unicredit, Snam, General Motors.

[7] Tale patto è oggetto della comunicazione di cui all'art. 9-*bis* del d.l. 1° ottobre 1996, n. 510, convertito, con modificazioni, dalla legge n. 608 del 1996 e succ. modificazioni.

[8] Si veda anche l'art. 20, comma 2, ai sensi del quale "Al lavoratore impiegato in forme di lavoro agile ai sensi del presente capo può essere riconosciuto, nell'ambito dell'accordo di cui all'articolo 19, il diritto all'apprendimento permanente, in modalità formali, non formali o informali, e alla periodica certificazione delle relative competenze".

b) i tempi di riposo del lavoratore nonché le misure tecniche e organizzative necessarie per assicurare la disconnessione del lavoratore dalle strumentazioni tecnologiche di lavoro.

La forma scritta del patto è richiesta *ad probationem* e a pena di sanzioni amministrative.

Il patto può essere a tempo determinato o indeterminato.

patto di lavoro agile e contratto di lavoro

Il patto non sostituisce il contratto di lavoro, bensì introduce e regola la modalità agile come modalità di esecuzione del rapporto di lavoro subordinato, parallela alla modalità ordinaria.

Secondo l'espressa definizione legislativa, infatti, **una parte della prestazione deve essere svolta all'interno dell'azienda** e non vi è ragione di ritenere che questa debba essere regolata in modo diverso rispetto agli altri lavoratori subordinati operanti (integralmente) all'interno dei luoghi di lavoro.

Al contrario, tutte le previsioni in materia di lavoro agile derogatorie rispetto alla disciplina generale si caratterizzano e si giustificano per essere riferite alla parte di prestazione resa all'esterno dei locali aziendali, senza postazione fissa.

patto di lavoro agile e contratto collettivo

5. Il patto di lavoro agile previsto dall'art. 19 della legge n. 81 è un accordo tra le parti e quindi è individuale. La legge nulla prevede in merito alla competenza dei contratti collettivi a disciplinare il ricorso al lavoro agile.

E tuttavia non sembra che la legge, in forza del riferimento ad un patto individuale, escluda la competenza regolativa dei contratti collettivi.

Il lavoro agile è diffuso principalmente nelle grandi aziende ed è un fenomeno che riguarda, di norma, collettività di lavoratori. Sarebbe poco realistico regolamentare questa modalità di esecuzione della prestazione solo sulla base di accordi individuali quando i lavoratori interessati sono numerosi.

Sembra possibile, pertanto, anche alla luce dell'esperienza, che le condizioni per l'accesso al lavoro agile, come già avvenuto prima dell'entrata in vigore della legge, possano ancora oggi essere negoziate nell'ambito di accordi collettivi e che il patto di lavoro agile, come in altri casi, possa rinviare alla disciplina collettiva le modalità di esecuzione della prestazione lavorativa.

La fonte collettiva non potrà invece sostituirsi al consenso espresso dal lavoratore nel patto individuale per l'attivazione del lavoro in forma agile.

E quanto al rapporto tra le previsioni collettive (non solo future ma anche pregresse) e le attuali norme di legge si deve precisare che i contratti collettivi non potranno eliminare le garanzie legali dei lavoratori agili, ma potranno regolamentare le condizioni del ricorso al lavoro agile predeterminandone in parte i contenuti e semplificando la negoziazione tra le parti.

Inoltre, con l'introduzione del nuovo comma 3-*bis* all'art. 18, legge n. 81 del 2017, i datori di lavoro sono tenuti in ogni caso a riconoscere priorità alle richieste di lavoro in modalità agile formulate dalle lavoratrici nei tre anni successivi alla conclusione del periodo di congedo di maternità o dai lavoratori con figli in condizioni di disabilità grave ai sensi della legge n. 104 del 1992.

6. Ciascuna delle parti può recedere dal patto di lavoro agile con un preavviso non inferiore a trenta giorni [9], se la modalità agile è a tempo indeterminato, o senza preavviso, in presenza di un "giustificato motivo". Se la modalità agile è a tempo determinato, in presenza di un giustificato motivo è possibile recedere prima della scadenza del termine [10]. *recesso*

Il recesso non estingue il rapporto lavorativo, che continuerà secondo le tradizionali modalità e non più in forma agile.

Sebbene la legge nulla preveda sul punto, non vi sono motivi per escludere che il patto di lavoro agile, come qualsiasi altro patto, possa essere anche risolto consensualmente. *risoluzione consensuale*

7. Tra i contenuti del patto di lavoro agile, vale la pena soffermarsi sull'esercizio dei poteri datoriali. *potere direttivo*

La legge utilizza una espressione poco felice quando afferma che oggetto dell'accordo è il lavoro agile **quale modalità di esecuzione del rapporto di lavoro subordinato stabilita mediante accordo tra le parti.**

La prestazione viene eseguita in parte all'interno di locali aziendali e in parte all'esterno senza una postazione fissa entro i limiti di durata massima dell'orario di lavoro giornaliero e settimanale derivanti dalla legge e dalla contrattazione collettiva.

Va precisato che ai sensi dell'art. 19 l'accordo relativo alla modalità di lavoro agile è stipulato per iscritto ai fini della prova e disciplina l'esecuzione della prestazione lavorativa svolta all'esterno dei locali aziendali anche con riguardo alle forme di esercizio del potere direttivo del datore di lavoro ed agli strumenti utilizzati dal lavoratore.

Si tratta quindi di stabilire se oggetto del patto siano soltanto le modalità di esecuzione della prestazione lavorativa nel senso che queste, una volta pattuite, possono essere modificate solo consensualmente o se invece, rimanga l'unilateralità del potere direttivo nella parte che non viene regolata dal patto.

Ad esempio il patto prevede che le comunicazioni tra lavoratore agile e datore di lavoro debbano avvenire attraverso posta elettronica entro una determinata fascia oraria.

Se si accoglie la prima tesi, l'esercizio del potere direttivo può esplicarsi

---

[9] Novanta giorni se il lavoratore è stato assunto nella "quota" riservata ai disabili ai sensi della legge n. 68 del 1999.

[10] Le nuove disposizioni riecheggiano le formulazioni di quelle in materia di recesso dal rapporto di lavoro e ne riprendono alcuni concetti (giustificato motivo), seppur probabilmente in maniera poco felice (il giustificato motivo, a ben vedere, produce gli effetti della giusta causa e forse sarebbe stato più opportuno richiamare quest'ultima nozione).

fuori dell'azienda solo attraverso queste modalità, se invece si accoglie la seconda tesi si può ritenere legittima anche una comunicazione tramite sms fuori di quella determinata fascia orario ma sempre durante l'orario di lavoro.

Ne consegue che accogliendo la prima tesi interpretativa le forme di esercizio del potere direttivo fuori dell'azienda sono stabilite di comune accordo tra le parti e sono soltanto quelle, mentre seguendo la seconda tesi le forme di esercizio del potere direttivo regolate dal patto non fanno venir meno l'esercizio unilaterale del potere al di fuori delle condizioni stabilite nel patto, e conseguentemente, se così si può dire, l'esercizio unilaterale del potere direttivo si "riespande" al di fuori delle condizioni stabilite nel patto anche con riguardo alla prestazione lavorativa svolta fuori dell'azienda.

È evidente che questa determinazione in forma concordata tra le parti può oltretutto rendere delicata la distinzione tra il lavoro agile (subordinato) e le collaborazioni coordinate e continuative (autonome) (*infra*, cap. 50).

potere di controllo e potere disciplinare

8. L'accordo relativo alle modalità di lavoro agile (art. 21) regola l'esercizio del potere di controllo e disciplinare del datore di lavoro sulla prestazione **resa all'esterno dei locali aziendali** (salvi i limiti inderogabili posti dall'art. 4, legge n. 300 del 1970) e conseguentemente limita l'esercizio unilaterale dei suddetti poteri del datore di lavoro.

Inoltre, l'art. 21, comma 2 individua le condotte disciplinarmente rilevanti commesse all'esterno dei locali di lavoro.

Questa previsione potrebbe acquisire notevole importanza perché sulla base del diverso luogo di esecuzione della prestazione, l'autonomia individuale verrebbe *ex lege* abilitata a regolare istituti ordinariamente riservati all'autonomia collettiva, come la tipizzazione delle condotte disciplinarmente rilevanti.

Si tratta di un effetto del tutto nuovo, considerando che, per esempio, l'art. 30 del collegato lavoro quando ha voluto attribuire all'autonomia individuale una limitata rilevanza nella tipizzazione delle ipotesi di licenziamento disciplinare lo ha fatto con riferimento a contratti certificati e non ad accordi stipulati tra le parti senza la garanzia di una sede protetta.

parità di trattamento

9. Al fine di evitare che il ricorso al lavoro agile penalizzi i lavoratori interessati da questa modalità, la legge vieta ogni disparità di trattamento: "al lavoratore agile, infatti, spetta un trattamento economico e normativo non inferiore a quello **complessivamente applicato**, in attuazione dei contratti collettivi di cui all'art. 51 del d.lgs. n. 81 del 2015, ai lavoratori che svolgono le medesime mansioni esclusivamente all'interno dell'azienda" (art. 20, comma 1).

Attraverso l'ambiguo riferimento al trattamento "complessivo", però, il legislatore potrebbe autorizzare i contratti collettivi a dettare trattamenti peggiorativi a parità di mansioni, se adeguatamente controbilanciati da previsioni più favorevoli.

10. Il datore di lavoro garantisce la salute e la sicurezza del lavoratore che svolge la prestazione in modalità di lavoro agile e "a tal fine" (art. 22) consegna al lavoratore e al rappresentante dei lavoratori per la sicurezza, con cadenza almeno annuale, un'informativa scritta nella quale sono individuati i rischi generali e i rischi specifici connessi alla particolare modalità di esecuzione del rapporto di lavoro.

sicurezza sul lavoro

Difficilmente la sola consegna dell'informativa potrà essere sufficiente a garantire la salute e la sicurezza del lavoratore agile, pertanto **l'obbligo deve ritenersi aggiuntivo** rispetto a quelli previsti in via generale in capo al datore di lavoro.

Al contempo, quando il lavoratore agile svolge la propria attività fuori dai locali aziendali diventa difficile per il datore di lavoro adempiere all'obbligo di garanzia.

Non a caso la legge stabilisce, quale parziale contrappeso, che il lavoratore impegnato all'esterno dei locali aziendali debba cooperare all'attuazione delle specifiche misure di prevenzione predisposte (art. 22, comma 2). Il grado di questa cooperazione, pertanto, è verosimilmente maggiore di quello esigibile dai lavoratori che operano all'interno dell'impresa.

Al lavoratore agile spetta, infine, la tutela contro gli infortuni sul lavoro dipendenti da rischi connessi alla prestazione lavorativa resa all'esterno dei locali aziendali, ivi compresi gli infortuni *in itinere*, occorsi durante il normale percorso di andata e ritorno dal luogo di abitazione a quello prescelto per lo svolgimento della prestazione lavorativa all'esterno dei locali aziendali.

tutela contro gli infortuni, anche in itinere

Quest'ultima tutela è limitata alle ipotesi nelle quali la scelta del luogo della prestazione sia dettata da esigenze connesse alla prestazione stessa o dalla necessità del lavoratore di conciliare le esigenze di vita con quelle lavorative e risponda a "criteri di ragionevolezza", invero piuttosto ambigui in concreto.

11. Il telelavoro (o lavoro a distanza) è una modalità di svolgimento dell'attività lavorativa, diffusa sia in Italia sia all'esterno, nella quale **il lavoratore esegue le prestazioni da un luogo esterno all'azienda** o comunque al luogo di esercizio del potere direttivo e di controllo da parte del datore di lavoro, avvalendosi di un collegamento telematico.

telelavoro

Sono note diverse forme di telelavoro: quello svolto dal domicilio del lavoratore[11], il **lavoro remotizzato**, nel quale il lavoratore svolge l'attività in "uffici satellite", locali aziendali situati in un luogo distante dalla "sede" ove il datore di lavoro esercita il potere direttivo e di controllo, **i centri di lavoro comunitario**, strutture che ospitano telelavoratori che dipendono da imprese diverse, fino ad arrivare al ***working out***. L'unica forma di telelavoro non stanziale, nella quale il telelavoratore non è vincolato ad una posizione di lavoro fissa.

tipologie di telelavoro

La regolamentazione del telelavoro è differente tra il settore privato e quello pubblico.

---

[11] Cass. 18 luglio 2006, n. 16379.

assenza di una disciplina legislativa sul telelavoro nel settore pubblico

Per i rapporti di lavoro privato non esiste una disciplina legale del telelavoro. Il legislatore si limita a incentivare il ricorso a questa modalità di svolgimento dell'attività lavorativa, pur senza darne una definizione generale, per le sue positive implicazioni sociali e organizzative: ad es. la conciliazione della vita privata con l'attività lavorativa, l'integrazione nei processi produttivi dei lavoratori disabili, il reinserimento dei lavoratori in mobilità [12].

L'unica regolamentazione è contenuta in accordi e contratti collettivi sul telelavoro "esterno", i quali adeguano alle esigenze aziendali o di settore la nuova forma di svolgimento dell'attività lavorativa, senza prefigurare un modello negoziale di riferimento.

La stessa definizione di telelavoro, contenuta nell'**accordo quadro europeo sul telelavoro** del 16 luglio 2002 tra CES, UNICE/UEAPME e CEEP, recepito con l'accordo interconfederale del 9 giugno 2004 nell'ambito di Confindustria, risulta molto ampia e suscettibile di interpretazioni e applicazioni differenziate [13]. Ai sensi dell'art. 1, comma 1 di tale accordo, il telelavoro costituisce una forma di organizzazione e/o di svolgimento del lavoro che si avvale delle tecnologie dell'informazione nell'ambito di un contratto o di un rapporto di lavoro, in cui l'attività lavorativa, che potrebbe anche essere svolta nei locali dell'impresa, viene regolarmente svolta al di fuori dei locali della stessa.

la disciplina del pubblico impiego

Nella **pubblica amministrazione** la legge n. 191 del 1998 prevede che le amministrazioni pubbliche possano avvalersi di forme di lavoro a distanza. Le concrete modalità attuative sono dettate dal d.p.r. n. 70 del 1999. Il 23 marzo 2000 è stato inoltre stipulato l'Accordo quadro nazionale per l'applicazione del telelavoro ai rapporti di lavoro del personale dipendente delle pubbliche amministrazioni.

Come accennato, la diffusione di tale modalità lavorativa è rimasta ridotta, inizialmente per lo scarso grado di impiego delle tecnologie telematiche nel nostro sistema produttivo e oggi, dinanzi allo sviluppo tecnologico, perché concepita sull'implicito e ormai inadeguato concetto di postazione di lavoro. Del resto, se la disciplina del telelavoro fosse stata adeguata a regolare lo svolgimento di attività di lavoro fuori dall'azienda, non sarebbe mai stata introdotta la fattispecie del lavoro agile.

Inoltre, nel pubblico impiego e in materia di sicurezza sul lavoro (art. 3, comma 10, d.lgs. n. 81 del 2008), la disciplina del telelavoro si rivela estremamente ricca e complessa nell'applicazione.

lavoro agile e telelavoro: differenze

12. Può essere utile, a questo punto, capire se e come la nuova disciplina del lavoro agile possa distinguersi dal "telelavoro".

I perimetri dei due istituti non appaiono totalmente coincidenti. In primo

---

[12] Cfr. ad es. art. 38, legge n. 69 del 2009; art. 22, legge n. 183 del 2011; art. 23, d.lgs. n. 80 del 2015.

[13] P. Pizzi, *Considerazioni sulla qualificazione giuridica del telelavoro*, in *Riv. giur. lav.*, 1997, I, p. 219.

luogo, nel telelavoro il collegamento telematico con la sede dell'impresa è necessario e non solo possibile.

In secondo luogo, affinché ricorra la fattispecie del lavoro agile, a differenza del telelavoro, è richiesto espressamente e sempre lo svolgimento di parte dell'attività all'interno dell'azienda.

Infine, la disciplina del patto di lavoro agile riserva all'autonomia individuale ambiti di intervento (ad es. potere direttivo, potere disciplinare e potere di controllo) sconosciuti alla fattispecie del telelavoro, che è a sua volta più flessibile in tema di orario di lavoro (art. 17, comma 5, d.lgs. n. 66 del 2003).

Capitolo 41
Il lavoro a tempo parziale

SOMMARIO: 1. Il lavoro a tempo parziale. – 2. Nozione e finalità. – 3. Forma e contenuto del contratto. – 4. Clausole elastiche. – 5. Lavoro supplementare e lavoro straordinario. – 6. Principio di non discriminazione e principio di riproporzionamento. – 7. La trasformazione del rapporto da tempo pieno a tempo parziale e viceversa.

fonti

1. Il **contratto di lavoro a tempo parziale** è stato introdotto nel nostro ordinamento dalla legge n. 863 del 1984. Successivamente è stato disciplinato dal d.lgs. n. 61 del 2000 [1], a mezzo del quale l'Italia ha recepito la direttiva comunitaria 97/81/CE del 15 dicembre 1997 attuativa, a sua volta, dell'accordo quadro europeo concluso il 6 giugno del 1997 tra le organizzazioni intercategoriali a carattere generale (UNICE, CEEP e CES).

Oggi l'intera disciplina è stata trasfusa negli artt. 4-12 del d.lgs. n. 81 del 2015.

definizione di lavoro a tempo parziale

2. Per contratto di lavoro a tempo parziale si intende un contratto di lavoro subordinato, anche a tempo determinato, nel quale **le parti stabiliscono un orario di lavoro inferiore rispetto al tempo pieno**, ossia inferiore al normale orario di lavoro fissato dalla legge o dal contratto collettivo (cfr. art. 3, d.lgs. n. 66 del 2003) [2].

La previsione di un contratto con orario ridotto risponde a due esigenze, chiaramente esplicitate nel testo dell'accordo quadro allegato alla direttiva:

– la realizzazione di **un'organizzazione del lavoro più flessibile** nell'interesse delle imprese;

---

[1] Dal d.lgs. n. 100 del 2001, dall'art. 46, d.lgs. n. 276 del 2003, attuativo delle disposizioni contenute nell'art. 3, legge delega n. 30 del 2003, dall'art. 1, comma 44, legge n. 247 del 2007, dall'art. 22, legge 12 n. 183 del 2011 (legge di stabilità 2012) dall'art. 1, comma 20, legge n. 92 del 2012 (c.d. riforma Fornero) ed infine dal d.lgs. n. 81 del 2015.

[2] Ad esempio, nel settore del commercio (v. art. 118, Ccnl 30 luglio 2019), il tempo pieno è fissato, in aderenza al limite di legge, in 40 ore settimanali; la riduzione a 20 ore settimanali comporterà un part-time al 50%.

– la **conciliazione tra vita professionale e familiare** in relazione ai bisogni dei lavoratori.

3. Il contratto di lavoro a tempo parziale deve essere stipulato in **forma scritta ai fini della prova** (art. 5, comma 1, d.lgs. n. 81 del 2015) e deve contenere la puntuale indicazione della durata della prestazione lavorativa e della collocazione temporale dell'orario, con riferimento al giorno, alla settimana, al mese e all'anno (art. 5, comma 2).

forma scritta ad probationem *e regime sanzionatorio*

In mancanza della forma scritta il lavoratore può chiedere l'accertamento della sussistenza di un rapporto di lavoro a tempo pieno a decorrere dall'accertamento giudiziale, con diritto alla retribuzione ed al versamento dei contributi previdenziali per le prestazioni rese nel periodo antecedente all'accertamento (art. 10, comma 1).

Diversamente, in mancanza dell'indicazione scritta della durata della prestazione, il lavoratore potrà chiedere la sussistenza di un rapporto di lavoro a tempo pieno, il quale potrà essere riconosciuto solo per il periodo successivo alla domanda giudiziale ed in particolare dalla data della sentenza; oltre a ciò il lavoratore avrà diritto al risarcimento del danno.

Qualora invece non sia stata indicata la collocazione temporale dell'orario, la lacuna verrà colmata dal giudice secondo equità, tenendo conto delle esigenze del prestatore di lavoro (responsabilità familiari, altre attività lavorative, ragioni di studio) come di quelle del datore di lavoro (art. 10, comma 2).

Anche in questo caso, il lavoratore avrà diritto al risarcimento del danno, così come nell'ipotesi di violazione delle condizioni e dei limiti stabiliti dalla legge e dal contratto collettivo per lo svolgimento di prestazioni elastiche o flessibili.

4. Alla riduzione di orario si accompagna, quale ulteriore strumento di flessibilità, la **possibilità di variare la collocazione temporale e la durata della prestazione attraverso apposite clausole c.d. "elastiche"**, pattuite in contemporanea alla stipula del contratto individuale o stipulate separatamente, sempreché si rispetti la forma scritta.

clausole elastiche

Mediante le clausole elastiche è possibile, ad esempio, spostare al pomeriggio la prestazione lavorativa originariamente concordata al mattino oppure disporre l'aumento dell'orario di lavoro ridotto.

L'apposizione di tali clausole incide notevolmente sulla possibilità del lavoratore *part-time* di programmare la propria vita e, pertanto, la legge prevede una serie di limiti e garanzie per la loro fruizione.

In questo senso deve leggersi, ad esempio, il diritto del lavoratore al preavviso, che non può essere inferiore a due giorni lavorativi, così come la misura massima dell'aumento dell'orario di lavoro, fissato nel 25% della prestazione parziale pattuita e con l'applicazione di una maggiorazione retributiva del 15%.

Ed ancora, secondo la stessa *ratio*, deve interpretarsi la necessaria previsione delle modalità che consentono al lavoratore di richiederne l'eliminazione ovvero la modifica (c.d. **diritto di ripensamento**[3]) in modo da andare incontro alle esigenze del lavoratore laddove le nuove modalità di organizzazione flessibile dell'orario si rivelino incompatibili con le proprie esigenze di vita.

diritto di ripensamento

Ad ogni modo, la stipulazione delle clausole elastiche è subordinata alla loro specifica previsione nei contratti collettivi[4] o, in mancanza, al ricorso alle Commissioni di certificazione di cui all'art. 76, d.lgs. n. 276 del 2003.

La *ratio* di questa previsione è, evidentemente, quella di tutelare il lavoratore una volta venuto meno il "filtro" del contratto collettivo, al fine di garantire in sede protetta la genuina manifestazione di volontà in ordine ad una disciplina che può incidere negativamente sulla programmabilità della propria vita.

Tuttavia, le garanzie previste dalla legge in materia di clausole elastiche e di diritto di ripensamento devono poi fare i conti con la realtà economica del momento: è vero che il lavoratore potrà rifiutarsi di sottoscrivere dette clausole, ma è anche vero che questo significa rifiutarsi di sottoscrivere il contratto di lavoro e perdere, dunque, la possibilità di essere assunto.

Diversa è l'ipotesi, in verità poco frequente, in cui le clausole non siano state inserite *ab origine* nel contratto di lavoro, ma vengano introdotte successivamente, quando il rapporto *part-time* è già in corso di svolgimento.

In questo caso, la garanzia per il lavoratore risiede nell'art. 6, comma 8, del d.lgs. n. 81 del 2015, in cui si prevede espressamente che "il rifiuto del lavoratore di concordare variazioni dell'orario di lavoro non costituisce giustificato motivo di licenziamento".

lavoro supplementare

5. Oltre alle clausole elastiche, il datore di lavoro può richiedere al dipendente lo svolgimento di **lavoro supplementare**, ovvero di **lavoro prestato in aggiunta a quello concordato nel contratto individuale** sino al limite dell'orario a tempo pieno (art. 1, comma 2, lett. *c*), d.lgs. n. 66 del 2003 e art. 6, commi 1 e 2, d.lgs. n. 81 del 2015).

Si tratta di un ulteriore elemento di flessibilità dell'orario che risponde alle esigenze delle imprese di **aumentare occasionalmente la durata della prestazione lavorativa in situazioni contingenti**, senza dover effettuare una modifica stabile dell'orario di lavoro[5].

---

[3] Cfr. art. 8, commi 3, 4 e 5, d.lgs. n. 81 del 2015 e art. 10, comma 1, legge n. 300 del 1970

[4] V., ad es., l'art. 4, Sez. IV del Ccnl metalmeccanici del 26 novembre 2016 e il Ccnl commercio del 30 luglio 2019. Si badi che i Ccnl possono prevedere una disciplina anche "peggiorativa" rispetto a quella di legge, dal momento che possono ridurre il periodo di preavviso ovvero prevedere delle percentuali di aumento delle prestazioni anche maggiori di quella di legge.

[5] In ciò consiste la differenza tra la richiesta di lavoro supplementare e la richiesta di un aumento della durata della prestazione lavorativa attraverso l'apposizione di una clausola

I contratti collettivi possono stabilire il numero massimo delle ore di lavoro supplementare, la percentuale di maggiorazione sulla retribuzione oraria globale di fatto e l'incidenza di questa sugli istituti retributivi indiretti e differiti, nonché le conseguenze del superamento del numero delle ore massime.

In mancanza di una disciplina specifica nel contratto collettivo, analogamente alla disciplina legale delle clausole elastiche, il datore di lavoro potrà richiedere lavoro supplementare nel limite del 25% delle ore settimanali concordate e con l'applicazione di una maggiorazione dell'importo della retribuzione e degli istituti retributivi indiretti e differiti, stabilita nella misura del 15%.

lavoro straordinario

Nel rapporto di lavoro a tempo parziale è altresì ammesso lo svolgimento di prestazioni **di lavoro straordinario**, cioè eccedenti l'orario normale di lavoro (art. 6, comma 3).

6. Primaria importanza riveste il **principio di non discriminazione del lavoratore** ***part-time*** il quale "non deve ricevere un trattamento meno favorevole rispetto al lavoratore a tempo pieno comparabile" (art. 7, comma 1)[6].

principio di non discriminazione e principio di riproporzionamento

Allo stesso modo, l'art. 7, comma 2, stabilisce esplicitamente la regola del **riproporzionamento** del trattamento economico del lavoratore a tempo parziale, con riferimento al lavoratore a tempo pieno comparabile.

Ed entrambi questi concetti, fondamentali nella disciplina del *part-time*, derivano dal diritto comunitario, traducendo nel diritto interno quanto previsto dalla clausola 4 della direttiva europea 97/81/CE.

Del resto, già da tempo la giurisprudenza[7] aveva applicato al *part-time* il principio della **proporzionalità** della retribuzione alla quantità e qualità del lavoro prestato, in conformità all'art. 36, comma 1, Cost., chiarendo che il lavoratore a tempo parziale deve percepire una retribuzione non differenziata rispetto a quella del lavoratore a tempo pieno, ma semplicemente riproporzionata in ragione del minor numero di ore lavorate.

Nel *part-time* il parametro della sufficienza viene così rispettato, con l'applicazione del criterio della proporzionalità, attraverso lo svolgimento combinato di più rapporti di lavoro ad orario ridotto e del cumulo delle corrispondenti retribuzioni[8].

Il principio del riproporzionamento dei trattamenti riconosciuti ai lavoratori *part-time* trova applicazione anche in materia previdenziale, i cui specifici profili sono regolati dall'art. 11[9].

---

elastica. Nel primo caso, inoltre, la richiesta di prestazioni ulteriori può essere rifiutata dal lavoratore in presenza di "comprovate esigenze lavorative, di salute, familiari o di formazione professionale", mentre nel caso di attivazione della clausola elastica, il rifiuto equivale all'inadempimento.

[6] Sul tema v., da ultimo, Cass. 27 giugno 2018, n. 16945 in *Guida lav.*, 2018, 30, p. 32.

[7] Ad es. Cass. 28 dicembre 1999, n, 14633, in *Riv. it. dir. lav.*, 2000, II, p. 684.

[8] Corte cost. 4 maggio 1992, n. 210, in *Foro it.*, 1992, I, c. 3232; cfr. inoltre Cass. 8 settembre 2003, n. 13107, in *Riv. it. dir. lav.*, 2004, II, p. 330.

[9] In particolare, il comma 4 prevede che "nel caso di trasformazione del rapporto di la-

In caso di infortunio o malattia l'art. 4, comma 2, lett. *a*), d.lgs. n. 61 del 2000 prevedeva che la durata del periodo di conservazione del posto fosse equivalente a quella determinata per i lavoratori a tempo pieno. Oggi, anche per questi istituti si fa piena applicazione del principio di riproporzionamento, salva diversa disposizione dei contratti collettivi.

trasformazione del rapporto da tempo pieno a tempo parziale ...

7. L'art. 8 disciplina le modalità della **trasformazione del rapporto di lavoro da tempo pieno a tempo parziale e viceversa**: in entrambi i casi **il rifiuto del lavoratore avverso la richiesta di trasformazione del rapporto non costituisce un giustificato motivo di licenziamento.**

La trasformazione del rapporto di lavoro da tempo pieno a parziale deve avvenire **mediante accordo delle parti individuali redatto per iscritto.**

Prima di effettuare assunzioni di lavoratori con contratto di lavoro a tempo parziale, il datore di lavoro è tenuto ad informare i lavoratori a tempo pieno impiegati nello stesso ambito comunale anche perché, in questi casi, alcune categorie di lavoratori godono del diritto di precedenza [10].

... e viceversa

Diversamente, **per la trasformazione a tempo pieno di un rapporto a tempo parziale non sono necessari obblighi di forma.**

Anche in questo caso alcuni lavoratori godono del diritto di precedenza, come coloro i quali abbiano anteriormente trasformato il rapporto di lavoro a tempo pieno in rapporto di lavoro a tempo parziale.

Tuttavia, sebbene la disciplina previgente sanzionasse espressamente la violazione di tale diritto [11], il d.lgs. n. 81 del 2015 nulla prevede sul punto, dovendo ricercarsi un rimedio nei principi generali dell'ordinamento, magari facendo riferimento ad un risarcimento equitativo del danno.

Degno di nota il disposto dell'art. 8, comma 7 ove si prevede che, per una sola volta nel corso del rapporto di lavoro ed in luogo del congedo parentale previsto dal capo V del d.lgs. n. 151 del 2001, il lavoratore ha diritto alla trasformazione del rapporto di lavoro da tempo pieno a tempo parziale, per la durata del congedo spettante e con una riduzione non superiore al 50%.

---

voro a tempo pieno in rapporto di lavoro a tempo parziale e viceversa, ai fini della determinazione dell'ammontare del trattamento di pensione si computa per intero l'anzianità relativa ai periodi di lavoro a tempo pieno e proporzionalmente all'orario effettivamente svolto l'anzianità inerente ai periodi di lavoro a tempo parziale".

[10] Lavoratori del settore pubblico e del settore privato affetti da patologie oncologiche o gravi patologie cronico-degenerative ingravescenti, anche riguardanti il coniuge, il figlio o i propri genitori, o nel caso in cui questi assista una persona con invalidità riconosciuta pari al 100% ai sensi della legge n. 104 del 1992. Analogamente, il diritto di precedenza spetta al lavoratore con figlio convivente portatore di handicap o non superiore ad anni tredici.

[11] La violazione comportava il risarcimento del danno in misura corrispondente alla differenza fra l'importo della retribuzione percepita e quella, parametrata al tempo pieno, che gli sarebbe stata corrisposta nei sei mesi successivi a tale passaggio.

Capitolo 42

Il lavoro intermittente

SOMMARIO: 1. Il lavoro intermittente. – 2. Nozione e finalità. – 3. Forma e contenuto del contratto. – 4. Casi di ricorso al lavoro intermittente. – 5. Limiti e divieti. – 6. L'indennità di disponibilità e gli obblighi del lavoratore. – 7. Il principio di non discriminazione. – 8. Inquadramento sistematico del lavoro intermittente.

fonti

1. **Il contratto di lavoro intermittente** (detto anche **contratto di lavoro a chiamata** o *job on call*), introdotto per la prima volta nel nostro ordinamento dal d.lgs. n. 276 del 2003 (artt. 33-40) e successivamente modificato dall'art. 1, comma 21, legge n. 92 del 2012, oggi è disciplinato dagli artt. 13-18, d.lgs. n. 81 del 2015.

Tale forma contrattuale è ormai fondamentale in settori chiave del nostro sistema economico come il turismo, il commercio ed i pubblici esercizi.

2. Con la stipula del contratto di lavoro intermittente il lavoratore si mette a disposizione del datore di lavoro, il quale può effettuare la chiamata ed utilizzarne, quindi, la prestazione lavorativa.

due tipologie di contratto intermittente: con o senza obbligo di risposta alla chiamata

Il contratto può articolarsi in **due tipologie differenti**: nella prima, il lavoratore si mette a disposizione del datore di lavoro quando risponde alla chiamata; nella seconda il lavoratore si obbliga ulteriormente, con patto espresso, garantendo *a priori* la propria disponibilità per l'eventuale chiamata [1] percependo, per tale ragione, un'indennità detta, appunto, di disponibilità (*infra*, par. 6).

Anche questo contratto, come quello a tempo parziale, risponde ad **esigenze di flessibilità della durata della prestazione lavorativa**; diversamente dal *part-time*, però, tali esigenze non si sostanziano nella generale previsione di un orario ridotto, ma nella possibilità per le imprese di avvalersi della prestazione lavorativa in modo discontinuo, solo quando necessario.

Tuttavia, se il lavoro a tempo parziale può essere effettivamente un'oppor-

---

[1] Il preavviso di chiamata del lavoratore non può essere comunque inferiore ad un giorno lavorativo (art. 15, comma 1, lett. *b*), d.lgs. n. 81 del 2015).

tunità anche per il dipendente interessato ad una migliore programmazione dei tempi di vita e di lavoro, il lavoro intermittente sembra più tarato sulle necessità delle imprese di avvalersi di una prestazione "a chiamata" solo quando serve, mentre l'interesse del lavoratore è limitato all'eventualità della prestazione lavorativa e, in casi piuttosto rari, al reddito derivante dall'indennità di disponibilità.

forma scritta ad probationem

3. Il contratto di lavoro intermittente deve essere concluso **in forma scritta ai fini della prova** e **deve contenere l'indicazione di una serie di elementi indicati dalla legge**, tra i quali spiccano le modalità dell'eventuale disponibilità garantita dal lavoratore, il preavviso di chiamata e le forme e le modalità con le quali il datore di lavoro è legittimato a richiedere la prestazione.

causali oggettive e soggettiva

4. Il contratto può essere concluso per lo svolgimento di prestazioni discontinue o intermittenti[2], in presenza di una delle causali oggettive o soggettiva.

Le **causali oggettive** riguardano:

1) **le esigenze individuate dai contratti collettivi** stipulati da associazioni dei datori e prestatori di lavoro comparativamente più rappresentative sul piano nazionale o territoriale[3];

2) **periodi predeterminati, dagli stessi contratti collettivi, nell'arco della settimana, del mese o dell'anno.**

La **causale di natura soggettiva** è legata all'**età** del **lavoratore**: il contratto può essere concluso da **soggetti con meno di ventiquattro anni di età (purché la prestazione si concluda entro il venticinquesimo anno) ovvero da lavoratori con più di cinquantacinque anni**[4].

---

[2] Con il d.lgs. n. 81 del 2015 il legislatore prende posizione sulla necessaria discontinuità delle prestazioni. In altre parole, anche se validamente stipulato in base ad una delle tre causali, in fase di esecuzione il contratto dovrà caratterizzarsi per l'intermittenza delle prestazioni; in caso contrario si verificherebbe una distorsione nel suo utilizzo meritevole di trattamento sanzionatorio.

[3] In mancanza della previsione pattizia, l'art. 13, comma 1, prevede che la possibilità di utilizzo del contratto di lavoro a chiamata venga disciplinata mediante decreto ministeriale. Una norma analoga, ritenuta tuttora applicabile dallo stesso Ministero del lavoro (cfr. risposta ad interpello n. 10 del 21 marzo 2016), era contenuta nell'art. 40 del d.lgs. n. 276 del 2003; in quel caso il Ministero aveva decretato la possibilità di stipulare contratti di lavoro intermittente con riferimento alla tabella contenuta nel r.d. n. 2657 del 1923 e relativa ai lavori discontinui, di semplice attesa o custodia.

[4] Il solo requisito anagrafico del lavoratore è stato dichiarato discriminatorio da App. Milano 3 luglio 2014, in *Foro it.*, 2014, 9, I, c. 2606, con conseguente conversione del rapporto di lavoro a tempo pieno. Successivamente, a mezzo di ord. Cass. 29 febbraio 2016, n. 3982, la questione è stata rimessa alla Corte di giustizia dell'Unione Europea *ex* artt. 267 del Trattato sul Funzionamento dell'Unione europea e 21, n. 1, della Carta dei

5. Eccettuati i settori del turismo, dei pubblici esercizi e dello spettacolo, il contratto di lavoro intermittente è ammesso nel **limite delle quattrocento giornate di effettivo lavoro nell'ambito di tre anni solari** per ogni singolo rapporto di lavoro.

limite quantitativo di 400 giornate in tre anni solari

Il superamento del suddetto limite comporta la trasformazione del rapporto a tempo pieno ed indeterminato.

Inoltre, in chiave antielusiva, è previsto che il datore di lavoro, prima dell'inizio della prestazione lavorativa o di un ciclo integrato di prestazioni di durata non superiore ai trenta giorni, debba comunicare alla Direzione territoriale del lavoro la durata e la collocazione temporale della prestazione[5].

L'art. 14 elenca tassativamente le **ipotesi in cui è vietato il ricorso al lavoro intermittente:**

divieti

1) **sostituzione dei lavoratori in sciopero;**
2) **licenziamenti collettivi**, sospensione dei rapporti o riduzione dell'orario con diritto al trattamento di integrazione salariale nei confronti di lavoratori che svolgano mansioni analoghe a quelle per le quali si intende stipulare il contratto di lavoro;
3) **imprese che non abbiano effettuato la valutazione dei rischi**[6].

6. Se il lavoratore intermittente si obbliga a rispondere alla chiamata, percepisce per questa disponibilità un'indennità mensile (c.d. indennità di disponibilità) che si aggiunge al trattamento economico spettante al lavoratore intermittente per i periodi di effettiva esecuzione della prestazione. Il suo ammontare è stabilito dai contratti collettivi ed in ogni caso non può essere inferiore al minimo fissato con decreto ministeriale (art. 16, comma 1).

indennità di disponibilità

L'indennità di disponibilità, pur avendo natura retributiva[7], è esclusa dal

---

diritti fondamentali dell'Unione europea. La Corte, con la decisione C-143/16 del 19 luglio 2017 ha dichiarato la compatibilità della normativa interna con l'ordinamento comunitario poiché la disposizione "*persegue una finalità legittima di politica del lavoro e del mercato del lavoro e i mezzi per conseguire tale finalità sono appropriati e necessari*".

[5] Ad esempio, se un datore di lavoro vuole utilizzare un lavoratore nel week-end non basta aver concluso con lo stesso un contratto ed aver ricevuto una risposta positiva alla chiamata: sarà necessario anche comunicare l'orario delle prestazioni all'Autorità amministrativa, in modo da rendere possibile un controllo e scongiurare l'utilizzo di lavoro irregolare.

[6] La stipula del contratto di lavoro intermittente in mancanza della valutazione dei rischi comporta la conversione dello stesso in un ordinario rapporto di lavoro subordinato. In tal senso, da ultimo, anche la nota circolare del Ministero del lavoro n. 49 del 15 marzo 2018.

[7] La questione, pur discussa in dottrina, deve trovare questa soluzione anche perché, come autorevolmente affermato "*la retribuzione si colloca quale controprestazione anche della sola messa a disposizione dell'azienda da parte del lavoratore*" cfr. R. Foglia, *La retribuzione*, in G. Santoro-Passarelli (a cura di), *Diritto e processo del lavoro e della previdenza sociale. Il lavoro privato e pubblico*, Milano, 2009, p. 835.

computo degli istituti di legge e di contratto collettivo, ma concorre a formare la base imponibile ai fini contributivi.

Il rifiuto ingiustificato di rispondere alla chiamata, nei casi in cui il lavoratore vi si obblighi, costituisce inadempimento[8] e può determinare la risoluzione del contratto, un congruo risarcimento del danno e la restituzione della quota di indennità corrispondente al periodo successivo al rifiuto medesimo.

Oltre all'indennità, nei periodi di disponibilità, il lavoratore non matura alcun altro diritto economico o normativo. Non per questo, però, egli è estraneo agli obblighi generali derivanti dal rapporto di lavoro (vincolo di fedeltà, riservatezza, ecc.).

Anzi, il lavoratore che non risponda alla chiamata per malattia o altra impossibilità oggettiva è obbligato ad informare il datore di lavoro; nel periodo di indisponibilità la relativa indennità non è dovuta.

In mancanza di comunicazione il lavoratore perde il diritto all'indennità per un periodo di quindici giorni, salvo diverso patto individuale (art. 16, comma 4).

principio di non discriminazione

7. Anche per il lavoratore intermittente, così come per il lavoratore a tempo parziale, vale il **principio di non discriminazione**: egli non deve ricevere, per i periodi lavorati, un trattamento economico e normativo complessivamente meno favorevole di quello spettante al lavoratore di pari livello a parità di mansioni svolte (art. 17, comma 1).

principio di riproporzionamento e criteri di computo

Ne consegue che il suddetto trattamento è riproporzionato in relazione ai periodi di effettiva esecuzione della prestazione, con particolare riferimento all'importo della retribuzione globale di fatto e di altri istituti come le ferie, i congedi parentali, il trattamento di malattia, di infortunio sul lavoro, di malattia professionale e di fine rapporto (art. 17, comma 2). Parallelamente, per il lavoratore intermittente il computo ai fini dell'applicazione degli istituti di legge o di contratto collettivo è effettuato in proporzione all'orario di lavoro effettivamente svolto per ogni trimestre.

inquadramento sistematico

8. Il lavoro intermittente rientra nel tipo **lavoro subordinato** perché il lavoratore è a disposizione del datore di lavoro e svolge la sua prestazione alle dipendenze e sotto la direzione di questo. Pur essendoci delle particolarità nella disciplina della disponibilità, nella fase dell'esecuzione del contratto conseguente alla risposta positiva alla chiamata, non vi è differenza alcuna con un contratto di lavoro subordinato.

---

[8] Diversamente, il lavoratore che non si obbliga a rispondere alla chiamata può legittimamente rifiutare la risposta; la possibilità del datore di lavoro di stabilire anche "l'*an*" della prestazione è compensata con eguale possibilità del lavoratore di resistere alla chiamata senza risultare inadempiente.

I requisiti oggettivi e soggettivi previsti dal legislatore per il contratto di lavoro intermittente **si aggiungono ma non modificano** i connotati essenziali della subordinazione e perciò consentono di inquadrare lo stesso contratto nella categoria dei rapporti flessibili.

Tale inquadramento consente di spiegare agevolmente perché, ad esempio, quando nel contenuto del contratto manchino le indicazioni previste dall'art. 15, richieste ai fini della prova, o quando difettino le giustificazioni oggettive o soggettive che legittimano il ricorso a questo contratto, o, ancora, quando si superi il limite delle quattrocento giornate di lavoro in tre anni solari, deve ritenersi integralmente applicabile la disciplina del lavoro subordinato a tempo pieno ed indeterminato.

Capitolo 43

Il lavoro a tempo determinato

SOMMARIO: 1. L'evoluzione della disciplina. – 2. I nuovi requisiti di legittimità del contratto a termine. – 3. Le condizioni per la proroga e i rinnovi. – 4. I diritti del lavoratore a termine. – 5. Decadenze e regime sanzionatorio.

definizione

1. Il **contratto a tempo determinato** è un contratto di lavoro subordinato a cui il datore di lavoro e il lavoratore convengono di **apporre un termine di scadenza**[1].

Originariamente consentito solo in ipotesi tassative, eccezionali e temporanee individuate *ex lege*[2], al di fuori delle quali il contratto si reputava a tempo indeterminato, fino al 1966 il datore di lavoro non aveva particolare convenienza ad utilizzare questa tipologia contrattuale perché poteva recedere liberamente dal contratto a tempo indeterminato ai sensi dell'art. 2118 c.c.

Dopo il 1966 e, a maggior ragione, dopo l'art. 18 della legge n. 300 del 1970 che sanzionava con la reintegrazione il licenziamento illegittimo, i datori di lavoro hanno mostrato crescente interesse all'uso di contratti temporanei e in particolare all'uso del contratto a tempo determinato. Per soddisfare questa esigenza delle imprese, il legislatore, con una serie di provvedimenti, ha progressivamente liberalizzato l'uso del contratto a termine, legittimando il contratto collettivo ad individuare nuove ipotesi di apposizione del termine[3] e riconoscendo quindi al sindacato il potere di governare questo segmento del mercato del lavoro.

la direttiva 99/70/CE: obiettivi

Successivamente, è intervenuto il legislatore europeo con **la direttiva 99/70/CE**. Questa direttiva si pone come unici obiettivi:

---

[1] La scadenza del termine comporta automaticamente l'estinzione del rapporto e non si identifica con un atto di recesso del datore di lavoro. Prima della scadenza del termine, invece, ai sensi dell'art. 2119 c.c., è possibile per le parti recedere solamente per giusta causa.

[2] Cfr. la legge n. 230 del 1962.

[3] Si veda la legge n. 56 del 1987, che sempre nell'ottica della tassatività, ha abilitato i contratti collettivi a stabilire ulteriori ipotesi di apposizione del termine rispetto a quelle legali (art. 23).

1) di **garantire il rispetto del principio di non discriminazione tra lavoratori** a tempo determinato e lavoratori a tempo indeterminato (*infra*, par. 4);

2) di **prevenire gli abusi derivanti dall'utilizzo di una successione di rapporti di lavoro a tempo determinato** (*infra*, par. 3).

La direttiva lascia invece agli Stati **ampia libertà di scelta** in ordine alle condizioni legittimanti l'apposizione del termine. Tuttavia, per il raggiungimento della finalità antielusiva, impone agli stati membri l'introduzione di almeno una tra le seguenti misure:

a) la **previsione di ragioni obiettive** per la giustificazione del rinnovo;

b) un **limite di durata massima totale** dei contratti o rapporti di lavoro a tempo determinato successivi;

c) un **limite al numero dei rinnovi**.

il d.lgs. n. 368 del 2001

Il d.lgs. n. 368 del 2001, nell'attuare la normativa europea, ha segnato il passaggio dalle ipotesi tassative di apposizione del termine all'individuazione di una fattispecie generale, consentendo l'apposizione del termine **a fronte di ragioni tecniche, produttive, organizzative o sostitutive**.

La riforma si prefissava l'obiettivo di ampliare il ricorso al contratto a tempo determinato, ma buona parte della giurisprudenza ha interpretato la legge in senso restrittivo e ha sostenuto che la ragione tecnica, produttiva e organizzativa dovesse essere in ogni caso contraddistinta, se non dal requisito della eccezionalità o straordinarietà, come si verificava sotto il precedente regime normativo, almeno dal **requisito della temporaneità**[4].

L'enorme contenzioso generato dal requisito oggettivo, da un lato, e la perdurante crisi occupazionale, dall'altro, hanno poi indotto il legislatore ad abbandonare gradualmente anche la regola di giustificazione del termine, per garantire la certezza delle situazioni giuridiche e quindi per incentivare i datori di lavoro all'uso di questo contratto.

il percorso di liberalizzazione del contratto a termine

Tale percorso, iniziato con la legge n. 92 del 2012[5], è culminato nel **d.l. 20 marzo 2014, n. 34**, che **ha liberalizzato il ricorso al contratto a termine**, abolendo in via generale il requisito delle ragioni giustificatrici.

L'impianto normativo è stato riprodotto, con lievi modifiche, nel **d.lgs. n. 81 del 2015**, ai sensi del quale il ricorso al contratto a termine era subordinato unicamente al rispetto della disciplina sui divieti, dell'obbligo di forma scritta, dei limiti temporali e di quelli quantitativi.

---

[4] Cfr. sulla questione Cass. 27 aprile 2010, n. 10033, in *Lav. nella giur.*, 2010, 11, p. 1096 ss.; conf. Cass. 21 novembre 2011, n. 24479; Cass. 24 maggio 2011, n. 11358; Cass. 11 maggio 2011, n. 10346; Cass. 12 gennaio 2015, n. 208; Cass. 2 novembre 2015, n. 22363; Cass. 27 gennaio 2016, n. 1522. Più di recente, Cass. 1° aprile 2019, n. 9017 e Trib. Firenze 26 settembre 2019, n. 794.

[5] Tale legge consentiva la stipula del contratto a tempo determinato a prescindere dalla sussistenza di ragioni tecniche, organizzative, produttive o sostitutive nel caso di primo rapporto a tempo determinato tra le stesse parti e per una durata massima di dodici mesi.

Peraltro, il descritto processo di liberalizzazione è stato accompagnato da una politica legislativa di incentivazione del contratto a tempo indeterminato, attuata mediante il riconoscimento di un regime fiscale e contributivo agevolato (di carattere tuttavia non strutturale), nonché attraverso l'ulteriore marginalizzazione della tutela reintegratoria in caso di licenziamento illegittimo, prevista ormai in limitatissime ipotesi ai sensi del d.lgs. n. 23 del 2015 (*supra*, cap. 30 ss.).

Questa tendenza legislativa, ispirata a favorire una più accentuata flessibilizzazione del mercato del lavoro – sia in entrata sia in uscita – ha subito un arresto con l'emanazione del **c.d. decreto dignità (d.l. n. 87 del 2018, conv. in legge n. 96 del 2018)**.

Con il dichiarato intento di contrastare fenomeni di crescente precarizzazione in ambito lavorativo, **il legislatore del 2018** ha nuovamente condotto a un **irrigidimento della disciplina del contratto a tempo determinato** e ha elevato l'ammontare dell'indennità dovuta dal datore in caso di licenziamento illegittimo (*supra*, cap. 29 ss.). È stato invece confermato il meccanismo di incentivazione delle assunzioni a tempo indeterminato mediante la concessione di sgravi contributivi[6].

le novità introdotte dal c.d. decreto dignità

Con specifico riferimento al contratto a termine, le **principali novità** riguardano: il ripristino delle ragioni giustificatrici quale requisito di legittimità dei contratti stipulati per un periodo superiore a dodici mesi (anche per effetto di una proroga) e in ogni ipotesi di rinnovo; la riduzione della durata massima del contratto da trentasei a ventiquattro mesi; la diminuzione del numero di proroghe consentite, che passa da cinque a quattro; l'inasprimento del regime dei rinnovi, resi più costosi attraverso la previsione di una maggiorazione del contributo addizionale dovuto.

il regime transitorio

Ed è bene chiarire che queste disposizioni si applicano ai contratti stipulati successivamente alla data di entrata in vigore del decreto stesso (cioè a partire dal 14 luglio 2018), nonché ai rinnovi e alle proroghe contrattuali successivi al 31 ottobre 2018[7] (art. 1, comma, 2, d.l. n. 87 del 2018).

il contratto acausale e la reintroduzione delle ragioni giustificatrici oltre i 12 mesi

2. Il d.l. n. 87 del 2018 è intervenuto sulle disposizioni contenute nel d.lgs. n. 81 del 2015 e ha mutato radicalmente il quadro normativo.

Abbandonata la regola della generale acausalità del contratto, è stata introdotta una disciplina a due livelli: **se il contratto ha durata fino a dodici mesi, può essere acausale.**

---

[6] Vedi l'art. 1-*bis* del d.l. n. 87 del 2018 che stabilisce l'esonero dal versamento del 50% dei contributi al fine di promuovere l'occupazione giovanile stabile. Analoghi benefici sono stati successivamente introdotti dalla legge n. 145 del 2018 (legge di bilancio per il 2019) per incoraggiare i contratti a tempo indeterminato nelle regioni meridionali (art. 1, comma 247) e per premiare chi assume giovani eccellenze (art. 1, commi 706 ss.).

[7] Sul tema v. A. Maresca, *Contratto di lavoro e somministrazione a termine*, in *Arg. dir. lav.*, 2018, 4-5, pp. 1012 ss.

In caso di durata superiore, dovrà invece ricorrere almeno una delle seguenti condizioni [8]: a) **esigenze temporanee e oggettive, estranee all'ordinaria attività**; b) **esigenze di sostituzione di altri lavoratori**; c) **esigenze connesse a incrementi temporanei, significativi e non programmabili, dell'attività ordinaria**. In ogni caso, la durata del contratto non potrà eccedere i **ventiquattro mesi**.

Qualora questi limiti non vengano rispettati, si applica la sanzione della trasformazione in contratto a tempo indeterminato.

La reintroduzione delle causali è stata oggetto di forti critiche da parte della dottrina. Alcuni autori hanno criticato le formule definitorie adottate dal legislatore, ritenendole eccessivamente restrittive e di difficile applicazione pratica [9].

Altri [10] hanno espresso perplessità circa la natura parziale dell'intervento normativo: la regola della acausalità per il primo contratto di durata non superiore a **dodici** mesi potrebbe indurre i datori a optare per il turnover dei lavoratori entro l'anno dalla loro assunzione, così da non incorrere nell'insidioso vincolo delle causali. La riforma, dunque, alimenterebbe invece che attenuare lo stato di precarietà.

Di certo, la riforma del 2018 determinerà un aumento del contenzioso sul significato delle causali, come accaduto sotto la vigenza del d.lgs. n. 368 del 2001.

forma scritta, divieti e limiti quantitativi

Rimangono, invece, pressoché invariati gli ulteriori requisiti di legittimità del contratto. In particolare, **l'apposizione del termine al contratto è priva di effetto se non risulta da atto scritto** [11].

Nessuna modifica subiscono le disposizioni sui **divieti** [12], la cui violazione comporta sempre la trasformazione in contratto a tempo indeterminato, e la disciplina sui **limiti quantitativi**. A tale ultimo riguardo, l'art. 23, d.lgs. n. 81 del 2015 prevede che il numero complessivo di contratti a termine non può eccedere il limite del 20% [13] del numero dei lavoratori occupati a tempo indeterminato [14]. Il superamento di tale soglia massima non dà luogo a trasforma-

---

[8] Art. 19, comma 1, d.lgs. n. 81 del 2015.

[9] Tra gli altri, M. Marazza, *Decreto dignità: prime considerazioni sulle novità in materia di contratto di lavoro a termine e somministrazione di lavoro*, in *Giust. civ. com.*, 12 luglio 2018, p. 4.

[10] F. Scarpelli, *Convertito in legge il "decreto dignità": al via il dibattito sui problemi interpretativi e applicativi*, in *Giust. civ. com.*, 3 settembre 2018, p. 7.

[11] Cfr. App. Milano 27 maggio 2019, n.706.

[12] Ai sensi dell'art. 20 del d.lgs. n. 81 del 2015, non è possibile assumere a termine in assenza della valutazione dei rischi ai sensi dell'art. 28, d.lgs. n. 81 del 2008 (su cui cfr. Cass. 24 giugno 2019, n. 16835) o per sostituire lavoratori in sciopero. L'assunzione è, inoltre, vietata nelle unità produttive in cui si sia proceduto, entro i sei mesi precedenti, a licenziamenti collettivi, ovvero sia operante una sospensione del lavoro o una riduzione dell'orario, in regime di cassa integrazione guadagni.

[13] Limiti diversi possono essere previsti dai contratti collettivi, mentre la legge individua alcune ipotesi esenti da limitazioni.

[14] È sempre possibile un'assunzione a termine per le imprese che occupino fino a cinque dipendenti.

zione del contratto a termine in contratto a tempo indeterminato, ma **comporta esclusivamente l'applicazione di una sanzione amministrativa.**

la proroga: definizione e condizioni

3. La proroga consiste in **un differimento della scadenza del termine e richiede il consenso del lavoratore.** Per effetto delle modifiche introdotte dal d.l. n. 87 del 2018, ai sensi dell'art. 21, comma 01, essa viene **liberamente negoziata se interviene nei primi dodici mesi** di durata del contratto; **oltrepassata questa soglia**, deve essere accompagnata dall'**individuazione e specificazione delle esigenze oggettive e temporanee** (art. 19, commi 1 e 4)[15], pena la trasformazione in contratto a tempo indeterminato.

In ogni caso, il contratto può essere prorogato solo se la durata iniziale non sia superiore a ventiquattro mesi "e, comunque, per un massimo di **quattro volte nell'arco di ventiquattro mesi**, a prescindere dal numero dei contratti" (art. 21, comma 2). La violazione di questo limite comporta la trasformazione in contratto a tempo indeterminato dalla data di decorrenza della quinta proroga.

Diversa dalla proroga è, poi, la **continuazione di fatto** del rapporto dopo la scadenza del termine inizialmente fissato o successivamente prorogato (art. 22).

In questa ipotesi è previsto un periodo di tolleranza (30 o 50 giorni, a seconda della durata del contratto) durante il quale il lavoratore ha diritto a maggiorazioni retributive. Qualora il rapporto continui oltre tale periodo, il contratto si considera a tempo indeterminato dalla scadenza dei predetti termini.

significato di rinnovo

Ancora, la proroga non deve essere confusa con il **rinnovo**, che **consiste nella stipula di un nuovo contratto a tempo determinato** a seguito della scadenza del termine apposto al precedente. **Tra un contratto e l'altro devono essere rispettati gli intervalli minimi di dieci o venti giorni indicati dall'art. 21, comma 2.**

requisiti per il rinnovo

Anche l'istituto del rinnovo è stato oggetto di incisive modifiche da parte del d.l. n. 87 del 2018. Più precisamente, **ogni rinnovo** è assoggettato all'obbligo di specifica indicazione delle **esigenze oggettive e temporanee**[16]**, anche**

---

[15] Come chiarito dalla circolare n. 17 del 2018 del Ministero del Lavoro e delle Politiche Sociali, l'obbligo sorge ogni volta che, per effetto della proroga, la durata complessiva del rapporto superi i dodici mesi, anche quando l'accordo di proroga sia stato concluso prima che tale superamento si sia compiuto.

[16] Sulla necessità di fondare i rinnovi contrattuali su esigenze temporanee anche nel periodo in cui vigeva la regola generale della acausalità, cfr. le pronunce, allo stato isolate, del Trib. Firenze 26 settembre 2019, n. 794 secondo cui, alla luce del diritto europeo, in presenza di esigenze stabili e durevoli i datori di lavoro devono utilizzare contratti a tempo indeterminato, e del Trib. Trento 4 dicembre 2018, in *Riv. it. dir. lav.*, 2019, 2, II, p. 237, ad avviso del quale il lavoratore ha facoltà di dimostrare che la successione di contratti, seppur rispettosa del limite di durata massima totale, nel concreto, sia invece diretta a soddisfare esigenze aventi carattere permanente o durevole e comunque non temporaneo e di richiederne, pertanto, la trasformazione in un rapporto di lavoro a tempo indeterminato.

se stipulato per un periodo inferiore a dodici mesi. La mancata osservanza di questa prescrizione è sanzionata con la trasformazione in contratto a tempo indeterminato (art. 21, comma 01).

la durata massima complessiva dei contratti

La **riduzione del periodo di durata massima**, da trentasei a ventiquattro mesi, opera anche nell'ipotesi di successione di più contratti a termine intercorsi tra lo stesso datore di lavoro e lo stesso lavoratore, indipendentemente dai periodi di interruzione tra un contratto e l'altro. In tali casi, il limite, però, si applica soltanto se i contratti sono stati conclusi per lo **svolgimento di mansioni di pari livello e categoria legale**. Ai fini del computo di tale periodo si tiene altresì conto dei periodi di missione svolti tra i medesimi soggetti, nell'ambito di somministrazioni di lavoro a tempo determinato.

l'ulteriore contratto a termine oltre i ventiquattro mesi

Qualora questo limite non venga rispettato, si applica la sanzione della trasformazione in contratto a tempo indeterminato dalla data di tale superamento.

Sono previste tuttavia **due deroghe**. La prima, da parte dei **contratti collettivi**, che possono sia abbreviare sia ampliare la durata massima complessiva dei rapporti.

È poi ammessa la stipulazione di un altro contratto oltre il limite massimo dei ventiquattro mesi, ovvero il diverso limite previsto dai contratti collettivi [17], purché ricorrano due presupposti:

– la stipulazione avvenga **presso l'Ispettorato territoriale del lavoro**;
– la **durata non** ecceda i **dodici mesi**.

L'ulteriore contratto configura un rinnovo e, dunque, dovrà essere sempre accompagnato dalla **specificazione di una delle esigenze** oggettive e temporanee indicate dall'art. 19, comma 1 [18] e dal rispetto degli intervalli minimi [19].

In occasione di ciascun rinnovo, il **contributo addizionale è incrementato di 0,5%** [20] punti percentuali [21]. Ne consegue che, all'aumentare del numero dei rinnovi, si innalzerà, di volta in volta, anche l'ammontare del contributo a carico del datore di lavoro. Tuttavia, ne è disposta la restituzione in caso di trasformazione del contratto a tempo indeterminato o di assunzione da parte del datore di lavoro con contratto a tempo indeterminato entro sei mesi dalla scadenza del precedente contratto a termine.

Alla luce del quadro normativo attualmente vigente, **l'ordinamento italiano risulta pienamente conforme al diritto europeo**, laddove attua sia la prima (ragioni obiettive per la giustificazione del rinnovo) sia la seconda (limite di durata massima totale dei rapporti) delle misure contemplate dalla direttiva al

---

[17] Cfr. nota dell'Ispettorato Nazionale del Lavoro n. 1214 del 7 febbraio 2019.

[18] In questo senso anche la circolare n. 17 del 2018.

[19] Cfr. nota dell'Ispettorato Nazionale del Lavoro n. 8120 del 17 settembre 2019.

[20] Lo stesso contributo non è dovuto in caso di proroga del temine apposto al contratto.

[21] Si tratta del contributo addizionale pari all'1,4% della retribuzione imponibile ai fini previdenziali, introdotto dall'art. 2, comma 28, legge n. 92 del 2012.

fine di prevenire gli abusi derivanti dall'utilizzo di una successione di rapporti di lavoro a tempo determinato (*supra*, par. 1).

le fattispecie escluse e le deroghe per le attività stagionali

L'art. 29 del d.lgs. n. 81 del 2015 elenca invece alcune fattispecie estranee al campo di operatività delle disposizioni sul contratto a termine, mentre ampie deroghe sono previste per le assunzioni a termine di **lavoratori impiegati in attività stagionali**, sottratte all'applicazione: del limite di durata massima in caso di successione di più contratti a termine; dell'obbligo di individuazione delle ragioni giustificatrici in caso di proroga o rinnovo; del rispetto degli intervalli temporali tra un contratto e l'altro[22].

Inoltre, ai sensi dell'art. 1, comma 3, d.l. n. 87 del 2018, **le novità introdotte dal c.d. decreto dignità non si estendono ai contratti a tempo determinato conclusi dalle pubbliche amministrazioni**, che rimangono regolati dalla previgente disciplina, ossia dal d.lgs. n. 81 del 2015 nella versione antecedente al decreto dignità (cfr. cap. 47)[23].

il diritto di precedenza e il principio di non discriminazione

4. Salva diversa previsione dei contratti collettivi, la legge riconosce al lavoratore, con anzianità superiore a sei mesi, un **diritto di precedenza** nelle assunzioni a tempo indeterminato effettuate dal datore di lavoro nell'arco dei successivi dodici mesi per le medesime mansioni (art. 24)[24].

Inoltre, **al lavoratore a tempo determinato spetta**, in proporzione al periodo lavorativo prestato, il **medesimo trattamento economico e normativo corrisposto ai lavoratori con contratto a tempo indeterminato comparabili**, salvo che non sia obiettivamente incompatibile con la natura del contratto a tempo determinato[25] (art. 25).

---

[22] L'intero art. 21 su proroghe e rinnovi non trova applicazione alle imprese *start-up* innovative per i primi quattro anni dalla loro costituzione o per il minor periodo previsto per le società già costituite dall'art. 25, comma 3, d.l. n. 179 del 2012 (conv. in legge n. 221 del 2012).

[23] Sono parimenti esclusi dal campo di applicazione del d.l. n. 87 del 2018 i contratti di lavoro a tempo determinato stipulati dalle università private, incluse le filiazioni di università straniere, istituti pubblici di ricerca, società pubbliche che promuovono la ricerca e l'innovazione ovvero enti privati di ricerca e lavoratori chiamati a svolgere attività di insegnamento, di ricerca scientifica o tecnologica, di trasferimento di *know-how*, di supporto all'innovazione, di assistenza tecnica alla stessa o di coordinamento e direzione della stessa.

[24] Sulla portata dell'obbligo di indicare espressamente il diritto di precedenza all'interno del contratto di assunzione ai sensi del comma 4 dell'art. 24 e sulle conseguenze in caso di mancata previsione, cfr. Trib. Roma 10 settembre 2019, n. 7311.

[25] Sulla portata di tale principio Corte giust. 14 settembre 2016, C-596/14, de Diego Porras; e più di recente Trib. Milano, ord. 5 agosto 2019, il quale ha sollevato una questione pregiudiziale alla Corte di Giustizia perché dubita della conformità al diritto europeo di un doppio regime di tutela in materia di licenziamento, che garantisce per i rapporti di lavoro a tempo determinato trasformati a tempo indeterminato dopo il 6 marzo 2015 una tutela diversa e più debole rispetto a quella stabilita per i rapporti di lavoro a tempo indeterminato, a parità di decorrenza e anzianità (cfr. capp. 29 e 36).

l'impugnazione del contratto e l'indennità risarcitoria

5. **Il lavoratore** che intenda far valere l'illegittimità del termine **deve**, a pena di decadenza, **impugnare il contratto entro centottanta giorni** [26] **dalla cessazione del singolo rapporto** [27] (art. 28).

Nei casi di trasformazione del contratto il giudice condanna il datore di lavoro al **risarcimento** del lavoratore stabilendo una **indennità onnicomprensiva** in misura compresa **tra 2,5 e 12 mensilità** della retribuzione globale di fatto, da determinarsi secondo i criteri specifici di cui all'art. 8, legge n. 604 del 1966 (anzianità del lavoratore, condizioni economiche dell'impresa, comportamento delle parti).

L'indennità costituisce una sanzione aggiuntiva alla trasformazione e, in quanto "omnicomprensiva", ristora il danno subito dal lavoratore per il periodo che va dalla scadenza del termine al provvedimento del giudice di ricostituzione del rapporto.

A partire dalla data della pronuncia di ricostituzione del rapporto il datore di lavoro è invece indefettibilmente obbligato a riammettere in servizio il lavoratore e a corrispondergli, in ogni caso, le retribuzioni dovute, anche in ipotesi di mancata riammissione effettiva [28].

---

[26] Prima dell'emanazione del d.l. n. 87 del 2018 il termine per l'impugnazione stragiudiziale era pari a centoventi giorni.

[27] L'impugnazione stragiudiziale è inefficace se non è seguita, entro il successivo termine di centottanta giorni, dal deposito del ricorso o dalla comunicazione alla controparte della richiesta di tentativo di conciliazione o arbitrato.

[28] Cfr. Corte cost. 11 novembre 2011, n. 303; Cass. 31 gennaio 2012, n. 1411; Cass. 29 febbraio 2012, n. 3056; Cass. 14 luglio 2014, n. 16097. Da ultimo, Cass. 19 gennaio 2018, n. 1387; Cass. 26 marzo 2019, n. 8385 e Cass. 14 giugno 2019, n. 16052.

Capitolo 44
La somministrazione e l'appalto

SOMMARIO: 1. La somministrazione di manodopera. – 2. Le due tipologie di somministrazione. – 3. La somministrazione a tempo indeterminato. – 4. La somministrazione a tempo determinato alla luce del c.d. decreto dignità. – 5. La dissociazione dei poteri datoriali e la distribuzione degli obblighi e dei diritti tra le parti. – 6. Le garanzie dei lavoratori somministrati. – 7. Il regime sanzionatorio della somministrazione. – 8. Somministrazione e appalto di servizi. – 8.1. Appalto interno e trasferimento di parte d'azienda. – 8.2. Successione nell'appalto del medesimo servizio e trasferimento d'azienda.

1. Nel nostro ordinamento è stata sempre vietata, sia pure entro limiti variabili nel tempo, la **dissociazione tra il soggetto che utilizza effettivamente il lavoro altrui e il soggetto che formalmente assume e retribuisce il lavoratore** (cfr. dapprima l'art. 2127 c.c. e poi la legge n. 1369 del 1960). La ragione di questo divieto derivava dal fatto che l'imputazione del rapporto di lavoro al datore di lavoro interposto avrebbe consentito all'effettivo datore di lavoro interponente di sottrarsi alle sue responsabilità.

Tale sistema di garanzie, predisposto a tutela dei lavoratori subordinati, è stato progressivamente smantellato, con l'introduzione di una prima vistosa deroga alla legge n. 1369 del 1960, stabilita dalla legge n. 196 del 1997.

il lavoro interinale come deroga al divieto di appalto di manodopera e la successiva introduzione della somministrazione di lavoro

Questa legge aveva previsto il contratto di fornitura di prestazioni di lavoro temporaneo (c.d. lavoro interinale o lavoro in affitto) e consentiva alle imprese, in presenza di causali giustificative di natura rigorosamente temporanea, di provvedere al fabbisogno di lavoratori senza assumerli direttamente, avvalendosi di vere e proprie agenzie di fornitura professionale di manodopera debitamente autorizzate.

La materia ha conosciuto una ulteriore fase di flessibilizzazione con il d.lgs. n. 276 del 2003, che ha introdotto il **contratto di somministrazione di lavoro** e ha abrogato sia la legge n. 196 del 1997 sia la legge n. 1369 del 1960. Oggi la disciplina di riferimento è rappresentata dagli artt. 30 ss. del d.lgs. n. 81 del 2015 sul riordino delle tipologie contrattuali [1].

---

[1] Restano in vigore, invece, gli artt. 29 e 30 del d.lgs. n. 276 del 2003 che disciplinano rispettivamente l'appalto di servizi e il distacco e completano, nel lavoro privato, il quadro normativo in materia di intermediazione e interposizione nei rapporti di lavoro.

In particolare, con il contratto di somministrazione di lavoro un'agenzia mette a disposizione di un utilizzatore uno o più suoi lavoratori i quali, per l'intera durata del contratto, svolgono la propria prestazione nell'interesse e sotto la direzione ed il controllo dell'utilizzatore (art. 30).

definizione

La somministrazione di lavoro **è esercitata esclusivamente da agenzie autorizzate** (cfr. artt. 4 e 5, d.lgs. n. 276 del 2003) ed è caratterizzata da un **rapporto triangolare** fondato su due contratti: *a*) il **contratto di somministrazione di lavoro**, tra agenzia e utilizzatore, che è di carattere commerciale e *b*) il **contratto di lavoro subordinato**, tra lavoratore ed agenzia.

la somministrazione è costituita da un rapporto triangolare fondato su due contratti

A fronte di un maggior costo per l'impresa rispetto ad un'assunzione diretta (ai costi della retribuzione [2] si aggiunge il margine di profitto dell'agenzia) la somministrazione offre notevoli vantaggi:

i vantaggi della somministrazione

1) la possibilità per l'utilizzatore di avvalersi di una prestazione senza dover assumere il lavoratore e computarlo nell'organico [3];

2) l'azzeramento del rischio di assenze e pertanto della discontinuità della prestazione: in caso di impossibilità ad eseguire la prestazione, infatti, l'agenzia invia un lavoratore in sostituzione;

3) la possibilità di sperimentare un lavoratore anche per più di sei mesi (durata massima del periodo di prova) al fine di poter meglio valutare l'opportunità di assumerlo in un secondo momento.

2. L'art. 31, d.lgs. n. 81 del 2015 prevede **due tipologie** di somministrazione: **quella a tempo determinato e quella a tempo indeterminato** (c.d. *staff leasing*).

le due tipologie di somministrazione

Nel caso della somministrazione a termine, l'agenzia può inviare presso l'utilizzatore sia un lavoratore assunto a tempo determinato sia un lavoratore assunto a tempo indeterminato. Non sussiste, dunque, una necessaria corrispondenza tra tipologia della somministrazione e tipologia del contratto di lavoro.

il contratto di lavoro tra agenzia e prestatore di lavoro nella somministrazione a termine

Nell'ambito dello *staff leasing*, invece, possono essere somministrati a tempo indeterminato esclusivamente i lavoratori assunti dall'agenzia a tempo indeterminato (art. 31, comma 1).

...e nello staff leasing

3. Ai sensi dell'art. 33, d.lgs. n. 81 del 2015 **il contratto di somministrazione deve essere stipulato per iscritto a pena di nullità e deve contenere alcuni elementi** (art. 33, comma 1) [4].

i requisiti per l'utilizzo della somministrazione a tempo indeterminato

---

[2] La retribuzione infatti viene corrisposta al lavoratore da parte dell'agenzia che però viene rimborsata dall'utilizzatore.

[3] Ai sensi dell'art. 34 comma 3, il lavoratore va infatti computato ai soli fini dell'applicazione di normative di legge o di contratto collettivo relative alla tutela della salute e della sicurezza sul lavoro.

[4] L'omissione di alcuni di essi (estremi dell'autorizzazione; numero dei lavoratori da

Il ricorso alla somministrazione a tempo indeterminato è assoggettato al rispetto di una soglia quantitativa massima fissata dal legislatore nella misura del 20% dei dipendenti a tempo indeterminato in forza presso l'utilizzatore, fatta salva la facoltà rimessa ai contratti collettivi di indicare una diversa percentuale.

In alcune specifiche ipotesi è invece assolutamente precluso l'utilizzo della somministrazione[5].

il contratto somministrazione a termine

4. In ipotesi di somministrazione a termine, il contratto commerciale tra agenzia e utilizzatore è sottoposto agli stessi vincoli formali e di contenuto stabiliti per lo *staff leasing*. Parimenti, trova applicazione il medesimo regime dei divieti regolato dall'art. 32.

il limite quantitativo cumulativo

Al contrario, vigono regole diverse sotto il profilo dei limiti quantitativi. Con il c.d. decreto dignità (d.l. n. 87 del 2018), per la prima volta, viene inserita una soglia percentuale massima di fonte legale – derogabile dalla contrattazione collettiva – per il ricorso alla somministrazione a termine[6].

Più precisamente, il numero dei lavoratori assunti con contratto a tempo determinato ovvero impiegati presso l'utilizzatore in regime di somministrazione a tempo determinato non può eccedere complessivamente il 30% del numero dei lavoratori a tempo indeterminato in forza presso l'utilizzatore (art. 31, comma 2).

Ulteriori vincoli derivano dall'applicabilità alla somministrazione a termine della rigida disciplina sul contratto a tempo determinato introdotta dal menzionato decreto dignità (art. 34, comma 2)[7].

---

somministrare; indicazione dei rischi per la salute; data di inizio e durata prevista del contratto di somministrazione) dà luogo a un'ipotesi di c.d. somministrazione irregolare (cfr. par. 7). L'omissione di altri (mansioni cui saranno adibiti i lavoratori e inquadramento, luogo e orario di lavoro; trattamento economico e normativo) comporta l'applicazione di una mera sanzione amministrativa (art. 40, comma 1).

[5] Ai sensi dell'art. 32 è fatto divieto di ricorrere alla somministrazione: a) per la sostituzione di lavoratori che esercitano il diritto di sciopero; b) presso unità produttive nelle quali si è proceduto, entro i sei mesi precedenti, a licenziamenti collettivi ai sensi degli artt. 4 e 24 della legge n. 223 del 1991, che hanno riguardato lavoratori adibiti alle stesse mansioni cui si riferisce il contratto di somministrazione di lavoro, salvo che il contratto sia concluso per provvedere alla sostituzione di lavoratori assenti o abbia una durata iniziale non superiore a tre mesi; c) presso unità produttive nelle quali sono operanti una sospensione del lavoro o una riduzione dell'orario in regime di cassa integrazione guadagni, che interessano lavoratori adibiti alle stesse mansioni cui si riferisce il contratto di somministrazione di lavoro; d) da parte di datori di lavoro che non abbiano effettuato la valutazione dei rischi in applicazione della normativa di tutela della salute e della sicurezza dei lavoratori.

[6] Prima della novella del 2018 il limite quantitativo per la somministrazione a termine rappresentava un elemento meramente eventuale, in quanto rimesso in via esclusiva alla contrattazione collettiva.

[7] Le cui previsioni si applicano ai contratti sottoscritti successivamente alla data di entrata in vigore del presente decreto, nonché ai rinnovi e alle proroghe contrattuali successivi al 31 ottobre 2018.

È bene però chiarire che i limiti da ultimo richiamati trovano applicazione esclusivamente quando, **nell'ambito di una somministrazione a termine, il lavoratore** inviato in missione **sia assunto dall'agenzia a tempo determinato** [8].

l'introduzione delle causali in caso di durata superiore a 12 mesi e per i rinnovi

Pertanto, **se il contratto tra lavoratore e agenzia** [9] **(anche per effetto di una proroga) ha durata inferiore a 12 mesi**, varrà il regime della **acausalità**; qualora, invece, **si ecceda tale limite temporale, ovvero in caso di rinnovo, occorrerà specificare le ragioni oggettive e temporanee** [10] **elencate all'art. 19, comma 1.**

La previsione delle causali è stata oggetto di critiche da parte dei primi commentatori, che hanno rilevato la sostanziale inapplicabilità della norma da parte delle agenzie di somministrazione le quali svolgono, quale ordinaria attività, proprio la fornitura temporanea di manodopera. Sicché, in sede di conversione del d.l. n. 87 del 2018, è stato inserito l'art. 2, comma 1-*ter* volto a precisare che le esigenze oggettive e temporanee individuate all'art. 19, comma 1 si applicano esclusivamente all'utilizzatore.

In altre parole, il legislatore, mediante un'originale tecnica, ha condizionato **la legittimità del contratto a termine tra lavoratore e agenzia alla sussistenza di esigenze che riguardano un altro rapporto, ossia quello tra lavoratore e utilizzatore.**

Per tale motivo, secondo la circolare del Ministero del Lavoro n. 17 del 2018, l'obbligo di specificazione delle causali sorgerebbe:

– sia in caso di durata della somministrazione per un periodo superiore a 12 mesi presso lo stesso utilizzatore;
– sia in ogni caso di rinnovo della missione presso il medesimo utilizzatore [11].

Ad ogni modo, per espressa previsione di legge **non si estendono alla somministrazione a tempo determinato**: la disciplina degli intervalli minimi tra un contratto ed il successivo (art. 21, comma 2), nonché della **proroga**, sempre possibile con il consenso del lavoratore e per atto scritto, nei casi e per la durata previsti dal contratto collettivo applicato dal somministratore (art. 34, comma 2); il regime sui **limiti quantitativi** (art. 23); le disposizioni sul

---

[8] Del resto, la riforma del 2018 è volta a favorire le assunzioni a tempo indeterminato, mentre non si ravvisa una *ratio* di contenimento della somministrazione a termine *tout court*, che potrebbe peraltro rivelarsi foriera di dubbi di conformità rispetto al diritto europeo. Infatti, a differenza della direttiva 99/70/CE in cui spicca la finalità antielusiva, la direttiva 2008/104/CE mira a favorire il lavoro tramite agenzia interinale quale strumento di promozione dell'occupazione. Restano inoltre esclusi dal campo di applicazione del d.l. n. 87 del 2018 i contratti stipulati dalle pubbliche amministrazioni nonché le altre ipotesi richiamate dall'art. 1, comma 3 del menzionato decreto.

[9] Non viene intaccata la regola della acausalità generalizzata per il contratto commerciale tra agenzia e utilizzatore.

[10] Si tratta segnatamente delle: a) esigenze temporanee e oggettive, estranee all'ordinaria attività; b) esigenze di sostituzione di altri lavoratori; c) esigenze connesse a incrementi temporanei, significativi e non programmabili, dell'attività ordinaria.

[11] Tale obbligo di specificazione sussisterebbe, stando alla circolare, "*anche qualora lo stesso utilizzatore aveva instaurato un precedente contratto di lavoro a termine con il medesimo lavoratore per lo svolgimento di mansioni di pari livello e categoria*".

diritto di precedenza (art. 24). Si applica, invece, anche per la somministrazione a termine, in occasione di ogni rinnovo, la **maggiorazione del contributo addizionale** imposto in caso di assunzioni non a tempo indeterminato (art. 3, comma 2, d.l. n. 87 del 2018).

la durata massima di 24 mesi

Per effetto delle modifiche apportate dalla novella del 2018, il **contratto a tempo determinato tra agenzia e lavoratore non può avere una durata complessiva eccedente i 24 mesi**. Siffatto limite temporale vale sia in ipotesi di primo contratto sia di successione di contratti **per lo svolgimento di mansioni dello stesso livello e categoria legale** [12].

Secondo l'interpretazione fornita dalla circolare n. 17 del 2018, la stessa soglia temporale varrebbe anche per il rapporto tra il lavoratore e il singolo utilizzatore. Pertanto, una volta raggiunto il periodo massimo di 24 mesi di occupazione presso uno stesso utilizzatore, quest'ultimo non potrebbe più fruire delle prestazioni del medesimo lavoratore, né mediante un'assunzione diretta a tempo determinato né ricorrendo alla somministrazione a termine.

In ogni caso, è espressamente consentita la previsione di un diverso tetto temporale da parte dei **contratti collettivi**.

non vi è sempre corrispondenza tra tipologia di somministrazione e quella del contratto di lavoro

5. I lavoratori somministrati "svolgono la propria attività nell'interesse nonché sotto la direzione e il controllo dell'utilizzatore" (art. 30, d.lgs. n. 81 del 2015).

L'attribuzione del potere direttivo all'utilizzatore altera il vincolo di subordinazione nel rapporto di lavoro che lega il lavoratore al somministratore. Quest'ultimo, infatti, **viene privato di uno dei poteri tipici che competono al datore di lavoro nel lavoro subordinato**.

In altri termini il contratto di somministrazione, se così si può dire, "**spacca**" la nota formula "alle dipendenze e sotto la direzione dell'imprenditore" prevista dall'art. 2094 c.c., nel senso che il prestatore di lavoro risulta alle dipendenze del somministratore e sotto la direzione dell'utilizzatore [13].

l'assegnazione a mansioni diverse

Lo *jus variandi*, ossia l'assegnazione del dipendente a mansioni diverse da quelle dedotte in contratto (non solo superiori, ma anche inferiori), **compete all'utilizzatore**, sul quale grava un obbligo di tempestiva informazione scritta all'agenzia. L'inosservanza di tale obbligo comporta in capo all'utilizzatore l'esclusiva responsabilità per le differenze retributive spettanti al lavoratore impiegato in mansioni superiori o per l'eventuale risarcimento del danno dovuto al prestatore occupato in mansioni inferiori in deroga a quanto previsto dall'art. 2103 c.c.

---

[12] Prima della novella del 2018, la durata massima del contratto a termine tra agenzia e lavoratore era unicamente rimessa all'autonomia collettiva.

[13] In ciò la somministrazione si distingue dall'appalto, in cui il potere direttivo rimane in capo all'appaltatore e dal distacco, in cui la dissociazione tra soggetto che figura formalmente come datore di lavoro e soggetto che esercita il potere direttivo è solo funzionale e temporanea e non genetica e definitiva. Il lavoratore, infatti, continua a lavorare nell'interesse del distaccante, mentre nel caso della somministrazione il lavoratore presta la propria attività nell'interesse dell'utilizzatore.

Il potere disciplinare è riservato invece al somministratore, che dovrà esercitarlo sulla base delle comunicazioni fornite dall'utilizzatore circa gli elementi oggetto della contestazione (art. 35, comma 6) [14].

il potere disciplinare compete al somministratore

Il rischio dell'impossibilità temporanea della prestazione (per malattia, maternità, ecc.), come visto, grava sull'agenzia, la quale, salvo diverse pattuizioni nel contratto commerciale, dovrà provvedere alla sostituzione del lavoratore impedito, al quale competeranno le ordinarie tutele previste per la generalità dei lavoratori in caso di sospensione.

indennità di disponibilità

Nel caso in cui il prestatore di lavoro sia assunto con contratto a tempo indeterminato, nel medesimo è stabilita la **misura della indennità mensile di disponibilità corrisposta dal somministratore al lavoratore per i periodi nei quali il lavoratore stesso rimane in attesa di assegnazione (art. 34, comma 1).**

Spetta infine all'agenzia ogni decisione sull'estinzione del rapporto con il lavoratore somministrato, *ante tempus* per giusta causa se assunto a termine, o per giusta causa o per giustificato motivo, se assunto a tempo indeterminato. E ciò anche nei periodi di disponibilità (art. 34, comma 1), con applicazione della disciplina dei licenziamenti individuali al posto di quella dei licenziamenti collettivi in caso di fine lavori connessi alla somministrazione a tempo indeterminato (art. 34, comma 4).

solidarietà tra utilizzatore e somministratore

6. Quanto alle garanzie per i lavoratori somministrati, tutti **gli obblighi retributivi e contributivi fanno capo all'agenzia di somministrazione**, in qualità di titolare del contratto di lavoro, alla quale l'impresa utilizzatrice dovrà rimborsare le somme corrispondenti per i periodi di lavoro prestati a suo favore.

Utilizzatore e somministratore sono obbligati in solido al pagamento delle retribuzioni ed al versamento dei relativi contributi previdenziali (art. 35, comma 2)[15].

parità di trattamento

I lavoratori somministrati hanno inoltre diritto, a parità di mansioni svolte, a "condizioni economiche e normative complessivamente non inferiori" a quelle dei dipendenti di pari livello dell'utilizzatore [16] (principio di parità di trattamento).

Con questa scelta si vuole impedire che il ricorso alla somministrazione possa diventare un espediente per risparmiare sui costi del lavoro.

i diritti spettanti ai lavoratori somministrati

I lavoratori somministrati godono di una serie di garanzie a tutela della salute e della sicurezza sul lavoro (artt. 32, comma 1, lett. *d*); 33, comma 1, lett. *c*); 34, comma 3; 35, comma 4 [17]), possono esercitare presso l'utilizzatore i diritti sindacali

---

[14] Trova applicazione il codice disciplinare dell'impresa utilizzatrice.

[15] Cfr. sul tema Trib. Roma 2 ottobre 2017, n. 7923, secondo cui la solidarietà non è estensibile all'indennità di malattia, che è una prestazione economica erogata dall'Inps ed anticipata dal datore di lavoro.

[16] Cfr. art. 35, comma 1, d.lgs. n. 81 del 2015.

[17] Con riferimento agli obblighi di prevenzione e protezione, cfr. Cass. 9 maggio 2018, n. 11170.

(art. 36, comma 2)[18] e ad essi spettano le tutele previdenziali (art. 37). L'impresa utilizzatrice è invece l'unica responsabile nei confronti dei terzi per i danni ad essi arrecati dal lavoratore nell'esercizio delle sue mansioni (art. 35, comma 7).

somministrazione irregolare e costituzione ex tunc del rapporto di lavoro con l'utilizzatore

7. Il regime sanzionatorio applicabile alle ipotesi di **somministrazione irregolare** viene disciplinato dall'art. 38.

In assenza di forma scritta, il contratto di somministrazione è nullo e i lavoratori sono considerati a tutti gli effetti alle dipendenze dell'utilizzatore (art. 38, comma 1).

In caso di violazione dei limiti quantitativi, dei divieti o dell'obbligo di indicare alcuni elementi del contratto, ossia quelli indicati dalla lett. *a*) alla lett. *d*) dell'art. 33, il lavoratore può chiedere la costituzione di un rapporto di lavoro alle dipendenze dell'utilizzatore, con effetto dall'inizio della somministrazione e ha diritto all'indennità risarcitoria onnicomprensiva di cui all'art. 28, comma 2, d.lgs. n. 81 del 2015[19].

sanzioni amministrative e penali

In determinate ipotesi, alla sanzione civile si aggiunge una **sanzione amministrativa**[20]; in altre, la sanzione amministrativa è l'unica applicabile[21].

Non mancano **sanzioni penali** in casi di particolare gravità[22].

la mancata specificazione delle ragioni o la loro assenza in concreto: conseguenze

Nessuna apposita misura è stata invece introdotta per sanzionare in ipotesi di contratto a termine superiore a 12 mesi (ovvero di rinnovo) **la mancata indicazione delle ragioni giustificatrici ovvero la loro assenza in concreto.**

Per tale ragione, non resta che misurarsi con la disciplina generale sul contratto a termine (cfr. art. 34, comma 2, che rinvia agli artt. 19 ss., d.lgs. n. 81 del 2015), in virtù della quale siffatte violazioni sono punite con la **trasformazione in contratto a tempo indeterminato del contratto di lavoro a tempo determinato intercorrente tra agenzia e lavoratore.**

Ciò vuol dire che, stando alla lettera della norma, la misura sanzionatoria viene subìta dal somministratore e non dall'utilizzatore. E ciò sebbene siano le

---

[18] Con facoltà di partecipare alle assemblee dei dipendenti di quest'ultimo.

[19] L'azione, alla stregua dell'art. 39, è soggetta al termine di decadenza stragiudiziale e giudiziale previsto per l'impugnazione del licenziamento. La norma precisa che il termine di 60 giorni decorre dalla data in cui il lavoratore ha cessato di svolgere la propria attività presso l'utilizzatore.

[20] Ad es. in caso di omessa indicazione degli elementi del contratto di cui all'art. 33, lett. da *a*) a *d*).

[21] Ad es. in caso di mancata previsione degli altri elementi del contratto di somministrazione, individuati alla lett. *e*) e alla lett. *f*) dell'art. 33; violazione del diritto alla parità di trattamento dei lavoratori somministrati.

[22] L'esercizio non autorizzato dell'attività di somministrazione, il ricorso a soggetti non autorizzati, ovvero l'aver percepito compensi da parte del lavoratore in cambio di un'assunzione presso un utilizzatore ovvero in cambio della stipulazione di un contratto di lavoro o avvio di un rapporto di lavoro con l'utilizzatore dopo una missione presso quest'ultimo (art. 18, commi 1, 2 e 4-*bis*, d.lgs. n. 276 del 2003, ancora in vigore). Si veda, inoltre, la legge n. 199 del 2016, che, per contrastare il fenomeno del "caporalato", novella l'art. 603-*bis* c.p., in materia di "Intermediazione illecita e sfruttamento del lavoro".

esigenze di quest'ultimo a rilevare *ex lege* ai fini dell'individuazione delle causali (cfr. art. 2, comma 1-*bis*, d.l. n. 87 del 2018; *supra*, par. 4).

Tale interpretazione letterale risulta conciliabile con il sistema normativo della somministrazione in presenza di un vizio meramente formale (mancata indicazione delle ragioni), poiché l'agenzia può (anzi, deve) rendersi conto della sussistenza di tale vizio al momento della stipulazione del contratto di lavoro.

Non può giungersi, invece, alla medesima conclusione se l'agenzia viene assoggettata alla sanzione della trasformazione del contratto anche quando abbia indicato le ragioni (evidentemente riferite dall'utilizzatore, unico soggetto a possedere le informazioni necessarie per giustificare la missione) ma le stesse si rivelino insussistenti in un eventuale giudizio. In queste ipotesi, infatti, nessuna cautela può adottare l'agenzia per prevenire la trasformazione del contratto, trovandosi quindi a subire una sanzione in assenza di responsabilità[23].

Ad ogni modo, è opportuno precisare che **l'apparato sanzionatorio descritto in apertura di questo paragrafo non riguarda solo la somministrazione di manodopera, ma anche l'appalto e il distacco i quali, in assenza dei relativi presupposti legali, danno luogo ad una somministrazione irregolare**.

La disciplina della somministrazione rappresenta infatti la normativa generale che regola tutte le ipotesi nelle quali il titolare formale del rapporto di lavoro sia un soggetto diverso dal beneficiario della prestazione.

la somministrazione fraudolenta

Infine, **il d.l. n. 87 del 2018 ha reintrodotto la fattispecie della somministrazione fraudolenta**[24] (abrogata col d.lgs. n. 81 del 2015) che si configura quando è posta in essere con la specifica finalità di eludere norme inderogabili di legge o di contratto collettivo applicate al lavoratore ed è punita con una sanzione di tipo pecuniario a carico di utilizzatore e somministratore (art. 38-*bis*)[25].

8. Le attività di lavoro prestate mediante il contratto di somministrazione possono essere fornite anche con il **contratto di appalto di servizi**.

---

[23] Al fine di superare tale incoerenza, in questi casi si potrebbe avanzare una diversa interpretazione di carattere sistematico. Del resto, l'art. 2, comma 1-*ter*, del d.l. n. 87 del 2018 (conv. con modificazioni dalla legge n. 96 del 2018) stabilisce che le condizioni di cui all'art. 19, comma 1, d.lgs. n. 81 del 2015, nel caso di ricorso al contratto di somministrazione di lavoro, "si applicano esclusivamente all'utilizzatore". La norma stabilisce in tal modo che le condizioni non solo debbono riguardare l'utilizzatore, ma si applicano (peraltro, in via esclusiva) al medesimo. Pertanto, dall'applicazione all'utilizzatore dell'art. 19, comma 1, potrebbe conseguire anche l'operatività del regime sanzionatorio contemplato dal comma 1-*bis*, che contiene un espresso rinvio al comma 1. Sulla base di tale argomento, quindi, in caso di stipulazione di un contratto di durata superiore a dodici mesi – ovvero di rinnovo – in ipotesi di insussistenza in concreto di esigenze temporanee, si potrebbe sostenere la trasformazione del rapporto a tempo indeterminato dalla data di superamento del termine di dodici mesi (art. 19, comma 1-*bis*), ovvero dalla data del rinnovo (art. 21, comma 01, che rinvia alle condizioni di cui all'art. 19, comma 1) nei confronti dell'utilizzatore.

[24] Cfr. la circolare dell'11 febbraio 2019 emanata dall'INL, contenente indicazioni operative e chiarimenti sulla fattispecie.

[25] Si prevede un'ammenda di 20 euro per ciascun lavoratore coinvolto e per ciascun giorno di somministrazione.

differenze tra somministrazione e appalto

E l'art. 29, comma 1 del d.lgs. n. 276 del 2003, quasi didascalicamente, ha cura di precisare che il contratto di appalto si distingue dalla somministrazione per "**l'organizzazione dei mezzi necessari da parte dell'appaltatore**, che può anche risultare, in relazione alle esigenze dell'opera o del servizio dedotti in contratto, dall'esercizio del potere organizzativo e direttivo nei confronti dei lavoratori utilizzati nell'appalto", nonché per **l'assunzione, da parte del medesimo appaltatore, del rischio di impresa**[26].

Con questa definizione normativa il legislatore mette in evidenza che talvolta l'esecuzione dell'appalto non richiede tanto **mezzi o capitali, ma l'organizzazione del lavoro altrui. Anche in questo caso l'appaltatore è sempre un imprenditore,** ma diventa più difficile individuare la linea di confine tra **appalto genuino e interposizione illecita** [27], quando cioè l'appaltatore non assume su di sé il rischio, ma è un interposto e cioè una semplice "testa di legno".

È bene chiarire subito che **la somministrazione tutela più efficacemente gli interessi del lavoratore rispetto all'appalto**: si pensi al regime delle autorizzazioni dell'agenzia, ai diversi limiti che ne condizionano l'utilizzo e, soprattutto, alla parità di trattamento, assenti invece nell'appalto di servizi.

Non a caso questa maggior tutela del lavoratore, come già si è detto, si traduce in un maggior costo della somministrazione rispetto all'appalto, compensato, però, dal potere dell'utilizzatore di dirigere direttamente i lavoratori somministrati (cioè i lavoratori a lui assegnati dal somministratore), mentre i lavoratori utilizzati nell'appalto sono soggetti al potere organizzativo e direttivo dell'appaltatore e non dell'appaltante.

Il maggior grado di tutela della somministrazione rispetto all'appalto riguarda anche il profilo della garanzia dei trattamenti economici corrisposti ai lavoratori.

Il regime di solidarietà tra agenzia e utilizzatore, infatti, non è soggetto a limiti temporali, a differenza di quanto avviene in caso di appalto. In particolare, l'appaltante è obbligato in solido con l'appaltatore a corrispondere ai lavoratori i trattamenti retributivi[28] e a versare i relativi contributi previdenziali[29] e i premi assicurativi[30], esclusivamente entro il limite di due anni dalla cessazione dell'appalto [31].

---

[26] Sulla distinzione tra appalto e somministrazione cfr. Trib. Milano 10 maggio 2017, n. 508; Trib. Roma 4 maggio 2017, n. 4082. Cfr. inoltre Trib. Padova 16 luglio 2019, n. 550, che ha dichiarato l'illegittimità di un contratto di appalto, in quanto l'organizzazione del lavoro era totalmente automatizzata attraverso l'uso di un software del quale l'appaltante aveva in via esclusiva la disponibilità e il potere direttivo sui dipendenti dell'appaltatore veniva esercitato non da quest'ultimo, ma dall'appaltante mediante l'utilizzo di strumenti informatici.

[27] L'art. 84, a tal fine, invita il Ministro del Lavoro ad adottare i codici di buone pratiche. Quando il contratto di appalto sia stipulato in violazione del comma 1 dell'art. 29, il lavoratore può chiedere la costituzione di un rapporto di lavoro alle dipendenze dell'utilizzatore.

[28] Sulla interpretazione rigorosa della locuzione "trattamenti retributivi", cfr. Cass. 18 settembre 2019, n. 23303.

[29] Il termine di due anni non è applicabile all'azione promossa dagli enti previdenziali, che rimangono soggetti alla sola prescrizione: cfr. Cass. 4 settembre 2019, n. 22110.

[30] Sulla portata di tale obbligo, Cass. 11 ottobre 2019, n. 25679.

[31] Art. 29, comma 2, d.lgs. n. 276 del 2003.

Come già accennato (v. *supra*, cap. 28, par. 10), quest'ultima disciplina si applica anche nel caso di *outsourcing*, quando, cioè, il contratto di appalto si combina con il trasferimento di parte di azienda [32].

Inoltre, secondo quanto disposto dal recente d.l. n. 124 del 2019, l'appaltante è altresì responsabile per le ritenute operate dall'appaltatore o subappaltatore sulle retribuzioni dovute al personale direttamente impiegato nell'esecuzione delle opere o servizi affidati [33]. Viene, dunque, ripristinato il regime di responsabilità solidale in materia fiscale, già in passato introdotto dal d.l. n. 223 del 2006 (conv. in legge n. 248 del 2006) e successivamente abolito dal d.lgs. n. 175 del 2014.

8.1. L'appalto presenta una stretta connessione con il trasferimento d'azienda. Oltre al fenomeno della successione negli appalti, regolato dall'art. 29, comma 3 del d.lgs. n. 276 del 2003 (cfr. *infra*, par. 8.2), può accadere che i due istituti si intreccino quando l'esternalizzazione di un servizio sia accompagnata dal trasferimento della parte d'azienda deputata a svolgere l'attività affidata in appalto [34]. In questo caso il contratto di appalto è eseguito dall'appaltatore/cessionario all'interno dell'azienda dell'appaltante/cedente. *appalti interni*

Si configura, dunque, un appalto interno, intendendosi per tale quello che è eseguito all'interno dell'azienda (criterio topografico) o che è caratterizzato dall'inerenza dei servizi svolti dall'appaltatore al ciclo produttivo dell'appaltante (criterio funzionale).

Tale condizione fa aumentare il rischio di porre in essere operazioni fraudolente o elusive, soprattutto se la parte di azienda ceduta sia costituita da un'organizzazione di soli lavoratori [35], come può verificarsi nei settori c.d. *labour intensive* [36].

In tali ipotesi, infatti, l'appaltante potrebbe essere indotto ad impartire direttamente direttive ai dipendenti dell'appaltatore circa le modalità di svolgimento della prestazione lavorativa, stante la vicinanza o addirittura la connessione tra organizzazione dell'appaltatore e quella dell'appaltante [37].

Ove ciò si verificasse, l'appalto risulterebbe illegittimo e i dipendenti dell'appaltatore potrebbero chiedere l'imputazione del rapporto alle dipendenze

---

[32] Art. 2112, ultimo comma, c.c.

[33] Cfr. l'art. 4 del d.l. n. 124 del 2019, che inserisce l'art. 17-*bis* al d.lgs. n. 241 del 1997.

[34] In tali casi, come già accennato (v. *supra*, cap. 29, par. 10), ai sensi dell'art. 2112, comma 6, c.c. si applica il regime di responsabilità solidale previsto dall'art. 29, comma 2, d.lgs. n. 276 del 2003.

[35] Sulla possibilità che un gruppo di lavoratori configuri un'entità economica autonoma ai sensi dell'art. 2112 c.c. cfr. da ultimo Trib. Venezia 1° gennaio 2019, n. 1.

[36] Basta pensare ad un servizio di pulizie o ad un servizio di manutenzione delle apparecchiature telematiche, svolti necessariamente all'interno dell'impresa dell'appaltante.

[37] Quando i luoghi di accesso all'impresa e di svolgimento della prestazione siano i medesimi per i dipendenti dell'appaltatore e per quelli dell'appaltante può essere inevitabile addirittura il controllo sull'entrata e sull'uscita.

del soggetto che ne ha utilizzato la prestazione [38] e, quindi, dell'appaltante, che risulta il vero imprenditore.

successione nell'appalto

8.2. Ulteriori problemi possono porsi nella diversa ipotesi della sostituzione di un appaltatore ad un altro, che espleti il medesimo servizio in virtù di un nuovo contratto di appalto (c.d. cambio appalto).

La materia è regolata dall'art. 29, comma 3, d.lgs. n. 276 del 2003, come modificato dall'art. 30, legge n. 122 del 2016. L'intervento del legislatore è stato sollecitato dalla procedura preventiva di infrazione avviata dalla Commissione Europea nei confronti dell'Italia sul presupposto della non compatibilità della disciplina interna con la direttiva 2001/23/CE.

la previgente versione dell'art. 29, comma 3, d.lgs. n. 276 del 2003 e gli orientamenti giurisprudenziali

E ciò perché, ai sensi della precedente versione dell'art. 29, comma 3, d.lgs. n. 276 del 2003, l'acquisizione da parte dell'appaltatore subentrante del personale già impiegato presso il primo appaltatore non costituiva trasferimento di azienda (v. *supra*, cap. 28, par. 10).

Tale previsione – certamente vantaggiosa per il secondo appaltatore [39] – poteva risultare in contrasto con l'interpretazione della nozione di trasferimento di parte d'azienda accolta dalla Corte di giustizia.

Infatti, secondo la giurisprudenza di questa Corte, il trasferimento di azienda è escluso se l'appaltatore subentrante non acquisisce anche l'entità economica [40]. Laddove, però, questi abbia utilizzato rilevanti elementi materiali usati dal primo appaltatore e messi a disposizione, in successione, dal committente, si configura un trasferimento di azienda, a nulla rilevando l'assenza di rapporti contrattuali diretti tra il cedente (appaltatore uscente) e il cessionario (appaltatore subentrante).

Tali principi sono stati fatti propri anche dalla Corte di Cassazione, che ha ritenuto integrata la fattispecie del trasferimento d'azienda in ipotesi di successione nell'appalto quando "si abbia il passaggio di beni" tale da rendere possibile lo svolgimento di una specifica impresa [41].

Nonostante gli orientamenti accolti dalla giurisprudenza, volti a rendere la normativa italiana conforme alla disciplina comunitaria, si è reso necessario un intervento legislativo. Pertanto, alla stregua dell'attuale formulazione dell'art. 29, comma 3, d.lgs. n. 276 del 2003, in ipotesi di c.d. cambio appalto l'applicazione dell'art. 2112 c.c. non è più radicalmente esclusa, ma è subordinata ad una doppia verifica.

---

[38] Art. 29, comma 3-*bis*, d.lgs. n. 276 del 2003.

[39] Stante la non applicazione dell'art. 2112 c.c., l'acquisizione dei dipendenti del precedente appaltatore non determinava la continuità del loro rapporto di lavoro e l'appaltatore subentrante non risultava obbligato in solido con quest'ultimo per i crediti vantati anche anteriormente alla cessazione dell'appalto.

[40] Corte giust. 20 gennaio 2011 (C-463/09).

[41] Cass. 29 marzo 2019, n. 8922; Cass. 6 dicembre 2016, n. 24972; Cass. 16 maggio 2013, n. 11918; Cass. 2 marzo 2012, n. 3301; è, pertanto, necessario che la parte in causa alleghi gli elementi che provino la ricorrenza di un trasferimento d'azienda; Cass. 27 maggio 2011, n. 11763.

In primo luogo, occorre appurare se l'appaltatore subentrante sia dotato di una **propria struttura organizzativa e operativa**; tale requisito, peraltro, rappresenta un presupposto essenziale di genuinità dell'appalto ai sensi dell'art. 29, comma 1, d.lgs. n. 276 del 2003.

l'attuale formulazione dell'art. 29, comma 3, d.lgs. n. 276 del 2003

Successivamente, si deve indagare se l'organizzazione imprenditoriale del nuovo appaltatore presenti **elementi di discontinuità** rispetto alla struttura imprenditoriale del primo appaltatore, che denotino una **specifica identità di impresa**[42].

In caso di riscontro positivo – e, dunque, quando non vi sia una piena sovrapposizione tra le organizzazioni imprenditoriali dei due appaltatori – la successione nell'appalto rimarrà estranea alla fattispecie del trasferimento d'azienda.

Per contro, quando il secondo appaltatore non presenti un'autonoma struttura organizzativa o, comunque, non emergano i menzionati elementi di discontinuità, sarà configurabile un trasferimento di azienda e, pertanto, dovranno essere riconosciute in favore dei lavoratori le tutele previste dall'art. 2112 c.c. e dall'art. 47, legge n. 428 del 1990.

in difetto dei requisiti di cui all'art. 29, comma 3, si applicano l'art. 2112 c.c. e l'art. 47, legge n. 428 del 1990

In assenza di precise indicazioni volte a circoscrivere i requisiti previsti dalla legge (e, soprattutto la nozione di discontinuità), la nuova disciplina potrebbe sollevare seri dubbi interpretativi.

Particolari difficoltà potrebbero incontrarsi in presenza di appalti caratterizzati da uno scarso utilizzo di beni materiali (c.d. appalti *labour intensive*), nei quali l'organizzazione imprenditoriale si esaurisce, essenzialmente, nell'organizzazione dei lavoratori impiegati nell'esecuzione dell'appalto. In questi casi, infatti, quando tutto il personale dell'appaltatore uscente venga acquisito dall'appaltatore subentrante (in forza di obblighi legali o contrattuali), potrebbe risultare piuttosto arduo ravvisare quella discontinuità richiesta dalla legge ai fini dell'esclusione dell'applicazione dell'art. 2112 c.c.[43].

---

[42] Cfr. Trib. Milano 9 luglio 2019, n. 1749; Trib. Padova 28 aprile 2017, n. 13; Trib. Bologna 7 luglio 2017, secondo cui in caso di successione nell'appalto di servizi la mera riduzione quantitativa dei servizi appaltati non comporta discontinuità d'impresa ai sensi dell'art. 29, comma 3, d.lgs. n. 276 del 2003 come modificato dall'art. 30, legge 7 luglio 2016, n. 122, con conseguente applicazione dell'art. 2112 c.c.

[43] In questo senso, già prima dell'intervento legislativo, Cass. 12 aprile 2016, n. 7121 e Cass. 10 marzo 2009, n. 5709, hanno ritenuto configurabile un trasferimento d'azienda quando la cessione abbia ad oggetto anche solo un gruppo di dipendenti dotati di particolari competenze che siano stabilmente coordinati ed organizzati tra loro, così da rendere le loro attività interagenti ed idonee a tradursi in beni e servizi ben individuabili. Con riferimento alla normativa vigente e relativamente ai servizi di guardiania e reception, cfr. Trib. Venezia 5 giugno 2018, che ha ricondotto alla fattispecie del trasferimento d'azienda l'ipotesi di una successione nell'appalto nell'ambito della quale il modello organizzativo attraverso il quale venivano espletati i servizi è rimasto sostanzialmente identico nel passaggio da un appaltatore all'altro.

Capitolo 45
L'apprendistato

SOMMARIO: 1. Le fonti e le tipologie del contratto di apprendistato. – 2. Apprendistato per la qualifica e il diploma professionale, il diploma di istruzione secondaria superiore e il certificato di specializzazione tecnica superiore. – 3. Apprendistato professionalizzante. – 4. Apprendistato di alta formazione e di ricerca. – 5. La disciplina comune alle tre tipologie. – 6. I vantaggi. – 7. L'apparato sanzionatorio.

il contratto di apprendistato: disciplina legale

1. Il contratto di apprendistato è stato nel tempo disciplinato da una cospicua e stratificata normativa, oggi individuabile principalmente negli artt. 41-47 del d.lgs. n. 81 del 2015, in attuazione dell'art. 1, comma 7, lett. *d*), della legge delega n. 183 del 2014 (c.d. *Jobs Act*), e nel decreto interministeriale del 12 ottobre 2015 per la definizione degli standard formativi dell'apprendistato e i criteri generali per la realizzazione dei percorsi di apprendistato.

nozione

Secondo la dizione dell'art. 41, comma 1, del d.lgs. n. 81 del 2015 l'apprendistato è un contratto di lavoro a tempo indeterminato finalizzato alla formazione e alla occupazione dei giovani.

causa

Detta finalità conferma la **causa mista del contratto di apprendistato**: attraverso questo contratto, il datore di lavoro si obbliga non soltanto a retribuire l'apprendista, ma anche a fargli conseguire il titolo di studio o la qualifica professionale impartendogli la formazione, che potrà essere esterna o interna all'azienda, secondo quanto definito nel piano formativo.

Il contratto di apprendistato si articola nelle seguenti **tre tipologie**, già introdotte dal d.lgs. n. 276 del 2003 (art. 41, comma 2):

a) **l'apprendistato per la qualifica e il diploma professionale**, il diploma di istruzione secondaria superiore e il certificato di specializzazione tecnica superiore (*infra*, par. 2), che coniuga un'esperienza di lavoro con un percorso di studi per il conseguimento di un diploma o di una qualifica professionale;

b) **l'apprendistato professionalizzante** (*infra*, par. 3), finalizzato ad assicurare una qualificazione professionale (non un titolo di studio) ai fini contrattuali [1]: si tratta della forma di apprendistato più diffusa ed utilizzata;

---

[1] Mediante l'acquisizione di competenze tecnico-professionali e specialistiche sulla base di profili o qualificazioni professionali previsti per il settore di riferimento dai sistemi d'inquadramento del personale di cui ai contratti collettivi.

c) **l'apprendistato di alta formazione e ricerca** (*infra*, par. 4), finalizzato al conseguimento di un titolo di studio universitario (laurea, dottorato di ricerca, master o Istituti tecnici superiori) o a una ricerca.

La prima e la terza tipologia, a seguito delle modifiche apportate dal c.d. *Jobs Act*, configurano il c.d. "sistema duale italiano", con la finalità di incidere sugli alti tassi di disoccupazione giovanile, secondo un modello formativo mutuato dall'esperienza dei Paesi germanici, che integra organicamente formazione e lavoro [2].

L'obiettivo del legislatore, in altri termini, è quello di consentire ai giovani di studiare lavorando in forza di un autentico contratto di lavoro subordinato anziché di tirocini curriculari gratuiti [3] o extra curriculari [4].

il contratto di apprendistato come forma privilegiata di accesso al lavoro per i giovani

È evidente che in questo sistema il contratto di apprendistato diviene la **forma privilegiata di ingresso dei giovani nel mercato del lavoro** perché consente, da un lato, il conseguimento del titolo di studio o la qualifica a fini contrattuali e, dall'altro, un'esperienza formativa diretta attraverso forme di lavoro subordinato, ancorché non stabili.

Conseguentemente, per incoraggiare tale modello, il *Jobs Act* ha ulteriormente rafforzato i vantaggi economici (*infra*, par. 6), di tipo retributivo, contributivo e fiscale, per il datore di lavoro che intenda assumere apprendisti.

apprendistato per la qualifica e il diploma professionale e il certificato di specializzazione tecnica superiore

2. A norma dell'art. 43, comma 1, l'apprendistato per la qualifica e il diploma professionale e il certificato di specializzazione tecnica superiore, destinato a giovani dai 15 ai 25 anni di età, è **strutturato in modo da coniugare la formazione effettuata in azienda con l'istruzione e la formazione professionale** svolta dalle istituzioni formative che operano nell'ambito dei sistemi regionali di istruzione e formazione [5].

ruolo centrale delle regioni e delle province autonome

Di conseguenza, le regioni e le province autonome svolgono un ruolo centrale nella formazione professionale, che è ad esse riservata e può essere regolata per mezzo di decreti del Ministero del lavoro e delle politiche sociali solo in via sussidiaria, in assenza di regolamentazione regionale.

Il **datore di lavoro** che intenda stipulare questa tipologia di contratto di apprendistato sottoscrive **un protocollo con l'istituzione formativa a cui lo studente è iscritto**, nel quale sono stabiliti il contenuto e la durata degli obblighi formativi del datore di lavoro.

---

[2] Con riferimento ai titoli di istruzione e formazione e alle qualificazioni professionali contenuti nel Repertorio nazionale di cui all'art. 8 del d.lgs. n. 13 del 2013, nell'ambito del Quadro europeo delle qualificazioni (così l'art. 41, comma 3).

[3] Attraverso il sistema dell'alternanza scuola-lavoro, ora disciplinato dalla legge n. 107 del 2015 c.d. Buona scuola.

[4] Disciplinati su base regionale in attuazione delle Linee Guida emanate a norma dell'art. 1, comma 34, legge n. 92 del 2012.

[5] Sulla base dei livelli essenziali delle prestazioni di cui al d.lgs. n. 226 del 2005, e di quelli di cui all'art. 46.

La formazione esterna all'azienda è impartita nell'istituzione formativa alla quale lo studente è iscritto e non può essere superiore al 60% dell'orario ordinamentale per il secondo anno e al 50% per i successivi.

il contratto di apprendistato professionalizzante

3. Il contratto di apprendistato professionalizzante può essere **stipulato** a partire dal diciassettesimo anno di età e fino a 29 anni, **per il conseguimento di una qualificazione professionale**.

La qualificazione da conseguire è determinata nel contratto di apprendistato sulla base dei profili o qualificazioni professionali previsti per il settore di riferimento da determinati contratti collettivi [6].

disciplina demandata all'autonomia privata collettiva

La disciplina di questo contratto, che rappresenta ancora la tipologia largamente più utilizzata tra le tre, è demandata dalla legge agli accordi interconfederali e ai contratti collettivi nazionali di lavoro stipulati dalle associazioni sindacali comparativamente più rappresentative sul piano nazionale, con particolare riferimento alle modalità di erogazione della formazione alla durata, minima e massima, del periodo di apprendistato, la quale non può essere superiore a tre anni (cinque per gli artigiani).

La formazione dell'apprendista assicura l'acquisizione di competenze di base e trasversali ed è svolta sotto la responsabilità del datore di lavoro. Essa è integrata, nei limiti delle risorse annualmente disponibili, da un'offerta formativa pubblica, interna o esterna all'azienda, finalizzata all'acquisizione di competenze di base e trasversali per un monte complessivo non superiore a 120 ore per la durata del triennio e disciplinata dalle regioni e dalle province autonome [7].

In assenza dell'offerta formativa pubblica, trovano applicazione le regolazioni contrattuali vigenti (art. 47, comma 5). Il d.lgs. n. 148 del 2015, di riordino degli ammortizzatori sociali in costanza di rapporto di lavoro (*infra*, Parte sesta, cap. 58), ha esteso l'ambito di applicazione della normativa in materia di integrazione salariale, comprendendo tra i beneficiari di tali trattamenti anche i lavoratori assunti con contratto di apprendistato professionalizzante, anche per le prestazioni dei fondi di solidarietà (art. 39).

Infine, possono essere assunti con un contratto di apprendistato professionalizzante anche i lavoratori in mobilità e i disoccupati beneficiari di un trattamento di disoccupazione, **senza limite di età**.

---

[6] Quelli stipulati dalle associazioni sindacali comparativamente più rappresentative sul piano nazionale.

[7] A tal fine, ogni regione comunica al datore di lavoro, entro 45 giorni dalla comunicazione dell'instaurazione del rapporto, le modalità di svolgimento dell'offerta formativa pubblica, anche con riferimento alle sedi e al calendario delle attività previste, avvalendosi anche dei datori di lavoro e delle loro associazioni che si siano dichiarate disponibili, ai sensi delle linee guida adottate dalla Conferenza permanente per i rapporti tra lo Stato, le regioni e le province autonome di Trento e Bolzano in data 20 febbraio 2014.

4. Possono essere assunti con contratto di apprendistato **per il conseguimento di titoli di studio universitari e della alta formazione**[8], nonché per il praticantato per l'accesso alle professioni ordinistiche, i giovani di età compresa tra i 18 e i 29 anni in possesso di diploma di istruzione secondaria superiore[9], in tutti i settori di attività, pubblici o privati.

contratto di apprendistato di alta formazione e ricerca

Anche in questo caso, il datore di lavoro che intenda stipulare un contratto, sottoscrive un protocollo con l'istituzione formativa a cui lo studente è iscritto o con l'ente di ricerca, che stabilisce la durata e le modalità, anche temporali, della formazione a carico del datore di lavoro, secondo lo schema definito con il decreto interministeriale del 12 ottobre 2015. La formazione esterna all'azienda è svolta nell'istituzione formativa a cui lo studente è iscritto e nei percorsi di istruzione tecnica superiore e non può, di norma, essere superiore al 60 % dell'orario ordinamentale.

5. Alla disciplina specifica di ciascuna tipologia di apprendistato si affianca la disciplina comune, dettata dall'art. 42 del d.lgs. n. 81 del 2015 e di seguito riassunta nei suoi profili principali.

la disciplina comune alle tre tipologie

a) Il Piano Formativo Individuale – Il contratto di apprendistato è sempre stipulato in forma scritta ai fini della prova (*ad probationem*) e deve contenere, in forma sintetica, il piano formativo individuale (PFI) che è elemento qualificante di questo contratto speciale.

forma scritta ad probationem e PFI

Nelle tipologie di apprendistato *sub* I e III, il PFI è predisposto dall'istituzione formativa con il coinvolgimento dell'impresa[10], mentre nell'apprendistato professionalizzante è predisposto dal datore di lavoro.

Il PFI va allegato al contratto di lavoro, di cui costituisce parte integrante, e può essere modificato nel corso del rapporto di lavoro. Nel PFI deve essere indicata l'organizzazione didattica presso la quale il lavoratore frequenta i percorsi di formazione in apprendistato, il contenuto e la durata della formazione.

La formazione si articola in percorsi sia interni sia esterni all'azienda, an-

---

[8] Compresi i dottorati di ricerca, i diplomi relativi ai percorsi degli istituti tecnici superiori per attività di ricerca.

[9] O di un diploma professionale conseguito nei percorsi di istruzione e formazione professionale integrato da un certificato di specializzazione tecnica superiore o del diploma di maturità professionale all'esito del corso annuale integrativo.

[10] I percorsi formativi sono concordati tra l'istituzione formativa e il datore di lavoro e sono attuati sulla base di un protocollo bilaterale strutturato in base a uno schema elaborato dal decreto interministeriale del 12 ottobre 2015. Tale protocollo deve stabilire il contenuto e la durata degli obblighi formativi del datore di lavoro. Con il medesimo decreto sono definiti i criteri generali per la realizzazione dei percorsi di apprendistato, e, in particolare, i requisiti delle imprese nelle quali si svolge e il monte orario massimo del percorso scolastico che può essere svolto in apprendistato, nonché il numero di ore da effettuare in azienda, nel rispetto dell'autonomia delle istituzioni scolastiche e delle competenze delle regioni e delle province autonome.

che tenendo conto delle esigenze formative e professionali dell'impresa e delle competenze che possono essere acquisite.

presenza di un tutor o referente aziendale

La qualità della formazione in azienda è garantita dalla presenza di un tutor o referente aziendale, indicato nel PFI, e al termine del periodo formativo la norma richiede l'attestazione o la certificazione delle competenze acquisite, mediante la registrazione nel fascicolo elettronico del lavoratore [11].

durata minima e durata massima del periodo formativo

b) La durata – Il contratto di apprendistato ha una durata minima non inferiore a sei mesi, fatto salvo quanto previsto dalla contrattazione collettiva per le attività stagionali. La durata effettiva del periodo di apprendistato è stabilita in relazione a quella del percorso formativo necessario al conseguimento del titolo di studio e varia a seconda delle tre tipologie contrattuali.

È prevista anche una durata massima, di regola compresa tra uno e quattro anni per le tipologie *sub* I e III, mentre per l'apprendistato professionalizzante la durata massima non può essere superiore a tre anni (cinque anni per gli artigiani).

Eccezionalmente, il contratto può essere prorogato di un anno.

peculiarità in materia di licenziamento dell'apprendista

c) Recesso dal contratto (licenziamento dell'apprendista) – Il recesso dal contratto di apprendistato è disciplinato in modo speciale rispetto alla disciplina generale del contratto di lavoro subordinato, distinguendo due momenti:

1. **durante il periodo di formazione** in apprendistato trovano applicazione le tutele previste per i lavoratori subordinati a tempo indeterminato (quelle del contratto a tempo indeterminato a tutele crescenti per gli assunti dopo il 7 marzo 2015, *supra*, cap. 29 ss.) [12];

2. **al termine del periodo di formazione** in apprendistato, il **recesso è libero** e cioè può essere intimato ai sensi dell'art. 2118 c.c., con preavviso decorrente dal medesimo termine. Se nessuna delle parti recede, il rapporto prosegue come ordinario rapporto di lavoro subordinato a tempo indeterminato.

disciplina collettiva nel rispetto di alcuni principi legali, se non diversamente disposto

d) Disciplina collettiva del contratto di apprendistato. – Salvo quanto disposto dalla norma generale, la disciplina del contratto di apprendistato è rimessa all'autonomia collettiva [13], nel rispetto di una serie di principi, tra i quali ad esempio il divieto di retribuzione a cottimo, la presenza di un tutore o referente

---

[11] Questa incombenza è di competenza: a) del datore di lavoro, nel contratto di apprendistato professionalizzante, per quanto riguarda la formazione effettuata per il conseguimento della qualificazione professionale ai fini contrattuali; b) dell'istituzione formativa o ente di ricerca di appartenenza dello studente, nel contratto di apprendistato del primo e del terzo tipo del sistema duale (art. 46, comma 2).

[12] La norma specifica che nel contratto di apprendistato per la qualifica e il diploma professionale, il diploma di istruzione secondaria superiore e il certificato di specializzazione tecnica superiore, costituisce giustificato motivo di licenziamento il mancato raggiungimento degli obiettivi formativi come attestato dall'istituzione formativa.

[13] Più precisamente ad accordi interconfederali ovvero ai contratti collettivi nazionali di lavoro stipulati dalle associazioni sindacali comparativamente più rappresentative sul piano nazionale.

aziendale, l'obbligo di registrazione della formazione effettuata e della qualificazione professionale ai fini contrattuali nel fascicolo elettronico del lavoratore [14]; l'applicazione delle norme sulla previdenza e assistenza sociale obbligatoria.

limiti quantitativi …

e) **Limiti alla facoltà di assumere apprendisti.** – Proprio in ragione dei vantaggi connessi all'utilizzo di tale contratto (cfr. *infra*, par. 6), che gravano sulla fiscalità generale, l'art. 42 pone anche un **limite al numero di apprendisti che il datore di lavoro**, sia pubblico [15], sia privato, **può assumere**, direttamente o indirettamente tramite agenzie di somministrazione autorizzate. La previsione corrisponde alle finalità di evitare abusi e favorire un reale incentivo all'occupazione mediante contratti di lavoro subordinato, posta la facilità di recesso al termine del periodo formativo.

Il datore di lavoro, nelle assunzioni di apprendisti, non può superare il **rapporto di 3 a 2 rispetto alle maestranze specializzate e qualificate in servizio** (art. 42, comma 7), ridotto al 100 % (rapporto di 1 a 1) per i datori di lavoro che occupino meno di dieci lavoratori. Il datore di lavoro che non abbia alle proprie dipendenze lavoratori qualificati o specializzati, o che comunque ne abbia in numero inferiore a tre, può assumere fino a tre apprendisti.

… e obblighi di stabilizzazione degli apprendisti

Altro limite è indicato dal legislatore in relazione al numero dei giovani stabilizzati (comma 8): l'assunzione di nuovi apprendisti con contratto di apprendistato professionalizzante è subordinata alla **prosecuzione, a tempo indeterminato, del rapporto di lavoro al termine del periodo di apprendistato, nei trentasei mesi precedenti la nuova assunzione, di almeno il 20% degli apprendisti dipendenti dallo stesso datore di lavoro, esclusi i rapporti cessati per recesso durante il periodo di prova, dimissioni o licenziamento per giusta causa.**

sanzioni

Qualora non sia rispettata tale percentuale, è in ogni caso consentita l'assunzione di un solo apprendista con contratto professionalizzante, ma gli apprendisti assunti in violazione dei limiti indicati sono considerati ordinari lavoratori subordinati a tempo indeterminato sin dalla data di costituzione del rapporto.

deroghe

Esclusivamente per i datori di lavoro che occupino almeno cinquanta dipendenti, però, la norma riconosce ai contratti collettivi nazionali di lavoro, stipulati dalle associazioni sindacali comparativamente più rappresentative sul piano nazionale, la possibilità di derogare ai suddetti limiti e di individuarne altri.

divieti di somministrazione a tempo determinato

Infine, è sempre vietata la possibilità di utilizzare apprendisti **con contratto di somministrazione a tempo determinato** [16].

---

[14] Di cui all'art. 14 del d.lgs. n. 150 del 2015.

[15] L'apprendistato professionalizzante e quello per l'alta formazione e ricerca possono essere stipulati anche da datori di lavoro pubblici sulla base di un decreto interministeriale che, però, non è stato ancora emanato (art. 47, comma 6).

[16] Per talune attività come quelle stagionali o che si svolgono nel settore del cinema e dell'audiovisivo è possibile assumere lavoratori con un contratto di apprendistato professionalizzate a tempo determinato se questa tipologia è autorizzata dai contratti collettivi nazionali di lavoro stipulati dalle associazioni sindacali comparativamente più rappresentative sul piano nazionale (art. 44, comma 5, come modificato dall'art. 2, legge n. 202 del 2017).

gli incentivi alle assunzioni di apprendisti

6. Per favorire la diffusione del contratto di apprendistato il legislatore, oltre a riconoscere un più favorevole regime di recesso (*supra*, par. 5), introduce una serie di incentivi economici e normativi collegati all'assunzione di giovani volti a ridurre il costo del lavoro.

sgravi contributivi

In primo luogo, per le aziende con un numero di dipendenti fino a 9 unità i contributi previdenziali obbligatori a carico del datore di lavoro per ogni apprendista assunto sono pari a zero, e per le altre aziende sono ridotti al 10% della retribuzione (in luogo del 24% ed oltre) [17].

I **benefici contributivi** in materia di previdenza e assistenza sociale **sono mantenuti per un anno dalla prosecuzione del rapporto di lavoro** dopo il termine del periodo di apprendistato (art. 47, comma 7).

vantaggi nell'inquadramento e nella retribuzione

In secondo luogo, la legge consente che l'apprendista sia retribuito in misura ridotta.

La determinazione di tale riduzione è affidata ai contratti collettivi che possono stabilire **la facoltà per il datore di lavoro di scegliere tra il sottoinquadramento contrattuale** fino a due livelli inferiori rispetto a quello spettante in applicazione del contratto collettivo nazionale di lavoro ai lavoratori addetti a mansioni che richiedono qualificazioni corrispondenti a quelle al cui conseguimento è finalizzato il contratto, **o, in alternativa, di stabilire la retribuzione dell'apprendista in misura percentuale e proporzionata all'anzianità di servizio.** Sia in relazione all'attività formativa esterna, sia a quella svolta nell'ambito della sede aziendale, i contratti collettivi possono prevedere condizioni retributive di miglior favore.

Ulteriori incentivi sono previsti per il contratto di apprendista del primo [18] e del terzo tipo nell'ambito del sistema duale. Il legislatore stabilisce che per le ore di formazione presso l'istruzione formativa il datore di lavoro sia totalmente esonerato dall'obbligo retributivo; mentre per le ore di formazione a carico del datore di lavoro, vale a dire la formazione svolta in azienda, al lavoratore è riconosciuta una retribuzione pari al 10% di quella che gli sarebbe dovuta, salve le diverse previsioni collettive.

vantaggi normativi

Oltre agli incentivi economici la legge prevede anche incentivi normativi. A norma dell'art. 47, comma 3, **i lavoratori assunti con contratto di apprendistato sono esclusi dal computo dei limiti numerici** previsti da leggi e contratti collettivi per l'applicazione di particolari normative e istituti, come ad esempio per l'applicazione delle tutele contro il licenziamento illegittimo, an-

---

[17] La contribuzione pari al 10% ai sensi dell'art. 1, comma 773, legge n. 296 del 2006 e salvo quanto previsto dall'art. 22 della legge n. 183 del 2011, è stata ridotta nella misura del 5% *ex* art. 32 del d.lgs. n. 150 del 2015 in via sperimentale fino al 31 dicembre 2016. La suddetta aliquota del 5%, ove dovuta, va calcolata sulla retribuzione effettivamente erogata all'apprendista, retribuzione che deve corrispondere agli importi contrattuali minimi stabiliti dai contratti collettivi sottoscritti dalle organizzazioni, datoriali e dei lavoratori, comparativamente più rappresentative.

[18] Gli incentivi speciali e aggiuntivi previsti soltanto per il contratto di apprendistato per la qualifica, il diploma e il certificato di specializzazione tecnica superiore di cui all'art. 32 del d.lgs. n. 150 del 2015 si applicano ai contratti stipulati entro il 31 dicembre 2016.

che ai fini dell'assolvimento degli obblighi di cui all'art. 4 della legge n. 69 del 1999.

provvedimenti in caso di contratti di apprendistato privi di formazione ...

7. A norma dell'art. 47 del d.lgs. n. 81 del 2015, in caso di inadempimento nell'erogazione della formazione a carico del datore di lavoro, di cui egli sia esclusivamente responsabile e che sia tale da impedire la realizzazione delle finalità del contratto di apprendistato per ciascuna tipologia contrattuale[19], il datore di lavoro è tenuto a versare la differenza tra la contribuzione versata (0-10%) e quella che sarebbe stata dovuta al lavoratore al termine del periodo di apprendistato, maggiorata del 100% e cioè raddoppiata, senza ulteriori sanzioni per omessa contribuzione.

... e in caso di errori sanabili nella formazione

Nel caso in cui il personale ispettivo ministeriale rilevi un inadempimento nell'erogazione della formazione prevista nel piano formativo individuale, ma il datore di lavoro possa ancora garantire l'adempimento dell'obbligo formativo, è adottato un provvedimento di disposizione, assegnando un congruo termine al datore di lavoro per adempiere (art. 47, comma 1).

Sanzioni pecuniarie amministrative sono inoltre previste per la violazione delle disposizioni relative alla predisposizione del piano formativo nonché per la violazione delle previsioni contrattuali collettive[20].

---

[19] Con onere della prova a carico del datore di lavoro, cfr. Cass. 5 novembre 2015, n. 22624.

[20] In questi casi, il datore di lavoro è punito con una sanzione amministrativa pecuniaria, come disposto dall'art. 47, comma 2.

Capitolo 46

Il lavoro subordinato in particolari rapporti

1. Accanto al lavoro subordinato nell'impresa si rinvengono una serie di rapporti particolari sui quali ci soffermeremo nel presente capitolo.

Si tratta di rapporti di lavoro eterogenei fra loro ed accomunati dalla **deviazione dal regime giuridico generale del lavoro subordinato nell'impresa.** La deviazione da tale regime giuridico può dipendere dalla non inerenza all'impresa della prestazione di lavoro, come avviene, ad esempio, nel lavoro domestico e nel lavoro a domicilio; oppure dalla particolare posizione rivestita dal lavoratore nell'ambito del rapporto, come avviene, ad esempio, nel lavoro sportivo, dove la deviazione dalla disciplina generale è assai consistente; oppure, ancora, dall'esigenza di contemperare la tutela del lavoratore con quella di interessi di rilievo generale, come avviene nel lavoro nautico, dove si pone l'esigenza di tutelare l'interesse pubblico alla sicurezza e alla regolarità della navigazione; oppure dallo *status* della persona e dalle finalità rieducative e di reinserimento sociale, come nel caso del lavoro dei detenuti.

2. Il **lavoro a domicilio** è considerato dal codice (art. 2128 c.c.) un contratto speciale e ad esso si applicano le norme che regolano il lavoro subordinato, in quanto compatibili con **il particolare vincolo di subordinazione che contrassegna questo tipo di contratto.**

specialità del lavoro a domicilio

La specialità di questa fattispecie è stata affermata dalla legge n. 877 del 1973, modificata dalla legge n. 858 del 1980 e, nella disciplina sanzionatoria, dal d.lgs. n. 566 del 1994.

Nel lavoro a domicilio, infatti, **il luogo della prestazione lavorativa**, a differenza del lavoro subordinato "in azienda", **coincide con il domicilio del la-**

voratore[1]. Invero, ai sensi dell'art. 1, comma 1, della legge n. 877 del 1973, il lavoratore svolge la sua attività "nel proprio domicilio o in un locale in cui abbia la disponibilità".

diversa estrinsecazione del potere direttivo

L'art. 1, comma 2, legge n. 877 del 1973 ha dettato una definizione particolare di subordinazione dalla quale discende che l'esercizio del potere direttivo del datore di lavoro si estrinseca in modo diverso da quello esercitato nel normale rapporto di lavoro subordinato per il fatto stesso che la prestazione lavorativa si svolge nel domicilio del lavoratore.

non osservanza di un vincolo di orario

Lo svolgimento della prestazione nel proprio domicilio libera il lavoratore dal vincolo d'orario[2]. La subordinazione è esclusa dalla saltuarietà e occasionalità delle prestazioni e non anche dal rifiuto di svolgere una commessa per impossibilità di eseguirla nei rigidi termini indicati dal datore di lavoro[3].

Come, pure, non valgono ad escludere la subordinazione, di per sé, né l'iscrizione del prestatore di lavoro all'albo delle imprese artigiane (in quanto ad una iscrizione formale, priva di valore costitutivo, può non corrispondere l'effettiva esplicazione di attività lavorativa autonoma), né l'emissione di fatture per il pagamento delle prestazioni lavorative eseguite (potendo tale formalità essere finalizzata proprio alla elusione della normativa legale su richiamata), e neppure la circostanza che il lavoratore svolga la sua attività per una pluralità di committenti[4].

La subordinazione non è esclusa, inoltre, se il lavoratore a domicilio si avvale dell'aiuto accessorio dei componenti della famiglia, ma non di salariati e apprendisti. In presenza della subordinazione, non trova applicazione l'art. 230-*bis* c.c. che regola l'impresa familiare.

obbligatorietà della retribuzione a cottimo nel lavoro a domicilio

I lavoratori a domicilio debbono essere retribuiti sulla base delle tariffe di cottimo (art. 8). Trovano applicazione tutte le tutele previdenziali previste per il lavoro subordinato ad eccezione dell'integrazione salariale (art. 9).

La Cassazione ha sostenuto l'inapplicabilità al lavoro a domicilio della normativa sui licenziamenti, a meno che, per accordo tra le parti, o per le concrete modalità, lo stesso abbia per oggetto una qualificata e ragionevole continuità di prestazioni lavorative, tale da renderlo meritevole di questa tutela[5].

---

[1] Il luogo di lavoro può essere anche diverso dal domicilio del lavoratore, purché si tratti di locali di cui lo stesso abbia la disponibilità. Va, invece, esclusa la sussistenza del lavoro domestico quando la prestazione viene resa nei locali di pertinenza dell'impresa (art. 1, comma 3, legge n. 877 del 1973).

[2] Tra l'altro, l'art. 17, comma 5, d.lgs. n. 66 del 2003 esclude questa tipologia di rapporti di lavoro dall'ambito di applicazione delle norme in materia di orario, pause e lavoro notturno.

[3] Cfr. Cass. 11 gennaio 2011, n. 461, in *Rep. Foro it.*, voce *Lavoro (rapporto)*, 2011, n. 470. La subordinazione deve, invece, escludersi allorquando il lavoratore: goda di piena libertà di accettare o rifiutare il lavoro commessogli; abbia piena discrezionalità in ordine ai tempi di consegna del lavoro stesso; possa pattuire un prezzo con il committente di volta in volta. Cass. 5 aprile 2011, n. 7747, in *Dir. prat. lav.*, 2013, 16, p. 1091.

[4] Cass. 13 novembre 2014, n. 24223, in *Lav. nella giur.*, 2015, 2, p. 197.

[5] Cass. 17 marzo 1981, n. 1570, in *Giust. civ.*, 1981, I, p. 1276, con nota di G. Pera.

I lavoratori a domicilio possono beneficiare, ricorrendone i requisiti, dell'indennità di disoccupazione ordinaria (oggi la NASpI, *infra*, cap. 59), purché il rapporto sia cessato [6].

L'art. 39, d.l. n. 112 del 2008, convertito in legge n. 113 del 2008, ha imposto al datore di lavoro che faccia eseguire il lavoro al di fuori della propria azienda, di trascrivere il nominativo ed il domicilio dei lavoratori esterni all'unità produttiva, nonché la misura della relativa retribuzione nel libro unico per il lavoro in cui debbono essere annotate anche le date e le ore di consegna e riconsegna del lavoro, la sua descrizione e la specificazione delle quantità e della qualità richiesta.

3. Il **lavoro domestico** è regolato dal codice civile (artt. 2240-2246) e dalla legge n. 339 del 1958, che all'art. 1 lo definisce come **lavoro prestato per il funzionamento della vita familiare** con mansioni specifiche o generiche e con retribuzione in danaro o in natura.

La legge n. 339 del 1958 ha introdotto deroghe significative alla disciplina codicistica senza tuttavia abrogare gli artt. 2240-2246 c.c.

Il rapporto fra le due fonti normative, infatti, è complementare [7], poiché la prima risulta applicabile solo ai rapporti di lavoro concernenti gli addetti ai servizi domestici che prestano la loro opera, continuativa e prevalente, **di almeno 4 ore giornaliere presso lo stesso datore di lavoro** (art. 1, comma 1). Viceversa, i rapporti di lavoro domestico di durata inferiore a 4 ore giornaliere continuano ad essere regolati dagli artt. 2240-2246 c.c.

specialità del lavoro domestico

Il lavoro domestico è un rapporto speciale perché è volto a soddisfare un bisogno personale del datore e non strumentale all'esercizio dell'attività professionale dello stesso [8].

Alle prestazioni necessarie per il funzionamento della vita familiare possono aggiungersene altre, come quella di autista, che può essere considerato lavoratore domestico quando sia costantemente a disposizione del datore di lavoro.

contrattazione collettiva

A seguito della dichiarazione di incostituzionalità dell'art. 2068 c.c. (Corte cost. 27 marzo 1969, n. 68), che sottraeva alla contrattazione collettiva il lavoro

---

Le Sezioni Unite avevano chiarito che i lavoratori a domicilio, iscritti nelle liste di mobilità, in presenza dei necessari requisiti, avevano diritto all'indennità di mobilità di cui all'art. 16 della legge n. 223 del 1991. Cass., Sez. Un., 12 marzo 2001, n. 106, in *Mass. giur. lav.*, 2001, p. 737.

[6] Cfr. Cass. 28 marzo 2014, n. 7383.

[7] E. Ghera, *Diritto del Lavoro*, Bari, 2011, p. 301.

[8] La giurisprudenza ritiene applicabile la normativa del lavoro domestico anche nel caso di attività prestata in favore di comunità parafamiliare, intesa quale "comunità stabile di persone che convivono, senza uno scopo di lucro, nell'osservanza di un principio di mutua assistenza, in quanto assimilabile a quello delle famiglie, basate su vincoli di sangue, in una solidarietà affettuosa fra persone aventi una tale comunanza di vitto e di alloggio", come, ad esempio, nel caso di una cuoca che presta la sua attività nell'esclusivo interesse della comunità religiosa, così Cass. 30 agosto 2018, n. 21446, in *Foro it.*, 2018, 10, I, c. 3040.

domestico, questo rapporto può essere regolato dal contratto collettivo purché sia concluso da organizzazioni sindacali sufficientemente rappresentative.

procedura semplificata di assunzione

Ai domestici non si applica la disciplina del collocamento ed è vietata la mediazione, ma è prevista una procedura semplificata per la dichiarazione di assunzione, consistente nella mera comunicazione all'Inps (art. 16-*bis*, d.l. n. 185 del 2008, convertito con modifiche in legge n. 2 del 2009).

riposo settimanale, periodo feriale

Secondo l'art. 8, legge n. 339 del 1958, il lavoratore domestico ha diritto ad un conveniente **periodo di riposo durante il giorno e a non meno di otto ore di riposo notturno** quando il lavoratore vive presso l'abitazione del proprio datore di lavoro.

Ha diritto ad un **riposo settimanale** e ad un **periodo di ferie** di diversa durata a seconda delle categorie, impiegatizia o manuale, e dell'anzianità di servizio.

licenziamento ad nutum

Al lavoratore domestico non si applica la normativa sui licenziamenti individuali e, quindi, può essere licenziato *ad nutum* salvo il preavviso [9].

Il T.U. n. 151 del 2001 dedica una speciale disposizione al lavoro domestico, attribuendo al prestatore una serie di diritti, compreso quello al congedo di maternità e di paternità ed al relativo trattamento economico e normativo (art. 62).

La disposizione non prevede, invece, espressamente l'applicabilità del divieto di licenziamento della lavoratrice domestica nel periodo di maternità e fino al compimento di un anno di età del bambino, previsto in generale dall'art. 54 del T.U. sicché in tali casi il licenziamento sarebbe legittimo [10].

E, tuttavia, l'assenza di un'esplicita previsione in tal senso è ad ogni modo inidonea a suffragare l'idea dell'inoperatività del divieto in questione e ciò perché l'art. 54 T.U., a differenza della previgente normativa (art. 1, comma 3, legge n. 1204 del 1971 [11]), non esclude dall'ambito di applicazione del suddetto divieto i lavoratori domestici [12].

A tal proposito, è altresì utile ricordare che la contrattazione collettiva prevede il divieto di licenziamento durante il periodo di gravidanza [13].

Rimane, invece, inapplicabile il divieto di licenziamento a causa di matrimonio (art. 35, comma 9, d.lgs. n. 198 del 2006).

---

[9] Cass. 30 agosto 2018, n. 21446, in *Foro it.*, 2018, 10, I, c. 3040.

[10] Cass. 2 settembre 2015, n. 17433, in *Dejure.*

[11] Sulla legittimità costituzionale di questa esclusione sotto il vigore del previgente quadro normativo, cfr. Corte cost. 13 febbraio 1974, n. 27; 15 gennaio 1976, n. 9; 15 marzo 1994, n. 86.

[12] Sul punto cfr. Cass. 22 giugno 1998, n. 6199, in *Foro it.*, 1998, I, c. 2375, secondo cui, ai sensi dell'art. 2110 c.c., è vietato il licenziamento della lavoratrice domestica in gravidanza nel periodo di comporto (equitativamente determinato in 5 mesi, ossia in misura pari al periodo di astensione obbligatoria dal lavoro per maternità). *Contra*, A. Vallebona, *Istituzioni di diritto del lavoro, II, Il rapporto di lavoro*, Citta?, 2015, p. 703.

[13] Cfr. art. 24 comma 3, del Ccnl 16 luglio 2013, attuativo delle previsioni contenute nell'art. 14, comma 1, della convenzione dell'ILO n. 189 del 2011 con cui si è inteso assicurare ai lavoratori domestici condizioni in materia di maternità non meno favorevoli di quelle applicabili agli altri settori.

lavoro sportivo

4. La **legge n. 91 del 1981 all'art. 2 definisce gli atleti professionisti**. La qualifica di professionista è riconosciuta all'atleta dalla federazione nazionale competente e lo distingue dall'atleta dilettante.

distinzione quantitativa tra lavoro subordinato ed autonomo

Questa legge ha adottato un criterio meramente quantitativo per distinguere il lavoro autonomo da quello subordinato dell'atleta professionista. Infatti, ai sensi dell'art. 3 il lavoro dell'atleta è autonomo quando: *a*) l'attività sportiva sia svolta nell'ambito di una singola manifestazione o di più manifestazioni; *b*) l'atleta non sia contrattualmente vincolato a partecipare alle sedute di allenamento o di preparazione; *c*) la prestazione, pur continuativa, non superi le otto ore settimanali o cinque giorni al mese, o trenta giorni all'anno. Quando sussista uno solo di questi requisiti il rapporto di lavoro è autonomo.

alterazione del vincolo di subordinazione

Negli altri casi è di lavoro subordinato, anche se si deve sottolineare che il vincolo di subordinazione dell'atleta professionista si atteggia diversamente rispetto alla normale obbligazione di lavoro subordinato e perciò il contratto può essere definito speciale.

Occorre precisare, inoltre, che **le regole** dettate per la qualificazione del rapporto di lavoro dell'atleta professionista **non si applicano alle altre figure di lavoratori sportivi contemplate nell'art. 2 (allenatori, direttori tecnico-sportivi e preparatori atletici)**. Per questi ultimi, la sussistenza o meno del vincolo di subordinazione deve essere accertata di volta in volta nel caso concreto, in applicazione dei criteri forniti dal diritto comune del lavoro.

forma scritta

Il contratto deve essere concluso in **forma scritta**. È previsto un accordo tipo stipulato dalla federazione nazionale e dalle categorie interessate che non può essere derogato *in pejus* dai contratti individuali.

È obbligatoria l'assicurazione contro gli infortuni e l'iscrizione ad un fondo previdenziale [14].

esclusione della normativa sui licenziamenti individuali

Se il contratto è a tempo determinato, il lavoratore con il suo consenso può essere ceduto ad altra società, se è a tempo indeterminato, il lavoratore ha diritto al preavviso ai sensi dell'art. 2118 c.c. e non si applicano le normative in materia di licenziamenti individuali (art. 4, comma 8).

L'art. 6, comma 1 stabilisce che le federazioni nazionali possono prevedere il pagamento di un'**indennità di preparazione**, dovuta dalla società con la quale è cessato il rapporto del professionista, alla società che ha costituito con lo stesso professionista un nuovo rapporto.

contrasto con la normativa europea

Anche il regolamento dell'Unione europea delle federazioni calcistiche prevede una indennità analoga, ma la Corte di giustizia ha ritenuto questa disposizione in contrasto con la disposizione del Trattato che garantisce la libera circolazione dei lavoratori calciatori all'interno dell'Unione [15].

---

[14] La pericolosità che accompagna, con diverso grado d'intensità ogni pratica sportiva, ha richiesto una protezione ulteriore a beneficio degli atleti professionisti. L'art. 7, legge n. 91 del 1981 prevede infatti particolari controlli medici da attivarsi secondo le disposizioni delle singole Federazioni. Cfr., inoltre, le norme antidoping (legge n. 376 del 2000) a salvaguardia della salute degli sportivi ed alla genuinità delle competizioni.

[15] Corte giust. CE 15 dicembre 1995, causa C-415/93, in *Foro it.*, 1996, IV, c. 1. La previsione è stata ripresa dalla legge n. 586 del 1996.

Si segnala, infine, che è stata recentemente approvata la legge 8 agosto 2019, n. 86 con la quale all'art. 5 si delega il Governo ad emanare uno o più decreti legislativi per il riordino e la riforma delle disposizioni in materia di enti sportivi professionistici e dilettantistici, nonché per la disciplina del rapporto di lavoro sportivo. La delega, con un'ampia e non specifica formulazione dei principi e criteri direttivi, è finalizzata in particolare a:

a) garantire l'osservanza dei principi di parità di trattamento e di non discriminazione nel lavoro sportivo, sia nel settore dilettantistico, che in quello professionistico;

b) individuare la figura del lavoratore sportivo, ivi compresa la figura del direttore di gara, senza alcuna distinzione di genere, indipendentemente dalla natura dilettantistica o professionistica dell'attività sportiva svolta, e definizione della relativa disciplina in materia assicurativa, previdenziale e fiscale.

rapporto di lavoro nautico

5. Il **rapporto di lavoro nautico del personale della navigazione marittima interna e della gente dell'aria** presenta delle peculiarità rispetto al rapporto di diritto comune per la notevole rilevanza degli interessi pubblici coinvolti e riferibili alla sicurezza e regolarità dei trasporti.

disciplina di riferimento

La normativa è contenuta nel codice della navigazione (artt. 323 ss. e 900 ss. riguardanti il contratto di arruolamento e il contratto di lavoro del personale di volo) e, per la gente dell'aria ed il personale dei servizi di terra, nei regolamenti approvati con d.p.r. 28 dicembre 1970, n. 1471 e 7 novembre 1977, n. 1100.

peculiare rapporto tra le fonti

Accanto a queste fonti si collocano il contratto collettivo e il contratto individuale di lavoro, che prende il nome di **contratto di arruolamento** per il personale marittimo (artt. 323 ss. cod. nav.) e di **contratto del personale di volo** per il personale della navigazione aeronautica (artt. 900 ss. cod. nav.). Il rapporto fra autonomia privata, individuale e collettiva, e la legge trova espressa regolamentazione negli artt. 374 e 938 cod. nav., che lasciano sia al contratto collettivo, sia al contratto individuale degli spazi di regolazione del rapporto di lavoro più ampi rispetto a quelli che queste fonti hanno nel diritto comune del lavoro.

Il codice della navigazione si presenta come un *corpus* autonomo e autosufficiente di disciplina dei rapporti di lavoro del personale nautico, rispetto al quale la disciplina comune del lavoro può trovare applicazione solo nei limiti dell'interpretazione analogica (cfr. art. 1, comma 2)[16].

---

[16] L'autosufficienza del codice della navigazione e la sua deviazione dal diritto comune del lavoro si sono tuttavia affievolite nel tempo per effetto di significativi interventi dalla giurisprudenza costituzionale in materia, ad esempio, di tutela contro il licenziamento e di procedimento disciplinare. La Corte costituzionale attraverso diverse pronunce ha infatti ritenuto che la normativa speciale del codice della navigazione possa resistere alla disciplina comune, giustificandone l'inapplicabilità, solo in presenza di effettive e concrete esigenze legate da interessi ragionevoli ed apprezzabili. Cfr. Corte cost. 15 marzo 1996, n.

l'iscrizione in appositi albi è condizione per lo svolgimento della prestazione di lavoro

Il rapporto di lavoro subordinato o autonomo è preceduto da un'**iscrizione in appositi albi o registri in base a determinati requisiti**. Il conseguimento dell'iscrizione avviene al termine di un procedimento anche contenzioso, ma è esclusa ogni discrezionalità amministrativa, salvo il potere del ministro per la sospensione temporanea delle iscrizioni (art. 119, comma 4, cod. nav.).

La sospensione dell'iscrizione o la cancellazione dagli albi danno luogo all'impossibilità temporanea o permanente della prestazione con le conseguenti questioni che sorgono quando lo svolgimento del rapporto di lavoro sia subordinato al conseguimento di un'autorizzazione amministrativa.

diversità di forma per il contratto di arruolamento della gente di mare e dell'aria

Il contratto di arruolamento è redatto nella forma dell'atto pubblico davanti all'autorità marittima, mentre per il personale di volo è redatto per atto scritto.

adibizione a mansioni inferiori

Numerose sono le deroghe alla disciplina del lavoro subordinato. In particolare, si segnalano gli artt. 334 e 905 che consentono l'adibizione a mansioni diverse da quelle di assunzione in caso di necessità per la sicurezza della navigazione.

Parimenti va segnalata la coesistenza di due regimi disciplinari: uno privatistico riguardante l'esercizio del potere disciplinare dell'imprenditore con conseguente applicazione dell'art. 7 St. lav., l'altro pubblicistico che si applica anche a fatti non riguardanti l'esecuzione del rapporto di lavoro ma l'iscrizione negli albi (v. per es. art. 1251, nn. 6 e 9, cod. nav.). In quest'ultima ipotesi il potere disciplinare non appartiene all'imprenditore ma ad organi della pubblica amministrazione (artt. 1249 e 1250 cod. nav.).

la contrattazione collettiva

L'art. 35, comma 3, St. lav. stabilisce che i contratti collettivi, fermo restando le norme di cui agli artt. 1, 8, 9, 14, 15, 17, provvedono ad applicare i principi contenuti nello Statuto medesimo alle imprese di navigazione per il personale navigante.

applicazione della normativa sui licenziamenti individuali

Al di là di questo compito affidato alla contrattazione collettiva, di non agevole attuazione, la Corte costituzionale ha provveduto con una serie di sentenze (3 aprile 1987, n. 96 e 31 gennaio 1991, n. 41) a garantire l'**applicazione della normativa sui licenziamenti individuali e, in particolare, della legge n. 108 del 1990**, dichiarando anche l'illegittimità costituzionale degli artt. 345 e 916 cod. nav. che regolavano l'istituto del recesso volontario.

il lavoro dei detenuti

6. Il lavoro dei detenuti è disciplinato dagli artt. 20 ss. della legge n. 354 del 1975 recante le norme sull'ordinamento penitenziario e sulla esecuzione delle misure privative e limitative della libertà [17], disciplina recentemente riformata dalla legge n. 124 del 2018, in attuazione della legge delega n. 103 del 2017.

Tale ultimo intervento normativo ha comportato un rafforzamento del va-

---

72, sulle sanzioni disciplinari; Corte cost. 23 luglio 1991, n. 364, sulla disciplina dei licenziamenti; Corte cost. 2 marzo 1987, n. 63, sull'indennità in caso di colpa.

[17] Attuato con il regolamento di esecuzione emanato con d.p.r. 30 giugno 2000, n. 30.

lore e della funzione rieducativa che il lavoro svolge per i soggetti sottoposti a misure privative della libertà, con lo scopo di far acquisire a tali soggetti una preparazione professionale adeguata alle normali condizioni lavorative per agevolarne il reinserimento sociale.

carattere non afflittivo del lavoro

Infatti, sino alla legge n. 354 del 1975, il lavoro svolgeva una funzione esclusivamente punitiva. Tale prospettiva è stata successivamente superata con l'affermazione del carattere non afflittivo del lavoro (art. 20, comma 2, o.p.).

Con la recente riforma, inoltre, è stato eliminato il riferimento all'obbligatorietà del lavoro penitenziario, principio che aveva dato adito a numerose interpretazioni e ritenuto difficilmente compatibile con la funzione rieducativa della pena di cui all'art. 27, comma 3, Cost.

Quanto al luogo, il lavoro può svolgersi sia all'interno dell'istituto penitenziario, sia all'esterno, ma, in tal caso, è necessario un provvedimento autorizzatorio approvato dal magistrato di sorveglianza, nel quale sono indicate le prescrizioni alle quali il detenuto deve attenersi e l'orario di entrata ed uscita dall'istituto (art. 21 o.p.).

Inoltre, il detenuto o l'internato possono prestare la loro attività alle dipendenze di soggetti privati, oppure alle dipendenze dell'amministrazione penitenziaria.

In entrambi i casi non si dubita della qualificazione del rapporto come subordinato, anche se il lavoro alle dipendenze dell'amministrazione penitenziaria viene considerato speciale perché fondato su un sistema di graduatorie e turnazioni [18].

accesso al lavoro

L'accesso al lavoro da parte dei detenuti viene determinato da una apposita Commissione la quale provvede a formare due elenchi, uno generico e l'altro per qualifica, tenendo conto esclusivamente dell'anzianità di disoccupazione maturata durante lo stato di detenzione e di internamento, dei carichi familiari e delle abilità lavorative possedute, e privilegiando, a parità di condizioni, i condannati. In tal modo viene eliminata la discrezionalità dell'Amministrazione penitenziaria nella scelta, salvo il potere del direttore di derogare, per specifiche ragioni di sicurezza, ai criteri di assegnazione.

La durata delle prestazioni lavorative non può superare i limiti stabiliti dalle leggi vigenti in materia di lavoro e sono garantiti il riposo festivo, il riposo annuale retribuito [19] e la tutela assicurativa e previdenziale.

dalla mercede alla remunerazione

La remunerazione del lavoro dei detenuti è stabilita, in relazione alla quantità e qualità del lavoro prestato, e comunque in misura pari ai due terzi del trattamento economico previsto dai contratti collettivi.

È stato superato, infatti, il meccanismo di quantificazione della c.d. mercede, caratterizzato da una valutazione equitativa operata da una apposita

---

[18] Così Cass. pen. 3 maggio 2006, n. 18505 recentemente ripresa dal messaggio Inps 5 marzo 2019, n. 909 per escludere l'indennità di disoccupazione per i detenuti impiegati in turni di rotazione, che prestano attività in favore dell'amministrazione penitenziaria.

[19] Il legislatore ha dato attuazione così alla sentenza della Corte cost. 23 maggio 2001, n. 158.

Commissione, in misura comunque non inferiore ai due terzi di quella prevista dal contratto collettivo [20].

Tale meccanismo aveva suscitato un enorme contenzioso derivante dal fatto che l'ultima riunione della Commissione risaliva al lontano 1993, determinando in tal modo le mercedi sulla base dei contratti collettivi all'epoca vigenti e non in base al periodo in cui veniva svolta la prestazione lavorativa, con conseguente mancato adeguamento ai livelli retributivi stabiliti dai contratti collettivi succeduti nel tempo [21].

Inoltre, è importante precisare che sulla remunerazione spettante, sono prelevate, ai sensi dell'art. 24 o.p., le somme dovute a titolo di risarcimento del danno e di rimborso delle spese di procedimento, nonché le somme di mantenimento, con il limite della quota pari a tre quinti che deve essere comunque garantita al detenuto.

I detenuti possono, altresì, svolgere lavoro autonomo esercitando attività artigianali, intellettuali o artistiche. Possono essere ammessi ad esercitare attività di produzione di beni da destinare all'autoconsumo, anche in alternativa alla normale attività lavorativa.

lavori di pubblica utilità

I detenuti e gli internati possono prestare la loro attività a titolo volontario e gratuito nell'ambito di progetti di pubblica utilità, tenendo conto delle specifiche professionalità e attitudini lavorative, previa stipula di apposite convenzioni con enti pubblici o privati [22]. Anche tali attività possono essere svolte all'esterno o all'interno dell'istituto, fermo restando che non possono in alcun caso avere ad oggetto la gestione o l'esecuzione dei servizi dell'istituto penitenziario.

prestazioni assistenziali e previdenziali

L'amministrazione penitenziaria è tenuta a rendere disponibile a favore dei detenuti e degli internati, anche attraverso apposite convenzioni non onerose con enti pubblici e privati, un servizio di assistenza all'espletamento delle pratiche per il conseguimento di prestazioni assistenziali e previdenziali e l'erogazione di servizi e misure di politica attiva del lavoro.

Ai sensi dell'art. 46 o.p., per i detenuti che abbiano terminato di espiare la pena o che non siano sottoposti a misure restrittive e che versano in stato di disoccupazione possono richiedere l'assegno di ricollocazione di cui all'art. 23, d.lgs. n. 150 del 2015, purché ne facciano richiesta entro sei mesi dalla data di dimissione dall'istituto.

Infine, quanto alla tutela dei diritti, la prescrizione dei crediti retributivi decorre dalla cessazione del rapporto di lavoro in quanto non si può escludere che anche il lavoratore detenuto possa comunque subire ritorsioni [23].

---

[20] Corte cost. 13 dicembre 1988, n. 1087.

[21] Trib. Roma 4 luglio 2019.

[22] L'attività può essere svolta a favore di amministrazioni dello Stato, regioni, province, comuni, comunità montane, unioni di comuni, aziende sanitarie locali, enti o organizzazioni, anche internazionali, di assistenza sociale, sanitaria e di volontariato.

[23] Cass. 16 febbraio 2015, n. 3062. Tuttavia, per un orientamento più garantista si segnala Cass. 26 aprile 2007, n. 9969 secondo cui la prescrizione decorre dalla dismissione del detenuto dall'istituto.

7. **La Costituzione garantisce** la **libertà di emigrazione e al contempo tutela il lavoro italiano all'estero** (art. 35, comma 4). Il legislatore costituzionale, dunque, era ben consapevole della necessità di garantire il lavoratore anche fuori dai confini nazionali. Tuttavia, la norma è rimasta a lungo inattuata, fino a quando la Corte costituzionale[24] dichiarò l'illegittimità costituzionale delle norme previdenziali che limitavano le tutele al solo lavoratore operante in Italia.

lavoro italiano nella UE: disciplina

L'analisi della disciplina del lavoro all'estero presuppone una distinzione tra lavoro nell'ambito UE e lavoro nei Paesi extracomunitari.

Nel primo caso, il principio di libera circolazione dei lavoratori e di non discriminazione consentono al lavoratore italiano di godere di tutte le tutele che il Paese ospitante garantisce ai propri cittadini (art. 45 ss. Trattato UE: su cui v. *infra*, par. 8).

lavoro in Paesi extra UE: disciplina

Differentemente, la disciplina del lavoro prestato dai cittadini italiani in Paesi extracomunitari è contenuta nel d.l. n. 317 del 1987, conv. in legge n. 398 del 1987.

eliminazione dell'obbligo di iscriversi in apposite liste di collocamento

Per effetto delle recenti modifiche apportate con il d.lgs. n. 151 del 2015 non è più prevista l'iscrizione presso un'apposita lista di collocamento tenuta dall'ufficio regionale del lavoro, né l'autorizzazione del Ministero del lavoro.

Il contratto individuale di lavoro dei lavoratori italiani da impiegare o da trasferire all'estero deve prevedere un **trattamento economico e normativo complessivamente non inferiore a quello previsto dai contratti collettivi nazionali di lavoro** stipulati dalle associazioni sindacali comparativamente più rappresentative, nonché una distinta indennità di trasferta. Inoltre, il contratto deve prevedere la possibilità per i lavoratori di ottenere il trasferimento in Italia della quota di valuta trasferibile delle retribuzioni corrisposte all'estero, un'assicurazione per ogni viaggio di andata nel luogo di destinazione e di rientro dal luogo stesso, per i casi di morte o di invalidità permanente, e, infine, idonee misure in materia di sicurezza.

la tutela previdenziale per il lavoratore italiano occupato in paesi extracomunitari

Rispetto alla disciplina previdenziale, l'art. 4, comma 1, legge n. 398 del 1987 prevede che i contributi dovuti per i lavoratori italiani operanti in Paesi extracomunitari non convenzionati siano calcolati su retribuzioni *standard* determinate dal Ministro del Lavoro. Fuori dalla normativa appena richiamata e delle varie convenzioni internazionali sottoscritte dall'Italia, l'individuazione della disciplina del rapporto di lavoro è rimessa alle norme del diritto internazionale privato.

le regole di diritto internazionale privato e il Regolamento Roma I

In particolare, con riferimento alla legge applicabile alle obbligazioni contrattuali **operano le norme della Convenzione di Roma del 19 giugno 1980**[25], **sostituita dal regolamento CE n. 593 del 2008** applicabile ai rapporti instaurati dopo il 17 dicembre 2009.

Ne segue che, **in mancanza di scelta delle parti ovvero in caso di scelta di una legge meno favorevole al lavoratore**, al contratto di lavoro è **applicabile la legge del Paese in cui il lavoratore compie abitualmente il suo lavoro** (c.d.

---

[24] Corte cost. 30 settembre 1985, n. 369, in *Dir. lav.*, 1986, II, p. 266, con nota di P. Sandulli.

[25] Ratificata dall'Italia ad opera della legge n. 975 del 1984.

principio di territorialità) **o, in assenza, la legge del Paese ove si trova la sede che ha proceduto all'assunzione** (art. 6 della Convenzione, riprodotto nell'art. 8 del regolamento).

le regole di diritto internazionale processuale: legge n. 28 del 1995

Quanto poi all'individuazione del giudice, l'art. 3, legge n. 218 del 1995, afferma la **giurisdizione italiana sia nelle ipotesi contemplate dalla Convenzione di Bruxelles del 27 settembre 1968, sia quando il convenuto è domiciliato o residente in Italia o vi ha un rappresentante che sia autorizzato a stare in giudizio.**

La giurisdizione italiana sussiste ugualmente ove le parti l'abbiano convenzionalmente accettata mediante atto scritto *ad probationem*, ovvero nel caso in cui il convenuto si costituisca nel processo senza eccepire il difetto di giurisdizione nel primo atto difensivo (art. 4, comma 1).

il principio di libera circolazione

8. Per i lavoratori UE vige il principio di libera circolazione sancito dall'art. 45 ss. del Trattato UE quale uno dei punti fondamentali nella costruzione del mercato comune europeo.

La materia è in generale disciplinata dalla direttiva CE 2004/38, recepita dall'Italia con il d.lgs. n. 30 del 2007.

il diritto al soggiorno

La normativa prevede che i cittadini europei possano soggiornare in Italia per un periodo di tre mesi senza che venga richiesto loro alcun adempimento, salvo il possesso di un documento di identità valido (art. 6). In questo periodo costoro potranno liberamente concludere un contratto di lavoro subordinato, anche atipico o stagionale o avviare un'attività autonoma con conseguente diritto di prolungare il soggiorno oltre il periodo di tre mesi. Il lavoratore conserva il diritto di soggiorno nel caso di temporanea inabilità e di disoccupazione involontaria oltreché nel periodo necessario a frequentare un corso di formazione professionale (art. 7).

Il diritto a circolare liberamente, unitamente al principio di non discriminazione, pone il lavoratore nella condizione di offrire la propria prestazione lavorativa in tutto il territorio dell'Unione godendo dello stesso trattamento economico-normativo, fiscale, previdenziale ed assistenziale previsto per i lavoratori dello Stato ospitante. A garanzia dei principi appena richiamati, il Parlamento europeo ed il Consiglio hanno adottato il regolamento 2011/492 che sancisce il diritto di ogni cittadino dell'Unione ad accedere ad un'attività di lavoro subordinato e di esercitarla sul territorio di qualsiasi altro Stato membro ponendo, al contempo, un principio di parità di trattamento tra lavoratori nazionali e comunitari nell'accesso alle occasioni di lavoro (art. 1).

divieto di limitare la libertà di circolazione e le possibilità di impiego

Parallelamente, lo stesso regolamento europeo, vieta agli Stati membri di adottare provvedimenti o prassi che abbiano anche solo l'effetto di limitare le possibilità di impiego dei lavoratori comunitari (art. 3).

Ed in questo senso devono essere lette anche le garanzie di parità di trattamento nell'esercizio dei diritti sindacali, nella ricerca degli alloggi ed in generale nelle condizioni di vita del lavoratore e della sua famiglia (cfr. artt. 8, 9 e 10).

Di recente, il legislatore europeo è tornato sul tema, adottando **la direttiva 2014/54/UE** che **impone agli Stati membri di fornire ai lavoratori ed alle**

loro associazioni idonei strumenti giurisdizionali nel caso di restrizioni al diritto di libera circolazione o di parità di trattamento ed in generale di quanto previsto nel regolamento 2011/492.

libertà di stabilimento e libera prestazione di servizi

Oltre al diritto di libera circolazione, l'ordinamento europeo stabilisce due principi fondamentali: la libertà di stabilimento ai sensi dell'art. 49 TUE e la libera prestazione di servizi *ex* art. 56 TUE.

La prima consiste nel diritto del cittadino di spostarsi in qualsiasi altro Stato membro al fine di svolgervi un'attività autonoma in modo stabile e continuativo alle condizioni definite dalla legislazione del paese di stabilimento nei confronti dei propri cittadini.

La seconda attribuisce il diritto ad esercitare in via temporanea un'attività autonoma di carattere industriale, commerciale, artigianale e di libera professione, alle stesse condizioni imposte ai cittadini del paese ove la prestazione è fornita.

Le due disposizioni sono complementari tra loro in quanto l'attività professionale all'estero può esercitasi in modo stabile e definitivo ovvero essere connotata dalla temporaneità e dalla occasionalità [26].

il testo unico dell'immigrazione

9. La disciplina del lavoro da parte di soggetti extracomunitari è contenuta del Testo unico dell'immigrazione [27]. In particolare, il titolo III regola il lavoro degli extracomunitari in Italia occupandosi dei lavoratori subordinati a tempo determinato e indeterminato, dei lavoratori stagionali e dei lavoratori autonomi. Le particolarità della disciplina riguardano essenzialmente le procedure di ammissione nel territorio dello Stato e di stipula del contratto di lavoro.

le quote di ingresso

Il principio di base (art. 21) è che **l'ingresso di lavoratori extracomunitari deve avvenire in modo regolato**, mediante l'individuazione di anno in anno, di quote di ingresso [28] che tengano conto dell'effettiva richiesta di lavoro, calcolata mediante l'analisi dei singoli settori produttivi e delle richieste regionali.

la procedura di assunzione

Il datore di lavoro italiano o straniero regolarmente soggiornante in Italia che intenda occupare in Italia un lavoratore extracomunitario con un contratto di lavoro subordinato deve farne richiesta presso lo sportello unico per l'immigrazione. All'esito positivo di una complessa istruttoria, al datore di lavoro viene rilasciato il nulla osta alla stipula del contratto di lavoro che, parallelamente, è comunicato all'ufficio consolare del paese di residenza del lavoratore per il rilascio del visto d'ingresso. Quest'ultimo è indispensabile affinché il lavoratore possa fare regolare ingresso nel territorio italiano e procedere legalmente allo svolgimento del proprio rapporto di lavoro. Il comma 11 dell'art. 22 precisa che la perdita del posto di lavoro non è motivo di revoca del permesso di soggiorno del lavoratore straniero.

il rilascio del visto di ingresso dal Paese di residenza è un registro indispensabile

---

[26] Cfr. G. Santoro-Passarelli, *I rapporti di collaborazione coordinata e continuativa. Una fattispecie in via di trasformazione?*, Napoli, 2015.

[27] D.lgs. n. 286 del 1998 e successive modificazioni.

[28] Il c.d. "decreto flussi" è emanato dal Presidente del Consiglio dei Ministri entro il 30 novembre dell'anno precedente a quello di riferimento e definisce le quote massime di stranieri lavoratori da ammettere nel territorio italiano.

sanzioni penali

La violazione della procedura di assunzione e l'occupazione di stranieri privi del permesso di soggiorno comporta, a carico del datore di lavoro, l'irrogazione di sanzioni penali: la reclusione da sei mesi a tre anni e una multa di 5.000 euro per ogni lavoratore impiegato[29].

il lavoro stagionale degli extracomunitari

L'art. 24 disciplina il lavoro stagionale degli extracomunitari e prevede un'apposita e complessa procedura alla quale si applicano, ove compatibili, le disposizioni di cui all'art. 22 ad eccezione dei commi 11 e 11-*bis*. Il nulla osta al lavoro stagionale può autorizzare lo svolgimento di attività lavorativa sul territorio nazionale fino ad un massimo di nove mesi in un periodo di dodici. In tutti i casi vige comunque un principio di parità di trattamento e piena uguaglianza di diritti rispetto ai lavoratori italiani e l'obbligo di rispettare le condizioni previste dal contratto collettivo applicabile.

il lavoro autonomo degli extracomunitari

I lavoratori stranieri possono svolgere in Italia attività non occasionali di lavoro autonomo sempreché il loro esercizio non sia riservato ai cittadini italiani o comunitari.

... e i diversi requisiti per il visto

Per l'ottenimento del visto d'ingresso per lavoro autonomo, il lavoratore extracomunitario deve dimostrare di disporre di idonee risorse economiche e dei requisiti richiesti dalla legge italiana per lo svolgimento di ogni singola attività.

le procedure semplificate

Alcune categorie di lavoratori, in **deroga al criterio dei flussi di ingresso**, possono fruire di una procedura di accesso semplificata. Si tratta di lavoratori particolarmente "graditi" o richiesti come dirigenti e lavoratori altamente specializzati, professori universitari, traduttori, interpreti, artisti e sportivi professionisti, giornalisti, ricercatori, ecc.[30].

Nessuna particolarità è prevista in materia retributiva, contributiva e fiscale. Il datore di lavoro italiano che assume un lavoratore extracomunitario è tenuto a rispettare le stesse norme previste per il lavoratore italiano.

distribuzione tra rapporti iure imperii ...

10. Il lavoro in Italia presso gli Stati esteri e le organizzazioni internazionali pone il problema dell'immunità di tali soggetti rispetto alla giurisdizione italiana. In particolare, sono coperti da immunità quei rapporti c.d. *iure imperii*, ossia inerenti alle finalità istituzionali, solo se incidenti sull'organizzazione del lavoro (es. conversione dei rapporti; impugnazione del licenziamento, ecc.).

... e rapporti iure privatorum

In caso contrario, e quindi rispetto a richieste aventi contenuto esclusivamente patrimoniale (es. differenze retributive), lo Stato straniero è assoggettato alla giurisdizione italiana[31], così come nel caso di controversie relative a rapporti c.d. *iure privatorum*, e cioè non attinenti alle funzioni istituzionali del datore di lavoro.

---

[29] V. direttiva CE 2009/52, e il d.lgs. attuativo n. 109 del 2012.

[30] Cfr. l'art. 27, così come integrato dalle disposizioni della legge n. 189 del 2002.

[31] Cass., Sez. Un., 8 marzo 2019, n. 6884, in *Dejure*; Cass., Sez. Un., 18 giugno 2010, n. 14703, in *Giust. civ. mass.*, 2010, 6, p. 930; Cass., Sez. Un., 9 gennaio 2007, n. 118, in *Foro it.*, 2008, I, c. 2893.

Capitolo 47

Il lavoro alle dipendenze delle pubbliche amministrazioni

1. Nella sistematica del codice **l'art. 2129 c.c. espressamente prevede l'applicazione della disciplina del lavoro subordinato ai prestatori di lavoro dipendenti da enti pubblici**, salvo che il rapporto sia diversamente regolato dalla legge.

disciplina pubblicistica

Il rapporto di lavoro dei dipendenti degli enti pubblici economici è soggetto alle disposizioni del codice civile, e perciò ha natura privatistica, mentre il rapporto di lavoro dei dipendenti dello Stato e degli altri enti pubblici era regolato da una disciplina pubblicistica (v. in particolare il d.p.r. n. 3 del 1957 sugli impiegati civili dello Stato) sul presupposto che il dipendente fosse in uno stato di soggezione e non di parità nei confronti della pubblica amministrazione.

rapporto organico e rapporto di servizio

In realtà, il pubblico dipendente era legato all'amministrazione da un duplice rapporto: quello **organico**, che gli attribuisce la titolarità delle funzioni amministrative e lo legittima ad esercitare i poteri connessi all'ufficio di cui lo stesso è titolare nell'interesse dell'amministrazione, e quello **di servizio**, che regola i diritti e gli obblighi tra le parti.

il rapporto si costituiva con un provvedimento amministrativo

Tale rapporto, comunque, non si costituiva con la conclusione di un contratto ma con l'emanazione di un atto amministrativo (provvedimento di nomina), era regolato in tutte le sue vicende da provvedimenti amministrativi (sospensione, promozione, estinzione), la subordinazione era gerarchica, e il giudice competente era il giudice amministrativo in sede di giurisdizione esclusiva.

la privatizzazione del pubblico impiego

Dopo la c.d. **privatizzazione del pubblico impiego** (v. cap. 17, sez. I), l'art. 2, **d.lgs. n. 165 del 2001** riafferma la primazia delle disposizioni del codice e delle leggi speciali nonché della contrattazione collettiva e individuale come fonti di disciplina dei rapporti dei dipendenti delle pubbliche amministrazioni, salve le diverse disposizioni contenute nello stesso decreto, sul presupposto ormai acquisito che la pubblica amministrazione come datore di lavoro si colloca in una posizione di parità con la controparte.

Pur venuto meno il tradizionale statuto pubblicistico del rapporto di impiego, permane, tuttavia, la funzionalizzazione dell'azione amministrativa alla cura di interessi pubblici, come risulta dallo stesso art. 5, comma 1, d.lgs. n. 165, che ribadisce la rispondenza al pubblico interesse dell'azione amministrativa.

deroghe alla disciplina privatistica

Ed, in effetti, la natura pubblica del datore di lavoro e degli interessi da questo perseguiti, oltre alla necessità di contenere la spesa pubblica, comportano deroghe rilevanti alla disciplina del lavoro subordinato nell'impresa (basti pensare, ad esempio, alla costituzione del rapporto, alla disciplina della dirigenza, all'esercizio dello *ius variandi* e del potere disciplinare, alle conseguenze in caso di licenziamento illegittimo).

Non a caso, come già accennato nel cap. 17, la disciplina del lavoro alle dipendenze delle pubbliche amministrazioni è spesso oggetto di riforma, quasi a testimoniare la continua ricerca da parte del legislatore di punti di equilibrio diversi tra i vari interessi in gioco e la difficoltà di trovare soluzioni stabili e durature.

In questo contesto deve essere collocata anche la c.d. riforma Madia (legge delega n. 124 del 2015 e successivi decreti attuativi d.lgs. nn. 74 e 75 del 2017).

Il d.lgs. n. 74 ha modificato la disciplina della valutazione della *performance* dei pubblici dipendenti contenuta nel d.lgs. n. 150 del 2009 (vedi, *infra*, par. 5), mentre il d.lgs. n. 75 ha modificato numerose disposizioni del d.lgs. n. 165 del 2001.

le amministrazioni pubbliche operano con i poteri del privato datore di lavoro

2. L'art. 5, comma 2, d.lgs. n. 165 del 2001, stabilisce che le amministrazioni, nell'ambito delle leggi e degli atti organizzativi di natura pubblicistica che determinano al c.d. macro-organizzazione ai sensi del comma 1, adottano le determinazioni per l'organizzazione degli uffici (c.d. micro-organizzazione) e le misure inerenti alla gestione dei rapporti di lavoro con i poteri del privato datore di lavoro.

Gli organi deputati a porre in essere le determinazioni e le misure di cui sopra sono i dirigenti, preposti alla gestione in via esclusiva e chiamati, in particolare alla direzione e all'organizzazione del lavoro negli uffici.

regolamentazione legale della dirigenza pubblica

3. La dirigenza pubblica assume un rilievo cruciale per il funzionamento degli uffici perché sono i dirigenti ad assumere le prerogative del datore di lavoro. Allo stesso tempo, però, anch'essi sono dipendenti pubblici e questa particolarità giustifica la pervasiva regolamentazione legale della figura del dirigente pubblico, non riscontrabile invece, per il dirigente privato.

Tutta la disciplina della dirigenza è incentrata sulla ricerca di un difficile equilibrio tra le esigenze di autonomia ed imparzialità che devono connotare il rapporto di lavoro dirigenziale, in coerenza con l'art. 97 Cost., e le istanze degli organi di vertice politico di poter avvalersi di dirigenti di propria fiducia.

Non a caso la dirigenza è stata nel corso degli anni oggetto di molteplici riforme che direttamente o indirettamente finivano sempre per incidere sui rapporti tra politica e amministrazione.

Anche la riforma Madia si proponeva di innovare la disciplina della dirigenza, ma a seguito della sentenza della Corte costituzionale n. 251 del 2016, che ha dichiarato costituzionalmente illegittima la normativa delegante, lo schema di decreto legislativo già approvato dal Consiglio dei ministri in materia di dirigenza della Repubblica è stato ritirato e il termine previsto dalla legge delega per emanarlo è scaduto [1].

La disciplina della dirigenza pubblica è articolata e prende in considerazione aspetti cruciali:

a) il conferimento e la revoca degli incarichi dirigenziali;
b) le funzioni e le responsabilità dei dirigenti;
c) il c.d. *spoil system*.

a) **L'incarico di funzioni dirigenziali** è conferito mediante un provvedimento che ne definisce l'oggetto e la durata e fissa gli obiettivi da conseguire, a cui accede un contratto individuale che stabilisce il trattamento economico (art. 19, d.lgs. n. 165 del 2001). *incarichi dirigenziali*

L'incarico può essere conferito a dirigenti di ruolo, oppure, entro determinati limiti, a soggetti esterni alla pubblica amministrazione che conferisce l'incarico.

L'amministrazione è tenuta a rendere conoscibili il numero e la tipologia degli incarichi da conferire ed i criteri di scelta, ad acquisire le disponibilità dei dirigenti interessati e a valutarle (art. 19, comma 1-*bis*).

Gli atti di conferimento degli incarichi hanno natura privatistica e sebbene la legge non preveda espressamente un obbligo di motivazione né di comparazione tra candidati, la giurisprudenza tende a desumere tali obblighi dai principi di correttezza e buona fede, oltre che dai principi di imparzialità e buon andamento di cui all'art. 97 Cost. [2]. Non esiste un diritto del dirigente a ricoprire l'incarico a cui aspira o a mantenere l'incarico già ricoperto, ma esiste il diritto ad un incarico, che si traduce nel divieto per l'amministrazione di lasciare il dirigente pubblico privo di incarico [3].

Al conferimento degli incarichi e al passaggio ad incarichi diversi non si applica l'art. 2103 c.c. [4] (art. 19, comma 1, ultimo periodo) e la materia è in-

[1] È stato, invece approvato nei termini il d.lgs. n. 171 del 2016, in materia di dirigenza sanitaria, poi modificato dal d. lgs. n. 126 del 2017.

[2] Cfr. Cass. 3 febbraio 2017, n. 2971; Cass. 23 settembre 2013, n. 21671; Cass. 12 ottobre 2010, n. 21088.

[3] Cass. 20 giugno 2016, n. 12678.

[4] La disposizione faceva riferimento, *ratione temporis*, al testo dell'art. 2103 c.c. prima della novella operata dal d.lgs. n. 81 del 2015, che invece è intervenuto a flessibilizzare notevolmente il regime delle mansioni attenuando il senso della deroga stabilita dall'art.

derogabile da parte dei contratti collettivi (art. 19, comma 12-*bis*).

Le controversie relative al conferimento e alla revoca degli incarichi dirigenziali sono devolute al giudice ordinario, in funzione di giudice del lavoro (art. 63).

responsabilità dei dirigenti

b) Per quanto riguarda le funzioni e le **responsabilità dei dirigenti**[5], come già accennato, è stato riaffermato con forza il principio che affida esclusivamente ai dirigenti la responsabilità della direzione amministrativa, distinta dalla responsabilità di indirizzo politico che invece compete al Ministro (art. 14).

Il mancato raggiungimento degli obiettivi[6] e l'inosservanza delle direttive "imputabili" al dirigente[7] comportano, previa contestazione, l'impossibilità del rinnovo dello stesso incarico dirigenziale e, nei casi più gravi, la revoca dell'incarico ovvero il recesso dal rapporto di lavoro (art. 21).

La revoca dell'incarico come misura conseguente alla responsabilità dirigenziale non va confusa con la revoca dell'incarico per motivi organizzativi, disciplinata dai contratti collettivi[8].

La responsabilità dirigenziale, inoltre, non deve essere confusa con la responsabilità disciplinare, sebbene in alcuni casi gli stessi fatti possano astrattamente rilevare ad entrambi i titoli (si pensi al mancato raggiungimento degli obbiettivi dovuto a negligenza del dirigente)[9].

---

19 per il passaggio ad incarichi diversi. In tema cfr., da ultimo, Cass. 21 febbraio 2019, n. 5191, secondo cui "Posto che lo status di dirigente pubblico esprime l'idoneità professionale del dipendente a svolgere mansioni implicanti un certo grado di responsabilità, e non il diritto soggettivo a mantenere o conservare un determinato incarico (stante anche l'inapplicabilità, sancita dall'art. 19, d.lgs. n. 165 del 2001, dell'art. 2103 c.c.), è legittima la determinazione della pubblica amministrazione di assegnare al dirigente un incarico non corrispondente, dal punto di vista professionale, a quello anteriormente ricoperto". In ogni caso, secondo Cass. 8 gennaio 2015, n. 56, resta vietata l'assegnazione del dirigente ad un ufficio diverso per ritorsione, anche laddove non venisse in rilievo un demansionamento.

[5] Si veda, in argomento, M. Rusciano, *Spunti su rapporto di lavoro e responsabilità di risultato del dirigente pubblico*, in *Riv. trim. dir. e proc. civ.*, 1998, p. 387 ss.

[6] Cfr. Cass. 28 novembre 2017, n. 28404, secondo cui il dirigente può essere valutato negativamente per non aver raggiunto gli obiettivi esclusivamente se è stato posto in grado di conoscerli preventivamente.

[7] Cfr. Cass. 9 maggio 2018, secondo cui "la responsabilità dirigenziale per 'violazione di direttive', proprio perché presuppone uno stretto collegamento con il raggiungimento dei risultati programmati, deve riferirsi a quelle direttive che siano strumentali al perseguimento dell'obiettivo assegnato al dirigente perché solo in tal caso la loro violazione può incidere negativamente sul risultato, in via anticipata rispetto alla verifica finale".

[8] Cfr., sul punto, Cass. 3 febbraio 2017, n. 2972.

[9] Cfr., sul punto, Cass. 20 ottobre 2017, n. 24905. Secondo la Cassazione la responsabilità dirigenziale, ricollegata ad una valutazione negativa dei risultati complessivi e finalizzata alla rimozione del dirigente per inidoneità rispetto alla funzione, non coincide con la responsabilità disciplinare che presuppone un inadempimento colpevole di obblighi gravanti sul dirigente. Ne consegue che nel caso di "inosservanza delle direttive imputabili al dirigente", ossia di un comportamento astrattamente riconducibile ad entrambe le for-

È inoltre prevista la sanzione della decurtazione della retribuzione di risultato di una quota fino all'80% in caso di colpevole violazione da parte del dirigente del dovere di vigilanza sul rispetto, da parte del personale assegnato ai propri uffici, degli standard qualitativi e quantitativi fissati dall'amministrazione (art. 21, comma 1-*bis*).

c) Qualche considerazione merita, inoltre, la disciplina del c.d. ***spoils system***, finalizzata a garantire agli organi di vertice politico neo eletti la possibilità di nominare dirigenti apicali di propria fiducia, senza essere costretti a mantenere quelli nominati dal precedente Governo. *lo* spoils system

A tal fine, i soli incarichi dirigenziali apicali (quelli previsti dall'art. 19, comma 3, d.lgs. n. 165 del 2001) cessano automaticamente entro 90 giorni dal voto sulla fiducia al Governo, non potendosi applicare meccanismi di *spoils system* a posizioni dirigenziali non apicali [10].

4. Il **trattamento economico è determinato dai contratti collettivi e l'amministrazione garantisce ai propri dipendenti parità di trattamento contrattuale** (art. 45, d.lgs. n. 165 del 2001). Pertanto, il principio della **parità di trattamento retributivo a parità di mansioni vale nel lavoro pubblico**, mentre, come si è detto, non ha fondamento nel lavoro privato. *parità di trattamento*

Beninteso, il principio della parità di trattamento non esclude un trattamento diversificato tra dipendenti che svolgano le stesse mansioni, ma sono i contratti collettivi a definire, secondo criteri obbiettivi di misurazione, i trattamenti economici accessori collegati: a) alla *performance* individuale; b) alla *performance* organizzativa; c) all'effettivo svolgimento di attività particolarmente disagiate ovvero pericolose o dannose per la salute. I dirigenti sono responsabili dell'attribuzione dei trattamenti economici accessori (art. 45, commi 2, 3, 4).

5. Anche la riforma Madia, come la precedente riforma Brunetta, dedica una particolare attenzione al problema della valutazione della *performance* dei pubblici dipendenti. *valutazione della* performance

Il d.lgs. n. 74 del 2017 persegue gli obiettivi di ottimizzare la produttività del lavoro pubblico e di garantire efficienza e trasparenza delle pubbliche amministrazioni, anche attraverso la razionalizzazione degli strumenti per la misurazione e la verifica della *performance.*

Sono confermate, con poche modifiche, le cinque fasi del c.d. ciclo di gestione della *performance* [11]:

---

me di responsabilità, l'addebito assumerà valenza solo disciplinare ove la P.A. ritenga di sanzionare la violazione in sé dell'ordine e della direttiva, e dovrà, invece, essere ricondotta alla responsabilità dirigenziale qualora la violazione medesima abbia inciso negativamente sulle prestazioni richieste al dirigente ed alla struttura dallo stesso diretta.

[10] Cfr., da ultimo, Corte cost. 24 gennaio 2017, n. 15; Cass. 31 gennaio 2017, n. 2510.

[11] Art. 4, d.lgs. n. 150 del 2009, come modificato dal d.lgs. n. 74 del 2015.

a) definizione e assegnazione degli obiettivi che si intendono raggiungere, dei valori attesi di risultato e dei rispettivi indicatori, tenendo conto dei risultati conseguiti nell'anno precedente;

b) collegamento tra gli obiettivi e l'allocazione delle risorse;

c) monitoraggio in corso di esercizio e attivazione di eventuali interventi correttivi;

d) misurazione e valutazione della *performance*, organizzativa e individuale;

e) utilizzo dei sistemi premianti, secondo criteri di valorizzazione del merito;

f) rendicontazione dei risultati agli organi di controllo interni e di indirizzo politico-amministrativo, nonché agli altri soggetti indicati dalla legge.

Senza entrare nel dettaglio di una disciplina che resta comunque molto complessa ed articolata, in questa sede è opportuno segnalare solo alcune delle principali novità.

In primo luogo, viene precisato che il rispetto delle disposizioni in materia di valutazione sia non solo condizione necessaria per l'erogazione di premi e di trattamenti retributivi legati alla produttività, ma rilevi anche ai fini del riconoscimento di ulteriori benefici: progressioni economiche, attribuzione dì incarichi di responsabilità al personale, conferimento degli incarichi dirigenziali. L'eventuale valutazione negativa, inoltre, potrà rilevare anche ai fini dell'accertamento della responsabilità dirigenziale e del licenziamento disciplinare [12].

In secondo luogo, il d.lgs. n. 74 del 2017 introduce la nuova categoria degli obiettivi generali, che identificano, in coerenza con le priorità delle politiche pubbliche nazionali, le priorità strategiche delle pubbliche amministrazioni in relazione alle attività e ai servizi erogati. In aggiunta, permangono i preesistenti obiettivi specifici di ogni pubblica amministrazione in base alle proprie finalità istituzionali [13].

In terzo luogo, per garantire una maggiore omogeneità del sistema di valutazione, viene assegnato al Dipartimento della funzione pubblica il compito di predisporre modelli da utilizzare per la valutazione della *performance* organizzativa [14].

6. Le **mansioni** sono regolate dall'art. 52 del d.lgs. n. 165 del 2001, ai sensi del quale il lavoratore può essere adibito alle "mansioni equivalenti nell'ambito dell'area di inquadramento".

equivalenza formale

La disposizione fa propria una nozione formale di equivalenza delle mansioni [15] che, fino alla novella dell'art. 2103 c.c. da parte del *Jobs Act*, distingueva nettamente l'esercizio dello *ius variandi* nel settore pubblico da quello nel settore privato.

---

[12] Art. 1, d.lgs. n. 74 del 2017, che modifica l'art. 3, d.lgs. n. 150 del 2009.

[13] Art. 3, d.lgs. n. 74 del 2017, che modifica l'art. 6, d.lgs. n. 150 del 2009.

[14] Art. 6, d.lgs. n. 74 del 2017, che modifica l'art. 8, d.lgs. n. 150 del 2009.

[15] Sulla nozione formale cfr., da ultimo, Cass. 18 giugno 2019, n. 16311.

Tale nozione è rimessa ai contratti collettivi nel senso che le mansioni dell'area di inquadramento sono da considerarsi equivalenti indipendentemente dalla professionalità necessaria per svolgerle.

Come già evidenziato, la recente novella dell'art. 2103 c.c. (*supra*, cap. 24), nel valorizzare le "mansioni riconducibili allo stesso livello di inquadramento", si è spinta ancora oltre, addirittura omettendo ogni riferimento all'equivalenza.

mansioni superiori

L'assegnazione a mansioni superiori è prevista in casi tassativi e solo con riguardo alla qualifica immediatamente superiore. Non dà diritto alla promozione automatica ma soltanto al trattamento previsto per la qualifica superiore, sempre che le mansioni superiori siano attribuite in modo prevalente, sotto il profilo qualitativo, quantitativo e temporale.

L'art. 52, comma 5, stabilisce la nullità della suddetta assegnazione al di fuori delle ipotesi previste, salvo il riconoscimento al dipendente delle differenze retributive corrispondenti alle superiori mansioni e la responsabilità del dirigente del maggior onere economico, se ha agito con dolo o colpa grave.

divieto di adibizione a mansioni inferiori

Resta generalmente vietata, nel lavoro pubblico, diversamente dal settore privato, l'adibizione a mansioni inferiori.

7. **La materia disciplinare** è regolata dagli artt. 55 ss., d.lgs. n. 165 del 2001, nel testo risultante dalle modifiche introdotte, da ultimo, dal d.lgs. n. 75 del 2017, attuativo della riforma Madia, che ha ulteriormente rafforzato la potestà sanzionatoria delle pubbliche amministrazioni.

L'art. 12 del d.lgs. n. 75 del 2017 stabilisce, infatti, che la violazione delle disposizioni in materia di procedimento e sanzioni disciplinari costituisce a sua volta illecito disciplinare in capo ai dipendenti preposti alla loro applicazione.

Come nel settore privato, trova applicazione l'art. 2106 c.c. e la competenza a regolare la tipologia delle infrazioni e delle relative sanzioni è demandata ai contratti collettivi, seppur nel rispetto di una rigida cornice di norme inderogabili, la cui violazione costituisce illecito disciplinare in capo ai dipendenti preposti alla loro applicazione [16].

Viene chiarito che nel caso di annullamento della sanzione disciplinare per difetto di proporzionalità, il giudice può rideterminare la sanzione, in applicazione delle disposizioni normative e contrattuali vigenti, tenendo conto della gravità del comportamento e dello specifico interesse pubblico violato [17].

La pubblicazione sul sito istituzionale dell'amministrazione del codice disciplinare equivale a tutti gli effetti alla affissione all'ingresso della sede di lavoro prescritta per il settore privato.

---

[16] Art. 55, comma 1, d.lgs. n. 165 del 2001, come modificato dall'art. 12, d.lgs. n. 75 del 2017.

[17] Art. 63, comma 2-*bis*, introdotto dall'art. 21, d.lgs. n. 75 del 2017.

l'esercizio del potere disciplinare è obbligatorio

L'esercizio del potere disciplinare è considerato obbligatorio, salvo giustificato motivo, e l'inerzia o il ritardo da parte del dirigente responsabile (chiamato, a seconda dei casi, ad avviare egli stesso il procedimento o a segnalare i fatti all'ufficio disciplinare competente) viene a sua volta sanzionata/o disciplinarmente e, per il personale avente qualifica dirigenziale, è valutata anche ai fini della responsabilità dirigenziale [18].

forme e termini del procedimento disciplinare regolati dalla legge

La legge regolamenta minuziosamente forme e termini del procedimento disciplinare [19].

Per le sanzioni non superiori al rimprovero verbale può procedere direttamente il responsabile della struttura presso cui il dipendente lavoro (il dirigente dell'ufficio), mentre per quelle più gravi deve essere individuato un apposito ufficio per i procedimenti disciplinari.

Il procedimento viene avviato con la segnalazione *immediata* (che deve comunque avvenire non oltre dieci giorni dal fatto) del responsabile della struttura cui presta servizio il dipendente all'ufficio competente per i procedimenti disciplinari dei fatti ritenuti di rilevanza disciplinare di cui abbia avuto conoscenza. Lo stesso procedimento deve concludersi entro novanta giorni dalla contestazione dell'addebito. Quest'ultima può avvenire anche per posta elettronica certificata, se il dipendente è in possesso di una idonea casella, come, pure, le comunicazioni successive possono essere effettuate tramite strumenti informatici.

La violazione dei termini e delle disposizioni in materia disciplinare, fatta salva l'eventuale responsabilità del dipendente cui siano imputabili, non determina la decadenza dell'azione disciplinare né l'invalidità della sanzione irrogata, purché non risulti irrimediabilmente compromesso il diritto di difesa del dipendente e le modalità di esercizio dell'azione disciplinare siano comunque compatibili con il principio di tempestività [20].

Inoltre, nel caso in cui la sanzione, compreso il licenziamento, sia annullata per violazione del principio di proporzionalità, l'amministrazione può riaprire il procedimento disciplinare, con integrale nuova decorrenza dei termini [21].

licenziamento disciplinare

Come, pure, la stessa legge delinea direttamente alcune tipologie di sanzioni, con particolare riferimento alle ipotesi che comportano il licenziamento disciplinare, ulteriormente arricchite dalla riforma Madia [22].

Sono espressamente previsti dalla legge, ad esempio e diversamente dal settore privato, il licenziamento per scarso rendimento (art. 55-*quater*, lett. *f-quater*), e il licenziamento in caso di condotte assenteistiche, con sanzioni anche a carico dei medici che rilasciano certificati falsi (art. 55-*quinquies*).

---

[18] Art. 55-*sexies*, comma 3, d.lgs. n. 165 del 2001, come modificato dall'art. 17, d.lgs. n. 75 del 2017.

[19] Art. 55-*bis*, d.lgs. n. 165 del 2001, come modificato dall'art. 13, d.lgs. n. 75 del 2017.

[20] Art. 55-*bis*, comma 9-*ter*, d.lgs. n. 165 del 2001, introdotto dal d.lgs. n. 75 del 2017.

[21] Art. 55-*bis*, comma 9-*quater*, introdotto dal d.lgs. n. 75 del 2017.

[22] Art. 55-*quater*, d.lgs. n. 165 del 2001, come modificato dall'art. 15, d.lgs. n. 75 del 2017.

furbetti del cartellino

Sempre alla riforma Madia si deve il particolare procedimento in caso di accertamento in flagranza di false attestazioni della presenza in servizio mediante modalità fraudolente che comporta l'immediata sospensione cautelare del dipendente con privazione dello stipendio senza obbligo di preventiva audizione dell'interessato, con conseguente apertura del procedimento disciplinare e possibilità di essere licenziati entro 30 giorni. Si tratta di disposizioni già introdotte con il d.lgs. n. 116 del 2016 e confermate dal d.lgs. n. 75 del 2017, volte a prevenire le condotte dei c.d. furbetti del cartellino[23], che sono chiamati in queste ipotesi anche a risarcire i danni all'immagine della pubblica amministrazione.

patteggiamento disciplinare

Ulteriore peculiarità della materia disciplinare nel settore pubblico è il c.d. patteggiamento disciplinare, ossia la possibilità di concordare nell'ambito di procedure di conciliazione stabilite dai contratti collettivi una sanzione ridotta ma non soggetta ad impugnazione, purché della stessa specie di quella prevista (art. 55, comma 3).

forme flessibili di assunzione e di impiego

8. La riforma Madia ha innovato anche la disciplina delle forme flessibili di assunzione e di impiego del personale.

Per esigenze connesse con il proprio fabbisogno ordinario, le pubbliche amministrazioni assumono esclusivamente con contratti di lavoro subordinato a tempo indeterminato nel rispetto delle procedure di reclutamento previste dall'art. 35 del d.lgs. n. 165 del 2001[24].

Il ricorso alle forme di lavoro flessibile previste dal codice civile e dalle leggi sui rapporti di lavoro nell'impresa, compresi i contratti a temine e i contratti di somministrazione a tempo determinato, è consentito solo nei limiti in cui se ne preveda l'applicazione anche nelle amministrazioni pubbliche.

solo per esigenze temporanee o eccezionali

Gli stessi contratti, inoltre, possono essere stipulati soltanto per comprovate esigenze di carattere esclusivamente temporaneo o eccezionale, sempre ferme restando le procedure di reclutamento di cui all'art. 35.

Diversamente da quanto previsto per il settore privato, i rinvii ai contratti collettivi contenuti nel d.lgs. n. 81 del 2015 si intendono riferiti, per quanto riguarda le amministrazioni pubbliche, ai contratti collettivi nazionali stipulati dall'ARAN[25]. I contratti stipulati in violazione di quanto previsto dall'art. 36 del d.lgs. n. 165 del 2001 sono nulli e comportano responsabilità erariale, oltre che responsabilità dirigenziale per i dirigenti.

divieto di trasformazione del rapporto

In ogni caso, la violazione di disposizioni imperative riguardanti l'assunzione o l'impiego di lavoratori, non può comportare la costituzione di rapporti di lavoro a tempo indeterminato con le pubbliche amministrazioni, ferma restando ogni responsabilità e sanzione.

---

[23] Tali procedure si applicano, comunque, in tutti i casi in cui sia accertata in flagranza una condotta che comporta il licenziamento disciplinare.

[24] Il d.lgs. n. 75 del 2017 modifica, tra l'altro, anche la disciplina pubblicistica a monte delle assunzioni, superando il concetto burocratico di pianta organica a favore di una più moderna pianificazione dei fabbisogni. Cfr., sul punto, il Capo II del d.lgs. n. 75 del 2017.

[25] Art. 36, comma 2-*bis*, d.lgs. n. 165 del 2001, introdotto dalla riforma Madia.

Al diritto del lavoratore interessato al risarcimento del danno derivante dalla prestazione di lavoro in violazione di disposizioni imperative[26] corrisponde l'obbligo delle amministrazioni di recuperare le somme pagate a tale titolo nei confronti dei dirigenti responsabili, qualora la violazione sia dovuta a dolo o colpa grave.

Inoltre, al dirigente responsabile di irregolarità nell'utilizzo del lavoro flessibile non può essere erogata la retribuzione di risultato.

collaborazioni autonome

Diversa rispetto al settore privato è anche la disciplina delle collaborazioni autonome, regolate dall'art. 7 del d.lgs. n. 165 del 2001.

La riforma Madia ha introdotto il divieto per le pubbliche amministrazioni di stipulare contratti di collaborazione che si concretano in prestazioni di lavoro esclusivamente personali, continuative e le cui modalità di esecuzione siano organizzate dal committente anche con riferimento ai tempi e ai luoghi di lavoro[27].

Tale divieto non si è tradotto, però, nell'impossibilità per le pubbliche amministrazioni di continuare a stipulare contratti di collaborazione coordinata e continuativa "vecchio stampo". Da una parte, tali rapporti non sono più espressamente menzionati tra gli incarichi di lavoro autonomo consentiti dall'art. 7, comma 6 del d.lgs. n. 165 del 2001. D'altra parte, la stessa disposizione continua ad operare generici richiami ai collaboratori[28], tanto che i rapporti di co.co.co. sono ancora ampiamente utilizzati dalle pubbliche amministrazioni.

mobilità individuale

9. In materia di **mobilità individuale** deve essere segnalata la facoltà dell'amministrazione di trasferire il dipendente presso una sede collocata nello stesso comune o entro 50 km dalla sede originaria senza che debbano ricorrere le ragioni di carattere tecnico, organizzativo e produttivo richieste, invece, dall'art. 2013 per il trasferimento del dipendente privato[29].

eccedenze di personale

L'art. 33 regola la gestione delle **eccedenze di personale**. Il procedimento è simile a quello previsto dalla legge n. 223 del 1991 per il lavoro privato e prevede l'informazione delle organizzazioni sindacali. Ultimata la procedura sindacale, l'amministrazione **colloca in disponibilità** il personale non impiegato presso la stessa amministrazione ovvero non riallocato presso altra amministrazione, corrispondendogli un'indennità pari all'80% della retribuzione per un periodo massimo di 24 mesi.

---

[26] Il problema si pone spesso con riferimento a lavoratori assunti illegittimamente con contratti a tempo determinato. Si veda, da ultimo, Cass. 30 dicembre 2014, n. 27481 che afferma come il risarcimento debba rispettare i canoni di adeguatezza, effettività, proporzionalità e dissuasività indicando la nozione di "danno comunitario". Si veda anche, con riferimento alla particolare situazione dei supplenti della scuola, Corte giust. UE 26 novembre 2014, *Mascolo e altri/Ministero dell'Istruzione*.

[27] Art. 7, comma 5-*bis*, introdotto dall'art. 5, d.lgs. n. 75 del 2017. La disposizione non è stata coordinata, però, con la modifica dell'art. 2 del d.lgs. n. 81 del 2015 da parte della legge n. 128 del 2019, di conversione del d.l. n. 101 del 2019 (v. cap. 51).

[28] Cfr. l'art. 7, comma 6, lett. *c*) e *d*).

[29] Cfr. l'art. 30, comma 2, d.lgs. n. 165 del 2001.

10. Per le controversie di lavoro la giurisdizione appartiene al giudice ordinario e la competenza è devoluta al giudice del lavoro, mentre rimane al giudice amministrativo la cognizione sulle controversie in materia di concorsi e ovviamente quelle relative al personale non contrattualizzato.

giurisdizione del giudice ordinario per le controversie di lavoro

La riforma Madia è intervenuta a chiarire il regime sanzionatorio in caso di licenziamento illegittimo, eliminando i dubbi in merito a quale fosse il regime sanzionatorio del licenziamento illegittimo nel pubblico impiego.

L'art. 63, comma 2 del d.lgs. n. 165 del 2001, nel testo modificato dall'art. 21 del d.lgs. n. 75 del 2017, prevede oggi che il giudice, con la sentenza con la quale annulla o dichiara nullo il licenziamento, condanna l'amministrazione alla reintegrazione del lavoratore nel posto di lavoro e al pagamento di un'indennità risarcitoria commisurata all'ultima retribuzione di riferimento per il calcolo del t.f.r. dal giorno del licenziamento fino a quello dell'effettiva reintegrazione, dedotto quanto percepito dal lavoratore per lo svolgimento di altre attività lavorative.

reintegrazione in caso di licenziamento illegittimo

Il legislatore, pertanto, ha voluto prevedere per i pubblici impiegati un regime di maggior tutela rispetto a quello oggi previsto per i dipendenti privati dal d.lgs. n. 23 del 2015, garantendo in ogni caso la reintegrazione nel posto di lavoro.

11. Pur non trattandosi tecnicamente di lavoro alle dipendenze delle pubbliche amministrazioni, un ultimo accenno merita la disciplina del rapporto di lavoro alle dipendenze delle **società in controllo pubblico**, oggi regolato dal d.lgs. n. 175 del 2016, come modificato dal d.lgs. n. 100 del 2017.

rapporto di lavoro nelle società in controllo pubblico

Anche queste società sono regolate dal diritto privato, salvo alcune disposizioni derogatorie contenute nello stesso decreto, secondo una tecnica legislativa simile a quella utilizzata per il lavoro alle dipendenze delle pubbliche amministrazioni [30].

deroghe al regime privatistico

Tra le deroghe più importanti devono essere segnalate:

a) l'obbligo di assumere i dipendenti attraverso procedure selettive, rispettose dei principi stabiliti per le procedure concorsuali previste per l'accesso al pubblico impiego [31].

È bene segnalare, in ogni caso, che dette procedure selettive non sono veri e propri concorsi pubblici ma restano concorsi "privati", in coerenza con la natura privata degli enti che procedono alle assunzioni;

b) le disposizioni limitative delle facoltà assunzionali delle società in controllo pubblico, che, ferma restando la necessità di un decreto ministeriale attuativo, a far data da tale decreto e fino al 30 giugno 2018 potranno procedere ad assunzioni a tempo indeterminato solo attingendo da un apposito elen-

---

[30] Art. 19, comma 1, d.lgs. n. 175 del 2016.

[31] Art. 19, comma 2, d.lgs. n. 175 del 2016.

co, salvo l'autorizzazione da parte delle Regioni in caso di profili non presenti nell'elenco stesso [32].

È importante sottolineare che i contratti di lavoro eventualmente stipulati in violazione delle disposizioni contenute nel d.lgs. n. 175 del 2016 sono nulli e i relativi provvedimenti costituiscono grave irregolarità per gli amministratori [33].

c) le disposizioni limitative dei compensi per amministratori e dirigenti, volte ad evitare che le società a controllo pubblico costituiscano uno strumento per violare i tetti retributivi fissati per i dipendenti pubblici e gravando eccessivamente sui bilanci delle amministrazioni controllanti [34].

---

[32] Art. 19, commi 5 e 6; nonché art. 25, d.lgs. n. 175 del 2016 come modificato dal d.lgs. n. 100 del 2017.

[33] Art. 19, comma 4; art. 25, comma 6, d.lgs. n. 175 del 2016.

[34] Art. 11, comma 6, d.lgs. n. 175 del 2016.

Parte quarta

I rapporti di lavoro diversi dal lavoro subordinato

Capitolo 48

Il lavoro autonomo

SOMMARIO: 1. Lavoro autonomo e contratto d'opera. – 2. La struttura e la disciplina del contratto d'opera: le parti del contratto d'opera. – 2.1. I requisiti del contratto d'opera. – 2.2. L'oggetto del contratto d'opera. – 3. Esecuzione, difformità e vizi dell'opera. – 4. Estinzione del contratto d'opera. – 5. Il contratto d'opera intellettuale. Premessa. – 5.1. Rilevanza dell'iscrizione per l'esercizio della professione. – 5.2. L'esecuzione della prestazione intellettuale. – 5.3. La diligenza del prestatore d'opera intellettuale. – 5.4. Il corrispettivo. – 5.5. Il recesso. – 5.6. Professione e impresa (cenni).

1. Il **lavoro autonomo** non è regolato dal codice civile come fattispecie, ma ad esso è dedicato il titolo III del libro V, che contiene la disciplina delle fattispecie del **contratto d'opera** e del **contratto d'opera intellettuale**.

Come si è già detto in riferimento al lavoro subordinato, il codice civile del 1942 prende atto che nel contratto di lavoro e nel contratto d'opera non si può seguire lo schema della *locatio operae*, in quanto l'*opus* non è separabile dalla persona del lavoratore. Si avvia così quel processo, che culminerà nel disegno solidale della Costituzione, di riconoscimento della "implicazione della persona" nei rapporti di lavoro.

la differenza di ratio tra l'art. 35 Cost. e l'art. 2060 c.c.

È vero che il testo dell'art. 35 Cost. non è dissimile da quello dell'art. 2060 c.c., ma la *ratio* delle due norme è profondamente diversa.

Infatti, **l'art. 2060 c.c.**, in omaggio alla ideologia corporativa, include nell'area del lavoro anche l'attività dell'imprenditore, mentre l'art. 35 Cost., nel titolo III dedicato ai rapporti economici, è riferito soltanto alle forme di lavoro personali e l'art. 41 Cost. è dedicato all'iniziativa economica privata e quindi all'impresa.

Anzi, secondo un orientamento, le disposizioni costituzionali degli artt. 35 a 40, e in particolare, secondo la giurisprudenza, quelle contenute nell'art. 36, sarebbero riferite soltanto al lavoro subordinato [1].

l'art. 35 Cost. tutela ogni forma di lavoro

In realtà, l'ampia formulazione dell'art. 35, prevedendo "l'impegno della Repubblica a tutelare il lavoro in tutte le sue forme ed applicazioni", sembra estendere il suo campo di applicazione a ogni forma di lavoro, indipendentemente dal fatto che sia subordinato.

---

[1] F. Mazziotti, *Profili dell'autotutela nel rapporto di lavoro*, Napoli, s.d., p. 38 ss.

In tal senso, del resto, depongono le disposizioni in materia di sciopero nei servizi pubblici essenziali, che riconoscono tale diritto anche ai lavoratori autonomi e implicitamente considerano di natura sindacale le loro organizzazioni di rappresentanza. In altri termini, tali disposizioni legislative ampliano il campo di applicazione degli artt. 39 e 40, tradizionalmente riferiti ai lavoratori subordinati e alle loro organizzazioni sindacali.

Ovviamente la prospettiva aperta dall'art. 35 Cost. non implica un'acritica equivalenza tra lavoratori subordinati e autonomi, né postula un'unificazione o assorbimento delle diverse discipline che regolano tipi e forme di lavoro diverse, ma, a mio avviso, autorizza il legislatore **a riconoscere, rispettando il canone della ragionevolezza, i diritti costituzionalmente garantiti, a tutela della dignità della persona, a ogni forma di lavoro personale indipendentemente dal fatto che il rapporto sia subordinato.**

D'altra parte le norme costituzionali in materia di lavoro individuano e garantiscono principi e valori e perciò non sono applicabili direttamente dal giudice alle fattispecie concrete di lavoro subordinato o di lavoro autonomo, ma richiedono in entrambi i casi la mediazione legislativa.

le scarne tutele legislative per il lavoro autonomo

Il legislatore nella seconda metà del secolo scorso non ha ritenuto di riconoscere ai lavoratori autonomi, al di là della tutela previdenziale[2], alcuna forma di tutela ulteriore rispetto a quelle, invero assai scarne, previste dagli artt. 2222-2238 c.c., sicché ben si può dire che l'area del lavoro autonomo è risultata a lungo fortemente compressa, da un lato dall'area dell'impresa e, dall'altro, dall'area sempre più estesa e più protetta del lavoro subordinato.

In altre parole, la tutela del lavoratore autonomo, se si eccettua quella previdenziale, è rimasta per lungo tempo ferma alla disciplina civilistica del contratto d'opera (artt. 2222-2229), in realtà scarsamente applicata, e povera di garanzie, e alla disciplina dei tipi di lavoro autonomo regolati dal libro IV delle obbligazioni, con poche norme di tutela del lavoro dei diversi prestatori, ad eccezione del lavoro dell'agente, tutelato anche da una cospicua disciplina collettiva.

Infatti, soltanto nel 2003 il legislatore, introducendo la fattispecie del c.d. lavoro a progetto (poi abrogato dall'art. 52, d.lgs. n. 81 del 2015), ha previsto per i collaboratori autonomi coordinati e continuativi alcune rilevanti tutele (*infra* cap. 50 e per la disciplina oggi applicabile v. cap. 51, par. 9).

Diverso ovviamente è il discorso per il contratto d'opera intellettuale, certamente diffuso e applicato, destinato a regolare i rapporti tra cliente e professionista, normalmente iscritto all'albo. Si tratta comunque di prestatori di lavoro che normalmente non stipulano contratti di durata ma ad esecuzione istantanea e i compensi per le loro prestazioni sono previsti dalle tariffe fissate, talvolta minuziosamente, dall'ordine di appartenenza.

Va comunque evidenziato che il legislatore ha previsto, nella più recente legge n. 81 del 2017, nuove misure a sostegno dei lavoratori e dei professioni-

---

[2] Assoggettamento all'obbligo assicurativo, a partire dal 1957, di artigiani, commercianti e coltivatori diretti.

sti che abbiano instaurato rapporti di lavoro autonomo regolati dal libro V, titolo III e dal libro IV del codice civile, allo scopo di incentivare il lavoro autonomo non imprenditoriale (v. cap. 49).

il prestatore d'opera

2. Il prestatore di opera, si è già detto, a differenza dell'appaltatore, non è un imprenditore **ma un lavoratore autonomo o, tutt'al più, un piccolo imprenditore.**

La linea di confine tra piccolo imprenditore e lavoratore autonomo non è facilmente identificabile. E tuttavia, come si vedrà, la distinzione tra lavoratore autonomo e piccolo imprenditore assume oggi una grande importanza ai fini dell'applicazione delle tutele del lavoro autonomo non imprenditoriale (v. cap. 49, par. 3).

Il prestatore d'opera è sempre una persona fisica e la sua prestazione è contrassegnata dall'*intuitus personae* e dalla fiducia che riguarda l'esecuzione personale dell'obbligazione di *facere* del prestatore d'opera.

La personalità dell'esecuzione della prestazione non viene meno nel caso di adempimento a mezzo terzi *ex* art. 1228 c.c., mentre è esclusa dall'adempimento del terzo *ex* art. 1180 c.c., perché nel primo caso, diversamente dal secondo, l'obbligazione di *facere* comprende un ventaglio di comportamenti che va dalla propria azione fisica alla direzione dell'attività altrui, strumentale all'adempimento.

requisiti del contratto d'opera

2.1. I **requisiti del contratto d'opera sono la consensualità, l'onerosità, la commutatività** e, di norma, **l'istantaneità dell'adempimento.**

Il contratto d'opera è un contratto **consensuale** ad effetti obbligatori: le parti infatti si obbligano, rispettivamente, a compiere il servizio o l'opera e a pagare il corrispettivo. Diversa è l'ipotesi in cui le parti abbiano avuto riguardo prevalentemente alla materia perché in questo caso si applica la disciplina della vendita come stabilisce l'art. 2223 c.c.

Il contratto d'opera è un contratto **oneroso** e, a differenza dell'appalto per il quale l'art. 1655 c.c. stabilisce espressamente che il corrispettivo deve essere in danaro, per questo tipo di contratto sono ammissibili beni diversi dal danaro.

La mancata determinazione del corrispettivo non determina la nullità del contratto d'opera né lo tramuta in altra fattispecie tipica perché **in mancanza del corrispettivo suppliscono gli usi o le tariffe, e, in difetto, il compenso è determinato dal giudice in relazione al risultato ottenuto e al lavoro normalmente necessario per ottenerlo (art. 2225 c.c.)**[3].

I criteri indicati dall'art. 2225 c.c. escludono pertanto la indeterminabilità

[3] Secondo Cass. 11 luglio 2018, n. 18286 e Cass. 24 aprile 2018, n. 10057 il giudice deve applicare tali criteri suppletivi indipendentemente da una specifica richiesta dell'interessato e pure quando la misura del compenso, comunque pattuito tra le parti, non sia stata dimostrata in giudizio.

del corrispettivo, che renderebbe effettivamente nullo il contratto. Diversa è l'ipotesi di esclusione convenzionale del corrispettivo.

Inoltre, i criteri indicati dall'art. 2225 c.c., mentre, per un verso, in mancanza di determinazione delle parti, degli usi e delle tariffe attuano il principio della proporzionalità del corrispettivo alla quantità e qualità del lavoro [4], per altro verso, non applicano al contratto d'opera il principio della retribuzione sufficiente, previsto dall'art. 36 Cost. [5].

D'altra parte l'art. 429, comma 3, c.p.c. si applica ai rapporti indicati dall'art. 409, n. 3, c.p.c.

Il contratto d'opera è un contratto **commutativo** e non aleatorio, sicché in caso di difficoltà o onerosità dell'esecuzione, in assenza di una disciplina specifica come per l'appalto *ex* art. 1644 c.c., tale contratto rimane soggetto alla disciplina generale prevista dall'art. 1467 c.c.

Come si è già detto e come si vedrà più approfonditamente oltre (*infra*, cap. 50, par. 1), il contratto d'opera è un contratto istantaneo e non di durata. Tuttavia quando **"l'*opus*" sia ripetuto, e quindi gli "*opera*"** siano collegati da un nesso di continuità, la ripetizione degli stessi finisce per soddisfare non più un interesse istantaneo ma durevole del committente e, quindi, siamo in presenza di un rapporto di durata.

oggetto del contratto d'opera

2.2. L'oggetto del contratto di opera consiste, ai sensi dell'art. 2222 c.c., **in un'opera o in un servizio.**

Il termine "opera" normalmente si riferisce al risultato dell'obbligazione di *facere* consistente nella modificazione di una cosa (produzione o distruzione di essa, assemblaggio di più parti per creare una cosa nuova) effettuata con il lavoro prevalentemente manuale o tecnico del prestatore d'opera, distinguendosi in ciò il contratto di opera da quello d'opera intellettuale.

Il concetto di servizio non è di facile determinazione e si distingue dall'opera perché pur presupponendo un'obbligazione di *facere* non comporta la trasformazione della materia.

disciplina

3. La disciplina contenuta nell'art. 2224 c.c., dedicata all'esecuzione dell'opera, consente di ribadire che nel contratto d'opera **il committente**, pur avendo il potere di impartire "istruzioni" al prestatore d'opera e di controllare la conformità della prestazione alle condizioni stabilite dal contratto, **non ha tuttavia la disponibilità dell'attività del prestatore.**

D'altra parte il prestatore d'opera, essendo tenuto ad eseguire l'*opus* a regola d'arte, può anche non accettare supinamente le istruzioni su modalità tecniche idonee al perseguimento del risultato per non incorrere in possibili re-

---

[4] Così Cass. 8 giugno 2007, n. 13440, in *Mass. giur. it.*, 2007, p. 6. Secondo Cass. 31 marzo 2014, n. 7510, il compenso deve essere proporzionato a natura, quantità e qualità delle prestazioni eseguite dal prestatore d'opera e all'utilità per il committente.

[5] Nello stesso senso Cass. 7 dicembre 2017, n. 29437.

sponsabilità verso il committente per i vizi o le difformità finali. Infatti, sia gli uni che le altre, a causa della sua passiva esecuzione, potrebbero essere a lui addebitate[6].

Se il prestatore d'opera non procede all'esecuzione dell'opera secondo le condizioni stabilite nel contratto e a regola d'arte, il committente, trascorso inutilmente il termine entro il quale il prestatore di opera deve uniformarsi alle condizioni stabilite dal contratto, può recedere dallo stesso con effetto *ex tunc*, e fatto salvo l'obbligo del prestatore al risarcimento dei danni (art. 2224, comma 2, c.c.).

Questo termine non è equiparabile al termine essenziale di cui all'art. 1457 c.c., sia perché non ricorre per il committente l'onere dell'interpello del prestatore d'opera entro tre giorni dalla scadenza, sia perché la risoluzione non avviene *ipso jure*, ossia non è di diritto, ma è lasciata alla volontà del committente.

Dal momento dell'accettazione dell'opera compiuta, accettazione che può essere anche tacita, anche se non sia preceduta dalla verifica, decorrono i **termini di prescrizione** del diritto al corrispettivo del prestatore d'opera e del diritto del **committente alla consegna dell'opera**.

Inoltre, l'accettazione determina il trasferimento del rischio dal prestatore al committente e mentre libera il prestatore dalla responsabilità per difformità o vizi noti o facilmente riconoscibili dal committente, non lo libera quando egli stesso abbia occultato i vizi dell'opera altrimenti riconoscibili (art. 2226 c.c.).

Infine, i diritti del committente, nel caso di difformità o vizi dell'opera, sono regolati come nel contratto d'appalto (art. 2226, comma 3, c.c.), prevedendo in tal modo una disciplina che in parte si discosta da quella generale.

Infatti, in caso di **inesatto adempimento**, il committente può chiedere l'esecuzione in forma specifica anche da parte di un terzo a spese del prestatore d'opera (artt. 2931 c.c. e 612 c.p.c.) o una riduzione del corrispettivo, salvo il risarcimento del danno in caso di colpa del prestatore d'opera.

Il risarcimento può essere rimedio concorrente con quelli precedentemente indicati in presenza di vizi eliminabili, o rimedio esclusivo se i vizi non siano eliminabili. È comunque stabilita la risoluzione del contratto nell'ipotesi in cui le difformità e i vizi dell'opera siano tali da renderla totalmente inidonea alla sua destinazione.

4. Qualche osservazione meritano le disposizioni relative al recesso *ex lege* (art. 2227 c.c.) del committente e per impossibilità sopravvenuta (art. 2228 c.c.). recesso

Le parti nei rapporti di durata possono recedere quando il rapporto sia in

[6] In questo senso A. Perulli, *Il lavoro autonomo*, in *Trattato di diritto civile e commerciale*, già diretto da A. Cicu e F. Messineo, continuato da L. Mengoni, Milano, 1996, p. 253 ss.

corso di esecuzione, senza che per questo il recesso convenzionale *ex* art. 1373, comma 2, c.c. o la risoluzione abbia effetto sulle prestazioni già eseguite o in corso di esecuzione (art. 1458, comma 1, c.c.).

Viceversa, ai sensi dell'art. 2227 c.c., il committente che receda ad esecuzione iniziata è obbligato a tenere indenne il prestatore d'opera **dalle spese sostenute, dal lavoro eseguito e dal mancato guadagno**[7]. Nulla è dovuto dal committente quando eserciti il recesso prima dell'inizio dell'esecuzione.

A ben vedere, tali effetti collegati dalla suddetta norma a questa forma di recesso sono quelli propri dell'inadempimento e perciò sono diversi da quelli propri del recesso nei rapporti di durata, il quale, come si è appena detto, non ha effetto rispetto alle prestazioni eseguite o in corso di esecuzione (v. artt. 1373, comma 1 e 1458, comma 2, c.c.).

È vero che l'art. 1373, comma 1, c.c. è riferito alle ipotesi di recesso convenzionale, ma **secondo la giurisprudenza ormai consolidata il recesso unilaterale rappresenta una causa estintiva di qualsiasi rapporto di durata a tempo indeterminato** perché soddisfa l'esigenza di evitare la perpetuità del vincolo obbligatorio in sintonia con il principio di buona fede nell'esecuzione del contratto.

Non sembra pertanto corretta l'applicazione dell'art. 2227 c.c. ai rapporti di opera continuativi, cioè ai rapporti in cui la prestazione è individuata dal tempo ed è diretta a soddisfare un interesse durevole e non istantaneo del committente.

Oltre al recesso e alla risoluzione è prevista dal codice un'ulteriore causa di estinzione del rapporto d'opera: **l'impossibilità sopravvenuta dell'esecuzione dell'opera non imputabile ad alcuna delle parti (art. 2228 c.c.).**

Questa norma ricalca il disposto dell'art. 1672 c.c., relativo all'impossibilità di esecuzione dell'appalto e si ispira al principio sancito dall'art. 1464 c.c. che regola l'impossibilità parziale.

Quest'ultima norma consente **la riduzione della controprestazione e anche il recesso, quando venga meno un interesse apprezzabile all'adempimento parziale.**

L'art. 2228 c.c. infatti obbliga **il committente a corrispondere al prestatore d'opera il compenso per il lavoro svolto in relazione all'utilità della parte dell'opera compiuta.**

Se viceversa il lavoro svolto non presenta alcuna utilità per il committente, avuto riguardo alla parte dell'opera compiuta, lo stesso committente può recedere senza corrispondere alcun compenso.

---

[7] Il "mancato guadagno" consiste nell'utile netto che il lavoratore avrebbe tratto dal lavoro previsto e non eseguito. Spetta soltanto al prestatore d'opera e non anche al professionista intellettuale – se il diritto non è previsto nel contratto – per incompatibilità dell'art. 2227 c.c. con la disciplina del recesso contenuta nell'art. 2237 c.c. (Cass. 25 giugno 2007, n. 14702, in *Dir. e prat. lav.*, 2008, p. 2103).

5. Il codice civile, nell'ambito del lavoro autonomo, dedica una disciplina apposita alla prestazione di opera intellettuale, che peraltro non esclude quella del contratto d'opera quando sia compatibile (art. 2230 c.c.).

il contratto d'opera intellettuale

Prima di esaminare le integrazioni normative contenute in questo capo, appare tuttavia opportuno accennare alle inevitabili ripercussioni dei **profili pubblicistici** che regolano le professioni intellettuali sullo svolgimento della prestazione d'opera intellettuale.

5.1. **L'obbligo di iscrizione negli albi o elenchi**, richiamato dall'art. 2229 c.c. è già un indice della rilevanza pubblica che la legge riconosce all'esercizio di queste attività.

iscrizione in albi o elenchi

Non è il caso di analizzare in questa sede tutta la normativa pubblicistica che regola questa materia, qui è solo sufficiente esaminare gli effetti conseguenti all'inosservanza dell'obbligo di iscrizione sul rapporto d'opera intellettuale.

L'art. 2231 c.c. limitandosi a prevedere che **il prestatore non iscritto non ha azione per il pagamento della retribuzione, esclude** che lo stesso prestatore possa promuovere **un'azione di ingiustificato arricchimento *ex* art. 2041 c.c.** nei confronti del cliente [8], mentre sembra ammettere **la *soluti retentio*.**

La Cassazione ha confermato la piena operatività del disposto dell'art. 2231 c.c. statuendo che l'esecuzione della prestazione intellettuale da parte del non iscritto ad apposito albo determina la **nullità assoluta del rapporto per contrarietà a norme imperative**, ai sensi dell'art. 1418, comma 1, c.c., privando il contratto di qualsiasi effetto, ivi compreso il diritto al compenso per il prestatore [9].

In ogni caso, secondo la prevalente dottrina il contratto d'opera intellettuale stipulato da chi non è iscritto deve considerarsi invalido limitatamente allo svolgimento degli atti per i quali è necessaria l'iscrizione all'albo.

l'invalidità è limitata agli atti per i quali è necessaria l'iscrizione

Pertanto, l'ambito di applicazione della norma è limitato a quegli atti per i quali è richiesta l'iscrizione all'albo [10] e conferma la tesi secondo la quale oggetto del contratto d'opera intellettuale non sono soltanto le professioni per le quali sia richiesta l'iscrizione in albi, ma anche professioni per le quali tale obbligo non è previsto [11].

---

[8] Nello stesso senso Trib. Verona 20 febbraio 2018, in *Foro it.*, 2018, I, c. 1034.

[9] V. Cass. 24 gennaio 2019, n. 2038 e Cass. 19 febbraio 2007, n. 3740. Secondo Cass. 23 giugno 2016, n. 12996 il cliente avrebbe diritto, in tale ipotesi, persino a ripetere dal professionista il compenso già corrisposto.

[10] Così Cass. 28 marzo 2019, n. 8683 e Cass. 28 maggio 2018, n. 13342.

[11] Nello stesso senso Cass. 18 ottobre 2018, n. 26264. Ciò significa, per esempio, che la prestazione di opere intellettuali nell'ambito dell'assistenza legale è riservata agli iscritti negli albi forensi solo nei limiti della rappresentanza, assistenza e difesa delle parti in giudizio e, comunque, in diretta collaborazione con il giudice nell'ambito del processo. Al di fuori di tali limiti, l'attività di assistenza e consulenza legale non può considerarsi riservata agli iscritti agli albi professionali e conseguentemente non rientra nella previsione dell'art. 2231 c.c. e dà diritto al compenso a favore di colui che la esercita.

personalità dell'esecuzione

5.2. L'art. 2232 c.c., pur riaffermando la natura altamente fiduciaria del rapporto, attraverso il riferimento al carattere personale dell'esecuzione della prestazione, consente che il prestatore d'opera si avvalga di **sostituti o ausiliari**, a meno che tale forma di collaborazione sia incompatibile con l'oggetto della prestazione.

Il carattere personale dell'adempimento non è escluso dall'adempimento a mezzo terzi cui fa riferimento l'art. 2232 c.c., che non va confuso con l'adempimento del terzo.

A prescindere poi dalla qualificazione subordinata o meno del rapporto intercorrente tra prestatore d'opera e ausiliari o sostituti, si deve sottolineare che il prestatore d'opera, avvalendosi degli ausiliari nell'adempimento dell'obbligazione, risponde dei loro fatti dolosi o colposi (1228 c.c.).

D'altra parte, il professionista che si avvalga di sostituti nei casi di sostituzione non consentita è inadempiente, mentre il mandatario che si faccia sostituire senza autorizzazione del mandante risponde dell'operato di colui che lo sostituisce (art. 1717, comma 1, c.c.).

Alla responsabilità civile del prestatore d'opera intellettuale si aggiunge quella penale o disciplinare qualora il professionista, nell'eseguire l'incarico, commetta reati (artt. 623, 481, 470, 479 c.p.) o violi norme proprie dell'ordine o collegio cui appartiene.

inadempimento e responsabilità del professionista

5.3. La diligenza del professionista nell'esecuzione della prestazione di lavoro intellettuale deve essere valutata avendo riguardo alla natura dell'attività esercitata (art. 1176, comma 2, c.c.).

Tale criterio è utilizzato sia per la valutazione dell'esatto adempimento della prestazione del professionista sia, in caso di inadempimento, per la determinazione della sua responsabilità [12].

inadempimento da valutare nei limiti della colpa e indipendentemente dal risultato

Pertanto, **l'inadempimento del professionista sussiste nei limiti della colpa, tenuto conto della natura dell'attività esercitata, indipendentemente dal raggiungimento del risultato.**

In altre parole, l'inadempimento del medico o del chirurgo o dell'avvocato non è configurabile nella mancata guarigione del cliente o nella perdita della causa, ma soltanto se il risultato atteso dal cliente e non verificatosi è dipeso da imperizia o negligenza del professionista, come a dire che quel che rileva non è il risultato, ma l'esecuzione della prestazione secondo la diligenza richiesta dalla natura dell'attività (art. 1176, comma 2, c.c.).

Una brillante dottrina, invece, tende a riconoscere una certa rilevanza al risultato sia sotto il profilo dell'adempimento sia sotto il conseguente profilo del corrispettivo [13].

---

[12] Secondo Cass. 21 maggio 2019, n. 13592 il professionista non può invocare una diminuzione della responsabilità per concorso del fatto colposo del cliente *ex* art. 1227 c.c. che, considerata la diligenza professionale richiesta, non è astrattamente configurabile.

[13] V. A. Perulli, *Il lavoro autonomo*, cit., pp. 454, 455 e 649. In ogni caso la giurisprudenza considera obbligazioni di risultato le prestazioni di alcuni professionisti, come quella

Se la prestazione implica la soluzione di problemi tecnici di speciale difficoltà, ai sensi dell'art. 2236 c.c., il professionista risponde solo nei limiti del dolo o della colpa grave [14].

Il professionista, come il cliente, è tenuto a concludere e ad eseguire il contratto d'opera con correttezza e buona fede (artt. 1175, 1337 e 1375 c.c.). Ciò significa che il professionista già nella fase precontrattuale è tenuto ad informare il cliente del possibile esito negativo o positivo della prestazione professionale [15] nonché a prospettargli tutte le soluzioni in ipotesi praticabili, così da porre il cliente nelle condizioni di scegliere al meglio [16].

Il professionista è tenuto altresì a mantenere il segreto professionale, come pure non deve assumere contemporaneamente la cura di interessi contrari a quelli del cliente (cfr. art. 381 c.p.), e può trattenere i documenti ricevuti per il tempo strettamente necessario alla tutela dei propri diritti secondo le leggi professionali (art. 2235 c.c.).

Al creditore, ossia al cliente, che affermi la responsabilità contrattuale del professionista spetta l'onere di provare che l'obbligazione non è stata o è stata inesattamente adempiuta, mentre il debitore, e cioè il professionista, per sottrarsi alla responsabilità, deve provare la sua assenza di colpa ai sensi dell'art. 1218 c.c.

5.4. La corresponsione del **compenso** costituisce l'obbligazione principale del cliente nei confronti del professionista. Tale obbligo sorge **quando la prestazione è ultimata** (ad esempio nel caso del patrocinio legale quando il giudice liquida con la sentenza le spese) [17] e ciò si desume indirettamente dall'art. 2234 c.c. che, salva diversa pattuizione delle parti, impone al cliente di anticipare le spese ed eventuali acconti secondo gli usi [18]. *compenso*

---

dell'architetto, dell'ingegnere o del geometra consistente nella redazione di un progetto finito utilizzabile dal cliente (così, da ultimo, Cass. 20 agosto 2015, n. 17048 e Cass. 18 gennaio 2017, n. 1214).

[14] Ovviamente la responsabilità prevista dall'art. 2236 c.c. per il professionista nei limiti del dolo e della colpa grave non esclude l'inadempimento del professionista qualora la prestazione non presenti particolari problemi o difficoltà. In ogni caso, la distinzione tra prestazione di facile esecuzione e prestazione implicante la soluzione di problemi tecnici di speciale difficoltà – la cui dimostrazione è a carico del professionista – non comporta una diversa ripartizione dell'onere della prova della responsabilità (così Cass. 15 giugno 2018, n. 15732).

[15] Così Cass. 20 novembre 2009, n. 24544 a proposito dell'avvocato e Cass. 23 giugno 2016, n. 13007 a proposito del commercialista. L'onere della prova dell'adempimento del dovere di informazione grava sul professionista (così Cass. 19 aprile 2016, n. 7708, sempre a proposito dell'avvocato).

[16] Così Cass. 27 maggio 2019, n. 14387.

[17] Nello stesso senso Cass. 13 marzo 2016, n. 4951 secondo cui, quindi, la prescrizione del diritto al compenso decorre da quando è stato ultimato l'incarico e non già dal compimento delle singole prestazioni.

[18] Anche la violazione di tale obbligo di anticipazione, secondo Cass. 15 novembre 2017, n. 26973, può legittimare la sospensione della prestazione da parte del professionista quale eccezione d'inadempimento *ex* art. 1460 c.c.

Le fonti di determinazione del compenso indicate dall'art. 2233 c.c. non sono diverse da quelle previste dall'art. 2225 c.c. per il contratto d'opera: e cioè l'autonomia privata, le tariffe e gli usi. La norma tuttavia ha integrato i suddetti criteri stabilendo che in ogni caso **la misura del compenso deve essere adeguata all'importanza e al decoro della professione.**

l'abrogazione delle tariffe professionali

Il c.d. decreto Bersani (d.l. n. 223 del 2006, convertito in legge n. 248 del 2006), ha abrogato (art. 2, comma 1, lett. *a*) le disposizioni legislative e regolamentari che prevedevano – con riferimento alle attività libero professionali ed intellettuali – l'obbligatorietà di tariffe fisse o minime ovvero il divieto di pattuire compensi parametrati al raggiungimento degli obiettivi perseguiti.

Infine, il d.l. n. 1 del 2012, convertito nella legge n. 27 del 2012, oltre a confermare l'abrogazione delle tariffe professionali, ha stabilito che la misura del compenso, comunque da adeguare all'importanza della professione, debba essere previamente comunicata al cliente con un preventivo di massima e successivamente pattuita al momento del conferimento dell'incarico, indicando tutte le voci di costo per le singole prestazioni ed il livello di complessità generale dell'opera; viceversa, in caso di liquidazione da parte di un organo giurisdizionale, tale compenso deve essere liquidato secondo parametri stabiliti con apposito decreto ministeriale (art. 9, commi 1-5).

recesso

5.5. La disciplina del recesso dal contratto d'opera intellettuale diverge da quella del contratto d'opera, perché l'art. 2237 c.c. non si limita a prevedere il recesso del cliente, ma contempla anche quello per giusta causa del prestatore d'opera intellettuale.

In caso di recesso del cliente, questi è tenuto al rimborso delle spese sostenute e al compenso per l'opera svolta, mentre **nulla è dovuto**, differentemente dalla previsione dell'art. 2227 c.c. sul contratto d'opera generale, **per il mancato guadagno** [19].

L'art. 2237, comma 2, c.c. ammette il recesso per giusta causa del prestatore d'opera, che si identifica con ogni fatto, anche non attinente all'esecuzione della prestazione, che alteri il rapporto fiduciario tra le parti.

Quando sussista una giusta causa, il prestatore ha diritto al rimborso delle spese fatte e al compenso per l'opera svolta, **da determinarsi con riguardo al risultato utile per il cliente**, mentre è escluso l'obbligo del compenso per l'opera svolta quando non sia risultata utile (art. 2237, comma 2).

Se manca una giusta causa il prestatore d'opera recedente si rende inadempiente secondo i principi generali.

---

[19] Peraltro, la previsione di un termine di durata del rapporto non esclude di per sé, in mancanza di espressa pattuizione in tal senso, la facoltà di recesso *ad nutum* del cliente *ex* art. 2237 c.c. (così Cass. 14 gennaio 2016, n. 469 in *Guida dir.*, 2016, 9, p. 50; *contra* Cass. 7 settembre 2018, n. 21904 secondo cui, in tale eventualità, la volontà delle parti di mantenere od escludere la facoltà di recesso va desunta dal complessivo regolamento negoziale). Tale recesso non richiede formule sacramentali e può essere manifestato anche per comportamento concludente (così Cass. 7 marzo 2016, n. 4459).

Anche in presenza di una giusta causa, il recesso deve essere esercitato osservando l'obbligo di correttezza, in modo da non recare pregiudizio al cliente (art. 2237, comma 3, per il mandato v. art. 1727 c.c.) e concedergli, in particolare, il tempo di provvedere agli interessi sottesi al contratto[20].

Il rapporto d'opera intellettuale si estingue per compimento dell'opera, scadenza del termine, mutuo dissenso[21], recesso di una delle parti, risoluzione del contratto.

La cancellazione dall'albo risolve il contratto in corso di esecuzione (art. 2231, comma 2, c.c.): in questo caso il prestatore d'opera ha diritto al rimborso delle spese incontrate **e ad un compenso adeguato all'utilità del lavoro compiuto**.

Questa disposizione si considera applicabile in ogni caso d'impossibilità sopravvenuta dell'esecuzione del contratto d'opera intellettuale.

professionista e impresa

5.6. L'art. 2238 c.c. prevede due ipotesi distinte: l'attività del professionista come elemento di un'organizzazione in forma di impresa e, al comma 2, l'ipotesi già adombrata dall'art. 2232 c.c. in cui il professionista assume la posizione di datore di lavoro non imprenditore nei confronti dei sostituti e collaboratori.

Nell'ipotesi in cui l'attività professionale è sia organizzata in forma di impresa, e in particolare quando il professionista gestisca in forma di impresa individuale la sua attività professionale, assumendo così la veste di imprenditore commerciale, salve ovviamente le incompatibilità stabilite dalla legge, tra professionista e cliente **possono instaurarsi due rapporti**.

Uno avente ad oggetto i servizi resi dall'impresa (ad es. casa di cura) e **l'altro avente ad oggetto la prestazione d'opera intellettuale del professionista**, non in qualità di imprenditore (ad es. l'assistenza specifica del medico titolare della casa di cura).

Sotto questo profilo i rapporti rimangono perfettamente distinti e conservano la loro autonomia.

Nell'ipotesi prevista dall'art. 2238, comma 1 che prevede l'applicabilità delle norme sull'impresa, il legislatore ha preso in considerazione non tanto l'opera del libero professionista quanto l'organizzazione di una vera e propria impresa rispetto alla quale l'opera del professionista è eventuale, o come dice la norma, ne costituisce un "elemento".

Invece, nell'ipotesi prevista dal comma 2 della stessa norma, l'organizzazione è strumentale all'attività del professionista e perciò non può considerarsi impresa. In ogni caso, come recita la norma, si tratti di impresa o di organizzazione del professionista, si applicano le disposizioni delle sezioni II, III, IV del capo I del titolo II, del libro V, ossia delle sezioni relative rispettivamente, ai collaboratori dell'imprenditore, al rapporto di lavoro e al tirocinio.

---

[20] Cass. 23 aprile 2014, n. 9220.

[21] In tale ipotesi, salva diversa pattuizione tra le parti, le prestazioni già eseguite dal professionista rimangono regolate dal contratto risolto (così Cass. 19 febbraio 2019, n. 4827).

Capitolo 49

Lo "Statuto" del lavoro autonomo non imprenditoriale

la recente legge n. 81 del 2017 reca, al Capo I, misure per la tutela del lavoro autonomo non imprenditoriale. Finalità delle nuove disposizioni

1. Come si legge nella relazione al d.d.l., l'obiettivo è "costruire anche per i lavoratori autonomi un sistema di diritti e di *welfare* moderno capace di sostenere il loro presente e di tutelare il loro futuro" nella convinzione, condivisibile, che il lavoro autonomo genuino si iscriva nel firmamento dell'art. 35 Cost. e quindi debba essere adeguatamente protetto [1].

Il testo approvato contiene alcune importanti deleghe al Governo a completamento del quadro regolativo del lavoro autonomo [2]. L'art. 17 istituisce inoltre un "tavolo tecnico di confronto permanente sul lavoro autonomo".

ambito di applicazione

Le disposizioni della legge si applicano a tutti i rapporti di lavoro autonomo regolati dal libro V, titolo III (contratto d'opera e contratto d'opera intellettuale) e, come si deduce dalla formulazione letterale della norma (art. 1, comma 1), a quelli aventi una disciplina particolare nel libro IV (mandato, agen-

---

[1] G. Santoro-Passarelli, *Il lavoro autonomo non imprenditoriale, il lavoro agile e il telelavoro*, in *Riv. it. dir. lav.*, 2017, I, p. 369 ss. A queste disposizioni si affiancano norme dedicate ai lavoratori autonomi addetti alle consegne per conto di terzi contenute nel d.l. n. 101 del 2019, che saranno oggetto di approfondimento in apposito capitolo (*infra*, cap. 52). A distanza di due anni dall'entrata in vigore, non sembra che la legge n. 81 del 2017 abbia «attutito significativamente la condizione di incertezza di segmenti crescenti» di lavoratori autonomi (D. Carrieri, *Lavori e lavoratori: una radiografia delle nuove insicurezze*, p. 15 del dattiloscritto).

[2] Le deleghe da recepire in diversi decreti nel rispetto della procedura dell'art. 16 del medesimo d.d.l. sono previste in materia di: 1) atti pubblici rimessi alle professioni organizzate in ordini o collegi (art. 5); 2) sicurezza e protezione sociale dei professionisti iscritti a ordini o collegi e di ampliamento delle prestazioni di maternità e di malattia riconosciute ai lavoratori autonomi iscritti alla Gestione separata (art. 6); 3) semplificazione della normativa sulla salute e sicurezza degli studi professionali (art. 11).

zia, ecc.) del codice civile. Ciò, indipendentemente dalla natura del committente, dalla presenza di indici di debolezza e/o di dipendenza economica (come il reddito o lo stato di mono-committenza) o dalle modalità esecutive della prestazione. Alcune disposizioni, però, si applicano esclusivamente alle collaborazioni aventi ad oggetto una prestazione continuativa (cfr. art. 3, comma 1, e art. 14, comma 1).

sono esclusi gli imprenditori, ivi compresi i piccoli imprenditori

Il secondo comma dell'art. 1 esclude espressamente gli imprenditori «ivi compresi i piccoli imprenditori», che sono, a norma dell'art. 2083 c.c., **i coltivatori diretti, i piccoli commercianti, gli artigiani e tutti coloro che esercitano un'attività professionale organizzata prevalentemente con il lavoro proprio o dei componenti della famiglia.**

1.1. Il richiamo ai "rapporti di lavoro autonomo di cui al titolo III del libro V del codice civile" è idoneo a ricomprendere non soltanto i lavoratori autonomi di cui al Capo I (Disposizioni generali), ma anche quelli di cui al Capo II (Delle professioni intellettuali).

applicazione ai professionisti se l'attività professionale non è esercitata in forma di impresa

Sembra corretto ritenere, allora, che professionisti rientrino tra i soggetti tutelati dalle nuove disposizioni, a meno che non assumano essi stessi la qualità di imprenditore.

Può accadere, infatti, che l'attività professionale sia esercitata in forma d'impresa, come del resto già previsto dall'art. 2238 c.c.; in questa ipotesi il professionista assume la qualità di imprenditore se esercita una attività distinta e assorbente rispetto a quella professionale, con un sostrato organizzativo che cessa di essere meramente strumentale ed un apporto personale caratterizzato da una prevalente azione di organizzazione, coordinamento e controllo dei fattori produttivi e non più circoscritto alla prestazione d'opera intellettuale [3].

Si pensi, ad esempio, ai grandi laboratori di analisi o agli studi professionali associati, ogni qualvolta al profilo personale dell'attività svolta si affianchino un'organizzazione di mezzi e strutture, un numero di titolari e dipendenti ed un'ampiezza di locali adibiti all'attività, tali che il fattore organizzativo e l'entità dei mezzi impiegati sovrastino l'attività professionale del titolare.

Lo stesso deve dirsi, a maggior ragione, nei casi in cui l'attività è direttamente esercitata in forma societaria [4].

Solo in queste ipotesi, pertanto, l'acquisto della qualità di imprenditore porta ad escludere il professionista dall'ambito di applicazione delle tutele introdotte dalla legge n. 81 del 2017; in generale, invece, i professionisti rientrano a tutti gli effetti nel campo di applicazione delle nuove disposizioni [5].

---

[3] Cfr., sul punto, Cass. 26 giugno 2013, n. 16092; Cass. 6 giugno 2013, n. 18710.

[4] Cfr., ad es., l'art. 16 ss., d.lgs. n. 96 del 2001, in materia di società tra avvocati. Cfr. anche il più recente art. 4-*bis* del d.lgs. n. 247 del 2012, sull'esercizio della professione forense in forma societaria, inserito dall' art. 1, comma 141, lett. b), l. n. 124 del 2017. Si veda oggi, più in generale, l'art. 10, commi 3-11, legge n. 183 del 2011, in materia di società tra professionisti (STP). Cfr., sul punto, il parere del Ministero dello sviluppo economico prot. n. 415099 del 23 dicembre 2016, che ha chiarito che le STP sono le uniche società utilizzabili per svolgere l'attività professionale.

[5] Non rileva, invece, ad escludere le tutele l'argomentazione in base alla quale, per il di-

effetti dell'esclusione dei piccoli imprenditori

2. La esclusione del piccolo imprenditore dall'ambito di applicazione di della legge n. 81 del 2017 impone all'interprete il difficile compito di distinguere il piccolo imprenditore dal lavoratore autonomo *ex* art. 2222 c.c.

È evidente che l'ampiezza effettiva dell'ambito di applicazione della legge dipende da come si interpreta la nozione di "piccolo imprenditore". Se infatti il soggetto *ex* art. 2083 c.c. coincide con il soggetto che conclude un contratto d'opera cosi come è definito dall'art. 2222 c.c. [6], resta estranea all'ambito di applicazione *ex* art. 1 un'ampia platea di soggetti [7]. Al contrario, la platea dei destinatari delle tutele si estende se invece si distingue nettamente il lavoratore autonomo dal piccolo imprenditore [8].

L'art. 1, comma 2 della legge in esame potrebbe aver fatto propria questa seconda impostazione: afferma infatti che l'esclusione riguarda «gli imprenditori, **ivi compresi i piccoli imprenditori**», presupponendo che quest'ultimi, in coerenza col proprio *nomen iuris*, non siano lavoratori autonomi.

Non è il caso in questa sede neppure di riprendere l'ampio dibattito svoltosi al momento dell'entrata in vigore del codice civile nell'ambito della dottrina commercialistica sui criteri distintivi tra piccolo imprenditore e lavoratore autonomo. Una dottrina autorevole arrivò ad affermare che anche il portabagagli munito della cintura per portare i bagagli fosse un piccolo imprenditore perché esercitava professionalmente la sua attività [9].

In realtà questa interpretazione non teneva conto che l'art. 2083 come l'art. 2082 descrive i requisiti dell'attività mentre l'art. 2222 c.c. descrive un tipo legale e di conseguenza individua e regola la prestazione oggetto del contratto. D'altra parte questa tesi, che tende ad assimilare piccolo imprenditore e lavoratore auto-

---

ritto europeo, vi sarebbe una pressoché automatica equiparazione tra professione ed impresa ai fini dell'applicazione della normativa sulla concorrenza.

Come ho già avuto modo di sottolineare, infatti, l'ordinamento europeo si è progressivamente evoluto e il Trattato di Lisbona ha sancito il superamento della originaria matrice esclusivamente mercantile, che privilegiava i diritti dell'impresa, in favore di una matrice più sociale, che a questi ultimi equipara i diritti dei lavoratori. Conseguentemente, il riconoscimento di particolari tutele a professionisti e lavoratori autonomi "deboli" non potrebbe essere considerato in contrasto con l'ordinamento europeo. Cfr., sul punto, G. Santoro-Passarelli, voce *Lavoro autonomo*, in *Enc. dir.*, Annali V, 2012, p. 735 ss. e p. 744 ss. Si veda anche l'art. 12, comma 2, legge n. 81 del 2017, che espressamente equipara alle piccole e medie imprese, sulla scorta della legislazione europea ai fini dell'accesso a particolari fondi non solo, espressamente, i professionisti ma ormai tutti i lavoratori autonomi.

[6] Cfr. W. Bigiavi, *La piccola impresa*, Milano, 1947, pp. 94 e 102 e, ancorché risalenti, Cass. 16 gennaio 1976, n. 133; Cass. 10 ottobre 1981, n. 5325; più recente, Trib. Arezzo 6 settembre 2012, *DeJure*.

[7] Si pensi agli idraulici muniti di cassetta degli attrezzi e accompagnati dal garzone, ai fisioterapisti dotati di macchina *tecar*, ai sarti con la propria macchina da cucire professionale, ecc.

[8] G.F. Campobasso, *La ricodificazione del piccolo imprenditore*, in *Riv. dir. civ.*, 1992, I, p. 343; e cfr. V. Buonocore, voce *Impresa (dir. priv.)*, Annali I, 2007, p. 760 ss., in part. 838. Cfr., in tal senso, in un rapido passaggio, Cass., Sez. I, 6 maggio 1996, n. 4214; *contra* Cass., Sez. trib., 13 ottobre 2010, n. 21124.

[9] W. Bigiavi, *La piccola impresa*, cit.

nomo, pur plausibile sul piano dell'interpretazione a cagione della formula accolta da entrambe le norme dove il lavoro del piccolo imprenditore e del lavoratore autonomo prevale sull'apporto del lavoro altrui e del capitale, non tiene conto della realtà economico-sociale attuale nella quale esistono una miriade di lavoratori autonomi muniti di una micro-organizzazione che li distingue non soltanto sul piano quantitativo ma anche qualitativo da quella dei piccoli imprenditori.

E di questa realtà sembra tenere conto la nuova disciplina che ha come obbiettivo la tutela del lavoratore autonomo meritevole di tutela perché rientra nell'area dell'art. 35 Cost.

Si noti che la Corte costituzionale, da un lato, ha qualificato sciopero l'astensione dal lavoro del lavoratore autonomo senza dipendenti [10] e, dall'altro, sebbene ai diversi fini delle tutele per il consumatore, non ha ritenuto debole il piccolo imprenditore [11].

È bene, anche per tale ragione, precisare meglio la distinzione tra lavoro autonomo e piccolo imprenditore.

distinzione tra piccolo imprenditore e lavoratore autonomo

3. In primo luogo bisogna evidenziare che è più agevole la distinzione tra piccola impresa e lavoro autonomo quando **la prestazione d'opera è esclusivamente personale e occasionale** [12]. Ciò in quanto la prestazione del lavoratore autonomo può essere occasionale e priva di una vera organizzazione mentre la professionalità e la stabilità dell'organizzazione sono caratteristiche imprescindibili anche del piccolo imprenditore.

Viceversa, **la differenza tra piccolo imprenditore e lavoratore autonomo diventa problematica quando la prestazione è «prevalentemente» personale** (art. 2222 c.c.; art. 409, n. 3, c.p.c.), quando cioè il prestatore si avvalga di strumenti "espressivi" come collaboratori o capitali. In questi casi **le due figure sembrano quasi coincidere** [13] **e, conseguentemente**, il giudice dovrà valutare la diversa entità dell'organizzazione nel lavoro autonomo e nella piccola impresa e il diverso atteggiarsi dell'attività svolta dal lavoratore autonomo e dal piccolo imprenditore.

Quanto al primo profilo, ossia quello dell'organizzazione, quest'ultima, pur suvvalente rispetto al lavoro prevalente del piccolo imprenditore, è evidenziata

---

[10] Cfr. Corte cost. 17 luglio 1975, n. 222.

[11] Corte cost. 22 novembre 2002, n. 469. In un'ottica diversa sembra muoversi, invece, Corte cost. 26 luglio 1988, n. 880, nella parte in cui afferma che "la figura dell'artigiano è più affine a quella del lavoratore che a quella dell'imprenditore" e che dalla sussistenza dell'elemento lavoro e dal carattere di prevalenza di questo, discende l'impossibilita assoluta di negare la protezione al lavoro artigiano assicurata dai precetti costituzionali, ivi compresa, anzitutto, quella di cui all'art. 35.

[12] O. Razzolini, *Piccolo imprenditore e lavoro prevalentemente personale*, Torino, 2012, p. 26. Il requisito della esclusiva personalità compare, con altre finalità, nell'art. 2, comma 1, d.lgs. n. 81 del 2015 (cfr. cap. 49).

[13] Secondo P. Montalenti, *Il diritto commerciale dalla separazione dei codici alla globalizzazione*, in *Riv. trim. dir. proc. civ.*, 2012, p. 379 ss., p. 390, si tratta di una «distinzione … evanescente».

dal fondo del coltivatore diretto, dal negozio del commerciante e dalla bottega dell'artigiano che per la legge del 1956 può avere fino a venti apprendisti. In atre parole il giudice quando si trova di fronte ad un'organizzazione che presenta una propria autonomia (fondo agricolo coltivato con l'aiuto dei familiari o di braccianti, negozio con suppellettili, merci e l'aiuto dei familiari e/o di commessi, bottega con macchinari e apprendisti o familiari) dovrebbe escludere l'applicazione delle tutele del lavoro autonomo. Viceversa, dovrebbe applicarle quando l'organizzazione sia costituita dalla cassetta degli attrezzi dell'idraulico o dell'elettricista o del sarto che, sia pure con l'aiuto di un apprendista, svolge la sua attività professionale presso il domicilio del cliente.

l'organizzazione del lavoratore autonomo non configura una produttività eccedente il lavoro individuale

Da questo punto di vista si può condividere la tesi secondo cui l'organizzazione del lavoratore autonomo, quando è presente, si distingue da quella del piccolo imprenditore perché non è idonea a configurare una produttività eccedente il lavoro individuale (appunto, la cassetta degli attrezzi, la cinghia del facchino, fino ad arrivare anche a strumenti più importanti e costosi come un computer) [14].

Di contro, quando gli strumenti sono idonei a porsi essi stessi come fattori della produzione, l'organizzazione è tale da integrare la qualifica di piccolo imprenditore (il fondo, la bottega e le relative scorte di materie prime o di merce, gli uffici e le relative dotazioni).

Quanto al secondo profilo e cioè all'**attività esercitata nel complesso** da ciascuna delle due figure in esame, si deve in primo luogo precisare che il requisito di "prevalenza" assume una diversa posizione sintattica nell'art. 2222 c.c. e nell'art. 2083 c.c., essendo riferito, nel primo caso, al lavoro utile a produrre l'opera o il servizio e, nel secondo, all'organizzazione [15].

organizzazione della propria prestazione

In secondo luogo, nel lavoro autonomo l'attività del prestatore, pur se dotato di strumenti del lavoro o se si avvalga di collaboratori, si esaurisce nell'organizzazione della *propria* prestazione [16]. Il lavoratore autonomo, quindi, gestisce essenzialmente sé stesso. Invece il piccolo imprenditore governa una (piccola) impresa cui sono stabilmente imputati mezzi e risorse che si combinano in un ciclo produttivo [17], al cui interno risulterà prevalente **il lavoro del titolare e dei suoi familiari.**

---

[14] Cfr. G.F. Campobasso, *Diritto commerciale. 1. Diritto dell'impresa,* Torino, 2013, p. 29 ss.

[15] G. Oppo, voce *Impresa e imprenditore, I) Diritto commerciale,* in *Enc. giur. Treccani,* Roma, 1996, 7.

[16] P. Sandulli, *Lavoro autonomo e parasubordinazione*, in P. Rescigno (a cura di), *Trattato di diritto privato*, Torino, 1986, p. 1417 ss., *ivi*, p. 1421, parla di «processo autoorganizzatorio».

[17] G. Capo, *La piccola impresa*, in V. Buonocore (diretto da), *Trattato di diritto commerciale*, sez. I, t. 2.III, Torino, 2002. Sono del resto esempi di piccoli imprenditori *ex* art. 2083 c.c. il coltivatore diretto che possiede il fondo (Cass., Sez. III, 3 aprile 2015, n. 6842), il piccolo commerciante titolare delle merci (la "materia" *ex* art. 2223 c.c.) e del negozio (o del banco) e l'artigiano con la sua bottega e apprendista al seguito (Cass., Sez. Un., 20 marzo 2015, n. 5685). Non è necessaria, però, la presenza di un'infrastruttura materiale: sono piccoli imprenditori, in potenza, anche i programmatori che gestiscono *software-houses* o prestano servizi di cura e manutenzione collegati al *server-housing*.

Così, ad esempio, non è un piccolo imprenditore l'idraulico che, munito di cassetta degli attrezzi, si reca presso i clienti che lo contattano direttamente al cellulare accompagnato da due collaboratori che ne coadiuvano genericamente la prestazione; viceversa è un piccolo imprenditore lo stesso idraulico che, pur recandosi dai clienti, dispone anche di una bottega con apprendisti e macchinari utilizzati stabilmente per particolari lavorazioni (termoidraulica, impiantistica, ecc.).

È evidente, tuttavia, che nella pratica può non essere agevole valutare "qualitativamente" l'organizzazione materiale e personale della quale si avvale il piccolo imprenditore/lavoratore autonomo e alla fine sarà il giudice a dover maturare un proprio convincimento inevitabilmente influenzato dal contesto di riferimento.

C'è da chiedersi casomai se detto convincimento possa continuare ad essere maturato muovendo dalla ricostruzione di particolari elementi di fattispecie tipiche, quando quegli elementi, anche sul piano lessicale, finiscono per confondersi se non addirittura per coincidere: lavoro proprio o dei componenti della famiglia (art. 2083 c.c.); lavoro prevalentemente proprio (art. 2222 c.c.); prestazione d'opera prevalentemente personale (art. 409, n. 3, c.p.c.).

Ma mi rendo conto che dopo tutti questi distinguo e precisazioni la distinzione piccolo imprenditore lavoratore autonomo è uno dei casi dove emerge con sufficiente chiarezza la crisi della fattispecie come presupposto per applicare una determinata disciplina. Per superare gli inconvenienti del ragionamento per fattispecie bisogna allora avere riguardo più che alle norme del codice quando individuano fattispecie quasi identiche, alle norme della Costituzione che non indicano fattispecie ma fatti e valori. Gli unici punti fermi restano, in definitiva, i valori costituzionali incorporati negli artt. 35 e 41 Cost.

Seguendo questo percorso argomentativo il giudice non dovrà avere riguardo tanto a requisiti che distinguono l'attività del piccolo imprenditore da quella del lavoratore autonomo perché in alcuni casi potrebbe risultare estremamente problematico effettuare tale distinzione ma dovrà avere riguardo al caso concreto (fatto) e al valore che esso sottende e applicare la disciplina del lavoro autonomo quando da una ponderazione dei diversi elementi il giudice ritenga meritevole della tutela dell'art. 35 Cost. il caso preso in esame mentre dovrà escludere l'applicazione delle tutele previste per il lavoro autonomo quando i dati di fatto e il contesto depongono nella direzione dell'impresa anche piccola.

4. Passando all'esame della disciplina, il disegno di legge predispone alcune norme protettive del lavoratore autonomo che prefigurano tutele sia nel mercato, sia nel rapporto.

tutele per i ritardi nei pagamenti

Innanzitutto, l'art. 2 estende ai lavoratori autonomi le norme del d.lgs. n. 231 del 2002, per proteggerli contro i ritardi nei pagamenti dei debitori (clienti, fornitori, ecc.). Il d.lgs. n. 231 prevede infatti, tra le altre misure, la decorrenza automatica degli interessi legali, termini di pagamento predefiniti (cfr.

anche art. 3, comma 1 della legge n. 81 del 2017) e la nullità delle clausole «inique» che saranno sostituite *ex* artt. 1418 e 1339 c.c.[18].

clausole abusive

L'art. 3, poi, vieta quelle "clausole abusive" che attribuiscano al committente la facoltà di modificare unilateralmente le condizioni del contratto o, nel caso di rapporti di durata, di recedere senza congruo preavviso[19], nonché di clausole che prevedano termini di pagamento del corrispettivo superiori a sessanta giorni (art. 3, comma 1). Inoltre, il committente non può rifiutarsi di stipulare il contratto in forma scritta a richiesta del lavoratore (art. 3, comma 2).

L'inosservanza di tali divieti comporta l'inefficacia delle suddette clausole e, in ogni caso, il diritto del lavoratore al risarcimento dei danni (art. 3, comma 3)[20].

abuso di dipendenza economica

Il quarto comma dell'art 3 dispone poi l'applicazione ai rapporti di lavoro autonomo dell'art. 9 della legge n. 192 del 1998 "in quanto compatibile", in materia di abuso di dipendenza economica[21].

A differenza dei commi 1-3 dell'art. 3 della legge n. 81 del 2017, che circoscrivono casi di abuso senza specificarne la causa, l'art. 9 della legge n. 192 del 1998 (cfr. commi 1 e 3) fa espresso riferimento alla "dipendenza economica" quale fonte d'abuso e individua alcune condotte illecite[22]. Il terzo comma dello stesso art. 9, poi, sancisce la nullità del patto che realizza l'abuso e, al contempo, prevede che eventuali azioni inibitorie e risarcitorie saranno di competenza del medesimo giudice che conosce delle azioni in materia di abuso.

Se ne deve dedurre che l'art. 3, commi 1-3, della legge n. 81 del 2017 non presenta un catalogo chiuso e, quindi, ogni situazione qualificabile come "abusiva" anche ai sensi dell'art. 9 sopra citato[23], potrà dar luogo, rispettivamente, alla nullità del patto attraverso il quale si realizzi l'abuso, ovvero al risarcimento del danno se a fondamento dell'abuso vi sia un comportamento illecito del committente.

Non è escluso, però, che una clausola abusiva – da dichiarare nulla – possa determinare anche un danno risarcibile, con conseguente sommatoria delle azioni (cfr. art. 9, comma 3). È il caso del patto per mezzo del quale il com-

---

[18] Sono legittimate a far valere l'iniquità le associazioni di categoria presenti nel Cnel.

[19] Secondo buona fede, come affermato, da Cass., Sez. III, 18 settembre 2009, n. 20106.

[20] La stessa disposizione rinvia anche alla promozione di tentativi di conciliazione avanti a non meglio precisati "organismi abilitati".

[21] Il primo comma identifica la dipendenza economica nella «situazione in cui un'impresa sia in grado di determinare, nei rapporti commerciali con un'altra impresa, un eccessivo squilibrio di diritti e di obblighi», da valutare tenendo conto anche delle effettive possibilità di «reperire sul mercato alternative soddisfacenti». Cfr. in tema M.R. Maugeri, voce *Subfornitura (diritto civile)*, Annali VIII, 2015, p. 775 ss., *ivi*, p. 787.

[22] Cfr. art. 9, commi 2 e 3-*bis*, legge n. 192 del 1998, che, peraltro, presume l'abusività di una reiterata violazione dei vincoli dettati dal d.lgs. n. 231 del 2002, applicabile al lavoro autonomo ai sensi dell'art. 2 della legge n. 81 del 2017.

[23] Cfr., sull'abusività del recesso *ad nutum*, ipotesi però già contemplata dall'art. 3, comma 1, Trib. Milano 17 giugno 2017, in *Foro it.*, 2016, 11, I, c. 3636.

mittente sia riuscito a imporre il mantenimento di un compenso fisso pur a fronte dello svolgimento di prestazioni aggiuntive. In questo caso la clausola potrebbe essere dichiarata nulla, ma il lavoratore ha anche diritto al risarcimento del danno parametrato al compenso non percepito.

Al di là dell'individuazione delle singole applicazioni pratiche del "divieto di abuso di dipendenza economica", ulteriori rispetto a quelle dell'art. 3, commi 1 e 2 della legge n. 81 del 2017 [24], si potrebbe ipotizzare che, nel particolare contesto del lavoro autonomo, l'abuso si faccia più probabile in situazioni di mono-committenza del prestatore.

invenzioni

5. L'art. 4 della legge stabilisce altresì che i diritti di utilizzazione economica delle opere dell'ingegno e delle invenzioni realizzate nello svolgimento delle prestazioni appartengano al lavoratore autonomo, salvo che l'attività inventiva costituisca l'oggetto del contratto e sia, a tale fine, compensata.

sospensione dei rapporti continuativi

6. A tutela del posto di lavoro del **prestatore di lavoro continuativo**, l'art. 14, comma 1 prevede che in caso di malattia, infortunio o gravidanza il rapporto di lavoro non si estingua. Il lavoratore può infatti sospendere unilateralmente l'esecuzione della prestazione per un periodo non superiore a centocinquanta giorni nell'anno solare, ma non resta fermo, durante questo periodo, il diritto al corrispettivo. Tuttavia non è ammessa la sospensione unilaterale se venga meno l'interesse del committente a conservare il rapporto.

sostituzione

Il secondo comma di questa disposizione prevede la possibilità di **sostituzione, anche parziale**, delle lavoratrici autonome in stato di maternità [25] da parte **di lavoratori autonomi di loro fiducia, in possesso dei necessari requisiti professionali**, o anche di loro "soci". È necessario, in ogni caso, il consenso del committente.

Si tratta di una norma non priva di ambiguità. È vero che il lavoratore autonomo può sempre farsi sostituire ma, se professionista intellettuale, la sostituzione, a norma dell'art. 2232 c.c., può essere esclusa dal patto (nell'articolo in esame è comunque necessario il «consenso del committente») o dagli usi e in ogni caso non è ammessa se incompatibile con la natura dell'attività svolta. Quindi, se ne deve dedurre, la norma successiva e speciale consentirebbe in deroga all'art. 2232 c.c. e in mancanza di un patto contrario, di eseguire la so-

[24] Neppure è agevole dare un senso alla clausola di "compatibilità" presente nel rinvio all'art. 9 della legge n. 192 del 1998, per selezionare, all'interno di quella disposizione, le norme applicabili. Per conferire un significato alla riserva manifestata dal legislatore, si può ipotizzare che sia incompatibile, per evidenti ragioni, la norma del comma 2 dell'art. 9, legge n. 192 del 1998, nella parte in cui afferma che «l'abuso può anche consistere nel rifiuto di vendere o nel rifiuto di comprare», dacché questa norma presuppone un'obbligazione di *dare* e non di *facere*.

[25] Cfr. art. 4, comma 5, d.lgs. n. 151 del 2001.

stituzione anche se contraria agli usi ovvero se incompatibile con la natura dell'attività svolta.

Ebbene, se è vero che la sostituzione è optata dalla lavoratrice, è parimenti vero che è imprescindibile il consenso del committente dal quale dipende, in ultima analisi, l'esercizio in concreto di quella facoltà; e nessun committente accetterà mai sostituzioni indesiderate.

Per tale ragione la norma, all'interno di una sorta di eterogenesi dei fini, potrebbe aver peggiorato la condizione della lavoratrice madre, professionista intellettuale e non: prima dell'entrata in vigore, nel silenzio del contratto, la lavoratrice poteva farsi sostituire (alle condizioni dell'art. 2232 c.c. se professionista), mentre oggi necessita sempre e comunque del «consenso del committente». Si introduce così una disparità di trattamento a scapito della lavoratrice madre ben difficile da giustificare.

Ciò detto, potrebbe prospettarsi, almeno nei casi più eclatanti, l'abusività *ex* art. 9, l. n. 192 del 1998 sia degli atteggiamenti ostruzionistici del committente che impedisca la sostituzione, sia di eventuali clausole che limitino troppo il diritto della lavoratrice.

tutele previdenziali

7. Confluiscono nel nuovo quadro regolativo anche norme in materia di previdenza sociale dei lavoratori autonomi.

L'art. 7 dispone l'ampliamento dei requisiti contributivi per l'accesso all'indennità di disoccupazione per i lavoratori con rapporto di collaborazione coordinata e continuativa, cosiddetta DISCOLL (*amplius infra*, cap. 59, par. 2) nonché l'estensione di tale strumento previdenziale a nuovi soggetti (dottorandi di ricerca e assegnisti).

L'art. 8, commi 2 ss., attribuisce agli iscritti alla Gestione separata Inps non percettori di pensione il diritto a un trattamento economico per il congedo parentale pari a sei mesi complessivi [26], allo scopo di avvicinare maggiormente i lavoratori autonomi (professionisti e non) ai lavoratori dipendenti sul piano previdenziale.

L'art. 13 sancisce il diritto delle lavoratrici autonome, iscritte all'anzidetta Gestione, a percepire dall'Inps l'indennità di maternità per i due mesi antecedenti e per i tre mesi successivi al parto, «a prescindere dall'effettiva astensione dall'attività lavorativa in tale periodo» [27]. La madre può quindi scegliere se lavorare e percepire l'indennità ovvero sospendere il rapporto e, comunque, percepire l'indennità.

---

[26] L'indennità spetta a chi abbia maturato almeno tre mesi di contribuzione nei dodici antecedenti il periodo indennizzabile, nella misura del 30% del reddito di lavoro relativo alla contribuzione versata. La stessa indennità spetta a prescindere dai suddetti requisiti, nel primo anno di vita del figlio. In tale caso, l'indennità è calcolata in misura pari al 30% del reddito preso a riferimento per la corresponsione dell'indennità di maternità o paternità.

[27] La nuova disposizione novella l'art. 64, comma 2 della legge n. 151 del 2001.

Infine, onde assicurare una tutela previdenziale effettiva, il comma 3 dell'art. 14 prevede, qualora una malattia o un infortunio gravi obblighino il lavoratore a sospendere il rapporto per oltre sessanta giorni, il versamento dei contributi previdenziali e dei premi assicurativi è automaticamente sospeso per l'intera durata della malattia o dell'infortunio fino ad un massimo di due anni. Trascorso tale periodo il lavoratore è tenuto a versare i contributi e i premi maturati durante il periodo di sospensione in un numero di rate mensili pari a tre volte i mesi di sospensione.

incentivi fiscali e formazione

8. Il legislatore, constatando la debolezza economica dei lavoratori autonomi e i crescenti costi che devono sopportare per l'esercizio della propria attività, ha deciso di allentare la pressione fiscale nei loro confronti e, attraverso la leva fiscale, incentivarli alle spese di formazione.

L'art. 8, comma 1, che novella l'art. 54, comma 5, secondo periodo, d.p.r. n. 917 del 1986, dispone infatti la deducibilità integrale di alcune spese normalmente correlate all'adempimento della prestazione (alberghi e somministrazione di alimenti e bevande), se addebitate analiticamente in capo al committente.

L'art. 9, che interviene ancora sull'art. 54, comma 5, cit., consente l'integrale deducibilità delle spese per l'aggiornamento professionale (con un tetto di 10.000 euro), delle spese utili alla ricollocazione professionale (entro i 5.000 euro), e degli oneri sostenuti per la garanzia contro il mancato pagamento delle prestazioni di lavoro autonomo fornita da forme assicurative o di solidarietà.

tutele nel mercato

9. Rappresentano una novità nel panorama normativo italiano alcune misure a sostegno dell'occupazione e della competitività dei lavoratori autonomi.

Nasce, a norma dell'art. 10, uno "sportello" dedicato in ogni Centro per l'impiego od organismo di intermediazione aperti al pubblico. A tal fine è possibile convenzionarsi a titolo gratuito con enti esponenziali di categorie o soggetti sindacali rappresentativi, iscritti in apposito elenco tenuto dall'ANPAL. Gli sportelli, oltre a e raccogliere le domande dei lavoratori, hanno il compito di rilasciare informazioni relative a: occasioni di lavoro, accesso a commesse e appalti pubblici, opportunità di credito e agevolazioni pubbliche. Il fine è di migliorare l'incontro di domanda e offerta di lavoro autonomo e rafforzare le *chances* del lavoratore autonomo di trovare un'occupazione o affermarsi nel mercato competitivo.

Con l'art. 12, infine, si promuove la partecipazione dei lavoratori autonomi agli appalti pubblici per la prestazione di servizi o ai bandi per l'assegnazione di incarichi personali di consulenza o ricerca. A tal fine, il terzo comma della norma in esame consente ai soggetti che svolgono attività professionale la possibilità di costituire reti di professionisti o miste (art. 3, commi 4-*ter* ss., d.l. n. 5 del 2009, conv. mod. legge n. 33 del 2009), consorzi stabili professionali ovvero associazioni temporanee professionali (art. 48, d.lgs. n. 50 del 2016).

Capitolo 50
I rapporti di collaborazione: dall'art. 409 c.p.c. del 1973 al lavoro a progetto del 2003

il codice civile non regola il lavoro autonomo continuativo

1. Gli artt. 2222 ss. c.c. non contemplano la continuità della prestazione ai fini dell'adempimento, che si realizza istantaneamente con il compimento dell'*opus* o del servizio, ma ai fini dell'esecuzione dell'obbligazione.

Anche nell'ipotesi in cui il compimento dell'*opus* richieda un lungo periodo di tempo, **è il tempo ad essere commisurato alla prestazione necessaria per compiere l'*opus* e non viceversa**. Nel contratto d'opera la prestazione non è individuata dal tempo, subìto invece dalle parti.

L'apposizione di un termine al contratto d'opera serve a stabilire la durata massima per l'esecuzione dell'*opus*, e la maggiore o minore durata della prestazione non comporta una variazione della controprestazione, che è invece commisurata al risultato.

Secondo la disciplina del codice il prestatore di opera è adempiente nel momento in cui consegna al committente l'*opus perfectum*. Pertanto, non si può dire che la prestazione di lavoro nel contratto d'opera, pur richiedendo un lungo periodo di tempo, sia diretta a soddisfare un interesse durevole del committente.

Ne consegue che questo contratto non può essere annoverato tra i contratti di durata, salvo che preveda l'esecuzione di più opere o servizi tra loro collegati da un nesso di continuità. In questi casi la continuità dell'adempimento deriva dal nesso di continuità che intercorre tra i diversi opera o servizi.

nel lavoro autonomo continuativo è dedotto in obbligazione il lavoro in sé e per sé considerato, non il risultato

Mancano quindi nel titolo III del libro V, pur dedicato al lavoro autonomo, **la fattispecie e la disciplina del lavoro autonomo continuativo, in cui non è il risultato, ma il lavoro in sé e per sé considerato, ad essere dedotto in obbligazione.**

Né vale l'obbiezione che l'art. 2222 c.c. rinvia alle discipline particolari di taluni rapporti di lavoro autonomo di durata previsti dal libro IV delle obbligazioni come l'agenzia e come può essere il mandato.

Infatti le discipline di questi tipi regolano il profilo della continuità della prestazione e del rapporto ma hanno oggetti specifici: la conclusione di contratti o il compimento di atti giuridici.

2. In questa sede non si può, né si vuole, procedere all'analisi della complessa disciplina del contratto di agenzia, ma soltanto richiamare i profili di questo rapporto che, per un verso, lo avvicinano al lavoro subordinato e, per altro verso, consentono di includerlo nella categoria del lavoro autonomo.

il contratto di agenzia

Il **contratto di agenzia**, unico fra quelli di lavoro autonomo ad essere tutelato anche da una copiosa disciplina collettiva contenuta in numerosi accordi economici collettivi [1], viene regolato nel libro IV delle obbligazioni (artt. 1742-1753 c.c.) tra altre forme di lavoro autonomo, come per esempio il mandato, la commissione, la spedizione, la mediazione.

A livello comunitario è stata emanata la direttiva 86/653/CEE per armonizzare le legislazioni degli Stati membri di tutela degli agenti commerciali indipendenti. Tale direttiva è stata attuata in Italia con d.lgs. n. 303 del 1991 e, successivamente, con il d.lgs. n. 65 del 1999 e la legge n. 422 del 2000, che hanno integrato, modificato e sostituito gli artt. 1742, 1746, 1748, 1749, 1751 e 1751-*bis* c.c. [2].

Le modifiche apportate dai decreti di attuazione della direttiva alla disciplina originaria del codice hanno accentuato sicuramente la tutela dell'agente nei confronti del preponente (un indizio può essere rinvenuto nella modifica della rubrica dell'art. 1749 c.c. ora intitolata agli obblighi del preponente), ma non hanno alterato sostanzialmente lo schema del contratto di agenzia regolato dal codice.

distinzione tra contratto di agenzia e mandato

Lo schema di questo contratto, pur non confondendosi con quello del mandato, presenta elementi a questo riconducibili, come è confermato dall'art. 1746, comma 2, che richiama per l'agente gli obblighi del commissionario, con esclusione dell'art. 1736 c.c. (che è un mandatario senza rappresentanza), in quanto non siano esclusi dalla natura del contratto di agenzia.

distinzione tra rapporto di agenzia e lavoro subordinato

Certamente le istruzioni che il preponente o il mandante impartiscono all'agente o al mandatario non sono assimilabili alle direttive che il datore di lavoro impartisce al prestatore di lavoro subordinato **perché queste ultime presuppongono la continuità della disponibilità da parte del datore di lavoro del comportamento del lavoratore**.

Viceversa, nel contratto di agenzia le istruzioni presuppongono soltanto la continuità della prestazione dell'agente rivolta a soddisfare un interesse durevole del preponente e, conseguentemente, non implicano una forma di controllo del tempo di lavoro dell'agente.

---

[1] Del 20 marzo 2002 per gli agenti del settore industriale e della cooperazione, del 16 febbraio 2009 per gli agenti del settore del commercio, del 23 dicembre 2003 per gli agenti di assicurazione.

[2] È stata, tra le altre, introdotta la c.d. indennità di non concorrenza (art. 23, legge n. 422 del 2000 che ha aggiunto il secondo comma al cit. art. 1751-*bis* c.c.).

Invece, il controllo del preponente sullo svolgimento della prestazione dell'agente è sicuramente più incisivo di quello del committente sul prestatore d'opera perché il contratto d'opera non è un contratto di durata.

Non deve comunque essere trascurato che il carattere professionale dell'attività dell'agente può attribuire allo stesso una sfera di autonomia nell'esecuzione della prestazione più ampia di quella che compete al mandatario ai sensi dell'art. 1711, comma 2, c.c.

La legge n. 204 del 1985 ha istituito il ruolo degli agenti con lo scopo di difendere e tutelare gli interessi professionali della categoria. L'iscrizione nel ruolo assolve ad una funzione di pubblicità e di accertamento dei requisiti di idoneità morale e tecnica degli agenti, anche in relazione al carattere fiduciario dell'attività svolta nell'interesse degli imprenditori preponenti [3].

Sulla prestazione effettuata dall'agente non iscritto al ruolo esiste una giurisprudenza della Cassazione molto variegata, approdata, attraverso alterne vicende [4], al riconoscimento all'agente abusivo dell'azione di arricchimento senza causa *ex* art. 2041 c.c. [5].

Successivamente la Corte di giustizia [6] ha affermato che gli albi possono soddisfare esigenze di carattere amministrativo, ma l'iscrizione ad essi non può essere considerata un requisito di validità del contratto di agenzia perché la direttiva 86/653, diversamente dalla legge italiana, non lo richiede.

D'altra parte, il d.lgs. n. 65 del 1999, che pure ha attuato nuovamente la direttiva 86/653, non ha adeguato la normativa interna sulla funzione dell'iscrizione dell'agente all'albo.

E tuttavia la Cassazione [7] ha ritenuto di adeguarsi alla tesi della Corte di giustizia, sostenendo la necessità di disapplicare la normativa nazionale interna sul ruolo degli agenti perché in contrasto con le disposizioni della direttiva.

Questa decisione può suscitare qualche perplessità. Infatti, è vero che la norma disapplicata (art. 9, legge n. 204) riguarda l'iscrizione al ruolo, e quindi il rapporto tra lo Stato e il singolo, ma è altrettanto vero che la violazione di questa norma da parte dell'agente non iscritto si verifica nel momento in cui lo stesso conclude un contratto di agenzia.

Si vuole dire, in altri termini, che le conseguenze della violazione di questa norma non rimangono circoscritte nella sfera del suddetto agente, ma, estendendosi alla sorte del contratto, finiscono per riguardare un atto tra privati. E quindi in questo caso il giudice, disapplicando la norma interna, finisce per attribuire alla direttiva un'efficacia più ampia di quella verticale.

---

[3] Cass., Sez. Un., 3 aprile 1989, n. 1613, in *Giur. it.*, 1989, I, 1, c. 1487.

[4] Tra le quali va segnalato anche quell'orientamento che riteneva applicabile alla prestazione effettuata dal piccolo agente non iscritto l'art. 2126 c.c., Cass. 15 gennaio 1982, n. 255, in *Giur. it.*, 1982, I, 1, c. 1471 e la non applicabilità dell'art. 2231 c.c., Cass., Sez. Un., 12 novembre 1983, n. 6729, in *Rep. Foro it.*, 1983, voce *Agenzia*, n. 27.

[5] Cass. 19 agosto 1992, n. 9765, in *Foro it.*, 1993, I, c. 428.

[6] Corte giust. CE 30 aprile 1998, causa 215/97, in *Foro it.*, 1998, IV, c. 193.

[7] Cass. 18 maggio 1999, n. 4817, in *Foro it.*, 1999, I, c. 2542 e in *Dir. lav.*, 2000, II, p. 483, con nota di A. Lepore.

Il contratto di agenzia **può essere annoverato fra i contratti di durata e può pertanto essere fonte di un rapporto di lavoro autonomo continuativo che presenta tutti i caratteri richiamati dall'art. 409, n. 3, c.p.c.** (sul quale v. *infra*, par. 3) quando la prestazione svolta dall'agente sia prevalentemente personale.

Si deve cioè escludere che rientri nell'ambito dell'art. 409, n. 3, c.p.c. il rapporto in cui rispetto all'attività personale dell'agente assumano prevalenza il capitale investito e le prestazioni dei collaboratori. In questi casi, infatti, l'attività dell'agente risulta svolta in forma di impresa e non presenta pertanto il carattere della prevalente personalità della prestazione richiesta dall'art. 409, n. 3, c.p.c.

Viceversa, quando l'attività dell'agente (ma il discorso vale per ogni tipo di attività) sia svolta in forma di "piccola impresa" ai sensi dell'art. 2083 c.c., il rapporto tra agente e committente può rientrare tra quelli indicati dall'art. 409, n. 3, c.p.c.

3. Dopo una prima menzione nella c.d. legge Vigorelli (legge n. 741 del 1959), è la legge n. 533 del 1973, di riforma del processo del lavoro, che ha acceso i riflettori sulla categoria dei rapporti di collaborazione coordinata e continuativa. A seguito di questa riforma, infatti, l'art. 409, n. 3, c.p.c. ha esteso la disciplina del rito del lavoro ai rapporti di agenzia, di rappresentanza commerciale ed "altri rapporti di collaborazione che si concretino in una prestazione di opera continuativa e coordinata, prevalentemente personale, anche se non a carattere subordinato".

le co.co.co. non identificano una fattispecie contrattuale

La categoria dei rapporti di collaborazione coordinata e continuativa, talvolta richiamata con espressioni quali lavoro "parasubordinato", lavoro "coordinato" o, ancora, "co.co.co.", non è identificativa di una fattispecie contrattuale unitaria e tipica come lo è, invece, il lavoro subordinato, ma indica le concrete modalità di svolgimento della prestazione di lavoro comuni ad una serie di rapporti che hanno natura e origine diverse ed ai quali continua ad applicarsi la disciplina sostanziale del tipo cui ineriscono le rispettive prestazioni.

L'art. 409, n. 3, c.p.c., in altri termini, non ha introdotto nel nostro ordinamento un nuovo tipo contrattuale, ma si è limitato a descrivere le caratteristiche concrete di una prestazione lavorativa che può essere dedotta sia in schemi contrattuali tipici (come ad es. il contratto di agenzia) sia in schemi contrattuali atipici ai sensi dell'art. 1322, comma 2, c.c.

Questo peraltro sembra essere il senso dell'affermazione, ricorrente in giurisprudenza, secondo cui "ai fini della competenza per materia del giudice del lavoro, ai sensi dell'art. 409, n. 3, c.p.c. non è indispensabile qualificare esattamente il rapporto dedotto in giudizio, ma è sufficiente che lo stesso presenti i requisiti dalla norma previsti, che lo facciano rientrare nell'ampia e indeterminata categoria dei cosiddetti rapporti di parasubordinazione, menzionati insieme con i rapporti di agenzia e rappresentanza commerciale" [8].

---

[8] Cass. 23 febbraio 1999, n. 1553, in *Or. giur. lav.*, 1999, I, p. 421 ss.

I **tratti fisionomici dei rapporti di collaborazione** richiamati dall'art. 409, n. 3, c.p.c. sono: *a)* la continuità, *b)* la coordinazione e *c)* il carattere prevalentemente personale della prestazione lavorativa.

la continuatività

a) La "**continuatività**" riferita all'opera permette all'interprete di assegnare al termine "opera" non soltanto il significato latino e quindi romanistico di *opus*, ossia di risultato, ma anche quello di *operae*, e quindi di prestazione di attività o di comportamento.

Pertanto, la prestazione di opera continuativa di cui all'art. 409, n. 3, c.p.c. può riferirsi sia all'esecuzione di un'attività, sia alla ripetizione di più "*opera*", ossia di risultati collegati da un nesso di continuità [9].

In entrambi i casi la soddisfazione dell'interesse delle parti è durevole e consente di collocare i rapporti di collaborazione coordinata e continuativa nella **categoria dei rapporti di durata in senso tecnico.**

Ciò permette di distinguere le collaborazioni coordinate e continuative dal contratto d'opera *ex* art. 2222 ss. c.c. Come già in precedenza osservato, infatti, il contratto d'opera è disciplinato dal codice civile come **contratto ad esecuzione istantanea o prolungata,** e **non come contratto di durata, e pertanto, non è riconducibile nella categoria di rapporti indicati dall'art. 409, n. 3, c.p.c.**

Discorso diverso deve farsi per es. per quei rapporti di consulenza dei professionisti, degli amministratori dei condomini, per i rapporti di natura artistica e per i rapporti di mandato di durata, nei quali la prestazione non è diretta a portare a termine un *opus* o un servizio, e a soddisfare perciò un interesse istantaneo della controparte, ma consiste nello svolgimento di attività lavorative o nel compimento di più "*opera*" diretti a soddisfare un interesse durevole del committente o del mandante [10].

La continuità della prestazione richiamata dall'art. 409, n. 3, c.p.c. rileva non soltanto quando sia prevista dal programma negoziale, ma anche quando il rapporto, in via "di fatto", si sia tradotto in una prestazione "continuativa" [11].

b) Secondo l'art. 409, n. 3, c.p.c. la prestazione lavorativa oltre che continuativa deve essere **coordinata.**

la coordinazione

Il requisito della coordinazione mette in evidenza il profilo organizzativo del rapporto di lavoro, nel senso che indica il **collegamento funzionale tra l'attività del prestatore d'opera e quella del committente** [12], e postula che la pri-

[9] La continuità ricorre secondo la giurisprudenza quando la prestazione non sia occasionale, ma perduri nel tempo ed importi un impegno costante del prestatore a favore del committente (Cass. 19 aprile 2002, n. 5698, in *Not. giur. lav.*, 2002, p. 620).

[10] Cass. 5 dicembre 1997, n. 12368, in *Foro it.*, 1998, I, c. 1512; invece, secondo Cass. 30 dicembre 1999, n. 14722, in *Rep. Foro it.*, 2000, voce cit., n. 62 la continuità della prestazione è ravvisabile anche quando si tratti di prestazione unica e prolungata nel tempo per il compimento dell'*opus*.

[11] Cass. 23 dicembre 2004, n. 23897, in *Rep. Foro it.*, 2004, n. 715.

[12] Cass. 16 febbraio 2002, n. 5698, cit.; 20 agosto 1997, n. 7785, in *Rep. Foro it.*, 1997, voce *Lavoro e previdenza (controversie)*, n. 49.

ma sia svolta in connessione con la seconda per il raggiungimento della finalità alla quale mira il committente [13].

Mentre il collegamento funzionale nel lavoro subordinato si realizza attraverso l'esercizio del potere direttivo configurato come potere di conformazione della prestazione dovuta e potere di determinare le modalità di esecuzione della prestazione lavorativa, nel lavoro coordinato tale collegamento si realizza attraverso la coordinazione (vedi par. 6 e cap. 51, par. 6 ss.).

il carattere prevalentemente personale della prestazione

c) **Quanto infine al carattere prevalentemente personale della prestazione,** si deve osservare che costituisce il criterio principale secondo la giurisprudenza per decidere se un rapporto rientra nel novero di quelli indicati dall'art. 409, n. 3, c.p.c.

Secondo la giurisprudenza, infatti, il carattere prevalentemente personale va inteso nel senso che il prestatore d'opera può avvalersi di collaboratori, ma l'apporto degli stessi deve risultare suvvalente rispetto allo svolgimento personale della sua prestazione di lavoro [14].

In particolare, la valutazione del giudice deve tenere conto non solo del numero dei collaboratori ma anche della natura meramente esecutiva e secondaria delle prestazioni svolte da questi ultimi [15].

Con riferimento alla retribuzione, si evidenzia come il principio della retribuzione sufficiente di cui all'art. 36, comma 1, Cost. riguardi esclusivamente il lavoratore subordinato e pertanto non possa essere invocato in tema di compenso per prestazioni lavorative autonome, sebbene rese, nell'ambito di un rapporto di collaborazione, con carattere di continuità e coordinazione.

Occorre invece ritenere applicabile il disposto dell'art. 2225 c.c. in materia di lavoro autonomo, secondo il quale "il corrispettivo, se non è convenuto dalle parti e non può essere determinato secondo le tariffe professionali o gli usi, è stabilito dal giudice in relazione al risultato ottenuto e al lavoro normalmente necessario per ottenerlo".

Ai rapporti svolti in regime di parasubordinazione parte della giurisprudenza ritiene altresì applicabile il disposto di cui all'art. 2113 c.c. in materia di rinunzie e transazioni [16].

casistica

4. Tra i rapporti indicati dall'art. 409, n. 3, c.p.c. la giurisprudenza ha incluso quelli intercorrenti tra i gestori di impianti di carburante e le compagnie petrolifere, i rapporti tra messaggeri metropolitani e la società di servizi, o nell'area dei professionisti quei rapporti di consulenza in cui il professionista con o senza partita IVA mette a disposizione del committente la sua opera, in mo-

---

[13] Cass. 6 maggio 2004, n. 8598, in *Rep. Foro it.*, voce *Lavoro e previdenza (controversie)*, n. 44.

[14] Cass. 19 aprile 2002, n. 5698; 20 agosto 1997, n. 7785, cit.

[15] Cass. 13 luglio 2001, n. 9547, in *Foro it.*, 2002, I, c. 466.

[16] Cass. 13 giugno 1983, n. 4057, in *Rep. Foro it.*, voce *Avvocato*, 1983, n. 130.

do continuativo, e coordina la sua prestazione con le esigenze del committente[17] e tra le nuove professioni: i consulenti di marketing, i consulenti informatici, gli operatori informatici di software, ergonomi, *copywriters, internal-auditors.*

Ancora, i rapporti degli amministratori di condomini o di società di capitali o di persone, i rapporti che intercorrono tra *remisier* di borsa e agenti di cambio, i rapporti degli animatori di villaggi turistici, o i rapporti tra enti mutualistici e medici convenzionati esterni; e spesso anche i rapporti associativi, cioè i rapporti che intercorrono tra il socio d'opera e la società di persone, l'associato in partecipazione e l'associante, il socio di cooperativa di produzione e lavoro e la cooperativa (per questi ultimi rapporti, v. *infra*, cap. 54).

abuso delle co.co.co.

5. In mancanza di una fattispecie tipica di riferimento, le collaborazioni coordinate e continuative sono divenute identificative, nel corso degli anni '90, di un tipo di operazione economica che ha ricevuto la sua tipizzazione, anzitutto, sul piano sociale, dove le collaborazioni hanno creato una fattispecie sostanziale funzionalmente equivalente al lavoro subordinato, ma senza costi e senza diritti.

Secondo un'opinione largamente condivisa, l'ampia diffusione delle collaborazioni autonome registratasi negli anni '90, ha rappresentato una significativa via di fuga dalle rigidità, talvolta eccessive, del diritto del lavoro subordinato, alle quali si tentava di sfuggire attraverso il ricorso a rapporti di lavoro formalmente autonomi, ma in realtà sostanzialmente subordinati.

Muovendo da questa convinzione, il legislatore del 2003, allo scopo dichiarato di contrastare l'abuso delle collaborazioni coordinate e continuative, aveva realizzato una profonda riforma dell'universo delle collaborazioni coordinate e continuative.

introduzione del lavoro a progetto

Tale riforma era incentrata sull'introduzione di un nuovo tipo contrattuale, **il contratto di lavoro a progetto**, che avrebbe dovuto delimitare con certezza i confini del lavoro autonomo genuino e favorire la riconduzione al lavoro subordinato di tutte le false collaborazioni. **Tutte le collaborazioni coordinate e continuative (salvo alcune eccezioni espresse e tassative), infatti, venivano forzosamente ricondotte al nuovo tipo legale del lavoro a progetto** (art. 61, comma 1, d.lgs. n. 276 del 2003), mentre quelle che non presentavano i requisiti identificativi della nuova fattispecie venivano convertite in un rapporto di lavoro subordinato (art. 69, comma 1, d.lgs. n. 276 del 2003).

Peraltro, poiché il contratto a progetto doveva necessariamente essere a tempo determinato, la riforma del 2003 aveva di fatto cancellato la possibilità dell'autonomia privata di regolare forme di lavoro autonomo continuativo a tempo indeterminato al di fuori delle ipotesi già esistenti e regolate dal codice di civile (come ad es. il contratto di agenzia) ovvero al di fuori delle poche eccezioni espresse e tassative previste dall'art. 61, comma 3, d.lgs. n. 276 del 2003.

---

[17] Cass. 8 gennaio 1999, n. 92, in *Rep. Foro it.*, 1999, voce cit., n. 118.

La disciplina del contratto di lavoro a progetto – che, come si vedrà fra breve, è stata abrogata dall'art. 52, comma 1 del d.lgs. n. 81 del 2015 – aveva sollevato numerosi problemi interpretativi e applicativi che il legislatore del 2012 aveva tentato di superare riformulando la definizione del contratto e modificando, in parte, la disciplina del rapporto e il sistema sanzionatorio.

fallimento del lavoro a progetto in funzione antifraudolenta

La riforma del 2012, tuttavia, non aveva eliminato i problemi posti dagli artt. 61 ss., e la fattispecie del lavoro a progetto si era definitivamente rivelata inidonea ad assolvere la funzione di contrastare le pratiche elusive, nonché fonte di un elevato contenzioso giudiziale, perché il legislatore non aveva chiarito che cosa dovesse intendersi per progetto e perciò sotto l'usbergo del progetto le forme di falso lavoro autonomo continuavano ad esistere e a proliferare.

il Jobs Act *e l'abrogrKazione della tipologia contrattuale del lavoro a progetto*

6. In questo contesto, si inserisce l'ultima riforma del mercato del lavoro, delineata dalla legge delega n. 183 del 2014 (il c.d. "*Jobs Act*"), nella quale è maturato il proposito di "**superare**" **le collaborazioni coordinate e continuative** (cfr. art. 1, commi 2, lett. *b*), punto 3 e 7, lett. *g*), **anche a progetto.**

A tal fine, il d.lgs. n. 81 del 2015, ha completamente eliminato la disciplina del contratto di lavoro a progetto.

L'art. 52, comma 1, in particolare, abroga espressamente gli artt. 61-69-*bis* del d.lgs. n. 276 del 2003, i quali rimangono transitoriamente in vita solo per regolare i contratti già in essere alla data di entrata in vigore del decreto. In tal modo, si realizza pienamente e chiaramente l'intenzione, annunciata dal legislatore delegante e confermata dalla rubrica della norma, di superare il contratto a progetto.

Invece, come si vedrà nel capitolo successivo, sono rimaste in vita espressamente le collaborazioni continuative e coordinate di cui all'art. 409, n. 3, c.p.c. ed è di conseguenza emerso il problema di distinguere queste collaborazioni da quelle etero organizzate di cui all'art. 2, comma 1 del d.lgs. n. 81. Problema risolto dall'art. 15 della legge n. 81 del 2017 secondo il quale la collaborazione si intende coordinata "quando nel rispetto delle modalità di coordinamento stabilite di comune accordo dalle parti, il collaboratore organizza autonomamente l'attività lavorativa".

Capitolo 51
Le collaborazioni organizzate dal committente e le collaborazioni coordinate e continuative

1. L'art. 2 del d.lgs. n. 81 del 2015 ha introdotto la nuova figura delle collaborazioni organizzate dal committente, alle quali trova applicazione, slavo alcune eccezioni, la disciplina del lavoro subordinato.

Nella formulazione originaria tale disciplina trovava applicazione "anche ai rapporti di collaborazione che si concretano in prestazioni di lavoro esclusivamente personali, continuative e le cui modalità di esecuzione sono organizzate dal committente anche con riferimento ai tempi e al luogo di lavoro".

La disposizione è stata, però, recentemente modificata dalla legge di conversione del d.l. n. 101 del 2019 (legge n. 128 del 2019), che ha sostituito "esclusivamente" con "prevalentemente" e ha eliminato "anche con riferimento ai tempi e ai luoghi lavoro".

"esclusivamente" sostituito da "prevalentemente"

A seguito di queste modifiche, oggi, ai sensi dell'art. 2, comma 1, nuovo testo, la disciplina del rapporto di lavoro subordinato si applica anche ai rapporti di collaborazione che si concretano in prestazioni di lavoro prevalentemente personali, continuative e le cui modalità di esecuzione sono organizzate dal committente" [1].

---

[1] Ai sensi dell'art. 2, comma 1, secondo periodo, come modificato dal d.l. n. 101 del 2019, "le disposizioni di cui al presente comma si applicano anche qualora le modalità di esecuzione della prestazione siano organizzate mediante piattaforme anche digitali". Cfr., sul punto, *infra*, cap. 52).

Si tratta di capire, allora, quale può essere l'effetto di queste modifiche sugli attuali equilibri tra autonomia e subordinazione.

In particolare, c'è da chiedersi se il nuovo testo dell'art. 2 miri ad estendere la nozione di subordinazione per ricomprendervi anche rapporti non esclusivamente personali o se, viceversa, tenda ad applicare le sole tutele del lavoro subordinato a rapporti di collaborazione che, pur organizzati dal committente, restano autonomi (vedi par. 4).

Questa indagine dovrà necessariamente tener conto della nozione di coordinamento attualmente delineata dall'art. 409 c.p.c., come modificato dalla legge n. 81 del 2017 (vedi par. 6).

2. L'obiettivo espresso nella legge delega n. 183 del 2014 del superamento delle collaborazioni coordinate e continuative (cfr. art. 1, commi 2, lett. *b*), punto 3 e 7, lett. *g*), anche a progetto si è tradotto nell'eliminazione del contratto tipico di collaborazione a progetto di cui agli artt. 61-69-*bis* del d.lgs. n. 276 del 2003[2], ma non nel più ambizioso obbiettivo della eliminazione del lavoro autonomo coordinato e continuativo.

eliminazione del lavoro a progetto ma non delle co.co.co.

Infatti, il d.lgs. n. 81 del 2015, all'art. 52, comma 2, stabilisce espressamente la **sopravvivenza dell'art. 409, n. 3, c.p.c.**, ossia della norma alla quale, come prima osservato (*supra*, cap. 50), va riconosciuta una sorta di primogenitura delle collaborazioni in questione.

Certamente l'applicazione della disciplina del lavoro subordinato alle "collaborazioni organizzate dal committente" solleva diversi problemi **interpretativi**.

identità di tecnica legislativa

Occorre preliminarmente sottolineare che la tecnica adottata dal legislatore del 2015 appare più simile a quella adottata dall'art. 409, n. 3, c.p.c. che non a quella del legislatore del 2003. Infatti, quest'ultimo aveva introdotto un nuovo tipo legale di lavoro autonomo e una corrispondente normativa di tutela per ricondurvi tutte le collaborazioni genuinamente autonome, salve alcune eccezioni tassative. E aveva utilizzato come criterio selettivo il progetto per escludere le forme di falso lavoro autonomo. Ma, come è noto, questo tipo legale, pur con le rigorose modifiche apportate dalla legge Fornero, non ha conseguito l'obbiettivo di eliminare il falso lavoro autonomo.

Viceversa, il legislatore del 2015 per conseguire lo stesso risultato non individua un tipo legale ma individua una categoria di rapporti accomunati da determinate modalità di esecuzione della prestazione alla quale applica espressamente la disciplina sostanziale del lavoro subordinato[3].

---

[2] I quali sono rimasti transitoriamente in vita solo per regolare i contratti già in essere alla data di entrata in vigore del decreto (art. 52, comma 1).

[3] Con riferimento all'originaria formulazione, sul piano interpretativo, erano state prospettate diverse ipotesi:

1) secondo una prima tesi, essa indicava una fattispecie di lavoro autonomo o parasubordinato;

2) secondo un altro orientamento, invece, la formula individuava una fattispecie, "i

3. I tratti caratterizzanti i rapporti organizzati dal committente sono: a) il carattere prevalentemente personale della prestazione; b) la continuità della prestazione; c) l'organizzazione, da parte del committente, delle modalità di esecuzione della prestazione.

prevalente personalità della prestazione di lavoro

Il primo elemento è il carattere prevalentemente personale della prestazione.

Come già evidenziato nel cap. 50, la prevalente personalità della prestazione implica che il collaboratore organizzato dal committente possa avvalersi, a sua volta, di collaboratori, quando l'apporto degli stessi risulti suvvalente rispetto allo svolgimento personale della prestazione da parte del collaboratore.

continuità

Il **secondo elemento** che viene in rilievo è quello della **continuità**.

La norma richiama la prestazione di lavoro e non la prestazione di opera, come nell'art. 409, c.p.c., n. 3.

Se, in passato, con riguardo a quest'ultima disposizione, vi era chi aveva ritenuto che si facesse riferimento all'*opus* e non all'attività e, quindi, ad un rapporto ad esecuzione istantanea o, tutt'al più prolungata, l'art. 2, richiamando la prestazione di lavoro, individua un rapporto di durata in senso tecnico e non un contratto a esecuzione istantanea o prolungata.

La continuità delle prestazioni di lavoro, dunque, esclude che venga in considerazione l'opera-*opus* e quindi il risultato e consente di affermare che si tratta di rapporti di durata in cui assume rilievo la prestazione lavorativa in sé considerata.

etero-organizzazione

Il **terzo elemento** che viene in rilievo è, infine, quello della **etero-organizzazione ad opera del committente.**

Questo requisito – che è probabilmente il più importante ma, al tempo stesso, anche quello più ambiguo – postula l'esistenza in capo al committente, anche semplicemente in via di fatto, di **un potere di etero-organizzazione** delle modalità di esecuzione della prestazione lavorativa svolta dal collaboratore.

4. Come ho già sostenuto in passato, il testo originario dell'art. 2 del d.lgs. n. 81 del 2015 aveva normativizzato una serie di indici sussidiari come il luogo e il tempo di lavoro già accolti dalla giurisprudenza per stabilire la natura subordinata del rapporto di lavoro e non aveva individuato elementi distintivi

---

rapporti organizzati dal committente anche con riferimento al tempo e al luogo di lavoro", che si collocava accanto alla fattispecie dei rapporti eterodiretti espressamente presi in considerazione dall'art. 2094 c.c. e, conseguentemente, integrava o allargava l'area del lavoro subordinato rispetto al passato;

3) e secondo un terzo orientamento, l'art. 2 comma 1 del d.lgs. n. 81, finiva per positivizzare una serie di indici elaborati dalla giurisprudenza come indici di qualificazione del rapporto di lavoro subordinato sussidiari rispetto al potere direttivo. Basti pensare all'indicazione dell'orario di lavoro e all'indicazione del luogo di lavoro, o allo svolgimento esclusivamente personale della prestazione;

4) e, infine, era stata avanzata anche la tesi che individua in questa formula una sorta di presunzione assoluta di subordinazione.

tra potere organizzativo e potere direttivo, perché entrambi hanno lo stesso oggetto e cioè le modalità di esecuzione della prestazione.

potere organizzativo e potere direttivo hanno lo stesso oggetto

D'altra parte il testo originario della norma aveva anche una funzione chiaramente antifraudolenta, come è dimostrato dal fatto che le parti mai avevano stipulato contratti di lavoro con queste caratteristiche e, anzi, ai sensi del comma 3 dell'art. 2, le parti potevano chiedere alle commissioni la certificazione dell'assenza dei requisiti previsti dal comma 1.

Fino a quando la Corte di Appello di Torino 4 febbraio 2019, n. 26, con riferimento ai *riders* di Foodora, ha considerato le collaborazioni *ex* art. 2 comunque autonome ed appartenenti ad un *tertium genus* tra il rapporto di lavoro subordinato di cui all'art. 2094 e la collaborazione come prevista dall'art. 409, n. 3, c.p.c. [4].

Ora, a seguito delle modifiche intervenute con la legge di conversione del decreto n. 101 del 2019, che sostituisce *"esclusivamente"* con *"prevalentemente"* ed elimina *"anche con riferimento ai luoghi e ai tempi di lavoro"* si aprono due ipotesi interpretative:

due ipotesi interpretative:

a) la prima, più rigorosa, che, forse contro l'intenzione di chi ha modificato la norma, amplia la fattispecie del lavoro subordinato anche a rapporti prevalentemente personali. Ma il rischio è in questo caso che si amplierebbe a dismisura la platea dei lavoratori subordinati e molti rapporti sarebbero assoggettati alla disciplina del lavoro subordinato contro la realtà e l'interesse degli stessi soggetti che si vorrebbero tutelare.

a) ampliamento della fattispecie lavoro subordinato

Infatti anche ai rapporti prevalentemente personali si dovrebbe applicare l'intera disciplina del lavoro subordinato perché il legislatore non afferma che la disciplina si applica in quanto compatibile, come invece chiarisce l'art. 2239 c.c. per l'applicazione della disciplina del lavoro subordinato ai rapporti non inerenti all'esercizio dell'impresa.

b) La seconda ipotesi interpretativa è che il legislatore perseguirebbe l'obbiettivo di introdurre effettivamente un *tertium genus* tra lavoro subordinato e collaborazioni continuative e coordinate nel quale il potere organizzativo del committente dovrebbe intendersi come potere di coordinamento unilaterale. È evidente che accogliendo questa tesi l'interprete dovrebbe conseguentemente e per coerenza riconoscere al committente un potere organizzativo, *melius* un potere unilaterale di coordinamento, con una propria identità e uno spazio di operatività diverso da quello del potere direttivo [5].

b) introduzione di un tertium genus

---

[4] Cfr., criticamente, sul punto G. Santoro-Passarelli, *Sul* nomen juris *e le possibili tutele del rapporto di lavoro dei* riders, in *Giutiziacivile.com*, 30 aprile 2019. Oggi i lavoratori su piattaforma sono disciplinati dalla legge n. 128 del 2019, di conversione del d.l. n. 109 del 2019. Cfr., in argomento, il cap. 52.

[5] E si tratterebbe in verità di un ritorno in vita di siffatto potere di coordinamento unilaterale escluso dall'art. 15 della legge n. 81 del 2107, che ha chiarito come il coordinamento nelle collaborazioni coordinate e continuative *ex* art. 409, n. 3, c.p.c. può essere solo bilaterale e cioè concordato tra le parti mentre compete al collaboratore l'organizzazione della prestazione di lavoro.

Ma accogliendo questa seconda interpretazione bisogna prendere atto che il legislatore non dice quale sarebbe la normativa applicabile.

Che infatti parte della dottrina[6] e la Corte di Appello con una certa fantasia individuano in determinate forme di tutela proprie del lavoro subordinato ma non tutta la disciplina, con esclusione in particolare di quella sui poteri del datore di lavoro.

le esclusioni

5. L'art. 2, comma 2, esclude dalla riconduzione alla disciplina del lavoro subordinato una serie di rapporti di collaborazione organizzati dal committente.

La ragione che si pone alla base di questa esclusione non è facile da cogliere, poiché tali rapporti possono presentare, in concreto, tutte le caratteristiche che giustificano, ai sensi dell'art. 2, comma 1, l'applicazione della disciplina del lavoro subordinato. Possono cioè concretarsi in una prestazione prevalentemente personale, continuativa ed etero organizzata dal committente.

A ciò si aggiunga che i rapporti indicati nell'art. 2, comma 2, sono assai eterogenei fra loro, sicché la ragione della loro esclusione non sembra nemmeno riconducibile ad una chiara e precisa opzione di ordine sistematico.

discipline specifiche previste dai contratti collettivi

a) La prima categoria di rapporti esclusi dalla applicazione della disciplina del lavoro subordinato è rappresentata **dalle collaborazioni per le quali gli accordi collettivi stipulati dalle associazioni sindacali comparativamente più rappresentative sul piano nazionale prevedono discipline specifiche riguardanti il trattamento economico e normativo in ragione delle particolari esigenze produttive ed organizzative del relativo settore.**

Questa esclusione interessa importanti settori della produzione, quali, ad esempio, quello dei ***call-center***, dove già da tempo sono stati stipulati dalle confederazioni sindacali maggiormente rappresentative accordi collettivi nazionali che prevedono delle discipline che riguardano sia il trattamento normativo, sia quello economico.

Fra questi accordi collettivi possono essere ricordati quelli stipulati da alcune organizzazioni datoriali e dalle confederazioni sindacali della Cgil, Cisl e Uil per regolare l'uso del contratto di collaborazione a progetto nei settore dei *call- center* organizzati in regime di *outbound*[7] per svolgere attività diretta di

---

[6] Già con riguardo alla precedente formulazione dell'art. 2, cfr. A. Perulli, *Il lavoro autonomo, le collaborazioni coordinate e le prestazioni organizzate dal committente*, in *WP C.S.D.L.E. "Massimo D'Antona".IT*, 272/2015, p. 14, che fa riferimento a una "piena estensione delle tutele, quanto alla disciplina del rapporto di lavoro"; analogamente R. Pessi, *Il tipo contrattuale: autonomia e subordinazione dopo il* Jobs Act, in *WP C.S.D.L.E. "Massimo D'Antona".IT*, 282/2015, p. 12. Cfr. anche problematicamente M. Persiani, *Note sulla disciplina di alcune collaborazioni coordinate*, in *Arg. dir. lav.*, 2016, pp. 1262-1263.

[7] La distinzione fra attività *outbound* e attività *inbound* è stata enunciata dalla Circ. Min. lav. 8 gennaio 2004, n. 1. Gli operatori telefonici in regime *outbound* sono quelli che eseguono chiamate all'esterno per contattare un gruppo determinato di utenti o destinatari. Gli operatori in regime di *inbound* invece sono quelli che sono chiamati a svolgere un

vendita di beni o servizi. In questo settore, infatti, dopo le modifiche apportate nel 2012 all'art. 61, comma 1, l'uso del contratto a progetto era consentito solo in presenza di contratti collettivi che regolassero il trattamento economico dei collaboratori a progetto.

Un accordo in tal senso [8], intervenuto nel settore dei *call-center*, oltre a prevedere i criteri per la determinazione del trattamento economico, ha individuato "nel progetto" il trattamento normativo idoneo alla disapplicazione della disciplina del lavoro subordinato.

E tuttavia occorre chiedersi se sia opportuno assegnare al progetto una tale funzione alla luce dell'abrogazione della relativa disciplina da parte del d.lgs. n. 81 del 2015: il legislatore ha evidentemente considerato il progetto un criterio selettivo inadeguato e, dunque, potrebbero nutrirsi dubbi sulla sua idoneità a valere quale "trattamento normativo" idoneo a disapplicare la disciplina del lavoro subordinato.

L'esclusione della quale si discorre consente altresì di sottrarre dalla riconduzione al lavoro subordinato anche i rapporti di agenzia che presentassero in concreto tutti i tratti identificativi delle collaborazioni organizzate dal committente. Come osservato in precedenza, infatti, il contratto di agenzia è tutelato anche da una copiosa disciplina collettiva contenuta in numerosi accordi economici collettivi con la conseguenza che per essi troverebbe applicazione l'esclusione prevista dal comma in discorso.

In secondo luogo, il contratto collettivo può legittimamente disapplicare la disciplina del lavoro subordinato al rapporto di lavoro nell'ipotesi prevista dalla lett. *a*) dell'art. 2, comma 2 se preveda non solo un trattamento economico ma anche normativo del personale suddetto al fine di evitare pericolosi slittamenti nella tutela di lavoratori a tutti gli effetti subordinati [9].

È evidente, infatti, che ai sensi dell'art. 2, comma 2 un accordo collettivo e non il giudice può disapplicare la disciplina del lavoro subordinato solo se le collaborazioni in oggetto siano autonome. In caso contrario, in base alle note sentenze della Corte costituzionale sulla c.d. indisponibilità del tipo (vedi cap. 21, par. 6) si avrebbe una dissociazione tra fattispecie legale e tutele corrispondenti non consentita neppure al legislatore.

Sotto questo punto di vista l'interpretazione che considera autonome le collaborazioni etero-organizzate sarebbe preferibile rispetto a quella che le ritiene, invece, subordinate, perché scongiurerebbe i rischi di incostituzionalità della norma.

Sono altresì esclusi alcuni rapporti di collaborazione alcuni dei quali, invero, erano stati già in passato esclusi dal campo di applicazione della disciplina del lavoro a progetto. Si tratta in particolare delle collaborazioni:

---

servizio di ricezione di chiamate normalmente connesso ad un servizio che un'azienda svolge in favore della propria clientela.

[8] Il riferimento è all'Accordo del 5 novembre 2015, di aggiornamento del Protocollo d'intesa del 3 dicembre 2012, stipulato tra Unirec, Fisascat Cisl, Filcams Cgil, Uiltucs. V. in particolare l'art. 2.

[9] Ed è discutibile che l'accordo intervenuto nel settore dei *call-center* prima citato abbia previsto un trattamento normativo.

b) prestate nell'**esercizio di professioni intellettuali per le quali è necessaria l'iscrizione in appositi albi professionali;**

c) prestate nell'esercizio della loro funzione dai **componenti degli organi di amministrazione e controllo delle società e dai partecipanti a collegi e commissioni;**

d) **prestazioni di lavoro rese a fini istituzionali in favore delle associazioni e società sportive dilettantistiche affiliate alle federazioni sportive nazionali,** alle discipline sportive associate e agli enti di promozione sportiva riconosciuti dal CONI come individuati e disciplinati dall'art. 90 della legge 27 dicembre 2002, n. 289.

d-*bis*) alle collaborazioni prestate nell'ambito della produzione e della realizzazione di spettacoli da parte delle fondazioni musicali;

d-*ter*) alle collaborazioni degli operatori impegnati in attività di soccorso alpino e speleologico.

6. Il superamento della disciplina del lavoro a progetto comporta anche il venir meno del divieto, previsto da quella disciplina, di regolare forme di lavoro autonomo continuativo a tempo indeterminato al di fuori delle ipotesi già esistenti e regolate dal codice di civile (come ad es. il contratto di agenzia), ovvero al di fuori delle poche eccezioni espresse e tassative che erano previste dall'abrogato art. 61, comma 3, d.lgs. n. 276 del 2003.

In assenza di un simile divieto l'autonomia privata individuale risulta abilitata, similmente a quanto avveniva prima della riforma del 2003, ad utilizzare non solo schemi contrattuali tipici ma anche schemi contrattuali atipici ai sensi dell'art. 1322, comma 2, c.c., per dare vita a rapporti di collaborazione che si concretino in una prestazione d'opera continuativa e coordinata ed a carattere prevalentemente personale e che saranno, per tale ragione, soggetti al rito del lavoro e alla normativa ad essi applicabile.

In altri termini, nell'attuale disciplina manca un divieto – che era invece stato introdotto dalla disciplina del contratto a progetto – di dare vita a forme di lavoro autonomo continuativo a tempo indeterminato al di là di ipotesi tipiche già regolate dalla legge.

Ed, in effetti, come già evidenziato, l'art. 52 del d.lgs. n. 81 del 2015 mantiene espressamente in vita le collaborazioni coordinate e continuative di cui all'art. 409, n. 3, c.p.c.: si tratta allora di individuare la linea di confine tra questi rapporti e quelli "organizzati dal committente".

interpretazione autentica della coordinazione

Per tracciare la linea di confine non ci si deve limitare all'analisi dell'art. 2, comma 1, ma bisogna avere riguardo anche all'art. 15 della legge n. 81 del 2017, secondo il quale "la collaborazione si intende coordinata quando nel rispetto delle modalità di coordinamento stabilite di comune accordo tra le parti il collaboratore organizza autonomamente l'attività lavorativa".

Questa norma ha il merito di chiarire che nelle collaborazioni coordinate è necessario un accordo tra le parti per determinare le modalità di esecuzione mentre nelle collaborazioni organizzate dal committente allo stesso spetta il potere di determinare unilateralmente le modalità di esecuzione della prestazione del collaboratore.

organizzazione del committente e organizzazione del collaboratore: criteri distintivi

7. Nell'art. 15 il legislatore opportunamente precisa che, nel rispetto delle modalità di coordinamento stabilite di comune accordo tra le parti, l'elemento discretivo è costituito dalla circostanza che il collaboratore organizza autonomamente l'attività lavorativa.

E questa precisazione, a mio avviso, è quanto mai opportuna perché la coordinazione di per sé, pur essendo concettualmente distinta dalla subordinazione, in realtà nel concreto svolgimento del rapporto non è in grado di neutralizzare il maggior potere contrattuale del datore di lavoro rispetto a quello del prestatore di lavoro, con la conseguenza che la coordinazione diventa un formula insincera perché finisce per nascondere talvolta una forma di lavoro subordinato e per favorire una forma di falso lavoro autonomo [10].

E quindi ben si comprende che il legislatore abbia accolto come criterio discretivo tra le collaborazioni organizzate dal committente di cui all'art. 2 e i rapporti di collaborazione che sopravvivono di cui all'art. 409 c.p.c. da un lato che nei primi sia il committente ad organizzare le modalità di esecuzione della prestazione e dall'altro lato che nei rapporti di lavoro coordinato, fermo restando l'accordo fra le parti, sia il collaboratore a organizzare le modalità di esecuzione della prestazione.

8. Se sul piano concettuale sembra agevole distinguere il lavoro organizzato dal committente dal lavoro coordinato, nel concreto svolgimento del rapporto, tuttavia, la linea di confine tra etero-organizzazione e coordinazione può non risultare sempre agevole.

Il concetto di organizzazione di per se è molto generico e può ricomprendere indifferentemente fattispecie di lavoro subordinato e di lavoro autonomo continuativo. L'impresa, infatti, è una struttura gerarchica cui inerisce l'esercizio di un potere organizzativo che si estrinseca, a sua volta, in un insieme di poteri di gestione ed organizzazione della prestazione lavorativa il cui contenuto varia a seconda del tipo di contratto con il quale viene regolata la prestazione lavorativa di cui ha bisogno l'impresa stessa. L'etero-organizzazione del-

[10] Cfr., sul punto Cass., Sez. Un., 20 gennaio 2017, n. 1545, secondo cui «È opinione unanime, condivisa da dottrina e giurisprudenza, che il coordinamento presupposto dalla disposizione di cui all'art. 409 c.p.c., n. 3, deve essere inteso in senso verticale, ossia deve rappresentarsi come una situazione per cui il prestatore d'opera parasubordinata è soggetto ad un coordinamento che fa capo ad altri, in un rapporto che deve presentare connotati simili a quelli del rapporto gerarchico propriamente subordinato. È per questo, ossia al fine di favorire la parte normalmente più debole, che il rapporto parasubordinato è assoggettato dal legislatore alla medesima disciplina processuale prevista per quello subordinato. In altri termini, l'attività coordinata è sinonimo di attività in qualche misura eterodiretta o, comunque, soggetta ad ingerenze o direttive altrui».

le prestazioni lavorative, dunque, rappresenta, in un'accezione generica, una caratteristica di tutte le prestazioni lavorative acquisite dall'impresa.

E però, di fronte ad una nozione di etero-organizzazione così ampia, altrettanto ampia risulta la discrezionalità del giudice nella qualificazione del rapporto.

certificazione dell'assenza dei requisiti di etero-organizzazione

In ogni caso, l'art. 2, comma 3, d.lgs. n. 81 del 2015 prevede la possibilità di richiedere alle commissioni di certificazione (art. 76, d.lgs. n. 276 del 2003) che venga certificata **l'assenza dei requisiti dell'art. 2, comma 1 e cioè la genuinità del rapporto di collaborazione coordinata e continuativa**. L'oggetto della certificazione, in questa ipotesi, è delimitato in negativo, ma, considerato il nuovo testo dell'art. 2, comma 1, deve essere inteso, in definitiva, come assenza della etero-organizzazione.

In tal caso, si produrranno gli effetti tipici della certificazione, per l'illustrazione dei quali si rinvia *infra* alla Parte quinta, cap. 56.

disciplina applicabile

9. Questi sono i criteri per distinguere le due fattispecie. E sono criteri importanti perché ai due tipi di rapporto si applicano discipline molto diverse: ai rapporti di collaborazione coordinata non si applica la disciplina del lavoro subordinato, ma si applicava fino a "ieri" la disciplina precedente a quella del lavoro a progetto, quindi una tutela molto modesta.

Fra la disciplina applicabile a questi rapporti merita particolare menzione quella relativa:

a) alla **disciplina processuale di cui agli artt. 409 ss. c.p.c.** (ossia il processo del lavoro), ivi compresa la regola, di carattere sostanziale, concernente la rivalutazione automatica dei crediti (cfr. art. 429 c.p.c.);

b) alla **disciplina sostanziale delle rinunce e delle transazioni di cui all'art. 2113 c.c.**;

c) alla **tutela previdenziale costituita da un'assicurazione pensionistica obbligatoria presso la c.d. Gestione separata** (cioè un'apposita gestione dell'Inps dedicata a queste tipologie di collaborazioni), soggetta a delle aliquote contributive oggi parificate a quelle previste per il lavoro subordinato (ferma la ripartizione dell'onere contributivo tra collaboratore e committente nella misura, rispettivamente, di un terzo e due terzi) [11];

d) all'**obbligo di assicurazione dei collaboratori all'Inail** contro gli infortuni sul lavoro e le malattie professionali, seppure limitatamente a quei lavoratori che svolgano attività considerate dalla legge a rischio di infortunio o che esercitino le proprie mansioni in modo non occasionale su veicoli a motore condotti personalmente (anche in questo caso con una ripartizione dell'onere

[11] Cfr., anche per le aliquote di professionisti, pensionati o soggetti assicurati presso altre forme previdenziali obbligatorie, la circolare Inps 6 febbraio 2019, n. 19. Un ampliamento delle tutele in favore degli iscritti alla gestione separata è stato recentemente disposto dall'art. 2-*bis* del d.lgs. n. 81 del 2015, introdotto dalla legge n. 128 del 2019.

contributivo tra collaboratore e committente nella misura, rispettivamente, di un terzo e due terzi);

e) alle **tutele prevenzionistiche per la sicurezza** se e quando il collaboratore coordinato svolga la prestazione lavorativa nei luoghi di lavoro del committente;

f) a una specifica **indennità di disoccupazione per i lavoratori con rapporto di collaborazione coordinata e continuativa (Dis-Coll)**, iscritti in via esclusiva alla gestione separata, non pensionati, privi di partita IVA e dotati di minimi requisiti contributivi, che abbiano perduto involontariamente la propria occupazione (*infra*, Parte sesta, cap. 59, par. 2).

A queste tutele devono aggiungersi quelle oggi previste per il lavoro autonomo non imprenditoriale (*supra*, cap. 49), che sono applicabili anche ai collaboratori coordinati e continuativi.

interferenze tra lavoro coordinato e lavoro agile

10. In conclusione, bisogna aver chiaro che nell'attuale ordinamento esistono le collaborazioni organizzate dal committente, che sono rapporti di lavoro ai quali trovano applicazione la disciplina del lavoro subordinato o solo le tutele del lavoro subordinato, e le collaborazioni coordinate organizzate dal collaboratore, che sono forme di lavoro autonomo con la disciplina sostanziale prevista ora per il lavoro autonomo e che, per quanto detto, non è del tutto agevole distinguere.

A questo punto, però, è necessario evidenziare le possibili interferenze tra queste forme di collaborazione autonoma e il lavoro agile, subordinato.

Ed è evidente, come già anticipato, che il problema si pone in ordine alla distinzione tra collaborazioni coordinate e continuative e lavoro agile.

Nel cap. 40 si è evidenziato come il legislatore, definendo il lavoro agile come modalità di esecuzione del lavoro subordinato, abbia preso atto della trasformazione dell'impresa e dell'organizzazione del lavoro, finendo per incidere, allargandola o, comunque, modificandola, sulla nozione di subordinazione di cui all'art. 2094 c.c.

Nel lavoro agile viene meno l'esercizio unilaterale del potere direttivo, proprio dell'impresa fordista e gerarchica, a favore di modalità di esercizio concordate tra le parti.

Ma poiché anche nelle collaborazioni coordinate e continuative, come si è visto, le parti concordano le modalità di esecuzione della prestazione la distinzione tra lavoro agile e lavoro coordinato appare da subito evanescente.

L'impressione è che l'art. 15 e l'art. 19 della legge n. 81 del 2017 creino davvero un corto circuito normativo difficilmente risolvibile sul piano interpretativo.

Non è detto, però, che la questione non possa essere superata in via di fatto, nella misura in cui il lavoro agile possa rendersi più appetibile rispetto al lavoro coordinato.

La previsione di forme di lavoro subordinato non tradizionali, in contesti nei quali l'elasticità temporale e la mobilità del luogo di lavoro diventano esigenze imprescindibili per ragioni di maggiore produttività, potrebbe spingere i datori di lavoro a preferire il lavoro agile al lavoro coordinato.

Il primo, infatti, garantisce una maggiore certezza dei rapporti giuridici, posto che in caso di collaborazioni autonome c'è sempre il rischio che il collaboratore rivendichi la natura subordinata del rapporto, o comunque dimostri l'esistenza dell'etero-organizzazione ottenendo le stesse tutele.

D'altra parte, il lavoro agile, quale forma di lavoro subordinato, gode degli sgravi fiscali e contributivi previsti per le nuove assunzioni e per la retribuzione di produttività, sgravi di cui non godono le collaborazioni coordinate e continuative.

Si tratterà di valutare, alla luce di questi elementi, se il ricorso al lavoro agile possa risultare tutto sommato più o meno più conveniente rispetto all'impiego di collaboratori continuativi e coordinati.

Capitolo 52

Il lavoro autonomo mediante piattaforme digitali

l'economia collaborativa

1. La diffusione delle tecnologie digitali è causa di profonde metamorfosi dell'organizzazione dell'impresa. Vengono in evidenza, a questo proposito, fenomeni di più recente diffusione come le piattaforme digitali che operano nell'internet o attraverso l'utilizzo di tecnologie di comunicazione digitale[1].

Le tecnologie digitali consentono di erogare servizi a distanza con estrema facilità, rapidità e a prezzi competitivi, ma soprattutto *on demand* ovverosia a richiesta del consumatore finale.

Questo regime economico-organizzativo ascrivibile al più ampio fenomeno della economia collaborativa (o *sharing economy*[2]) si basa proprio sulla moltiplicazione di singole offerte di lavoro a un pubblico indistinto di possibi-

---

[1] Cfr. in tema P. Loi, V. Speziale, *Introduzione*, al tema "*Come cambia il diritto del lavoro nell'economia delle piattaforme*", in *Riv. giur. lav. e prev. soc.*, 2017, I, pp. 2, 171 ss.

[2] R. Botsman, R. Rogers, *What's mine in yours: the rise of collaborative consumption*, New York, 2010; M. Weiss, *Digitalizzazione: sfide e prospettive per il diritto del lavoro*, in *Dir. rel. ind.*, 2016, 3, p. 651 ss.; V. Comito, *La* sharing economy. *Dai rischi incombenti alle opportunità possibili*, Roma, 2016, p. 9. Cfr. anche A. Bonomi, F. Della Puppa, R. Masiero, *La società circolare. Fordismo, capitalismo, molecolare, sharing economy*, DeriveApprodi, 2016, p. 62.

li operatori [3]. Per descrivere tale regime è in uso il termine inglese *crowd-work*, traducibile letteralmente con l'espressione "il lavoro della folla". In una diversa accezione, si parla di *Gig-economy*, parola traducibile con l'espressione "economia dei lavoretti" [4], ovvero ancora di *platform-economy*. La rilevanza classificatoria di simili concetti è però quantomeno dubbia [5].

È bene evidenziare che il lavoro, quale primario fattore della produzione, ha fortemente risentito di simili processi evolutivi [6].

il lavoro autonomo

La capacità dell'impresa digitale di soddisfare potenzialmente una massa di consumatori a semplice richiesta comporta infatti un'offerta di lavoro sempre più frammentaria e discontinua, quanto mai distante dal modello tradizionale del lavoro subordinato a tempo pieno e indeterminato. Una situazione questa che ha contribuito ad accrescere le fila del lavoro autonomo debole e/o economicamente dipendente [7], divenuto il veicolo prediletto dall'impresa digitale per assicurarsi la massima "flessibilità" del rapporto e minimizzare i costi.

A ciò si aggiunga che il cosiddetto *crowd-work* accentua notevolmente la competizione tra i lavoratori nell'accesso alle occasioni di lavoro e riduce quindi la capacità dei lavoratori di aggregarsi e tutelarsi collettivamente.

È intuibile il poderoso impatto sociale delle trasformazioni descritte che segnano il passaggio dalla civiltà industriale alla civiltà telematica [8].

Ad ogni modo, una riflessione sui nuovi assetti organizzativi dell'impresa impone di segnalare opportune distinzioni e di non dare per consolidate realtà ancora fluide e marginali rispetto all'impresa come organizzazione unitaria di comando.

2. Un quadro in divenire tanto articolato rende non semplice immaginare una regolazione normativa del lavoro reso tramite piattaforma digitale.

---

[3] P. Ichino, *Le conseguenze dell'innovazione tecnologica sul diritto del lavoro*, in *Riv. it. dir. lav.*, 2017, p. 526.

[4] G.G. Balandi, *Concetti lavoristici impigliati nella rete*, in *Riv. trim. dir. e proc. civ.*, 2018, pp. 461-462.

[5] Sulla problematica individuazione di un terminologie uniformi cfr. P. Tullini, *Digitalizzazione dell'economia e frammentazione dell'occupazione. Il lavoro instabile, discontinuo, informale: tendenze in atto e proposte d'intervento*, in *Riv. giur. lav. e prev. soc.*, 2016, 4, p. 748.

[6] G. Santoro-Passarelli, *Civiltà giuridica e trasformazioni sociali nel diritto del lavoro*, in *Dir. rel. ind.*, 2019, p. 417 ss., *ivi*, p. 423 ss.; e si legga G. Bronzini, *Il punto su il futuro (giuridico) del lavoro autonomo nell'era della shareeconomy*, in *Riv. it. dir. lav.*, fasc. 1, 2016, p. 75.

[7] M. Carrieri, *Introduzione*, in *I lavoratori italiani tra incertezze crescenti e riforme possibili*, in M. Carrieri, C. Damiano, *Il lavoro che cambia. Verso l'era digitale. Terza indagine sui lavoratori italiani*, Roma, 2019, p. 49.

[8] Cfr. G. Santoro-Passarelli, *La funzione del diritto del lavoro*, in *Riv. it. dir. lav.*, 2018, p. 346.

La Commissione europea ha approvato nel 2016 la *Agenda for the collaborative economy*, una comunicazione rivolta al Parlamento europeo, al Consiglio, al Comitato economico e sociale e al Comitato delle regioni, con l'obiettivo di fornire linee-guida per promuovere una strategia comune in seno alle istituzioni europee per la regolazione dell'economia collaborativa intesa in senso ampio. Si tratta di un testo però privo di valore vincolante[9].

gli interventi europei

I legislatori nazionali non hanno ritenuto fino ad oggi di intervenire per regolare la materia in modo articolato. Non mancano però interventi settoriali dedicati alla tutela del lavoro su piattaforma, tra i quali si annoverano l'art. 60 della legge francese n. 2016-1088 e il d.l. n. 101 del 2019 oggetto di specifico esame oltre.

Alcuni ostacoli si frappongono a una regolazione efficace del fenomeno in esame.

Innanzitutto, alcune piattaforme digitali fanno capo a multinazionali prive di riferimenti territoriali. Ciò soprattutto per le attività che si svolgono direttamente nel *web* (ad esempio i servizi di traduzione professionale).

La difficoltà di regolare efficacemente la materia dipende poi dalla varietà dei modelli organizzativi delle piattaforme (v. oltre).

Incide inoltre il fatto che il lavoro attraverso piattaforma digitale non ha una precisa collocazione nel sistema dei contratti di lavoro. In altre parole, non è possibile identificare un singolo contenitore giuridico adatto a tutte le diverse fattispecie concrete che emergono dalla realtà.

Il lavoro tramite piattaforma ha evidenziato ulteriormente, da questa prospettiva, la crisi della subordinazione quale criterio unico di attribuzione delle più efficaci protezioni inderogabili di legge. Si tratterebbe quindi di un problema non nuovo ma che accentua la fragilità di un sistema fondato sul binomio rigido tra autonomia e subordinazione[10].

la giurisprudenza all'estero

È significativo a tal riguardo che la giurisprudenza estera ha riconosciuto in alcuni casi lo *status* di *employee*[11] o di *worker*[12] ovvero l'esistenza di una *re-*

---

[9] A tale iniziativa ha fatto seguito la dichiarazione congiunta delle tre principali istituzioni Europee (Commissione, Consiglio, Parlamento) denominata *European Pillar of Social Rights* contenente alcune disposizioni programmatiche di tutela del lavoro autonomo, incluso quello che si svolge su piattaforma. Anche questo testo, sebbene significativo del cambio di rotta dell'Europa nella considerazione della posizione sociale e giuridica dei lavoratori autonomi, è però privo di valore vincolante. Non trova invece applicazione al lavoro autonomo la direttiva UE 2019/1152 del Parlamento europeo e del Consiglio del 20 giugno 2019, relativa a condizioni di lavoro trasparenti e prevedibili nell'Unione europea.

[10] R. Voza, *Il lavoro e le piattaforme digitali:* the same old story?, in *WP CSDLE "Massimo D'Antona".IT*, 336/2017, p. 3. È bene sottolineare che il fenomeno del lavoro su piattaforma ha dimensione globale e sta mettendo alla prova tutti i sistemi giuridici che contemplano una distinzione, anche sotto il profilo della tutela, tra autonomia e subordinazione. Cfr. B. Waas, W.B. Liebman, A. Lyubarsky, K. Kezuka, *Crowdwork – A Comparative Law Perspective*, Bund-Verlag GmbH, Francoforte, 2017.

[11] Cfr. la nota pronuncia della *Labour Commisioner of the State of California, Berwick v. Uber Technologies Inc.*, 3 giugno 2015.

lación laboral[13] a favore dell'autista o del fattorino che lavora tramite applicazione digitale[14]. Il peculiare percorso seguito della giurisprudenza italiana sarà oggetto di approfondimento oltre.

3. Come detto, le "piattaforme digitali" si diversificano a seconda del funzionamento e del modello organizzativo adottato.

nozione di piattaforma digitale e modelli operanti sul mercato

Alcune piattaforme digitali sono utilizzate da imprese che organizzano il lavoro di fattorini addetti alla consegna di beni quale servizio offerto a un vasto pubblico di *consumers* (ad esempio: la consegna di cibo a domicilio). A tal fine queste imprese sottoscrivono con i produttori (nel nostro esempio: ristoratori) contratti di servizio con cui offrono dietro corrispettivo la propria infrastruttura tecnologica – comprensiva di una piattaforma informatica – e l'accesso a un ampio portafoglio di potenziali clienti, ossia i consumatori finali del servizio (gli utenti della piattaforma digitale).

I fattorini, detti anche *riders*, sono muniti di terminali elettronici (telefoni cellulari in cui sono installati specifici applicativi) che consentono al committente di assicurarsi un rapido ed efficiente interscambio di informazioni e, potenzialmente, di "dirigere" e controllare l'esecuzione della prestazione di lavoro. Sofisticati algoritmi governano e ottimizzano la distribuzione delle commesse ai fattorini e gestiscono quindi l'assegnazione delle occasioni di lavoro. Di norma i fattorini possono rifiutare la proposta di effettuare una consegna. Però le piattaforme ricorrono al *ranking* reputazionale, una sorta di classifica dei lavoratori con le migliori performances (costruito anche in base ai voti dei consumatori finali) quale strumento per selezionare e premiare i più efficienti e disponibili nell'accesso alle future occasioni di lavoro[15].

Rispondono a tale configurazione molti noti soggetti commerciali operativi del settore del *food-delivery* come *JustEat, Foodora, Deliveroo* e *Glovo*. Questi protagonisti del mercato del cosiddetto *food-tech* si avvalgono di programmi informatici forniti da imprese terze ma da loro integralmente gestiti. E nella grande maggioranza dei casi assumono direttamente lavoratori autonomi *ex* art. 2222 c.c. ovvero collaboratori coordinati e continuativi *ex* art. 409, n. 3, c.p.c.

L'ambiente digitale rappresenta però anche l'opportunità per molte persone di incrementare le proprie *chances* di occupazione o di eseguire prestazioni

[12] Cfr. *Employment Tribunals London,* 28 ottobre 2016, *Uber London Ltd-Uber Britannia Ltd c. Y. Aslam-J / Farrar,* case n. 2202512/2016, October 20, 2016.

[13] Juzgado de lo Social n. 19 de Madrid, Autos n. 510/18, sentencia n. 188/2019. Cfr. però *contra* Tribunal Superior de Justicia de Madrid Secciòn 04 de los Social de 19.

[14] Per una ricognizione delle esperienze estere, nel segno della ricerca di rimedi, Cfr. T. Treu, *Rimedi, tutele e fattispecie: riflessioni a partire dai lavori della Gig economy,* in *Lavoro e diritto*, 2017, p. 367 ss.

[15] In tema Topo A., "Automatic management", *reputazione del lavoratore e tutela della riservatezza,* in *Lav. dir.*, 2018, 3, 453 ss.

sporadiche e occasionali senza impegno duraturo, riuscendo a bilanciare in modo ottimale tempi di vita (studio, accudimento dei figli, cura della casa, sport, svago, ecc.) e tempo di lavoro [16]. Perciò sempre più persone scelgono di iscriversi a piattaforme digitali presenti nel *world wide web* con l'obiettivo di profittare delle possibilità offerte dall'incontro (o *matching*) tra domanda e offerta di lavoro. I programmi informatici sono in grado di realizzare tale *matching* con grande efficienza e, soprattutto, su larga scala. Questo fenomeno coinvolge anche soggetti estranei ai tradizionali canali della domanda di lavoro (casalinghe, studenti, ecc.) e spesso desiderosi di rimanere autonomi.

È un esempio di tale modello organizzativo *Taskrabbit*, piattaforma in cui l'utente del *web* può trovare persone pronte ad assicurare servizi occasionali di giardinaggio o di bricolage [17].

A metà strada tra i modelli descritti si collocano piattaforme come l'americana *Uber* o la spagnola *Cabify* [18], dedicate al trasporto privato tramite autoveicoli. Gli autisti (o *drivers*) sono persone che in qualche caso svolgono con continuità e professionalità l'attività di trasporto [19]. È però dubbio se gli autisti siano lavoratori (autonomi o subordinati) in rapporto diretto con la piattaforma digitale, atteso che il servizio viene reso individualmente a favore del passeggero che paga la corsa. E tuttavia la piattaforma, come accade per *Foodora*, gestisce sia il pagamento del prezzo della corsa – in parte spettante al *driver* e in parte trattenuto dalla piattaforma – sia un *ranking* reputazionale che incide sulle future opportunità di lavoro dell'autista.

Esistono infine piattaforme che non consentono l'accesso ad occasioni di lavoro in quanto si limitano a veicolare "servizi spontanei" forniti diffusamente da utenti non professionali [20].

---

[16] Cfr. M. Weiss, *Digitalizzazione: sfide e prospettive per il diritto del lavoro*, in *Dir. rel. ind.*, 2016, pp. 659-660.

[17] In queste ipotesi la piattaforma digitale non è solamente una vetrina dell'occasione di lavoro (come accade nei portali *online* come *cornerjob* e *infojob*) in quanto interviene nella trattativa e gestisce un *ranking* reputazionale.

[18] Cfr. A. Perulli, *Lavoro e tecnica al tempo di Uber*, in *Riv. giur. lav. prev. soc.*, 2017, 2, I, p. 195 ss.; e P. Tullini, *Economica digitale e lavoro* non standard, in *Lab law Issues*, 2016, 2, p. 1 ss.

[19] Queste società, in particolare, negano di fronte alle Autorità di esercitare attività di trasporto sia per sottrarsi alle conseguenti regole valevoli ad esempio per i taxi (la Corte di Giustizia ha però qualificato il servizio di Uber come "servizio nel settore dei trasporti"; cfr. Corte giust. 20 dicembre 2017, C434-/15, *Elite Taxi c. Uber*; e Corte giust. 10 aprile 2018, C-320/16, *Uber France SAS*), sia per non qualificare gli autisti (utenti-*providers*) come lavoratori, sia in quanto ritengono che il proprio oggetto sociale consista propriamente nell'affinamento dell'incontro tra domanda e offerta di lavoro nel settore dei trasporti.

[20] Si pensi a *Bla Bla car*: ciascun utente promette dietro pagamento di una somma esentasse a titolo di rimborso un trasporto privato di persone, anch'essi utenti della piattaforma e detti *requesters*. E quindi la stessa persona può assumere liberamente il ruolo di trasportatore o trasportato a ogni nuova corsa ed è quindi sia "produttore" sia "consumatore". Cfr. G. Alpa, *Introduzione*, in *Orientamenti della Corte di Giustizia UE in materia di tutela del consumatore*, speciale *Nuova giurisprudenza civile commentata*, 2016, 6, il quale

precisazione sulla nozione giuridica di piattaforma digitale

La ricognizione proposta, di certo non esaustiva, consente di sottolineare fin da subito che l'espressione "piattaforma digitale" non è utilizzata in modo univoco. Nel linguaggio comune per "piattaforma digitale" si intende il programma informatico, ossia lo strumento tecnologico che gestisce le richieste degli utenti-consumatori e distribuisce conseguentemente, secondo i criteri dettati dall'algoritmo, le occasioni di lavoro. Se si voglia dare un significato effettuale alla nozione dalla prospettiva del diritto del lavoro, per piattaforma si deve intendere il soggetto giuridico al quale eventualmente imputare il rapporto di lavoro (autonomo o subordinato). Occorre quindi capire se e quando la piattaforma digitale sia il soggetto che organizza, alla stregua di un committente o di un datore, le prestazioni di lavoro.

modelli di piattaforma digitale

4. Alla luce della rapida analisi dei modelli organizzativi che si affermati nel mercato, è possibile distinguere tre differenti ipotesi di lavoro attraverso piattaforme digitali:

a) In alcuni casi la piattaforma non instaura alcun rapporto di lavoro con il *provider*, ma favorisce solamente l'incontro tra domanda e offerta di lavoro senza condizionare l'operato del *provider* stesso durante l'esecuzione della prestazione. Allora il rapporto di lavoro (per lo più autonomo) deve imputarsi non alla piattaforma digitale, bensì all'utente-consumatore o *requester* (si pensi a *Taskrabbit* e alle molte altre piattaforme di *micro-tasks*). La piattaforma è in questi casi solamente un intermediario.

piattaforma intermediario

piattaforma intermediario-committente

b) In altre ipotesi, la piattaforma simula un mero incontro tra domanda e offerta di lavoro per organizzare prestazioni di lavoro traendo da ciò un diretto vantaggio. Dunque, il *provider* sembra lavorare a favore della piattaforma. Ne segue che la piattaforma potrebbe essere considerata in via di fatto il committente o il datore cui imputare il rapporto di lavoro, autonomo o subordinato a seconda delle modalità esecutive della prestazione, come una parte della dottrina ipotizza con riferimento al caso di *Uber*.

È bene chiarire che, quando la piattaforma non è un effettivo committente, l'ipotesi in esame tende a coincidere con quella della piattaforma-intermediario. Quando invece la piattaforma diviene il committente del lavoro, si appanna la distinzione tra la piattaforma in esame e l'impresa che si avvale della piattaforma di cui alla lett. *c*). Si tratta quindi di una ipotesi intermedia cedevole rispetto alle altre due.

piattaforma committente

c) In altre ipotesi ancora, un'impresa sfrutta le potenzialità offerte dalla piattaforma digitale di cui sono titolari soggetti terzi, per ottimizzare i propri servizi e organizzare prestazioni di lavoratori autonomi assunti direttamente dall'impresa medesima. In tal caso il rapporto resta imputato all'impresa che si avvale della piattaforma (*Foodora*).

---

osserva del resto come, nell'economia digitale, la distanza tra produttore e consumatore nel mercato «si è andata riducendo».

I confini tra queste tipologie sono sfumati e non è sempre evidente se la piattaforma si ponga quale intermediario o committente. Solamente una verifica in concreto del modello organizzativo e della relazione giuridica intercorrente tra la piattaforma e l'utente-*provider* può fornire una risposta.

Ad ogni buon conto, ciascun modello manifesta specifiche esigenze di regolazione, ma solamente i modelli di cui alle lettere b) e c) sono stati considerati dal legislatore italiano nel d.l. n. 101 del 2019 (cfr. *infra*). La principale fonte di ispirazione del legislatore italiano è del resto il *rider* di *Foodora* al centro di alcune note vicende giudiziarie.

5. I *riders* sono i lavoratori che si occupano delle consegne di beni agli utenti della piattaforma. In italiano il termine si traduce con "fattorini". Preliminarmente sembra opportuno chiarire che quella dei *riders* non è una categoria omogenea[21].

la figura del rider

Secondo i dati della fondazione De Benedetti, diecimila *riders* stimati in Italia costituiscono solo una piccola parte della *Gig-economy*, che nel nostro Paese conta circa ottocentomila addetti che vanno dai servizi di *clouding* come l'elaborazione dati, all'offerta di *babysitting* o di pulizie.

Fino ad oggi il 10% di questi lavoratori sono stati contrattualizzati come co.co.co. mentre il 50% come collaboratori occasionali. Alcuni *riders* sono pagati ad ora, altri a consegna, e cioè a risultato. Molti di essi svolgono questo lavoro in via principale e guadagnano mediamente circa 839 euro, solo una minoranza lo svolge in via saltuaria e guadagna mediamente circa 343 euro.

È bene aver presente che i *riders* quasi mai si relazionano con un unico datore di lavoro o committente ma con diverse applicazioni facenti riferimento a diverse piattaforme.

Nessuna impresa che si avvalga di una piattaforma digitale applica ai *riders* la disciplina del contratto collettivo della logistica esteso anche a questi lavoratori o altro contratto collettivo[22], sia perché i rappresentanti delle piattaforme come quelli dei *riders* non hanno partecipato al tavolo della trattativa per la conclusione di quel contratto collettivo, sia in quanto il CCNL presupporrebbe l'inquadramento del rider come lavoratore subordinato.

Bisogna anche aggiungere che i *riders* (ovviamente non quelli che hanno fatto ricorso contro la *Foodora*) spesso hanno interesse a svolgere in regime di autonomia l'esecuzione della prestazione lavorativa e cioè a stabilire essi stessi se e quando provvedere ad una consegna.

---

[21] Cfr. G. Santoro Passarelli, *Sul* nomen juris *e le possibili tutele del rapporto di lavoro dei* riders, in *Giust. civ.*, *online*, 2019.

[22] A quanto consta solamente in Danimarca dall'aprile del 2018 è in vigore un contratto collettivo del settore, siglato dalla associazione sindacale 3F con la piattaforma locale Hilfr. Il contratto prevede ferie pagate, permessi e contributi previdenziali, nonché una retribuzione minima di circa 19 euro l'ora, cifra ben superiore a quella delle altre piattaforme operanti anche in Danimarca.

E d'altra parte il più volte citato *ranking* reputazionale, ossia il criterio che guida l'organizzazione dei turni, comporta che nelle chiamate non si garantisce una rotazione ma spesso si preferisce colui che è sempre stato a disposizione.

Ciò detto non si può fare a meno di rilevare che anche ai *riders* che vogliono essere e restare autonomi non possono non essere riconosciute tutele basilari proprio in ragione dell'art. 35 Cost.

Si tratta allora di individuare la disciplina applicabile ai *riders*, avendo cura di distinguere gli autonomi dai subordinati. Sono subordinati coloro che sono soggetti al potere direttivo del datore di lavoro che determina unilateralmente le modalità di esecuzione della prestazione lavorativa del *rider* e cioè il se, il come, il dove e il quando della prestazione di lavoro.

6. Nel nostro ordinamento, la giurisprudenza ha affrontato il problema della qualificazione del rapporto di lavoro dei *riders* di *Foodora* in tre recenti pronunce[23].

Le sentenze hanno offerto diverse interpretazioni della disposizione dell'art. 2 del d.lgs. n. 81 del 2015 evocata in giudizio per la prima volta in queste occasioni. Per tale ragione saranno oggetto di approfondimento nel capitolo dedicato alle collaborazioni organizzate dal committente (cap. 51).

il caso Foodora

Basti qui riferire che sia i Tribunali sia la Corte di appello hanno qualificato il rapporto come di lavoro autonomo (si trattava nel caso di specie di una collaborazione coordinata e continuativa) perché i *riders* non solo erano liberi di non accettare di essere inseriti nei turni di lavoro ma, anche quando erano stati inseriti in un turno orario, potevano non presentarsi e quindi non effettuare le consegne richieste nel turno di lavoro senza essere soggetti ad alcuna sanzione disciplinare. E per questa ragione anche la Corte di appello respinge la domanda volta al riconoscimento della natura subordinata del rapporto di lavoro.

Risulta inoltre dalla motivazione della sentenza che la gestione del rapporto di lavoro da parte di *Foodora* avveniva attraverso la piattaforma multimediale *Shyftplan* e un applicativo per smartphone (inizialmente *Urban Ninjia* e poi *Hurrier*) per il cui uso venivano fornite da *Foodora* apposite istruzioni.

Alla luce della distinzione tracciata nel paragrafo precedente, sembra corretto ritenere che la società di servizi Foodora (e non la piattaforma Shyftplan) fosse il committente nei confronti del quale taluni *riders* hanno rivendicato la natura subordinata del loro rapporto di lavoro.

---

[23] Cfr. le sentenze App. Torino 4 febbraio 2019, n. 26; Trib. Torino 7 maggio 2018, n. 778, con nota di P. Ichino, *Subordinazione, autonomia e protezione del lavoro*, in *Riv. it. dir. lav.*, 2018, p. 283 ss.; e Trib. Milano 10 settembre 2018, n. 1853. Cfr. M. Del Conte, O. Razzolini, *La* gig economy *alla prova del giudice: la difficile reinterpretazione della fattispecie e degli indici denotativi*, in *Giorn. dir. lav. e rel. ind.*, 2018, 3, p. 673 ss.

7. L'esigenza di offrire adeguate tutele ai *riders* ha convinto il legislatore della necessità di colmare almeno in parte la lacuna normativa con il d.l. n. 101 del 2019, convertito in legge n. 128 del 2019.

la legge sul lavoro autonomo mediante piattaforme digitali

L'art. 1, comma 1 del d.l. citato apporta alcune modifiche al d.lgs. n. 81 del 2015. In particolare, il primo comma, alla lettera a), modifica l'art. 2, comma 1 del d.lgs. n. 81 del 2015 (rinvio cap. 51, par. 1), mentre alla lettera b) introduce un art. 2-*bis* al fine di migliorare alcune tutele già previste in favore degli iscritti alla Gestione separata[24].

Infine, la lett. *c*) inserisce all'interno del d.lgs. n. 81 del 2015 un intero nuovo capo, V-*bis*, composto di sette articoli, dal 47-*bis* al 47-*octies*, e rubricato "Tutela del lavoro tramite piattaforme digitali".

L'art. 47-*octies*, comma 2 precisa che l'art. 47-*quater* del d.lgs. 15 giugno 2015, n. 81, introdotti dal comma 1, lett. *c*), si applica decorsi dodici mesi dalla data di entrata in vigore della legge di conversione del presente decreto. Mentre l'art. 47-*septies* si applica decorsi novanta giorni. Quindi solo alcune delle disposizioni del decreto entreranno immediatamente in vigore dopo la conversione.

7.1. L'art. 47-*bis* definisce l'ambito di applicazione di tali «livelli minimi di tutela»[25].

campo di applicazione

Le norme del Capo V-*bis* del d.lgs. n. 81 del 2015 si applicano esclusivamente ai lavoratori autonomi che operano «attraverso piattaforme digitali». Ne segue che **sono escluse dal campo di applicazione della presente disciplina le piattaforme-intermediario** che non presuppongono un rapporto di lavoro autonomo con la piattaforma.

Le tutele si applicano indipendentemente dal carattere continuativo e coordinato della prestazione, cosicché le tutele in molti casi non potranno essere fatte valere di fronte al giudice del lavoro *ex* art. 409, n. 3, c.p.c. La selezione prescinde anche dal reddito o dal riscontro di una condizione di monocommittenza almeno prevalente del lavoratore.

I lavoratori autonomi destinatari della tutela sono soltanto quelli che operano «**attraverso piattaforme *anche* digitali**», se svolgono una **determinata attività consistente nella «consegna di beni», «per conto altrui», «in ambito urbano»**[26] e con l'utilizzo di determinati **mezzi di locomozione**.

---

[24] In particolare, si riduce a uno il numero minimo dei mesi di contribuzione per accedere a determinate prestazioni come l'indennità giornaliera di malattia; e raddoppia l'indennità di degenza ospedaliera.

[25] La disposizione in ultimo richiamata prevede che «fatto salvo quanto previsto dall'articolo 2, comma 1, le disposizioni del presente Capo stabiliscono livelli minimi di tutela per i lavoratori autonomi che svolgono attività di consegna di beni per conto altrui, in ambito urbano e con l'ausilio di velocipedi o veicoli a motore di cui all'articolo 47, comma 2, lettera a), del decreto legislativo 30 aprile 1992, n. 285 attraverso piattaforme anche digitali».

[26] Non pone problemi particolari il riferimento all'ambito urbano, atteso che, a quanto consta, le piattaforme nel settore del *delivery* operano solamente nelle città.

Con riferimento all'ultimo dei requisiti elencati, secondo il legislatore è meritevole di tutela solamente il fattorino che effettua consegne tramite un velocipede [27] o tramite alcuni, selezionati, veicoli a motore [28]. Da queste nozioni esulano quasi tutti i normali quadricicli a motore, ragion per cui non spetteranno le protezioni di legge se il *rider* sia in realtà un *driver* che mette a disposizione per le consegne la propria autovettura [29].

7.2. Il punto più critico della disposizione è nel richiamo alle «piattaforme *anche* digitali» attraverso le quali il fattorino esegue l'attività di consegna dei beni per conto altrui.

nozione legale di piattaforma digitale

La norma non distingue con chiarezza il soggetto *per conto del quale* la consegna è effettuata dallo "strumento" utilizzato per organizzarla, ossia la piattaforma digitale. Il comma 1 dell'art. 47-*bis* si limita infatti a riferire che la prestazione deve svolgersi «**attraverso piattaforme anche digitali**».

Per sciogliere questo nodo è fondamentale esaminare la nozione di "piattaforma digitale" accolta dal decreto.

Il comma 2 dell'art. 47-*bis* definisce le **piattaforme digitali** come «**i programmi e le procedure informatiche utilizzate dal committente** che, indipendentemente dal luogo di stabilimento, **sono strumentali alle attività di consegna di beni...**». Pertanto, la "piattaforma digitale" sembrerebbe concepita come il congegno tecnologico per mezzo del quale si soddisfa l'interesse del committente dei fattorini all'organizzazione delle consegne.

Però il legislatore precisa che la piattaforma digitale è tale se **fissa il compenso dei fattorini** e se **determina le modalità di esecuzione della prestazione lavorativa**, ovverosia se stabilisca le condizioni contrattuali delle attività di consegna. Da ciò si deduce che, ai fini della disciplina in esame, le piattaforme digitali coincidono con i committenti del fattorino che se ne avvalgono (ossia gli stessi soggetti *per conto dei quali* il fattorino esegue l'attività di consegna).

Onde evitare contraddizioni con il principio di bilateralità del contratto, il requisito della fissazione del compenso si deve intendere nel senso che la proposta di compenso proviene dalla piattaforma, come accade in concreto nella totalità dei casi.

---

[27] La nozione di «velocipede» è offerta dall'art. 50 del d.lgs. n. 282 del 1992 (c.d. "Codice della Strada"), implicitamente richiamato dalla norma, ai sensi del quale sono velocipedi tutti i mezzi a trazione umana con due o più ruote (principalmente biciclette e monopattini), anche se muniti di dispositivi elettrici di pedalata assistita, aventi determinate caratteristiche tecniche e dimensioni massime.

[28] Cfr. art. 47, comma 2, lett. *a*) del "Codice della Strada", che elenca autoveicoli per categorie inclusive essenzialmente di veicoli a due e tre ruote, ma anche quadricicli leggeri che non superino una determinata cilindrata (se a motore) o «massa a vuoto» (se elettrici).

[29] Ipotesi non infrequente in alcuni settori. Non rientrerebbero nel campo di applicazione della disciplina neppure fattorini che consegnano su pattini o su velocipedi a ruota singola (caratteristica di alcuni *hoverboard*), ma simili strumenti paiono invero poco adatti a sostenere lo sforzo che il trasporto di beni da consegnare richiede.

Per quanto concerne il requisito della determinazione da parte della piattaforma delle modalità esecutive della prestazione lavorativa, a seconda di come si interpreti il verbo "determinare", la nozione normativa di piattaforma digitale si espande o si contrae notevolmente.

Se infatti "determinare le modalità esecutive della prestazione" implicasse un potere unilaterale di etero-determinazione in corso di rapporto, allora i rapporti di lavoro contemplati dalla norma non differirebbero molto da quelli etero-organizzati presi in considerazione dall'art. 2, comma 1 del d.lgs. n. 81 del 2015. Ma una simile interpretazione restringe troppo il campo d'applicazione della disciplina ed è in aperta contraddizione con l'inciso d'esordio dell'art. 47-*bis* che «fa salvo quanto previsto dall'articolo 2, comma 1».

Viceversa, se le modalità esecutive fossero "determinate unilateralmente" nel senso che il formulario negoziale è predisposto da una sola parte, allora i rapporti di lavoro contemplati dalla norma potrebbero essere anche ricondotti alla nozione del secondo periodo dell'art. 409, n. 3, c.c. o, in difetto di continuatività e coordinamento, all'art. 2222 c.c. Questa seconda impostazione è quella condivisibile.

7.3. L'art. 47-*ter*, comma 1 prevede innanzitutto che i contratti individuali di lavoro degli addetti alle consegne dei beni **sono provati per iscritto**.

la forma scritta ai fini della prova

La forma scritta del contratto è richiesta quindi *ad probationem tantum*, di talché, in difetto del documento scritto, il contratto non è nullo *ex* art. 1325, comma 1, n. 4, c.c.

E tuttavia il difetto di forma non produce solamente l'effetto tipico della limitazione dell'utilizzo della prova testimoniale ai sensi degli artt. 2724, n. 3 e 2725 c.c., ma comporta altresì ulteriori conseguenze penalizzanti che consistono nella possibile applicazione di una sanzione amministrativa e nel riconoscimento di una indennità risarcitoria (v. più nel dettaglio oltre).

il diritto di informazione

Lo stesso comma primo dell'articolo in esame prevede il diritto dei lavoratori di «ricevere **ogni informazione utile per la tutela dei loro interessi, dei loro diritti nonché della loro sicurezza**», cui corrisponde un obbligo gravante sulla piattaforma-committente.

Si tratta di un obbligo assai esteso e non ben determinato nel contenuto. Il tenore della norma, che contempla un "diritto di ricevere informazioni", sembra ad ogni modo presupporre una richiesta di informazioni da parte del lavoratore. Sarà dunque la richiesta del fattorino a circoscrive di volta in volta l'ambito delle informazioni da rendere.

La legge non prescrive peraltro che le informazioni siano rese per iscritto. Tuttavia, l'obbligo deve essere adempiuto dal committente secondo correttezza e buona fede (artt. 1175 e 1375 c.c.) e, quindi, in modo che le informazioni siano chiare e comprensibili. Ne segue che la forma scritta sarà in concreto necessaria ai fini dell'esatto adempimento dell'obbligo informativo.

Il secondo comma dell'art. 47-*ter* del d.l. n. 101 del 2019 ha precisato che, se la "piattaforma anche digitale" viola i diritti di cui al comma 1:

a) trova applicazione l'art. 4 del d.lgs. n. 152 del 1997, norma ai sensi della quale l'inadempimento di determinati obblighi informativi e di formalizzazione [30] consente al lavoratore di rivolgersi alla ITL che intima al datore di lavoro di fornire le informazioni; è prevista una sanzione amministrativa in caso di inottemperanza alla richiesta perentoria della ITL [31];

le sanzioni

b) il lavoratore matura il diritto a una «indennità risarcitoria da liquidarsi in misura non superiore ai compensi percepiti nell'ultimo anno, determinata equitativamente con riguardo alla gravità e alla durata della violazione e al comportamento delle parti». La disposizione offre già i parametri per la quantificazione e fissa un tetto massimo corrispondente all'ammontare del compenso corrisposto dal medesimo committente. Per ultimo anno, in assenza di indicazioni, non si deve intendere l'anno solare bensì i trecentosessantacinque giorni che precedono la violazione.

Infine, si precisa che «la violazione del comma 1 è valutata come elemento di prova delle condizioni effettivamente applicate al rapporto di lavoro e delle connesse lesioni dei diritti previsti dal presente». Sembra che il legislatore intenda dare rilievo al rispetto dei vincoli di forma e all'adempimento degli obblighi d'informazione ai fini della dimostrazione dei *fatti* alla base della pretesa portata in giudizio dal lavoratore.

---

[30] Non è chiaro se si tratti esclusivamente delle violazioni del comma 1 e quindi delle informazioni che la norma in esame già contempla o se si debba, in aggiunta, far riferimento agli artt. 1, 2, 3 e 5, comma 2, d.lgs. n. 152 del 1997, cui l'art. 4 citato pure rinvia. Ad ogni modo, è bene chiarire che solamente alcune parti delle norme citate sembrano applicabili a lavoratori non subordinati. L'art. 1 impone, ad esempio, l'obbligo del datore di lavoro di indicare: «a) l'identità delle parti; b) il luogo di lavoro; in mancanza di un luogo di lavoro fisso o predominante, l'indicazione che il lavoratore è occupato in luoghi diversi, nonché la sede o il domicilio del datore di lavoro; c) la data di inizio del rapporto di lavoro; d) la durata del rapporto di lavoro, precisando se si tratta di rapporto di lavoro a tempo determinato o indeterminato; e) la durata del periodo di prova se previsto; f) l'inquadramento, il livello e la qualifica attribuiti al lavoratore, oppure le caratteristiche o la descrizione sommaria del lavoro; g) l'importo iniziale della retribuzione e i relativi elementi costitutivi, con l'indicazione del periodo di pagamento; h) la durata delle ferie retribuite cui ha diritto il lavoratore o le modalità di determinazione e di fruizione delle ferie; i) l'orario di lavoro; l) i termini del preavviso in caso di recesso».

[31] Tale disposizione è contenuta nel testo di legge che attua la direttiva 91/533/CEE concernente l'obbligo del datore di lavoro di informare il lavoratore delle condizioni applicabili al contratto o al rapporto di lavoro. La norma prevede che «in caso di mancato o ritardato, incompleto o inesatto assolvimento degli obblighi di cui agli articoli 1, 2, 3 e 5, comma 2, il lavoratore può rivolgersi alla direzione provinciale del lavoro affinché intimi al datore di lavoro a fornire le informazioni previste dal presente decreto entro il termine di quindici giorni». L'inottemperanza alla richiesta della direzione provinciale del lavoro comporta l'applicazione della sanzione amministrativa (da lire 1000.000 a lire 5000.000) prevista dall'art. 9-*bis*, comma 3, d.l. n. 150 del 1996, conv. con mod. legge n. 608 del 1996.

7.4. Nella costruzione del regime di tutela dei *riders* sono centrali le disposizioni sul compenso.

In un primo momento il legislatore aveva previsto un articolato meccanismo di tutela confluito all'interno del testo del d.l. n. 101 del 2019, successivamente sostituito dalle disposizioni contenute all'interno dell'art. 47-*quater*.

la definizione dei criteri di determinazione del compenso è affidata ai contratti collettivi

Fermo quanto previsto dall'art. 2225 c.c., il comma 1 dell'articolo in ultimo citato affida ai **contratti collettivi stipulati dalle organizzazioni sindacali e datoriali comparativamente più rappresentative a livello nazionale la definizione dei «criteri di determinazione del compenso** che tengano conto delle modalità di svolgimento della prestazione e dell'organizzazione del committente».

in assenza di contratti collettivi è vietato il compenso a consegna e obbligatorio un compenso minimo orario

Qualora difetti il contratto collettivo di cui al comma 1, i fattorini non possono in ogni caso essere retribuiti in base alle consegne effettuate ed è loro riconosciuto un «**compenso minimo orario** parametrato ai minimi tabellari stabiliti da contratti collettivi nazionali di settori affini o equivalenti sottoscritti dalle organizzazioni sindacali e datoriali comparativamente più rappresentative a livello nazionale» [32].

Il legislatore affida ancora una volta alle parti sociali una fondamentale funzionale regolativa del compenso in un'area, quella del lavoro autonomo, in cui le stesse parti sociali hanno avuto storicamente difficoltà ad affermarsi quale "autorità salariale".

Come è noto, infatti, non esistono associazioni di lavoratori autonomi in grado di stipulare contratti collettivi con le organizzazioni rappresentative delle grandi imprese che dominano i settori delle piattaforme digitali [33]. Consapevole di ciò, il legislatore introduce un rilevante incentivo a intavolare trattative con i soggetti rappresentativi o comunque ad applicare un contratto collettivo, poiché il pagamento in base alle consegne effettuate – che è la modalità in assoluto più diffusa e più conveniente per l'impresa – sarà possibile solamente se disciplinato da contratti collettivi del settore. In assenza di un contratto collettivo del settore, le piattaforme digitali dovranno riconoscere un compenso orario e utilizzare come parametro per la definizione di detto compenso i contratti collettivi di "settori affini o equivalenti", espressione con la quale la legge evoca probabilmente il contratto collettivo della logistica [34].

---

[32] La disposizione ricordava vagamente l'abrogato art. 63 del d.lgs. n. 276 del 2003, sul corrispettivo del lavoratore a progetto.

[33] Non sono contratti collettivi idonei i documenti come la "Carta dei diritti fondamentali dei lavoratori digitali nel contesto urbano" siglata di fronte al Comune di Bologna dai rappresentanti dei *riders*, con due singole piattaforme (Sgnam e MyMenu) ma senza le rappresentanze "comparativamente più rappresentative a livello nazionale" delle piattaforme.

[34] Già utilizzato come parametro dalla Corte d'Appello di Torino del 2019 già citata.

le conseguenze dell'accordo sul compenso a consegna in assenza di contratto collettivo

Occorre domandarsi cosa accada qualora, mancando il contratto collettivo del comma 1, le parti concordino un'obbligazione di risultato con pagamento "a consegna". Una simile clausola sarebbe nulla *ex* art. 1418 per violazione dell'art. 47-*quater*, comma 2 e verrebbe sostituita di diritto ai sensi dell'art. 1339 c.c. dalla previsione del compenso minimo orario della fonte collettiva indicata dallo stesso comma 2. Qualora poi non si rinvengano contratti collettivi di "settori affini o equivalenti", il giudice può sempre stabilire il compenso ai sensi dell'art. 2225 c.c. «in relazione al risultato ottenuto e al lavoro normalmente necessario per ottenerlo».

Il terzo comma introduce infine un'ulteriore tutela economica. Agli addetti alle consegne tramite piattaforma digitale deve essere garantita un'indennità integrativa non inferiore al 10% del compenso spettante per il lavoro svolto «di notte, durante le festività o in condizioni metereologiche sfavorevoli». È evidente che le nozioni di "notte" e "condizioni metereologiche sfavorevoli", non meglio precisate, si prestano a interpretazioni molteplici.

Ad ogni modo l'indennità deve essere determinata dagli stessi contratti collettivi di cui al comma 1 o, in difetto, da un decreto del Ministro del lavoro e delle politiche sociali. Pur in assenza di tali determinazioni, la norma potrebbe essere direttamente applicabile poiché prevede già una soglia minima.

l'estensione ai riders *della disciplina antidiscriminatoria e di quella posta a tutela della libertà e dignità del lavoratore subordinato*

7.5. L'art. 47-*quinquies* prevede poi l'estensione a favore dei fattorini con le caratteristiche dell'art. 47-*bis* della «disciplina antidiscriminatoria e quella posta a tutela della libertà e dignità del lavoratore prevista per i lavoratori subordinati, ivi compreso l'accesso alla piattaforma».

La norma impone in primo luogo l'integrale applicazione della disciplina antidiscriminatoria, un ampio e complesso *corpus* di regole (cap. 26, sez. III), che include, tra le altre disposizioni, l'art. 15 e l'art. 16 della legge n. 300 del 1970.

Si applica parimenti la disciplina a tutela della libertà e dignità dei lavoratori subordinati, quindi innanzitutto le norme del titolo I dello St. lav., in quanto compatibili con la natura autonoma del rapporto di lavoro. Possono trovare applicazione, ad esempio, le norme relative alla libertà di opinione e il divieto di indagini sulle opinioni, nonché l'art. 9 sul diritto di partecipare, per mezzo delle proprie rappresentanze, alla costruzione del sistema di prevenzione. Non possono invece trovare applicazione quelle disposizioni che presuppongono l'esercizio di poteri tipici del datore di lavoro e quindi la costituzione di un rapporto di lavoro subordinato (ad esempio: l'art. 4 sul controllo a distanza, l'art. 7 sul procedimento disciplinare e l'art. 13 sulle mansioni).

Non è neppure facile comprendere quale sia il contenuto dell'inciso finale («ivi compreso l'accesso alla piattaforma») che peraltro, a ben vedere, non è collegato sotto il profilo sintattico alla frase che lo precede. Il legislatore ha voluto probabilmente esemplificare una "situazione" in cui è più probabile che si verifichi una discriminazione o una lesione della libertà o della dignità del lavoratore[35].

---

[35] Resta poco chiaro se per «accesso alla piattaforma» si intenda la "registrazione inizia-

L'atto in violazione del divieto posto dalla norma in esame è nullo e al lavoratore spetta il risarcimento del danno subito. Sia la discriminazione, sia il danno devono essere provati dal *rider*, con tutte le difficoltà che tale prova comporta. Il *rider* può tuttavia giovarsi, almeno per la prova della discriminazione, delle stesse agevolazioni previste a favore dei lavoratori subordinati (cap. 26).

le reazioni illegittime della piattaforma al rifiuto del rider di accettare una consegna

7.6. Il legislatore vieta al committente di escludere il *rider* dalla piattaforma digitale e di ridurre le sue occasioni di lavoro (il numero delle proposte di effettuare una consegna) se tali condotte siano «ascrivibili alla mancata accettazione della prestazione» [36].

Il divieto riguarda due tipiche reazioni della piattaforma digitale che configurano in senso lato "sanzioni" o "meccanismi di penalizzazione" a carico del *rider* che non accetti la proposta di effettuare una o più consegne.

il divieto di esclusione

Per quanto concerne il primo divieto, non è chiaro quando si possa parlare di «esclusione» (se basti ad esempio la cancellazione dell'*account* del *rider*). Ad ogni modo, sembra corretto ritenere che il recesso del committente causato dal rifiuto del *rider* violi il divieto e sia quindi nullo (*ex* artt. 1324 e 1418 c.c.).

il divieto di riduzione delle occasioni di lavoro

La norma che vieta la riduzione delle occasioni di lavoro comporterà poi che la frequenza e il numero delle risposte negative del *rider* non potranno più incidere sul *ranking* reputazionale. Pertanto, l'entrata in vigore della disposizione imporrà un cambiamento dell'attuale strutturazione degli algoritmi che, attraverso i *ranking* reputazionali, tendono a privilegiare nella distribuzione delle occasioni di lavoro i fattorini che assicurano una maggiore "disponibilità" e quindi penalizzare i meno disponibili: per attenersi al divieto, le piattaforme dovranno eliminare ogni funzionalità del programma diretta a premiare con l'accesso prioritario alle occasioni di lavoro la "disponibilità" del *rider*.

Ciò non significa però che le piattaforme dovranno attuare un rigido *turnover* tra i fattorini. È infatti possibile identificare altri e diversi criteri premiali per alimentare il punteggio del *ranking*: ad esempio il numero di consegne per unità di tempo o il voto dato al singolo *rider* da ristoratori e consumatori secondo i sistemi di *feedback* in uso.

È fondamentale cercare di capire quale sia la tutela esperibile in caso di violazione. Gli atti compiuti in violazione dei divieti sono nulli *ex* art. 1418, comma 1, c.c. e il *rider* può quindi domandare il risarcimento del danno subito in conseguenza della violazione.

È bene evidenziare tuttavia che il danno è di difficile prova e quantificazione.

---

le" che ciascun utente deve ultimare ovvero l'accesso finalizzato all'accettazione della proposta di effettuare una consegna.

[36] È bene notare innanzitutto che la norma contiene una espressione impropria sotto il profilo giuridico. Infatti, nel campo dei rapporti contrattuali non si accetta una «prestazione», bensì una proposta (art. 1326 c.c.).

Con riferimento al divieto di ridurre le occasioni di lavoro, non è semplice immaginare come sarà calcolata tale "riduzione" perché si configuri una violazione. Si deve infatti trattare di una diminuzione quantitativa delle occasioni che colpisce specificamente la posizione del singolo *rider* e, soprattutto, che sia collegata da un nesso di causalità alle mancate accettazioni di proposte di consegna. E tuttavia la piattaforma digitale potrà sempre imputare la riduzione ad altri fattori concorrenti, come la riduzione delle richieste in una determinata zona o per determinati gruppi di *riders*.

le tutele prospettabili in caso di violazione dei divieti

Una volta dimostrata la "riduzione", occorrerebbe poi parametrare la lesione patrimoniale subita dal lavoratore al valore delle occasioni di lavoro perdute per effetto della riduzione o dell'esclusione. Tale valore corrisponderebbe al compenso spettante per le ore di attività lavorate o per il numero consegne effettuate dal "*rider* medio" ovvero al compenso spettante per la media delle ore di attività lavorate o per il numero medio di consegne effettuate dallo stesso *rider* prima delle penalizzazioni. Il giudice (che sarà un giudice del lavoro solamente se ricorrano i requisiti dell'art. 409, n. 3, c.p.c.), qualora riscontri difficoltà, può sempre quantificare il risarcimento in via equitativa *ex* art. 1226 c.c.

Alla luce di quanto riferito, la tutela predisposta dalla normativa in esame a protezione del fattorino rischia di divenire ineffettiva, sia perché la prova della riduzione delle occasioni di lavoro quale conseguenza del rifiuto è molto difficile, sia perché il risarcimento è di incerta quantificazione.

7.7. Il legislatore si premura di precisare che i dati personali dei lavoratori delle piattaforme digitali – come del resto anche i dati dei consumatori – sono trattati in conformità delle disposizioni del Regolamento del Parlamento europeo 27 aprile 2016, n. 2016/679/UE e del d.lgs. 30 giugno 2003, n. 196.

il trattamento dei dati dei lavoratori delle piattaforme digitali

La norma non ha carattere innovativo in quanto il campo d'applicazione dei testi normativi citati già include il trattamento dei dati dei lavoratori delle piattaforme digitali. Tuttavia, il richiamo sottolinea le specifiche esigenze di tutela che emergono nel contesto delle piattaforme digitali, in cui le applicazioni informatici fungono da collettori automatici di informazioni.

Ad ogni modo, come ha ricordato la sentenza della Corte d'Appello di Torino, il danno derivante dalla violazione della normativa cogente sul trattamento dei dati personali non è *in re ipsa* ma deve comunque essere provato dal lavoratore[37].

la copertura assicurativa obbligatoria INAIL

7.8. L'art. 47-*septies* introduce opportunamente la copertura assicurativa obbligatoria Inail contro gli infortuni sul lavoro e le malattie professionali (d.p.r. 30 giugno 1965, n. 1124). La misura era stata invocata da più parti,

---

[37] App. Torino 4 febbraio 2019 n. 26, che richiama a sostegno Cass., Sez. civ. VI, ord., 26 settembre 2013, n. 22100.

anche in considerazione degli elevati rischi professionali dei *riders* che operano su strada ed esposti a molteplici pericoli.

La disposizione in esame precisa che il premio di assicurazione – la somma che periodicamente versata all'Inail – è determinato in base al tasso di rischio corrispondente all'attività svolta (art. 41, d.p.r. n. 1124 del 1965).

Per il calcolo del premio assicurativo, si assume come retribuzione imponibile (art. 30, d.p.r. n. 1124 del 1965) la retribuzione convenzionale giornaliera di importo corrispondente alla misura del limite minimo di retribuzione giornaliera in vigore per tutte le contribuzioni dovute in materia di previdenza e assistenza sociale, rapportata ai giorni di effettiva attività, indipendentemente dal numero delle ore giornaliere lavorative.

Ai fini dell'assicurazione Inail, il committente che utilizza la «piattaforma anche digitale» è equiparato al datore di lavoro, ed infatti è tenuto a tutti gli adempimenti richiesti al datore di lavoro ai sensi del d.p.r. n. 1124 del 1965.

7.9. Il terzo comma dell'art. 47-*septies* fa gravare sul committente che utilizza la "piattaforma anche digitale" le responsabilità in materia di salute e sicurezza sul lavoro previste dal d.lgs. n. 81 del 2008 (cap. 26, sez. II), «a propria cura e spese».

la sicurezza sul lavoro

Anche questa norma, al pari dell'art. 47-*sexies* in materia di *privacy*, non sembra avere portata innovativa. Infatti, il *rider* già rientra nell'ampia nozione di "lavoratore" contenuta all'interno dell'art. 2, comma 1, lett. *a*) del d.lgs. n. 81 del 2008 quale «persona che, indipendentemente dalla tipologia contrattuale, svolge un'attività lavorativa nell'ambito dell'organizzazione di un datore di lavoro pubblico o privato».

È importante ricordare però che, nonostante il comma 4 dell'art. 3 preveda che il d.lgs. n. 81 del 2008 si applichi «a tutti i lavoratori e lavoratrici, subordinati e autonomi, nonché ai soggetti ad essi equiparati, fermo restando quanto previsto dai commi successivi del presente articolo», i commi successivi introducono rilevanti limitazioni riguardanti il lavoro autonomo, sia nella forma della collaborazione coordinata e continuativa sia nella forma del contratto d'opera *ex* art. 2222 c.c.

Infatti, la disciplina in materia di salute e sicurezza s'applica al lavoratore "parasubordinato" integralmente «ove la prestazione lavorativa si svolga nei luoghi di lavoro del committente». Però i *riders*, quand'anche siano collaboratori *ex* art. 409, n. 3, c.p.c., lavorano per definizione fuori dai locali del committente e, quindi, non opera a loro favore la piena equiparazione.

Il comma 11 precisa tuttavia che ai lavoratori autonomi di cui all'art. 2222 c.c. (norma applicabile in via residuale alle collaborazioni coordinate e continuative) si applicano due disposizioni: l'art. 21 del d.lgs. n. 81 del 2008, che detta alcuni obblighi di autoprotezione relativi ad attrezzature e dispositivi in dotazione (ad esempio: il casco e la bicicletta), nonché l'obbligo di sorveglianza sanitaria e formazione specifica sui rischi; e l'art. 26, che impone l'obbligo di verifica della idoneità tecnico professionale dei lavoratori autonomi «in relazione ai lavori, ai servizi e alle forniture da affidare». Nessun'altra disposizione del Testo Unico trova diretta applicazione[38].

Una volta chiariti gli obblighi della piattaforma-committente in materia di sicurezza, può essere utile precisare che la locuzione «a propria cura e spese» sottolinea di sicuro l'ampiezza della responsabilità del committente, ma non esclude l'obbligo di cooperazione in capo al prestatore (cap. 26, sez. II, par. 3 e 3.1).

È bene ricordare infine che giurisprudenza e dottrina maggioritarie continuano a negare l'applicabilità dell'art. 2087 c.c. al di fuori del campo di applicazione del lavoro subordinato[39].

l'osservatorio permanente

7.10. Infine, si noti che il legislatore ritiene fondamentale verificare e valutare in continuità l'impatto delle disposizioni in esame e, a tal fine, istituisce presso il Ministero del lavoro e delle politiche sociali un Osservatorio permanente, presieduto dal Ministro o da un suo delegato e composto da rappresentati dei datori di lavoro e dei lavoratori di cui al comma 1 dell'art. 47-*bis*. L'Osservatorio opererà senza comportare ulteriori spese a carico dei contribuenti.

---

[38] Vi sono all'interno del d.lgs. n. 81 del 2008 norme di sostegno e alcune previsioni in materia di edilizia e cantieri.

[39] Cfr. Cass. 7 dicembre 2017, n. 29437; e Cass. 2 dicembre 2015, n. 24538.

Capitolo 53

La disciplina delle prestazioni occasionali: il Libretto Famiglia e il contratto di prestazione occasionale

SOMMARIO: 1. Abrogazione della disciplina sul lavoro accessorio. – 2. La disciplina delle prestazioni occasionali. – 2.1. Il libretto famiglia. – 2.2. Il contratto di prestazione occasionale. – 3. Il regime sanzionatorio.

1. Le modalità di acquisizione delle prestazioni di lavoro occasionali **sono ora regolate dall'art. 54-*bis* del d.l. n. 50 del 2017**, convertito, con modificazioni, dalla legge n. 96 del 2017 dopo che il **lavoro accessorio,** originariamente introdotto dal d.lgs. n. 276 del 2003, **è stato abrogato dal d.l. 17 marzo 2017, n. 25.**

l'abrogazione della disciplina sul lavoro accessorio

La disciplina del lavoro accessorio era caratterizzata dalla modalità di pagamento del compenso tramite ***voucher*** e nasceva con la finalità di regolarizzare prestazioni che, altrimenti, si sarebbero probabilmente svolte "in nero".

Tale modalità di remunerazione prevedeva uno schema semplificato di gestione del rapporto in base al quale l'utilizzatore della prestazione, con un unico pagamento corrisposto al concessionario, assolveva tutti gli oneri di gestione quali il compenso del prestatore di lavoro nonché i contributi previdenziali e assicurativi.

Questa disciplina, introdotta in Italia dopo che istituti similari avevano conseguito discreti risultati in altri Paesi europei [1], è stata da sempre al centro di un acceso dibattito. Nel sentire sociale, infatti, il lavoro accessorio, pur molto diffuso [2], non godeva di grandi favori, tant'è vero che la sua disciplina è

---

[1] Discipline simili furono prima introdotte in Francia e Belgio tanto che il legislatore del 2003 sembra essersi ispirato proprio all'esperienza belga del "Contrat de travail Ale"; al riguardo si veda O. Nacci, *Il lavoro accessorio nell'esperienza comparata: il caso belga*, in *Guida lav.*, 2003, 3, p. 119.

[2] I dati Inps diffusi dall'Osservatorio sul monitoraggio del lavoro accessorio (*www.inps.it*) dimostrano un *trend* di crescita costante di questo istituto. Al 30 giugno 2016 risultavano venduti 347.214.440 *vaucher*.

stata oggetto di una serie di modifiche normative e, poi, di una richiesta di *referendum* abrogativo, ammesso dalla Corte costituzionale [3], perché ritenuta elusiva della disciplina del lavoro subordinato.

Anche al fine di evitare il *referendum*, la questione è stata poi risolta con l'abrogazione dell'istituto da parte del d.l. 17 marzo 2017, n. 25.

la nuova disciplina

2. La legge n. 96 del 2017, di conversione del d.l. n. 50 del 2017, recante disposizioni urgenti in materia finanziaria (c.d. manovrina), dopo l'abrogazione della disciplina sul lavoro accessorio, ha nuovamente regolamentato il lavoro occasionale dettando nuove e più stringenti regole.

prestazioni occasionali: nozione

Secondo l'art. 54-*bis* del d.l. n. 50 del 2017 le prestazioni occasionali sono definite sulla base di requisiti reddituali e di durata della prestazione.

Si tratta di attività lavorative che danno luogo, nel corso di un anno civile:

a) per ciascun prestatore, con riferimento alla totalità degli utilizzatori, a compensi di importo complessivamente non superiore a 5.000 euro;

b) per ciascun utilizzatore, con riferimento alla totalità dei prestatori, a compensi di importo complessivamente non superiore a 5.000 euro [4];

c) per le prestazioni complessivamente rese da ogni prestatore in favore del medesimo utilizzatore, a compensi di importo non superiore a 2.500 euro;

c-*bis*) per ciascun prestatore, c.d. *steward*, addetto alle attività di controllo dei titoli di accesso e all'instradamento degli spettatori da parte delle società sportive di cui alla legge 23 marzo 1981, n. 91, negli impianti sportivi nei quali si svolgono partite ufficiali delle squadre di calcio professionistiche, a compensi di importo complessivamente non superiore a 5.000 euro [5].

---

[3] Cfr. Corte cost. 27 gennaio 2017, n. 28.

[4] Rispetto a questo limite sono computati in misura pari al 75% del loro importo, purché i prestatori stessi, all'atto della propria registrazione nella piattaforma informatica gestita dall'Inps, di cui al comma 9 dell'art. 54-*bis*, autocertifichino la relativa condizione, i compensi per prestazioni rese dai seguenti soggetti:

a) titolari di pensione di vecchiaia o di invalidità;

b) giovani con meno di venticinque anni di età, se regolarmente iscritti a un ciclo di studi presso un istituto scolastico di qualsiasi ordine e grado ovvero a un ciclo di studi presso l'università;

c) persone disoccupate, ai sensi dell'art. 19 del d.lgs. 14 settembre 2015, n. 150;

d) percettori di prestazioni integrative del salario, di reddito di inclusione (REI) ovvero di altre prestazioni di sostegno del reddito.

[5] Lettera aggiunta dall'art. 1, comma 368, lett. *a*) della legge 27 dicembre 2017, n. 205 e originariamente destinata solo agli *steward* addetti negli stadi con capienza superiore a 7.500 posti. Con la finalità di elevare il livello di sicurezza delle competizioni calcistiche, l'ambito di applicazione della norma è stato da ultimo ampliato dal Ministero del Lavoro e delle politiche sociali che, con nota prot. n. 9712 del 7 dicembre 2018, ha previsto la possibilità di utilizzo delle prestazioni occasionali tramite il Libretto Famiglia per la retribuzione dei servizi resi dagli *steward* all'interno degli impianti sportivi di calcio, a prescindere dalla capienza degli stessi, nei campionati della serie A, serie B e lega Pro.

Come si vedrà nel par. 3, inoltre, ai requisiti reddituali si somma anche un requisito temporale: la prestazione di lavoro occasionale non può avere una durata superiore a 280 ore per lo stesso committente nell'arco dello stesso anno civile.

Come per i vecchi *voucher*, i compensi percepiti dal prestatore sono esenti da imposizione fiscale, non incidono sul suo stato di disoccupato e sono computabili ai fini della determinazione del reddito necessario per il rilascio o il rinnovo del permesso di soggiorno.

A differenza dei vecchi *vaucher*, però, il prestatore ha diritto al riposo giornaliero, alle pause e ai riposi settimanali ed inoltre, non possono essere acquisite prestazioni di lavoro occasionali da soggetti con i quali l'utilizzatore abbia in corso o abbia cessato da meno di sei mesi un rapporto di lavoro subordinato o di collaborazione coordinata e continuativa.

libretto famiglia

2.1. Le persone fisiche, non nell'esercizio dell'attività professionale o d'impresa, e le società sportive di cui alla legge 23 marzo 1981, n. 91, possono ricorrere a prestazioni occasionali mediante il nuovo "libretto famiglia".

Si tratta di un libretto nominativo prefinanziato per il pagamento di prestazioni occasionali nell'ambito di una serie di attività espressamente indicate dalla legge [6].

Ciascun libretto famiglia contiene titoli di pagamento, il cui valore nominale di ciascun titolo è fissato in 10 euro, utilizzabili per compensare prestazioni di durata non superiore a un'ora.

Per ciascun titolo di pagamento erogato sono interamente a carico dell'utilizzatore la contribuzione alla Gestione separata nella misura di 1,65 euro e il premio dell'assicurazione contro gli infortuni sul lavoro e le malattie professionali nella misura di 0,25 euro, oltre ad un importo di 0,10 euro destinato al finanziamento degli oneri gestionali [7].

Entro il giorno 3 del mese successivo allo svolgimento della prestazione l'utilizzatore della prestazione comunica telematicamente i dati identificativi del prestatore, il compenso pattuito, il luogo di svolgimento e la durata della prestazione, nonché ogni altra informazione necessaria ai fini della gestione

---

[6] Piccoli lavori domestici, compresi lavori di giardinaggio, di pulizia o di manutenzione; assistenza domiciliare ai bambini e alle persone anziane, ammalate o con disabilità; insegnamento privato supplementare; attività di controllo dei titoli di accesso e instradamento degli spettatori effettuate dai c.d. *steward* per conto delle società sportive di cui alla legge 23 marzo 1981, n. 91, negli impianti sportivi nei quali si svolgono partite ufficiali delle squadre di calcio professionistiche. Mediante il libretto famiglia, è erogato il contributo di cui all'art. 4, comma 24, lett. *b*) della legge 28 giugno 2012, n. 92, per l'acquisto di servizi di *baby-sitting*, ovvero per fare fronte agli oneri della rete pubblica dei servizi per l'infanzia o dei servizi privati accreditati.

[7] L'Inps provvede all'accreditamento dei contributi previdenziali sulla posizione contributiva del prestatore e al trasferimento all'Inail, il 30 giugno e il 31 dicembre di ciascun anno, dei premi per l'assicurazione contro gli infortuni sul lavoro e le malattie professionali, nonché dei dati relativi alle prestazioni di lavoro occasionale del periodo rendicontato.

del rapporto. Il prestatore riceve contestuale notifica attraverso comunicazione di *short message service* (SMS) o di posta elettronica.

L'Inps provvede al pagamento del compenso al prestatore il giorno 15 del mese successivo attraverso accredito delle spettanze su conto corrente bancario o mediante bonifico bancario domiciliato pagabile presso gli uffici postali. Nel secondo caso gli oneri di pagamento del bonifico bancario domiciliato sono a carico del prestatore. **L'art. 2-*bis*, comma 1, lett. *f*) del d.l. 12 luglio 2018, n. 87**, convertito con modificazioni dalla legge 9 agosto 2018, n. 96, ha inoltre previsto che a richiesta del prestatore espressa all'atto della registrazione nella piattaforma informatica Inps, invece che con le modalità sopra indicate, il pagamento del compenso al prestatore può essere effettuato tramite qualsiasi sportello postale a fronte della generazione e presentazione di univoco mandato ovvero di autorizzazione di pagamento emesso dalla piattaforma informatica Inps, stampato dall'utilizzatore e consegnato al prestatore, che identifica le parti, il luogo, la durata della prestazione e l'importo del corrispettivo. Anche in questo caso gli oneri del pagamento del compenso sono a carico del prestatore.

contratto per prestazioni occasionali

2.2. Nei casi di utilizzo di prestazioni occasionali da parte di imprenditori, professionisti, persone giuridiche e pubbliche amministrazioni[8] è possibile ricorrere al **contratto per prestazioni occasionali**, con una importante limitazione dimensionale: è vietato il ricorso al contratto di prestazione occasionale da parte degli utilizzatori che hanno alle proprie dipendenze più di cinque lavoratori subordinati a tempo indeterminato[9]. Il detto limite dimensionale è elevato ad otto lavoratori per le aziende alberghiere e le strutture ricettive che operano nel settore del turismo, purché il prestatore rientri in una delle seguenti categorie: titolari di pensione di vecchiaia o di invalidità; giovani con

---

[8] Per le **pubbliche amministrazioni** di cui all'art. 1, comma 2, del d.lgs. 30 marzo 2001, n. 165 è prevista una disciplina particolare dettata dall'art. 54-*bis*, comma 7. Detta norma consente il ricorso al contratto di prestazione occasionale, nel rispetto dei vincoli previsti dalla vigente disciplina in materia di contenimento delle spese di personale, esclusivamente per esigenze temporanee o eccezionali:

a) nell'ambito di progetti speciali rivolti a specifiche categorie di soggetti in stato di povertà, di disabilità, di detenzione, di tossicodipendenza o di fruizione di ammortizzatori sociali;

b) per lo svolgimento di lavori di emergenza correlati a calamità o eventi naturali improvvisi;

c) per attività di solidarietà, in collaborazione con altri Enti pubblici e/o associazioni di volontariato;

d) per l'organizzazione di manifestazioni sociali, sportive, culturali o caritatevoli.

Alle pubbliche amministrazioni, inoltre, non si applica il divieto di utilizzo del contratto di prestazione occasionale previsto per i datori di lavoro con più di cinque dipendenti in rapporto di lavoro subordinato a tempo indeterminato, né si applicano le limitazioni soggettive per i prestatori previste per le aziende che operano nei settori dell'agricoltura e del turismo.

[9] Art. 54-*bis*, comma 14, lett. *a*).

meno di venticinque anni di età, se regolarmente iscritti a un ciclo di studi presso un istituto scolastico di qualsiasi ordine e grado ovvero a un ciclo di studi presso l'università; persone disoccupate, ai sensi dell'art. 19 del d.lgs. 14 settembre 2015, n. 150; percettori di prestazioni integrative del salario, di reddito di inclusione (REI) ovvero di altre prestazioni di sostegno del reddito.

Lo strumento, dunque, è **riservato alle c.d. micro-imprese**, forse per scongiurare eventuali rischi di abuso dello stesso da parte delle imprese medio-grandi.

Si tratta di un nuovo contratto mediante il quale l'utilizzatore acquisisce, con modalità semplificate, prestazioni di lavoro occasionali o saltuarie di ridotta entità, entro gli stessi limiti di importo previsti per il libretto famiglia.

Rispetto al libretto famiglia sono previste significative differenze:

a) la legge stabilisce un compenso minimo orario pari a 9 euro, ad eccezione del settore agricolo per il quale il compenso minimo è pari all'importo della retribuzione oraria delle prestazioni di natura subordinata individuata dal contratto collettivo di lavoro stipulato dalle associazioni sindacali comparativamente più rappresentative sul piano nazionale;

b) la contribuzione è più onerosa, infatti, sono interamente a carico dell'utilizzatore la contribuzione alla Gestione separata, nella misura del 33% del compenso e il premio dell'assicurazione contro gli infortuni sul lavoro e le malattie professionali nella misura del 3,5% del compenso;

c) la legge predispone un meccanismo di tracciabilità della prestazione attraverso l'obbligo di comunicazione telematica preventiva, almeno un'ora prima dell'inizio della prestazione stessa, di una serie di dati, compresi la data e l'ora di inizio e termine della prestazione [10] nonché il compenso pattuito per la prestazione che non può essere inferiore a trentasei euro per prestazioni di durata non superiore a quattro ore continuative nell'arco della giornata [11]. La stessa comunicazione è notificata anche al prestatore via sms o posta elettronica. La dichiarazione di inizio prestazione, tuttavia, può essere revocata entro i tre giorni successivi al giorno programmato di svolgimento della prestazione se quest'ultima non abbia luogo;

d) il ricorso al contratto di prestazione occasionale è precluso [12] per gli uti- *divieti*

---

[10] Per le imprese agricole, gli enti locali e le aziende alberghiere e le strutture ricettive che operano nel settore del turismo il d.l. n. 87 del 2018 ha semplificato la comunicazione preventiva di cui al comma 17 dell'art. 54-*bis*: invece della data di inizio e di termine della prestazione, tali utilizzatori possono limitarsi a comunicare «la data di inizio e il monte orario complessivo presunto con riferimento a un arco temporale non superiore a 10 giorni» (art. 54-*bis*, comma 17, lett. *d*), d.l. n. 50 del 2017, come modificato dall'art. 2-*bis*, comma 1, lett. *e*), n. 1, d.l. n. 87 del 2018).

[11] Per il settore agricolo è invece previsto che il compenso minimo è pari all'importo della retribuzione oraria delle prestazioni di natura subordinata individuata dal contratto collettivo di lavoro stipulato dalle associazioni sindacali comparativamente più rappresentative sul piano nazionale. Art. 54-*bis*, comma 16.

[12] Art. 54-*bis*, comma 14.

lizzatori che hanno alle proprie dipendenze più di cinque lavoratori [13] subordinati a tempo indeterminato, per le imprese del settore agricolo [14], per le imprese dell'edilizia e di settori affini, per le imprese esercenti l'attività di escavazione o lavorazione di materiale lapideo, per le imprese del settore delle miniere, cave e torbiere e nell'ambito dell'esecuzione di appalti di opere o servizi.

Anche in queste ipotesi i divieti rispondono alla finalità di scongiurare eventuali abusi in settori di attività particolarmente a rischio.

regime sanzionatorio

3. La disciplina dettata dall'art. 54-*bis* del d.l. n. 50 del 2017 prevede diverse sanzioni per l'ipotesi di superamento di alcuni dei limiti imposti per il ricorso alle prestazioni occasionali e per la violazione delle disposizioni relative alle comunicazioni obbligatorie.

trasformazione del contratto

In caso di superamento del limite reddituale dei 2500 euro complessivi per le prestazioni rese da ogni prestatore in favore del medesimo utilizzatore o comunque del limite di durata della prestazione pari a 280 ore nell'arco dello stesso anno civile è prevista la **trasformazione del relativo rapporto in un rapporto di lavoro a tempo pieno e indeterminato** [15]. Per espressa previsione normativa tale conseguenza non si applica però alla pubblica amministrazione; ciò in coerenza con il divieto posto dall'art. 97 Cost., di costituzione di rapporti di lavoro in assenza di una procedura selettiva.

sanzioni pecuniarie

Per l'ipotesi di violazione dell'obbligo di comunicazione preventiva di inizio prestazione, imposta agli utilizzatori imprenditori, professionisti, persone giuridiche e pubbliche amministrazioni, trova applicazione la sanzione amministrativa pecuniaria del pagamento di una somma da euro 500 a euro 2.500 per ogni prestazione lavorativa giornaliera per cui risulta accertata la violazione [16].

Al fine di scongiurare un ricorso fraudolento alle prestazioni occasionali il comma 5 dell'art. 54-*bis*, d.l. n. 50 del 2017 dispone che non possono essere acquisite prestazioni di lavoro occasionale da soggetti con i quali l'utilizzatore abbia in corso, o abbia cessato da meno di sei mesi, un rapporto di lavoro subordinato o di collaborazione coordinata e continuativa. Tale divieto non è tuttavia supportato da adeguato apparato sanzionatorio difatti la normativa non prevede alcuna espressa conseguenza per l'ipotesi di violazione di tale precetto da parte dell'utilizzatore.

---

[13] Limite elevato ad otto lavoratori per le aziende alberghiere e le strutture ricettive che operano nel settore del turismo, purché il prestatore rientri in una delle categorie di cui al comma 8 dell'art. 54-*bis*.

[14] Fanno eccezione le attività rese dai soggetti indicati dall'art. 54-*bis*, comma 8.

[15] Nel settore agricolo, il suddetto limite di durata è pari al rapporto tra il limite di importo di cui al comma 1, lett. *c*), e la retribuzione oraria individuata ai sensi del comma 16.

[16] Non si applica la procedura di diffida di cui all'art. 13 del d.lgs. 23 aprile 2004, n. 124.

Capitolo 54

I contratti associativi e le organizzazioni no profit

la prestazione di lavoro può essere oggetto anche dei contratti associativi

1. La prestazione di lavoro può essere oggetto non soltanto di contratti di scambio, quali sono il contratto di lavoro subordinato e quelli di lavoro autonomo, ma anche di contratti con causa associativa.

All'interno della categoria è utile distinguere **contratti associativi in senso stretto e in senso lato**[1]. Nei primi rilevano l'esercizio in comune di una determinata attività destinata a soddisfare un comune interesse, una comunanza di scopo e una comune assunzione del rischio. I secondi sono, invece, contraddistinti da una più generica partecipazione dei contraenti al risultato dell'attività economica.

il risultato dell'attività economica è interno alla causa del contratto

L'obbligazione di fare del socio è finalizzata alla collaborazione gestoria nell'impresa, molto diversa dalla collaborazione prestata dal lavoratore subordinato. Inoltre, al socio spetta il risultato dell'attività economica che non è elemento esterno alla causa del contratto e meramente eventuale come accade nell'ipotesi del lavoratore subordinato partecipante agli utili.

differenza tra socio, associato in partecipazione e lavoratore retribuito con partecipazione agli utili

In altri termini, mentre il socio partecipa agli utili e alle perdite in ragione dell'esercizio in comune dell'attività, la partecipazione agli utili del lavoratore subordinato – se prevista – è un semplice criterio di commisurazione della retribuzione a lui dovuta come corrispettivo del lavoro prestato.

In alcune figure intermedie (lavoro nell'impresa familiare dell'art. 230-*bis*

[1] Cfr. M. Biagi, *Lavoro (rapporti associativi di)*, in *Enc. giur. Treccani*, vol. XVIII, Roma, 1999; più di recente G. Marasà, *I contratti associativi a dodici anni dalla riforma del diritto societario*, Torino, 2015.

c.c., lavoro associativo in agricoltura, lavoro in cooperativa e lavoro dell'amministratore non socio di società di capitali) si ritrovano fusi insieme in un'unica fattispecie elementi tipici dello scambio ed elementi associativi.

2. **Nelle società di persone lo svolgimento della prestazione di lavoro del socio è oggetto di conferimento**, al pari dei beni, come chiarisce l'art. 2263, comma 2, c.c., che affida al contratto o, in mancanza, all'equità del giudice la determinazione della parte spettante al socio d'opera nei guadagni e nelle perdite.

il contratto sociale è la fonte del conferimento di lavoro del socio d'opera

Pertanto, **l'obbligo per il socio d'opera di conferire una prestazione di lavoro**, in via occasionale o continuativa, qualificata dal risultato o meno, **deriva dal contratto sociale.**

rapporto di lavoro subordinato tra socio e società di persone ammesso qualora la prestazione non integri un conferimento e sia svolta sotto il controllo gerarchico di un altro socio

3. Fermo restando l'eventuale conferimento di lavoro (che ha la sua fonte nel contratto sociale), **il socio non amministratore di società di persone può concludere con la società anche un contratto di lavoro subordinato.**

Tale contratto è ammissibile, secondo la Cassazione[2], a condizione che la prestazione di lavoro dedotta nel contratto di lavoro subordinato "non integri un conferimento previsto dal contratto sociale e purché il socio presti la sua attività lavorativa sotto il controllo gerarchico di un altro socio munito di poteri di supremazia".

rapporto di lavoro subordinato tra socio e società di capitali

Per questa ragione **non può sussistere un rapporto di lavoro subordinato in capo al socio amministratore unico di società di persone**[3].

4. **Nelle società di capitali è storicamente vietato il conferimento di prestazioni d'opera o di servizi** poiché tali prestazioni, non essendo valutabili con esattezza, non offrono sufficienti garanzie sulla corrispondenza tra capitale sottoscritto e capitale versato.

La riforma delle società di capitali (d.lgs. 17 gennaio 2003, n. 6) ha determinato un ampliamento dei casi nei quali è consentito apportare prestazioni di lavoro, nell'intento di rinvenire nuove forme di finanziamento del patrimonio sociale.

Mentre nelle società per azioni, salva la facoltà di prestazioni accessorie *ex* art. 2345 c.c., il divieto è ancora rigido (cfr. art. 2342, comma 5, c.c.), l'art. 2464 c.c. (commi 2 e 6) ammette conferimenti personali nelle s.r.l., purché assistiti da una polizza di assicurazione, da una fideiussione o dal versamento di apposita cauzione con cui vengono garantiti gli obblighi assunti dal socio.

---

[2] Cfr. da ultimo Cass. 18 aprile 2019, n. 10910; Cass. 21 giugno 2010, n. 14906, in *Giur. it.*, 2010, 12, p. 2573 ss.

[3] Cass. 18 aprile 2019, n. 10909, in *Foro it. Rep.*, voce *Società* [6270], n. 46.

Inoltre, il nuovo art. 2346, comma 6, c.c. prevede **l'emissione da parte della società per azioni, a fronte dell'apporto di soci o di terzi di opere o di servizi, di strumenti finanziari** che attribuiscono ai loro possessori diritti patrimoniali o diritti di partecipazione alla gestione della società.

emissione da parte delle società per azioni a fronte dell'apporto di soci o di terzi di opere o di servizi di strumenti finanziari che attribuiscono ai loro possessori diritti patrimoniali

Pertanto, **l'esecuzione di tali prestazioni consente la partecipazione del socio (o del terzo) agli utili, nonché all'amministrazione della società** (ad es. nomina di un componente del consiglio di amministrazione, del consiglio di sorveglianza o di un sindaco), secondo le modalità stabilite dallo statuto, che disciplina anche le condizioni di emissione dei titoli, i diritti che conferiscono e le sanzioni in caso di inadempimento delle prestazioni.

Si tratta di rapporti che trovano la loro fonte nel contratto sociale e comportano la partecipazione del prestatore d'opera o di servizio sia agli utili che alle perdite dell'impresa, nonché alla gestione dell'attività economica.

Pertanto, tali rapporti non si risolvono in uno scambio di prestazioni corrispettive e quindi non possono essere qualificati come subordinati.

D'altra parte, nelle società di capitali non sono comunque previsti i limiti che sussistono per i soci delle società di persone all'instaurazione di un rapporto di lavoro subordinato. Infatti, per i soci delle società di capitali e, in particolare, delle società per azioni vale **il principio della responsabilità limitata.**

In forza di tale principio **il socio di una società di capitali può essere contemporaneamente anche lavoratore subordinato della stessa società**, salvo che si trovi in posizione dominante.

5. Un discorso a parte merita il rapporto tra amministratore non socio e società di capitali.

analogia tra mandato e rapporto di amministrazione

I dubbi manifestati da autorevole dottrina[4] sulla qualificazione di tale rapporto ne mettono in evidenza la specialità. Si tratta di un rapporto che presenta tratti comuni sia rispetto al mandato, sotto il profilo della responsabilità[5], sia rispetto al lavoro subordinato, sotto il profilo della collaborazione, **sia infine caratteristiche specifiche proprie che consentono di inserirlo nel gruppo dei "rapporti associativi"**. Per individuare la disciplina applicabile è decisivo capire se il lavoro gestorio dell'amministratore sia lavoro parasubordinato. La controversa questione della qualificazione del rapporto tra società e amministratore[6],

---

[4] G. Minervini, *Gli amministratori di società per azioni*, Milano, 1956, p. 66.

[5] Cfr. Cass., Sez. Un., 14 dicembre 1994, n. 10680, in *Foro it.*, 1995, I, fasc. 5. Anche se il nuovo testo dell'art. 2392 c.c. non riporta più il riferimento alla diligenza del mandatario.

[6] Secondo Cass., Sez. I, 11 febbraio 2016, n. 2759, in *Foro it. Rep.*, voce *Società* [6270]: "il rapporto che lega l'amministratore alla società è di immedesimazione organica, non riconducibile al rapporto di lavoro subordinato, né a quello di collaborazione coordinata e continuativa, dovendo essere, piuttosto, **ascritto all'area del lavoro professionale autonomo ovvero qualificato come rapporto societario 'tout court'**". Cfr. simili Cass., Sez. lav., 5 luglio 2016, n. 13686, in *Foro it.*, 2017, I, c. 271, che propende per la qualificazione come "rapporto societario"; e Cass., Sez. I, 1° aprile 2009, n. 7961, favorevole all'inqua-

rimessa alle Sezioni Unite[7], è stata in ultimo risolta nel senso che "l'amministratore unico o il consigliere d'amministrazione di una società per azioni sono legati da un **rapporto di tipo societario che, in considerazione dell'immedesimazione organica che si verifica tra persona fisica ed ente e dell'assenza del requisito della coordinazione, non è compreso in quelli previsti dal n. 3 dell'art. 409 c.p.c.**" con conseguente inapplicabilità, tra le altre norme, del quarto comma dell'art. 545 c.p.c.[8]. Ad ogni modo è da precisare che **la coesistenza dei due rapporti – di lavoro subordinato e di amministrazione – in capo alla stessa persona, è ammissibile a condizione che l'amministratore sia soltanto un componente del consiglio di amministrazione o abbia competenze determinate come amministratore delegato, e sia pertanto soggetto alle direttive e al controllo dell'organo collegiale.** In ragione della coesistenza dei due rapporti la legge prevede una doppia contribuzione previdenziale (art. 1, comma 1, legge 30 luglio 2010, n. 122, ritenuta costituzionalmente legittima dalla Corte costituzionale[9]).

La normativa fiscale assimila ai redditi di lavoro dipendente quelli derivanti dagli uffici di amministratore, sindaco o revisore di società (art. 50 T.U.I.R.).

il cumulo nella stessa persona dell'incarico di amministratore delegato e di direttore generale non elimina la duplicità del rapporto

È bene, infine, chiarire che l'estensione della disciplina delle responsabilità degli amministratori ai direttori generali sancita dall'art. 2396 c.c. non elimina la duplicità di rapporti, di amministratore e di dirigente (lavoratore subordinato), quando nella stessa persona si cumulino funzioni amministrative e compiti dirigenziali[10].

Infatti, a quest'ultimo può competere il potere di rappresentare la società con effetti vincolanti soltanto in conseguenza di specifica attribuzione o se tale potere inerisca alla natura stessa dei compiti affidatigli.

superamento dell'associazione in partecipazione con apporto di lavoro

6. Per quanto riguarda l'associazione in partecipazione, il comma 1 dell'art. 53, d.lgs. n. 81 del 2015, sostituisce il secondo comma dell'art. 2549 c.c. (lett. *a*) e abroga il terzo (lett. *b*)[11].

Il nuovo comma 2 dell'art. 2549 c.c. vieta la deduzione di apporti di lavoro nello schema contrattuale in esame. Prevede, infatti, che "nel caso in cui l'associato sia una persona fisica l'apporto di cui al primo comma non può consistere, nemmeno in parte, in una prestazione di lavoro".

---

dramento come contratto di lavoro autonomo professionale; *contra*, a favore della qualificazione come rapporto di lavoro parasubordinato, Cass., Sez. lav., 20 febbraio 2009, n. 4261, sulla scia di Cass., Sez. Un., 14 dicembre 1994, n. 10680, in *Foro it.*, 1995, I, fasc. 5. Propone di valutare caso per caso, secondo l'atteggiarsi del singolo rapporto in concreto, Cass., ord. 23 maggio 2014, n. 11448.

[7] Cass., Sez. III, 25 febbraio 2016, n. 3738.

[8] Cass., Sez. Un., 20 gennaio 2017, n. 1545.

[9] Corte cost. 26 gennaio 2012, n. 15, in *Lav. nella giur.*, 2012, 6, p. 581 ss.

[10] Trib. Como, Sez. II, 16 febbraio 2016, *Ilgiuslavorista.it*, 23 giugno 2016.

[11] Cfr. anche art. 55, comma 1, lett. *h*) del decreto, che abroga il comma 30 dell'art. 1, legge n. 92 del 2012.

La nuova formulazione cancella con un colpo di spugna molte, annose, questioni connesse alle prestazioni lavorative dedotte nel contratto *ex* art. 2549 c.c., in passato spesso utilizzato dalle imprese come schermo negoziale col fine di eludere la disciplina vincolistica del lavoro subordinato e assecondare mere esigenze di riduzione del costo del lavoro.

Il secondo comma dell'art. 53 citato precisa infine che i contratti di associazione in partecipazione in atto alla data di entrata in vigore del decreto, nei quali l'apporto dell'associato consiste, in tutto o in parte, in una prestazione di lavoro, sono fatti salvi fino alla loro cessazione.

7. Le cooperative sono definite dalla legge società a capitale variabile con scopo mutualistico (art. 2511 c.c.).

le cooperative sono società a capitale variabile con scopo mutualistico

Prima della legge di riforma n. 142 del 2001, nelle cooperative di produzione e lavoro i soci, oltre ad essere titolari del diritto alle prestazioni mutualistiche (ricerca e ripartizione delle occasioni di lavoro) e alla distribuzione degli utili, concorrevano, attraverso l'esecuzione di una prestazione di lavoro in adempimento del patto sociale, ad attuare lo scopo mutualistico proprio dell'impresa cooperativa.

legge n. 142 del 2001

Il problema principale, prima della legge di riforma, riguardava **la qualificazione giuridica del lavoro prestato dal socio**. La legge di riforma n. 142 del 2001 ha rivisto la legislazione in materia cooperativistica con particolare riferimento alla posizione del socio lavoratore, in parte nuovamente rivisitata dall'art. 9 della legge n. 30 del 2003, con modifiche rilevanti che segnano una inversione di tendenza rispetto a quella delineata dal legislatore del 2001.

Ai sensi dell'art. 1, comma 3, legge n. 142 del 2001, la cooperativa che intendeva procurarsi le prestazioni lavorative del proprio socio doveva concludere con lui un **ulteriore e distinto** contratto di lavoro autonomo, o subordinato, o parasubordinato.

L'art. 9 della legge n. 30 del 2003 ha eliminato il riferimento all'espressione "e distinto", ma ha confermato l'aggettivo "ulteriore", sicché si può dire che **il legislatore del 2003, pur conservando la duplicità di rapporti che intercorrono tra socio lavoratore e cooperativa di lavoro, vuole sottolineare di nuovo la centralità del rapporto sociale.**

In passato al socio lavoratore subordinato, in forza dell'art. 2, comma 1, legge n. 142 del 2001, si applicava integralmente lo Statuto dei lavoratori con esclusione dell'art. 18 St. lav. e, quindi, della normativa sulla tutela obbligatoria contro i licenziamenti ingiustificati [12].

Invece, l'art. 9, comma 2, pur non modificando la disciplina prevista da questa disposizione, ha sostituito l'art. 5, comma 2, legge n. 142 del 2001 con una disposizione che sembrava incompatibile con l'applicazione della normativa sulla tutela obbligatoria contro i licenziamenti ingiustificati dei soci di cooperativa di produzione e lavoro.

---

[12] Da ultimo Cass. 26 marzo 2019, n. 8386; Cass. 3 settembre 2018, n. 21567; Cass. 24 maggio 2017, n. 13030; Cass. 8 febbraio 2011, n. 3043.

riemersione della posizione del socio su quella del lavoratore

Infatti, stabilisce che "**il rapporto di lavoro si estingue con il recesso o l'esclusione del socio deliberati nel rispetto delle previsioni statutarie e in conformità con gli artt. 2526 e 2527**" [13].

Secondo la Corte di Cassazione a Sezioni Unite l'aggettivo "ulteriore" tuttora contenuto nel testo novellato della legge n. 142 del 2001 continua a determinare l'autonomia tra rapporto societario e rapporto lavorativo [14].

In altri termini secondo la Corte di Cassazione continuando ad essere distinte le due posizioni (rapporto sociale e rapporto di lavoro) continuano ad essere distinti, nel rispetto dell'art. 24 Cost., anche i mezzi di tutela di cui è titolare il socio-lavoratore, che potrà liberamente scegliere quale delle forme di tutela invocare al fine di far valere i suoi diritti.

In ogni caso, l'impugnazione della delibera di esclusione è soggetta al termine di decadenza di sessanta giorni *ex* art. 2533, comma 3, c.c. Pertanto, la mancata opposizione preclude anche la possibilità di domandare le tutele contro il licenziamento illegittimo [15].

Il trattamento economico previsto e regolato dalla legge n. 142 del 2001 non subisce sostanziali modifiche se non in due punti, uno marginale, l'altro assai più rilevante.

inderogabilità del trattamento economico

L'art. 3, comma 1, legge n. 142 del 2001 stabilisce che la società cooperativa è obbligata a corrispondere al socio lavoratore un trattamento economico complessivo proporzionato alla quantità e qualità del lavoro prestato e **comunque non inferiore ai minimi previsti per prestazioni analoghe dalla contrattazione collettiva nazionale del settore o della categoria affine** [16]. Ovvero,

---

[13] Dopo la riforma del diritto societario cfr. artt. 2532 e 2533 c.c.

[14] Cass., Sez. Un., 20 novembre 2017, n. 27436, in *Foro it.*, 2018, I, c. 3677 e in *Dir. rel. ind.*, 2018, p. 280. Sull'istanza di remissione alle Sezioni Unite vedi Cass. 24 maggio 2017, n. 13030, in *Guida lav.*, 2017, fasc. 24, p. 28. La Suprema Corte di Cassazione ha stabilito che in caso di impugnazione, da parte del socio, del recesso della cooperativa, la tutela risarcitoria, *ex* art. 8, legge n. 604 del 1966, non è inibita dall'omessa impugnazione della contestuale delibera di esclusione basata sulle medesime ragioni, afferenti al rapporto di lavoro, mentre resta esclusa la tutela restitutoria. La quale, invece, *ex* art. 18, legge n. 300 del 1970, sarà invocabile qualora il socio-lavoratore impugni contestualmente al licenziamento anche la delibera di esclusione dal rapporto sociale. Si vd. in questo senso Cass. 9 luglio 2018, n. 17989, in *Foro it. Rep.*, voce *Lavoro (Rapporto)* [3890], n. 1277.

[15] Trib. Roma 28 maggio 2013, n. 7289.

[16] Come previsto dall'art. 7, comma 4, d.l. n. 248 del 2007, conv. in legge n. 31 del 2008, in presenza di una pluralità di contratti collettivi della medesima categoria, il trattamento economico dei soci lavoratori non può essere complessivamente inferiore a quello dettato dai contratti collettivi stipulati dalle organizzazioni datoriali e sindacali comparativamente più rappresentative a livello nazionale nella categoria. La Corte costituzionale, investita di una questione di legittimità relativa alla norma citata per violazione all'art. 39 Cost., ha dichiarato non fondata detta questione, poiché "il censurato art. 7, comma 4 del d.l. n. 248 del 2007, congiuntamente all'art. 3 della legge n. 142 del 2001, lungi dall'assegnare ai predetti contratti collettivi, stipulati dalle organizzazioni sindacali comparativamente più rappresentative, efficacia *erga omnes*, in contrasto con quanto statuito dall'art. 39 Cost., mediante un recepimento normativo degli stessi, richiama i predetti contratti, e

per i rapporti diversi da quello subordinato, in assenza di contratto collettivo, ai compensi medi per prestazioni analoghe rese in forma di lavoro autonomo.

Questa disposizione attua sicuramente per i soci di cooperativa di lavoro con rapporto di lavoro subordinato i principi dell'art. 36, comma 1, Cost. sulla retribuzione proporzionata alla quantità e qualità del lavoro e comunque sufficiente per contrastare l'uso fraudolento della cooperativa rivolto a ridurre i trattamenti economici dei soci lavoratori, salvo quanto previsto dai commi 2-*bis* e 2-*ter* dell'art. 3 medesimo, il regolamento interno approvato dall'assemblea determina la tipologia dei rapporti interni.

Per quanto attiene al trattamento di fine rapporto, pur in assenza di specifiche disposizioni dello Statuto, il diritto del socio lavoratore allo stesso può essere desunto da elementi idonei a comprovare la volontà della cooperativa di riconoscerlo per *facta concludentia*, come quello di dar luogo ad accantonamenti [17].

Ai sensi dell'art. 6 le cooperative sono tenute a determinare, con regolamento interno approvato dall'assemblea, la tipologia dei rapporti da instaurare con i soci lavoratori. Sono altresì tenute a indicare, con lo stesso regolamento, i contratti collettivi applicabili ai rapporti di lavoro subordinato, le normative di legge vigenti per i rapporti di lavoro diversi da quello subordinato e le misure che l'assemblea deve adottare per fronteggiare possibili crisi aziendali.

nullità delle disposizioni del regolamento che derogano in pejus *le clausole del contratto collettivo …*

L'atto di deposito del regolamento interno, riguardante la tipologia dei rapporti di lavoro attuati o che si intendono attuare con i soci lavoratori può essere certificato così come previsto dall'art. 83, comma 1, d.lgs. n. 276 del 2003, secondo la procedura e le modalità previste dal comma successivo.

L'art. 6, comma 2, vietava al regolamento **di derogare *in pejus* i trattamenti retributivi e le condizioni di lavoro** previsti dai contratti collettivi nazionali e sanciva la nullità della norma derogatoria.

… relative al trattamento economico minimo e legittimità delle disposizioni del regolamento che derogano in pejus *le clausole collettive relative alle altre condizioni di lavoro*

Ora l'art. 9, comma 2, lett. *f*), legge n. 30 del 2003 introduce una modifica rilevante rispetto al regime precedente perché ha sancito la nullità delle disposizioni del regolamento che derogano *in pejus* le clausole del contratto collettivo relative al solo trattamento economico minimo di cui all'art. 3, comma 1, mentre è consentita la deroga *in pejus* da parte del regolamento rispetto a quelle clausole relative alle altre condizioni di lavoro [18].

Inoltre, l'art. 9, comma 2 estende la competenza del giudice ordinario, prima limitata alle sole controversie inerenti al rapporto associativo, a ogni controversia relativa **alla prestazione mutualistica**, comprendente ovviamente

---

più precisamente i trattamenti economici complessivi minimi ivi previsti, quale parametro esterno di commisurazione, da parte del giudice, nel definire la proporzionalità e la sufficienza del trattamento economico da corrispondere al socio lavoratore, ai sensi dell'art. 36 Cost." (Corte cost. 26 marzo 2015, n. 51).

[17] Cass. 16 gennaio 2017, n. 862, in *Foro it. Rep.*, voce *Lavoro (Rapporto)* [3890], n. 900.

[18] Sul punto vedi Cass. 18 luglio 2018, n. 19096, (in *Riv. giur. lav.*, 2019, II, p. 72, con nota di Calderara, *Deroga "in peius" alla retribuzione e alla contribuzione minima nelle cooperative per crisi aziendale*), secondo la quale la deroga ai trattamenti economici e contributivi è possibile solo se la cooperativa versa in stato di crisi e se la deroga sia temporanea.

competenza del giudice ordinario

anche la prestazione lavorativa del socio. Tuttavia, la Suprema Corte, facendo leva su di una nozione ristretta di "prestazione mutualistica", ha sostenuto che "nell'ipotesi di connessione tra cause aventi ad oggetto il rapporto mutualistico e quello lavorativo, opera l'art. 40, comma 3, c.p.c., che fa salva l'applicazione del **rito** speciale quando una di esse rientri tra quelle di cui agli artt. 409 e 442 c.p.c."[19]. Il rito del lavoro, espressione di interessi di rilevanza costituzionale, prevarrebbe, quindi, in questi casi su quello ordinario.

i diritti sindacali si esercitano in quanto compatibili con lo status di socio lavoratore

Relativamente **ai diritti sindacali di cui al titolo III dello Statuto dei lavoratori, estesi ai soci con rapporto di lavoro subordinato, l'art. 9, legge n. 30 del 2003 ne condiziona l'esercizio in quanto compatibile con lo *status* di socio lavoratore**. E tale compatibilità non è affidata alla valutazione dell'interprete, ma alle determinazioni degli accordi collettivi tra associazioni nazionali del movimento cooperativo e organizzazioni sindacali dei lavoratori comparativamente più rappresentative.

applicazione parziale dello statuto ai soci non subordinati

Ai soci lavoratori non subordinati si applicano comunque gli artt. 1, 8, 14 e 15 St. lav., nonché le disposizioni in materia di sicurezza e igiene del lavoro e sono ammesse forme di esercizio dei diritti sindacali individuate in sede di accordi collettivi (art. 2, seconda parte).

applicazione delle norme in materia di sicurezza e igiene del lavoro

In conclusione, dal complesso delle modifiche apportate dall'art. 9 della legge n. 30 del 2003 alla legge n. 142 del 2001 risulta, da un lato, la volontà del legislatore di rimarcare l'**unitarietà della posizione giuridica del socio lavoratore** e la **centralità del rapporto sociale rispetto a quello di lavoro, dall'altro quello della Corte di Cassazione di rivendicare la distinzione tra i due.**

lavoro familiare e lavoro nell'impresa familiare

8. L'art. 230-*bis* c.c., inserito dalla legge di riforma del diritto di famiglia, disciplina **la prestazione di lavoro dei familiari che collaborano all'impresa familiare. Tale prestazione non ha fondamento in un contratto ma, come prevede la legge, nel vincolo familiare.**

L'art. 230-*bis*, comma 3 considera come familiari il coniuge e i parenti entro il terzo grado e gli affini entro il secondo.

Secondo un'autorevole tesi, tale norma avrebbe compensato la prestazione del familiare all'attività altrui, escludendo che i diritti del familiare derivino dall'esercizio in comune di un'attività economica[20].

---

[19] Cfr. Cass., Sez. VI, 17 maggio 2017, n. 12460; Cass., Sez. VI, 29 luglio 2016, n. 15798; Cass. 23 maggio 2016, n. 10677; Cass., Sez. VI, 6 ottobre 2015, n. 19975; Cass. 27 novembre 2014, n. 25237; e Cass. 21 novembre 2014, n. 24917. Cfr. Corte cost. 28 dicembre 2006, n. 460, in *Foro it.*, 2007, 6, c. 1668.

[20] G. Oppo, *Sub art.* 230-*bis*, in *Commentario alla riforma del diritto di famiglia*, a cura di L. Carraro, G. Oppo, A. Trabucchi, Padova, 1977, p. 496. Tale impostazione sembrerebbe confermata da quanto statuito da Cass., Sez. Un., 6 novembre 2014, n. 23676, volta a chiarire che il concetto di lavoro familiare *ex* art. 230-*bis* c.c. vale solo se l'impresa è individuale, mentre "è estraneo alle imprese collettive in genere e sociali in particolare, non essendo configurabile nell'ambito della compagine societaria la coesistenza di due

Comunque, la **disciplina dettata dall'art. 230-*bis* c.c.**, anche in virtù dell'inciso contenuto nella prima parte della disposizione, **risulta sussidiaria.** Infatti, la disciplina dell'art. 230-*bis* cede di fronte alla configurazione di un diverso rapporto[21].

*la disciplina dell'art. 230-*bis* è residuale*

Il familiare per il lavoro svolto non ha soltanto diritto al mantenimento secondo la condizione patrimoniale della famiglia, ma ha altresì il diritto alla partecipazione agli utili e ai beni acquistati con essi, nonché agli incrementi dell'azienda, anche in ordine all'avviamento, in proporzione alla quantità e qualità del lavoro prestato[22].

i diritti del familiare

La norma inoltre stabilisce che le decisioni concernenti l'impiego degli utili nonché degli incrementi e quelle inerenti alla gestione, agli indirizzi produttivi e alla cessazione dell'impresa sono adottate, a maggioranza, dai familiari che partecipano all'impresa stessa.

Il diritto di partecipazione non è trasferibile, salvo che il trasferimento avvenga a favore di un familiare con il consenso di tutti i partecipi. La quota partecipativa può essere liquidata in danaro alla cessazione, per qualsiasi causa, della prestazione di lavoro o in caso di alienazione dell'azienda.

intrasferibilità del diritto di partecipazione salvo che al familiare

Ai redditi prodotti in forma associata e in particolare nell'ambito dell'impresa familiare si applica l'art. 5 T.U.I.R., n. 917 del 1986.

9. In agricoltura ormai i rapporti a struttura associativa come **la mezzadria (art. 2141 c.c.) o la colonia parziaria (art. 2164 c.c.)**, mediante i quali il concedente conferiva il fondo e il mezzadro o colono prestava la sua opera per coltivarlo al fine di dividerne i prodotti e gli utili, sono stati convertiti dalla legge n. 756 del 1964 in **affitto**.

trasformazione della mezzadria e colonia parziaria in affitto

---

rapporti, uno fondato sul contratto di società e l'altro, fra il socio e i suoi familiari, derivante dal vincolo familiare o di affinità". Comunque perché sia esclusa la subordinazione vi deve essere una piena comunanza solidale di vita e di interessi fra i due conviventi (Cass. 29 settembre 2015, n. 19304, in *Foro it.*, 2015, I, c. 3472).

[21] Cfr. Cass. 10 marzo 2016, n. 4675; Cass. 22 settembre 2014, n. 19925, in *Foro it. Rep.*, 2014, voce *Famiglia (regime patrimoniale)* [2990], n. 60. In ogni caso il diverso rapporto di lavoro deve essere provato in modo preciso e rigoroso soprattutto qualora si tratti della ricorrenza di un rapporto di lavoro subordinato (Cass. 27 aprile 2018, n. 10246, in *Foro it. Rep.*, 2018, voce *Lavoro (Rapporto)* [3890], n. 901).

[22] Cfr. in tema Cass. 16 marzo 2016, n. 5224. A tal riguardo la Suprema Corte ha precisato che "la cognizione del giudice del lavoro, *ex* art. 409 cod. proc. civ., non è circoscritta all'accertamento del diritto alla remunerazione dei soggetti indicati dall'art. 230 *bis* cod. civ., ma comprende la domanda con la quale un coniuge, previo accertamento della partecipazione all'impresa familiare con l'altro coniuge, chieda, ai sensi della disposizione citata, l'attribuzione di beni o di quote di beni, che assuma acquistati con i proventi dell'impresa stessa", in quanto "tali pretese trovano titolo nel rapporto di collaborazione [...] riconducibile nella previsione dell'art. 409, n. 3, cod. proc. civ., il quale non diversifica le controversie in ragione del fatto che sia stata proposta una domanda di accertamento ovvero di condanna" (Cass. 8 aprile 2015, n. 7007).

l'unico rapporto associativo è la soccida

Pertanto, l'unico rapporto associativo in agricoltura rimasto ancora in vigore è **la soccida**, nella quale il soccidante e il soccidario si associano per l'allevamento e lo sfruttamento di una certa quantità di bestiame e per l'esercizio delle attività connesse al fine di ripartire l'accrescimento del bestiame e gli altri prodotti e utili che ne derivano (art. 2170 c.c.).

estensione progressiva della disciplina del lavoro subordinato al lavoro in agricoltura

D'altra parte, anche ai rapporti associativi di lavoro in agricoltura è stata progressivamente estesa la disciplina di alcuni istituti del lavoro subordinato. Basti pensare all'estensione ai suddetti rapporti del contratto collettivo (art. 2079 c.c. e art. 45, commi 3-4, legge n. 203 del 1982), del riconoscimento degli assegni familiari (art. 1, legge n. 585 del 1967) e dell'applicazione del rito processuale del lavoro (art. 409, n. 2, c.p.c.).

Ai sensi dell'art. 74, d.lgs. n. 276 del 2003, le attività svolte da parenti ed affini in modo meramente occasionale o ricorrente, a titolo di mutuo aiuto o di obbligazione morale, non integrano un rapporto di lavoro subordinato e non danno diritto alla corresponsione di compensi, salve le spese di mantenimento e di esecuzione dei lavori.

organizzazioni di volontariato

10. Va riscontrata una crescente attenzione legislativa, durante l'ultimo decennio, nei confronti delle prestazioni lavorative gratuite svolte a titolo volontario dagli appartenenti alle **organizzazioni del c.d. terzo settore**: termine riassuntivo utilizzato per distinguere tali attività, sia da quelle amministrative svolte dalle istituzioni pubbliche, sia da quelle di impresa condotte dai soggetti privati.

vocazione sociale delle organizzazioni no profit

In considerazione dell'apprezzabile vocazione sociale delle organizzazioni *no profit*, operanti nei campi dell'assistenza sociale o sanitaria, della beneficenza, dell'istruzione, della formazione, delle attività culturali o della promozione dei diritti civili i connotati e i vincoli connessi allo svolgimento di tali prestazioni sono stati definiti, in particolare, dalle leggi n. 266 del 1991 (c.d. legge quadro sul volontariato) e n. 381 del 1991 (contenente la disciplina delle cooperative sociali).

personalità, spontaneità, gratuità della prestazione del volontario

In particolare, l'art. 2, comma 1, legge n. 266 del 1991 individua i **requisiti dell'attività di volontariato nella personalità, spontaneità e gratuità delle prestazioni svolte tramite l'organizzazione di cui il volontario fa parte "senza fini di lucro anche indiretto ed esclusivamente per fini di solidarietà"**.

esclusione del corrispettivo

Di qui l'esclusione del diritto alla retribuzione ovvero ad altre forme di corrispettivo. Le eventuali erogazioni patrimoniali corrisposte dall'organizzazione al volontario sono ammissibili soltanto nella veste di rimborsi delle spese effettivamente sostenute dallo stesso per lo svolgimento dell'attività (art. 4).

lavoro gratuito

Il rapporto che lega il volontario all'organizzazione può essere qualificato di **lavoro gratuito** e, in quanto regolato dalla legge, è anche tipico, mentre prima di tale legge, tale rapporto era stato correttamente ricondotto alla tipologia dei contratti innominati [23].

---

[23] M. Dell'Olio, *Retribuzione e tipo di rapporto: lavoro in cooperativa, impresa familiare, volontariato*, in *Dir. lav.*, 1986, I, p. 3.

non è incostituzionale la disciplina legale che esclude il corrispettivo

La disciplina legale non prevede la corresponsione di un corrispettivo per il volontario. Tuttavia, essa non può essere considerata illegittima per contrasto con l'art. 36, comma 1, Cost., perché la prestazione di lavoro del volontario è diretta a realizzare interessi meritevoli di tutela secondo l'ordinamento giuridico (art. 1322, comma 2, c.c.)[24].

subordinazione del volontario all'organizzazione di volontariato

Come afferma lo stesso art. 2, comma 1, il volontario presta la sua opera, non per conto proprio, ma attraverso un'organizzazione di volontariato. Ne consegue che l'attività del volontario, essendo inserita in un'organizzazione, sia inevitabilmente soggetta alle direttive del preposto all'organizzazione di volontariato.

separazione del vincolo di subordinazione dal trattamento normativo applicabile

Né vale sostenere in contrario che la qualità di volontario è incompatibile con qualsiasi forma di rapporto di lavoro subordinato (art. 2, comma 3). È questo un classico esempio in cui il legislatore ha separato il vincolo di subordinazione dal relativo trattamento normativo per sottrarre questo rapporto all'applicazione di un pesante regime di tutela e non per escludere la subordinazione della prestazione.

la subordinazione del volontario non deriva dall'art. 2094 c.c. ma dallo statuto dell'organizzazione di volontariato

È infatti possibile che l'inserimento del singolo nell'organizzazione di volontariato determini l'insorgenza di un vincolo di subordinazione del volontario simile o identico a quello del lavoratore subordinato nell'impresa. Tuttavia, tale vincolo non ha la sua fonte nell'art. 2094 c.c., ma, in forza dell'art. 2, legge n. 266 del 1991, discende dallo statuto dell'organizzazione di volontariato fino a quando il volontario aderisca o appartenga a tale organizzazione.

Insomma, il requisito della spontaneità riferito all'attività del volontario significa che adesione e permanenza nell'organizzazione non corrispondono all'adempimento di un obbligo, ma il volontario, dopo avere aderito, e prima di avere manifestato la volontà di recedere, è obbligato a svolgere le prestazioni secondo le modalità previste dallo statuto o determinate dal preposto. Ad esempio, il volontario che abbia aderito ad un'organizzazione per la protezione civile è responsabile per inadempimento qualora rifiuti senza motivo di rispondere alla chiamata di soccorso.

In altri termini, la spontaneità della prestazione non è incompatibile con l'eterodirezione della stessa prestazione.

11. Le **cooperative sociali**, istituite e disciplinate dalla legge n. 381 del 1991, hanno lo scopo di perseguire "l'interesse generale della comunità alla promozione umana e all'integrazione sociale dei cittadini" (art. 1). Si tratta, com'è evidente, di scopi che trascendono quelli mutualistici in senso proprio perché riguardano la collettività generale[25].

---

[24] Corte cost. 28 febbraio 1992, n. 75, in *Giur. cost.*, 1992, p. 404 e 31 dicembre 1993, n. 500, in *Giur. cost.*, 1993, p. 4012; Cass. 6 maggio 2010, n. 10974, in *Giur. it.*, 2011, 6, p. 1341, esclude che la prestazione di lavoro sia di volontariato se il compenso superi la misura di un mero rimborso delle spese.

[25] Cfr. però Cons. Stato, Sez. III, 16 ottobre 2013, n. 5035, in *Foro amm.*, 2013, 10, p. 2693.

strutture che esercitano imprese attraverso la gestione di servizi socio-sanitari e attività diverse

Tuttavia, la legge affida il perseguimento di questi scopi sociali a strutture che esercitano attività economiche anche in forma d'impresa.

E cioè attraverso la gestione di servizi socio-sanitari ed educativi (art. 1, lett. *a*), ovvero attraverso lo svolgimento di attività diverse – agricole, industriali, commerciali o di servizi – finalizzate all'inserimento lavorativo di persone svantaggiate (art. 1, lett. *b*).

soci volontari e soci ordinari

Per svolgere le proprie attività, le cooperative sociali si avvalgono, per un verso, di soci volontari che prestano la loro opera gratuitamente (art. 2, comma 1), come i volontari nelle organizzazioni di volontariato e, per altro verso, di soci ordinari come i soci nelle cooperative di produzione e lavoro.
I soci volontari non possono superare la metà del numero complessivo dei soci (art. 2, comma 2).

Ai soci volontari non si applicano i contratti collettivi e le norme di legge in materia di lavoro subordinato o autonomo, escluse quelle sugli infortuni sul lavoro e le malattie professionali e, d'altra parte, ai soci volontari spettano solo i rimborsi spese (art. 2, comma 3).

le persone svantaggiate sono soci ordinari e costituiscono almeno il 30% dei dipendenti

L'art. 4 elenca le persone svantaggiate: invalidi fisici, psichici, *ex* degenti di istituto psichiatrico, tossicodipendenti, alcolisti, minori in situazione di difficoltà familiare, condannati ammessi alle misure alternative alla detenzione. **Le persone svantaggiate devono costituire almeno il 30% dei lavoratori della cooperativa e sono soci ordinari della cooperativa stessa.**

per agevolare l'inserimento lavorativo le cooperative sociali possono stipulare convenzioni quadro su base territoriale

Al fine di agevolare l'inserimento lavorativo di tali soggetti, le cooperative sociali possono operare anche nell'ambito di apposite convenzioni in virtù di quanto previsto dall'art. 12, legge n. 68 del 1999 per i lavoratori disabili, così come modificato dall'art. 1, comma 37, legge n. 247 del 2007.

Merita di essere segnalata anche la previsione dell'art. 9, legge n. 30 del 2003 che riguarda le cooperative sociali di cui all'art. 1, comma 1, lett. *b*), legge n. 381 del 1991 e cioè quelle che perseguono la finalità dell'inserimento lavorativo di persone svantaggiate attraverso lo svolgimento di attività agricole, industriali, commerciali o di servizi, diverse da quelle di gestione di servizi socio-sanitari ed educativi. A tali cooperative l'art. 9 non riconosce un potere unilaterale di deroga attraverso il regolamento, ma ammette "la stipulazione di accordi territoriali per rendere compatibile l'applicazione del contratto collettivo nazionale di riferimento all'attività svolta".

adeguamento del trattamento economico a persone svantaggiate

Con questa disposizione il legislatore ha preso atto che talvolta è problematico riconoscere le retribuzioni contrattuali ai soggetti svantaggiati mentre è più realistico graduarle, così come, per le stesse ragioni, è prevista dai contratti nazionali di settore la corresponsione di un salario di ingresso.

le cooperative sociali sono entità intrinsecamente ambigue

Le cooperative sociali sono state, a ragione, definite "entità intrinsecamente ambigue dal punto di vista giuridico"[26], perché si collocano tra mercato e volontariato puro.

È bene comunque precisare che l'ambiguità delle cooperative sociali non

---

[26] R. Del Punta, *Diritto del lavoro e terzo settore*, in *Riv. it. dir. lav.*, 2001, I, p. 346.

deriva soltanto dall'avere affidato a soggetti privati, e più precisamente ad imprese, il perseguimento di scopi sociali in senso lato, ma anche dalla struttura mista delle stesse cooperative sociali, costituita, come si è detto, da soci ordinari e soci volontari.

Infatti, la tutela di queste due tipologie di lavoratori potrebbe risultare molto diversificata perché la prestazione di lavoro dei soci volontari dovrebbe essere considerata mera esecuzione del contratto sociale, mentre alla prestazione di lavoro dei soci ordinari, se svolta in forma subordinata, autonoma o parasubordinata, potrebbe essere applicato il nuovo regime previsto dalla legge n. 142 del 2001 con le modifiche apportate dall'art. 9, legge n. 30 del 2003.

Ciò è possibile a condizione che lo scopo primario delle cooperative sociali di realizzare le condizioni che consentano il reingresso di persone svantaggiate nel normale mercato del lavoro, non sia considerato diverso e incompatibile con lo scopo proprio delle cooperative di produzione e lavoro.

Come si è detto, tale scopo è quello di fornire occasioni di lavoro a condizioni più vantaggiose di quelle di mercato, presupposto per l'applicazione della legge n. 142 del 2001 e, nella realtà dei fatti, la realizzazione contemporanea di entrambi gli scopi non sempre risulta di facile attuazione.

Parte quinta

La tutela dei diritti e la certificazione

Capitolo 55

La tutela dei diritti del prestatore di lavoro

indisponibilità dei diritti derivanti da norme inderogabili

1. La disciplina del rapporto di lavoro è contrassegnata da un elevato tasso di **inderogabilità della normativa legale e collettiva**, disposta a tutela dell'interesse della parte debole del rapporto, e cioè del prestatore di lavoro.

In altre parole, le norme inderogabili limitano il potere del lavoratore di disporre dei propri diritti derivanti da norme di legge e di contratto collettivo.

Con questa tecnica il legislatore impedisce che il lavoratore disponga dei suoi diritti a vantaggio dello stesso datore di lavoro.

indisponibilità assoluta e relativa

Nel nostro ordinamento esistono comunque due regimi che regolano l'indisponibilità dei diritti del lavoratore: quello dell'indisponibilità **assoluta** e quello dell'indisponibilità **relativa.**

nullità degli atti assolutamente indisponibili

Nel primo caso non possono formare oggetto di atti di disposizione i diritti attribuiti da norme di legge che vietano ogni patto contrario e comunque stabiliscono espressamente la nullità. E la nullità degli atti di disposizione può essere fatta valere in qualsiasi momento.

annullabilità degli atti relativamente indisponibili

Accanto al regime dell'indisponibilità assoluta è previsto quello dell'indisponibilità relativa, regolato in via generale dall'art. 2113 c.c. A dire il vero, anche in questo caso la norma concerne diritti derivanti da norme inderogabili di legge e di contratto collettivo, pertanto non sempre è agevole distinguere i diritti **assolutamente** indisponibili da quelli **relativamente** indisponibili.

impugnabilità degli atti relativamente indisponibili

2. **Alle rinunzie e alle transazioni che abbiano ad oggetto diritti derivanti da norme inderogabili di legge o del contratto collettivo** si applica **il regime previsto dall'art. 2113 c.c.**, che considera meramente annullabili gli atti di disposizione dei relativi diritti, perché impone al lavoratore **l'onere di impu-**

gnarli entro un termine di decadenza di sei mesi dalla data di cessazione del rapporto, mediante atto scritto anche stragiudiziale.

termini per l'impugnazione

La decorrenza del termine dalla cessazione del rapporto indica la volontà legislativa di evitare che il lavoratore possa rinunciare all'impugnazione, in costanza di rapporto, per timore di ritorsioni del datore di lavoro.

Se, invece, l'atto di disposizione è successivo alla cessazione del rapporto di lavoro, il termine di sei mesi decorre dalla data della rinuncia o della transazione.

È evidente che la mancata impugnazione nel termine di decadenza determina l'inoppugnabilità dei suddetti atti di disposizione e va considerata comunque una forma indiretta di disposizione dei propri diritti, ritenuta costituzionalmente legittima anche dalla Corte costituzionale [1].

La dottrina più autorevole è ferma nel ritenere che il regime dell'indisponibilità relativa si applichi agli atti di disposizione dei **diritti che siano già acquisiti nel patrimonio del lavoratore in relazione a prestazioni già rese** e non anche a quegli atti di disposizione che abbiano ad oggetto **diritti futuri o comunque non ancora maturati**, rispetto ai quali l'atto di disposizione dovrebbe considerarsi radicalmente nullo [2].

Si aggiunga che, secondo qualche dottrina [3], il regime dell'indisponibilità relativa varrebbe anche per i diritti al risarcimento del danno derivante dalla violazione dei diritti assolutamente indisponibili [4].

Il regime dell'indisponibilità relativa degli atti di disposizione indurrebbe a ritenere che i lavoratori non possano disporre dei loro diritti.

le conciliazioni

In realtà così non è, perché a determinate conciliazioni, ancorché abbiano per oggetto atti di disposizione di diritti relativamente indisponibili, non si applicano le disposizioni dei primi tre commi dell'art. 2113 c.c.

Si tratta delle conciliazioni svolte ai sensi degli artt. 185, 410 e 411, 412-*ter* e 412-*quater* c.p.c., così come dell'art. 82, d.lgs. n. 276 del 2003 e cioè **alle conciliazioni avvenute in sede giudiziale, sindacale, dinanzi alle commissioni istituite presso la direzione territoriale del lavoro**, in sede di arbitrato libero o presso le associazioni sindacali comparativamente più rappresentative o, infine, dinanzi alle **commissioni di certificazione**.

L'osservanza di queste procedure, che prevedono la presenza del giudice [5] o del difensore o di un soggetto comunque ritenuto terzo dal legislatore, serve a

---

[1] Corte cost. 7 marzo 1974, n. 77.

[2] F. Santoro-Passarelli, *Sull'invalidità delle rinunce e transazioni*, in *Sag. dir. civ.*, Napoli, 1961. Secondo Cass. 26 maggio 2014, n. 11723 può formare oggetto di rinuncia la dismissione del diritto a proseguire il rapporto di lavoro con il cessionario di un trasferimento d'azienda, perché, in questo caso, il diritto deve ritenersi determinato ed attuale.

[3] R. De Luca Tamajo, *La norma inderogabile nel diritto del lavoro*, Napoli, 1976, p. 271.

[4] Cass. 15 dicembre 1998, n. 12556, in *Not. giur. lav.*, 1999, p. 248.

[5] Compreso il giudice straniero, dinanzi al quale siano assicurate le garanzie difensive sottese all'art. 410 c.p.c.: Cass. 2 luglio 2010, n. 15806, in *Not. giur. lav.*, 2011, p. 94.

neutralizzare la posizione di squilibrio del lavoratore di fronte al datore di lavoro[6] e quindi, eccezionalmente, gli atti di disposizione dei diritti posti in essere dal lavoratore in tali sedi si considerano validi[7].

le quietanze a saldo sono dichiarazioni di scienza

Le c.d. quietanze a saldo (o quietanze liberatorie) sono dichiarazioni con le quali il lavoratore riconosce di avere ricevuto quanto a lui spettante e di non avere null'altro a pretendere. Secondo la giurisprudenza, tali dichiarazioni sono da considerare di scienza e comunque carenti di volontà dispositiva, quindi ad esse non si applica l'art. 2113 c.c.[8].

rinuncia tacita

Quanto, invece, alla **rinuncia tacita**, secondo la giurisprudenza, l'inerzia o l'acquiescenza del lavoratore rilevano come atti negoziali di disposizione del relativo diritto soltanto a seguito di un'indagine rigorosa del giudice ed in presenza della consapevolezza dell'esistenza del diritto e di una univoca volontà abdicativa del lavoratore[9].

La normativa dell'art. 2113 c.c. non si applica soltanto ai rapporti di lavoro subordinato, ma anche a tutti i rapporti indicati dall'art. 409 c.p.c. e, quindi, anche ai rapporti che si concretano nella prestazione di un'opera continuativa e coordinata e a carattere prevalentemente personale (art. 409, n. 3, c.p.c.).

3. Come è noto, la **prescrizione** è un modo di estinzione del diritto determinata dall'inerzia del titolare del diritto medesimo per un determinato periodo di tempo. Secondo l'art. 2934 c.c., infatti, la prescrizione determina l'estinzione del diritto quando il titolare non lo esercita per il tempo stabilito dalla legge e inizia a decorrere, ai sensi dell'art. 2935 c.c., dal giorno in cui il diritto può essere fatto valere.

Tale disciplina fu modificata, di fatto, da una sentenza interpretativa di accoglimento della Corte costituzionale[10], che dichiarò l'illegittimità costituzionale degli artt. 2948, n. 4, 2955, n. 2 e 2956, n. 1, c.c., nella parte in cui dette norme consentono che la prescrizione del diritto alla retribuzione decorra durante il rapporto di lavoro, in quanto il lavoratore, in costanza di rapporto,

---

[6] Proprio per questo la conciliazione in sede sindacale non è valida ed è impugnabile *ex* art. 2113, comma 2 e 3, nel caso in cui risulti che il lavoratore non sia stato effettivamente assistito anche nella comprensione del diritto dismesso e del vantaggio conseguente: cfr. Cass. 23 ottobre 2013, n. 24024, in *Foro it.*, 2014, 1, c. 101. Di recente Cass. 1° aprile 2019, n. 9006.

[7] Si segnala una recente sentenza del Trib. Roma 8 maggio 2019 n. 4354, la quale in base al combinato disposto di cui all'art. 2113 c.c. e all'art. 412 c.p.c. ha ritenuto impugnabili i verbali di conciliazione sindacale nel caso in cui il Ccnl non disciplini l'istituto della conciliazione.

[8] Cass. 12 luglio 2002, n. 10193, in *Mass. giust. civ.*, 2002, p. 1214; Cass. 18 settembre 201, n. 23296. V. però Cass. 26 settembre 2006, n. 20867, in *Riv. crit. dir. lav.*, 2007, 1, p. 151.

[9] Cass. 14 ottobre 2003, n. 15371, in *Mass. giur. lav.*, 2004, p. 96.

[10] Corte cost. 10 giugno 1966, n. 63, in *Foro it.*, 1966, I, c. 985.

potrebbe essere indotto a non interrompere la prescrizione per timore di ritorsioni del datore di lavoro.

la prescrizione diversamente dalla rinuncia non è un atto negoziale

In altri termini, i giudici costituzionali con detta sentenza finirono per **estendere alla prescrizione dei diritti del lavoratore una disciplina sostanzialmente non dissimile da quella delle rinunce e transazioni** (art. 2113 c.c.), senza considerare che queste ultime sono atti negoziali, mentre la prescrizione non ha certamente natura negoziale.

Questa giurisprudenza fu poi modificata da una serie successiva di sentenze della stessa Corte costituzionale [11] e, in particolare, dalla sentenza n. 174 del 1972 [12], a seguito degli interventi normativi, come la legge sui licenziamenti individuali del luglio del 1966 e in particolare l'art. 18, legge n. 300 del 1970, che avevano eliminato le ragioni che indussero la Corte costituzionale a differire il momento iniziale della prescrizione alla cessazione del rapporto di lavoro.

Infatti, la disciplina complessiva sui licenziamenti, garantendo al lavoratore la reintegrazione nel posto di lavoro in caso di licenziamento ingiustificato (*supra*, cap. 29, par. 3), aveva attenuato sensibilmente il timore del lavoratore per possibili ritorsioni da parte del datore di lavoro.

Conseguentemente, il regime della prescrizione dei crediti retributivi del lavoratore subordinato è diventato – sino all'entrata in vigore della legge n. 92 del 2012 – duplice.

Per i rapporti resistenti, e cioè per quelli ai quali si applicava l'art. 18 St. lav. nella sua formulazione originaria – che, secondo la giurisprudenza prevedeva l'unica forma di tutela in grado di scongiurare il timore di ritorsioni e la conseguente inerzia del lavoratore – la prescrizione decorreva secondo la regola generale ovvero **dal momento in cui il diritto poteva essere fatto valere e, quindi, in costanza di rapporto.**

Mentre **ai rapporti non resistenti,** e cioè quelli ai quali non si applica l'art. 18 St. lav., **la prescrizione decorreva (e decorre) dalla cessazione del rapporto di lavoro.**

dopo la legge n. 92 del 2012 si attenua la distinzione tra rapporti resistenti e non resistenti

A partire dalla c.d. riforma Fornero, legge n. 92 del 2012, ed in misura maggiore con l'ultimo intervento legislativo in materia di licenziamenti, cioè il d.lgs. n. 23 del 2015, **la distinzione fra rapporti resistenti e rapporti non resistenti sembra destinata a perdere di significato**, poiché la nuova disciplina (*supra*, capp. 29 e ss. e spec. capp. 31, 32 e 36), a differenza della precedente, non garantisce necessariamente la stabilità del rapporto di lavoro a fronte di un licenziamento ingiustificato, con la conseguenza che anche i dipendenti di un'azienda di grandi dimensioni possono, per il timore di possibili ritorsioni da parte del datore di lavoro, rinunziare a far valere i propri diritti. Per questa ragione, **dopo la legge n. 92 del 2012**, sembra opportuno ritenere che **la**

---

[11] Corte cost. 13 novembre 1969, n. 143, in *Giur. cost.*, 1969, p. 2003 e Corte cost. 28 aprile 1971, n. 86 per i rapporti di pubblico impiego.

[12] Corte cost. 12 dicembre 1972, n. 174, in *Foro it.*, 1973, I, c. 22.

prescrizione dei crediti retributivi non decorre nel corso del rapporto di lavoro [13] **ma soltanto a partire dalla sua cessazione.**

La prescrizione dei crediti retributivi è quinquennale, mentre per altri diritti, come quello alla qualifica superiore in relazione alle mansioni svolte, la prescrizione è decennale, ferma restando la prescrizione quinquennale per le differenze retributive derivanti dal superiore inquadramento [14].

prescrizioni presuntive ed onere della prova

Accanto alle prescrizioni estintive vanno menzionate le **prescrizioni presuntive**, che non determinano l'estinzione del diritto ma soltanto la presunzione legale che il diritto sia stato esercitato, così determinando l'inversione dell'onere della prova, che ricade sul creditore. Le prescrizioni presuntive possono essere superate con la confessione giudiziale del mancato pagamento o con il giuramento decisorio.

decadenza

La decadenza, diversamente dalla prescrizione, determina l'estinzione del diritto per il decorso oggettivo del tempo soltanto nei casi e nei tempi, generalmente brevi, stabiliti dalla legge. Non a caso, **sono termini di decadenza quelli per impugnare il licenziamento o le rinunce e transazioni.**

Vale la pena chiarire, in via generale, che una volta esercitata l'impugnazione ed evitata la decadenza, il diritto rimane soggetto alle disposizioni che regolano la prescrizione (art. 2967 c.c.).

3.1. Proprio su quest'ultimo principio opera **l'art. 32, comma 1, legge n. 183 del 2010, che interviene sulla disciplina dei termini di decadenza per l'impugnazione dei licenziamenti e di una serie di atti ad essi assimilati.**

il doppio termine previsto per l'impugnazione dei licenziamenti …

La norma, infatti, oltre a richiedere **un termine di 60 giorni per l'impugnazione stragiudiziale del licenziamento, decorrente dalla sua comunicazione**, pone **un ulteriore termine di 180 giorni per il successivo deposito del ricorso o per la comunicazione alla controparte della richiesta di tentativo di conciliazione o arbitrato, a pena dell'inefficacia dell'impugnazione** stessa.

… e degli altri provvedimenti ad essi assimilati

La disposizione, introdotta con l'obiettivo di accelerare i tempi della definizione giudiziale del licenziamento e di garantire una maggiore certezza ai rapporti giuridici tra le parti, ai sensi del comma 3 **si applica anche ad una serie di provvedimenti ulteriori, anche in questo caso tanto nel settore privato quanto nel pubblico**, e cioè:

---

[13] In tal senso, in giurisprudenza, v. Trib. Milano 16 dicembre 2015 n. 3460, in *Riv. it. dir. lav.*, 2016, con nota di V. Nuzzo; Trib. Firenze 18 gennaio 2018, n. 25; App. Milano 30 aprile 2019, n. 376. Peraltro, non manca, in dottrina, chi ritiene che il regime prescrizionale diversificato possa trovare applicazione anche in seguito alla Riforma Fornero: cfr. A. Maresca, *Il nuovo regime sanzionatorio del licenziamento illegittimo*, in *Riv. it. dir. lav.*, 2012, II, p. 454; F. Santoni, *La decorrenza della prescrizione dei crediti di lavoro e la legge n. 92/2012*, in *Riv. it. dir. lav.*, 2013, IV, p. 880 ss.

[14] Cass. 21 agosto 2007, n. 17777, in *Il Sole 24 Ore*, 2007, 262; *contra* Cass. 29 ottobre 1998, n. 10332, in *Mass. giur. lav.*, 1999, p. 256, con nota critica di G. Santoro-Passarelli.

– al recesso del committente dai rapporti di collaborazione coordinata e continuativa;

– al trasferimento individuale *ex* art. 2103 c.c.;

– all'azione di nullità del termine apposto al contratto di lavoro (ma in questo caso il termine di impugnazione stragiudiziale è elevato a 180 giorni);

– alla cessione del contratto di lavoro *ex* art. 2112 c.c. e ad ogni altra ipotesi, compresa la somministrazione di lavoro, in cui si chieda la costituzione o l'accertamento di un rapporto di lavoro in capo ad un soggetto diverso dal titolare del contratto.

il tentativo di conciliazione diviene facoltativo

L'art. 31, comma 1, legge n. 183 del 2010 ha abolito il tentativo obbligatorio di conciliazione presso la direzione territoriale del lavoro previsto dall'art. 410 c.p.c., rendendolo (nuovamente) facoltativo anche per le imprese che hanno più di quindici dipendenti [15]. Laddove il tentativo sia esperito, il termine di decadenza per il deposito del ricorso resta sospeso (lo stesso in caso di richiesta di compromesso in arbitri).

garanzie per i crediti da lavoro

4. La legge stabilisce particolari **garanzie per i crediti retributivi del lavoratore** in caso di insolvenza o di inadempimento del datore di lavoro.

Già la legge n. 297 del 1982 sul t.f.r. aveva previsto l'istituzione di un fondo di garanzia, finanziato con il contributo dei datori di lavoro, destinato ad erogare il trattamento di fine rapporto in caso di insolvenza del datore di lavoro.

Attualmente il d.lgs. n. 80 del 1992, attuativo della direttiva n. 987/80, prevede l'intervento del **fondo di garanzia** per il pagamento dei crediti di lavoro non corrisposti in caso di insolvenza del datore di lavoro, assoggettato a procedure concorsuali o nel caso di infruttuosa esecuzione forzata quando non sussistano le condizioni per l'assoggettamento alle procedure concorsuali.

i limiti alla garanzia del credito retributivo

La garanzia del credito retributivo, il cui diritto si prescrive in un anno, non è tuttavia completa: il fondo, infatti, provvede al pagamento della retribuzione degli ultimi tre mesi del rapporto rientranti nei dodici mesi precedenti la data del provvedimento di apertura della procedura concorsuale ovvero di inizio della esecuzione forzata.

L'importo non può essere superiore ad una somma pari a tre volte la misura massima del trattamento di integrazione salariale straordinaria e non è cumulabile con il trattamento medesimo fruito nei dodici mesi precedenti, fino a concorrenza degli importi. Parimenti non è cumulabile con le retribuzioni corrisposte negli ultimi tre mesi e con l'indennità di mobilità fruita nei tre mesi successivi alla risoluzione del rapporto.

---

[15] Per le imprese di minori dimensioni il tentativo obbligatorio di conciliazione *ex* art. 5, legge 11 maggio 1990, n. 108, deve ritenersi implicitamente abrogato dal d.lgs. 31 maggio 1998, n. 90.

Al lavoratore viene attribuita una **causa legittima di prelazione nel soddisfacimento sui beni mobili del datore di lavoro** *ex* artt. 2751-*bis* e 2776 c.c., relativo alla collocazione sussidiaria dei crediti sugli immobili in caso di infruttuosa esecuzione sui mobili. L'art. 2777 c.c., nello stabilire l'ordine dei privilegi, colloca i crediti retributivi immediatamente dopo quelli per spese di giustizia.

causa legittima di prelazione sui beni del datore di lavoro

Ai sensi dell'art. 545 c.p.c. **i crediti retributivi sono impignorabili**, se non nella misura di 1/5 per i tributi dovuti allo Stato ed in eguale misura per ogni altro credito (comma 4), nonché nella misura autorizzata dal presidente del tribunale [16] per i crediti alimentari (comma 3). In ogni caso il pignoramento disposto per il simultaneo concorso delle cause previste non può superare la metà del credito retributivo (comma 5) [17].

impignorabilità

Ai sensi dell'art. 671, comma 1, c.p.c. può essere disposto il **sequestro dei beni immobili, mobili o delle somme** (crediti retributivi) dovute al creditore (lavoratore) nei limiti previsti per il pignoramento.

sequestro

La cessione dei crediti retributivi, tanto dei lavoratori del settore privato che di quelli del settore pubblico, è consentita esclusivamente nei limiti di 1/5, e comunque nel termine massimo di dieci anni, se effettuata per la restituzione di un prestito erogato da un soggetto istituzionale.

L'art. 1246, n. 3, c.c. stabilisce la non compensabilità dei crediti dichiarati impignorabili e di conseguenza dei crediti retributivi negli stessi limiti.

non compensabilità

Un'altra forma di garanzia è costituita dalla **rivalutazione dei crediti di lavoro** *ex* art. 429, comma 3, c.p.c.

rivalutazione dei crediti di lavoro

La norma dispone che il giudice "quando pronuncia sentenza di condanna al pagamento di somme di danaro per crediti di lavoro, deve determinare, oltre gli interessi legali, il maggior danno eventualmente subito dal lavoratore per la diminuzione di valore del suo credito, condannando al pagamento della somma relativa con decorrenza dal giorno della maturazione del diritto".

Questa disposizione, secondo la giurisprudenza più diffusa, stabilisce una regola di maggior favore per il lavoratore rispetto al regime previsto dall'art. 1224 c.c.

Ciò non significa, che il credito di lavoro diventi un credito di valore: resta un credito di valuta e, tuttavia, l'art. 150 delle disposizioni di attuazione del c.p.c. stabilisce che ai fini del calcolo delle somme di cui all'art. 429, comma 3, c.p.c. il giudice applica l'indice dei prezzi calcolato dall'Istat per la scala mobile per i lavoratori dell'industria. Si introduce in questo modo un meccanismo automatico per la determinazione dell'ammontare della rivalutazione.

Si prescinde dalla prova di un danno ulteriore rispetto all'ammontare degli interessi legali. **Non si richiede la messa in mora da parte del creditore**, sicché la rivalutazione monetaria è pronunciata dal giudice contestualmente alla condanna del datore di lavoro debitore.

non si richiede la messa in mora

---

[16] O da un giudice da lui delegato. Cfr. inoltre l'art. 3, comma 5, lett. *b*) del d.l. n. 16 del 2012, conv. in legge n. 44 del 2012.

[17] Si vedano, inoltre, i limiti alla pignorabilità in caso di accredito su conto corrente bancario o postale introdotte dall'art. 13, comma 1, lett. *l*), d.l. n. 83 del 2015.

È utile richiamare la giurisprudenza piuttosto oscillante sulla determinazione della rivalutazione monetaria e degli interessi. Infatti, all'orientamento secondo il quale gli interessi devono essere computati sulla somma rivalutata si contrappone un altro orientamento secondo il quale **gli interessi devono essere computati solo sulla sorte capitale senza tenere conto della rivalutazione.**

Le Sezioni Unite[18], dirimendo tale contrasto, hanno affermato il principio che gli interessi legali devono essere calcolati **sul capitale rivalutato con scadenza periodica** dal momento dell'inadempimento fino a quello del soddisfacimento del creditore.

D'altra parte la Corte costituzionale[19] ha riaperto l'annosa questione dichiarando incostituzionale l'art. 22, comma 36, legge 23 dicembre 1994, n. 724, limitatamente alle parole "e privati", che estendeva ai crediti di lavoro dei dipendenti pubblici e privati la regola della non cumulabilità di rivalutazione ed interessi già prevista per i crediti previdenziali. Più di recente, la stessa Corte costituzionale, ha ribadito **la legittimità costituzionale dell'esclusione dei dipendenti della pubblica amministrazione dal cumulo di interessi e rivalutazione**, perché in ogni caso la disciplina di cui all'art. 429 c.p.c. è più favorevole del regime di diritto comune delle obbligazioni[20].

nozione di arbitrato

5. La convenzione di arbitrato o patto compromissorio è il negozio giuridico attraverso il quale le parti deferiscono a giudici privati (arbitri) la decisione di una o più controversie tra le stesse sorte o che potrebbero sorgere in relazione ad un determinato rapporto di diritto sostanziale.

compromesso e clausola compromissoria

Le forme di convenzione di arbitrato presenti nel nostro ordinamento e rilevanti per il diritto del lavoro sono attualmente due: il compromesso *ex* art. 807 c.p.c., che è l'accordo stipulato tra le parti per deferire ad arbitri una o più controversie tra esse già insorte in relazione ad un determinato rapporto giuridico sostanziale, redatto in forma scritta a pena di nullità; **la clausola compromissoria,** *ex* art. 808 c.p.c., che è il patto inserito o allegato dalle parti in un contratto, attraverso il quale si assoggettano ad arbitrato le controversie eventualmente nascenti da un determinato rapporto sostanziale di natura contrattuale, che nella fattispecie è il contratto di lavoro subordinato.

arbitrato rituale e irrituale

Nella disciplina generale del titolo VIII, del libro IV del codice di procedura civile, come novellato dal d.lgs. n. 40 del 2006, **sono previsti due tipi di arbitrato**: quello **rituale e quello irrituale (detto anche libero o contrattuale)**.

Nel primo le parti attribuiscono agli arbitri una funzione giurisdizionale come prevista dagli artt. 806 ss. c.p.c., ossia il compito di emettere una decisione (lodo) destinata ad acquistare la stessa efficacia di una sentenza del giudice.

---

[18] Cass., Sez. Un., 29 gennaio 2001, n. 38, in *Foro it.*, 2001, I, c. 845. Confermata anche di recente da Cass. 16 ottobre 2013, in *Mass. giust. civ.*, 2013.

[19] Corte cost. 2 novembre 2000, n. 459, in *Arg. dir. lav.*, 2001, p. 348.

[20] Corte cost. 27 marzo 2003, n. 82, in *Mass. giur. lav.*, 2003, p. 459.

Nell'arbitrato irrituale, invece, le parti conferiscono agli arbitri un mandato per risolvere una controversia mediante un atto negoziale, impegnandosi così a riconoscere tale negozio come espressione della loro volontà.

Nella disciplina generale del codice di rito, l'arbitrato irrituale si differenzia da quello rituale per la maggior libertà delle parti nella determinazione delle modalità del suo svolgimento, nonché per l'efficacia del lodo, che nell'arbitrato rituale può essere omologato su istanza di parte e ha valore equivalente alla sentenza, mentre in quello irrituale produce effetti solo negoziali e non è impugnabile dalla parte soccombente ma solo annullabile per vizi inerenti all'attuazione della convenzione arbitrale in base alle regole stabilite dalle parti.

Il lodo rituale, contrariamente, acquisisce effetti di sentenza e può essere impugnato per violazione di norme prestabilite dalla legge, sia per il procedimento di giudizio che per la decisione nel merito, se le parti non lo hanno espressamente escluso.

Gli arbitri hanno la possibilità di decidere **secondo diritto o secondo equità** (art. 822 c.p.c.). Nel primo caso essi decidono la controversia applicando le norme di legge, nel secondo creano essi stessi la regola di giudizio adatta al caso concreto a loro sottoposto, in base ad un libero apprezzamento e secondo coscienza.

In passato la possibilità di ricorrere all'arbitrato in materia di lavoro era disciplinata dall'art. 412-*ter* c.p.c., rubricato come "arbitrato irrituale previsto dai contratti collettivi". L'istituto ha avuto scarsissima diffusione e questo perché, da una parte, era rimesso alla gestione dei soggetti collettivi, da sempre contrari alla sua diffusione, e dall'altra, la legge prevedeva che dopo l'emanazione del lodo si potesse sempre ricorrere all'autorità giudiziaria (art. 5, comma 1, legge n. 533 del 1973).

La disciplina è stata riformata dell'art. 31 della legge n. 183 del 2010, introducendo, negli artt. da 410 a 412-*quater* c.p.c., nuove **ipotesi di composizione delle controversie di lavoro alternative al ricorso al giudice**, che sono:

1) l'arbitrato *ex* art. 412 c.p.c., novellato dall'art. 31, comma 5, legge n. 183 del 2010, innanzi alla commissione di conciliazione, in ogni fase e al termine del tentativo di conciliazione, laddove espletato;

2) l'arbitrato *ex* art. 412-*ter* c.p.c., riformato dall'art. 31, comma 6, presso le sedi e con le modalità previste dai contratti collettivi sottoscritti dalle associazioni sindacali maggiormente rappresentative;

3) l'arbitrato *ex* art. 412-*quater* c.p.c., anch'esso novellato dall'art. 31, comma 8, innanzi ad un collegio costituito ad iniziativa delle parti in lite, nel rispetto di quanto stabilito dalla norma stessa (si tratta dell'unico arbitrato del quale la legge riconosce espressamente la natura irrituale);

4) l'arbitrato *ex* art. 31, comma 12, innanzi alle camere arbitrali istituite dagli organi di certificazione.

Tutte queste ipotesi sono disponibili sia per le controversie di lavoro privato, sia alle dipendenze della pubblica amministrazione, ai sensi dell'art. 31, commi 9 e 12.

clausola compromissoria

Nella stesura e nell'emanazione del testo legislativo dell'art. 31, legge n. 183 del 2010 si è sviluppato un intenso dibattito sulla possibilità per le parti, al momento dell'assunzione, di apporre una **clausola compromissoria.**

La ragione di tale perplessità è ovvia e risiede nel fatto che al momento dell'assunzione il lavoratore si trova in una situazione di massima debolezza contrattuale.

limiti all'apposizione della clausola a tutela del lavoratore

La "soluzione" offerta dal testo definitivo della norma, al comma 10, consiste **nell'obbligo di certificazione della clausola compromissoria, a pena di nullità**, secondo le disposizioni di cui al titolo VIII del d.lgs. n. 276 del 2003, dagli organi di certificazione di cui all'art. 76 del medesimo decreto e successive modificazioni (v. *infra*, cap. 56) e nel **divieto di sottoscrivere la clausola prima della conclusione del periodo di prova**, ove previsto, **ovvero prima che siano trascorsi almeno trenta giorni dalla data di stipulazione del contratto di lavoro**, in tutti gli altri casi, **senza che la clausola possa mai investire controversie relative alla risoluzione del contratto di lavoro.**

Un altro aspetto di perplessità riguarda **il riconoscimento della possibilità, per le parti, di convenire che gli arbitri decidano secondo equità**, ossia dismettendo la disciplina legale, contrassegnata da un elevato tasso di inderogabilità e posta a tutela del prestatore di lavoro, parte debole del rapporto contrattuale[21].

limiti legali incerti a tutela del lavoratore

Il testo definitivo degli artt. 412 e 412-*quater* c.p.c. prevede che gli arbitri, nel decidere secondo equità, debbano conformarsi ai "principi generali dell'ordinamento" e ai "principi regolatori della materia, anche derivanti da obblighi comunitari".

Anche in questo caso il legislatore offre una "soluzione" dubbia, che presenta notevoli margini di genericità ed ambiguità, perché dall'interpretazione di tali nozioni potrebbe derivare una valutazione ora stringente, ora permissiva, della decisione secondo equità.

Un altro aspetto rilevante riguarda **gli effetti del lodo arbitrale e le modalità di impugnazione dello stesso.**

Ad eccezione del lodo dell'arbitrato previsto dalla contrattazione collettiva, gli altri sono espressamente dichiarati impugnabili ai sensi dell'art. 808-*ter* c.p.c., con la conseguenza che il legislatore riconosce tanto la natura irrituale della procedura arbitrale, quanto la natura contrattuale del lodo.

La differenza rispetto al passato è che, almeno nell'intento politico sottinteso al testo della norma, le parti del rapporto di lavoro possono chiedere una decisione arbitrale irrituale (di natura negoziale) a seguito della quale, a rigore, resterebbe preclusa ogni possibilità di adire il giudice per la riforma della medesima nel merito.

Infatti, sia nell'ipotesi in cui sia stata violata una disposizione inderogabile in una decisione secondo diritto, sia nel caso di un giudizio secondo equità, la

---

[21] V. Speziale, *I limiti alla giustiziabilità dei diritti nella riforma del lavoro*, in *Riv. giur. lav.*, 2011, 1, p. 53 ss.

parte soccombente non avrebbe la possibilità di annullare il lodo, se non per i limitati casi indicati dall'art. 808-*ter*, comma 2, c.p.c.

Ad ogni modo, le sopra indicate forme di arbitrato consentono, su istanza di parte e a seguito di un mero controllo di regolarità formale, **l'equiparazione del lodo ad un titolo esecutivo ai sensi dell'art. 474 c.p.c.**: si tratta di una differenza rispetto al lodo contrattuale della disciplina generale del codice di procedura civile (art. 808-*ter* c.p.c.) che, invece, non ha efficacia di titolo esecutivo.

Infatti l'art. 31, commi 5, 8 e 12[22], legge n. 183 del 2010, rinviando per l'efficacia del lodo all'art. 2113, comma 4, c.c., intenderebbe garantire la tenuta del sistema delineato dal legislatore, poiché tali modifiche equiparano i lodi alle rinunce e transazioni inoppugnabili.

Sul punto potrebbe rivelarsi determinante, però, l'interpretazione del punto n. 4 dell'art. 808-*ter*, comma 2, c.p.c., laddove consente l'annullabilità del lodo "se gli arbitri non si sono attenuti alle regole imposte dalle parti come condizione di validità del lodo", in quanto un'interpretazione restrittiva di tale norma potrebbe condurre a ritenere impugnabile il lodo arbitrale, privando l'istituto dell'arbitrato del lavoro di qualsiasi utilità concreta.

---

[22] L'art. 31, comma 12, legge n. 183 del 2010 rinvia all'art. 31, comma 5 (nuovo art. 412 c.p.c.) ai commi 3 e 4, "in quanto compatibili".

Capitolo 56

La certificazione dei contratti di lavoro

SOMMARIO: 1. Funzioni della certificazione. – 2. Oggetto della certificazione. – 3. Procedimento. – 4. Effetti della certificazione. – 5. Rapporti con l'intervento del Giudice. – 6. La derogabilità assistita.

1. L'istituto della **certificazione**[1] ha, quale finalità enunciata, quella di "**ridurre il contenzioso in materia di lavoro**" (art. 75, d.lgs. n. 276 del 2003).

A tale proposito è ammessa la certificazione dei contratti di lavoro presso un organo specifico – la **Commissione di certificazione** – che accerti la conformità del singolo contratto stipulato (o da stipulare) tra le parti con le norme di legge applicabili.

funzioni della certificazione

L'**atto di certificazione** emesso dalla Commissione **reca l'attestazione di tale conformità** e ha **natura di atto amministrativo.**

La certificazione, sotto questo profilo, serve per stabilire a quale tipologia negoziale le parti abbiano inteso fare ricorso e quindi la sua funzione consiste, in primo luogo, nell'**eliminazione delle incertezze nella qualificazione dei rapporti di lavoro** nelle zone di confine tra autonomia e subordinazione.

E tuttavia la certificazione, nell'assicurare, al contempo, la **coerenza formale tra la volontà espressa dalle parti stipulanti e le clausole contenute nel contratto** da certificare, attestandone la rispondenza al tipo prescelto, corrisponde anche a una **funzione di certezza per le stesse parti interessate e per i terzi** (ossia enti previdenziali, p.a. e amministrazioni fiscali) circa l'esatta qualificazione del contratto e del rapporto.

oggetto della certificazione

2. La certificazione può avere ad oggetto "**tutti i contratti in cui sia dedotta, direttamente o indirettamente, una prestazione di lavoro**" (art. 75) e, do-

---

[1] Cfr. sul tema, S. Ciucciovino, *Certificazione dei contratti di lavoro*, in G. Santoro-Passarelli (a cura di), *Diritto e processo del lavoro e della previdenza sociale*, Torino, 2017; G. Dondi, *Procedure di certificazione,* in M. Martone (a cura di), *Contratto di lavoro e organizzazione,* vol. IV, Padova, 2012, p. 91 ss.

po le modifiche introdotte dal d.lgs. n. 81 del 2015 [2] nonché, secondo alcuni, già dalla legge n. 183 del 2010, può concernere in generale anche singole clausole del contratto [3].

La **certificazione** può avvenire **sia rispetto a contratti non ancora sottoscritti dalle parti (l'ipotesi più frequente), sia nei confronti di contratti già in corso di esecuzione** (art. 79, comma 2).

La legge n. 183 del 2010 ammette la certificazione con espresso riferimento alle clausole (art. 30, comma 3), contenute in contratti individuali di lavoro, contenenti le **tipizzazioni di giusta causa e giustificato motivo di licenziamento, gli elementi e parametri per definire le conseguenze del licenziamento illegittimo** *ex* art. 8, legge n. 604 del 1966 [4], nonché per la previsione nel contratto di lavoro di una clausola compromissoria (art. 31).

La procedura di certificazione è esperibile anche con riferimento ai regolamenti interni delle cooperative riguardanti le tipologie di contratti di lavoro o per i contratti di appalto, al momento della stipulazione o in corso di esecuzione, anche ai fini della distinzione dell'appalto genuino dalla interposizione illecita (art. 84) [5].

Le Commissioni di certificazione hanno l'ulteriore e distinta competenza ad assistere le parti nella disposizione dei diritti già maturati, con l'attribuzione della competenza a certificare le rinunzie e le transazioni di cui all'art. 2113 c.c. (art. 82). La formulazione dell'art. 82, peraltro, non brilla per chiarezza.

La tesi più persuasiva appare quella secondo cui l'art. 82 individua le commissioni di certificazione come sedi di convalida aggiuntive per le rinunce e transazioni, al fine di renderle inoppugnabili [6].

Si deve infine sottolineare che tanto l'art. 2103, comma 6, c.c., così come novellato dal d.lgs. n. 81 del 2015, quanto l'art. 6, comma 6, d.lgs. n. 81 del 2015, individuano le **commissioni di certificazione** quale sede presso cui le parti hanno la possibilità di:

– **stipulare "accordi individuali di modifica delle mansioni, della categoria legale e del livello di inquadramento e della relativa retribuzione**, nell'interesse del lavoratore alla conservazione dell'occupazione, all'acquisizione di una diversa professionalità o al miglioramento delle condizioni di vita" [7];

---

[2] Vedi ad es., l'art. 6, comma 6 e, secondo taluni, anche l'art. 3, comma 6 del decreto.

[3] Così S. Ciucciovino, *op. cit.*, p. 1527.

[4] Letteralmente la norma pare oggi applicabile solo ai lavoratori assunti prima dell'entrata in vigore del d.lgs. n. 23 del 2015, ossia il 7 marzo 2015, perché ai lavoratori assunti dopo tale data non si applica l'art. 8, legge n. 604 del 1966, bensì l'art. 9, d.lgs. n. 23 del 2015.

[5] La genuina imprenditorialità dell'appaltatore è l'elemento di qualificazione dell'interposizione lecita, *ex* art. 29, comma 1, d.lgs. n. 276, mancando la quale, come visto, l'appalto di lavoro si considera somministrazione irregolare.

[6] E. Ghera, *La certificazione dei contratti di lavoro*, in R. De Luca Tamajo, M. Rusciano, L. Zoppoli, *Mercato del lavoro, Riforma e vincoli di sistema*, Napoli, 2004, p. 277.

[7] Art. 2103, comma 6, c.c.

– **pattuire per iscritto clausole flessibili oppure elastiche, in assenza di una specifica disciplina** relativa a tali clausole **nel contratto collettivo** applicabile al rapporto a tempo parziale [8].

In relazione a tali ultime disposizioni, non risulta agevole delimitare la funzione e, conseguentemente, il livello di controllo demandati alle Commissioni di certificazione.

Infatti, le disposizioni non precisano se il compito attribuito alle commissioni sia solo quello di attestare la genuinità del consenso del lavoratore alla modificazione del contratto [9], oppure se si tratti di una nuova competenza tipica di certificazione di clausole contrattuali *ex* art. 75, per valutarne la conformità alla legge e alla volontà espressa dalle parti.

E se si accogliesse la seconda interpretazione, allora si dovrebbero applicare le regole di seguito descritte (parr. 3, 4, 5).

3. Gli **organi preposti** all'espletamento delle procedure di certificazione sono individuati dal decreto (art. 76) negli **enti bilaterali**, nelle **Direzioni territoriali del lavoro**, nelle **Province**, nelle **Università** pubbliche e private registrate in apposito albo, nel **Ministero del lavoro e delle politiche sociali**, nonché nei **consigli provinciali dei consulenti del lavoro**, esclusivamente per i contratti di lavoro instaurati nell'ambito territoriale di riferimento.

il procedimento

Per quanto attiene al **procedimento**, la certificazione, che ha carattere volontario (art. 78) ed è attivata a richiesta congiunta, formalizzata per iscritto, delle parti del contratto, si svolge secondo una procedura determinata autonomamente all'atto della costituzione da ciascuna sede abilitata allo svolgimento della relativa attività, nel rispetto però di taluni principi inderogabili (art. 78).

L'inizio del procedimento deve essere comunicato alla Direzione territoriale del lavoro, che ne dà informazione alle autorità pubbliche interessate agli effetti della certificazione e deve concludersi nel termine di 30 giorni dal ricevimento dell'istanza [10] (art. 78, comma 2, lett. *a*) e *b*)).

L'atto di certificazione deve essere motivato, con indicazione del termine e dell'autorità per l'impugnazione e deve indicare esplicitamente gli effetti (civili, amministrativi, previdenziali e fiscali) in relazione ai quali le parti richiedono la certificazione (lett. *c*) e *d*)).

L'attività di certificazione, inoltre, deve svolgersi nel rispetto di codici di

---

[8] Art. 6, comma 6, d.lgs. n. 81 del 2015.

[9] In modo simile a quanto avviene per le rinunce e transazioni *ex* art. 2113 c.c. presso le Commissioni, con la differenza che in quei casi il lavoratore compie atti abdicativi e non modifica condizioni contrattuali *pro futuro*.

[10] Il termine pare avere natura perentoria, stante il tenore letterale della norma relativa: "il procedimento di certificazione deve concludersi entro il termine di trenta giorni dal ricevimento dell'istanza".

buone pratiche e di moduli e formulari, eventualmente predisposti dal Ministero del Lavoro [11].

4. La certificazione dà luogo ad un **accertamento di tipo amministrativo**, la cui incidenza sui procedimenti di qualificazione giudiziaria dei contratti di lavoro è disciplinata dall'art. 79, rubricato "**efficacia giuridica della certificazione**".

effetti dell'accertamento amministrativo rivolti verso le parti ed i terzi fino al diverso accertamento giudiziale

Gli effetti dell'accertamento amministrativo permangono, sia nei confronti delle parti, sia verso i terzi interessati (sostanzialmente enti previdenziali, amministrazioni fiscali ed ispettorato del lavoro) [12], fino al diverso accertamento giudiziale [13], che accolga uno dei ricorsi di cui all'art. 80 (*infra*, par. 5) con sentenza di merito ancorché non passata in giudicato, ed intervenga pertanto ad eliminarne l'efficacia.

La certificazione non può, pertanto, impedire il ricorso al giudice per l'esatta qualificazione del rapporto.

E tuttavia, per contrastare gli effetti dell'atto di certificazione occorre necessariamente agire in giudizio e, fino alla sentenza del giudice, l'accertamento realizzato è idoneo a vincolare, oltre che le parti del contratto, anche i **soggetti terzi** diversi dall'autorità giudiziaria, impedendo ad es. gli accertamenti dell'Ispettorato del Lavoro [14].

Gli enti previdenziali, pertanto, non possono assumere provvedimenti incompatibili con la qualificazione del contratto (ad esempio chiedere la contribuzione piena sul presupposto che si tratti di un ordinario rapporto di lavoro subordinato, quando il contratto certificato abbia natura di rapporto di lavoro autonomo), se non impugnando la certificazione e aspettando la pronuncia di merito che, ai sensi dell'art. 79, ne rimuova gli effetti [15].

effetti per contratti in corso di esecuzione …

Nell'ipotesi di certificazione di contratti in corso di esecuzione, gli effetti dell'accertamento "si producono dal momento di inizio del contratto" (*rectius*: di costituzione del rapporto), solo nel caso in cui la commissione certificatrice

---

[11] I primi relativi all'individuazione delle clausole indisponibili con specifico riferimento ai diritti e ai trattamenti economici e normativi, i secondi ai prevalenti orientamenti giurisprudenziali in materia di qualificazione dei contratti di lavoro come autonomo o subordinato.

[12] Art. 78, comma 2, lett. *a*).

[13] Sono ovviamente fatti salvi i provvedimenti cautelari.

[14] La Circ. Min. lav. n. 35 del 2013, prevedeva la sospensione dell'ispezione qualora la procedura di certificazione risultasse già solo avviata. La più recente circolare dell'Ispettorato Nazionale del Lavoro n. 9 del 2018 stempera notevolmente tale posizione, stabilendo che tanto nel caso in cui l'istanza di certificazione sia stata proposta dopo l'inizio dell'ispezione, tanto nell'ipotesi in cui sia stata presentata addirittura prima, il procedimento di certificazione dovrebbe essere sospeso. Se la prima soluzione può apparire condivisibile, la seconda solleva qualche perplessità, posto che la legge prevede la possibilità dei terzi di far pervenire osservazioni alla Commissione e, dunque, di intervenire nel procedimento.

[15] Cfr. Trib. Milano 22 giugno 2009, in *Dir. rel. ind.*, 2011, p. 126, in tema di opponibilità dell'atto certificato all'ente previdenziale.

abbia accertato (art. 79, comma 2) che anche l'esecuzione nella fase precedente alla certificazione si sia svolta coerentemente a quanto poi accertato innanzi alla commissione stessa.

... e per contratti non ancora sottoscritti

Riguardo ai contratti non ancora sottoscritti dalle parti, gli effetti della certificazione si produrranno soltanto se e quando le parti sottoscriveranno tali contratti, ovviamente con le integrazioni e le modifiche "suggerite" dall'organo di certificazione (art. 79, comma 2, ultimo periodo).

5. Nei confronti dell'atto di certificazione possono essere proposti unicamente i **rimedi giurisdizionali indicati nell'art. 80**, previo esperimento in ogni caso di un tentativo obbligatorio di conciliazione dinanzi all'organo certificatore [16].

le impugnazioni

L'atto può essere impugnato, dalle parti o dai terzi interessati, davanti al giudice ordinario per **erronea qualificazione del contratto** oppure **per difformità tra il programma negoziale certificato e la sua successiva attuazione** o per **vizi del consenso** (ma in questo caso la legittimazione è limitata alle parti del contratto, con esclusione dei terzi).

L'accertamento giurisdizionale della erroneità della qualificazione ha evidentemente effetto *ex tunc*, fin dal momento della conclusione del contratto.

Laddove invece sia accertata in giudizio la divergenza tra quanto certificato al momento della conclusione del contratto e quanto attuato in seguito durante lo svolgimento del rapporto, gli effetti della riqualificazione giudiziale operano da quando il giudice accerti la difformità.

Infine, **l'impugnazione per vizi del consenso**, è diretta ad operare sul contratto (come dimostra la legittimazione limitata alle parti) e non sull'atto che lo certifica, e segue le regole ordinarie degli artt. 1427 ss. c.c.

È infine prevista **l'impugnazione presso il TAR** competente territorialmente per l'annullamento dell'atto certificatorio in ipotesi di violazione del procedimento o eccesso di potere [17].

6. Tra le finalità ulteriori delle procedure di certificazione, è opportuno richiamare l'attenzione sulle previsioni relative all'**attività di consulenza e assistenza alle parti nella definizione del contenuto del contratto** riconosciuta

---

[16] La violazione di questa disposizione determina l'improcedibilità dell'azione. Cfr., sul punto Trib. Roma, Sez. lav., 4 luglio 2017, n. 6489.

[17] Art. 80, comma 5. Il fatto che gli effetti della certificazione non siano irreversibili ha indotto taluni a sottolinearne la scarsa utilità pratica (cfr. V. Speziale, *La certificazione dei contratti di lavoro*, in F. Carinci (a cura di), *Commentario del d.lgs. 10 settembre 2003, n. 276*, vol. IV, Tipologie, Milano, 2004, p. 234), mentre secondo altri il contratto certificato può comunque essere di aiuto al giudice nell'attività di qualificazione del rapporto (così L. Nogler, *La certificazione dei contratti di lavoro*, in *WP C.S.D.L.E. "Massimo D'Antona".it*, 2003, 23, p. 21).

alle commissioni di certificazione (art. 81), ai fini della conclusione e delle modifiche del programma negoziale, che investono la problematica della inderogabilità delle norme di legge e di contratto collettivo.

Vi è, a monte di tale prospettiva, una precisa linea di politica del diritto, orientata ad una progressiva liberalizzazione dell'autonomia individuale da taluni vincoli eteronomi attraverso un sostegno esterno offerto alle parti contraenti da soggetti qualificati.

Parte sesta

Tutela dell'occupazione e del reddito

Capitolo 57

L'incidenza del costo del lavoro sulla scelta delle tipologie contrattuali di assunzione o di impiego del personale

il costo del lavoro

1. Il **costo del lavoro** è uno dei principali costi di produzione per l'impresa.

Come già accennato, **esso è composto solo in parte dalla retribuzione che il lavoratore percepisce in busta paga** (c.d. retribuzione netta), perché ciò che rileva per l'impresa è la c.d. retribuzione lorda, quella comprensiva dei **contributi previdenziali ed assistenziali, nonché degli oneri fiscali** (*supra*, cap. 25, par. 1.5).

la previdenza obbligatoria

Ai sensi dell'art. 2115 c.c. **la contribuzione previdenziale ed assistenziale è obbligatoria**: è nullo, infatti, qualsiasi patto diretto ad eludere gli obblighi relativi alla previdenza e all'assistenza.

I contributi, calcolati in percentuale sulla retribuzione, gravano principalmente sul datore di lavoro e, in minor parte, sul lavoratore. Il datore di lavoro, tuttavia, versa anche la parte a carico del lavoratore, trattenendo il relativo importo dalla retribuzione. Il carico contributivo è di circa il 33% della retribuzione.

Le prestazioni finanziate dai contributi previdenziali ed assistenziali sono in buona sostanza corrispondenti ai diritti indicati dall'art. 38 Cost. in funzione di solidarietà sociale: ad esempio, quelle pensionistiche, di disoccupazione, di malattia, di maternità, nonché i trattamenti in caso di infortunio e gli assegni familiari.

Il datore di lavoro è sostituto di imposta anche sul piano fiscale, cioè si sostituisce al lavoratore nei rapporti con l'amministrazione finanziaria, trattenendo dalla retribuzione quanto dovuto, principalmente a titolo di Irpef e delle varie addizionali, con aliquote variabili dal 23% al 45%.

il maggior costo sul piano contributivo del lavoro subordinato

2. Il contratto di lavoro subordinato a tempo pieno ed indeterminato, pur costituendo la forma comune di rapporto di lavoro, è pertanto anche quella più costosa per il datore di lavoro, perché le tutele previdenziali ed assistenziali di cui godono i lavoratori subordinati si ripercuotono sugli oneri contributivi a carico delle imprese.

Come già evidenziato, però, accanto al lavoro subordinato a tempo pieno ed indeterminato sono state introdotte via via dal legislatore ulteriori forme contrattuali c.d. flessibili, maggiormente convenienti dal punto di vista contributivo.

Si pensi, ad esempio, alle collaborazioni coordinate e continuative, in relazione alle quali la contribuzione (originariamente al 10%), viene introdotta solo a partire dal 1995, oppure ai contratti di formazione e lavoro, i cui sgravi contributivi portarono addirittura ad una condanna dell'Italia per violazione della normativa europea in tema di aiuti di Stato alle imprese o ancora agli abusi nel ricorso ai contratti di apprendistato.

le eccezioni costituite dalla somministrazione e dal lavoro a tempo determinato

3. In un contesto storicamente caratterizzato dalla flessibilità associata ad un minor costo del lavoro rispetto al contratto a tempo indeterminato a tempo pieno ed indeterminato, fanno eccezione la **somministrazione** ed il **contratto a termine**.

La prima risulta meno vantaggiosa in termini economici in quanto ai normali costi del lavoro si somma il margine di profitto che deve realizzare l'agenzia somministratrice.

Il successo della somministrazione, tuttavia, deriva da altri fattori: le imprese sopportano volentieri il maggior costo del lavoro a fronte dell'azzeramento del rischio di assenze e della possibilità di utilizzare temporaneamente soggetti anche per periodi più lunghi rispetto al normale periodo di prova.

Sempre alla temporaneità del vincolo deve il suo successo anche il contratto a tempo determinato, originariamente "neutro" in termini di costo del lavoro e, a partire dal 2012, divenuto sconveniente in termini contributivi rispetto al lavoro a tempo indeterminato, a causa della contribuzione addizionale dell'1,4% introdotta dalla legge Fornero.

A ciò si aggiunga che con il c.d. decreto dignità [1], è stato previsto l'incremento pari allo 0,5% del contributo addizionale in occasione di ciascun rinnovo del contratto a tempo determinato, anche in regime di somministrazione di lavoro.

Quindi, ad ogni rinnovo di contratto di lavoro a termine, anche in som-

[1] Art. 3, comma 2, d.l. n. 87 del 2018, conv. con modif. in legge n. 96 del 2018.

ministrazione, l'incremento si sommerà a quanto dovuto in precedenza a titolo di contributo addizionale[2].

Sia in caso di somministrazione che di contratto a tempo determinato, inoltre, i maggiori costi legati alla temporaneità del vincolo continuano ad essere compensati dalla possibilità di bypassare la disciplina limitativa del licenziamento, particolarmente penalizzante per le imprese rientranti nel campo di applicazione dell'art. 18 St. lav.

Tale rigidità, solo formalmente attenuata nel 2012, viene sostanzialmente eliminata con l'introduzione del contratto a tutele crescenti nel 2015.

gli incentivi alle nuove assunzioni

4. L'introduzione del contratto a tempo indeterminato a tutele crescenti da parte del d.lgs. n. 23 del 2015 si è rivelata molto vantaggiosa per le imprese non solo per il drastico ridimensionamento della tutela reintegratoria in caso di licenziamento illegittimo (*supra*, capp. 31 e 32), ma anche per il **minor costo del lavoro associato a tale contratto.**

Il legislatore, infatti, ha predisposto e continua a prevedere una serie di incentivi alle assunzioni a tempo indeterminato al fine di incrementare l'occupazione stabile.

esonero contributivo

4.1. **Già la legge di stabilità 2015 aveva previsto, entro determinati limiti, l'esonero complessivo dai contributi previdenziali per un periodo massimo di 36 mesi a decorrere dal 1° gennaio 2015** genericamente riferito alle nuove assunzioni a tempo indeterminato effettuate entro il 31 dicembre 2015[3].

È importante sottolineare, però, che l'esonero contributivo non comporta il mancato accredito dei contributi ai lavoratori: i contributi sono accreditati ma il relativo onere economico è posto a carico della collettività generale.

Attualmente, infatti, **gli sgravi contributivi e gli incentivi, sono limitati alle assunzioni a tempo indeterminato di particolari categorie di soggetti:**

– **studenti**[4], assunti entro sei mesi dall'acquisizione del titolo di studio dal 1° gennaio 2019 al 31 dicembre 2019[5] (sgravi per un importo massimo di 3.000,00 euro, concessi nella misura del 100% nel primo anno e al 50% per il secondo e terzo anno);

– **giovani fino a 29 anni, non occupati e non impegnati in percorsi di formazione ed istruzione** (NEET), assunti nel periodo 1° gennaio 2019 al 31

[2] Circolare Inps n. 121 del 6 settembre 2019.

[3] Art. 1, comma 118, legge n. 190 del 2014.

[4] Studenti che hanno svolto presso il medesimo datore di lavoro attività di alternanza scuola-lavoro pari almeno al 30% del monte ore previsto per l'alternanza; studenti che hanno svolto, presso il medesimo datore di lavoro, periodi di apprendistato per la qualifica e il diploma professionale, il diploma di istruzione secondaria superiore, il certificato di specializzazione tecnica superiore o periodi di apprendistato in alta formazione.

[5] Art. 1, comma 308, legge n. 232 del 2016.

dicembre 2019 a tempo indeterminato (sgravio di 8.060 euro), o a tempo determinato per almeno 6 mesi nell'ambito del programma "Garanzia Giovani";

– **giovani fino ai 35 anni di età o lavoratori privi di impiego regolarmente retribuito da almeno 6 mesi**, assunti da datori di lavoro privati delle Regioni del Sud e delle Isole, anche con contratti di somministrazione o apprendistato, nell'ambito del bonus "Occupazione Sud" (sgravio di 8.060 euro);

– **giovani con età inferiore a 30 anni che nel corso dell'anno 2019 abbiano conseguito la laurea magistrale con la votazione di 110 e lode, nonché giovani con meno di 35 anni di età che abbiano conseguito il dottorato di ricerca**, assunti a tempo indeterminato nell'ambito del bonus "Giovani eccellenze" (sgravio fino a € 8.000 per un massimo per 12 mesi);

– **giovani di età inferiore a 35 anni** (30 per le assunzioni effettuate dal 2021) che non abbiano avuto precedenti rapporti di lavoro a tempo indeterminato assunti da datori di lavoro privati a tempo indeterminato (sgravio di 3.000 euro all'anno per 36 mesi);

– **disoccupati beneficiari dell'indennità di disoccupazione** (NASpI, cfr. *infra*, cap. 59): il datore di lavoro che assume ha diritto al 20% del trattamento di NASpI;

– **lavoratori di età pari o superiore a 50 anni, disoccupati da più di 12 mesi**, e **lavoratrici prive di impiego da oltre ventiquattro mesi**[6]: sgravio contributivo del 50% per 18 mesi (12 mesi in caso di assunzione a tempo determinato).

– percettori del reddito di cittadinanza[7] (RdC, *infra*, cap. 60) nel limite dell'importo mensile percepito dal lavoratore.

deducibilità del costo del lavoro

4.2. Un'altra misura volta ad incentivare le assunzioni fa leva sulla deducibilità fiscale dei costi per il personale.

A decorrere dal 1° gennaio 2015, il costo del personale dipendente assunto con contratto a tempo indeterminato è totalmente deducibile ai fini dell'Irap[8].

estinzione degli illeciti in caso di stabilizzazione dei co.co.co.

4.3. Altre misure favoriscono l'assunzione con contratto di lavoro subordinato a tempo indeterminato di lavoratori precedentemente assunti con altre tipologie contrattuali.

Al riguardo, è confermata la previsione in base alla quale l'assunzione dei

---

[6] O disoccupate da solo sei mesi, se le lavoratrici sono assunte da privati che risiedono in aree svantaggiate o in settori nei quali la disparità occupazionale di genere è superiore al 25% (individuati annualmente con un decreto ministeriale), ovvero disoccupate da oltre dodici mesi con almeno cinquant'anni di età ovunque residenti.

[7] Art. 8, d.l. n. 4 del 2019 conv. con legge n. 26 del 2019.

[8] Art. 1, comma 20, legge n. 190 del 2014. Tuttavia, la legge n. 145 del 2018 all'art. 1, commi da 1085 a 1087, ha eliminato la deduzione per le Regioni Abruzzo, Basilicata, Calabria, Campania, Molise, Puglia, Sardegna e Sicilia nonché il credito d'imposta del 10% che la legge di Stabilità 2015 riconosceva a favore delle imprese senza lavoratori dipendenti.

collaboratori coordinati e continuativi con contratto a tempo indeterminato, effettuata a decorrere dal 2016, comporta l'estinzione degli illeciti amministrativi, contributivi e fiscali connessi all'erronea qualificazione del rapporto di lavoro, con eccezione degli illeciti accertati a seguito di accessi ispettivi effettuati in data antecedente all'assunzione [9].

Tale procedura di stabilizzazione trova applicazione anche nei confronti dei titolari di partita IVA. Giova sul punto precisare che la partita IVA non è una tipologia di rapporto, bensì un regime tributario cui ineriscono precisi obblighi di carattere fiscale e contabile.

I titolari di partita IVA rappresentano un insieme assai eterogeneo di soggetti che comprende sia gli iscritti agli albi professionali (si pensi ad esempio agli avvocati e agli architetti) sia i soggetti che esercitano con abitualità professioni non ancora riconosciute e, comunque, non organizzate in albi professionali (si pensi alla figura del procacciatore di affari, agli idraulici, agli elettricisti oppure a nuove figure come quella del *wedding planner* o del *personal trainer*), oppure soggetti che non svolgono una professione (vecchia o nuova) e che sono chiamati dal committente ad aprire la partita IVA quale condizione per poter instaurare un rapporto di collaborazione.

In questi casi può capitare che la partita IVA mascheri un rapporto che avrebbe dovuto essere regolato tramite contratto di lavoro a progetto oppure tramite contratto di lavoro subordinato.

5. Questi interventi, finalizzati alla **promozione di forme di occupazione stabile**, incentivano le assunzioni con contratto a tempo indeterminato e, soprattutto laddove trova applicazione l'esonero contributivo, le rendono più convenienti rispetto alle forme flessibili.

Stando ai dati sulle nuove assunzioni, infatti, è agevole riscontrare, a parità di altre condizioni, un rapporto di diretta proporzionalità tra l'entità degli incentivi e il numero delle nuove assunzioni a tempo indeterminato [10].

Tuttavia, gli incentivi possono avere una durata limitata nel tempo poiché hanno un alto costo per la collettività.

Ed infatti, non a caso, gli ultimi interventi normativi sono concentrati su alcune categorie, in particolare quelle a ridotto tasso di occupazione o reinserimento (giovani, donne, over 50, disoccupati, beneficiari del RdC).

---

[9] Peraltro, l'estinzione delle violazioni è possibile soltanto se siano rispettate due condizioni, ossia che: a) i lavoratori interessati alle assunzioni sottoscrivano presso una sede protetta atti di conciliazione riferiti a tutte le possibili pretese riguardanti la qualificazione del pregresso rapporto di lavoro; b) nei dodici mesi successivi alla assunzione il datore di lavoro non receda dal rapporto di lavoro salvo che per giusta causa ovvero per giustificato motivo soggettivo.

[10] Nei primi 5 mesi del 2019, rispetto all'anno precedente, sono aumentate le assunzioni a tempo indeterminato, dati Inps dell'Osservatorio sul precariato, in *www.inps.it*.

6. In questo quadro, il Titolo II del d.lgs. n. 150 del 2015 recante "*disposizioni per il riordino della normativa in materia di servizi per il lavoro e di politiche attive*", attuativo della legge delega n. 183 del 2014, mira anche ad un **riordino complessivo dei diversi incentivi al lavoro e all'occupazione** diffusi nell'ordinamento.

Secondo la definizione che ne dà il decreto, per incentivi all'occupazione devono intendersi i benefici normativi o economici riconosciuti ai datori di lavoro in relazione all'assunzione di specifiche categorie di lavoratori [11].

Di tali incentivi, in particolare, è istituito un repertorio nazionale che deve contenere, per ciascuno di essi, un elenco di informazioni che valgano ad identificarlo e definirlo [12].

L'art. 31, inoltre, detta dei principi generali ai quali deve essere condizionata la fruizione degli incentivi, sostanzialmente diretti ad evitare comportamenti elusivi. Così, ad esempio, l'incentivo non spetta se l'assunzione è effettuata in esecuzione di un obbligo preesistente, o se è operata in violazione di diritti di precedenza previsti per legge, ovvero qualora riguardi un lavoratore licenziato nei sei mesi precedenti.

Non è invece richiesto, perlomeno in via generale [13], che la fruizione degli incentivi sia subordinata ad un saldo occupazionale positivo netto tra assunzioni e licenziamenti. E tuttavia ciò potrebbe condurre a fenomeni di *turnover*, tra personale in forze e neo-assunti, finalizzati esclusivamente a godere degli incentivi.

[11] Cfr. art. 30, comma 2.

[12] Categorie dei datori di lavoro e dei lavoratori interessati, importo e durata, ambito territoriale di operatività, ecc. Cfr. art. 30, comma 1.

[13] Dall'art. 31, comma 1, lett. *f*), si desume che possa essere solo la singola norma incentivante a contenere una previsione di questo genere.

Capitolo 58

Le forme di tutela del reddito e dell'occupazione in costanza di rapporto

1. Per **ammortizzatori sociali**, espressione d'uso comune a cui ricorre sovente anche il legislatore, si intende una serie di **strumenti previdenziali di sostegno al reddito del lavoratore**, erogate in funzione indennitaria, secondo quanto previsto dai commi 1, 2 e 4 dell'art. 38 Cost., rispetto a situazioni nelle quali detto reddito viene a mancare.

Tali misure, di regola, corrispondono a situazioni molto eterogenee tra loro (la sospensione o l'estinzione di uno o più rapporti di lavoro, l'estinzione per licenziamento individuale o collettivo, ecc.) e servono:

ammortizzatori che presuppongono l'estinzione del rapporto di lavoro ...

1) come garanzia contro la disoccupazione involontaria.

Si realizza in questa ipotesi una tutela del reddito per coloro che hanno perso il posto di lavoro (*infra*, cap. 59). Tra queste misure si annoverano principalmente la **Nuova Assicurazione Sociale per l'Impiego** (NASpI), che dal 2015 sostituisce l'Assicurazione Sociale per l'Impiego (ASpI) [1], per i lavoratori subordinati e la DisColl, per i collaboratori coordinati iscritti alla Gestione separata;

... e ammortizzatori che presuppongono la sospensione dello stesso

2) o a **prevenire l'insorgere della disoccupazione.**

Si tratta, in questo caso, di **misure di tipo "conservativo"**, volte a garantire il reddito a coloro che non hanno ancora perso il posto di lavoro, mediante la sospensione della prestazione lavorativa a fronte di determinate ipotesi di difficoltà economica dell'impresa.

Il rapporto di lavoro è quindi sospeso e non interrotto, in vista di una ripresa dell'attività ancora possibile, seppure incerta.

---

[1] L'ASpI, a sua volta, aveva sostituito dal 1° gennaio 2013 i precedenti strumenti di tutela: l'indennità di disoccupazione e l'indennità di mobilità. Per quest'ultima era previsto un complesso meccanismo di disciplina transitoria che ha avuto compimento il 31 dicembre 2016.

Perciò si afferma che questi trattamenti intervengono **in costanza di rapporto di lavoro**. Questi ammortizzatori sociali, trattati nel presente capitolo, sono: **la cassa integrazione ordinaria e straordinaria (parr. 2-3), i contratti di solidarietà difensivi (par. 4) e i trattamenti erogati dai fondi di solidarietà (par. 5).**

tutela del reddito e tutela dell'occupazione

Si deve aggiungere che **alla funzione di tutela del reddito** si affianca con rilevanza sempre maggiore una **funzione di tutela dell'occupazione.**

Infatti, le misure di tutela del reddito in costanza di rapporto di lavoro sono volte a prevenire la disoccupazione involontaria, nel tentativo di scongiurare la cessazione totale o parziale dell'attività produttiva dell'impresa. Al contempo, le politiche attive sostengono il lavoratore nella ricerca di lavoro in caso di perdita del posto o anche durante la Cigs (*infra*, par. 5 e cap. 60).

la cassa integrazione guadagni

2. L'istituto della **Cassa integrazione guadagni, sorto a tutela degli operai dell'industria**[2], interveniva in origine **nei casi di impossibilità oggettiva della prestazione.**

funzione originaria della Cig

La Cassa, gestita dall'Inps, assicurava l'integrazione della retribuzione nei casi di sospensione totale o parziale del lavoro per brevi periodi di tempo, a **causa di eventi non imputabili agli imprenditori né agli operai.**

estensione dei presupposti oggettivi e soggettivi di utilizzo

L'istituto, con il tempo, ha assunto una funzione di sostegno non solo del reddito e dell'occupazione, ma anche dell'impresa, intervenendo in casi di semplice difficoltà della stessa[3], ed è stato **progressivamente esteso ad altre tipologie di imprese**, ad esempio commerciali e artigiane, appaltatrici di servizi mensa o di pulizia.

Ottenuta l'ammissione al trattamento di integrazione salariale (c.d. Cassa integrazione), che si perfeziona con un provvedimento amministrativo di ammissione sulla domanda del datore di lavoro, **il rapporto di lavoro è sospeso e il datore di lavoro è sollevato dagli obblighi retributivi.**

Al contempo **il lavoratore non perde del tutto il reddito**, proprio perché beneficia del trattamento di integrazione salariale erogato dall'Inps.

Successivi interventi hanno introdotto nuove cause integrabili e definito le procedure, attribuendo un ruolo centrale alle organizzazioni sindacali nella verifica della richiesta del datore di lavoro.

cassa integrazione guadagni ordinaria e straordinaria

La disciplina attuale prevede due gestioni della Cassa integrazione: **una ordinaria e una straordinaria.**

Entrambe **si applicano ad operai, impiegati e quadri** con un'anzianità di effettivo lavoro di almeno novanta giorni. **Non si applicano invece ai dirigenti e ai lavoratori a domicilio.**

Le due gestioni si differenziano per i presupposti (le c.d. causali) di intervento, per i settori e le imprese ammessi alla loro erogazione, per le procedure e la durata massima del trattamento, per la contribuzione posta a carico delle

---

[2] Cfr. il contratto collettivo 13 giugno 1941 e il d.lgs.lgt. n. 788 del 1945.

[3] Sospensioni derivanti da situazioni temporanee di mercato, o da scelte discrezionali dell'imprenditore (ristrutturazioni, riorganizzazioni, e riconversioni aziendali).

imprese e dei lavoratori. La legge n. 223 del 1991 esclude **l'intervento straordinario (Cigs) nelle unità produttive che, nello stesso periodo, beneficino di trattamenti ordinari (Cigo)** [4].

limiti di durata complessiva

Dopo anni di utilizzo dell'istituto della Cig per lunghissimi periodi, la legge n. 223 del 1991 ha posto limiti di durata complessiva (Cigo + Cigs) per un **periodo non superiore a 36 mesi ogni cinque anni solari** [5], un limite che l'art. 4 del d.lgs. n. 148 del 2015 riduce ulteriormente, a **24 mesi nel quinquennio precedente la domanda** [6].

un nuovo tentativo di riforma organica in materia di Cassa integrazione: il d.lgs. n. 148 del 2015

Quest'ultimo decreto, introduce una "organica riforma degli ammortizzatori sociali", **dopo anni di riconoscimento, da parte del legislatore, di tale esigenza** [7], che si confronta sempre con il vincolo di non generare nuovi o maggiori oneri per la finanza pubblica. Per questo la legge n. 92 del 2012 e poi il **d.lgs. n. 148 del 2015**, hanno istituito i fondi bilaterali per settori non coperti dalla Cigo o dalla Cigs (par. 6).

2.1. La Cassa integrazione guadagni ordinaria (Cigo) per contrazioni o sospensione dell'attività produttiva **prevede due cause integrabili:**

1) situazioni aziendali dovute ad **eventi transitori** non imputabili all'imprenditore né ai lavoratori [8];
2) sospensioni determinate da **situazioni temporanee** di mercato [9].

La Cigo ha quindi la funzione di sostenere il reddito dei lavoratori, compresi gli apprendisti, nel caso di **contrazioni** non volontarie dell'attività produttiva, **di natura congiunturale e cioè temporanea, con una programmazione di ripresa della stessa, in termini di ragionevole prevedibilità.**

La durata massima della Cigo è di **tre mesi**, ma possono essere autorizzate **proroghe fino ad un massimo complessivo di dodici mesi.**

Originariamente previsto per l'industria, l'intervento è stato esteso, con particolari regole, ad altri settori tra i quali in particolare l'edilizia e l'agricoltura.

L'ammontare del trattamento è determinato nella misura **dell'80% della**

---

[4] È invece ammessa la fruizione subito dopo un periodo in Cigo, anche senza soluzione di continuità.

[5] Comprensivo di Cigs e Cigo per situazioni temporanee di mercato, seppure ancora oggi vi siano rilevanti eccezioni.

[6] 30 mesi per le imprese industriali e artigiane dell'edilizia e affini o che svolgano attività di escavazione e di lavorazione di metalli lapidei. Inoltre, i periodi di Cigo e Cigs fruiti prima dell'entrata in vigore del decreto non si computano.

[7] Art. 2, comma 28, legge n. 662 del 1996, art. 45, legge n. 144 del 1999, art. 1, commi 28, 29 e 93, legge n. 247 del 2007 (riforma ulteriormente prorogata dall'art. 46, comma 1, legge n. 183 del 2010, c.d. "collegato-lavoro").

[8] Tra gli eventi transitori non rientrano solo quelli non imputabili all'imprenditore, ma anche i c.d. "eventi oggettivamente non evitabili", ossia assolutamente imprevedibili (interruzione energia elettrica da parte dell'ente erogatore) oppure causati da forza maggiore o caso fortuito (ad es.: eventi naturali come terremoti e inondazioni o il maltempo nelle lavorazioni all'aperto).

[9] Si tratta di una novità introdotta dal d.lgs. n. 148 del 2015, art. 1, perché la disciplina precedente non conosceva questa limitazione per la Cigo, bensì solo per la Cigs.

retribuzione che sarebbe spettata per le ore non lavorate [10], quindi la conservazione del reddito per il lavoratore è soltanto parziale.

È prevista una **procedura di informazione e consultazione sindacale con le r.s.a.**, preventiva rispetto alla riduzione o sospensione dell'orario, cui può seguire la concessione del trattamento da parte dell'Inps [11].

la Cigs

2.2. La Cassa integrazione guadagni **straordinaria (Cigs)** offre **sostegno di fronte a situazioni strutturali idonee a determinare una durevole eccedenza di personale,** diversamente dalla Cigo, la quale presuppone la ripresa dell'attività e il mantenimento dell'organico.

Essendo volta ad evitare o ridimensionare la riduzione di personale, la Cigs viene spesso definita "l'anticamera dei licenziamenti collettivi".

cause integrabili

La Cigs prevede varie cause integrabili, con differenti regimi di durata (cfr. artt. 21 e 24 del decreto):

a) sospensioni determinate da processi di **riorganizzazione aziendale** (art. 21), con durata massima di 24 mesi [12], previa presentazione di un piano di riorganizzazione;

b) stato di crisi aziendale [13] con durata massima di 12 mesi, previa presentazione di un piano di risanamento [14];

c) riduzioni dell'orario di lavoro stabilite con accordo sindacale al fine di evitare licenziamenti (**c.d. contratti di solidarietà interni,** su cui v. *infra*, par. 4), con durata massima di 24 mesi.

A **decorrere dal 2016, la Cigs non può essere concessa in ipotesi di cessazione dell'attività produttiva dell'azienda o di un ramo di essa** [15], in ossequio al principio secondo cui **la ripresa dell'attività produttiva dopo l'erogazione della Cigs deve essere ancora astrattamente possibile** [16].

---

[10] Art. 2 della legge n. 164 del 1975: tuttavia, dopo sei mesi, tale ammontare non può superare il tetto massimo stabilito per il trattamento straordinario.

[11] Precedentemente occorreva una deliberazione della Commissione provinciale della Cassa integrazione guadagni.

[12] Non è più prevista la possibilità di concedere le c.d. "proroghe complesse" (ossia due proroghe della durata massima di 12 mesi ciascuna).

[13] Accertato dall'autorità ministeriale (art. 2, comma 5, lett. *c*) e art. 21, legge n. 675 del 1977).

[14] Il decreto n. 148 del 2015 solo per questa causale ammette al trattamento anche gli apprendisti (art. 2).

[15] Art. 1, comma 2, lett. *a*), n. 2, legge delega n. 183 del 2014. Prorogabile fino a 6 mesi se all'esito del programma di crisi aziendale l'impresa cessi l'attività produttiva e sussistano concrete prospettive di rapida cessione dell'azienda e di un conseguente riassorbimento occupazionale, previo accordo stipulato in sede governativa ed entro limiti di spesa annualmente stanziati: art. 21, comma 4 ma cfr. *infra*, par. 2.3.

[16] In quest'ottica già la legge n. 92 del 2012 aveva eliminato, a decorrere dal 1° gennaio 2016, la possibilità di erogare la Cigs per aziende sottoposte a procedure concorsuali (art. 2, comma 70, che abroga l'art. 3, comma 1, legge n. 223 del 1991): opzione confermata dal Codice della crisi (*supra*, cap. 39).

Anche per la Cigs è prevista una **procedura** preventiva **di informazione e consultazione sindacale con le r.s.a.**, cui segue la richiesta al Ministero del lavoro e alle D.t.l. territorialmente competenti: il primo rilascia il decreto di autorizzazione, le seconde accertano l'attuazione degli impegni aziendali.

procedura di informazione e consultazione sindacale

La **Cigs**, a differenza della Cigo, si applica solo in alcuni settori e con soglie dimensionali variabili per l'applicazione [17].

Il **trattamento** non può superare un tetto massimo mensile (attualmente pari a circa 993/1194 euro per lavoratori retribuiti, rispettivamente, per meno o più di 2184 euro lordi al mese) quindi la conservazione del reddito per il lavoratore sospeso è non solo parziale, ma notevolmente ridotta.

2.3. Con l'espressione "**ammortizzatori sociali in deroga**" si intendono **trattamenti di sostegno del reddito e dell'occupazione del lavoratore**, modellati su quelli previsti in via ordinaria (trattamento di integrazione salariale, indennità di mobilità, ecc.), ma che vi derogano in alcuni aspetti e presupposti applicativi.

gli ammortizzatori sociali in deroga

In altri termini, **la deroga consiste nel fatto che la sfera dei destinatari, le condizioni ed i termini di erogazione di tali strumenti sono temporaneamente ampliati**, oltre le regole ordinarie previste dalla legge.

E così, ad esempio, la "Cigs in deroga" è modellata sulla base della Cigs prevista dalla legge n. 223 del 1991, ma deroga ai limiti di durata massima del trattamento ivi previsti ed è riconosciuta a dipendenti di imprese più piccole, che di norma non avrebbero diritto alla Cigs.

il trattamento di integrazione salariale in deroga

Si tratta, pertanto, di misure introdotte con norme eccezionali e di durata limitata, basate su risorse finanziarie stanziate di volta in volta [18]. In taluni casi, l'attuazione di tali misure è devoluta alle Regioni e alle Province autonome.

Di recente, si segnalano due decreti del I Governo Conte, che hanno prolungato fino a tutto il 2020 il ricorso ad ammortizzatori in deroga.

Il primo [19] consente di erogare la Cigs per crisi in deroga sia ai termini massimi di erogazione, sia alla regola della prosecuzione dell'attività, previo accordo governativo, nel rispetto vincoli di spesa e di tempo: di fatto si riesuma la Cigs per crisi aziendale con cessazione dell'attività.

La deroga è possibile in presenza di "concrete prospettive di rapida cessione dell'azienda e di un conseguente riassorbimento occupazionale", di realizzazione di interventi di reindustrializzazione del ciclo produttivo, o di specifici percorsi di politica attiva.

Il secondo è l'art. 22-*bis*, d.lgs. n. 148 del 2015 [20], che può essere concesso per imprese in crisi, dotate di rilevanza economica strategica anche a livello re-

---

[17] Aziende industriali e imprese di vigilanza con più di 15 dipendenti; imprese esercenti attività commerciali, agenzie di viaggio e turismo, compresi gli operatori turistici, con più di 50 dipendenti; imprese del trasporto aereo e del sistema aeroportuale a prescindere dal numero di dipendenti.

[18] Si veda ad es. la legge di stabilità 2017 (n. 232 del 2016).

[19] Art. 44, d.l. n. 109 del 2018, conv. in legge n. 130 del 2018.

[20] Cfr. art. 25, comma 1, d.l. n. 119 del 2018, conv. in legge n. 136 del 2018 e art. 26-*bis*, d.l. n. 4 del 2019, conv. in legge n. 26 del 2019 per la proroga al 2020.

gionale con rilevanti "problematiche occupazionali" da scongiurare, con "esuberi significativi nel contesto territoriale" e corrispondenti misure di contrasto.

A questi si aggiungono riconoscimenti di dotazioni finanziarie ad enti territoriali (tra gli ultimi v. gli artt. 9 ss., d.l. n. 101 del 2019, convertito in legge n. 128 del 2019) per il finanziamento di ammortizzatori sociali in deroga.

Il ricorso a tali strumenti, potenziato dall'ultimo per impedire l'esplosione di crisi occupazionali locali, presenta delle controindicazioni: in primo luogo le risorse per tali strumenti gravano sulla fiscalità generale. In secondo luogo si tratta di eccezioni che contraddicono la "regola" del limite di durata massima dei trattamenti di integrazione salariale e del principio di erogazione degli stessi soltanto a fronte di prospettive di ripresa dell'attività, le quali invece in questi casi difettano completamente. Infine, il sostegno a tali strumenti denota sfiducia nel sistema dei servizi per l'impiego e le politiche attive (*infra*, par. 60), e toglie risorse che potrebbero essere date ad esso.

3. L'intervento della cassa integrazione libera l'imprenditore dal corrispondente obbligo retributivo.

qualificazione ed effetti giuridici della cassa integrazione

Come esplicato, l'effetto liberatorio **si perfeziona solo con il provvedimento amministrativo di ammissione al trattamento di integrazione salariale**[21].

Pertanto, **in caso di mancato accoglimento della domanda**, o di riconosciuta illegittimità del provvedimento amministrativo, **il datore di lavoro resta obbligato al pagamento della retribuzione in misura piena** e al risarcimento del danno al lavoratore per la sospensione senza trattamento[22].

Di regola, l'imprenditore corrisponde mensilmente il trattamento d'integrazione salariale, sotto forma di anticipo Cig a carico dell'Inps, per poi beneficiare del conguaglio[23], tranne in caso di comprovate difficoltà di natura finanziaria.

scelta dei lavoratori da collocare in cassa integrazione

La scelta dei lavoratori da collocare in cassa integrazione spetta al datore di lavoro, il quale comunque è obbligato ad osservare i criteri eventualmente concordati con i sindacati[24], deve ripartire il sacrificio della sospensione tra tutti i lavoratori e non deve effettuare discriminazioni.

A tal fine già la legge n. 223 del 1991 imponeva la trasparenza dell'esercizio di tale potere da parte del datore di lavoro[25].

In particolare per la Cigs, l'art. 43, comma 4 del d.lgs. n. 148 del 2015, per favorire la rotazione nella fruizione del trattamento, stabilisce che per le causali di riorganizzazione aziendale e crisi aziendale possono essere autorizzate

---

[21] Cass., Sez. Un., 11 aprile 2006, n. 8376, in *Rep. Foro it.*, 2007, voce *Previdenza sociale*, n. 237. Conf. Cass. 20 novembre 2009, nn. 24551-5.

[22] Cass. 15 luglio 2008, n. 19460 e Cass. 10 luglio 2008, n. 18994.

[23] Cfr. art. 12, d.lgs. n. 788 del 1945.

[24] Sull'inefficacia del provvedimento di sospensione, in caso di mancata comunicazione dei criteri di scelta alle Oo.Ss. v. Cass., Sez. Un., 11 maggio 2000, n. 302, in *Mass. giur. lav.*, 2000, p. 215, con nota di S. Liebmann; Cass. 26 settembre 2011, n. 19618, in *Mass. giur. lav.*, 2012, 7, p. 571.

[25] Art. 1, commi 7 e 8, legge n. 223 del 1991.

sospensioni del lavoro soltanto nel limite dell'80% delle ore lavorabili nell'unità produttiva, in modo che nel periodo di fruizione almeno un quinto dei lavoratori, a rotazione, non sia sospeso.

i lavoratori beneficiari del trattamento di integrazione salariale non hanno diritto alle ferie

I lavoratori sospesi non hanno diritto alle ferie e all'indennità sostitutiva.

Hanno invece diritto a partecipare alle assemblee sindacali e i periodi di sospensione sono utili ai fini del calcolo e dell'accantonamento del t.f.r. a carico dell'azienda e degli scatti d'anzianità [26].

Un effetto specifico della Cigs, è quello di consentire, al termine del trattamento di integrazione salariale, l'avvio di una procedura di licenziamento collettivo, essendo una delle due ipotesi che può darvi corso (*supra*, cap. 32).

il contratto di solidarietà interno

4. Una causa integrabile della Cigs è costituita dalla riduzione di orario di lavoro tramite **i contratti di solidarietà interni (detti anche difensivi)** [27], ossia contratti collettivi, di livello aziendale, stipulati tra l'imprenditore e i sindacati maggiormente rappresentativi, che prevedono **la riduzione dell'orario di lavoro e della retribuzione** dei dipendenti dell'impresa e **la concessione da parte dell'Inps dell'integrazione salariale** per un periodo non superiore a 24 mesi (36 nel Mezzogiorno), ma **prorogabile** per la stessa durata, **allo scopo di evitare i licenziamenti** [28], **quantomeno fino alla scadenza degli accordi stessi.**

Oggi, anche dopo le modifiche del d.lgs. n. 148 del 2015, sono previste **due tipologie di accordi di solidarietà:**

1) per le imprese comprese nell'ambito della Cigs, gli accordi di solidarietà sono espressamente riconosciuti come una causale di concessione del trattamento, con alcuni incentivi all'utilizzo (*infra*, par. 4.1);

2) per le imprese estranee all'ambito della Cigs, è prevista dal 2016 l'introduzione del Fondo di solidarietà residuale che, in caso di accordi aziendali di solidarietà, garantisce nuovi ammortizzatori sociali (*infra*, parr. 4.2 e 6).

gli accordi di solidarietà come causale privilegiata per la concessione del trattamento Cigs ...

4.1. Una novità del d.lgs. n. 148 del 2015 consiste nella previsione secondo cui gli accordi di solidarietà, stipulati dai sindacati aderenti alle confederazioni maggiormente rappresentative a livello nazionale che stabiliscono una riduzione dell'orario di lavoro [29] al fine di evitare, in tutto o in parte, la riduzione o una dichiarazione di esubero di personale, costituiscono la causale privilegiata di concessione della Cigs.

---

[26] Nonché per il conseguimento e la determinazione delle prestazioni previdenziali (c.d. "contribuzione figurativa"), nel limite complessivo massimo di 5 anni.

[27] Da non confondere con i contratti di solidarietà esterni (o espansivi), che impegnano il datore di lavoro ad assumere nuovo personale a fronte della riduzione dell'orario di lavoro e della retribuzione dei lavoratori dipendenti della stessa impresa.

[28] Licenziamenti collettivi per gli accordi di cui al n. 1, ma anche "al fine di evitare licenziamenti plurimi individuali per giustificato motivo oggettivo" per gli accordi di cui al n. 2.

[29] Per favorire la rotazione, è stabilito un limite massimo alla sospensione della prestazione lavorativa: 60% su base oraria, settimanale o mensile, 70% nell'arco dell'intero periodo di fruizione.

Infatti, all'esito della procedura di esame congiunto per qualsiasi richiesta di trattamento Cigs, l'art. 24, comma 4, impone all'impresa e alle parti sindacali di dichiarare espressamente "*la non percorribilità della causale sub* c), *dei contratti di solidarietà*".

Inoltre, la durata del trattamento Cigs in caso di accordi di solidarietà, a differenza delle altre causali, può essere estesa a 36 mesi [30].

... e come presupposto per l'erogazione dell'assegno di solidarietà da parte dei fondi

4.2. I datori di lavoro che occupino più di 5 e fino a 15 dipendenti possono stipulare con le organizzazioni sindacali comparativamente più rappresentative accordi collettivi aziendali che stabiliscono una riduzione dell'orario di lavoro, al fine di evitare o ridurre le eccedenze di personale o di evitare licenziamenti plurimi individuali per giustificato motivo oggettivo.

A decorrere dal 1° luglio 2016, al raggiungimento di tale accordo i datori di lavoro possono richiedere l'**assegno di solidarietà**, un nuovo ammortizzatore sociale che viene erogato, in condizioni di equilibrio di bilancio, dai fondi bilaterali o alternativi o, in loro assenza, dal fondo di integrazione salariale (*infra*, par. 6).

5. La legge prevede una connessione tra l'erogazione del trattamento di integrazione salariale e l'avvio delle politiche attive del lavoro, finalizzate a reinserire il lavoratore nel mercato del lavoro (*infra*, cap. 60).

In primo luogo, l'art. 8 del d.lgs. n. 148 del 2015 dispone che i beneficiari della Cig (ordinaria o straordinaria o in deroga, indipendentemente dalla causale) per i quali la sospensione o la riduzione dell'orario di lavoro calcolata in un periodo di 12 mesi sia superiore al 50%, debbano essere convocati dai Centri per l'impiego per la stipulazione di un patto di servizio personalizzato, il quale poi disciplinerà le attività da svolgere per la collaborazione attiva alla ricerca di un lavoro, con sanzioni che possono condurre alla decadenza dalla fruizione dei trattamenti.

In secondo luogo, l'art 24-*bis* del medesimo decreto dispone che, per limitare il ricorso al licenziamento nei casi di riorganizzazione ovvero di crisi aziendale per i quali non sia espressamente previsto il completo recupero occupazionale, la procedura di consultazione può concludersi con un accordo che preveda un piano di ricollocazione, con l'indicazione degli ambiti aziendali e dei profili professionali a rischio di esubero.

Il lavoratore può chiedere entro 30 giorni dalla stipula del patto di servizio l'attribuzione anticipata dell'assegno di ricollocazione (*infra*, cap. 60), al fine di ottenere un servizio intensivo di assistenza nella ricerca di un altro lavoro.

Non è però previsto l'obbligo di accettazione di un'offerta di lavoro congrua e questo aspetto, a ben vedere, rende pressoché inutile il dispiegamento di risorse e attività.

---

[30] Infatti la durata dei trattamenti per tale causale, entro il limite di 24 mesi nel quinquennio mobile, è computata nella misura della metà. Oltre tale limite, la durata di tali trattamenti si computa per intero (art. 22, commi 3 e 5).

Questo servizio ausiliario ha una durata corrispondente a quella del trattamento straordinario di integrazione salariale e comunque non inferiore a sei mesi, prorogabile di ulteriori dodici mesi nel caso non sia stato utilizzato, entro il termine del trattamento straordinario di integrazione salariale, l'intero ammontare dell'assegno. Sono previsti vantaggi fiscali e sgravi tanto per il lavoratore che accetti l'offerta di lavoro quanto per il datore di lavoro che assuma il lavoratore in ricollocazione.

la disciplina dei Fondi bilaterali dopo il Jobs Act

6. Come premesso, già la legge n. 92 del 2012, in favore dei lavoratori appartenenti a settori non coperti dalla Cassa integrazione guadagni, aveva istituito i fondi di solidarietà. Si tratta di gestioni costituite presso l'Inps, prive di personalità giuridica, con la funzione di sostenere il reddito e salvaguardare l'occupazione dei lavoratori in presenza delle stesse causali che, nelle imprese più grandi, avrebbero dato diritto all'integrazione salariale[31].

In altri termini, l'obiettivo principale è quello di ampliare le tutele in costanza di rapporto di lavoro anche al di fuori dell'ambito di applicazione della Cig, ma senza nuovi o maggiori oneri per la finanza pubblica.

Questi fondi differiscono in modo sostanziale dai trattamenti di integrazione salariale, perché il loro finanziamento non è effettuato da parte dello Stato, bensì dai lavoratori e dalle imprese, in condizioni di equilibrio di bilancio tra versamenti contributivi e prestazioni di sostegno del reddito[32].

Il *Jobs Act* (d.lgs. n. 148 del 2015) abbassa da 15 a 5 dipendenti la soglia di applicazione dei fondi, prevista per tutti quei settori, tipologie di lavoratori e classi dimensionali che non rientrano nell'ambito di applicazione della Cigo o della Cigs e introduce strumenti di sostegno del reddito tipizzati: l'assegno di solidarietà e l'assegno ordinario, ai quali si applica, per quanto compatibile, la disciplina del trattamento di integrazione salariale ordinario (Cigo).

Il sistema dei fondi bilaterali è imperniato su tre distinte tipologie o, per meglio dire, modalità di istituzione dei fondi:

1) **un'istituzione "ordinaria" o "volontaria"**, mediante accordi collettivi stipulati da organizzazioni sindacali comparativamente più rappresentative sul piano nazionale, per tutte le imprese escluse dalla Cig con più di 5 dipendenti.

Già nel vigore della legge n. 92 del 2012, com'era prevedibile, il sistema dei fondi "volontari", presupponendo che fossero le parti sociali ad introdurre nuovi oneri contributivi a carico dei datori di lavoro e dei lavoratori, non si è sviluppato;

2) **un'istituzione "alternativa"**, sempre mediante contratti collettivi, per settori esclusi dall'integrazione salariale, ma già dotati di Enti bilaterali conso-

---

[31] Elencate dall'art. 3, comma 11, legge n. 92 del 2012.

[32] Per due terzi a carico del datore di lavoro e un terzo a carico dei lavoratori, con obblighi di pareggio in bilancio, divieto di erogazione in carenza di disponibilità e garanzie di solvibilità.

lidati (ad es.: nell'artigianato), mediante adeguamento dei propri fondi bilaterali già esistenti;

3) **un fondo di integrazione salariale,** che si potrebbe definire "residuale" o sussidiario: si tratta di un fondo obbligatorio per tutti i datori di lavoro occupanti oltre cinque dipendenti che non fruiscano della Cig e non abbiano attivato, alla data del 1° gennaio 2016, alcun Fondo bilaterale di solidarietà *sub* 1 o 2.

Capitolo 59

Le forme di tutela dell'occupazione per coloro che hanno perso il posto di lavoro e il principio di condizionalità

1. La funzione prevista dall'art. 38, comma 2, Cost., di **tutela contro la disoccupazione involontaria dei lavoratori subordinati** – e cioè di sostegno del reddito di coloro che abbiano perso il posto di lavoro – è oggi garantita dalla **Nuova Assicurazione Sociale Per l'Impiego (NASpI)**, istituita dal d.lgs. n. 22 del 2015. *la NASpI*

Questa indennità, erogata mensilmente dall'Inps in presenza di determinati requisiti (*infra*, par. 1.1), **ha sostituito dal 1° maggio 2015 i precedenti ammortizzatori sociali** previsti dalla legge n. 92 del 2012 [1].

Il finanziamento della NASpI avviene mediante il versamento di appositi contributi obbligatori posti a carico del lavoratore [2].

---

[1] Il trattamento della Nuova-Aspi, come suggerisce il nome, ha sostituito l'Assicurazione Sociale Per l'Impiego (Aspi), introdotta dall'art. 2 della legge n. 92 del 2012. La sostituzione del precedente istituto non ha implicato un'abrogazione totale della disciplina previgente, perché alla NASpI si applicano le disposizioni in materia di Aspi in quanto compatibili e, in particolare, non è stato abrogato il complesso regime transitorio attraverso cui essa ha sostituito l'indennità di mobilità.

L'indennità di mobilità era un trattamento speciale contro la disoccupazione involontaria, riservato ai dipendenti di imprese ammissibili alla Cigs, licenziati all'esito di una procedura di licenziamento collettivo, con maggiore durata di erogazione, elevabile da 12 mesi fino a 48 mesi in ragione dell'età del beneficiario e del territorio, ed una serie di sgravi previsti in caso di assunzione dei beneficiari di tale indennità. A decorrere dal 1° gennaio 2017, invece, anche i lavoratori sottoposti a procedure di licenziamento collettivo sono ricondotti al trattamento unico della NASpI.

[2] Il versamento dei contributi all'Inps è effettuato dal datore di lavoro e trattenuto sulla retribuzione dovuta al lavoratore. Cfr. Messaggio Inps n. 4441 del 30 giugno 2015.

A questa forma di finanziamento principale si aggiungono **obblighi di versamento posti a carico dei datori di lavoro.** Infatti, la legge prevede che il datore di lavoro paghi ogni mese un contributo addizionale all'Inps per ogni rapporto di lavoro non a tempo indeterminato (maggiorazione dell'1,4%) e un contributo *una tantum* per ogni ipotesi di interruzione di un rapporto di lavoro non volontariamente provocata dal lavoratore (attraverso, ad es., dimissioni o risoluzione consensuale del rapporto) [3].

i beneficiari della NASpI e i requisiti per l'accesso al trattamento

1.1. La NASpI è riconosciuta **a tutti i lavoratori subordinati, anche a termine, mentre ne sono esclusi i lavoratori agricoli e i lavoratori dipendenti pubblici assunti a tempo indeterminato.**

Affinché – previa presentazione di apposita domanda all'Inps [4] – il lavoratore possa percepire la NASpI, deve:

a) trovarsi in **stato di disoccupazione involontaria** e aver dichiarato, in forma telematica, la propria immediata disponibilità allo svolgimento di attività lavorativa ed alla partecipazione alle misure di politica attiva concordate con il centro per l'impiego (*infra*, par. 4 e cap. 60) [5];

b) **avere versato almeno 13 settimane di contributi nel quadriennio precedente** l'inizio del periodo di disoccupazione (c.d. anzianità contributiva);

c) **avere svolto almeno 30 giornate di lavoro effettivo nei dodici mesi** che precedono l'inizio del periodo di disoccupazione.

Il lavoratore ha l'obbligo di sottoscrivere con il Centro per l'impiego un "patto di servizio personalizzato" (*infra*, cap. 60) e perde il diritto alla percezione dell'indennità nei casi previsti dall'art. 21 del d.lgs. n. 150 del 2015, tra i quali in particolari rilevano la perdita dello stato di disoccupazione, l'inizio di attività lavorativa senza provvedere agli obblighi di comunicazione, o il raggiungimento dei requisiti per il pensionamento di vecchiaia o anticipato.

È opportuno anticipare che il lavoratore disoccupato è titolare del diritto a ricevere un sostegno al reddito ma, in questa stessa fase, è anche titolare di una serie di obblighi di attivazione nella ricerca di un nuovo lavoro e la disponibilità del lavoratore a partecipare alle iniziative di attivazione lavorativa deve permanere per tutto il periodo di fruizione, a pena di decadenza (c.d. principio di condizionalità, su cui v. *amplius infra*, par. 5 e ss.).

durata e misura del trattamento

1.2. L'attuale **durata massima di erogazione della NASpI** è pari alla metà del numero di settimane di contribuzione nei quattro anni precedenti l'inizio

---

[3] Art. 2, commi 28 e 31, legge n. 92 del 2012.

[4] Da effettuare in via telematica, entro il termine di decadenza di 68 giorni dalla cessazione del rapporto di lavoro. La NASpI spetta a decorrere dall'ottavo giorno successivo alla cessazione del rapporto di lavoro o dal primo giorno successivo alla data di presentazione della domanda, se successiva (art. 6, d.lgs. n. 22 del 2015).

[5] Cfr. art. 1, d.lgs. n. 22 del 2015 e art. 19, d.lgs. n. 150 del 2015.

del periodo di disoccupazione [6]. Ad esempio, se alla data di presentazione della domanda il disoccupato può vantare un anno di contributi versati per la NASpI, il trattamento sarà corrisposto per sei mesi di durata, se ne può vantare quattro il trattamento durerà due anni [7].

La **misura della NASpI**, corrisposta mensilmente, è pari a circa 3/4 della media di retribuzione imponibile a fini previdenziali nei quattro anni precedenti alla richiesta [8] (*supra*, Parte seconda, cap. 25, par. 1.5). L'indennità, tuttavia, non può superare la soglia di 1.328,76 euro mensili, annualmente rivalutata secondo indici Istat, e diminuisce progressivamente (c.d. *decalage*) dopo il quarto mese di fruizione, in misura del 3% ogni mese.

Al riguardo va sottolineato che, entro un mercato del lavoro sempre più connotato dalla frammentazione in rapporti contrattuali di breve durata e con ridotto orario di lavoro [9], un sistema di calcolo strettamente contributivo sia per la durata, sia per la misura delle erogazioni, pur rispettoso della finanza pubblica, rischia di tradursi in uno strumento inadeguato ad assicurare la tutela del reddito [10].

cumulo tra fruizione della NASpI e svolgimento di attività lavorativa

Alcune disposizioni regolano la compatibilità tra NASpI e il contestuale svolgimento di attività di lavoro (artt. 9 e 10, d.lgs. n. 22 del 2015). Per quanto concerne il lavoro subordinato, se il reddito annuale derivante dall'attività di lavoro supera la soglia di reddito esclusa da imposizione fiscale (oggi ca. 8.145 euro annui), l'attività è consentita e finché viene svolta il trattamento è sospeso [11], solo se il rapporto non superi i sei mesi di durata, in caso contrario il beneficiario decade dalla prestazione.

Se invece la suddetta soglia di reddito non è superata [12], il trattamento non è sospeso e l'indennità è cumulabile con il reddito da lavoro a prescindere dalla durata dell'attività, ma è ridotta di un importo pari all'80% del reddito [13]. Un simile meccanismo di cumulabilità e di riduzione è prevista per il disoccupato che svolga attività di lavoro autonomo o impresa individuale [14].

---

[6] Come è facilmente intuibile, non si contano i periodi contributivi che abbiano già dato diritto all'erogazione delle prestazioni di disoccupazione.

[7] Cfr. art. 5, d.lgs. n. 22 del 2015, come modificato dal d.lgs. n. 148 del 2015.

[8] Cfr. art. 4, commi 1 e 2, d.lgs. n. 22 del 2015.

[9] Sul punto si rinvia a D. Carrieri, *Lavori e lavoratori: una radiografia delle nuove insicurezze*, dattiloscritto in corso di pubblicazione, 2019, par. 1 ed agli autori ivi richiamati.

[10] Cfr. S. Cairoli, *Interventi previdenziali di sostegno al reddito contro la disoccupazione involontaria*, in S. Bellomo et al. (a cura di), *Aggiornamento*, in R. Sacco (dir.), *Digesto delle Discipline privatistiche*, *Sez. comm.*, 2017, p. 193.

[11] La NASpI è sospesa d'ufficio e riprende ad essere erogata automaticamente al termine dell'attività lavorativa in questione.

[12] A tal fine il lavoratore deve comunicare all'Inps entro trenta giorni dall'inizio dell'attività il reddito annuo previsto.

[13] Si fa riferimento al reddito previsto, rapportato al periodo di tempo intercorrente tra la data di inizio dell'attività e la data in cui termina il periodo di godimento dell'indennità o, se antecedente, la fine dell'anno. Il datore di lavoro deve essere diverso da quello presso cui il lavoratore prestava la sua attività quando è cessato il rapporto di lavoro che ha determinato il diritto alla NASpI.

[14] Tuttavia, il lavoratore disoccupato, entro trenta giorni dall'avvio di tali attività, po-

indennità di disoccupazione per i collaboratori coordinati e continuativi

2. L'art 15 del d.lgs. n. 22 del 2015, prevede una specifica **indennità di disoccupazione per i lavoratori con rapporto di collaborazione coordinata e continuativa** (**Dis-Coll**) che abbiano perduto involontariamente la propria occupazione nei termini sopra precisati (*supra*, par. 1.1).

la stabilizzazione dell'istituto con la legge n. 81 del 2017

Tale indennità, introdotta in via sperimentale nel 2015[15], è stata prorogata dapprima per il 2016 e successivamente, dopo alcune incertezze[16], al 30 giugno del 2017[17], e infine è stata stabilmente regolata dalla legge n. 81 del 2017[18], mediante un meccanismo di funzionamento basato su incrementi contributivi e sulla leva fiscale.

La legge n. 81 del 2017 ha avuto anche l'effetto della riduzione dei requisiti contributivi[19] e dell'estensione dei beneficiari del trattamento: collaboratori coordinati e continuativi, anche a progetto, iscritti in via esclusiva alla gestione separata, non pensionati e privi di partita IVA, nonché assegnisti e dottorandi di ricerca.

Il sistema di calcolo dell'indennità, sia pure con determinate peculiarità, è simile a quello previsto per la NASpI, tanto nella sua **quantificazione mensile** e nella sua progressiva decrescita, quanto nel calcolo della **durata massima di erogazione**[20]**, che comunque non può essere superiore a sei mesi.**

Sono assimilabili anche le regole in tema di condizionalità del trattamento e cumulabilità dell'indennità con una nuova attività di lavoro autonomo[21].

3. Un altro strumento di tutela del reddito e dell'occupazione in caso di perdita del lavoro introdotto dal *Jobs Act* è **l'Assegno di disoccupazione** (**Asdi**), istituto previsto dall'art 16 del d.lgs. n. 22 del 2015, poi soppresso a decorrere dal 2018 (art. 26, d.lgs. n. 147 del 2017) in conseguenza dell'introduzione, mediante la stessa norma e con la stessa decorrenza, di un altro strumento, non riconducibile alla previdenza sociale bensì a logiche di assistenza sociale: il Reddito di inclusione (Rei).

---

trà chiedere la liquidazione dell'intera prestazione non ancora percepita in un'unica soluzione. In tali casi l'erogazione muta titolo, perché si converte in un incentivo all'auto-imprenditorialità e, perciò, non sussiste più alcuna riduzione.

[15] Per sostituire dell'indennità *una tantum* già prevista dalla legge n. 92 del 2012.

[16] V. Messaggio Inps n. 626 dell'8 febbraio 2017.

[17] Cfr. art. 1, comma 310, legge n. 208 del 2015 e art. 3, comma 3-*octies*, d.l. n. 244 del 2016, conv. in legge n. 19 del 2017.

[18] Art. 7, comma 1, legge n. 81 del 2017, che introduce i commi 15-*bis, ter* e *quater* nell'art. 15, d.lgs. n. 22 del 2015.

[19] Almeno un mese (tre mesi, prima dell'intervento dell'art. 2, comma 1, d.l. n. 101 del 2019) di contribuzione accreditata nella gestione separata Inps, nel periodo che va dal 1° gennaio dell'anno civile precedente l'evento di cessazione dal lavoro fino al giorno della perdita del lavoro.

[20] Pari alla metà dei mesi di contribuzione accreditati nel periodo che va dal 1° gennaio dell'anno civile precedente l'evento di disoccupazione alla cessazione del rapporto di lavoro.

[21] Non è invece prevista l'opzione della corresponsione in un'unica soluzione e la sospensione automatica dell'indennità è ammessa solamente per i rapporti di lavoro dipendente della durata massima di 5 giorni.

A sua volta il reddito di inclusione è stato soppresso e sostituito in virtù dell'introduzione del Reddito di cittadinanza per opera del d.l. n. 4 del 2019, conv. con modifiche dalla legge n. 26 del 2019 (*infra*, cap. 60, par. 4).

assegno di disoccupazione

L'Asdi era un assegno mensile, destinato ai disoccupati già beneficiari dell'indennità NASpI, che ne avessero esaurito la fruizione e si trovassero in una "condizione economica di bisogno, (Isee pari o inferiore ad euro 5.000).

Semmai tale trattamento, in particolari situazioni di bisogno, consentiva la fruizione di un sostegno del reddito anche oltre il limite di durata massima previsto ordinariamente per la NASpI, dunque presupponeva la contribuzione da parte del lavoratore disoccupato.

Al contrario, il c.d. Reddito di inclusione, prima, e il Reddito di cittadinanza poi, prescindono dal dato contributivo, basandosi sulla sussistenza di uno stato di povertà del nucleo familiare.

principio di condizionalità: definizione

4. La delicata fase di reinserimento del lavoratore disoccupato nel mercato del lavoro è oggetto di una disciplina molto articolata di diritti e doveri, in larga parte riconducibile o comunque connessa, per istituti e norme di riferimento, alla disciplina generale dei servizi per l'impiego (*infra*, cap. 60).

In particolare, la fruizione degli ammortizzatori sociali conseguenti alla perdita del posto di lavoro (NASpI, Dis-Coll), come pure la fruizione del reddito di cittadinanza della quale si dirà nel prossimo Capitolo, sono subordinate all'assolvimento, da parte del beneficiario, degli obblighi di disponibilità e partecipazione alla ricerca di una nuova occupazione: tale previsione è definita **principio di condizionalità**[22].

funzioni:
1. incentivante
2. dissuasiva

La funzione di tale principio è duplice: da un lato **accrescere l'efficacia delle politiche attive, incentivando la partecipazione del disoccupato ai percorsi di ricollocazione**, dall'altro **evitare atteggiamenti fraudolenti da parte dei percettori dei sussidi**.

In altri termini, il principio di condizionalità realizza un collegamento tra misure di sostegno al reddito (le c.d. politiche passive) e misure volte al reinserimento nel tessuto produttivo (le c.d. politiche attive).

decadenza dai sussidi nella legge n. 92 del 2012 ...

Già la c.d. legge Fornero[23] aveva rafforzato il principio di condizionalità e posto le basi del sistema attuale, vietando al beneficiario dei trattamenti di sostegno al reddito, di rifiutare o non partecipare ad iniziative di politica attiva, o di rifiutare un'offerta di un lavoro "congrua"[24], pena la **decadenza dai sussidi legati allo stato di disoccupazione** e cioè la perdita del sussidio.

[22] L. Corazza, *Il principio di condizionalità (al tempo della crisi)*, in *Giorn. dir. lav. rel. ind.*, 2013, p. 489.

[23] Art. 4, commi da 40 a 42, legge n. 92 del 2012, poi abrogati dall'art. 34, comma 2, d.lgs. n. 150 del 2015; cfr. art. 10, comma 1, d.m. 10 aprile 2018.

[24] Era congrua l'offerta di lavoro il cui livello retributivo fosse superiore almeno del 20 per cento rispetto all'importo lordo dell'indennità di disoccupazione. Tali decadenze, tuttavia, non operavano qualora le attività lavorative, di formazione o riqualificazione si fossero svolte a più di 50 chilometri dalla residenza del lavoratore o in luoghi raggiungibili mediamente in più di 80 minuti con i mezzi pubblici.

... nel d.lgs. n. 22 del 2015 ...

5. Il *Jobs Act*[25] interviene in tema di condizionalità per mezzo di due decreti attuativi: il d.lgs. n. 22 del 2015 e poi il d.lgs. n. 150 del 2015 che, pur non abrogando la disciplina contenuta nel d.lgs. n. 22 del 2015, in sostanza ne ridetermina il contenuto.

L'art. 7, d.lgs. n. 22 del 2015, norma ancora applicabile, prescrive che l'erogazione **della NASpI sia condizionata alla regolare partecipazione del disoccupato a iniziative di attivazione lavorativa e ai percorsi di riqualificazione professionale proposti dai servizi competenti.**

Le stesse decadenze si applicano alla Dis-Coll (art. 15, comma 10).

... e nel d.lgs. n. 150 del 2015

5.1. **Il d.lgs. n. 150 del 2015**, di riordino della normativa in materia di servizi per il lavoro e le politiche attive, ha rafforzato e razionalizzato la disciplina dei meccanismi di condizionalità.

In primo luogo, la domanda di NASpI o Dis-Coll equivale a dichiarazione di immediata disponibilità al lavoro e determina l'inserimento nel sistema informativo unico delle politiche attive[26] e lo stato di disoccupazione deve essere confermato entro 30 giorni mediante la sottoscrizione del patto di servizio personalizzato, nel quale si definiscono il profilo del lavoratore e le iniziative da osservare per il suo reinserimento lavorativo (*infra*, cap. 60, par. 3).

In secondo luogo l'art. 21, comma 7 del d.lgs. n. 150 del 2015 stabilisce che i **beneficiari delle prestazioni** a sostegno del reddito (NASpI, Dis-Coll) i quali, in **assenza di giustificato motivo**, non adempiano agli obblighi previsti dal patto di servizio personalizzato, sono soggetti a **sanzioni.**

le sanzioni

Le sanzioni (art. 21), previste in proporzione alla gravità della violazione del beneficiario, sono la **decurtazione di un quarto di mensilità**, la **sospensione** di una mensilità, la decadenza dalla prestazione[27] e la decadenza dallo stato di disoccupazione per i casi più gravi, come quello in cui il beneficiario non accetti, senza giustificato motivo, una congrua offerta di lavoro.

la "congruità" dell'offerta di lavoro dopo il d.m. 42 del 2018

L'art. 25 del d.lgs. n. 150 del 2015, al riguardo, demanda ad un decreto del Ministero del Lavoro e delle Politiche Sociali, la definizione normativa di "offerta di lavoro congrua", al cui rifiuto consegue la decadenza dal beneficio. La definizione è pertanto tracciata dal d.m. 10 aprile 2018, n. 42, nel rispetto di alcuni **principi** indicati dal d.lgs. n. 150 del 2015[28]:

a) coerenza dell'offerta rispetto alle esperienze e competenze maturate, muovendo dal concetto di "area di attività" del lavoratore: tale parametro rappresenta un'opportuna innovazione rispetto alla legge n. 92 del 2012;

---

[25] Cfr. art. 1, comma 2, lett. *e*), legge n. 183 del 2014.

[26] Art. 21, comma 1, d.lgs. n. 150 del 2015.

[27] I provvedimenti di sospensione e decadenza vengono adottati dai Centri per l'impiego competenti e trasmessi all'Inps e all'Anpal e sono impugnabili mediante ricorso ad apposito comitato istituito presso l'Anpal (cfr. art. 21, commi 10 e 12, d.lgs. n. 150 del 2015).

[28] Come modificato alla lett. *d*) dall'art. 4, comma 9-*bis*, d.l. n. 4 del 2019, conv. in legge n. 26 del 2019.

b) distanza del luogo di lavoro dal domicilio e tempi di trasferimento mediante mezzi di trasporto pubblico: non più di 50 chilometri dal domicilio del lavoratore o mediamente 80 minuti con i mezzi pubblici[29] (rispettivamente 80 km e 100 minuti per lavoratori disoccupati da oltre 12 mesi);

c) durata dello stato di disoccupazione e cioè durata del trattamento contro la disoccupazione già usufruito;

d) retribuzione prevista dall'offerta: il decreto conferma la necessità che essa sia superiore di almeno il 20% rispetto all'indennità percepita dal disoccupato nell'ultimo mese precedente, senza considerare l'eventuale integrazione a carico dei fondi di solidarietà[30].

A questi parametri il d.m. n. 42 del 2018 aggiunge quello della tipologia contrattuale: l'offerta è congrua se si riferisce ad un rapporto di lavoro a tempo indeterminato o determinato o di somministrazione di durata non inferiore a tre mesi, a tempo pieno o con un orario di lavoro non inferiore all'80% di quello dell'ultimo contratto di lavoro, e retribuita in misura non inferiore quanto previsto dai contratti collettivi di cui all'art. 51, d.lgs. n. 81 del 2015.

assegno di ricollocazione e lavoratori disoccupati

6. È soggetto al principio di condizionalità anche il meccanismo di ricollocazione, misura cardine per il potenziamento delle politiche attive (*infra*, cap. 60), inizialmente prevista dall'art. 17 del d.lgs. n. 22 del 2015 e successivamente disciplinata dall'art. 23 del d.lgs. n. 150 del 2015, che introduce il c.d. assegno di ricollocazione.

E tuttavia bisogna sottolineare che il d.l. n. 4 del 2019 sul reddito di cittadinanza (RdC: art. 9, comma 7, *infra*, cap. 60, par. 4), per incentivare la ricollocazione dei beneficiari del reddito, e per finanziare l'innovazione, ha sospeso fino 31 dicembre 2021 l'erogazione dell'assegno per disoccupati di durata superiore a 4 mesi. In sostanza, l'assegno spetta al beneficiario del reddito di cittadinanza, non al disoccupato di lunga durata che non percepisca il RdC.

L'effetto è paradossale: da un lato è rimasto in vigore l'art. 24-*bis*, d.lgs. n. 148 del 2015 che prevede l'erogazione anticipata dell'assegno per i lavoratori beneficiari della Cigs (*supra*, cap. 58), dall'altro per molto tempo resteranno esclusi dallo strumento della ricollocazione i disoccupati di lunga durata, i quali paradossalmente erano i destinatari originari e principali della disciplina.

---

[29] È prevista una riduzione del 30% in caso di irraggiungibilità con mezzi pubblici.

[30] Per quanto concerne il reddito di cittadinanza, il d.l. n. 4 del 2019, conv. in legge n. 26 del 2019 detta regole parzialmente differenti su cui v. *infra*, cap. 60, par. 4.

Capitolo 60

I servizi per il lavoro e le politiche attive dal Jobs Act *al reddito di cittadinanza*

il passaggio dalla tutela del lavoratore nel rapporto di lavoro alla tutela dell'occupazione nel mercato del lavoro

1. La legislazione del lavoro è rivolta non solo a chi un lavoro lo ha già, ma anche alle persone in cerca di una occupazione o perché l'hanno persa, o perché intendono fare ingresso per la prima volta nel mercato del lavoro.

Come osservato nei capitoli precedenti (*supra*, cap. 29 ss.), le novità legislative in materia di licenziamenti e assunzioni temporanee, unite alle continue transizioni occupazionali, ai mutamenti nell'organizzazione del lavoro anche in virtù della digitalizzazione dei processi produttivi [1], ed alle fluttuazioni economiche globali, hanno determinato un mutamento di valori e di beni tutelati nel nostro ordinamento.

Si osserva, quantomeno nella disciplina generale del lavoro privato, un **passaggio dalla tutela della persona del lavoratore "nel rapporto di lavoro" alla tutela dell'occupazione "nel mercato del lavoro"** [2]. E tuttavia non si può trascurare che in questi anni, all'interno di tale delicato processo, molta attenzione è stata riposta all'occupazione sotto il profilo quantitativo e cioè al numero di assunzioni con contratti di lavoro subordinato, ma poca alla qualità dell'occupazione prodotta. Basti pensare all'orario dei rapporti di lavoro (lavoro intermittente, a tempo parziale), alla frammentazione in contratti di breve durata (contratti a termine o di somministrazione, lo stesso apprendistato) e più in generale alle dinamiche salariali delle nuove forme di impiego: tutti

---

[1] Per un approfondimento sociologico D. Carrieri, C. Damiano, *Il lavoro che cambia: verso l'era digitale*, Roma, 2019.

[2] Su cui sia consentito rinviare a G. Santoro-Passarelli (a cura di), *Il diritto dell'occupazione dopo il Jobs act*, Atti del Convegno del 13 giugno 2016, Università degli Studi Roma "La Sapienza", Torino, 2016.

elementi che, nel complesso, evidenziano una crescente segmentazione del mercato del lavoro [3].

Al fine di favorire l'accesso al lavoro, il legislatore a partire dagli anni della crisi economica, finanzia in modo sempre più consistente misure protettive per le persone disoccupate: sia politiche di sostegno del reddito denominate **politiche passive** (*supra*, capp. 58 e 59) sia politiche di accompagnamento al lavoro denominate **politiche attive**, le quali consistono principalmente in una serie di misure volte a inserire o reinserire la persona nel mercato del lavoro, nel tentativo di contrastare una inerte fruizione dei trattamenti previdenziali.

Tuttavia, il potenziamento delle misure di politica attiva per il lavoro programmato dal legislatore con il *Jobs Act,* ispirato a un sistema di *flexsecurity*, si scontra con il limite dell'elevato costo dei finanziamenti per le politiche attive. Per un sistema efficace di *flexicurity*, infatti, occorrono consistenti investimenti nel settore dei servizi per l'impiego e della formazione professionale, anche per l'ammodernamento della struttura organizzativa dei servizi per l'impiego.

2. Non per caso, il potenziamento delle politiche attive e dei servizi per il lavoro e il rafforzamento dei legami tra politiche attive e passive (la c.d. condizionalità) sono alla base della legge delega n. 183 del 2014 (*Jobs Act*).

i servizi per il lavoro dopo il d.lgs. n. 150 del 2015

Il d.lgs. n. 150 del 2015 – che attua la delega in tema di riordino della normativa in materia di servizi per il lavoro e di politiche attive – **interviene in materia di servizi per il lavoro e formazione professionale**, attraverso ad es. la modifica o l'abrogazione di istituti vigenti (cfr. art. 34), la costituzione di un'Agenzia Nazionale per le Politiche Attive del Lavoro (Anpal: artt. 4-9) e l'introduzione di un'innovativa misura di politica attiva per il lavoro, denominata assegno di ricollocazione (art. 23, *infra*, par. 5).

rilancio delle politiche attive

Più in generale, il **rilancio delle politiche attive e dei servizi per il lavoro** [4] è imperniato su una ***governance*** **multi-livello**, così organizzata:

sistema di governance multi-livello

a) il **Ministero del lavoro e delle politiche sociali** ha compiti di indirizzo politico in materia di politiche attive per il lavoro, nonché di controllo del rispetto dei Livelli Essenziali delle Prestazioni (LEP), ossia le singole prestazioni cui hanno diritto sia le persone in cerca di lavoro sia le imprese;

---

[3] D. Carrieri, *Lavori e lavoratori: una radiografia delle nuove insicurezze, in* ?, par. 1; T. Boeri, *La qualità perduta del lavoro*, in *Repubblica*, 1° agosto 2019.

[4] Il decreto, ad esempio, accentra al livello nazionale l'Albo nazionale degli enti accreditati a svolgere attività di formazione professionale e il sistema informativo della formazione professionale; introduce una nuova definizione di soggetto disoccupato; definisce gli elementi del patto di servizio personalizzato e il contenuto dell'assegno di ricollocazione; indica il contenuto dell'offerta congrua di lavoro e definisce i livelli essenziali delle prestazioni; istituisce, infine, il Repertorio nazionale degli incentivi all'occupazione.

l'Agenzia Nazionale per le Politiche Attive del Lavoro (Anpal): funzioni e compiti

b) l'**Agenzia Nazionale per le Politiche Attive del Lavoro (Anpal)** è chiamata a svolgere un ruolo di coordinamento dei servizi per il lavoro e delle misure di politica attiva, insieme alla gestione integrata del sistema informativo unitario delle politiche del lavoro;

c) le **Regioni** e le **Province autonome** si occupano della programmazione delle politiche attive a livello territoriale, con funzioni e i compiti amministrativi, in particolare per la costituzione, il funzionamento e l'organizzazione dei Centri per l'Impiego (CpI);

d) i **Centri per l'impiego** sono uffici territoriali regionali che erogano le misure di politica attiva programmate da Stato e Regioni;

e) **i soggetti privati accreditati**[5] possono erogare le medesime misure di politica attiva e operare con lo strumento dell'assegno di ricollocazione[6].

pianificazione congiunta triennale

La pianificazione delle politiche per il lavoro, il raccordo tra le politiche nazionali e la loro attuazione a livello regionale sono garantiti dal Decreto del Ministero del lavoro n. 4 del 2018. Tale decreto reca le linee d'indirizzo **triennali** in materia di politiche attive e gli obiettivi **annuali** dell'azione, e specifica i Livelli Essenziali delle Prestazioni (LEP) per tutto il territorio nazionale.

In estrema sintesi, il nuovo modello di *governance* del mercato del lavoro parte da un quadro di riferimento nazionale comune coordinato dall'Anpal e declinato a livello territoriale nelle molteplici soluzioni organizzative adottate a livello regionale con gli operatori pubblici e privati accreditati.

la formazione professionale dopo il decreto n. 150 del 2015

Anche in tema di **formazione professionale**, istituto di competenza esclusiva delle Regioni *ex* art. 117 Cost., il d.lgs. n. 150 del 2015 introduce un sistema di gestione del fabbisogno multi-livello (territoriale e nazionale) e affida alla Rete nazionale dei servizi per le politiche del lavoro il compito di promuovere l'effettività del diritto alla formazione professionale e dell'elevazione professionale di cui all'art. 35 Cost. (art. 1, comma 3).

3. Nel sistema del d.lgs. n. 150 del 2015 **lo *status* di soggetto disoccupato è inscindibilmente connesso alla partecipazione attiva a percorsi di inserimento o reinserimento professionale.**

Pertanto, per poter usufruire dei trattamenti di sostegno al reddito il disoccupato deve:

1. dichiarare "la propria immediata disponibilità allo svolgimento di attività lavorativa e alla partecipazione alle misure di politica attiva del lavoro concordate con il centro per l'impiego" (DID, art. 13) e a tal fine l'art. 19 stabilisce che sono considerati disoccupati[7] solo i *soggetti*[8] privi d'impiego (requisito

[5] Accreditati sia a livello regionale (v. art. 7, d.lgs. n. 276 del 2003), sia a livello nazionale (v. art. 12, d.lgs. n. 150 del 2015).

[6] Per la definizione dei sistemi di accreditamento v. d.m. n. 3 del 2018.

[7] Il lavoratore può conservare lo stato di disoccupazione anche nel caso in cui svolga un'attività di lavoro subordinato o di lavoro autonomo dalla quale ricavi un reddito annuo

soggettivo) che effettuino la c.d. DID (requisito oggettivo);

2. stipulare entro 30 giorni dalla data della DID il **Patto di servizio personalizzato** (art. 20) per confermare lo stato di disoccupazione [9].

la profilazione del disoccupato come presupposto per un efficace reinserimento nel mercato del lavoro

Il patto di servizio è la "porta d'accesso" alle politiche attive, perché consente la **profilazione dell'utente** e cioè l'elaborazione di un profilo professionale "mirato" del disoccupato da reinserire nel mercato del lavoro.

contenuti ed effetti del patto di servizio

La profilazione è effettuata per la determinazione dell'**indice di occupabilità del soggetto** (per età, esperienze pregresse, ecc.) e soprattutto per la definizione delle azioni che possano agevolare il suo inserimento nel mercato del lavoro (formazione, riqualificazione, ecc.).

Il patto di servizio, sulla base del profilo del lavoratore, **definisce anche gli atti di ricerca attiva che devono essere compiuti e la tempistica egli stessi, impone una frequenza ordinaria** di contatti con il responsabile delle attività e **le modalità con cui la ricerca attiva di lavoro deve essere dimostrata.**

Con la stipula obbligatoria del patto il disoccupato dichiara di essere disponibile a partecipare a tali iniziative e laboratori, anche di carattere formativo o di riqualificazione, e ad accettare offerte di lavoro congrue.

La stipulazione del patto di servizio personalizzato è un'attività che deve avvenire **solo presso i Centri per l'impiego** [10], non presso soggetti privati.

Una volta stipulato il patto, invece, l'utente può rivolgersi – secondo la propria libera scelta – sia al soggetto pubblico, sia al soggetto privato accreditato per ricevere i servizi per l'impiego (art. 28 e d.m. n. 4 del 2018).

4. Da aprile 2019 il Reddito d'Inclusione Attiva di cui al d.lgs. n. 147 del 2017 (ReI, *supra*, cap. 59, par. 3), misura di esclusivo contrasto alla povertà, è stato sostituito dal Reddito di cittadinanza (RdC, d.l. n. 4 del 2019, mod. legge n. 26 del 2019) che, pur muovendo dal presupposto di uno stato di povertà, è qualificato dal legislatore come una misura di politica attiva.

il Reddito di cittadinanza

Il RdC consiste in una somma di denaro erogata dall'Inps, di importo variabile, che non può superare il valore di 780 euro mensili (9360 euro annui).

Irpef inferiore, rispettivamente, a 8145 o 4800 euro annui. Per incentivare l'occupazione, lo stato di disoccupazione è invece sospeso (quindi non si perde) in caso di rapporto di lavoro subordinato di durata inferiore a sei mesi.

[8] L'art. 4, comma 1, d.lgs. n. 185 del 2016 che sostituisce il termine "*lavoratori*" con la parola "*soggetti*" al fine di far ottenere il riconoscimento dello stato di disoccupazione, e quindi l'accesso ai servizi per l'impiego, anche alle persone inoccupate.

[9] Al riguardo è significativa la disposizione che sanziona con la decadenza dallo stato di disoccupazione alla terza mancata presentazione alle convocazioni o agli appuntamenti successivi dei CpI o degli enti accreditati per la stipulazione del patto di servizio senza giustificato motivo (art. 21, comma 7, lett. *a*).

[10] O, in via sussidiaria all'Anpal mediante la stipula di apposite convenzioni con le Regioni (l'art. 9, comma 2).

La prestazione può essere riconosciuta per un periodo massimo continuativo di 18 mesi ed è rinnovabile dopo una sospensione di un mese.

Il RdC, anche sotto la denominazione di pensione di cittadinanza [11], è riservato al cittadino italiano (o al titolare di permesso di soggiorno) residente in Italia da dieci anni di cui gli ultimi due continuativi e **pone quale requisito uno stato di povertà** del nucleo familiare su base ISEE, patrimoniale [12] e di reddito [13].

Pertanto, per accedere al RdC **non è richiesto necessariamente che il soggetto sia disoccupato**, perché si ammette la produzione di un reddito familiare anche da lavoro, seppure molto basso, e così pure **il RdC può essere richiesto da un soggetto inoccupato, che non ha mai lavorato né versato contributi.**

Il RdC può ovviamente essere richiesto anche dal disoccupato, purché lo stato di disoccupazione sia involontario e cioè non sia il frutto di dimissioni (salvo per giusta causa) o di una risoluzione consensuale del rapporto, ed è anche compatibile con la fruizione della NASpI, nel rispetto degli indicatori di povertà.

Al contempo, **il RdC è uno strumento di politica attiva** perché il soggetto richiedente diviene beneficiario del reddito solo se accetta di inserirsi in un circuito amministrativo finalizzato alla ricerca attiva di un lavoro mediante la stipulazione della DID e del **Patto di lavoro** (art. 4, comma 7) [14] che è equivalente al Patto di servizio personalizzato (*supra*, par. 3).

La stipulazione è richiesta non solo al richiedente: tutti i componenti del nucleo familiare maggiorenni, non già occupati e non frequentanti un regolare corso di studi devono aderire a un percorso amministrativo di accompagnamento al lavoro o all'inclusione sociale (art. 4) [15].

L'avvio al lavoro è dunque la forma di inclusione sociale principale e privilegiata per il percettore del RdC: solo qualora il CpI ravvisi particolari criticità che rendano difficoltoso l'avvio di un percorso di inserimento al lavoro, invia

---

[11] Per nuclei familiari composti esclusivamente da uno o più componenti di età pari o superiore a 67 anni.

[12] Valore ISEE inferiore a 9360 euro, patrimonio immobiliare (esclusa prima abitazione) inferiore a 30.000 euro, patrimonio mobiliare inferiore a 6.000 euro, con aumenti di soglia in base al numero dei componenti della famiglia: si v. l'art. 2.

[13] Un reddito familiare inferiore a 6.000 euro annui, aumentato in base ad un coefficiente fisso per ogni componente (art. 2, comma 4). La soglia del reddito è elevata a 9.360 euro nei casi in cui il nucleo familiare risieda in un'abitazione in affitto.

[14] La piattaforma digitale rende noti ai centri per l'impiego tutti i percettori del RdC che hanno stipulato la DID per poterli invitare alla stipula del Patto, ma alcuni soggetti devono essere chiamati entro 30 giorni: giovani di età compresa tra 18 e 29 anni, soggetti privi di occupazione da non più di due anni, soggetti che percepiscono la NASpI o che ne abbiano terminato la fruizione da non più di un anno o che abbiano già sottoscritto negli ultimi due anni un patto di servizio personalizzato.

[15] Per questo motivo la legge (artt. 12 e 13) finanzia un massiccio inserimento di nuovo personale nei CpI (più di 11.000 unità fino al 2021) e assegna un ruolo a 3000 *navigator*: soggetti assunti con contratti di collaborazione coordinata e continuativa da Anpal Servizi s.p.a. per l'assistenza ai percettori del RdC nella ricerca di lavoro.

il richiedente ai servizi comunali competenti per individuare altre misure (art. 4, comma 5-*quater*).

Tutte le persone del nucleo familiare che sottoscrivono il Patto per il lavoro devono collaborare con il CpI e rispettare tutti gli impegni in esso assunti: registrarsi sulla piattaforma digitale per l'incontro tra domanda e offerta di lavoro; svolgere ricerca attiva; accettare di sostenere i colloqui; accettare almeno una di tre offerte di lavoro definite "congrue" (*supra*, cap. 59, par. 5.1) secondo la norma di legge [16].

Per i beneficiari del RdC la congruità dell'offerta di lavoro è definita anche con riferimento alla durata di fruizione del beneficio del RdC e al numero di offerte rifiutate che peraltro, alla terza offerta, si considerano congrue su tutto il territorio nazionale [17].

Esistono **soggetti esonerati dalla stipulazione del Patto di lavoro**: ad es. i titolari di pensione, le persone con disabilità, i minori, o esonerate dagli obblighi di attivazione perché ad es. impegnate in compiti di cura (art. 4, comma 3), per i quali è invece obbligatoria la stipula di un **Patto per l'inclusione sociale** (art. 4, comma 11).

Sia il Patto per il lavoro sia il Patto per l'inclusione sociale sono gestiti mediante piattaforme digitali (art. 6).

Sono previste sanzioni sia per il caso di dichiarazioni false o mendaci sia per il caso di violazione degli obblighi assunti [18]. Peculiare e da sottolineare è l'effetto per cui l'inadempimento di uno solo dei familiari conviventi può determinare la perdita del beneficio per tutti e non *pro quota*.

Infine, il legislatore incentiva le imprese ad assumere e i soggetti abili al lavoro ad accettare le loro proposte (art. 8 e *supra*, cap. 57).

È possibile sostenere che l'obiettivo sotteso a tutte queste previsioni di forte stimolo all'accettazione di offerte sia quello di trovare un lavoro (e quindi una contribuzione) ai disoccupati percettori del RdC nel minor tempo possibile per risparmiare risorse pubbliche: il RdC è finanziato dalla fiscalità generale.

Il rischio concreto, da evitare, è che la misura operi come una politica passiva di mero sostegno assistenziale, considerando anche la platea dei percettori del RdC, costituita spesso da soggetti privi di storia lavorativa e poco qualificati.

---

[16] In base ai criteri indicati dall'art. 25 del d.lgs. n. 150 del 2015, integrato dall'art. 4, comma 9-*bis* della legge n. 26 del 2019 per i percettori del RdC. La nozione di offerta congrua è specificata dal d.m. n. 42 del 2018. Se il RdC è rinnovato, deve essere accettata la prima offerta di lavoro congrua.

[17] Per i percettori del RdC, l'offerta deve riferirsi a un lavoro retribuito almeno il 10% in più rispetto al beneficio massimo fruibile da un solo individuo (art. 25, comma 1, lett. *d*), d.lgs. n. 150 del 2015).

[18] Il beneficiario del RdC o un membro del nucleo familiare tenuto agli obblighi di attivazione incorre nelle sanzioni previste dalla legge, graduate dalla decurtazione alla decadenza dal trattamento (art. 7), qualora non effettui la DID, non sottoscriva il Patto per il lavoro, non partecipi alle iniziative di carattere formativo o di riqualificazione o altra misura di politica attiva, non partecipi alle iniziative di orientamento senza giustificato motivo, non accetti un'offerta congrua di lavoro o non aderisca ai progetti di pubblica utilità.

5. L'**assegno di ricollocazione (AdR)**, disciplinato dall'art. 23 del d.lgs. n. 150 del 2015, è una misura di politica attiva per il lavoro [19], e più precisamente è **un servizio di assistenza intensiva nella ricerca di lavoro presso i CpI o presso i soggetti privati accreditati.**

Inizialmente la misura era riservata a soggetti disoccupati beneficiari della NASpI (*supra*, cap. 59) da almeno 4 mesi, che avessero fatto richiesta al CpI di stipula del patto di servizio personalizzato [20].

Oggi l'AdR è riservato in via sperimentale fino al 2021 esclusivamente ai percettori del Reddito di cittadinanza tenuti a stipulare il Patto di lavoro (AdRdC: art. 9, d.l. n. 4 del 2019, mod. dalla legge n. 26) **e da misura volontaria è diventato obbligatorio** (v. delibera Anpal n. 5 del 2019). In altri termini, prima solo il disoccupato di medio-lunga durata poteva chiedere l'assegno di ricollocazione, mentre oggi l'assegno è riconosciuto solo ai soggetti privi di lavoro che percepiscono il RdC.

durata

Il servizio di assistenza intensiva ha una **durata di sei mesi, prorogabile per altri sei** nel caso in cui non sia stato raggiunto il risultato pieno: l'impiego presso un nuovo datore di lavoro [21].

l'assegno non viene versato al lavoratore

L'espressione ambigua "assegno individuale di ricollocazione" non deve indurre a intendere – erroneamente – che si tratti di una somma di denaro corrisposta dal CpI al soggetto percettore del RdC: **l'assegno è rilasciato dai CpI al beneficiario in forma di *voucher*, e la relativa somma di denaro non viene incassata dal centro per l'impiego ma soltanto dal soggetto privato accreditato** quando e nella misura in cui esso riesca a trovare rapidamente un impiego al beneficiario, a titolo di corrispettivo per l'accompagnamento attivo al lavoro.

la graduazione dell'importo dell'assegno in base alla difficoltà di rioccupazione del disoccupato

Per questo motivo l'istituto della ricollocazione presuppone la stipula del Patto per il lavoro, in primo luogo per determinare il **percorso di assistenza intensiva alla ricollocazione** [22] e, in secondo luogo, perché solo con la profilazione è possibile determinare l'importo dell'assegno, graduato in funzione del profilo personale di occupabilità del lavoratore (art. 19).

In altri termini, il valore dell'assegno varia a seconda della classe di profilazione (grado di svantaggio per l'accesso all'occupazione), della tipologia contrattuale (tempo determinato o indeterminato) e all'orario (tempo pieno o

---

[19] Sul tema cfr. L. Valente, *La riforma dei servizi per il mercato del lavoro*, Milano, 2016, p. 155 ss.; M. Tiraboschi, *"Jobs Act" e ricollocazione dei lavoratori (The Jobs Act and Workers' Outplacement)*, in *Dir. rel. ind.*, 2016, p. 127 ss.

[20] Ovvero mediante la procedura di cui all'art. 20, comma 4, ossia tramite l'Anpal.

[21] All'atto dell'assunzione dell'incarico l'operatore accreditato ai sensi dell'art. 12, è tenuto a darne immediata comunicazione al CpI che ha rilasciato al disoccupato l'assegno.

[22] Il servizio di assistenza alla ricollocazione consiste in attività di:

– assistenza alla persona e tutoraggio continuativo al soggetto per tutte le attività necessarie alla sua ricollocazione, attraverso l'assegnazione di un tutor e la definizione di un programma personalizzato di ricerca attiva di lavoro;

– ricerca intensiva di opportunità occupazionali, finalizzata alla promozione del profilo professionale del titolare dell'AdR verso potenziali datori di lavoro, alla selezione dei posti, all'assistenza alla preselezione e all'inserimento in azienda.

parziale). A certe condizioni è riconosciuto all'ente accreditato un importo "a processo", indipendentemente dal risultato occupazionale.

Durante il periodo di assistenza intensiva l'assistito può sottoscrivere un patto per la formazione professionale (art. 8).

obbligo di assunzione di disabili per i datori di lavoro con più di 15 dipendenti

6. La legge n. 68 del 1999, modificata dal d.lgs. n. 151 del 2015 e dal d.lgs. n. 185 del 2016, promuove l'inserimento e l'integrazione lavorativa delle persone disabili e di altre categorie protette nel mondo del lavoro attraverso **servizi di sostegno e di collocamento mirato.**

Al fine di garantire l'ingresso di persone disabili nel mondo del lavoro **la norma (art. 3) obbliga i datori di lavoro pubblici e privati con più di 15 dipendenti**[23] **ad assumere persone con disabilità** in numero variabile a seconda della consistenza numerica dell'organico aziendale.

modalità di assunzione: richiesta nominativa o convenzioni

I datori di lavoro privati e gli enti pubblici economici assumono i lavoratori **mediante richiesta nominativa di avviamento agli uffici competenti o mediante la stipula di convenzioni con i servizi per il lavoro**, aventi ad oggetto un programma per il conseguimento degli obiettivi occupazionali obbligatori per legge, i tempi e le modalità delle assunzioni che il datore di lavoro si impegna a effettuare.

Nel caso di mancata assunzione gli uffici competenti avviano i lavoratori secondo l'ordine di graduatoria per la qualifica richiesta o altra specificamente concordata con il datore di lavoro sulla base delle qualifiche disponibili. Gli uffici possono procedere anche previa chiamata con avviso pubblico e con graduatoria limitata a chi aderisca alla specifica occasione di lavoro.

I datori di lavoro devono presentare agli uffici competenti la richiesta di assunzione entro 60 giorni dal momento in cui sono obbligati all'assunzione dei lavoratori disabili. La legge riconosce ai datori di lavoro **speciali incentivi retributivi** per favorire le assunzioni di lavoratori disabili.

le sanzioni

Le imprese private e gli enti pubblici economici che non adempiano agli obblighi sul collocamento obbligatorio sono sottoposti a sanzioni amministrative ed all'applicazione della **procedura di diffida di cui all'art. 13 del d.lgs. n. 124 del 2004**, e successive modificazioni.

---

[23] Agli effetti della determinazione del numero di soggetti disabili da assumere, sono computati di norma tutti i lavoratori assunti con contratto di lavoro subordinato. La legge disciplina le modalità di computo dei lavoratori assunti con altre tipologie contrattuali.

Finito di stampare nel mese di gennaio 2020
nella Stampatre s.r.l. di Torino – Via Bologna, 220